AVENIDA DER VULKANE

PAZIFIKKÜSTE

Text und Recherche	Volker Feser
Lektorat	Sabine Senftleben, 5. Auflage: Ute Fuchs, Peter Ritter
Redaktion und Layout	Annette Melber, Susanne Beigott
Fotos	siehe Fotonachweis auf S. 683
Cover	Karl Serwotka
Coverfotos	oben: Meerechse (Dave & Marcia Campbell)
	unten: Ilinizas (Fernando Coloma)
Karten	Hans-Joachim Bode, Judit Ladik,
	Michaela Nitzsche, Kim Vanselow

ISBN 978-3-89953-440-5

© Copyright Verlag Michael Müller, Erlangen 1998, 2002, 2005, 2007, 2009, 2010.
Alle Rechte vorbehalten. Alle Angaben ohne Gewähr.
Druck: Himmer, Augsburg.

5. komplette und erweiterte Auflage 2010

ECUADOR

Volker Feser

„Lo que pasa es que …"
(meist gebrauchte ecuadorianische Redeblume)

Große und kleine Dankeschöns für ihre Recherchen an Regine Volland, Hubert Olbrich, Peter Schramm, Peter Lauffer, Katja Saubert, Karin Kugele, Nadine Rotzer, Valentin Ritz, Ursula Kohlbauer, Ismael Janisch und Victor Chiluiza. Las Gracias an Marion Hemfler und Stephan Straub für die Geo-Updates. Ein extra Dankeschön an die Schweizer Kolonie von Quito, an Alonso Ordoñez von der Punta Prieta und an alle Leserinnen und Leser, die mit ihren nützlichen Tipps und Anregungen zur kompletten Überarbeitung dieses Buches beigetragen haben.

Un bonito viaje
y hasta siempre!

La Mariscal, Oktober 2009

Volker Feser

Hasta la vista Baby!

INHALT

Panamericana Sur – Die Straße der Vulkane ... 297

Südliches Ecuador ... 391

Oriente ... 434

El Oriente ... 436

Pazifikküste ... 488

Nordküste – Provinz Esmeraldas ... 490

Halbinsel Santa Elena und Manabí 519

Guayaquil 569

Galápagos – Las Islas Encantadas 598

Die Inseln 634

Etwas Spanisch 676

Register 688

Kartenverzeichnis

Zeichenerklärung für die Karten und Pläne

Schnellstraße	▲	Berggipfel	i	Information
Panamericana	◢◣	Vulkan	P	Parkplatz
Überlandstraße	∩	Höhle	☎	Telefon
Landstraße	🌲	Hochwald		Post
Piste		Wasserfall	BUS	Bushaltestelle
Bahnlinie		Heiße Quelle	TAXI	Taxistand
Fluss		Turm	✈	Flughafen
Strand		Ruine/Ausgrabung		Tor
Gewässer	♀	Leuchtturm	🛒	Einkaufszentrum
Grünanlage		Badestrand	✚	Krankenhaus
Naturpark	Ⓗ	Herberge	★	Sehenswürdigkeit
	Ⓑ	Botschaft	Ⓜ	Museum

Alles im Kasten

Was haben Sie entdeckt?

Ein empfehlenswertes Hotel, ein gutes Restaurant,
einen kenntnisreichen Guide, eine liebenswerte Kneipe?

Wenn Sie Anregungen, Tipps oder Kritik
zu meinem Ecuador-Buch haben,
lassen Sie es mich bitte wissen.

Schreiben Sie an:

Volker Feser – Ecuador –
c/o Michael Müller Verlag
Gerberei 19
91054 Erlangen
volker.feser@michael-mueller-verlag.de

Ecuador erleben

Cotopaxi Nationalpark

Ecuador erleben

Vier Regionen – zwei Hemisphären – ein Land

„Die furchtsamen Augen einiger heimkehrender Tiefland-Indianer sprachen Bände. Während sich die getönten Scheiben im Schneetreiben hoch oben auf dem kargen windigen Pass noch mit herumwirbelnden Kristallflöckchen zugedeckt hatten, wurde es drei Stunden später bereits stickig heiß im voll besetzten Bus. Nach aufregend kurvenreicher Abfahrt über die Andenkordilleren, erst durch dichtesten Nebel und kurz darauf unter strahlend blauem Himmel, wurde es langsam immer grüner. Allmählich begannen Bromelien, Orchideen und Baumfarne zum Anfassen nahe über den staubigen Straßenrand hinweg an den geöffneten Schiebefenstern vorbeizugleiten. Dabei lag die verkehrsverstopfte Stadtautobahn gerade mal einen Vormittag hinter uns."

So oder ähnlich könnte einer der vielen eigenen Reiseeindrücke klingen, nachdem man in einem der PS-starken Überlandbusse irgendwo einen 4.000 m hohen Pass in Richtung Tropen überwunden hat, geleitet von einem unrasierten Chauffeur, mit glitzernden Abziehbildchen von Heiligenfiguren in einer Nische über der zersprungenen Windschutzscheibe.

Das im Bereich der inneren Tropen verhältnismäßig kleine, im Nordwesten Südamerikas gelegene Ecuador kann sich wahrlich damit rühmen, das vielfältigste Land des amerikanischen Kontinents zu sein. Am offensichtlichsten wird dies in seiner unglaublich facettenreichen Geografie zum Ausdruck gebracht, die nicht eine Landschaftsform unseres Planeten auszulassen scheint.

Blaufußtölpel im Sturzflug - Galapagos

Selbst die Bevölkerung entspricht einem buntscheckigen ethno-kulturellen Flicken-teppich. Von den unterschiedlichen Stämmen der Amazonas-Indianer über die far-benfrohe Trachten tragenden Hochland-Indígenas, dunkelhäutigen Mestizen, hel-len europäischen und asiatischen Typen bis hin zu den Afroamerikanern scheinen alle Rassen vertreten zu sein. Diese Vielfalt der Bevölkerung lässt sich auch auf die Landschaft und das Klima übertragen: im Osten der Oriente, das noch wenig besie-delte Amazonas-Gebiet – im Inneren die Sierra, das Andenhochland mit bis zu 6.300 m hohen Schneegipfeln – und im Westen die Costa, das tropische Küsten-tiefland, ferner die pazifischen *Islas Encantadas*, der 1.000 km vom Festland entfernte Galapagos-Archipel. Ecuador umfasst aber nur 256.000 km², eine Fläche ungefähr so groß wie die der alten Bundesrepublik, wobei die Bevölkerungszahl lediglich 14,5 Mio. betragt. Das vom Äquator durchzogene Land wird im Westen vom Pazifischen Ozean, im Norden von Kolumbien und im Süden und Osten von Peru begrenzt.

„Meine Großmutter starb, ohne uberhaupt jemals das Meer gesehen zu haben", be-klagte sich einmal Pablo Cuvi, einer der angesehensten zeitgenössischen Fotografen des Landes. Was vor wenigen Jahrzehnten noch eine gefährliche Odyssee unfassba-ren Ausmaßes bedeutete, ist im heutigen Ecuador lediglich eine Frage von Stunden: einsame Badestrände, immergrüner feuchtheißer Regenwald, märchenhafte Nebel-wälder, saftige Almwiesen, von ewigem Eis bedeckte oder Feuer speiende Vulkan-kegel, die verzauberten Inseln von Galapagos, Mangrovensümpfe, Kaktus-, Pinien-, Bambus-, Eukalyptus- oder Polylepishaine. Ein „Kontinent" voller Naturwunder und magischer Exotik scheint sich in einem einzigen Land widerzuspiegeln. Die vier Landschaftsformen Küste, Dschungel, Andenhochland und Galapagos warten darauf, entdeckt zu werden.

Volker Feser (Einleitung zur Erstauflage 1996)

Dschungelfluss im Oriente

Ecuador auf einen Blick

Staatsform: präsidiale Republik.

Staatsname: República del Ecuador.

Staatsflagge: gelb/blau/rot mit einem Staatswappen in der Mitte, bestehend aus Sonne, Kondor, Chimborazo, Río Guayas und Dampfschiff.

Staatsgrenzen: im Norden zu Kolumbien (590 km gemeinsame Grenze), im Süden und Osten zu Peru (1.420 km), im Westen der Pazifische Ozean.

Staatsfläche: 256.370 km^2 einschl. der Galapagosinseln mit 8.010 km^2 (entspricht in etwa der Größe Großbritanniens). Das Land ist in 24 Provinzen unterteilt.

Staatssprache: offiziell Spanisch, im Hochland auch Quichua (fast 2 Mio. Pers.), in Amazonien wie im nördlichen Küstenbereich noch vereinzelte Stammessprachen (vor allem Shuar im südlichen Oriente).

Bevölkerung: Die Gesamtbevölkerungszahl beträgt 14,5 Mio. Einwohner, wobei fast 3 Mio. Ecuadorianer im Ausland leben, hauptsächlich in Spanien (800.000), Italien (120.000), den Benelux-Ländern, Großbritannien, der Schweiz, den USA, Kanada und Chile. Allein in den US-Bundesstaaten New York, New Jersey und Illinois leben etwa 700.000 ecuadorianische Einwanderer. An spanischen Schulen stellen ecuadorianische Kinder noch vor den Marokkanern den größten Ausländeranteil.

Landeshauptstadt ist **Quito** (Großraum 2,5 Mio. Einw.), größte Stadt ist **Guayaquil** (Großraum 2,8 Mio. Einw., Überseehafen und Industriezentrum). Andere bedeutende Städte sind **Manta** (400.000 Einw., Fischereihafen), **Cuenca** (350.000 Einw., Touristenhochburg, südl. Hochland), **Santo Domingo de los Colorados** (300.000 Einw., Plantagen-, Vieh-, Milchwirtschaft, innere Küste), **Ambato** (280.000 Einw., Industriezentrum, zentrales Hochland), **Machala** (250.000 Einw., Bananenumschlaghafen). Weitere Städte über 100.000 Einw. sind **Portoviejo** (Manabí/Küste), **Esmeraldas** (nördl. Küste), **Babahoyo** (innere Küste), **Quevedo** (innere Küste), **Milagro** (innere Küste), **Daule** (innere Küste), **Chone** (Manabí/Küste), **Durán** (auch Eloy Alfaro, gegenüberliegende Flussseite von Guayaquil), **Loja** (südliches Hochland), **Riobamba** (zentrales Hochland), **Ibarra** (nördl. Hochland). Zwei Drittel der Ecuadorianer leben in diesen Ballungsräumen! Der Rest der Bevölkerung verteilt sich auf Kleinstädte, Dörfer, Weiler und einsame Fincas.

Straße der Vulkane

Durchschnittliche Bevölkerungsdichte: 54 Einw. pro km^2 (zum Vergleich: BRD 223 Einw. pro km^2).

Wachstumsrate: unter 1 % pro Jahr, wobei etwa 40 % der Bevölkerung unter 15 Jahre alt ist und nur 5 % über 65 Jahre; **Durchschnittsalter** 23 Jahre; **Lebenserwartung**: bei Männern 72 Jahre, bei Frauen 77 Jahre; **Analphabetenrate**: 9 % (großes Stadt-Land-Gefälle).

Bruttoinlandsprodukt: etwa 4.500 USD pro Kopf (2008); zum Vergleich: Panama 8.500 USD, Kolumbien 7.800 USD, Peru 6.600 USD, Deutschland 40.000 USD, Österreich 45.000 USD, USA 46.000 USD, Schweiz 58.000 USD; Wirtschaftswachstum 1,8 % (2008); Auslandsschulden: 10 Mia. USD; Inflationsrate: seit der Dollareinführung etwa 5 % (im Jahre 2008 jedoch 10 %); Unter der sozialistischen Regierung von Rafael Correa stiegen die Staatsausgaben 2008 im Vergleich zu 2007 um 145 % auf 5,6 Mia. USD. Die Investitionen aus dem Ausland gerieten ins Stocken. In den Nachbarländern Kolumbien und Peru wurde 2008 vergleichsweise 8x bzw. 6x soviel investiert.

Arbeitende Bevölkerung: 30 % Universitätsabgänger, 18 % Hauptschulabgänger, 50 % ohne oder nur mit unzureichendem Schulabschluss. Der gesetzlich vorgeschriebene Mindestlohn liegt bei etwa 300 USD pro Monat (2008). Von etwa 4,8 Mio. Arbeitnehmern sind etwa 30 % im Groß- und Einzelhandel sowie im Straßenverkauf, 18 % im öffentlichen Dienst, 15 % in kleinen wie mittleren Betrieben und verarbeitenden Industrien, 10 % in privaten Haushaltsdiensten, 7 % in der Landwirtschaft, 7 % im Baugewerbe, 7 % im Transport-, Kommunikations- und Lagerhaltungswesen, 6 % im Hotel- und Gastronomiegewerbe beschäftigt. Arbeitslosenquote: 10 %, Unterbeschäftigtenrate 40 %. Daraus ergibt sich, dass die Einkünfte der Hälfte der Bevölkerung nicht ausreichen, um einen angemessenen Lebensstandard zu finanzieren. Fast 3 Mio. im Ausland arbeitende Ecuadorianer haben 2007 die Rekordsumme von 3,2 Mia. USD (sog. „remesas") an ihre Familien in Ecuador geschickt. Fast die Hälfte der Gelder floss dabei in den „Austro" (Raum Cuenca). Aufgrund der Weltwirtschaftskrise erreichten dann 2008 nur noch etwa 2,4 Mia. das Land.

Gesundheitswesen: etwa 670 Einw. pro Arzt, Kindersterblichkeit 35 auf 1000 Geburten (3,5 %). Rückläufige Geburtenrate von 36 auf 1000 Einw. (1990) auf 22 (2007), von 7 Kindern in den 60er-Jahren auf 2,5 Kinder heute, jedoch immer noch die zweit-höchste Geburtenrate in Südamerika nach Bolivien. Nur ein Viertel der Bevölkerung ist krankenversichert.

Ethnische Gruppen/Religion: 20 % Indianer (*Indígenas*, hauptsächlich im Hochland und in Amazonien lebend), 65 % Mestizen und *Cholos*, 5 % Schwarze, Mulatten, *Zambos* und Colorados, 10 % Weiße, Asiaten und Araber (darunter auch 4.000 Deutsche und 1.800 Schweizer). Trotz Religionsfreiheit (seit 1904) sind über 90 % der Bevölkerung römisch-katholisch.

Sozialstruktur: Etwa 2–3 % der Ecuadorianer gehören einer reichen, meist weißen Oberschicht an. Weitere 10–12 % sind als wohlhabend oder vermögend zu bezeichnen. Zusammen verfügen diese Familienminderheiten über 50 % des Nationaleinkommens. Der Mittelschichtanteil wurde in den letzten Jahrzehnten zusehends geringer und stellt heute gerade mal 25 % dar. Etwa 50 % der Bevölkerung ist als arm zu bezeichnen, und etwa 10 % leben am Rande des Existenzminimums.

Einteilung der 24 Provinzen

• *Andenhochland (Sierra)* **Azuay** (8.100 km², 600.000 Einw., capital/Hauptstadt Cuenca), **Bolívar** (4.000 km², 180.000 Einw., cap. Guaranda), **Cañar** (3.100 km², 180.000 Einw., cap.

Azogues), **Carchi** (3.600 km², 240.000 Einw., cap. Tulcán), **Cotopaxi** 6.000 km², 350.000 Einw., cap. Latacunga), **Chimborazo** (6.600 km², 450.000 Einw., cap. Riobamba), **Imbabura** (4.600 km², 350.000 Einw., cap. Ibarra), **Loja** (11.000 km², 500.000 Einw., cap. Loja), **Pichincha** (9.500 km², 3 Mio. Einw., cap. Quito), **Tungurahua** (3.340 km², 450.000 Einw., cap. Ambato).

• *Küste (Costa)* **El Oro** (5.850 km², 650.000 Einw., cap. Machala), **Esmeraldas** (15.200 km², 450.000 Einw., cap. Esmeraldas), **Guayas** (17.140 km², bevölkerungsstärkste Provinz mit 4 Mio. Einw., cap. Guayaquil), **Los Ríos** (7.200 km², 700.000 Einw., cap. Babahoyo), **Manabí** (19.000 km², 1,6 Mio. Einw., cap. Portoviejo), **Santa Elena** (3.800 km², 260.000 Einw., cap. Santa Elena), **Santo Domingo de los Tsáchilas** (3.900 km², 360.000 Einw., cap. Santo Domingo de los Colorados).

• *Amazonien (Oriente)* **Morona Santiago** (25.700 km², 100.000 Einw., cap. Macas), **Napo** (34.000 km², 150.000 Einw., cap. Tena), **Pastaza** (30.000 km², 100.000 Einw., cap. Puyo), **Sucumbíos** und **Orellana** (18.300 km² und 21.700 km², 150.000 Einw., cap. Lago Agrio, bzw. Coca), **Zamora Chinchipe** (11.000 km², 100.000 Einw., cap. Zamora).

• *Insulare Region* **Galapagos** (8.010 km², 30.000 Einw., cap. Puerto Baquerizo Moreno).

Höchste Erhebungen: Chimborazo 6.310 m, Cotopaxi 5.897 m, Cayambe 5.790 m, Antizana 5.704 m, El Altar 5.320 m, Iliniza Sur 5.260 m, Sangay 5.230 m, Iliniza Norte 5.126 m, Carihuayrazo 5.020 m, Tungurahua 5.016 m, Cotacachi 4.944 m, Sincholagua 4.900 m, Quilindaña 4.878 m, Guagua Pichincha 4.794 m, Corazón 4.788 m, Chiles 4.768 m, Rumiñahui 4.712 m, Rucu Pichincha 4.698 m, Sara Urcu 4.676 m, Imbabura 4.609 m.

Flusssysteme: zum Pazifik hin der Río Guayas (Zusammenfluss aus Babahoyo und Daule, größtes Wassereinzugssystem der amerikanischen Pazifikküste), Río Esmeraldas, Río Cayapas/Santiago, Río Mataje, Río Chone, Río Jubones. Zum Amazonas hin der Río San Miguel/Putumayo, Río Aguarico, Río Napo, Río Cononaco/Curaray, Río Pastaza, Río Santiago (Zusammenfluss aus Zamora, Paute und Upano). Befahrbare Wasserstraßen insgesamt 1.500 km.

Verkehr und **Kommunikation**: 45.000 km Straßennetz, davon etwa 10.000 km asphaltiert und 1.400 km Panamerikanische Straße von Kolumbien nach Peru. 956 km Eisenbahnlinien, wovon nur ein Bruchteil betriebsfähig ist, wird derzeit renoviert. Zwei internationale Flughäfen in Quito und Guayaquil, über 200 Flugplätze und Landepisten. Acht nationale und Dutzende regionale Fernsehstationen für über 3 Mio. Apparate, über 1.000 lokale Radiosender, 1.800.000 Internetbenutzer (2008), 2,2 Mio. Telefon-Festnetzanschlüsse sowie sage und schreibe 8 Mio. Handybenutzer (2008).

Energieversorgung: Geschätztes Strompotenzial aus Wasserkraft 100.000 Megawatt, genutztes Strompotential über 2.000 Megawatt (Staudämme Paute und Agoyan), wobei landesweite Stromausfälle bei ausbleibenden Regenfällen inzwischen selten sind. Zwei bis zu 800 km lange transecuadorianische Ölpipelines pumpen tägl. fast eine halbe Million Barrel vom Oriente über die Anden hinweg bis zur Raffinerie in Esmeraldas (Küste). Seehäfen: Guayaquil (Übersee), Manta (Hochseefischerei), Puerto Bolívar bzw. Machala (Bananen), Esmeraldas (Raffinerie, Fischerei), La Libertad (Raffinerie), Posorja (Schiffsbau), San Lorenzo (Fischerei) und Puerto Ayora (Galapagos-Jachten).

Industrien: Erdöl, Lebensmittelverarbeitung (Dosenfisch, Gemüsekonserven, Fruchtsaftkonzentrate, Süßwaren), Textilien, Metallverarbeitung, Automobilindustrie, Papierprodukte, Holzverarbeitung (Möbel), Chemikalien, Plastik.

Agrarprodukte: Bananen und zahlreiche andere Südfrüchte, Kakao, Kaffee, Reis, Kartoffeln, Mais, Getreide, Gemüse, Obst, Schnittblumen, Zuckerrohr, Yuca (Maniok), Soja; ebenso Fisch, Garnelen, Molkereiprodukte, Rind-, Schweine- und Schafsfleisch, Holzwaren wie Balsa und Bauhölzer.

Wichtigste **Handelspartner:** Exporte in die USA 40 % (5.000 Mio. USD 2007), Panama 14 %, Peru 10 %, Chile 6 %, Kolumbien 5 %, Italien 4 %, Russland 4 %, Deutschland 3 %; Importe aus USA 16 %, Kolumbien 14 %, China 10 %, Venezuela 8 %, Brasilien 7 %, Chile 5 %, Japan 4 %, Mexiko 3 %, Deutschland 2 % (2007).

Deutschland ist einer der größten Geldgeber in der bilateralen **Entwicklungsarbeit.** Die bisher kumulierte Gesamthilfe beläuft sich auf über eine halbe Mia. Euro. Die Projekte konzentrieren sich auf Umweltpolitik bzw. Schutz und Nutzung natürlicher Ressourcen sowie Modernisierung des Staatsapparates, Dezentralisierung und Stärkung der lokalen Verwaltungsstrukturen. Unter anderem sind der DED (Deutscher Entwicklungsdienst), die GTZ (Gesellschaft für technische Zusammenarbeit) und die KFW (Kreditanstalt für Wiederaufbau) in Ecuador tätig.

Geologie

Ecuador ist aufgrund seiner gegensätzlichen Topografie eines der variationsreichsten Länder der Erde. Trotz seiner innertropischen Äquatorlage stellt der kleinste unter den Andenstaaten eine Art „Landschaftsmuseum" dar, das ein geradezu kontinentales Mosaik an Biozonen aufzuweisen hat.

Die natürlichen Kontraste dieses „tropandinen" Relief-Puzzles stehen in direktem Zusammenhang mit der jeweiligen Höhenlage. Um sich in eine ganz andere Gegend zu versetzen, braucht man nicht wie in anderen südamerikanischen Staaten Hunderte von Straßenkilometern zurückzulegen. Spektakulär wechselnde Landstriche sind in Ecuador oftmals nur eine Frage von wenigen Minuten: stille Kraterlagunen auf dem Páramo-Hochland, steile Mosaikfelder, Palmen am Sandstrand, labyrinthartige Mangrovensümpfe, tropischer Regenwald, dampfender Nebelwald oder Schirmakazien in der Halbwüste alle diese Ziele können von Quito aus mit dem Auto oder einem Bus in wenigen Stunden erreicht werden.

Ein ecuadorianischer Präsident sprach im Zusammenhang mit Ecuadors „Höhenprofil" bereits humorvoll von einem „vertikalen Land", während z. B. die Niederlande oder Brasilien wahrscheinlich eher den „horizontalen" Ländern zuzuordnen wären.

Regionen und Landschaftsformen

Das im Nordwesten von Südamerika gelegene Äquatorland kann auf den ersten Blick in vier geografische Hauptregionen eingeteilt werden: *Küste* (Costa), *Andenhochland* (Sierra), *Amazonastiefland* (Oriente) und die pazifischen, etwa 1.000 km vom Festland entfernten *Galapagosinseln*. Aber auch innerhalb dieser vier „landschaftlichen Farbkästen" existieren ganz unterschiedliche, ineinander verschachtelte makro- und mikroklimatische Ökosysteme mit ihren jeweils voneinander abhängigen Vegetationsnischen. Hierbei spielen sowohl jahreszeitlich bedingte Wechselbeziehungen aus Niederschlägen, Winden und Meeresströmungen eine Rolle als auch lokale und regionale Bodenverhältnisse. Dies wusste bereits ein faszinierter Alexander von Humboldt vor über 200 Jahren zu bestätigen. Das einzig Regelmäßige an Ecuadors vielfältigen geografischen, meteorologischen und biologischen Gegebenheiten ist letztendlich seine Unregelmäßigkeit. Auf der Top-Liste der 17 „megadiversen" Länder steht Ecuador nicht zuletzt wegen seiner relativ geringen Größe mit an der Spitze. Bei insgesamt nur 10 % Landfläche besitzen diese 17 Länder zusammen 70 % der Biodiversität unseres Planeten.

Da ist einmal die sog. **Tierra Caliente** oder **Tierra Tropical**, Oberbegriff für die von Meereshöhe bis auf etwa 1.000 Höhenmeter reichende „Heiße Erde", die sich wiederum aus verschiedenen Klimazonen zusammensetzt: **feucht-tropisches Klima** (Amazonien, nördliche Esmeraldas-Küste), **tropisches Monsunklima** (südliche Esmeraldas-Küste, nördliche Manabí-Provinz, innere Provinz Guayas und Los Ríos), **tropisches Savannenklima** (Portoviejo, Guayaquil, Naranjal, Machala), **tropisches Trockenklima** (Manta, Puerto López, Montañita, Salinas, Playas).

Die warme Tierra Templada oder Tierra Montañosa reicht von etwa 1.000 bis über 2.000 m: subtropisch-feuchtes Klima (Zamora, Mindo, Baeza, Río Verde, Río Negro, Macas), subtropisch-halbfeuchtes Klima (Baños), subtropisches Trockenklima (Chota-Tal, Guayllabamba, Huigra, Vilcabamba, Macará, Zaruma).

Die gemäßigt kalte **Tierra Fría** oder **Tierra Andina** umfasst Höhenlagen von etwa 2.000 bis über 3.000 m: **gemäßigt-feuchtes Klima** (Quito, Latacunga, Riobamba), **gemäßigt-halbfeuchtes Klima** (Otavalo, Guaranda, Cuenca), **gemäßigtes Trockenklima** (Ibarra, Ambato).

Die nachtfrostige **Tierra Helada** beginnt bei über 3.000 m (bis etwa 4.800 m): **feucht-kaltes Hochlandklima** (Tulcán, El Angel, Laguna Cuicocha, Laguna Mojanda, Laguna Quilotoa, Cotopaxi-Nationalpark, El Cajas).

Über 4.800 m liegt die **Tierra Nevada** mit ihrem ausgesprochenen **Winterklima** (alle Schneegipfel der beiden Kordillerenstränge). Siehe zu Wetter und Klima auch Abschnitt „Reisezeiten" im Kapitel „Wissenswertes von A bis Z".

▶ **Andengürtel:** Die geografische Wirbelsäule Ecuadors bilden die beiden parallelen, von Norden nach Süden verlaufenden *Andenkordilleren*. Zwischen diesen Gebirgssträngen mit ihren schneebedeckten, bis zu 6.300 m hohen Vulkangipfeln in der *Cordillera Occidental* und *Cordillera Oriental* zieht sich das innerandine Hochlandbecken hin. Dieses fruchtbare, beide Hemisphären kreuzende Längstal, für das Alexander von Humboldt den Namen „Straße der Vulkane" erfand, liegt im Durchschnitt auf 1.800–3.200 m Höhe, ist ungefähr 500 km lang, 20–30 km breit und wird durch geografische *nudos* (Knoten oder Querrücken) in mehrere *hoyas* oder *cuencas* (Becken, Talböden) unterteilt: von Norden nach Süden die *hoyas* Chota (bei Ibarra), Guayllabamba, Pastaza, Paute, Chimbo, Girón und Catamayo (bei Loja). Im Norden der großartigen *Avenida de los Volcanes* befindet sich das 2.800 m hohe Quito, die höchste Landeshauptstadt der Welt (La Paz in Bolivien liegt zwar höher, ist aber nur Regierungssitz, die Hauptstadt ist Sucre).

Galápagos
Puerto Baquerizo Moreno
Esmeraldas
Mompiche
Tulcán
Colombia
Ibarra
Lago Agrio
Sto. Domingo
Quito
Machachi
Coca
Bahía de Caraquez
Manta
Isla de la Plata
Portoviejo
Latacunga
Ambato
Tena
Puerto López
Baños
Puyo
Guaranda
Riobamba
Babahoyo
Río Pastaza
Peru
Salinas
Guayaquil
Macas
Oceano Pacífico
Azogues
Cuenca
Machala
Zaruma
Peru
Loja
Zamora
Zapotillo
Peru

❶ Añangucocha
❷ Antisana
❸ Arenillas
❹ Awa
❺ Bellavista
❻ Bilsa
❼ Boliche
❽ Buenaventura
❾ Casaca Totoras
❿ Cayambe-Coca
⓫ Cayapas-Mataje
⓬ Chongón-Colonche
⓭ Columbo-Yacuri
⓮ Cordillera Outucú
⓯ Cordillera del Cóndor
⓰ Cotopaxi
⓱ Chimborazo
⓲ Cotacachi-Cayapas
⓳ Cuyabeno
⓴ El Angel
㉑ El Cajas

㉒ El Salado / Cerro Blanco
㉓ Estuario del Río Chone / La Segua
㉔ Etza
㉕ Galápagos
㉖ Golondrinas
㉗ Guandera
㉘ Ilinizas
㉙ Intag
㉚ Jambelí / Isla Santa Clara
㉛ Jatunsacha
㉜ Jorope
㉝ Junín
㉞ La Esperanza
㉟ La Perla
㊱ Lagartococha
㊲ Lalo Loor
㊳ Limoncocha
㊴ Llanganates
㊵ Los Cedros
㊶ Machalilla

㊷ Mache-Chindúl
㊸ Manglares de Churute
㊹ Manglares de Majagual
㊺ Mazán
㊻ Maquipucuna
㊼ Mindo Nambillo
㊽ Nántar
㊾ Napo Galeras
㊿ Narupa
Otonga
Pachijal
Pacoche
Pahuma
Pañacocha
Pasochoa
Pata de Pájaro
Pichincha
Podocarpus
Pululahua
Puyango
Río Palenque / Jauneche
Sangay
Santa Lucía
Sierra Azul
Sumaco
Tapichalaca
Tumbesia
Utuana
Yanacocha
Yasuní

Nationalparks/
Naturreservate
100 km

Beide Kordillerenketten sind zum Westen und Osten hin von mitunter schroffen Durchbruchstälern eingeschnitten. Hier sammeln sich die in den Anden entsprungenen Quellflüsse auf ihrem Weg zum Pazifischen oder Atlantischen Ozean. Über manche dieser Talschluchten windet sich eine stark befahrene Passstraße in endlosen Serpentinen vom Hochland in die Tropen hinunter (Aloag – Santo Domingo oder Ambato – Baños – Puyo), wobei die zur Küstenebene abfallenden Andenhänge meist noch steiler sind als die zum Oriente hin.

▸ **Küstenregion**: Die Küstenregion nimmt mit 80.000 km² über ein Viertel der gesamten Landesfläche ein und besteht zum größten Teil aus einer wasserreichen Schwemmlandebene, die etwa 500 km lang und bis zu 200 km breit ist. Weiter westlich zum Meer hin wird diese *llanura* (Tieflandebene) von einem bis zu 900 m hohen Gebirgszug, der Cordillera Costañera mit seiner südlichen Verlängerung, der Cordillera Chongón Colonche, unterbrochen. Breite Flüsse durchziehen die Ebene und münden schließlich in den Ozean: im Norden der Río Esmeraldas, der Santiago-Cayapas und der Mataje, in Manabí der salzige Meeresarm des Río Chone (entspringt in der Küstenkordillere), ganz im Süden der Río Jubones und im Innern, von Norden nach Süden verlaufend, das mächtige Delta des Río Guayas, Zusammenfluss des Río Río Babahoyo und des Río Daule und größtes Wassereinzugsgebiet der amerikanischen Pazifikküste. Wirtschaftlicher Knotenpunkt der Küstenebene wie des restlichen Landes ist die Hafenstadt Guayaquil.

Vom Gipfel des Pasochoa

▸ **Amazonasbecken/Oriente**: Der ecuadorianische Teil des Amazonasbeckens, der grünen Lunge unseres Planeten, nimmt mit über 100.000 km² mehr als ein Drittel des gesamten Landesterritoriums ein. Die *Amazonía Ecuatoriana* ist noch weitestgehend von immergrünen Regenwäldern überzogen, die jedoch durch Ölförderung, massive Rodung und unkontrollierte Kolonisierung ernsthaft bedroht sind. Der Osten lässt sich wiederum in zwei geografische Regionen einteilen: die dicht bewaldeten Andenausläufer der Subkordilleren *Napo-Galeras*, *Cutucú* und *Cóndor* (bis zu 3.700 m hohe Vulkankegel) sowie das meist topfebene Tiefland im Einzugsbereich der mäandernden Amazonas-Zuflüsse Napo und Pastaza (auf etwa 400–300 Höhenmetern).

▸ Zu den **Galapagosinseln** siehe ausführlich im Reiseteil!

Vulkanismus

Nach Durchstoßen der Wolkendecke während des Anfluges auf Ecuador befinden sich zu Füßen des Betrachters die Gipfel einiger der aktivsten Vulkane der Erde.

Seit dem Erscheinen der Spanier im 16. Jh. wurde das Land mit den reichhaltigsten Darstellungen über seine vulkanische Aktivität geradezu überschüttet. Die ersten dokumentierten Beobachtungen an den Feuer speienden Kegeln wurden bereits von Naturforschern während des 17. und 18. Jh. gemacht. Aber erst gegen Ende des 19. Jh. erhielten Geologen und Vulkanologen allmählich wissenschaftlich fundierte Kenntnisse über Ecuadors Berge. In dieser Zeit wurden mehr als dreißig aktive Vulkane im ganzen Land registriert, weltweit eine der höchsten Konzentrationen von Vulkanen in Aktivität.

Die hohe Konzentration ist dem Abtauchen der Nazca-Platte unter die viel leichtere südamerikanische Kontinentalplatte zuzuschreiben, ein Prozess, dessen Auswirkungen in ähnlicher Weise rings um den Pazifik zu beobachten sind. Deswegen werden die damit verbundenen Vulkangebiete der süd-, mittel- und nordamerikanischen

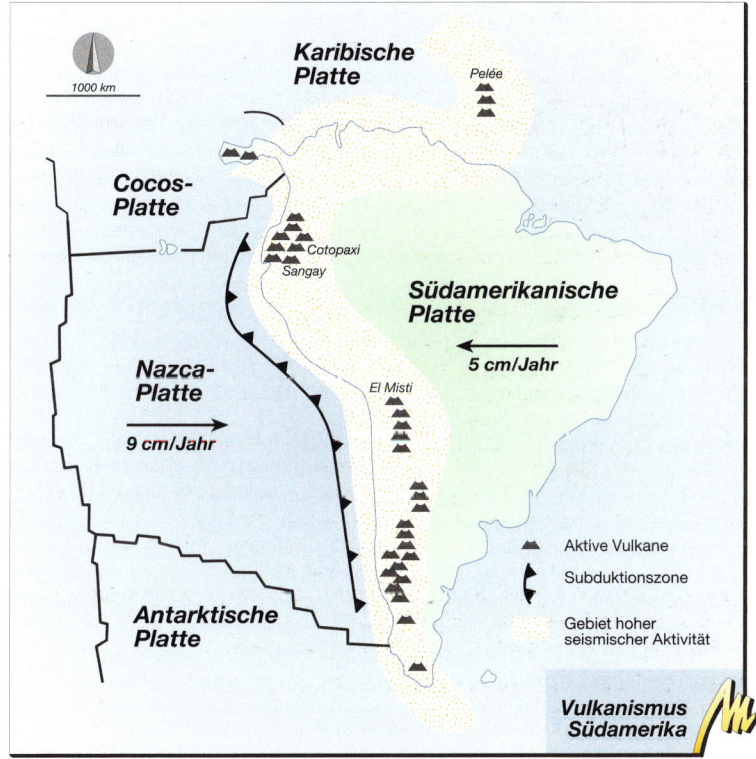

Westküste von Chile bis Alaska, der Aleuten, von Kamtschtka, Japan und Ozeanien auch unter dem Begriff „Feuergürtel der Erde" (*cinturón de fuego de la tierra*) zusammengefasst.

Die Bildung der beiden ecuadorianischen Gebirgskordilleren begann vor 65 Mio. Jahren. Der Prozess des Abtauchens der ozeanischen Platte, auch Subduktion genannt, findet am westlichen Kontinentalrand Südamerikas jedoch schon seit dem Präkambrium statt, also seit weit mehr als 650 Mio. Jahren.

Die ozeanische Platte ist eine aus erkaltetem Magma entstandene Platte, welche am mittelozeanischen Rücken kontinuierlich aufsteigt. Sie wird dabei unter die kontinentale Platte geschoben, ein Prozess, bei dem die beiden sehr starren Platten deformiert werden. Abhängig von Kollisionsrichtung und Abtauchwinkel kommt es zu Brüchen und Faltungen. Besonders die zwischen den beiden Platten, also in der Subduktionszone liegenden Sedimente werden heftig deformiert. Die plötzliche Entlastung der dabei auftretenden Spannungen kann zu Erdbeben führen. Der bis heute andauernde Subduktionsprozess führte zu einer Verdickung des Kontinents und der Heraushebung des andinen Hochlands. Die subduzierte ozeanische Platte wird in der Tiefe erwärmt, wobei sich aus dem Gemenge aus magmatischen Gesteinen, Sedimenten und vor allem Wasser in der Tiefe Schmelze bildet. Diese steigt an Brüchen in der Erdkruste langsam auf. Die Andenvulkane sind somit lokale Durchbrüche durch die Erdkruste und sitzen wie vereinzelte Pickel auf den obersten Kordilleren.

In allen Regionen der Andenkordilleren gibt es heute Anzeichen unterschiedlicher Eruptionstätigkeiten. Je nach Art des Magmas gibt es dabei unterschiedliche Typen von Ausbrüchen: Zum einen die sog. effusive, *hawaiische Tätigkeit*, wenn dünnflüssige Lava aus dem Vulkan herausströmt und seitlich als Lavastrom abfließt (z. B. Reventador im Oriente oder Sierra Negra auf den Galapagosinseln). Zum anderen gibt es die sog. explosiven Ausbruchsformen wie z. B. die *strombolianische Tätigkeit*, wenn Asche und Gase von Explosionen begleitet weit in die Luft geschleudert werden (z. B. der Guagua Pichincha), oder die *plinianische Tätigkeit*, bei der das vulkanische Material in einer Eruptionssäule bis in höhere Bereiche der Atmosphäre transportiert wird. Überall in Ecuador sind Zeugnisse dieser verschiedenen vulkanischen Prozesse zu finden.

▸ **Die westliche Kordillere**: z. B. Chimborazo (6.310 m), Carihuairazo (5.020 m), Quilotoa (3.914 m), Iliniza Sur (5.263 m), Iliniza Norte (5.126 m), Corazón (4.788 m), Guagua Pichincha (4.794 m), Rucu Pichincha (4.690 m), Pululahua (3.356 m), Cotacachi (4.939 m), Chiles (4.768 m).

Diese mit Ausnahme des Guagua Pichincha bereits zur Ruhe gekommenen Vulkane hatten alle explosiven Charakter. Sie förderten ein kieselsäurereiches Magma aus den subduzierten Sedimenten mit einem hohen Anteil an eingeschlossenen Gasen. Diese sehr zähen Magmen werden durch den hohen Gasanteil bei der Eruption zerrissen. Dabei werden große Mengen von Lockermaterial gemischt mit heißen Gasen produziert. Dies ist eine der gefährlichsten bekannten Eruptionsformen. Im schlimmsten Falle bläst es bei solch einer gewaltigen Entladung gleich den gesamten Gipfel mit in die Luft. Es kommt zu pyroklastischen Strömen und großräumigen Aschenregen. Oft entsteht durch die sich rasch entleerende Magmakammer ein steilwandiger Einbruchkessel (*caldera*), der sich manchmal mit Wasser füllt – wie z. B. die Cuicocha-Lagune in der Provinz Imbabura. Das unterhalb dieser Kraterlagune befindliche Städtchen Cotacachi liegt genau auf einem dieser Auswürfe und ist umgeben von losem Material und Bimsblöcken.

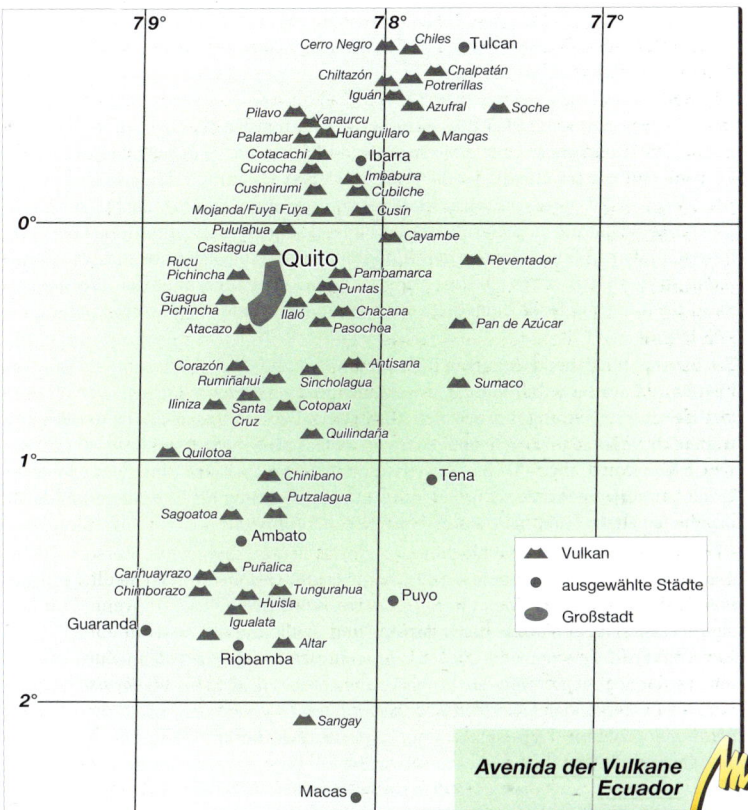

Avenida der Vulkane
Ecuador

Bei dem bisher stärksten registrierten Ausbruch des Guagua Pichincha im Jahre 1660 verstreute der Vulkan Asche, Lapilli und Bims in einem Umkreis von etwa 1.000 km (!). Eine 40 cm dicke Ascheschicht brachte viele Ziegeldächer von Quito zum Einstürzen. Über weite Teile des nördlichen Andenhochlandes brach eine vier Tage anhaltende Totalfinsternis herein.

▸ **Die östliche Kordillere**: z. B. Sangay (5.230 m), Altar (5.319 m), Tungurahua (5.016 m), Cotopaxi (5.897 m), Quilindaña (4.877 m), Sincholagua (5.898 m), Antisana (5.705 m), Las Puntas (4.452 m), Cayambe (5.790 m).

Diese formt zusammen mit der parallel verlaufenden westlichen Andenkordillere das innerandine Hochbecken, jene mehrere hundert Kilometer lang gezogene Senke, der Alexander von Humboldt den Namen „Straße der Vulkane" gab. Wie die Vulkane der westlichen Kordillere bestehen auch diese aus Andesit, einem meist feinkörnigen vulkanischen Gestein, dessen Namensgeber die Anden waren. In der östlichen Kordillere gibt es im Vergleich zu ihrem westlichen Nachbarn mehr Lavaströme, die eine Länge von mehreren Kilometern erreichen können. Allerdings gibt es auch hier explosiven Vulkanismus. Die durch Gase und heiße Lava rasch dahinschmelzenden Schneekuppen haben immer wieder zu verheerenden Katastrophen geführt. Drei dieser jungen Vulkane sind nach wie vor aktiv: der Cotopaxi, der Tungurahua und der Sangay, der weltweit zu den wenigen Vulkanen gehört, die ständig aktiv sind.

Im Falle des Cotopaxi, des höchsten aktiven Vulkankegels der Erde, kam es im Laufe der Jahrhunderte zu katastrophalen Ausbrüchen. Dabei ist besonders der 26. Juni 1877 zu erwähnen, als die geschmolzenen Eis- und Schneemassen auf ihrem Weg ins Tal pyroklastisches Material von unvorstellbarem Ausmaß mitrissen. Gewaltige Schlamm- und Geröllströme (Lahare) schossen mit zerstörerischer Kraft innerhalb von 18 Stunden über den Río Pita und Río Guayllabamba bis nach Esmeraldas in den Pazifischen Ozean. Andere Lahare erreichten über den Río Cutuchi in 30 Minuten die Stadt Latacunga, in drei Stunden Baños und wenig später Puyo im Oriente.

▸ **Das innerandine Hochbecken**: z. B. Rumiñahui (4.722 m), Pasochoa (4.199 m), Ilaló (3.169 m), Fuya Fuya (4.263 m), Cusín (3.989 m), Imbabura (4.621 m).

Die zwischen den beiden Kordillerensträngen gelegenen, meist in Grüppchen auftretenden Vulkane unterscheiden sich von ihren schneebedeckten Kollegen im Wesentlichen durch ihre Größe. Sie entstanden wahrscheinlich durch quer verlaufende Verwerfungen, die sich diagonal zur Hauptrichtung der Kordilleren bildeten. Außer dem Imbabura, bei dem es Hinweise auf Aktivität gibt, sind alle diese Zwischenvulkane heute erloschen.

▸ **Das Amazonasgebiet**: Sumaco (3.732 m), Pan de Azúcar (3.100 m), Reventador (3.562 m).

Abseits der östlichen Andenkordillere befinden sich drei frei stehende Vulkane, die einer Subkordillere namens *Galeras-Napo* angehören. Diese Vulkane scheinen einer viel größeren Faltungszone zu entsprechen, die nicht mehr im Subduktionsbereich der aufeinandertreffenden Erdplatten liegt. Das ausbrechende Magma ist dabei in viel größerer Tiefe entstanden. Ein Ausbruch dieser Vulkane kann aufgrund der starken Regenfälle in dieser unwirtlichen Region verheerende Laharströme nach sich ziehen. Aus dieser Gruppe sticht vor allem der ständig aktive *Reventador* hervor, dessen dickflüssige Blocklava-Ausflüsse beim Abkühlen zerbrachen und scharfkantige Schollen und Frischwasserpools hinterließen.

▸ **Der Galapagos-Archipel**: Die Inseln entstanden nicht im Zusammenhang mit der südamerikanischen Subduktion. Vielmehr verdanken sie ihre Existenz einem sog. „Hot Spot", an dem punktuell Magma aufsteigt. Die Nazca-Platte bewegt sich über diesen unbeweglichen Hot Spot hinweg, und so kam es im Laufe von Millionen Jahren zur Bildung einer Inselkette. Bekanntestes Beispiel eines solchen Hot-Spot-Vulkanismus ist Hawaii.

Überwachung und Vorhersage vulkanischer Aktivität

Es gibt in Ecuador insgesamt fast 70 Vulkane, von denen heute 18 als aktiv oder zumindest potenziell aktiv angesehen werden, d. h. in den letzten 10.000 Jahren Anzeichen von Aktivität gezeigt haben. Allein seit 1999 sind vier davon wiederholt ausgebrochen. Die Bestimmung, ob ein Vulkan in nächster Zeit ausbricht, hängt von der Menge und Bewertung der gesammelten Information ab. Diese entstammt prinzipiell aus zwei verschiedenen Quellen: zum einen aus dem Studium der geologischen Geschichte eines Vulkans, um zu sehen, ob es in der jüngeren Vergangenheit regelmäßige oder gar häufige Ausbrüche gegeben hat. Selbst wenn diese Art von Information

Vulkan Tungurahua

nicht unbedingt zu genauen Voraussagen führt, kann durch ausreichende Datenanhäufung zumindest bestimmt werden, ob ein augenscheinlich erloschener Vulkan eine zukünftige Gefahr darstellen könnte. Zum anderen geschieht diese Bestimmung durch die Überwachung und sorgfältige Beobachtung vulkanischer Aktivität, z. B. durch Erdbebenstationen, Vermessungspunkte, Temperaturmessungen und Gasuntersuchungen. In Ecuador gibt es ein Netz von Überwachungsstationen. Fünf Vulkane, die als besonders aktiv und gefährlich gelten, werden hierbei genauer überwacht: der *Reventador*, der *Cayambe*, der *Guagua Pichincha*, der *Cotopaxi* und allen voran der *Tungurahua*. Jeder dieser Vulkane verfügt über ein eigenes Monitorsystem. Die Überwachungseinrichtungen sind direkt mit der *Escuela Nacional Politécnica* in Quito verbunden, wo Veränderungen täglich registriert und gemessen werden (www.igepn.edu.ec).

Vulkane sind vor allem für ihr zerstörerisches Verhalten bekannt. Dass ein Ausbruch auch einen wohltätigen Zweck für das Leben auf der Erde erfüllt, wird dabei von den wenigsten zur Kenntnis genommen. Vulkanisches Material ist sehr mineralreich und enthält die meisten von Pflanzen so dringend benötigten Elemente wie Phosphor, Kalzium, Magnesium und Schwefel. Selbst nach der Abkühlung gibt die zu Fels erstarrte, verwitternde Lava noch jahrtausendelang diese Nährstoffe an die Erde ab. Ascheregen hingegen zerstört zuerst die Ernten, hat aber in den darauffolgenden Jahren einen massiv düngenden Effekt. Ecuador verdankt diesen vulkanischen Ursprüngen seine reichhaltige Landwirtschaft. Eruptionsmaterial aller Art wird übrigens auch im Straßen- und Hausbau verwendet.

Die aktuelle Situation der Vulkane Ecuadors kann im Internet eingesehen werden: www.igepn.edu.ec.

Glossar

Andesit: feinkörniges Vulkangestein.

Asche: feinkörniges, bei einer Eruption zerkleinertes Material von weniger als 0,2 mm Korngröße. Bei Vulkanausbrüchen kommt es daher häufig zu Atembeschwerden.

Bims: durch vulkanische Gase aufgeschäumtes Magma, das beim Erkalten zu einem leichten, glasigen Material erstarrt. Durch die Blasenhohlräume ist Bims ein Baumaterial mit guten Isoliereigenschaften. Stark aufgeschäumter Bims schwimmt auch auf Wasser.

Eruptionssäule: bei explosiven Eruptionen entsteht häufig eine steil in die Atmosphäre aufsteigende Wolke aus heißen Gasen und pyroklastischem Material. Unter günstigen Bedingungen wird zusätzlich Luft aus der Atmosphäre in die Eruptionssäule gesaugt, und das erhitzte Gas- bzw. Luftgemisch trägt das pyroklastische Material bis in die Stratosphäre.

Hot Spot: räumlich stabiler Aufstiegspunkt von Magma aus dem Erdinneren. Das Magma durchbricht die sich darüber hinwegbewegende Platte, und eine Kette von Vulkanen bzw. Vulkaninseln entsteht auf ihr.

Lahar: primär durch den Kontakt von heißer Lava mit Schnee und Eis entstehender Schlamm- und Geröllstrom, in etwa mit einer Mure im Alpenraum vergleichbar, aber mit weit verheerenderer Zerstörungskraft. Sekundär können Lahare auch bei Starkregenereignissen durch an Vulkanen abgelagertes, losgespültes pyroklastisches Lockermaterial entstehen. Ist ein Lahar in Bewegung, zeichnet er sich durch extreme Mobilität aus. Er ähnelt flüssigem Beton, dessen Wucht Brücken und Häuser wegradieren kann.

Lapilli: Korngröße pyroklastischen Materials zwischen 0,2 und 2 mm.

Lava: magmatische Schmelze, die die Erdoberfläche erreicht hat. Bei einer Eruption hat Lava eine Temperatur von 900 bis 1.100 Grad Celsius. Je nach Zähigkeit und Gasgehalt der Schmelze verläuft die Eruption entweder explosiv, oder die Lava langsam aus. Dünnflüssige, schnell fließende Lavaströme erstarren zu sog. Pahoehoe-Lava, die sich durch strickartige, glatte Oberflächen auszeichnet und deren innere Schicht langsamer als die äußere abkühlt. Zähfließende Lava erstarrt zu sog. AA-Lava, die eine scharfkantige rauhe Oberfläche besitzt und in eine Vielzahl von Gesteinsschollen zerbricht. Beide Formen treten auch häufig nebeneinander auf.

Magma: Schmelze, die aus dem Erdinnern an Bruchstrukturen entlang einen Weg nach oben sucht. Sie ist zäh und gashaltig. Typisch für kieselsäure- und gasreiche andesitische Magmen, insbesonders der Westkordillere, sind stark aufgeschäumte Bimse, die bei der Eruption zerbrochen und über eine große Fläche verteilt werden.

Magmatisches Gestein: aus einer Schmelze erstarrtes Gestein (Magmatit), das in der Tiefe erstarrte Plutonite wie z. B. Granit und an der Erdoberfläche erstarrte Vulkanite umfasst.

Pyroklastisches Material: vulkanisches Lockermaterial, das durch Zerkleinerung von Lava oder eruptionsbeteiligtem Nebengestein entsteht.

pyroklastischer Strom: Lawine aus pyroklastischem Material, meist durch eine Eruption ausgelöst, sehr heiß und mit Gasen gemischt.

Präkambrium: erdgeschichtliche Phase vor 4.500–600 Mio. Jahren.

Subduktionszone: aktive Grabenzone aufeinandertreffender Plattenränder, bei der die schwerere (ozeanische) Platte unter die leichtere (kontinentale) Platte abtaucht. Die beim Aufeinanderreiben erzeugte Hitze lässt die Ränder der Krustenplatten zerschmelzen, setzt Magma frei und formt Vulkankegel.

Reventador im Oriente

Meerechsen beim Sonnenbad - Galapagos

Fauna und Flora

**Ecuador kann mit über 25.000 verschiedenen Pflanzen und Bäumen auf-
warten, wovon 10.000 Arten und Unterarten in Amazonien, weitere 10.000
in der Andenregion einschl. Nebelwälder, und über 5.000 Arten an der
Küste beheimatet sind. Etwa 20 % der gesamten Flora ist endemisch, d. h.
nur in Teilbereichen oder vereinzelten Vegetationsschichten dieser Hauptregionen anzutreffen.**

Um das facettenreiche Spektrum der ecuadorianischen Flora und Fauna besser ver-
stehen zu können, gilt es zunächst, den bereits erwähnten thermischen Stufen bzw.
Höhenstufen zu folgen. Nur so kann sich der Beobachter ein zusammenhängendes
Bild von den komplizierten Wechselwirkungen zwischen Klima, Temperatur und
Feuchtigkeit, ihren dazugehörigen biologischen Lebensräumen und ihrem mannig-
faltigen Artenbestand verschaffen. Für Liebhaber: Es gibt in Ecuador etwa 450
Bromelien- und vermutlich über 5.000 Orchideenarten!

Tierwelt

▶ **Säugetiere**: Für Ecuador sind 384 Säugetierarten nachgewiesen, davon 30 endemi-
sche Arten, die nur in Ecuador vorkommen. Hierzu gehören die ursprünglichen
Beuteltiere als Relikt des alten Südkontinents Gondwana, der einst in die Kontinente
Südamerika, Afrika, Australien und Antarktis sowie in Südindien, Madagaskar und
Neuseeland zerfallen war. Diese sind durch mehrere maus- bis katzengroße Arten
der Beutelratten und Opossums (*Didelphidae*) vertreten.

Mit 140 Arten stellen **Fledermäuse** (*murcielagos*) die artenreichste Säugetiergruppe
des Landes dar und machen Ecuador zum fledermausreichsten Land der Erde. Sie

Tamarindenäffchen

besiedeln alle Lebensräume von der Küste und dem Amazonas-Tiefland bis in Höhen von 4.400 m (Anden-Fledermaus, *Histiotus montanus*). Im Unterschied zu den europäischen Fledermäusen, die ausschließlich Insektenjäger sind, haben die südamerikanischen Vertreter sehr unterschiedliche Nahrungsnischen erschlossen: neben Insekten jagenden Arten finden sich Früchte, Samen oder Pollen fressende Arten ebenso wie der Fische, Vögel und Kleinsäuger jagende *Vampyrum spectrum*, mit 90 cm Flügelspannweite die größte Fledermaus Ecuadors. Lediglich drei weitere Arten beißen Wunden in die Haut größerer Säugetiere und lecken das ausfließende Blut auf.

Die **Primaten** oder Herrentiere sind in Ecuador mit 19 Arten von Plattnasen- oder Neuweltaffen vertreten, wobei die meisten Arten durch den Verlust ihres Lebensraumes im Fortbestand bedroht sind. Während im Tieflandregenwald die abendlichen Konzerte der Roten Brüllaffen (*Aliouatta seniculus*) nichts Außergewöhnliches darstellen, sind die Bestände des Küsten-Brüllaffen (*aullador de la costa, Allioatta palliata*) inzwischen sehr stark gefährdet. Beide Arten der **Klammeraffen** (*mono araña*), der „menschenähnlichsten Wesen Amerikas", sind durch den Verlust von rund 90 % ihrer Lebensräume hochgradig gefährdet. Erwachsene Exemplare des Weißbauch-Klammeraffen im südlichen Amazonasgebiet (*Ateles belzebuth*) und des Braunkopf-Klammeraffen in den Naturreservaten Cotacachi-Cayapas und Los Cedros im nordwestlichen Küstengebiet (*Ateles fusciceps*) können 60 cm Körpergröße erreichen, den bis zu 90 cm langen Schwanz nicht mit eingerechnet. Geschickt schwingen sie sich mit ihren langen, spinnenartigen Armen und Beinen und unter Zuhilfenahme ihres langen Greifschwanzes hoch in den Bäumen von Ast zu Ast. Es gibt heute vermutlich nur noch etwa 100 Exemplare. Ebenfalls stark gefährdet sind die Vorkommen der Kapuzineraffen (span. Mono capuchino, lat. Cebus capucinus), der Weißstirn-Kapuzineraffen (Machin blanco, Cebus aequatorialis) und der Gehaubten Kapuzineraffen (Mico negro, *Cebus apella*). Gefährdet sind auch der Ecuador-Saki (*Pithecia aequatorialis*), der Rotmantel-Tamarin (*Chichico de manto rojo, Saguinus fuscicollis*), der Goldtamarin (*Chichico de manto dorado, Saguinus tripartitus*) und der Chorongo oder Wollaffe (*Lagothrix lagotricha*). Nur bei Dunkelheit kann hingegen der Nachtaffe *Aotus lemurinus* im Wachzustand angetroffen werden. Dessen abendliches Brüllkonzert steht dem der Brüllaffen in Lautstärke keineswegs nach. Das Zwergseidenäffchen *Cebuella pygmaea*, der kleinste Affe der Welt, ist jedoch noch häufig an und in Waldgebieten anzutreffen.

Nagetiere (*Rodentia*) sind durch eine Vielzahl von Arten vertreten, von mausgroßen Tierchen bis hin zum 50 kg schweren Wasserschwein oder Capybara (*Hydrochoerus hydrochaeris*) im Amazonas-Tiefland. Recht groß ist auch das 10 bis 15 kg schwere Pakarana (*Dinomys branicki*) aus den nördlichen ecuadorianischen Anden und das rotbraune Bergpaka (*Aguoti taczanowski*) in den subtropischen Nebelwäldern. Das Gegenstück zu den altweltlichen Stachelschweinen ist durch den Anden-Baumstachler (*Erizo andino, Coendu quichua*) vertreten. Bis auf 4.000 Höhenmeter verbreitet ist das Wild-Meerschweinchen (*Capia aperea*), die Stammform unseres Hausmeerschweinchens, das schon vor Kolumbus von den Indios als Fleischlieferant domestiziert wurde. Es sei auch noch auf einige endemische Reisratten der Galapagosinseln hingewiesen. Ihre kleinen Bestände sind allesamt gefährdet oder wie die Riesen-Reisratte von Santa Cruz bereits ausgestorben.

Die Zahl der amazonischen, süßwasserbewohnenden **Flussdelfine** in den Niederungen des *Cuyabeno, Aguarico, Lagartococha, Napo, Tiputini, Curaray, Pastaza, Bobonaza* und *Santiago* hat sich durch Pestizide, Goldabbau und zahlreiche Erdölpannen, aber auch durch die skrupellose Jagd von Indígenas, Kolonisten und Militärs stark dezimiert. Der Graue Delfin (*Sotalia fluviatilis*) dringt vom Brackwasser der Amazonas-Mündung zeitweise sehr weit in die Zubringerflüsse flussauf vor. Er ist daher nicht so regelmäßig anzutreffen wie der Rosa-Flussdelfin (*Delfín rosado, Inia geoffrensis*), der bei Tiefwasserständen zwar flussabwärts in Gebiete mit höheren Wasserständen ausweicht, sonst aber oft bei Kanutouren im Cuyabeno Wildlife Reservat und im Bereich der Lagunen Lagartococha und Imuya Cocha beobachtet werden kann.

In den Flüssen *Anango, Tiputini, Yasuni, Cuyabeno* und *Lagartococha* kann ein weiteres ausschließlich im Wasser lebendes Säugetier angetroffen werden, die **Amazonas-Seekuh** oder Amazonas-Manati (*Trichechus inunguis*). Der sehr stark durch Bejagung gefährdete Bestand liegt bei unter 300 Tieren. Hinzu kommt, dass ein Weibchen nach 13 Monaten Trächtigkeit nur ein einziges Kalb gebiert, das erst im Alter von etwa 10 Jahren fortpflanzungsfähig ist.

Zu den Großkatzen zählen der **Jaguar** (*Panthera onca*), der die tropisch-subtropischen Bereiche westlich und östlich der Anden bewohnt (wobei einheitlich schwarze Jaguare, die neben den gefleckten rötlichbraunen Individuen auftreten, keine eigene Art sind), und der **Puma** (*Felis concolor*), der landesweit, wenn auch in geringen Dichten, von tropisch-heißen Gefilden bis auf etwa 4.000 windig-kalten Höhenmetern in den Anden verbreitet ist. Daneben gibt es noch eine Reihe von Kleinkatzen wie Ozelot (*Leopardis pardalis*), Baumozelot (*Leopardus wiedii*), Tigerkatze (*Leopardus tigrinus*), Colocolo oder Pampakatze (*Oncifelis colocolo*) sowie das ungefleckte, einfarbig rotbraune oder schwarze Jaguarundi (*Herpailurus yaguarondi*).

Brillenbären (*Oso andino* o. *Oso de anteojos, Tremarctos ornatus*) sind in weiten Teilen der südamerikanischen Anden anzutreffen. In Ecuador leben schätzungsweise noch 2.000 bis zu 175 kg schwere Exemplare in Höhenlagen zwischen 900 und 4.300 m. Sie durchstreifen täglich Dutzende von Kilometern auf den Páramos und in den Bergurwäldern der Naturreservate und Nationalparks Cayambe Coca, Antisana, Sumaco Napo-Galeras, Llanganates, Sangay und Podocarpus in der Ost-kordillere, als auch Cotacachi-Cayapas, Los Ilinizas und Otongo in der Westkordil-lere und ihren Ausläufern. Der in Bäumen lebende Olingo oder Makibär (*Bassari-cyon gabbii*), der *Coati andino* oder Bergnasenbär (*Nasuella olivacea*) sowie der Wickelbär (*Potos flavus*) sind die drei heimischen Vertreter der **Kleinbären**.

Der kleine kurzbeinige **Waldhund** (*Speothos venaticus*) lebt eher in Gewässernähe in den Regen- und Nebelwäldern der östlichen Kordillere und der **Kurzohrfuchs** (*Atelocynus microtus*) in den Tieflandregenwäldern des Amazonasbeckens.

Neben einigen kleinen, wieselartigen Vertretern der Marderartigen kommen in Ecuador zwei große **Otter** vor: der Flussotter (*Lutra longicaudis*) in allen Gewässer-systemen und der akut vom Aussterben bedrohte, bis zu 2 m lange und 30 kg schwere Riesenotter (*Nutria Gigante, Pteronura brasiliensis*) im Amazonasgebiet. Man schätzt, dass allein Ecuador von 1940 bis in die späten 1980er-Jahre hinein 40.000 Otterpelze „exportierte". Erst seit Kurzem können wieder vereinzelte Individuen des Nutria Gigante im Cuyabeno-Nationalpark angetroffen werden. Stark bedroht ist der Otter durch die Ölverschmutzung und durch Fischer, die ihn als Konkurrenz beim Fischen betrachten. Aber er hat auch ganz natürliche, ebenso stark bedrohte Feinde wie die Anakonda, den Kaiman oder den Jaguar, die sich mit dem Otter die dicht bewucherten Uferböschungen teilen.

Eindrucksvolles Relikt des alten Südkontinents Gondwana sind die **Tapire**, die heute mit einer Art, dem Schabrackentapir (*Tapirus indicus*), in Südostasien und mit drei Arten in Südamerika leben. Alle drei südamerikanischen Arten kommen in Ecua-dor vor: der Amazonas-Tapir (*Tapirus terrestris*) östlich der Anden, der Bergtapir (*Tapirus pinchaque*) in den Anden in Höhenlagen zwischen 2.000 und 4.000 m und der sehr stark gefährdete mittelamerikanische Tapir (*Tapirus bairdii*) west-lich der Anden und südlich bis zum Golf von Guayaquil.

Wie plumpe gepanzerte Ungeheuer wirken die in Ecuador vorkommenden **Gürteltie-re** mit ihren gürtelartig angeordneten Panzerplatten. Die meisten dieser nachtaktiven Tiere wiegen 3 bis 6 kg, das Riesengürteltier (*Priodontes maximus*) bringt jedoch bis zu 50 kg auf die Waage. Mit ihren kräftigen Klauen graben Gürteltiere (*Armadillos*) nach Wurzeln, Früchten und Insekten und manchmal gehen sie auch an Aas.

Alle drei südamerikanischen **Ameisenbären** können in den Wäldern Ecuadors angetroffen werden: Großer Ameisenbär (*Myrmecophaga tridactyla*), Mittlerer Ameisenbär (*Tamandura mexicana*) und der Zwergameisenbär (*Cyclops didacty-lus*). Ebenso sind das **Drei-Zehen-Faultier** (*Bradypus tridactylus*) und zwei Arten der Zwei-Zehen-Faultiere (*Coloepus didactylus* und *hoffmanni*) hier beheimatet.

Neben dem in Nord- und Südamerika weitverbreiteten Weißwedelhirsch (*Odocoi-lus virginianus*) leben in den andinen Wäldern eine Reihe kleiner Hirschverwand-ter wie der Huemul oder Andenhirsch (*Hippocamelus antisiensis*), der Graue Spießhirsch (*Mazama gouazoubira*), der Große Rote Spießhirsch (*Mazama ameri-cana*), der Kleine Rote Spießhirsch (*Mazama rufina*) und der Nördliche **Zwerg-hirsch** oder Pudu (*Pudu mephistophiles*).

Das Weißbartpekari (*Tayassu pecari*), ein **Wildschwein**, wird sowohl im westlichen als auch östlichen Ecuador gejagt.

Im Hochland sind neben den scheuen *Vicuñas* am Chimborazo-Massiv auch **Lamas** und Alpakas zu beobachten. Diese domestizierten Formen entstammen den in

Vicuñas am Chimborazo

Peru, Bolivien, Chile und Argentinien vom Meer bis in die Hochanden vorkommenden wilden Guanakos (*Lama guanicoe*).

Es sei auch auf die beiden **Robbenarten** hingewiesen, die jeder Besucher der Galapagosinseln hautnah erleben kann: der Galapagos-Seelöwe (*Zalophus californianus wollebacki*) und die Galapagos-Pelzrobbe (*Arctocephalus galapagoensis*).

▶ **Vögel**: Über 1.600 Vogelarten geben sich landesweit ein Stelldichein und damit etwa die Hälfte aller in Südamerika und ein Fünftel aller weltweit vorkommenden Arten. Viele davon sind Endemiten, d. h. sie kommen ausschließlich in Ecuador und hier nur in einem mehr oder weniger engen Gebiet vor. Einige Lebensräume sind besonders reich an Endemiten: *Chocó Wet-Forest* im Nordwesten bis hin zu Kolumbien mit 31 endemischen Arten (die höchste Dichte von Endemiten eines Gebirgslebensraumes weltweit), die Feuchtwälder an den Flanken der nordwestlichen Kordillere mit 44 endemischen Arten, das *Tumbesian*-Tiefland im Südwesten mit 59 Endemiten, die Ostkordillere mit 36 endemischen und das westliche Amazonas-Tiefland mit 23 endemischen Arten.

Unter den Endemiten finden sich auch zahlreiche der 132 ecuadorianischen Arten von **Kolibris**. In ganz Amerika gibt es 328 Arten. Wie edel metallisch glänzende Juwelen stehen sie im Schwirrflug vor den Blüten, den Schnabel tief in die Blüte gesenkt, um Nektar zu saugen. Herrlich sind die rasanten Manöver bei ihren Revierkämpfen. Ist die Blüte leer gesaugt, fliegen die Kolibris ein kurzes Stück rückwärts (was sonst kein Vogel kann), um den Schnabel aus dem Blütenkelch zu ziehen. Treffend beschreibt das die spanische Bezeichnung *Picaflores* („Blütenstecher"). Überkörperlang ist der Schnabel des Schwertschnabel-Kolibris (*Ensifera ensifera*). Mit 2 g Körpergewicht ist der knapp hummelgroße Waldstern-Kolibri (*Chaetocercus sp.*) der kleinste Vogel überhaupt, während der braune Riesen-Kolibri (*Patagona gigas*) fast die Größe einer Drossel hat. Die nur in der „Neuen Welt" beheimateten

Blütenstecher, im indianischen auch *Quinde* genannt, leben in allen Klimazonen, von Meereshöhe bis fast hinauf zur Schneegrenze. Die kleinsten Kolibris vollführen bis zu 78 Flügelschläge pro Sekunde und haben bis zu 1.260 Herzschläge pro Minute. Sie können in der Luft stehenbleiben, wie Hubschrauber nach oben, nach unten, seitwärts oder, wie bereits erwähnt, rückwärts fliegen. Nur eines tun sie praktisch nie: auf dem Erdboden landen! (Siehe zu Kolibris auch auf S. 255 und 242/243)

Mit 19 Arten sind **Tukane** in Ecuador von den tropischen Tiefländern bis in die andinen Bergwälder in 4.000 Höhenmetern (Bergtukane, *Andigena sp.*) vertreten. Ob es sich dabei um kleine „*Tucanillos*" (*Aulacorhynchus sp.*) oder die großen Weißbrust-Tukane („*Diostedé*") der Gattung *Ramphastos* handelt – allen ist außer einem bunten Gefieder ein mächtiger, teils überdimensionaler und als Früchtepresse dienender Schnabel gemeinsam.

Beeindruckend sind die Begegnungen mit großen **Papageien** (*Guacamayos*) in den Urwaldgebieten des Amazonas- und Küstentieflandes, wie z. B. mit dem riesigen gelb-blauen Ararauna (*Ara ararauna*) oder roten Aras wie dem Macao (*Ara macao*) oder dem Grünflügel-Ara (*Ara chloroptera*). In Ecuador sind 47 Ara-, Papageien-, Sittich- und Amazonenarten beheimatet.

In der Ufervegetation der östlichen Tieflandgewässer sind die großen, schwarzen Ani-Kuckucke (*Garrapatero Mayor, Cocinero, Crotophagus sp.*) zu beobachten, mit etwas Glück auch die prähistorisch anmutenden Zigeunerhühner, Schopfhühner oder **Hoatzine** (*Opisthocomus hoazin*), der kein Hühnervogel ist, wie seine deutsche Bezeichnung vermuten lässt, sondern ebenfalls ein Kuckuck. Hoatzine sind in direkter Nähe zu oder über Wasser anzutreffen, niemals im Wald. Eine besondere Eigenart ist bei Jungvögeln das Vorhandensein „prähistorischer" Krallenfortsätze unter den Flügeln. Wenn sich die Heranwachsenden bedroht fühlen, stürzen sie sich ins Wasser um dann mit Hilfe dieser Krallen wieder ins Nest zu klettern. Mit der Zeit verschwinden diese mysteriösen Klauen jedoch, bei erwachsenen Tieren sind sie nicht mehr wahrnehmbar. Hoatzine ernähren sich von Früchten und Blättern und können bis zu 50 cm groß werden. Auf ihrem langen dünnen Hals sitzt ein Köpfchen mit einem goldfarbenen Hahnenkamm, der bei Gefahr bedrohlich gespreizt werden kann. Ausgewachsene Hoatzine vertreiben natürliche Feinde aber auch mit einer extrem penetranten Ausdünstung, weswegen sie von den Indianern *pavas hediondas* – „stinkende Puten" – genannt werden.

Der Wappenvogel Ecuadors ist der riesige **Anden-Kondor** (*Vultur gryphus*), der in einigen Paaren die Paramos der Hochanden bewohnt. Der Kondor ist ein Vertreter der Neuweltgeier, die ähnlich den Altweltgeiern Aasfresser sind, aber nicht wie diese zu den Greifvögeln gehören, sondern nahe mit den Störchen verwandt sind. Manchmal können über dem Stadtzentrum von Quito auch Rabengeier (*Coragyps atratus*) kreisen. Leuchtend weiß hingegen ist die Unterseite des in großer Höhe über Tiefland-Waldgebieten kreisenden Königsgeier (*Sarcorhamphus papa*), der Aas auch mit dem Geruchsinn aufspüren kann. Oft sind im Tiefland auch die eleganten Schwalbenweihen (*Elanoides forficatus*) mit ihren rauchschwalbenartigen Gabelschwänzen zu beobachten.

Ein seltener Vogel der Tieflandregenwälder ist der Furcht einflössende und Affen jagende **Harpienadler** (*Harpia harpyja*) mit seinem mächtigen Hakenschnabel und den kräftigen Greiffüssen.

▸ **Reptilien:** Den meisten fallen hierbei vielleicht die Galapagos Schildkröten zuerst ein. Die in mehreren Formen lebenden Riesenschildkröten (*tortuga gigante*) gaben dem

Kaiman im Cuyabeno Reservat

Archipel schließlich seinen Namen. Aber auch die an Sandstränden laichenden Grünen Seeschildkröten sind eine Charakterart des Archipels. Im Amazonasgebiet hingegen ist die bis zu 25 kg schwere Arrau-Schildkröte (*Podocnemis expensa*) früher auch in Massen vorgekommen. Alexander von Humboldt schreibt von Tausenden von Schildkröten, die zur Eiablage auf den Sandbänken zusammen kamen. Die Indígenas sammelten die Eier und verkochten sie zwecks Eigenversorgung zu Öl. Ihre Bestände nahmen jedoch erst drastisch ab, als weiße Händler Schildkrötenöl in großen Mengen aufzukaufen begannen. Heute wird durch Nachzucht und Auswilderung und unter Einbindung der Indígenas versucht, die Bestände der Arrau-Schildkröte wieder aufzubauen.

Unter den 400 Reptilienarten befinden sich auch über 200 Schlangenarten, wovon etwa 40 giftig sind. Mit zu den gefährlichsten *culebras venenosas* zählen alle Unterarten der Lanzenotter (*Bothrops atrox*), einer neugierigen und angriffslustigen Grubenotterart, die sich durch ihr x-förmiges Kreuzbandmuster auszeichnet. Es gibt sie im Küsten- und Amazonasbereich in unterschiedlichen Farbschattierungen und Größen, von 25 cm bis hin zu 2,80 m („Buschmeister"), sowohl auf dem Boden als auch in Bäumen lebend. Im Gegensatz zur Lanzenotter kann die hübsch anzuschauende, jedoch hochgiftige Korallenschlange nicht wirklich zubeißen. Man müsste ihr schon den Finger ins offene Maul stecken, da die Zähne fast hinten im Rachen liegen. In Höhenlagen von über 2.000 m und auf den Galapagosinseln gibt es keine Giftschlangen. Die bis zu 8 m langen, ungiftigen Riesenschlangen wie die *Anakonda* oder die *Boa Constrictor* sind im Amazonastiefland an seichten Flussufern, in Lagunen und Sümpfen anzutreffen. Wer sich genauestens über Schlangen informieren möchte, sollte dem Vivarium in Quito einen Besuch abstatten!

Ebenso gibt es in tropischen und subtropischen Bereichen unterschiedlich große und farblich variierende Leguane (*iguanas*). Bei nächtlichen Kanufahrten im Amazonastiefland verraten sich in Uferhöhlungen lauernde Brillenkaimane (bis zu 3 m lang) durch das Aufleuchten ihrer Augen im Taschenlampenstrahl. Am Tag gleiten die sich sonnenden Tiere schon bei der kleinsten Störung lautlos und unauffällig ins Wasser. Hingegen können von den großen Küstenkrokodilen (bis zu 6 m lang) in Sumpfgebieten, Flüssen und Mangrovenwäldern heute nur noch wenige Exemplare angetroffen werden.

Bei den **Amphibien** sind 439 Frosch- (*ranas*), Kröten- (*sapos*) und Salamanderarten zu erwähnen, wobei 40 % endemisch sind und ständig neue Arten entdeckt werden, während andere vom Aussterben bedroht oder bereits ausgestorben sind. Damit

steht Ecuador an dritter Stelle hinter Brasilien und Kolumbien. Es gibt Land-, Was-
ser- und Baumfrösche. Zu den spektakulärsten gehören 30 transparente Kristall-
frosch- (*Cochranella*) und 50 farbenprächtige Giftfroscharten (*Dentrobates, Epipedobates, Colosthetus* u. a.), mit deren tödlicher Hautflüssigkeit die Urwaldindianer
bis vor Kurzem noch ihre Pfeilspitzen beträufelten. Ein roter Giftfrosch mit dem
wissenschaftlichem Namen *Epipedobates anthonyi* produziert eine extrem
schmerzstillende Droge (etwa 200x so stark wie Morphium) mittels Flüssigkeits-
ausscheidung, die auch zur Behandlung von Krankheiten wie Alzheimer, Parkinson
oder Schizophrenie eingesetzt werden kann.

▸ **Fische**: Der außerordentliche Fischreichtum Ecuadors ist bis heute noch nicht detailliert erforscht. Neben 600 ozeanischen Fischarten, unter ihnen 37 Haifischarten
und der riesige Walhai, gibt es etwa 800 Süßwasserarten. Bei letzteren zählt das he-
rausgeschnittene, rasierklingenscharfe Gebiss eines selbst geangelten Piranha mit
zu den begehrtesten Souvenirs von Dschungelreisenden. Das Fleisch dieser kleinen
Raubfische schmeckt ausgezeichnet. Besonders erwähnenswert sind auch der bis
zu 3 m lange und 150 kg schwere amazonische *Paiche*, der größte Süßwasserfisch
unseres Planeten, sowie die amazonischen Zitteraale, die Stromschläge von bis zu
500 Volt austeilen können.

▸ **Insekten**: Über 98 % aller in Ecuador vorkommenden Tierarten sind Insekten. Man
schätzt ihre Artenvielfalt auf etwa eine Million, wobei in einer einzigen Urwald-
baumkrone bis zu 2.000 Arten angetroffen werden können und lediglich hundert davon der Wissenschaft namentlich bekannt sind. Dazu gehören fleißigste Blatt-
schneiderameisen, futuristisch anmutende Gottesanbeterinnen, bis zu 30 cm lange
Stabheuschrecken, propellerschwingende Riesenlibellen, Säure spritzende Hundert-
füßler, eine nahezu unerforschte Vielfalt an Spinnenarten oder eine vereinzelt umher-
streifende *Conga*, eine giftige Riesenameise, deren Biss einen erwachsenen Menschen in einen äußerst schmerzhaften Fieberwahn versetzt. Hingegen können die
wohlschmeckenden Zitronenameisen ohne Weiteres gleich lebend verzehrt werden.

Höhepunkte im Insektenreich stellen über **4.000 Schmetterlingsarten** (*mariposas*)
dar. Allein 2.700 Arten sind der Familie *Papilionidae* zuzuordnen. Das entspricht
etwa 25 % aller Arten auf der Erde. Ecuador steht zusammen mit Kolumbien und
Peru an der Spitze. Die „fliegenden Blumen" präsentieren sich in schillerndsten
Blau-, Rot-, Gelb- und Grüntönen. Besonders hervorzuheben sind so viele, z. B. der
blau schimmernde *Morpho menelaus* mit bis zu 10 cm Spannweite, der *Ojo de
Búho* (*Caligo eurilodius*) mit seinen abschreckenden „Eulenaugen" oder die nahezu
transparenten *Hyalurga ortotaenia* und *Temenis pulchra*. Die größte Artenvielfalt
findet sich in subtropischen Höhenlagen zwischen 1.600 und 2.000 m, aber auch
im tropischen Bereich von 900 bis 400 m.

Auch bei **Grillen**, Heuschrecken und Grashüpfern (*Grillos, Saltamontes*) schlägt Ecua-
dor sämtliche Rekorde. So können im Amazonasgebiet auf einem einzigen Hektar
Regenwald mehr Arten als in ganz Europa vorgefunden werden! Zudem gibt es 70
Arten von **Gottesanbeterinnen** (*Mántidos*), wobei fast die Hälfte endemisch sind.
Manche sehen aus wie verfaulte Blätter, andere wie außerplanetarische Räumfahrzeuge.

● *Buchtipps* Erwin Patzelt, die beiden relativ großformatigen Bände **Flora del Ecuador** und **Fauna del Ecuador**, farbig und
sehr schön illustriert, das A und O über
Ecuadors prachtvolle Tier- und Pflanzenwelt
(Ediciones Imprefepp); **Birds of Ecuador**
von Robert S. Ridgely und Paul J. Green-
field, zweibändig, fast 2.000 Seiten stark
und 3 kg schwer (Cornell University Press,
www.cornellpress.cornell.edu); **Common
Birds of Amazonian Ecuador** von Chris Ca-
naday und Lou Jost (Ediciones Libri

Mundi); der farbenprächtige Bildband **Plumas – Birds in Ecuador** von Murray Cooper (Ediciones Libri Mundi); **Butterflies of Ecuador** der beiden Italiener Mauricio Bollino und Giovanni Onore (Imprefepp); **Birds, Mammals & Reptiles of the Galápagos**, übersichtlich illustriertes Taschenbuch von Andy Wash & Rob Still (Yale University Press/Wild Guides); **Galápagos Diary**, detailliertes Handbuch über den Vogelreichtum von Hermann Heinzel (Helm Publishers); **Galápagos Natural History Guide** und **Marine Life of Galápagos**, zwei sehr detaillierte Handbücher von Pierre Constante (Odyssey Guides); **Galápagos – A Natural History** von Michael H. Jackson (University of Calgary Press), **Galápagos Wildlife** von David Horwell & Pete Oxford (Bradt Publications), **Reef Fish** von Paul Human und Ned Deloach (Libri Mundi).

Urwälder

In den tropischen Regenwäldern des Amazonastieflandes und in seinen hügeligen Randzonen, den „Piemontaño"-Urwäldern zu Füßen der östlichen Kordillerenausläufer, sorgen heftige Niederschlagsperioden für artenreichste Flora und Fauna.

Der flache Regenwald besteht zum größten Teil aus nährstoffarmer, ausgeschwemmter **tierra firme** (fester Erde), sumpfigen **pantanos** oder zeitlich überfluteten Laub- und Palmwäldern, die von braunen Flüssen und stillen Lagunen durchzogen sind. Bei den Urwäldern am Fuße der Andenkordilleren ist die Niederschlagshäufigkeit noch höher als im Tiefland. Hier regnen sich die aufgestauten Amazonaswolken an den Hängen ab. Lediglich 1 % des Sonnenlichtes kann die dichten Baumkronen, in denen sich auch ein Großteil der Tiere verborgen hält, durchdringen. Unterhalb dieses Blätterdaches von bis zu 60 m hohen „Urwald-Kathedralen" ringen alle anderen Pflanzen um das spärlich einfallende Licht. Bis zu einhundert überlebenshungrige Pflanzenarten aus ganz unterschiedlichen Familien können sich um den Stamm eines Regenwaldbaumes reihen, sich an ihm hoch winden, in seinem Geäst festsetzen oder seine flachen Wurzeln anzapfen. Der Kampf um Sonne, Wasser und Nährstoffe zwecks Fotosynthese findet aufgrund des humusarmen Urwaldbodens meist in der Höhe statt. Würgefeigen umschlingen die dicksten Stämme, bis diese ersticken, absterben und Platz für neues Leben schaffen. Lianen hängen von den Baumkronen, Bromelien sitzen auf den dicksten Ästen. In ihren ananasgleichen Kelchstauden sammelt sich Regenwasser, das

Baumfarn

von Insekten und Fröschen als Miniaturtümpel genutzt wird. Ebenso gut getarnte Baumschlangen interessieren sich daher auch für „Inhalt" einer Bromelie. Angefaulte Stämme dienen Spechten und Tukanen als Schlupfwinkel zur Eiablage, während die großen Aras bis in die höchsten Kronen aufsteigen. Affen turnen zwischen den Wipfeln umher. Sie leben wie die Faultiere von Früchten, steigen aber nicht wie diese von den Bäumen, um kurioserweise am Boden ihre Notdurft zu verrichten – was wiederum der „Düngung" der angestammten Behausung dienlich ist.

Vor hundert Jahren war auch die gesamte Küstenregion von dichten Urwäldern bedeckt, die mit dem Voranschreiten von großflächigem Plantagenanbau inzwischen fast völlig verschwunden sind. Lediglich in der nördlichen Provinz Esmeraldas gibt es noch zusammenhängende Dschungelgebiete (im Cotacachi-Cayapas-Reservat, im Awa-Reservat an der kolumbianischen Grenze und im hügeligen Hinterland von Muisne).

Auch den gezeitenabhängigen, an Salzwasser gebundenen **Mangrovenwäldern** im Uferbereich zwischen Meer und Hinterland wurde in den letzten 30 Jahren der Garaus gemacht, etwa 90 % der *manglares* sind den *camaroneras* (Garnelenaufzuchtfarmen) zum Opfer gefallen. Mehr oder weniger intakte „Stelzwurzel-Urwaldsümpfe" findet man heute noch in der Provinz Guayas (Puná-Insel und Churute), in Esmeraldas und Manabí (Reserva Cayapas-Mataje), südlich von Muisne, im Archipel von Jambelí und auf dem Galapagos-Archipel.

Der Süden der Küstenprovinz Manabí (Machalilla-Nationalpark) und die Hänge der Küstenkordillere Chongón-Colonche (Provinz Guayas) sind zum Teil noch mit spröden **Trockenurwäldern** überzogen, die sich in der „sonnigen Regenperiode" von November bis Mai in grüne, undurchdringliche Dickichte verwandeln, wobei sich die Niederschläge in der „regnerischen Trockenzeit" von Mai bis November weniger durch ihre Heftigkeit, als vielmehr durch ihre Beharrlichkeit auszeichnen (*garúa* = dauerhafter Nieselregen). Während dieser Trockenzeit werfen die Bäume und Sträucher dann allmählich alle ihre Blätter ab und geben den Anschein einer Dornbuschsteppe. Die einzigen, weithin sichtbaren Bäume, sind bis zu 60 m hohe, bauchige **Ceibos de la Costa** (*Ceiba pentandra*, Kapok- oder Wollbaum), die auch in der Karibik oder in Westafrika angetroffen werden können. Ihre von Brettwurzeln gestützten, bis zu 3 m dicken Stämme, stehen niemals dicht beieinander, sondern bewahren immer einen gewissen Abstand zum Nachbarn. Ihre vielarmigen Kronen haben Äste in waagerechten Etagen und sind zur Blütezeit mit elfenbeinfarbig-flauschigen Wollbüscheln, der Kapokfaser (Pflanzendaunen), gespickt, aus denen in mühevoller Handarbeit Matratzen oder Füllmaterial für Schwimmwesten hergestellt werden. Weitere Vertreter an der Küste sind der zur Trockenzeit leuchtend gelb-rötlich blühende Guajakbaum (*guayacán*) sowie zierliche Sandelbäume, verschiedene Ficus- und Schirmakazien-Arten und auch Feigenkakteen (*tuna*), deren Früchte sehr nahrhaft sind.

Eine Sonderstellung nimmt der **subtropische Nebelwald** ein (*Bosque Nublado*). In Höhenlagen zwischen 1.000 und 2.500 m zieht sich dieser über die westlichen und östlichen Ausläufer entlang der beiden Kordillerenstränge. Die gebirgigen Nebelwälder bestechen durch tief liegende, ständig auf- und absteigende Wolkenmassen und ein verstärktes Temperaturgefälle. Durch die Wipfel wabernde Dunstschwaden geben den vor Feuchtigkeit schwitzenden, in Schmarotzergeflechte eingehüllten Bäumen den Anschein eines verhexten Märchenwaldes. Zu den auffälligsten Pflan-

Flora und Fauna

Ruinen im Cotopaxi Nationalpark

zen gehören neben Bromelien und anderen Epiphyten auch Baumfarne, Silber-
bäume, Palmstauden, Lianen, Lilien, Helikonien, Begonien, Fuchsien, Moosge-
flechte und Orchideen. Im Gegensatz zum tropischen Regenwald trifft der Wanderer hier auf zähestes Dickicht im Bodenbereich, tief eingeschnittene Schluchten
zwischen schroffen Höhenrücken, glasklare Wildbäche und erfrischende Badetüm-
pel mit Wasserfällen (siehe zu Nebelwald auch im Ortsteil „Quito/Umgebung" unter „Ausflüge in den Noroccidente").

Lediglich ein paar Fleckchen intakter **Hochlandurwälder** sind heute noch in durchschnittlichen Höhenlagen zwischen 3.000 und 4.000 m anzutreffen. Zu den wenigen verbliebenen Urwaldzonen der *Sierra* gehören z. B. das nahe Quito gelegene
Pasochoa-Reservat und vereinzelte Polylepis-Wälder in den Naturreservaten El
Angel und El Cajas sowie in den Coca-Cayambe- und Podocarpus-Nationalparks.

Der Pflanzenwuchs im Hochgebirge gilt nicht zuletzt aufgrund der vorherrschend
starken Temperaturschwankungen (bis zu 30 Grad) als einzigartig im tropischen
Amerika. Die andine Flora hat sich in den letzten 60 Mio. Jahren entwickelt und
charakterisiert sich vor allem durch kleinere, dickere Blätter, die den frostigen
Nächten, scharfen Winden und der intensiven Sonnenstrahlung problemlos widerstehen können. Die meisten Pflanzen des Hochlandes machen einen sehr knorrigen, kompakten und unverwüstlichen Eindruck. Zu den angestammten Hochland-
Bäumen gehören mächtige Akazien, Araukarien, Zedern und Zypressen, vielfach
auf den Plazas der Dörfer und Städte zu bewundern. Noch viel älter sind hingegen
die urigen, dunkelrot-stämmigen Polylepis-Bäume (Quinoa- oder Chinarindenbäume), von den Indígenas auch *colorados* genannt. Unter den blütentragenden
Pflanzen stechen die außergewöhnlichen, mehrere Meter hohen *Frailejónes*
(Espeletien oder „Mönche") im El-Angel-Reservat hervor.

Alexander von Humboldt und andere Naturforscher in Ecuador

Die Anfänge: Die ersten groben Studien über Flora und Fauna, Ethnologie, Geografie, Geologie und Klimatologie erschienen bereits wenige Jahrzehnte nach der *Conquista* in den Chroniken der kolonialen Geschichtsschreiber. Unter ihnen trat der Jesuitenmönch *José de Acosta* mit seiner *Historia Natural y Moral de las Indias* (Sevilla 1590) hervor, oder auch Pater *Bernabé Cobo* mit seiner *Historia del Nuevo Mundo*, die zwar 1639 beendet, aber erst 1893 in Sevilla veröffentlicht werden konnte. Zwischen 1736 und 1744 ist in diesem Zusammenhang die geodätische Expedition des Franzosen *La Condamine* zu erwähnen, die in erster Linie dazu diente, den meridionalen Erdkreis zu vermessen. Ferner lieferte dieses staatenübergreifende Unternehmen auch interessante Beschreibungen über die Gebirgswelt und die tropische Natur des Äquatorlandes.

„Königliche" Expeditionen botanischen Charakters wurden Mitte des 18. Jh. begonnen. Zu den bemerkenswertesten spanischen Naturwissenschaftlern zählte hierbei der Mediziner und Pharmazeut *José Celestino Mutis*. Durch die Ausweisung der Jesuiten im Jahre 1767, die im Lauf der Jahrhunderte einen großartigen Beitrag zur naturgeschichtlichen Erkundung der Kolonien beigetragen hatten, endeten die von der spanischen Regierung in Auftrag gegebenen Forschungsreisen. Die Kolonialherren hatten schließlich alle Hände voll zu tun, sich der Unabhängigkeitsbestrebungen der Kreolen zu erwehren.

Mit der im Jahre 1799 in Cumaná/Venezuela begonnenen Expedition des Barons *Alexander von Humboldt* (1769–1859) nahm das zu neuem Leben erwachte naturgeografische Studium des Kontinents dann zum ersten Mal wissenschaftliche Ausmaße an. Humboldts detaillierte Reiseberichte, Dokumentationen und Studien über Landschaften, Klima, Pflanzen und Meeresströmungen brachten ihm die Bezeichnung „Wiederentdecker" Südamerikas ein.

Die ersten deutschen Forscher: Der erste Deutsche, der im Jahre 1605 ecuadorianisches Territorium betrat, war der Jesuitenpater *Anton Rangel*, von dem man heute aber sehr wenig weiß. Genau sechzig Jahre später gelangte der Ordensbruder und passionierte Baumrindensammler *Heinrich Richter* ins Land, der bis 1695 im Amazonasgebiet tätig gewesen war, bevor ihn einer der Häuptlinge der *Cunivos*-Indianer ermordete. Ein anderer Jesuitenpater war der 1651 in Trautenau geborene *Samuel Fritz*, der im Mündungsgebiet des Río Napo vierzig indianische Siedlungen mit insgesamt über 40.000 Einwohnern gründete. Seine portugiesischen Kolonisten-Nachbarn dankten ihm das aufopfernde Wirken mit Verfolgung und Gefängnis. Fritz fertigte bereits dreißig Jahre vor der geodätischen Expedition von La Condamine die erste Karte des Amazonasgebietes mit all seinen verschiedenen Missionsstationen an (Maßstab 1:15.000.000).

In der zweiten Hälfte des 18. Jh. bereiste der in Spanien beheimatete *Tadeo Hanke* fast ganz Lateinamerika. Von Ecuador aus wollte er über den Río Amazonas den Atlantik erreichen, scheiterte aber an seinen finanziellen Möglichkeiten.

Der herausragendste von allen in Ecuador tätigen Naturforschern war zweifelsohne der am 14. September 1769 in Berlin geborene Geograf und Pflanzenkundler *Alexander von Humboldt*. Seiner Faszination für Vegetation und Landschaft zuliebe opferte der anfänglich vom Botaniker *Carl Ludwig Wildenow* inspirierte Baron sein gesamtes Vermögen.

Flora und Fauna

Andentukan

Im Anschluss an seine Expeditionen durch Venezuela, Kuba und Kolumbien gelangte Humboldt am 2. Januar 1802 nach Ecuador. Von Quito aus begann Humboldt die innerandine Region zu erkunden, die er begeistert „Straße der Vulkane" nannte. Es wäre ihm um ein Haar sogar die Erstbesteigung des Chimborazo gelungen, des damals angeblich höchsten Berges der Erde.

Im Golf von Guayaquil fand er nicht nur seine Messwerte über kalte und warme Strömungsverhältnisse bestätigt, sondern schrieb auch seine ersten Kapitel über die „Geografie der Gewächse", in denen erstmalig der Zusammenhang von mannigfaltigen Vegetationszonen auf ihren jeweils unterschiedlichen Höhenlagen erörtert wird: die feuchtheiße Tieflandzone, die gemäßigte Zentralzone und die kalte Hochlandzone. Diese weisen entgegengesetzte, jedoch voneinander abhängige Ökosysteme auf, die auch innerhalb der Hauptzonen variieren und so ein kompliziertes ökologisches Gleichgewicht schaffen. Mit der Herausgabe seiner phytologischen Schriften die *Geographie der Pflanzen in den Tropen-Ländern*, inspiriert durch den abrupten Übergang vom Meer bis hin zum Gipfel des Chimborazo, schuf Humboldt die Grundlage für die heutige moderne Pflanzenkunde.

Zu seinen ständigen Begleitern gehörten der französische Botaniker *Aimé Bonpland*, der wissenschaftliche Assistent *Francisco de Caldas* aus Kolumbien und der ecuadorianische Adlige *Carlos Montúfar*. Nach seiner Amerikareise (1799– 1804) ließ Humboldt sich in Paris nieder, wo auch die umfangreichsten seiner Werke veröffentlicht wurden. Hoch geehrt starb er am 6. Mai 1859 im Alter von 89 Jahren in seiner Geburtsstadt Berlin.

Auf Empfehlung Humboldts bereiste der 1817 in Stralsund geborene Botaniker und Geologe *Hermann Karsten* 1844–56 den Norden Südamerikas. Er führte dabei erstmalig ein Mikroskop mit sich und unternahm Beobachtungen an Sporen, Parasiten und Baumrinden. Auf der Suche nach Farnen zwecks ihrer Akklimatisierung in

Botanischen Gärten in Europa gelangte er auch ins zentrale Hochland von Ecuador. Seine Pflanzenkollektion befindet sich heute in den Herbarien von Berlin-Dahlem, Wien, Paris, Stockholm und Sankt Petersburg. Er starb 1908 in Berlin-Grunewald.

Über den Verbleib der Kollektionen der 1856 bzw. 1867 in Guayaquil verstorbenen Naturwissenschaftler *Willibald Lechler* (geb. in Reichenbach in Württemberg) und *Hermann Krause* (geb. in Leipzig) weiß man heute so gut wie nichts. Von Krause finden sich ein paar wenige Pflanzenexemplare in den Herbarien von Berlin, Wien und Leiden (Niederlande).

Mit Unterstützung von König Maximilian von Bayern bereiste der Zoologe *Moritz Wagner* zwischen 1857 und 1859 die ecuadorianischen Provinzen Imbabura, Pichincha, Cotopaxi, Tungurahua, Chimborazo und Bolívar. Ihm folgten ein Jahrzehnt später die beiden renommierten Vulkanologen *Wilhelm Reiss* (1838–1908) und *Alfons Stübel* (1835–1904). Die beiden Abenteurer lieferten zwischen 1869–74 wertvolle Studien über die genetisch-morphologische Klassifizierung der Andenvulkane. Reiss gelang als erstem Europäer die Besteigung des Cotopaxi. Stübel lebte von 1882–90 unter den Indianern im Amazonasgebiet. Beide bereisten den größten Strom der Erde bis zu seiner Mündung und kehrten auf diesem Wege nach Europa zurück. Ihre reichhaltige petrografische Sammlung ist im Grassi-Museum in Leipzig zu bewundern. Weitere deutsche Naturforscher im Zeitraum von 1870–1880 waren der Böhme *Benedikt Roezl*, von dem man lediglich weiß, dass er von Guayaquil aus zu den

Hyla

Flanken des Chimborazo aufbrach, und der Orchideenspezialist *Eduard Klaboch*, dessen Sammlung (bzw. die Reste davon) sich in Berlin-Dahlem befinden. Auch der 1903 in Popayán (Kolumbien) verstorbene deutsche Konsul *Friedrich Karl Lehmann* botanisierte in fast allen Provinzen Ecuadors (Herbarien in Berlin-Dahlem, Kew/England und Sankt Petersburg).

Unter der Präsidentschaft von García Moreno wurde in Quito 1870 die *Politécnica* gegründet, eine Hochschule für Landvermesser, Architekten, Ingenieure, Astronomen und Naturwissenschaftler. Die Verwaltung der ersten ecuadorianischen Akademie dieser Art wurde den jungen deutschen Jesuitenpatern *Hans Menten* und *Ludwig Dressel* übergeben. Zu den Professoren zählte auch der Chemiker und Geologe *Theodor Wolf*. Seine Studien über Galapagos, Esmeraldas, Loja und Azuay sowie seine Werke *Geografía y Geología del Ecuador* und *Crónica de los fenómenos volcánicos y terremotos* machten ihn nach Humboldt zu einem der bedeutendsten Naturwissenschaftler des Landes.

Wo sind die leckeren Ameisen?

Mit dem Sturz García Morenos schloss die Politécnica 1875 ihre Pforten. Sie sollte erst sechzig Jahre später wieder eingeweiht werden, ebenfalls unter der Mitwirkung deutscher Professoren. Ihre pionierhafte Bedeutung für die ecuadorianische Wissenschaft des auslaufenden 19. und beginnenden 20. Jh. hatte die Akademie nicht zuletzt diesen *alemanes politécnicos* zu verdanken.

Der erste deutsche Wissenschaftler, der nach der Schließung der Politécnica seine Koffer packte, um 1875–76 die indianischen Andenländer Südamerikas zu bereisen, war der Ethnograf *Adolfo Bastían*. Ihm folgte zwischen 1891 und 1897 der Botaniker *Baron Heinrich von Eggers*. Seine Pflanzenkollektion der Provinz Manabí gilt als einzigartig und ist in den Herbarien von Berlin-Dahlem, München und Oslo zu finden. Die Eindrücke des Jenaer Pflanzenkundlers *August Rimbach* wurden Ende des 19. Jh. unter dem Titel *Reisen im Gebiet des Oberen Amazonas* veröffentlicht. Seine Pflanzensammlung befindet sich heute in Berlin und den USA (Chicago Field Museum, Gray Herbarium of Cambridge, Smithsonian Institution).

Der Hildesheimer Geograf *Hans Meyer* stellte 1903 Beobachtungen an den Gletschern des Chimborazo, Altar, Cotopaxi und anderen Vulkanen an. Seine spezifischen Sammlungen von Hochlandmoosen, Farnen und Pilzen befinden sich in Berlin-Dahlem und anderen Orten der Bundesrepublik.

Der in Guayaquil sesshafte Kaufmann und Hobby-Archäologe *Otto von Buchwald* hinterließ in Ecuador nicht nur zahlreichen Nachwuchs, sondern arbeitete auch intensiv mit dem weltweit hochgeschätzten Altertumsforscher *Max Uhle* (1854–1944) zusammen. Uhle kam 1919 im Alter von 63 Jahren zum ersten Mal nach Ecuador, um die sagenhafte Inkastadt Tomebamba (bei Cuenca) ausfindig zu machen. Zwölf Jahre später entdeckte er die präkolumbischen Pyramiden von Cochasquí nördlich von Quito. Nach seiner Rückkehr nach Deutschland im Jahre 1933 verfiel die Ausgrabungsstätte Cochasquí in einen jahrzehntelangen Dornröschenschlaf.

Uhle gelang es im Vorfeld des Krieges, noch einen anderen Kollegen zu inspirieren – den späteren Direktor des ethnografischen Museums in Berlin, *H. D. Disselhoff*, der 1938 Ausgrabungen auf der Halbinsel Santa Elena vornahm.

Mitte bis Ende der 60er-Jahre war im Hinblick auf das 200-jährige Geburtsjubiläum Alexander von Humboldts eine „Arbeitsgruppe Ecuador" der Bonner Universität in Ecuador tätig. Ihr Hauptaugenmerk galt den rätselhaften Cochasquí-Pyramiden nördlich von Quito.

Zu Beginn des 20. Jh. war bereits die Idee herangereift, das botanische Museum von Berlin-Dahlem zu einem wissenschaftlichen Zentrum für die Flora von Ecuador zu proklamieren. Unter dessen Schirmherrschaft wurden dann Anfang der 30er-Jahre Expeditionsreisen nach Ecuador finanziert. Zum auserwählten Forscherkreis zählten unter anderen der Pflanzensammler *Heinrich Schimpff*, der sich zwischen 1930–35 im Land aufhielt, sowie die Botaniker *Erika Heinrichs* (1932–35), *Ludwig Diels* (1933) und *Arnold Schultze-Rhondorf* (1935–37). Während des Zweiten Weltkrieges wurde das Berliner Museum zerstört, die meisten der prächtigen Kollektionen verbrannten zu Asche. Ein repräsentativer Bruchteil der damals hochkonzentrierten Sammlung „Die Flora Ekuadors" ist jedoch auf wunderliche Weise bis heute erhalten geblieben.

Im Jahre 1935 wurde vom ecuadorianischen Präsidenten Velasco Ibarra die *Politécnica Ecuatoriana* neu gegründet. Zum ersten Lehrergremium gehörten der Physiker *Hans Sober* (bis 1951), der Mathematiker *Ernesto Grossmann*, der Chemiker *Fritz Hahn*, der Astronom *Hans Odermatt*, gleichzeitig Leiter des Observatoriums in Quito, sowie der Geologe *Walter Sauer*, der den ersten geologischen Atlas des Landes herausbrachte.

Ecuador erwies sich auch für den 1899 in Wasserburg am Inn geborenen Geografen *Carl Troll* als große Liebe. Der Schöpfer der *Ecología del Paisaje* lieferte erstmals detaillierte Zusammenhänge unterschiedlicher Umweltfaktoren in ortsgebundenen ökologischen Nischen (Bodenbeschaffenheit, Höhenlage, Feuchtigkeit, Winde, saisonbedingte Temperaturen). Troll überflog auch 1928 mit seinem Pilotenfreund *Peter Paul von Bauer*, dem Gründer der deutsch-kolumbianischen Fluggesellschaft *SCADTA*, die Pazifikküste Ecuadors und Kolumbiens und bescherte diesen Ländern anhand von Luftaufnahmen das erste genaue Kartenmaterial.

In den Jahrzehnten nach dem Zweiten Weltkrieg kamen noch eine Vielzahl von Expeditionisten ins Land. Unter ihnen der Botaniker *Hans Weber* (1952–53, *Vegetationsbilder aus den äquatorialen Hochanden*), der österreichische Geograf *Wolf-Dieter Sick* (1957–58, 1964 und 1976), der Harburger Geobotaniker *Heinz Ellenberg* (1970), der Botaniker *Gerd Müller* (1972) von der Leipziger Karl-Marx-Universität, der Darmstädter Geologe und Paläontologe *Werner Zeil* (1961/76, *The Andes – Geological Review)*, der Freiburger Ethnologe *Heiko Feser* (*Die Huaorani auf den Wegen ins neue Jahrtausend* 1999*)*, und allen voran der Biologe und Anthropologe *Erwin Patzelt* (geb. 1924), der sein Interesse auf das Amazonasgebiet und die Cayapas-Region konzentrierte. Seine Unternehmungen fanden sowohl bei der *Asociación Humboldt* wie dem *Instituto Ecuatoriano de Ciencias Naturales* großen Anklang. Zu seinen Publikationen zählen *Menschen im Regenwald* (1975), der Bildband *Fauna del Ecuador* (1979), *Letzte Hoffnung Regenwald* (Hans Staiger Verlag Innsbruck 1992), das Prachtwerk *Flora Illustrada del Ecuador* (1997), *Los últimos hijos libres del Jaguar* (Banco Central 2002) und *Los hijos de la selva ecuatoriana* (Banco Central 2004).

„Minga" – Gemeinschaftsarbeit

Ethnische Gruppen

**Das kleine Ecuador ist ein multiethnisches und multikulturelles Land. Inner-
halb dieses geografisch wie klimatisch vielfältigen Territoriums koexistiert
ein bunt gewürfeltes, praktisch aus allen Teilen der Welt zusammengesetz-
tes Völkergemisch.**

Aus Europa, Nordamerika, Ostasien und dem Vorderen Orient abstammende
„Weiße", schwarze Sklavenabkömmlinge, Mestizen aller Schattierungen sowie
eine Vielzahl indianischer Gruppierungen, die sich durch ihre Gebräuche und
Lebensgewohnheiten voneinander unterscheiden, sich gleichzeitig aber auch
untereinander vermischt haben. Dieser komplizierte, sich fortwährend überlappende Integrationsvorgang hat im Laufe der Jahrhunderte die ecuadorianische
Nation auf so mannigfalte Weise geprägt, dass es heute sehr schwerfällt, von einem homogenen Staat zu sprechen. Die vielschichtige Identität des modernen
Ecuadorianers beruht im Prinzip auf dieser bunt gewürfelten Form von **mestizaje**, einer unübersichtlichen Vermengung verschiedener Rassen, Kontinente,
Kulturen, Volksgruppen, Traditionen und Lebensanschauungen.

Die Indígenas

Im Andenhochland

Im innerandinen Hochbecken, in der sog. *Sierra*, leben eine ganze Reihe indianischer
Volksgruppen mit nahezu jahrtausendealten Wurzeln, die sich äußerlich zwar unterscheiden (meist durch zeitversetzte geschichtliche Integrationsprozesse), im

Großen und Ganzen aber als *Quichua sprechende Nation* innerhalb der politischen Landesgrenzen identifizieren. Die kulturelle Zusammengehörigkeit dieser *Indígenas de la Sierra* kommt nicht nur im sprachlichen Miteinander zum Tragen, sondern drückt sich auch in einer gemeinsamen *cosmovisión* (Weltanschauung) aus, die sich mit der Harmonie zwischen Universum, Erde und Mensch (*pachamama, allpamama* und *runa*) bzw. mit dem Ausgleich der Gegenpole Erde – Himmel (*tierra – cielo*), hoch – tief (*alto – bajo*) und kalt – warm (*frío – caliente*) auseinander setzt. Ein weiteres Merkmal dieser einst von den Inkas unterworfenen Hochlandvölker ist ein solidarisches gesellschaftliches Organisationsmodell, das praktisch in allen Lebensbereichen auf Kommune und Großfamilie basiert. Der Hauptteil dieser reinrassigen *Indígenas* bildet heute fast ein Viertel der Gesamtbevölkerung. Andere indianische Volksgruppen sind in den Regenwäldern des amazonischen Tieflandes und im nördlichen Küstenbereich anzutreffen.

> Ob **Quichua**, **Quechua** oder **Kichwa** – die drei unterschiedlichen Schreibweisen stehen für ein und dasselbe: sowohl für die unter diesem Begriff zusammengefassten Volksgruppen als auch für die von über 10 Millionen Andenbewohnern gesprochene Sprache. Quechua mit „e" ist jedoch eher in Peru, im Ursprungsland der Inkas, gebräuchlich. Im ecuadorianischen Hochland wird Quichua hingegen eher mit „i" geschrieben. Darüber hinaus legt die im Oriente ansässige und einst den gleichen Volksgruppen zugehörige amazonische Ethnie inzwischen Wert darauf, als „Kichwa" bezeichnet zu werden. In diesem Buch wird daher „Quichua" für die Volksgruppen des Hochlandes und „Kichwa" in Bezug auf die des Amazonas-Tieflands verwendet.

Nach der Auflösung des Inkareiches ließen sich die Indígenas des Hochlandes widerstandslos in das Ausbeutungssystem der Spanier integrieren. Zum Inbegriff für deren erbliche Leibeigenschaft wurde mit der Konsolidierung der Großgrund-Hazienda als politisch-wirtschaftliches Machtzentrum der sog. *huasipungero*, ein unbezahlter Arbeiter, der von Sonnenaufgang bis Sonnenuntergang (*„de sol a sol"*) seinem *patrón* zu dienen hatte. Als Gegenleistung wurde ihm der Schutz des Lehnsherrn und oftmals auch ein *minifundio*, eine winzige Landparzelle, zugestanden, die sich jedoch meist in großer Höhenlage und unter klimatisch ungünstigen Bedingungen befand.

Viele Indígenas bestellen auch heute noch kleine Minifundios in abgelegenen und erosionsgefährdeten Andenregionen, deren Erträge gerade zum Überleben ausreichen. Durch die starke Bevölkerungszunahme wurden diese Landparzellen zudem immer winziger, was zusammen mit der Verschlechterung des inzwischen teils ausgelaugten Bodens zu fortwährender Abwanderung geführt hat. Viele zieht es in die Städte, wo sie im Baugewerbe, in der Industrie, auf Märkten, im Straßenhandel oder auch als Haushaltsgehilfinnen versuchen, für ihre meist kinderreichen Familien aufzukommen. Auf dem Lande verbliebene Indígenas konnten sich diesem Abwanderungskreislauf dank ihrer künstlerischen Fähigkeiten (*artesanía*) oder der Verteilung von Kleinkrediten entziehen. Andere verdingen sich als Tagelöhner. Nicht wenige schafften jedoch auch den Sprung über den Ozean und arbeiten heute in spanischen Oliven- oder Orangenplantagen.

Der Einfluss der indianischen Bevölkerung auf das politische und wirtschaftliche Leben hat seit Beginn der 90er-Jahre sehr stark zugenommen. Keine Regierung kann es sich heutzutage leisten, keine „indianischen" Ministerposten zu vergeben. Bei Präsidentschaftswahlen kandidieren auch indianische Vertreter und die Stimmen der Indígenas sind vor allem bei Stichwahlen maßgeblich mitentscheidend. Dutzende „autonome" Organisationen und Verbände geben hierbei den politischen Kurs an; allen voran die CONAIE, *Confederación de Nacionalidades Indígenas del Ecuador* (www.conaie.nativenet.org), seit 1986 wichtigster Dachverband aller indianischen Völker Ecuadors, für deren Rechte kämpfend und Garant für Landbesitz und natürliche Ressourcen.

▶ **Otavalos, Natabuelas und Caranquis**: Im Norden des Hochlandes (Provinz Imbabura) treten die Volksgruppen der Otavalos, Natabuelas und Caranquis hervor. Ihr wirtschaftlicher Fortbestand ist durch Ackerbau (Mais, Kartoffeln, Getreide) und durch den Verkauf von Kunsthandwerk gesichert (hauptsächlich Web- und Wollartikel). Insbesondere die Otavalo-Indianer haben durch den Vertrieb ihrer Waren einen beträchtlichen Wohlstand angehäuft. Sie zählen heute zu den erfolgreichsten Indígenas Südamerikas, nehmen aktiv am wirtschaftlichen und politischen Leben teil und so mancher kann seine Kinder an renommierten ausländischen Universitäten studieren lassen – all dies freilich, ohne Traditionen und Brauchtum zu vergessen. So wird fast nie auf Hut und Poncho verzichtet!

Mit zu den wichtigsten Kommunalzentren dieser nördlichen Gruppierungen zählen neben den Otavaleños in Otavalo (zu erkennen an den schwarzen Hüten und langen Zöpfen der Männer und an den weißen Blusen und langen, blauschwarzen Röcken der Frauen) auch die Gemeinden *Zuleta* (bunt bestickte Blusen), *La Rinconada* (weiße Hüte), *La Magdalena* (helle und dunkle Farben gemischt), *Rumipamba* (meist rote Ponchos) und *Natabuela* (rote Ponchos mit bunten Streifen).

● *Feste* Das bedeutendste Fest in allen Winkeln dieser Region ist die **Fiesta de San Juan** (das *Inti Raymi* Sonnen- und Erntedankfest), die zwischen dem 21. und 24. Juni stattfindet. Endgültiges Marschziel der Maskentänzer, die auf den Gutshöfen der Umgebung, auf den Plätzen und Straßen der Dörfer zu sehen sind, ist die Kirche von San Juan in Otavalo. Hauptgestalt des bunten Treibens ist der sog. *Ayahuma* oder „Teufelskopf". (vgl. auch Otavalo im Reiseteil)

Selbst nahe der Landeshauptstadt Quito (Provinz Pichincha) existieren noch Indígena-Gruppen, die im Lauf der Zeit jedoch einen mestizenhaften Kulturwandel erfahren haben. Durch fortschreitende Abwanderung in die Stadt haben diese Gruppen im Bereich der Gemeinden *Llano Grande, Llano Chico, Calderón, Pomasquí, Zámbiza, Puembo, Pifo, Yaruquí* oder *Sangolquí* zumindest augenscheinlich viel von ihren ursprünglichen Gebräuchen eingebüßt. Die jungen Indígenas dieser ländlich-urbanen Zone des *Distrito Metropolitano de Quito* tragen meist keine traditionelle Bekleidung und ihr Castellano ist nur selten mit Quichua-Begriffen durchsetzt.

In der **Provinz Cotopaxi**, im Bereich der Gemeinden *Sigchos, Isinliví, Chugchilán, Zumbahua, Tigua, Pujilí, Saquisilí, Toacazo, Salcedo* oder *Mulaló* haben die ansässigen Indígenas noch sehr viel von ihrer kulturellen Identität bewahren können, vor allem in Höhen über 3.000 m. Aufgrund des vorherrschenden Minifundismo ist auch hier eine ständige Abwanderung in die Städte zu verzeichnen. Besuchenswert sind in diesem Zusammenhang die grün schimmernde Quilotoa-Kraterlagune, das pittoreske Dörfchen Chugchilán und das indianische „Kunstmalerdorf" Tigua (siehe S. 317).

Hüte sind in Ecuador besonders beliebt und markant

• *Feste* Eine sehr eigenwillige Vermischung von indianischen und christlichen Kulturelementen kommt nicht zuletzt bei den Festlichkeiten dieser Provinz zum Ausdruck. Schönstes Beispiel hierfür ist die im September und November stattfindende **Fiesta de la Mama Negra** in der Provinzhauptstadt Latacunga (vgl. auch Latacunga im Reiseteil).

▸ **Salasaca**: Die bekannteste Indígena-Gruppe der Provinz Tungurahua ist die der Salasaca, die vom Ackerbau und vom Kunsthandwerk leben. Ihre *tapices* (Wandteppiche) und tibeterähnlichen *alfombras* (Teppiche) werden inzwischen auf Anfrage aus dem Ausland produziert.

Feste Unter den Volksfesten dieser zehn Kommunen umfassenden Volksgruppe zwischen Ambato und Baños, einst von den Inkas eingeschleppte *mitimaes* aus dem bolivianischen Hochland, sticht vor allem die Fiesta von **Corpus Cristi** hervor.

▸ **Provinz Chimborazo**: Im geografischen Zentrum des Landes, im Umfeld des 6.310 m hohen Chimborazo, leben fast 300.000 Indígenas der Volksgruppen Cacha, Licto, Colta, Calpi und Pulucate. Sie weisen auf Landesebene nicht nur die höchste Quichua sprechende Bevölkerungsdichte auf, sondern haben auch ihre ureigenste Identität bewahren können. Die meisten Mitglieder dieser Gruppierungen leben in fruchtbaren Hochtälern oder geschützten Nischen auf dem Páramo. Sie widmen sich dem Ackerbau und der Viehzucht und zählen aufgrund ihrer geografischen Isolation, verbunden mit einem geradezu katastrophalen Bildungsniveau, zu den ärmsten Bergbewohnern des Andenlandes.

▸ **Cañari und Saraguro**: Im Süden des Hochlandes sind die ethnischen Gruppen der Cañari (um Cuenca und Azogues) und der Saraguro (nördlich von Loja) hervorzuheben. Die Cañari-Männer tragen meist einen kurzen Poncho, der mit Hilfe eines breiten Stoffbandes (*faja*) an der Hüfte anliegt, während die Frauen bunt bestickte Röcke und Blusen zur Schau stellen. Beide Geschlechter tragen eine „kleine Melone" auf dem Haupt. Die männlichen Mitglieder der Saraguro zeichnen sich durch schwarze knielange Hosen, ärmellose Hemden (*cushmas*), schwarze Ponchos und silbern verzierte Ledergürtel aus, während die Frauen einen schwarzen Wollrock, eine bestickte Bluse sowie einen silbernen *tupo* als Schalbrosche tragen. Beide Geschlechter kleidet ein breitkrempiger, weißer Hut aus Wolle (ursprünglich mit Maismehl gestärkt), der unter der Krempe dunkle Flecken aufweist.

Wie alle Hochlandvölker widmen sich auch diese Volksgruppen der Feldbestellung sowie der Vieh- und Schafzucht, wobei die Saraguros zwei Drittel ihres Getreides und Frischfleisches auf den Märkten in Guayaquil, Cuenca und Loja vertreiben. Als beflissene Kunsthandwerker erweisen sich beide Gruppen. Vor allem die Cañari erzeugen auf dem Gebiet der Töpferei, der Goldschmiedekunst, der Webkunst und Naturfaserverarbeitung (*sombreros*) eine überdurchschnittliche Qualität. Beide Bevölkerungsgruppen haben es geschafft, den Rahmen eines erstarrten kommunalen Wirtschaftsgefüges zu sprengen, um gleichzeitig voller Stolz die ureigensten Traditionen zu pflegen. Die Abwanderungsquote ins Ausland, nach Europa oder Nordamerika, zählt jedoch ausgerechnet in den Cañari-Provinzen Cañar und Azuay mit zu den höchsten des Landes.

Im Oriente

Im tropischen Amazonastiefland leben mehrere indianische Kulturgruppen, die aufgrund gemeinsamer Umweltbedingungen auch ähnliche Charakteristiken aufweisen. Ihre *cosmovisión* ist durch den Dschungel und den darin lebenden Menschen geprägt, wobei diese Völker in erster Linie zwischen den „Söhnen des Regenwaldes" und denen, die es nicht sind, unterscheiden. Denn nur im Regenwald können sich diese frei entfalten und Anerkennung finden. Ein Indianer des Urwaldes zu sein bedeutet einmal, inmitten der wuchernden Flora und Fauna leben und überleben zu können, und zum anderen, seine spirituellen Möglichkeiten auszuschöpfen. Nicht aus dem Urwald zu sein bedeutet, dass man all dieser Fähigkeiten und Möglichkeiten beraubt ist.

Von dieser gemeinsamen kosmischen Vision einmal abgesehen, bestehen jedoch unter den weit verstreuten Gruppierungen des Oriente sprachliche und kulturgeschichtlich bedingte Unterschiede. Dabei spielen auch die jeweiligen Kontakte zur Außenwelt eine Rolle. So hatten die Völker des südlichen Oriente (*Shuar* und *Achuar*) erst mit der Ankunft der Salesianer-Ordensbrüder im Jahre 1894 Bekanntschaft mit dem Evangelium und der Zivilisation gemacht, während einige Stämme des Nordens bereits zu frühen Kolonialzeiten das Joch der Eroberer zu spüren bekamen. Andererseits hat sich eine „widerspenstige" Untergruppe der Huaorani bis auf den heutigen Tag jeglichem Kontakt zur Außenwelt entziehen können. Anhand von zahlreichen blutigen Zusammenstößen mit Missionaren, Kautschukzapfern, Siedlern oder Erdölarbeitern ist dies auch in unserem Zeitalter immer wieder unter Beweis gestellt worden. Andere Stämme hingegen, wie die *Cofanes* geraten vielleicht aufgrund ihres kunterbunten Federschmucks in den Verdacht, im Zuge des Touristenrummels eine Art indianischen Zirkus vorzugaukeln.

Eine der größten ethnischen Gruppen im ecuadorianischen Amazonastiefland sind die etwa 100.000 Bewohner zählenden **Kichwa del Oriente** in den Provinzen Napo (Tena, Misahuallí), Sucumbios (Lago Agrio, Shushufindi), Orellana (Coca, Pompeya) und Pastaza (Puyo, Santa Clara). Ihre Sprache ist eine Variante des Hochland-Quichua. Dieses ursprünglich aus der Sierra stammende Volk musste im Verlaufe der Inka-Eroberung in die östlichen tropischen Andenausläufer fliehen und vermischte

Am Rio Napo

sich dort unter anderem mit dem heute fast ausgestorbenen Waldvolk der **Zápara**, das gegen Ende des 17. Jh. wahrscheinlich über 100.000 Menschen im Oriente zählte. Die kulturellen und vor allem sprachlichen Besonderheiten dieser in der Provinz Pastaza noch 100 Personen umfassenden Zápara-Volksgruppe (auf peruanischer Seite sind es nochmals 200) wurde von der *UNESCO* im Jahre 2001 als *Obra Maestra del Patrimonio Oral y Inmaterial de la Humanidad* erklärt – als „Meisterwerk des sprachlichen und immateriellen Erbes der Menschheit".

▶ **Shuar**: Das in den südlichen amazonischen Provinzen von Zamora-Chinchipe, Morona-Santiago und auch Pastaza beheimatete Volk der Shuar zählt etwa 70.000 Angehörige und ist eine der ältesten Indianergruppen des gesamten Amazonas-Tieflandes. Sie leben zu einem Bruchteil noch in traditionellen elliptisch geformten Langhäusern, die mit meterhohen wehrfähigen Rundhölzern, schmalen festungsartigen Eingängen und dichten Palmdächern versehen sind. Bei der traditionellen Raumaufteilung der weit verstreuten Wohnhütten ist das sog. *tankamash*-Séparée ausschließlich den nach wie vor polygamen Männern und ihren männlichen Gästen vorbehalten, während die Frauen hauptsächlich den *ekent* bewohnen, wo sich auch die Küche befindet und nur weibliche Gäste zugelassen werden.

In der Shuar-Sprache bedeutet die Eigenbezeichnung *Untsuri Shuar* „viele Menschen". Deren angestammtes Territorium umfasst im zentralen Bereich die dicht bewaldeten Ausläufer, Höhenzüge und *mesetas* der *Cordillera de Cutucú* nahe der peruanischen Grenze. Die fortschreitende Desintegration dieser einst Köpfe schrumpfenden Gruppierung führte in den 60er-Jahren zur Gründung der *Federación de Centros Shuar* mit Sitz in Sucúa. Die Zielsetzungen der Selbsthilfeorganisation dienen der Brauchtumspflege, der Vergabe von Landtiteln und zweisprachigen Erziehungsprogrammen.

▶ **Achuar**: Dieser etwa 500 Mitglieder zählende, im flachen ecuadorianisch-peruanischen Grenzgebiet der Provinz Morona Santiago beheimatete Volksstamm hat ähnliche kulturelle Merkmale wie der der Shuar aufzuweisen. Neben einer sprachlichen Verwandtschaft teilen diese beiden Volksgruppen auch eine rituelle Vorliebe für das leicht alkoholische Getränk *chicha de chonta*, aus der Chonta-Palme hergestellt. Andererseits werden die Achuar heute weit weniger von Siedlern bedrängt als ihre volksreichen Nachbarn in den höheren Lagen dieser südöstlichen Oriente-Region. Dies liegt vor allem daran, dass ein dauerhafter Kontakt mit den Achuar erst viel später einsetzte, etwa von Beginn der 70er-Jahre an. Hinderlich für Kolonisierungsvorhaben erwies sich bis vor wenigen Jahren auch die Unsicherheit, in einer permanent kriegsgefährdeten, militarisierten und verminten Zone in Grenznähe zu Peru zu leben. Nach Unterzeichnung des Friedensvertrages 1998 hat sich für diesen und andere Indianerstämme der ecuadorianisch-peruanischen Grenzbereiche jedoch vieles zum Positiven gewandelt: familiäre Zusammenkünfte, ein reger Handel und eines Tages vielleicht auch eine transpazifisch-atlantische Straße mitten durchs Shuar- und Achuar-Territorium.

▶ **Cofanes**: Die letzten 1.200 verbliebenen Cofan-Indianer auf ecuadorianischem Territorium leben heute am oberen und unteren Verlauf des Río Aguarico im Bereich der Kommunen am Rande der *Reserva Ecológica Coca-Cayambe*, in *Dureno* sowie an den Ufern des *Río Bermejo* und im *Cuyabeno-Wildlife-Reservat*. Vor 40 Jahren waren die Cofanes noch die einzigen Bewohner weitläufiger Gebiete der heutigen Provinzen Sucumbíos und Napo. Im Zuge des Erdölfiebers und aggressiver Kolonisierung sah sich dieser Volksstamm krassen Landeinbußen, skrupelloser Urwaldrodung, der Verseuchung von Fischgründen und Vertreibung von Jagdwild ausgesetzt. Der damit einhergehende Verlust von kultureller Identität führte innerhalb kürzester Zeit fast zum Verschwinden des einst großen Volkes. Nicht wenige Cofanes sahen sich gezwungen, bei den Erdölkonzernen, Straßenbautrupps und in den Pionierstädten als billige tropentaugliche Handlanger zu arbeiten. Alkoholismus und Prostitution begannen das soziale Umfeld der Cofanes widerzuspiegeln.

Die heute meist den Touristen zuliebe getragene traditionelle Bekleidung besteht bei den männlichen Mitgliedern aus der sog. *cushma*, einer einfarbigen, ärmel- und kragenlosen Baumwoll-Tunika, in welche die nackten Cofanes einst von den Franziskanermönchen hineingesteckt wurden und die bei besonderen Gelegenheiten mit einer schillernden Federkrone ergänzt wird. Die Frauen tragen luftige, langärmelige Blusen und Röcke sowie mit Raubtierzähnen oder Tukanschnäbeln verzierte Hals- und Armketten aus Pflanzensamen. Mit langen Federn oder Blumenstängeln durchstochene Ohren und Nasen werden hingegen oftmals von beiden Geschlechtern stolz zur Schau gestellt. Das Outfit dieser Ureinwohner kann zur *Asamblea Anual* am 15. Dezember in Dureno bewundert werden.

▶ **Siona-Secoya**: Ähnlich wie den Cofanes erging es auch den unter 1000 Personen zählenden Siona-Secoya an den bis vor wenigen Jahren noch dicht bewachsenen Ufern der Flüsse *Río Aguarico*, *Río Eno*, *Río Shushufindi* und im Bereich des Naturreservates von *Cuyabeno*. Bereits in den Jahrhunderten vor dem Erdöl-Boom wurden die einst bevölkerungsstarken Siona-Secoyas durch eingeschleppte Ansteckungskrankheiten der Konquistadoren und Kautschukpflanzer stark dezimiert. Ursprünglich bestand diese Volksgruppe aus zwei unterschiedlichen Stämmen, die einer gemeinsamen Sprachfamilie namens *tukano* angehörten und deren Bräuche sehr eng mit denen der *Siona*, *Makaguaje* und *Coreguaje* in Kolumbien und mit denen der *Secoya* und *Angotero* in Peru verknüpft sind.

Die Huaorani-Indianer   *von Heiko Feser*

Das einstige, etwa 20.000 km² große traditionelle Siedlungsgebiet der ca. 2.000 Personen zählenden Huaorani-Indianer liegt zwischen dem Río Napo im Norden und den Flüssen Curaray und Villano im Süden. Der westliche Teil ihres wald- und wasserreichen Territoriums stößt fast bis an die Andenausläufer, der östliche Teil bis an die Grenzen Perus. Heute umfasst das von der Regierung zugestandene Stammesgebiet etwa 670.000 ha, das von einer 120 km langen, in Coca beginnenden Erdölpiste, der pechschwarzen *Vía Tiguino* (auch *Vía Auca*), praktisch in zwei Hälften geteilt wird. Huaorani ist die Eigenbezeichnung des Stammes und bedeutet, wie die meisten Eigenbezeichnungen amazonischer Volksgruppen, „Menschen" bzw. die „echten Menschen" als Abgrenzung zu allen „Nichtmenschen". Diese bezeichneten die Huaorani bis vor Kurzem noch als „Auca", was soviel bedeutet wie Rebell oder Heide. Von den Spaniern wurde dieser Begriff einst für alle nicht christianisierten Stämme angewandt. Die Huaorani sind insofern ein Phänomen, als dass sie weder kulturgeschichtlich noch sprachlich irgendeiner größeren Gruppe zugeordnet werden können. Ihre Vergangenheit liegt im Dunkeln. Lediglich mündliche Überlieferungen geben ein Bild von immer wiederkehrenden Auseinandersetzungen mit Eindringlingen, einst andere Indianergruppen und „nicht menschliche" Kautschuksammler, heute Erdölmultis und nachziehende Siedler. Aber auch untereinander liegen die einzelnen Familienclans der Huaorani in einem dauerhaftem Streit, dessen blutige Folgen bislang mehr Todesopfer forderten als die Kriege gegen „Nichtmenschen". Auf die Titelseiten der internationalen Presse gerieten sie aufgrund des Massakers am „Palm Beach" im Jahre 1956. So nannten fünf evangelische Missionare einer

Huao-Indianer

fundamentalistisch orientierten Glaubensgemeinschaft einen Strand am oberen Río Curaray, auf dem sie damals mit einem Sportflugzeug landeten. Dieser Versuch erster friedlicher Kontaktaufnahme endete mit der Ermordung der fünf Männer. Daraufhin begann eine rege Missionsarbeit. Zeitgleich mit den evangelischen Missionaren bemühten sich auch die Katholiken um das Seelenheil der Huaorani, wobei die Beziehungen zwischen den beiden Konfessionen durch das Gerangel um das Missionierungsmonopol gekennzeichnet war. Den Protestanten gelang schließlich die Kontaktaufnahme mit mehreren Gruppen und deren Neuansiedlung im westlichen Teil ihres Territoriums. Das verbleibende Stammesgebiet im Osten war somit frei für die eindringenden Erdölgesellschaften. Um Konfrontationen zwischen Indianern und Nichtindianern zu vermeiden, versuchten der Bischof von Aguarico, Alejandro Labaca, und eine ihn begleitende Nonne im Juni 1987, Kontakt mit der letzten verbleibenden Huaorani-Gruppe aufzunehmen. Einen Tag nach der Begegnung wurden ihre von zahlreichen Lanzenstichen durchbohrten Leichen geborgen.

Die traditionelle Wirtschaft der Huaorani basiert auf Jagd, Feldbau und Sammeln. Die Jagd, Domäne der Männer, wird mit Lanze und Blasrohr betrieben, wobei die Lanze, die für große Tiere wie Tapire oder Wildschweine angewandt wurde, heute weitestgehend vom Gewehr verdrängt worden ist. Wie unter den indianischen Jägern des Oriente üblich, benutzen auch die Huaorani meist einen Vorderlader, der seit seiner Erfindung im 16. Jh. praktisch keine technische Erneuerung erfahren hat. Im Gegensatz zur Lanze konnte das Blasrohr nur schwerlich vom Gewehr verdrängt werden, da es den großen Vorteil hat, geräuschlos zu sein.

> Schon Alexander von Humboldt bemerkte in seiner unvergesslichen Reise von 1799–1804: *Das Glück wollte, dass wir einen Indianer trafen, der weniger betrunken war als die anderen und eben beschäftigt war, das Curaregift aus frischen Zutaten zu bereiten … „Ich weiß", sagte er, „die Weißen verstehen die Kunst, Seife zu machen und das schwarze Pulver, bei dem das Üble ist, dass es Lärm macht und die Tiere verscheucht, wenn man sie fehlt. Das Curare … ist besser als alles, was ihr dort drüben (über dem Meere) zu machen wisst. Es ist der Saft einer Pflanze, der ganz leise tötet."*

Das *Curare*, von dem Humboldt hier spricht, ist ein in Amazonien weitverbreitetes Pflanzengift, das aus verschiedenen Pflanzen zubereitet werden kann. Die Huaorani benutzen die Rinde einer Liane dafür, deren Saft auf die Blasrohrpfeile gestrichen wird. Die Toxizität dieses Giftes wird meist übertrieben, reicht jedoch aus, um die auf Bäumen lebenden Affen und Vögel so zu lähmen, dass sie nach kurzer Zeit einfach herunterfallen.

Fast alle Huaorani leben heute in Ansiedlungen an den breiten Flussläufen. Dieser Wohnortwechsel in die Tiefebenen führte auch zu Veränderungen im Feldbau. Waren die Möglichkeiten des Anbaus in früheren Zeiten eher begrenzt, lassen die Böden an den Flussläufen kontinuierlichen Anbau zu. Mussten die Huaorani früher alle paar Monate ihren Wohnort verlegen, weil die Felder nichts mehr hergaben, können sie heute ihre Hauptanbaufrüchte, den süßen Maniok und Bananen, häufig jahrelang auf ein- und demselben Feld bestellen. Die Reichhaltigkeit einer Huaorani-Pflanzung wird noch ergänzt durch Mais, Zuckerrohr, Erdnüsse, Zitrusfrüchte, Papayas, Ananas, Avocados, Chilischoten, Heilkräuter und die vitaminreichen Früchte der Chonta-Palme. Mittlerweile pflanzen die Huaorani auch Kaffee und Kakao an. Nachdem die Männer das Feld vorbereitet haben, d. h. alles Strauchwerk und die Bäume gefällt haben, obliegt das Pflanzen, die Pflege und die Ernte den Frauen. In ihren Arbeitsbereich fällt auch das Sammeln von Früchten, Beeren und der proteinreichen Larven des Rüsselkäfers. Da sich der Lebensraum der Huaorani fast am Äquator befindet, gibt es zu jeder Jahreszeit ein Angebot an reifen Früchten.

Das Leben der Huaorani hat aufgrund der Beziehungen zu Missionaren, Erdölarbeitern, Siedlern, Militärs und Touristen einschneidende Veränderungen erfahren. Die staatliche Schulbildung löst die herkömmlichen Erziehungsmethoden früherer Generationen ab und die moderne Medizin ersetzt die traditionellen Heilpflanzen und -methoden. Auch die politische Organisation hat sich grundlegend verändert. Die Huaorani, die nie einen übergreifenden Stammesrat besaßen, werden heute von ihrer Dachorganisation, *ONHAE* (*Organización de la Nacionalidad Huaorani de la Amazonía Ecuatoriana*) vertreten, eine Art von indianischem Widerstand in zeitgemäßer Form. Die neuen politischen Stammesführer müssen nicht nur die spanische Sprache beherrschen, sondern auch Erfahrung in Wirtschaft und im Rechtswesen besitzen, mit der Presse umgehen und Anträge auf Projektfinanzierungen stellen können. Den zur Überlebenssicherung wichtigsten Erfolg erzielten die Huaorani mit der Abgrenzung und Legitimation ihres Territoriums.

Trotz des zugesprochenen Territoriums sind die Huaorani jedoch vor dem Zugriff auf ihr Land nicht gefeit. Die Erforschung und Ausbeutung von Bodenschätzen seitens des Staates kann dadurch nicht verhindert werden. So besitzen sie z. B. keine rechtliche Handhabe gegen die Erdölförderung. Ihr Gebiet wurde in Konzessionsblöcke eingeteilt und an nationale und multinationale Konzerne vergeben. Diese holzen ab, bauen Straßen und kaufen das Gewissen der Indianer mit Bargeld und Geschenken. Um Kosten zu sparen, wird meist eine überholte Technologie eingesetzt. Umweltkatastrophen wie berstende Erdölleitungen, die die Flüsse und Lagunen verseuchen, sind die Folge. Dazu gesellen sich etwa 500 m² große Löcher im Dschungelboden, die neben den Förderungstürmen angelegt werden. Sie enthalten hochgiftige Abfälle wie Formationssäuren, Laugen und Salze, die beim Bohren, Reinigen und Trennen des Erdöls entstehen. Da sie nicht verschlossen sind, laufen sie bei starkem Regen in die nahen Flüsse über. Was übrig bleibt, versickert aufgrund fehlender Zementierung im Grundwasser. Solange es Öl bei den Huaorani gibt, wird danach gebohrt werden. Das Einzige, was die ONHAE-Repräsentanten erreichen könnten, wäre eine ökologisch verträglichere Ausbeutung des Rohöls und der Aufbau eines angemessenen Bildungs- und Gesundheitswesens mit Hilfe der Petrodollars.

Die Huaorani werden seit einem halben Jahrhundert in ihrem amazonischen Refugium gestört. Ihre Kultur unterliegt unwiderruflichen Veränderungen. Mit diesen Veränderungen müssen sie sich auseinandersetzen. Ein Coca-Cola trinkender Huaorani mit Jeans und Baseballmütze bleibt solange ein Huaorani, wie er seine Identität nicht verneint, seine Sprache spricht und die Verwandtschaftsbeziehungen nach indianischem Muster pflegt. Aufgrund ihrer Entwicklungsdynamik haben die Huaorani bewiesen, dass sie sich den radikalen Wandlungen anzupassen wissen. Ihre Stimme wird noch lange zu hören sein.

Ethnische Gruppen an der Küste

Während der Kolonialepoche wurde die Küstenebene zunächst von vereinzelten Einwanderern aus Europa besiedelt. Mit ihren Familien ließen sie sich auf kleinen, abgelegenen Fincas nieder, oftmals in der Nähe von Indianerdörfern. Der im 18. Jh. einsetzende Ausbau von Monokulturen und die Entstehung neuer Absatzmärkte im 19. Jh. zogen dann massive Landkäufe, Zwangsenteignungen und auch eingeschleppte Epidemien nach sich. Die „Einfuhr" mittelloser Hochlandindianer, dringend benötigter Arbeitskräfte auf den wachsenden Kakaoplantagen, sorgten zudem für die rasche Dezimierung der *Indígenas de la Costa* bzw. verursachten deren weit reichende *mestizaje*.

▸ **Awa**: Vier verbliebene indianische Volksgruppen sind heute noch im nördlichen Küstenbereich anzutreffen. Hierzu gehören die im kolumbianischen Grenzgebiet lebenden Awa („Menschen"), die jenseits der Grenze auch als *Kwaiker* oder *Coa-*

Ethnische Gruppen

Strand bei Esmeraldas

quier bezeichnet werden. Auf ecuadorianischer Seite gibt es etwa noch 550 Familien dieser auf 22 Urwaldkommunen verteilten Gruppe, die zudem über eine eigene Sprache (*Awapit*) verfügt: zwischen den Flüssen *Mira*, *San Juan*, *Mataje* und *Tulubí*, in den Provinzen Carchi und Esmeraldas und in der Region um Lita (Provinz Imbabura). Angehörige der ecuadorianischen Awas können auf den informellen Wochenendmärkten von Lita, San Lorenzo und Chical angetroffen werden. Auf kolumbianischer Seite leben etwa 30.000 Awas.

Eine weitere, noch stärker dezimierte Indígena-Gruppe der Provinz Esmeraldas, die **Epera** (eigene Sprache *Siapedie*), besteht lediglich aus etwa 250 Personen, die in der Umgebung von Borbón, San Francisco und Tabillo leben.

▶ **Tsáchilas**: Die 2.000 Mitglieder zählenden Tsáchilas bevölkern eine regenreiche Zone in der Provinz de los Tsáchilas nahe der Agrarmetropole *Santo Domingo*. Die Männer der Tsáchilas werden aufgrund ihrer exzentrisch roten Haartracht (*mumuk*) auch als „*Colorados*" bezeichnet, wobei ihre steifen, helmartigen Frisuren durch das Einfärben mit der Achiote-Frucht entstehen, die sie auch zur Körperbemalung benutzen.

Trotz intensiver Kontakte und fortschreitender Mestizaje konnten die sieben selbst verwalteten Kommunen Elemente ihrer kulturellen Identität bewahren und wiederbeleben. Dazu gehören ihre Sprache, das *tsafiqui* (*tsáfiki*), und überlieferte schamanische Heilungsrituale mit einem *curandero* (Heiler). Der traditionelle *manpe tsanpá* ist ein von den Männern getragener, blau-weiß gestreifter Rock. Barbusige, nur mit einem farbenfrohen *túnam* bekleidete Frauen können heute jedoch lediglich auf Ansichtskarten bewundert werden. Die verbleibenden Tsáchilas haben trotz wiedererstarkter Achtung ihrer Kultur Probleme, ihre Kinder mit Vornamen aus der Sprache ihrer Vorfahren registrieren zu lassen. Auf dem Standesamt werden Namen in Tsáfiki bislang verweigert. „Das ist schon seit über 330 Jahren so", meint Agustín Aguavil aus der Kommune Búa. „Alle unsere Vornamen haben einen biblischen

Hintergrund, wie z. B. Abraham, Agustín oder Matías". Erst mit Hilfe eines Anwaltes gelang es Agustín, seine einzige Tochter auf den Namen „Luly" (Blume) eintragen zu lassen. Ihre Nachnamen durften die Tsáchilas jedoch behalten. Es gibt noch sieben Großfamilien, eine für jede Kommune: Calazacón, Aguavil, Loche, Alopi, Gende, Sauco, Maracay und Oranzona.

Andererseits wird dem Tsáchila-Rat (*consejo tsáchila*) auch nachgesagt, rassistisch zu handeln. Mitglieder, die Mischlinge (*mestizos*) von außerhalb, also keine Stammesangehörigen heiraten, sollen aus den Kommunen verbannt werden.

▶ **Chachis:** Dieses auch als *Cayapas* bezeichnete Volk besiedelt die Uferbereiche der wasserreichen Flüsse *Río Cayapas* und *Río Onzole* in den Regenwäldern der nordöstlichen Esmeraldas-Provinz sowie in geringerem Umfang auch das Hinterland von *Muisne*. Die etwa 4.000 Mitglieder zählende Gruppe stammte ursprünglich aus dem nördlichen Andenhochland, von wo sie aufgrund der Kriegswirren im Zuge der Inka-Eroberung und der bald daraufhin einmarschierenden Spaniern geflüchtet waren. Um als eigenständiges Volk heute überlebensfähig zu bleiben, haben sich die Chachis zu einer Konföderation zusammengeschlossen, die sich aus 13 Kommunalzentren zusammensetzt. Trotz lange zurückgreifender Kolonisierung durch schwarze und gemischtrassige Bevölkerungsgruppen haben die meist westlich gekleideten Chachis einige wesentliche Merkmale ihrer kulturellen Identität bewahren können. So sprechen sie untereinander *chapalachi*, das im Zuge der Anpassung an die Außenwelt mit spanischen Begriffen bereichert wurde. Eines der größten Probleme ist neben dem massiven Abholzung der Urwälder eine extrem hohe Zahl an tropischen, oftmals durch Moskitos übertragenen Krankheiten, wie die Malaria und die bislang unheilbare *Onchozerkosis*, durch den Stich der *Juro*-Mücke (Kriebelmücke) verursacht, die häufig zur völligen Erblindung führt. An den verheerenden Auswirkungen leidet inzwischen ein beträchtlicher Bevölkerungsanteil der Chachis.

Nichtindigene ethnische Gruppen

Neben den indianischen Ethnien sei auch auf die Gruppierungen von **Montubios** oder **Cholos** hingewiesen, Mischlinge von Indígenas und Weißen der inneren Küstenregion (Provinzen Guayas, Los Ríos und Manabí), deren Wurzeln auch in den präkolumbischen Kulturen Valdivia, Machalilla, Jama Coaque und Manteña zu finden sind. Die Brauchtümer der Montubios sind vor allem mit dem Meer verbunden, außerdem sind ihre Reiterspiele landesweit bekannt – sie reiten nicht nur, sie dominieren wahrhaftig die Pferde.

Ferner gibt es die zum größten Teil an der nordwestlichen Küste lebenden **Morenos** oder **Negros** (Afroecuadorianer, Afroamerikaner). So lässt eine Reise nach Esmeraldas Gedanken an Schwarzafrika aufkommen. Von über 700.000 *Morenos*, *Mulatos* und *Zambos*, etwa 5 % der Gesamtbevölkerung, leben 76 % im Küstenbereich, davon 400.000 in den Provinzen Guayas und Esmeraldas. Im Hochland sind Mitglieder der afroecuadorianische Minderheit vor allem in Quito und in den Provinzen Imbabura und Carchi anzutreffen. Über 70 % der schwarzen Bevölkerung ist unter 35 Jahre alt. Die meisten Farbigen leben auf dem Land oder in den ärmsten Stadtvierteln; in Guayaquil in den Slums von El Guasmo, Malvinas, Isla Trinitaria und Flor de Bastión, in Quito in den *barrios* Pusulí, La Roldós, La Bota und Carcelén Bajo. Hauptrepräsentant des „*pueblo negro*" ist die „Cocopae" (*Coordinación Política Afro del Ecuador*), die jeden ersten Sonntag im Oktober zum „*Día del Negro Ecuatoriano*" deklarierte.

Überall in Ecuador: prachtvolle Marktstände

Unternehmen Ecuador

Dank seiner reichhaltigen Naturressourcen und ganz unterschiedlicher Klima- und Anbauzonen besitzt Ecuador eine geradezu schlaraffenlandartige Palette an Exportmöglichkeiten.

Zu den vier dominierenden Devisenbringern zählen das aus dem Amazonastiefland herbeigepumpte **Erdöl** (über 60 % des gesamten Exportvolumens), eine äußerst variantenreiche **Landwirtschaft**, großflächig angelegte Shrimp-Aufzuchtfarmen sowie eine stetig höher schlagende Tourismuswelle, die im Jahre 2008 über 300.000 Besucher aus Europa, Nordamerika, Australien und Asien in das kontrastreiche Äquatorland brachte.

Wichtigste Handelspartner der Ecuadorianer sind die USA mit etwa 40 % des gesamten Exportvolumens, d. h. jährlich über 5 Milliarden USD (Erdöl, Gold, Bananen, Kakao, Textilien, Arzneimittel, Shrimps, Fisch), gefolgt von Lateinamerika mit etwa 30 % und mit über 20 % die Staaten der Europäischen Union, davon Italien mit 4 % und Deutschland mit 3 %. Einen Boom erleben die Exporte nach Russland und China. Wichtigste Ausfuhrprodukte in die EU sind nach Anteil am Exportvolumen von fast 3 Milliarden USD im Jahre 2007: Bananen und andere Südfrüchte (55 %), Fische und Fischzubereitungen/Konserven und Garnelen (15 %), Rosen und andere Schnittblumen (8 %), Kakao und Kakaoerzeugnisse (7 %), Gemüse, Obst und Zubereitungen/Konserven/Säfte (7 %), Kaffee (2 %), Holzwaren (2 %), Panamahüte (0,1 %), Zigarren (0,05 %). Ecuador verzeichnete noch bis 2006 eine der größten Exportzuwachsraten innerhalb Lateinamerikas. Allein die Ausfuhren nach Deutschland stiegen im Jahr 2007 um 25 %. Unter anderem importiert Deutschland jährlich ecuadorianische Bananen im Wert von über 100 Mio. USD – das entspricht etwa 500.000

Tonnen – und war damit bis vor wenigen Jahren noch der größte Abnehmer. Wöchentlich läuft mindestens ein ecuadorianischer Bananenfrachter mit überquellendem Schiffsbauch den Hamburger Hafen an. Inzwischen wurde Deutschland jedoch auf rasante Weise von Russland überholt, das 2008 fast 25 % aller ecuadorianischen Bananen importierte. Russland ist somit der weltweit größte Abnehmer!

Bodenschätze

Ecuador verfügt über weitläufige **Erdöl**- und Erdgasreserven, die größtenteils im Amazonasgebiet und in geringerem Umfang auch unter dem Golf von Guayaquil liegen. Die derzeitige Tagesförderung von bis zu 500.000 Barrel hat gleich mehrere internationale Multikonzerne ins Land gelockt, die mittlerweile jedoch im Zuge von Nationalisierungstendenzen unter Druck geraten sind.

Dank des Erdöls konnte Ecuador 2005 erstmals einen Handelsüberschuss erzielen. Der Exportwert des schwarzen Goldes belief sich im Jahr 2007 auf über 7 Milliarden USD, das entspricht über 60 % des gesamten Exportvolumens. Der Löwenanteil des *crudo ecuatoriano* geht in die USA (58 %), aber auch nach Peru (18 %), Chile (8 %), Panama (5 %) und in die Niederländischen Antillen (5 %). Andere Abnehmer sind Indien, China, Nicaragua oder El Salvador. Der Einstieg neuer Konsortien auf dem Sektor *petrolero* scheint beschlossene Sache, und nicht einmal die Prognose, dass die Reserven in etwa 20 Jahren vielleicht zur Neige gehen könnten, hat die Investoren bislang abschrecken können. So wurde Anfang des Jahrtausends eine neue Erdölleitung eingeweiht, die teils parallel zur 600 km langen transecuadorianischen Pipeline von Shushufindi/Lago Agrio über die Andenketten bis zur Raffinerie in Esmeraldas verläuft.

Zwölf der weltweit größten Bergbauunternehmen (aus Kanada und Australien) schürften noch bis 2008 **metallische Bodenschätze** wie Gold, Silber, Kupfer, Zink, Blei, Magnesium und Eisen. Ihre Etablierung im Lande wurde in den 90er-Jahren vor allem durch günstige Royalties und Steuervorteile beschleunigt Das Interesse an der Ausbeutung der bislang mit primitivsten Methoden bewirtschafteten Minen wuchs unablässig. Im Zuge der Nationalisierungstendenzen geriet der Sektor jedoch ebenfalls stark unter Druck.

La Tala de Bosques – die Abholzung der Wälder

Bis vor wenigen Jahren bestand Ecuador noch zur Hälfte aus Wald. Heute weist das Land die höchste Abholzungsrate Südamerikas auf. Fast 80 % der angestammten Urwälder sind inzwischen verschwunden und jedes Jahr gehen 4 % der Waldfläche durch Brandrodung und illegalen Holzeinschlag verloren. 80 % des genutzten Waldes liegen im östlichen Amazonastiefland. Der Rest stammt hauptsächlich aus den Provinzen Esmeraldas und Manabí. Nachts kann man auf den Straßen nach Esmeraldas tief liegende Schwertransporter mit gewaltigen Rohstämmen für die Verschiffung nach Übersee beobachten. Wiederaufforstungsprogramme auf privater wie staatlicher Ebene existieren zwar, kommen bei der derzeitigen Abholzungsquote jedoch bei Weitem nicht nach. Schuld am Verschwinden der Wälder hat jedoch nicht nur die industrielle Holzwirtschaft, sondern haben vor allem auch die kleinen und mittleren Farmbauern, die für ihre Kühe immer mehr roden müssen, um neues Weideland zu schaffen.

Zu den begehrtesten Nutzhölzern gehören neben wertvollen tropischen Edelhölzern auch schnell wachsende Eukalyptusbäume und leicht zu verarbeitende Kiefern

Unter Tage in Zaruma

(Pinien) aus dem andinen Hochbecken. Umweltexperten bezeichnen die „importierten" Waldbestände auch als „Grüne Wüste". So braucht der einst aus Australien eingeführte Eukalyptus immense Wassermengen und trocknet schnell den Boden aus. Die fertigen und halbfertigen Produkte aus Holz werden hauptsächlich in die USA, aber auch nach Korea, Japan, in andere lateinamerikanische Länder und nach Europa exportiert. Die jährliche Ausfuhrzuwachsrate betrug 2006 über 1.000 %! Die Produktpalette ist groß: Holz-, Furnier- und Pressspanplatten, Verschalungen, Fußböden, Türen und Einbauschränke. Einen besonderen Stellenwert nehmen **Bambus** und **Balsaholz** ein. Letzteres wird in den Naturwäldern und Plantagen auf über 25.000 ha geschlagen. Mehr als 45 Länder kaufen das weiche Holz blockweise, um es anschließend zu formen oder für industrielle Zwecke zuzuschneiden.

Ecuadors Landwirtschaft

Die tropisch heißen, agrarisch genutzten Landstriche der breiten Küstenebene sind von riesigen Bananen-, Reis-, Soja-, Ölpalmen-, Sonnenblumen-, Kakao-, Tabak-, Baumwoll- (*algodón*) und anderen Gemüse- und Obstplantagen geprägt. Oft so weit das Auge reicht!

Sowohl in der landwirtschaftlichen als auch in der agroindustriellen Produktion wächst die Exportquote kontinuierlich. Das gilt für Frischwaren, aber auch für Konserven und Konzentrate. Weltweit einer der größten Importeure ecuadorianischer Produkte ist Deutschland.

Über ein Jahrhundert lang war Ecuador der bedeutendste Produzent und Exporteur von **Kakao**. Bis 1920 stammten fast 80 % des Staatshaushaltes aus der Kakaoproduktion. Die transecuadorianische Eisenbahn wurde so zum Symbol der goldenen Kakao-Ära. Die ersten Krisensymptome traten jedoch bereits mit dem

Ausbruch des Ersten Weltkrieges auf, als der Hamburger Hafen seine Pforten schloss und die Preise in den Keller purzelten. Im Verlauf des 20. Jh. ging es dann stetig bergab (auch durch die Hexenbesenkrankheit), bisweilen sogar dramatisch wie zwischen 1985 und 2000, als die Kakao-Handelsbilanz von 140 Mio. USD auf 38 Mio. fiel. In den letzten Jahren konnte der Trend jedoch umgekehrt werden: 2008 wurden mit dem traditionsreichen Produkt über 350 Mio. USD umgesetzt, das entspricht in etwa 120.000 Tonnen Kakaomasse und -pulver von geschätzten 450.000 ha Anbaufläche. Fast 30 % davon landet bei deutschen Abnehmern. Besonders gefragt ist Kakao aus organischem Anbau.

Die aristokratische Frucht wird besonders in den Provinzen Los Ríos (30 %), Guayas (26 %), Manabí, El Oro, Esmeraldas und zunehmend in Sucumbios angebaut. Vom Kakao-Export leben direkt und indirekt etwa 600.000 Ecuadorianer. Ausgangspunkt ist der Überseehafen von Guayaquil. Den höchsten Pro-Kopf-Verbrauch an zarter Tafelschokolade aus edlem ecuadorianischem Rohkakao verzeichnet Deutschland mit 10 kg, gefolgt von Belgien, der Schweiz, Norwegen, Großbritannien, den USA, Russland, Japan, Osteuropa. Die größten Kakaoproduzenten sind heute die Elfenbeinküste und Ghana, erst an sechster Stelle steht Ecuador. Nur 5 % des weltweit produzierten Kakaos gilt als *„fino"* und *„aromático"*. Von diesen 5 % produziert Ecuador jedoch 65 %!

Während des 19. Jh. galt Ecuador als das Land des **Kaffee**. Aber die Zeit der blaublütigen Bohnenbarone gehört seit Langem der Vergangenheit an. Aufgrund der qualitativ überlegenen Konkurrenz in den für Europa näher liegenden Anbaugebieten in Kolumbien, Brasilien und Mittelamerika, gefallener Weltmarktpreise und seuchenbedingter Ernteausfälle ist das Exportaufkommen der ecuadorianischen Kaffeebohne Anfang dieses Jahrtausends auf einen Bruchteil zusammengeschrumpft. Trotzdem werden heute noch die beiden meistgekauften Kaffeesorten im Lande angebaut: Arabica und Robusta. Durch die Verbreitung von ökologisch angebauten Sorten konnte das Exportvolumen seit 2004 wieder erfolgreich gesteigert werden. Vornehmlich in den Provinzen Manabí, Los Ríos, El Oro und Loja wurde 2007 Kaffee im Wert von über 120.000 Mio. USD produziert, hauptsächlich für den heimischen Markt. Exportiert wird in die USA, nach Deutschland, Spanien, Chile, Italien, Benelux, Polen, Argentinien und Kanada.

Im Schwemmland des Río Guayas und seiner zahlreichen Zuflüsse, vor allem in der dicht bevölkerten Provinz Los Ríos (um Babahoyo), wird auf weitläufigen Feuchtflächen traditionell **Reis** (*arroz*) angebaut. Aber auch groß angelegte Felder nicht traditioneller Produkte wie **Soja** oder **Sonnenblumen** sind im inneren Küstenbereich keine Seltenheit. In der Region um Santo Domingo und Quevedo sowie bei Lago Agrio im Oriente sieht man ganze Wälder in Reih und Glied stehender, für die Umwelt bzw. für die Gewässer sehr schädlichen **Ölpalmen** (*palma africana*). Palmöl ist ein wichtiger Grundstoff für Margarine, Frittierfett, Süßwaren, Waschmittel und Kosmetikprodukte.

Zuckerrohr (*caña de azucar*) wird hingegen seit Jahrhunderten in Manabí, Guayas, Los Ríos und Esmeraldas sowie auch in den subtropischen Tälern der westlichen Andenausläufer (zwischen 600 und 1.800 Höhenmetern) angebaut. Die Exporterträge fielen jedoch innerhalb eines einzigen Jahres (2004/2005) um etwa 70 %. Nicht viel besser erging es der ebenso traditionellen **Baumwolle** (*algodón*). So brachte die Ernte von 2005 in den Provinzen Manabí, Guayas und Loja lediglich noch 6 % des Ertrages von 1992 ein.

Alles Banane!

Der weltweit größte Exporteur von Bananen (*bananos*, die Einheimischen sagen auch *guineo* oder *seda*) verfügt durch die Äquatorlage und der zum Pazifik hin flachen Küste über ein ideales Klima, das den Anbau der nährstoffreichen Staudenfrucht das ganze Jahr über möglich macht. Angebaut wird jedoch inzwischen auch verstärkt im Amazonasgebiet, wobei fast 6.000 kleine und mittlere Bauern etwa 80 % der Anbaufläche besitzen. Die *bananeros* sorgten im Jahr 2008 für 260 Mio. Kisten der süßen Schiffsfracht im Gesamtwert von etwa 1,5 Milliarden USD. Hauptziele der qualitativ als *superior* eingestuften ecuadorianischen Banane sind Russland, Deutschland, die USA, Kanada, Belgien, Italien, Japan, Korea, China, die Balkanländer, die Türkei, der Iran, Peru und Chile.

Zwanzig Jahre nachdem das Erdöl die Banane vom ersten Rang unter den heimischen Exportschlagern verdrängt hatte, eroberte sich die Frucht im Juli 1997 diesen Platz zumindest für kurze Zeit wieder zurück. Überhaupt hatte die Banane in vorangegangenen Jahren immer wieder eine heilsame Wirkung bei Wirtschaftsflauten gezeigt. Das einzige Handicap des Bananenanbaus sehen Experten jedoch in der geringen Effektivität. Während z. B. Costa Rica und die Phillipinen – die Nr. 1 in Asien – auf jeweils 40.000 ha Anbaufläche 120 Mio. Kisten Bananen produzieren, sind es in Ecuador mit etwa 200.000 ha Fläche „nur" 250 Mio. Kisten. Die Anbaufläche organischer Bananen hat sich seit 2005 verdreifacht.

Die Geschichte des ecuadorianischen Bananenexportes geht auf die auslaufenden 40-Jahre zurück, als der mächtige US-Konzern *United Fruit Company* sich der gewinnträchtigen Frucht annahm. Innerhalb der ersten drei Erntejahre (1948–51) stieg ihr Anteil am Exportvolumen um das Zehnfache an, was zu diesem Zeitpunkt etwa der Hälfte der gesamten Wirtschaftseinnahmen gleichkam. Den ersten „Ausrutscher" gab es dann bereits 1956, als der anfänglich heftige Boom zunächst so schnell zu Ende ging, wie er begonnen hatte. Nach den zahlreichen Auf- und Abschwüngen der letzten fünf Jahrzehnte ist die Banane heute jedoch nicht mehr aus der Exportwirtschaft wegzudenken. Der hohe Entwicklungsstandard und die ausgefeilten Schutz- und Frischhaltetechniken der heimischen Bananenproduktion erfüllen weltweit die strengsten Anforderungen.

Dutzende von traditionellen Gerichten und Halbfertigprodukten aus insgesamt zwölf essbaren Bananensorten (*plátanos*) erfreuen sich unterdessen im Binnenland größter Beliebtheit – angefangen bei gerösteten Bananenchips (*chifles*) über ballaststoffreiche Bananenpuffer (*patacones*) und käsegefüllte Bananenknödel (*bolo de verde*) bis hin zu Kaubananen oder vitaminhaltigem Bananenpüree. Letzteres wird aus der reifen *Cavendish*-Sorte gewonnen, die am meisten exportierte Bananenfrucht. Gelbe Bananen zum Rohessen werden generell *guineo* oder auch *seda* genannt. Grüne, sehr schwer zu schälende Kochbananen heißen *verde*. Sie können auf jede erdenkliche Art und Weise zubereitet werden. Es wurden schon ganze Bananenkochbücher darüber geschrieben. Weich gebratene Bananenschnitten nennt man *maduro*, tiefgefrorene, orangefarbene *oritos* ergeben wiederum ein leckeres Speiseeis. Weitere 18 wilde Unterarten sind schlichtweg ungenießbar. Diese krummen Verwandten der niveauvoll kultivierten *manos* (Stauden) werden jedoch von Affen und anderen vierbeinigen Säugern hoch geschätzt.

Zum Symbol für den schleichenden Untergang vieler **Tabakplantagen** um Esmeraldas und im Einzugsgebiet des Río Guayas wurde der Zusammenbruch der traditionsreichen einheimischen Zigarettenfabrik von *El Progreso*. Im Exportgeschäft spielt die Droge Nikotin inzwischen jedoch wieder eine größere Rolle. Das Exportvolumen stieg innerhalb der letzten zwei Jahrzehnte um das Zehnfache. Derzeitige Renner sind handgedrehte Zigarren und Zigarillos.

Das pflanzliche Elfenbein **Tagua** zur Herstellung von z. B. Knöpfen und das geschmeidige **Palmstroh** – *paja toquilla* – zur kunstvollen Herstellung der berühmten Panamastrohhüte (*Sombreros de Jipijapa*) wird vornehmlich in den Provinzen Manabí und Guayas geerntet.

Unter den nicht traditionellen Früchten und Fruchtsaftkonzentraten verzeichnete in den letzten Jahren neben der **Ananas** (*piña*, jährliches Exportvolumen 60.000 Tonnen) die **Passionsfrucht** (*maracuyá*) einen geradezu fantastischen kommerziellen Erfolg. Ecuador ist weltweit der größte Exporteur von Maracujakonzentraten und Maracujasaft. Auch Maracujafrüchte, -samen und sogar -aromen werden ausgeführt. 2007 betrug das Exportvolumen 60 Mio. USD. Allein 20.000 Tonnen gingen in die Niederlande. Obwohl sie das ganze Jahr über geerntet werden kann (Haupterntezeiten Mai, Juni, Oktober), ist die steigende Nachfrage aus Benelux, Deutschland, Spanien, Frankreich, der Schweiz, den USA und Kanada bei Weitem nicht mehr zu befriedigen.

Einen phänomenalen Anstieg erlebte auch der Export von **Palmherzen**, heute an fünfter Stelle aller nicht traditionellen Agrarprodukte des Landes. Der *Palmito* ist das Mittelstück oder Herz der Palme, in Ecuador als *Chontaduro* bekannt. In den letzten sieben Jahren hat sich die Anbaufläche jährlich fast verdoppelt. Palmherzen sind sehr gesund, denn sie verfügen über einen hohen Energiegehalt, haben kein Cholesterin und sehr viel Eisen und Kalzium. Palmito gilt als Gourmet-Produkt, und Ecuador ist weltweit der größte Exporteur von kultivierten Palmherzenstauden, was auch zu einer vermehrten Abholzung der Tropenwälder geführt hat. Jährlich werden etwa 20.000 Tonnen geerntet. Die wichtigsten Abnehmer sind Frankreich, Argentinien, Chile, Venezuela und Kanada.

Von Oktober bis Januar ernten viele Obstbauern auch die voll im Trend liegenden **Mangos**, deren Anbau in der Küstenregion inzwischen 20.000 ha Fläche einnimmt, davon 90 % in der Provinz Guayas. Exportiert werden frische Früchte, Mangosaft, Mangomark, Mangoscheiben und Mangowürfel. Die Hauptsorten sind *Tommy Atkins* (56 %), *Haden*, *Kent* und *Keith*. Um die internationalen Pflanzenschutzforderungen zu erfüllen, verfügt Ecuador über hydrothermische Behandlungsstationen, die die Ausrottung eventueller Fruchtfliegen garantieren. Die wichtigsten Exportmärkte sind USA, Kanada, Benelux, Spanien, Australien, Neuseeland, Korea, Mexiko, Chile, Kolumbien und Panama.

Zu den **Melonensorten** (*melón, sandía*) für den Export gehören *Cantaloupe, Honey Dew*, eine Honigmelone mit orangenem und grünem Fleisch, und *Yellow Canary*, die europäische Honigmelone. Die meisten Melonen gehen nach Spanien. Seit 2003 ist der Anbau jedoch stark rückläufig.

Im Gegensatz zu Deutschland wird in Ecuador das ganze Jahr über **Spargel** (*espárrago*) geerntet, meist in ökologischen Anbaugebieten. Es gibt die Sorten *Faribo Hybrid, Jersey Giant* und verschiedene Hybriden. Die wichtigsten Exportmärkte sind die USA, Großbritannien, Venezuela, Frankreich, Italien und die niederländischen Antillen.

Bananen soweit das Auge reicht

Einen Boom erleben **Heilpflanzen** (*hierbas*) und **Gewürzkräuter** (*especias*). Etwa 500 verschiedene *hierbas* und *especias* werden in freier Natur geerntet oder angebaut. Verkauft werden sie frisch, getrocknet, gemahlen oder als Aromaöl. Die wichtigsten Heilpflanzen sind das *Paico*, das *Zinnkraut*, die *Aloe Vera* und die *Schwarze Brennnessel*. Exportiert werden u. a. auch *Ingwer* (auch als Öl), *Chinabaum* (*Cascarilla*) und *Kondorliane*. Die wichtigsten Abnehmer sind Deutschland, Frankreich, Italien und Holland. Viele Farmer, Firmen und Verbände verfügen über Zertifizierungen für biologischen Anbau.

Im innerandinen Hochbecken werden traditionell **Kartoffeln** (*papas*), **Mais** (*maíz*), **Weizen** (*trigo*), **Bohnen** (*fréjol*) sowie **Obst und Gemüse** (*legumbres*) angebaut. Aber auch hier hat die Ernte von nicht traditionellen Produkten in den letzten Jahren enorm zugenommen.

In Ecuador wuchs der nicht traditionelle Sektor seit der Jahrtausendwende um 30 % pro Jahr und macht heute 60 % des gesamten agrarischen Exportvolumens aus. Bestes Beispiel hierfür sind im nördlichen Hochland unter lang gezogenen Foliendächern gezüchtete **Schnittblumen** (*flores*). Im Laufe weniger Jahre hat die Rosen-, Nelken-, Margeriten- und Chrysanthemenzucht dank eines ausgeglichenen Frühlingsklimas in diesen und anderen Gebirgsregionen Ecuadors einen sehr hohen Standard erreicht. Auch subtropische Helikonien sind immer mehr gefragt. Schnelle Luftfracht sorgt für eine reibungslose Verteilung. Die duftende Ware geht in die USA, nach Kanada, Europa (auch nach Deutschland), Chile, Argentinien, Hongkong und Russland. Die „hervorstechende" Hochwertigkeit der stachellosen, geruchsstarken, in Größe und Farbe scheinbar unübertroffenen Rosen aus Cayambe konnte auf Fachmessen immer wieder bestätigt werden. Die mittelfristige Zukunft der geblümten Handelspartnerschaft Ecuador – Deutschland hat sich hierbei mehr als rosig dargestellt. Ecuador ist heute auf 70 Weltmärkten vertreten, und die blumige

Handelsbilanz hat sich von 1991 bis 2008 von etwa 20 Mio. auf 500 Mio. USD gesteigert. Allein der Export nach Russland hat sich bis 2008 verzehnfacht. Nach Holland, Kolumbien und Äthiopien ist Ecuador mit rund 100.000 Arbeitsplätzen der viertgrößte Branchenexporteur. Aber auch bei diesem Exportschlager schlug die Weltwirtschaftskrise voll zu. So verschickten preisbewusste Verliebte in den USA am Valentinstag 2009 erstmals mehr Grußkarten als Sträuße.

Besonders erwähnenswert sind auch die ecuadorianischen **Erdbeeren** (*frutillas*), die dem Land hinsichtlich neuer, in Expansion begriffener nicht traditioneller Produkte zu internationalem Ruf verhalfen. Ihr Aroma, ihre Farbe und ihr Duft erfreuen sich in Ländern mit vier Jahreszeiten größter Beliebtheit. Im Hochland können Erdbeeren ohne Ausfallzeiten das ganze Jahr über geerntet werden. Zu den angebauten Varianten zählen *Chandler*, *Taft*, *Fresno*, *Oso Grande* und *Tioga*.

An vielen Orten in den Anden werden **Regenbogenforellen** (*truchas*) gezüchtet. Zu einem Mode-Zuchtfisch für den Export- und Binnenmarkt hat sich der **Tilapia** gemausert, ein eingeführter afrikanischer Süßwasserfisch, der in den Subtropen gezüchtet wird. Lebend nach Südostasien exportiert werden hingegen bis zu drei Pfund schwere, meist in Brackwassern gezüchtete **Schläfergrundeln** (*Chame, Dormitator latifrons*).

Die Palette an über 90 nicht traditionellen agrarischen Produkten wächst: **Artischocken** (*alcachofas*) aus dem Andenhochland gehen nach Italien, Kanada und Kolumbien, während die Hauptabnehmer für gefriergetrockneten **Brokkoli** die EU und Japan sind. Andere erfolgreiche Beispiele sind **Quinoa** (Reismelde oder Inkakorn), **Papayas**, **Guaven** (*guayabas*), Zitronen (*limones*), Trauben (*uvas*), Avocados (*aguacates*) oder die exotische Amazonas-Frucht **Arazá**, welche sechsmal pro Jahr geerntet werden kann.

Shrimpzucht und Fischfang

Auch beim Shrimpexport stand Ecuador bis vor Kurzem noch an der Spitze. Das Zusammenspiel aus hervorragenden klimatischen Verhältnissen und modernen Aufzuchtsmethoden hatte das Land Mitte der 90er zum größten Shrimp-Produzenten und viertgrößten Exporteur der Welt gemacht. Die ecuadorianischen Garnelen werden wegen ihrer Größe, Festigkeit und Farbe sowie ihres hervorragenden Geschmacks gerühmt. Überzüchtung und damit verbundene Krankheiten (*mancha blanca*) führten jedoch Anfang dieses Jahrtausends zu einer negativen Wende. Der Export hat sich inzwischen aber wieder erholt, nicht zuletzt dank neuer Süßwasserarten. Die Garnelen gehen zu 45 % in die USA, der Rest verteilt sich auf die Märkte der EU und Japan. Die *camarones* werden in etwa 1.500 Farmen gezüchtet, die eine Gesamtfläche von über 200.000 ha einnehmen und 2007 ein Exportvolumen von 600 Mio. USD darstellten. Damit steht Ecuador an fünfter Stelle hinter Thailand, Indonesien, Vietnam und China. Auf dem Vormarsch sind die aus organischer Zucht stammenden, gehaltvolleren Shrimps. Die bislang noch wenigen Bio-Aufzuchtfarmen befinden sich bei Bahía de Caráquez in Manabí.

Die meist illegal angelegten *camaroneras* (Garnelen-Aufzucht-Becken) sind allerdings auch für das massive Sterben der Mangrovenwälder verantwortlich. So gab es bereits 1995 erstmals mehr Fläche an *camaroneras* als an Mangroven. Da in den Aufzuchtanlagen selbst nur wenig Personal benötigt wird, herrscht in den Dörfern am Rande der schwer bewachten Shrimpfarmen oft bittere Armut.

Seit 1950 wird vor der ecuadorianischen Pazifikküste industrieller Fischfang betrieben. Aufgrund des Zusammentreffens des kalten Humboldtstromes mit dem warmen Panamastrom verfügt das Land über einen mannigfaltigen Fischreichtum. Nach Bananen sind Meeresprodukte seit 1985 zum zweitgrößten „erneuerbaren" Exportartikel avanciert. Ganzjährige Fangzeiten und eine exportorientierte Konserven- und Fischmehlindustrie ermöglichen die dauerhafte Weiterverarbeitung von Seezungen (*lenguado*), Sardinen (*sardinas*), Schwert- und Thunfischen (*picudos* und *atún*). Ideale Wassertemperaturen schaffen zudem die optimalen Voraussetzungen für die Entwicklung von Meeresfrüchten wie Langusten, Kalmar, Herz- oder Miesmuscheln (*conchas*), die sich in Deutschland, Spanien und vielen anderen Ländern steigender Nachfrage erfreuen. 2007 wurden fast 500 Mio. USD an frischen und konservierten Fischen sowie Meeresfrüchten exportiert. Demzufolge leidet auch das Meer vor Ecuador längst an skrupelloser Überfischung.

Kunst und Folklore

Artesanía

(Populäres und indianisches Kunsthandwerk)

Unter den Begriffen *arte popular*, *arte folclórica*, *artesanía* oder *arte indígena*, werden die in populären Kulturbereichen verwurzelten Kunst- und Gebrauchsgegenstände aus Stroh, Holz, Wolle, Leder, Ton, Stein oder Metall zusammengefasst. Die Ursprünge dieser Volkskunst sind in den Traditionen und spirituellen Bedürfnissen lokaler und regionaler Bevölkerungsgruppen zu suchen. Die handgefertigten Artikel und Gegenstände zeichnen sich meist durch ihre Individualität aus, keiner gleicht dem genau anderen, selbst wenn die Unterschiede oftmals nur minimal sind. Wasserdichte Panamahüte aus dem endemischen Palmstroh, *paja toquilla*, bunte Papageien aus Balsaholz, Teppiche aus Schilf, Pullover und Ponchos aus Schaf- und Lamawolle, Hängematten und Netztaschen (*shigras*) aus Lianen, Schachfiguren aus Tagua-Nüssen, naive Malerei auf Schafshäuten oder Gold-, Silber- und Kupferschmuck sind nur einige Beispiele dieser variationsreichen Kunstrichtung. Zu den Charakteristiken der irrtümlicherweise auch als „Souvenirkunst" und „Airport-Art" abgewerteten Kreationen gehören sowohl vielfältige Darstellungen aus dem Flora- und Faunabereich als auch die Verwendung indianischer Motive.

● *Einkaufen in Quito* Eine Schatztruhe an niveauvollem Kunsthandwerk aus dem Andenraum und Mittelamerika stellt seit Jahrzehnten die **Galería Latina** in Quito dar, Av. Juan León Mera, zwischen Wilson und Veintimilla. Auf zwei Stockwerken findet der Artesanía-Freund hier sorgfältig ausgewählte Stücke (siehe auch im Reiseteil bei „Quito").

▶ **Textilien und Stickereien**: Unter den Kunstwebern Ecuadors stechen die Otavaleños aus der Provinz Imbabura hervor, die derzeit den landesweit größten Produktionsumfang an *textiles artesanales* innehaben. Der berühmte Samstagsmarkt von Otavalo gehört zum Pflichtprogramm einer Ecuadorreise.

Der *Poncho* zählt zum gebräuchlichsten Kleidungsstück der Hochlandbevölkerung. Er drückt bei den *indígenas* soziale Stellung oder Wohlstand aus. Die sog. *ponchos de dos caras* der Otavaleños mit unterschiedlichen Blautönen im Bund und auf der

Innenseite deuten auf den Wohlstand des Trägers hin. Die rosarot gestreiften Lamawoll-Ponchos aus Natabuela (Provinz Imbabura), die nur zu bestimmten Anlässen, wie z. B. dem Fronleichnamsfest, getragen werden, sind die farbenprächtigsten des Landes. Aus der Chimborazo-Region heben sich die rot-blauen Ponchos aus Cacha hervor, die Einfärbungen in Form von stufenartigen Rautenmustern aufweisen. Die Saraguro-Indianer ganz im Süden des Landes benutzen einen übergroßen schwarzen Poncho mit violetten Seitenstreifen.

Bei der aus präkolumbischen Zeiten stammenden *Ikat-Färbetechnik*, die man heute noch bei den aus Cuenca stammenden Macana-Schals anwendet, wird das Garn vor der Verarbeitung abschnittsweise oberflächlich eingefärbt, während abgedeckte Stoffteile ihre ursprüngliche Farbe beibehalten.

Tapices und *alfombras* (Wandteppiche und Teppiche) werden seit Jahrhunderten produziert. Unter den bunten Wandteppichen des Otavalo-Marktes fallen besonders die mit den vielen Tiermotiven ins Auge. In Guano (bei Riobamba), dem bedeutendsten Zentrum handgeknüpfter Läufer und Schafswollteppiche in Ecuador, werden unterschiedliche Modelle mit geometrischen oder geblümten Mustern angeboten. Die Qualität hängt dabei von der jeweiligen Knotenmenge pro Quadratmeter ab, bei den feineren Teppichen bis zu 60.000 Knoten. Chemiefarben sind die Norm. Die in Quito produzierten Schafswollteppiche der Firma *Alfombras Tingo* (Av. Amazonas y Wilson) ähneln ein wenig den dick-flauschigen Tibeter-Teppichen aus Zentralasien. Auch bei den Salasaca-Indianern in der Tungurahua-Provinz wird diese Art von Teppichen produziert.

Die unterschiedlichen Details der *bordados*, der Handstickereien, schmücken und identifizieren vornehmlich die Blusen indianischer Frauen. Jede Region des Andenhochlandes weist andere Farben und *diseños* auf. Die von floralen Motiven und Bauernszenen inspirierten Stickereien auf Kleidungsstücken, Tüchern und auch Servietten aus der Gegend um Cayambe, Olmedo, Zuleta und La Esperanza (Provinz Imbabura) erfreuen sich landesweit großer Beliebtheit. Auch viele Frauen aus Chordeleg (bei Cuenca) verbessern die Familieneinkünfte mit der Herstellung dieser dekorativen Stücke.

Sombreros de lana, Wollhüte, werden vor allem in den Hochlandprovinzen Cotopaxi, Tungurahua, Chimborazo, Bolívar und Cañar von der indianischen Bevölkerung bei

Höchste Wertarbeit aus Ecuador

Deutsche Investitionen werden in Ecuador mitunter von Pionieren getätigt. Einer von ihnen ist *Stefan Brandt*, dem es gelungen ist, wirtschaftlichen Erfolg mit sozialer Verantwortung zu verknüpfen. Seine Konfektionsstätte in Quito beschäftigt rund 70 Mitarbeiter und fertigt edle T-Shirts, Sweatshirts, Jacken und Unterwäsche nach höchsten Maßstäben. In einer „familiären Fabrik" mit Licht, Aussicht, ergonomischen Arbeitsplätzen und Kantine werden nicht nur alle Kollektionen produziert, sondern auch die gesamte Wertschöpfungskette kontrolliert, vom Einkauf der Rohware bis zum Direktverkauf der fertigen Produkte. Auf teures Marketing wird verzichtet. Stefans Erfolg beruht darauf, dass Arbeitsplätze geschaffen und gleichzeitig wichtiges Know-how vermittelt wird. Die „brandtneue" Kollektion wird in Quito im Viertel *La Mariscal* in zwei gegenüberliegenden Läden der Juan León Mera – zwischen Foch und Pinto – angeboten (www.stefanbrandt.com, siehe S. 214).

Tanzgruppe beim Hazienda-Besuch

allen Alltagstätigkeiten getragen. Bei den Saraguro- und Salasaca-Indianern hingegen werden die breiten, teils mit Mehl gestärkten *sombreros* lediglich bei festlichen Aktivitäten zur Schau gestellt.

▸**Keramik**: Die Wurzeln ecuadorianischer Töpferkunst sind bis auf 5.000 Jahre zurückzuverfolgen. Die Entdeckung der kleinen Venus-Figuren der *Valdivia-Kultur* erregte in Fachkreisen sogar weltweites Aufsehen. Hatte man bis dahin die Entstehung der Keramik auf dem Kontinent einem viel späteren Zeitpunkt zugeschrieben, so musste diese Ansicht bereits während der 50er-Jahre revidiert werden. Die *Venus de Valdivia*, Symbol von Fruchtbarkeit, gilt heute als zentraler Punkt in der gesamten amerikanischen Keramikproduktion.

Im Laufe der Jahrhunderte durchlief die Töpferkunst mehrere Etappen. Zu den wertvollsten Keramiken zählen unter anderem die „Fliegenden Untertassen" der *Narrío-Kultur* (südliches Hochland), die „singenden Krüge" der *Chorrera-Kultur* (Küste), die Erotikfiguren der *Jama Coaque-, Bahía-* und *La Tolita-Kultur* (Küste) oder die „langen Nasen" der *Manteño-Kultur* (Küste), um nur wenige zu nennen (siehe auch Kapitel „Kunstgeschichte").

Auf dem Markt von Pujilí in der Andenprovinz Cotopaxi werden vor allem festliche Bauernszenen, Tänzer, Musiker, Stierkämpfer und auch Hazienda-Tiere zum Verkauf angeboten. Im Raum *Cuenca* erreicht die Keramikproduktion inzwischen massive Ausmaße. Sehr dekoratives mit Tier- und Pflanzenmotiven versehenes Steingutgeschirr ist besonders beliebt.

Im amazonischen Puyo werden mit mythischer Tiersymbolik versehene Schalen und Krüge hergestellt. Kleine bis mittelgroße Figuren von Fabeltieren zählen zum Repertoire dieser leicht zerbrechlichen *Quichua-Canela-Keramik* aus dem tropischen Einzugsbereich des Río Pastaza.

▸**Schmuck**: Die bedeutendste Edelmetallschmiede des „antiken" Ecuador brachte die *La-Tolita-Kultur* aus der nördlichen Esmeraldas-Region hervor, die es bereits vor über 1.500 Jahren verstand, Gold mit Platin zu verschmelzen. Leider sind aus dieser Epoche nur ganz wenige Stücke wie eine Grabmaske mit dem beweglichen Antlitz des Sonnengottes erhalten geblieben. In der *Casa de la Cultura* in Quito ist dieses einzigartige archäologische Fundstück zu bewundern.

In manchen Regionen des Hochlandes sind Ohrgehänge, Silberarmreife, venezianisch anmutende Perlenhalsketten aus Korallen bzw. alten Silbermünzen sowie übergroße Anstecknadeln (*tupus*), Schalnadeln aus Silber-, Messing- und Nickellegierungen, die bevorzugten Accessoires indianischer Frauen. In Quito und Guayaquil verbinden renommierte Juweliere inzwischen althergebrachte Techniken mit modernen Designs. Die Verarbeitung präkolumbischer Edel- und Halbedelsteine wie Smaragde oder Lapislazuli gibt den oftmals avantgardistischen Schmuckstücken ein regionales Gepräge. Filigraner Gold- und Silberschmuck wird heute vor allem in der Region um Cuenca und Chordelég angefertigt. Verspielte Ohrringe, Armreife, Broschen, Anstecknadeln oder dekorative Schauobjekte sind in dieser südlichen Cañar-Provinz preisgünstiger als in der Landeshauptstadt zu finden.

▶ **Lederwaren** werden heute vornehmlich in Cotacachi und im preisgünstigen Quizapincha bei Ambato hergestellt (siehe jeweils im Reiseteil). Den Aufstieg zum Lederzentrum erlebte das Andenstädtchen Cotacachi während des Zweiten Weltkrieges, als die Nachfrage für rindslederne Zigarettenetuis seitens der US-Armee gewaltig anstieg. Beamte, Bäcker und Bauern verließen ihre angestammten Arbeitsplätze. Sämtliche Anwohner Cotacachis widmeten sich von nun an, weitab von den Kriegsgeschehnissen, ausschließlich dieser einträglichen Tätigkeit. Die heutige Produktion ist jedoch eher auf die Sättigung des Binnenmarktes ausgerichtet. Entlang der Hauptstraße gibt es Dutzende Geschäfte. Jacken, Taschen, Portemonnaies, Gürtel und Schuhe zählen zu den meistverkauften Artikeln. Qualität (Reißverschlüsse) und Design entsprechen dabei nicht immer hohen Standards, dies sollte beim Kauf berücksichtigt werden. In der Gegend um Portoviejo, Chone und Flavio Alfaro in der Küstenprovinz Manabí wird ebenfalls Leder kunstvoll verarbeitet: Dort entstehen Pferdesättel, Reitgerten und Machetenscheiden.

▶ **Holzprodukte:** *Holzmasken* werden in Tigua, Zumbahua, Pujilí und Saquisilí in der Andenprovinz Cotopaxi angeboten. Nussbaum (*nogal*), Binsenholz (*junco*) und manchmal auch Zedernholz (*cedro*) werden zu deren Herstellung verwendet. Aus Tigua stammen auf Schafshaut und auch Holzschemeln verewigte *naive Malereien*,

die hauptsächlich Bauern- und Landschaftsszenen wiedergeben. Sie gehören zu den begehrtesten Kunsthandwerksobjekten und haben jede Menge Nachahmer gefunden (siehe dazu im Reiseteil auf S. 317). San Antonio de Ibarra ist für seine handgeschnitzten, sowohl religiösen, bäuerlichen als auch erotischen *Holzfiguren* in allen Größen bekannt.

Das amazonische Puyo hat sich auf die Verarbeitung von *Balsaholz* spezialisiert. Bei den aus Tierskulpturen herausgearbeiteten Hockern und Schemeln handelt es sich um Häuptlingsinsignien der amazonischen Waldkulturen, die auf den

Meerschwein - Kunst

Hutflechterin in Cuenca

sozialen Rang des Besitzers hinweisen. Den größten Teil der Balsaproduktion machen jedoch die bunten Papageien und Tukane, Gürteltiere und schwenkbaren Schlangen, Tropenfische und Früchte (Kühlschrankmagneten) aus.

▸ **Andere Materialien:** Montechristi ist die Wiege aller Strohhüte, des *Sombrero de Panamá* oder *Sombrero de Jipijapa*. Aber auch in Libertador Bolívar (Provinz Guayas) und im Cuenca-Raum werden feine Strohhüte – *superfinos* – geflochten. Der Arbeitsaufwand für einen *superfino* liegt bei etwa drei Monaten! Siehe dazu auch S. 528 und 552.

Shigras (Netztaschen) und *hamacas* (Hängematten) aus den widerstandsfähigen Fasern der Chambira-Palme gibt es im Oriente (Amazonastiefland) kaum mehr zu kaufen. Der Rohstoff ging durch die große Nachfrage fast zu Ende, Nylon-Mischungen sind heute die Regel. Die Preise für die hundertprozentigen Naturfaserprodukte sind daher hoch. Der Arbeitsaufwand für eine *shigra* liegt bei vier Tagen, für eine Hängematte bei bis zu einem Monat und mehr.

Die harte Kernfrucht der *Tagua-Palme*, auch als „pflanzliches Elfenbein" bezeichnet, wurde schon vor mehr als einem Jahrhundert für die Herstellung von Knöpfen, Kronkorken, Jo-Jos und Schachfiguren verwendet. Im Zuge der „Plastik-Ära" verlor der wunderschöne Rohstoff dann zunehmend an Bedeutung. Größter Auslandsabnehmer ist heute wie damals Deutschland, gefolgt von Japan, Italien und der Schweiz. Spielzeug und kleine Kunstobjekte aus Tagua werden heute z. B. in der Andenstadt Riobamba hergestellt. Die Anbauzonen der 5–6 m hohen Palme befinden sich jedoch in Höhenlagen unter 1.500 m.

Musik

Die Anfänge ecuadorianischer Musik reichen bis zu den „singenden Wasserkrügen" der präkolumbischen Küstenkultur von Chorrera zurück. Der durch Erhitzung entstandene Wasserdampf erzeugte im Resonanzkörper einen pfeifenden Widerhall. Die dabei imitierten Tierstimmen verhalfen zu Jagdglück.

Zu den ersten von Menschenhand gespielten Musikinstrumenten gehörten enorm große *conchas* (Wasserschnecken), die von den damaligen Küstenbewohnern wie Hörner benutzt wurden. Sie konnten damit auch starkes Brandungsrauschen übertönen und sich auf hoher See verständigen.

Musik

„Llegó la banda"

Zu den noch heute eingesetzten Musikinstrumenten aus präkolonialen Zeiten zählen *flautas*, darunter *rondadores* (einreihige Bambusrohr-Panflöten), *sampoñas* (doppelreihige Panflöten), *quenas*, *pingullos* und *chirimías* (verschieden große Querflöten aus Bambus, einst aus Kondorknochen). Diese werden oftmals von *bombos*, fellbespannten Trommeln, begleitet. Heute kann diesen traditionellen Instrumenten in *peñas* (Folk-Kneipen) in Quito (z. B. Ñucanchi Peña), Otavalo, Riobamba, Baños oder Cuenca gelauscht werden. Wobei die Herkunft der Bambusrohr-Panflöte mit ziemlicher Sicherheit im präkolumbischen Ecuador zu suchen ist. Keramikfunde der Kulturen *La Tolita*, *Bahía* und *Jama Coaque* geben den Rondador in den Händen virtuoser Hohepriester wieder.

Hingegen können die durchdringenden *bocinas* auf abgelegenen Hochebenen der Chimborazo-Region kaum noch vernommen werden. Hierbei handelt es sich um eine Art indianisches Bambus-„Alphorn", das einen tiefen, gleichmäßigen Ton erzeugt, der auf den einstigen, mitunter Tausende von Quadratkilometern großen Haziendas der Aufruf zum Einholen der Ernte bedeutete.

In der hauptsächlich von Schwarzen bewohnten nördlichen Küstenprovinz von Esmeraldas wird bei lokalen Musik- und Tanzeinlagen noch die traditionelle *marimba* eingesetzt, eine Art großes Bambusrohr-Xylophon mit Tasten aus dem harten Holz der Chonta-Palme.

Im Zuge der spanischen Eroberung vermischte sich die andine Musik mit Saiteninstrumenten, darunter *guitarras*, *bandolínes*, *violínes* und *charangos*, winzigen Gitarren mit acht Griffleisten, fünf Doppelsaiten und einem rundlichen Resonanzkörper, ursprünglich der Panzer eines Gürteltieres. Musikdarbietungen waren in Kolonialzeiten meist nur der Oberschicht vorbehalten. Dazu gehörten auch die kreolischen Serenaden unter den Balustraden der Calle Ronda in Quito.

Keinesfalls für Touristen verfälschte Blas-, Flöten- und Paukenmusik wird heute wie anno dazumal auf indianischen Dorffesten von sog. *bandas del pueblo* gespielt. Hierbei werden keine trachtentragenden, „El Condor Pasa"-mäßig verzückten Musikgruppen dem Fremdenverkehr dargeboten. Gelegenheiten, einer traditionellen bäuerlichen Fiesta beizuwohnen, gibt es eigentlich zur Genüge (z. B. die *Fiestas de San Juan*, die *Fiesta de la Mama Negra* oder die *Fiestas de Guápulo* in Quito). Diese alkoholisierten und musikalisch skurrilen Hochland-Festivitäten sind vielleicht nicht jedermanns Geschmack. Wer jedoch authentisch ecuadorianische Volksmusik mit allem Drum und Dran erleben möchte, wird hier den Unterschied zu Touristenveranstaltungen spüren.

Tanz und Folklore: Volkstümliche, in alten Überlieferungen verhaftete Tanz- und Musikshows bietet das seit 1989 bestehende Folklore-Ballett **Jacchigua**. Das viel gereiste Erfolgsensemble besteht aus 90 Tänzern und Tänzerinnen, die anhand von Dutzenden farbenprächtigen choreografischen Einlagen das gesamte ecuadorianische Kulturrepertoire zum Ausdruck bringen. Jacchigua hat an unzähligen internationalen Tanzfestivals auf fast allen Kontinenten teilgenommen und eine Millionensumme in 2.800 kg Trachten und Kostüme investiert.

● *Adresse/Tickets* Wer sich das professionelle Spektakel nicht entgehen lassen möchte, sollte sich mittwochs um 19.30 Uhr eine ihrer dauerhaften Präsentationen im *Teatro Nacional* in der **Casa de Cultura** von Quito anschauen (6 de Diciembre y Patria). Karten können am Abend direkt am Ticketschalter im Theater, unter ✆ 02-2952025 oder ✆ 02-3161231 oder auch online unter www.jacchiguaecuador.com vorbestellt werden. Eintrittspreis 25 USD, Dauer 2 Std., jeder wird begeistert sein!

Ein ebenso außergewöhnliches andines Ballett mit starken innovativen und experimentellen Elementen ist das etwa 22-köpfige **Humanizarte** in Quito. Regelmäßige Vorstellungen gibt es jeden Mittwoch um 19.30 Uhr in der Leonidas Plaza N24–300 und Lizardo García/Calle Xaura, ✆ 2226116, humaniza@uio.satnet, Eintritt 15 USD. Ebenso zeitgenössische Tanz-Workshops!

Zu den andinen Musikern gehören die international gefeierten Gruppen **Pueblo Nuevo**, vielleicht die beste ecuadorianische Andenfolkband, und **Charijayac** („Innere Kraft"). Ein Geheimtipp ist hingegen die indianische Sängerin **Mariela Condo** mit ihrem sehr gefühlvollen, mitunter leicht jazzigen Repertoire.

Eine außergewöhnliche Formation stellt das **Orquesta de Instrumentos Andinos (OIA)** dar, das mit Instrumenten aus den Anden und z. B. auch einem zeitgenössischen Kontrabass populäre wie auch indianische oder afroecuadorianische Musikstücke in klassische Symphonien verwandelt. Das städtische Orchester des *Municipio Metropolitano de Quito* besteht aus 36 Musikern und seinem Direktor und Dirigenten *Patricio Mantilla Ortega*.

Interessenten „internationaler" **klassischer** Musikkonzerte wenden sich hingegen am besten an das 1956 gegründete **Orquesta Sinfónica Nacional del Ecuador** in einem wunderschönen Haus in der Leonidas Plaza N19–34 y Patria, ✆ 2502814, nahe der *Casa de la Cultura*.

El pasillo – ein ecuadorianisches Gefühl

Zu Beginn des 20. Jh. setzte eine massive Immigration in die Städte Guayaquil und Quito ein, sowohl aus den ländlichen Provinzen wie auch aus Übersee. Aus dieser Mischung von regionalen, kolumbianischen, mexikanischen, andalusischen, europäischen und nordamerikanischen Stilelementen entstand der ecuadorianische *pasillo*, meist herzzerreißende Mollton-Melodien, die von Liebe, Leid und urbaner

Entwurzelung handeln. Für ältere Generationen stellen die Schnulzen eine Art Volkshymne im Walzertakt dar. Hingegen finden soundverwöhnte Gringos das mitunter in Überlandbussen abgespielte Gejammer schier unerträglich. Vor allem wenn der Hintermann dann auch noch anfängt, mitzuschluchzen.

Sowohl instrumental als auch gesungen kam der Pasillo bereits Ende des 19. Jh. in Mode. 1911 wurden in Guayaquil die ersten Grammophonplatten aufgenommen, deren Produktion wenig später nach Havanna und New York verlegt wurde. In den 20er-Jahren begannen die bis dahin als minderwertig eingestuften Melodien, salonfähig zu werden. Zu ihren Wegbereitern gehörten Carlos Amable Ortiz (*Flor de mal*), José Ignacio Panelos (*Ojos verdes, Al morir las tardes, Alma Cuencana*), Christóbal Ojeda Dávila (*Alma Lojana, Ojos negros*) und *Mi último adiós* von Lucrecia Córdova und dem Orquesta Austral. Kontinentale Erfolge löste jedoch erst das **Dúo Ecuador** aus (Nicasio Safadi und Enrique Ibáñez Mora), das Anfang der 30er-Jahre seine ersten Hits einspielte. Nationale Erfolge brachten u. a. die Hermanos Naranjo Moncayo (*Negra mala*) und Carlota Jaramillo (*Claro de luna*) hervor. Den einzigen weltweiten Durchbruch verzeichnete der 1945 in Spanien aufgenommene Pasillo *Sombras* von Carlos Brito.

Zum Star unter den *post-pasilleros* avancierte in den 70er-Jahren der *bohemio* **Julio Jaramillo** (geb. 1935), landläufig auch als „Jota Jota" bezeichnet. Die „versoffenste Nachtigall von Amerika" war seiner Zeit Publikumsliebling in Kolumbien, Uruguay und Argentinien. Zu den größten Erfolgen des süßlichen Schwindlers zählen *Fatalidad, Náufrago de amor, Sendas distintas, Nuestro juramiento, Chica linda, Carnaval de la vida* und *Guayaquil de mis amores.*

Ecuadorianische Musik heute

Den experimentierfreudigen, gleichzeitig aber auch traditionsbewussten Interpreten sind keine Grenzen mehr gesetzt: Latino-Rock, andiner Blues, pazifischer Ska, tropischer Country, verjazzte Boleros und dabei immer irgendwie von typischen *aires ecuatorianos* umgeben.

Herausragend sind der Altmeister **Segundo Quintero** und seine **Los Chigualeros** aus Esmeraldas, der „Capital Nacional del Ritmo" – swingende afropazifische und antillanische Rhythmen, das Heißeste, was das musikalische Ecuador zu bieten hat. CDs: *Hijos del Sol* (1996) und *Live in Scandinavia* (2006).

Zu subkulturellem Starruhm brachten es die beiden *compadres guayaquileños* **Hugo Idrovo** und **Héctor Napolitano**. Mit ihrer 1983 ins Leben gerufenen Experimentalgruppe *Promesas Temporales* („Vorübergehende Versprechen") gaben sie der ecuadorianischen Musik erstmals neue Identifikationsmöglichkeiten, z. B. *La Antología del Encebollado, Son de Galápagos* und Hugos *Cuentos del Río Colgado*. Von Blues Brother „*Napo*" (Héctor Napolitano) erschien 1998 *El Refrito (Son de Galápagos II)* und 2004 *El Cangrejo Criminal* (mit dem Hit *Guajíara a Guayaquil),* das Elemente von Son, Blues und auch traditioneller ecuadorianischer Musik enthält. Mit den *Gringos* um John Vokes und Jeff Frazier spielte Héctor auch die auf Galapagos entstandenen Super-Criollo-Blues-CDs *Iguanamen* und *Iguanaamerica* ein.

Im Jahre 2004 trumpften die folkloristisch-rockigen **Cruks en Karnak** mit ihrem ultraecuadorianischen San-Juanito-Hit *El Aguajal* auf. Die 1989 in Quito gegründete Band galt lange als eine Art Retter patriotischer Klangstrukturen. In ihren Songs aus dem *barrio* vermischen sich Rock, Afro-Latino und Funk mit heimischen

Immer was los auf der Plaza Foch

Stilrichtungen. Bei der Fussball-WM 2006 in Deutschland hatte die Gruppe mehrere Auftritte vor großem Publikum. 2008 gründeten Ex-Mitglieder von Cruks en Karnak und **Cacería de Lagartos** die neue Band der Bands, die **Chaucha Kings**, eine explosive Mischung aus nationalen und internationalen Rhythmen. Zur Modegruppe avancierte auch **La Grupa**, die volkstümliche und importierte Stile vermischte und 2008 den patriotischen Hit *Tal cual* landete.

Die bekannteste, bereits seit Mitte der 1990er-Jahre erfolgreiche Heavy-Band **Sal y Mileto** stammt aus dem tiefen Süden Quitos. Kaum zu glauben, dass der fetzige Sound aus einem tropischen Land kommt. Sal y Mileto gab der ecuadorianischen Underground-Szene einen unglaublichen Schub. Überall im Lande wurden plötzlich schockierende, ganz anders geartete Bands gegründet. Ecuador zählt heute zu den Spitzenreitern in Sachen Latin-Rock.

Zu den gängigsten subkulturellen Vertretern zählen: *Amigos de lo Ajeno* (eine der besten Punkrock-Bands des Landes), *Cacería de Lagartos* (Folkrock, CD 2006 „No Cover"), *Curare* (die Longo-Metal-/Indian-Hardcore-Band Nr. 1 in Ecuador, CD 2004 „Comando Urbano", www.curarecurare.com), *Quito Aliens* von *German Prinz* (die Trance-Band Nr. 1), *Rockola Bacalao* (Latin Ska, Nr. 1 unter den Fusion-Bands in Ecuador, www.rocolabacalao.com), *Sobrepeso* aus Cuenca (eine Kult-Band, der beste Heavy Metal Ecuadors), *Sudakaya* (die Reggae-Band Nr. 1 in Ecuador); ebenso: *Tomback, Muscaría, Alicia se tiró x el parabrisas* und *Vírgenes Voladoras*.

In Guayaquil wurde 2002 eine erste CD mit knallharten Rap-Klängen aus den südlichen *suburbios* der Hafenmetropole lanciert. Dazu gehörten *Los Graffiti People, Crew* und andere „Untergrund-Künstler". Zu den bekanntesten Hip-Hoppern zählen heute *Lado Sur, Lunaticos* und *Mugre Sur* aus Guayaquil sowie *Fusión Mutágeno* aus Ambato. Berühmte Vorreiter der heimischen Hip-Hop-Szene sind der Beattänzer **Gerardo**, der 1990 mit *Rico Suave* als erster Ecuadorianer einen Nummer-1-Hit in den US-Charts landen konnte (CD „Mo Ritmo"), und allen voran der Guayaquileño **AU-D** mit seinem legendären *Tres Notas* (1991).

Bomba ist eine sehr eigentümliche Musikrichtung der farbigen Bewohner des Chota-Tales, einer sommerlichen Enklave im nördlichen Andenhochland: Diese meist „unplugged" eingespielten, mit Hilfe von Tierfell-Bongos, ausgehöhlten Kürbisflaschen und Eselsschädeln vorgetragenen afroandinen Tanzrhythmen finden ihre bekanntesten Vertreter in *Mini Marabú, Los Hermanos Congo* oder auf den Oro-Negro-Sammelalben. Zu empfehlen sind die CDs *Loco de amor* von Marabú und *Bomba, por el camino de los abuelos* von verschiedenen Interpreten. (Infos zum Thema *Bomba* gibt es im *Centro Cultural* in der Ortschaft Carpuela im Valle del Chota, bei der *Fundación Ritmo y Sentimiento* in Quito oder unter www.cce.org.ec/oronegro.)

In Deutschland berühmt sein dürfte lediglich der weltweit erfolgreiche Latinstar, die Ecuadorianerin **Christina Aguilera**, die jedoch in den Vereinigten Staaten aufwuchs.

● *Einkaufen* CDs einheimischer Künstler sind schwer erhältlich. Kleine Underground-CD-Läden sind jedoch vor allem auf den nationalen Markt spezialisiert: *Capital City Skateshop*, Joaquín Pinto y Amazonas; *Pro DJ* im Einkaufszentrum *C.C. Espiral*, Amazonas y Washington; *Cholo Machine*, Juan León Mera y Wilson; *Trendy*, Foch y Reina Victoria; *La Zona* und *Metal Center* im *C.C.* *Caracol*, Amazonas y Naciones Unidas; Die auswahlstärksten Kommerz-CD-Läden an internationaler wie lateinamerikanischer Musik aller Sparten und Epochen befinden sich in den Einkaufszentren *C.C. Quicentro – Tower Records*, und *C.C. El Jardín – Music Plus*. In Puerto Ayora auf Galapagos sind CDs von *Son de Galápagos* zu erstehen.

Literatur

Die Anfänge ecuadorianischer Schreibkunst sind sicherlich nicht in der frühen Kolonialepoche zu suchen. Selbst wenn es aus jener Zeit viel zu berichten gegeben hätte, wurde dies von den rigorosen Machthabern nicht zugelassen.

Die wenigen Schriftstücke der Audiencia de Quito sind fast ausschließlich entrückte theologisch-philosophische Abhandlungen. Das einzig nennenswerte literarische Produkt dieser Epoche ist eine Gedichtsammlung zeitgenössischer Poeten, die der 1620 geborene Jesuitenmönch **Jacinto de Evía** veröffentlichte. Ihr Titel lautet auf den hübschen Namen *Ramillete de varias flores poéticas* (Blumenstrauß verschiedener poetischer Blüten). Auch die Literatur des 18. Jh. wurde in erster Linie von Angehörigen des humanistisch orientierten Jesuitenordens bestimmt. Dabei erschienen die hochpreisenden Lieder auf Quito und Guayaquil (*Décimas*) von **Juan Bautista Aguirre** und das dreibändige Geschichtswerk *Historia del Reino de Quito* von **Juan de Velasco**.

In den Jahren vor der Unabhängigkeit kam es zu ersten eigenständigen literarischen Werken, die vor allem die politischen Wirren der auslaufenden Kolonialepoche widerspiegeln. Als geistiger Wegbereiter der Republik gilt **Eugenio Espejo** (1747–95), der sich in seinen Werken *El retrato de Golilla* und *El nuevo luciano o despertador de los ingenios* erstmals offen gegen die Monarchie auflehnte. Espejo war nicht nur ein begeisterter Anhänger der Französischen Revolution, sondern auch der erste Zeitschriftenherausgeber des Landes (*Primicias de la cultura de Quito*). Er starb schließlich wegen seiner Veröffentlichungen in einem dunklen Verlies der Landeshauptstadt. Ein poetischer und weniger politischer Vorreiter der Unabhängigkeit war der Guayaquileño **José Joaquín de Olmedo** (1780–1847), der mit seinen Lobpreisungen auf Simón Bolívar Aufsehen erregte. Olmedo wurde erster republikanischer Bürgermeister von Guayaquil.

In den Jahrzehnten nach Erreichen der Unabhängigkeit taten sich zwei Schriftsteller aus Ambato hervor, die es allerdings erst nach ihrem Tode zu nationalem Ruhm bringen sollten. Der Poet **Juan León Mera** (1832–94) verfasste neben dem Text der Nationalhymne auch den ersten ecuadorianischen Roman namens *Cumandá* (1879), der die indianische Tragödie thematisiert.

Zur Schlüsselfigur des aufkommenden Liberalismus wurde der Romantiker und Ideologe **Juan Montalvo** (1832–89). Seine polemisierenden Schriften über Tyrannei und religiösen Fanatismus waren gegen die Diktatur von García Moreno gerichtet, der ihn wiederholt ins Exil verbannte. Zu seinen Hauptwerken zählen die Pamphlete *La dictadura perpetua*, *El cosmopolita* und *Las Catilinarias*, das Drama *El dictador*, das von der Kirche verbotene humanitär-philosophische *Siete tratados* und *Capítulos que se olvidaron a Cervantes*, das eine originelle und weiterführende Nacherzählung von „Don Quíjote" darstellt.

Eine naturalistische Welle brachte im Zuge der liberalen Revolution dann eine Reihe Dichter und Erzähler hervor – unter ihnen der aus Cuenca stammende Journalist **Manuel J. Calle** mit *Leyendas del tiempo heroico* (1905) und der Ambateño **Luis A. Martínez** mit seinem sozialkritischen Roman *A la costa* (1904), der übrigens jedem Spanisch lernenden Touristen aufgrund der relativ einfachen Sprache als eine Art Einstiegswerk zu empfehlen ist.

Ende der 20er-Jahre des letzten Jahrhunderts begann dann die Blütezeit der ecuadorianischen Literatur. Sie war geprägt von einem stark gewachsenen Klassenbewusstsein gepaart mit tropischer Alltagsfolklore, Rassenproblematik, Erotik und dem Gebrauch von populären Mundarten. Die federführenden Vertreter dieser Stilrichtung gehörten der avantgardistischen **Grupo de Guayaquil** an. Die erste Veröffentlichung dieser Gruppe waren die 1930 erschienenen Kurzgeschichten *Los que se van* von **Demetrio Aguilera Malta** (1909–81), **Joaquín Gallegos Lara** (1911–47) und **Enrique Gil Gilbert** (1912–73). Im Mittelpunkt dieser unterhaltsamen Erzählungen stehen immer wieder die *montubios*, verarmte Bauern der Küstenregion. Erwähnenswert sind auch *Don Goyo* (1933) von Demetrio Aguilera Malta, die Kurzgeschichten *Relatos de Emanuel* (1939) und der Roman *Nuestro pan* (1942) von Enrique Gil Gilbert. Der Gruppe schlossen sich wenig später noch weitere Schriftsteller an, unter ihnen der facettenreiche **Alfredo Pareja Diezcanseco** (geb. 1908), zu dessen bekanntesten Romanen *La Beldaca* (1934), *Baldomera* (1935), *Hombres sin tiempo* (1941) und *Las tres ratas* (1944) gehören.

Innerhalb der Guayaquil-Gruppe ist besonders **José de la Cuadra** (1903–41) hervorzuheben, einer der Meister der ecuadorianischen Erzählkunst. Selbst wenn der magisch-revolutionäre Grundtenor in seinen Werken längst nicht mehr zeitgemäß scheint, finden Cuadras Erzählungen über das Leben und Sterben der ecuadorianischen Küstenbewohner auch heute noch zahlreiche Anhänger. Seine schönsten literarischen Perlen sind in *Repisas* (1931), *Horno* (1932) und *Los Sangurimas* (1934/39) zu finden. *Los monos enloquecidos* konnte durch den frühzeitigen Tod des Autors leider nie beendet werden.

Inspiriert durch die Erfolge dieser Schriftsteller, entwickelte sich in Quito eine Gruppe von Gleichgesinnten, die sich der *novela indigenista* widmete. Dazu gehörte **Jorge Icaza**, dessen düsteres Indio-Dorf-Drama *Huasipungo* (1934) bereits in alle Weltsprachen übersetzt wurde und das sich auf einer einzigen Buchmesse in Lima

Über den Dächern von Quito

(Peru) 50.000x verkaufte. Weitere Veröffentlichungen von Icaza sind *Cholos* (1937) und eine anekdotenreiche, in Quito spielende Geschichte über einen spitzbübischen, mittellosen Hans Guck-in-die-Luft namens *El chulla romero y flores* (1958). Internationale Anerkennung fand unter den Vorkriegsschriftstellern außer dem Guayaquileño **José de la Cuadra** nur noch der Lojano **Pablo Palacio** (1906–47) mit seinen *Cuentos completos*. Er gilt heute als einer der Pioniere moderner latein-amerikanischer Erzählkunst. Seine wenigen Kurzgeschichten sind stilistisch eigent-lich eher den 60er- als den 30er-Jahren zuzuordnen. Bereits eine seiner ersten Veröffentlichungen im Jahre 1927 wurde ein Erfolg: *Un hombre muerto a punta-piés* („Ein Mann mit Fußtritten getötet").

Ein nationaler Bestseller wurde das 1943 erschienene Rassendrama *Juyungo* von **Adalberto Ortiz** (geb. 1914 in Esmeraldas), in dem es um eine Welt geht, in der nur die Gesetze des Dschungels zählen. Die Gedichte des farbigen Autors gelten auch über die Landesgrenzen hinaus als wertvolle Bereicherung der afroamerikanischen Lyrik.

Im Verlauf der 40er- und 50er-Jahre gewann die ecuadorianische Novellistik im Hinblick auf ihre Charaktere an Komplexität und Liebe zum Detail. Zu Erfolgen auf nationaler Ebene wurden die Kurzgeschichtensammlung *Los animales puros* (1946) von **Pedro Jorge Vera** (geb. 1914 in Guayaquil), der Klassenkampf-Roman *Las cru-ces sobre el agua* (1946) von **Joaquín Gallegos Lara**, der den blutig verlaufenden Arbeiteraufstand in Guayaquil von 1922 wieder heraufbeschwört, sowie das sprachlich interessante *El éxodo de Yangana* (1949) von **Angel Felicísimo Rojas** und der zu Coronel Conchas Zeiten spielende Geschichtsroman *Cuando los guayacanes florecían* (1954) des in Súa geborenen Schriftstellers **Nelson Estupiñan Bass**. Wei-tere bedeutende Werke des 1998 für den Literatur-Nobelpreis vorgeschlagenen Esmeraldeño sind *El último río*, *Toque de queda* und *El paraíso*.

Mitte der 60er-Jahre formierte sich die *Grupo Tzánzico*. Wie der Name besagt (*tzanza* = traditionelle Kopfschrumpftechnik der Shuar-Indianer), machte es sich die Gruppe zur Aufgabe, „Köpfe zu schrumpfen" – zumindest im kulturpolitischen Sinne. Von dieser Formation und deren Absplitterungen stammen die Arbeiten einer talentierten Nachkriegsgeneration, sowohl Romane als auch Kurzgeschichten, Letzteres ein traditionelles ecuadorianisches Genre. Dazu gehören der Roman *María Joaquina en la vida y en la muerte* (1976) von **Jorge Dávila Vásquez** (geb. 1947 in Cuenca), die Kurzgeschichten *Historia de un intruso* (1976) von **Marco Antonio Rodríguez** (geb. 1941 in Quito), das popartige *Tribu Sí* (1981) von **Carlos Bejar Portilla** (geb. 1938 in Ambato), die verrückten Kurzgeschichten *Loca para loca la loca* von **Huilo Ruales Hualca**, die Kurzgeschichten von **Raúl Serrano** (*Las mujeres están locas por mí*) und der tropische Ghetto-Klassiker *El rincón de los justos* („Die Nische der Gerechten", 1983) des Guayaquileño **Jorge Velasco Mackenzie** (geb. 1949).

Von den Schriftstellern der 90er-Jahre sind der immer wiederkehrende **Javier Vásconez** (*El viajero de Praga, Un extraño en el puerto, La sombra apostador*) und **Alicia Yánez Cossío** (*Aprendiendo a morir, Y amarle pude, Exclavos de Chatham*) hervorzuheben. Besonders erfolgreich war der Roman *Exclavos de Chatham*, der sich mit dem Imperium des berüchtigten Galapagos-Tyrannen Manuel J. Cobos auseinandersetzt. Zu empfehlen ist auch der zu Mussolinis Zeiten spielenden Roman *El testerrado* von **Leonardo Valencia** (geb. 1969 in Guayaquil, lebt heute in Barcelona, Spanien). 2005/2006 erschien von ihm außerdem *El libro flotante de Caytran Dölphin,*ein futuristischer Roman über eine überschwemmte Stadt. Erfolgreich waren der in Spanien geborene und 1980 eingebürgerte **Juan Manuel Rodríguez** mit dem Krimi *Cinturón de Fuego*, **Javier Vásconez** mit dem Spionageroman *El retorno de las moscas* und **Eliécer Cárdenas Espinosa** mit seinem Roman *El viaje de Padre Trinidad* in der Zeit des schweren Erdbebens von Ambato.

Empfehlenswerte Neuerscheinungen sind *Memorias de la Pivihuarmi Cuxirimay Occlo* (2007) von Alicia Yánez Cossío, wo sich alles um die Schwester des letzten Inka-Herrschers Atahualpa dreht, und *La Casa del Desván* (2008) von **Modesto Ponce Maldonado** (geb. 1938). **Javier Vásconez** war mit seinen Kurzgeschichten *Invitados de Honor* (2008) unter den zehn Finalisten für den *„Premio Planeta"*, **Rafael Lugo** (geb. 1972) konnte mit den Kurzgeschichten *Veinte* (2008) überzeugen, und auch das wiederveröffentlichte Lebenswerk des genialen, längst verstorbenen Kurzgeschichtenschreibers **Pablo Palacio** aus Loja, *Obras escogidas* (2008), fand großen Anklang. Besonders interessant ist auch das analytische, 2008 in 7. Auflage erschienene *Las Costumbres de los Ecuatorianos* von Ex-Präsident **Osvaldo Hurtado**, das von der *„idiosincrasia"*, den Eigenheiten der Ecuadorianer handelt.

• *Buchläden* **Librería Libri Mundi**, die umfangreichste Buchhandlung in Ecuador, in Quito in der Juan León Mera N23–83 y Wilson (✆ 2521606), ebenso Reina Victoria N24-150 y Calama an der *Plaza del Quinde* (tägl. bis spät abends geöffnet), García Moreno 887 y Espejo in der Altstadt; in Guayaquil im C. C. San Marino (✆ 2083202); in Cuenca in der Hermano Miguel 8-14 y Mariscal Sucre (✆ 2843782), www.librimundi.com.

Libros para el Alma in Quito, Belletristik, Geisteswissenschaften, vieles in deutscher Sprache, Besitzerin ist die zuvorkommende Sra. Dietlind Brehme. Mo–Fr 10–18 Uhr. 9 de Octubre N21-54 y Robles, ✆ 2559996, www.libros-para-el-alma.com.

Eine exzellente Buchhandlung für anthropologische Themen ist **Abya Yala**, hier findet der Leser fast alles, was das Land Ecuador und seine Bevölkerungsvielfalt angeht, vor allem Bücher aus nationaler Produktion. Siehe auch bei Quito unter „Buchhandlungen", S. 194. In Quito in der Av. 12 de Octubre 14–30 und Wilson ganz in der Nähe der Universidad Católica, ✆ 2506251, www.abyayala.org.

Eine Quelle mit aktuellen Infos über ecuadorianische Literatur ist www.literatura ecuatoriana.com.

Geschichte

Die Geschichtsschreibung des Landes Ecuador lässt sich in vier grundsätzliche Epochen aufgliedern: die präkolumbische Zeit (Epoca Precolombina oder Epoca Aborígen), die etwa bis gegen Ende des 15. Jh. dauerte, das kurzfristige nördliche Inka-Imperium (Chinchasuyo) bis zum Tode des Inkaherrschers Atahualpa im Jahre 1533, die koloniale Epoche (Epoca Colonial) bis Anfang des 19. Jh. und die Epoche der Republik Ecuador (Era Republicana) bis heute.

Die präkolumbische Zeit

Die frühesten Anzeichen menschlichen Zusammenlebens auf ecuadorianischem Territorium werden als sog. *Präkeramische Phase* zusammengefasst und reichen weit in die Vergangenheit zurück. Beile, Schaber, Klingen, Wurfgeschosse und andere primitive Stein- bzw. Jagdwerkzeuge, gefunden an einem Ort namens El Inga (am Ilaló bei Quito) und anderen Punkten in den Hochandentälern sind schätzungsweise bis zu 12.000 Jahre alt. Schädel- und Knochenfunde auf der Halbinsel Santa Elena (*„Las Vegas"*), auf der Insel Puná (Golf von Guayaquil), bei Punín (Provinz Chimborazo), Paltacalo (El Oro), Cotocollao (Quito) und ganz in der Nähe von Otavalo werden auf 5.000–10.000 Jahre geschätzt. Jene ersten Bewohner Ecuadors waren vornehmlich Sammler, Jäger und Fischer.

Woher diese nicht uneingeschränkt umherziehenden Nomadenstämme ursprünglich kamen, ist mit ziemlicher Sicherheit geklärt. Von den widersprüchlichsten Herkunftstheorien scheint eine sukzessive Völkerwanderung von Asien über die Beringstraße nach Nord-, Zentral- und letztlich Südamerika am wahrscheinlichsten. Diese fand während der letzten Eis- und Zwischeneiszeiten in einem Zeitraum von etwa 40.000–25.000 Jahre v. Chr. statt.

Auf der Suche nach neuen, zweckmäßigeren Nahrungsquellen begannen jene Früh-Ecuadorianer Tiere zu halten und Pflanzen zu kultivieren. Der bis heute verehrte Mais schuf eine Verpflegungsgrundlage für ganz Meso- und Andinoamérica (Mittel- und westliches Südamerika). Darüber hinaus wurden Feldfrüchte wie Maniok und *papa* (Kartoffel) geerntet, letztere erlebte dann viel später ihren phänomenal raschen Auszug in die Alte Welt.

Die ältesten dieser endgültig sesshaften Volksgruppen sind einer *Formativen Phase* (4.000–300 v. Chr.) der zentralen Küstenregion zuzuordnen: Valdivia, Machalilla und Chorrera. Die innovationsfreudigen *Valdivianos* (Provinz Guayas und südliches Manabí) verfeinerten ihre Keramikfiguren mit dekorativen Elementen und praktizierten einen blühenden Tauschhandel mit ihren direkten Nachbarn in anderen ökologischen Nischen des Hinterlandes. Sie errichteten vor fast 6.000 Jahren eine der ersten größeren Siedlungen Lateinamerikas, das heute verschwundene *Real Alto* auf der Halbinsel Santa Elena.

Die zeitlich folgenden Kulturen *Machalilla* (Guayas/Manabí, 1600–800 v. Chr.) und insbesondere *Chorrera* (Guayas/Los Ríos, 900–100 v. Chr.) setzten dann neue Maßstäbe: symbolträchtige Kleidungsstücke, eine effektivere Feldbestellung, Metallverarbeitung, Keramiken mit Tier- und Menschendarstellungen in Form von singenden Krügen *(botellas comunicantes)*. Zur gleichen Zeit erreichte im Andenhochland die Kultur *Cotocollao*, in Amazonien die *Fase Pastaza* einen gewissen, wenn auch geringeren Entwicklungsstandard.

Die *Regionale Entwicklungsphase* (300 v. Chr. bis 800 n. Chr.) tat sich durch komplexe expressionistische Formen bei der Herstellung von Keramikfiguren und der Verarbeitung von edlen Metallen oder Steinen wie Smaragden hervor. Die Kultur *La Tolita* (nördliches Esmeraldas, 600 v. Chr. bis 400 n. Chr.) verstand es bereits vor 2.000 Jahren, Platin zu schmelzen, während dieses Metall in Europa nicht vor dem 18. Jh. verwendet wurde. Ein vielfältiger Warenaustausch mit Regionen unterschiedlicher Klimazonen ermöglichten diesen florierenden Küstenkulturen einen relativ hohen Lebensstandard. Zentralisierte, von mächtigen Schamanen angeführte Kleinstaaten wie die der *Jama Coaque* (nördliches Manabí), *Bahía* (Manabí), *Guangala* (südliches Manabí, Guayas), *Daule Tejar* (Guayas, Los Ríos) oder *Jambelí* (südliches Guayas, El Oro) verfügten über erstklassige Seefahrer, die bereits auf fern liegende Küsten im heutigen Mexiko, Peru und Chile Kurs nahmen. In der südlichen Sierra stach besonders die Kultur *Cerro-Narrío* durch ihre Kontakte mit dem Oriente und der Costa hervor.

In der *Integrationsphase* begannen sich die Volksgruppen zu hierarchischen Gesellschaften, Konföderationen und Allianzen zusammenzuschließen. Auch hier spielte der Küstenbereich die Hauptrolle: Atacames, Manteño-Huancavilca (500–1535 n. Chr.) und Milagro-Quevedo (400–1500 n. Chr.) sind hier zu nennen. Ein Großteil der *Manteños* lebte in der Stadt *Jocay*, die sich kilometerlang am Pazifik hinzog. Die Navigation auf riesigen Balsaflößen nahm eine neue Dimension ein. Die Spondylusmuschel wurde praktisch zur offiziellen Währung. Präzise Gold- und Kupferschmiedearbeiten oder gewaltige halbmondförmige Steinsitze mit Tier- und Menschendarstellungen im Sockel geben u. a. Zeugnis von der Dynamik jener Staatengebilde. Die *Costeños* (Küstenbewohner) leisteten den vordringenden Inkas später derartigen Widerstand, dass diese nach wiederholten Vorstößen schließlich ihre Okkupationsabsichten aufgeben mussten. Die Gefahren in den feuchtheißen Regen- und Mangrovenwäldern waren viel größer als in den offenen, gut einsehbaren Gebirgslandschaften der peruanischen Küste. Dem kriegerischen Organisationstalent der Inkas waren hier natürliche Grenzen gesetzt.

Bis etwa 900 n. Chr. schien keiner der Küstenstämme so mächtig geworden zu sein, dass er alle anderen unterworfen und zu einer überregionalen Einheit verschmolzen hätte. Dies war letztendlich dem Volksstamm der *Caras* vorenthalten, dessen Herkunft und Kultur bisher noch nicht genau geklärt werden konnte, und der um 700 n. Chr. nördlich vom heutigen Bahía de Caráquez erblühte.

Gegen 900–1000 n. Chr. begannen die Caras, allmählich in die Andenregion vorzustoßen, um sich des Hochlandstammes der *Quitus* zu bemächtigen. Mit Hilfe dessen Herrschergeschlechts, den sog. *Shyris*, konnte dieses Staatsgebilde dann um ein Vielfaches erweitert werden. Mit dem elften Shyri erlosch um 1300 jedoch die männliche Linie der Caras. Die Shyri-Prinzessin Toa vermählte sich daraufhin mit Duchicela, dem ältesten Sohn des Herrschers der *Puruhaes*, die in der Chimborazo-Region beheimatet waren. Auch die Cañari (Cuenca-Region) schlossen sich aus Sicherheitsgründen den Caras an. Die Gefahr einer Invasion durch die expandierenden Inkas von Süden her (heutiges Peru) war nicht von der Hand zu weisen.

Das Inka-Imperium

Gegen Ende des 15. Jh. wurden die zahlreichen ethnischen Flickenvölkchen des nördlichen Hochlandes, als *cacicazgos* oder *señoríos étnicos* bezeichnet, mit einem straff organisierten, übermächtigen Volk aus dem Süden konfrontiert, den Inkas. Die nördliche Expansion des *Tahuantinsuyo*, des gesamten Inkareiches, lief in mehreren Etappen ab. *Inga Yupangui* und später *Túpac Yupangui* begannen um das Jahr 1450 herum mit den ersten Feldzügen gegen die Stämme des Nordens, wobei sie bis zu den Cañari in die grünen fruchtbaren Gebirgshänge bei Cuenca (Tomebamba) vorstießen. Túpac Yupangui zählte bei dem lange vorbereiteten Eroberungszug auf eine angeblich bis zu 250.000 Mann starke Armee. Der Vorstoß der Inkas, der „Söhne des Himmels", bedeutete für die Andenvölkchen des Nordens oftmals die Ausrottung ganzer Dorfgemeinschaften.

Túpac Yupangui

Viele der besetzten Siedlungsgebiete und Landstriche wurden mit Hilfe massiver Zwangsevakuierungen (*mítimacuna*) total entvölkert. Die evakuierten rebellischen Bewohner (*mitimaes*) wurden dabei in abgelegene, bereits befriedete Regionen des hintersten Peru, Bolivien und auch nördlichen Argentinien verschleppt. Das Volk der Puruhaes (Chimborazo-Region) leistete den heftigsten Widerstand. In Tiocajas und Tixán wurde der Vormarsch der Inka-Truppen fast ein halbes Jahr lang zurückgeworfen. Schließlich wurde der Puruhá-Häuptling Hualcopo Duchicela von Túpac Yupangui aufgefordert, die Waffen niederzustrecken. Araukanische Mitimaes, ein aus dem heutigen Chile rekrutierter Stamm, dienten dem Inka-Herrscher als kriegsentscheidende Vorstoßtruppe.

In Latacunga kam es zu einer weiteren Schlacht. Pillahuaso konnte mit den besten Kriegern der *Confederación Quiteña* (die Stämme Quitus, Cayambis, Caranquis) aufmarschieren. Túpac Yupangui hingegen zog Truppen aus dem gesamten Inka-Imperium zusammen: *Cuzcos, Quichuas, Collas, Aymaras, Araucanos, Mochicas* und *Chachapoyas*. Nach langem Kampfgeschehen wurde Latacunga dem Erdboden gleichgemacht, seine Bewohner wurden ausgerottet und durch Mitimaes aus entlegenen Regionen des Inkareiches ersetzt.

Danach zogen sich die verbliebenen Einheiten der nördlichen Konföderationen in Richtung Quito zurück. Der Kazike Cacha wandte dabei eine Politik der verbrannten Erde an und verschanzte sich im Umfeld der Pyramiden von Cochasquí und Cayambi. Túpac Yupangui marschierte daraufhin im aufgegebenen und entvölkerten Quitus (Quito) ein, der Hauptstadt der *Gran Confederación* des Nordens, der verbündeten Stammesgeflechte der Caras und Shyris. Er ließ strategische Befestigungen und Beobachtungsposten errichten, besiedelte diese mit Mitimaes und wandte sich auf dem Rückweg nach Cuzco sogar dem Pazifischen Ozean zu, den er liebevoll „*Mama Cocha*" (Mutter aller Lagunen) nannte.

Nach dem Tode Túpac Yupanguis in Cuzco trat sein Sohn **Huayna Cápac** seine Nachfolge an. Auf dem fortgesetzten Feldzug ließ er auf der Insel Puná im heutigen Golf von Guayaquil angeblich nur Frauen und Kinder am Leben, die männliche Bevölkerung wurde verstümmelt oder ausgelöscht. Die *Manteños* hingegen leisteten dem Inka-Herrscher erfolgreichen Widerstand. Lediglich eine Weihestätte auf der Isla de La Plata konnte von Huayna Cápac erobert werden.

In seiner Geburtsstadt Tomebamba ließ er herrliche Steinbauten errichten, wie z. B. den Palast von *Mullucancha* (Pumapungo) und die Festung von *Ingapirca*. Unterdessen gelang es den Resten der *Confederación Quiteña* unter der Führung des Rebellen Cacha, weite Teile des besetzten Territoriums zurückzuerobern. Dabei erreichten sie die Grenzen des ehemaligen Cañari-Reiches, in dessen Hauptstadt Tomebamba inzwischen Huayna Cápac residierte. Quito verblieb jedoch dank seiner geografisch-strategischen Lage in den Händen der Inkas. Die in der nördlichen Enklave verbliebenen Truppen warteten angesichts der konföderierten Belagerung auf Verstärkung aus Tomebamba.

Zahlreiche Befestigungen (*pucaraes*) mussten in den folgenden Jahren von Huayna Cápac im innerandinen Hochlandbecken errichtet werden, um den aufreibenden Stellungskrieg gegen die nördlichen Aufständischen zu seinen Gunsten entscheiden zu können. Eine entscheidende Schlacht fand an den Ufern der Lagune *Yaguarcocha* (bei Ibarra) statt, in der Tausende von konföderierten Soldaten und ihre Anführer starben. Auf dem Schlachtfeld wimmernde Schwerverletzte wurden von den Inkas geköpft und in die Lagune geworfen, die aufgrund dieser barbarischen Begebenheiten bis heute ihren Namen beibehielt: „Blutender See" (Yaguarcocha). Der jahrzehntelange Widerstand der Konföderation war gebrochen. Der Inka-Herrscher ließ im Anschluss an die Schlacht alle männlichen Erwachsenen der Region ermorden, woraufhin das Caranqui-Land fortan den Übernamen *país de los guambras* trug, das „Land der Kinder". Die Haut des letzten Rebellenanführers *Pintag* wurde zu einer Trommel verarbeitet und nach Cuzco geschickt, wo sie bei den Feierlichkeiten zu den *Fiestas del Sol* einen Ehrenplatz einnahm.

Das Erbe von Huayna Cápac

Um weiteren Aufruhr und Rebellionen unter den unterworfenen Stämmen zu vermeiden, heiratete der Inka-Herrscher die Shyri-Prinzessin *Paccha*. Aus dieser Mischehe ging ein Sohn namens **Atahualpa** hervor, der Lieblingsspross von Huayna Cápac, der um 1497 in Quito geboren wurde. Bevorzugter Wohnsitz des Herrschers blieb jedoch Tomebamba, das heutige Cuenca. Zudem wurde der Inkaweg von Quito nach Tomebamba fertiggestellt. Die nördlichen Grenzen des *Tahuantinsuyo* (gesamtes Inkareich) waren somit fortwährend mit Tomebamba und der Hauptstadt Cuzco im heutigen Peru verbunden. Unter Huayna Cápac erreichte das mächtige Imperium seine flächenmäßig größten Ausmaße, von Tucumán (Argentinien) und Maule (Chile) bis hin zum Angasmayo-Fluss im heutigen Kolumbien. 6 Mio. Einwohner soll das Tahuantinsuyo in seiner Blütezeit gezählt haben. Die Kulturherrschaft der Inkas hatte den eroberten Stämmen eine Art Agrarkommunismus aufgezwungen und die öffentlichen wie privaten Lebensbereiche bis ins letzte Detail geregelt. Als Staatssprache im ganzen Reich galt *Quichua*.

Auf einer Reise von Quito nach Tomebamba hörte der steinalte Inka-Monarch zum ersten Mal vom Auftauchen einiger merkwürdiger Schiffe vor den Küsten von Esmeraldas und Manta und von gespenstischen Bleichgesichtern mit langen, wollenen Bärten. Beunruhigt über die Nachricht kehrte er von Zweifeln geplagt nach Quito zurück, wo er wenig später starb (um 1530). In seinem Testament vermachte er seinem Sohn Huáscar aus Cuzco den südlichen Teil des Reiches, während Atahualpa den nördlichen Teil zugesprochen bekam. Diese Aufspaltung war ein folgenschwerer Fehler, wie sich später herausstellen sollte.

Der Bruderkrieg

Der Inka-Oligarchie im prunkvollen Cuzco, dem über 200.000 Einwohner zählenden „Nabel der Welt" (*el pupu del universo*), widerstrebte die Teilung des Imperiums. Huáscar, der Herrscher über das südliche Reich, erklärte nach einer fünfjährigen Friedenszeit seinem Bruder Atahualpa, dem nördlichen Monarchen im provinziellen Quito, den Krieg. Das landwirtschaftlich bedeutende, unter großen Verlusten eroberte *Chinchasuyo* (Nordreich) war zu wichtig, um es dem ungeliebten Bruder zu überlassen. Huáscars eifersüchtige Mutter soll dabei den älteren Bruder gegen Atahualpa aufgestachelt haben, denn dessen Mutter, die Shyri-Prinzessin Paccha, war Huayna Cápacs Lieblingsfrau gewesen.

Die Besetzung Tomebambas unter Huáscars Oberbefehlshaber *Atoco* war der direkte Anlass des Krieges. Atahualpa versammelte daraufhin seine Generäle *Quizquiz, Caracuchima* und *Rumiñahui*. Während die Cuzqueños die Schlacht von Mocha noch für sich entscheiden konnten, brachte ihnen Atahualpa bereits in Ambato die erste Niederlage bei. Weitere Siege der Quiteños erfolgten in Molleturo und Tomebamba, der Geburtsstätte Huayna Cápacs und ehemaligen Hauptstadt der *Cañaris*. Die Rache Atahualpas am Verrat der Cañaris, die zu Anfang des Krieges massiv auf Huáscars Seite übergelaufen waren, kannte kein Pardon. Tomebamba wurde größtenteils zerstört. Alle überlebenden Cañari-Anführer sowie ihre Frauen und Kinder wurden niedergemetzelt. Doch der vernichtende Bruderkrieg sollte noch lange kein Ende finden, und Atahualpa konnte schließlich immer weiter in Richtung Süden nach Cuzco vorstoßen.

Die entscheidende Schlacht fand bei Chontacajas statt, wo auch der Cuzqueño Huáscar in Gefangenschaft geriet. Die Generäle Atahualpas trafen daraufhin triumphierend in Cuzco ein, töteten nicht nur sämtliche kaiserlichen Familienmitglieder, Weihepriester und Sonnenjungfrauen, sondern fledderten auch die Mumien der Inka-Dynastie, mit Ausnahme der von Huayna Cápac, Atahualpas Vater. Der nördliche Inka-Monarch wurde zum Herrscher über das gesamte Imperium erkoren. Auf dem langen Weg zu den Krönungszeremonien im fernen Cuzco beschloss er, in den Heilbädern von Cajamarca eine Rast einzulegen. Und genau an diesem Ort erwartete ihn die Katastrophe!

Der Krieg zwischen den beiden Brüdern blutete das Reich aus, entwurzelte einen Großteil seiner Bewohner und entvölkerte ganze Landstriche. Hinzu kam der Hass der entflohenen Cañaris und Huáscar-Treuen, die den barbarischen Atahualpa des Thrones in Cuzco für unwürdig befanden. All dies begünstigte in hohem Maße den so überraschenden wie unfassbaren Handstreich gegen den neuen allmächtigen Inka-Kaiser, durchgeführt von einem verwegenen Häufchen wollbärtiger Gestalten, die hoch auf glänzenden Ungetümen sitzend in Cajamarca eintrafen. Ihr Anführer hieß **Francisco Pizarro**.

Die Kolonial-Epoche

Ein Vorbote Francisco Pizarros in Gestalt des erfahrenen Seebären *Bartolomé Ruiz* war der erste Europäer, der im Jahre 1526 die pazifische Äquatorlinie überquerte. Seine Überraschung war groß, als er vor der Küste Manabís auf ein riesiges Eingeborenenfloß aus Balsaholz stieß, das außer zwanzig Mann Besatzung auch Gold- und Silberschmuck, Smaragde, Baumwolle und Spondylusmuscheln transportierte. Drei der eingeborenen Bootspassagiere wurden sogleich gefangen genommen, mit der kastilischen Sprache vertraut gemacht und dienten den Konquistadoren fortan als Dolmetscher. Kurz darauf tauchte *Francisco Pizarro* selbst in den ecuadorianischen Küstengewässern auf. An einem weitläufigen Strand zeichnete er mit seinem Schwert eine Linie in den Sand und wandte sich mit folgenden Worten an seine achtzig Mann starke Besatzung: „In dieser Richtung erwarten uns Leiden, Wehmut und vielleicht auch Reichtümer (nach Süden weisend). In jener Richtung aber Armut, Schmach und Vergessenheit (nordwärts nach Panama weisend). Wer ein aufrechter *Castellano* ist, entscheide für sich selbst!" Vierzehn Mann folgten ihm auf die ungewisse Reise. Die anderen kehrten nach Panama zurück. Die Glücksritter umsegelten die Halbinsel Santa Elena, zerstörten eine Zeremonienstätte auf der *Isla del Muerto* (auch Isla Santa Clara, Golf von Guayaquil) und gelangten schließlich nach *Tumbes* und in die Bucht von Sechura im heutigen Peru. Man schrieb das Jahr 1527. Pizarro kehrte daraufhin nach Spanien zurück, um so die dringend benötigte Finanzierung und königliche Erlaubnis für eine zweite Expedition in den Süden zu erhalten. Seine Chancen standen gut. Nach dem glorreichen Sieg über die Azteken (im heutigen Mexiko und Guatemala), der den Spaniern unsagbare Reichtümer und Goldschätze eingebracht hatte, war das spanische Königshaus von Pizarros Absichten sehr angetan. So konnte dieser bereits 1531 erneut an der ecuadorianischen Küste entlangsegeln. Diesmal war er jedoch definitiv auf Beutezüge aus. In Coaque (Manabí) bemächtigte er sich des ersten nennenswerten Schatzes im Gegenwert von 18.000 Goldpesos. Wochen später bekam er Verstärkung vonseiten der Kapitäne Sebastián Benalcázar und Hernando Soto, die neben Soldaten auch ein paar stattliche Pferde mitbrachten. Am 13. Mai 1531 landete Pizarro wiederholt in Tumbes (Puerto Pizarro), von wo aus er eine Expedition ins Landesinnere kommandierte. Unterwegs durchstreifte der in die Jahre gekommene Eroberer von Kampfhandlungen verwüstete Ortschaften, entvölkerte Landstriche und hörte erstmals von einem Inka-Herrscher namens Atahualpa, dessen verfeindetem Bruder Huáscar und auch von den Schwefelquellen von Cajamarca, einem „Kurort" Atahualpas. Er gründete die Stadt *Piura* (nördliches Peru), wo er die Kranken, Schwachen und eine kleine Garnison zurückließ. Pizarro erkannte den Vorteil, den er aus dem Krieg der Inka ziehen konnte, und begann den mühevollen Aufstieg in die Anden, wo er sich schließlich mit einer Handvoll Soldaten in den sakralen Steingebäuden der dreieckigen Plaza von *Cajamarca* einrichtete, um wenig später auf Atahualpa zu treffen. Währenddessen erholte sich ganz in der Nähe der Sonnenkönig von seinem leidvollen Sieg über Huáscar. Der Inka-Herrscher und seine Truppen befanden sich gerade auf dem Weg zu den Krönungsfeiern in Cuzco.

Atahualpas Tod

Bei dem bizarren Zusammentreffen Pizarros und Atahualpas vom 16. November 1532 wurde der Dominikanermönch *Valverde* von Pizarro angewiesen, dem Inka-

Herrscher alleine im Beisein eines Übersetzers auf der Plaza von Cajamarca aus der Bibel vorzulesen. Die spanischen Soldaten hielten sich derweil in den umliegenden, durch die Kriegswirren leer stehenden Gebäude versteckt. Im Anschluss an die Bibelstunde klärte ihn der Geistliche über den von König Karl V. gesandten Konquistador auf, „der durch den allmächtigen Papst, den auf Erden wichtigsten Vertreter des einzigen Gottes des Universums, die Rechte über dieses Land und seine Bewohner zugesprochen bekam". Der Inka-Herrscher, auf einer prachtvollen, mit Gold und Papageienfedern geschmückten Sänfte ruhend, von Sänger- und Tänzergruppen begleitet, hatte wohl gehofft, die Spanier als Verbündete zu gewinnen, was den Pomp seines Auftrittes erklären würde. Nach der dreisten Forderung sprang Atahualpa von der Sänfte, riss dem Dominikaner Bibel und Kreuz aus der Hand und warf sie zu Boden. Damit war für den Haudegen Pizarro der entscheidende Moment zum Zuschlagen gekommen: „Tretet hervor, Ihr Christen!" rief er. Schwerter blitzten auf, Vorderlader krachten, Pferde bäumten sich auf, Bluthunde kläfften, und ein donnernder Kanonenschlag ließ die Erde erzittern. Die zahlenmäßig haushoch überlegene Gefolgschaft Atahualpas, nach Schätzungen etwa 40.000 Krieger, stürmte aus Furcht vor dem lauten Knall auseinander, während der völlig verblüffte Sohn des Sonnengottes in Gefangenschaft geriet.

Einer der gewagtesten Überfälle der Weltgeschichte wurde von einer winzigen Streitmacht, ganzen 106 Soldaten und 62 Reitern, im Handumdrehen ausgeführt. Als zusätzlicher Trumpf der Konquistadoren erwies sich hierbei auch die alte Inka-Legende des Schöpfergottes *Tici Viracocha*, der einst dem Volk aus Unzufriedenheit den Rücken gekehrt hatte und zu einem unbestimmten Zeitpunkt wieder erscheinen würde. Atahualpas Sterndeuter hatten in den Spaniern bereits vor dem Zusammentreffen die Rückkehr Viracochas gesehen.

Die riskante Gefangennahme des indianischen Helden war der Wegbereiter für ein fast 300 Jahre anhaltendes europäisches Kolonial-Imperium. Pizarro versprach dem Inka gegen eine hohe Lösegeldzahlung die Freiheit. Ein Raum sollte mit Gold, zwei weitere mit Silber gefüllt werden. Doch als der versprochene Schatz herbeigeschafft wurde, ließ Pizarro Atahualpa trotz Gegenstimmen in den eigenen Reihen in einem Schnellverfahren zum Tode verurteilen. Am 26. Juli 1533 wurde der letzte Inka-Herrscher hingerichtet, nicht ohne vorher auf den Namen seines Henkers Juan Francisco getauft zu werden. Dies sollte ihm wenigstens die Verbrennung bei lebendigem Leibe ersparen. Mancher Geschichtsinterpretation zufolge wurde der Leichnam nach seiner Hinrichtung dennoch verbrannt oder zumindest angezündet. Andere Versionen sprechen jedoch dagegen. Nach dem Glauben der Inkas bedeutete das Verbrennen eines Menschen den Verlust der Seele ohne Wiederkehr – eine furchtbare Demoralisierung! Das größte und bestorganisierte Staatsgefüge des vorchristlichen Amerika fand wie aus heiterem Himmel ein überraschendes Ende.

Wenig später fielen die Spanier in Cuzco und Tomebamba (Cuenca) ein. Es wurde nur noch sporadisch Widerstand geleistet. Gelohnt hatte sich der Hinterhalt auf jeden Fall. Bis zum Jahr 1550 trafen im andalusischen Sevilla 25 Tonnen Gold aus den Anden ein. Es waren fast die gesamten, zu Barren eingeschmolzenen Kulturschätze der Inkas. Wieviel die Konquistadoren jedoch für sich selbst zurückbehielten, weiß heute niemand. Mit der Hinrichtung Atahualpas beging übrigens seine gesamte Leibgarde Selbstmord, um so zeitgleich mit dem Sonnenkönig wiederauferstehen zu können.

Die Entdeckung des Amazonas

Der Mythos von *Eldorado*, dem „goldenen Schlaraffenlande", wuchs bei den Spaniern während der Gründerjahre in Quito. Selbst wenn Gonzalo Pizarro, der Bruder Franciscos und erste Statthalter Quitos, im Jahre 1541 eine Eroberungsexpedition in die Urwaldgebiete des Amazonas-Tieflandes organisierte, tat er dies doch im Hinblick auf die zu erwartenden Gewürzvorkommen im „Lande des Zimtes"

Francisco de Orellana

(*País de la Canela*). Die Hoffnung, bei dem Unternehmen auch auf sagenumwobene Goldminen auf der anderen Seite der östlichen Andenkordillere zu stoßen, war für die Konquistadoren zumindest ein zusätzlicher Ansporn, sich den unsäglichen Strapazen einer derartigen Expedition auszusetzen. 220 Spanier, 3.000 Indios, mehrere Dutzend Pferde, Hunde, Lamas und Schweine verließen gegen Ende Februar 1541 die Stadt Quito. Bis zu ihrer Ankunft in den Niederungen des Río Napo hatte das Unternehmen wegen des extremen Klimas bereits den Verlust vieler Hochlandindianer zu verzeichnen.

In der Nähe der heutigen Urwaldstadt Coca ließ Pizarro ein befestigtes Lager einrichten und sandte einen Spähtrupp voraus. Unter der Führung seines Stellvertreters *Francisco de Orellana* verabschiedete sich daraufhin ein kleiner Teil der Expedition auf Flößen den Río Napo hinunter. Als Orellana und seine Mannschaft nach mehreren Monaten immer noch nicht zum Basislager zurückgekehrt waren, musste sich Pizarro alleine auf den beschwerlichen Rückweg ins Andenhochland begeben. Er erreichte Quito mit letzter Kraft im Juni 1542, wo er wenige Jahre später wegen Hochverrats am spanischen König enthauptet wurde.

Unterdessen gelangte Francisco de Orellana am 12. Februar 1542 an einen riesigen, mehrere Kilometer breiten Strom, den er irrtümlich zuerst für das rettende Meer hielt. Auf der Weiterfahrt stießen die inzwischen zu allem entschlossenen Entdeckungsfahrer auf eine Schar kurioser weißer Kriegerinnen. Auf das scheinbar einer griechischen Sage entsprungene Heer von sirenenhaften Fabelwesen, die „Amazonen", geht der Name dieses größten und wasserreichsten Flusssystems auf Erden zurück. Es ist bekannt, dass die Frauen kriegführender Naturvölker oftmals die Nachhut bildeten und ihre Männer z. B. mit Pfeilen versorgten. Um die benötigte

Geschichte

Finanzierung solcher Entdeckungsreisen zu gewährleisten, sahen sich die Konquistadoren unter Umständen dazu veranlasst, in ihren ausschweifenden Schilderungen am Hofe auch ein wenig über die Stränge zu schlagen. Als glaubhaft erweist sich jedoch, dass Francisco de Orellana am 24. August 1542, nach unvorstellbaren Entbehrungen, den erlösenden Atlantischen Ozean erreichte. Damit war die erste Durchquerung des südamerikanischen Kontinents vollbracht.

Orellana kehrte zwei Jahre später, von König Philipp in Spanien mit Ruhm und Ehrentiteln überhäuft und vom ungebrochenen Glauben an die Existenz einer goldenen Stadt namens *Eldorado* erfüllt, an die atlantische Mündung des riesigen Stromes zurück. Auf einer zweiten Expedition, die er in umgekehrter Richtung durchführen wollte, fand er jedoch 1546 den Tod.

La Encomienda

Zu Beginn der Kolonialzeit kam es auch unter den Konquistadoren zu kriegerischen Auseinandersetzungen, die dem Hof in Spanien zutiefst missfielen. In deren Verlauf wurde der gegen Francisco Pizarro aufbegehrende *Diego de Almagro* 1538 in Lima hingerichtet. Almagros Sohn wiederum ermordete Pizarro während einer konfusen Revolte. Anfang 1546 wurden die Truppen des Vizekönigs von Peru, *Blasco Nuñez de Vela*, im Norden von Quito geschlagen (dort wo heute das Einkaufszentrum *Quicentro* steht). Der *Virrey* wurde daraufhin von *Gonzalo Pizarro*, Franciscos Bruder, ohne weitere Umschweife enthauptet. Zwei Jahre später fand dann auch der aufmüpfige Pizarro ein rasches Ende unter der Guillotine. Der Hauptgrund für die Querelen unter den Spaniern waren die von der Krone herausgegebenen *Nuevas Leyes de Indias y Ordenanzas Reales*, welche die zentrale Autorität des Königs zu stärken versuchten, die Autonomieansprüche der Konquistadoren weitestgehend in Frage stellten und deren Barbareien an den Eingeborenen verurteilte. Wesentliche Stütze dieser ersten Kolonialetappe war die *encomienda* oder „Beauftragung" gewesen. Die Krone im fernen Kastilien erteilte hierbei einem Kolonisten oder Konquistadoren, dem *encomendero*, die Autorität, von seinen Indios obligatorische Tribute in Form von Dienstleistungen und Besitztum abzuverlangen. Als Gegenleistung erhielten diese zum Dank den christlichen Segen und standen fortan unter der Obhut des Beauftragten. Der totalen Ausbeutung der Eingeborenen waren somit keine Grenzen mehr gesetzt, bei den Eroberern sollte damit jedoch ein gewisser Handlungsspielraum festgelegt werden.

La Real Audiencia de Quito

Die zu kolonisierenden Gebiete, die direkt der spanischen Krone unterstanden, wurden in Provinzen unterteilt. Administrative und richterliche Befugnisse hatte der jeweilige Provinzgouverneur inne, zunächst meist ein dazu ernannter Konquistador. Diese Provinzverwaltungen arbeiteten allein schon der geografischen Umstände wegen weitgehend unabhängig voneinander, gerieten jedoch aufgrund unklar definierter Grenzen immer häufiger in Streitereien. Deshalb wurde zur Festigung der politischen Herrschaft die sog. *audiencia* geschaffen, eine überregionale Gerichts- und Verwaltungseinheit, der ein Präsident vorstand. Zudem wurde 1543 von König Karl V. das Vizekönigreich Peru gegründet, das einschließlich Panamas das gesamte spanische Südamerika (mit Ausnahme Venezuelas) umfasste. Acht Jahre zuvor waren bereits im gleichen Sinne Mexiko, Zentralamerika, die Westindischen Inseln (Karibik) und Venezuela zum Vizekönigreich Neu-Spanien erklärt worden.

Die „Provinz von Quito" wurde somit dem Vizekönigreich Peru unterstellt. Hinsichtlich einer verbesserten Machtausübung und wegen der großen Entfernung zum Sitz des Vizekönigs in Lima wurde schließlich am 29. August 1563 durch König Philipp II. von Spanien die *Real Audiencia de Quito* gegründet. Zum ersten Präsidenten des königlichen Gerichts- und Verwaltungsbezirkes wurde *Hernando de Santillán* ernannt. Die Grenzen des über 1 Mio. km^2 großen Territoriums reichten im Süden von Piura (heutiges Peru) bis fast nach Bogotá im Norden. Gegen Osten hin umfasste das Gebiet eine riesige, später Brasilien zugesprochene Fläche des Amazonasbeckens.

Die Vermessung des Äquators

Zwischen 1736 und 1743 hielt sich die „Geodätische Kommission der Pariser Akademie für Wissenschaften" innerhalb des Territoriums der *Real Audienca* auf. Zu den Mitgliedern der Gruppe gehörten eine Reihe französischer und spanischer Wissenschaftler, die vom spanischen Hof die Zustimmung zur Vermessung des meridianen Erdkreises (Äquatorlinie) erhalten hatten. Ihre langjährigen Untersuchungen waren für den kolonialen Gerichtsbezirk zumindest in wissenschaftlicher Hinsicht von enormer Bedeutung. Die Universitätsstudien erlebten einen Aufschwung. Das antike *Reino de Quito* begann erstmals, einen neuen, auf geografischer Grundlage erfassten Namen zu tragen: **Ecuador!** Zu den weiteren Errungenschaften der Gelehrtengruppe gehörte die Besteigung einiger Berge, wie z. B. des aktiven Guagua Pichincha-Kraters oder die Wiederentdeckung des Río Amazonas seitens des Franzosen Condamine und seines Freundes und Schülers *Pedro Vicente Maldonado*. Auf ihrer Reise zum Atlantik stießen sie auf die Kautschuk-Pflanze und entwarfen im Anschluss die erste Landkarte der Audiencia von Quito. Der Kartograf Maldonado wurde später Gouverneur von Esmeraldas.

Gegen Ende des 16. und während des 17. Jh. kam es im innerandinen Hochlandbecken gleich zu mehreren schweren Erdbeben und verheerenden Ausbrüchen der Vulkane Cotopaxi und Pichincha. Die Stadt Latacunga wurde dabei innerhalb von fünfzig Jahren dreimal dem Erdboden gleichgemacht. Dem Ausbau der spanischen Vormachtstellung konnte dies jedoch keinen Aufschub leisten. Die im Hochland gut akklimatisierten, aus Europa eingeführten landwirtschaftlichen Produkte gediehen auf dem vulkanischen Boden prächtig. Mit dem Einsatz afrikanischer Sklaven begann im Küstenbereich der Anbau von Kakao, Tabak und Baumwolle. Die Textilindustrie verzeichnete einen stetigen Aufschwung, die Goldminen von Zaruma und Portovelo schienen unerschöpflich, und was Kunst und Architektur anbelangte, erreichte die *„muy noble y muy leal"* Ciudad de Quito mit ihren prunkvollen Gotteshäusern bald kontinentales Prestige.

Philipp V. schuf 1717 das *Vizekönigreich Neu-Granada* (Groß-Kolumbien, mit Santa Fe de Bogotá als Hauptsitz. Die Audiencia de Quito wurde zunächst diesem neu eingesetzten *Virrey* unterstellt, erhielt aber drei Jahre später ihren vorherigen Autonomiestatus innerhalb des Vizekönigreichs von Peru zurück. Auf königliches Geheiß wurde der Gerichtsbezirk von Quito dann 1739 wiederholt Neu-Granada zugesprochen. Dieses ständige Hin und Her zwischen den beiden rivalisierenden Machtblöcken sollte auch im weiteren Verlauf der Jahrhunderte von schicksalhafter Bedeutung für die spätere Republik Ecuador bleiben.

Die Vertreibung der Jesuiten

Einen ganz entscheidenden Beitrag zum wirtschaftlichen und sozial-kulturellen Höhenflug der Kolonialherren trugen die Jesuiten bei. Ihre entlegenen Missionsstationen und Hazienda-Plantagen waren straff organisiert und brachten stetig wachsende Ernteerträge hervor. Auf zahlreichen Expeditionen bereisten die Missionare den gesamten Río Amazonas, den sie *Río de San Francisco de Quito* nannten. Den Jesuiten unterstand neben unzähligen Schulen auch die Universität von San Gregorio Magno in Quito. Herausragendstes Beispiel jesuitischen Strebens und Werkens war der 1727 in Riobamba geborene und 1793 im italienischen Faenza verstorbene *Padre Juan de Velasco*. Neben seinem viel kritisierten Hauptwerk, der *Historia del Reino de Quito,* entstammen seiner Feder Publikationen über Botanik, Zoologie, Philosophie, Poesie und Kartografie. Der Jesuitenpater gilt heute zusammen mit Eugenio Espejo als geistiger Vater des Landes.

Der auf schnellen Gewinn ausgerichteten Kolonialbürokratie widerstrebten die autonomen Ordensgemeinschaften der Jesuiten. Eine königliche Sanktion im Jahre 1767 führte schließlich zur Enteignung und Ausweisung der Glaubensbrüder. In langen Karawanen wurden sie an den Hafen von Guayaquil gebracht und in die Verbannung geschickt. Acht Schiffe brachten sie zuerst nach Panamá und von dort auf unterschiedlichen Routen zurück in die „Alte Welt", andere immigrierten nach Brasilien. Danach begannen ihre Missionsstationen unter der Verwaltung der Kolonialherren zu verfallen. Mit der Ausweisung der Jesuiten wurde dem Erziehungs- und Kulturwesen, aber auch der Wirtschaft der Audiencia ein schwerer Schlag versetzt. Auch erste patriotische Tendenzen, die durch ein beginnendes Selbstbewusstsein im Volke entstanden, wurden im Keim erstickt.

Zu den geistigen Verfassern dieses aufkommenden ecuadorianischen Patriotismus zählte im Besonderen der Mediziner, Journalist und Anwalt **Eugenio Espejo** (1747–1795), weißhäutiger Pflegesohn eines Indios und einer Mulattin, der mit nach Italien verbannten Jesuitenmönchen regen Kontakt pflegte. Seine liberalen Ideen, reformerischen Wirtschaftsentwürfe und offenen Sympathiebekundungen zugunsten des 1781 in Peru ermordeten indianischen Rebellen Túpac Amaru II. waren für das Fortbestehen des inzwischen krisenhaften monarchistischen Kolonialgefüges eine zusätzliche Bedrohung. Nach seiner Rückkehr aus kolumbianischer Verbannung und der Herausgabe seiner konspirativen Schriften *Primicias de la Cultura de Quito* (Anfänge Quitenischer Kultur) wurde er schließlich verhaftet und starb in einem finsteren Verlies der Hauptstadt.

Der Aufstand der Kreolen

Die nordamerikanische Unabhängigkeitserklärung von 1776 und die Französische Revolution von 1789 hatten auf die streng hierarchisch gegliederte Gesellschaftsordnung der spanischen Kolonialstaaten sehr wenig Einfluss. Im Unterschied zu Europa gab es in den hispano-amerikanischen Vizekönigreichen kein selbstbewusst auftretendes, aufgeklärtes Bürgertum. Die tonangebenden kreolischen Großgrundbesitzer des Hochlandes (Kreolen bzw. *criollos* sind in Lateinamerika geborene Weiße) blickten aus rein selbstsüchtigen Motiven auf die Besorgnis erregenden Ereignisse im fernen Europa, wo Napoleon Spanien besetzte und es zu Volksaufständen kam. Aus Angst, dass die spanischen Machthaber der Audiencia von Quito ebenfalls in den „revolutionären Strudel" Napoleons geraten könnten, planten die Kreolen im Jahre 1809 einen Staatsstreich.

Die beabsichtigte Loslösung vom spanischen Mutterland nährte sich in erster Linie durch den Umstand, dass aufgrund der Kriegsgeschehnisse in Europa die Entsendung von Truppen in die Kolonien weitestgehend ausblieb. Als sich Spanien 1815 schließlich von der französischen Besatzungsmacht befreien konnte und König Ferdinand VII. ein 10.000 Mann starkes Heer in die aufständischen Kolonialstaaten schickte, waren die Autonomiebestrebungen bereits nicht mehr unter Kontrolle zu bringen. Die neue Konstellation der europäischen Großmächte tat ein Übriges. Das bis 1814 neutrale England zeigte von nun an gewichtiges Interesse an den reichen Kolonien. Dabei galt dessen tatkräftige Unterstützung der Kreolen lediglich einem zukünftigen riesigen Absatzmarkt für seine Produkte aus den Webereifabriken.

Am 10. August 1809 fand in Quito eine patriotische Verschwörung statt. Grund der geheimen Versammlung war die sofortige, im Namen des Volkes und seiner Vertreter verordnete Absetzung des Grafen *Ruiz de Castilla*, Manuel Urriez, vom König ernannter Präsident der Audiencia de Quito. Dabei wurde eine neue, vom Mutterland unabhängige Regierungsmannschaft festgesetzt, die ausschließlich aus Kreolen bestand.

Die Nachricht von der ersten Unabhängigkeitserklärung auf lateinamerikanischem Boden löste unter den elitären Schichten des Kontinents ein nachhallendes Echo aus. Die in Spanien (vorübergehend) in Kraft getretenen radikalen Reformen der Französischen Revolution stellten nicht zuletzt eine ernsthafte Gefahr für die lokalen politischen Machtverhältnisse dar. Die geplante Abschaffung der Audiencia von Quito diente vor allem dazu, jedweden sozialen Aufruhr im Keime zu ersticken. Vom Aufflackern einer amerikanischen Revolution kann jedoch keine Rede sein. So schwor die selbstbewusste, sich ihrer legitimen Erbrechte bedroht fühlende Kreolen-Elite bei der feierlichen Machtübernahme in der Kathedrale von Quito ausgerechnet dem König von Spanien Treue und Gehorsam.

Die Antwort der Vizekönige von Lima und Bogotá ließ nicht lange auf sich warten. Von Guayaquil und Cuenca im Süden bzw. Pasto und Popayán im Norden wurden starke Truppenverbände in Richtung Quito entsandt. Die verängstigten Soldaten der improvisierten Kreolen-Regierung desertierten mehrheitlich, bevor es überhaupt zur ersten Schlacht kam. Das aufständische Quito wurde im Handstreich vom Rest des Landes isoliert und die königlichen Verbände rückten widerstandslos in der Hauptstadt ein.

Am 24. Oktober 1809 kapitulierte der Nachfolger des geflüchteten Separatisten-Präsidenten *Marqués de Selva Alegre* unter der Zusage von Straffreiheit. Der erneut amtierende Graf Ruiz de Castilla brach jedoch wenig später sein Amnestieversprechen und ließ alle abtrünnigen Kreolen einkerkern, vierzig von ihnen wurden sogar zum Tode verurteilt. Zudem sollte jeder fünfte der 160 Soldaten, die am Staatsstreich vom 10. August beteiligt waren, nach einem Losverfahren hingerichtet werden. Die allgemeine Empörung unter den 30.000 Quiteños über das nicht eingehaltene Versprechen und über die anhaltenden Plünderungsaktionen seitens der einmarschierten königlichen Soldaten schlug bald in Aufruhr um.

Am 2. August 1810 stürmte eine aufgebrachte Schar von *patriotas* das *Cuartel Real* von Quito in der Absicht, die gefangenen Autonomieanhänger zu befreien. Im Verlauf der Befreiungsaktion ließen die Spanier sämtliche Gefangene, darunter alle Kreolen-Anführer, massakrieren. In den sich anschließenden Straßentumulten fanden weitere 300 Leute den Tod. Die alten Machtverhältnisse wurden auf Biegen und Brechen wieder hergestellt. Die Aufspaltung der herrschenden Schicht war je-

doch von diesem Tage an nicht mehr zu verhindern und die anfangs noch königstreuen Kreolen kehrten Spanien endgültig den Rücken.

Die Republik Ecuador

Nicht zuletzt mithilfe englischer Kriegsschiffe nahmen die südamerikanischen „Patrioten" den Kontinent von zwei Seiten her in die Zange. Während sich der *Libertador* („Befreier") **Simón Bolívar** des Nordens bemächtigte, wurde Argentinien 1816
südlicher Ausgangspunkt eines Autonomisten-Vorstoßes, dessen Führung dem
späteren *Protector del Peru* („Beschützer") General **José de San Martín** unterstand.
Beide sollten sich wenige Jahre darauf, am 26. Juli 1822, bei einem historischen
Treffen in Guayaquil die Hand reichen. Dieses Ereignis wurde mit dem berühmten
Denkmal *La Rotonda* an der Uferpromenade in Guayaquil festgehalten.

Motiviert durch die Erfolge von Simón Bolívar im Norden und José de San Martín
im Süden des Kontinents, erlangte Guayaquil unter Führung des Patrioten *José de
Antepara* als erste ecuadorianische Stadt den Unabhängigkeitsstatus. Diese ersten
vaterländischen Bataillone setzten sich aus übergelaufenen, einst königstreuen Soldaten und einem enthusiastischen Freiwilligenheer von *Montubios*, Bauern der inneren Küstenregion, zusammen. Auf ecuadorianischem Territorium lebten damals
etwas über eine halbe Million Menschen, die meisten von ihnen im zentralen und
nördlichen Andenhochland, Trutzburg der Royalisten. Alle pazifischen Hafen-
städte in Südamerika, mit Ausnahme von Callao in Peru, befanden sich jedoch bereits in den Händen der Aufständischen.

Im Jahre 1821 entsandte Simón Bolívar, inzwischen zum Präsidenten von Kolumbien ernannt, den jungen Marschall **Antonio José de Sucre** nach Guayaquil. Seine
Mission galt der vollen Unterstützung der Patrioten, jedoch nur unter der Voraussetzung eines Bündnisses mit Kolumbien. Sucre erhielt rasch die oberste Befehlsge-
walt über die Streitkräfte. Unter „dem Schutz und der Schirmherrschaft der Republik Kolumbien" zog jene *Junta de Guayaquil* in den Krieg.

La Gran Colombia

Das Ende der Real Audiencia ist nicht mit der Schaffung des Staates Ecuador
gleichzusetzen. Zusammen mit dem *Departamento del Norte* (Venezuela) und dem
Departamento del Centro (Kolumbien) bildete das neue *Departamento del Sur* die
Republik Groß Kolumbien. Die Annexionsurkunde wurde am 29. Mai 1822, wenige
Tage nach der Schlacht am Pichincha, feierlich unterschrieben. Der utopische
Wunsch Bolívars, ein starkes vereintes Lateinamerika zu schaffen („vom Río
Grande bis zum Kap Hoorn"), schien sich anfangs zu erfüllen, scheiterte dann aber
an den Ambitionen der siegreichen Generäle. Ein jeder glaubte sich kompetent ge-
nug, einen eigenen Staat zu regieren.

Die Entfernungen zwischen den einzelnen Verwaltungszentren der kolumbianischen Autonomieregionen waren zudem viel zu groß, die geografischen Verhältnisse zu unterschiedlich und die persönlichen Interessen unter den neuen Machthabern zu sehr auf eigene Vorteile bedacht, als dass das politisch schwache Staatengebilde lange hätte überleben können. Eine konfliktreiche Dezentralisierung war
die Folge. Oberster Richter in diesem Streit unter den lokalen Oligarchien war das
Militär, das sich zur einen oder anderen Allianz in die Waagschale warf. Ganze acht

Jahre hatte die mit viel Enthusiasmus gegründete *Gran Colombia* Bestand. Am 13. Mai 1830 trennte sich Ecuador vom „bolivarischen Völkerbund" und wurde selbstständig.

Für die indianische und gemischtrassige Bevölkerung brachten all diese Ereignisse jedoch keinerlei Änderung ihrer miserablen Lebensverhältnisse. Ihnen blieb jegliche Art von Bildung oder Teilnahme an der politischen Willensbildung vorenthalten, die Wahl von Kongressabgeordneten, die Regierungsbildung und das politische Geschäft insgesamt blieb die Sache einer verschwindend kleinen Minderheit von Großgrundbesitzern.

Die Schlacht vom Pichincha

In der Nacht zum 24. Mai 1822 erklomm Sucre mit einer 3.000 Mann starken, eiligst improvisierten Freiwilligenarmee von *Chillogallo* aus die Flanken des Pichincha-Vulkans. Er umging somit die im Süden Quitos und auf dem *Panecillo*-Hügel befestigten Stellungen der Royalisten. Der schwere Regenschauer des vorangegangenen Nachmittages und das anhaltend schlechte Nieselwetter verwandelten die steilen Wege auf dem Hausberg der Quiteños in knietiefen Morast. Nachdem das gesamte patriotische Heer bereits eine Höhe von über 3.500 m erreicht hatte, wurde es im Morgengrauen von den Spaniern entdeckt. Diese sandten daraufhin all ihre Bataillone, über 1.800 Mann, auf den Pichincha.

Ein ebenso starkes Kontingent der Königstreuen wurde durch einen Geniestreich Sucres in Otavalo aufgehalten. Nachdem dieser von den aus Pasto (südliches Kolumbien) vorrückenden Verstärkungen der Spanier erfahren hatte, ließ er in Guayllabamba, nördlich von Quito, mehrere Hundert Rationen Pferdefutter anfordern. Die Nachricht von der riesigen Proviantbeschaffung gelangte in Windeseile nach Otavalo. Der spanische Kommandant Cataluña, verunsichert durch die Existenz eines scheinbar starken Patriotenheeres, gebot dem Vormarsch seiner Truppen Einhalt und verschanzte sich vorübergehend im Umfeld des Lago San Pablo bei Otavalo. Im Verlaufe des Kampfgeschehens unterhalb des Rucu Pichincha fehlte den Royalisten dann diese wahrscheinlich entscheidende Nachhut. Die bereitgestellten Haferballen für Sucres „potemkinsche Pferde" leisteten somit einen ganz erheblichen Beitrag zum Ausgang der Schlacht.

Gegen 12 Uhr mittags ordnete der spanische General Aymerich den Rückzug seiner völlig aufgeriebenen Truppen an. Neben 400 Gefallenen und 200 Schwerverletzten hatten die Realistas 1.260 Gefangene zu verzeichnen. In den Reihen der Patrioten fielen 200 Soldaten und Offiziere, unter ihnen der später zum Nationalhelden erkorene *Teniente* Abdón Calderón. Der definitive Triumph des *Mariscal* von Sucre bedeutete für die obsolete Real Audienca die Unabhängigkeit vom spanischen Mutterland. Eineinhalb Jahre nach der Eingliederung Guayaquils wurde somit auch Quito Groß-Kolumbien zugeschrieben. In einem Brief des Marschalls soll dieser später zum Ausdruck gebracht haben: „Auf dass Ihr meine sterblichen Überreste in den Krater des Pichincha streut." Sucre wurde schließlich am 4. Juni 1830 in den Urwäldern von Berruecos in Kolumbien ermordet.

Die Gründerjahre

Instabilität, Militärrevolten und permanente bürgerkriegsähnliche Zustände prägten vom Zeitpunkt der Unabhängigkeit an das gesamte 19. Jh. Erster Präsident der jungen Republik von Ecuador wurde *Juan José Flores*, der sich 15 Jahre im Amt halten konnte (1830–45). Während einer vierjährigen Zwischenperiode mit Vicente Rocafuerte an der Spitze wurden von Flores sämtliche Fäden im Hintergrund gesponnen.

Der um 1800 in Venezuela geborene, aus armen Verhältnissen stammende Flores war bereits als 15-Jähriger in die königliche Armee eingetreten, wechselte aber später das Lager. Kaum in den Reihen der Patrioten, fiel er Bolívar durch seine Kapazität auf dem Schlachtfeld und seinen politischen Scharfsinn auf. Obwohl noch lange Zeit Analphabet, gelangte er bald zu höchsten militärischen Auszeichnungen. Obwohl ohne Besitz und trotz seiner negroiden Abstammung gelang es ihm, in eine der wohlhabendsten Kreolenfamilien des Hochlandes einzuheiraten.

Diese sog. *Epoca Floreana* („geblümte Epoche") war von Dekadenz und ständigem Aufruhr überschattet. Der größte Teil des Staatshaushaltes war für das Militär bestimmt (was heute nicht viel anders ist), 4 % des Gesamtetats war die jährliche Pension des Präsidenten, der Rest reichte gerade noch, um die Minister fürstlich zu entlohnen. Für öffentliche Arbeiten blieb nichts übrig. Während seiner dritten Amtsperiode erließ Flores eine *carta de esclavitud*, die ihn auf ewig zum Diktator ernannte. Die aufstrebende Führungsschicht von Guayaquil trieb ihn schließlich aus dem Land. Seine folgenden Jahre verbrachte er damit, fruchtlose Rebellionen und Invasionen auf ecuadorianischem Territorium zu organisieren.

Nach einem Staatsstreich 1851 kam der starke Mann *General José María de Urbina* an die Macht. Er hielt sich bis 1856. Zu seinen Errungenschaften zählten die „offizielle" Abschaffung der Sklaverei und eine anfängliche Festigung der Handelsbeziehungen zwischen Küste und Hochland. Zu seinem Sturz führte der Versuch, die Galapagosinseln ans Ausland zu verpachten.

Sein Nachfolger und Waffenkamerad, *General Francisco Robles*, machte sich unter den Großgrundbesitzern der Sierra noch unbeliebter. Unter der Präsidentschaft von Robles wurden die Indios von der Kopfsteuer befreit und andere liberale Gesetze erlassen. Zu seiner Abdankung trug eine Verschärfung des ständig ringenden Regionalismus zwischen Sierra und Costa bei. Während einer der vielen Krisensituationen zerfiel die Republik 1859 sogar vorübergehend in vier autonome Regionen: Quito, Guayaquil, Cuenca und Loja.

Die „Republik des Heiligen Herzens Jesu"   (1861–65/69–75)

Ein Ansteigen des Kakao-Exports, eine Annäherung an den Weltmarkt, dringend notwendige Modernisierung und Zentralisierung waren aufgrund der zerstrittenen Regionalverwaltungen schwer zu erreichen. Unter der Herrschaft von **García Moreno**, einer der umstrittensten Persönlichkeiten der ecuadorianischen Geschichte, sollte dies wenigstens in Teilbereichen gelingen. Die radikalen Sparmaßnahmen seines Regierungsprogrammes verhalfen dem Staat zu einer effizienteren Verwaltung. Es entstanden neue Schulen und Hochschulen, das Banken- und Steuerwesen wurde rationalisiert. Straßen, Brücken, öffentliche Gebäude und 44 km Eisenbahnlinie wurden gebaut. Neben der Einführung von Schulpflicht und kostenlosem Lehrmaterial, einer signifikanten Anhebung der Beamtengehälter, der Einweihung des Observatoriums im Alameda-Park von Quito, dem Bau eines berüchtigten

Wohlbehütete Pilger

Gefängnisses verdankt das Hochland dem zielstrebigen Despoten heute auch die vielen Eukalyptuswäldchen, die zwar schnelles Brennholz hervorbrachten, dem einst fruchtbaren Boden aber das gesamte Wasser entzogen.

Der militante Katholizist Moreno setzte sein klerikal-latifundistisches Reformprogramm mit entschiedener Härte durch. Staat und Kirche sollten zu gleichgewichtigen Machtfaktoren werden. Das Kontrollmonopol über das Kultur- und Bildungswesen überließ er jedoch scharfsinnigerweise dem Klerus. Die Gewährung von bürgerlichen Rechten machte er zunehmend von der Ausübung der Religion abhängig. Europäische Geistliche wurden dazu eingeladen, ein repressives Erziehungsprogramm durchzusetzen. Verfolgte Regierungskritiker, die bis dahin in den Klöstern Zuflucht gefunden hatten, wurden aus dem Weg geräumt. Auf seinen Beschluss hin erhielt Ecuador den Namen *República del Corazón de Jesús.*

Die zwischenzeitlich von García Moreno eingesetzten Marionetten-Präsidenten Jerónimo Carrión und Javier Espinosa (1865–69) weigerten sich jedoch wider Erwarten, das totalitäre Regiment ihres Vorgängers fortzuführen. Daher entschied sich Moreno im Hinblick auf anstehende Neuwahlen 1869 zum Staatsstreich. Eine herausgegebene *carta negra* verschärfte daraufhin nicht nur die despotischen Zustände im Lande, sondern führte am 6. August 1875 auch zur Ermordung des „Galgenheiligen", wie ihn der Schriftsteller Benjamín Carrión einmal bezeichnete, und den Papst Pius XII. einen „genialen Regierenden, treuen Sohn der Kirche und Märtyrer seines Glaubens" zu nennen pflegte. Eine Gedenktafel im Kolonnadengang des Präsidentenpalastes erinnert heute an das Attentat.

Kakao, Kommerz und Chaos

Nach 1880 erlebte Ecuador ein beschleunigtes wirtschaftliches Wachstum, das auf dem enormen Anstieg des Kakao-Exports basierte. Die *terratenientes cacaoteros* dieser Epoche, deren riesige Plantagen sich vornehmlich in den Provinzen Guayas und Los Ríos befanden, verhalfen den Bankiers und Kaufleuten der Küste zu neu gewonnener politischer Macht. Der Export der wenig arbeitsintensiven, auf dem Weltmarkt jedoch als qualitativ hervorragend eingestuften ecuadorianischen Kakaobohne lief ausschließlich über den Hafen von Guayaquil ab. Der Anbau und die Kommerzialisierung der „goldenen Bohne" nahm bald frühkapitalistische Züge an. Auf den Plantagen der Großgrundbesitzer arbeiteten bereits Tagelöhner und Pächter, die mit jeder Ernte den Pachtzins in Form von Kakao bezahlten. Dies erlaubte den Terratenientes nicht nur eine reiche und billige Ernte, sondern vergrößerte auch ständig die Anbauflächen. Bereits im Jahre 1880 befanden sich 80 % der gesamten Kakaoproduktion in den Händen von 15 Großfamilien. Gleichzeitig aber stieg die Produktion zwischen 1885 und 1916 um das Dreifache an, während die europäische Nachfrage nach dem exotischen Genussmittel kein Ende mehr zu nehmen schien.

Infolge des Kakaobooms verschärften sich die ideologischen Gegensätze zwischen den klerikal-konservativen Großgrundbesitzern des Hochlandes und der liberal-monopolistischen Oligarchie der Küste. Der wachsende Druck von Konservativen und Liberalen hatte eine dramatische Radikalisierung der politischen Landschaft zur Folge.

1876 kam der opportunistische General und Napoleon-Imitator *Ignacio de Veintimilla* während eines blutig verlaufenden Staatsstreiches an die Macht. Über tausend Menschen sollen dem Komplott zum Opfer gefallen sein. Veintimilla begann seine Diktatur zunächst mit liberalen Reformen. Wenig später ließ er jedoch nicht nur konservative Geistliche, sondern auch liberale Intellektuelle aus dem Weg räumen. Folter und Erschießungen waren an der Tagesordnung. Nach einem bewaffneten Volksaufstand floh er schließlich 1883 heimlich mit einem Schiff von Guayaquil.

Als eine Art Schlichter zwischen den verfeindeten regionalen Allianzen trat *José María Plácido Caamaño* die Nachfolge Veintimillas an. Aber weder dieser, noch die folgenden Präsidenten konnten die allerorts aufflammende politische Anarchie im Lande unter Kontrolle halten. Nicht zuletzt diesen Umständen war es zu verdanken, dass es am 5. Juni 1895 zu einem erneuten Putsch kommen sollte. Sein charismatischer, unter den Küstenbauern verehrter Anführer war der aus Manabí stammende Kaufmann und Partisanenkämpfer **Eloy Alfaro**.

Im Lokschuppen von Ibarra

Eloy Alfaro und die liberale Revolution   (1895–1912)

Der scheinbar unaufhörliche Anstieg des Kakao-Exportvolumens führte zu einer Festigung der Handelsherrschaft Guayaquils und der inneren Küstenregion. Die liberal orientierte, reformfreudige Bourgeoisie sollte fortan die politischen Geschicke des Landes bestimmen. Durch die Revolution von 1895 ergab sich für die Mächtigen der Küste die lang ersehnte Gelegenheit, einschneidende Veränderungen am gesamten Staatswesen durchzuführen.

Eloy Alfaro gelang es, die Voraussetzungen und strukturellen Maßnahmen für ein wirtschaftliches Wachstum zu verwirklichen. Mit seinem Auftauchen wurden die bisher tonangebenden klerikal-feudalen Allianzen der Sierra weitestgehend ihrer Vormachtstellung enthoben.

Der Liberalismus basierte zum einen auf der Schaffung einer Infrastruktur, wie dem Bau der trans-ecuadorianischen Eisenbahnlinie, und zum anderen auf ideologischer Umwandlung. Der Staat sollte dabei die absolute Kontrolle über weite Bereiche der Gesellschaft erlangen, die bis zu diesem Zeitpunkt ausschließlich der Kirche und den verbündeten Großgrundbesitzern oblag. Dazu gehörten die Trennung von Kirche und Staat, eine weltliche Ausbildung, zivile Heirat und Scheidung, Abschaffung von Tributzahlungen an die Pfarreien, Religions- und Kulturfreiheit und die wirtschaftspolitische Emanzipation der Frau. Nach Herausgabe eines Erlasses namens *ley de manos muertas* („Gesetz der toten Hände") wurden in diesem Zusammenhang riesige brachliegende Latifundien der katholischen Kirche und ihrer Ordensgemeinschaften konfisziert und dem Staat zugeführt. Alfaro wurde damit zur Kultfigur der liberalen Bewegung. Mit jungen Jahren trat er in die militärischen Reihen des Generals José María de Urbina ein. Bald darauf organisierte er einen Guerilla-Aufstand gegen das autoritäre Regime von García Moreno. Nach seinem ersten Exil in Panama kehrte Alfaro Ende 1875 nach Manabí zurück, um eine Rebellion anzuzetteln. Während der Diktatur Veintimillas noch zum Militärchef aufgestiegen, bekämpfte er diesen jedoch später und floh wiederholt nach Panama ins Exil. Nach erneuter Rückkehr führte Alfaro 1883 als *Jefe Supremo* von Esmeraldas einen sog. „Restaurationskrieg" an, der mit dem Einmarsch seiner *Montoneros* (aufständische Küstenbauern) in Guayaquil endete. Nach dem Verlust der Präsidentschaftswahlen gegen den smarteren Plácido Caamaño begann Alfaro bereits am darauffolgenden Tag mit der Reorganisierung der Guerilla. Während einer Seeschlacht sah er sich sogar gezwungen, sein eigenes Schiff, die *Alhajuela*, zu versenken und in ei-

Eloy Alfaro

nem Holzfass die rettende Küste zu erreichen. Seine Jahre vor jenem entscheiden-den 5. Juni 1895 verbrachte er damit, in fast allen Staaten des Kontinents, ein-schließlich Nordamerika, umherzureisen. Sein wachsendes internationales Pres-tige, insbesondere in liberalen Kreisen, verhalf ihm zum Ausbau einer schlagkräfti-gen Berufsarmee, die sich in der Hauptsache aus Montoneros der Küstenregion zu-sammensetzte.

Alfaros erster Amtsperiode (1895–1901) folgte der ebenfalls radikal-liberale *Gene-ral Leonidas Plaza* (1901–1905), der den harten sozio-ökonomischen Reformkurs seines Vorgängers beibehielt. Ihm folgte *Lizardo García*, der vom militärischen Oberbefehlshaber Eloy Alfaro bereits nach wenigen Monaten wieder aus dem Amt verjagt wurde. Diese zweite erzwungene Amtszeit Alfaros (1906–11) verschärfte die bereits bestehenden Konflikte unter den gemäßigten und radikalen Liberalen. Blutig niedergeworfene Gegenrebellionen waren die Folge. Trotz des vorüberge-henden Triumphes durch die Beendigung der „schwierigsten Eisenbahnlinie der Welt" von Guayaquil nach Quito musste der *caudillo* (= Führer) 1911 wieder die Flucht nach Panama ergreifen.

Alfaro kehrte aus dem Exil zurück und der Bürgerkrieg brach auf ein Neues aus. Aber das Glück hatte den „alten Kondor" für immer verlassen. Regierungstruppen des Präsidenten *Carlos Freile Zaldumbide*, unter der militärischen Führung von Al-faros ehemaligem Mitstreiter Leonidas Plaza, brachten den Aufständischen 1912 drei bittere Niederlagen in Folge ein. Die dabei ausschlaggebenden modernen Waf-fen hatte Alfaro selbst noch wenige Jahre vorher erstanden. Nach Unterzeichnung der Kapitulationsurkunde wurde der inzwischen 70-Jährige mit der von ihm eigens konstruierten Eisenbahn nach Quito verfrachtet, wo ihn ein grausiger Tod erwartete (siehe hierzu bei „Montechristi" im Reiseteil „Halbinsel Santa Elena und Manabí").

Aufstieg und Niedergang der liberalen Oligarchie (1912–25)

Die zweite Amtszeit von Leonidas Plaza brachte einen „Waffenstillstand" mit der Kirche. Die Bedingung dafür bestand im Einfrieren der liberalen Reformen. Plaza musste den Großgrundbesitzern des Hochlandes wichtige Zugeständnisse machen. Zudem wurde er einer breit angelegten Rebellion übrig gebliebener Montonera-Einheiten in Esmeraldas gegenübergestellt, die unter der Führung des links-radika-len Obersts *Carlos Concha* den tropischen Nordwesten des Landes kontrollierten. Erst seinem Nachfolger Baquerizo Moreno (1916–20) sollte die vollständige Aus-merzung des fast vier Jahre andauernden Bauernaufstandes gelingen. Nach seiner endgültigen Gefangennahme gab der legendäre „Muschel-Oberst" höchstpersön-lich den Befehl für die eigene Hinrichtung. „Feuer frei!" (vgl. Kapitel „Esmeraldas").

Die Amtsübernahme *José Luis Tamayo* (1920–24) fiel zeitlich mit dem Verfall des Kakao-Weltmarktpreises zusammen, einer Folge des Ersten Weltkrieges und einer weltweiten Ausweitung der Kakao-Anbaugebiete. Die europäischen Abnehmer be-gannen, zunehmend ihren Kakaobedarf aus den näher gelegenen afrikanischen Ko-lonien und Brasilien zu decken. Der Verlust der europäischen Absatzmärkte konnte jedoch zunächst durch verstärkte Exporte in die USA ausgeglichen werden. Bereits Ende des Ersten Weltkrieges gingen fast 80 % des gesamten ecuadorianischen Ex-portaufkommens in die USA, zwei Drittel davon Kakao, der Rest Kautschuk, Kaffee, Baumwolle, Zuckerrohr u. a. Doch die durch Überproduktion entstandene, immer geringer werdende Nachfrage nach Kakao führte bald zu einem Überangebot. Der Zentnerpreis fiel innerhalb eines Jahres (1920–21) von knapp 27 USD auf weniger als

6 USD. Hinzu kam, dass die ecuadorianischen Kakaoplantagen Anfang der 20er-Jahre von der sog. „Hexenbesenkrankheit" befallen wurden. Inflation, allgemeiner Preisanstieg und Massenentlassungen waren die direkten Folgen der Kakaokrise und führten überall im Lande zu blutig niedergeschlagenen Volksaufständen. Der schlimmste Aufstand fand am 15. November 1922 in Guayaquil statt, als das Militär wahllos in die aufgebrachte Menge feuerte und Tausende von Arbeitern den Tod fanden.

Als Gonzalo Córdova 1924 die Präsidentschaft antrat, hatte der Liberalismus seine populäre Basis längst verloren. Eine Radikalisierung der politischen Landschaft, nicht zuletzt angetrieben durch den Erfolg der Russischen Revolution, blieb unausweichlich. Am 9. Juli 1925 kam es zu einem erneuten Staatsstreich, diesmal unter der Regie der sozialistisch ausgerichteten *Liga de Militares Jóvenes*.

La Revolución Juliana

Die „Juli-Revolution" von 1925 wurde in erster Linie von aufstrebenden Kleinbürgern durchgeführt, die es in der Berufsarmee zu militärischen Ehren gebracht hatten. Ihr Regierungsprogramm begünstigte hauptsächlich mittelständische Beamte und Kaufleute, auch wenn es gewissen sozialistischen Neigungen keineswegs abgeneigt war. Die militante Reformpolitik dieser pluralistischen Regierung führte zwar nicht zur Konsolidierung des chaotischen Staatswesens, hatte aber eine Modernisierung des Steuer- und Bankensystems sowie eine Verbesserung der sozialen Lage der unterprivilegierten Schichten zur Folge.

Zur treibenden Kraft der „julianischen" Reform, die unter anderem ein Arbeiterschutzgesetz und das Frauenwahlrecht schuf, wurde der konstitutionell gewählte Präsident *Isidro Ayora*. Die von Liberalen wie Konservativen allseits erwartete Kompromissbereitschaft des intellektuellen Mediziners wich bald seinem unbeugsamen Durchsetzungsvermögen. Korrupte Beamte, komplottierende Militärs, oppositionelle Zeitungsverleger oder widerspenstige Revolutionäre ließ er in ein Straflager nach Galapagos verbannen. Die Goldreserven der privaten Banken ließ er beschlagnahmen und der staatlichen Zentralbank zuführen. Die Staatseinnahmen stiegen beträchtlich an und die extrem hohe Staatsverschuldung konnte abgebaut werden. Ein progressiver Neuerlass der Verfassung – der dreizehnten seit Bestehen der Republik – wurde ihm später selbst zum Verhängnis. Das darin verankerte Recht des Misstrauensvotums brachte ihn 1931 zu Fall.

Ganz im Schatten der Weltwirtschaftskrise triumphierte bei den darauf folgenden Wahlen der erzkonservative *Neptalí Bonifaz Ascázubi*. Seine Abwahl durch den Kongress ein Jahr später provozierte den sog. „Vier-Tage-Krieg", dem über 2.000 Soldaten und Zivilisten aus allen Landesteilen zum Opfer fielen. Bonifaz zog sich nach den furchtbaren Ereignissen auf seine Hazienda zurück, während der ebenso unpopuläre *Juan de Dios Martínez Mera* seine Nachfolge antrat – durch krassen Wahlbetrug wie sich später herausstellte. Ein parlamentarisches Misstrauensvotum stürzte auch ihn nach wenigen Monaten und gab die Bühne für frei den wohl flammendsten Redner der ecuadorianischen Geschichte, den populistischen Caudillo **José María Velasco Ibarra**.

El Velasquismo

Von insgesamt sechs Wahlkandidaturen gewann Velasco Ibarra fünf. Bei seiner zweiten Kandidatur triumphierte die Opposition aufgrund eines Wahlbetrugs und lediglich eine seiner Amtsperioden endete verfassungsgemäß. Velascos charismatische Ausstrahlung rief die widersprüchlichsten Reaktionen hervor. Er bereiste das ganze Land, versprach den Massen, ein für alle Mal mit den Ungerechtigkeiten „aufzuräumen", Privilegien zu „zermalmen" und die Plutokratie zu „pulverisieren". Er verstand es vom ersten Moment an, die Hoffnungen des einfachen Volkes in sich zu vereinen, und konnte dabei gleichzeitig mit der vollen Unterstützung reicher Unternehmer rechnen. Unter dem Motto „Demokratie und Leistung" entsprach der *velasquismo* keinerlei Parteiprogramm oder Ideologie, war weder konservativ, noch liberal, noch sozialistisch, geschweige denn kommunistisch. Velasco Ibarra war einfach nur er selbst. Mit überwältigender Mehrheit gewann er am 1. September 1934 seine erste Präsidentschaftswahl. In Windeseile begann Velasco mit dem oftmals ziel- und planlosen Bau von Schulen, Straßen, Brücken und Bewässerungsanlagen. Bei der Mobilmachung des Verwaltungsapparates stieß er je

Velasco Ibarra

doch auf heftigste Gegenwehr. Da ihm weder Gesetze noch eine „antiquierte" Verfassung viel bedeuteten, „weil alles dem Kongress, aber nichts dem Präsidenten" zugestanden wurde, versuchte er diesen 1935 aufzulösen. Während des öffentlichen Verlesens des Dekrets unterbrach ihn das anwesende Bataillon mit dem Ausruf: „Es lebe die Konstitution! Nieder mit der Diktatur!" Der dünkelhafte Präsident wurde noch an Ort und Stelle verhaftet und erstmalig ins Exil verbannt.

Während der unruhigen nächsten fünf Jahre versuchten insgesamt zehn Präsidenten erfolglos ihr Glück. Allein zwischen 1911 und 1940 leiteten 59 Präsidenten, Präsidentlein und Diktatörchen die Geschicke und Missgeschicke des kleinen Ecuador.

Die peruanische Invasion

Die zwischenzeitlich beigelegten Spannungen um den ecuadorianisch-peruanischen Grenzverlauf fanden ihren Ursprung bereits im Bruderkrieg zwischen Atahualpa und Huáscar. Aber auch die von Kolonialhand bestimmten Grenzen der Real Audiencia de Quito blieben zumindest gegen Süden hin Interpretationssache.

Durch die spätere Abspaltung Ecuadors von Kolumbien waren die Staatsgrenzen der jungen Republik lediglich auf die großkolumbianischen *departamentos* Quito, Azuay und Guayas festgelegt. Dadurch wurden Peru praktisch weitreichende Gebiete der einstigen Real Audiencia, des „Königreiches von Quito", überlassen, was schon während der Konsolidierung der Unabhängigkeit im 19. Jh. zu mehreren fruchtlosen Invasionen seitens des südlichen Nachbarn führte. Spätere Versuche des kleinen Ecuador, diese einst „äquatorialen" Stammesterritorien auf politischem Wege wieder zurückzugewinnen, endeten für den neu geschaffenen

„Sandwich-Staat" zwischen Kolumbien und den republikanischen Erben des „Inka-reiches" jedesmal in weiteren Landeinbußen.

Im Februar 1941 unterzeichneten die Peruaner einen Nichtangriffspakt mit dem Nachbarn Chile. Drei Monate später hatte sich bereits ein 20.000 Mann starkes Heer entlang der ecuadorianischen Grenze verteilt. Am 5. Juli 1941 begann der Einmarsch und am 7. August tauchten die ersten Jagdflugzeuge am Himmel über Cuenca auf. Der feindlichen Übermacht war die schwache ecuadorianische Armee nicht gewachsen. Während die peruanischen Truppen fast den gesamten Süden des Landes besetzten, gelangten Zigtausende von Flüchtlingen aus den Provinzen El Oro und Loja nach Guayaquil.

Auf Drängen der USA hin fand in Rio de Janeiro im Januar 1942 eine Konferenz über die Einheit und Solidarität aller amerikanischen Staaten statt. Dabei wurden Ecuador und Peru dazu angehalten, ihre Grenzstreitigkeiten beizulegen und in beiderseitigem Einvernehmen das sog. *Protocolo de Rio de Janeiro* zu unterzeichnen. Dabei hatte das unbedeutende Ecuador im Umfeld des tobenden Weltkrieges keinerlei Chance, seine legitimen territorialen Ansprüche glaubhaft darzulegen. Das Trauma von Pearl Harbour paralysierte Amerika und alle lateinamerikanischen Länder solidarisierten sich wohlweislich mit den Vereinigten Staaten. Dem damaligen Außenminister *Tobar Donoso* blieb angesichts der drückenden Notsituation nichts anderes übrig, als das Protokoll zu unterschreiben. Peru zog daraufhin seine Truppen aus den südlichen Provinzen ab, bekam aber als „Ausgleich" fast 200.000 km^2 des ecuadorianischen Amazonasgebietes zugesprochen.

Protokoll von Río de Janeiro

Das **Protokoll von Río de Janeiro** von 1942 ist für nicht wenige Ecuadorianer eine demütigende Kapitulationsurkunde. Dieser zufolge wurde die ecuadorianisch-peruanische Grenze in einem südöstlichen Abschnitt über die dicht bewaldeten Höhenrücken der **Cordillera del Cóndor** gezogen, also mitten durch ecuadorianisches Territorium! Als Grenzlinie wurde die natürliche Wasserscheide zwischen den beiden Dschungelflüssen Zamora und Santiago festgelegt, laut Ecuador eine *„divisoria de aguas inexistentes"*. Unwirkliches Wasser? Das wenige Kartenmaterial über diese bis heute unzugängliche Region wurde einst von nordamerikanischen Aufklärungsflugzeugen zu Beginn des zweiten Weltkrieges hergestellt. Ob sich der ein Gringos tatsächlich ein geografischer Fehler einschlich oder ob dahinter interessenbedingte Absichten steckten, bleibt ungewiss. Große Öl-, Gold- oder Uranvorkommen wurden im Oriente jedoch bereits in den 30er-Jahren vermutet. Nach der Unterzeichnung des Protocolo de Río de Janeiro stellte sich heraus, dass es zwischen den beiden entgegengesetzt wie auch parallel verlaufenden Flüssen Zamora und Santiago keine Wasserscheide gibt. Statt eines kompakten Höhenrückens spaltet sich die über 2.000 m hohe Kordillere in zwei Stränge und bildet das tief eingeschnittene Tal des **Río Cenepa**, genau zwischen dem Río Zamora und Río Santiago verlaufend. Aufgrund dieses geografischen Fehlers erklärte Ecuador das Protokoll im Jahre 1960 als null und nichtig. Peru hingegen weigerte sich, den Río Cenepa als logischen Grenzverlauf anzuerkennen. Gerade in diesem Bereich sollten 1995, in einem späteren Konflikt, erneute Kämpfe stattfinden.

Ein Volksaufstand namens *gloriosa* verhalf Velasco Ibarra am 28. Mai 1944 erneut zur Macht. Zwei Jahre später setzte er die Verfassung außer Kraft und erhob sich zum Diktator. Sein Verteidigungsminister ließ ihn daraufhin festnehmen und ins Exil schicken. Es folgten noch zwei Übergangsregierungen, bevor 1948 der angesehene Hochländer und Viehzüchter **Galo Plaza Lasso** eine lange Periode politischer und wirtschaftlicher Stabilität einleitete.

Die „Bananenrepublik"

Mitte der 40er-Jahre zeichnete sich bereits der Boom einer neuen tropischen Frucht ab. Der massive Export von Bananen verhalf der ecuadorianischen Wirtschaft zu einem neuen Aufschwung, der Mitte der Fünfziger seinen Höhepunkt erreichte. Ecuador wurde zum größten Bananenexporteur der Welt. Der Anteil der Banane am gesamten Exportvolumen stieg von 3 % im Jahre 1948 auf 42 % 1955. Durch das dynamische Wachstum profitierte nicht nur die mächtige *United Fruit Company* (zwei Drittel des Exporterlöses), sondern in bescheidenen Ausmaßen auch die mittleren und kleineren Bananen-

Bananentransport

pflanzer. Ein Ausweg aus der jahrzehntelangen Wirtschaftskrise schien gefunden. Ecuador stürzte sich damit aber auch voller Zuversicht in eine neue Abhängigkeit. Investitionen zum Ausbau anderer Wirtschaftsbereiche blieben trotz der hohen Gewinnspannen aus. Mit dem späteren Preisverfall und sinkendem Absatz der Banane, hauptsächlich durch mittelamerikanische Konkurrenz bedingt, blieben die ecuadorianischen Kleinbauern am Ende der 50er-Jahre erneut auf der Strecke. Mit Hilfe der Banane gelang dem in den Vereinigten Staaten aufgewachsenen Galo Plaza Lasso eine bemerkenswerte Modernisierung des Staatswesens. Das Haushaltsbudget stieg um ein Vielfaches an. Straßenbau, Malariabekämpfung, Pressefreiheit und der Wiederaufbau der Stadt Ambato, die nach einem schweren Erdbeben völlig verwüstet war, zählten zu den vielen positiven Merkmalen von Plazas besonnener Amtsperiode (1948–52). Sein internationales Prestige erhob ihn viele Jahre später sogar zum Generalsekretär der „Organisation Amerikanischer Staaten" (*OEA*) in New York.
Die traditionellen Parteien des Landes (*Conservador, Liberal, Socialista*) fanden sich während und nach Plazas Regierungszeit in einer Phase der Ausgeglichenheit, mussten sich aber gleichzeitig mit der Koexistenz neuer politischer Bewegungen abfinden. Aus den Reihen der Konservativen spalteten sich die Christlich-Sozialen ab (*Partido*

Social Cristiano), in Guayaquil und anderen Orten der Küste entstand eine aggressiv-proletarische Gruppierung namens *CFP* (*Concentración de Fuerzas Populares*).

Bauzäune, Bananenschalen und politische Ausrutscher

Die einzige verfassungsgemäß beendete Amtszeit von Velasco Ibarra (1952–56) war gleichzeitig auch die einzig annähernd erfolgreiche. Der Bananen-Boom sollte seinen Höhepunkt erreichen. Ein fast 2.000 km langer Straßenbauplan wurde in die Wege geleitet – wovon allerdings nur 500 km fertiggestellt werden konnten (davon 160 km asphaltiert). Das Ausbleiben einschneidender Reformen frustrierte Velascos Wählerschaft jedoch erneut.

Sein konservativer Nachfolger *Camilo Ponce Enríquez* (1956–60) tat sich durch die Verwirklichung strategischer Bauwerke hervor. Unter der Obhut seines damaligen *Ministro de Obras Públicas*, Sixto Durán Ballén („Stahl und Zement"), entstanden z. B. in Quito der Justizpalast und in Guayaquil der Hochseehafen.

Im Zuge der Bananenkrise kam es wiederholt zu Spannungen, die sich im Juni 1959 zuspitzten und eine zweitägige Anarchie-Episode in Guayaquil auslösten. Der ideologische Einfluss von Fidel Castros kubanischer Revolution ließ antiimperialistische Ressentiments aufleben. Selbst die katholische Kirche begann, ihre antiquierten Standpunkte neu zu überdenken („Befreiungstheologie"). Eine Welle christlicher Erneuerung begann Anfang der 60er-Jahre Fuß zu fassen. Geistiger Lenker dieser Bewegung wurde der *Obispo de los Pobres* („Bischof der Armen") **Leonidas Proaño**, der nicht nur politische Verfolgung erdulden musste, sondern auch beim Klerus auf taube Ohren stieß.

Bei den Wahlen von 1960 schlug ein durch Fidel Castro ausgelöstes neues Selbstwertgefühl unter den Lateinamerikanern in eine absolute Mehrheit für den demagogischen Velasco Ibarra um, der einmal mehr wie Phönix aus der Asche stieg. Seine ehrgeizige Land- und Wirtschaftsreform scheiterte jedoch an den Wahlkompromissen mit der Küstenoligarchie, die Millionen in seine Kandidatur und einen anschließenden „antikommunistischen" Feldzug gegen die Presse gesteckt hatte. Die Nichtigkeitserklärung des Protokolls von Rio de Janeiro (*„la nulidad del protocolo"*) führte zudem zu diplomatischen Spannungen mit Peru. Der Zusammenbruch des Weltmarktpreises für Bananen tat ein Übriges. Nachdem der mehr und mehr nach rechts abgerückte Velasco bei einem letzten verzweifelten Aufbäumen den Kongresspräsidenten und Oppositionsführer *Carlos Julio Arosemena Monroy* verhaften ließ, um eine Diktatur einzuleiten, wurde er 1961 vom Militär gestürzt. Kurz darauf verließ Arosemena schnurstracks den berüchtigten „García Moreno-Knast" in Richtung Präsidentenpalast, während Velasco seine übliche Reise ins Exil, diesmal nach Buenos Aires, antrat.

Arosemenas Regierungsphilosophie (1961–63) zeichnete sich durch das proklamierte Recht der Völker auf Selbstbestimmung bzw. Nichteinmischung der USA aus. Eine weitreichende Agrarreform, die vor allem den ärmlichen Kleinbauern des Hochlandes einen Produktionsanreiz verschaffen sollte, und die beabsichtigte Wiederaufnahme diplomatischer Beziehungen zu Kuba entsprachen jedoch nicht den politischen Gegebenheiten im In- und Ausland. Arosemena wurde schließlich für die „kommunistische Bedrohung" im Lande verantwortlich gemacht. Ein erneuter Putsch schien unausweichlich. Der trinkfreudige Präsident sollte dazu selbst einen idealen Vorwand liefern. Beim Empfang des chilenischen Präsidenten Alessandri war der ecuadorianische Würdenträger so sternhagelvoll, dass er sich nur noch mit

Mühe auf den Beinen halten konnte. Bei einem Treffen mit hohen US-Funktionären entfuhr ihm zudem ein beleidigender Trinkspruch, der die Ausbeutung Ecuadors durch die Vereinigten Staaten anprangerte. Am Morgen darauf war der Präsidentenpalast von Panzern umringt und Arosemena wurde nach Panama ins Exil verbannt.

Eine Allianz für den Fortschritt

Im Zusammenhang mit der vom US-Präsidenten John F. Kennedy eingeleiteten „Allianz für den Fortschritt", deren Zielsetzungen einer „wirtschaftlichen Förderung Lateinamerikas auf der Grundlage einer demokratischen Ordnung" dienen sollte, übernahm 1963 eine überaus antidemokratische Militär-Junta die Macht, die natürlich von den USA anerkannt wurde. Ein erstes Dekret stellte den Kommunismus als verfassungsfeindlich hin. Gleichzeitig flossen große Mengen ausländischen Kapitals ins Land.

Nach einem Erfolg versprechenden Anfang (erfolgreich besonders durch die auf Eigenbedarf und Enteignung von brachliegendem Kulturland ausgerichtete Agrarreform von 1964 sowie den euphorisch gefeierten Staatsbesuch des französischen Präsidenten Charles de Gaulle) begannen ein Jahr später die ersten Konflikte mit der Opposition. Nach einer krassen Erhöhung der Ausfuhrsteuern griff diese sogar auf die Oberschicht über. Fortwährende Streiks, Demonstrationen und harte Auseinandersetzungen mit Studenten der Zentraluniversität führten unter dem Druck eines kompromissbereiteren Militärkommandos 1966 zur Abdankung der Generäle.

Es folgten zwei interne Zivilpräsidenten, *Clemente Yerovi Indaburo* (1966) und *Otto Arosemena Gómez* (1966–68). Der medienfreundliche Bankier und Sozial-Kapitalist Arosemena schuf anhand von vorfabrizierten Plattenbauten das Programm „Pro-Tag-eine-neue-Schule".

Bei den Neuwahlen von 1968 gewann zum fünften Mal der aus dem Exil heimgekehrte Velasco Ibarra („Gebt mir einen Balkon und ich werde Präsident!"). Die knappe Stimmenmehrheit ließ aber bereits ahnen, dass seine konstitutionelle Amtszeit nicht von langer Dauer sein würde. Am 22. Juni 1970 setzte Velasco tatsächlich die Verfassung außer Kraft, womit ihm diktatorische Vollmachten zur Ausschaltung der Opposition ermöglicht wurden. Der in Volkskreisen zunehmend beliebte Provinzgouverneur von Guayas, *Assad Bucaram*, musste nach Panama flüchten. Eine Verleumdungskampagne gegen Bucaram konzentrierte sich hauptsächlich auf die libanesische Abstammung des verbannten Emporkömmlings. Der Schuss des Diffamierungs-Feldzuges ging jedoch nach hinten los. *Don Buca*, Parteichef der *Concentración de Fuerzas Populares* (CFP), stieg rasch zum populärsten Politiker des Landes auf. Monate vor den angekündigten Wahlen im Juni 1972 galt ein absoluter Triumph des zurückgekehrten „Libanesen" als verbürgte Sache. Allgemeine Wahlen sollten jedoch nie stattfinden. Am 16. Februar kam es unter der Führung von *General Guillermo Rodríguez Lara* zum Staatsstreich. Dies bedeutete gleichzeitig auch das endgültige Aus von Velasco Ibarras vierzigjähriger Karriere. Nach langem Exil in Argentinien kehrte er im Februar 1979 nach Ecuador zurück („Ich kam nur zum Meditieren und Sterben"), wo er am 30. März starb. Die gewaltige Menschenflut bei seinem Trauerzug übertraf dabei noch einmal alle seine zu Lebzeiten unter freiem Himmel abgehaltenen Wahlkundgebungen.

Im Erdölrausch

Im August 1972 begann Ecuador zum ersten Mal mit dem Export von *petroleo*. Die national-revolutionäre Militärregierung versprach, die daraus resultierenden Staatseinnahmen, zwanzig Mal höher als die zu Galo Plazas Amtszeit während des Bananenbooms, in die Infrastruktur und den allgemeinen Wohlstand des Landes zu investieren. Die Verwaltung des anfänglich privaten, später durch multinationale Konzerne aufgeteilten Erdölsektors wurde der staatlichen Gesellschaft *CEPE* übertragen. Der Bau der Erdölraffinerie in Esmeraldas, die Schaffung einer eigenen Erdölflotte und der Beitritt des Landes in die *OPEC* schufen zunächst optimale Voraussetzungen für eine Loslösung von Ecuadors lähmender Auslandsabhängigkeit. Aber die nationalistische Ausbeutung der riesigen Ölvorkommen der Amazonasregion hatte eine oberflächliche und schlecht geplante Modernisierung des Produktionsapparates zur Folge. Im Zuge des Erdölbooms entstand eine neue, wenn auch anfangs bescheidene weiterverarbeitende Industrie, welche die Einfuhr von teurer Technologie und deren Instandhaltung erforderlich machte. Das Land wurde somit zu weiterer Verschuldung gezwungen.

In den Straßen von Quito und Guayaquil kreuzten zunehmend private Luxuslimousinen auf, doch die Kluft zwischen Arm und Reich wurde immer tiefer. Die sprudelnden Gelder aus den schwarzen Goldquellen wurden von einer nutznießenden Elite zwar mit vollen Händen ausgegeben, aber aufgrund des mangelnden Selbstvertrauens im eigenen Land statt in langfristige, zukunftsweisende Projekte investiert.

Dabei galten die Schwerpunkte des durchaus ehrgeizigen Entwicklungsprogrammes der Militärs einer besseren Einkommensumverteilung mittels Steuerreform und schließlich der Überwindung der Armut sowie einer durchgreifenden Reform des Agrarsektors. Im Gegensatz zur ersten fehlgeschlagenen Agrarreform von 1964 sollte eine Enteignung erst dann erfolgen, wenn mehr als 20 % des Kulturlandes ungenutzt blieben. Die durch diese Maßnahme betroffenen Großgrundbesitzer, deren unüberschaubare Latifundien nur zu einem Bruchteil kultiviert wurden, wehrten sich mit Händen und Füßen gegen die Reform. Der Versuch, auf diese Weise die Produktion zu steigern, brachte gleichzeitig einen Boykott der nach wie vor mächtigen Haziendas mit sich. Eine erhebliche Verteuerung der Nahrungsmittelpreise war die Folge. Eine drastische, die urbane Ober- und Mittelschicht belastende Steuerreform scheiterte zudem an deren Uneinsichtigkeit, einen vernünftigen Beitrag zum Staatshaushalt zu leisten.

Im Januar 1976 wurde General Lara von einem militärischen Triumvirat, den Oberbefehlshabern der vereinigten Land-, Wasser- und Luftstreitkräfte, seines Amtes enthoben und auf seine Hazienda verbannt. Mit den neuen Machthabern endete die progressive Phase der Militärregierung. Fehlende Koordination, mangelnder Sachverstand, aggressive Staatsverschuldung und nicht zuletzt politischer Mord ließen die Rufe nach einer Rückkehr zur Demokratie immer lauter werden. Das Massaker an Dutzenden von streikenden Arbeitern und ihren Familien in der Zuckerfabrik *Aztra* bei Riobamba (1977) stellte dabei alle vorangegangenen Brutalitäten des Militärregimes in den Schatten.

Die Politik der letzten 30 Jahre

Nach einem Stichwahlgang trat am 10. August 1979 der junge Mitte-Links-Kandidat **Jaime Roldós Aguilera** die Präsidentschaft an und beendete die langjährige Militärdiktatur. Trotz viel versprechender politischer Initiativen hinsichtlich eines Ausgleichs zwischen wirtschaftlichem Fortschritt und sozialer Gerechtigkeit stieß die aus uneinheitlichen Allianzen zusammengesetzte Regierung von Beginn an auf größte Schwierigkeiten. Die Erhöhung des Milchpreises war schließlich der Anlass für gewalttätige Studentenunruhen. Eine Mischung aus falschen Wahlversprechungen und verfehlter Wirtschaftspolitik trugen zu einem raschen Gesichtsverlust des Präsidenten bei. Hinzu kam Anfang 1981 ein kurzer Grenzkonflikt mit Peru in der *Cordillera del Cóndor*, als der südliche Nachbar die inneren Spannungen Ecuadors zum Anlass nahm, eine Schließung der 78 km „offenen" Grenze erzwingen zu wollen. Nach Beendigung des Konfliktes kam Roldós bei einem undurchsichtigen Flugzeugunglück ums Leben und der bisherige Vizepräsident *Osvaldo Hurtado* übernahm umgehend die Amtsgeschäfte.

Durch den Preisverfall des Erdöls sah sich Hurtado dem wachsenden Druck des Internationalen Währungsfonds gegenübergestellt. Die Inflationsrate schien nicht mehr zu bremsen und die als sozial-progressiv angetretene Regierung wurde bei den Wahlen 1984 von der erzkonservativen *Frente de Reconstrucción Nacional* unter der harten Hand des christlich-sozialen Präsidentschaftskandidaten **León Febres Cordero** abgelöst.

Corderos temperamentvoller Regierungsstil zeichnete sich durch ein streng neoliberales Programm und willkürliche Machenschaften aus. Seine wirtschaftlichen Maßnahmen brachten dem Regierungsclan des „Löwen" nicht nur den Beinamen *Chicago Boys* ein, sondern führten anfänglich auch zu positiven Ergebnissen, zumindest statistisch betrachtet. Ein Rückgang der Inflation war bis zu einem gewissen Zeitpunkt die Folge. Die Opposition warf ihm jedoch Bestechungsskandale, Polizeiterror und eine extrem hohe Staatsverschuldung vor. Cordero konterte nicht nur mit verbalen Gewalttätigkeiten, sondern scheute auch nicht davor zurück, die Medien zu zensieren. Die linksradikale Ideologen-Gruppe *AVC (Alfaro Vive Carajo)* wurde durch Folter und Mord aus dem Weg geräumt.

Das Ende des exportorientierten Strohfeuers setzte bereits vor dem Erdbeben vom 5. März 1987 ein, als die transecuadorianische Erdölpipeline zerstört wurde. Fast ein halbes Jahr lang konnte kein einziger Tropfen Öl mehr exportiert werden. Als die Pipeline wieder in Betrieb genommen wurde, stürzte der Ölpreis auf dem Weltmarkt ins Bodenlose. Trotz dieser Widrigkeiten gelang es Cordero, eine zumindest halbwegs stabile Wirtschaftspolitik zu betreiben.

In der zweiten Wahlrunde von 1988 ging der Sozialdemokrat **Rodrigo Borja Cevallos** als Sieger hervor. Bei seiner Amtsübernahme saßen sowohl der US-Außenminister George Shultz als auch Fidel Castro Seite an Seite neben dem neuen Präsidenten.

Borja verstand es, den inneren Frieden zu wahren, politische Exzesse zu vermeiden und die „subversive Gruppe" *AVC* zur Waffenniederlegung zu überreden. Seine integrationsfreudige Staatsverwaltung brachte ihm den Ruf eines aufrechten Demokraten und Bewahrers der Menschenrechte ein. Bezüglich des ungelösten Grenzproblems mit Peru beharrte er auf dem Eingreifen des Papstes als oberstem Schlichter, was wiederum vom südlichen Nachbarn strikt abgelehnt wurde. Dennoch reiste während seiner Amtszeit als erster peruanischer Präsident Alberto Fujimori zum offiziellen Staatsbesuch nach Quito.

Im sozialen Bereich erreichte die Regierung Beachtliches: 1 Mio. tägliche Frühstücke für arme Schulkinder, kostenlose Hausarztbesuche für 1,5 Mio. Familien, ein breit angelegtes Alphabetisierungs- und Impfprogramm sowie die Übergabe von Tausenden von Grundstückstiteln an mittellose Indígenas im Oriente. Zu den Schwachpunkten von Borjas Amtszeit gehörte sein unerfülltes Wahlversprechen, die Inflationsrate auf wenigstens 30 % zu senken (bei seiner Abdankung waren es über 100 %).

Borjas Nachfolger wurde der marktwirtschaftlich orientierte **Sixto Durán Ballén**. Er baute im Gegensatz zu seinem Vorgänger auf Privatisierung, Streichung von staatlichen Zuwendungen, Aufhebung antiquierter Zollbeschränkungen sowie Steuererlässe und andere Investmentanreize für kapitalkräftige ausländische Unternehmen. Die hohe Inflationsrate konnte bereits nach kurzer Zeit auf 25 % gesenkt werden. Eine milliardenschwere Staatsverschuldung galoppierte jedoch weiter voran. Der Benzinpreis stieg über Nacht um ein Vielfaches an und die Transport- und Lebenshaltungskosten schossen in die Höhe.

Im Januar 1995 kam es zu einem erneuten Grenzkonflikt mit Peru. Dies schien umso verwunderlicher, als die Präsidenten beider Länder noch ein Jahr zuvor ihre guten nachbarlichen Beziehungen zum Ausdruck gebracht hatten, auf mediengerechte Einladung des ecuadorianischen Würdenträgers hin. Wenig später erreichte Sixtos Popularität einen ersten Tiefpunkt, während sein peruanischer Amtskollege Fujimori wegen anstehender Neuwahlen unter Druck stand. Das viermonatige, praktisch im beiderseitigen Einvernehmen inszenierte Kriegsgeplänkel rief zum einen nationalistische Euphoriewellen hervor, die sowohl Sixto als auch Fujimori innenpolitisch zu nutzen wussten, und stellte andererseits die aufrüstungsfreudigen Militärs zufrieden. Der emotionsgeladene patriotische Joker („*ni un paso atrás!*") hatte jedoch für den „Superman" Sixto bald ausgespielt. Die Kosten der Mobilmachung und die unsicher gewordene Investitionslage schlugen wie eine Bombe ins Wirtschaftsgefüge ein. Als der in einen Bestechungsskandal verwickelte Vizepräsident *Alberto Dahik* nach Costa Rica flüchtete, war die Staatskrise perfekt. Somit versickerte der verbleibende Rest von Sixtos hindernisreicher Amtszeit im parteipolitischen Sumpf der bevorstehenden Wahlschlacht.

Die Präsidentschaftswahlen von 1996 gewann der zungenfertige Populist **Abdalá Bucaram Ortíz,** Chef des konfliktreichen *Partido Roldosista Ecuatoriano (*„*la fuerza de los pobres"*). Abdalá, ehemals Polizeichef und skandalträchtiger Bürgermeister von Guayaquil, hatte seinen Triumph zum einen dem Umstand zu verdanken, dass die Armen des Landes auf ihn setzten, und andererseits eine orientierungslose Mittelschicht der etablierten politischen Führung eine Ohrfeige erteilen wollte. Darüber hinaus spielte Bucarams unvergleichliches Showtalent beim Stimmenfang eine mitentscheidende Rolle.

Bereits wenige Wochen nach Amtsantritt wurde klar, dass der exzentrische Populist nicht die geringsten Fähigkeiten zum Regieren besaß. Mit Hilfe des ehemaligen argentinischen Wirtschaftsministers Domingo Cavallo arbeitete er ein drastisches Sparprogramm aus, das seine Wähler aufs Bitterste enttäuschte. Er strich die Subventionen für öffentliche Dienstleistungen, woraufhin sich die Gas- und Strompreise um über 300 % erhöhten. Die Gewerkschaften riefen zum Generalstreik auf. Das Parlament bescheinigte ihm „geistige Umnachtung" und ernannte kurzerhand den Kongresspräsidenten *Fabián Alarcón* zum neuen Staatsoberhaupt. Abdalá weigerte sich jedoch, die Entscheidung der Legislative anzuerkennen. Doch der Volkszorn war entfesselt. Tausende von Quiteños belagerten am 5. Februar 1997 den Regierungspalast in der Altstadt und forderten: „Bucaram fuera!" – „Ich gehe als Prä-

Notizen aus dem Nieundnimmerländle

Der meditative, mitunter fernöstlich inspirierte Ex-Präsident hatte während seiner verunglückten Amtszeit vergebens nach christlichen Mehrheiten unter den zerstrittenen Fraktionen gesucht. Seine samstäglichen Fernsehansprachen missfielen zutiefst: „500 Jahre Tränen sind genug, es ist an der Zeit zu arbeiten!" Der oberste Generalstab verlangte seinen Kopf, da dieser in Friedenszeiten mit dem südlichen Nachbarn 60 % der Militärausgaben einzusparen gedachte. So öffneten die blauen Schwalbenschwanz-Wachposten einem tarnfarbenen Stoßtrupp von Offizieren und Scharen von aufrührerischen Ponchoträgern die hohen Tore zum Regierungspalast. Wenig später wurde vor laufenden Kameras die friedliche, aber nachdrückliche Machtübernahme einer dreiköpfigen Junta, des militärisch-indianisch-zivilen „Triumvirates", proklamiert. Die Zunft der Schamanen hatte den endgültigen Sieg von Volk & Vaterland bereits in Meerschweinchenknochen vorausgesehen. Die Zuschauer wurden von blankem Entsetzen gepackt. Auf den Bildschirmen sang der verräterische Verteidigungsminister zusammen mit dem doppelzüngigen Häuptling und einer dritten Person mit auffällig karierter Krawatte die Nationalhymne. Bei allen befleckten Jungfrauen! Dies konnte unmöglich gut gehen!

Noch vor dem Morgengrauen gehörte der absurde Auftritt der äquatorialen Adams Family schon wieder der Vergangenheit an. Die zur Rettung der Demokratie eingeschrittenen Generäle bereiteten dem makabren Zirkus ein glimpfliches Ende. Die Zuschauer waren begeistert. Der bleiche Vize wurde samt Familie aus dem Schlaf gerissen und zum neuen „Präsi" der Republik vereidigt. Der sechste in vier Jahren. Die schweißgebadeten Putschisten gaben währenddessen Interviews wie große hirnverbrannte Spielerstars und der japanische Amtsinhaber in Peru stellte dem gestürzten *amigo ecuatoriano* seinen voll getankten präsidialen Jet zur Verfügung. Für alle Fälle wartete dieser in Grenznähe. Was sich schließlich als genauso überflüssig erwies wie der Präsident selbst. Dieser telefonierte indessen auf einem sicheren ecuadorianischen Luftwaffenstützpunkt. Am anderen Ende der Strippe war kein anderer als Bill Clinton. Der verurteilte die Situation aufs schärfste und drohte mit Konsequenzen bei jedem Versuch, das demokratische System zu schwächen. Danach trat eine geradezu indianische Ruhepause ein. Zuletzt soll der abgesetzte Präsident in der Nähe von Vilcabamba gesehen worden sein, auf dem Sattel eines Maultieres, irgendwo zwischen sengender Sonne und gurgelnden Bächlein.

sident der Republik, aber ich komme nächste Woche Dienstag oder Mittwoch wieder zurück", lautete das letzte offizielle Statement des *bucaramato*, bevor die „nationale Peinlichkeit" nach Panama ins Exil verschwand.

Bei den Stichwahlen von 1998 schlug der smarte Oberbürgermeister von Quito, **Jamil Mahuad Witt** (geb. in Loja), den Firmenmagnaten Álvaro Noboa aus Guayaquil. Der aus deutsch-libanesischer Herkunft stammende Mahuad schaffte in 70 Tagen Amtszeit, was andere in 170 Jahren nicht zustande gebracht hatten: Frieden mit dem Nachbarn schließen! Bei live-geschalteten Treffen mit dem peruanischen Amtskollegen – meist mitten im Dschungel – wurden geschickt vier

„Friedensgeneräle" der Garantiemächte USA, Brasilien, Argentinien und Chile ins Spiel gebracht. Die neutralen Garanten wurden angehalten, ein ausgewogenes Urteil über einen definitiven Grenzverlauf zu fällen. Die „heiße Kugel" wurde dann den beiden kriegstreiberischen Kongressen zugeschoben, die sich mehrheitlich für eine schnelle Ratifizierung des Friedensvertrages auszusprechen hatten. Sie taten dies entgegen aller Gepflogenheiten in Rekordzeit. Ein gewisser Druck aus Washington wurde dabei offensichtlich und Gerüchte von beträchtlichen Geldsummen machen heute die Runde.

Nach Beilegung der Grenzstreitigkeiten ging es mit Mahuad jedoch bergab. Um eine sich anbahnende Hyperinflation zu bremsen, das aufgeblähte Bankenwesen vor dem Zusammenbruch und das hoch verschuldete Land vor dem Bankrott zu bewahren, wurden übers Wochenende alle Konten über 2.000 USD „eingefroren".

Nur wenige Bankhäuser überlebten die darauf folgende „Ausmistung". Bevor Hunderttausende von Sparern wieder über ihre Guthaben verfügen konnten, war Mahuad längst in einem skurrilen „Indio-Aufstand" gestürzt worden. Von einer „andinen Räterepublik" war fälschlicherweise auch im deutschen „Spiegel" die Rede. Eine der letzten Amtshandlungen des Präsidenten war die Einführung des US-Dollars als einzig gültiges Zahlungsmittel.

Die Amtsperiode von **Gustavo Noboa**, Mahuads Ex-Vize und nach dessen Absetzung zum Präsidenten ernannt, ging verfassungsgemäß zu Ende. Außer mit ein paar schlechten Scherzen tat sich Noboa jedoch nicht sonderlich hervor. Danach wurde er wegen Korruptionsskandalen aufgefordert, in die Dominikanische Republik „umzuziehen". Er ging ins Exil, wie dies andere vor ihm auch schon getan hatten: mit diesem gewissen Siegerlächeln!

Die Wahlen von 2002 gewann Mahuad-Putschist und Coronel **Lucio Gutiérrez** nicht ganz unüberraschend. Zugute kam dem Oberst, dass der Endrundengegner wieder der unbeliebte Magnat Álvaro Noboa war. Mit Gutiérrez übernahm eine selbsternannte *„Cholocracia"* von ehemaligen Waffenkameraden, mittelständischen Beamten, indianischen Volksvertretern, nahen und fernen Verwandten des Präsidenten als auch der eine oder andere Leibwächter die Regierungsgeschicke. Einmal am Ruder, tauschte Gutiérrez über Nacht seinen khakifarbenen Pseudo-Kampfanzug gegen eine gestreifte Krawatte ein. Nach widersprüchlichsten Statements zur Lage der Nation sowie der Behauptung, der „beste Freund der USA" zu sein und den Auflagen des Weltwährungsfonds nachzukommen, kehrten ihm jedoch nicht nur die indianischen Wähler den Rücken. Sein „Rausschmiss" 2005 stand einem Sergio-Leone-Streifen in nichts nach, als er bei seiner überstürzten Flucht an den Kufen eines wartenden Hubschraubers tolpatschig ausrutschte und dabei fast ein zweites Mal „stürzte". Gleich dahinter rannten sein Bruder mit einem ziemlich großen Koffer und sein Cousin mit dem umgeschnallten Pistolenhalfter – vor laufender Fernsehkamera!

Zur Stichwahl Ende November 2006 wurden von den Wählern folgende Kandidaten auserkoren: der rechtsgerichtete Unternehmer Álvaro Noboa (zum dritten Male in Folge) sowie der linksgerichtete Ex-Wirtschaftsminister Rafael Correa. Die Versprechungen der völlig entgegengepolten Kontrahenten und ihre Vorschläge zur Lösung nationaler Probleme reichten von sagenhaften tausend täglich konstruierten Häusern für arme Familien bis hin zur Abschaffung des US-Dollar und Nichtbezahlung der Auslandsschulden.

„Versuch's mal mit Gemütlichkeit" (Szenen aus „Das Dschungelbuch")

Unter den 17 angetretenen Kandidaten befanden sich so exotische Gestalten wie ein machetenschwingender Haudegen im nostalgischen Rebellen-Look des auslaufenden 19. Jh. oder ein vollbusiges lassoschwingendes Ex-Model mit knackig zugeknöpfter, luzid-weißer Bluse, die für tief verwurzelte christliche Sichtweisen, für mehr Moral und gegen allzu blöde Blondinenwitze plädierte. Für die Stichwahl im November 2006 blieben jedoch ausgerechnet die beiden populistischsten Kontrahenten dieser aasig-absurden Politlandschaft übrig: mit 28 % der Firmenmagnat Álvaro Noboa, einziger Milliardär Ecuadors, wegen seines watschelnden Ganges auch „El Pingüino" genannt, sowie mit 22 % der smarte Frauenliebling und Hugo-Chávez-Verehrer Rafael Correa, dessen extra breites Grinsen selbst eine gspaßige Erdkröte in Angst und Schrecken versetzen könnte.

Auf den Bildschirmen bildeten langbeinige Funkenmariechen mit aufreizenden Haarschleifen einen faunistischen Hintergrund zu den Schreitiraden des närrischen Bananenkönigs Noboa („babadubidu"). Dieser verkündete, täglich tausend neue Häuser für arme Familien bauen zu wollen, während sein Widersacher lediglich gefälschte Lacoste-Leiberl zur Schau trage und überhaupt kein einziges Haus besitze, da seine Ex ihm dies ja schließlich weggenommen habe. Haha, da lachen vor allem die halbnackten Tanzhühnchen in Fischnetzstrümpfen, während der vor Tränen gerührte „Gottgesandte" Matratzen, Rollstühle und gebündelte Dollarnoten verschenkt. Einmal streckte er gar eine sicherlich aus Versehen und vielleicht vom Hotelnachttisch entwendete Mormonenbibel anstatt der richtigen Heiligen Schrift in den Himmel. Nicht gerade ein kleiner Fauxpas im römisch-katholischen Ecuador! Da wurde der Spaßvogel zum dummen August – und der für den Ausrutscher verantwortliche Wahlkampfstratege mit extra langen Bananenschalen ausgepeitscht.

Der Globalisierungsgegner und Antigringo Correa lancierte hingegen einen Dauer-Werbespot, in dem sich ein neugieriges Löwenbaby mit niedlichen Kulleraugen einer gefährlichen, am Boden kauernden Riesenschlange nähert. Als der „leoncito" zu nahe kommt, springt ihm das Reptil mit weit aufgerissenem Rachen in Zeitlupenraffer mitten ins Gesicht. Ein blutiger Schriftzug warnt: „NO BOA NO!" In einem anderen Video versprach Correa, der noch junge unerschrockene König im Tierreich, die US-Militärbasis nur beizubehalten, wenn den Ecuadorianern im Gegenzug ein Stützpunkt im sonnigen Florida zugestanden würde. Auf die Frage eines neugierigen Journalisten, ob er denn gar keine Angst habe, dass bei seinem Wahlsieg die Auslandsinvestitionen drastisch zurückgehen könnten, fauchte er lediglich: „Zum Teufel mit den Schmiergeldern!" Sein Wahlkampf-Markenzeichen war verständlicherweise eine *correa* aus Leder, genauer gesagt sein „Hosengürtel", den er bei besonders kämpferischen Veranstaltungen abschnallte, um auf skrupelose *pelucones* („Reiche"), das Mikrofon und leider auch die prallen Hinterbacken der extra langbeinigen Haarschleifchentöchter einzupeitschen. No-Boa und seine feschen Mädels glaubten jedoch fest an ihren Wahlsieg, denn der wahre Herrscher des Dschungels – der mit der halbierten Kokosnussschale auf dem Haupt – heißt schließlich nicht Kaa sondern King Louie. Dieser drohte bei der Stimmabgabe damit, das „kommunistische Gürteltier" ein für allemal nach Kuba zu schicken, wo es für 12 Dollar Monatslohn schuften dürfe. Und Bananen gäbe es dort schon gar nicht. Doch dem kam alles ganz anders.

Mit einem kämpferischen, rethorisch aggressiven **Rafael Correa** wurde 2007 der „Sozialismus des 21. Jahrhundert" eingeleitet. Durch weitere Wahlen und Volksentscheide konnte die Macht seiner patriotischen Bewegung *Alianza País* Stück für Stück ausgebaut werden. Eine romantische Verfassung, die jedem Bürger ein *Buen Vivir*, „ein gutes Leben", zusichert, trat im Herbst 2008 in Kraft. In Erfüllung dieser kam es am 26. April 2009 erneut zu Wahlen. Wie zu erwarten, war der Gewinner der Amtsinhaber, dem nicht nur aufgrund einiger bereits konfiszierter Fernsehkanäle ein gewaltiger Propagandaapparat zur Verfügung stand, und dessen Gegenkandidaten lediglich dem üblichen abgetakelten Politzirkus entsprangen, darunter Lucio Gutiérrez und Álvaro Noboa. Trotz einer unheilverkündenden Polarisierung der Bevölkerung, dem Aufblähen des Staatsapparates, einem verschwenderischen Umgang mit dem Haushalt, dem Ausufern der Straßenkriminalität und Vermutungen darüber, dass mehr als nur „Kontakte" zur kolumbianischen „Terrorarmee" bestünden, erhielt Correa 51 % der Stimmen, um seine „ideologische Radikalisierung" ohne Stichwahl voranzutreiben. Positiv: **Die Öleinnahmen** sollen den Armen, dem Bildungs- und Gesundheitswesen sowie der Infrastruktur zugute kommen. Negativ: Da es mit der Meinungsfreiheit in Ecuador vielleicht bald nicht mehr allzu weit her sein dürfte, möchte ich als Autor lieber nichts hinfügen.

Kunstgeschichte

Arte Colonial

(Koloniale Kunst, Mitte 16. bis Anfang 19. Jh.)

Auf der Suche nach Atahualpas sagenhaftem Schatz wurde Quito von Sebastián de Benalcázar Stein für Stein abgetragen. Gold wurde dabei keines gefunden, aber viele der Steine aus Inka- und Cara-Zeiten wurden von den ersten spanischen Bewohnern als Fundamente für Mauern, Treppen, Gebäude und einfache Gotteshäuser verwendet. Religiöse Einflüsse aus Europa bestimmten fortan den Charakter der Stadt, deren sakrale Bauwerke im Verlauf des 17. und Anfang des 18. Jh. ihre höchste Ausdrucksform erreichen sollten.

▶ **Architektur und Kunsterziehung**: Im 16. Jh. dominierten fast ausschließlich spanische, somit streng katholische Einflüsse. Die frühesten Bauwerke entstammen der Renaissance, weshalb einige iberische und flämische Architekten nach Quito gelangten. Erstes Zeugnis ist das im Gründungsjahr Quitos begonnene Franziskanerkloster (1534), das *Monasterio de San Francisco*. Ab 1555 überwachte dort das eigens dafür geschaffene *Colegio San Andrés* die religiöse Kunsterziehung, die später die herausragendsten Maler hervorbrachte. Diese Kunst- und Handwerksschule war die erste ihrer Art in ganz Südamerika. Franziskanermönche unterrichteten hierbei Indios und Mestizen sowohl in Handwerkstechniken als auch in Malerei, Bildhauerei und Musik. Die Kunsterziehung wurde für die Missionare ein Werkzeug zur Verbreitung und Festigung des katholischen Glaubens. Unter der Obhut flämisch-spanischer Maler und Bildhauer entwickelte sich die Schule zum größten Zentrum religiösen Kunstschaffens in der Neuen Welt.

1573 wurde die Kirche der Franziskaner eingeweiht, die durch ihre verhältnismäßig schlichte Linienführung auffällt. Gegen Ende des gleichen Jahrhunderts existierten dann bereits drei Plätze mit Gotteshäusern: die *Plaza Mayor* mit der *Catédral* (die erste fertiggestellte Kirche Quitos), *San Francisco* und *Santo Domingo*. Direkt im Anschluss daran entstanden weitere Kirchen, die aber nicht mehr ganz an die Bedeutung der bereits bestehenden heranreichen konnten. Quito glich im 16. Jh. einer Baustelle. War ein Gotteshaus gerade fertiggestellt worden, wurde sogleich ein neues begonnen.

Im 17. Jh. wurden viele kurz nach der Conquista begonnenen Sakralbauten vollendet: die Kirchen von *San Diego*, *San Agustín* und *La Compañía*, die bereits gegründeten Klöster *Santa Clara*, *Santa Catalina* und *Carmen Alto* sowie die damals weit außerhalb der Stadt gelegene Wallfahrtskirche von *Guapúlo*. Die Kirchenbautätigkeit verlagerte sich zunehmend auch auf andere Städte wie z. B. Riobamba. Die Architektur begann sich dabei zunehmend an künstlerischen und nicht an religiösen Aspekten zu orientieren und fußte bald auf einer Verschmelzung aus spanischem Barock (*Arte barroco*), italienischer Renaissance, mitteleuropäischer Gotik, byzantinischer Ornamentalistik und einer Mischung aus maurischen und spanischen Elementen, dem sog. *mudéjar*-Stil. Der amerikanisch nuancierte Barock, der sich in erster Linie durch bewegte aufgesetzte Pflanzendekorationen auszeichnet, erreichte Ende des 17. und Anfang des 18. Jh. seine stärkste Ausdrucksform. Ursprüngliche Elemente wie Früchte, Bäume oder Landschaften spielten bei diesem Barockstil eine immer größer werdende Rolle (vgl. auch Quito/Altstadt).

Quito nahm einen überwiegend religiös-monumentalen Charakter an. In dieser Epoche treten sowohl indianische als auch gemischtrassige Künstler hervor (*mestizos*). Die Wohnhäuser mit ihren Innenhöfen (*patios*), Balkonen, Balustraden und Fensterchen entsprachen denen Andalusiens. In der Verarbeitung wurde im Gegensatz zu europäischen Baumaterialien häufig auch Lehm (*adobe, cangahua*) verwendet, ganz typisch für viele Bauten des Andenhochlandes.

Mit der Abschiebung der Jesuiten im Jahre 1767 endet dann diese brillante Epoche religiöser quitenischer Architektur.

▶ **Bildhauerei:** Innerhalb der **Escuela Quiteña** (Quitenische Schule) stachen vor allem die Skulpturen hervor. Die ausschließlich religiösen Thematiken wurden hauptsächlich in Holz verewigt – Stein, Wachs und Marmor wurden in viel geringerem Umfang verwendet (vgl. Quito/Altstadt). Im 17. Jh. sind hierbei der *Pater Carlos* und später *José Olmos Pampite* hervorzuheben. Zu Pater Carlos' bedeutendsten Werken gehören die Heiligenstatuen von *San Lucas Evangelista* und *Jesús del Gran Poder* in der Franziskanerkirche. José Olmos, auch unter dem Spitznamen „Pampite" bekannt, tat sich vor allem durch seine dramatischen Christusfiguren hervor. Übertrieben klaffende Wunden des Gekreuzigten und teilweise herausbaumelnde Herzen (durch eine Feder beweglich gemacht) waren seine Spezialität. Beispiele seines skurrilen Schaffens sind *El Señor de los Remedios* in der Kirche Belén, *El Señor de la Buena Esperanza* in der Kirche von San Agustín, *El Señor del Divino Amor* in der Kirche La Merced oder *El Señor de las Angustias*.

Die Escuela Quiteña durchlief während des beginnenden 18. Jh. ihre wertvollste Schaffensperiode und gehörte zusammen mit Mexiko und Cuzco zu den drei bedeutendsten künstlerischen Produktionsstätten auf dem amerikanischen Kontinent. Diese und andere *talleres* (Werkstätten) des Landes arbeiteten bereits nur noch auf Bestellung. In Cuenca leitete der Indio *Gaspar Zangurima* sogar eine eigene Kunstschule. Ihre Werke trugen jedoch fast keine indianischen Züge und waren ganz der spanischen Tradition verhaftet. Gefragteste Vertreter unter den Bildhauern der Quito-Schule waren zweifelsohne der Indio *Manuel Chili Caspicara* und sein Lehrmeister *Bernardo de Legarda*, dessen berühmtes Werk die „Jungfrau der Apokalypse" auf dem Hauptaltar der San-Francisco-Kirche eines der herausragendsten Beispiele der Arte Quiteña darstellt. Das besondere an den Figuren von Caspicara (aus dem Quichua mit „Pockengesicht" zu übersetzen) war die Ausdruckskraft der Hände, die den Ausdruck der Gesichter bei Weitem übertraf. Miniaturen von ihm finden sich in der Kirche von San Francisco, größere Werke in der Empore der Kathedrale wieder (*Plaza Grande*). Caspicara und Legarda wurden stark vom Barock beeinflusst, wobei der Indígena sogar den Bogen bis hin zum Rokoko spannte.

Verglichen mit anderen Regionen Lateinamerikas existierte in der Escuela Quiteña mehr Nüchternheit als in mexikanischen, guatemaltekischen oder hondurenischen Skulpturen. Die Haltung der Figuren ist sittsamer, weniger verwegen, die Linienführung delikater. Die Gesichtszüge wirken außerdem europäischer als die ihrer Heiligenkollegen in Mexiko oder Cuzco, wo häufiger indianische Physiognomien eine Rolle spielen.

▶ **Malerei:** Religiöse Malerei entstand in Quito zum ersten Mal im *Colegio de Artes y Oficios de San Andrés*, das sich der künstlerischen Ausbildung der indianischen

Kunst am Körper

Einheimischen widmete. Während der Anfangsphase überwogen noch flämische Einflüsse, später kamen dann zunehmend italienische Stilelemente hinzu. Im Gegensatz zur statischeren Escuela Cuzqueña versuchte die Escuela Quiteña, ihren Gemälden einen voluminöseren und dynamischeren Ausdruck zu verleihen.

Zu Beginn der Kolonisierung durch die Spanier während des 16. Jh. gab es lediglich einen nennenswerten Kunstmaler: *Fray Pedro Bedón*, der in seinen Wandgemälden ein finsteres „Zwielicht" *(claroscuro)* einführte. Zu seinen Hauptwerken zählt die *Virgen de la Escalera* in der Kirche von Santo Domingo.

Das 17. Jh. brachte beachtliche Stilveränderungen wie die sog. *mestizaje* hervor. Christus- und Heiligenfiguren wurden von nun an nicht nur ganz in Weiß bemalt, sondern erhielten manchmal eine kupferfarbene Haut. Die Kunstmaler machten im Laufe ihrer Schaffensperiode einen für die Zeit typischen Entwicklungsprozess mit. Imitierten sie anfänglich noch treu europäische Vorbilder (einschließlich der Gesichtsfarbe), wurden ihre Werke im späteren Verlauf eigenständiger und indianischer. Wesentliche Bedeutung erreichten hier der Mestize *Miguel de Santiago*, der vor allem in der Kirche von San Agustín zu bewundern ist, und sein Verwandter und Schüler *Nicolás Javier de Goríbar*, der es auf meisterliche Art verstand, zeitlose Stilelemente in seinen riesigen Gemälden unterzubringen, z. B. *Los Profetas* der Kirche La Compañía oder *Los Reyes de Judá* im Santo Domingo-Museum.

Im 18. Jh. streifte die Malerei dann ihre Monumentalität ab. Perfektion und Finesse stachen hervor, naturalistische Aspekte gaben den Ton an. *Manuel Samaniego*, der Hauptvertreter dieser Schaffensperiode, wurde besonders von der botanischen Expedition des Spaniers *José Celestino Mutis* beeinflusst. Die zarten Farbschattierungen seiner Landschaftsgemälde sind in verschiedenen Klöstern und Kirchen der Hauptstadt anzutreffen.

Arte Republicano

(Republikanische Kunst, 19. bis Anfang 20. Jh.)

Die Real Audiencia de Quito, der Kolonialstaat Spaniens, verwandelte sich nach den Unabhängigkeitskriegen in eine Republik. Der Bruch mit Spanien bedeutete auch eine langsame Abkehr vom Katholizismus in der Politik. Eine kapitalistische Entwicklung stand von nun an im Vordergrund. An die Stelle religiöser Themen traten übertrieben heroische Darstellungen von Schlachten und Feldherrn.

Innerhalb der Architektur war das 19. Jh. eine reine Übergangsphase: von sakraler zu ziviler Kunst, vom Barock zum Neoklassizismus. Das auffallendste Bauwerk aus dieser Zeit ist das Theater *Sucre* in Quito.

In der Malerei trat anfangs *Antonio Salas* hervor, der sich einer Reihe von Porträts (z. B. die Generäle von Simón Bolívar), aber auch Landschaften und der sog. Genremalerei widmete. Zwischen 1830 und 1845 wurden zwei bedeutende Maler geboren: *Luis Cadena* und *Rafael Troya*, die die zweite Hälfte des 19. Jh. prägten.

Unter den Romantikern ist außer *Juan Manosalvas* und dem Ambateño *Luis Martínez* (ebenso Schriftsteller) ganz besonders **Joaquín Pinto** zu erwähnen. Seine Werke enthalten mitunter satirische bis groteske Elemente. Seine amerikanistischen Landschaftsbilder gehören zu den schönsten aus der Zeit um die Wende 19./20. Jh.

La Era Moderna

(Sozialer Realismus, zeitgenössische und abstrakte Kunst)

Liberalismus und Idealismus führten Anfang des 20. Jh. zur Gründung einer neuen Kunstschule, die vor allem einen großen Beitrag zur ornamentalen Malerei leistete. Der Esoteriker *Víctor Mideros* (1888–1969) verblieb als einziger Vertreter der traditionellen Malkunst. Unter den Vätern der modernen ecuadorianischen Malerei befinden sich die vom europäischen Impressionismus inspirierten *Pedro León* (1894–1956) und der Kosmopolit **Camilo Egas** (1889–1962, Museo Camilo Egas in Quito), der Quiteño *Nicolás Delgado* (1890–1980, Nischen und Hinterhöfe), der Riobambeño *Segundo Ortíz* (1894–1981, Lithografien im Museo Alberto Mena Caamaño) sowie **Manuel Rendón Seminario**, 1894 in Paris geborener Guayaquileño und sicherlich der beeindruckendste Repräsentant des neu aufkommenden proletarischen Realismus. Seine vom Kubismus inspirierten Bildnisse stellen bronzefarbene Plantagenarbeiter und *campesinos montubios* mit groben Gesichtszügen dar. Zu seinen bekanntesten Werken, die in den Museen Guayaquils und in der *Casa de la Cultura* in Quito zu sehen sind, gehören *El Mayordomo* (der Vorarbeiter), *La Comadre* (die Hebamme) und *Hombre del Acordeón* (Akkordeonmann).

Zu den besten Bildhauern dieser anklagenden Neuzeit gehörte der aus Italien stammende *Luigi Casadío* (1915–1933 in Ecuador lebend) mit seinem Monument zu Ehren von Gonzales Suárez und *Luis Mideros* (1898–1970), der eine großartige Freskenarbeit am Parlamentsgebäude anfertigte.

Die Werke der nachfolgenden Generation wurden hauptsächlich durch die Erfahrungen der Russischen Revolution und den mexikanischen Muralismus (Wandma-

Luigi Stornaiolo – Salinas

lereien) inspiriert, wobei **Leonardo Tejada** (geboren 1908 Latacunga, gestorben 2005 in Quito), der Holzschnitzer *Galo Galecio* (1908–1993), *José Enrique Guerrero* (1905–1988) und *Diógenes Paredes* (1910–1968) zu den ersten Malern magisch folkloristischer bzw. expressionistischer Formen zählten.

Eduardo Kingman (1913–1998) gab seinen realistischen Händen und Gesichtern eine ungemein dramatische Ausdruckskraft, welche die jahrhundertealten Qualen der indianischen Bevölkerung widerspiegelte. Der gebürtige Lojano, ab 1935 bis zu seinem Tod in Quito lebende *indigenista* (Maler von Szenen aus dem Indianerleben), hob vor allem das populäre, mestizenhafte Wesen hervor. Er gilt heute als einer der höchstdotierten Maler des Landes. Zu seinen bekanntesten Bildern zählen *Mujer Ecuatorial* oder *La Sed* (beide von 1953). Diese und andere seiner auf subtile Weise ansprechenden Werke sind z. B. in der *Casa de la Cultura* in Quito zu bewundern.

Der Quiteño **Oswaldo Guayasamín** (1919–1999), der leidvollste unter den ecuadorianischen Expressionisten, wurde schon zu Lebzeiten hoch geschätzt. Seine kolossal tragischen, von extremer Schwermut geprägten Gemälde mit menschlichen Antlitzen voll unsagbarem Leiden und übergroß dargestellten Händen machten ihn weltberühmt. Der Künstler gilt heute als einer der großen lateinamerikanischen Maler des 20. Jh. Ein eigens von ihm geschaffenes Museum, die *Fundación de Guayasamín* in Quito, gibt einen Überblick.

In den 80er-Jahren erlebte der Traumtänzer **Endara Crow** (1936–96) einen kometenhaften Aufstieg. Seine fantasievoll-naiven Stadtlandschaften sind mit kunterbunten Kolonialhäusern, Luftballons, Riesenäpfeln, Einhörnern und himmlischen Dampfeisenbahnen gespickt. Endara Crow gehört heute zu den meistimitierten Künstlern des Landes. Andere Malergrößen der Moderne sind der suggestive und facettenreiche Ambateño **Oswaldo Viteri** (geboren 1931, www.viteri.com.ec) und der schrille, entmysthifizierende **Rámiro Jácome** (1948–2001), der u. a. im sog. *feísmo* anzusiedeln ist. *Feísmo* bezeichnet ursprünglich den unharmonischen Baustil in Galizien (Spanien), der sich durch bunt zusammengewürfelte, oftmals sogar unfertige Gebäude auszeichnet. In Südamerika ist *feísmo* schon fast eine Kunstrichtung.

Junge zeitgenössische Künstler

Hauptmerkmal dieser jungen Multitalente in der Malerei ist eine grenzenlose Ausweitung ganz unterschiedlicher Tendenzen. Ihre Werke sind teils im *mágico americano* anzusiedeln, einer lateinamerikanischen Variante des Surrealismus. Andere wiederum folgen einem ganz neuen Trend innerhalb des *feísmo*. Herausragend ist hierbei der von beißender Originalität geprägte Italo-Ecuadorianer **Luigi Stornaiolo** (geboren 1956 in Quito), dessen grotesk verzerrte Bildnisse von schockierend wollüstigem Sarkasmus und krasser Gesellschaftskritik geprägt sind. Er gilt heute als einer der herausragendsten zeitgenössischen Künstler des Landes. Seine hemmungslos morbiden wie blasphemischen Werke, die alle bisherigen Kunstrahmen zu sprengen scheinen, haben u. a. sogar in Australien das Publikum fasziniert. Besonders erwähnenswert sind hierbei *Caracteres de Miseria en el V. Piso* (1994), *Referente Amazónico* (1989), *Salinas* (1992).

Tipps für Kunstsammler

Ein mythischer Landschaftsmaler ist der Secoya-Indígena **Ramón Piaguaje** (1962) mit seinen „Dschungelbildern": „Schon als Kind malte ich im Sand, auf Blättern und Baumstämmen. Der Regenwald ist der beste Ort zum Leben, nur dort finde ich Ruhe zum Malen und Nachdenken." Ramón wuchs in einer jagenden Nomadenfamilie inmitten des Cuyabeno-Wildlife-Reservates auf. Er besitzt keinerlei akademische Ausbildung. Sein richtiger Name ist *Yéi Oi „Ara" Sa*, bevor ihn evangelisierende Salisianermönche umtauften. Im Jahr 2000 wurde ihm auf der *„Our World"* in London der erste Preis für sein Bild „Ewiger Amazonas" von Prinz Charles persönlich überreicht. Ramón verbringt jedoch auch heute die meiste Zeit mit seiner Familie im tropischen Regenwald – malend, versteht sich!

Der vom wilden Neoexpressionismus der 80er-Jahre beeinflusste Quiteño **Wilson Paccha** (1972) genießt unter den zeitgenössischen Malern den Ruf eines „Anden-Lumpen". Seine unverfroren sexistischen, anthromorphen bis subversiven Illustrationen werden auf skandalösen Expositionen mit Namen wie *Follar o Morir en Cuenca* ausgestellt.

Jüngster Star unter den Realisten ist der 1969 in Girón bei Cuenca geborene Rembrandt- und Van-Gogh-Fan **Agustín Patiño**, der im Kunstwettbewerb *Viva el Arte Worcester 2007* in Massachusetts unter 250 lateinamerikanischen Teilnehmern den Hauptpreis erhielt. Er gilt als Vorreiter einer neuen Generation fantastisch-kosmovisionärer Kunst. Seine farbintensiven *artes marginales* spiegeln nach eigenen Worten „schmutzige Städte, Kinder ohne Raum und Schreie in die Stille" wider.

„Die schwierigste Eisenbahn der Welt"

Anreise

Von Deutschland, Österreich und der Schweiz gibt es eine Vielzahl von Flugmöglichkeiten, um nach Ecuador zu gelangen. Alle schließen jedoch Zwischenstopps ein.

Die direktesten Verbindungen bieten die europäischen Airlines *KLM* und *Iberia*, die über Amsterdam (mit Zwischenlandung auf Bonaire/Niederländische Antillen) bzw. über Madrid nach Quito und Guayaquil fliegen. Die spanische *Iberia* landet täglich gegen 16 Uhr und zur Sommerzeit gegen 17 Uhr mit einem Airbus in Quito (ohne Zwischenlandung von Madrid), bevor es noch nach Guayaquil weitergeht. *KLM* landet täglich außer Mittwoch und Freitag planmäßig um 8 Uhr (Sommerzeit + 1 Std.) voraussichtlich zuerst in Guayaquil und fliegt dann weiter nach Quito. Flüge von Madrid aus bietet auch täglich die chilenische *LAN*, Ankunft in Guayaquil 6.30 Uhr, in Quito 8.20 Uhr morgens. Ebenso fliegt von Madrid 5x pro Woche der relativ günstige „indianische" Taxi-Shuttle *Air Comet*, Landung in Quito um 19 Uhr und gegen 21 Uhr in Guayaquil, Gepäckfreiheit über zweimal 23 kg (Stand: Sommer 2009)!

Ferner besteht die Möglichkeit, mit den nordamerikanischen Linien *Delta*, *Continental Airlines* und *American Airlines* von Frankfurt via London, New York, Newark, Miami, Atlanta oder Houston nach Ecuador zu kommen. Die US-Fluggesellschaften erlauben meist mehr Freigepäck (bis zu 2 x 32 kg), wobei *American Airlines* im Vergleich zu den anderen Gesellschaften am meisten Sitzfreiheit hat (zumindest über den Atlantik bis Miami). Der Nachteil sind jedoch umständliche Zwischenstopps mit der dazugehörigen US-Einreiseprozedur. *Lufthansa* und *Air France* fliegen nur bis Carácas bzw. Bogotá (die Lufthansa außer montags und mittwochs 5x die Woche, Abflug in Frankfurt um 9.50 bzw. 10.25 Uhr). Von Carácas aus geht es jeweils mit einem Zubringerflug mit Avianca über Bogotá oder Santa Bárbara nach Quito bzw. Guayaquil weiter. Auch *British Airways* hat keine Direktflüge nach Ecuador; man muss über London nach Miami und von dort mit einem kolumbianischen Anschlussflug weiter über Bogotá nach Quito.

Wer in Frankfurt in einen Flieger nach Quito steigt, muss mit einem Preis von 800 bis 1.500 € rechnen (Hin- und Rückflug). Ein Blick ins Internet ist bei der Auswahl des Fluges sehr hilfreich.

> Die ecuadorianische **Flughafenausreisesteuer** (*impuesto de salida*) beträgt in den internationalen Flughäfen von Quito und Guayaquil 40,80 USD bzw. 27,75 USD (Stand: Sommer 2009) und könnte geringfügig erhöht werden.

Unterwegs in Ecuador

Mit dem Flugzeug

Inlandsflüge sind in Ecuador nicht teuer, es sei denn, es geht auf die pazifischen Galapagosinseln. Wer größere Strecken so schnell wie möglich zurücklegen und bestimmte Ziele so bequem wie möglich erreichen möchte, sollte vom Angebot der staatlichen Fluggesellschaft **TAME** *(Transportes Aereos Militares del Ecuador)* oder den privaten Anbietern **Aerogal**, **Icaro**, **Vip** oder **Saereo** Gebrauch machen, wobei die TAME über das engmaschigste Flugnetz verfügt und auch zwei Airbusse zu den Galapagosinseln einsetzt. Neue Konkurrenz am nationalen Himmel ist die chilenische **LAN** mit Flügen zw. Quito und Guayaquil, Guayaquil und Cuenca.

Der Preis für eine bestimmte Flugstrecke ist bei allen Anbietern mehr oder weniger gleich. Angeflogen werden im Hochland die Städte Quito, Cuenca, Loja und Tulcán, an der Küste Guayaquil, Machala, Salinas, Manta, Portoviejo und Esmeraldas, im Amazonastiefland Lago Agrio, Coca und Macas sowie ferner die Galapagosinseln Baltra und San Cristóbal.

● *Preisbeispiele* Ein einfacher Flug von Quito nach Guayaquil kostet 65–75 USD, hin und zurück das Doppelte, von Quito nach Cuenca 70–80 bzw. 130–140 USD, von Quito nach Loja 80–85 bzw. 150–165 USD, von Quito in den Oriente (Coca oder Lago Agrio) etwa 60–65 bzw. 120–130 USD. Ein Hin- und Rückflug Quito – Galapagos – Quito mit *TAME* oder *Aerogal* kostet in der Hauptsaison (9 Monate im Jahr, Mitte Juni bis Mitte Sept. und Nov. bis April) 417 USD (Stand: März 2009). Galapagos-Flüge von/bis Guayaquil oder Galapagos-Gabelflüge ab Quito und zurück nach Guayaquil oder umgekehrt sind geringfügig günstiger.

TAME hat ebenso internationale Verbindungen nach Cali (Kolumbien) und Manaos (Brasilien), **Aerogal** fliegt auch nach Bogotá, Medellín und Miami. Flugtickets gibt es bei den *oficinas* (Büros) dieser Fluglinien (Adressen in den jeweiligen Ortskapiteln), bei einer der zahlreichen autorisierten *agencias de viaje* (Reisebüros) oder per Internet. Dort kann auch eine Rückbestätigung des Fluges vorgenommen werden. Der Andrang ist bei manchen Strecken groß (vor allem in den Oriente und auf die Galapagosinseln). Kurzentschlossene gibt es genug, und die begehrten Sitzplätze reichen oftmals nicht aus. Bei Inlandsflügen sollte man 1 Std. vor Abflug am Flughafen sein. Bei Galapagos-Flügen sollte man jedoch bereits 1:30 bis 2 Std. vor dem Abflug am Schalter stehen!

„Ranchera"

Mit dem Bus

Tomar oder *coger el bus* ist in Ecuador die herkömmlichste Art zu reisen, Leute und Landschaften kennenzulernen und darüber hinaus herrliche Ausblicke zu genießen. Einen zentralen *Terminal Terrestre* (Busbahnhof) gibt es in nahezu jeder größeren Stadt. Ausschließlich dort wird am Schalter der jeweiligen Buskooperative das *boleto* (Ticket) gekauft, wobei Sitzplatzreservierungen bereits einen oder mehrere Tage vor der geplanten Abreise vorgenommen werden können.

Eine Busfahrt stellt die preiswerteste Möglichkeit dar, innerhalb kurzer Zeit fast jeden x-beliebigen Zielort zu erreichen. Täglich verkehren etwa 27.000 Busse und die Preise sind in den letzten zwanzig Jahren stabil geblieben. Straßen und Sträßchen gibt es fast überallhin, von modern ausgebauten Autobahnteilstücken bis hin zu kratergleichen Schlaglochpisten mit Pfützen so groß wie Schwimmbecken. Ein dichtes Netz ganz unterschiedlich beschaffener, privater *cooperativas* mobilisiert das Land rund um die Uhr und hält die Bevölkerung in Atem, um nicht zu sagen in Angst und Schrecken. Hierzu ein paar erklärende Worte:

Welche Kooperative?

Leider gehören schweißtreibende Reiseerlebnisse auch im heutigen Ecuador noch lange nicht der Vergangenheit an. Eine überdurchschnittlich hohe Unfallquote, verursacht durch gröbste Fahrlässigkeiten wie Raserei, Alkohol oder technische Mängel, ist der traurige Beweis dafür. Wobei gerechtigkeitshalber erwähnt werden muss, dass ein archaisch anmutender Bus nicht immer mit einem verantwortungslosen Fahrer, schlechten Bremsen oder sardinenmäßiger Personenüberlastung gleichgesetzt werden kann. Vor allem ältere Fahrer neigen eher zu vorsichtiger Fahrweise, während sich so mancher pflichtschuldige *socio* (Ticketkontrolleur und Kotztütenverteiler) als höflicher Mensch erweisen kann.

Eine Busfahrt, die ist lustig!

Ein populärer, hundsgewöhnlicher ecuadorianischer Bus, der meist im Affenzahn über die kurvenreichen, steil abfallenden Landstraßen braust, ist oftmals nur ein improvisiertes Ensemble aus eiligst zusammengeschweißtem Blech, dröhnendem Motor und verbrauchten Stoßdämpfern. Auch der übrige Zustand des Wagens spottet oftmals jeder Beschreibung.

Ein durchschnittlicher, gemeinhin anzutreffender ecuadorianischer *chófer* (Busfahrer) ist häufig nicht viel besser als sein Gefährt: unhöflich, unrasiert, übermüdet und von einem mörderischen Überholrausch besessen, der selbst vor blinden Spitzkehren und Haarnadelkurven nicht Halt zu machen scheint. Auffahren, ausscheren, den Motor aufheulen lassen. Tief unten nagt der tosende Wildbach an den Steilwänden. Leitplanken gibt es wenig. Stattdessen schmücken zahlreiche Kreuze den Fahrbahnrand. Bei besonders „wagemutigen Gefechtsmanövern" gibt sich der bravouröse *piloto* (Fahrer) durch aufgeregte Signale zu erkennen, indem er gleichzeitig einen weithin sichtbaren, auf dem Dach montierten Diskotheken-Scheinwerfer und ein gellendes Sirenenhorn betätigt, das jede Schnellzuglok vor Neid erblassen ließe.

Die hilflos ausgelieferten *pasajeros* (Fahrgäste), oftmals dicht zusammengepfercht, laufen bei den ruckartigen Brems- und Überholvorgängen ständig Gefahr, von einem der spitz hervorstarrenden Metallrohre der wackligen Vorderbank durchbohrt zu werden. Währenddessen läuft in der voll aufgedrehten Flimmerkiste über den Köpfen der auf Gott Vertrauenden die rotlastige Kopie eines thailändischen Knochenbrecherstreifens, in unverständlichem Englisch und mit unleserlichen Untertiteln.

Angstschlotternde Touristen sollten sich in so einem Fall nicht schämen, irgendwo unterwegs aussteigen zu wollen, selbst wenn dies das Gelächter der Betreiber und auch einiger Passagiere nach sich ziehen könnte. Ausgerechnet ein ecuadorianisches Sprichwort besagt: „Lieber zwanzig Minuten zu spät als zwanzig Jahre zu früh!" *No hay problema*, der nächste Bus kommt bestimmt. Dieser wird kaum schlimmer sein. Einfach am Straßenrand warten. Busfahrten sind billig und auf diese Weise verloren gegangene Tickets sind jederzeit zu verschmerzen!

Beim Fahrzeug selbst sollte man am besten einen Blick auf das Reifenprofil und die Innenausstattung werfen, um somit vielleicht auf den Qualitätsstandard der jeweiligen Kooperative schließen zu können. Ein solcher Check ist jedoch bei vorherigem Ticketkauf meist schwierig. Einerseits sind die nummerierten *unidades* (Buseinheiten) jederzeit austauschbar. Andererseits gibt der Verkaufsschalter keine brauchbaren Auskünfte über den Zustand des benutzten Fahrzeuges. Zuverlässiger sind diesbezüglich extra ausgeschriebene Spezialeinheiten (*ejecutivos* oder *servicio especial*) mit Foto und Abfahrtszeiten. Diese Busse sind in jedem Falle vorzuziehen! Bei unbekannten *unidades* ist zumindest die enge, direkt über der Hinterachse (Radkasten) angebrachte Sitzbank zu vermeiden. Daher ist es beim Kauf des *boleto* immer vorteilhaft, auf einen *asiento no sobre la llanta (no sobre el eje)*, einen Sitzplatz nicht über dem Radkasten (nicht über der Achse), zu bestehen.

Bei mitunter altersschwachen Klapperkisten lokaler und regionaler Kooperativen ist das Fahrgeld (*pasaje*) manchmal erst während der Fahrt bzw. beim Aussteigen zu entrichten. Eine oberflächliche Inspektion ist somit bei Reiseantritt am Busbahnhof möglich, wenn auch nicht gerade sinnvoll. Auf besonders verschlungenen Wegen und über ungesicherte Serpentinenpässe verkehrt außer diesen Blechbüchsen vielfach kein besseres Fahrzeug.

Nichtsdestotrotz hat sich gerade im Transportwesen in den letzten Jahren einiges getan. Dafür sprechen allein schon die inzwischen überall auf den Hauptstraßen verkehrenden *selectivos* und *ejecutivos* einiger Kooperativen. Diese Busse verbinden auf bequeme Weise die größten Städte und touristischen Knotenpunkte des Landes, wobei das Reiseziel mitunter sehr zügig und auf direktem Wege angesteuert wird (*servicio directo*), ohne, wie sonst üblich, unterwegs am Straßenrand anzuhalten, um heranwinkende Passagiere mit gackernden Hühnern, Kartoffelsäcken und Bananenstauden aufzulesen. Diese allerorts praktizierten, vielfach extrem lästigen Stopps bescheren dem Fahrer und seinem *socio* meist einen beträchtlichen Zusatzverdienst, da auf halbem Weg „Aufgesprungene" kein Ticket (und unter Umständen auch keinen Sitzplatz) erhalten. Deren Anwesenheit kann somit von den Kooperativen im Nachhinein nicht bestätigt werden.

Ein *servicio directo* bürgt zudem noch aus einem ganz anderen Grunde für stress- und sorgenfreies Reisen. Auf manchen Streckenabschnitten im Küsten- und Oriente-Bereich, besonders bei Zeit sparenden Nachtfahrten, besteht die wenn auch sehr seltene Gefahr eines Busüberfalls durch schwer bewaffnete Verbrecherbanden bzw. zugestiegene Passagiere. Diesbezüglich veranlassen die renommiertesten Kooperativen mit *servicio directo* (*sin parar*, ohne Zwischenstopp) bereits beim Zusteigen am Startbahnhof Fahrgast- und Gepäckkontrollen.

Moderne, mitunter aus Brasilien eingeführte Selectivos sind in der Regel für ihre besser ausgebildeten, krawattentragenden und eher zurückhaltenden Fahrer bekannt. Hierfür kann an dieser Stelle jedoch keinerlei Garantie gegeben werden! Neben einer netten Hostess, einem Willkommensgetränk, dezenter Musik, getönten Scheiben und gut gepolsterten Klappsitzen mit ausreichender Beinfreiheit (oftmals mehr als bei Transatlantik-Flügen) verfügen die Brummer über eine Bordtoilette und manchmal auch über eine Klimaanlage (*aire condicionado*) oder (nicht immer funktionierende) Leselampen. Großraumbusse bieten zudem enorme Stauräume. Hingegen werden große Gepäckstücke, wie z. B. Rucksäcke, bei „altertümlichen" Gefährten manchmal noch aufs Dach verfrachtet, festgebunden und bei Regen mit einer Plane abgedeckt. Bei den meisten Bussen kommt das Gepäck jedoch in den „Bauch" oder „Hintern". Busverbindungen finden Sie im jeweiligen Ortskapitel im Reiseteil.

• *Busgesellschaften* Die renommiertesten Kooperativen sind bislang **Panamericana**, **Flota Imbabura**, **Transportes Esmeraldas**, **Transportes Ecuador** und **Transportes Loja**. Diese verfügen über bequeme *selectivos* und *ejecutivos*, teils unterhalten sie auch eigene Busbahnhöfe (siehe im Reiseteil). Andere Gesellschaften haben ihre *flota* (Fuhrpark) inzwischen auch mit modernen *selectivos*, *ejecutivos*, *especiales*, *busetas* oder *micros* aufgestockt. Dazu gehören u. a. die Kooperativen **Baños**, **Chimborazo**, **Occidental**, **Reina del Camino**, **Santa**, **Sucre**, **San Luis**, **Aerotaxi**, **San Cristóbal** und

andere. Viele Kooperativen haben sowohl mit neuen als auch alten Bustypen in ihrem Fuhrpark aufzuwarten. Eine Garantie für sichere und bequeme Busfahrten kann letztendlich bei keiner der Gesellschaften abgegeben werden, entscheidend ist immer der Fahrweise des jeweiligen *chofer*.
• *Preise* Die Fahrpreise der *selectivos* oder *ejecutivos* liegen – wenn überhaupt – nur sehr geringfügig über denen herkömmlicher Busse. Bei den großen *selectivos* muss auf Langstrecken mit etwa 2–3 USD Aufschlag gerechnet werden. Absolut lohnenswert!

Generell gilt: 1 Std. Busfahrt kostet etwa 1 USD, eine jahrzehntealte Faustregel, mit der man sich relativ leicht die Fahrtkosten bei Überlandstrecken ausrechnen kann.

Zu Bussen umfunktionierte Lkws mit an beiden Seiten offenen Holzaufbauten nennen sich *rancheras* oder auch *chivas*. Diese ebenso fotogenen wie unbequemen Verkehrsmittel werden auf so manchen Nebenstrecken in den tropischen Küstenprovinzen Esmeraldas und Manabí sowie in Bereichen des Oriente für den regionalen Personenverkehr eingesetzt. Trotz oder gerade wegen der engen knochenharten Sitzbänke, eines für groß gewachsene Mitteleuropäer viel zu tief liegenden Daches, des ständigen Anhaltens durch auf- und abspringende Fahrgäste (die sich alle zu kennen scheinen und teils wild durcheinander plaudern) stellt dieses inzwischen im Aussterben begriffene Transportmittel ein authentisches Reiseerlebnis dar. Die flüchtigen Einblicke in das Leben der Tropenbewohner und mitunter herzlichen Kontakte zu den Mitreisenden sind ein lohnender Ausgleich für geschundene Knie und Hinterbacken. Auf dem verbeulten Dach einer echten Ranchera zu sitzen, zwischen Bananenstauden, Zuckerrohrstangen, Kokosnüssen, Kampfhähnen, fest gezurrten Ferkeln und herumpurzelnden Pampelmusen, dabei Hitze, Staub und frischen Fahrtwind um die Nase, ist unter einem blauem Äquatorhimmel ein unvergessliches Erlebnis!

Abgelegene Dörfchen und Weiler können manchmal auch (oder nur) per *camioneta*, d. h. Pritschenwagen, erreicht werden, wobei die extreme Belastbarkeit der gebotenen Ladefläche selbst ihre japanischen Hersteller in ungläubiges Staunen versetzen, wenn nicht in lähmendes Entsetzen stürzen dürfte: Mitunter zwanzig fröstelnde „Fahrgäste", die sich bei dem Geschaukel wie Klammeraffen an irgendetwas festzukrallen versuchen, können im „Eimer" (*balde*) solch eines hart geprüften Fahrzeuges Platz finden. Für nette Touristinnen hat der gesprächige Fahrer jedoch meist eine wetterfeste Sitzgelegenheit in der vorderen „Kommando-Kabine" frei.

Mit dem Leihwagen

Ein Mietauto stellt für versierte Fahrer eine herausfordernde Alternative zum Überlandbus dar. Die Vorteile sind weitreichende Flexibilität, Unabhängigkeit, Entdeckerlaune und ausschließliches Vertrauen auf die eigenen Fahrkünste. Die Nachteile sind ungewohnt tückische Straßenverhältnisse. Dazu gehören nicht vorhandene Wegweiser, fehlende Leitplanken, unausgeschilderte Baustellen, unvorhergesehene Schlaglöcher, aufgeschüttetes Erdreich und vor allem völlig unberechenbare Verkehrsteilnehmer (insbesondere Busfahrer, s. o.). Gute Spanischkenntnisse sind nicht unbedingt erforderlich, ausreichende verkehrstechnische Brocken jedoch schon: z. B. *„por dónde esta el camino a ...?"* („Wo ist der Weg nach ...?"), *„a la izquierda o derecha?"* („links oder rechts?") oder *„Lleno por favor"* („Volltanken bitte"). Wegweiser gibt es meist nur in den Städten und an gut ausgebauten Hauptstraßen. Auch gibt es keine besonders detaillierten Straßenkarten für Autofahrer. Man muss sich ständig durchfragen. Die Leute sind jedoch meist sehr hilfsbereit.

Der Zustand der Hauptstraßen schwankt: einige muten fast schon europäisch an, andere sind mit Schlaglöchern übersät. Die Nebenstraßen sind im Allgemeinen in einem mehr oder weniger schlechten bis katastrophalen Zustand. Ausnahmen bestätigen jedoch die Regel, das ecuadorianische Straßennetz sorgt immer wieder

Rhinomobil

für Überraschungen. Es empfiehlt sich, einen 4 x 4 (Allradantrieb) zu mieten, zumindest jedoch ein Fahrzeug mit großer Bodenfreiheit, sonst sind viele Attraktionen wie z. B. einige Pisten im Hinterland des Cotopaxi-Nationalparkes nicht erreichbar und viele Nebenstrecken – auch solche, die als Hauptverkehrsstraßen klassifiziert sind – nur mit großen Schwierigkeiten befahrbar.

Der Verkehr in den Städten, auf der Panamericana und anderen Hauptstraßen ist als chaotisch „*light*" zu bezeichnen. Es wird sowohl rechts wie links überholt, dies meist ohne Blinklicht und mitunter an gefährlichen Stellen. Manchmal überholt auch ein zweites Fahrzeug ein anderes, welches gerade überholt. Hin und wieder blinkt z. B. auch jemand rechts und fährt dann aber links ab, so als wollte er sich von der rechten zur linken Seite „abstoßen". Auch einhändige Fahrer mit Handy am Ohr, wohlgemerkt mitten auf der Kreuzung und vielleicht sogar bei Rot, oder zweihändige mit Kleinkind oder/und Hündchen auf dem Schoß sind nichts Ungewöhnliches. Ganz normal scheint auch ein gewisser Grad an Rücksichtslosigkeit anderen Verkehrsteilnehmern gegenüber zu sein. Gute Nerven, Reaktionsschnelligkeit und situationsangepasstes Fahren sind sehr wichtig. Wer sich das nicht zutraut, mietet besser ein Fahrzeug mit Fahrer!

Für eine Gruppe von drei bis vier Personen muss ein geliehenes Fahrzeug nicht unbedingt mit hohen Ausgaben verbunden sein, es sei denn, man baut einen Unfall und hat keine ausreichende Versicherung für solche Fälle abgeschlossen. Je nach Leihfirma (*alquiler de autos*), Fahrzeugtyp (*marca*), Saison (*temporada*), gewünschtem Zeitraum (*espacio de tiempo*) und gebotenem Versicherungsschutz (*nivel de seguro*) kostet ein herkömmlicher Pkw mit Allradantrieb (*Chevrolet Vitara o. Rodeo*, *Ford Eco Sport* oder *Mitsubishi Montero* u. Ä.) wöchentlich zwischen 500 und 1.000 USD. Hinzu kommt der Kraftstoff, der je nach Art (Diesel, Extra oder Super) zwischen 1,40 und 2,20 USD pro *galón* (= 3,8 Liter) kostet (Stand: Sommer 2009).

Ein internationaler Führerschein wird von Amts wegen eigentlich benötigt, meist reicht aber auch die deutsche Fahrerlaubnis. Die Fahrzeugpapiere und der Mietvertrag mit der Leihwagenfirma sollten zudem immer griffbereit im Handschuhfach liegen.

Zudem wird vom Fahrzeugverleiher eine Kreditkarte verlangt. Über diese muss in der Regel eine Garantie von 2.000 bis 5.000 USD verbürgt werden. Die hohe Eigenbeteiligung birgt gewisse Risiken. Im Versicherungsfalle, z. B. bei Wagendiebstahl oder einem selbst verschuldeten mittelschweren Unfall bzw. nicht verschuldeten Unfall mit anschließender Fahrerflucht des Schuldigen (nicht unüblich in Ecuador), geht evtl. das „Pfandgeld" flöten. Kleinere Blechschäden, größere Kratzer, angeschlagene Auspufftöpfe oder fehlende Außenspiegel werden ebenso geflissentlich berechnet. Wer sich gegen all dies absichern möchte, sollte alle zusätzlich möglichen *seguros* abschliessen: z. B. *Loss Damage Waiver* (ab 30 USD pro Tag), *Colission Damage Waiver* (ab 15 USD pro Tag), *Liability Unsurance Supplement* (ab 8 USD pro Tag), *Personal Accident Insurance* (ab 6 USD pro Tag). Ein Mietwagen kommt somit zwar viel teurer als in Europa, andererseits wird dies durch die billigen Benzinpreise wieder ausgeglichen!

▶ Siehe zum Thema „Routen mit dem Pkw" und zu den Leihwagenfirmen unter Quito!

Warnung und Hinweis: Von nächtlichen Fahrten sollte generell abgesehen werden! Vielleicht mit Ausnahme von gut ausgeleuchteten wie verkehrsreichen Straßen im Stadtbereich. Vor allem an der Küste und im Oriente, aber auch im Hochland, kann es selbst auf viel befahrenen Hauptstrecken zu vereinzelten Überfällen kommen. Die geschickte Vortäuschung einer Motorpanne oder eines Unfalls mit Verletzten gehört hierbei auch tagsüber zu den gebräuchlichen Methoden, um ein einzelnes Fahrzeug anzuhalten. Wurde der Unfall nicht selbst mit eigenen Augen beobachtet bzw. ist kein offensichtlich schwer betroffenes Unfallauto zu erkennen ist, sofort weiterfahren! Auch ein hübsches, am einsamen Straßenrand winkendes Fräulein könnte im Gebüsch ein paar schwer bewaffnete Gangster verbergen.

Ein übertriebenes Sicherheitsdenken ist jedoch ebenso fehl am Platze. Wer auf holprigen Nebenstraßen auf einen buckeligen Greis mit zwei Hühnern unterm Arm, ein durchnässtes Schulkind oder eine Gummistiefel tragende, Machete schwingende Bauersfrau trifft und darüber hinaus über einen freien Sitzplatz verfügt, sollte eine Mitfahrgelegenheit anbieten und sie zu einem unterhaltsamen Schwätzchen nutzen – selbst wenn dabei ein bisschen verkrustetes Erdreich mit ins Wageninnere gelangen könnte. Nur so kann die fortwährende Abkapselung im gut gepolsterten Privatfahrzeug mit einem Schuss „anekdotischer Lebensnähe" angereichert werden.

Mit dem Fahrrad

Auf Drahtesel Versessene werden es bei beabsichtigter Dauerstrampelei vielleicht vorziehen, das eigene zusammenklappbare Alu-Bike mit über den Atlantik zu bringen. Verleiher gibt es in Ecuador zur Genüge, einige wenige haben sogar Markenräder im Angebot, aber für echte Enthusiasten könnte dies im Preisvergleich fast einem neuen Stahlross gleichkommen (bis 45 USD pro Tag bei den besten Anbietern). Fahrradwerkstätten sind vielerorts vorhanden, billige Transportmöglichkeiten bietet z. B. ein Busdach oder jeder herkömmliche Pritschenwagen und eine

Im Cotopaxi Nationalpark

Wasserstelle zum Reifenflicken ist meistens nicht allzu weit. Mitunter 4.000 m hohe, extrem sauerstoffarme Andenpässe, überraschend auftretende Wetterumstürze und rücksichtslose Busfahrer sind jedoch alles andere als ein Zuckerschlecken. Zudem gehört ein schickes Fahrrad mit zu den begehrtesten Objekten unter Gelegenheitsdieben. Am besten stellt man das Ding gleich mit im Hotelzimmer ab, egal wie viele Treppenstufen es dabei zu überwinden gilt. Auf die Schnelle kurz mal auszuleihen kommt schon gar nicht in Frage!

> Das Lästigste bei abenteuerlichen Zweiradtouren sind verbissen dreinkläffende Straßenköter. Ein griffbereiter Stecken an der Gepäckhalterung, wenn nicht eine schlagkräftige Fahrradpumpe kann Abhilfe schaffen!

Dauerradeln ist in Ecuador nur was für Hartgesottene. Für einen vergnüglichen Tagesausflug tut es auch ein geliehenes Mountainbike vom *Biking Dutchman* in Quito. Der radelnde Holländer hat nicht nur die brauchbarsten Geländedrahtesel im Lande, sondern bietet auch zuverlässigen technischen Beistand auf ausgesuchten Abfahrten, z. B. von schneebedeckten Vulkanen oder hinunter in die subtropischen Nebelwälder.

Mehr dazu im Reiseteil unter „Quito/ Agenturen", wo auch auf **Geländemotorräder** hingewiesen wird. Starke Enduro-Maschinen haben wiederum mit Downhill recht wenig am Hut. Dafür geht's dann aber gnadenlos über Stock und Stein, ganz gleich, wo durch und wie viele Meter über dem Meeresspiegel.

Mit der Bahn

Das inzwischen arg zusammengeschrumpfte ecuadorianische Eisenbahnnetz existiert heute nur noch dem Tourismus zuliebe, selbst wenn es sich hierbei um öffentliche

Personenzüge handelt, die mitunter auch Frachtgut transportieren. Durch intensiven Überlandbus- und Schwerlastverkehr sind die traditionellen *ferrocarriles* zumindest aus wirtschaftlicher Sicht schon seit Langem unrentabel geworden. Ohne ausländische Touristen gäbe es heute in Ecuador wahrscheinlich keine einzige Zugverbindung mehr, und das Land würde eine seiner nostalgischsten Attraktionen verlieren. Schließlich ist eine Bahnfahrt über eine der pittoresken Schmalspurstrecken ein ganz besonderer Leckerbissen. Aufgrund kurzfristiger Fahrplanänderungen, einer schlampigen Betriebsleitung oder eventueller Erdrutsche, Unterspülungen, Entgleisungen, Streiks, Motorschäden, Benzinmangel, alkoholisierten Bahnhofsvorstehern oder anderer Missstände sollten Eisenbahnfans jedoch vor der geplanten Abreise genaue Auskünfte einholen. Nähere Infos über aktuelle Streckenzustände, Preise und Abfahrtszeiten erteilen die Fremdenverkehrsämter oder Eisenbahnverwaltungen in Quito (☎ 02/2582921), Riobamba (☎ 03/2961038, riobambatren@efe.gov.ec, www.portal.efe.gov.ec) und Ibarra (☎ 06/2950390).

Die Regierung hat sich die Wiederbelebung des Eisenbahnnetzes zum Ziel gesetzt. Entlang der *Avenida de los Volcanes* (Quito – Latacunga – Ambato – Riobamba) wird schon gearbeitet. Im Januar 2009 fuhr erstmals wieder eine alte Dampflok von Latacunga nach Quito, allerdings eher zu Wahlkampfzwecken. Auf der Panamericana kam es zu Verkehrsstaus, als der Zug auftauchte. Eloy Alfaro lässt grüßen! Ein zweiter Zug in umgekehrter Richtung entgleiste jedoch wenige Kilometer nach Verlassen des Bahnhofes in Quito.

▶ **Strecken**: Bei Redaktionsschluss waren von der *Empresa Nacional de Ferrocarriles del Estado* (*ENFE*) folgende Verbindungen in Betrieb:

Riobamba – Alausí – Naríz del Diablo („**Teufelsnase**"), siehe auch S. 343; **Ibarra – Primer Paso**, siehe auch S. 285; in Bälde soll es wieder einen Zug vom Bahnhof **Chimbacalle** in **Quito** über **El Boliche** (Cotopaxi Nationalpark) nach **Latacunga** geben. Der Bahnhof Chimbacalle im Süden Quitos befindet sich in der Calle Sincholagua, über die Av. Pedro Vicente Maldonado auch mit dem Trolebus zu erreichen. Von Riobamba oder Alausi zur Teufelsnase fährt auch der bunte *Chiva-Express-Schienenbus* von *Metropolitan Touring*, der jedoch nur innerhalb eines mehrtägigen Reisepaketes gebucht werden kann, siehe S. 343.

Ecuador für Rollstuhlfahrer

Die schweizerische Juniorenmeisterin im Rollstuhlrennen, Sandra Hager aus Jona, verbrachte ein paar vergnügliche Wochen Urlaub in Quito, Papallacta, Misahuallí, Río Verde, Baños, Cuenca und Atacames. Hier einige ihrer Erfahrungen und ein paar nützliche Tipps:

1) Die Bevölkerung ist sehr hilfsbereit.
2) Cuenca und vor allem Baños sind für Rollstuhlfahrer besonders geeignet.
3) Eine kräftige Begleitperson ist empfehlenswert.
4) Die Hotelzimmer so reservieren, dass man im Erdgeschoss ein Zimmer bekommt.
5) Campingstuhl für die Dusche.
6) Fast alle Toiletten sind sehr eng.
7) Am Rollstuhl Vollgummireifen montieren und nach der Reise beim Rollstuhlmechaniker vorbeischauen.
8) Empfehlenswert: Aktiv-Rollstuhl mit einer Breite von 52 cm!

Mit dem Boot

An Flussläufen im Amazonasgebiet und im flachen Küstenbereich ist so manche Ortschaft (besonders bei Hochwasser) nur per Motorkanu bzw. *lancha* (meist ein schmales Langboot) zu erreichen. Dies kann ein öffentliches (*público*) als auch ein gechartertes Boot (*fletado*) sein. Letzteres ist um ein Vielfaches teurer. Allein der Benzin- und Ölverbrauch ist auf den Wasserwegen enorm. An Komfort sollte bei einer Bootsreise gar nicht erst gedacht werden. Eine gut sitzende Kopfbedeckung gegen die äquatoriale Sonneneinstrahlung, eine regenfeste Windjacke und ein leicht verstaubarer Plastikponcho, evtl. auch ein aufblasbares Sitzkissen erweisen sich als äußerst vorteilhaft, z. B. auf dem Río Napo zwischen Coca und Nuevo Rocafuerte an der peruanischen Grenze. Schnell sind sog. *deslizadores*. Diese Fiberglasboote mit wenig Tiefgang können für rasante Fahrten auf dem Río Napo teuer gechartert werden. Von Coca weiter flussaufwärts in Richtung Misahuallí oder auf Nebenflüsschen im Dschungel (z. B. Cuyabeno-Reservat) muss manchmal auf Sandbänken aufgelaufenen Kanus auf die Sprünge geholfen werden. Dies bedeutet, dass zumindest die männlichen Mitreisenden ins knietiefe Wasser steigen und mit vereinten Kräften schieben müssen!

Zwischen den bewohnten Galapagosinseln Santa Cruz, San Cristóbal und Isabela gibt es regelmäßige insulare Transporte mit stark motorisierten, überdachten Booten. Diese werden von den Inselbewohnern auch *lanchas* oder (in viel kleinerer Ausgabe) *fibras* genannt. Kreuzfahrten auf hoher See sind dann wiederum ein ganz anderes, durch und durch ozeanisches Thema. Siehe dazu im Kapitel „Galapagos".

Trampen

Trampen (*jalar dedo*) ist in Ecuador unüblich, wohingegen das beiläufige Auflesen am Wegesrand einer Marschierender zumindest auf abgelegenen Strecken nichts

Von Insel zu Insel

Außergewöhnliches darstellt. Geduld ist hierbei oberstes Gebot! Nach erfolgter Mitnahme ist normalerweise ein kleines Entgelt zu entrichten, insbesondere bei Fahrten mit einem Pritschenwagen (*camioneta*). An Haupt- und Ausfallstraßen hingegen hätten blondhaarige Ausländer im Gegensatz zu den Einheimischen die besseren Chancen, einen „Lift" zu bekommen. Erstens würden die stolzen Fahrzeugbesitzer ihren eigenen Landsleuten weniger über den Weg trauen und zweitens käme ein aufschlussreiches Geplaudere mit einem waschechten Gringo wie gerufen. Allein schon aus Sicherheitsgründen sollte jedoch von dieser Art zu reisen kein Gebrauch gemacht werden. Vor allem Frauen sollten trotz großartigster Erfolgsaussichten niemals den Daumen rausstrecken!

Stadtverkehr

▶ **Stadtbusse** sind in Quito, Guayaquil und Cuenca in zwei Klassen eingeteilt: *popular* und *ejecutivo* bzw. auch *selectivo*. Letztere sind recht komfortabel und kosten etwa 25 Ct. für jede urbane Strecke, egal wohin. Die gebrechlicheren „Populären" sind oftmals sehr langsam und proppenvoll, wobei hautnaher Körperkontakt, unter Umständen auch nur mit einem Taschendieb, unbedingt in Betracht gezogen werden sollte. Abgesehen von den Haltestellen können die meisten Stadtbusse fast an jeder Ecke per Handzeichen gestoppt werden. Bezahlt wird meist schon beim Einsteigen. Kleingeld zur Hand zu haben ist von Vorteil!

▶ **Trole-, Eco-** und **Metrobusse**: Quito und Guayaquil haben innerstädtische Linien für Schwenk- und Oberleitungsbusse eingerichtet (siehe hierzu „Verbindungen" in den Kapiteln zu Quito und Guayaquil). Diese sind schneller als normale Stadtbusse, haben eine eigene Spur (die von anderen Verkehrsteilnehmern eigentlich nicht beansprucht werden darf), erhöhte überdachte Haltestellen und erfreuen sich regen Zuspruches unter den Einheimischen. Der Fahrpreis beträgt in der Regel 25 Ct. Auf Taschendiebe achten!

▶ **Taxis**: Die gelben Fahrzeuge verfügen zumindest in Quito über ein *taximetro*, das den genauen Fahrpreis anzeigt. Ist dies nicht der Fall oder weigert sich der *taxista* unter irgendeinem Vorwand, den Zähler einzuschalten, sollte der Preis unbedingt vorher ausgehandelt werden. Nachts wird automatisch ein höheres Fahrgeld verlangt, wobei der Zähler generell ausgeblendet bleibt. Auch sonntags stellen die meisten *taxistas* den Taxameter nicht an. Ein Taxi vom Flughafen bis ins moderne Stadt- und Touristenzentrum, d. h. in Quito *„a la Mariscal"* und in Guayaquil *„al Centro"*, sollte zu keiner Zeit mehr als 6 USD kosten. Außerdem können Taxis auch tageweise (ab 60 USD), stundenweise (ab 8 USD) oder für bestimmte Überlandfahrten gemietet werden. Als zuverlässig geltende 24-Std.-Ruf-Taxiunternehmen sind in den jeweiligen Adressteilen erwähnt.

Küstentaxi

Essen und Trinken

Bei der ecuadorianischen Küche, landesweit unter dem Begriff „comida criolla", „comida nacional" und „comida típica" zusammengefasst, handelt es sich um eine relativ junge Gastronomie. Auch wenn diese kaum in der internationalen Cuisine bekannt ist, darf an ihrer Eigenständigkeit nicht gezweifelt werden.

Neben den regional verschiedenen Grundnahrungsmitteln (Hochland, Küste, Amazonastiefland), deren einfache Hauptgerichte sich oft aus altüberlieferten Rezepten zusammensetzen, spielen in der ecuadorianischen Gastronomie vor allem europäische (insbesondere spanische) und auch nordamerikanische Einflüsse eine Rolle.

So wurden von den spanischen Eroberern indianische Nahrungsmittel wie Meerschweinchen und Lamas weitgehend durch Schweine- und Rindfleisch ersetzt. Dabei wird z. B. das heutzutage kostspielig gewordene Meerschweinchen (*cuy*) vorzugsweise noch in ländlichen Bereichen des Hochlandes verzehrt, während das ebenso als Haustier gehaltene Lama lediglich der Wollproduktion dient. Andererseits wurde das Leben der Küstenbewohner seit erdenklichen Zeiten fast ausschließlich vom Fischreichtum bestimmt.

Bitte denken Sie daran: Ecuador ist ein Land der Dritten Welt! Mitteleuropäische Hygienevorstellungen können daher nicht immer erfüllt werden. Die Entscheidung, in welchem Restaurant man isst, sollte jeder für sich selbst treffen.

Allgemein betrachtet gilt für eine Reihe regionaler, vegetarischer Basisprodukte: Reisanbau hauptsächlich an der Küste, Kartoffeln und Mais im Hochland und *yuca* (eine Verwandte der Maniokwurzel) im Oriente (Amazonastiefland). Trotzdem ist es nicht verwunderlich, wenn man überall im Andenhochland jede Menge Reis neben Pommes frites oder *mote* (gekochter und geschälter Mais) vorgesetzt bekommt. Frittierte oder gekochte Yuca-Wurzel wird auch an der Küste verzehrt, wobei Kartoffeln oder Mais genauso gut im Oriente vorkommen. Dabei nimmt der Maiskolben seit nahezu 10.000 Jahren eine Sonderstellung in der heimischen Gastronomie ein.

Weitere landestypische Ingredienzen bei Hauptgerichten sind neben den unterschiedlich zubereiteten Kochbananensorten (*verde, maduro, maqueño* usw.) auch *camote, zapote* und *zapotillo* (Süßkartoffeln), *papa china* (eine kleine Kartoffelsorte), *frijoles* (Bohnen), *lentejas* (Linsen), *garbanzo* (Kichererbsen) oder *habas* (Saubohnen).

Dutzende von Gerichten basieren auf Bananen. Zu den beliebtesten zählen Bananenpuffer (*patacones*) und käsegefüllte Bananenknödel (*bolón de verde*). Sie werden nicht aus den gelben Obstbananen gefertigt, sondern aus grünen, schwer zu schälenden Kochbananen.

Für **Vegetarier** ist eine Ecuador-Rundreise nicht gerade mit kulinarischen Highlights gespickt. Aber einige Restaurantes in Quito, Otavalo, Baños, Cuenca, Loja, Vilcabamba oder Guayaquil haben sich auf vegetarische Kost spezialisiert. In den billigeren Esslokalen mit typischer *Comida Nacional* sind jedoch kaum vegetarische Gerichte zu bekommen. Gemüse und Salate gehören nur bedingt der nationalen Kochkunst an. Nichtsdestotrotz können viele Restaurantes ganz spontan improvisieren und schmackhafte vegetarische Gerichte herbeizuzaubern. Eier oder Fisch können im Notfall auch Fleisch oder Huhn ersetzen. Auch die Chifa-Chinesen schaffen manchmal Abhilfe, selbst wenn diesen der Ruf anhaftet, gewisse Zutaten monatelang im Kühlschrank „frisch" zu halten.

Ecuador ist ein ausgesprochenes „Suppenland". Vielleicht nirgends auf der Welt wird soviel Suppe (*sopa*) konsumiert wie im ecuadorianischen Hochland. Die Liste reicht von der populären Hühnerbrühe (*caldo de gallina*) über deftige Fischsuppen (*sopa* oder *chupé de pescado*), Gemüsesuppen (*sopa de verduras*), eine Art „Blutwursteintopf" (*yaguarlocro*), schmackhafte Kartoffel-Hüttenkäse-Suppen mit Avocadofrucht (*locro de queso*) bis hin zum *caldo de patas* (in seiner traditionellsten Form: Kartoffelsuppe mit Schweinshaxe, Yuca, Mais, Milch, Zwiebeln, Knoblauch und evtl. Erdnüssen oder auch *culandro* (Koriander), ein extrem starkes Kräutergewürz. Eine proteinreiche *sopa marinera* (Meeresfrüchtesuppe) gehört vor allem im Küstenbereich zu den exquisiteren Gaumenfreuden.

Die in und auch bereits vor der Osterwoche vornehmlich in Quito servierte traditionelle *Fanesca* ist eine dickflüssige, stundenlang zubereitete, meist ganz vorzügliche Getreidesuppe mit bis zu zwölf verschiedenen Hülsenfrüchten, darunter Mais, frische Erbsen, Kichererbsen, Kürbis, Bohnen und Lupinen, dazu Kochbananen, Erdnussoße, Ei und eine gute Portion Trockenfisch (Stockfisch). Fanesca ist eine uralte Fusion aus präkolumbischen und spanischen Rezepten (*uchucuta* bzw. *locro de granos*).

Ein weiteres, landläufig sehr populäres Suppengericht nennt sich *Sancocho*. Es besteht hauptsächlich aus Rind- oder Schweinefleisch (mitunter auch Fisch), Yuca, Kochbananen und Erbsen. Ursprünglich von der Küste stammend, ist das Gericht heute aber auch im Hochland weitverbreitet.

Indianisches „almuerzo"

Wer das Glück hat, von befreundeten Ecuadorianern zu einer dieser kulinarischen Spezialitäten eingeladen zu werden, sollte sich dies auf keinen Fall entgehen lassen. Hausgemacht schmecken diese deftigen nationalen Gerichte meist viel köstlicher als in jedem Restaurant für *típica comida criolla*.

Das aus den Tiefen des Pazifischen Ozeans stammende *cebiche* oder *ceviche* (sprich: *sewitsche*) ist eines der beliebtesten Nationalgerichte. Der mit Essig, Öl, Zitronen- und auch Orangensaft marinierte, meist mit Tomatenscheibchen, Zwiebelringen und Kräutern angemachte, rohe oder halbrohe Meeresfrüchte-Cocktail aus Weißfisch, Krabben, Muscheln, Kalamar, Tintenfisch oder gar Langusten wird keineswegs nur an der Küste verzehrt. Das hauptsächlich als Vorspeise und Katerfrühstück verstandene Gericht ist auch in der 2.800 m hoch gelegenen Landeshauptstadt überaus beliebt. *Cebicherías* (typische Cebiche-Lokale) gibt es in fast jeder ecuadorianischen Stadt und Kleinstadt.

Ají ist eine scharfe, aus roten Chilischoten zubereitete Soße (*salsa picante*), die in fast jedem populären Restaurant mit auf den Tisch kommt und je nach regionalen Gegebenheiten oder ganz persönlichem Geschmack unterschiedlich zubereitet wird. Der Schärfegrad reicht dabei von milder bis hin zu teuflisch-brennender Würze. Sinn und Zweck der Sache ist neben einer Aufheiterung der Geschmacksnerven, ein durchgeputzter, amöbenfreier Magen.

▸ **Ecuadorianische Spezialitäten**: Zu den gängigsten ecuadorianischen Haupt- und Nebengerichten gehören:

Churrasco, meist eine üppige Portion weißer, geschälter Reis unter einem mehr oder weniger großen Stück Fleisch mit zwei Spiegeleiern darüber, dazu ein paar Pommes frites, angebratene Zwiebelringe und ein aufgeschnittenes Stückchen Avocado-Frucht; **Apanado**, ein Wiener Schnitzel mit Pommes frites, Reis und Gemüsesalat bzw. auch nur ein paar Tomatenringchen; **Lomo a la Plancha**, ein flaches Stück Rinderfilet mit Pommes frites oder Kartoffelbrei, dazu ein wenig Gemüse; **Seco de Chivo**, eigentlich eine Art würziges Ziegenfleisch-Gulasch mit trockenem Reis, heute wird jedoch meist *borrego* (Schafsfleisch) verwendet; **Seco de Pollo** (auch *seco de gallina* in seiner weiblichen Form), gekochtes Huhn mit trockenem Reis und einer aufgeschnittenen Avocado-Frucht; **Menestra (con carne y patacones)**, gegrilltes Stück Fleisch mit Linsen, Reis und kleinen Bratbananenpuffern. Es gibt auch Menestras mit Fisch bzw. Erbsen und Bohnen statt Linsen; **Locro**, mit das authentischste ecuadorianische Nationalgericht. Es handelt sich um eine extrem dickflüssige Suppe aus Kartoffeln und Käse. Die roten Flecken auf der Suppe stammen von dem Gewürz *achiote*, das oft mit hinzugegeben wird. Locros können mit Fleisch, Schweineschwarte, Eiern, Kürbis und auch Kohl angereichert werden; **Guatita**, Schmorgericht aus Innereien (hauptsächlich Schaf), meist mit einer Erdnusssoße, gekochten Kartoffeln und einer Avocadofrucht; **Fritada**, in einer tiefen, manchmal fast 1 m im Durchmesser großen Pfanne aus Bronze (*paila*) werden Schweinefleischstückchen im eigenen Saft geschmort. Dazu gibt es meist eine Maisbeilage (z. B. *mote* oder *tostados*); **Hornado**, gebackenes, süßlich gewürztes Schweinefleisch (auch Haut), mit Kartoffelbrei oder

llapingachos (kleine käsegefüllte Kartoffelpuffer) serviert, dazu meist ein wenig Salat; **Pescado Frito** (frittierter Fisch), **Camarones al ajillo** oder **Camarones Apanado** (Shrimps in Knoblauchsoße bzw. panierte Shrimps), **Calamares** (eine Art Tintenfisch) und **Cangrejo** (Taschenkrebs) gehören inzwischen zu den landesweit verbreiteten Speisen; **Viche**, dickflüssige Fischsuppe in Erdnusssoße mit Kochbananenstückchen. Nicht nur an der Küste eine beliebte Zwischenmahlzeit! **Humitas**, süßer oder manchmal auch salziger, in einem Maisblatt eingelegter Mais- und Eierteig. Es werden hierbei nur frische Maiskolben verwendet. Zusätzliche Ingredienzen, wie z. B. Zwiebeln, gemahlene Erdnüsse oder geriebener Käse, sind meist regional bedingt; **Tamales**, etwas länger und flacher als die Humitas und in sog. *Achera*-Blätter eingelegt (ähnlich den Bananenblättern). Es wird nur gemahlener Mais verwendet. Zusätzliche Ingredienzen sind meistens Salz und in Erdnusssoße frittierte Zwiebelstückchen mit Käse; **Quimbolitos**, süße Maistaschen mit Rosinen, oft mit einem Schuss Zuckerrohrschnaps abgerundet; **Empanadas**, eine Art Pasteten in Teigtaschenform mit Füllung und in Schmalz gebacken. Es gibt verschiedene Sorten, je nach Füllung, z. B. Fleisch- (*de carne*), Bananen- (*de verde*) oder Käse-Empanadas (*de queso*).

▸ **Regionale Spezialitäten**: Landesweit bekannte, jedoch vornehmlich auf einzelne Regionen beschränkte Hauptgerichte sind die folgenden:

Sein Name war „Schnäpschen"

● *Andenhochland* **Cuy Asado**, ein über offener Glut gegrilltes Meerschweinchen am Spieß. Delikatesse in ländlichen indianischen Bevölkerungskreisen; **Chugchucaras**, variiert ein wenig je nach Andenprovinz und wird vor allem auf Märkten und in populären Lokalen serviert (z. B. in Latacunga): Frittiertes Schweinefleisch, getrocknete Schweineschwarte mitunter auch im eigenen Fett gebratene Herz, Leber, Nieren vom Schwein, ebenso *morcilla negra y morcilla blanca* (salzige und süße Blutwurst), dazu *mote*, *tostado*, *maduro*, *aguacate y ají*; **Trucha** bedeutet Forelle und wird im Andenhochland in unterschiedlichen Varianten serviert.

● *Cotacachi (nördliches Hochland) und weitere Ortschaften in der Provinz Imbabura* **Carne Colorada**, ein mit roter Achiote-Baumfrucht eingewürztes Stück Rindfleisch. Weitere Zutaten sind **maqueño** (gebratene Banane), **mote** (gekochter und geschälter Mais) und **aguacate** (Avocadofrucht).

„Einmal Meerschweinchen mit Pommes bitte!"

Was in Deutschland in Kinderzimmern zu finden ist, dreht sich in Ecuador am Spieß. *Cuy asado* oder gegrilltes Meerschweinchen ist eine possierliche kulinarische Herausforderung im Andenhochland. Ein Selbstversuch von Bettina Less:

Die Köpfe haben sie nach vorne gerichtet, vier kleine Gesichter mit offenen schwarzen Augen und deutlich hervorstehenden Zähnen. Es sieht aus, als würden sie grinsen. Die Vorderpfoten sind leicht angewinkelt und stehen steif ab, die hinteren Pfoten sind mit einer Schnur an einen Pflock angebunden. Die Ohren sehen goldbraun und knusprig aus. Über den glühenden Kohlen rotieren die spitzen Spieße, auf jedem ist ein Meerschweinchen aufgespießt.

Der Grill-Imbiss liegt an der Dorfeinfahrt nach Mocha, einer verschlafenen Ortschaft zwischen Ambato und Riobamba. Vor dem kleinen Haus, das wie ein Tante-Emma-Laden aussieht, qualmt der Grill. Die Wirtin Marta dreht routiniert die Spieße und träufelt dabei immer wieder Marinade über die Nager. „Das ist eine Soße aus Schweineschmalz, Salz, Pfeffer, Kümmel und Knoblauch", erklärt sie, „so wird die Haut schön knusprig, und das Fleisch bleibt saftig."

Seitlich auf Kartoffeln und Salatblättern gebettet, liegt mein Meerschweinchen auf dem Teller. Wäre es noch am Leben, würde es sicher selbst gerne den Salat fressen. „Der Kopf ist das leckerste, hier in den Bäckchen ist das zarteste Fleisch", verrät ein mir ein anderer Gast. Mir gelingt es nicht, dort anzufangen, während mich die offenen schwarzen Knopfaugen anstarren. Zögerlich teilen Messer und Gabel das feinfaserige Fleisch, um doch lieber zuerst ein hellbraunes Stückchen aus dem Schenkel herauszuoperieren. Es zergeht auf der Zunge wie Hühnchen, nur zarter. Der Geschmack ist feiner, die Haut knuspriger, das Fleisch dunkler, und es hat zudem einen hohen Eiweiß- und niedrigen Fettgehalt. Ich bringe es jedoch nicht über mich, die ganze Portion zu essen. Schnell eine Kartoffel hinterher, dann ein Schluck Cola zum Nachspülen.

• *Guayaquil* **Bolos de Pescado**: Knödel aus geriebener Kochbanane, Fisch, Zwiebel, Tomate, Knoblauch, Kräuter, Achiotefrucht, Salz und Pfeffer.

• *Norden* In der nördlichen Küstenprovinz Esmeraldas werden Fisch und Meeresfrüchte auch als **Encocado** serviert. Die in einem Sud aus geraspelten Kokosnussflocken, Zwiebeln, Pfeffer und Knoblauch frittierten Gerichte sind eine ganz besondere Spezialität dieser tropisch-heißen Region;

Ensumacao, Meeresfrüchtesuppe aus Fisch, Languste, Krebs, Krabbe, Kalamar, verschiedenen Muscheln und einem seltsamen Weichtier namens *pata de burro*, zudem Kochbanane, Erd- und Kokosnüsse. Sie kann bei ihrem Initiator im Lokal *Oh Omar* an der Uferpromenade von Esmeraldas probiert werden;

Tapao, ebenfalls ein ganz typisches Gericht aus Esmeraldas, besteht in der Hauptsache aus gekochtem Fisch und Kochbananen.

▶ **Frühstück, Mittag- und Abendessen** (desayunos, almuerzos, meriendas):

Frühstück heißt auf Spanisch **desayuno** und besteht i. d. R. aus Kaffee (*café*), Saft (*jugo*), Brötchen (*pan*), Margarine (*margarina*), Marmelade (*mermelada*) oder einem Stückchen weißem Käse (*queso*) sowie Spiegeleiern (*huevos fritos*), Rühreiern (*huevos revueltos*) oder zwei weichen bis fast harten Eiern im Becher (*huevos a la copa*).

Ein *desayuno americano* enthält im Gegensatz zum *desayuno continental* Eier in gewünschter Form. Das ecuadorianische *desayuno* fällt i. d. R. jedoch meist dürftig aus. Ausnahmen bestätigen aber auch hier die Regel (z. B. Frühstücksbuffets in First-Class-Hotels).

Ein in fast allen populären Restaurants serviertes, meist zweigängiges **Mittagsmenü** nennt sich in Ecuador **almuerzo**. Es besteht aus einer meist schmackhaften Suppe (*sopa*), *el segundo* (der zweite Gang) z. B. Reis mit Huhn und einer halbierten Kochbanane oder einem winzigen Stückchen Fleisch mit ein paar Linsen. Dazu gibt es einen Saft oder eine *colada*, ein geschlagenes Mixgetränk aus Haferflocken und Maismehl! Diese Mahlzeiten für 1,5–2,5 USD sind aber nicht immer sättigend. Einige Restaurantes sind inzwischen dazu übergegangen, für 3 bis 5 USD ein reichhaltiges mehrgängiges *almuerzo ejecutivo* bzw. auch *menu especial* zu servieren.

Ein komplettes Abendessen, wie das Mittagessen meist aus zwei oder drei Gängen bestehend, heißt **merienda**. Das Abendessen von der Speisekarte (*a la carta*) eines Restaurants oder zu Hause heißt **cena**.

▶ **Garküchen und Imbissstände:** Die auf Straßen, Plätzen, Märkten und Haltestellen weitverbreiteten *puestos de comida* stellen für viele Einheimische eine preiswerte Alternative zu den Restaurants dar. An diesen Imbissständen werden die verschiedensten Speisen zubereitet. Da die Hygiene aber nicht den europäischen Maßstäben entspricht, ist vom Verzehr solcher Mahlzeiten eher abzuraten um vielleicht den Rest der Urlaubstage nicht mit Magenkoliken zu verbringen oder sich sogar eine Hepatitis einzufangen.

Frischer Kokossaft

Getränke

Nichtalkoholische Getränke

Mineralwasser (*agua mineral*) mit Kohlensäure (*con gas*) und Tafelwasser ohne (*sin gas*) wird überall und in jedem Geschäft angeboten. Bei den vielen Marken in Plastikflaschen sollten sie auf die Versiegelung am Flaschendeckel achten. Selbst bei diesen Produkten haben sich „Fälschungen", d. h. unlautere Wiederabfüllungen, eingeschlichen. Vor mehr als einem Jahrzehnt hatte die Marke *Güitig* (mit und ohne Kohlensäure) von den Thessalienquellen bei Machachi das Mineralwassermonopol im ganzen Lande. Der Name des vom Cotopaxi-Gletscher gespeisten Quellwassers soll angeblich etwas mit dem deutschen Wort „gütig" oder „gültig" zu tun haben. Bei den ersten Proben hinsichtlich seiner kurativen Qualitäten soll dabei dieses Wort gefallen sein.

Cola-Getränke sind in Ecuador alle nichtalkoholischen, mit Kohlensäure versetzten Erfrischungsgetränke. Dazu gehören die international bekannten Marken, aber auch *Fioravanti, Crush, Inka Cola* usw. Das überall erhältliche Coca-Cola wird einfach nur *Coca* oder *Cola Negra* genannt. Wer nur eine „Cola" bestellt, bekommt meistens irgendeine Cola, aber keine „Coca-Cola".

Frisch gepresste **Säfte** (*jugos*) werden in der Regel mit abgekochtem Wasser bzw. auch mit Milch als *batido* angeboten. Die Auswahl an Früchten ist gewaltig und reicht von gewöhnlichen Orangen (*naranja*) über Maracujas, Ananas und Mangos bis hin zur säuerlichen Baumtomate oder Tamarillo (*tomate de arbol*), Baummelone (*babaco*) oder Kaktusfeige (*pitahaya*). Auch einen köstlichen Avocado-Milchshake (*batido de aguacate*) sollte man unbedingt probieren! Frische Säfte von Straßenständen sollten vielleicht eher vermieden werden, sehen diese bei Hitze und Durst auch noch so lecker aus. Es wird dabei nicht immer abgekochtes Wasser bzw. sauberes Eis aus der Fabrik verwendet.

Hier eine kleine Auswahl der herkömmlichsten Fruchtsorten zur Zubereitung:

aguacate (Avocado), *arazá* (Araza), *babaco* (eine Art Baummelone) *banano* (Banane), *chirimoya* (Zimtapfel oder Annone), *coco* (Kokosnuss), *durazno* (Pfirsich), *fresa* oder *frutilla* (Erdbeere), *granadilla* (Granatapfel), *guanabana* (Guanabe), *guayaba* (Guave), *lima* (Limette), *limón* (Zitrone), *mandarina* (Mandarine), *mango* (Mango), *manzana* (Apfel), *maracuyá* (Passionsfrucht), *melón* (Honigmelone), *mora* (Brombeere), *naranja* (Orange), *naranjilla* (behaarte Strauchtomate, ähnlich einer Zitrusfrucht), *papaya* (Baummelone), *pera* (Birne), *piña* (Ananas), *sandía* (Wassermelone), *tomate de árbol* (Baumtomate), *toronja* (Grapefruit), *tuna* oder *pitahaya* (Kaktusfeige), *zanahoria* (Karotte).

Pipas Heladas („Eispfeifen") sind eisgekühlte, mit köstlichem Saft gefüllte Riesenkokosnüsse, mit einem langen Strohhalm serviert!

Kakao für fünf Personen: 50 g feine Kakaopaste (*barra de cacao*) aus dem Supermarkt oder Tante-Emma-Laden in ganz wenig Wasser auflösen, dazu fünf Tassen heiße Milch, ein Hütchen voll Zimt und eine Gewürznelke (span. *clavo de olor* – „Duftnagel"). Alles aufkochen und eine winzige Prise Salz vor dem Servieren hinzugeben!

Kaffee steht in den meisten Speiselokalen nur in Form von Instantpulver auf dem Tisch. In manchen Kaffeestuben im Süden des Landes gibt es oft einen starken

Kaffeesud (*esencia de café*), der je nach gewünschter Stärke in eine Tasse mit heißem Wasser oder heißer Milch eingeschenkt wird. Jedoch ist diese ecuadorianische Manier im Aussterben begriffen, moderne Espressomaschinen haben inzwischen ihren Einzug gehalten.

Alkoholische Getränke

Alkoholismus ist auch in Ecuador eine weitverbreitete Volkskrankheit mit verheerenden Auswirkungen auf Familie, Verkehr und Wirtschaft. Nichtsdestotrotz hier eine Auswahl der gängigsten Flüssigdrogen:

▸ **Bier**: Die meistkonsumierten alkoholischen Getränke sind das allerorts erhältliche *cerveza* (Bier) und in viel geringerem Umfang auch brennendes *aguardiente* (meist *punta*, *puro* oder *caña* genannt), ein hausgemachter Zuckerrohrschnaps in vorwiegend ländlichen Gegenden. Auf Landesniveau gibt es verschiedene einheimische Biermarken. Das *Club Verde* ist nach Ansicht des Autors das beste ecuadorianische Bier. Selbst gebrautes Bier mit durchaus hohem Alkoholgehalt kann z. B. in der Gaststätte *Turtle's Head* in Quito (La Niña y Juan León Mera) getestet werden.

▸ **Wein**: Die einzig trinkbaren ecuadorianischen Weine (*vinos*) – eine Rarität unter Kennern – werden vom unermüdlichen US-Amerikaner Dick Handall in Yaruquí bei Quito produziert. Der grüngelbliche *Palomino Fino* schmeckt gekühlt besonders gut (ca. 18 USD, www.chaupiestancia.com). Guten Wein, vor allem Rotwein aus Chile und Argentinien, gibt es vor allem in den Supermarktketten zu kaufen. Die beste Weinabteilung hat der *Megamaxi* in Quito beim Atahualpa-Stadion in der Av. 6 de Diciembre.

▸ **Cocktails und Spezialitäten**: *Cuba Libre* (Rum-Cola-Zitronen-Mixgetränk) gehört neben Whisky und anderen *tragos* (Drinks) zu den ecuadorianischen Standardcocktails. *Vodka con Naranja* (Screw Driver), *Caipirinha* (Zuckerrohrschnaps, Limonensaft), *Caipiroshka* (Wodka, Limonensaft) oder *Piña Colada* (Bacardi, Ananassaft) sind dagegen eher unter Touristen beliebt.

Bei Dorffesten im Andenhochland (*fiestas del pueblo*), Stadtteilfesten in Quito (*fiestas del barrio*) oder als Willkommensgetränk in Hacienda-Hosterías wird in der Regel *Canelazo*, ein würziger, heißer, mit *Naranjilla* oder einer anderen Frucht gemischter Zuckerrohrschnaps, in kleinen Trinkbechern ausgeschenkt. Vor allem bei Volksfesten ist Vorsicht ist im Umgang mit dem Teufelszeug geboten, bevor sämtliche Bleche wegfliegen! Die „touristizierten" *Canelazos* in Landgasthäusern können jedoch niemandem etwas anhaben.

Chicha ist ein fermentiertes, dickflüssiges Getränk aus Mais, Bananen, Maniokwurzel, Quinua oder *Chonta*-Palme. Es wird hauptsächlich im Amazonastiefland zubereitet und soll bei Blasen- und Nierensteinen sowie Seitenstichen und Koliken eine heilsame Wirkung haben. Andererseits könnte das geschmacklich stark gewöhnungsbedürftige Gebräu auch Durchfall bescheren. Bekommt man auf einem *mercado indígena* im Oriente eine Schale mit Chicha angeboten, sollte man diese jedoch aus Höflichkeit nicht ablehnen!

No Budget

Übernachten

Ecuador kann mit einer unglaublichen Vielfalt an Hotels und Hostales aufwarten, sodass in fast jedem Ort Unterkunftsmöglichkeiten vorhanden sind.

Hotel (Hotel), *Hostal* (kleines Hotel bis 12 Zimmer), *Hostería* (Landgasthaus), *Residencial* (Gästehaus), *Pensión* (Pension), *Posada* (Unterkunft im Stil „Bed & Breakfast"), *Albergue* (Herberge), *Parador* oder *Inn* (Raststätte mit Schlafmöglichkeit), *Cabañas* (Ferienhütten und Ferienhäuschen), *Lodges* und *Ressorts* nennen sich die ganz unterschiedlich beschaffenen Schlafquartiere in Ecuador. Ein *Aparthotel* hat geräumigere Zimmer für Langzeitaufenthalte bzw. viel mehr Suiten anzubieten als ein herkömmliches Hotel.

Im Andenhochland gibt es noch viele koloniale und geschichtsträchtige Gutshöfe aus dem 16., 17., 18. und 19. Jh., die teilweise in herrschaftliche *Hacienda-Hosterías* umgebaut wurden. Manche dieser Haziendas verfügten ehemals über Tausende von Hektar Land, die im Laufe der Zeit unter den Erben des Großgrundbesitzers und den indianischen Kommunen im Umland aufgeteilt wurden.

Ein *Motel* ist immer ein neonbeleuchtetes Stundenhotel mit Parkplatz und einer hohen Mauer drum herum, meist in den Randzonen und an den Ausfallstraßen größerer Ortschaften gelegen.

Tipp: In den heißen tropischen Regionen Ecuadors sind die oberen, luftigeren Stockwerke von durchweg kellerlosen Hotels und Cabañas den unteren, eher muffigen und mitunter auch feuchteren Zimmern vorzuziehen!

Von der von Kakerlakenheerscharen und gepanzerten Wanzen heimgesuchten, fensterlosen „Vier-Dollar-Bleibe" bis hin zur edelsten Nobelherberge mit privater Panorama-Terrasse bietet das Land ein sehr bunt gewürfeltes Spektrum an Unterbringungsmöglichkeiten. Die im Buch vorgestellten Hotels geben lediglich einen repräsentativen Querschnitt wieder. Dabei wurden von allen Kategorien für jeden Geldbeutel und Geschmack die ansprechendsten ausgesucht. Da die offizielle Bewertung des staatlichen Fremdenverkehrsverbandes manchmal etwas verwirrende Maßstäbe anlegt, die nicht immer den Tatsachen entsprechen, sei hier auf eine neue, vereinfachte Kategorieneinteilung hingewiesen:

Die meisten Hotels verfügen über Doppel- und Mehrbettzimmer, Einzelzimmer sind seltener. Ein *matrimonial* ist ein Ehe- bzw. Doppelbett und zählt preislich meist wie ein Doppelzimmer (*twin* bzw. *dos camas*) oder liegt knapp darunter. Besonders während der Hochsaison (Juni bis September im Hochland bzw. Weihnachten bis April an der Küste) bedeutet dies manchmal für Einzelreisende, fast den gleichen Preis wie für ein Doppelzimmer zu bezahlen.

Budget-Hotel mit Atmosphäre

Reservierungen können in der Hochsaison von Vorteil sein. Besonders im August (Hochland, Galapagos) und um Neujahr herum (Küste, Galapagos) sind renommierte Hotels und Feriendörfer oft ausgebucht. Hinzu kommt, dass in vielen Touristikorten an der Küste zur *temporada alta* (Hochsaison) doppelte bis dreifache Preise für Übernachtungen verlangt werden. Auch zu bestimmten Festtagen und örtlichen Feierlichkeiten kann das vorhandene Bettenkontingent einer Stadt schlagartig ausgelastet sein.

In Hotels der gehobenen Klasse und in vielen Mittelklassehotels müssen zum Übernachtungspreis noch 22 % *impuestos* (12 % Mehrwert- und 10 % Dienstleistungssteuern) hinzugerechnet werden. Für jede Übernachtung in Quito muss inzwischen auch ein *impuesto municipal* von 2 USD pro Zimmer bezahlt werden. Allerdings halten sich nicht alle Hotels daran.

Erklärung zu den Hotelbeschreibungen im Buch

GK = gehobene Klasse (etwa ab 80 USD für ein DZ), **MK** = Mittelklasse (etwa 40–80 USD für ein DZ), **Budget** = untere Preisklasse (ab etwa 8 USD pro Pers.), **Low Budget** = ganz untere Preisklasse, **No Budget** = in den seltensten Fällen aufgeführt, da meist viele winzige Mitbewohner.

EZ = Einzelzimmer, **DZ** = Doppelzimmer, **3er** = Dreibettzimmer, **4er** = Vierbettzimmer, **5er** = Fünfbettzimmer, **6er** = Sechsbettzimmer, **BP** = Baño Privado (Privatbad), **BC** = Baño Compartido (Gemeinschaftsbad), **Ww** = Warmwasser, **Kw** = Kaltwasser, **AC** = Aircondition, **TV** = Television (Fernsehen), **Sat-TV** = Satellitenfernsehen, **Wifi** = einfach Laptop aufklappen und einwählen!

Luftige Kleidung wird empfohlen

Wissenswertes von A bis Z

Adressen

Eine bestimmte Adresse (*dirección*) ist in der Regel leicht zu finden. In Städten wie Quito, Cuenca, Baños oder Vilcabamba werden meist immer zwei Straßennamen angegeben, so z. B. *Joaquín Pinto 356 y Juan León Mera*. Das erste ist die Straße mit Hausnummer, das zweite die nächstliegende Kreuzung. In diesem Fall befindet sich das Haus etwa 40 m von der Juan León Mera, genauer gesagt zwischen Juan León Mera und Reina Victoria (100 m). Wäre das Haus näher an der Kreuzung mit der Reina Victoria als an der Juan León Mera, würde die Adresse Joaquín Pinto 356 y Reina Victoria lauten. Statt einer Hausnummernangabe wird jedoch immer häufiger von folgendem System, einer sog. *nomenclatura*, Gebrauch gemacht: *Joaquín Pinto E5-29 y Juan León Mera*, übrigens genau die gleiche Adresse. E steht für *este* (Osten), 5 ist ein Hinweis auf den Block, die Zeile oder die Entfernung zu einer ganz bestimmten Achse (in diesem Falle die Av. 10 de Agosto, eine Nord-Süd-Achse), 29 steht für das Gebäude oder Teilgebäude. N, S oder Oe (OE) stehen jeweils für *norte* (Norden), *sur* (Süden) oder *oeste* (Westen).

Eine Adresse kann zudem auch folgendermaßen angegeben sein: *Sucre 608 entre Piedrahita y Olmedo*. Das so beschriebene Gebäude steht in der Straße Sucre, trägt die Hausnummer 608 und befindet sich zwischen den Straßen Piedrahita und Olmedo. In den Alt- bzw. Innenstädten von Cuenca, Riobamba, Ambato, Latacunga, Otavalo, Cotacachi, Ibarra oder Tulcán gibt es auch „Doppel-Hausnummern" wie z. B. *Bolívar 12-55 y Tarquí* oder *Hermano Miguel 4-22 entre Calle Larga y Honorato Vasquez*. Erstere Nummer gibt Aufschluss über die Entfernung zu einem bestimmten zentralen Punkt (z. B. zu einer *plaza*), die zweite Nummer ist das Haus oder Grundstück.

In Guayaquil oder Manta werden Straßen oftmals mit Nummern versehen statt mit ihrem Namen angegeben, z. B. *Avenida 14 y Calle 10*. Wobei die größere Avenida 14 (Av. 14) auch Avenida Flavio Reyes heißen und die kleinere Calle 10 ebenso einen Namen tragen könnte. In Dörfern oder an Vorstadträndern gibt es mitunter gar keinen Straßennamen, was dann mit *Calle s/n* (*sin nombre* = ohne Namen) angegeben wird. Andere Straßen haben widerum gleich zwei oder drei Namen, was die Suche nicht unbedingt erleichtert. Einer der verschiedenen Straßennamen ist jedoch unter den Anwohnern meist am populärsten.

In Gebäuden mit Büro- und auch Wohnräumen müssen sich Besucher oftmals zuerst unten beim *guardia* (Wachmann) anmelden oder diesem gar eine *identificación* hinterlegen. Das Erdgeschoss eines Hauses wird meist schon mit *primer piso* (1. St.) oder auch als *planta baja* bezeichnet. Ein Zwischenstockwerk über einer Eingangshalle (einer *hall* oder *lobby*) ist ein *mezanine*, eine Treppe eine *escalera*, ein Lift ein *ascensor*, ein Hof ein *patio* und ein *penthouse* die teuerste und aussichtsreichste Wohnung!

Ob Sonne oder Regen

Ausrüstung und Kleidung

Die Auswahl und der Umfang an mitgebrachtem Gepäck hängen in erster Linie von den Aktivitäten im Land ab und weniger von der Dauer des Aufenthaltes. Egal ob Sie drei Wochen oder drei Monate in Ecuador bleiben wollen, ein gewisser Grundstock an Kleidung und Rüstzeug sollte selbst bei einer relativ kurzen Reise vorhanden sein. Das ist schon deshalb erforderlich, um sich den völlig unterschiedlichen klimatischen Verhältnissen anzupassen. Allein die 2.800 m hoch gelegene Hauptstadt Quito hat manchmal an einem einzigen Tag mehrere Jahreszeiten aufzuweisen: ein milder Frühlingsmorgen, Hochsommer zur Mittagszeit, ein Hagelschauer am späteren Nachmittag und eine laue Winternacht mit Temperaturen kaum unter 8 Grad.

Für einen Urlaub in Ecuador bedarf es eines bequemen, voluminösen Rucksacks (evtl. Kofferrucksack) oder einer großen, wasserdichten Reisetasche mit Umhängeriemen. Eine passende Schutzhülle ist für den Rucksack von Vorteil. Zusätzlich ist ein Mini-Rucksack sehr praktisch für Tagesausflüge, Kurzreisen und Einkäufe. Dieses Gepäckstück kann auch in Ecuador günstig – z. B. in Ausrüstungsläden – erstanden werden.

Viele Hotels haben einen verschlossenen Raum zur Gepäckaufbewahrung. Dies hat den Vorteil, ohne viel Ballast für ein paar Tage in den Nebelwald, an den Strand oder in den Urwald verreisen zu können. Während die schwere Tasche mit frischer Wäsche sicher in der *Bodega* in Quito wartet, genügt vielleicht der kleine Rucksack; oder zwei Reisende teilen sich einen großen Rucksack.

In das Reisegepäck gehören ein paar bequeme Wanderschuhe oder knöchelhohe Trekkingstiefel. Selbst wenn Wanderungen als solche nicht in Betracht gezogen werden, ist gutes Schuhwerk unerlässlich. Holprige Wege und Schotterstraßen, Pfützen, Staub und Matsch sind nicht nur auf dem Land die Regel. Selbst auf den Straßen der großen Städte muss hin und wieder Erdhaufen oder Asphaltlöchern ausgewichen werden. Als zweites Paar Schuhe für Freizeit und Ausgang eignen sich z. B. Turnschuhe, Mokassins oder Sandalen mit Klettverschluss.

Die Kleidungsstücke sollten so bequem und konventionell wie möglich sein. Ein grelles, unziemliches oder gar schlampiges Outfit stößt bei der einheimischen Bevölkerung jedoch auf Ablehnung. Die Ecuadorianer legen bei einem Gringo-Touristen zwar keinen Wert auf formelle Bekleidung (man weiß, dass dieser viel unterwegs ist), erwarten aber eine gewisse Zurückhaltung und Angemessenheit. So schlägt barfüßigen Touristen mit zerrissenen Jeans vielerorts Verachtung entgegen. Frauen in engen Shorts und mit knappem T-Shirt müssen nicht nur im Hochland mit schlimmsten Belästigungen rechnen.

> Zur **Garderoben-Grundausstattung** eines mehrwöchigen Ecuador-Aufenthaltes gehören außer dem Schuhwerk zwei Jeans für das kühle Hochland, eine Trekking- oder Freizeithose, zwei langärmlige Baumwollhemden, eine wetterfeste Jacke mit Innentaschen (evtl. Gore-Tex), eine Inner-Fleece-Weste oder -Jacke mit Reißverschluss, genügend T-Shirts, Socken, Strümpfe und Unterwäsche, Shorts und Badekleidung für den Strand, ein Badetuch und ein Regenponcho, der beim Wandern über den Rucksack passt und bei verregneten Kanufahrten sehr praktisch ist.

Bei geführten **Bergbesteigungen** werden Schalenstiefel, Gamaschen, Steigeisen, Eispickel, Klettergurt, Karabiner oder Schneebrille von den Tourveranstaltern normalerweise auch vermietet. Für eine einmalige Cotopaxi-Besteigung reichen die geliehenen Schalenstiefel des Reisebüros in Quito aus. Wer gleich mehrere Schneevulkane in Angriff nehmen möchte, geht besser in eigenen, bereits eingelaufenen Bergschuhen. Ein dicker Schlafsack, eine aufblasbare Matte zum Aufrollen, ein warmer, schnell trocknender Fleece-Pullover, eine Gore-Tex-Jacke, eine Trekking- oder Gore-Tex-Hose, zwei Paar warme Wollstrümpfe, Handschuhe, eine Mütze, atmungsaktive Unterwäsche, eine Sonnenschutzcreme mit hohem Lichtschutzfaktor und Lippenschutz sollten jedoch von jedem angehenden Gipfelstürmer schon vor dem Abflug mit ins Gepäck genommen werden.

Bei **Dschungeltouren** werden die benötigten Gummistiefel für die morastigen Pfade meist kostenlos zur Verfügung gestellt. Wer jedoch Übergröße hat (ab Größe 46), sollte sich vielleicht schon ein paar Gummistiefel aus dem Heimatland mitbringen, auch wenn die Dinger nicht gerade platzsparend sind. Es wurde bisher leider

---

Detaillierte **Trekking-Infos mit Wanderrouten zu Ecuador** haben der *Bergführer Ecuador* von Günter Schmudlach (Panico-Alpinverlag), *Trekking in Ecuador* von Robert und Daisy Kunststaetter (Mountaineers Books, nur engl.), oder *The Bradt Climbing and Hiking Guide* von Rob Rachowiecki und Mark Thurber (nur engl.). Nützliche Bergsteiger-Infos bietet auch der South American Explorers Club in Quito: www.saexplorers.org.

---

noch nichts Besseres für Dschungelmärsche erfunden. Auch Moskitonetze, Schlafmatten oder Zelte sind bei den Anbietern für Regenwaldtouren im Preis meist mit inbegriffen. Luftige Kleidung ist im feuchtheißen Amazonastiefland oberstes Gebot. Leichte baumwollene T-Shirts, ein langärmliges Hemd, eine leichte Trekkinghose, ein paar Shorts, ein Windbreaker, Regenponcho oder eine leichte Goretex-Jacke (mit herausnehmbaren Fleece), ein paar Leinenschuhe und eine Baseballkappe gehören zum Rüstzeug. Auch ein ganz leichter Leinenschlafsack fürs Zelt- oder Hüttenlager und Kniestrümpfe, damit die geliehenen Gummistiefel nicht die Waden aufscheuern, können von Vorteil sein. Andererseits kann die Hose auch in die Stiefel gestopft werden. Jeans sind dagegen im Dschungel ziemlich unangebracht. Der dicke Stoff klebt und reibt bei der schwülen Hitze nur unangenehm auf der Haut und trocknet bei Nässe sehr schwer.

Bei **Wildwasserfahrten** (Rafting, Kajak, Inner Tubing) auf einem der vielen Flüsse, die von den Anden in Tropen hinunterführen, sind Gummisandalen mit Klettverschluss optimal. Überhaupt zählt dieses luftige Schuhwerk bei allen Reisenden fast schon zur Grundausrüstung.

Bei **Galapagos-Kreuzfahrten** ist eher leichte sommerliche Kleidung angesagt. Nichtsdestotrotz kann es an Bord auch schon mal frisch werden, vor allem in den Monaten von Juli bis November. Eine Wind- oder Goretex-Jacke sollte unbedingt mit ins Gepäck, auch eine leichte Fleeceweste oder -jacke kann kein Fehler sein. Ebenso sind ein paar feste Schuhe für die Ausflüge zu den verschiedenen Besucherstandorten, Badesachen und eine gut sitzende Schnorchelmaske empfehlenswert.

Nicht nur für Ornithologen und Walbeobachter ist ein handliches, leichtgewichtiges Fernglas ein unerlässliches Instrument. Mit einer Stirnlampe sollte jeder Reisende ausgerüstet sein. Nicht nur bei Wanderungen oder Dschungeltrips, sondern auch bei eventuellem Stromausfall erweist diese sehr gute Dienste.

Bettler

Almosen fordernde Straßenkinder, Tippelbrüder, Körperbehinderte und Indio-Frauen mit hingestreckten Blechnäpfen gehören in allen lateinamerikanischen Ländern zum alltäglichen Straßenbild. Für Europäer bedarf dies zuerst einmal einiger Gewohnheit. Der klägliche Anblick von Bettlern, Schuhputzerjungen, Rosenmädchen und Caramelo-Verkäufern verursacht beim „reichen" Gringo-Touristen meist ein gemischtes Gefühl aus Mitleid und Unsicherheit. Eine Not lindernde, gewissensberuhigende Gabe, die im Heimatland nur ein paar Pfennigen entspricht, tut zwar nicht weh, gilt unter der arbeitenden Bevölkerung aber keineswegs als Lösung. Locker verteilte Almosen würden die Bitterkeit der Misere lediglich noch vergrößern und der Bettelei und dem Schnorrertum Vorschub leisten. Andererseits sind die Ressourcen bzw. Bildungschancen des Landes so ungerecht verteilt, dass vielen Menschen keine Alternative als das Leben auf der Straße bleibt. Wie sollte sich demnach ein Tourist angesichts flehender Kinderhände am besten verhalten?

Diese Frage muss ein jeder für sich selbst beantworten. „Geben ohne Gegenwert" erscheint dabei aber weit weniger befriedigend als mit. Sich die staubigen Schuhe putzen zu lassen, seine Partnerin mit einer stachellosen Rose zu beglücken oder ein paar überteuerte Kaugummis zu kaufen erhebt den Armen zumindest in den Stellenwert eines Dienstleistenden und gibt nicht das Gefühl, ein Bettler zu sein.

Botschaften und Konsulate

● *Deutschland* **Botschaft der Republik Ecuador**, Kaiser Friedrich Straße 90, 1. St., 10585 Berlin, Mo–Fr 9–17 Uhr (Botschaft) bzw. 9–14 Uhr (Konsulat), ✆ 030/2386217, 030/8009695, ✉ 34787126, 800/969699, alemania@ embassy-ecuador.org, kanzlei@botschaft-ecuador.org, www.botschaft-ecuador.org.

Konsulate der Republik Ecuador, Berliner Str. 60, 60311 Frankfurt/M., Mo, Mi, Do 9–13 Uhr, ✆ 069/1332295, ✉ 1332726, konsulat.frankfurt@consulador.de;

Rothenbaumchaussee 221, 20149 Hamburg, Mo–Fr 9–17 Uhr, ✆ 040/443135, ✉ 4103135, consulado-hamburgo@embajada-ecuador.org;

Breitenweg 29–33, 28195 Bremen, Mo–Fr 9–12 Uhr, ✆ 0421/3092320, ✉ 3092432, wessels@wessels stuhr.de;

Fraunhoferstr. 2, 80469 München, Mo–Fr 9–12 Uhr, ✆ 089/265658, ✉ 237011288, consuladoecuador@bay-bw.de;

Steinfeldstrasse 2, 52222 Stolberg bei Aachen, Mo–Fr 9–12 Uhr, ✆ 0241/5693336, ✉ 5693565, honorarkonsulatnw@gruenenthal.de.

● *Österreich* **Honorargeneralkonsulat der Republik Ecuador**, Goldschmiedgasse 10, A-1010 Wien, Mo–Fr 9–13 und 15–18 Uhr, ✆ 01/5353208, ✉ 5350897, mecaustria@chello.at.

● *Schweiz* **Botschaft der Republik Ecuador**, Kramgasse 54, 3011 Bern, Mo–Fr 9–13und 14–17 Uhr, ✆ 031/3516254, ✉ 3512771, embecusuiza@bluewin.ch.

Konsulate der Republik Ecuador, Rue de Lausanne 139, CH-1202 Genève, ✆ 022/7315289, ✉ 7382676;

Genferstr. 21, CH-8002 Zürich, ✆ 01/2812427, ✉ 2812442.

Hier fehlt Ají

● *Ecuador* **Botschaft der Bundesrepublik Deutschland in Quito** (zusammen mit der britischen Botschaft), edificio Citiplaza, Av. Naciones Unidas E10-44 y República de El Salvador. Konsulat im 12. St., allgemeine Serviceleistungen, z. B. Reisepässe, Mo–Fr 8.30–11.30 Uhr. Botschaft im 14. St., nur mit Termin: Mo–Do 9–12 und 14–16 Uhr, Fr 9–12 Uhr, ✆ 02/2970820, 2970822 (Konsulat und Botschaft), ✉ 02/2970816 (Konsulat), 2970815 (Botschaft), www.quito.diplo.de.

Deutsches Generalkonsulat in Guayaquil, Las Monjas No. 10 y Av. Carlos Julio Arosemena, edificio Berlin, 2. Etage, geöffnet 9–12 Uhr, ✆ 04/2206867/868, ✉ 2206869, consuladoaleman@investmar.com.ec.

Deutsches Konsulat in Cuenca, Bolívar 9–18 y Benigno Malo, Honorarkonsulin Eva Klinkicht de Tamariz, ✆ 07/2848579, ✉ 2831479, evak@etapaonline.ec.net.

Deutsches Konsulat in Manta, Industrias Ales, Av. 113 y Calle 110, edificio Alcantara, Honorarkonsul Wolf Harten, i. d. R. Mo–Fr 9–11 und 15–17 Uhr, ✆ 05/2923577, ✆ 2924351, wrharten@hotmail.com.

Österreichisches Konsulat in Quito, Gaspar de Villaroel E9-53 zwischen Av. de los Shyris und Av. 6 de Diciembre, Mo–Fr 10–12 Uhr, ✆ 02/2469700, ✆ 2443276, przibra@interactive.net.ec.

Österreichisches Konsulat in Guayaquil, José Pérez Concha 718, Di und Do 10–12 Uhr, ✆/✆ 04/2384886.

Schweizerische Botschaft in Quito, Av. Amazonas 3617 y Juan Pablo Sanz, edificio Xerox, 2. St., Mo–Fr 9–12 Uhr, ✆ 2434949, ✆ 2449314, vertretung@qui.rep.admin.ch, www.eda.admin.ch/quito.

Schweizerisches Konsulat in Guayaquil, Av. Tanca Marengo km 1,8 y Santiago Castillo, edificio Conauto, 5. St., Mo–Fr 8.30–12.30 Uhr, ✆/✆ 04/2681997.

Diplomatische Vertretungen der Nachbarländer

Kolumbien – in Quito: Av. Colón 1133 y Av. Amazonas, *edificio* Arista, 7. St., Mo–Fr 9–13 und 14–17 Uhr, ✆ 02/2228926, 2222486; in Guayaquil: Av. Francisco de Orellana Mz. 111, edificio World Trade Center, ✆ 04/2630674.

Peru – in Quito: Av. República del Salvador 495 (N35-361) y Irlanda, ✆ 02/2468410, 2468389, Mo–Fr 9–13 u. 15–18 Uhr. in Guayaquil: Av. Francisco de Orellana 510, ✆ 04/2280114.

Drogen

Drogenkonsum (*consumo de drogas*) und vor allem Drogenhandel (*narcotráfico*) sind nach ecuadorianischer Gesetzgebung untersagt und werden teils mit langjährigem Gefängnisaufenthalt bestraft. Dies ist in Ecuador alles andere als ein Zuckerschlecken. Dabei spielt es keine Rolle, ob es sich um einen Schieber oder einen Touristen handelt. Letzterer wird zur Abschreckung meist noch härter bestraft. Genauso wenig wird kein Unterschied zwischen weichen oder harten Drogen gemacht, wie z. B. *Marihuana* oder *Base*, einem Kokain-Vorprodukt, Vorstufe zur Teufelsdroge *Crack*. Auch der Gebrauch von halluzinogenen Drogen wie dem *San-Pedro-Kaktus* oder den aus Kuhfladen herauswachsenden Psycho-Pilzen (*hongos haluzinógenos*) ist verboten. Der Konsum der amazonischen Wunderdroge *Ayahuasca* hingegen (gewöhnlich unter Anleitung eines indianischen Schamanen), eines aus einer Schlingpflanze zubereiteten Getränkes, ist nicht untersagt. Im Gegensatz zu den Andennachbarn Peru und Bolivien spielt das traditionelle Kauen von Coca-Blättern unter der indianischen Bevölkerung Ecuadors keinerlei Rolle.

Feiertage und Feste

Feiertage bedeuten auch in Ecuador Ferientage. Die Hauptstraßen des Landes sind zu diesen Zeiten mit erhöhter Achtsamkeit zu befahren, die größeren Städte erscheinen wie ausgestorben. Über die Weihnachts- und Neujahrszeit sowie in den Karnevalsferien (Februar/März) und in der Osterwoche (April) sind die Strände an der Pazifikküste aufgrund des Andrangs eher zu meiden. Auch der Wallfahrtsort Baños oder das Nebelwald-Dorf Mindo sind dann überlaufen.

Banken, Ämter und öffentliche Institutionen bleiben an folgenden **landesweiten Feiertagen** geschlossen, wobei die Unabhängigkeitstage von Quito, Guayaquil und Cuenca im ganzen Land begangen werden:

1. Januar: **Año Nuevo** (Neujahrstag). Der verkatertste Tag des Jahres, absolut tote Hose auf Landesniveau. So manch liegen gebliebener Zecher findet sich auf dem Gehweg!

6. Januar: **Día de los Reyes** (Heilige Drei Könige). Banken und Läden haben geöffnet!

Reisepraktisches

La Mama Negra in Latacunga

Der **Karfreitag** (**Viernes Santo**) ist ein beweglicher Feiertag im April. Viele Großstädter flüchten in dieser Woche (Schulferien) zu den Stränden.

1. Mai: **Día del Trabajador** (Tag der Arbeit). Von den Gewerkschaften organisierte Arbeiterparaden in allen größeren Städten des Landes, vor allem Quito und Guayaquil.

24. Mai: **Batalla del Pichincha** (Schlacht von Pichincha). Der Sieg über die Spanier wird hauptsächlich in Quito gefeiert (siehe Kapitel „Geschichte").

10. August: **Primer Grito de la Independencia** (erste Unabhängigkeitserklärung von Quito). Siehe Kapitel „Geschichte".

9. Oktober: **Independencia de Guayaquil** (Unabhängigkeitstag von Guayaquil). Ganz große Party in Guayaquil, landesweit dagegen höchstens auf dem Bildschirm (siehe Kapitel „Guayaquil").

1. November: Todos los Santos (Allerheiligen).

2. November: **Día de los Difuntos** (Allerseelen). Familientreffen auf allen Friedhöfen des Landes. Am Totensonntag säubern die Hinterbliebenen die Gräber und schmücken sie mit Blumen. Man serviert den Verstorbenen ihre Lieblingsspeise am Grab und konsumiert selbst alkoholische Getränke wie *Chicha*, Bier, Wein oder Schnaps. Bei Einbruch der Dunkelheit zieht sich die Familie dann zufrieden nach Hause zurück.

3. November: **Independencia de Cuenca** (Unabhängigkeitstag von Cuenca). Straßenparaden in Cuenca.

6. Dezember: **Fundación de Quito** (Gründungstag von Quito). Siehe Kapitel „Quito".

25. Dezember: Zweiter Weihnachtsfeiertag.

31. Dezember: **Silvesternacht** mit gefährlichen Knallkörpern. Verbrennung von fast lebensgroßen, selbst gebastelten Pappmachépuppen (*viejos* oder *monigotes*), die sowohl beliebte wie auch ungeliebte Persönlichkeiten aus Politik und öffentlichem Leben, mitunter aber auch den verhassten Nachbarn oder die Schwiegermutter verkörpern. (Viele Geschäfte sind an diesem Tag ganztags oder zumindest bis Mittag geöffnet!)

▶ **Regionale Feiertage, Volksfeste (Fiestas Populares) und Messen**: An diesen Tagen bleiben auf Landesebene Geschäfte, Banken und Ämter geöffnet, weil sich manche Festivitäten und Festtage nur auf bestimmte Regionen und Städte beschränken. Hierbei sei insbesonders auf das breite Spektrum an populären Volksfesten hingewiesen.

Von den indianischen „Fiestas del Yamor" und der „Fiesta de la Mama Negra" im Andenhochland bis hin zur „Fiesta del Montubio" in der Küstenebene führen diese farbenfrohen und auch sehr skurrilen Feste den Besucher hautnah durch die ethnokulturellen Landschaften Ecuadors.

1.–6. Januar: **Diablada Pillareña**. Bis zu 1.000 rote Teufelchen mit furchterregenden Masken tanzen in diesen Tagen durch die Straßen von Píllaro, einer Kleinstadt 25 Min. nordöstlich von Ambato. Das mehrtägige Fest in Erinnerung an die Überwindung kolonial-katholischer Machtverhältnisse wurde inzwischen zum *Patrimonio Cultural Nacional*, zum nationalen Kulturerbe erklärt.

12. Februar: **Día del Oriente** (Entdeckung des Amazonas durch Francisco de Orellana). Landwirtschaftliche Ausstellungen und folkloristische Paraden in den Provinzhauptstädten des Oriente (Coca, Tena, Puyo, Macas und Zamora). Zu trinken gibt es *Chicha*!

12. Februar: **Día de la Provincia** auf den Galapagosinseln. Bunte Paraden, schweißtreibende Bikini-Show am Strand der Tortuga Bay und andere Feierlichkeiten auf den verzauberten Inseln.

14. Februar: **Fiesta de San Valentín** (Valentinstag). Der Gringo (oder die Gringa), der an diesem Tag seinem (ihrem) ecuadorianischen Schatz keine Blumen schenkt, wird als „ungehobelter Wüstling" angesehen!

27. Februar: **Día del Ejercito** (Tag der Armee) bzw. **Batalla de Tarqui** (Schlacht von Tarqui). Dieser Tag im Jahre 1829 ging als glorreicher Sieg der großkolumbianischen Armee in die Geschichte ein. Bei Tarqui, in der Nähe von Guayaquil, wurden 8.000 Soldaten der peruanischen Invasions-Streitkräfte von 4.000 Ecuadorianern erfolgreich in die Flucht geschlagen. Die Schlacht stellt den größten Triumph über den südlichen Nachbarn dar. Auf peruanischer Seite wurden 2.500 Tote, Verletzte, Gefangene und Verschollene gezählt. Auf ecuadorianischer Seite waren es 154 Tote und 206 Verletzte.

Mitte bis Ende Februar: landesweite **Karnevalswoche**. Schon mehrere Tage vorher, wie im ecuadorianischen Fasching so üblich, wird mit viel Wasser herumgespritzt. Auch Touristen bilden bei dem ziemlich dämlichen Spiel, jedweden Vorbeigehenden mit Wassereimern oder Wasserbomben nass zu machen, keine Ausnahme. In Quito hat der rüde Spaß inzwischen jedoch stark nachgelassen. Dagegen soll Ambato, die Hauptstadt der Provinz Tungurahua, die einzig „trockene" Ausnahme in ganz Ecuador darstellen.

Ungefähr zeitgleich findet in Ambato alljährlich ein großes Früchte- und Blumenfest statt, die **Fiesta de las Frutas y Flores**. Insofern lohnt es sich, zur Karnevalszeit der Stadt einen kleinen Besuch abzustatten: So treten in den viel applaudierten *Festivals de la Rosa*, den *Desfiles del Amor*, *de la Confraternidad* und dem nächtlichen *Desfile Nocturno* auch Folkloregruppen aus Kolumbien, Peru und Bolivien auf.

Im Gegensatz zu Ambato zählt der altindianische **Carnaval de Guaranda** (Provinz Bolívar) mit zu den furchterregendsten Ereignissen auf Landesebene: Wild einhertanzende Volksgruppen mit verzerrten Fratzen vermischen sich mit den betrunkenen Besucherheerscharen. Hierbei werden nicht nur Wassereimer unter die Beteiligten verspritzt, sondern auch deftige Schaum- und Schlammbomben geworfen – Kameras wegpacken!

4.–10. März: **Gualaceo**. Pfirsichfest, indianische Kostümzüge, eine Stunde von Cuenca entfernt.

10. März: **Ritmo del Chota**. Traditionelles afroecuadorianisches Tanz-, Musik- und „Balance"-Fest im sommerlichen Chota-Tal nördlich von Ibarra.

21. März: **Fiesta del Equinoccio** am **Äquatordenkmal** Mitad del Mundo bei Quito. Folkloretänze und Musik.

Ende April bis Ende Mai: **Fiesta de la Chonta** in fast allen amzonischen Städten. Mit berauschendem Chicha-Bier, wildem Tanz und Gesang, Lanzenspitzen, bösen Geistern und barfüßigen Indianerinnen, wobei der Stammesälteste immer den Ton angibt!

17.–21. April: **Riobamba**. Unabhängigkeit vom spanischen Mutterland im Jahre 1822, landwirtschaftliche und kunsthandwerkliche Festtage mit bunten Folklore-Paraden und heißem *Canelazo*.

13. Mai: **Gründungstag der Republik** (1830). In Ecuador weiß dies so gut wie niemand.

21. Mai frühestens bis **24. Juni** spätestens: **Corpus Christi** (Fronleichnam). Während der spanischen *Conquista* das bedeutendste Fest, das einen wesentlichen Beitrag zur Christianisierung der „Indianer" leistete. Besonders interessant in **Pujilí** bei Latacunga, **Salasaca** bei Ambato und **Cañar** bei Cuenca.

21. Juni: Fiesta de Inti Raymi oder **Fiesta del Sol**. Indianisches Sonnenwendfest mit Tänzen und Schamanen am Äquatormonument **Mitad del Mundo** bei Quito, am **Peguche-Wasserfall** bei Otavalo, den **Cochasquí-Pyramiden** oder in den **Ingapirca-Ruinen** bei Cuenca.

24. Juni: **Otavalo, Cotacachi, Tabacundo, Lago San Pablo** und **Guamote**; **Fiesta de San Juan** (Johannisfest, auch Inti Raymi). Volkstümliche indianische Tänze und Maskenparaden sowie traditionelle Besäufnisse in diesen Kleinstädten und den Kommunen bzw. Haziendas im Umland.

29. Juni: **Fiestas de San Pedro y San Pablo**. Den beiden Fischerheiligen gewidmet, Prozessionen auf dem Meer z. B. in **Crucita** (Prov. Manabí), **San Pedro** (Guayas), **Playas** (Guayas), im Umfeld von Esmeraldas (z. B. Súa) und anderen Küstenorten.

1. Juli: **Día Nacional del Pasillo**. Tag der traditionellen nationalen Musik, des *Pasillo*. Revival-Konzerte, nostalgische Radiosendungen in Erinnerung an Julio Jaramillo (J. J.), den berühmtesten Vertreter dieser Musikgattung.

16. Juli: **Celebración de la Vírgen del Carmen**. Mischung aus religiösem und volkstümlichem Fest mit Musik und *vacas locas* im sommerlichen **Chota-Tal** in Ibarra und Otavalo.

20. Juli: **Paseo del Chagra** bzw. *Rodeos del Chagra* in **Machachi** südlich von Quito. Traditionelle Reiter- und Lassospiele, die an den *Cowboy* in den USA, den *Charro* in Mexiko und den *Gaucho* in Argentinien anknüpfen, jedoch ihre ganz eigenen kulturellen „Farbtupfer" haben, sehr sehenswert!

24. Juli: **Nacimiento de Simón Bolívar** (Geburtstag von Simón Bolívar). Zwei Tage lang dauern die Feierlichkeiten an der Küste (vor allem Guayaquil), einen Tag im Hochland (wo es jedoch kaum wahrgenommen wird).

25. Juli: **Fundación de Guayaquil**. Gründungstag von Guayaquil (vgl. „Guayaquil")

19.–27. Juli: **Procesión Marítima Cristo Pescador**. Religiöses Fest mit bunt geschmückten Booten und Schiffen in **Salinas** (Guayas).

3.–5. August: **Fiestas de Esmeraldas** (Unabhängigkeitsfeiern). Salsa-, Marimba- und spektakuläre Afro-latino-Livekonzerte in der ecuadorianischen Hauptstadt der tropischen Musik. Außerdem Ausstellungen landwirtschaftlicher Produkte.

5.–7. August: **Fiestas de la Vírgen de las Nieves**. Mischung aus religiösem und volkstümlichem Fest, traditionelle *castillos* (eine Art Feuerwerksgestell aus Holz und Pappe), Masken, Zuckerrohrschnaps in **San Isidro** (Manabí), **Sicalpa** (Chimborazo) und **San Gabriel** (Carchi).

Ende August: **Santa Rosa**. Internationale Langusten- und Krabbenmesse.

2.–5. September: **Otavalo, Fiesta del Yamor**. Festlichkeiten zur Maisaussaat, Folkloreshows, Chicha-Bier und Hahnenkämpfe, Wahl der indianischen Schönheitskönigin. (siehe auch im Kapitel „Panamericana Norte"/ „Otavalo").

8.–9. September: **Sangolquí**. Volkstümliche Stierkämpfe (*corridas de toros*), Chagra-Reiterspiele, ultraschräge Dorfmusik und Wahl der *chagra linda*, der „schönen Bäuerin". Eine halbe Stunde von Quito.

8.–15. September: **Cotacachi, Fiesta de Jora**. Erntedankfest mit Musik- und Tanzeinlagen, Feuerwerk und dem leicht bekömmlichen Jora-Schnaps.

Dritte Septemberwoche: **Loja**, Catamayo, El Cisne. Prozession der **Virgen del Cisne**, eine der größten und beeindruckendsten in ganz Amerika (siehe Kapitel „Loja").

20. September: **Paseo del Chagra**. Reiterspiele, Stierkämpfe und *juegos populares* in San José de Minas, zwischen **Äquatormonument** und Otavalo.

21./22. September: Aussaat- und Erntedankfest **Fiesta del Solsticio** am Äquatordenkmal Mitad del Mundo und am Inti-Ñan-Freilichtmuseum, etwa 20 km nördlich von Quito.

20.–26. September: Internationale Bananenmesse und Wahl der Bananenkönigin in **Machala** (siehe Kapitel „Machala").

23.–24. September: **Fiesta de la Mama Negra** in **Latacunga**. Eines der traditionsreichsten und sehenswertesten Volksfeste im Hochland, die die unglaubliche Verschmelzung katholischer und indianischer Elemente veranschaulicht (siehe Kapitel „Latacunga").

26. September: **Día de la Bandera**, „Tag der Fahne". Patriotischer Feiertag mit Ansprachen und Fahnenküssen auf den Schulhöfen des Landes.

Anfang Oktober: Internationale Messe (Technik, Kunsthandwerk, Livekonzerte) in **Durán/Eloy Alfaro** (siehe Kapitel „Guayaquil").

12. Oktober: **Día de la Raza** (Tag der Rasse). Entdeckung Amerikas durch Columbus. Stark umstrittene Bezeichnung für diesen Feiertag, der inoffiziell zur **Fiesta del**

Montubio umbenannt wurde (12./13. Okt.). In den Provinzen Guayas, Los Rios und Manabí finden dann in vielen Ortschaften waghalsige **Rodeos Montubios**, spektakuläre Reitturniere mit viel Zuckerrohrschnaps statt. Da Pferde und Lasttiere in diesen tropischen Landstrichen schon seit langen Zeiten eng mit den täglichen Aktivitäten der Bevölkerung verknüpft waren, bilden diese touristisch noch unentdeckten Festlichkeiten eine willkommene Abwechslung für Küsten- und Guayaquilbesucher. Die bekanntesten Orte für die Rodeos sind Samborondón, Salitre, Daule, Yaguachi und Naranjal (Guayas) sowie Vinces, Baba, Babahoyo (Los Ríos), Chone, Santa Ana oder Junín (**Manabí**). Ebenso Stier- und Hahnenkämpfe, Wahl der *criolla bonita*, siehe dazu auch unter dem Stichwort „Feste" bei Gua-

yaquil. Der 12. Okt. wird im Andenhochland auch in der Kommune **El Rosario** beim Städtchen Salasaca (zwischen Ambato und Baños) gefeiert, dort wird die *Conquista Española* auf „indianische" Weise dargestellt – ein Besuch lohnt sich!

11. November: Unabhängigkeitstag von **Latacunga**, Stierkämpfe, Straßentanz.

21. November: Pilgerwanderung zur großen Wallfahrtskirche der Jungfrau Reina del Quinche in **El Quinche** (Pichincha), schräge Musik, frittiertes Schweinefleisch und heißer Zuckerrohrschnaps.

23.–26. Dezember: **Pase del Niño**. Sehr farbenfroher weihnachtlicher Umzug mit Kindern und Pferden durch die Altstadt von **Cuenca**.

Film, Funk und Fernsehen

▶ **Film**: Die filmische Mittelmäßigkeit Ecuadors verflüchtigte sich erst ein wenig mit dem unerwarteten internationalen Erfolg der Low-Budget-Produktion *Ratas, Ratones y Rateros* (englischer Titel: „Rodents") des zu diesem Zeitpunkt gerade mal 28-jährigen Underground-Filmemachers Sebastián Cordero. Der in 32 Tagen abgedrehte Streifen gewann 1999 gleich eine ganze Reihe von Preisen auf renommierten Filmfestivals in Europa, Kanada und Kuba. Das mit skurrilem Humor, ecuadorianischem Küsten-, Hochland- und New Yorker Straßenslang gespickte „subterrane" Latino-Drama handelt von jugendlicher Gewalt, von Waffen, Drogen und krasser urbaner Entwurzelung.

Das folgende Werk Corderos, der 2004 im tropischen Babahoyo entstandene Film *Crónicas*, erforscht hingegen die finsteren Seelenwinkel eines gefürchteten Kinderschänders, dem erst die lebendige Verbrennung durch den Mob und später sogar der Knast erspart bleibt. Ein erschütternder Streifen über ecuadorianische Realitäten. Sehr erfolgreich wurde 2007 der bissig-witzige Road-Movie „Qué Tan Lejos" („Wie weit noch") um ein paar sterbliche Überreste – die der Cuencana Tania Hermida. Es bleibt gespannt zu erwarten, womit die eben aus den Kinderschuhen herausgewachsene, finanziell sehr beschränkte ecuadorianische Filmindustrie in den nächsten Jahren noch überraschen wird.

▶ **Funk**: Radioprogramme sind in Ecuador äußerst populär. Über 1.200 überregionale und lokale Radiostationen gehen auf Sendung. Selbst Fußballübertragungen werden allerorten noch per Radio wahrgenommen. Die Reichweiten sind aufgrund der topografischen Gegebenheiten jedoch oftmals begrenzt. Die Finanzierung dieser Sender geschieht fast ausschließlich über Werbespots.

Tipp Die beste Rockfrequenz ist **Metro** in Quito auf FM 88,5.

▶ **Fernsehen**: In Ecuador gibt es meist Privatsender, davon werden sechs landesweit und fast 300 lokal ausgestrahlt. Des Öfteren schaltet sich die Regierung mit einer *cadena nacional* in die Programme ein, einem filmischen Eigenlob auf ihre Errungenschaften. *Canal 11 TV Ecuador* ist der regimetreue staatliche Sender. Zudem wurden einige der privaten Fernsehstationen inzwischen von der Regierung konfisziert. Gebühren sind von den Empfängern keine zu bezahlen, es sei denn, jemand

kann sich Kabelanschluss oder eine Satellitenschüssel leisten. Dafür werden die Programme derart mit Werbespots bombardiert, dass einem Hören und Sehen vergehen kann. Absolute Einschaltquoten-Renner sind monatelange, täglich ausgestrahlte *telenovelas* aus Mexiko, Venezuela, Kolumbien oder Brasilien.

Finanzen

Am 9. September 2000 wurde die dauerhaft unstabile Landeswährung Sucre nach 116 Jahren Gültigkeit zu Grabe getragen und der **US-Dollar** als einzig gültiges Zahlungsmittel eingeführt. Während andere Staaten der Region in ihren hyperinflationären Phasen einfach ausharrten oder eine strikte Konvertibilität zum US-Dollar schufen bzw. ein paar Nullen strichen und die Währung umbenannten (Peru, Argentinien, Brasilien), setzte Ecuador alles auf die *„dolarización".* Im Einvernehmen mit Washington wurden gleich mehrere Container voller *dimes* und *quarters* an den Äquator geschickt. Bei dem anfänglichen Währungsdurcheinander und krassen Kleingeldmangel (vor allem auf indianischen Märkten) mussten erst einmal ganz rasch genügend Münzen hergeschafft werden. Heute gibt es landeseigene Centavo-Gegenstücke zu den nordamerikanischen 1-, 5-, 10-, 25- und 50-Cent-Stücken. Die Centavos entsprechen hierbei genau dem Wert, der Größe und dem Gewicht des jeweiligen US-Cent-Gegenstückes. Auf der goldig funkelnden Ein-Centavo-Münze steht *Luz de América,* auf dem 5er ist das Konterfei von *Juan Montalvo* abgebildet, auf dem 10er *Eugenio Espejo* (ecuadorianischer *dime),* auf dem 25er *José Joaquín Olmedo* (ecuadorianischer *quarter)* und auf dem 50er *Eloy Alfaro* (ecuadorianischer *half-dollar).* Die weitverbreitete, messingfarbene „indianische" 1-Dollar-Münze stammt aus nordamerikanischer Produktion und hat teilweise die mitunter arg verrunzelten 1-Dollar-Scheine ersetzt.

Der Euro steht in Ecuador viel ungünstiger da als in Europa. In Banken, Wechselstuben oder Hotels muss beim Umtausch in US-Dollar mit bis zu 20 % Verlust zum internationalen Währungskurs gerechnet werden. Der gesamte Zahlungsverkehr läuft auf US-Dollar-Basis, daher ist es notwendig, bereits im Heimatland getauschte US-Dollars mitzubringen. Es ist von Vorteil, kleine Scheine von 1, 5, 10 und 20 USD mitzuführen. Aus Furcht vor Falschgeld werden 50er-Scheine oftmals nur in großen Supermärkten angenommen. Scheine zu 100 USD sind noch schwerer an den Mann zu bringen, sie werden höchstens von Banken, Hotels, den Supermaxi-Einkaufszentren oder für die Galapagos-Nationalparkgebühr akzeptiert. Man sollte darauf achten, dass sich die *billetes* (Scheine) in einem einigermaßen guten Zustand befinden, d. h. ohne Einrisse und fehlende Ecken oder gar schon so verblichen, dass man kaum noch etwas Grünes darauf erkennen kann.

Mit einer neuen nationalen oder auch überregionalen Währung wird bereits seit der Amtsübernahme Rafael Correas' geliebäugelt. Wann und wie der zukünftige „Alfaro", „Kondor", „Rumiñahui" oder „Bolívar" nun eingeführt wird, und ob er dann als einzig gültige Landeswährung oder neben dem US-Dollar als Zweitwährung dient, steht noch in den Sternen.

Vor möglichem Falschgeld wird gewarnt. „Magische Stifte" oder handliche „Röntgengeräte" zum Enttarnen werden vielerorts in Geschäften und Restaurants benutzt. Touristen sollten nur in Banken oder authorisierten Wechselstuben (z. B. an den Grenzübergängen) Geld umtauschen!

• *Reisechecks* American-Express-Reiseschecks konnten bei redaktionsschluss (Sommer 2009) nur noch in den Filialen der *Banco del Pacífico* zu Barem gemacht werden.

• *Kreditkarten* Neben Bargeld sind Kreditkarten von **Visa**, **Mastercard** und **American Express** sowie in geringerem Umfang auch von **Diners** als Zahlungsmittel verbreitet. Jedoch kann damit nur in gehobenen Hotels und Restaurants, in Reisebüros, Boutiquen, Supermärkten oder besseren Artesanía-Geschäften bezahlt werden. Mit saftigen Bankgebühren von bis zu 10 % des Gesamtbetrages ist allerdings zu rechnen. Einzige Ausnahme stellt der Kauf von nationalen und internationalen Flugtickets dar. Diese kosten bar oder per Kreditkarte meist das gleiche. Hingegen geben Geschäfte oftmals bis zu 10 % Rabatt bei Barzahlung.

Mit einer Kreditkarte kann bei Banken direkt am Schalter oder am dazugehörigen Geldautomaten abgehoben werden. Die meistakzeptierten Kreditkarten sind Visa und Mastercard. Überall im Land kommt es jedoch immer wieder vor, dass der Geldautomat trotz Eingabe der Geheimnummer nichts ausspucken will. Ebenso kann es geschehen, dass das freundliches Fräulein am Schalter steif und fest behauptet, das Konto sei nicht gedeckt; dies obwohl sich vielleicht 100.000 € darauf befinden. Im Zweifelsfalle wird geraten, sich an die jeweilige Hauptstelle des Kreditkarteninstitutes zu begeben. In Quito befindet sich Mastercard neben der Banco del Pacífico in der Av. Naciones Unidas E7-71 y Av. de los Shyris, Erdgeschoss, ✆ 2461563. Je nach Karte können dort angeblich bis zu 2.000 USD pro Tag ausbezahlt werden. Auch die Hauptbüros von Diners und Visa befinden sich in der Nähe im edificio Centro Financiero in der Av. Amazonas 4545 y Poreira, ✆ 2981300, 2260770. Für VISA-Karten-Inhaber gibt es 400–500 USD Bargeld direkt am Schalter im oberen Stock des zentralen *Banco de Guayaquil* in der Av. Colón y Reina Victoria in Quito. Generell bewegen sich die von Geldautomaten ausgespuckten Beträge jedoch zwischen 200 und 300 USD. Die Automaten für Kreditkarten sind meist an oder auch in folgenden Banken anzutreffen: **Banco de Guayaquil, Banco del Pacífico, Produbanco, Banco Bolivariano, Banco Pichincha, Banco del Austro**. Letztere hat keinen besonders guten Ruf, es kam schon zu vereinzelten Reklamationen. Siehe zum Thema „Geldbeschaffung" auch in den jeweiligen Adresskapiteln der im Buch vorgestellten touristischen Groß- und Kleinstädte.

• *EC-Karten* In Ecuador kann an zahlreichen Geldautomaten auch mit **EC-Karten** abgehoben werden, vorzugsweise mit Karten mit Maestro-Zeichen, Cirrus geht aber meist auch. EC-Karten garantieren zudem den etwas besseren Umtauschkurs im Vergleich zu Kreditkarten. Die Gebühr fürs Abheben beträgt je nach Bank zwischen 5 und 7,50 €. Es können damit wenigstens 100 oder 150 USD pro Tag abgehoben werden. In diesem Zusammenhang sei in einigen Städten vertretene *Banco Bolivariano* erwähnt, die EC-Karten der Volks- und Raiffeisenbank akzeptiert (in Quito Av. Naciones Unidas entre Av. de los Shyris y Japón). Ebenso kann mit der *Sparcard* der deutschen **Postbank** angeblich bis zu 10x an einigen Bankautomaten abgehoben werden. Die Postbank verzichtet hierbei zwar auf Gebühren, die ecuadorianische Bank kassiert jedoch i. d. R. ca. 2 USD für die Benutzung des Automaten. Es können jeweils bis zu 100 USD abgehoben werden. Auch mit der gelben **Post Finance Card** der Schweizer Post kann man in Quito und anderen Städten Geld an Visa-Bankautomaten abheben.

Kartensperrung bei Verlust

Alle Karten können von überall auf der Welt über die Telefonnummer ✆ 0049/116116 gesperrt werden. Für Maestro- oder EC-Karten gilt zudem die Nummer ✆ 0049/1805-021021 (auch für Sparkassenkunden), für Mastercard ✆ 001/3142/756690 oder ✆ 0049/69/79331910, für Visa ✆ 001/410/5813836 oder ✆ 0049/69/79331910, für American Express ✆ 0049/69/97977777 oder 97971000, für Diners Club ✆ 0049/69/66166123.

▸ **Preise und Reisekosten:** Im Vergleich mit den Nachbarländern schneidet Ecuador bei Hotel- und Transportkosten preiswerter ab und gilt diesbezüglich nach wie vor als eines der billigsten Reiseländer im lateinamerikanischen Raum. Gemessen an deutschen oder Schweizer Lebenshaltungskosten ist Ecuador immer noch ein sehr preisgünstiges Urlaubsland. So kostet z. B. ein einfacher Inlandsflug (außer zu den

Galapagosinseln) um die 70 USD, eine neun- bis zehnstündige Busfahrt um die 10 USD, ein Budgethotel zwischen 8 und 20 USD pro Person, ein Essen *a la carta* in einem Restaurant zwischen 4 und 10 USD, ein *almuerzo* (Mittagsmenü) je nach Qualität und Umfang 2–5 USD, ein einheimisches Bier etwa 1,50 USD. Bei Restaurants und Hotels der gehobenen Klasse kommen außer 12 % Mehrwertsteuer meist auch noch 10 % Servicesteuer mit auf die Rechnung. Teuer sind exklusive Urwald-Lodges oder Kreuzfahrten im Galapagos-Archipel. Letztendlich ist der Kostenaufwand jedoch von den Ansprüchen jedes Einzelnen abhängig.

Fotografieren

Filme (*rollos*), Diafilme (*slides*) und Digitalchips (*chips digitales*) sollte man nach Möglichkeit von zu Hause mitbringen, selbst wenn diese in Ecuador vielleicht nur unwesentlich teurer sind. Die beeindruckendsten Aufnahmen gelingen bei den farbintensiven äquatorialen Lichtverhältnissen meist kurz nach Sonnenaufgang bzw. kurz vor Sonnenuntergang. Ein zusätzlicher Sonnenfilter ist aufgrund der starken UV-Strahlung in den Bergen oder auch am Sandstrand von großem Vorteil. Beim Fotografieren von Menschen ist auf das Persönlichkeitsrecht zu achten. Rücksichtnahme und Taktgefühl sollten hierbei selbstverständlich sein. Fuchteln Sie nicht mit der Kamera ohne vorheriges Einverständnis vor Trachten tragenden *Indígenas* herum. Die meisten Menschen haben es nicht gern, wenn man sie einfach nur dankend ablichtet. Ein kleines Fotohonorar, z. B. in Form von einem Dollar, schafft meist einen gerechten Ausgleich bei besonders begehrten Schnappschüssen und zudem freundlich dreinblickende Gesichter. Benutzern von Teleobjektiven mit langer Brennweite eröffnen sich diesbezüglich natürlich noch ganz andere Möglichkeiten.

> In zahlreichen Internet- und Cybercafés können **Digitalfotos** auf CD gebrannt werden.

Gesundheit

Grundsätzlich gilt: Wer mitteleuropäische Sauberkeit und Hygienestandards erwartet, sollte besser in Graubünden die Berge besteigen statt im ecuadorianischen Andenhochland zu wandern oder am Timmendorfer Strand Sandburgen bauen als auf den Galapagosinseln mit den Seelöwen um die Wette zu schnorcheln. Besucher sollten sich vorher darüber im Klaren sein, dass Ecuador diese Standards nur sehr eingeschränkt aufweisen kann.

Impfungen

Generell sind keine Impfungen für Ecuador verpflichtend (Stand: Sommer 2009). Eine *Gelbfieberimpfung* ist für Regenwaldtouren ratsam; bei Touren von Lago Agrio oder Coca aus ins Cuyabeno-Reservat oder in den Yasuní-Nationalpark eigentlich sogar vorgeschrieben, obwohl dies nicht immer kontrolliert wird. Auch eine *Polio-*, *Tetanus-* oder *Diphtherieauffrischung* kann nicht schaden.

Übertriebene vorsorgliche Maßnahmen sind jedoch ebenso zu vermeiden wie großer Leichtsinn. Ecuador steht auf keiner gesonderten Risikoliste für seuchenartige Epidemien. Wer sich daher eines allgemeinen Wohlbefindens erfreut, braucht sich

Gesehen unterm Chimborazo

vorher nicht schon allzu viel Gedanken über eventuelle Tropenkrankheiten zu machen. Ein starker UV-Blocker mit **hohem Lichtschutzfaktor** sollte aber wegen der äquatorialen Sonneneinstrahlung nicht im Reisekoffer fehlen. Ein **effizientes Mückenmittel**, am besten als umweltfreundlicher Rollstick, dient zur Verhütung von schweren Erkrankungen, die durch tropische Plagegeister übertragen werden.

Bei den abrupten Klimawechseln sind **starke Erkältungen** mitunter der einzige Grund für ein paar Tage Bettlägerigkeit. Ein sehr schwaches Herz hingegen, ein extrem hoher Blutdruck oder ein Asthmaleiden zählen nicht gerade zu den besten Voraussetzungen für eine Landung im 2.800 m hoch gelegenen, relativ sauerstoffarmen Quito.

Nach Ankunft in der Landeshauptstadt kann es innerhalb der ersten Stunden und Tage zu einer Beeinträchtigung des Allgemeinbefindens (Höhenbeschwerden) in Form von verstärkter Atmung, Herzklopfen, Kopfschmerzen, Schlafstörungen, Schwindel oder Appetitlosigkeit kommen. Auch leichte Schwellungen der Füße und Arme können evtl. auftreten. In den meisten Fällen ist ein derartiges Unwohlsein auf Flüssigkeitsmangel im Körper zurückzuführen. Es sollten daher mehr Getränke als gewöhnlich aufgenommen werden (kohlensäurefreies Mineralwasser, Tee, Säfte, Suppen). Häufige Zwischenmahlzeiten sind empfehlenswert.

Die **ärztlich-medizinische Versorgung** in den Metropolen Quito und Guayaquil ist zumindest auf privater Basis mehr als zufrieden stellend. Moderne Kliniken und im Ausland promovierte, teils Deutsch sprechende Fachärzte leisten im Notfall einen guten Dienst (vgl. Adressen in den jeweiligen Ortskapiteln). In staatlichen Volkshospitälern, kleinstädtischen Krankenhäusern, Rot-Kreuz-Ablegern und ländlichen Gesundheitsämtern sieht es mit der medizinischen Versorgung wieder ganz anders aus. Eine veraltete, mangelhafte, nicht vorhandene oder gar schmutzige Ausstattung kann häufig angetroffen werden.

• *Adressen* Zu den besten Deutsch sprechenden Allgemeinmedizinern in Quito zählt Dr. Martin Domski: Av. República 784 y Av. Eloy Alfaro, edificio Complejo Médico „La Salud", 1. St., *oficina* 102, ☎ 2553206, ☎ 099-

44061 (mobil); für Innere Medizin und Herzkrankheiten ist Dr. Wilson Pancho die richtige Adresse: Av. de los Shyris y República de El Salvador, edificio Onix, ☎ 2469546, 2463139, 2434841 (privat), ☎ 097-943018 (mobil).

Eine bereits im Heimatland abgeschlossene **Reisekrankenversicherung** ist demzufolge unumgänglich und schafft im Falle eines Falles eine gewisse Sicherheit. Die zu übernehmenden Leistungen und Kostenerstattungen bei Arztbesuchen, Unfällen, Krankenhausaufenthalten oder Rettungsaktionen sollten vor Abreise mit der Versicherungsagentur geklärt werden.

Die weitestverbreitete Reisekrankheit in Südamerika ist parasiten- oder amöbenbedingter **Durchfall**. Nicht abgekochtes Wasser, häufig wieder verwendetes Bratfett, Eiswürfel unbekannter Herkunft, ungeschältes Gemüse, Fruchtsäfte, Schweinedärme und Cebiches von Straßenständen können der triftige Grund für eine leichte bis mittelschwere Magen-Darm-Störung sein. Besonders auf schmutzigen Frischmärkten sollte kein Essen angerührt werden. Reines Trinkwasser ohne oder mit Kohlensäure ist jedoch nicht teuer *(agua sin o con gas)* und überall erhältlich. Leitungswasser ist vor allem in Quito und Cuenca meist von trinkbarer Qualität. Es schmeckt vielleicht nicht besonders, zum Zähnputzen reicht es jedoch allemal. Ein ganz anderes Thema ist das Leitungswasser (*agua del grifo*) in Guayaquil und im gesamten Küstenbereich, auf den Galapagosinseln, überall im Oriente und auch einigen Regionen des Hochlandes.

Bei vielen Verdauungsproblemen handelt es sich aber oft nur um Anpassungsschwierigkeiten an die neue, ungewöhnliche Nahrung. Eine antibakterielle, da Magensaft anregende Wirkung erzielt das scharfe Gewürz *Ají*, das praktisch in jedem ecuadorianischen Restaurant in flüssiger Form auf dem Tisch steht. Im Krankheitsfalle empfiehlt es sich, so viel wie möglich an Flüssigkeit zu sich zu nehmen. Tee ohne Zucker, kohlensäurefreies Mineralwasser, Papayasaft und abgekochtes Reiswasser gehören neben Salztabletten und Zwieback zur Diät. Bei Magen-Darm-Problemen sind vor allem natürliche Gras- und Kräutertees wie *Manzanilla, Hierba Luisa, Hierba Buena* oder ein sehr effektiver Anti-Durchfall-Tee aus frischem *Oregano* zu empfehlen. Unter den unterschiedlichen Medikamenten zur Bekämpfung der Symptome scheinen Kohletabletten das verträglichste zu sein. Mit *Imodium* und anderen Durchfallmitteln sollte sehr behutsam umgegangen werden. Eine falsche oder exzessive Anwendung könnte zu noch schlimmeren Konsequenzen führen. Bei längeren Busfahrten können chemische Maßnahmen aber zumindest temporär von großem Nutzen sein. Bei blutigem Stuhlgang, Magenkrämpfen und hohem Fieber sollte sofort ein Arzt aufgesucht werden. Es könnte sich um eine leber- und organschädigende *Amöbenruhr* handeln, die auf jeden Fall behandelt werden muss.

Reiseapotheke

Neben Medikamenten, die man ständig benötigt, und den üblichen Erste-Hilfe-Artikeln wie Verbandszeug, Schmerztabletten, Wundsalbe sollten folgende Medikamente und Hilfsmittel in die persönliche Reiseapotheke gepackt werden: Malaria-Stand-by-Mittel, gegen Durchfall Imodium akut, Mittel gegen Reisekrankheit (z. B. entsprechende Kaudragees), Desinfektionsmittel, Antihistaminicum, Vitaminpräparate, Fieberthermometer sowie ein starkes Sonnenschutz- und ein mückenabwehrendes Mittel.

Hepatitis/Gelbsucht: Neben der lebensgefährlichen, auf Blutwegen übertragenen Hepatitis B (neuerdings auch Hepatitis C, eine Art „Mega-Hepa") ist die herkömmliche und weitverbreitete Version der Hepatitis A relativ leicht auszukurieren. Die ersten Symptome der ansteckenden Krankheit sind Schlaffheit, Appetitmangel und schlechte Laune. Es folgen dunkler Urin, weißer Durchfall, eine Gelbfärbung von Augen und Gesicht sowie ein schmerzhafter Druck auf der Leber.

Die einzig richtige Strategie, dem schleichenden Siechtum einer Hepatitis-Infektion entgegenzutreten, sind monatelanges strengstes Alkoholverbot, fettfreie Nahrung (wie Gemüse, Haferflocken, Diätjoghurt), viel Bettruhe.

Die Gründe für eine Infizierung mit dem Hepatitis-Virus können verseuchte Lebensmittel, ranzige Speiseöle oder fäkalienhaltiges Trinkwasser sein. Auch bei verdreckten WCs besteht potenzielle Ansteckungsgefahr. Eine vorbeugende Gelbsuchtimpfung ist inzwischen mit dem Präparat Havrix auf dem Markt und bei wiederholt langen Aufenthalten in Dritte-Welt-Ländern zu empfehlen. Reisende, die schon einmal eine Hepatitis-Infektion ausgestanden haben, können sich dank ihrer bereits bestehenden Antikörper-Abwehrkräfte darauf verlassen, dem Virus ein Leben lang nicht mehr zum Opfer zu fallen.

Malaria: Sumpf- oder Wechselfieber, span. auch *paludismo*, gehört zu den am häufigsten auftretenden tropischen Infektionskrankheiten und stellt für die meisten Dritte-Welt-Länder ein ernsthaftes Gesundheitsproblem dar. In Ecuador sind hauptsächlich die bevölkerungsstarken Schichten in den dreckigen Vorstädten der inneren und nördlichen Küstenregion sowie Siedlungen im Bereich von Mangrovensümpfen oder an den überwucherten Ufern seichter Flussniederungen im tieferen Oriente (Amazonien) betroffen. Im Andenhochland und im Galapagos-Archipel hingegen trat die Krankheit bisher nicht auf. Die Ansteckung und Verbreitung beschränkt sich insofern auf eher weniger bereiste Teilgebiete abseits der herkömmlichen touristischen Pfade.

Bei der Einnahme von prophylaktischen Malariatabletten über einen längeren Zeitraum hinweg können unangenehme Nebeneffekte wie z. B. Alpträume auftreten. Da man die Medikamente (z. B. Chloroquin oder Primaquin) schon zwei Wochen vor Reiseantritt und vier bis sechs Wochen danach noch einnehmen muss, macht die Einnahme eigentlich nur Sinn bei Aufenthalten in ausgesprochen malariagefährdeten Zonen, von denen es in Ecuador nur wenige gibt. Stand-by-Medikamente wie z. B. Malarone kommen meist erst nach einem Aufenthalt in einem malariagefährdeten Gebiet zum Einsatz, da die Inkubationszeit bis zum Ausbruch der Krankheit etwa 10 Tage andauert. Ob nun Prophylaxe oder Standby, es sollte vorher unbedingt ein Facharzt für Tropenkrankheiten konsultiert werden.

Bei kurzen Ausflügen an die Küste oder in den Dschungel sind konventionelle Vorbeugungsmaßnahmen in jedem Falle die vernünftigere, da gesündere Lösung. Die langbeinige, nachtaktive Anophelesfliege sticht immer erst nach Einbruch der Dunkelheit, und das nur in tropischen Lagen unter 1.300 Höhenmetern. Bei abendlichen Spaziergängen ist langärmelige bzw. „langbeinige" Kleidung anzuraten. Eine chemische „Mückenkeule" (*DEET*) für Nacken- und Knöchelpartien ist von großem Nutzen! Ein Moskitonetz über der Schlafstätte ist zumindest in den nicht klimatisierten Tropenhotels und Dschungel-Lodges der unteren Preiskategorien eine Garantie für ungestörte Nachtruhe.

Denguefieber (auch *„fiebre rompehuesos"*, Knochenbrecherfieber): wird ähnlich der Malaria von einer Stechmücke übertragen (*Aedes aegypti*, weiße Flügel). Auch die Symptome des Denguefiebers gleichen mitunter einer Malaria-Erkrankung: starker Schüttelfrost, hohes Fieber, Schweißausbrüche, Schwächegefühl und völliger Appetitmangel. Hinzu kommen schier unerträgliche Muskelschmerzen im Überschenkel-, Knie-, Knöchel- und Stirnhöhlenbereich. Ein Gegenmittel gibt es nicht! Bettruhe und viel Flüssigkeit sind die einzigen ratsamen Möglichkeiten – wobei die Einnahme von Aspirintabletten gegen die Schmerzen evtl. tödliche Folgen haben kann! Nach sieben Tagen verschwindet dann das Denguefieber genauso schnell, wie es begonnen hat, innerhalb weniger Minuten. Wer ein zweites Mal gestochen werden sollte, für den besteht wegen eines meist noch heftigeren Krankheitsausbruches absolute Lebensgefahr (*dengue hemorrágico* mit starken Blutungen).

Ein rein **zoologischer Hinweis** für Reaktionsschnelle: Während gewöhnliche Stechmücken eine straffe Körperhaltung parallel zur Hautoberfläche einnehmen, streckt die gemeine Malariaüberträgerin beim Stechen den Bauch und die Hinterbeine weit von sich in die Luft und macht während dieser akrobatischen Verrenkung fast einen perfekten Kopfstand.

Denguefieber ist eine relativ neue Tropenkrankheit, die bis vor wenigen Jahren nur auf Höhenlagen unter 1.000 m auftrat. Inzwischen wurde aber auch von Fällen in subtropischen Gebieten bis 2.000 m berichtet. Ein saisonbedingtes Ausbreiten der Krankheitsüberträger scheint beschlossene Sache. Viele Entwicklungsländer werden somit in Zukunft mit einem zusätzlichen ernsthaften Gesundheitsproblem konfrontiert sein.

Cholera: Aggressive Aufklärungskampagnen mit bildlich vereinfachten hygienischen Hinweisen zum Schutz der Bevölkerung haben praktisch zur vorläufigen Ausrottung der Krankheit geführt. Eine Ende der 80er-Jahre vor allem im südlichen Küstenbereich und entlegenen Chimborazo-Hochland ausgebrochene Epidemie wurde ursprünglich von Grenzgängern aus Peru eingeschleppt. Verseuchter Fisch diente dabei als Überträger. Auffallend war, dass sich unter den Hunderten von Todesopfern überdurchschnittlich viele Indios aus den Bergregionen befanden. Katastrophale Hygieneverhältnisse, Unwissenheit und eine tief verwurzelte Scham vor dem Gang zum Doktor waren die Gründe für das plötzliche Dahinscheiden ganzer Sippen. Dabei wäre jeder Einzelne dieser Cholerapatienten zu retten gewesen, hätte man nur rasch etwas gegen den dramatischen Flüssigkeitsverlust unternommen, der ohne jedwede Gegenmaßnahme zwangsläufig zum Tode führen muss.
Cholera ist eine durch Bakterien verursachte Infektionskrankheit des Darmbereichs. Die Erreger können über lediglich mit dem Stuhl oder Erbrochenem ausgeschieden werden. Eine Infektion erfolgt immer über den Mund („Tröpfcheninfektion"). Entweder über Handkontakt mit einem akut Erkrankten oder über einen chronischen Ausscheider, wie z. B. mit Erregern verseuchtes Wasser, Lebensmittel und auch Fliegen. Durch Beachtung folgender Hygienemaßnahmen kann das Risiko so weit verringert

werden, dass eine Ansteckung praktisch ausgeschlossen ist:
1. Zum Trinken nur absolut sauberes Wasser verwenden (20 Min. abkochen). 2. Gekochte und gut durchgebratene Speisen sind völlig unbedenklich. Von rohen Salaten und ungeschälten Früchten sollten übertrieben Ängstliche vielleicht Abstand nehmen. (Es wäre allerdings sehr traurig, sich die unermessliche Auswahl an tropischen Früchten entgehen zu lassen). 3. Schwimmbäder mit schmutzigem Wasser sollten gemieden werden. 4. Eine Cholera-Schutzimpfung bietet nur unzureichenden Schutz und kann die hygienischen Vorsichtsmaßnahmen nicht ersetzen.

Soroche: So nennt sich die akute Höhenkrankheit, von der in erster Linie Bergsteiger betroffen sind. Die Symptome sind Schwindelgefühl, Brechreiz und ein Müdigkeitsbefall, der sogar bis zur Lebensmüdigkeit führen kann. Bei ausbleibender Hilfe bedeutet das in den verschneiten Anden den sicheren Erfrierungstod.
Die Anfälligkeit für eine akute Höhenkrankheit hängt von der individuellen Disposition (z. B. natürliche Atembeschwerden, Herz-Kreislauf-Erkrankungen oder Nierenfunktionsstörungen), aber auch von der Ausgangshöhe bei Besteigungen, der Aufstiegsgeschwindigkeit und dem Grad der körperlichen Anstrengung ab. Marschpausen und vermehrte Flüssigkeitszufuhr wirken den auftretenden Symptomen entgegen. Eine zusätzliche Sauerstoffgabe ist nur in wenigen Einzelfällen notwendig. Die Einnahme des Medikaments „Acetazolamid" (Diamox R) ist i. d. R. überflüssig, es sei denn, es liegen konkrete Hinweise für eine individuelle Disposition für die akute Höhenkrankheit vor.

Tollwut: Der Tollwut sind Ende 1996, vor allem im Ballungsraum Guayaquil, gleich mehrere Personen zum Opfer gefallen. In den Gesundheitsämtern machte sich ein geradezu panisches Verlangen breit, an eine der ungenügend vorhandenen Tollwut-Ampullen heranzukommen. Die daraufhin durchgeführte radikale Straßenhunde-Vernichtungsaktion brachte zwar die empörten Hundebesitzer auf die Palme, da versehentlich viele geimpfte Hausfiffis mit dran glauben mussten, befreite den dicht bevölkerten Pazifikhafen aber größtenteils von der streunenden Vierbeinerplage .
Wer von einem Hund gebissen wird, sollte am besten gleich den Arzt aufsuchen oder sich wenigstens vom Besitzer das amtliche Impfzeugnis zeigen lassen.

▶ **Tropenmedizinische Institute**: Da nicht alle Impfungen von Ihrem Hausarzt durchgeführt werden dürfen, sollte man sich in einem solchen Falle, aber auch bei weiterführenden Fragen an die tropenmedizinischen Institute der Universitätskliniken wenden. Hier einige Adressen:

● *Deutschland* Spandauer Damm 130 – Haus 10, 14050 **Berlin**, ✆ 030/301166. Bernhard-Nocht-Str. 74, 20359 **Hamburg**, ✆ 040/42818-0. Delitzscher Straße 141, 04129 **Leipzig**, ✆ 0341/9092619. Keplerstr. 15, 72074 **Tübingen**, ✆ 07071/2982365, ✆/✉ 07071/296021. Leopoldstr. 5, 80802 **München**, ✆ 089/2180-3517. ● *Österreich* Lenaugasse 19, 1080 Wien ✆ 01/4026861-0. ● *Schweiz* Socinstr. 57, CH-4051 **Basel**, ✆ 061/2848255.

▶ **Apotheken**: Eine *farmacia* gibt es in größeren Städten und Ortschaften in fast jeder zweiten Straßenzeile. Die angebotenen Präparate und Medikamente stammen normalerweise von renommierten Arzneimittelkonzernen, allerdings ohne jeglichen Beipackzettel zur Gebrauchsanweisung. Viele rezeptpflichtige Medikamente gehen in Ecuador manchmal auch ohne ärztliche Verordnung über den Ladentisch. Sie sind günstiger als im Heimatland und unterliegen zudem weniger strengen Qualitätskontrollen. Inzwischen greifen viele auch auf sog. *productos genéricos* zurück, d. h. Arzneimittel aus nationaler Produktion, die von der Zusammensetzung her fast das gleiche wie entsprechende importierte Arzneien enthalten und um einiges billiger sind. Siehe zu Apotheken auch in den jeweiligen Adressteilen.

▶ **Zahnärzte**: Vor Zahnärzten braucht sich in den Großstädten Ecuadors niemand zu fürchten. Die Ausstattung der Praxen und die Behandlungsmethoden sind durchaus mit denen in Europa zu vergleichen, die Preise sind dagegen um ein Vielfaches geringer. Ein gestopftes Kariesloch kostet bei einem renommierten Zahnarzt meist unter 50 USD.

● *Adresse* Beliebt unter Ausländern wie Einheimischen ist in Quito der deutsche Zahnarzt **Dr. Christoph Werner**, Suiza N33-49 zwischen Eloy Alfaro und República del Salvador, 5. St., ✆ 2254872, ✆ 098-487678 (mobil), clinicawerner@web.de; ebenso der einheimische deutschsprachige Zahnarzt **Dr. Roberto Mena**, der in Deutschland und Spanien zusätzliche Praktika absolvierte, La Coruña E-24 865 e Isabela Católica, ✆ 2569149, ✆ 098-120464 (mobil).

▶ Adressen von **Ärzten** und Krankenhäusern finden Sie in den jeweiligen Ortskapiteln unter „Adressen".

Informationsbüros

Fremdenverkehrsämter oder **i-Tur-Kioske** sind in fast allen Städten und touristisch attraktiven Orten vertreten. Dort können zu Amtsstubenzeiten Infos über Reiseveranstalter, Hotels, Restaurants, Märkte, Museen, Veranstaltungen, Eisenbahnfahrten usw. eingeholt werden. Meist gibt es Broschüren und Karten über die verschiedenen Regionen des Landes. Allzu große Kompetenz sollte jedoch nicht immer erwartet werden. Die Adressen der einzelnen Fremdenverkehrsbüros sind im entsprechenden Reiseteil unter dem Stichwort Information zu finden!

Internet

„Cybercafés" sind in allen Städten, in Touristenorten und auch abgelegenen Kleinstädten, wie Pilze aus dem Boden geschossen. Die Kosten für eine Stunde Surfen und Mailen schwanken hierbei zwischen 30 Ct. und 1,50 USD. In Quito ist es am billigsten, auf Galapagos am teuersten. Preiswert sind in den Internetcafés auch Telefonanrufe; nach Deutschland, Österreich oder in die Schweiz zahlt man im Schnitt zwischen 6 und 20 Ct. pro Minute! Auch können in vielen Cybercafés Digitalfotos auf CD gebrannt werden. Die Internetcafés sind unter dem Stichwort „Adressen" bei den Ortsbeschreibungen erwähnt. Wifi-Zonen in Hotels und Restaurants sind in allen touristischen Orten immer häufiger anzutreffen. Auf Laptops sollte jedoch extrem gut aufgepasst werden, für Diebe gehören diese zu den begehrtesten Trophäen.

Kartenmaterial

Detailkarten (1:50.000 und 1:25.000) erhält man in Quito im **Instituto Geográfico Militar** (IGM). Das Institut verfügt außerdem über die größte topografische Kartenauswahl. Der Gebäudekomplex mit der dazugehörenden Kuppel des Planetariums liegt auf einem Hügel über dem Militärhospital und ist schon von Weitem zu sehen. Große Geduld wird beim Kauf abverlangt, das Personal ist jedoch sehr freundlich!

• *Adresse/Öffnungszeiten* Av. T. Paz y Mino auf dem Hügel El Dorado, Zufahrt über die Av. Gran Colombia. Geöffnet Mo–Do 8–16 Uhr, Fr 8–12 Uhr. Es gibt keine Busse dort hinauf, ein Taxi schafft Abhilfe. Der steile Weg ist zu Fuß auch ein gutes Höhentraining für Neuankömmlinge. Um einen Passierschein zu bekommen, muss bei der Militärkontrolle am Eingang der Ausweis hinterlegt werden.

Der kleine kartografische Verlag **Ediguías** von **Nelson Gómez** hat blau eingefasste Faltpläne, speziell für Autofahrer – wenn auch nicht besonders detailliert, geschweige denn präzise – den **Guía Vial del Ecuador** und für Touristen den **Guía Turística del Ecuador**, aber auch Stadtpläne über Quito, Guayaquil und Cuenca sowie Regionalpläne über die Provinzen Pichincha, Imbabura, Azuay und Galapagos herausgegeben. Alle diese preiswerten Kartenwerke haben ein praktisches Format und sind in Buchhandlungen und Souvenirshops zu erstehen. Stadt- und Regionalpläne geben auch die örtlichen Fremdenverkehrsverbände heraus. Diese sind bei der jeweiligen Touristeninformation erhältlich.

▸ **Karten im deutschsprachigen Buchhandel:** Viel Auswahl ist in deutschen Buchhandlungen nicht zu finden.

Berndtson & Berndtson, übersichtliche, abwaschbare (!) Straßenkarte im Maßstab 1:1.000.000. Dachauer Str. 6, 82256 Fürstenfeldbruck, ✆ 08141/32410, vertrieb@berndtson.de, www.berndtson.com.

International Travel Maps Ecuador, 1:1.000.000, eine der besten Ecuador-Übersichtskarten. 530 W Broadway, Vancouver, BC V5Z 1E9, Canada, www.itmb.com.

Borch Maps, 1:1.000.000, robuste laminierte Straßenkarte von ganz Ecuador mit Nebenkarten. Borch GmbH, Münchner Str. 1, 82266 Inning am Ammersee, www.borch.com.

Klima und Reisezeit

Das Äquatorland kann das ganze Jahr über bereist werden. Jede Jahreszeit hat für Naturfreunde ihre bestimmten Vorzüge und Reize. In den Monaten Juli und August sowie von Dezember bis Januar wird das Land von den meisten ausländischen Touristen besucht. Da Ecuador zum inneren Tropengürtel gehört, entsprechen die vorherrschenden Temperaturen in der Hauptsache den unterschiedlichen Höhenlagen mit ihren Mikroklimazonen. Während es im Hochland recht kalt sein kann und über die Gipfel der Fünftausender Schneestürme hinwegfegen, liegt die Hafenstadt Guayaquil unter einer tropisch-schwülen Hitzeglocke, und nur ein Raum mit Aircondition verschafft erfrischende Abkühlung. Auf der in den Pazifik vorgeschobenen Halbinsel Santa Elena und im Galapagos-Archipel spielt jedoch auch der kalte

Reisepraktisches

Das wird teuer!

Humboldtstrom eine wichtige klimatische Rolle. Auf Galapagos sind es gleich mehrere aufeinandertreffende, je nach Jahreszeit ganz unterschiedlich starke Meeresströmungen, die sich nachhaltig auf das Klima auswirken. Ansonsten gibt es in ganz Ecuador im Verlauf eines Jahres keine bemerkenswerten Temperaturschwankungen, daher also auch keine Jahreszeiten wie auf der Nord- und Südhalbkugel. Die **Regenzeit** dauert auf Galapagos, an der Küste und im Hochland von Ende Januar/Anfang Februar bis Ende Mai/Mitte Juni. Vor allem März und April gelten als besonders regenreich.

Im feuchtheißen **Amazonastiefland** sind gewöhnlich die Monate Juni, Juli und August am niederschlagsreichsten, selbst wenn die eigentliche Regenzeit bereits im Februar beginnt. Überschwemmungen und Erdrutsche sind oftmals die Folge. Ein hoher Grad an Luftfeuchtigkeit herrscht jedoch das ganze Jahr über vor. Plötzlich auftretende, heftige tropische Regenschauer sind übrigens auch zur „Trockenzeit" keine Seltenheit. Die Niederschlagswerte sind hier im Jahresdurchschnitt die höchsten des Landes. Sie liegen teilweise bei über 5.000 mm.

Im **Hochland** ist es meist von Ende Juni bis Anfang September am schönsten, wenn die Äquatorsonne oftmals den ganzen Tag über scheint. Eine Kopfbedeckung schützt dann besonders in dieser Zeit vor gefährlichem Sonnenbrand. Ein vorübergehender **Veranillo** („Altweibersommer") irgendwann zwischen Oktober und Februar beschert jedoch mitunter die sonnenintensivsten Stunden am Nachmittag. Dem Veranillo gehen zumeist noch kurze sintflutartige Regen- und Hagelschauertage voraus, die irgendwann zwischen September und Dezember einem verfrühten „Wintereinbruch" gleichkommen. „Schottische" Witterungsverhältnisse schlagen häufig im April auf die Stimmung und lassen einen fast vergessen, dass man sich im tropischen Südamerika befindet. Die Stadt mit den kühlsten Durchschnittstemperaturen ist Tulcán an der kolumbianischen Grenze (um die 12 Grad), die höchsten Durchschnittstemperaturen verzeichnet Macará an der peruanischen Grenze (etwa 30 Grad).

Im Zuge des Treibhauseffektes ist auch das Klima in Ecuador im Begriff, sich zu verändern. So haben sich in Quito in den letzten 20 Jahren die im März und April so typischen, mitunter extrem heftigen Regenfälle immer mehr abgeschwächt oder auf Januar/Februar oder Mai/Juni verlagert. Ebenso können die Altweibersommer-Monate Dezember und Januar inzwischen total ins Wasser fallen, oder der Altweibersommer sich auf die Regenmonate März und April verlagern. Es wird immer schwieriger vorauszusagen, in welchem Monat es am meisten regnen wird.

Um sich das verwirrende Klima des Hochlandes etwas verständlicher machen zu können, gibt es in der Hauptstadt eine allgemeine Faustregel: Frühling in den Morgenstunden, Sommer zur Mittagszeit, Herbst und Regen am Nachmittag und laue Winternächte unter 10 Grad. In Lagen über 4.000 m kann es sogar zu vereinzelten Schneefällen kommen.

An der **Küste** ist in den Regenmonaten von Ende Januar bis Mai mit einem Ansteigen der Temperaturen und einer sprunghaften Vermehrung von Stechmücken und anderen Plagegeistern zu rechnen. Im nördlichen, feuchtheißen Küstenbereich um Esmeraldas, in der zentralen Provinz Manabí und auf den Galapagosinseln bedeutet dies oftmals nächtliche Regenfälle und starke Sonneneinstrahlung am späteren Vormittag und am Nachmittag. Im Allgemeinen gilt für die gesamte Pazifikregion ausgerechnet zur Regenzeit: viel blauer Himmel, immer stärker werdende Tageshitze und dazwischen heftige tropische Regenschauer. Im Gegensatz zum immer trockener werdenden Andenhochland führt der Treibhauseffekt an der Festlandküste vor allem im Februar, März und April zu monsunartigen Regenfällen, die starke Überschwemmungen bewirken können. Die „kühleren Sommermonate" hingegen, also Juni bis November oder Dezember, sind zwar viel trockener, dafür ist der Himmel am Vormittag oft stärker bewölkt. Im südlichen, trocken-heißen Küstenbereich sowie auf den Galapagosinseln können die Monate Juli, August, September und Oktober verhältnismäßig kühl sein. Ein leichtes Jäckchen ist dann vonnöten. Die Wassertemperaturen fallen unter 20 Grad und Tauchern sei ein Neoprenanzug angeraten. Das ist jedoch auch die Zeit, um die fantastische Show der großen Buckelwale zu beobachten (vgl. im Reiseteil Santa Elena/Manabí). Ein permanenter Nieselregen namens **Garúa** und ein wochenlang bedeckter Himmel würden „Nordsee-Stimmung" aufkommen lassen, wären da nicht die Kakteen und Ceibo-Bäume. Dezember und Januar bescheren dann meist wieder sonnigere Tage und lang anhaltende Bräune. Der Ort mit den meisten Sonnenstunden im Jahr ist das relativ unattraktive Playas, keine zwei Stunden von Guayaquil entfernt. Wogegen der Himmel über der tropischen Hafenmetropole meistens von einem dunstig-grauen Wolkenmeer bedeckt ist.

Kriminalität und Vorsichtsmaßnahmen

Die *Isla de la Paz* („Insel des Friedens"), wie sich das Land bis etwa Anfang der 90er-Jahre noch selbst beschrieb, ist inzwischen den hoch schlagenden Wellen wirtschaftlicher Instabilität, Überbevölkerung, Landflucht und deren Folgeerscheinungen ausgesetzt. Ein Ansteigen der Arbeitslosigkeit bzw. informeller und improvisierter Schwarzarbeit sowie ein um sich greifender Verfall althergebrachter Wertvorstellungen (z. B. durch brutale Gewalt im Fernsehen) haben dem „Inselstaat des Friedens" längst den Garaus gemacht.

Besonders in den Städten nahm die Straßenkriminalität (mehrheitlich Raubüberfälle) im Laufe der letzten Jahre erheblich zu. Führend in diesem Trend sind die Millionenstädte Quito und Guayaquil. Weite Teile der kolonialen Altstadt Quitos und das Zentrum samt Uferpromenade der „Perle des Pazifik" sind jedoch als sicher zu betrachten. In den weitläufigen Randzonen Guayaquils sind dagegen immer mehr miserable Slumsiedlungen entstanden, haben Hunderte von brutalen Jugendbanden das Zepter in der Hand, sind Raub und Mord an der Tagesordnung. Auch in anderen Städten (hauptsächlich im Küstenbereich, z. B. Atacames, Esmeraldas, Manta, Babahoyo, Quevedo, Santo Domingo) oder im amazonisch-kolumbianischen Grenzgebiet (vor allem in der Gegend um San Lorenzo) liegt die Kriminalitätsrate über dem Landesdurchschnitt.

Im Andenhochland hingegen und im Bereich der herkömmlichen Touristikpfade um Otavalo, Baños, Riobamba, Cuenca, Vilcabamba sowie in den touristischen Hotspots von Quito, Cuenca und Guayaquil hat ein Reisender zumindest tagsüber und teils auch bis in die Abendstunden wenig zu befürchten. Im Großen und Ganzen ist Ecuador ein relativ sicheres Urlaubsland. Wer elementare Verhaltensmaßregeln beachtet, kann sich auch in den Städten entspannt bewegen. Unachtsamkeit und Leichtsinn könnten aber trotz allem unerfreuliche Erfahrungen mit sich bringen. Wer z. B. zu später Stunde nach einem Barbesuch durch dunkle Straßen und finstere Parks wandelt, ist selbst schuld!

Von nächtlichen Überlandfahrten ist eher abzusehen. Es sei denn, es handelt sich um die großen Direktbusse einiger Kooperativen, die unterwegs nicht am Straßenrand halten, um Passagiere aufzunehmen (*servicio directo*). Diese Busse verkehren zwischen den größten Städten des Landes. Es besteht aber auch die Möglichkeit, dass z. B. im Busbahnhof von Quito Diebe in den Bus ein- und auch wieder aussteigen. Die Masche ist meist die: Aus „Sicherheitsgründen" wird man von Dieb A (*ladrón uno*) aufgefordert, den Rucksack bzw. Tagesrucksack unter dem Sitz oder oben in der seitlichen Gepäckablage zu verstauen, wo sich dann Dieb B (*ladrón dos*) an den Inhalt heranmacht. Ob es eine Zusammenarbeit zwischen Dieben und Busfahrern gibt, bleibt unklar. „Es wird den ladrones verdächtig einfach gemacht", schreibt MMV-Leser und Vielbusfahrer Manuel Denner. Er hat einige der Diebe im Laufe der Zeit wiedererkannt und sich gewundert, dass Busfahrer diese immer wieder zusteigen lassen. Einziger Schutz ist, das Rucksäcklein immer auf den Schoß zu nehmen, nie aus den Augen zu verlieren und keinesfalls anderweitigen Anweisungen diebischer Passagiere oder Busfahrern nachzukommen! In Quito, Guayaquil und anderen Städten sollte bei einem nächtlichen Ausgang **immer ein Taxi** von und zum Hotel genommen werden. Es sei denn, man tritt in einer Gruppe auf.

Gelegenheit macht Diebe, und ein „verloren gegangenes" Gepäckstück hat schon so manche Urlaubsfreude getrübt. Ein übertriebenes Misstrauen oder gar panisches Sicherheitsdenken ist jedoch fehl am Platze. Um Diebstahl und Raub weitgehend vorzubeugen, bedarf es einiger weniger Vorsichtsmaßnahmen, die im Prinzip schon im Heimatland ergriffen werden sollten. Eingenähte Innentaschen in Hosenbeinen, Hemden oder Jacken schützen am wirksamsten vor Taschendieben auf dicht gedrängten Märkten, in belebten Straßen und auf überlaufenen Busbahnhöfen. Brustbeutel sind nicht gerade ideal, da diese von hinten durchgeschnitten werden können. Ein ledernes Geheimfach unter der Achselhöhle, eng anliegende Jeanstaschen (vorne) oder ein tief sitzender Geldgürtel mit Reißverschluss sind da schon vorteilhafter. In Quitos kolonialer Altstadt sollte ein Mini-Rucksack immer nach vorne und nicht auf dem Rücken getragen werden. Auch ein verstecktes Känguru-Täschchen gewährt selbst um den Bauch geschnallt nicht immer ausreichend Schutz vor professionellen Langfingern. **Diebe arbeiten gern in Grüppchen und verstehen es, überraschend zuzuschlagen**: Auflaufenlassen in dichtem Gedränge oder raffinierte Ablenkungsmanöver (Säuglinge, über die man plötzlich stolpert, oder irgendjemand weist Sie auf einen Ketchupfleck am Rücken hin) sind nur einige der trickreichen Methoden. Fotoapparate und Videokameras sollten möglichst unauffällig, d. h. nicht vorm Bauch baumelnd, getragen werden.

Im Falle eines bewaffneten Raubüberfalles gibt es wenig entgegenzusetzen. Spielen Sie nicht den Helden, und händigen Sie das Geforderte aus! Schon aus diesem Grunde ist es zweckmäßig, beim Ausgang so wenig wie möglich an Wertsachen oder Bargeld mit sich zu führen. Lassen Sie den Originalausweis, das Flugticket, größere Bargeldsummen oder Kreditkarten zumindest beim Stadtbummel im Hotelsafe oder an der Rezeption zurück (in letzterem Fall Geld am besten abzählen und von den Rezeptionisten bestätigen lassen – damit vermeiden beide Seiten „Irrtümer").

Vorteilhaft ist es, von allen Dokumenten wie Reisepass, Kreditkarten, Flugticket usw. Kopien zu besitzen. So ist es wesentlich leichter, bei Verlust Ersatz zu erhalten.

Wer Opfer eines Raubüberfalls wurde, wendet sich in Quito am besten zuerst an eines der beiden Büros des **Servicio de Seguridad Turística**. Hier werden Anzeigen entgegenommen, der dazugehörige Papierkram erledigt und Beistand geleistet. Fast 200 Polizisten und mehrere Polizeiautos wurden dieser 2009 gegründeten Einrichtung der *Empresa Metropolitana Quito Turismo* zugeteilt. Auch Anzeigen über touristische Abzockerei können hier getätigt werden.
Adresse/Öffnungszeiten In der Altstadt: Casa de los Alcaldes, Chile entre Venezuela y García Moreno, ✆ 2955785, tägl. 10–18 Uhr; in der Neustadt: Roca y Reina Victoria, ✆ 2543983, tägl. 24 Std.!

Ebenso kann Diebstahl, Raub oder Verlust bei der örtlichen Polizeistelle angezeigt werden, in Quito z. B. bei der **Oficina de Investigación de Delitos** (OID), Juan León Mera y Roca (✆ 2503945). Eine genaue Aufstellung und Beschreibung der verlorenen oder gestohlenen Artikel sollte mitgebracht werden. In Guayaquil wendet man sich am besten zuerst an das Fremdenverkehrsbüro i-Tur im Nahím-Isaías-Museumsgebäude in der Pichincha y Clemente Ballén.
Bei Verlust des Reisepasses sollten Sie unverzüglich Kontakt zur Botschaft aufnehmen. Ein neuer Pass kann nur nach Rückfrage bei der zuständigen Passbehörde in Deutschland ausgestellt werden, was die Angelegenheit gewöhnlich um ein paar Tage verzögert.

Eine im Heimatland abgeschlossene **Reisegepäckversicherung** mit den dazugehörigen Quittungen der Ausrüstungsgegenstände ist ein gutes Trostpflaster bei Diebstahl und Raub. Vergessen Sie dabei nicht, dass eine protokollierte Verlustanzeige bei der zuständigen Polizeidienststelle unbedingte Voraussetzung für einen Versicherungsersatz ist. Teure Kameraausrüstung oder Laptops müssen gesondert versichert sein. Eine gewöhnliche Gepäckversicherung deckt in solchen Fällen nicht den verursachten Schaden.

Lesben und Schwule

Homosexualität ist in Ecuador seit 1997 kein Verbrechen mehr. Die meisten Lesben und Schwulen verdecken jedoch immer noch ihre Homosexualität. Eine öffentliche Zurschaustellung stößt nach wie vor auf eine breite Ablehnung. Die Verfassung verbietet zwar die Diskriminierung wegen sexueller Orientierung, was auch in Teilen der Gesellschaft zu einer etwas liberaleren Haltung geführt hat. Dadurch konnte sich vor allem in Quito und Guayaquil in den letzten Jahren eine Szene mit Bars, Diskotheken, Kinos und Saunas entwickeln. In der Öffentlichkeit wird Homosexualität jedoch trotzdem kaum preisgegeben, in den Provinzen und in Kleinstädten ist sie völlig tabu. Empfehlung: Nie die Homosexualität öffentlich zur Schau stellen!

● *Diverses* Ein zuverlässiges *Reisebüro* für Schwule ist in Quito **True Colors Travel**, Schweizer Management, Rundreisen und Galapagos-Charter, Mitglied der *International Gay Lesbians Travel Association IGLTA*. Peter hat sein Büro in der Altstadt: Guayaquil N9-59 y Oriente, 3. St., ✆ 2955939, www.galapagostraveller.com.

Monatliche *Filmvorführungen* mit schwullesbischer Thematik hat das Off-Kino **Ocho y Medio** in der Valladolid N34-343 y Vizcaya im Viertel La Floresta in Quito.

Eine *Webseite* mit Infos zu Gay-Kneipen (mit Stadtplan) und diversen Adressen ist **www.quitogay.net**, auf **www.gayecuador.com** findet man Aktuelles und Wissenswertes rund ums Gay-Life in Ecuador.

● *Bars/Discos in Quito* **Bar-ril** (Ana María), Lizardo García 356 y Av. 6 de Diciembre; **Blackout**, Reina Victoria 800 y Baquedano, Do–Sa 21–2 Uhr, modischer Schwulenclub in Quito, relativ teuer! **Bohemio** (alle sagen „Hueco"), Baquedano 188 y Av. 6 de Diciembre, Fr/Sa 22–2.30 Uhr, populär, weniger modisch als Blackout und preisgünstiger, Ausländer finden schnell Kontakt; **Dionisios Café Teatro**, Manuel Larrea 550 y Riotrio, Fr/Sa ab 21 Uhr; **Max Twist**, Foch E4-181 y

Av. Amazonas, Di–Sa ab 17 Uhr, gut für ein Bier vor dem Disco-Besuch; **PK2**, Reina Victoria 266-32 entre La Pinta y Santa María; **After Hour Klub Spartakus**, etwas abgelegen in der Union Nacional de Periodistas y Iñaquito, nur Fr/Sa ab 24 Uhr, Techno und Trance, nur abgebrühten Party-Freaks zu empfehlen, am besten nach 4 Uhr morgens, häufige Polizeikontrollen am Ausgang, nicht immer ganz ungefährlich. Für Lesben gibt es das **Tantra**, in Quito in der Luis Cordero entre Juan León Mera y Reina Victoria.

● *Bars/Discos in Guayaquil* **Vulcano**, Rocafuerte 419 y Padre Aguirre, Fr/Sa 22–2.30 Uhr, wahrscheinlich bester Gay-Club in Ecuador; **Club Retro**, Rocafuerte 709 e Imbabura in der Zona Rosa beim Vulcano, Do–Sa 18–4 Uhr; **Queer Coffee & Club**, Baquerizo Moreno y Solano, Mo–Sa ab 17 Uhr; **Ibiza Evolution**, Av. Francisco de Orellana y Miguel Alcívar, diagonal zur *Kennedy Mall*.

● *Bars/Discos in Cuenca* **El Cafecito**, Honorato Vázquez entre Cordero y Borrero; **Evanos**, Honorato Vázquez entre Borrero y Cordero; **Discoteca Bacilus**, hinter dem Terminal Terrestre, Calle del Chorro y Av. Gil Ramírez Dávalos, Di–Sa.

Märkte

Indianisches Marktgeschehen gehört im ecuadorianischen Hochland zu einem der vielen touristischen Anziehungspunkte: Die traditionsreichen **mercados indígenas** in der Sierra sind in einer multikulturellen Gesellschaft wie der ecuadorianischen weiterhin von Bedeutung und eine der besten Möglichkeiten, indianische Bräuche kennenzulernen.

● *Montag* Wochenmarkt von **Ambato**. Verkommerzialisierung einer riesigen Produktpalette, auch Schuhe und Lederwaren.

● *Dienstag* Agrarprodukte auf dem Straßenmarkt von **Latacunga**.

● *Mittwoch* Markt von **Otavalo**, zwei Std. nördlich der Landeshauptstadt. Er findet je-

doch ausgiebiger, in viel größerem Umfang am Samstag statt (s. u.).

● *Donnerstag* Riesengroßer Indiomarkt in **Saquisilí**, etwa eine Fahrstunde südlich von Quito. Praktisch acht verschiedene Märkte in einem. Der Tiermarkt befindet sich wenige hundert Meter außerhalb des Ortes

Markt in Saquisilí

und geht gegen 9 Uhr morgens bereits dem Ende zu. Er gehört zur Hauptattraktion des Geschehens. Man sollte also früh aufstehen! Touristenmarkt auf der Plaza Rotary in **Cuenca**; traditioneller Indiomarkt auf dem Dorfplatz und in den Straßen von **Guamote**, fast 1 Std. südlich von Riobamba, absolut sehenswert!

● *Freitag* 45 Min. südlich von Riobamba, in der kleinen Ortschaft **Salarón**, findet ein durch und durch authentischer Indiomarkt statt. Hier wird sogar noch getauscht – ein Geheimtipp!

● *Samstag* Wichtigster Markttag von **Otavalo**, einer der größten Indiomärkte von ganz Lateinamerika, preisgünstige Souvenir- und Klamotten-Fundgrube. Auf dem Dorfplatz von **Zumbahua**, 2 Std. westlich von Latacunga und der panamerikanischen Straße im Hochland gelegen, wird ein attraktiver und überschaubarer Indiomarkt

abgehalten. Den passenden Rahmen dazu bildet die schöne Gebirgslandschaft, sehr empfehlenswert! Auch in **Riobamba** können samstags (und mittwochs) verschiedene Märkte im Stadtbereich besucht werden, siehe im Reiseteil.

● *Sonntag* Traditioneller *Mercado Indígena* auf der *Plaza Sucre* in **Pujilí**, 10 km westlich von Latacunga. Großer Sonntagsmarkt von **Sangolqui**, eine halbe Stunde von Quito per Bus ab *Plaza Marín* zu erreichen, sehr lohnenswert – siehe „Verbindungen" in Quito. Ebenso Markt von **Peguche**, nördlich von Quito. Traditioneller Markt des eigenständigen indianischen Bergvolkes von **Saraguro**, etwa eine Fahrstunde nördlich von Loja; Markt bei den **Salasaca-Indígenas** zwischen Ambato und Baños; sehr authentische indianische Märkte finden in **Licto**, **Colta** und **Cacha** bei Riobamba statt.

Militär und Polizei

Vor allem auf den Straßen ins Amazonasgebiet, aber auch in den Küstenprovinzen oder in Grenznähe zu Kolumbien und Peru trifft man auf die eine oder andere Polizei- oder Militärkontrolle. Oftmals werden nur Fahrer und Fahrzeug kontrolliert. Hin und wieder bedeutet dies aber auch, aus dem Bus aussteigen und die Papiere vorweisen zu müssen! Seltener wird man auch nach Waffen abgetastet, oder die Gepäckstücke werden nach Drogen durchsucht!

Freundlicher Respekt ist gegenüber einem Uniformträger immer das Richtige, sei dies auch ein noch so begriffsstutziger und finster dreinblickender Mensch. Arroganz, aufbrausendes Verhalten oder abschätziger Humor sind völlig fehl am Platz. Gelassenheit und Entgegenkommen hingegen führen meist zum Ziel. Wer einen Polizisten gar herzlich zum Lachen bringen kann, hat meist schon gewonnen! Ausländische Touristen sind in Ecuador nichts Außergewöhnliches, und Kontrollposten haben generell Anweisung, diese zuvorkommend zu behandeln.

Museen und Galerien

Ecuador besitzt in der Hauptsache archäologische und ethnologische Museen (*museos*). Die renommiertesten staatlichen und privaten Sammlungen befinden sich in Quito, Guayaquil und Cuenca. Aber auch in Kleinstädten finden sich häufig interessante, mitunter sehr skurrile volkskundliche oder religiöse Museen. Die Öffnungszeiten sind in der Regel bis 17 Uhr, insbesondere an Wochenenden können sie aber auch Schwankungen unterliegen; montags sind Museen manchmal geschlossen (siehe im jeweiligen Reiseteil unter „Sehenswertes" oder „Adressen"). Gemäldegalerien, Kunst-Foren und Vernissagen bleiben auch sonntags manchmal geschlossen. Manche Privatsammlungen werden lediglich auf Anfrage nach telefonischer Vorreservierung für den Publikumsverkehr geöffnet. *Galería* steht häufig auch für „Kunsthandwerks- oder Museumsgeschäft" und unterliegt somit eher normalen Geschäftszeiten.

Öffnungszeiten

Ämter und *Behörden* sollten, wenn möglich, am Vormittag aufgesucht werden. Nach der Mittagspause wird oftmals nur noch interner Papierkram erledigt. Auch Freitage sind unter Umständen nicht sonderlich geeignet, um dienstliche Angelegenheiten zu erledigen, da die Vorfreuden aufs Wochenende (*Viernes Santo*) meist zu groß sind. Bei „Systemausfällen" oder Fußballspielen der Nationalmannschaft geht sowieso gar nichts mehr. Die **Oficinas de Imigración** (Ausländerbehörden) haben meist Mo–Fr 8–12 und 15–18 Uhr geöffnet.
Einzelhandelsgeschäfte haben ganz unterschiedliche Öffnungszeiten. Vor 9 Uhr morgens ist aber vielfach noch alles dicht und wochentags ist gewöhnlich um 19 Uhr, samstags um 13 Uhr Ladenschluss. *Bäckereien* öffnen in der Regel zwischen 7 und 8 Uhr. Viele kleine *Tante-Emma-Läden* schließen teilweise erst gegen Mitternacht. *Supermärkte, Einkaufszentren* und *Shopping Malls* haben meistens auch sonntags bis 20 Uhr geöffnet. *Apotheken* wechseln sich normalerweise mit dem Sonntagsturnus ab.

Presse

Mit der Herausgabe von Eugenio Espejos verbotenem Kulturmagazin *Primicias de la Cultura de Quito* im Jahre 1792 wurde in Ecuador das Pressewesen eingeläutet. Der oppositionelle Verleger und Unabhängigkeitskämpfer landete jedoch bereits nach der siebten Ausgabe seines Feuilletons in einem finsteren Kerkerverlies der Landeshauptstadt, wo er auch den Rest seines Lebens verbringen sollte (vgl. Kap. Literatur). Ein zweiter Versuch konnte erst nach der Unabhängigkeitserklärung mit dem *Quiteño Libre* im Jahre 1833 gestartet werden. Aber auch die Herausgeber dieses liberalen Blattes mussten sich schließlich der strengen Zensur der katholischen

Panamahüte

Kirche und deren weltlichen Machthabern beugen. Erst mit der liberalen Revolution von 1895 konnte eine dauerhafte Pressefreiheit garantiert werden. Von kurzfristigen Unterbrechungen aufgrund der vielen politischen Wirren einmal abgesehen, hat diese bis auf den heutigen Tag Bestand.

Zu den einflussreichsten unabhängigen Tageszeitungen des Landes (Zeitung = *periódico*, *diario*, *prensa*) gehören heute der seriöse und auflagenstarke **Comercio** aus Quito, die beste Zeitung des Landes; der **Universo** (relativ übersichtlich), der **Telégrafo** (regierungstreu) und der volkstümlichere **Expreso** – alle drei aus Guayaquil – sowie das eher kultur- und linkspolitisch orientierte **Hoy** aus Quito. Unter den Zeitschriften (*revistas*) sind das alle zwei Monate erscheinende, auf Abenteuersport spezialisierte **Cordillera** (www.cordillera.com), das dreimonatlich erscheinende, schön aufgemachte Natur- und Kulturmagazin **Ecuador Infinito** (www.ecuadorinfinito.com) sowie das kleinformatige, alle zwei Monate erscheinende Natur- und Kulturmagazin **Tierra Incognita** (www.terraecuador.net) erwähnenswert. Letzteres Magazin fasziniert immer wieder mit Landschafts- und Naturbeschreibungen sowie Fotodokumentationen. Die jeweils neueste Ausgabe ist in Buchhandlungen oder in den kleinen Buchabteilungen der großen Supermaxi-Lebensmittelkette zu erstehen.

● *Buchhandlungen in Quito* **Librería Libri Mundi**, riesige Auswahl, auch deutschsprachige Literatur, Juan Léon Mera 851 y Wilson oder Reina Victoria y Calama, Zweigstellen in Cuenca und Guayaquil; **Librería Libro Express**, Natur- und Kulturbücher, Fiktion, Karten und Reiseführer, Av. Amazonas 816 y Veintimilla; **Librería Mr. Books**, exquisite zeitgenössische Auswahl, Centro Comercial El Jardín, 2. St.; **Librería Abya-Yala**, die Nr. 1 für den indianischen Kulturbereich, Av. 12 de Octubre 14–30 y Wilson; **The English Bookstore**, kleine feine Auswahl, Calama entre Reina Victoria y Almagro; **Confederate Books**, gebrauchte Bücher in verschiedenen Sprachen, Calama y Juan León Mera; **Libros para el Alma**, Geisteswissenschaftliches, Landeskunde, Sach-

bücher, Belletristik, deutsche Bücher, 9 de
Octubre N21-54 y Robles.
• *In Loja* Die Buchhandlung **Kleinigkeiten** ist
zu empfehlen, Valdivieso y 18 de Noviembre,

📞 07/2579795.
Siehe zu Buchhandlungen auch im jeweiligen Reiseteil bei „Adressen".

An deutsche Presseerzeugnisse heranzukommen ist sehr schwierig. In Quito haben das **Café Colibri** in der Joaquín Pinto entre Amazonas y Foch sowie das Hotel-Restaurant **Zentrum** in der 9 de Octubre y Murillo die Spiegel-Ausgaben der
letzten Wochen zum Lesen ausliegen.

Post (Correo)

Briefe (*cartas*), Ansichtskarten (*postales*), Pakete (*paquetes*) und Päckchen (*paque-
titos*) gibt man am besten in Quito auf. Das frequentierteste Postamt befindet sich
in der Avenida Colón und Reina Victoria. Für den Versand nach Deutschland ist
mit 8 bis 12 Tagen zu rechnen. Zur Sicherheit sollten Briefe und Päckchen als Ein-
schreiben (*certificado*) mit Quittung (*recibo*) registriert werden. Die Extrakosten
sind es wert, da Postsendungen auch Gefahr laufen, nicht am Zielort einzutreffen.
Von Europa nach Ecuador versandte Päckchen können sogar bis zu zwei Monate
brauchen und so manche kommen nie an! Wenn es schnell und vor allem sicher gehen soll, können Briefe und Pakete in Quito auch bei Fedex in der Tomás de Berlanga 339 entre Av. de los Shyris y Av. 6 de Diciembre (📞 2268555) oder DHL in
der Av. Colón 1333 y Foch (📞 2556118) oder Av. Eloy Alfaro y de los Juncos lote
113-A (📞 2485200) aufgegeben werden. Ein Päckchen zu 1 kg nach Deutschland
kostet bei Fedex jedoch ca. 55 USD, das 5-Kilo-Paket ca. 165 USD, das 10-Kilo-
Paket ca. 250 USD; bei DHL kostet das 1-Kilo-Päckchen zwischen 80 und 100 USD.
Es besteht auch die Möglichkeit, sich Briefe postlagernd nach Ecuador schicken zu
lassen. Zu adressieren sind diese nach folgendem Muster: Name, Vorname, Quito,
Ecuador. Das hierfür zuständige Postamt in Quito ist Correos del Ecuador, Sucursal 7 (Torres de Almagro), Avenida Colón y Reina Victoria. Falls der Postbeamte
nicht fündig wird, auch mal unter dem Vornamen nachschauen lassen! Nicht
„Herr" oder „Frau" vor den Namen setzen – der Brief wird sonst vielleicht unter
„H" oder „F" abgelegt.

Reiseliteratur

Agaven am Fluß, von Eddy Langer (Principal, 484 S.): ein fesselndes
Emigrantenschicksal.
Auf den Spuren des Panamahutes, von Tom Miller (Goldmann, 286 S.): die
Geschichte einer uralten, durch und durch ecuadorianischen Kopfbedeckung.
Blut für Bolívar, von Detlef Blettenberg (Pendragon, 296 S.): zwei Polit-
Thriller in einem Band.
Der weite Himmel über den Anden, von Carmen Rohrbach (Frederking &
Thaler, 205 S.): ein Bericht über die persönliche Überwindung von Weite und
Einsamkeit in den Anden und die Gastfreundschaft der Salasaca-Indianer.
Die Fahrt der Beagle, von Charles Darwin (Fischer Taschenbuch, 688 S.):
mitunter etwas langatmige Berichte und Reisenotizen des 22-jährigen For-
schers von seiner fünfjährigen Weltumsegelung, z. B. über 1529 in Spiritus
eingelegte Spezies.

Galápagos, von Kurt Vonnegut (Goldmann, 254 S.): eine Art satirischer Fantasy-Roman, aberwitzig und haarsträubend, mit Jackie Onassis, Henry Kissinger und Mick Jagger an Bord.

Heiler, Rituale und Patienten, von Bernhard Wörrle (Reimer, 380 S.): die ecuadorianische Schamanenwelt ganz ohne esoterische Blauäugigkeit.

Über einen Versuch den Chimborazo zu ersteigen, von Alexander von Humboldt, Oliver Lubrich und Ottmar Ette (Eichborn, 195 S.): wie der „Wiederentdecker Amerikas" an einem windig-kalten Ort das Fürchten lernte, ein spannendes Psychogramm dieses bedeutenden deutschen Naturforschers.

Von Amazonien nach Galápagos, von Peter Korneffel (Horlemann, 197 S.): ein zeitgenössisches Panoptikum mit 30 Reportagen und Portraits von Land und Leuten.

Sport

▸ **Fußball**: Die populärste Sportart des Landes ist wie fast überall in Lateinamerika der Fußball. Dies hängt vor allem mit der Einfachheit des Sports zusammen. Zum Kicken wird lediglich ein runder Gegenstand benötigt. Als Spielfläche reicht ein öffentlicher Park, eine Seitenstraße oder der Strand aus. Die bekanntesten Fußballer des Landes sind meist afroecuadorianischer Herkunft und stammen teils aus dem sommerlichen *Chota-Tal* bei Ibarra (siehe S. 288). Im dortigen Dörfchen *Juncal* gibt es auch eine von Profifußballern gegründete Fußballschule für arme Kinder. Die Profiliga besteht aus zwölf Mannschaften, wobei die Hälfte der Clubs aus Quito und Guayaquil kommt. Moderne Fußballstadien wie das *Estadio Monumental* des *Barcelona Sporting Club* und das „englische" *Capwell* des *Club Sport Emelec* in Guayaquil oder das *Casa Blanca* des lateinamerikanischen Championsleague-Gewinners (2008) *Liga Deportiva Universitaria* im Norden Quitos („La U" ist das Manchester United von Ecuador) können es auch mit europäischen Sportstätten aufnehmen. Eine Laufbahn gibt es in diesen Stadien nicht. Die Zuschauer können ihre Stars aus allernächster Nähe anfeuern. Krasse Ausschreitungen mit Schwerverletzten wie in Chile oder Argentinien kennen die Ecuadorianer bislang nicht.

Einen Achtungserfolg verbuchte die ecuadorianische Nationalmannschaft – im Volksmund kurz „La Tri" – bei ihrer zweiten WM-Teilnahme in Folge in Deutschland 2006 mit dem Erreichen des Achtelfinales.

▸ **Traditionelle Ballsportarten**: Außer Fußball wird, meist in einkommensschwächeren Schichten, eine Art traditioneller Volleyball gespielt, das sog. **Ecuavolley**. Der Unterschied zum normalen Volleyball besteht darin, dass jeder Mannschaft nur drei anstatt fünf Spieler angehören.

Eine weitere einheimische Sportart (im Hochland) ist **Pelota Nacional**. Dieses aus präkolumbischen Zeiten stammende Ballspiel nennt sich in der Quichua-Sprache *chasa* (Linie). Dabei stehen sich zwei Mannschaften von jeweils zwei bis drei Spielern gegenüber, die mit Hilfe großer viereckiger „Holzruder" einen Vollgummiball hin- und herschlagen. Trifft ein Spieler nicht richtig, sodass der Ball zu Boden fällt, wird an dieser Stelle eine quer zur Spielrichtung verlaufende Linie gezogen. Die Mannschaft mit den wenigsten Linien ist schließlich die siegreiche. Eine andere Chasa-Variante namens **Pelota de Mano** oder **Mamona** wird ohne Schläger und di-

Reisepraktisches

Magaly hängt am Seil

rekt mit der bloßen Hand gespielt. Siehe hierzu auch im Kapitel Riobamba unter „Sehenswertes".

▶ **Leichtathletik**: Die besten Langstreckenläufer kommen aus dem Hochland. Der Ausnahmesportler **Jefferson Pérez**, Atlanta-Olympiasieger (1996) und Peking-Silbermedaillengewinner (2008) im 20-km-Gehen, stammt aus Cuenca. Siehe dazu auch im Kapitel Cuenca.

▶ **Weitere Sportarten**: Beliebt sind **Surfen, Schwimmen, Rudern** und **Segeln; Radfahren, Cross-** und **Mountainbiking** sowie **Tennis, Judo, Karate** und andere Selbstverteidigungsarten, zudem **Drachenfliegen, Gokart, Boxen, Reiten, Schießen** und (analog zum Alpinismus) **Andinismo**, der einen sehr breiten Zulauf hat. **Ivan Vallejo** war der erste Ecuadorianer, der gleich mehrere Achttausender im Himalaya bezwang, darunter den K2 und Lohtse sowie zweimal hintereinander den Mount Everest ohne Sauerstoffmaske.

Strom

110 Volt ist die übliche Stromspannung in Ecuador. Steckdosen nordamerikanischer Norm (keine Rund-, sondern Flachstecker meist ohne die „dritte Muffe" für die Erdung) sind gebräuchlich. Ein Adapter in Kleinstformat für Laptops, Digitalkameras, Rasierapparate oder Haartrockner kann in Deutschland für ein paar Euro in jedem Elektrofachgeschäft, in Mediamärkten oder Trekkingläden gekauft werden. Manchmal werden sie auch schon mit dem Originalgerät mitgeliefert. In Ecuador sind Adapter schwerer zu bekommen. Übrigens können damit dann auch auf den meisten Galapagos-Jachten während einer Kreuzfahrt Digitalkameras aufgeladen werden. Es ist wichtig, dass bei den Ladegeräten bzw. beim Ladeteil oder in der Gebrauchsanweisung vermerkt ist, dass der entsprechende Apparat zwischen 110 (100) und 230 (220) Volt aufladbar ist oder eine Umschaltfunktion von 220 auf 110

Volt hat. Sind die Geräte nur bei 220 Volt aufladbar, dann können sie nicht ohne einen Transformator aufgeladen werden. Generell sind Kameras, Laptops oder Rasierapparate sowohl mit 220 als auch 110 Volt aufladbar.

Mit Stromschwankungen und unvorhergesehenen Stromausfällen muss hin und wieder gerechnet werden. Kurzschlüsse sind aufgrund mangelnder Sicherheitsvorkehrungen beim Verlegen der Leitungen keine Seltenheit. Low-Budget-Hotels haben manchmal keine Steckdosen im Zimmer, geschweige denn im Badezimmer. Nur wenige First-Class-Hotels haben auch 220-Volt-Steckdosen.

Abenteuerliche „brasilianische" Elektroduschen mit unzureichend isolierten Kabeln sind in Low-Budget-Hotels üblich, haben aber erstaunlicherweise zu wenig Unfällen, d. h. Stromschlägen, geführt. Elektroboiler und gasbetriebene Duschen wurden in den letzten Jahren mehr und mehr installiert.

Fast 70 % des ecuadorianischen Stromhaushaltes hängen einzig vom größten Staudamm in Paute (bei Cuenca) ab. Bei lange ausbleibenden Regenfällen in dieser Region kann es daher landesweit zu Stromkürzungen kommen.

Telefonieren

Ferngespräche laufen meist über die kleinen Telefonzentralen von **Porta**, **Movistar** und anderen Anbietern, die in allen Städten und auch in vielen kleinen Ortschaften zahlreich vertreten sind. Hier kann für etwa 30 Ct. pro Minute nach Europa telefoniert werden, die Verbindungen sind meist gut. Die Öffnungszeiten sind nicht einheitlich; auch an Sonn- und Feiertagen kann man dort manchmal bis 22 Uhr telefonieren.

Die Landesvorwahl für *Deutschland* ist *0049*, für *Österreich 0043* und für die *Schweiz 0041*. Viele Hotels können internationale Gespräche auch direkt verbinden, was jedoch viel teurer ist.

Eine von mindestens 8 Mio. Handybenutzern

Praktisch sind die offenen Telefonkabinen von **Porta** und **Movistar**. Man findet sie in den Zentren der Groß- und Kleinstädte, an Tankstellen und bei öffentlichen Einrichtungen. In nahen Lebensmittelgeschäften und in speziellen Telefon-Büros sind hierfür entsprechende Plastik-Telefonkarten im Wert von 3, 6, 10 oder 20 USD erhältlich (Telefonkarten von Porta funktionieren auch nur in Porta-Kabinen, nicht in denen von Movistar und umgekehrt). Mit einer Drei-Dollar-Karte kann man bereits ein nettes kleines Weilchen (5–10 Min.) mit den Lieben zu Hause telefonieren.

Telefongespräche von **Internet-** oder **Cybercafés** sind jedoch um einiges billiger abzuwickeln, selbst wenn dabei manchmal störendes Nachhallen oder mangelnde Intimität in Kauf genommen werden müssen. Von Quito aus nach Deutschland zu telefonieren ist in Internetcafés bereits ab 6 Ct. pro Minute möglich.

> Ein **Fax** kann in Hotels oder bei vielen Telefonzentralen abgeschickt und empfangen werden. Der Preis richtet sich nach Minuten und Seitenzahl.

Ein deutsches **Handy** (*celular*) funktioniert nur, wenn es ein Quadband-Handy ist, das sich auf die ecuadorianische Frequenz 850 (Megaherz) umschalten lässt. Triband-Handys haben dagegen nur die Frequenzen 900, 1.800 und 1.900 und funktionieren in der Regel nicht! Der jeweilige Provider kann Auskunft geben.

Die Landesvorwahl für Ecuador ist **00593**. Darüber hinaus ist das Land in sechs Vorwahlnummern für Provinzbereiche eingeteilt. Die Vorwahlnummer für den Bereich **02** beinhaltet Quito und die Provinz Pichincha. **03** ist für die Provinzen Bolívar (Guaranda), Cotopaxi (Latacunga), Chimborazo (Riobamba), Tungurahua (Ambato, Baños) und die Oriente-Provinz Pastaza (Puyo). **04** ist für Guayaquil und die dazugehörige Provinz Guayas. Dazu gehören auch Montañita, Salinas, Playas. **05** ist für die Küstenprovinzen Manabí (Puerto López, Manta, Bahía de Caráquez, Canoa, Pedernales) und Los Ríos sowie die Galapagosinseln **06** ist für die Provinzen Carchi (Tulcán, El Angel), Imbabura (Otavalo, Ibarra, La Esperanza), die gesamte nördliche Küstenregion (Esmeraldas, Atacames, Muisne, Mompiche) sowie die nördlichen Oriente-Provinzen Napo, Orellana und Sucumbios (Tena, Misahuallí, Coca, Lago Agrio). **07** ist für den gesamten Süden: Azuay (Cuenca), Cañar (Azogues), Loja und Vilcabamba sowie die Küstenprovinz El Oro (Machala, Zaruma, Huaquillas). Außerdem die südlichen Oriente-Provinzen Morona Santiago (Macas) und Zamora Chinchipe (Zamora). Bei Anrufen von Deutschland, Österreich oder der Schweiz nach Ecuador fällt die jeweilige 0 bei der regionalen Vorwahl weg, also wählt man für eine Verbindung nach Quito z. B. ☎ 00593/2/2666666.

Toiletten und Trinkwasser

▶ **Toiletten**: Die hygienischen Verhältnisse in öffentlichen sanitären Einrichtungen (*SSHH*) reichen in Ecuador vom Prädikat „picobello" bis hin zu „katastrophal". Besonders bei Raststätten, Wallfahrtsorten und Gemeinschaftstoiletten in kleinen Dörfern und Berghütten ist eher der letztere Zustand vorzufinden. Bei modernen Einkaufszentren, Fastfood-Ketten oder besseren Restaurants kann jedoch mit einem regelmäßigen Reinigungsservice gerechnet werden.
Bei Überlandfahrten und Ausflügen sollte immer ein wenig Toilettenpapier mit eingesteckt werden, da dies nicht immer vorhanden ist. Vor den öffentlichen Toiletten in Busbahnhöfen, Flugplätzen oder auch touristischen Anziehungspunkten wird im Allgemeinen für einen geringen Betrag Toilettenpapier verkauft. Ein bisschen Münzgeld einzustecken kann daher kein Fehler sein.

Das Klopapier muss in den meisten Fällen in den Plastikeimer neben dem Klo geworfen werden, da viele Abflüsse die Papiermenge aufgrund der schmalen Rohre und des niedrigen Wasserdrucks nicht verkraften. Verstopfte Toilettenanlagen und schlimmster Gestank könnten die Folge sein. Touristen werden sich somit daran gewöhnen müssen, das benutzte Toilettenpapier nicht vollständig entsorgen zu können.

▶ **Trinkwasser**: Das Leitungswasser kann in den meisten Regionen des Landes mit Chlor versetzt aus dem Hahn kommen. Dies dient zur hygienischen Vorsorge. Zur Speisezubereitung sollte es jedoch immer 20 Minuten abgekocht werden. Die Hafen- und Industriestadt Guayaquil hat mitunter das schlechteste Trinkwasser. In manchen Proben wurden sogar Fäkalienreste vorgefunden. Auch in allen anderen Bereichen der Küste, im Oriente und auf den Galapagosinseln ist das Leitungswasser von schlechter Qualität. Es ist gerade mal zum Duschen tauglich. Hingegen zählt das Wasser in Quito und Cuenca zum saubersten in Ecuador. Es wird meist aus Quellflüssen im Páramo auf über 3.500 Höhenmetern herangepumpt und kann ohne Weiteres auch zum Zähneputzen benutzt werden. Zum Trinken sind in jedem Falle Tafelwasser (*agua sin gas*) und Mineralwasser (*agua con gas*) aus Flaschen vorzuziehen.

Trinkgeld, Mehrwert- und Dienstleistungssteuer

Die meisten Rechnungen – formell **factura** oder **nota de venta** bzw. informell **cuenta** – in Restaurants und Hotels sind mit einer Mehrwertsteuer von 12 % (*IVA = Impuesto al Valor Agregado*) bedacht. Achten Sie bei einem IVA-Aufschlag darauf, dass die Ihnen ausgestellte Rechnung von einem durchnummerierten Rechnungsblock stammt. Wenn nur *recibo* und sonst nichts draufsteht, dann ist dies keine rechtsgültige *factura* oder *nota de venta* und darf somit keinen IVA-Aufschlag enthalten. Eine richtige *factura* sollte sowohl mit der *número R.U.C.* (Geschäftsnummer) des jeweiligen Ausstellers als auch mit der R.U.C.-Nummer der autorisierten Druckerei (*imprenta*) versehen sein. Weiterhin sollte die Datumsgrenze des Rechnungsblockes noch Gültigkeit haben, z. B. *emisión válida hasta el 30 de mayo 2010* (nicht zu verwechseln mit dem Ausstellungsdatum des Rechnungsblockes). Falls es bei Ihrer Rechnung keinen IVA- und/oder Serviceaufschlag geben sollte, dann kann Ihnen eine ordnungsgemäß ausgestellte *factura* eigentlich egal sein. In billigeren Speiselokalen wird die *cuenta* oftmals nur mündlich mitgeteilt.

In besseren Restaurants und Hotels kommen zusätzlich zu den 12 % Mehrwertsteuer noch 10 % *servicio* dazu (Dienstleistungssteuer). Diese Servicesteuer ist eigentlich für das schlecht bezahlte Personal gedacht. Da so mancher Tourist aus einem reichen Industrieland ausgerechnet in einem Drittweltland bei geringen Beträgen plötzlich den Geizhals raushängen lässt, wäre diese „Trinkgeldsteuer" eigentlich vertretbar. Sie würde dem Personal helfen, das geringe Auskommen zu verbessern. Nichtsdestotrotz stecken sich die meisten Hotel- und Restaurantbesitzer diese 10 % Servicesteuer in die eigene Tasche oder lassen dem Personal nur einen Bruchteil davon zukommen. Welcher Angestellte kann mitrechnen, wie viel Servicesteuer bezahlt wurde? Ob es diesbezüglich korrekt zugeht, lässt sich vielleicht an der Freundlichkeit des Kellners erkennen. Wird jedoch keine Servicesteuer erhoben und Sie waren Sie mit einer persönlichen Dienstleistung zufrieden, ist es immer angebracht, ein kleines Trinkgeld in etwa gleicher Höhe zu hinterlassen.

Aufmerksame Liftboys, Gepäckträger, Parkwächter oder auch Taxifahrer können, je nach Zufriedenheit, mit einem *Quarter*- oder *Halfdollar*-Trinkgeld (*propina*) bedacht werden. Tourbegleitern, Bergführern, Lastenträgern oder auch versierten Kanu-Steu-

Reisepraktisches

ermännern sollte man etliches mehr geben, je nach Wichtigkeit, Serviceleistung und Dauer (zwischen 2 und 10 USD pro Tag und Tourist). Ein übertriebenes Trinkgeld könnte sich aber auch nachteilig auf die zukünftige Erwartungshaltung auswirken.

Volontäre und Praktikanten

Wer sich nicht nur an der landschaftlichen Vielfalt Ecuadors berauschen, sondern auch den Alltag der Ecuadorianer erleben und etwas Konkretes für die Bevölkerung oder Umwelt tun möchte, absolviert vielleicht ein mehrwöchiges oder mehrmonatiges Praktikum. Vor allem Studenten und jungen Berufstätigen bieten sich jede Menge Möglichkeiten, lehrreiche und kurzweilige Erfahrungen zu sammeln und auszutauschen, sowohl im zoologischen, botanischen, ökologischen, sozialen, technischen, unternehmerischen als auch medizinischen Bereich. Zumindest rudimentäre Spanischkenntnisse sind jedoch unbedingt Voraussetzung. Eine Anzahl nationaler und internationaler Stiftungen (*fundaciones*), Nicht-Regierungs-Organisationen (*NGOs*) und kleiner, privater, gemeinnütziger Einrichtungen ist auf freiwillige Hilfskräfte, aber auch auf Mentoren und Initatoren aus dem Ausland angewiesen. Volontäre und Praktikanten bezahlen für ihren Freiwilligendienst in der Regel von Null (!) bis über 500 USD monatlich, bei freier Kost und Logis versteht sich. Häufig arbeitet man in „kommunalen" Projekten, d. h. in Dorfgemeinschaften oder kleinen Gemeinden, die in Eigenverwaltung beispielsweise Tourismus betreiben und von den Einnahmen direkt profitieren. Hier ein paar Adressen:

AmaZOOnico, Tierpflege und Touristenführungen auf einer pittoresken Lodge am Río Arajuno/Río Napo, keine Vorkenntnisse notwendig, www.amazoonico.org, siehe auch S. 454.

Apia aus der Schweiz fördert Straßenkinder in den Armenvierteln Ecuadors, Perus und Mexikos, freiwillige Einsätze in Loja, Unterrichtstätigkeit, Werkstätten etc., www.apia.ch.

Bospas bietet bei einem monatlichen Beitrag von 225 USD Stellen in den Bereichen „Permakultur" und „Biodiversität" auf der schönen Finca des Belgiers Piet Sabbe in den Subtropen bei Ibarra, www.bospas.org.

Brethren y Unida, sehr interessante agroorganische Projekte auf dem Lande bei Tabacundo (100 Jahre alte Hacienda), Intag, Cotacachi, in der Provinz Chimborazo und bei Puyo, www.fbu.com.ec.

Centro de la Niña Trabajadora, unterstützt in erster Linie arme Familien im Süden und Norden Quitos, pädagogische und medizinische Bereiche, www.cenitecuador.org.

Cielo Azul aus der Schweiz setzt sich für benachteiligte Kinder in den indianischen Gemeinden ein, www.cieloazul.ch.

Cisol, Arbeit mit Straßenkindern in Loja, landesweit eine der ältesten Stiftungen in diesem Bereich, von Lesern empfohlen, www.cisol.org.

Decoin, älteste Umweltorganisation in der Gegend um Intag, Wiederaufforstung und andere nachhaltige Projekte, Kampf gegen Minengesellschaften, www.decoin.org, siehe auch S. 277.

Ecotrackers, kommunale Projekte und Aufbauarbeiten in kleinen Gemeinden überall in Ecuador, www.ecotrackers.com.

Fincas Tropicales, schöne Projekte auf abgelegenen Fincas bei Puerto Quito (siehe auch S. 256.). Infos erteilt der ehemalige und sehr begeisterte Volontär Gereon Groffik: gereon@qroffik.de.

Fundecol, Volontäre im Kampf gegen den Mangrovenschwund im Bereich der Insel Muisne gesucht! www.fundecol.org, siehe zu Muisne/Nordküste S. 507.

Funedesin, preisgekröntes Projekt für Volontäre auf Langzeitbasis in der Yachana-Dschungel-Lodge, am oberen Río Napo entre Misahuallí und Coca, www.funedesin.org, www.yachana.com, siehe auch S. 455.

Intag Verein, Freiwilligendienste im Bereich Naturschutz, Hauptaugenmerk ist auf die Minengesellschaften gerichtet, als Kaffee-Erntehelfer, bei der lokalen Zeitung u. v. m (siehe auch S. 278). Infos: caroline.schultz1@googlemail.com.

Intisisa, indianische Organisation in Guamote nahe dem Chimborazo, Workshops im touristischen und erzieherischen Bereich, www.intisisa.org, siehe auch S. 365.

Jatún Sacha, umwelterzieherische Projekte, Wiederaufforstung, Naturschutz, mehrere wissenschaftliche Stationen im Land: am Río Napo, in Bilsa, Congal, Lalo Loor, Guandera, La Hisperia und auf San Cristóbal, www.jatunsacha.org, siehe auch S. 454 u. S. 494.

Jocotoco, Umweltprojekte in zahlreichen Naturreservaten, vor allem im tiefen Süden Ecuadors, Umwelterziehung und Kommunen-Arbeit, www.fjocotoco.org, siehe auch S. 425, 429 und S. 568.

Los Cedros (*Centro de Investigaciones Tropicales*), sehr schönes Naturreservat im Nordwesten des Landes zwischen Hochland und Küste, Wiederaufforstung, Schaffung und Erhaltung von Waldwegen, www.reservaloscedros.org, siehe auch S. 277.

Kallari, Organisation von Kichwa-Indígenas, die organischen Kakao anbaut und selbst Schokolade herstellt. Kommunaler Tourismus, eigene Cafetería in Quito, www.kallari.com.

Maquipucuna, umwelterzieherische und naturwissenschaftliche Praktika bei Yunguilla im Noroccidente, www.maqui.org, siehe auch S. 245.

Marango, soziale Projekte auf der tropischen Mangroveninsel Muisne (Nordküste), vornehmlich deutsche Volontäre, www.marango.de, siehe auch S. 507.

Pachijal, Kartographierung und Beschilderung autodidaktischer Pfade im *bosque nublado*, Erstellung von Listen zu Vögeln und Pflanzen, www.pachijalreserve.com, siehe auch S. 247.

Pro Vita Andina aus Auenwald (*Fundación Cimas del Ecuador*), Hilfe zur Selbsthilfe, soziale und kunsthandwerkliche Projekte in Tocachi bei Tabacundo, 60 km nördlich von Quito, sanfter Tourismus, www.esperanza-tours.de.

Proyecto Esperanza aus Kassel, Straßenkinder-Hilfe, Pädagogik, Patenschaften, Permakultur, Einsatzort Río Negro zwischen Baños und Puyo, offizielles Projekt der UN-Dekade „Bildung für nachhaltige Entwicklung",www.proyecto-esperanza.de.

Río Muchacho Organic Farm, Wiederaufforstung und Umwelterziehung auf einer Küstenfarm, www.riomuchacho.org, siehe auch S. 563.

Santa Lucía, setzt sich im Bereich der Gemeinden Yunguilla und Nanegal für den Schutz des Nebelwaldes ein, Wiederaufforstung, Umwelterziehung, Birdwatching, www.santaluciaecuador.com, siehe auch S. 245.

Simiatug, indianische Frauen- und Kindergruppen, kommunitale Projekte in einem wunderbar abgelegen Ort in den Anden, www.simiatug.com, siehe auch S. 361.

Steyler Missionare (*Societas Verbi Divini*), für religiöse Volontäre, Praktikumsdauer von mind. 9 Monaten, erzieherische und andere Projekte in einem Armenviertel an den Pichincha-Hängen über Quito, Calle Padre Damián N30-71 y Obispo Díaz de la Madrid, ☎ 02/3202406, lauren@verbodivino-ecu.org (Padre Lauren Fernández), www.verbodivino-ecu.org.

Stupor Mundi, erzieherische Projekte in Llangahua bei Ambato, deutschsprachige Volontäre bevorzugt, Mindestdauer 6 Monate, www.stupor-mundi.org.

Sucúa, die Deutsch sprechende Sra. Nelly López sucht im südlichen Oriente Sprach- und PC-Lehrer: catrinkroeger@web.de, siehe auch S. 483.

Sumac Muyu, Projekte in den Bereichen Erziehung, umweltverträgliche Agrikultur oder Walderhaltung in den Reservaten La Esperanza (bei Santo Domingo) und im Randbereich des Sumaco-Reservates (Oriente), www.reservalaesperanza.org, http://reservadelriobigal.googlepages.com.

Sumaco, Bildungs-, Gesundheits-, Frauen-, Kinderprojekte, naturwissenschaftliche Feldforschung in den Gemeinden beim Vulkan Sumaco, www.sumaco.org, siehe auch S. 499.

UBECI, soziale Projekte in Quito, pädagogische (z. B. Sprachunterricht) und medizinische Bereiche, www.ubeci.org.

Youth Action for Peace, christlicher Friedensdienst, der von einer Leserin empfohlen wurde, www.yap-cfd.de.

Zoobreviven, Umweltprokjekte bei Intag, Mindo, im El-Angel-Reservat und auf einer Mangroveninsel bei San Lorenzo, Wiederaufforstung, Permakultur, Bambusernte, Pfaderhaltung, Brillenbär- und Puma-Überwachung, www.zoobreviven.org.

Ein Praktikumsaufenthalt sollte sorgfältig geplant sein. Die sehr empfehlenswerte **OLE Praktikumsbörse** verschafft Volontärstellen und betreut angehende Praktikanten, bietet zudem Spanischkurse und Gastfamilienaufenthalte an.

Information Dirk Schuhmacher in Bamberg, Amalienstr. 28, ☎ 0951/1890703, www.ole-praktikumsboerse.de.

Leser empfahlen auch die Webseite **www.visozial.org/fwa/ecuador**, wo Kontakte zu allen möglichen Projekten (hauptsächlich im sozialen Bereich) in Quito und auf dem Lande geknüpft werden können.

Zeit

Zur Mitteleuropäischen Zeit (MEZ) besteht im Winter ein Unterschied von sechs Stunden auf dem Festland (also minus sechs) bzw. sieben Stunden auf Galapagos (also minus sieben). Während der europäischen Sommerzeit beträgt die Zeitdifferenz genau eine Stunde mehr (minus sieben bzw. minus acht).

Zollbestimmungen/Reisepapiere

Für alle Bürger der EU und der Schweiz genügt bei der Einreise ein mindestens sechs Monate gültiger Reisepass. Ein Visum wird nicht benötigt. Man erhält einen Stempel in den Reisepass und ein separates Einreisepapier (*papeleta de imigración*), das schon im Flugzeug zum Ausfüllen ausgehändigt wird. In der Regel wird ein Aufenthalt von bis zu neunzig Tagen gewährt. Es kann vorkommen, dass bei der Einreise nach der Dauer des Aufenthaltes gefragt wird. Am besten ist, man gibt drei Monate an – wer weiß schon, ob der Urlaub nicht doch verlängert wird.

Das Einreisepapier mit Reisepass sollte in Ecuador immer mitgeführt werden. Auf Überlandreisen ist es nichts Außergewöhnliches, in eine Polizei- oder Militärkontrolle zu geraten. Dabei müssen Pass und Einreisepapier vorgezeigt werden. Es ist von großem Vorteil, vorher Kopien beider Dokumente anzufertigen. Sollten die Papiere verloren gehen, ist es anhand der Kopien wesentlich einfacher, Ersatzpapiere zu erhalten. Ein verloren gegangenes Einreisepapier wird in der Regel von der Einwanderungsbehörde ersetzt. Bei Passverlust ist die deutsche Botschaft in Quito aufzusuchen.

▸ **Zollbestimmungen**: Folgende Waren können zollfrei eingeführt werden: ein Liter Spirituosen, 50 Zigarren oder 300 Zigaretten. Ebenso sollten persönliche Gebrauchsartikel wie Kamera-Equipment oder ein tragbarer Reisecomputer keinerlei Probleme bei der Einreise darstellen. Die Kontrollen halten sich bei ankommenden Urlaubsgästen sowieso in Grenzen, es sei denn, man reist gerade aus dem steuerfreien Einkaufsparadies Panama ein. Meistens muss nicht einmal der Koffer beim Zoll (*aduana*) geöffnet werden.

Bei der Ausreise kann es hingegen sehr wohl zu strengen Kontrollen kommen. Folgende Artikel und Mitbringsel fallen unter den Begriff Schmuggelgut: illegale Drogen und Waffen, präkolumbische Keramik (soweit es sich um echte Stücke handelt), religiöse Reliquien sowie Pflanzen und Lebensmittel. Tierfelle, Reptilhäute und lebende Tiere fallen unter das „Washingtoner Artenschutzabkommen" und ein Mitnehmen verbietet sich von selbst.

Schwer zu verzollen!

▲ Im El Angel Reservat

Avenida der Vulkane

Blick auf den Panecillo

Quito

(2,5 Mio. Einwohner)

Sonnendurchflutete Avenidas und beinahe schattenlose Spiegelglaspaläste stehen im Kontrast zu den steilen, von klatschenden Regengüssen ausgewaschenen Pflastersteinstraßen. Die kunstvollen Portale der spanischen Kolonialhäuser bewahren Legenden von rettenden Jungfrauen und rächenden Engeln, während im Touristenviertel La Mariscal bis tief in die Nacht getanzt wird. Hier beginnt das Ecuador-Abenteuer!

Aus verschiedenen Winkeln und auf unterschiedliche Weise betrachtet, zeigt sich die 2.800 m hoch gelegene Landeshauptstadt, etwa 20 km von der Äquatorlinie entfernt, jedes Mal anders, wie plötzlich verwandelt, manchmal gar bis ins Gegenteilige. Eingebettet in einem schmalen Hochbecken zu Füßen der beiden *Pichincha*-Hausvulkane, erstreckt sich die Stadt von den trinkwasserarmen Randsiedlungen im trockenen Norden bis zum grünen, regnerischen Süden auf über 50 km Länge und nur wenige Kilometer Breite.

Dabei haben der großstädtisch fortschrittliche Norden und der ländlich rückständige Süden viele Gemeinsamkeiten. Eine davon ist eine gelbe Smogwolke, Folge eines rasanten Wachstums, das in den 90er-Jahren zu einem wild wucherndem Urbanismus geführt hat. Der sprichwörtliche „Franziskanische Frieden" von anno dazumal ist jedoch an verschlafenen Quito-Sonntagen in jedem *barrio* (Viertel) noch allgegenwärtig. Wochentags aber, und insbesondere bei *hora pica* (in der Rushhour), werden die Durchgangs- und Ausfallstraßen von Verkehrschaos und Staus heimgesucht. Die Stadt scheint dann förmlich aus allen Nähten zu platzen. Der internationale Flughafen, in den 60er-Jahren noch außerhalb Stadt gelegen, verlangt aufgrund seiner Lage inmitten des „Häusersees" einem jeden Piloten beim Landeanflug höchste Aufmerksamkeit ab.

Von den beiden Flanken der Andenkordilleren behütet, gilt Quito als geografisch privilegiert und erscheint bisweilen von geradezu surrealer Ästhetik. Sein kolonialer Altstadtkern wurde von der UNESCO neben Cuzco in Peru, San Salvador in Brasilien, Cartagena de las Indias in Kolumbien und anderen Städten Lateinamerikas zum *Patrimonio Cultural de la Humanidad* (Weltkulturerbe) erklärt. Unter den Kirchenkuppeln und hinter dicken Klostermauern verbergen sich die kostbarsten religiösen Kunstschätze auf dem amerikanischen Kontinent. Darüber hinaus ist Quito aufgrund seiner zentralen Lage idealer Ausgangspunkt zur weiteren Erkundung von Ecuadors sagenhafter Vielfalt.

Quito
Karten S. 198/199 und 205

Eine mythische, eine legendäre und zwei spanische Stadtgründungen

Die Geschichte Quitos verdankt ihre Entstehung einem sagenumwobenen urzeitlichen Helden namens **Quitumbe**. Seine ersten Atemzüge datieren nach gegenwärtigen Kenntnissen auf etwa 12.000 Jahre zurück, nachdem am Ilaló-Berg im Valle de Tumbaco viele alte Steinwerkzeuge gefunden wurden. In der *Cayapa-Sprache* bedeutet Quito so viel wie „bevölkerte Erde", in der *Tsáchila-Sprache* „Erde machen" oder „das gewünschte Land finden". Die Stämme, die in jenen Zeiten in strohbedeckten Lehmhütten zwischen dichtem Gestrüpp, Urwäldern und tief aufgerissenen Erdbebengräben hausten, begannen allmählich, *señoríos* oder *cacicazgos* (kleine gesellschaftliche Gruppen) zu formen. Besonders respektierte Kommunenmitglieder übernahmen die Spitzenpositionen dieser „Fürstentümer". Feste Grenzen oder Bündnisse zwischen den einzelnen Herrenhäusern von Quito und der näheren Umgebung (*Cochasquí, Cayambi, Caranqui* usw.) gab es nicht, jedoch unangefochtene zeremonielle und wirtschaftliche Zentren.

Im Vorfeld der Inka-Invasion gegen Ende des 15. Jh. kamen die ersten Verteidigungsallianzen unter den vereinzelten Kazikenstämmen zustande. Aufgrund der verkehrsstrategischen Lage zwischen dem Küstentiefland (Salz, Baumwolle), Hochland (Kartoffeln, Mais) und Oriente (Zimt und Heilpflanzen) war das präkolumbische Quito zwischenzeitlich zu einem sog. *Tianguez* (wichtigen Handelszentrum) herangewachsen. Das expandierende Imperium der Inkas (Tahuantinsuyo) streckte vor allem auch aus diesem Grunde seine Fühler weiter nach Norden aus und besetzte schließlich das gesamte innerandine Hochbecken. Der Sonnenkönig *Túpac Yupanqui* eroberte die vom *Shyri-Geschlecht* beherrschte und der *Quitus-Cara-Zivilisation* bewohnte Stadt nach einem langjährigen Verteidigungskampf. Um die Widerspenstigkeit der Eingeborenen in Schranken zu halten, bevölkerte er Quito mit *Mitimaes* (Zwangsumsiedlern) aus dem bolivianischen Hochland, ließ weitflächige Äcker und Bewässerungssysteme anlegen sowie Gebäude und Lagerschuppen errichten. Beträchtlich große Gruppen von einheimischer, inkaischer und „bolivianischer" *Aimará-Bevölkerung* lebten damals über der zerklüfteten Hochebene verstreut.

Unter den beiden letzten Inka-Kaisern *Huayna Cápac* und seinem Sohn *Atahualpa* erlebte die Stadt eine Epoche der Blüte und des Wohlstands. Von den einstigen Gebäuden blieben jedoch nach dem alles vernichtenden Brand, der von Atahualpas rechter Hand, dem „Indiogeneral" *Rumiñahui* entfacht wurde, nur noch Schutt und Asche übrig. Der heimtückische Tod des Sonnenkönigs in Cajamarca und der unabwendbare Vorstoß der siegreichen Spanier waren der Grund für Rumiñahuis zerstörerische Wut. Bei der Gelegenheit ließ der Kriegsheld auch die gesamten

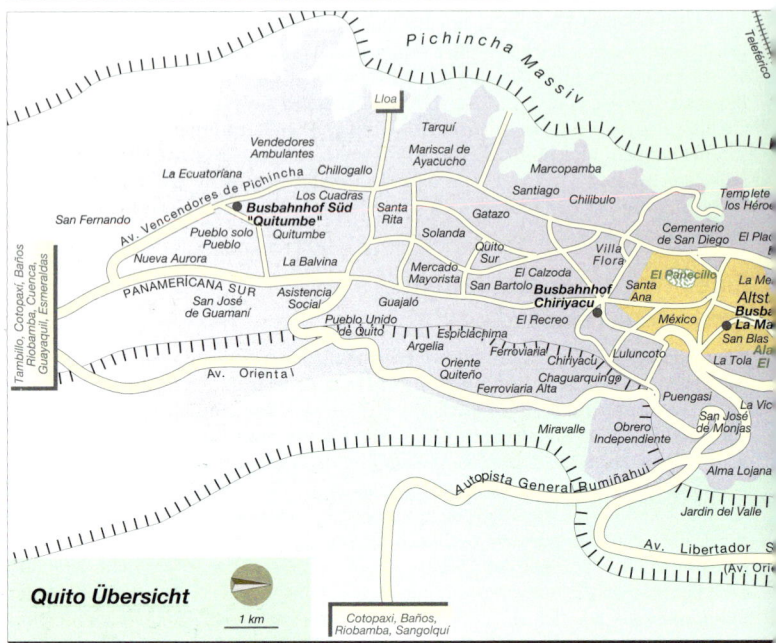

Quito Übersicht

1 km

Cotopaxi, Baños,
Riobamba, Sangolquí

Goldschätze fortschaffen. Es wird behauptet, dass diese heute noch immer irgendwo in den unzugänglichen Llanganatis-Bergen versteckt liegen.

Den Namen „Quito" hatten die Spanier bereits bei ihrem ersten Anlegen an der „ecuadorianischen" Küste im Jahre 1527 vernommen. Das magische Wort wurde für die Konquistadoren bald zur fixen Wahnvorstellung von Gold und Zimt in Hülle und Fülle. Dies erklärt auch das übereilte Eintreffen des *Capitán Sebastián de Benalcázar*, der erstmalig am 10. Juni 1534 in die abgebrannte Stadt kam. Seine Enttäuschung war unaussprechlich, als er nicht einen einzigen Krümel Gold zwischen den rauchenden Trümmern vorfand. *Diego de Almagro*, der zwischenzeitlich von Cajamarca aus vorrückte, um Benalcázar zuvorzukommen, erreichte Quito einen Monat später, am 6. Juli 1534. Nach einigen Scharmützeln mit den Indios kehrten beide zu den Ebenen von *Liribamba* zurück (heute Riobamba), um sich gemeinsam gegen *Pedro de Alvarado* zu stellen, der ebenfalls seine Ansprüche auf die Schätze geltend machen wollte. Kurz darauf wurde schließlich in Liribamba, am 28. August 1534, die erste offizielle Stadtgründung von Quito vorgenommen. Am 6. Dezember 1534 wurde dann knapp 200 km nördlich davon das eigentliche *San Francisco de Quito* von einem resignierten Benalcázar wieder gegründet, „im Namen Gottes und *Don Carlos'*, des ewig erhabenen Kaisers und Königs von Kastilien und León".

Klima

Der *verano* (Sommer) von Juni bis September und der darauf folgende *veranillo* („kleiner Sommer" oder Altweibersommer) gegen Ende bzw. Anfang des Jahres ver-

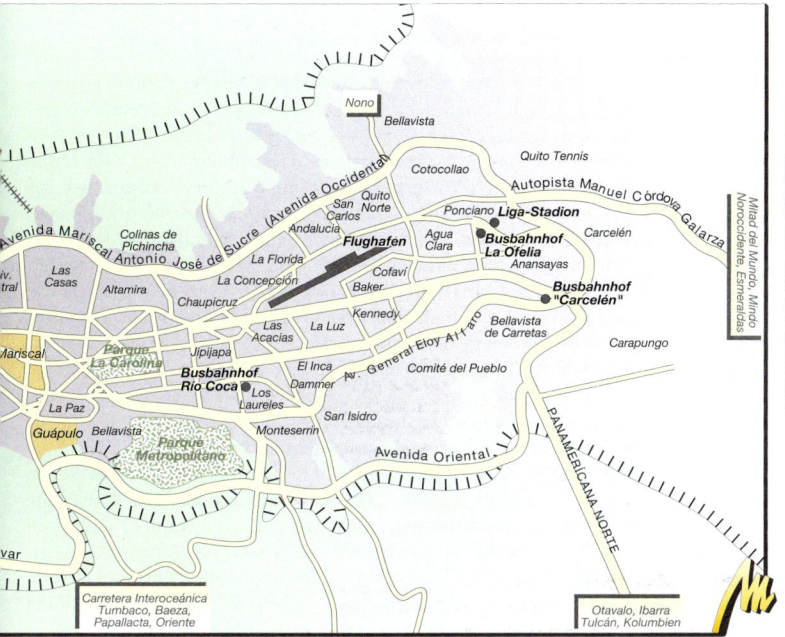

sprechen viele kühle, klare Nächte, wenn der Polarstern und das Kreuz des Südens gleichzeitig am Firmament auftauchen. Gleichzeitig sind die Tage um die Mittagszeit manchmal heiß mit einer grellen, gefährlichen Sonneneinstrahlung: „Luz de América" („Licht Amerikas") steht für Quito somit nicht nur in historischem Sinne (siehe „Unabhängigkeitsbestrebungen"). Zudem können in den Sommermonaten heftige Windböen auftreten. In den Regenmonaten dagegen, von Ende Januar bis Ende Mai, verschwindet die Stadt auch schon mal im feuchtkalten Nebel, wie unter ein Wolkenmeer in den Himmel gehängt. In dieser Jahreszeit sind kurze, sintflutartige Hagelschauer oder nachmittägliche Regenfälle (meist nach einem sonnigen Vormittag) keine Seltenheit. Die Temperaturen können dann abends schnell mal unter 10 Grad fallen. So hat auch der undefinierbare November manchmal mit heftigen Regen- und Hageltagen aufzuwarten. „El tiempo es como las mujeres" („Das Wetter ist wie die Frauen"), wissen dann vor allem die *taxistas* zu berichten. Andere schwärmen hingegen von „400 Sonnentagen" im Jahr. Deshalb sollte bei längeren Ausgängen neben dem Regenschirm auch die Sonnenbrille nicht vergessen werden. Quito steht im Ruf, täglich alle Jahreszeiten aufzuweisen, wobei die lauen Winternächte allerdings immer ohne Schneetreiben ausfallen.

▶ **Orientierung und Stadtverkehr:** Quito ist eine extrem lang gezogene, von Norden nach Süden verlaufende Stadt. Der Hauptverkehrsstrom bewegt sich daher in diese beiden Richtungen. Zu den wichtigsten Verkehrsachsen gehören die mehrspurigen Umfahrungsstraßen *Avenida Occidental* (Westrand) und *Avenida Oriental* (Ostrand) sowie im nördlichen Stadtbereich die *Avenida Eloy Alfaro/6 de Diciembre* bzw. *Avenida La Prensa/10 de Agosto*. Der Süden der Stadt wird in erster Linie von

Sicherheit in Quito

La Delinquencia und *El Crímen* – die Kriminalität und das Verbrechen – sind fast überall in Lateinamerika auf dem Vormarsch. Quito bildet hierbei keine Ausnahme. Für die **Altstadt** gilt generell: abends alleine zu Fuß unterwegs zu sein stellt auf beleuchteten Plazas und Straßen oder auch in einer geschlossenen Gruppe kein Problem dar. Abends und auch tagsüber ist die Gegend um die *Calles Loja, Chimborazo* und *24 de Mayo* mit Vorsicht zu genießen. Auch der verwahrloste Bereich um den *Mercado San Roque* sind Sammelplätze für Trickdiebe und Räuber. Selbst in dunklen Kolonialkirchen wurde Touristen schon heimlich das Day-Pack aufgeschlitzt. In Menschenansammlungen wie bei einer Vorführung von Straßenmusikanten oder an der Trolebus-Haltestelle sowie im Trolebus selbst ist ebenso ein wachsames Auge oberstes Gebot. Diebe arbeiten oft in Gruppen und sehr professionell. Darum sollte bei einem Altstadtbummel kein Geld einfach so in die Hosentasche gesteckt werden, man sollte keine Kamera ständig zur Schau stellen, keine auffälligen Ohrringe oder teuren Uhren tragen. Wer weiß, auf seine paar Sachen aufzupassen, wird auch kaum Gefahr laufen, beklaut zu werden. Und wenn es aus irgendeiner Unachtsamkeit doch mal passiert, ist dies dank mangelndem Verlustwert nicht allzu schlimm. Bei einem Altstadtbummel reichen eine Passkopie, eine Handvoll Dollars für Kaffee, Kuchen, Museen, Souvenirs und Taxi, sowie eine gut verstaute bzw. gut bewachte Kamera. Wer nur auf seine Kamera aufpassen muss und sonst nichts, verbringt in der Altstadt eine stressfreie Zeit. Ob nun eingenähte Innentaschen, Geldgürtel, Achselbeutel, Strumpf- oder Büstenhalterverstecke, bleibt dabei freigestellt. Wichtig ist nur: Augen auf – und in aller Ruhe Quito Colonial genießen!

In der **Neustadt** dürfte es tagsüber keine Probleme geben. Abgelegene stille Eckchen für Verliebte wie z. B. im *Parque La Carolina* sind mit mehr Vorsicht zu genießen. Arme Randviertel, wie z. B. *La Roldós* oder *Carapungo* sind eher zu meiden. Im Vergnügungsviertel *La Mariscal* ist es ratsam, nach Einbruch der Dunkelheit nicht betrunken durch die Gegend zu torkeln. Von dunklen Seitenstraßen wird jedoch auch Nüchternen abgeraten. Vor allem die *Reina Victoria, Diego de Almagro, Avenida 6 de Diciembre, Veintimilla, Baquedano, Wilson, Pinto, Foch, Cordero, Juan León Mera, Avenida Amazonas* und die Gegend um die *9 de Octubre* und *Av. 12 de Octubre* sowie weite Bereiche der *Universidad Central*, dem *Mercado Santa Clara* und der *Avenidas Colón* und *América* können bei Dunkelheit zu einem gefährlichen Pflaster werden. Von Raubüberfällen wird hin und wieder berichtet. Auch hier gilt: Wenn abends ausgehen, dann besser in einer kleinen, geschlossenen Gruppe oder ganz einfach per Taxi, weil die Gefahr eines Überfalls (*asalto*) erst dann beseitigt ist. Eine Notrufnummer, rund um die Uhr, auch auf Englisch, ist die ✆ 911 – oder direkt bei der Polizei die ✆ 101.

Wer Opfer eines Raubüberfalls wurde, wendet sich am besten zuerst an eines der beiden Büros des **Servicio de Seguridad Turística**. Hier werden Anzeigen entgegengenommen, der dazugehörige Papierkram erledigt und Beistand geleistet. Fast 200 Polizisten und mehrere Polizeiautos wurden dieser 2009 gegründeten Einrichtung der *Empresa Metropolitana Quito Turismo* zugeteilt. Auch Anzeigen über touristische Abzockerei können hier getätigt werden. In der Altstadt: Casa de los Alcaldes, Chile entre Venezuela y García Moreno, ✆ 2955785, tägl. 10–18 Uhr. In der Neustadt: Roca y Reina Victoria, ✆ 2543983, tägl. 24 Std.

den Avenidas *Pedro Vicente Maldonado* und *Mariscal Antonio Sucre* (der Verlängerung der Avenida Occidental) durchkreuzt.

Quer durch die Stadt, vom Norden bis hin zum Viertel *Villa Flora/El Recreo* und zum Quitumbe-Busbahnhof im Süden, verläuft der **Trole-Oberleitungsbus**. Dieser meist voll besetzte Elektro-Schwenkbus hat alle 400 m eine Haltestelle und verkehrt im Minutentakt auf einer gesonderten Spur von Norden nach Süden (und umgekehrt): über die gesamte Avenida 10 de Agosto, dann mitten durchs koloniale Altstadtzentrum und schließlich über die *Avenida Pedro Vicente Maldonado* bis *El Recreo*. Die Gesamtfahrtzeit von einem Ende zum anderen beträgt etwa 40 Minuten. Mit einem Taxi geht es manchmal nicht schneller. Abgesondert vom Autofahrstreifen verlaufen parallel zur Trolebus-Linie in Nord-Süd-Richtung auch die **Ecovía** entlang der *Avenida 6 de Diciembre* im Osten und die **Metrovía** entlang der *Avenida América* und *Avenida La Prensa* im Westen, alternative Achsen zur Trole-Buslinie. Auf Taschendiebe ist zu achten!

Auf allen Nord-Süd-Hauptachsen (und auch einigen Ost-West-Nebenachsen) verkehren **öffentliche Busse**. Diese sind in verschiedene Klassen unterteilt: *popular, ejecutivo, selectivo, especial* oder die *alimentadores* (Trole-Anschlussbusse). Alle Stadtbusse kosten 25 Ct. beim Einsteigen, egal wie lange und wohin die Fahrt auch gehen soll (Stand April 2009). Die wichtigsten Busse kommen auf ihrem langen *trayecto* (Wegstrecke) über die zentral gelegene *Avenida Amazonas* (nur nach Süden), die *Juan León Mera* (nur in nördliche Richtung), die *9 de Octubre* (in nördliche Richtung) oder die *Avenidas 10 de Agosto und América* (jeweils beide Richtungen). Einen Bus zum Flughafen oder zu den Einkaufszentren „C. C. El Jardín" und „C. C. Iñaquito" (die Kinos *Multicines*) schnappt man sich am besten auf der Juan León Mera. Die Busse zum Äquatordenkmal (nördlich von Quito) fahren beim *„La Y"* (Kreuzung *Av. América/Av. 10 de Agosto/Av. La Prensa*) unweit der nördlichen Tolebus-Endhaltestelle ab. Diesen *Mitad-del-Mundo-Bus* schnappt man sich am besten auf der Av. La Prensa unter einer Überführung.

Taxis

Am Flughafen gibt es in der internationalen wie auch vor der nationalen Ankunftshalle *(llegadas nacionales)* **Taxi-Kioske**, wo sich der Ankömmling einen Taxi-Gutschein geben lassen kann. Der computerberechnete Preis hängt vom Fahrziel ab und entspricht dem Normaltarif. Hier gibt es kein Schummeln. Andererseits können sich kleine Gruppen oder Leute mit viel Gepäck direkt vor dem internationalen Ankunftsgebäude eine Trans Rabbit-Furgoneta (Minibus) für den Hoteltransfer mieten. Eine Fahrt bis zu den Hotels im Viertel La Mariscal kostet etwa 10 USD.

Einen **Taxi-Service** „von Tür zu Tür" (*de puerta a puerta*) und **rund um die Uhr** unterhalten *Fast Line Taxi Amigo*, ✆ 2222222 o. 2222220, *City Taxi*, ✆ 2633333, *Exellentaxi*, ✆ 2222555, *Rodantaxi*, ✆ 2485888 und *Urgentaxi*, ✆ 2222111. Taxis können auch stundenweise gemietet werden (8–12 USD pro Std.). Hotels und Restaurants arbeiten i. d. R. mit zuverlässigen Taxiunternehmen zusammen. *Taxi Lagos* fährt mit Pkws und Mini-Vans tägl. nach Otavalo und Ibarra. Bis zu 6 Passagiere können etwa eine Viertelstunde nach Abfahrt in der Asunción OE2-146 y Versalles im Hotel abgeholt werden, vorausgesetzt das Hotel befindet sich im Touristenviertel La Mariscal. Fahrpreis 7,50 USD, Abfahrten Mo–Fr ab 7.15 Uhr stündlich bis 19.15 Uhr, Sa bis 18.15 Uhr und So um 9.30, 11, 14, 17 und 18 Uhr, ✆ 2565992 o. 2230189. Ein normaler Bus nach Otavalo (vom Terminal Norte) ist jedoch bequemer, da es mehr Platz gibt!

Quito
Karten S. 198/199 und 205

Ein **Taxi** vom Flughafen zum Touristen- und Hotelviertel *La Mariscal* im zentralen Bereich der Stadt kostet je nach Uhrzeit etwa 5–6 USD. Für eine Fahrt von der Mariscal ins koloniale Zentrum (*Plaza de la Independencia*) müssen 2–3 USD veranschlagt werden, zum neuen Busterminal *Quitumbe* ca. 8 USD. Falls der Taxifahrer das *taximetro* nicht einschalten möchte (was gesetzlich vorgeschrieben ist), sollte man ihn darauf hinweisen, dies zu tun, oder den Preis vorher aushandeln. Nachts wird jedoch generell kein Taxameter angestellt!

Information

Die **Vorwahl** von Quito und der Provinz Pichincha ist **02**.

„**Información Turística**" erteilen fünf Büros der *Corporación Metropolitana de Turismo* (Öffnungszeiten i. d. R. Mo–Fr 9–17 Uhr): im **Flughafen** (International Arrival Lounge, ☎ 3300163, tägl. von 8 bis 1 Uhr morgens geöffnet!), im **Museo Mindalae** in der Reina Victoria y La Niña, in der **Calle Ronda** (Altstadt), in der **Casa de la Cultura**, Av. Patria y 6 de Diciembre (☎ 2221116) sowie **El Quinde** (Altstadt) in der Venezuela y Espejo an der Plaza Grande, größtes Info-Zentrum, hat Karten, Bücher, leicht verstaubares Kunsthandwerk, übergewichtige · Schutzengelund Kerzen in Balsaholz-Schachteln, Mo–Fr 8.30–20 Uhr, Sa 10–20 Uhr, So 10–18 Uhr geöffnet, ☎ 2570786,   www.quito.com.ec.

Das **Tourismusministerium** befindet sich in der Av. Eloy Alfaro N32-300 y Carlos Tobar (gegenüber dem Karolinenpark), ☎ 2507555, www.purecuador.com, www.turismo.gov.ec. Eine gute Info-Quelle ist **South American Explorers (SAEC)**, dort gibt es Tipps für Bergtouren und Trekkingrouten, aber auch Infos zu Volontärmöglichkeiten. Finanziert durch die jährlichen Beiträge seiner Mitglieder, die entsprechend die Informationsquellen (Reiseberichte, Empfehlungslisten) nutzen, gebrauchtes Equipment erstehen oder verkaufen und Infos austauschen können. Jährlicher Beitrag 50 USD pro Pers. (Studenten 40 USD) oder 80 USD pro Paar. Mo–Fr 9.30–17 Uhr, Ecuador Clubhouse, Jorge Washington 864 y Leonidas Plaza, ☎ 2225228,   quitoclub@saexplorers.org, www.saexplorers.org.

Busverbindungen

Quito hat sechs öffentliche Busbahnhöfe: den neuen großen Terminal Terrestre Sur de Quitumbe für Überlandbusse in den Süden, Osten und Westen des Landes; den Terminal Terrestre Norte de Carcelén für Überlandbusse nach Norden; den Terminal La Ofelia für regionale Busse nach Norden und in den subtropischen Noroccidente; den Terminal Río Coca für Busse ins Tal von Tumbaco, den Terminal La Marín für Busse ins Tal von San Rafael bzw. nach Sangolquí und den Terminal Chiriyacu für regionale Busse nach Süden wie z. B. nach Machachi.

Der Hauptbusbahnhof „Quitumbe" befindet sich im Süden der Stadt an der Av. Cóndor, zwischen der Av. Rumichaca und der Av. Mariscal Antonio Sucre (Taxi von der Mariscal 8–12 USD). Von dem modern-verglasten, überschaubaren Gebäudekomplex, der von außen einer riesigen Schwimmhalle gleicht, fahren die meisten „interprovinziellen" Busse ab. Die eine oder andere Kooperative hat jedoch ihren eigenen privaten Terminal, wie die großen Reisebusgesellschaften Panamericana, Flota Imbabura, Trans Esmeraldas und Transportes Ecuador. Diese verfügen außer über ihre Verkaufsstellen und Busbahnsteige in den öffentlichen Terminales Terrestres noch über eigene Busbahnhöfe, die in der Nähe des Touristenviertels La Mariscal liegen. Fast alle dieser relativ bequemen Reisebusse starten zuerst am jeweiligen privaten Terminal, bevor sie evtl. eine dreiviertelstunde Stunde später noch am Quitumbe-Terminal oder eine halbe Stunde später am Carcelén-Terminal vorbeikommen, um von dort aus ihre Reise zum jeweiligen Ziel fortzusetzen. Andere „Einheiten" (*unidades*) fahren wiederum auf direktem Weg aus der Stadt raus und machen keinen Umweg über die Terminales Terrestres. Bei Überlandfahrten auf Hauptstrecken (z. B. nach Guayaquil, Cuenca oder in den Oriente) sind diese Kooperativen mit ihren eigenen Abfahrtterminals die beste Option! Wobei nicht sicher ist, ob und wie lange die privaten Terminals aufgrund neuer städtischer Verordnungen in Zukunft noch bestehen bleiben. Es ist möglich, dass diese bald verschwinden und der gesamte Busverkehr nur noch von den öffentlichen Terminales aus startet. Zum Thema Busfahren, Ejecutivo-Bussen u. v. m. siehe auch im Kapitel „Unterwegs in Ecuador".

● *Private Busbahnhöfe* In der Av. Colón y Reina Victoria befindet sich der Terminal der **Panamericana** (✆ 2559427). Nach Guayaquil geht es mehrmals tägl., um 23.15 Uhr sogar ohne Stopps mit einem dreiachsigen Paradisso (8 Std., 10–11 USD). Ebenso tägl. Ejecutivo-Busse nach Cuenca (21 Uhr, 10 USD), Loja (16 Uhr, 15 USD), Manta (22.30 Uhr, 10 USD), Atacames (23.15 Uhr, 9 USD) und nach Huaquillas an der peruanischen Grenze (18.30, 19.45, 21 Uhr, 10-11 USD). Nach Direktbussen fragen, da manche Busse in der Colón starten und dann noch eine halbe Std. am Quitumbe-Terminal rumstehen.

Der private Terminal der **Flota Imbabura** (✆ 2236940) befindet sich in der Manuel Larrea 1211 y Portoviejo, unweit der Plaza Indoamericana (Universidad Central) bzw. des Parque Ejido. Von hier aus starten alle Flota-Einheiten nach Guayaquil (tägl. 15x zw. 6 und 23.15 Uhr, 8–9 USD), wobei alle noch einen Zwischenstopp am großen Quitumbe-Terminal einlegen. Ebenso geht es vom Flota-Terminal nach Cuenca (tägl. 10x zw. 5.30 und 23.30 Uhr, 12 USD) und nach Portoviejo/Manta (tägl. 5x zw. 10.35 und 23 Uhr, 10 USD), immer mit Zwischenstopp am Quitumbe-Busbahnhof im Süden der Stadt. Nach Ibarra und Tulcán geht es vom Flota-Terminal tägl. um 7 und 15 Uhr, vom Carcelón-Terminal tägl. um 8.30 und 16 Uhr.

In der Juan L. Mera 330 y Washington befindet sich der Terminal von **Transportes Ecuador** (✆ 2225315). Deren Busse steuern ausschließlich Guayaquil an (von 3.40– 24 Uhr, tägl. etwa 25x, also praktisch jede Stunde, 9–10 USD). Die meisten Busse halten zudem noch am Quitumbe-Terminal.

Trans Esmeraldas, Santa Maria 870 y 9 de Octubre (✆ 2505099), fährt nach Esmeraldas (tägl. 5x), Atacames (8.25, 9.45, 11.40, 15, 22.45 und 23.40 Uhr, 9 USD), Muisne (22.45 Uhr, 10 USD), Guayaquil/Salinas (21.30 Uhr, 11– 12 USD), Machala/Huaquillas (21.15 Uhr, 12 USD), Lago Agrio (23 Uhr, 9–10 USD), Coca über Lago Agrio (9 und 21.30 Uhr,

12 USD), San Lorenzo über Ibarra (23 Uhr, 13 USD). Zur nördlichen Pazifikküste geht es entweder über Aloag/Santo Domingo oder Calacalí/Y de Mindo/Puerto Quito. Die in der Mariscal abfahrenden Esmeraldas-Busse halten evtl. nochmals am Quitumbe- oder Carcelén-Terminal, bevor es weitergeht, auch in umgekehrter Richtung.

● *Öffentliche Busbahnhöfe* Vom im äußersten Norden der Stadt gelegenen **Terminal Norte de Carcelén** geht es mit „interprovinziellen" Bussen in die nördlichen Andenprovinzen Imbabura und Carchi: nach **Otavalo** tägl. zw. 5 und 21 Uhr alle 10 Min. mit den Coop. Los Lagos und Otavalo (Unión de Otavalo, Schalter 16), Fahrpreis 2 USD, Fahrtzeit 1:30–2 Std.; mit der Coop. Espejo geht es tägl. zw. 5.10 und 20.50 Uhr fast stündlich nach **Ibarra** (2,5 Std., 3 USD) und zw. 4.20 und 18 Uhr 9x nach **Tulcan** (4,5 Std., 5 USD, Schalter 11, ✆ 2474251); gleiche Ziele haben Flota Imbabura (Schalter 12, um 8.30 und 16 Uhr), Expreso Turismo (Schalter 15, ✆ 2478643), Aerotaxi (Schalter 14) und Velotax (Schalter 9). Die Coop. Espejo fährt zw. 5 und 19 Uhr auch etliche Male über **Ibarra** (umsteigen) nach **El Angel** (Naturreservat). Fahrtzeit ca. 3,5 Std., Fahrpreis knapp 4 USD; wer ins „heiße" **San Lorenzo** möchte, muss ebenfalls in Ibarra umsteigen. Den Carcelén-Terminal erreicht man einfach und sicher mit einem von der Hotelrezeption gerufenen Taxi, z. B. von der Mariscal 8–10 USD. Es besteht auch eine Busverbindung durch die rote Ecovía-Linie zum Río-Coca-Terminal (zw. 5 und 22.30 Uhr alle 15 Min.), dort Umsteigen zum Hotelviertel Mariscal, und eine grüne Trolebus-Verbindung mit „La Y" (zw. 5 und 24 Uhr alle 15 Min.), dort Umsteigen zur Altstadt. Die blaue Buslinie Corredor Central Norte verbindet den Carcelén-Terminal zudem mit dem Ofelia-Terminal (zw. 5.30 und 22.30 Uhr alle 10 Min.). Eine *ruta semiexpreso* (Trolebusse mit *servicios interterminales*) verbindet den Carcelén-Terminal mit dem großen Quitumbe-Terminal ganz

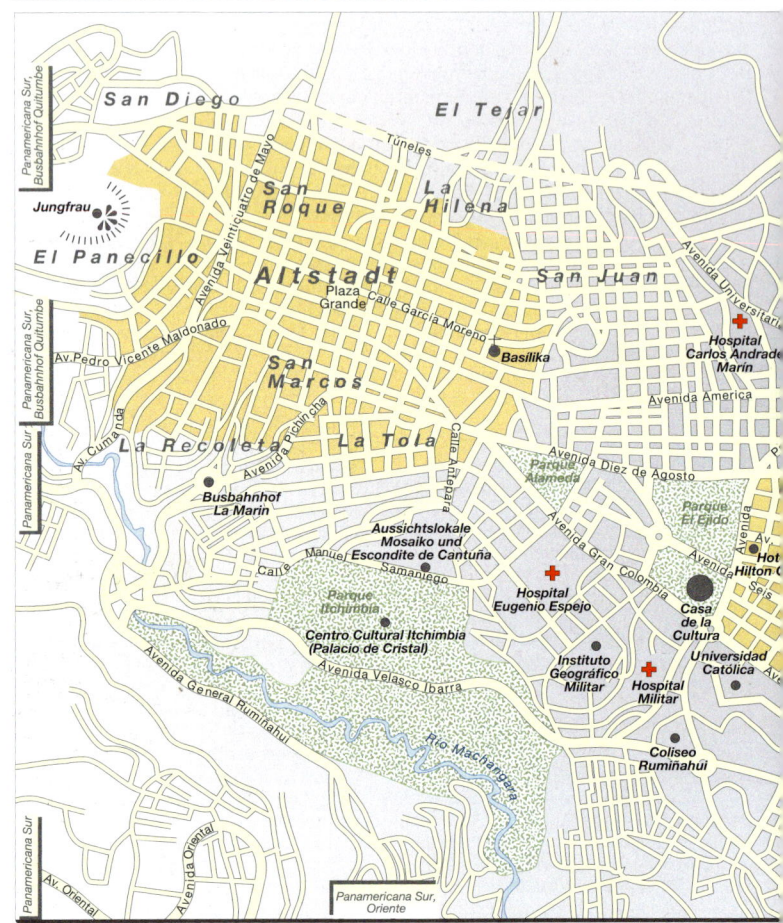

im Süden der Stadt: zw. Mitternacht und 5 Uhr früh stündlich (*servicio nocturno*), zw. 5 und 24 Uhr halbstündlich (*servicio diurno*). Diese Trolebusse zwischen den Terminales halten nur an den Stationen La Y, Av. 10 de Agosto, Av. Colón, El Recreo und Morán.

Es gibt folgende öffentliche „interkantonale" Busbahnhöfe:

Vom **Terminal La Ofelia** starten regionale Busse in den subtropischen Nordwesten und nach Norden. Nach **Mindo** im **Norocci-dente** geht es mit der Coop. Flor del Valle (℡ 2527495), Mo–Fr um 8.20 und 16 Uhr sowie Sa um 7.40, 8.20, 9.20 und 16 Uhr, So um 7.40, 8.20, 9.20, 14 und 17 Uhr. Mit der gleichen Ge-

sellschaft geht es um 5.45 und 14.45 Uhr nach **San Miguel de Los Bancos** und nach **Cay-ambe** ab 4 Uhr morgens meist im 8-Minuten-Takt. Die Coop. San José de Minas (mobil ℡ 085-945887) fährt tägl. um 12 Uhr über **Nanegalito** nach **Nanegal**, um 6, 10, 12.30 und 15 Uhr nach **El Chontal** (Los-Cedros-Reservat) und um 15 Uhr nach **García Moreno** (über Nanegal). Nanegal ist Ausgangspunkt für einen Besuch der Reservate Santa Lucía und Maquipucuna. Trans Otavalo (mobil ℡ 081-139780) fährt um 6.30, 8, 10.30, 12 und 14.30 Uhr nach **Pacto** (Tulipe-Ruinen) und um 6, 10, 13 und 16 Uhr nach **San José de Minas**. Der Ofelia-Terminal befindet sich ganz im

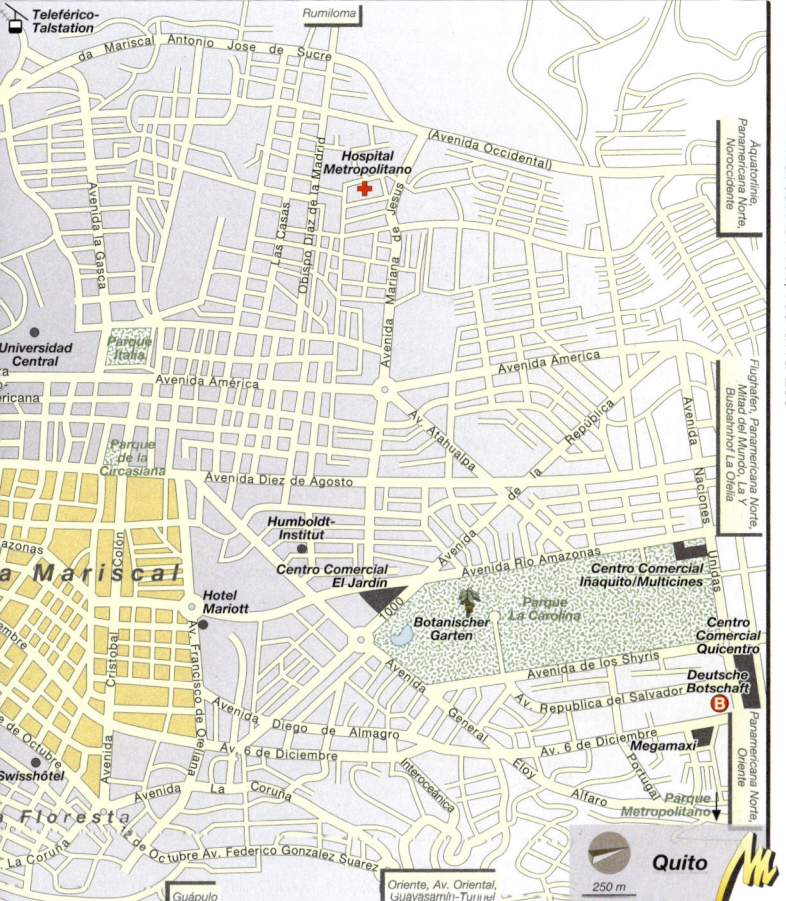

Norden der Stadt beim Liga-Stadion und ist mit dem Metrobus über die Avenida América, vom „La Y" bzw. vom Flughafen zu erreichen. Die blaue Buslinie Corredor Central Norte verbindet den Ofelia-Terminal zudem mit dem Carcelén-Terminal (zw. 5.30 und 22.30 alle 10 Min.).

Vom **Terminal Río Coca** starten teils rosafarbene regionale Busse ins östliche **Tal von Tumbaco**, nach Cumbaya, Tumbaco, Pifo, Puembo, Yaruqui und El Quinche. Die Fahrt nach Tumbaco dauert 25–30 Minuten. Dieser Terminal ist mit der Ecovía-Buslinie über die Av. 6 de Diciembre leicht zu erreichen. Endhaltestelle ist Río Coca, vier Haltestellen nördlich des Atahualpa-Stadions bzw. der Av. Naciones Unidas.

Vom **Terminal La Marín** nahe der Altstadt geht es alle 5 Min. mit tomatenfarbenen Bussen nach **Sangolqui** (lohnenswerter Sonntagsmarkt) und zu anderen Ortschaften und Vororten im südöstlichen **Valle de Los Chillos**. Dieser urbane Terminal am südlichen Ende der Plaza Marin ist mit der Ecovía Richtung Süden über die Av. 6 de Diciembre bzw. über den Parque Ejido zu erreichen. Auf Taschendiebe achten!

Vom **Terminal Chiriyacu** beim Verkehrskreisel „El Recreo" im Süden der Stadt geht es z. B. in die südliche Kleinstadt **Machachi**.

Vom großen Busbahnhof Terminal Terrestre de Quitumbe geht es vor allem in den Süden, Osten und Westen des Landes. Wer die Tickets bzw. Sitzplätze per Telefon reserviert hat, sollte etwa 40 Min. vor Abfahrt des Busses am Terminal sein, weil diese Plätze sonst wieder zum Verkauf freigegeben werden. An Feiertagen, zu Ferienbeginn und bei Nachtfahrten können Sitzplatzreservierungen von Vorteil sein. Nicht jedes Unternehmen lässt sich jedoch auf Reservierungen ein. Bei der Fülle von Verbindungen und Kooperativen sind vorbestellte Tickets auch nicht immer notwendig. In der Regel reicht es aus, zum Busbahnhof zu fahren, um vor Ort ein *boleto* zu kaufen. Gängige Ziele wie z. B. Tena, Baños, Riobamba, Cuenca, Loja, Guayaquil, Manta, Coca oder Lago Agrio werden laufend angefahren. Die angegebenen Preise und Abfahrtszeiten sind nicht verbindlich und können Änderungen erfahren haben. Andererseits zeichnen sich einige der Cooperativas de Transporte durch jahrelang stabile Abfahrtszeiten und deren Pünktlichkeit aus. Längere Strecken werden oftmals nachts zurückgelegt. Dies erspart zumindest eine Hotelnacht. Wer jedoch ausgeruht statt gerädert ankommen und zudem die Landschaft genießen möchte, sollte unbedingt einen morgendlichen Bus nehmen.

Die zahlreichen Kooperativen für die verschiedenen Fahrziele haben jeweils einen oder gar zwei nummerierte Verkaufsschalter (unten in Klammern angegeben) und sind so im Obergeschoss des Terminals leicht zu finden – einfach dem Schild *boletos* folgen. Manche Kooperativen haben sich auch unter einer Schalterummer zusammengeschlossen. Zum Zeitpunkt der Recherchen wurde der Quitumbe-Terminal gerade eröffnet, und nicht alle Kooperativen verfügten bereits über ein Schaltertelefon.

Die staatliche Telefon- und Internet-Zentrale CNT befindet sich im Erdgeschoss und ist täglich 7–22 Uhr geöffnet (1 Std. Surfen 75 Ct., mitunter langsame Verbindung). Ebenfalls im Erdgeschoss gibt es die Plaza Comercial mit sehr armseligen, rustikalen Essenskiosken (*patio de comidas*), Fruchtständen, Cybercafés und Telefonkabinen. Das touristische Info-Büro war zum Zeitpunkt der Recherche leider noch geschlossen.

Anfahrt: Zum abgelegenen **Quitumbe-Terminal** gelangt man am einfachsten und sichersten mit einem von der Hotelrezeption gerufenen Taxi: von La Mariscal ca. 8–12 USD je nach Verkehr und Tages- o. Nachtzeit, von der Altstadt 6–10 USD, vom Quitumbe-Terminal zum Carcelén-Terminal im Norden 16–20 USD. Man kann den Quitumbe-Terminal auch zwischen 5 Uhr morgens und 24 Uhr mit dem Trolebus von der Av. 10 de Agosto aus erreichen (25 Ct.). Hierbei muss meist nochmals in der Station El Recreo im Süden umgestiegen werden. Zwischen 5 und 20 Uhr gibt es zudem Trolebusse von der Haltestelle Parque El Ejido nach Quitumbe (ohne umsteigen in El Recreo). Von El Recreo sind es noch 12 Stationen zum Quitumbe-Terminal. Ein *servicio interterminales* (Trolebusse, *ruta semiexpreso*) verbindet den Carcelén-Terminal im hohen Norden und das Touristenviertel La Mariscal auch auf direktem Wege mit dem Quitumbe-Terminal im Süden: tagsüber zwischen 5 und 24 Uhr (*servicio diurno*) ca. alle 30 Min., nachts (*servicio nocturno*) zwischen 0 und 5 Uhr ca. stündl. Diese Busse halten zwischen den Terminales nur an wenigen Haltestellen, von Nord nach Süd: Carcelén-Terminal, La Y, Av. Colón y Av. 10 de Agosto, El Recreo, Morán, Quitumbe-Terminal. Vor allem in den Abendstunden ist es jedoch ratsam, ein Taxi zu nehmen.

•*Ins zentrale Andenhochland* Entlang der „Avenida der Vulkane" nach **Latacunga** (Provinz Cotopaxi) über **Machachi** und **Lasso** geht es tägl. zw. 5 und 21 Uhr alle 5 Min. mit Ciro, Trans. Latacunga, Trans. Cotopaxi (20/21) und Unidos de Salcedo (22), ca. 2 USD, Fahrtzeit 1:30 Std. Zum Indiomarkt von **Saquisilí** (1:30 Std., 1,5 USD) geht

Plaza Grande

es am Do um 6 Uhr morgens mit der Coop. Illinizas/Reina de Sigchos (23, ☎ 3988220). Diese Kooperative fährt auch nach **Sigchos** in der Westkordillere, mit Anschlussmöglichkeit nach **Chugchilán** und zur **Quilotoa-Lagune**, Abfahrt tägl. um 14 Uhr, Mo auch 8 Uhr, Fr auch 17 und 17.45 Uhr, Sa auch 8 und 9 Uhr, So auch 18.30 Uhr. Für die Ziele **Zumbahua** (Lagune Quilotoa) und Chugchilán kann man auch erst nach Latacunga fahren und dort in Richtung La Maná umsteigen.

Nach **Ambato** fährt tägl. alle 10 Min. die Union de Coop. de Tungurahua, eine Alianz aus 11 Kooperativen (27/28, ☎ 3900224) sowie die Transp. Ambateños (24/25). Nach **Baños** (3:30 Std., 4 USD) verkehrt tägl. zwischen 5 Uhr morgens und 20 Uhr ca. 20x die Coop. Baños (13/14, ☎ 3988212), die auch *ejecutivos* hat. Ebenso nach Baños geht tägl. ca. 20x die Coop. Amazonas (29) und 9x tägl. Expresso Baños (31). Nach **Riobamba** (3,5 Std., 4,5 USD) verkehren 11x tägl. Ecuador Ejecutivo (6, ☎ 3988204), angeblich die beste Kooperative für diese Strecke, ebenso 14x Trans Chimborazo (5), 23x Patria/Gran Colombia (1/2, ☎ 3988201), 9x Trans Vencedores (7, ☎ 3988205) und ca. 20x Atlantida/Transp. Riobamba (3/4); letztere fährt auch um 7.25, 11.30, 12.15 und 17.25 Uhr bis nach **Alausí** weiter. Nach **Guaranda**

(4:30 Std., 5 USD) fährt tägl. 14x die Flota Bolivar (36, ☎ 3988200), 10x San Pedrito (38, ☎ 3988232) und 12x Express Atenas (37).

• *Ins südliche Andenhochland* Nach **Cuenca** gibt es eine ganze Reihe von Kooperativen. Zu den besseren gehören die *ejecutivos* der Flota Imbabura (47/48), tägl. ab 6.30 Uhr fast jede Std., Fahrtzeit ca. 8 Std., 12 USD, sowie tägl. die *ejecutivos* von Santa (66/67, ☎ 3988252) um 10.45, 14.45, 18.15, 19, 21.30 und 23 Uhr, ebenso tägl. 12x Sucre Express (62, ☎ 3988248), 6x Turismo Oriental (63) und 3x Super Taxi Cuenca (64). Die meisten dieser Cuenca-Busse halten unterwegs auch in **Cañar** (Ingapirca), **Biblían** und **Azogues**. Nach **Loja** fahren tägl. um 19, 19.15, 20.20 und 20.55 *ejecutivos* mit *servicio directo* – also ohne Stopps – der Coop. Trans Loja (59/60, ☎ 3988247), Fahrtzeit 13 Std., 17 USD. Ebenso nach Loja startet tägl. um 13:40, 16, 18, 19.45 und 20 Uhr 40 die Coop. Santa (66/67, ☎ 3988252). Trans Loja hat auch tägl. Busse nach **Catacocha** (Abfahrt 18 Uhr, ca. 15 Std.), **Cariamanga** (14 und 17 Uhr, 17–18 Std.) und **Zapotillo** (19.30 Uhr). Viele Loja-Busse halten auch in **Saraguro**, etwa 1 Std. nördlich von Loja. Nach **Zaruma**, **Portovelo** und **Piñas** geht es tägl. um 7, 17, 19.30 und 20.45 Uhr mit der Coop. TAC (69, ☎ 3988254), Fahrtzeit 12–13 Std., 12 USD, oder mit Ciudad de Piñas (68, ☎ 3988253) um 18.15 und 20 Uhr.

•*Ins Amazonasgebiet (Oriente)* Nach **Tena** (über **Papallacta** und **Baeza**) gibt es tägl. um 8.30, 10.30, 19, 20 und 20.40 Uhr *ejecutivos* der Coop. Transp. Baños (13/14, ☎ 3988212), etwa 5 Std., 6 USD; ebenso nach Tena fahren tägl. um 1, 3, 6.10, 8, 11, 13, 22 und 24 Uhr die Flota Pelileo (16, ☎ 3988214) und um 12, 14, 15, 15.30, 17 und 1885 Uhr die Coop. Amazonas. (29, mobil ☎ 098-272852). Die Amazonas unterhält um 11.30 Uhr auch einen Direktservice nach **Misahuallí** (6 Std., 7 USD). Nach **Lago Agrio** (7–8 Std.) fährt tägl. um 8.30, 20.45 und 23 Uhr die Trans Esmeraldas (39/40, ☎ 3988233), ebenso um 13, 20, 21 und 22 Uhr die Coop. Loja (59/60, ☎ 3988247), 7x tägl. Putumayo (18/19, ☎ 3988217) und 18x tägl. die Coop. Baños (13/14, ☎ 3988212). Nach **Coca** (ca. 10 Std.) fährt um 8.30, 20.20 und 21.30 Uhr Trans Esmeraldas (39/40, ☎ 3988233), 6x tägl. Putumayo (18/19, ☎ 3988217) und 14x tägl. die Coop. Baños (13/14, ☎ 3988212). Wenige Coca-Verbindungen führen über **Loreto** (Sumaco), die meisten gehen über Lago Agrio. Über **Puyo** nach **Macas** fährt tägl. die Coop. Baños (13/14, ☎ 3988212) um 21.30 und 23.15 Uhr, Fahrtzeit 7–8 Std., 8 USD; ebenso Latinoamérica Express um 12.30 und 20.45 Uhr (15), 5x tägl. San Francisco Oriental (32) und Ciudad de Sucúa (30, ☎ 3988226); nur bis Puyo fährt die Amazonas um 12 und 15.30 Uhr (29, mobil ☎ 098-272852) und 12x San Francisco Oriental (32).

•*Zur nördlichen Küste* Nach **Esmeraldas** unterhält die Trans Esmeraldas (39/40, ☎ 3988233) tägl. jede Menge Verbindungen (8 USD), außerdem direkt nach **Atacames** um 7.30, 11 und 23.40 Uhr. Man steigt jedoch besser im privaten Terminal in der Mariscal zu (s. o.) Ins „ecuadorianische Afrika" fährt tägl. ab 6.15 Uhr alle 45 Min. Transp. Occidentales (41/42).

•*An die zentrale Küste* Flota Imbabura (47/48) steuert tägl. mehrfach **Portoviejo** und **Manta** an (8–9 Std., 10 USD). Es kann bereits im privaten Terminal der Flota (s. o.) in der Nähe des Ejido-Parkes zugestiegen werden. Manta/Portoviejo wird auch von Coactur (76, ☎ 3988260) tägl. um 10.30, 13.30, 21.15 und 22.40 Uhr mit *ejecutivos* angesteuert (8 USD); Reina del Camino (70/71/72, ☎ 3988256) steuert neben Portoviejo/Manta (10x ab 6 Uhr) tägl. um 13 Uhr mit einem *ejecutivo* **Bahía de Caráquez** (8 Std., 9.50 USD) an und fährt um 7.15 und 20.45 Uhr direkt

nach **Puerto López** (11 Std., 12 USD). Auch Carlos Aray (73, ☎ 3988257) fährt tägl. um 7.45, 10.10 und 19 Uhr über **Chone** nach **Puerto López**. Nach **Pedernales** geht es tägl. um 3.45, 5.45, 9 und 11.30 mit Trans Vencedores (57, ☎ 3988266), Fahrtzeit 5–6 Std., ca. 6 USD); die gleiche Coop. fährt um 23 Uhr bis nach **Jama** weiter (7 Std., 7,50 USD); ebenso nach Pedernales fährt tägl. um 8, 9.30, 12 und 13 Uhr die Coop. Kennedy (52, mobil ☎098-286136 o. 086-928224). Nach **Santo Domingo** fahren alle paar Min. die Coop. Aloag, Andina und Zaracay (50) sowie auch Union de Santo Domingo (51).

•*Nach Guayaquil* sind die meist moderneren Reisebusse der Flota Imbabura, Panamericana, Trans Esmeraldas und Transportes Ecuador mit ihren privaten Terminals in oder nahe der Mariscal die erste Option (s. o.). Aber auch vom Quitumbe-Terminal fahren dutzendemale Transp. Ecuador (43/44, ☎ 3988235), Trans Esmeraldas (39/40, ☎ 3988233), Aerotaxi (49) und andere.

•*Zur südlichen Küste* Nach **Salinas** fährt tägl. um 20.50 und 22.10 Uhr die Trans Esmeraldas (39/40, ☎ 3988233). Nach **Machala** und **Huaquillas** an der peruanischen Grenze (10 Std., 12 USD) fährt tägl. um 18.40, 21.15 und 22.30 Uhr die Trans Esmeraldas sowie um 17.10, 21 und 22.30 Uhr die Coop. Santa (66, ☎ 39888252). Um an die peruanische Grenze zu gelangen, kann auch bereits an den privaten Terminals der Coop. Panamericana oder Trans Esmeraldas zugestiegen werden.

•*Über die Grenze* Improvisierte Busbahnhöfe für Ziele im Ausland haben die venezolanische „Rutas de America" in der Selva Alegre Oe-72 y Av. 10 de Agosto (☎ 2548142, www.rutasenbus.com) und die peruanische „Ormeño" in der Av. de los Shyris 1168 y Portugal, gegenüber den Tribünen am Karolinenpark (☎ 2460027, www.grupo-ormeno.com.pe), wo jeweils auch die Tickets verkauft werden. Rutas de America fährt jeden Sa um 23 Uhr über Guayaquil nach **Lima** (34–36 Std., 65 USD), Mi und So um 23 Uhr über **Palmira** (20 Min. von Cali, Kolumbien) und **Armenia** („*Eje Cafetero*", also die „Kaffee-Achse", Kolumbien, 24 Std., 55 USD) nach **Caracas** (Venezuela, 60 Std., 135 USD). Ormeño fährt nach **Lima** (34–36 Std., 80 USD) mit Umsteigemöglichkeiten nach **Cuzco** (135 USD, ab Lima mit Royal-Class-Bus), **La Paz** (170 USD), **Santiago** (210 USD), **Mendoza** (250 USD), **Buenos Aires** (6 Tage, 260 USD). Abfahrt nach

Lima Di und Do kurz nach Mitternacht, wenn der aus Bogotá bzw. Caracas kommende Bus zw. 0 und 2 Uhr vor dem Ormeño-Büro hält. Es gibt unterschiedliche Kommentare bezüglich des Ormeño-Bus-Services über **Cali** (18 Std. 50 USD) nach **Bogotá** (28 Std., 80 USD, Abfahrt Mi 4 Uhr und Sa 6 Uhr). Auch die ecuadorianische Panamericana (Av. Colón y Reina Victoria, ✆ 2559427) fährt von ihrem Mariscal-Terminal ins Ausland. Ab der Grenze geht es jedoch jeweils mit einer anderen Kooperative weiter. Tickets sollten bei der Panamericana spätestens am Vortag gekauft werden. Sie fährt nach Lima (tägl. 18.30 Uhr, 38 Std., 85 USD, ab Huaquillas mit Transp. Flores) und nach Bogotá (Mo-Fr 4 Uhr morgens, 28 Std., 85 USD, ab Tulcán mit Expreso Bolivariano).

Verbindungen mit dem Pkw

Leihwagenfirmen *(alquileres de autos)* haben mitunter zwei Vertretungen, eine Zweigstelle am Flughafen und einen Hauptsitz in der Innenstadt. Um ein Fahrzeug zu mieten, bedarf es eines zwei Jahre alten internationalen oder deutschen Führerscheines, eines Mindestalters von 23 bzw. 25 Jahren und einer internationalen Kreditkarte zur Garantiehinterlegung bei Unfallschäden und anderen Missgeschicken. Bei manchen Verleihfirmen ist ein „Drop off" möglich, d. h. ein Auto kann gegen Aufpreis in Quito geliehen und z. B. in Guayaquil oder Cuenca wieder abgegeben werden. Siehe auch im Kapitel „Unterwegs in Ecuador/Mit dem Leihwagen".

Avis hat mit Niederlassungen in Ambato, Cuenca, Loja, Guayaquil, Manta, Santo Domingo und Esmeraldas das dichteste Netz, Av. de los Granados E11-26 y 6 de Diciembre (✆ 2259333) oder am Flughafen (✆ 2303265), www.avis.com.ec.

Budget, Av. Colón E4-387 y Av. Amazonas, ✆ 2237026, quito@budget-ec.com, Mo–Fr 8–19 Uhr, Sa 8–14 Uhr, So 10–15 Uhr; im Flughafen ✆ 3300979, reservas.uio@budget-ec.com; Zweigstellen in Manta, Machala und Guayaquil, www.budget-ec.com.

Hertz, Av. 10 de Agosto 9900 y Murialdo, (✆ 2411676) oder im Flughafen (✆ 2254257), hertzuio@uio.satnet.net, www.hertz.com.

Flugverbindungen

- *Flughafen* Der **Aeropuerto Mariscal Sucre** befindet sich mitten in der City, nur 6 km nördlich des Touristenviertels La Mariscal. Er besteht aus zwei Gebäudeteilen, einer nationalen und einer internationalen Abfertigungshalle. Bei Abflug ins Ausland ist eine Flughafen-Taxe von 40,80 USD zu entrichten. Eingecheckt wird bei Auslandsflügen etwa drei Stunden vor dem Abflug, bei Inlandsflügen reicht eine, bei Galapagos-Flügen 1:30 Stunden vorher, www.quitoairport.com.

Ende 2010 soll der **neue internationale Flughafen** Quitos fertig sein – falls die „Politik" dem fortgeschrittenen Monumentalbau nicht doch noch einen Strich durch die Rechnung macht. Dann könnte das Ganze auch zum größten „weißen Elefanten" Lateinamerikas werden. Die über 4 km lange Landebahn befindet sich 30 km außerhalb der Stadt auf 2.400 Höhenmetern zw. Puembo und Yaruquí im östlichen Tal von Tumbaco.

Eine **Geldwechselstube** befindet sich im Hauptgebäude, ab 5 Uhr geöffnet. Außerdem gibt es zwischen dem nationalen und internationalen Terminal **Geldautomaten** für Kreditkarten. Ein **Taxi** bis zur Innenstadt (Hotel-/Restaurantviertel La Mariscal) kostet 5–6 USD, in die koloniale Altstadt 7–8 USD.

- *Fluglinien* Neben den nationalen Fluglinien TAME, Aerogal, Icaro, Vipsa und LAN Ecuador gibt es folgende internationale Airline-Büros:

Air Comet, relativ günstig nach oder von Madrid mit Airbussen, „Emigrantenflüge", Checoslovaquia 640 y Suiza, ✆ 2262061, 2250525, www.aircomet.com.

Air Europa, nach Barcelona oder Teneriffa, Reina Victoria 1539 y Av. Colón, *edificio* Banco de Guayaquil, *oficina* 1507, ✆ 2567646, www.aireuropa.com.

Alitalia, ab Caracas nach Mailand o. Rom, Av. de los Shyris y Suecia, *edificio* Renazzo Plaza, *oficina* 401, ✆ 333-0127/-0160 , www.alitalia.com.

American Airlines, über die USA nach Frankfurt und London, Av. Amazonas 4545 y

Pereira, *edificio* Centro Financiero, 10. St., ☎ 2261006, 2995000, am Flughafen ☎ 3302241, www.aa.com.

Avianca, kolumbianisch, nach Bogotá, Medellín, Cali, Cartagena, San Andrés, Aruba, Panamá, Caracas, San José, Havana, Mexiko City, Los Angeles, Bello Horizonte 143 y Coruña, local 3, ☎ 1800003434, 2558678, Ticket-Point am Flughafen ☎ 3301379, 3302202, bei Gepäckverlust ☎ 3302230, www.avianca.com.

Continental Airlines, über die USA nach Europa, Av. 12 de Octubre y Cordero, *edificio World Trade* Center, ☎ 2250905, 1800222333, Flughafen ☎ 3302219, www.continental.com.

Copa, panamaisch, Direktflug nach Panama-City, zentraler Anlaufpunkt für ganz Mittelamerika, viele Karibikstaaten und einige Länder Südamerikas. República de El Salvador 361 y Moscú, *edificio* Aseguradora del Sur, ☎ 2273082, 2269769, Flughafen ☎ 3302203, www.copaair.com.

Cubana de Aviación, jeden Sa über Bogotá nach Havana, Félix Oralabal 599 y Marco Jofre im Sector Unión Nacional, ☎ 243-0073/-1685.

Delta, über Atlanta nach Frankfurt, Av. de los Shyris y Suecia, edificio Renazzo Plaza, planta baja local 3, ☎ 1800/101060, 33316-91/-92/-93, Flughafen ☎ 330-1164/-2330, www.delta.com.

Iberia, über Madrid nach Frankfurt, etwas versteckter Eingang in der Eloy Alfaro 939 y Av. Amazonas, im 5. St. des edificio Finandes, ☎ 2566009, am Flughafen ☎ 3302248, bei Gepäckverlust ☎ 3302236, www.iberia.com.

KLM/Air France, Av. 12 de Octubre N26-27 y Abraham Lincoln, edificio Torre 1492, *oficina* 1104, ☎ 396-6728/-6750, Flughafen ☎ 330-1207/-1235/-1236, www.klm.com.ec.

LAN, chilenisch, über Madrid nach Frankfurt (von Lesern empfohlen), nach Lima, Santiago, Buenos Aires und Sao Paulo. Siehe auch unter „Private Fluglinien innerhalb Ecuadors"! Av. Francisco de Orellana 557 y Coruña, ☎ 1800101075, im Flughafen ☎ 3302213, www.lan.com.

Lufthansa, nach Frankfurt nur ab Caracas, Av. Amazonas N47-205 y Río Palora (*Transoceánica*), edificio Hammonía, nur wenige Schritte vom Flughafen, ☎ 3970370, ventasl huio@transoceanica.com.ec, www.lufthansa.com.

Santa Barbara, venezolanisch, nach Caracas, República de El Salvador 354 y Moscú, *edificio* Piazza Toscana, ☎ 2279650, im Flug-hafen ☎ 3300220, www.santabarbaraairlines.com.

Taca, salvadorenisch, nach Lima, Santiago, Buenos Aires, Sao Paulo, Mexiko City und Ziele in Mittelamerika, Av. República de El Salvador N36-139 y Suecia, ☎ 2923170, 1800008222, am Flughafen ☎ 3302254, www.grupotaca.com.

Die nationale Fluglinie **TAME** hat ihr Hauptbüro in Quito in der Av. Amazonas N24-260 y Av. Colón, direkter Ticketverkauf im 2. St., ☎ 3966300, 3977100 (Reservierung), ☎ 3963200 (Flughafen-Büro), www.tame.com.ec.

● *Verbindungen* **TAME** (*Lineas Aereas Militares del Ecuador*) unterhält tägl. Flugverbindungen nach **Guayaquil** (Hin- und Rückflug ab 130 USD), **Esmeraldas** (120 USD), **Cuenca** (130 USD), **Loja** (170 USD), **Manta**, **Portoviejo** (4x die Woche), **Tulcán** (4x die Woche), **Coca**, **Lago Agrio** und nach **Baltra/Galapagos** bzw. **San Cristóbal/Galapagos** (Hin- und Rückflug 360–416 USD je nach Saison). TAME fliegt auch nach **Cali** (Kolumbien, 3x pro Woche über Esmeraldas) und mind. 1x pro Woche nach **Manaos** (Brasilien), evtl. Charterflüge mit Hotel-Paket nach **Cartagena** (Kolumbien) und auf die kolumbianische Karibikinsel **San Andrés**.

● *Private Fluglinien innerhalb Ecuadors*
Aerogal, nicht die allerneuesten Maschinen nach Galapagos (tägl. nach Baltra, 5x die Woche nach San Cristóbal), mehrmals tägl. nach Guayaquil, Cuenca, Manta, Coca, Lago Agrio und Salinas (2x pro Woche), ebenso nach Medellín (3x pro Woche), Bogotá (tägl.) und Miami (tägl.), Amazonas 7797 y Holguín, am Flughafen gegenüber TAME-Mantenimiento-Hangar, ☎ 2376425, 3960600, www.aerogal.com.ec.

Icaro, tägl. nach Guayaquil und Manta, Palora 124 y Av. Amazonas (beim Flughafen), ☎ 3972430, 2450928, 1800883567, www.icaro-air.com.

LAN Ecuador, tägl. 8–10x nach Guayaquil, Av. Francisco de Orellana 557 y Coruña, ☎ 1800/101075, im Flughafen ☎ 3302213, www.lan.com.

Saereo, tägl. nach Machala und Macas, Indanza 121 y Av. Amazonas beim Flughafen, ☎ 2263606, 3301152, www.saereo.com.

Vipsa (VIP), mit attraktiven Dornier-Propellerflugzeugen nach Coca, Lago Agrio und Salinas (Fr und So). Foch 265 y Av. 6 de Diciembre, edificio Sonelsa, 5. St., ☎ 2546600, im Flughafen 3304621, www.vipec.com.

Quito
Karten S. 198/199 und 205

Calle García Moreno

*A*dressen

● *Apotheken Farmacias* gibt es jede Menge, manche haben auch sonntags geöffnet, z. B. **Fybeca**, in der Amazonas y Patria (gegenüber dem Hotel Hilton Colón) oder 6 de Diciembre y Colón. Die Zentrale in der Amazonas und Tomás de Berlanga ist tägl. 24 Std. geöffnet. Auskunft unter ✆ 1800/392322. Gut bestückt ist **Amazonas**, in der Amazonas 1134 entre Foch y Juan L. Mera, auch schnelle Impfungen, Mo–Fr 7.30–20.30 Uhr.

● *Vertrauensärzte der deutschen Botschaft* Alle hier aufgeführten Ärzte sprechen Deutsch, zwei Ausnahmen sind entsprechend hervorgehoben.

Allgemeinmedizin, Dr. Martin Domski (auch Notfälle), Av. República 754 y Eloy Alfaro, *edificio* Complejo Médico „La Salud", 1. St., *oficina* 102, ✆ 2553206, ✆ 099-440611 (mobil), ✆ 2561690; **Augenärzte**, Dr. Andrea Molinari Szewald und Dr. José Pitarque, Meditropoli, Av. Mariana de Jesus, gegenüber Hospital Metropolitano, Consultorio No. 211, ✆ 2268-173/-174, **Optiker**, Opticum Katz, Av. 6 de Diciembre 4455 y Portugal, ✆ 2432252; **Dermatologie**, Dr. Rommel Valdivieso M.D. (Facharzt für Allergien), Meditropoli, Av. Mariana de Jesús, Consultorio No. 113, ✆ 2268-051/-052 (spricht nur Englisch!); Dr. Santiago Palacios, Veracruz 136 y Av. Américo, „Centro de Piel", ✆ 2449998; **Gynäkologie**, Dr. Juan Molina Zeas, Meditropoli, Consultorio No. 215, gegenüber Hospital Metropolitano (Nebengebäude), Av. Mariana de Jesús entre Nuño de Valderrama y Nicolás Arteta Calisto, ✆ 2432171, privat ✆ 2433549, Notfall ✆ 2550066; **Hämatologie**, Dr Frank Woilbauer, *edificio* El Triangulo, Diego de Almagro y República, 2. St., Consultorio No. 204, ✆ 2554070, **HNO**, Dr. Ramiro Yepez Herrera, Hospital Metropolitano, consultorio 24, ✆ 2459547, privat ✆ 2469829 (spricht nur Spanisch!); **Innere Medizin**, Dr. Wilson Pancho, Spezialist für Herzkrankheiten und auch sonst ein Lebensretter, Av. de los Shyris y República de El Salvador, *edificio* Onix, ✆ 2469546, 2463139, privat ✆ 2434841, ✆ 2228444; Dr. Manuel Echeverria (Magen-Darm-Geschichten), Voz Andes 266 y Av. América, Centro Médico Axxis, consultorio 408, ✆ 2242051; Dr. Roberto Pérez Anda (Herzspezialist), Cordero 410 y Av. 6 de Diciembre, *edificio* San Francisco, 2. St.; ✆ 2238401, privat ✆ 2241332; Dra. Mercedes Camacho Zambrano (auch Rheumatologie), Centro Médico Pasteur, oficina 306,

Av. Eloy Alfaro 617 e Italia, ℘ 2544329; **Kinderärzte**, Dr. Michael Broz, Av. de los Shyris y Rep. de El Salvador, *edificio* Onix, ℘ 2463215; Dr. Rodrigo A. Carrión Eguiguren, Av. de los Shyris y Rep. de El Salvador, *edificio* Onix, ℘ 2462183; Dr. Michele Ugazzi (Kinderchirurg, Kinderurologe), Centro Materno Infantil, Manuel Barreto 167 y Coruña, ℘ 2564538; **Orthopädie**, Dr. Fausto Novillo Carrión, *Instituto Privado de Ortopedia y Traumatologia*, Ramírez Dávalos 241 y Paéz, ℘ 2522256; **Röntgenspezialist**, Dr. Guillermo Alvarez, Av. Eloy Alfaro 516 y Alemania, ℘ 2525014, 2501650.

Zahnärzte, Dr. Christoph Werner, Suiza N33-49 entre República del Salvador y Eloy Alfaro (*edificio* Santa Lucía), 5. St., ℘ 2254872, ℘ 098-487678 (mobil), clinicawerner@web.de; Dr. Roberto Mena G., La Coruña E12-22 e Isabel la Católica, ℘ 2569149, ℘ 098-120464 (mobil), Mo/Di 9–12.30 u. 15–19 Uhr, Mi/Fr 9–17 Uhr, Do 9–12.30 u. 17–19 Uhr, Notruf ℘ 2561690; Dra. Rosario Tugendhat, Rep. de El Salvador y Portugal, *edificio* Gabriela III, 4. St., ℘ 2437752, Dr. Wagner Chediak (Kieferorthopäde) El Comercio 402 y Av. de los Shyris, Mo/Mi/Fr 9.30–12 und 15.30–17.30 Uhr, ℘ 2467526; Dra. Antonieta Villacreces de Swanson, Av. 10 de Agosto 1548, ℘ 2227037.

Karin & Co. kurieren garantiert!

Die humorvolle Physiotherapeutin Dra. Karin Behnert und der ecuadorianische Arzt für praktische und innere Medizin Dr. Ramiro Velasco bieten in ihrer gemeinsamen Praxis neben allgemeinmedizinischer Betreuung auch Behandlung von Infektionskrankheiten und Erkrankungen des Bewegungsapparates an. Kompetent und zuvorkommend! Sprechzeiten Mo–Fr 9–12 und 15–19 Uhr bzw. nach Vereinbarung (Reha vormittags). Notfälle werden 24 Std. betreut: **Reumatotal**, Av. República OE3-239 y Hernández de Girón (nahe Calle Mañosca), ℘ 2442633, ℘ 098-246067 (mobil), ℘ 099-476986 (mobil), reumatot@interactive.net.ec.

• *Ausländerbehörde (Oficina de Migración)* Hauptstelle in der Av. Amazonas 171 y Av. República, ℘ 2454122, Zweigstelle in der Calle Isla Seymour 44–174 y Río Coca (über die Amazonas zu erreichen), ℘ 2247510, beide Mo–Fr 8–12 und 15–18 Uhr geöffnet.

• *Ausrüster-/Campingläden* **Tatoo Outdoors**, guter Ausrüster bzw. Abenteuer-Bekleidungsladen, Gore-Tex-Ware, viel Wasserdichtes, Schlafsäcke, Schuhe, Zelte, Mo–Fr 9.30–19.30 Uhr, Sa 10–19 Uhr, J. L. Mera y Baquedano; **Mono Dedo**, vielfältigster Laden in Quito, Bergsteiger-, Kletter- und Camping-Ausrüster, Husky-Zelte, Raichle, Petzl und North Face, Mammut Climbing Center, eigene Textilproduktion, auch Rabatte, Mo–Fr 11–17 Uhr, Rafael León Larrea N24-36 y Coruña im Viertel La Floresta, ℘ 2904496, Zweigstelle (*sucursal*) im **Backpacker Store**, Mo–Fr 11–19, Sa/So bis 17 Uhr geöffnet, J. L. Mera N23-84 entre Wilson y Baquedano; **Lippi**, Bergsteiger- und Trekkingausrüstung aus Chile, Mo–Sa 9.30–19.30, So 11–18 Uhr, J. L. Mera y Ventimilla; **Equipos Cotopaxi**, heimische Produktion, nicht nur reine Bergsteiger-Ausrüstung, auch Zelte, Ruck- und Schlafsäcke u. v. m., relativ gute Preise, Mo–Fr 9–19 Uhr, Sa bis 13 Uhr, Av. 6 de Diciembre y Washington, ℘ 2526725, www.equiposcotopaxi.com.ec; **The Explorer**, Laden des alten Hasen José Nuñez, Mo–Sa 9–19 Uhr, Ecke Reina Victoria y J. Pinto.

• *Bergführer* Ein ganz privater Deutsch sprechender Bergführer ist der junge und erfahrene Helvetier **Stefan Lustenberger**, gute Preise, z. B. Cotopaxi 130 USD pro Pers. bei 2 Teilnehmern inkl. Transport, Mahlzeiten, Hütten- und Nationalparkgebühr, kein Ausrüstungsverleih, nur am Wochenende, ℘ 084-697910 (mobil), thehikingswiss@gmx.net.

• *Buchhandlungen* **Libri Mundi**, großartige Auswahl an lateinamerikanischen Autoren, Spezialabteilungen, auch Deutschsprachiges, die beste Buchhandlung in Ecuador! Mo–Fr 8.30–19.30, Sa/So 9–14 und 15–18 Uhr, Juan León Mera N23-83 y Wilson, ℘ 2521606, Zweigstellen in der Reina Victoria y Calama, Mo–Mi 11–22 Uhr, Do–Sa bis 1 Uhr morgens (!), So 9–21 Uhr, sowie der García Moreno 887 y Espejo im Centro Cultural Metropolitano in der Altstadt, Di–Fr 10.30–18.30 Uhr, Sa/So 9–16.30 Uhr, www.librimundi.com; **Mr. Books**, beeindruckende Auswahl an aktuellen spanischen und englischsprachigen Büchern, Mo–Sa 10–20.30 Uhr, So bis 19.30 Uhr, C.C. El Jardín, 3. St., ℘ 2980281; **Libro Express**, gute Auswahl an Zeitschriften, Natur- und Landeskundebüchern, Mo–Fr 9.30–19 Uhr, Sa 10–18 Uhr, Amazonas 816 y Veintimilla, ℘ 2548113, Zweigstellen im C.C. Quicentro

Blick von Guápulo auf die Skyline

und C.C. El Bosque; **Libros para el Alma**, Belletristik und Geisteswissenschaftliches, auch vieles in deutscher Sprache, Besitzerin ist die äußerst zuvorkommende Sra. Dietlind Brehme, Mo–Fr 10–18 Uhr, 9 de Octubre N21-54 y Robles, ☎ 2559996, www. libros-para-el-alma.com; **The English Bookstore**, kleine aber feine Auswahl, Calama entre Reina Victoria y Almagro; **Confederate Books**, gebrauchte englische, deutsche, französische und spanische Bücher, Mo–Sa 10–19 Uhr, Calama 410 y Juan L. Mera; **Ediciones Abya-Yala**, beste Ethno-Buchhandlung Ecuadors über das indianische Amerika und sein Erbe. Große Auswahl, eigene Verlagsdrucke, hier sind alle Volksstämme vertreten! Mo–Fr 8.30–19, Sa 9–16 Uhr, 12 de Octubre 1430, neben der Katholischen Universität, ☎ 2506251, www.abyayala.org.

● *Geldbeschaffung* **Banco de Guayaquil**, Av. Colón y Reina Victoria oder Av. Amazonas y Veintimilla, VISA, Mastercard, Cirrus, Maestro, „cash in advance" am Schalter im oberen Stock; **Banco del Pacífico**, Mastercard, Maestro, Cirrus, EC-Karten, Amazonas N22-94 y Veintimilla oder auf der Hauptstelle in der Av. Naciones Unidas y Av. de los Shyris (Cash in advance, Travellerschecks); **Banco Pichincha**, Visa, Mastercard, Diners Club, Cirrus, Amazonas y Co-

lón oder Av. 6 de Diciembre y Juan Rodríguez; **Produbanco**, Amazonas y Robles; **Banco Bolivariano**, EC-Karten-Automat, Amazonas y Veintimilla o. Av. Naciones Unidas E6-99 am Karolinenpark.

● *Internet und Telefonkabinen* Im Bereich der Mariscal gibt es jede Menge Internetcafés und Billig-Telefonanbieter: **Papaya Net**, ab 8 Uhr voller hackender Gringos, schnelle Verbindung, leckerer Schokokuchen, 1 Std. kostet 90 Ct., Telefonieren nach Deutschland 9 Ct. pro Min., Mo–Sa 8–1 Uhr, So bis Mitternacht, Ecke Juan L. Mera y Calama, www.papayanet.com.ec; schräg gogen über hat **Monkey's** die besten Tarife, nach Deutschland 6 Ct. die Min., nicht so laut und keine Aufreißertypen wie im Papaya, Mo–Fr 7–19, Sa/So bis 20 Uhr; **La Sala**, Flachbildschirme, 1 Std. kostet 1 USD, Telefonieren nach Deutschland 8 Ct. pro Min., tägl. 8–24 Uhr, Reina Victoria y Calama; **Friends**, 60 Ct. pro Std., tägl. 7.30–10.30 Uhr, Calama entre Reina Victoria y Diego de Almagro.

● *Kamerareparatur/Filmentwicklung* **Servimagen**, Digital-, Spiegelreflex- und Videokameras, Reina Victoria N24-287 y Juan Rodríguez, ☎ 2907790, 2935730.

● *Kinos* Die **Casa de la Cultura** hat Sondervorstellungen, Eintritt 3 USD, Patria y 6 de Diciembre, ☎ 2230505; europäische und lateinamerikanische Filme, Gay- und Underground Movies sowie eine hübsche Cafetería bietet das populäre Szene-Kino **Ocho y Medio** in der Valladolid N24–353 y Vizcaya im Viertel La Floresta, Eintritt 4 USD, ✆ 2904720, www.ochoymedio.net; **Fundación Octaedra**, von Truffaut bis Kubrik, Eintritt 3 USD, Zurriega 727 y Av. de los Shyris, ✆ 2469170; soundstark (Untertitel o. synchronisiert) sind **Multicines** (4–5 USD) im C. C. Iñaquito, Amazonas y Naciones Unidas, ✆ 2259677, www.multicines.com.ec; **Cinemark 7**, Eintritt ca. 5 USD, Plaza de las Américas, ✆ 2260301, www.cinemark.com.ec; **Supercines**, auch 3-D-Saal, Eintritt ca. 5 USD, Av. 6 de Diciembre, gegenüber Megamaxi, ✆ 2240083, www.supercines.com. Programmvorschau in den Tageszeitungen!

● *Krankenhäuser* **Hospital Metropolitano**, renommierteste Klinik, Av. Mariana de Jesús s/n y Occidental, ✆ 2261520, 2269030; **Clínica Pichincha**, zentral, modern, Veintimilla y 9 de Octubre, ✆ 2562296, 2560820, Notfall ✆ 2562408, 2562416; **Hospital Voz Andes**, empfohlen, Villalengua 267 y 10 de Agosto, ✆ 2262142.

● *Kunstgalerien* **Arte Exedra**, Carrión 243 y Tamayo, kleine Galerien, Gemälde und Skulpturen, Antiquitäten, ✆ 2503452; **Art Workshops**, Ciudad Turística Mitad del Mundo, Äquatormonument; **CDX Gallery**, Baquedano y Juan L. Mera, ✆ 2238802; **Posada de las Artes Eduardo Kingman**, Werke vom 1997 verstorbenen Meister, Di–Fr 9–13 und 15–19 Uhr, Verkauf von Reproduktionen, Büchern, T-Shirts, Diego de Almagro 1550 y Pradera, ✆ 2224648; **Viteri Centro de Arte**, Galerie des Ambateño Oswaldo Viteri, Orellana 473 y Whimper, ✆ 2561548, www.viteri.com.ec.

● *Massagen* Die Physiotherapeutin **Mery Garzón** (spricht Spanisch, Englisch und Französisch) ist Spezialistin für Fuß-, Sport- und herzhafte Full-body-Aromatherapie-

massagen, 75 Min. ca. 40 USD. In der Mariscal in der Juan Rodríguez 775 y Diego de Almagro, ✆ 2547148, ✆ 094-4724572 (mobil).

● *Polizei* **Notruf** ✆ 101 (Radio Patrulla), **Central** ✆ 2432-263/-264, bei Diebstahl oder Raub muss die **O.I.D.** (Oficina de Investigación) in der Juan León Mera y Vicente Ramón Roca aufgesucht werden (24 Std.), ✆ 2503945. Die **Touristenpolizei** (Policía de Turismo) befindet sich hingegen in der Reina Victoria y Roca, ✆ 2254983.

● *Post* Das **Hauptpostamt** ist an der Ecke Colón y Reina Victoria, *edificio* Torres de Almagro, vis-à-vis dem Panamericana-Busterminal. Päckchen und Pakete mit *certificado* verschicken, Packpapier und Schnur gibt es dort nicht, Klebstoff schon, geöffnet Mo–Fr 8–19 Uhr, Sa 8–12 Uhr. Schneller, sicherer und viel teurer als die Post sind **Fedex**, Tomás de Berlanga 339 entre Av. de los Shyris y Av. 6 de Diciembre, ✆ 2268555, und **DHL**, Colón y Foch, ✆ 2556118, o. Av. Eloy Alfaro y de Los Juncos, lote 113-A, ✆ 2485300.

● *Telefonieren* Movistar, Porta, Andinatel und andere kleine Telefonzentralen befinden sich überall in der Mariscal: z. B. J. Pinto y Amazonas, Reina Victoria entre Calama y Lizardo García, Colón y Amazonas oder Benalcázar y Mejía (Altstadt). Die Minute nach Deutschland kostet etwa 30 Ct. Billig-Anrufe kann man in den **Cybercafés** tätigen (nach Deutschland schon ab 6 Ct. die Min.), dafür ist die Verbindung nicht immer so gut.

● *Übersetzer* Hans-Georg Bertenbreiter, ✆ 2436015, hans.b@uio.satnet.net; Ernesto Silva Bielecke, ✆ 2448333, pintex@access.net.ec; Doris Bünger, ✆ 2890799, dbunger@uio.satnet.net; María Luz Czoske Campos, ✆ 2890717, quitobonito@web.de; Claudia Chrambach A., ✆ 2240458, cchrambach@hotmail.com; Silvia van der Made, ✆ 2371774, herevdm@andinanet.net; Enrique Novas, ✆ 2548480, enovas@web.de; Birte Pedersen, ✆ 2403559, birte@access.net.ec; Monica Thiel, ✆ 2493718, macmic@accessinter.net.

● *Wäschereien* **Opera de Jabon**, pro Pfund (*por libra*) 50 Ct., kein Bügeln, J. Pinto entre Juan L. Mera y Reina Victoria; 20 m weiter ist **Super Lavado** mit ähnlichen Preisen; dasselbe gilt für **Sun City** in der Juan L. Mera y Foch.

Notrufe: 24 Std. Emergency-Hotline (auch Englisch) ist ✆ **911** – oder die ✆ **101** bei der Polizei/Radio Patrulla (die verstehen jedoch meist nur Spanisch); Krankenwagen und Rotes Kreuz (Cruz Roja) ereicht man unter der Notrufnummer ✆ **131**, die Feuerwehr (Bomberos) unter ✆ **102**.

Übernachten (siehe Karten Neustadt S. 198/199 und Altstadt 205)

Das Gros des Bettenangebotes hat sich von der kolonialen Altstadt in die zentral gelegenen Viertel **La Mariscal** und **La Floresta** verlagert. In der Altstadt ist die Hotelauswahl etwas dürftig. Von der Mariscal zum Flughafen sind es außerhalb der Rushhour 10 bis 15 Minuten, in Stoßzeiten mindestens eine halbe Stunde.

Quito
Karten S. 198/199 und 205

• *In der Neustadt (Mariscal)* **Hilton Colón (100)**, (GK), Lärmschutzfenster, Sicherheitssystem nach „Kuoni-Standard". Die Präsidenten-Suite wurde extra mal wegen Helmut Kohl umgebaut. 24-Std.-Cafetería, ein italienisches u. ein japanisches Restaurant, Spa, Pool. EZ/DZ deluxe 128–238 USD, ejecutiva 165–275 USD, schlafwandlerische Suiten mit verchromtem Heim-Spa, Serta-Matratzen und anti-allergener Daunenbettwäsche 378–976 USD, Frühstücksbüffet 20 USD. Tolle Cocktails in der La-Pinta-Bar, Happy Hour 17–19 Uhr. Gegenüber dem Parque Ejido, Amazonas y Patria, ✆ 2560666, www.hiltoncolon.com.

Mansión del Angel (74), (GK), im Herzen der Mariscal. Bejahrt und abgehoben, Pastelltöne, museumsreifes Mobiliar, plüschige Himmelbetten, Zimmersafe und trillernde Kanarienvögel unter sonnendurchfluteter Glaskuppel, wo gefrühstückt wird. Beste Zimmer sind Nr. 301 und 302. EZ/DZ *standard* 80/120 USD, DZ *ejecutivo* 145 USD. Wilson y E5-29 y J. L. Mera, ✆ 2557721, www.mansiondelangel.com.ec.

Vieja Cuba (15), (GK/MK), erfrischend farbenfrohes Ambiente in einer Mansion aus dem 19. Jh., Holzdecken und -böden, kleine Bäder, nicht alle Zimmer gut, Service schwächelnd dezentes afrokubanisches Restaurant „Orisha" (Hauptspeisen 10–15 USD, 13–16 und 19–22 Uhr). EZ ab 62 USD, DZ ab 80 USD, Honeymoon-Suite 116 USD. Diego de Almagro y La Niña, ✆ 2906729, www.hotelviejacuba.com.

La Rábida (22), (MK), bisschen versteckt, charmant, bejahrt, Frühstücksgärtchen, sehr intimes Restaurant nur für Gäste (*platos a la carta* ca. 10 USD), Heizkörper, Safe, Kabel-TV. Zimmer Nr. 1 mit kleiner Terrasse, Nr. 2 mit Balkönchen, Nr. 3 mit Kingsize-Bett. Die Zimmer im Anbau sind arg klein. EZ 61 USD, DZ 77 USD, 3er 94 USD. Eine Querstraße nördl. der Av. Colón, La Rábida 227 y Santa María, ✆ 2222169, larabida@uio.satnet.net, www.hostalrabida.com.

Café Cultura (98), (GK/MK), unter Denkmalschutz. Jedes der unterschiedlichen Zimmer wurde mit engelshaften Wandmalereien bedacht. Restaurant (7–21.30 Uhr), kleiner pittoresker Garten, viele US-Touristen. EZ 90 USD, DZ 112 USD, beeindruckende Honeymoon-Suite mit Ofen, Riesenbad und Wanne 156 USD, Frühstück ab 10 USD. Robles y Reina Victoria, ✆ 2224271, info@cafecultura.com, www.cafecultura.com.

Antinea (44), (MK), gute Lage in einer schönen baumbestandenen Seitenstraße, altbackenes „Vampirella"-Ambiente, ein bisschen Grün, Zimmer von ganz unterschiedlicher Qualität. EZ ab 62 USD, DZ ab 74 USD, Suiten und Apartments für 2 Pers. 72–105 USD (Miniküche), Balkon-Suite 92 USD. Juan Rodríguez E8-20 y Diego de Almagro, ✆ 2506-838/-839, info@hotelantinea.com, www.hotelantinea.com.

La Casa Sol (69), (MK), romantischer Patio, kleine Zimmer. Groß ist zumindest die Suite *matrimonial* Nr. 25 (Küche, TV und Sitzmöbel, 88 USD für 2 Pers.). Cafetería, Internet (1 Std. 2 USD). EZ (BP) 44 USD, DZ (BP) 68 USD. Calama 127 y Av. 6 de Diciembre, ✆ 2230798, info@lacasasol.com, www.lacasasol.com.

Cayman (33), (MK), angenehmes Ziegelstein-Haus mit nettem Garten. Pastellfarbene Zimmer mit guten Matratzen, die oberen sind jedoch ruhiger, z. B. das hübsche *matrimonial* Nr. 11 mit Holzboden (BP, Ww, Kabel-TV). Kamin im Aufenthaltsraum, Lamellenfensterläden. EZ 30 USD, DZ 48 USD. Juan Rodríguez E7-29 y Reina Victoria, ✆ 2567616, hcayman@uio.satnet.net, www.hotelcaymanquito.com.

Posada del Maple (43), (Budget), in einer baumbestandenen Seitenstraße, teils Mini-Terrassen, Küche, Holzböden, etwas heruntergekommen, aber sauber, gratis Internet. Im Schlafsaal 8 USD pro Pers. (BC), EZ ab 17 USD (BP), DZ ab 29 USD (BP), gut ist matrimonial Nr. 18 mit direktem Terrassen-Zugang (35 USD, als EZ 24 USD) inkl. Mini-Frühstücksbuffet. Juan Rodríguez E8-49 148 y 6 de Diciembre, ✆ 2544507, www.posadadelmaple.com.

Huauki (84), (Budget), auf Quichua „Bruder". Große Zimmer, intimer Aufenthaltsraum bzw. Restaurant mit roten Sitzkissen und Deckentüchern, Wifi, preiswertes japanisches „Health Food": Sushi „All you can eat" 12 USD, Hauptspeisen ab 6 USD (Mo–

Quito Neustadt

E Essen & Trinken

2 Zazu
3 Taconazo
4 Peking
5 Fogo Vivo
6 Sake
7 Rincón Ecuad. Chileno
8 Thai An
9 Café Chiquito
10 Café Guápulo
11 La Largatera
14 Crepes & Waffles
15 Orisha
16 Alice
17 Zócalo
20 La Bodeguita de Cuba
23 La Trattoria
24 Yu-Su Café
26 Atocha
27 La Briciola
28 Pavarotti
29 La Viña
30 Lo Nuestro
31 La Canoa
35 Il Grillo
36 Big Sur
38 El Cafecito
41 Happy Panda
42 El Cebiche
50 Great Indian
54 Boca del Lobo
57 Mongo's Mongolian Barbeque
58 Shorton Grill
59 Malabar
60 Café Colibrí
61 Mama Clorinda
62 Red Hot Chili Peppers
63 Coffee Toffee
67 El Maple
71 Puerto Manabí
72 La Puerta de Alcalá
75 Pizzería Portofino
77 Krusaywa
78 Las Redes
79 Kallari
80 Mare Nostrum
83 Huauki
84 La Terraza del Tártaro
85 Este Café
86 Le Arcate
87 Baalbek
88 Casa Hongkong
89 Sakti
91 Fried Bananas
93 El Arabe
94 Rincón de Francia
96 Portofino
100 Escondite de Cantuna
102 Mosaiko
103 Mosaiko

N Nachtleben

18 Turtle's Head
21 Varadero
37 Mayo 68
45 Bogarín
46 No Bar
47 Sutra
55 Mad Attitude
65 Bungalow 6
66 El Pobre Diablo
73 Patatus
81 La Playa
82 Locos por el Fútbol
90 Café Libro
95 Seseribó

Zentrum

Sa bis 23 Uhr). Pro Pers. mit BP 20 USD Mai–Okt. (sonst 15 USD), mit BC 15 (sonst 10 USD), Schlafsaal 8 USD. J. Pinto E7-82 y Almagro, ☎ 2904286, info@hostalhuauki.com, www.hostalhuauki.com.

Casa Kanela (52), (Budget), ehrenwertes Haus in einer baumbestandenen Straße, Salon mit Kamin, einfache saubere Zimmer mit Holz- und teils Stockbetten, „mysthisch" ist Nr. 8 unter dunkelblauen Dachschrägen, Wifi. EZ (BC/BP) 12/18 USD, DZ 25–30 USD, 3er 32–36 USD. Juan Rodríguez E8-46 entre Av. 6 de Diciembre y Diego de Almagro, ☎ 2546162, www.casakanela.mamey.org.

Amazonas Inn (68), (Budget), die Zimmer ohne Fenster sind weniger gut (BP, Ww, Teppichboden, teils TV). Bestes *matrimonial* ist Nr. 103. Unten ist eine kleine Cafetería (Frühstück 2–3 USD) untergebracht. EZ 14 USD, DZ 26 USD. Ecke Joaquín Pinto 471 y Av. Amazonas, ☎ 2225723.

Loro Verde (49), (Budget), zentral in einer baumbestandenen Seitenstraße, einfache, saubere Zimmer mit Holzfußböden und guten Matratzen (BP, Ww). Safe in jedem Zimmer, 1 USD pro Tag, *desayuno americano* 2 USD. Pro Pers. 12 USD. Juan Rodríguez y Diego de Almagro, ☎ 2226173.

Casa Olímpia (53), verschachtelte Mini-Apartments auf 5 Stockwerken (BP, Ww, Kabel-TV, winzige Küche). Ideal für Nachtschwärmer am Hotspot der Mariscal, alles andere als ein Ruhepol. In Nr. 110 kann man vom Treppenhaus „reinpeepen"! EZ 12 USD, DZ 20 USD. Calama y Reina Victoria, ☎ 2507-441/-442.

La Galería (64), (Budget), in bester Mariscal-Lage, Gemälde an den Wänden (BP, Ww), Kinder unter 10 J. gratis, Internet gratis. Die besten Zimmer sind oben: Nr. 1, 3, 4, 5 und das „familiäre" *matrimonial* Nr. 15 mit Balkönchen. Frühstück ab 2 USD. EZ 10–12 USD, DZ 16 USD. Calama 233 entre Almagro y Reina Victoria, ☎ 2500307, thenewgallerynca@gmail.com.

Otavalo Huasi (39), (Budget), familiär, fesche Besitzerinnen in Trachten, heller Aufenthaltsraum, Küchenbenutzung, Internet, Quichua-Unterricht, teils keine Handtücher in den Zimmern. Pro Pers. 8–10 USD (BC/BP). Am Hotspot der Mariscal in der Juan León Mera N24-203 y Lizardo García, ☎ 2528769.

Backpacker's Inn (40), (Budget/Low Budget), Che Guevara wacht im Treppenhaus. Helles *matrimonial* Nr. 1 zur ruhigen Straße (BC, 18 USD) und *matrimonial* Nr. 5 (BP,

20 USD) mit großem Fenster, Stockbetten-Schlafsäle (BC) 6,50–7,50 USD pro Pers., Küche! Juan Rodríguez 245 entre Reina Victoria y Almagro, ☎ 2509669, info@backpackersinn.net.

Nassau (70), (Budget), sauber, familiär, freundlich, Zimmer unten etwas dunkel und nur mit BC (Nr. 7–11), oben heller und mit BP (Nr. 1–6). EZ 8–10 USD, DZ 12–16 USD. Joaquín Pinto E4-342 y Av. Amazonas, ☎ 2565724, contacto@nassauhostal.com, www.nassauhostal.com.

New Bask (56), (Low Budget), heimelighäuslich dunkel, unkomplizierte Besitzerin, Gemeinschaftsküche, Frühstück mit Obst und Pfannkuchen 2,50 USD. Im Schlafsaal 6 USD pro Pers., EZ/DZ 12–14 USD (BP, Ww), *matrimonial* Nr. 11 ist am besten (Kabel-TV). Lizardo García 537 y Almagro, ☎ 2567153, administrator@newhostalbask.com, www.newhostalbask.com.

Centro del Mundo (51), (Low Budget), Mo, Mi und Fr gibt's 12 Liter Fusel-Rum gratis für die Gäste! Die *aspirinas* muss sich jedoch jeder selbst besorgen – siehe Apotheken! Schnippische Rezeption, Lonely-Planet-Leser. Pro Pers. ab 5 USD im Schlafsaal, EZ/DZ ab 15 bzw. 18 USD (BP). Lizardo García 569 y Reina Victoria, ☎ 2229050.

● *In der Neustadt (Floresta und andere Viertel)* **Swissôtel (48)**, (GK), Schweizer Service und lateinamerikanische Herzlichkeit in einem großen Kasten mit Aussicht, Riesen-TV, Marmorbäder, Fitness- und Wellness-Center, Feinschmecker-Restaurants (japanisch, französisch, argentinisch). Bestes Buisness-Hotel in Quito! EZ/DZ ab 300 USD, Executive Suite 650 USD inkl. riesigem Frühstücksbuffet (für Nichtgäste 24 USD). Av. 12 de Octubre 1820 y Luis Cordero, ☎ 2567600, www.swissotel.com/quito.

Marriott (13), (GK), palmenbestandene Einfahrt, lichtdurchflutete Empfangshalle, prickelnd kühles Ambiente. 256 De-luxe-Zimmer mit Aussicht. Business Center, Health Club, Buffet-Restaurant, Bar mit 40 verschiedenen Martinis – 007 lässt grüßen! Dürfte jedoch das schwächste Glied dieser Hotelkette sein! EZ/DZ ab 250 USD, Suite 330 USD. Orellana 1172 y Amazonas, ☎ 2972320, www.marriott.com.

Dann Carlton (1), (GK), 30er-Jahre-Anklänge, Vito-Corleone-Ambiente, gestreifte Tapeten, Badewannen, Wifi, Restaurant, Sushi-Bar, Mini-Spa- und Business-Center. EZ 160 USD, DZ 183 USD. Nähe Parque La Carolina, 10 Min. vom Flughafen, Av.

República de El Salvador N34-377 e Irlanda, ℡ 2249008, info@DanncarltonQuito.com, www.danncarltonquito.com.

Casa Aliso (25), (GK), charmantes, neo-koloniales Ambiente, alte Möbel, Waschtische aus bemaltem Porzelan, schöne Holzdielen. Zwei Erdgeschosszimmer haben einen eigenen Garten. Liebevoller Service. EZ 140 USD, DZ 168 USD inkl. *desayuno americano* und Wifi. Im ruhigen Viertel La Floresta, gute Restaurants ganz nahe. Francisco Salazar y Toledo, ℡ 2528062, www.casaliso.com.

Quito (12), (GK), einst Flaggschiff in privilegierter Lage mit herrlicher Sicht auf Guápulo, die östliche Andenkette und die Stadt. Schöner großzügiger Pool-, Spa- und Liegestuhlbereich. Kein Zimmer unterm Aussichts-Restaurant nehmen, da evtl. laut. Wifi, Casino, Frisör (10 USD). EZ 122, DZ 134 USD. Av. González Suárez N27-142, ℡ 2544600, hotelquito@orotels.com, www.orotels.com.

Los Alpes (99), (MK), charmant, verwinkelt, sauber. Anfang der 50er ein Vorzeigehotel. Geblümte Tapeten, nostalgischer Speiseraum, Wifi und vorsintflutliche Telefonzentrale, humorvoller Besitzer Claudio Facchinei. Schön bewachsene Veranda mit Sitzgelegenheiten, Bar ab 18 Uhr. Familienzimmer Nr. 15 und DZ Nr. 6 sind gut. EZ 60 USD, DZ 72 USD. Tamayo 233 y Washington, ℡ 2561110, www.quitolosalpes.com.

Santa Barbara (19), (GK), fast wie ein Jagdschlösschen mit zwei großen Palmen, Baujahr 1942, italienisches Restaurant, bestes *matrimonial* ist Nr. 23 mit großem Palmen- und Gartenblick, gut auch *matrimonial* Nr. 20, Nr. 11 und DZ Nr. 22 mit Dadewanne. EZ ab 52 USD, DZ ab 64 USD inkl. *desayuno americano* und 30 Min. Wifi. Av. 12 de Octubre N26–15 y Coruña, nahe Mirador de Guapúlo, ℡ 2225121, www.hotel-santabarbara.com.

Aleida's (32), (MK), dreistöckige Residenz aus den 50ern, geräumige Zimmer mit Holzböden und -decken, teils ein wenig finster, angenehmer Frühstücksraum, Wifi, freundliche 24-Std.-Rezeption, Willkommenstrunk. Pro Pers. mit BC 15 USD, mit BP 22 USD, *ensuits* mit Aussicht und Schreibtisch 30 USD. Andalucía 559 y Salazar im Viertel La Floresta, ℡ 2234570, www.aleidashostal.com.ec

Zentrum (63), (MK/Budget), Haus aus den 40ern und Besitzer aus den 30ern, bei Gerd fühlt sich der Gast wie zu Hause. Pro Pers. ab 9 USD im winzigen Anbau (BP, Ww,

Stockbetten). DZ im Hauptbau 32–90 USD, alle mit Safe und Kabel-TV. Sicherer Wohnmobil-Stellplatz, Einfahrthöhe 2,62 m, pro Fahrzeug 10 USD plus 2 USD pro Pers. inkl. Dusche, WC, Strom, Wifi. 9 de Octubre y Pasaje José Murillo, ℡ 2526263, info@hostalzentrum.com, www.hostalzentrum.com.

Casa Helbling (92), (Budget), dicke Palme und „kreolische" Metalltür-Lobby, knarrende Treppen, urige Terrasse, PC und Küche, lustiger Besitzer Klaus. Am besten das helle DZ *Paola* mit Gartenblick, das *matrimonial Andy* ist okay (großes Bad), die Zimmer unten sind weniger gut. EZ 16/26 USD (BC/BP), DZ 25/35 USD. Veintimilla 531 y Av. 6 de Diciembre, ℡ 2226013, www.casahelbling.de.

Raices (97), (Budget), hier hat sich ein Maler in sanft-rostigen Tönen ausgetobt. Heimeliges Ambiente, urige Holzböden, orthopädische Matratzen, Salon mit Kamin, guter Kaffee, ruhig! EZ 17 USD, DZ 28 USD (BP, Ww). Tamayo N21-255 y Carrión, ℡ 2559737, www.hostal-raices.com.

Kinara (101), (Budget), familiäres Reihenhaus nahe Metro- und Trolestation zw. Altstadt und Mariscal. Die hellen Zimmer Nr. 9 und 11 mit BP, Ww, Holzböden, gute Matratzen, Gartenfenster. Wifi, PC, Grillplatz, Sofa-Salon mit afrikanischen Masken. Gutes Preis-Leistungs-Verhältnis! Pro Pers. 12 USD inkl. leckerem Frühstück. Abends per Taxi! Bogotá 534 y Av. América, ℡ 2228524.

> Es ist ratsam, sich von Hotelbesitzern keine Galapagos-Kreuzfahrten vermitteln zu lassen. Meist wird nur angeboten, was auch genügend Kommission einbringt. Qualität und Service spielen eine untergeordnete Rolle!

L'Auberge Inn (104), (Budget), Terrasse, Patio, Restaurant, Sauna, Billard, Musikberieselung, ein Dauerrenner unter Backpackern. Etwas blöd zw. Alt- und Neustadt gelegen – abends nur per Taxi! EZ 8–12 USD, DZ 15–20 USD (BC o. BP). Av. Gran Colombia 1138 y Yaguachi, ℡ 2552912, www.auberge-inn-hostal.com.

Casona de Mario (76), (Budget), nur 2 BC und 4 Toiletten, angenehmer Garten, ruhig, sicher, alternativ, hilfsbereites Personal. *Matrimonial* Nr. 5 mit Nachmittagssonne und das 3er Nr. 4 mit Balkon sind zu empfehlen.

Mein Budget-Tipp! Pro Pers. 10 USD. Im Viertel La Floresta, Andalucia 213 y Galicia, ✆ 2544036, www.casonademario.com.

Casa Bambú (105), (Budget), Super Aussichtsterrasse über das Häusermeer und die Smogwolke, Dutch-run (Jost). Nr. 3 und 4 sind gut (BP). Monatstarife, Küche, recht primitive Gemeinschaftsbäder. DZ 18 USD (BP). Solana E-527 y Av. Gran Colombia, ✆ 2226738, www.hotelbambuecuador.com/pages/casaquito.html.

Casa Oriente, für Dauerbesucher, hilfsbereite Besitzerfamilie Carrasco. 25 Wohneinheiten. (BP, Ww, Küche o. Kochgelegenheit). EZ ab 120 USD, DZ ab 150 USD pro Monat. Yaguachi E6-73, nahe Parque Ejido zw. Altstadt und Neustadt, ✆ 2546157, agrodelicias@yahoo.es.

● *In der Altstadt* **Plaza Grande (16)**, (GK), alle Möbel, die riesigen Betten, Vorhänge und Gobelins sind Antiquitäten, die Korridore holzgetäfelt. Prachtvoller republikanischer Palast, selbst Hugo Chavéz fühlte sich pudelwohl. Vier Suiten mit Balkon zur Plaza. EZ/DZ 700 bis 2500 USD. Zum Frühstück 10 Fruchtsaftsorten. Abgehobenes Restaurant **Belle Epoque (16)** (5–23 Uhr) und preisgünstiges (!) Café im original 40er-Jahre-Look (7.30–23 Uhr). Bester Service der Stadt! García Moreno y Chile, ✆ 2510777, www.plaza grande quito.com.

Villa Colonna (6), (GK), intime koloniale Mansion mit nur sechs Ehebettzimmern. Geschmackvolles Teatime-Ambiente, Kunstwerke, herrliche Aussichtsterrasse mit Altstadtrundumblick, oppulentes Frühstück, sehr personalisierter Service (Rigo und Rudi) und garantiert keine Touristenbusse oder Schalverkäufer vor der Tür! DZ 300 USD. Benalcázar 1128 y Esmeraldas, ✆ 2955805, www.villacolonna.ec.

Patio Andaluz (9), (GK), Kolonialgebäude mit eleganten Arkadenbögen, breiten Pasillos, Patio-Restaurant *El Rincón de Cantuña*, tägl. 7–23 Uhr, spanisch-ecuadorianische Küche. Teils große Zimmer mit gigantischen Betten. Am besten ist *habitación standard* Nr. 401 mit Blick auf die Kirchen und die doppelstöckigen *duplex-habitaciones* mit Balkon Nr. 207 bis 210 im oberen Stock. EZ/DZ 244–305 USD, Frühstück 10 USD. Nur wenige Schritte von der Plaza Grande, García Moreno N6-52 entre Olmedo y Mejía, ✆ 2280830, www.hotelpatioandaluz.com.

Relicario del Carmen (8), (GK/MK), koloniales Haus von 1705, in der die Frau des ersten ecuadorianischen Präsidenten wohnte,

außen unscheinbar, innen elegante Details, wenn auch alles etwas eng. Nur Nichtraucher! EZ 88–94 USD, DZ 122–150 USD (Nr. 27 und 43!) inkl. *desayuno americano* und Internet. Venezuela 10-41 y Olmedo, ✆ 2289120, info@hotelrelicariodelcarmen.com, www.hotelelicariodelcarmen.com.

San Francisco de Quito (25), (MK), Kolonialgebäude von 1698 mit romantischem Frühstücks-Patio, um den sich oben die Zimmer scharen (BP, Ww), uralte Steintreppe, Holzdielenboden, Aussichtsterrasse, Wifi. EZ ab 26 USD, DZ ab 42 USD, 3er ab 56 USD, im verwinkelten Anbau Honeymoon-Suite mit Balkon 56 USD inkl. Frühstück. Zwei Blocks von der Plaza Santo Domingo, Sucre 217 y Guayaquil, ✆ 2951241, www.sanfranciscodequito.com.ec.

Viena (15), (Budget), mit Jungfrau im überdachten Patio, um den sich 30 altmodische, aber saubere Zimmer scharen (BP, Ww, TV). Restaurant, Safe, Wäscheservice, Garage. Pro Pers. 17 USD. Flores 600 y Chile, ✆ 2954860, vienaint@interactive.net.ec.

Vega (18), (Budget), republikanisch-altbacken, Pasillos, Balkone, offener Patio, Riesensofas, fast alle Zimmer mit Blick zur Straße (BP, Ww, Kabel-TV, Teppichboden), Safe, Internet, Schwitzkästen. Pro Pers. 16 USD. Flores N4-160 y Chile, ✆ 2959833, hotvegainternacional@yahoo.es.

Secret Garden (5), (Budget), etwas muffig, enge, steile Treppe, Elfchen und Feen an den Wänden, Ponchos für kühle Nächte auf der Terrasse mit Altstadt-Blick. Frühstück „All you can eat" 3,50 USD, Sa Grillparty, Mi Livemusik, abends unsichere Gegend! Im Schlafraum 10 USD, das DZ „D2" (BP, Ww) ist ganz nett (25 USD). Antepara E4-60 y Los Ríos, 2 Min. von der Trolestation, ✆ 2956704, hola@secretgardenquito.com, www.secretgardenquito.com.

San Blas (4), (Budget), spartanisch, hübsche Fassade am der gleichnamigen Kirchen-Plaza, wenige Schritte von der Trolestation und wichtigen Stadtbussen. Internet, Safe, Küche, Schnellwäsche (90 Ct. das Kilo). Pittoresker Tante-Emma-Laden daneben. Pro Pers. 8 USD (BC, Ww) bzw. 10 USD (BP, Ww). Caldas E11-38, ✆ 2281434, www.hostalsan blas.com.ec.

Chicago (3) (Budget), Leselampen, starke Duschen, Wifi, Gepäckaufbewahrungsraum, Safe, tolle Aussichtsterrasse, Lonely-Planet-Horden. Pro Pers. 8 USD (BC, Ww), EZ 11 USD (BP, Ww), DZ 19 USD (BP, Ww) inkl. *desayuno americano*. Los Ríos 1730 y

Briceño im Viertel San Blas, ✆ 2281695, www.chicagohostelecuador.com.

Revolution (1), (Budget), neoklassischer Backpacker-Treff, australischer Besitzer, hübsche Gemeinschaftsküche, „aufständische" Bar, Aussichtsterrasse, Holzfußböden, TV-Lounge. Pro Pers. 7 USD im Stockbetten-Schlafsaal, EZ 12 USD, DZ 18 USD (BP, Ww). Los Ríos N13-11 y Julio Castro im Viertel San Blas, ✆ 2546458, stay@hostelrevolution quito.com, www.hostelrevolutionquito.com.

• *Außerhalb* **Hacienda Rumiloma** (GK), auf 3.200 m im Pichincha-Massiv klebend. Handgeschnitzte Betten, viele Antiquitäten, Schwedenöfen. Gut ist die Suite *Montana* mit Bergpanorama vom Bett, auch *Felicia* mit Stadtblick-Badewanne und *Amberleingh* mit Veranda. Hauptspeisen 18–40 USD, z. B. mariniertes *cordero cantera* o. *lomo rumiloma* in Cognac-Soße und Yuca-Gratín, beliebt ist *stone crab* (eine Taschenkrebsart), Di–Sa 11–23 Uhr, So 10–21 Uhr. Irish Pub mit Beichtstuhl-Musikbox, Wifi. DZ 372–420 USD, *desayuno americano* 22 USD (!). *Anfahrt*: mit dem Pkw/Taxi 1,7 km westlich der Av. Occidental die Obispo Díaz de la Madrid hinauf, 20 Min. vom Flughafen, ✆ 2548206, ✆ 099-703130 (mobil), www.haciendarumiloma.com.

Hacienda La Antigua (MK) in einem grünen Hochtal am Ortsrand von Lloa, 12 km südwestlich von Quito. Idealer Ausgangspunkt für Wanderungen zum Guagua Pichincha, siehe S. 241. Fantasievolles Landhaus mit barocken Elementen und dicken pastellfarbenen Mauern. Radtouren zum Río Cristal. 18–36 USD pro Pers. inkl. Frühstuck, *platos a la carta* 8 USD. *Anfahrt*: Der Bus *buseta a Lloa* fährt alle 30 Min. im Süden Quitos von der Ecke Angamarca y Av. Mariscal Sucre (Verlängerung der Av. Occidental hinter den Tunnels), Taxi von der Neustadt ca. 30 USD, bei Voranmeldung auch Transfer durch die Hacienda, ✆ 2868786, 2864293, info@antigua hosteria.com, www.antiguahosteria.com.

*E*ssen & *T*rinken (siehe *K*arten *N*eustadt *S*. 198/199 und *A*ltstadt 205)

Die Palette reicht von einfachen einheimischen Gaststätten bis hin zu eleganten Feinschmeckerlokalen: nationale Gerichte „a lo Criollo", Meeresfrüchte, Steaks, Pasta, Crêpes, Leberkäs, Sushi oder Fruchtsalate. In Mode ist „Comida Fusión", eine exotische Mischung aus andinen und internationalen Zutaten.

Es ist nicht unüblich, sich Reste der mitunter reichhaltigen Essensportionen in kleinen Plastiktüten mitgeben zu lassen, um diese dann an bettelnde Straßenkinder zu verschenken!

Restaurants/Cafeterías in der Altstadt

● *Restaurants* **Theatrum (7)**, mediterrane Avantgarde-Küche, 150 Weine, feudales Ambiente, das beste Lokal der Altstadt! Hauptspeisen ab 15 USD, exquisite mehrgängige Menüs 48 USD, Mo–Fr 12.30–15 Uhr und 19–23 Uhr, Sa/So 19–23 Uhr. Im oberen Stock des Teatro Sucre, Calle Manabí entre Guayaquil y Flores, ✆ 2571011, www.theatrum.com.ec.

Mea Culpa (17), republikanisches Ambiente, sehr hübscher Blick auf die Plaza Grande, klassische First-Class-Option im 1. St. des Palacio Arzobispal. Mo–Fr 12.30–20, Sa 18–24 Uhr, So geschl. Chile y Venezuela, ✆ 2951190.

La Cueva del Oso (14), überdachter Patio an der Nordostecke der Plaza Grande. Säulen, Armlehnensessel, Blechstuck, mondänbürgerliches Ambiente, feine *comida criolla ecuatoriana*, Hauptgerichte ab 10 USD. Spezialität ist eine mit heißen Flusssteinen erhitzte *sopa de piedra*. Gediegene, etwas versteckte Bar. Mo–Sa 12.30–0.30, So 12.30–16 Uhr. *Edificio* Pérez Pallares, Chile y Venezuela, ✆ 2583826.

Hasta la Vuelta Señor (12), eine *fonda quiteña* auf dem obersten Galeriengang im Patio des Erzbischofspalastes. Feine regionaltypische Spezialitäten wie *churrasco del padre* o. *gallo de la catédral* 10–12 USD, Quitos größte *empanadas del viento*, empfehlenswert! Mo–Sa 11–23 Uhr, So 11–16 Uhr. Chile y Venezuela, ✆ 2580887.

El Rincón de Cantuña (9), von Lesern empfohlen, im Hotel Patio Andaluz, ecuadorianisch-spanische Gerichte, schönes Ambiente, geschulte Kellner, Preise, die sich im Rahmen halten: *locro de papas* 5 USD, *fritada quiteña* 9 USD, *solomillo* 230 g 12 USD. Tägl. 6–23 Uhr. García Moreno N6-52 entre Olmedo y Mejía.

Casa de los Geranios (27), in der schönen Kolonialgasse La Ronda, sehr hübscher Patio und alte Steintreppe, intime Terrasse mit Blick auf Panecillo und Pichincha-Hänge, feiner *seco de chivo* (Lamm) 8 USD, Lachs 10 USD, riesige *empanadas de viento* (süß) 3 USD, tolle Fruchtsäfte, *rosario quiteña*, ein typ. Mix mit *babaco, piña, fresa y mote*, Espresso 1,5 USD, So–Mi 9–

24 Uhr, Do–Sa bis 2.30 Uhr morgens! La Ronda 762 (Oe1-134).

Dos Barrios (28), schräg gegenüber in der Ronda 707, gemütliche Resto-Bar mit *picadas criollas*, Salaten (ab 5 USD), Fondues (ab 18 USD), Do–Sa 17–24 Uhr.

Cucurucho de Santa Clara (26), riesiges Klostergewölbe mit Adobe-Portalen, regionale Gerichte wie *locro de queso* (5 USD), *churrasco montado* oder *encocado de camarón* je 10 USD. Di–Sa 12.30–23 Uhr, So 12.30–16 Uhr, Rocafuerte y Benalcazar, ✆ 2285866.

El Buho (21), europäisches Ambiente im Centro Cultural Metropolitano, preiswerte Mahlzeiten ab 4,50 USD. Mo–Do 11–19 Uhr, Fr/Sa bis 21 Uhr, So bis 17 Uhr. Ecke García Moreno y Pasaje Espejo (beim Regierungspalast).

Vista Hermosa (10), bizarrer altbackener Charme, der Blick auf die nahe Altstadt von der Terrasse gibt viel her, gasbetriebene Heizstrahler, *locro de papas* nur 3,50 USD. Im 5. St. in der Mejía 453 entre García Moreno y Venezuela.

La Guaragua (20), schlicht, vegetarisches ecuadorianisches *comida típica*, Hauptspeisen 5–6 USD, Salate und *locro de papas* ab 3 USD, Kaffees, nett zum Draußensitzen. Tägl. 10–23 Uhr. Gegenüber dem Bolívar-Theater, Espejo entre Guayaquil y Flores.

● *Cafeterías* **Café del Fraile (11)**, gut für Sitzpausen, alte Radios, moderne Cocktails, Pfeffersteak 7 USD, *café del fraile* mit Baileys, Kahlúa und Schlagsahne 4 USD, Mo–Sa 10–23 Uhr, So 11–23 Uhr. Auf dem Galeriegang im Patio des Erzbischofspalastes an der Plaza Grande.

Frutería Monserrate (19), bei der Iglesia Santa Catalina, sehr preiswert, sehr populär, sehr schmackhaft, variantenreiche trendy Auswahl, Fruchtsalate, *almuerzos criollos*, winzige Stühle für Erwachsene wie Kinder. Tägl. 8–20 Uhr. Ecke Espejo y Flores.

Café Modelo (22), eine Institution seit 1950, nichts hat sich seither verändert, Criollochulla-quiteño-Ambiente, oben ganz coole Raucherecke. Frühstück mit zwei Eiern, Käsesandwich, frischem Saft und Kaffee 2,20 USD, *cappuccino* 75 Ct., bestes Preis-Leistungs-Verhältnis. Tägl. ab 8 Uhr bis zum frühen Abend. Sucre 391 y García Moreno, nur wenige Schritte von der Iglesia La compañía.

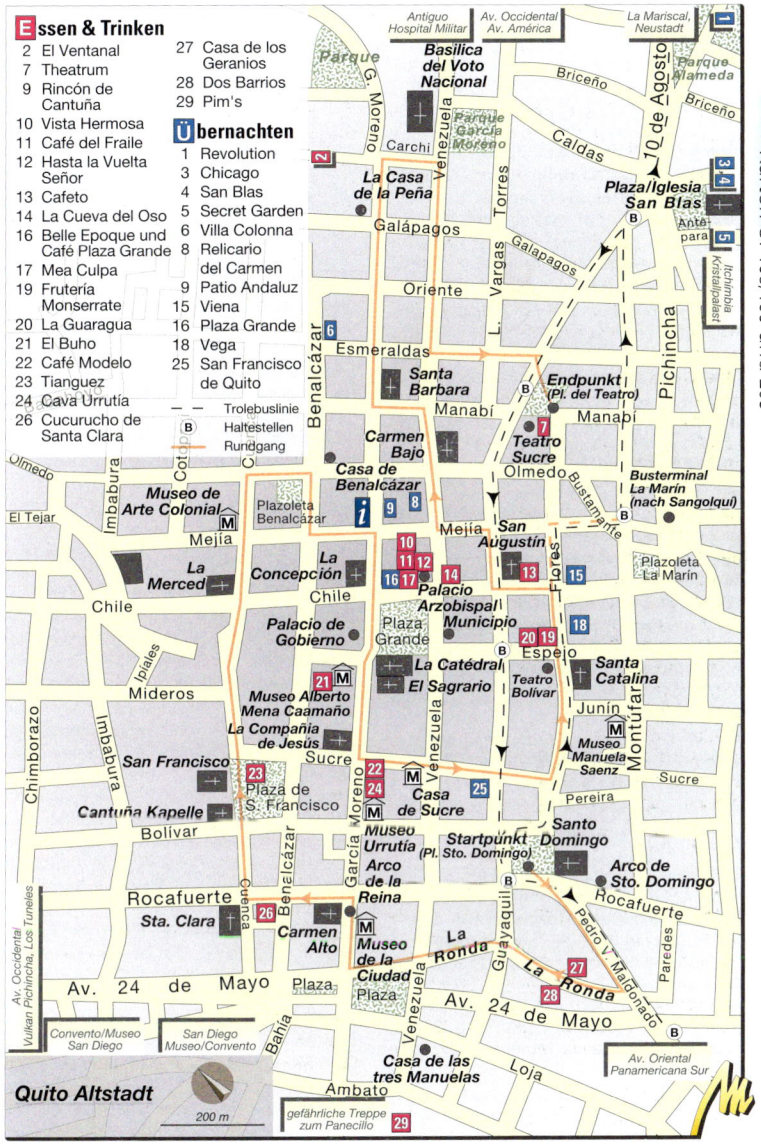

Essen & Trinken

Quito Altstadt

200 m

Café Niza, existiert seit 145 Jahren, heute jedoch eher modern eingerichtet. Heißer Kakao und gute *sanduches de pernil dorado*. Venezuela 626.

Cafeto (13), feiner ecuadorianischer Kakao und Kaffee bei Ambiente, die Altstadt-Spezialisten, *humitas, tamales, picaditas, canelazos*, Di–Sa 14 Uhr bis spät, So 12–21 Uhr. Zwei Filialen: La Ronda Nr. 989 und im Kloster

San Augustín in der Chile 930 y Guayaquil, www.elcafeto.com.

Chapineros, winzigst, urigst, billigst und Kunstlederüberzüge. *Sanduche de pernil* 1,50 USD, *humitas* 80 Ct., Filterkaffee. Mo–Sa 10–20 Uhr, So geschl. Chile y Flores.

Tianguéz (23), Open-Air-Cafetería und indianisches Kunsthandwerk bei den Steingalerien der Iglesia de San Francisco, davor das Treiben auf dem Kopfsteinpflaster der *plaza*, sehr gut für ein Päuschen, abends heiße *canelazos*. Mo–Di 9–18 Uhr, Mi–Sa bis Mitternacht.

Café Conquistador, von 1961, fettarme Maisteigstullen (*humitas* plus *café* 1,50 USD), Besitzerin ist die 84-jährige Emma Miranda, Riofrio y Juan Larrea nahe dem Parque Ejido.

Restaurants
außerhalb der Altstadt

• *Comida Criolla* **Lo Nuestro (30)**, Ableger des populären Guayaquil-Lokales, große Auswahl an Spezialitäten aus ganz Ecuador, auch Meeresfrüchte, nostalgisches Ambiente, faire Preise, teils gute Portionen, Hauptspeisen ab 8 USD, mein Tipp! Mo–Do 12–15.30 und 19–24 Uhr, Fr–So 12 Uhr bis spät, Isabel La Cátolica N24-535 y Cordero im Viertel La Floresta hinter dem Swissôtel, ✆ 2563438.

Alice (16), *comida criolla* aus verschiedenen Regionen, *tigrillo zarumeño* zum Frühstück (3 USD), einfach, gemütlich, gute *almuerzos* 4 USD, Salate ab 3 USD, Hauptspeisen ab 7 USD (Spezialität ist *entrecote marino*, 17 USD), tägl. 9–17 Uhr, La Niña y Reina Victoria.

La Canoa (31), Hochland-Ableger des Guayaquil-Lokales, rund um die Uhr geöffnet! *Comida criolla* von *cebiche* bis *fritada*, Hauptgerichte ab 6 USD, auch zum Draußensitzen, Luis Cordero entre Amazonas y Juan L. Mera.

Mamá Clorinda (61), nettes Lokal für ebenso nette *comidas típicas*, gute *llapingachos*. Wird fast nur von Gringos besucht, Hauptspeisen ab 5 USD. Mo–Sa 11–22 Uhr, So bis 17 Uhr. Reina Victoria 1144 y Calama.

Rincón Ecuadoriano Chileno (7), populär zur Mittagszeit, deftig und günstig, *churrasco*, *bistek a lo pobre*, *apanado*, *pastel de choclo* ab 4 USD, mein Essenstipp in dieser Preisklasse! Mo 12–18 Uhr, Di–Sa 12–20 Uhr, So 12–17 Uhr, Av. 6 de Diciembre N28-30 entre Bello Horizonte y Orellana.

• *Comida Fusión* **Zazu (2)**, man fühlt sich wie in NYC. o. London, minimalistisches Crossover-Erlebnis mit exotischen Geschmacksexplosionen, z. B. Walnusshühnchen, Schwertfisch mit Kochbananen (20 USD), Tigergarnelen (24 USD) o. lomo criollo mit Yuca und Gruyere, exquisite Weinkarte, peruanischer Chefkoch Alexander Lau, deutscher Manager Jan Niedrau. Mo–Fr 12.30–23 Uhr, Sa 19.30–23 Uhr. Mariano Aguilera 331 y La Pradera, ✆ 2543559, www.zazuquito.com.

Krusaywa (78), leichtfüßiges *Café Urbano Novoandino* mit Fensterfront und Stoffservietten. Fusionierte Spezialitäten aus Ecuador, Peru und Venezuela: kleines *cebiche peruano* 6 USD, überschaubare Gerichte 6–12 USD, *pisco sour*, teils zwei Getränke zum Preis von einem, aufmerksame Kellner. Nur Hauptspeise macht nicht satt! Di–Sa 11–23 Uhr, So 11–17 Uhr. Diego de Almagro y J. Pinto.

Crepes & Waffles (14), exotisch gefüllte süße o. salzige Crêpes, Salatbar (5 USD), gefülltes Pita-Brot, tolle Eisbomben (3 USD), faire Preise, die kolumbianische Kette beschäftigt nur alleinerziehende Mütter, Terrasse zum Draußensitzen, gut besucht, Mo–Sa 12–22 Uhr, So 12–21 Uhr, empfehlenswert! Rábida 461 y Av. Francisco de Orellana, Zweigstellen im Mall El Jardín und Quicentro.

Boca del Lobo (54), sog. *Quito New Age Food*, fancy, trendy und transparent, an riesiger Frontscheibe leicht zu erkennen, mitunter zu laute Musik, dafür gut gewürzter Ishpingo-Lachs, gefüllte Kochbananen-Omeletts, exotische Desserts, Guanabana-Cocktails, Hauptspeisen um 10 USD, Mo–Sa 17–2 Uhr, Calama y Reina Victoria, ✆ 2522828.

Zócalo (17), trendy Restaurant-Bar, *lomo fino con champiñones* o. *filet mignon* 9 USD, Mo–Fr 11–2 Uhr, Sa 11–17 Uhr, So geschl., Mo–Fr ab 22 Uhr Livemusik, La Niña y Reina Victoria neben Museo Mindalae oder J. L. Mera y Calama im 1. St.

Coffee Toffee (67), oben Terrasse zum Kaffee-, Cocktail- und Sonnetanken, unten schattige Veranda zur ruhigen Straße hin, Wifi, *desayunos* 6 USD, Salate ab 4,50 USD, *higados en vino o champiñones* 6,50 USD, rund um die Uhr geöffnet! Calama entre Diego de Almagro und Av. 6 de Diciembre.

Fried Bananas (93), Kombis aus Grillfleisch, Yuca und Gemüse, Shrimp- und Thunfischsalate, flambierte Kochbananen mit Wodka, Nüssen, Rosinen und Zimt, J. L. Mera N21-251 entre Carrión y Roca.

Big Sur (35), So Frühstücksbuffet von 8 von 14 Uhr (5 USD) im Garten, Wifi, Spezialität ist *lomo glaseado al balsámico* mit Rosmarin-Kartoffeln und Salat, Juan Rodríguez 228 entre Reina Victoria y Diego de Almagro.

• *Internationale Küche* **La Viña (29)**, hochgelobt, relativ teuer, außergewöhnlicher Speisesaal. Isabel la Católica y Cordero, Mo–Fr 12.30–15 Uhr, Sa 19–23 Uhr, So geschl., ☏ 2566033.

La Terraza del Tártaro (85), im obersten Stock eines Hochhauses, tolle Aussicht, Hauptspeisen ca. 10 USD. Veintimilla 1106 y Amazonas, versteckter Aufzug. Mo geschl., ☏ 2527987.

• *Brasilianisch* **Fogo Vivo (5)**, exquisites informelles Ambiente. Spezialitäten sind *rodizio de mariscos, paellinha*, auch *lomo catalán*, Vorspeisen 5–14 USD, Hauptspeisen 10–30 USD, Weinkarte, Di–Sa 12.30–16 und 18.30–23 Uhr, So 12.30–17 Uhr, Whymper N27-150 y Orellana, ☏ 2234445, www.fogo-vivo.com.

• *Deutsch* **Café Colibrí (60)**, Kolibris umschwirren den großen Flaschenputzerbaum, idyllisches Plätzchen fürs Frühstück, *platos fuertes* (Hauptgerichte) wie Gulasch, Leberkäse, Rösti, Spätzle, Nürnberger o. Schweinekotelett 5–7 USD, Zeitschrift „Spiegel" der letzten Woche, oberbayrischer Besitzer! Tägl. 8–18 Uhr, J. Pinto 619 entre Amazonas y Cordero.

Zentrum (63), Tagesgericht *estilo ecua-alemán* 3,50 USD und deftige *platos a la carta*, deutsche Zeitungen, redseliger Besitzer, Mo–Fr 12–15 Uhr, 9 de Octubre y Pasaje Murillo, 100 m südl. der Av. Colón, ☏ 2526263.

• *Fernöstlich* **Happy Panda (41)**, elegant, gemütlich, Peking-Ente, Sesam-Hühnchen o. Hunan-Filet. Vor- und Hauptspeise plus Nachtisch u. 20 USD. Mo–Fr 12–15 und 18–22 Uhr, Sa/So 12–22 Uhr, Isabel la Católica y Cordero im 1. St., hinter dem Swissôtel ☏ 2547322.

Peking (4), kantonesisch-altbacken, lecker gegrillte Schweinerippchen, süßsaure Shrimps o. je nach Saison Peking-Hummer, drei Gänge im Schnitt 20 USD, Mo–Sa 12–15 und 18–22.30 Uhr, So 12–20 Uhr. Whymper N28-42 y Orellana, ☏ 2504984.

Thai An (8), stilvoll, eines der besten fernöstlichen Restaurants der Stadt und eines der ganz wenigen mit Thai-Küche, verführerische Musikberieselung, Mo–Fr 12.30–15 und 18.30–23 Uhr, Sa/So 12.30–16 Uhr, Eloy Alfaro N34–230 y Portugal, ☏ 2446639

Casa Hongkong (89), preiswerte Suppen, Hauptgerichte ab 4 USD, Mo–Sa 11–22, So

12–20 Uhr. Abends ein Taxi zurück zum Hotel! Wilson 246 y Luis Tamayo, ☏ 2225515.

Huauki (84), preiswerte Gerichte aus dem Land der aufgehenden Sonne und ecuadorianisches „Health Food", Sushi „All you can eat" 12 USD, Hauptspeisen ab 6 USD, tägl. *almuerzos* um 4 USD, intimes minimalistisches Ambiente mit Sitzkissen, etwas gewöhnungsbedürftig so zu essen. Mo–Sa 18–23 Uhr. Im gleichnamigen Hostal (s. o.) in der Joaquín Pinto y Almagro.

• *Fisch- und Meeresfrüchte* **Mare Nostrum (83)**, Ziegelstein-Eckhaus mit Efeubehang, republikanisches, neoklassisches, minimalistisches Ambiente. Spezialität ist seit 1969 eine bombastische Mariscada-Pfanne *a la parilla* für 2 Pers. zu 50 USD, Hauptgerichte 12–18 USD, *langostinos* 18–24 USD, *langosta* 30 USD, *entradas* 7 USD, tägl. 12–16 und 19–22.30 Uhr, Kochkunst-Tipp! Tamayo 172 y Foch, ☏ 2528686.

Las Redes (79), niedliches Lokal, *paellas* und gemischte Meeresplatte für zwei (*Gran Mariscada* 42 USD), gutes *cebiche*, Hauptgerichte ab 8 USD, um 16 Uhr schließt die Küche. Av. Amazonas 845 y Veintimilla, ☏ 2525691.

El Cebiche (42), ganz exquisites ecuadorinisches *cebiche*, Fischspezialitäten *a lo español* ab 8 USD, tägl. 9–17 Uhr. Juan L. Mera 1236 entre Calama y Lizardo García.

Puerto Manabí (72), Cholo-Ambiente, preiswerter Fisch und Meeresfrüchte: *pargo a lo macho, lenguado, corvinas, cazuelas o. viche*. Di–So 8–20 Uhr. Speisekarten-Vorkenntnisse oder eine „seetaugliche" Begleitperson sind die besten Voraussetzungen für maritime Gaumenfreuden. Ulpiano Páoz N928 y Mercadillo

• *Fleisch vom Grill* **Malabar (59)**, zartes Grillfleisch inkl. Salatbuffet und Glas Wein 9 USD in einem netten unscheinbaren Lokal, freundliche Besitzerin Lidia Puig. Tipp! Mo–Sa 12.30–1 Uhr, So 12.30–19 Uhr, Reina Victoria y Calama, ☏ 2546086.

Mongo's Mongolian Barbeque (57), preiswertes Buffet bis zum Abwinken ab 6 USD, direkt von der „runden heißen Platte", auch „vegetarisches" Fleisch. Calama E5-10 y Juan L. Mera.

Shorton Grill (58), große saftige Portionen (Hauptspeisen ab 10 USD), leicht plüschiges Ambiente, tägl 13–23 Uhr. José Calama 216, ☏ 2523645.

• *Französisch* **Rincón de Francia (96)**, seit Jahrzehnten ein Upper-class-Klassiker, sogar

Quito Karten S. 198/199 und 205

Und immer wieder der Cotopaxi

sozialistische Präsis feiern dort die Geburtstage ihrer Kinder, Hauptspeisen ab 20 USD, Mo–Fr 12–15 und 19–23 Uhr, Sa 19–23 Uhr, Roca 779 y 9 de Octubre, ✆ 2225053.

● *Italienisch* **Pavarotti (28)**, *eines der besten ristorantes* der Stadt, elegantes Ambiente, zuvorkommender Service, köstliche Gerichte, angezogene Preise, es braucht 3 bis 4 Gänge – genießen! Mo–Fr *12–15.30* und 18–23.30 Uhr, Sa nur abends, So geschl., schräg gegenüber Swissôtel, in der 12 de Octubre N24-551 y Cordero (*1. St.*), ✆ 2566668.

Portofino (100), der exklusivste Gourmet-Italiener in Quito, im Hotel Hilton Colón, toller Blick auf die Stadt, seriöse Kleidung erwünscht, tägl. nur 18.30–22.30 Uhr. Amazonas y Patria.

La Briciola (27), wärmstens empfohlen für exzellente Italo-Küche, keinesfalls billig, Reservierung empfohlen, Tägl. 12.30–15 Uhr bzw. 19–23 Uhr, So 12.30–16 Uhr. Toledo 1255 y Cordero, drei Querstraßen hinter dem Swissôtel, ✆ 2547138.

La Trattoria (23), das gewisse Deko für Verliebte bzw. sich heimlich Treffende, dezent und unauffällig, Pastas nach Originalrezept mit „präzisen" Ingredienzen, Isabel la Católica 1157 y La Coruña, ✆ 2906086.

Pizzería Portofino (77), dezent und schmackhaft, von einer aus Bonn und Köln wieder heimgekehrten ecuadorianischen Koch- und Kellner-Familie, tägl. von 12 Uhr bis Mitternacht. Mitten in der Mariscal nahe Plaza Foch, Reina Victoria 2417 y Wilson, ✆ 2555308.

Il Grillo (34), hausgemachte Ravioli, exquisite Pizzas aus dünnem Teig, Qualität ist nicht billig. So und Mo geschl., Baquerizo Moreno y Diego de Almagro, an einer Ecke des Parque Gabriela Mistral, ✆ 2225531.

Le Arcate (87), romantisch, populär, 70 Pizzas aus dem Steinofen (5–12 USD), Di–Sa 12.30–15 und 18–23 Uhr, So 11–16 Uhr, Mo geschl. Baquedano 358 y J. L. Mera (grünes Schild), ✆ 2237659.

● *Kubanisch* **La Bodeguita de Cuba (20)**, Bedienung im Piratenlook, leicht gehobene Preise, gemütlich-rustikales Ambiente, Mi/Do Livemusik, ein Stück Kuba in Quito! Mi–Fr 12–16/19–24 Uhr, Sa/So durchgehend bis 24 Uhr. Reina Victoria 1721 y La Pinta, ✆ 2542476.

Orisha (15), exquisit, intim und afrokubanisch, im Hotel Vieja Cuba, Hauptspeisen 10–15 USD, Mo–Sa 13–16 und 19–22 Uhr, Diego de Almagro y La Niña.

● *Mexikanisch* **Red Hot Chili Peppers (62)**, Graffiti-Wände, studentisches Ambiente, große Portionen, gut sind die *fajitas*, Mo–Sa von 11 Uhr bis Mitternacht. Foch 713 y Juan L. Mera.

Taconazo (3), *flautas, gringas, enchiladas, enfrijoladas, taquiza* o. *campechana* mit 5 Fleischsorten, scharfer Soße, Bohnen, Zwiebeln, Tomaten, Käse, Avocado und 12 Tortillas, Mo–Sa 12–23, So 12–17 Uhr, Whymper y Orellana, 5 Gehminuten vom Hotel Quito.

• *Orientalisch* **El Arabe (94)**, von Salameh Aid aus Syrien, z. B. *plato mixto* mit *falafel, humus de garbanzo, hojas de uva y de col rellenas, kippe con carne molida, shish kebab* mit Lammfleisch 7,50 USD, Mo–Sa 10–24 Uhr, So bis 19 Uhr, Reina Victoria 627 y Carrión, ✆ 2549414.

Baalbek (88), libanesischer Familienbetrieb, Hauptgerichte 5–12 USD, Mo–Fr 12–18 Uhr, Sa/So 12.30–17.30 Uhr. Av. 6 de Diciembre y Wilson, ✆ 2552766.

Great Indian (50), spartanisch, von echten Indern, superbillig! Calama entre J. L. Mera y Amazonas.

• *Spanisch* **Atocha (26)**, Flamenco- und Stierkampf-Ambiente in einem ehrenwerten Haus, Liveshows, tägl. ab 12 Uhr bis spät geöffnet, Hauptspeisen 12–20 USD, Reina Victoria N24-387 entre Colón y Cordero, ✆ 2239286.

La Puerta de Alcalá (75), ganz leckere Schweinefüßchen, „wütende" Kartoffeln o. *cocido madrileño* auf Hausmacherart von Tere zubereitet. Derweil steigert sich Chema „*el cohete*" in turbulentestem Spanisch von Anekdote zu Anekdote, das prähistorische Mariscal-Ehepaar! Mo–Fr 12–21 Uhr, Sa 12–16 Uhr, Tamayo 977 entre Foch y Lizardo García, ✆ 098-451627 (mobil).

• *Sushi* **Tanoshii (36)**, exquisites Sushi unbegrenzt bestellen bis zum Abwinken für 25 USD, nur Sa/So 12–15 Uhr. Im Swissôtel (s. o.), 12 de Octubre.

Sake (6), vielleicht bestes Sushi Quitos, Mo–Sa 12.30–15 und 18.30–23 Uhr, So 18.30–21 Uhr. Paul Rivert N30-166 y Whymper, 2524818.

Huauki (84), Sushi „All you can eat" 12 USD, Sitzkissen-Ambiente, Mo–Sa 18–23 Uhr. J. Pinto y Diego de Almagro.

Yu-Su Café (24), Sushi ab 4,50 USD in einem winzigen Lokal in den Torres de Almagro, Mo–Sa 8–20 Uhr. Av. Colón y Diego de Almagro.

• *Vegetarisch* **El Maple (71)**, variantenreich, tägl. 7–22 Uhr. Foch y Diego de Almagro, ✆ 2904688.

Sakti (91), bei Ausländern sehr beliebt: ecuadorianisch, indisch und international, *al-muerzos* ab 2,70 USD, tolle Säfte und Joghurt, *bueno, bonito y barato*, ganz im Sinne von Gauda Vaisnava, mein Veggie-Tipp! Mo–Fr 8–18 Uhr. Carrión 641 y Amazonas.

Cafeterías/Eiscafés außerhalb der Altstadt

• *Cafeterías* Die Kaffee-Revolution zog triumphierend in Quito ein und schlug die Gefriergetrockneten über Nacht in die Flucht!
Café Galletti, Ambiente und Aroma, Carrión entre J. L. Mera y Reina Victoria.

El Cafecito (38), Kleinigkeiten zum Essen, abends nur Kerzenlicht, Gäste können sich dann mit Farbkreide austoben, Cordero y Reina Victoria.

Este Café (86), Tischchen draußen direkt bei den Abgasen, große Tassen, durchschnittliche *almuerzos*, J. L. Mera y Wilson.

Kallari (80), indianisch gemanagt, exquisiter organischer Kakao, Frühstücke und Zwischenmahlzeiten, zwei Tische draußen, Mo–Fr 8–18 Uhr, Sa 9–18 Uhr, So 9–13 Uhr, Wilson y Juan L. Mera.

Café Chiquito (9), Kunst von Alejandro Vásquez und leckerer Kuchen von der deutschprachigen Erica Guidon. Mi–So ab 11 Uhr, Mo/Di geschl. Im Viertel Guápulo, Camino de Orellana N27-630.

Rund um die Plaza Foch

Eine Reihe neuer trendy Lokale, vor allem zur Sommerzeit (Juli/Aug.) auch zum Draußensitzen, spät abends unter starken Gas-Heizstrahlern, beleben die Plaza Foch (Plaza del Quinde) im Herzen der Mariscal: **El Atrio**, Fusion-Food und Straußenfleisch ab 12 USD (tägl. 11–1 Uhr); **Gruyere**, Käsefondue für zwei Pers. 15 USD; **Suzette**, Crêpes, Salate; **Focaccia Café Lounge**, italienisch, Cocktails (Mo–Sa 10–3 Uhr, So 10–2 Uhr); **Q-Lounge**, airport-like, Latino-Fusion, z. B. Schweinerippchen in Schokosoße o. Hummer in Kokossoße (So–Mi 12–1 Uhr, Do–Sa 12–3 Uhr); **Latitud**, *vinos y tapas* (Mo–Sa 12–2 Uhr, So 12–21 Uhr); **Coffee Tree**, sehr populär, das „günstigste" am Platz, Zwischenmahlzeiten, frisch gerösteter Kaffee, rund um die Uhr geöffnet, Mi/Sa ab 19 Uhr, So ab 15 Uhr Livemusik.

• Eiscafés **Corfú**, Top-Heladería an der Ostseite des Karolinenparkes, Portugal y Av. Los Shyris.

Basket & Robbins, ebenfalls super, aber weniger gemütlich, Orellana y Diego de Almagro.

Crepes & Wafles, Spitzenklasse und obendrein günstig! Terrasse zum Draußensitzen, Rábida y Orellana.

Mokado, helados a la plancha vom kalten Blech, 15 Kombis in den Größen „yo quiero", „me gusta" und „me encanta", Eloy Alfaro y Bélgica.

Aussichtslokale in der Altstadt

El Ventanal (2), herrlicher Blick vom traditionellen Barrio San Juan auf Quito Colonial und Panecillo, kreative Gourmet-Küche, z. B. Krebspastete mit Avocadostreifen, Lachssteak in Dillsauce mit Traubenlikör flambiert, Trüffeltörtchen mit Mandelkrokant, Hauptspeisen 12–20 USD, viele Weine. Di–Sa 12–15 und 18–22 Uhr, So 12–17 Uhr. Von der Basílica die Calle Carchi 7 Blocks hoch bis zur Nicaragua, nach dem Colegio Nacional 10 de Agosto links in den Fußgängerweg, ✆ 2572232.

Escondite de Cantuña (102), minimalistisch, verglaste Aussichtsterrasse mit Blick auf Quito Colonial vom östlichen Itchimbia-Hügel, nationale und internationale Gerichte, Hauptspeisen ab 12 USD. Mo–Sa 16.30–23 Uhr. Manuel Samaniego e Antepara, unterhalb des Centro Cultural Itchimbia („Palacio de Cristal"), Taxi von der Plaza Grande 2 USD, ✆ 2583005.

Mosaiko (103), eine der besten Aussichtsterrassen mit nur wenigen Tischen (reservieren!), schön über der Altstadt am östlichen Itchimbia-Hügel, fast neben Escondite de Cantuña, griechischer Einschlag, Hauptspeisen ab 10 USD, Cocktails ab 5 USD. Mo/Di ab 16 Uhr, Mi–So ab 11 Uhr. Manuel Samaniego N8-95 y Antepara, unterhalb des „Palacio de Cristal", ✆ 2542871.

Pim's (29), zu Füßen der Virgén de Quito am Panecillo-Hügel, Sicht auf die Altstadt, comida típica ecuatoriana e internacional zu vernünftigen Preisen, reichhaltige Hauptgerichte ab 10 USD, leicht Britisches Ambiente, Taxi ca. 2,50 USD von der Plaza Grande. Mo–Sa 12–24 Uhr. ✆ 3170878.

Nachtleben (siehe Karte Neustadt S. 198/199)

Der von der Stadtverwaltung als „Zona Rosa" ausgezeichnete Bezirk La Mariscal ist das größte Vergnügungsviertel Ecuadors. Ungezählte Restaurants, Bars, Diskotheken und Night Clubs verwandeln den Stadtteil an Wochenenden in eine belebte Partymeile.

Die Grenzen der Mariscal beschreiben ein längliches Viereck: im Norden die Av. Orellana (Hotel Marriott), im Süden die Av. Patria (nördliche Seite des Ejido-Parks), die Av. 6 de Diciembre im Osten und die 9 de Octubre im Westen. Die Mariscal wird von Süden nach Norden von der Av. Amazonas durchzogen.

Warnung: Wer abends alleine oder nur zu zweit durch die zwielichtigen Straßen spaziert, läuft Gefahr, überfallen zu werden. Nach dem Kneipenbesuch ist es ratsam, sich auf gut beleuchteten Straßen und Plätzen aufzuhalten bzw. fortzubewegen (z. B. Juan León Mera oder Plaza Foch), als kleine Gruppe aufzutreten oder ein Taxi zurück zum Hotel zu nehmen. Bei Berücksichtigung dieser Sicherheitsmaßnahmen sollte der nächtliche Ausgang eigentlich kein Problem darstellen.

• In und außerhalb der Mariscal **Bogarín (45)**, relaxtes Kneipenambiente, mitunter Livemusik, gesetzteres Publikum. Mo geschl., sonst ab 18 Uhr. Reina Victoria y Lizardo García.

Bungalow 6 (65), In-crowd-Tanzschuppen, „hang out and get wasted", Rock und Latin, am Mi ladies night mit Freigetränken bis 22 Uhr (keine „boys" zugelassen). Es geht das Gerücht um, dass Touristen im Gegensatz zu Einheimischen nicht lange anstehen müssen und gleich reingelassen werden (5 USD). Mo–Sa 16–2 Uhr, Ecke Calama N24-139 y Diego de Almagro.

Café Libro (90), Lesungen, Poesie. Happenings, Live-Jazz, Theater bis Mitternacht. Leonidas Plaza N23-56 entre Wilson y Veintimilla.

El Pobre Diablo (66), seit Jahrzehnten die attraktivste studentische Künstler- und Livemusik-Kneipe der Hauptstadt, preiswerte Mahlzeiten, Service mitunter schwach, wenn viel los ist, wird so manche Bestellung vergessen. Do und Sa besonders gut. Isabel La Católica E12-06 y Galavis im Viertel La Floresta, eine Querstraße von der Madrid.

Blick von der Calle Guanguiltagua

La Playa (81), für 5 USD soviel Bier wie man vertragen möchte, hier starten Backpacker in die Nacht. J. Pinto 219 y Diego de Almagro.

Locos por el Fútbol (82), Championsleague- und andere internationale Spiele auf Großbildschirm, Ecke Wilson y Reina Victoria.

Mayo 68 (37), authentischste Tanzbar der Mariscal, nur Salsa. Wer sich des Rhythmus mächtig fühlt, ab 23 Uhr wird es brechend voll. Chef ist Mao, der letzte lebende Verschwörer Ecuadors, Mo–Sa 21–3 Uhr, Lizardo García y Juan L. Mera.

Mad Attitude (55), die ultimative Absturzstelle, Fallschirm vorher checken! Unter keinen Umständen Drinks von Fremden anrühren! Ansonsten empfehlenswert. Juan L. Mera y Foch.

No Bar (46), populärer Tanzschuppen, in dem Gringos versuchen, einheimische Nachtschwärmerinnen zu kontaktieren. Unter keinen Umständen Drinks von Fremden anrühren, und den eigenen Drink gut im Auge behalten — jemand könnte was reinträufeln! Ausweispflicht! Calama y Juan León Mera.

Patatus (73), alteingesessene Kneipe mit wechselnden Happy Hours, Billard kostenlos, Mo–Fr 12–3, Sa 20–3 Uhr, Wilson E4-229 entre Juan L. Mera y Amazonas, www.barpatatus.com.

Seseribó (95), traditionsreicher Salsa-Schuppen im schönen Kellergewölbe eines hässlichen Hochhauses. Das waren Zeiten! Ein Muss für Nachtschwärmer, mit das Beste, was Quito zu bieten hat, Verzehrzwang! Do–Sa 21–2 Uhr. *Edificio* El Girón, Veintimilla 325 y Av. 12 de Octubre.

Sutra (47), Kellnerinnen mit Sindbadhosen, Caipirinha, studentisches Ambiente, Latin-Rock und Chill-out-Musik, Mo–Sa bis 4 Uhr morgens. Am Hotspot Ecke Calama y Juan León Mera, die enge Wendeltreppe hoch.

Tarot, nett, unauffällig und überschaubar, Café, Cocktails, *picadas*, Livemusik, Kartenleser, Mo–Sa ab 16 Uhr. Diego de Almagro 429 y Lizardo García.

Turtle's Head (18), mittelalterliche Braumethoden und indianische Geschmacks-Charakteristiken zeichnen das *cerveza artesanal* aus. Es gibt drei Varianten: schwarz, cremig und guinessartig („Llama Negra"), rot und stark („Cardinal") oder blass und blond wie die Sonne über England („Tortuga"). Außerdem „the best fish & chips in Ecuador!" Die Tresenmädels in pitbulliger Kampfhaltung und strammen, schwarzen Miniröckchen! La Niña 626 y Amazonas.

Varadero (21), kubanisches Bar-Restaurant mit karibischer Livemusik am Mi, Fr und Sa, ganz harten *mojitos* und Light-Verpflegung.

Fr/Sa geht meist die Post ab. Mo–Sa 12–2 Uhr. Reina Victoria 1751 y La Pinta.

● *In Guápulo* Ein paar winzige Kneipen-Restaurants unterscheiden sich vom abgestandenen Trubel der Mariscal. Drei Serpentinen unterhalb des Hotel Quito reihen sich in der *bajada* des Camino de Orellana eine Handvoll Bohême-Kneipen aneinander:

Mirador de Guápulo, Bar-Restaurant mit schöner Sicht auf das Künstler- und Farra-Viertel, direkt oben auf der „Klippe" über Guápulo unterhalb des Hotel Quito, ecuadorianische Spezialitäten ab 5 USD, am Wochenende Livemusik (Cover), von 16 Uhr bis Mitternacht.

Ananké, kleine Pizzeria-Bar mit Terrasse und Sicht auf das Tal von Tumbaco, tägl. ab 18 Uhr, Camino de Orellana 781.

La Largatera (11), Musiker- und Serenatenlokal. Besitzer Hugo Ferro ist der der Gründer von *Cacería de Lagartos*, eine der ersten Heavy-Bands Ecuadors. Spezialität ist Guayusa-Schnaps und *crepes de steak a la pimienta* mit *salsa calabrese* (4 USD), Di–Sa ab 18 Uhr, Camino de Orellana 795.

Café Guápulo (10), schrulliges Hip-Café der immer fröhlichen Brüder Fidel und Amaru, *burritos guapuleños, canelazos, cuba libre y buena música*. Mitunter Livekonzerte, „coole Sicht von der Terrasse. An den Wänden selbstgemalte Erinnerungen, jeder darf sich verewigen. Camino de Orellana unterhalb Ananké und Lagartera.

*R*eiseagenturen

Dumping-Angebote müssen zwangsläufig ein organisatorischer Reinfall sein: Plötzlich verbiegen sich vielleicht die Steigeisen auf 6.000 Höhenmetern, oder es gibt an Bord des Galapagos-Bootes mehr Passagiere als vorhandene Kajütenplätze – bei Kreuzfahrten wird sowieso jede Menge Schindluder getrieben. Bergführer sollten ein ein ASEGUIM-Zertifikat (*Asociación Ecuatoriana de Guías de Montaña*) haben. Viele Bergsteigerbüros sind gar nicht daran interessiert, ihre Kunden bis auf den Gipfel zu bringen. Oftmals geht es daher gleich von der Schutzhütte ziemlich zackig los, um vor allem Anfänger schnell zu ermüden und höhenkrank werden zu lassen. So kann der Guide dann lange vor dem Gipfel wieder kehrtmachen und die Schuld indirekt den Kunden und ihrer mangelnden Akklimatisation zuschreiben. Meist drängt auch die Zeit, denn die nächsten Gipfelstürmer warten ja bereits. Darüber hinaus dürfen Hotels, Sprachschulen und Privatpersonen keine Touren und Kreuzfahrten anbieten. Dies sollte autorisierten, steuer- und abgabepflichtigen Reisebüros vorbehalten bleiben, allein schon, um bösen Überraschungen vorzubeugen.

Biking Dutchman, Downhill-Mountainbikes mit Trek-, GT- und Gary-Fischer-Rädern. Jeeps bringen die Teilnehmer auf die Höhe, Englisch und Deutsch sprechende Guides, vegetarisches Picknick unterwegs. Am Co-

Hubert geht bei der Recherche ins Detail - Zuckerdose und Sombrero als Fliegenschutz

topaxi von 4.600 m, von der Quilotoa Lagune bis Latacunga, am Chimborazo von 4.800 m über die alte Straße nach Ambato oder in den subtropischen Nebelwald (*Ruta del Quinde*). Tagestour 45 USD, für Jedermann, die Pioniere in Ecuador! Sprechen Sie den freundlichen holländischen Besitzer auf das WM-Endspiel von 1974 an! Foch 714 y Juan L. Mera, ✆ 2568323, 2542806, biking@uio.satnet.net, www.bikingdutchman.com.

Compañia de Guias de Montaña, Bergbesteigungen auf alle Schneeriesen, gutes Equipment, sprachgewandte ASEGUIM-Guides, Gletscherschule, Trekking. *Camino del Inca* (4 Tage) o. 5 Tage Cotopaxi inkl. Akklimatisierung je ab 600 USD pro Pers. bei 2 Teilnehmern, Washington E7-42 y Av. 6 de Diciembre, ✆ 2901551, www.companiadeguias.com.

Dracaena, Dschungeltouren im Cuyabeno-Reservat. Sympathisches Cabaña-Camp unterm Palmstrohdach, mit DZ und BP.

Empfohlen wurde der Chefguide Pablo. 4 Übernachtungen 280 USD inkl. Mahlzeiten und Ausflüge. Biologie- und Anthropologie-programme sowie achttägiges „Wildlife" an der peruanischen Grenze (480 USD). J. Pinto 446 y Amazonas, ✆ 2546590, www.amazondracaena.com.

Ecuador Experience, nur Touren in die Natur, wissenschaftliche Schwerpunkte, speziell für Ornithologen, Herpetologen und Botaniker, Kunstmaler-Reisen (Aquarelle). Kondor-Beobachtung am Antisana. Besitzer ist der Franzose Xavier Amigo. Leonidas Plaza Lasso E16-160 y El Calvario in Guápulo, ✆ 3318733, xavier@ecuador-experience.com, www.ecuador-experience.com.

Ecuadorian Alpine Institute, alle Schneeriesen, Akklimatisation, Crash-Kletterschule, ASEGUIM-Guides, gutes Equipment, Ramírez Dávalos 136 y Av. Amazonas, oficina 102, ✆ 2565465, www.volcanoclimbing.com.

Enduro Adventure von Thomas Fischer, „Born to be Wild" auf Honda-Enduros. Feste Routen sowie nach Lust und Laune. 150 USD pro Tag inkl. Jacke, Helm, Stiefel, Benzin, Begleitperson, Hotel. ✆ 2374893, www.enduroecuador.com.

Green Horse Ranch von Astrid Müller, empfehlenswerte Reittouren im riesigen Pululahua-Krater, in den nördlichen Anden und durch die Bergnebelwälder (ab 60 USD pro Tag/Pers.), ✆ 086-125433 (mobil), ranch@accessinter.net, www.horseranch.de.

High Summits, vom Schweizer Expeditionsleiter Ismael Janisch, bürgt für Qualität und höchste Gipfelchancen, z. B. 6 Tage Akklimatisation mit Cotopaxi-Besteigung bei 2 Teilnehmern ab 800 USD. Joaquín Pinto E4 358 y Av. Amazonas, 1. St., ✆ 2905503, ✆ 099-727535 (mobil), www.climbing-ecuador.com.

Metropolitan Touring, Chiva-Eisenbahn und Rodeos del Chagra, traditionelle Reiterspiele, die an den Charro in Mexiko und den Gaucho in Argentinien anknüpfen. Av. República de El Salvador N36-84, ✆ 2464780, info@metropolitan-touring.com.

Mototour vom Schweizer Patrik Lombriser, abenteuerliche Enduro-Routen, je nach Dauer, Saison, Route, Fahrkönnen und Wünschen (z. B. On- und Offroad-Anteile) ab 85 USD pro Tag inkl. Begleitperson,

Equipment, Benzin und Abholung, ✆ 2898682, mototour@interactive.net.ec, mototour.ec@hotmail.com.

Paypahuasi, zuverlässiger Schweizer Berg- und Trekking-Spezialist, z. B. Cotopaxi pro Pers. 280 USD bei nur 2 Teilnehmern o. 10 Tage Akklimatisation inkl. Cayambe, Cotopaxi, Chimborazo 1.850 USD pro Pers. (2 Teilnehmer). Vía Interoceánica y Eugenio Espejo (in Tumbaco), ✆ 2374671, info@paypahuasi.com, www.paypahuasi.com.

Salsa Reisen, vom Autor **Volker Feser**, Spezialist für Galapagos-Kreuzfahrten, auch „Last Minute". Wer mit dem Ecuador-Reiseführer im Büro erscheint, bekommt einen Jacht-Descuentito! Maßgeschneiderte Privatreisen mit deutschsprachigen Reiseleitungen, Schwerpunkt Flora u. Fauna, Foto-Safaris im Allradfahrzeug, ab zwei Teilnehmern! Quito E5-29, Joaquín Pinto 356 y Juan León Mera, im 2. St., bitte klingeln (nicht zu verwechseln mit einer anderen Agentur im Erdgeschoss!), ✆ 2549358, 2500536, salsa@salsareisen.com, www.salsareisen.com. Eine Änderung der Adresse ist mit der geplanten Eröffnung des neuen Flughafens von Quito möglich (Herbst 2010), bitte im Internet checken!

Sierra Nevada, empfehlenswerte Trekkingtouren mit dem erfahrenen und sehr gut Deutsch sprechenden Guide und Besitzer Freddy Ramírez, z. B. Condorpaxi-Trail (5 Tage) oder Pichincha-Trail (2 Tage), Preise auf Anfrage, auch Akklimatisation, Bergsteigen und Rafting. Joaquín Pinto 4E-150 y Cordero, ✆ 2553658, info@sierranevada.ec, www.sierranevada.ec.

Yacu Amu Rafting, Wildwasserfahrten auf den Flüssen Toachi, Blanco, Alto Napo, Río Misahuallí (Klasse IV) oder Río Quijos (Klasse IV+, 2 Tage, 285 USD), Tagestrips ab 75 USD, auch Kajakschule. Foch 746 entre Amazonas y J. L. Mera, 2. St., ✆ 2904054, www.yacuamu.com, www.riosecuador.com.

Einkaufen

• *Kunsthandwerk* **Galería Latina**, das A und O für indianisches Kunsthandwerk aus Ecuador und Lateinamerika. Das Muse-

umsgeschäft besitzt eine fantastische Auswahl an Gold- und Silberschmuck aus Mexiko, Alpakapullovern aus Bolivien, peruanische *tapíces* (Wandteppiche) aus Naturfasern, feinen Panamastrohhüten u. v. m. Am Haus befindet sich ein kleiner Garten, eine Oase der Ruhe inmitten des Mariscal-Trubels. Mo–Sa 10–13.30 und 15–19.30 Uhr, So 11–18 Uhr. Juan León Mera 833 entre Wilson y Baquedano, ✆ 2540380, www.galerialatina-quito.com.

Folklore Olga Fisch von der verstorbenen Schirmherrin des ecuadorianischen Kunsthandwerks. Feine Webarbeiten aus den Anden, Schmuck aus Indien u. v. m. Av. Colón E10-53 entre Av. 6 de Diciembre y 12 de Octubre. Zweigstellen in Quito, Guayaquil und Santa Cruz, www.olgafisch.com.

Mercado Artesanal La Mariscal, Artesanía aus allen Landesteilen, billiger Schmuck und bunte Klamotten, Balsavögel, Bilder aus Tigua, Strohhüte und jede Menge Staubfänger auf flohmarktgleichem Markt entre Reina Victoria y J. L. Mera bzw. Jorge Washington y 18 de Septiembre. Tägl. 10–18 Uhr. Der Otavalo-Markt ist charmanter, aber bessere Schnäppchen findet man hier!

Carmal Hats, feine Panamahüte aus Montechristi und dem Cuenca-Raum, Av. Amazonas 1207 y Foch, ✆ 2523769.

Homero Ortega, großer Panamahut-Exporteur, Isabel La Católica N24-100 y Madrid, ✆ 2526715.

Hilana, Schafswoll- und Alpakadecken mit indianischen Motiven. Av. 6 de Diciembre y Veintimilla.

Ag, Silberschmuck aus Südamerika, J. L. Mera N22-24 y Carrión, ✆ 2550276.

Sinchi Sacha, hauptsächlich Artesanía der Indianerstämme des Regenwaldes, Direktverkauf ohne Zwischenhandel: Reina Victoria y La Niña (Museo Mindalae) und eine Zweigstelle bei der Cafetería Tianguéz am San-Francisco-Platz in der Altstadt.

Camari, Kooperation beim Santa-Clara-Markt, die neben organischen Lebensmitteln und Spezialitäten aller Art (erstklassiger Honig) auch solides Holzspielzeug und anderen genossenschaftlichen Schnickschnack vertreibt, Marchena 260 y Versailles.

Comisariato del Cuero, große Auswahl an preiswerten Lederartikeln, Calle Olmedo E3-12 y Guayaquil in Quito Colonial. Ebenso gibt es in der Mariscal entlang der Av. Amazonas ein paar Ledergeschäfte.

• *T-Shirts* Zu den originellsten T-Shirt-Läden zählen **Cholo Machine** (Juan L. Mera y Wilson), **Hyla** genau gegenüber, sowie **Stefan Brandt's** Factory Outlet in der J. L. Mera N24-82 entre Foch y Joaquín Pinto, hochwertigste Ware, bequemste Passform! Siehe dazu auch im Kapitel „Kunst u. Folklore" auf S. 67.

• *Centros Comerciales (Kommerzpaläste)* Einkaufszentren mit Boutiquen und Ladenpassagen befinden sich meist im einkommensstärkeren Norden der Stadt. Zu den aufregendsten gehören das **C. C. El Jardín/The Mall** in der Av. Amazonas y República, das **C. C. Quicentro** in der Av. Naciones Unidas y Av. 6 de Diciembre beim Atahualpa-Stadion und das aussichtsreiche **C. C. El Bosque** über der Av. Occidental (und El Cóndor). An Sonntagen sind diese Kommerzpaläste meist gut besucht.

• *Lebensmittel/Wein* Ein Angebot europäisch-amerikanischen Stils bietet die **Supermaxi-Kette**, die in der Av. 6 de Diciembre und in Einkaufszentren vertreten ist, z. B. im C. C. El Jardín und C. C. Iñaquito. In der Av. 6 de Diciembre beim Stadion gibt es den **Megamaxi** mit dem besten Weinregal Ecuadors! An dieser Stelle ist auch die intime **Vinoteca Apero** in der Wilson y 6 de Diciembre zu empfehlen.

• *Käse/Fleisch/Wurst/Bäckerei* **Pan Cyrano** hat die reichhaltigste Auswahl an Brot und Brötchen, Portugal y Av. de los Shyris; **Queseras de Bolívar** der Salinas-Käserei in der Provinz Bolivar hat eine Zweigstelle in der Marchena 266 y Versailles beim Santa-Clara-Markt; **Federer**, Delikatessen, feine Fleisch- und Wurstwaren, der beste Käse in den Anden, ich empfehle *gruyere pardo* o. *dorado* der *Queserias Yanayacu*, der einzige *queso artesanal* Ecuadors, der nach Helvetien schmeckt (Kilo 20 USD).

• *Kaffee* Bereits draußen riecht man den frisch gemahlenen **Café Aguila de Oro** in der Altstadt an der Ecke Benalcázar y Sucre in einem ganz urigen Lokal. Es gibt ihn in drei Röstungen in braunen Papiertüten abgepackt: *rubio*, *mediano* und *obscuro*. Das Pfund *superior* aus Zaruma, mit Originalmaschinen von anno dazumal geröstet, kostet 5 USD.

• *Erdnüsse* in verschiedenen Varianten, ganz lecker und frisch geröstet, gibt es im originellen **Manicentro** in der Altstadt an der Ecke García Moreno y Rocafuerte beim Arco de la Reina.

Sprach-/Tanzschulen

Quito ist das beliebteste Sprachschulzentrum Lateinamerikas. Dutzende von *academias, institutos* und *escuelas de español* erteilen Einzel- und Kleingruppenunterricht, Crash- und Langzeitkurse. Monatsrabatte sind bei Intensivkursen üblich. Die meisten Institute bieten Unterkünfte bei ecuadorianischen Gastfamilien an, mit Voll- o. Halbpension. Einige Schulen bieten staatlich anerkannte Diplome, andere sind eher verkappte Reisebüros ohne entsprechende Lizenz.

• *Sprachschulen* **Academia Latinoamericana de Español**, das renommierteste Institut in Quito, eher Kleingruppen mit bis zu vier Teilnehmern. Schönes republikanisches Lehrgebäude, Vermittlung von Gastfamilien. Einwöchige Intensivkurse mit 20 Std. Mo–Fr 290 USD in Kleingruppen, 380 USD *one-to-one*, 30 Std. 400 bzw. 500 USD, jeweils inkl. Wifi, Gastfamilie, Halbpension, Wäscheservice, Safe, Gepäckaufbewahrung, Airport-Transfer, Wanderkurse im Nebelwald. Sehr empfehlenswert! Noruega 156 y 6 de Diciembre, schräg gegenüber vom Tribunal Supremo Electoral, Vital Spa y Pinturas Pintuco, ✆ 2250946, info@latinschools.com, www.latinoschools.com.

Banana Spanish School, kompetent, hilfsbereit, verschiedene Niveaus, Gastfamilien, Wanderkurse im Dschungel, Wochenendausflüge, von deutschsprachigen Schülern empfohlen. Einzelstunden 6 USD, einwöchige Pakete mit 20 Std. ab 120 USD. Tamayo 935-A y Foch ✆ 2567014, info@bananaspanish.com, www.bananaspanish.com.

Instituto Cervantes, mit Sitz in Spanien, 70 Institute weltweit, Diplome, *DELE*-Examensvorbereitung, eine Unterrichtseinheit dauert 60 Min., Ferienprogramme, Gastfamilien, Volontarsstellen, sehr empfehlenswert! Av. Francisco de Orellana y 9 de Octubre, ✆ 2550377, www.quitospanish.com.

Guayasamin School, freundlicher Besitzer Luis, alle Gastfamilien in der Nähe (max. 15 Min. zu Fuß), Wanderkurse im Oriente am Río Napo und an der Küste in Puerto López, kurze Ausflüge am Wochenende. Einwöchige Pakete mit 20 Std. ab 120 USD. Aktivitäten. Calama E8-54 y Av. 6 de Diciembre, ✆ 2544210, info@guayasaminschool.com, www.guayasaminschool.com.

Instituto Superior de Español, freundliches Gebäude mit Garten, ab 99 USD pro Woche, 4 Std. pro Tag, auch Gastfamilien-Vermittlung, sehr schöne Otavalo-Zweigstelle auf einer organischen Hacienda! Darquea Terán 1650 y 10 de Agosto, ✆ 2223242, superior@ecnet.ec, www.instituto-superior.net.

Kolumbus Academia, ruhige Straße am Parque Metropolitano, Einzel- und Minigruppenunterricht mit 2–5 Schülern in vollen 60-Min.-Unterrichtseinheit, flexibel und individuell gestaltbar, z. B. intensiv nur zu Beginn. Einwochenkurs zu 20 Std. ab 209 USD inkl. Halbpension, nette Gastfamilie, Airport-Transfer. Zusätzlich Ausflüge und Aktivitäten. Deutsches Management. Guanguiltagua N34-596 y Martín Guerrero, ✆ 2445684, info@academia-kolumbus.com, www.academia-kolumbus.com.

Ruta del Sol, einheimische Privatlehrer, kulturelle Schwerpunkte, literarische Ausflüge, Museumsbesuche. Auch Unterricht am Strand und im Dschungel. Unterstützung eines Straßenkinder-Projektes am Río Negro. Einwöchige Kurse zu 20 Std. ab 120 USD. Am Rande der Mariscal in der 9 de Octubre N21-157 y Roca, *edificio* Santa Teresita, ✆ 2562045, info@rutasolacademy.com, www.rutasolacademy.com.

Universidad Católica, Abitur vorausgesetzt (beglaubigte Kopie), Gruppenunterricht bis max. 12 Teilnehmer mit echten Profis, sechswöchige *niveles* mit 3 Std. tägl., Grammatik, lateinamerikanische Literatur, Workshops, Mensa, Hochschulambiente, 600–700 USD pro *nivel*. Facultad de Lingüística y Literatura, Av. 12 de Octubre y Roca, ✆ 2565627, mejaramillo@puce.edu.ec.

Vida Verde, ökologisch-sozialer Touch, Vermittlung von Gastfamilien, Wander-Unterricht am Río Muchacho an der Küste und im Dschungel am Río Napo. Mindestens 10 % des Erlöses für soziale Projekte. Die Schüler stammen meist aus den USA, Deutschland und Japan. Pro Einzelstunde 7,50 USD, einwöchige Pakete mit 20 Std. ab 230 USD inkl. Aktivitäten und kulturelle Ausflüge, keine Einschreibegebühr. Leonidas Plaza y Wilson, ✆ 2563110, info@vidaverde.com, www.vidaverde.com.

• *Tanzschulen* **Humanizarte**, moderne lateinamerikanische und klassische Tänze (kein Salsa), Einzel- und Gruppenunterricht ab 3 USD die Std., Leonidas Plaza N24-300 y Lizardo García, ✆ 2226116, humaniza@uio.satnet.net, www.humanizarte.com.

Son Latino, Salsa, Merengue, Cumbia, Vallenato, 6 USD die Std., Salsa-Kurs *one-to-one* 10 Std. 55 USD, Reina Victoria N24-211 y Lizardo García neben dem Hotel Chalet Su-isse, ✆ 2234340.

Universal Salsa, gutes Tanzlehrer-Team. Erst nach dem Grundunterricht ist man fürs Mayo 68 gewappnet, auch Capoeira. Einzelstunde 6 USD, auch Gruppenunterricht. Amazonas 884 y Wilson.

Feste/Veranstaltungen

Gründungstag der Stadt ist der 6. Dezember (1534). Schon während der letzten Novemberwoche findet in einigen Stadtbereichen eine Vielzahl multikultureller Veranstaltungen statt. Die **Fiestas de Quito** beginnen mit der Wahl der Schönheitskönigin (Reina de Quito) und einer Parade über die Av. Los Shyris. Es folgen der **pregón** (Auftakt) auf der Plaza San Francisco, internationale Musik-Shows und andere Veranstaltungen. Einen krönenden Abschluss bilden die populären Straßentänze im Viertel La Mariscal (5. auf 6. Dez.).

Zu den Höhepunkten der Festlichkeiten zählen die täglichen **corridas de toros** (Stierkämpfe) in der Stierkampfarena (Plaza de Toros). Diese finden vom 28. Nov. bis 6. Dez. statt und sind das Kernstück der Fiestas. Karten gibt es direkt an den Schaltern der Stierkampfarena (Amazonas y Tomás de Berlanga). Die Sitzplätze weiter unten im Rund der Arena ermöglichen einen hautnahen Kontakt zum blutrünstigen Spektakel mit einheimischen und ausländischen Toreros.

Sehenswertes in Quito Colonial

Schon während des 16. Jh. entstanden in den umliegenden Hügeln von Quito zahlreiche Steinbrüche, die es den Konquistadoren erleichterten, innerhalb kurzer Zeit ihre eigene Projektion europäischen Kulturgutes zu verwirklichen.

Von der zentral gelegenen, rechtwinkligen **Plaza Mayor** (Plaza Grande oder Plaza de la Independencia) aus wurden parallel in alle Himmelsrichtungen die inzwischen teils wieder verkehrsberuhigten Straßen angelegt. Noch im Gründungsjahr, Ende 1534, gelangten bereits die ersten Ordensbrüder, Franziskanermönche, in die „Stadt des ewigen Frühlings". Ihnen folgten Dominikaner, Augustiner und Jesuiten. Es entstanden etliche katholische Klöster mit Dutzenden von Kirchen, Kapellen und andere Sakralbauten, die im Laufe der Jahrhunderte erweitert und umgebaut wurden. Die Anlage der Gotteshäuser entsprach dabei nicht unbedingt der im Mittelalter üblichen Ausrichtung, d. h. Jerusalem zugewandt, sondern den gegebenen topografischen Verhältnissen. So orientieren sich die Kirche **San Francisco** und **La Compañia** an der aufgehenden, die Kirche **Santo Domingo** an der untergehenden Sonne. Prunkvolle religiöse Architektur, unterbrochen von Plätzen, Treppen, Trinkwasserbrunnen, Arkaden und mahnenden Kreuzen, bestimmte weitestgehend das Stadtbild. Die ehemalige Hauptstadt des nördlichen Inkareiches verwandelte sich praktisch in ein strenges Klostergewölbe. Herzstück eines jeden Konvents war der von römischen Bogengängen und auffallend bauchigen Steinsäulen (typisch für den im 18. Jh. aufkommenden *Barroco Quiteño*) umschlossene *Patio* (Innenhof). So mancher dieser Patios verbirgt einen ausgeschmückten Garten mit zentralem Brunnen und strömt eine Ruhe aus, die den Verkehrslärm von außen vergessen lässt.

Hinter den größtenteils bis heute erhalten gebliebenen kolonialen Häuserzeilen mit ihren rotbraunen Dachziegeln, dekorierten Fassaden und Balustraden verbergen sich oftmals finstere Zimmer, die einst von spanischen Edelmännern und ihren Angehörigen bewohnt wurden.

Während des 19. Jh. mischten sich neoklassizistische Elemente unter die alte Bausubstanz, was die innere Struktur der Gebäude jedoch nicht weiter beeinflusste. Allerdings ließ das eine oder andere Erdbeben so manche Baulücke entstehen, die nicht immer adäquat geschlossen wurde. Ein flüchtiger Blick durch die ab und zu mit einem verblassten Familienwappen verzierten Eingangsportale reicht meist nicht aus, um eine genaue Vorstellung von der Dimension der dahinter liegenden, mitunter ineinander verschachtelten Patios zu bekommen. Die von klassizistischen Säulen und schweren Holzbalken getragenen Galeriengänge, die zu den Zimmern führen, befinden sich teils in renovierungsbedürftigem Zustand. Große Familien, Studenten, Rentner und Leute aus weniger privilegierten Schichten nehmen heutzutage den gleichen Wohnraum ein, der früher meist nur von einer einzigen Familie und ihren Angestellten beansprucht wurde. Zur Straße hin befinden sich neben vielerlei kleinen Einzelhandelsläden auch Restaurants und Imbissbuden, während in den Innenhöfen oftmals kleine Handwerksbetriebe untergebracht sind.

Andere koloniale Gebäude wurden in Museen, Hotels, Restaurants, Cafeterías, Kneipen oder kleine Einkaufspassagen umgewandelt oder Stiftungen, Bildungsinstituten, Banken und Verwaltungsämtern überlassen. Die Stadtverwaltung Quitos hat zahlreiche Restaurierungs- und Wiederaufbauarbeiten in Angriff genommen und überdies versucht, bisher völlig vernachlässigte Altstadt-Zonen attraktiv zu gestalten. Hilfreiche Unterstützung fanden die amtierenden Stadtvertreter des *Distrito Metropolitano de Quito* bei privaten Sponsoren und ausländischen Kulturinstitutionen (insbesondere aus Spanien).

Ein Rundgang durch Quito Colonial

Der Rundgang ist in der Karte *Quito Altstadt* eingezeichnet, siehe S. 205.

Der hier vorgeschlagene, ausgedehnte Rundgang durch die Altstadt Quitos muss nicht vollständig durchgezogen werden. Die Tour kann an vielen Stellen abgekürzt, unterbrochen oder auch in umgekehrter Richtung unternommen werden. Die hier beschriebene Route verläuft durch besonders pittoreske Straßen und Gassen (wenn auch nicht immer frei von Dieben und Prostituierten), beinhaltet die prachtvollsten Kirchen, Klosterhöfe und Plätze des ehemaligen „Reino de Quito".

Es geht zunächst mit dem Taxi oder Trole-Oberleitungsbus (Achtung, Taschendiebe!) von der Neustadt über die Avenida 10 de Agosto in Richtung Süden über die Calle Guayaquil bis hin zur *Plaza e Iglesia de Santo Domingo*, wo wir unseren Rundgang so früh wie möglich starten. Ein ganzer oder halber Tag sollte dafür veranschlagt werden. Sonntage eignen sich besonders gut für einen Altstadtbummel, dann herrscht sogar eine Art Fahrverbot im zentralen Bereich.

Außerdem sollte bei diesem Jahrhundert-Rundgang durch die Altstadtgassen unbedingt auf die persönlichen Wertsachen geachtet werden. In vielen Nischen, vor Kircheneingängen, bei Menschenansammlungen und auch im Trole-Bus lauern fixe Taschendiebe den Touristen auf.

Iglesia de Santo Domingo: Die Konstruktion wurde 1581 begonnen und gegen 1650 beendet. Der Klosterbau wurde um 1680 fertiggestellt. Aber lediglich die

Quito
Karten S. 198/199 und 205

dazugehörende barocke Rosenkranz-Kapelle *El Rosario* mit ihren beiden achteckigen Kuppeln (rechts vom Mittelschiff über dem Torbogen) und die Kirchendecke
sind im Originalzustand erhalten. Die barocken Wandtäfelungen wurden im Laufe
der Zeit durch neugotische Elemente ersetzt. Die Originalmalereien in den Kuppeln stammen von den Escuela-Quiteño-Künstlern Luis Cadena und Brigida Salas.
Die Kapellenjungfrau *Virgen del Rosario* über dem Rokoko-Altar wurde der Stadt
einst von König Karl V. geschenkt.

Der Bogen von Santo Domingo stellt ein Unikum im kolonialen Quito dar. Nach
Anordnung des damaligen Stadtrates war es zum einen verboten, eine Straße zu
schließen, und zum anderen war der beauftragte Architekt Francisco Becerra auch
ein großartiger Brückenbauer, sodass er mit der Bogenkonstruktion den Anforderungen des Stadtrates Genüge leistete und gleichzeitig seinem Faible für Brücken
nachgehen konnte.

Das **Museo Fray Pedro Bedón** des Dominikanerklosters besitzt neben Gemälden
von Samaniego, Goríbar, Miguel de Santiago, Pedro Bedón und Diego de Robles
eine der reichhaltigsten und ältesten Bibliotheken der Stadt. Der wunderschön be-
pflanzte Klosterhof hat im Erdgeschoss achteckige Steinsäulen und im oberen
Stockwerk Galerienbögen, die weitläufige Korridore freigeben.

Links vor der Kirche erhebt sich das Denkmal des „Befreiers" Mariscal Sucre, dessen Geste auf den einstigen Schlachthügel vom Pichincha verweist, dort wo sich
heute ein Militärmuseum befindet. Auf dem Platz vor der Kirchenfassade findet
häufig Straßen- und Pantomimentheater für die Vorbeiziehenden statt, wozu das
Bauwerk einen schönen Hintergrund bildet.

Öffnungszeiten Kirche Mo–So 5–12.30 und 16.30–19.30 Uhr. Museum Fray Pedro Bedón
(Calle Flores entre Rocafuerte y Bolívar) Mo–Sa 9–17 Uhr, So 9–13 Uhr, ✆ 2282695, Eintritt
2 USD inkl. Führung auf Englisch.

Calle La Ronda: Die nächste Station, die frühkoloniale Calle La Ronda (*La Calle de
los Milagros* oder *Calle Juan de Dios Morales*), gilt auch abends als sicher! Das
sevillanische Gässchen gehört zu den Höhepunkten einer Colonial-Tour!

Adobe-Stil in Quito

Der Name Adobe stammt aus dem Spanisch-Arabischen. Mit ihm wird eine
Bauweise bezeichnet, bei der luftgetrocknete, d. h. ungebrannte Lehmziegel
Verwendung finden, denen oftmals bei der Herstellung noch Stroh, Schilfrohr
oder Kuhfladen beigemischt wurden. Der Adobe-Stil findet sich auch heute
noch in den Städten und Dörfern des ecuadorianischen Andenhochlandes.

Diese älteste Gasse von Quito (16. Jh.) wurde zwischenzeitlich Renovierungsarbeiten unterworfen und erstrahlt heute in ihrem neuen „alten" Glanz. Geranienpötte
und Lampen schmücken beidseitig die gusseisernen Balkone, die auf die abgewetz-
ten Pflastersteine hinabschauen. Das Sträßchen erhielt seinen Namen „Runde"
durch längst verstummte Serenaden-Ständchen, die unter jenen Balkönchen einer
lächelnden Jungfrau dargebracht wurden. Der Tourist sollte sich die nostalgische
Ronda nicht entgehen lassen. Eine Fruchtsaft- oder Kaffeepause in der „Casa de los
Geranios" (Nr. 762) oder im „El Cafeto" (Nr. 989) bietet sich an, siehe auch „Essen & Trinken" S. 204.

La Ronda – die älteste Straße Ecuadors

Der Weg führt weiter von der Kirche Santo Domingo zunächst rechts weg in Richtung Süden, am Torbogen rechts vorbei und dann nur wenige hundert Meter die Pedro Vicente Maldonado hinunter. Auf der linken Straßenseite befindet sich die *Casa de la Virgen*. Kurz vor der Brücke führt rechter Hand eine gepflasterte Steige in die etwas versteckt gelegene Ronda unterhalb der Calle Maldonado. Rechts durch den steinernen Brückenbogen hindurch, führt die Ronda stetig ansteigend in Richtung Nordwesten (Pichincha-Vulkan), über die Calle Guayaquil hinweg (*Calle de las Churretas* oder *Calle del Comercio Bajo*), unter dem Torbogen der Venezuela hindurch (hier auch *Calle de Solanda*) bis hin zum breiten Gassenende in der García Moreno (*Calle de las Siete Cruces*). Hier geht es dann rechts durch die leicht ansteigende García Moreno bis zum *Museo Historico de la Ciudad*.

Museo de la Ciudad: Der Gebäudekomplex des ehemaligen *Hospital San Juan de Dios* (1565) beherbergt neben archäologischen, kolonialen und republikanischen Schmuckstücken auch Nachstellungen von häuslichen Szenen, traditionellen Festen und überlieferten Legenden. Auf über 6.000 m² Ausstellungsfläche, auf zwei Stockwerke und in großzügigen kolonialen Räumlichkeiten und Arkaden-Innenhöfen verteilt, kann sich der Besucher auf eine Reise durch die Geschichte Quitos begeben und der „Cosmovisión" der Hauptstadt nachspüren. Falls nur ein einziges Altstadtmuseum besucht werden soll, dann dieses, da sehr informativ! Deutsche Führungen gibt es auf Anfrage.

Öffnungszeiten Di–So 9.30–17.30 Uhr, Eintritt 4 USD mit Führung (auf Deutsch nur mit Reservierung), García Moreno S1-47 y Rocafuerte, ☎ 2283-882/-883, www.museociudadquito.gov.ec.

Kirche und Kloster Carmen Alto: Nach dem Museumsbesuch führt der Rundweg weiter durch den Torbogen **Arco de la Reina** bei der Karmeliterkirche (Calle García Moreno) und dem dazugehörigen Kloster von Carmen Alto. Dieser Durchgang bildete im 17. und 18. Jh. die südliche Stadtgrenze. Die Kirche hat nur ein Schiff und einen goldplattierten Hochaltar. Das Mitte des 17. Jh. fertiggestellte Kloster besitzt einen Garten im Innenhof und Kolonnaden mit viereckigen Säulen. Im oberen Verlauf folgen weitere Höfe, die wegen des ansteigenden Terrains versetzt angelegt wurden. Im Konvent der Karmeliterinnen lebte einst die Stadtheilige Mariana de Jesús, die sich der verwaisten Straßenkinder annahm.

An der Ecke García Moreno und Rocafuerte gibt es im **Manicentro** übrigens frisch geröstete Erdnüsse! Vom Arco de la Reina geht es die Rocafuerte (*Calle del Hospital*) zwei Blocks hoch und dann an der Cuenca (hier auch *Calle de Santa Clara*) rechts rein. An dieser Ecke befindet sich die aus dem 17. Jh. stammende **Iglesia Santa Clara** mit ihrem anmutigen Turm, den großen Steinportalen und den hohen weißen Adobe-Mauern zur einstigen „Straße des Steinbruchs" hin (Calle Rocafuerte). Dem Kirchenschiff ist ein Nonnenkloster angegliedert. Der gesamte Komplex bleibt dem Publikumsverkehr meist verschlossen.

Plaza und Monasterio de San Francisco: Der *Calle de Santa Clara* (Cuenca) einen Block weiter folgend, erreicht man den für koloniale Verhältnisse weltmännisch anmutenden „Franziskaner-Platz". Die morgens belebte Plaza de San Francisco kontrastiert mit der klassischen Linienführung der gleichnamigen *Iglesia* und dem angrenzenden *Monasterio*, die zusammen die gesamte Nordwestseite des weitläufigen, gepflasterten Platzes einnehmen. Das wenige Jahre nach der Conquista begonnene Monumentalwerk ist eines der ältesten und sicherlich das weitläufigste Gotteshaus des kolonialen „Reino de Quito". Es zählt mit den größten historischen architektonischen Anlagen aller iberospanischer Städte und wurde *„hacia el medio día"* (zum Mittag bzw. nach Osten hin) gewandt. Der Franziskanermönch *Jodoko Ricke* begann zwischen 1536 und 1550 mit dem Bau des dreiteiligen, insgesamt mit 104 dorischen Säulen versehenen Komplexes, der aus der Kirche, dem Kloster und der *Cantuña-Kapelle* besteht. Der flämische Glaubensbruder brachte auch die ersten Weizenkörner mit ins Land, die er auf der heutigen Plaza anpflanzte. Die Brüstung zum Platz hin ist Teil der aufgeschütteten und abgetragenen Fläche, die einen horizontalen Grundriss ermöglichte. Die Kirchenwände wurden aus dem Schutt des Inkapalastes von Huayna Cápac errichtet, der sich einst an gleicher Stelle befand. Eine fantasievolle konzentrische Steintreppe führt zum Hauptportal der Kirche, über deren dunkler Spätrenaissance-Fassade zwei weiße Turmspitzen herausragen, die von jeweils vier übereinander stehenden Kalksteinsäulen eingerahmt sind. Rechts davon befindet sich das Kloster, das 1605 beendet wurde und dessen Bau die erste religiöse Kunstschule für auserwählte indianische Maler und Bildhauer, das *Colegio de San Andrés*, beherbergte.

Aufgrund des einen oder anderen Erdbebenschadens wurden weite Teile des Komplexes im Laufe der Jahrhunderte rekonstruiert, als letztes die beiden Türme. Sie stammen aus dem Jahre 1893. Dadurch weist San Francisco heute eine ganze Palette von unterschiedlichen Elementen aus dem Barock und der Renaissance auf und verbindet diese mit Spätgotik und Klassizismus. Die maurischen und auch indianischen Einflüsse verlieren sich jedoch innerhalb der vorherrschenden katholischen Monstrosität.

Beim Betreten der Kirche fallen dem Betrachter zuerst die Blattgoldarbeiten ins Auge. Unterhalb der Chorempore und auch entlang der Seitenschiffe sind finstere, im italienischen Stil gehaltene Gemälde einiger Meisterschüler des Colegio San Andrés (u. a. von Manuel Samaniego) zu bewundern. Die tänzelnde *Virgen Inmaculada de Quito* von *Bernardo Legarda* auf dem Hauptaltar gilt weltweit als die einzig

bekannte „geflügelte" Jungfrau. Der vergoldete, bombastisch herausgeschnitzte Altar ist eine verschwenderische Stilmischung von andalusischem Barock und *estilo churrigueresco:* überladene ornamentale Verschnörkelungen (so benannt nach dem kastilischen Architekten Churriguera). Die zwölf Apostel in diesem Ehrfurcht einflößenden Altarraum stammen von dem Indígena *Manuel Chili Caspicara.* Der versilberte Altar im linken Querschiff (*Capilla del Santísimo*) ist dem heiligen Franziskus gewidmet, der mit dem Totenkopf in der Hand. Sein Antlitz wurde ebenfalls von Caspicara geschaffen. Der barocke Altar im rechten Flügel des Querschiffs (*Capilla de Villacis*) gehört dem heiligen Antonius von Padua, über dessen Haupt Caspicaras Himmelfahrtsjungfrau schwebt. Die großartig herausgeschnitzte Kanzel stammt aus dem 16. Jh. und wird von Pfeilern in Menschengestalt gestützt. Die Deckenmalereien in der Kuppel stellen die Sonne dar – den Gott der Inkas!
Öffnungszeiten **Franziskanerkirche,** 9–16 Uhr, Mo geschl. Während der Messen dürfen keine touristischen Rundgänge stattfinden, d. h. tägl. von 7 bis 8 Uhr morgens.

Das **Franziskanermuseum** und der schöne, palmenbestandene Haupthof des Klosters können über einen Eingang rechts neben dem Kirchenportal betreten werden. In der Mitte des von einem geradezu himmlischen Frieden beherrschten Hofes steht ein blütenförmiger Brunnen, aus dem eiskaltes Wasser vom Pichincha-Vulkan sprudelt. Entlang der doppelstöckigen, von dorischen Säulen getragenen Kolonnaden hängen große Ölgemälde und Steintafeln. Besonders erwähnenswert ist hierbei der gewaltige Stammbaum *Arból Genealógico de la Comunidad Franciscana* von einem anonymen Maler aus dem 18. Jh. In jeder Ecke des Haupthofes steht ein goldplattierter Altar. Es gibt außerdem noch einen kleinen reizvollen Seitenhof mit hohen Palmen und insgesamt sieben Konvente. Das im Hauptkloster untergebrachte **Museo Fray Pedro Gocial** enthält Kunstwerke, die von den bedeutendsten Meisterschülern der Escuela Quiteña erschaffen wurden. Der Franziskanerorden wird sehr anschaulich dargestellt, für Kirchen- und Kloster-Freaks super!
Öffnungszeiten Führungen Mo–Sa 9–18 Uhr, So 9–12 Uhr. Wegen praktisch permanenter Renovierungsarbeiten könnten sich die Öffnungszeiten ändern. Reservierung unter ✆ 2952911, www.museofranciscoquito.com, Eintritt 2 USD.

Links vom Kirchenportal befinden sich zwei Kapellen, die *Capilla de San Buena Ventura* oder *Capilla de la Vera Cruz de los Españoles* und an der äußersten Ecke zur Calle Bolívar hin die **Capilla de Cantuña** oder *Capilla de la Vera Cruz de los Naturales,* die reich dekorierte Kapelle der armen Indios (17. Jh.).
Öffnungszeiten **Kapellen,** tägl. 10–12 und 16–18 Uhr

Vom San-Francisco-Platz geht es weiter auf der Cuenca (hier auch *Calle del Cajón de Agua*) in Richtung Norden zur *Iglesia de la Merced.* Die Cuenca kreuzt das links einbiegende Sträßchen Mideros (*Calle de la Subída del Placer*).

Basílica La Merced: An der *Plazoleta de la Merced* (Ecke Cuenca und Chile) befindet sich die 1737 fertiggestellte Basílica La Merced. Ihr Turm ist 47 m hoch. Er dient als Hintergrund, um das steinerne Kreuz auf dem Vorplatz hervorzuheben. Die Fassade ist mit bärtigen Gesichtern von Konquistadoren dekoriert. Um den Eingang herum sind Abbildungen von Sonne und Mond zu sehen – undeutliche Spuren präkolumbischer Kulturen.
Im Innern der Kirche befindet sich eine trennende Steinwand, die eine beidseitig von Manuel Samaniego bemalte Tür aufweist (18. Jh.). Entlang der Seitenschiffe sind die realistischen Kreuzweg-Bilder von *Joaquín Pinto* zu sehen, dem herausragendsten ecuadorianischen Kunstmaler der vorletzten Jahrhundertwende. Die

La Escuela Quiteña

Katholische Missionare bildeten die begabtesten unter den Indios und Mestizos als Künstler aus in einem ausufernden religiösen Kunststil, in dem verklärte Erleuchtung und schwere Symbolik vorherrschen. Religion war dabei keineswegs ein Lernprozess, sondern eine Bürde. Die Hauptvertreter dieser sog. Escuela Quiteña sahen sich gezwungen, in barocken Höllenfeuern und Paradiesen eine neue Form der Selbstdarstellung zu entdeckten. Dank dieser einheimischen Meisterschüler, die mitunter kometengleich aus der Anonymität aufstiegen oder darin auch wieder verschwanden, konnte das koloniale Quito innerhalb kurzer Zeit zu einer verschwenderischen Symbiose aus christlichen Idealen, griechisch-römischen Stilelementen, barocken Schnörkeln und indianischer Kreativität und Arbeitskraft heranwachsen.

Die geistigen Urheber der grandiosen Sakralbauten und prunkvollen Oratorien waren Europäer, aber die Wunder vollbringenden Hände und empfindsamen Seelen der Eingeborenen nahmen diese Stilrichtung mit großer künstlerischer Begeisterung auf. In der bis zu 25.000 Einwohner zählenden Hauptstadt des „Reino de Quito" wurde gleichzeitig an etwa dreißig Gotteshäusern gebaut. Ein Gewimmel von *talleres* (Kunsthandwerkstätten) machte es sich zur Aufgabe, aus der ländlich primitiven Ansiedlung ein zweites Rom, einen neuen Nabel der Christenheit auferstehen zu lassen. Nicht zuletzt diesen indianischen Schülern verdankt das „ewige" Quito seine Kirchen, Klöster, Kuppeln, Kreuze, Kolonnaden, Galerien und Reliquienschreine, die den Lauf der Zeit bis heute überstanden haben.

tropisch angehauchten Gemälde von *Victor Mideros* wundersamer *Nuestra Señora de la Merced* (20. Jh.) hängen an den Säulen. Die aus Andesit-Gestein erschaffene Jungfrauenskulptur über dem Hauptaltar stammt aus dem 16. Jh.

Der zweistöckige, gänzlich im maurischen Stil gehaltene Klosterhof ist von viereckigen Wandelhallen umgeben. Er beherbergt in seinem Innenhof einen achteckigen Steinbrunnen, auf dem sich Neptun, einen Dreizack haltend, auf Delfine stützt. Der obere Teil der Kirche krönt im Süden die höchste Linie des durchgehend von Arkadenbögen umschlossenen Klosterhofes. Dies erzeugt einen interessanten rhythmischen Kontrast (Morgenland – Abendland).

Öffnungszeiten Mo–Sa 15–20 Uhr, Klosterhof Mo–Sa 7.30–12 und 15–18 Uhr.

Museo de Arte Colonial: Die Route folgt von der Kirche Merced aus der Cuenca (*Calle del Cajón de Agua*) nach Norden, wo sich an der nächsten Ecke (Calle Mejía,) das Gebäude mit eingelassenen Hunde-Rückenknochen, Perlmuscheln und Schildkrötenpanzern im gepflasterten Innenhof befindet. Es gilt als ein herausragendes Beispiel nobler spanischer Kolonialarchitektur. Das Museum mit seinen langen Korridoren präsentiert Gemälde, Skulpturen und Möbelstücke aus 300 Jahren religiös-fanatischem Eroberungsfeldzug. Hervorzuheben sind Werke der Escuela-Quiteña-Künstler *Manuel Chili Caspicara, Miguel de Santiago, Goríbar, Bernardo Legarda* und *José Olmos Pampite*.

Öffnungszeiten Zum Zeitpunkt der Recherche wegen Restaurationsarbeiten geschlossen, ✆ 2212297.

Casa de Benalcázar: Es geht in Richtung Norden die Calle Cuenca einen Block weiter vor bis zur Olmedo (*Cuesta del Beaterio* oder *Cuesta del Suspiro*) und diese einen

Block rechts runter. An dieser Ecke befindet sich das Haus des spanischen Stadt-
gründers von Quito. Das vom *Instituto Ecuatoriano de Cultura Hispánica* renovierte
Gebäude hat einen von elf Steinsäulen und ihren hölzernen Verlängerungen getragenen Patio. Das Gebäude stellt ein repräsentatives frühkoloniales Wohnhaus
dar. Heute besitzt der glasüberdachte Innenhof an einer Seite eine Schaubühne für
historische Theateraufführungen. Eingelegte Hundeknochen zieren die Korridore
im Erdgeschoss.

Schräg gegenüber vom Benalcázar-Haus auf dem Benalcázar-Platz bzw. auch **Plaza
de la Fundación** steht ein Denkmal des bärtigen, dickbäuchigen Eroberers, häufig
Opfer des Vandalismus: Sein Schwert wird ihm manchmal von Unbekannten aus
der Hand herausgebrochen.

Iglesia La Concepción: Von hier aus geht es die Benalcázar einen Block in Richtung
Süden, dann die Mejía links hinunter und an der García Moreno (Calle *de las Siete
Cruces)* rechts rein. Rechter Hand zieht sich die 1577 eingeweihte Iglesia La Con-
cepción bis zum Unabhängigkeitsplatz hin (Ecke García Moreno y Chile). Die Kir-
che der „Makellosen Empfängnis" war mal eines der schönsten Gotteshäuser der
Stadt, das 1878 durch eine Brandkatastrophe verwüstet wurde. Das Kloster wirkt
von außen recht streng, besitzt innen aber vier großartige Innenhöfe, die dem
Publikumsverkehr immer noch vorenthalten werden.

Plaza Grande/Plaza de la Independencia: Im Bereich der Plaza können gleich eine
ganze Reihe von Sehenswürdigkeiten bestaunt werden. Der Platz selbst wirkt sehr
gepflegt, wird teils von Palmen überschattet und ist mit schmiedeeisernen Lampen
dekoriert. In seiner Mitte befindet sich ein Heldenmonument in Erinnerung an die
gefallenen Märtyrer der ersten Unabhängigkeitserklärung vom 10. August 1809.
Die vielen Bänke laden zu einem genüsslichen Verweilen ein. Sie sind sehr begehrt
und daher oft besetzt. Es macht Spaß, den Vorbeiziehenden und Ausruhenden aller

Quito
Karten S. 198/199 und 205

Touristenkutsche an der Plaza Grande

Klassen und Rassen und jeden Alters zuzuschauen. Wobei die Plaza Grande insbesondere auch von vielen ehrwürdigen Pensionären in Streifenanzügen als Plaudertreff aufgesucht wird.

Die quadratische Plaza wird im Osten vom *Municipio* (Rathaus) begrenzt, im Norden vom *Palacio Arzobispal* (Bischofssitz), im Westen vom *Palacio de Gobierno* (Regierungspalast) und gegen Süden hin von der *Catédral*, einer der ältesten Kirchen von Quito. Oben auf dem nahen *Panecillo-Hügel* wacht die Skulptur der Schutzherrin der Stadt (*La Virgen*) über die Geschicke ihrer Bewohner und bietet jedem Fotofreund von der nordöstlichen Ecke des Platzes aus ein reizvolles Hintergrundmotiv (Chile y Venezuela).

Palacio Arzobispal (Bischofssitz): Der Palacio besitzt gleich mehrere Innenhöfe mit bis zu 2 m dicken Adobe-Wänden, die jeweils mit einem zentralen Brunnen oder einem Kreuz geschmückt sind. Der Bau wurde ursprünglich im spanischen Stil errichtet und im 19. Jh. durch klassizistische Elemente ergänzt. In seinen Räumlichkeiten befinden sich die Büros der Kurie, des Weiteren Geschäfte, Internetcafés und zwei gute Restaurants.

Der **Palacio de Gobierno** oder **Palacio Presidencial Carondelet** (Präsidenten- bzw. Regierungspalast) wird zur Plaza hin von einer lang gezogenen Säulenkolonnade eingerahmt, die vormittags ein Spiel von Licht und Schatten auf dem Steinboden aus Quadern erzeugt. Zwei altertümlich bewaffnete Wachsoldaten in schicken Originaluniformen aus dem 19. Jh., mit königsblauen Schwalbenschwänzen, hochglanzpolierten Stiefeln mit Silbersporen und weißen Samthandschuhen, stehen vor dem Haupteingang in der Galerie. Sie lassen sich auf freundliche Anfrage hin auch gerne fotografieren. Montags um 11 Uhr ist Wachablösung, dann marschieren die *Granaderos* wie lebensgroße Spielzeugsoldaten daher! Die schmiedeeisernen Geländer der Galerie stammen von den Revolutions-Überbleibseln der Pariser Tuilerien. Das Bauwerk, das nach seinem Erbauer auch *Palacio de Carondelet* benannt wird, wurde 1960 zum letzten Mal restauriert. In seiner Eingangshalle befindet sich ein *mural* (Wandbild) über die glorreiche Entdeckung des Río Amazonas. Kostenlose Führungen durch den Präsidentenpalast finden Di–So 9– 16 Uhr statt (Ausweispflicht). Zu sehen sind der *Salón de Banquetes* mit Kristalllüstern und Barockkapelle, der *Salón Amarillo* mit Gemäldeporträts von allen Präsidenten und die in den Galeriegängen ausgestellten Geschenke

Wachsoldat vor dem Präsidentenpalast

von Staatsoberhäuptern aus aller Welt. Jeder Besucher (!) muss vor dem Rundgang die ecuadorianische Flagge küssen oder vor ihr in die Knie gehen. Sonst erhält man keinen Zutritt!

Museo Alberto Mena Caamaño (Centro Cultural Metropolitano): Der Eingang zum Museum befindet sich an der Ecke García Moreno und Calle Espejo, gegenüber dem linken Seitenflügel des Regierungspalastes. In diesem Gebäude war einst das Kartell der königlichen Brigade von Lima untergebracht. In seinen Verliesen wurden am 2. August 1810 die Unabhängigkeitsausrufer vom 10. August 1809, allesamt noble Kreolen, auf Anweisung der kolonialen Machthaber ermordet. Eine in Wachs nachgebildete Szenerie erinnert auf schaurige Weise an die damaligen Ereignisse. Diese und andere werden mit Schall und Licht im wahrsten Sinne des Wortes in Szene gesetzt. Sehenswert! In den oberen Räumen finden auch Ausstellungen zeitgenössischer Künstler statt. Zudem befindet sich hier das Stadtarchiv mit der Gründungsurkunde Quitos.
Öffnungszeiten Di–So 9–16.30 Uhr, ✆ 2584363, www.centrocultural-quito.com. Eintritt 1,50 USD.

La Catedral ist im Vergleich zu anderen Kolonialkirchen Quitos eher spartanisch eingerichtet, was jedoch ihrer Attraktivität keinen Abbruch tut. Der Körper des schönen rechteckigen Gotteshauses besitzt drei Schiffe. Die beiden Seitenschiffe verbinden sich und umgeben den Chor und den vorderen Altar. Bevor mit dem Bau der Kathedrale 1566 begonnen wurde, soll vorher an gleicher Stelle eine Kirche aus ungebrannten Lehmziegeln (*adobe*) mit einem hölzernen Dachstuhl und einem Strohdach gestanden haben.

Der Gesamtkomplex (einschl. des Sakramentshäuschens) ist das Ergebnis von ganz unterschiedlichen Schaffensperioden. Die schöne, im Mudéjar-Stil gehaltene Decke des gotischen Mittelschiffs besteht aus feinen Zedernhölzern. Die Stützbögen sind mit Fresken aus dem 18. Jh. verziert. Über den Kirchstühlen des Hauptaltars hängt ein großes Gemälde der *Coronación de la Virgen* von Manuel Samaniego. Der neoklassizistische Eingang zur Plaza hin wurde erst Anfang des 19. Jh. konstruiert. Über ihn wurde ein Bogen mit einer zierlichen, halbkugelförmigen Kuppel gestülpt. Breite, fächerförmige Stufen führen vom Kordon hinunter. Das eigentliche Hauptportal führt jedoch auf die Calle García Moreno hinaus, die nach dem 1875 ermordeten Präsidenten benannt wurde. Seine sterblichen Überreste ruhen in den Katakomben der Kirche. Die Gruft kann jedes Jahr am Totensonntag besichtigt werden. In einem Seitenschiff befinden sich auch vier Kapellen mit den Totenschreinen des Mariscal Antonio José de Sucre (aus dem Fels des Pichincha-Vulkans gehauen) und drei renommierter ecuadorianischer Kunstmaler des 19. bzw. 20. Jh. – *Joaquín Pinto, Rafael Salas* und *Juan Manosalvas*.
Öffnungszeiten Mo–Sa 9.30–16 Uhr, So mitunter geschl., Eintritt 1,50 USD.

Iglesia El Sagrario: In der Calle García Moreno verschmilzt die Iglesia El Sagrario zusammen mit der Kathedrale zu einer einzigen Gebäudeeinheit. Diese Kirche stellte einst die Hauptkapelle des gesamten religiösen Ensembles dar. Mit der Konstruktion wurde Mitte des 17. Jh. begonnen. Dabei wurde zum ersten Mal in der kolonialen Baugeschichte der Stadt ein Erdbebengraben zugeschüttet, der direkt neben der Kathedrale verlief. Hier trafen sich vor 200 Jahren die ersten Unabhängigkeitskämpfer. Die mit Erzengeln dekorierte Kuppel stammt von Francisco Albán (18. Jh.). Die hohen Deckenfenster lassen zur Mittagszeit weiche Sonnenstrahlen auf den Hauptaltar herabfallen. Das innere, mit Gold überzogene Eingangsportal (*la mampara*) wurde von *Bernardo Legarda* 1747 fertiggestellt und nahm allein sieben Jahre Arbeit in Anspruch. Es gilt als eines der Meisterwerke quitenischer Barockkunst. Auf jeder Seite des prachtvollen Himmelstores geben wuchtige Stützen mit menschlichen Gestalten auf graziöse Weise einem geblümten Aufsatz Halt.

Öffnungszeiten Mo–Sa 7.30–18.30 Uhr, So 7.30–13 und 17–18.30 Uhr, Eintritt frei.

Paseos Culturales: Preiswerte Altstadtrundgänge im *Centro Histórico* werden auch von uniformierten, Englisch sprechenden Polizisten der **Policía Metropolitana de Quito** durchgeführt. Es gibt verschiedene Rundgänge (*paseos*) von 2:30 Stunden Dauer (*vida cotidiana, arte colonial* oder *leyendas y tradiciones*). Kostenpunkt 8–12 USD pro Tourist (Kinder und Rentner 5 USD). Die Eintrittsgelder für Museen sind inbegriffen. Die Rundgänge finden Di–So voraussichtlich jeweils um 10, 11 und 14 Uhr statt, spezielle *rutas nocturnas*, also nächtliche Rundgänge, um 18.30 Uhr (8–15 USD). Für die Tages-Paseos braucht es keine Mindestanzahl, ab 1 Pers. kann es schon losgehen; für die abendlichen Paseos sollten es jedoch mindestens acht Teilnehmer sein. Eine Voranmeldung ist meist ratsam. Treffpunkt ist das i-Tur-Büro „El Quinde" an der Ecke Espejo y Venezuela, ✆ 2570786.

Iglesia La Compañia de Jesús: Keine 100 m entfernt liegt die aus Vulkansteinblöcken geschaffene Iglesia La Compañia de Jesús. Mit ihrem kreuzförmigen Grundriss, den beiden Kuppeln über Querschiff und Altarraum, dem tunnelartigen Adobe-Dach, den salomonischen Säulen und ornamentalen Blattgoldaltären gehört die kompakt wirkende Kirche nicht nur für Katholiken mit zu den schönsten kolonialen Gotteshäusern im hispano-amerikanischen Raum. Sie erhebt sich an der Ecke García Moreno und Sucre, nur wenige Schritte vom Unabhängigkeitsplatz. Wer bei der San-Francisco-Kirche bereits nicht mehr aus dem Staunen herauskam, wird der überwältigenden Pracht der Compañia dann vollends erliegen. Ein absolutes Muss – auch für hartnäckigste Atheisten. Wenn nur eine Kirche besucht werden soll, dann diese!

Mit dem Bau der Jesuitenkirche wurde im Jahre 1605 begonnen. Urheber dieses Sakralwerkes war Pater *Baltazar Piñas*, der im Juli 1586 an dieser Stelle einen Jesuitenorden ins Leben gerufen hatte. Die Bauleitung unterlag zunächst *Francisco Ayerdy* und ab 1636 Bruder *Marcos Guerra*. Der letzte Stein wurde jedoch erst 162 Jahre später gesetzt, genau zu dem Zeitpunkt, als die Jesuiten in Scharen das Land verlassen mussten. Per Dekret wurden die größten Schätze von La Compañia dann als Rückzahlung von Kriegsschulden nach Spanien verfrachtet. Experten behaupten, dass sich die Erbauer von der *Iglesia de Jesú* in Rom inspirieren ließen, die für viele Jesuiten damals als Modellvorlage für sakrale Baukunst angesehen wurde.

Die reich verzierte, maurisch-barocke Frontfassade mit der „Unbefleckten Jungfrau" in einer Nische über dem von jeweils drei girlandenartigen Säulen eingerahmten Portal wurde 1722 von dem Bamberger Pater *Leonard Deubler* begonnen und 1765 von Bruder *Gandolfi* fertiggestellt. Diesen beiden Künstlern und den indianischen Handwerkern haben wir die wunderbare Fassade zu verdanken, in der die amerikanische Barockkunst des 18. Jh. ihren höchsten Ausdruck findet. Das zentrale, den Haupteingang begrenzende Element bilden die salomonischen Säulen. Sie scheinen der ästhetischen Stärke der verschnörkelten Bildhauereien nicht standhalten zu können. Die Kelche und Kronen wechseln mit Statuen von Aposteln und Heiligen aus dem harten Antisana-Gestein. Ebenso zu sehen sind ein symbolisches Lamm, ein Hahn sowie eingemeißelte Sterne, Früchte und Blätter.

Wohin das Auge auch blickt, überladen filigrane Blattgoldarbeiten bedecken fast das gesamte im Mudéjar-Stil gehaltene Kircheninnere. Es sollen damals bis zu zwei Tonnen Gold verarbeitet worden sein.

Kunstwerke aus der höchsten Blütezeit der Escuela Quiteña können in der von zwei Kuppeln gekrönten Kirche bewundert werden. Die Beichtstühle sind aus fein geschnitztem Tropenholz. Die prachtvolle Kanzel ist ein Werk des Indio *Juan Bautista Menacho*. An den wuchtig quadratischen, fast morgenländisch anmutenden Säulen des Mittelschiffs, hängen die prophetischen Gemälde des Meisters *Nicolás Goríbar*. In der zweiten Kapelle rechter Hand befindet sich die Skulptur *La Passión de Cristo* von *Manuel Chili Caspicara*. Im Zentrum des Hauptaltars ist die Statue der „Lilie von Quito", Mariana de Jesús, zu sehen. Die sterblichen Überreste dieser Stadtheiligen liegen zu Füßen des Altars. Ihre Gitarre und ihr Nähkästchen befinden sich im linken Seitenschiff. Die „Lilie" soll die Stadt 1645 von einer Masern- und Diphtherieepidemie befreit haben, der 15.000 Menschen zum Opfer fielen – fast die gesamte damalige Bevölkerung. Bei Marianas rettendem Freitod wurde ihr Blut in ihrem Garten verschüttet. Es wird behauptet, dass dort, wo das Blut die Erde berührte, eine Lilie wuchs.

La Compañia de Jesús

Öffnungszeiten Di–Fr 9–17 Uhr, Sa/So 10–16 Uhr, Eintritt 2 USD.

Museo Casa de Sucre: Der Sucre (*Calle del Algodón*) hinunter folgend, ist nach einem Block an der Ecke Venezuela die *Casa de Sucre* erreicht. Sie war zwischen 1828 und 1830 Wohnhaus des Marschalls *Antonio José de Sucre*, der am 24. Mai 1822 die königlich-spanische Armee an den Hängen des Pichincha-Vulkans in die Flucht schlug (vgl. Geschichte). Das Gebäude, auch „blaues Haus" genannt, enthält eine bescheidene Sammlung von Möbeln, Uniformen, Waffen, Reitsätteln, Dokumenten, eine Ahnengalerie sowie eine am 27. Februar 1829 in der Schlacht von Tarqui eroberte peruanische Flagge. Die Pflastersteine im Museumseingang sind mit Hunde-, Lama- und Schildkrötenknochen verziert. Den quadratischen Innenhof schmückt ein Münzbrunnen.

Öffnungszeiten Di–Fr 8.30–16.30 Uhr, Sa/So 10–16 Uhr, ☎ 2952860, www.fuerzasarmadasecuador.org. Eintritt 1 USD. Im Parterre befindet sich ein kartografisches Geschäft.

Kirche und Kloster Santa Catalina de Siena: Noch nicht müde? Dann geht es die Sucre zwei Blocks weiter bergab in Richtung Osten und die Flores (*Calle de la Centaveria*) drei Querstraßen links runter bis zur Ecke Espejo. Auf diesem Abschnitt liegen rechter Hand die orangefarbene Kirche und das Kloster von Santa Catalina de Siena, die zu Beginn des 17. Jh. eingeweiht wurden. An gleicher Stelle stand einst das Jungfrauenhaus der Inkas (*templo de las vírgenes del sol*). Der zentrale Klosterhof mit seinem verwilderten Kräutergarten, dem schlichten Steinkreuz und dem altertümlichen Wasserbecken ist in Quito einzig in seiner Art. Er besitzt weder Korridore, Bögen noch viereckige Säulen. Beim Besuch des **Museo Monacal** kann man einen Blick darauf werfen. Unter den 100 religiösen Kunstobjekten aus dem 17. und 18. Jh. sind die *Virgen de la Escalera* des *„Indios Caspicara"* und ein sitzender *Cristo Celoso*, der nicht von Männerhänden berührt werden darf, sonst bestünde höchste Erdbebengefahr! Die strengen Dominikanerschwestern verkaufen Naturprodukte in ihrer Hausapotheke.

Öffnungszeiten **Museo Monacal**, Mo–Sa 8.30–12.30 und 14.30–17.30 Uhr, Eintritt 1,50 USD, ✆ 2287213.

Iglesia de San Agustín: Der Bau der an maurischer und gotischer Architektur orientierten Kirche (Ecke Chile und Guayaquil) mit seinem Konvent wurde vom Kolonialarchitekten *Francisco Becerra* um das Jahr 1580 begonnen, gegen 1627 beendet und 1868 wieder aufgenommen, nachdem ein Erdbeben die Konstruktion stark erschüttert hatte. Die dicken Mauern haben im unteren Teil eine Stärke von 2 m. Der breite Turm weist manieristische, neoklassizistische und arabeske Züge auf, während die Giebelseite und die blattvergoldeten Altaraufbauten der Seitenschiffe aus der höchsten Blütezeit des Barock zu stammen scheinen. Wobei Gold in der San Agustín-Kirche eine viel geringere Rolle spielt als in anderen Sakralbauten des religiös berauschten Reino de Quito.

Das Kircheninnere ist mit heiteren pastellfarbenen Blau-, Grün- und Gelbtönen an der Decke und den ionischen Säulen übertüncht. Große Gemälde des „Schattenmeisters" *Miguel de Santiago* schmücken die Bögen des Mittelschiffes. Besonders hervorzuheben sind die monumentalen Werke *La Regla*, das die streng zu befolgenden Regeln des Augustinerordens wiedergibt, und die „Erscheinung des heiligen Augustinus". Beide Gemälde wurden durch Stiche des flämischen Künstlers *Schelte Bolswert* inspiriert. Andere Arbeiten des düsteren Escuela-Quiteña-Schülers schildern in den Seitenschiffen das Leben des *Santo Agustín*.

Öffnungszeiten **Kirche** Mo–Sa 8–12 Uhr und 15–18 Uhr.

Der Klosterinnenhof (viel intimer als bei San Francisco) mit seinen teils dreistöckigen Wandelhallen, den schlanken Säulen und dem herrlichen Deckenschmuck wird von drei außerordentlichen Tagua-Palmen überschattet. Er gilt als einer der schönsten Patios des christlichen Amerika. Seine Mitte ziert ein viereckiger Brunnen. Die Transparenz der unteren Wandelhallen steht im Kontrast zu den höheren Kolonnadengängen mit ihrer massiven Brüstung, worüber sich breite und kurze Steinsäulen erheben, zwei für jede Säule des unteren Stockwerks. In dem rechtwinkligen, an der Ostseite des Innenhofes gelegenen Kapitelsaal wurde am 10. August 1809 die erste Unabhängigkeitsurkunde unterzeichnet. Sein im *Hojarasca*-Stil gehaltenes Mobiliar (wie „gefallenes Laub") stammt aus dem 18. Jh. Der gekreuzigte Christus des Kapitelsaales wurde von *José de Olmos Pampite* herausgemeißelt, einem indianischen Escuela-Quiteña-Künstler des 17. Jh. Hinter der prachtvollen Altarwand versteckt befindet sich der Friedhof der Augustinermönche und in den *Katakomben* unter der Kapelle ruhen die Reste der Unabhängigkeitsmärtyrer. Die Gruft kann zu bestimmten Anlässen besichtigt werden. Das schon aufgrund seiner Räumlichkeiten sehr interessante **Museo Miguel de Santiago** im oberen Teil des

Klosters ist in erster Linie dem gleichnamigen religiösen Maler gewidmet und enthält u. a. Bilder aus dem Leben des heiligen Augustin.

Öffnungszeiten **Klostermuseum**, Mo–Fr 9–12.30 und 14.30–17 Uhr, Sa 9–13 Uhr. Eintritt 1 USD.

Kirche und Kloster El Carmen Bajo: Von San Agustín geht es die Calle Guayaquil einen Block weiter in Richtung Norden und an der nächsten Ecke die Mejía links hoch, an der Venezuela dann wieder rechts bis zur Olmedo (*Cuesta del Suspiro* oder *Cuesta del Beaterio*). An dieser Ecke erheben sich fast wie eine Trutzburg über einem Kordon zur schmalen absackenden Straße hin die Kirche und das Kloster von El Carmen Bajo, die um das Jahr 1723 begonnen wurden. Das anfangs von einem Gewölbe bedeckte Kirchenschiff wurde bei dem Erdbeben von 1868 zerstört. Erst danach wurde das flache Dach errichtet. Von dem früheren Dach existierte nur noch die Kuppel, die den Voraltar krönt.

Das Kloster bildet ein schönes Zusammenspiel von ganz unterschiedlichen Proportionen, wie man es von außen niemals vermuten würde. Es besteht aus zwei Wandelhallen, einer Terrasse über dem Haupteingang, einer hübschen gewölbeartigen Treppe, dicken Säulen und winzigen Bögen sowie einem rechtwinkligen Innenhof mit Obstgarten. Besonders auffallend ist eine Galerie im Erdgeschoss, die von einem geradezu „herrschaftlichen" Minimalismus ist.

Iglesia de Santa Barbara: Einen Block weiter der Venezuela folgend (hier *Calle de los Plateros*), geht es links in die Manabí (*Calle del Teatro*) hoch. Oben an der Kreuzung mit der García Moreno (*Calle de las Siete Cruces)* führt die hübsche, weiß-blau getünchte Iglesia de Santa Barbara ein sehr stiefmütterliches Dasein. Eine der ersten Jesuitenkirchen in Ecuador, blieben vom Originalbau aus dem Jahre 1550 wegen Erdbeben nur noch die Grundmauern erhalten.

Öffnungszeiten Mo–Fr 7–9 Uhr, Sa 16–18 Uhr, So 7–10 Uhr. Eintritt frei.

Von Santa Barbara aus geht es vier teils steile Blocks die García Moreno hoch und dann die stark abfallende Calle Carchi hinunter. Einen Block vor der Carchi, auf dem linken Eckvorsprung über der Calle García Moreno mit der Calle Galápagos, thront über wuchtig hohen Adobe-Mauern das Kolonialgebäude *Casa de la Peña*, das einen großen Garten verbirgt.

Básilica del Voto Nacional: Die in neugotischem Stil gehaltene, 140 m lange und 35 m breite Basilika (Calle Carchi) ist mit einer Mischung aus dem Kölner Dom und der Notre Dame in Paris zu vergleichen. Das riesige Gotteshaus aus Kalksandstein stellt jedoch eine Fortführung alter Kirchenbautradition dar – ein modernes Beispiel religiöser quitenischer Architektur. Nach über hundert Jahren Bauzeit wurden die Arbeiten inzwischen (fast) beendet. Der Grundstein wurde vom französischen Architekten *Emilio Tayller* 1892 gelegt. Es gibt für jede ecuadorianische Provinz einen eigenen Altar. Die 15 Bronzestatuen im Zentralschiff stellen die zwölf Apostel plus Pablo und die beiden Evangelisten Marcos und Lucas dar. Statt Heiligenbildern gibt es Darstellungen von geistlichen lateinamerikanischen Persönlichkeiten. Im „Untergeschoss" befindet sich eine Ruhmeshalle für Staatschefs. Der linke der beiden 115 m hohen Türme kann über eine Treppe bestiegen werden, oben befindet sich eine skurrile Cafetería.

Öffnungszeiten **Basilikaturm**, tägl. 9–17 Uhr. Eintritt 2 USD.

Zum Theaterplatz geht es zunächst die Venezuela drei Querstraßen hinunter (Hausnr. 1357 auf der rechten Seite hat einen „Knochen-Eingang") und an der Esmeraldas (*Calle de la Soledad*) links rein. In dem kolonialen Gebäude an der Ecke ist das **Museo Camilo Egas** untergebracht (Venezuela 1302 y Esmeraldas), ein typisches Wohnhaus der damaligen *nobleza*, in dessen Salons Bilder aller Schaffensperioden des ecuadorianischen Malers Camilo Egas ausgestellt werden: indianisch, expressionistisch, surrealistisch, kubistisch und abstrakt.

Von hier führt die Esmeraldas auf die Guayaquil hinunter. Bis zum Theaterplatz sind es nur noch wenige Schritte nach rechts in südliche Richtung. Vorsicht vor dem lautlosen Oberleitungsbus aus nördlicher Richtung, d. h. von links kommend.

Theaterplatz: Die *Plaza del Teatro* war zwischen 1540 und 1790 ein Schlachthof und Marktplatz. Solche „Handelsplätze" wurden selbst im Kolonialstaat noch mit der indianischen Übersetzung *tianguez* bezeichnet. Im Verlauf des 19. Jh. wurden auf dem rechteckigen Platz *corridas de toro* (Stierkämpfe) ausgetragen. 1887 wurde dann das neoklassizistische **Teatro Sucre** eingeweiht. Die Sphinx über den ionischen Säulen stellt die Ehefrau eines Ex-Diktators dar. An der Ecke Flores und Manabí kann ein Taxi herangewinkt oder in den Trolebus gestiegen werden.

Weitere Sehenswürdigkeiten im Altstadtbereich

Der **Parque Alameda** ist die älteste Parkanlage von Quito. Er bildet seit jeher eine kleine grüne Grenze zwischen dem kolonialen Zentrum und der Neustadt. Das **astronomische Observatorium** in seiner Mitte stammt von 1875 und wurde nach dem Vorbild des Bonner Observatoriums vom deutschen Pater Juan Bautista Menten entworfen. In den Kuppeln befinden sich ein originales 6 x 6,75 m großes, bronzenes *Jacob-Merz-Teleskop* sowie *Bamberg-* und *Repsold-&-Son-Teleskope*, ebenfalls aus dem 19. Jh., astronomische Instrumente der *Misión Geodésica* von 1736 bis 1744 und Dutzende anderer Objekte.

Öffnungszeiten Mo–Fr 9–12 und 14.30–17.30 Uhr. Eintritt 1 USD, Reservierung unter ✆ 2570765 o. 2583451.

An der selben Stelle, an der die 1787 fertiggestellte **Iglesia de El Belén** steht, an der nordwestlichen Ecke des Alameda-Parkes, fand unter freiem Himmel die erste katholische Messe statt, nur wenige Tage nach der Stadtgründung und im Beisein der Indios. Der *Cristo* und die Skulpturengruppe über dem Hauptaltar sind Werke eines der meistgerühmten Exponenten der Escuela Quiteña, *Manuel Chili Caspicara.*

Convento/Museo de San Diego: Das Klostermuseum San Diego (auch *la casa de las monjitas*, „Nönnchenhaus") wurde 1597 von Franziskanermönchen gegründet. Es befindet sich beim Hauptfriedhof (*cementerio central*) auf einer Anhöhe zwischen dem Panecillo-Hügel und den Ausläufern des Pichincha. Der Komplex war anfangs eine sakrale Hazienda, die den Franziskanern unter dem Namen La Recoleta als Zufluchtsort zur Buße und Sühne diente. Kirchen- und Kolonialkunstbegeisterte werden in den meist original erhaltenen, mitunter etwas muffigen Räumlichkeiten vielerlei entdecken, was das damalige Leben im geistlich-verklärten Quito zum Ausdruck bringt. Sowohl Kirche als auch Kloster sind fast uneingeschränkt dem Besucherverkehr zur Besichtigung freigegeben.

Der im Vergleich zur Iglesia de San Francisco niedliche Kirchenbau weist verschiedene, zeitlich überlappende Einflüsse auf. So ist z. B. die Deckenverzierung über dem Altarraum im Mudéjar-Stil gehalten, während die Oberlichtschächte im Schiff rundherum mit goldenen Sonnenstrahlen versehen wurden, indianische Reminiszenzen an einen längst vergangenen Götterglauben. Rechts hinter dem Altar, einer kostbaren Verschmelzung aus tiefreligiösen Kunststilen dreier Jahrhunderte, führt eine extrem niedrige, fast rechteckige Steintür zum ehemaligen Friedhof und zu den nicht einsehbaren Grabstätten einer unterirdischen Katakombe. Die 25 cm dicke Tür wiegt etwa eine Tonne!

Es gibt vier Innenhöfe, wobei der *patio de la pila* mit seinem Brunnen (*pileta*), den gepflegten Blumenbeeten und den kleinen, für das 17. Jh. so typischen Fensterchen der hübscheste ist. Im vorangehenden *patio de la cruz* stürzte 1973 eine uralte Treppe ein und schabte dabei bislang unbekannte Wandmalereien aus dem 17. Jh. frei. Nach einer Pestepidemie wurden die Fresken aus Angst vor Ansteckung weiß übertüncht. Ebenso zu besichtigen sind eine Kerzenwerkstatt, die dunklen Holzbohlengänge im zweiten Stock, ein echtes Nonnenschlafzimmer mit Bettgestellen, die mit Kuhhaut bespannt sind, der Speise- und Empfangssaal, die Gemeinschaftsküche mit ihrem sensationellen *ojo del buey*, einem trichterförmigen „Ochsenauge" in einer nahezu 2 m dicken Adobe-Wand, sowie die Bäckerei mit ihrem Ofen, den Holzfässern, Getreidemahlsteinen und Bronzekrügen.

Zu den Besonderheiten dieses „lebenden" Klostermuseums gehören neben wertvollen Gemälden und Skulpturen der Escuela Quiteña auch eine ganze Reihe von ausdrucksstarken Kunstwerken der zeitlich analogen Escuela Cuzqueña, wie z. B. die prachtvolle Kanzel, die zweitälteste von Lateinamerika. Andere Vermächtnisse der Kolonialepoche stammen von den indianischen Meisterschülern *Caspicara, Pampite* und *Miguel de Santiago*. Caspicaras *Virgen de las Mercedes del Pichincha* aus poliertem Vulkangestein entstand bereits 1575, etliche Jahre vor der Klostergründung, und befand sich zuerst ein ganzes Jahrhundert lang auf einem Vorsprung des Pichincha-Berges. Eine Darstellung im Kapitelsaal ist der deutschen Heiligen Gertrud von Helfta gewidmet, der ersten Schutzpatronin von Lateinamerika. Beeindruckend ist auch der gekreuzigte Jesus in der Sakristei, der sich durch seine verblüffend wandelbare Ausdrucksweise charakterisiert: Während sich auf seinem Antlitz von vorne betrachtet ein Lächeln offenbart, zeigt er sich von der einen Seite leidend und von der anderen schlafend.

● *Öffnungszeiten* **Klostermuseum**, Di–So, 9.30–13 und 14.30–17.30 Uhr. Neben der Kirchentür ist eine Klingel! Eintritt 2 USD, ✆ 2952516.

● *Anfahrt* Am besten per Taxi, ca. 4 USD von der Mariscal (Av. Amazonas y Av. Colón) bis zur Calle Calicuchima 117 y Fárfan (neben dem *Cementerio Central*).

● *Hinweis* Das Kloster liegt abseits vom Centro Colonial. Die Straßen um San Diego herum gelten als unsicher!

Museo Manuela Sáenz: kleines koloniales Museum, das der legendären Liebhaberin und „Beraterin" von Simón Bolívar gewidmet wurde. Dort können ihre Liebesbriefe gelesen werden. Junín 709 y Montúfar, vier Querstraßen vom Unabhängigkeitsplatz, unweit der Santa-Catalina-Kirche.

Öffnungszeiten Mo–Fr 8.30–12 und 14–16 Uhr. Eintritt 1 USD, ✆ 2958321.

Museo María Augusta Urrutía: sehenswertes republikanisches Wohnhaus aus dem 19. Jh. mit originaler, gutbürgerlicher Inneneinrichtung und blumengeschmücktem Innenhof. Es ist der gleichnamigen noblen quitenischen Philanthropin und „Sozialarbeiterin" gewidmet. Sie verstarb 1987. Hier scheint es, als sei die Zeit stehengeblieben – wie schade, dass das Haus kein Hotel ist! Dafür kann im Salon fein gespeist werden, nach Doña Urrutías Orginalrezepten.

Öffnungszeiten/Essen & Trinken **Museum**, Di–Sa 10–18 Uhr, So 9.30–17.30 Uhr, Eintritt 2 USD, ✆ 2580103, www.fmdj.org. **Cava Restaurante Urrutía (24)**, Hauptgerichte 10–18 USD, Di–Sa 12.30–23 Uhr, So bis 17 Uhr, ✆ 2584173, García Moreno N2-60 entre Sucre y Bolívar.

Quito Karten S. 198/199 und 205

Museo Numismático: im beeindruckend verwinkelten Gebäude der alten *Banco Central*. Alte Münzen, Scheine und Nachstellungen kolonialer und republikanischer Geldproduktionsstätten. Nur spanische Führungen! García Moreno y Sucre, nur wenige Schritte vom Unabhängigkeitsplatz.
Öffnungszeiten Di–Fr 9–13 und 13.30–17 Uhr, Sa/So 10–13 und 13.30–16 Uhr, Eintritt 1 USD, So frei, ✆ 2589284.

Teatro Bolívar: neben dem *Teatro Sucre* ein weiterer schöner Theaterbau, vor allem für klassische Aufführungen. Dieser wurde 1999 von einem Brand zerstört und erstrahlt heute in neuem Glanz. Flores 421 y Junín, ✆ 2582486/87, teatrobolivar@ accessinter.net.

Antiguo Hospital Militar: Das neoklassizistische Krankenhaus aus dem Jahre 1900 wurde zum neuen *Centro Nacional de Arte Contemporáneo* umfunktioniert. Auf sehenswerten 14.000 m² befinden sich Ausstellungsräume, Kunsthandwerksstätten, Pavillons, Garten-Patios, Terrassen, Bibliothek, Auditorium und ein Restaurant. Blick auf die Altstadt! Im Viertel San Juan in der Luis Dávila y Venezuela.
Öffnungszeiten Di–Sa 10–22 Uhr, So 10–18 Uhr. Eintritt 2 USD.

Panecillo-Hügel: *El Panecillo* („das Brötchen"), zu Inkazeiten auch *Shungoloma* genannt, war bereits in frühen präkolumbischen Epochen ein strategisch wichtiger Hügel (namens *Anachuarqui*), auf dessen runder Kuppe einst der Shyri-Sonnentempel *Yavirac* stand. Während der Kolonialzeit und im Vorfeld der Pichincha-Schlacht diente der vulkanische Kegel dann auch den Spaniern als wertvoller Beobachtungsposten zur Verteidigung der Hauptstadt. Die Royalisten errichteten an seinen Hängen eine Festung und eine arabische Wasserzisterne (*la olla*). Diese befindet sich genau zu Füßen der 41 m hohen und 124.000 kg schweren, angeketteten *Virgen de Quito*. Das aus 7.000 Aluminiumteilen zusammengeschweißte, besteigbare Monument eines italienischen Künstlers wurde 1977 beendet und stellt eine Nachbildung der „beflügelten" Jungfrau dar, die in der Kirche von San Francisco über dem Hauptaltar vor sich hin tänzelt. Die Aussicht von der obersten Plattform über die roten Ziegeldächer der kolonialen Altstadt, die moderne Skyline im Norden, das Häuserkonglomerat im Süden und die umliegenden Berge der Andenkordilleren ist grandios. Die Jungfrau selbst ist hingegen eher wegen ihrer metallenen Hässlichkeit zu erwähnen.

Warnung: Es wird davor gewarnt, den „Brötchen-Hügel" zu Fuß zu besteigen. An seinen steilen Treppenwegen (vom Ende der Calle García Moreno hoch) sitzen Diebe und „Crack-Köpfe", die auf Touristen warten. Nur per Taxi hoch! Eine *Brigada Barrial* sorgt jedoch oben für Ruhe und Ordnung. Diese touristenfreundliche Maßnahme kostet 1 USD pro Pers. Hinzu kommt 1 USD für den Zutritt zur metallenen Jungfrau (Mo–Do 9–17 Uhr, Fr, Sa/So 9–20 Uhr), Direkt unterhalb der Jungfrau befindet sich das Restaurant *Pim's*.

Museo del Agua: Es fehlt ein Tässchen Kaffee! Aber Kinder trinken ja keinen. Für die Kleinen ist das Museum ein Paradies, für Große gibt es einen Seifenblasenraum. Der Blick auf die Altstadt ist ganz fabelhaft. Zu erleben ist Interaktives rund um Wasser, vom Wasserkreislauf über die Versorgungslage Quitos bis hin zu Wasserverunreinigung. Anfahrt: vom Centro Colonial in der Calle Chile mit dem Metrobus *Cotocollao El Placer* oder ein Taxi rufen.
Adresse/Öffnungszeiten Calle El Placer Oe 11-271, Di–So 9–16 Uhr. Eintritt 2 USD, Kinder bis 12 Jahre 50 Ct., ✆ 2570359.

La Cima de la Libertad/Templete de los Heroes: auf einer Anhöhe zum Rucu Pichincha errichtetes Monument aus Beton und Stahlträgern, das an die Schlacht vom 24. Mai 1822 erinnern soll. An jenem Tag gelang es den „Ecuadorianern", sich vom spanischen Mutterland zu befreien. Das architektonisch etwas peinliche Militärmuseum ist von der Altstadt aus an den westlichen Flanken des Hausberges zu sehen. Die steile Auffahrt erfolgt nur per Taxi, alles andere wäre ein Spießrutenlauf durch unsichere Gegenden.

Öffnungszeiten   Di–Do 8.30–16.30 Uhr, Fr/Sa 8.30–13 Uhr. Eintritt 1 USD, ✆ 2288733, www.fuerzasarmadasecuador.org.

Sehenswertes in Quito Moderno

Casa de la Cultura Ecuatoriana Benjamin Carrión (auch *Museo National del Banco Central del Ecuador):* runder Spiegelglasbau, der eine imposante dreigeteilte Ausstellungsfläche aufweist. Hervorragender Querschnitt durch die ecuadorianische Kunstgeschichte. Fantastische Sammlung archäologischer Fundstücke aller präkolumbischen Phasen und der Inkazeit. Besonders erwähnenswert ist eine 2.000 Jahre alte Goldmaske der Kultur *La Tolita*, bekannt als *Dios-Sol* (Sonnengott), dem Windeskraft einst ewiges Leben einhauchte, inzwischen Emblem der Zentralbank (*Banco Central*).

Im Anschluss daran führen die oberen Stockwerke den Besucher über religiöse Kunst und Kolonialmöbel in eine Gemäldegalerie mit den bekanntesten einheimischen Exponaten des 19. und 20. Jh. Ebenso finden sich ecuadorianische Musikinstrumente in einem separaten Ausstellungssaal. Von den über 1.100 Instrumenten gehören etwa 250 verschiedenen präkolumbischen Phasen an. Die Kollektion besteht seit 1951. Nach ausgiebigem Rundgang sorgt eine Cafetería für munter machenden Cappuccino und aufbauende Snacks.

Adresse/Öffnungszeiten Av. Patria entre Av. 6 de Diciembre y Av. 12 de Octubre, gegenüber dem Parque Ejido, ✆ 2223258, www.cce.org.ec. Di–Fr 9–17 Uhr, Sa/So 10–16 Uhr, Eintritt 2 USD.

Bilderausstellung im Parque Ejido: Jedes Wochenende stellen Dutzende von Amateurkünstlern ihre Werke auf der nördlichen Parkseite zur Av. Patria aus. Es ist für jeden Geschmack etwas dabei. Auch wenn viele Gemälde mehr oder weniger Imitationen bekannter ecuadorianischer Maler darstellen, tut dies ihrer Originalität keinen Abbruch.

Im Ejido, ehemals der Botanische Garten, stehen heute noch über hundert Jahre alte Bäume. Besonders an Wochenenden zieht der nachts zu meldende Park vor allem die einfachen Bevölkerungsschichten an. Ecuavolley, eine einheimische Version des Volleyball, wird dann hier gespielt.

Museo Mindalae: Ethnohistorische Dauerausstellung, die sich den Wurzeln des Kunsthandwerks in Ecuador widmet. Zu sehen sind Körbe, Schmuck (auch Federschmuck), Hängematten, Stoffe, Kleidung, Webstühle, Waffen, Masken, Tigua-Bilder, Keramik und eine *Exposición Mundos Amazónicos* über Brauchtümer und Kulturgüter der Oriente-Völker. Nach dem Rundgang durch vier Stockwerke bietet sich ein Besuch in der Cafetería an. Im Lädele können Souvenirs erstanden werden. Lohnenswert!

Adresse/Öffnungszeiten Ecke La Niña y Reina Victoria, ✆ 2230609, www.sinchisacha.org. Mo–Sa 9.30–17.30 Uhr, So 10.30–16.30 Uhr, Eintritt 3 USD.

Museo Arqueológico Artes: Auf einer archäologischen Ausstellung in Brüssel wurden 1992 die 500 schönsten präkolumbischen Stücke beider amerikanischer Kontinente

in einem schweren Fotoschmöker für Kenner zusammengefasst. Ganze 17 Stücke dieser kostbaren Auswahl stammen aus der großartigen Kollektion dieses winzigen Archäologiemuseums in einer alten Mansion in der Av. 6 de Diciembre y Veintimilla.
Adresse/Öffnungszeiten Veintimilla E8-115 y Av. 6 de Diciembre, ☏ 2222506. Mo–Fr nur nach Vereinbarung zu besuchen!

Museo Antropológico Shuar/Museo Amazónico: Am interessantesten ist die Veranschaulichung der Schrumpfkopfherstellung! Im zweiten Stock sind Keramikfunde von 2.700 v. Chr. Vieles wiederholt sich in anderen Museen, aber interessant für Völkerkundler!
Adresse/Öffnungszeiten Av. 12 de Octubre 1430 y Wilson in der Katholischen Universität. Mo–Fr 9–13 und 14–17 Uhr, Eintritt 2 USD.

Museo Jijón y Caamaño: archäologisches Museum der Katholischen Universität. Ebenso können andere Ausstellungsobjekte, wie z. B. Porzellanpuppen oder Kolonialmöbel, bewundert werden. Auch eine Bibliothek ist zugänglich.
Adresse/Öffnungszeiten Av. 12 de Octubre y Roca, *edificio* Biblioteca, 3. St. Mo–Fr 9–16 Uhr, ☏ 2575727.

Museo Weilbauer Porras: Kleine Sammlung von Figuren, Masken, Flöten, Schmuck, Stempel und Geschirr. Es beginnt mit 4.000 v. Chr. und endet 1534 im sog. *periodo de ruptura* (der durch den Einfall der Spanier hervorgerufene „Kulturschock").
Adresse/Öffnungszeiten Av. 12 de Octubre y Ladrón de Guevara im 2. St. des Centro Cultural de la PUCE (Katholische Universität). Mo–Fr 8–13 und 14–16.30 Uhr, Eintritt frei.

Planetarium/Instituto Geográfico Militar (IGM): Auf dem Hügel *El Dorado* nordöstlich des modernen Stadtzentrums, ist die Kuppel des Planetariums bereits von Weitem sichtbar. Die einzige Zufahrt führt über die Av. Gran Colombia. Bei der Militärkontrolle am Zugang muss der Ausweis hinterlegt werden. Neben einer simulierten Reise durchs Universum im Planetarium werden im geografischen Institut nebenan auch schöne Bilder der Vulkane gezeigt und detaillierte Karten aller Landesregionen verkauft (bis zu einem Maßstab von 1:25.000).
Adresse/Öffnungszeiten Av. T. Paz y Mino, Zufahrt über die Av. Gran Colombia. Die Show im Planetarium findet von Mo–Fr um 9, 11 und 15 Uhr statt, Sa um 11 und 15 Uhr. Öffnungszeiten des Instituts sind Mo–Do 8–16 Uhr u. Fr bis 12 Uhr.

Parque de la Circasiana: hübscher, kleiner, von hohem Schmiedeeisen umgebener, fast südeuropäisch anmutender Park mit Palmen, Araukarien und Kunstpferden, der sich dem *Instituto Nacional del Patrimonio Cultural* anschließt. 10 de Agosto y Colón.

Plaza Indoamericana: Über dem *Intercambiador* der untertunnelten Verkehrsinsel vor der Universidad Central. Die steinernen Köpfe um den Wasserbrunnen herum stellen sämtliche indianischen Freiheitshelden des Kontinents dar und wurden der Stadt Quito von den jeweiligen Herkunftsländern geschenkt.

Vivarium: einheimische Schlangen, Leguane, Schildkröten, Kaimane und Frösche unter einem Dach. Es gibt zwei stattliche Tigerpythons, außerdem kann man sich eine echte ecuadorianische Boa um den Hals legen lassen. Mit ein wenig Glück kann bei der Fütterung zugeschaut werden. Der Unterschied zwischen giftigen und ungiftigen Schlangen wird anhand von Schaubildern erklärt. Sehenswert!
Adresse/Öffnungszeiten Av. Amazonas 3008, am Karolinenpark, nahe dem Expo-Center, ☏ 2271820. Di–So 9–17.30 Uhr, Eintritt 2,50 USD.

Fundación Guayasamín: Das Museum des gleichnamigen ecuadorianischen Malers ist in drei Epochen eingeteilt. Beeindruckende präkolumbische Keramiksamm-

Quito mit Cotopaxi

lung, sehr repräsentativer Kolonialteil sowie Kunsthalle, wo sich der verstorbene „indianische Picasso" in erster Linie selbst ehrt („Ich bin mindestens 3.000 Jahre alt geworden"). Ein Muss für Kunstliebhaber!

Die 2002 nach dem Tod von Guayasamin fertiggestellte **Capilla del Hombre** („Kapelle des Menschen") ist keinem Gott im Himmel, sondern der Menschheit auf Erden gewidmet. Die dortigen Arbeiten des Meisters beschreiben auf dramatische Weise das tragische Schicksal der Völker Lateinamerikas von der Kolonialzeit bis zu den Diktaturen der 70er-Jahre („Flüsse von Blut"). Nur wenige Gehminuten vom Museum. Tolle Aussicht!

● *Öffnungszeiten* **Museum**, Mo–Fr 10–12.30 und 15–18 Uhr, Sa/So geschl., Eintritt 3 USD. **Capilla del Hombre**, Di–So 10–17 Uhr, Eintritt 3 USD (beide zusammen 5 USD).

● *Anfahrt/Adresse* **Zum Museum** am besten per Taxi, da steil und abgelegen beim „Canal 8", José Bosmediano 543 y José Carbo, ✆ 2446455. Die Capilla befindet sich noch weiter oben in der Lorenzo Chávez y Calvache, ✆ 2448492.

Parque La Carolina: Populärer Vergnügungspark der Quiteños, der sich an Wochenenden mit Joggern, Rollerskatern, Frisbeespielern und Hunden samt Herrchen bevölkert. Der Karolinenpark beherbergt in seiner Mitte einen 2,8 ha großen **Botanischen Garten** mit über 1.000 Orchideenarten und einen ethnobotanischen Garten mit Medizinalpflanzen (Calle Rumipamba, ✆ 2463197, Mo 9–15 Uhr, Di–So 9–17 Uhr, 3,50 USD). Das an den *Jardín Botánico* angeschlossene Naturkundemuseum **Museo de Ciencias Naturales** beherbergt u. a. ein Herbarium mit Trockenblumenservice, Urtierskelette, Quarze, Fossilien und ausgestopfte Tiere. Eher was für angehende Naturwissenschaftler (✆ 2449824, Mo–Fr 8–13 und 13.45–16.45 Uhr). Der Park erstreckt sich nördlich der Av. Eloy Alfaro bzw. südlich der Av. Naciones Unidas zwischen den Avenidas De Los Shyris und Amazonas.

Ausflüge in die Umgebung

▶ **Santuario de Guápulo**: Unterhalb des Hotel Quito, in einem östlichen Ausläufer des Quito-Hochbeckens, liegt das Künstlerviertel von Guápulo mit seiner Wallfahrtskirche *La Virgen de Guadalupe* (1644–93), dem steilen *Camino de Orellana* (Weg des Orellana) mit dem einen oder anderen weiß-blauen Kolonialhäuschen und dem imposanten Wohnsitz des spanischen Botschafters.

Religiöse Kunstwerke zieren das Innere der Wallfahrtskirche, dem Ort wo Gonzálo Pizarro und Francisco de Orellana 1541 ihren letzten Segen vor dem gewagten Abmarsch ins „Land des Zimtes" (*país de la canela*) erhielten. Über 3.000 Mann stark war das Eroberungsheer der Konquistadoren, das sich auf der heute noch immer bestehenden Pflastersteinstraße, dem Weg des Orellana, zur Kirche hinabwälzte. Die Malereien im Zentralschiff und der Sakristei stammen von *Miguel de Santiago* (16. Jh.). Dieser Künstler verwendete als Hintergrund seiner streng religiösen Themen oft Elemente amerikanischen Ursprungs wie Berge, Täler und Bauern. Die

Camino de Orellana in Guápulo

Schnitzereien der Seitenaltars sind von *Juan Bautista Menacho* und gelten als herausragende Beispiele der Arte Colonial. Die Jungfrau von Guadalupe auf dem Hauptaltar wurde von *Diego de Robles* gefertigt und *Luis de Rivera* (17. Jh.) bemalt.
Öffnungszeiten **Wallfahrtskirche**, Mo–Sa 8–11 und 15–18 Uhr, So 7.30–12 Uhr.

▶ **Mitad del Mundo**: Das 25 km nördlich des Stadtzentrums gelegene und 30 m hohe Monument weist auf genau die Stelle hin, wo die französisch-spanische geodätische Expedition von *Charles de la Condamine*, *Luis Godin* und *Pedro Bouguer* (1736–1744) die Position des Äquators festlegte. Sie hatten sich lediglich um 180 m verrechnet. Dreizehn Büsten erinnern heute an die Pioniere. Ein im Monument untergebrachtes ethnografisches Museum veranschaulicht das bunte Völkergemisch aller ecuadorianischer Regionen.
Öffnungszeiten Di–Fr 10–16 Uhr, Sa/So 10–17 Uhr, Eintritt Mitad-del-Mundo-Dorf 2 USD, Museum 3 USD.

Um das Monument wurde eine Art **Dorf** mit kolonialem Grundriss nachgebaut. Die markierte Äquatorlinie verläuft vom Monument über die Plaza bis zum Altar einer Kirche. Es ist also möglich, mit einem Bein auf der

Nord- und mit dem anderen auf der Südhalbkugel zu stehen. Hochzeitspaare können sich in der Kirche das Jawort geben. Außerdem werden in einem separaten Gebäude Quito, Guayaquil und Cuenca als detailgetreue Miniaturstädte präsentiert. Darüber hinaus findet man Souvenirshops, Kunstgalerien, Eisdielen und eine Stierkampfarena. Das anspruchsvollste Restaurant vor Ort ist das *Cochabamba*, das sich jedoch außerhalb der Anlage Mitad del Mundo nahe am Verkehrskreisel befindet (ein paar Meter zurück in Richtung Quito auf der anderen Straßenseite, ✆ 2397044).

Sehenswerter ist das **Museo Inti Ñan** (✆ 2395122, www.museointinan.com; tägl. 9.30–17.30 Uhr, gleicher Eintritt für Ausländer und Einheimische: 3 USD.) gleich neben dem Mitad-del-Mundo-Gelände (separater Zugang, Vía a Calacalí, hinter dem *Redondel* geht linker Hand ein staubiger Zufahrtsweg rein). Dieses Freilichtmuseum informiert viel anschaulicher als der ganze „Mitad-del-Mundo-Ethno-Käse" (Lesermeinung). Hier befindet sich auch die exakte Äquatorlinie, was angeblich mit einem auf einem Nagel stehenden Ei und dem Richtungswechsel des Wasserstrudels beim Abfließen bewiesen wird (abwechselnd auf der Nord- und Südhalbkugel). Zudem gibt es Nachbildungen von Totempfählen, präkolumbische Behausungen der Quitus-Kultur und motivierte Führer. Wer zur Äquatorlinie fährt, sollte dieses kleine „indianische" Museumsdorf besuchen, selbst wenn man den Guides nicht unbedingt Glauben schenken darf!

● *Anfahrt* Mit dem **Bus**: An Wochenenden kommen scharenweise Touristen aus den Provinzen. Von Quito mit dem Bus *Mitad del Mundo*, der in 30 Min. von der Endstation des Metrovía-Busses am **La Y** (Av. América y Av. 10 de Agosto) über die Av. La Prensa und das Viertel Cotocollao in Richtung Norden fährt. Acht geben wegen Taschendieben, die Busse sind oft überfüllt. Mit dem **Taxi**: von der Stadtmitte etwa

10 USD, je nach Verhandlungsgeschick.

● *Veranstaltungen* Am 21. März und 22. Sept., bei Tag- und Nachtgleiche (*equinoccio* bzw. *solsticio*), wird am Inti-Ñan-Museum und am Mitad-del-Mundo-Monument ein **Inti-Raími-Festival** gefeiert. Die aus Inkazeiten rührende Zeremonie ist dem jeweiligen Aussaat- und Erntezyklus gewidmet.

▸ **Krater Pululahua**: Nach etwa 4 km von Mitad del Mundo auf der asphaltierten Straße in Richtung **Calacalí** (Westen), wohin das zuerst erbaute Äquatordenkmal von 1936 verfrachtet wurde, kommt rechts eine beschilderte Abzweigung, die zum Rand des erloschenen Kraters führt. Die gewaltige kesselförmige, senkrecht abfallende Öffnung hat einen Durchmesser von 4–5 km und ist an dieser Stelle mehrere hundert Meter tief. Der Kraterboden wurde seit Inkazeiten bewohnt und wird heute landwirtschaftlich genutzt (Getreide- und Zuckerrohrfelder). Nachmittags ist durch rasch aufziehenden Nebel manchmal rein gar nichts mehr zu sehen. Links führt ein steiler Serpentinenpfad hinunter (20 Min. hinunter und eine Stunde wieder hinauf). Ein Taxi vom Mitad-del-Mundo-Gelände zum *Mirador* (Aussichtspunkt) kostet etwa 6 USD. Die seltsamen „Wolkenfänger" auf den Anhöhen am Kraterrand sammeln Kondenswasser in dieser trockenen Klimanische.

● *Übernachten/Essen & Trinken* Rechts oben über dem Mirador ist das Hotel-Restaurant **El Cráter** mit Panorama-Fenstern, tägl. 12.30–17 Uhr. Hauptspeisen 15–20 USD, Übernachtung ab 110 USD fürs DZ. Ein Schild weist kurz vor dem Mirador darauf hin – es geht rechts ab. ✆ 2439254,

www.elcrater.com. Unten am Kraterboden befindet sich das hübsche Hostal **Pululahua**, EZ/DZ Mo–Do 34 USD, Fr/Sa 50 USD, mehrtägige Pakete, Jacuzzi 3 USD. Reiten, Mountainbikes, Trekking, Birdwatching. ✆ 099-466636 (mobil), info@pululahuahostal.com, www.pululahuahostal.com.

Eine wilde Schotterstraße, einzige Zufahrt zum Kraterboden auf 2.300 m Höhe, führt kurz vor Calacalí erst rechts zum Rand hoch und dann in 8 km langen Serpentinen in den Riesenschlund hinab. Gleich nach dem abgeflachten Pass, 500 m hinter der Texaco-Tankstelle bei einem Pinienwäldchen, geht es rechts rein, hölzerner Wegweiser! Ein einigermaßen geländegängiges Fahrzeug wird empfohlen.

Die **Reserva Geobotánica Pululahua** (www.pululahua.com) umfasst 3.000 ha und beherbergt zahlreiche Kolibri- und Schmetterlingsarten sowie eine ursprüngliche und eigenartige Pflanzenwelt. Die „Welt" auf dem Kraterboden wirkt ein bisschen unwirklich, überaus faszinierend! Es gibt eine schwer erreichbare Thermalquelle und eine großartige Schlucht nach Westen hin. Die Deutsche Astrid Müller von „The Green Horse Ranch" (www.horseranch.de) organisiert im Krater Pferdetouren. Reservatseintritt 7 USD.

▸ **Inkastätte Rumicucho**: Die terrassenförmigen Steinmauern waren einst eine Festung, die den Inkas als Vorposten zur Unterwerfung der nördlichen Volksstämme diente. Das Quichua-Wort *pucará* bedeutet befestigter Ort. Damit bezeichnete man eine auf Hügeln errichtete Verteidigungs- bzw. Eroberungsanlage. Die Pucarás befanden sich an strategischen Orten mit ausgezeichneter Sicht. Auf spiralenförmigen Erdwällen erstellt und von Schutzmauern umgeben, waren in ihnen oft ganze Armeen untergebracht. Im Innern dieser durch enge Portale kontrollierten Pucarás befanden sich Behausungen unterschiedlicher Form: rund, quadratisch oder auch trapezförmig. Die Anlage diente ebenso astronomischen Beobachtungen wie Opferzeremonien.

Anfahrt/Öffnungszeiten Von San Antonio de Pichincha, dem Städtchen bei „Mitad del Mundo", geht es 3 km in nördliche Richtung. Ein Taxi vom Äquator-Monument kostet etwa 5 USD. Geöffnet Di–So 9–16.45 Uhr. Eintritt 2 USD.

Rucu und Guagua Pichincha – El Teleférico

▸ **Rucu Pichincha** (4.698 m): Auf den Hausberg der Quiteños geht es am schnellsten mit dem **Teleférico**. Die Seilbahn führt zum 4.000 m hohen Bergvorsprung **Cruz Loma**. Die Aussicht vom „Kreuzhügel" auf die Millionenstadt ist sehr beeindruckend. Bei gutem Wetter sieht man auch auf den Cotopaxi, Cotacachi und andere

Vulkane, im Westen ist der Nebelwald. Von der Bergstation führt ein breiter Wanderpfad in einer Stunde dem Auf und Ab des Höhenkammes folgend bis zum Rucu-Felsen. Ein optimales Höhenanpassungstraining für Anfänger! Sich oberhalb der Bergstation einfach nur ins Gras zu legen ist eine kraftsparende Alternative für weniger Wanderbegeisterte. Morgens ist die Sicht auf die Stadt und die umliegenden Berge meist besser. Hingegen verspricht die Abenddämmerung in einer herabfahrenden Gondel ein Lichterglanz-Panorama. Neben der Bergstation können Pferde für einstündige Trips gemietet werden.

● **Mit der Seilbahn** Die zum Vergnügungspark ausgebaute Talstation des „Teleférico" befindet sich über der Stadtautobahn Av. Occidental in 2.950 m, etwa auf der Höhe der Av. La Gasca. Unter der Woche ist der Andrang geringer. Die 2.500 m lange Seilbahn verfügt über 18 Kabinen für jeweils 6 Passagiere. Innerhalb von zehn Minuten ist

bereits das 4.050 m hohen Cruz Loma erreicht. Das Normalticket kostet 5 USD (bei geringem Andrang ausreichend), das Express-Ticket 8 USD (bei Andrang empfehlenswert). Die erste Gondel verlässt die Talstation gegen 10 Uhr (also sehr spät), Sa/So gegen 9 Uhr, die letzte erreicht sie gegen 20 Uhr. Wer von der Bergstation zum Gipfel

Auf den Rucu Pichincha

Die gesamte Wanderung dauert gut 4 Std. Von der Bergstation führt ein Weg rechts am Felsvorsprung vorbei. Nach über 1 Std. wird der Weg schmaler. Spätestens hier benötigt man gutes Schuhwerk! Nach insgesamt 2 Std. ist eine riesige Sandbank erreicht. Besser den festen Pfad auf der rechten Seite der Sandbank nehmen! Der Untergrund in der Felswand unterhalb der Rucu-Spitze wird dann bald fester. Für diesen letzten Abschnitt gibt es mehrere Aufstiegsmöglichkeiten, die jedoch alle nicht gut erkennbar sind. Am besten ist der „Pfad" über den Grat, der oberhalb der Sandbank nach links zum Gipfel führt. Nach 3 Std. ab der Bergstation ist der Gipfel erreicht. Der Abstieg erfolgt auf demselben Weg. Wer Gutes tun möchte, kann auf dem Rückweg noch ein wenig Abfall mitnehmen. Über die Sandbank wieder nach unten zu „schlittern" ist bequem, aber bitte keine Steine ins Rollen bringen, weiter unten befindliche Wanderer sind dafür dankbar. Der Abstieg zur Bergstation dauert 1–1:30 Std. Dort freut sich dann, wer ein Express-Ticket hat.

des Rucu Pichincha wandert, kann nach gelungener Gipfelbestürmung bereits am späten Nachmittag wieder auf der Plaza Foch sitzen und Espresso schlürfen. Voraussetzung dafür sind eine gute physische Kondition, Wanderschuhe und eine wetterfeste Jacke. Auch bei Sonnenschein weht meist ein kühler, kräftiger Wind. Trinkwasser, Sonnencreme und Kappe nicht vergessen, die Haut verbrennt bei der starken Äquatoreinstrahlung auf dieser Höhe wie unter einer Lupe.

Anfahrt: von La Mariscal oder der Altstadt bis hinauf zur Talstation am besten mit dem Taxi über die Stadtautobahn Av. Occidental (3–4 USD). Von der Talstation hinunter in die Stadt, zur Av. Amazonas oder Av. Patria, geht es am einfachsten mit einem der TelefériQ-Busse von *Teletrans* (1 USD).

▸ **Guagua Pichincha** (4.794 m): Der südwestlich von Quito gelegene Vulkan hatte seit der Ankunft der Konquistadoren drei Perioden intensivster Aktivität: im Verlauf des 16. Jh., im 17. Jh. und einige sporadische Ausbrüche während des 19. Jh. Katastrophal verlief eine gewaltige Eruption im Jahre 1660, als der Feuer speiende Krater Asche, Sand und Bims in einem Umkreis von 1.000 km verstreute. Eine 40 cm dicke, schwarze Staubschicht brachte viele Ziegeldächer Quitos zum Einsturz. Während des anhaltenden Ascheregens brach über weite Teile des Hochlandes eine vier Tage dauernde Finsternis herein.

Der hufeisenförmige, nach Westen hin geöffnete Krater misst im Durchmesser bis zu 1,5 km und hat senkrechte, fast 700 m tiefe Steilwände. In seinem Innern entspringt ein heißer Bach, der spätere *Rio Mindo*. Der markierte Abstieg in den brodelnden Schlund nimmt vom Kraterrand aus fast 1:30 Std. in Anspruch. Erhöhte Umsicht ist bei starkem Nebel geboten, wenn die roten Fähnchen und Steinmarkierungen nicht gleich zu erkennen sind.

● *Wegbeschreibung* Der Weg zum „Baby"-Pichincha führt durch das Dörfchen **Lloa**, das über die Tunnels und die Av. Mariscal Antonio José de Sucre (Av. Occidental) und die Av. Vencedores del Pichincha vom Süden Quitos erreichbar ist. Im Barrio *Gatazo* geht es rechts in die Calle Angamarca hoch. Nach 15 Min. taucht der **Pass der Virgen del Cinto** auf. Unter dem Auge des Betrachters breitet sich plötzlich das Hochbecken von Lloa aus, falls nicht gerade tückischer Nebel alles in eine graue Brühe verwandelt. Die saftigen Weiden auf dunkler Erde und die prallen Euter der Friesenkühe zeugen von der Fruchtbarkeit dieses gut versteckten Winkels im Schatten der Millionenstadt. Das Dorf Lloa ist mit einer *buseta* von der Ecke Angamarca y Av. Mariscal

Sucre alle 30 Min. zu erreichen. Ein Taxi von der Mariscal kostet 25–30 USD. In der **Hacienda La Antigua** kann übernachtet werden, siehe S. 203.

Eine in Regenzeiten problematische Straße führt von Lloa bis zur Schutzhütte (*refugio*) unter dem Gipfel – ist ausgeschildert. Bei beabsichtigter Übernachtung müssen ein Schlafsack für eine eisige Nacht und ausreichend Proviant mitgebracht werden. Feuerholz ist nicht immer vorhanden. Linker Hand neben dem Fahrweg führt ein etwas wirres Netz von Trampelpfaden nach stundenlangem Geschnaufe ebenfalls bis zur Schutzhütte.

Ein schmaler Weg führt von der Schutzhütte in wenigen Minuten zum Kraterrand und von dort zum Gipfel (oder in den Kraterschlund runter). Ein anderer Pfad verbindet den Guagua mit dem Rucu Pichincha. Dieser könnte als Höhentraining interessant sein. Auf einen ortskundigen Führer sollte bei der zweitägigen Rundwanderung auf keinen Fall verzichtet werden. Es ist leicht, durch schlechtes Wetter und Unkenntnis die Orientierung zu verlieren. Die Route

vom Guagua zum Rucu oder umgekehrt beinhaltet zudem einen kurzen halsbrecherischen Kletterabschnitt für Schwindelfreie.

Jaqueline und Valentin

▸ **Bosque Protector Pasochoa:** Das 320 ha große Schutzwaldgebiet südöstlich von Quito zählt zu den letzten „Urwaldresten" im ecuadorianischen Andenhochland. Umrahmt von den hufeisenförmigen Ausläufern des 4.200 m hohen *Cerro Pasochoa* stellt das *Refugio de Vida Silvestre* einen wichtigen Beitrag zur Umwelt- und Naturkundeerziehung der Quiteños dar, insbesondere für Schulkinder. Über 130 Vogelarten, von Kolibris bis zum Kondor, bevölkern bzw. überfliegen dieses Reservat vor den Toren der Millionenstadt. Markierte Rundwege von einer halben Std. bis zu einem ganzen Tag laden zu Wanderungen ein. Der rote und blaue Pfad gehören zu den leichtesten (1 Std.), der orange markierte (4 Std.) und der schwarze Pfad (über 6 Std.) hingegen führen bis auf die obersten Höhenlagen. Temperaturschwankungen von über 20 Grad sind keine Seltenheit! Die Eintrittsgebühr beträgt 10 USD. Camping ist möglich, eine eigene Ausrüstung Voraussetzung (etwa 10 USD Gebühr).

● *Anfahrt von Quito* Es gibt zwei Möglichkeiten. Die Fahrt im **eigenen Wagen** bis zum Parkeingang dauert in beiden Fällen etwa 45 Minuten. Die insgesamt 35 km führen zunächst über die Autobahn *General Rumiñahui* nach Sangolqui oder über die neue Panamericana Sur in Richtung Machachi.

Die zweite Möglichkeit über die Panamericana scheint etwas einfacher zu sein. Nach Verlassen der Stadt geht es bei Tambillo zunächst links von der Panamericana in Richtung Sangolqui ab (nach rechts ausfädeln). Dabei geht es in nordöstlicher Rich-

tung auf einer Umgehungsstraße zurück bis **Amaguaña** (5 km von Tambillo und 10 km vor Sangolqui). Von dort führt bei der weiß-blauen Kirche El Ejido eine 10 km lange Pflastersteinstraße bis zum Reservat (von Tambillo rechts ab, von Sangolqui links ab, in südöstliche Richtung). Die Ausfahrt in Amaguaña ist ausgeschildert! Von Amaguaña geht es an der **Hacienda Medrano** vorbei, dann bis zur Kommune **Pilopata de Monjas** und weitere 6 km auf dem extrem holprigen Sträßchen.

Mit einem **Bus** von der Plaza Marín nach Amaguaña gelangt man auch zum Paso-choa-Reservat. Dem Fahrer vorher Bescheid sagen, damit er bei der Kirche El Ejido im Dorf hält. Von hier sind es noch 1:30 Std. Fußmarsch bis zum Parkeingang. Ein **Camioneta-Taxi** von Amaguaña kostet ca. 6 USD. Diese warten an der Abzweigung bei der El-Ejido-Kirche nach dem Fußballfeld. Ein Taxi von Quito kostet etwa 30 USD.

Geflügelte Juwelen

Von Alaska bis Feuerland gibt es 320 Kolibriarten. Ecuador weist mit über 130 Arten die größte Vielfalt auf. Neben rasanten Luftsprüngen und vertikalen Hubschrauberstarts können Kolibris als einzige Vögel auch rückwärts fliegen. Dabei schlagen ihre Flügel bis zu 80x pro Sekunde. Das einzige, was sie nicht können, ist auf dem Boden landen. Die kleinsten Arten wiegen etwa 2 g und ihr Herz schlägt bis zu 1.200x pro Minute. Ihr schillernder Gefiederglanz entsteht nicht durch Pigmentierung, sondern durch die Struktur der Federn. Darum erreichen sie ihre Farbenpracht nur bei ganz bestimmten Lichtverhältnissen. Ein einzelner Kolibri fliegt täglich bis zu 1000 Blüten an, um so genügend Nektar bzw. Kalorien aufzunehmen. Kolibris saugen dadurch ein Mehrfaches ihres Körpergewichts auf.

▶ **Papallacta:** Auf der Route in den Oriente, genau 67 km östlich von Quito, wird der Name des Andendorfes trotz der für die Hauptstadt so wichtigen Station zur Trinkwasserversorgung meist nur mit seinen heißen schwefel- und alkalihaltigen **Thermalquellen** in Verbindung gebracht. Die unterschiedlich temperierten Badebecken zur Behandlung von Rheuma oder Arthritis liegen außerhalb des Ortes auf 3.400 Höhenmetern. Sie sind die schönsten und saubersten des Landes. Papallacta ist zudem wegen der grünen Gebirgslandschaft lohnenswert. Manchmal lässt sich der Eisriese Antisana beim Baden blicken (eher Dezember/Januar). An Wochenenden sind die Quellen oftmals überlaufen. Auch im Ort direkt unterhalb der Straße gibt es ein Thermalbad. Dieses ist weit weniger attraktiv, aber auch sauber und sehr warm (Eintritt 2 USD.)

• *Eintritt Termas de Papallacta* 8 USD, Kinder und Rentner 3 USD. Handtuch, adäquate Badekleidung oder eine Flasche Schampus sind selbst mitzubringen!

• *Anfahrt* Über die Carretera Interoceánica geht es nach Osten: vom Partidero a Tumbaco durch die Túneles Guayasamín gleich aus der Stadt raus hinunter ins breite Tal von Tumbaco. Zuerst führt der Weg durch Cumbaya, die erklärte Hauptstadt des frittierten Schweinefleisches, „La Capital de la Fritada". Kurz darauf kommt auf 2.400 m Höhe die Ortschaft Tumbaco mit ihrem milden Frühlingsklima. Die autobahnähnliche Straße überquert hinter Tumbaco die Eisenbrücke über dem Fluss Chinche und steigt dann rechts am Städtchen Pifo vorbei langsam hoch. Etwa eine halbe Stunde nach der Brücke erreicht die meist gut asphaltierte Straße, die Quito mit dem Oriente verbindet, den 4.050 m hohen Paso de la Virgen. Auf dem Passsattel führt links ein kurvenreicher Fahrweg bis zu den Sendeantennen auf 4.300 m hoch. Von dort ist der Blick auf das Andenpanorama bei schönem Wetter fast unübertroffen! Nach dem „Jungfrauenpass" windet sich die Straße zur Ortschaft Papallacta hinunter. Entlang der Wegstrecke werden gebratene Forellen, *empanadas* (Teigtaschen) und Hüttenkäse vor strohbedeckten Imbisskiosken verkauft. Probieren! Vor dem Ort Papallacta befindet sich dann linker Hand ein kleiner, dunkler Bergsee. Rechts türmen sich an dieser Stelle einst vom Antisana ausgespuckte Vulkanbrocken aufeinander (rechts neuer Straßenstich im Bau). Wenige Kilometer weiter, kurz nach der oberirdischen Wasserleitung, kommt links eine beschilderte Ausfahrt, die steil und kurvig hoch auf eine Ebene und zu den Termas de Papallacta (Thermalquellen) führt. Geradeaus ginge es ins Dorf. Kurz vor den *baños termales* befindet sich linker Hand eine Forellenaufzuchtanlage.

● *Verbindungen* Es ist möglich, vom Terminal Terrestre in Quito mit jedem beliebigen Bus in den Oriente (Tena, Lago Agrio, Coca) nach Papallacta zu gelangen. Es gibt tägl. jede Menge Verbindungen. Sitzplätze sind nicht immer vorhanden. Dem Fahrer Bescheid geben, vor der Ortschaft beim Schild „Termas" aussteigen und die 20 Minuten zu den Thermalbädern zu Fuß zurücklegen.

● *Übernachten* **Posada de las Termas**, (GK), im Ranchostil erbaute Spa-Hostería 100 m vor den heißen Thermalquellen, mit Rieddächern, Restaurant und einer der schönsten Spa-Anlagen Lateinamerikas. Die beheizten Schlafzimmer haben zudem eigene heiße Plantschbecken vor der Tür, von Pflanzenbewuchs und schwirrenden Kolibris eingerahmt. Wellness über den Wolken, wie ein Urlaub innerhalb des Urlaubs! Übernachtung inkl. Aromatherapiemassagen, Mahlzeiten *a la carta*, Softdrinks ab 200 USD pro Pers., nur DZ ab 99 USD, Zutritt zu den *termas* für Hotelgäste frei, zum wunderbaren Spa-Bereich 18 USD. Reservierung in Quito: Foch E7-38 y Reina Victoria, 4. St., ✆ 2568989, in Papallacta, ✆ 06/2320620, termas@termaspapallacta.com, www.termaspapallacta.com.

Antisana, (Budget), falls kein Platz in der Posada ist oder massiv Geld gespart werden sollte, zwar kein Vergleich, aber Zimmer recht gepflegt und ganz okay, eigenes Heißwasserbecken im „Garten", einfaches

Alpakas

Restaurant. Ab 13 USD pro Pers., EZ und DZ. Keine 200 m vor den Thermalquellen, ✆ 06/2320626.

● *Essen & Trinken* In den Thermen ist das hübsche Restaurant **Pumamaquí** mit leckeren Forellenspeisen (8,50 USD), dreigängiges Menü (12 USD), Bier und Bohnenkaffee, Mo–Fr 11–17 Uhr, Sa/So 9–19 Uhr.

Artenreichtum vor den Toren der Millionenstadt

Im **Distrito Metropolitano de Quito**, sozusagen im Großraum Quito, gibt es eine erstaunliche Zahl an heimischer Flora und Fauna. Von ca. 2.000 Pflanzenarten sind ca. 200 endemisch, von 102 Säugetierarten sind 16 und von 546 Vogelarten 63 endemisch. Zu den 52 Reptilien- und 74 Amphibienarten zählt auch der seltene grüne Beutelfrosch (*rana verde marsupial, Gastrotheca marsupiata*), der sogar im Parque Itchimbia östlich der Altstadt entdeckt wurde. Der Distrito reicht im Westen bis in die subtropischen Nebelwälder bei Nanegal im Noroccidente, wo die größte Artenvielfalt herrscht. Interessant für Kolibri-Liebhaber ist z. B. das 960 ha große **Yanacocha-Reservat** zu Füßen des Rucu Pichincha bei Nono. Allein 50 Kolibriarten sind dort heimisch, wie der charakteristische Schwarzbauch-Höschenkolibri (*zamarrito pechinegro, Eriocnemis nigrivestis*), siehe auch S. 245.

Märchenhafter Nebelwald

Ausflüge in den Noroccidente

Als „Noroccidente" wird der Nordwesten der Provinz Pichincha bezeichnet. Durch die Nähe zur Landeshauptstadt erfreut sich die Region immer größerer Beliebtheit. Für Kurztrips in subtropische Gefilde, in märchenhafte Nebelwälder und zu glasklaren Flussbadestellen sowie als Zwischenstopp bei Fahrten an die Pazifikküste über die Fernstraße Calacalí – Nanegalito – San Miguel de Los Bancos – Puerto Quito hat die Region an Natureindrücken viel zu bieten.

Unter Ornithologen gilt der Noroccidente als spektakuläres und am einfachsten zu erreichendes Vogelparadies Ecuadors. Fast 600 Arten geben sich in den Wäldern dieser nordwestlichen Andenausläufer ein Stelldichein. Leider beträgt die jährliche Abholzungsrate in der Region etwa 150.000 ha.

▶ **Die alte Straße nach Nono**: Von der mehrspurigen Av. Occidental in nördliche Richtung geht 600 m vor dem nach Mitad del Mundo führenden Verkehrskreisel eine kleine Straße links den Berg hoch. Nicht einfach zu finden, aber ausgeschildert! Auf dem Schild steht **„Eco Ruta El Quinde"** bzw. „Nono 18 km". Die an dieser Stelle rechts von der Occidental herabführende Straße heißt Calle Machala und endet im Viertel von Cotocollao. Wegen der Asphaltstraße Quito – Nanegalito wird dieses Holpersträßchen über das Bergdörfchen **Nono** hinunter ins subtropische Tandayapa und weiter nach Mindo (fast 80 km) heute wenig genutzt. Nicht nur Mountainbikern sei die kurvenreiche Ornithologen-Strecke ans Herz gelegt. Sie stellt eine sehr reizvolle Alternative dar, um über einen alten Andenpass in die Nebelwälder des Noroccidente zu gelangen. Erdrutsche oder Unterspülungen sind jedoch keine Seltenheit und zwingen zumindest Autofahrer manchmal zur Umkehr. Die Strecke von Quito bis Nono wurde inzwischen zum Teil asphaltiert. In Nono geht es links weg! Schon einige Kilometer hinter Nono kommt nach einem engen Brückchen am Talboden linker Hand ein Abzweig zum Polylepis- und Kolibri-Reservat **Yanacocha** (964 ha, www.fjocotoco.org, siehe auch S. 243), in den man einbiegt. Nach etwa 1:30 Std. Fahrt (ab Quito) teilt sich bei der Brücke im bereits warmen und winzigen **Tandayapa** (62 km ab Quito) die Straße. Hier bei den bunten Holzhäuschen geht es rechts in Richtung **Nanegalito** und **Mindo** weiter, wobei man nach fast 6 km auf die von Calacali kommende Asphaltstraße trifft. Zwischen Tandayapa und der Asphaltstraße befindet sich an einem gegenüberliegenden Hang die steilste Seilbahn Ecuadors.

Einmal auf der Aphaltstraße, geht es links hoch ins nahe Nanegalito, nach Mindo oder zur Küste runter. Wer hingegen in **Tandayapa** links abzweigt, gelangt nach 6 holprigen kurvenreichen Kilometern steil bergauf zur ausgeschilderten **Bellavista Cloudforest Lodge**.

• *Übernachten* **Bellavista Cloudforest Lodge**, Eigentümer ist der britische Vogelliebhaber Richard Parson, der auch sehr gut Deutsch spricht. Verfügt über einen in die Jahre gekommenen Bambus-Dom mit 360-Grad-Blick, darin ein ebenso rustikales Restaurant (Menü 17 USD) sowie urige Schlafzimmer unterm Domdach („*watch your head*"), außerdem Schlafmöglichkeiten im angrenzenden Holzhaus am Fahrweg oder am liebsten in der „Suite". Ausgeschilderte Pfade, jede Menge Zuckerwasser-Nektartrichter mit umherschwirrenden Kolibris. Unterschiedliche Kommentare! Im DZ (BP) 87 USD pro Pers. inkl. drei Mahlzeiten, Führungen extra. Reservierung in Quito: Washington E7-25 y 6 de Diciembre, ℡ 02/211-6232/-6047, ℡ 099-490891 (mobil), info@bellavistaclaudforest.com, www.bellavistacloudforest.com.

▶ **Eco Lodge Santa Lucía**: Das 730 ha umfassende Reservat befindet sich im südlichsten Abschnitt der grenzüberschreitenden Chocó-Biosphäre (1.400–2.500 Höhenmeter). Epiphyten, Bromelien, Orchideen und seltene Baumfarne gehören neben dem Brillenbär und über 380 Vogelarten (u. a. Andenfelsenhähne, Bergtukane) zu den Attraktionen. Ausgeschilderte Wanderpfade ermöglichen es dem Naturliebhaber, die wunderschöne Gegend auch alleine zu durchstreifen.

Gutes Schuhwerk bzw. die von der Lodge (1.900 m) gestellten Gummistiefel sind dazu erforderlich. Spätestens am Nachmittag ziehen meist Nebelschwaden die bewaldeten Hügel hinauf und durchkämmen die „schwitzenden" Bäume mit ihren Aufsitzerpflanzen. „Eco" wird in der Lodge übrigens ernst genommen: Das Gemüse stammt aus dem Biogarten. Energie wird durch Sonne (falls vorhanden) und Gas erzeugt. Neben Schlafsälen (*dormitorios*) im hellhörigen Haupthaus gibt es fünf aussichtsreiche Cabanas für je 2–5 Personen, mit orthopädischen Matratzen (BP, Ww). Das kommunale Projekt verschafft den *campesinos* Anreize, die Abholzung des Nebelwaldes zu stoppen.

• *Anfahrt* Von Quito sind es ca. 2 Std. bis zum Reservatseingang in der Nähe des Dorfes Nanegal. Es geht erst bis **Nanegalito**. Im Ortskern hinter der Straßenanhöhe bzw. den „Fressbuden" rechts abzweigen. Auf dem grünen Schild steht „Pacto – Gualea – Nanegal". Nach 14 km Asphaltstraße in ein Tal hinunter ist **Nanegal** erreicht. Nanegal und Nanegalito gelten übrigens als „Hauptstädte" der exotischen Pitahaya-Frucht!

Kurz vor Nanegal geht es im Ortsteil La Delicia rechts weg und 8 km in Richtung des Dorfes Marianitas und zum Reservatszugang von Santa Lucía (bzw. auch zur benachbarten **Reserva Maquipucuna**, www.maqui.org). Die Abzweigung ist mit „Parque Nanegal" ausgeschildert. In den Regenmonaten von Ende Januar bis Mai ist auf diesem Abschnitt außer mit Jeeps oder zu Fuß nichts zu machen. Die Straße endet schließlich am Río Umanchaca. Von dort ist

Schwein à la Schweissbrenner

es etwa noch 1 Std. zu Fuß oder auf dem Rücken eines armen Esels bis zur Lodge Santa Lucía.

● *Verbindungen* Es gibt Direktbusse über Nanegalito nach Nanegal (Coop. Transs. Minas) vom Terminal La Ofelia im Norden Quitos. Diese fahren Mo–Fr um 12 und 12.30 Uhr, Sa um 7, 10.30, 12 und 13.45 Uhr, So um 7, 10 und 13.30 Uhr. Fahrtzeit: ca. 2 Std. In La Delicia unterhält Santa Lucía ein „Büro im Grünen" und zudem noch eine einfache Pension für Volontäre und Rucksackreisende.

● *Übernachten* **Santa Lucía Lodge**, im Haupthaus: DZ und Stockbetten, BC, Ww, pro Pers. 56 USD inkl. Mahlzeiten und lokale Führungen, in den *cabañas* 73 USD. 7 Tage Birdwatcher-Programm inkl. 19 Mahlzeiten, lokalem Birdguide, Transport von/bis Quito 750 USD pro Pers. Reservierung in Nanegal ✆ 02/2157242 (Tanya Riederer spricht deutsch!), info@santaluciaecuador. com, www.santaluciaecuador.com, www. turismosostenible.ec.

Tulipe: In-situ-Museum mit zeremoniellen Badebecken, eines davon eine Raubkatze simulierend. Das „subtropische" Völkchen der Yumbos lebte in dieser Gegend von etwa 600 v. Chr. bis 1600 n. Chr. Mit der Inka-Invasion und dem Auftauchen der ersten Spanier verschwanden die Yumbos von der Bildfläche und wurden zur Legende. Ein heftiger Ausbruch des Pichincha mit viel Ascheregen soll jedoch der eigentliche Grund gewesen sein. Eine besondere Leistung der Yumbos war das Anlegen von tief in den Waldboden eingeschnittenen, fast schon „unterirdischen" Pfaden, sog. *culuncos* oder *caquiñanes subterraneos*. Durch ein Netzwerk von so versteckten Pfaden wurden Salz oder Spondylusmuscheln von der Küste gegen Obsidian oder Kokablätter im Hochland getauscht. Der letzte Inka-Feldherr Rumiñahui floh vor den Spaniern auf einem der Culuncos in den Noroccidente. Noch im 20. Jh. wurden viele dieser „Tunnelpfade" als Transportwege benutzt. Der Spazierweg (*sendero*) „Miño" nahe dieser Anlage offeriert schöne Einblicke in die heimische Vegetation und endet nach etwa 20 Min. an der großen *piscina ceremonial circular*.

• *Anfahrt/Öffnungszeiten* Von Quito kommend, geht es etwa 5 km hinter Nanegalito am Y de Armenia rechts von der Asphaltstraße ab, etwa 1 km nach einer Tankstelle. Auf dem Schilderwald steht *„Tulipe"*, *„Gualea"* und *„Pacto"*. Von der Abzweigung sind es etwa 7 km bis zum Freilichtmuseum. Mi–So 9–16 Uhr, Eintritt 2 USD.

Cueva de los Tayos: Lange hieß es, dass schreiende Fettschwalme (*Steatornis caripensis*) nur in wenigen Höhlen des ecuadorianischen Oriente hausen. Nun wurden diese lichtscheuen Vögel auch in einer Höhle bei **Gualea**, 80 km westlich von Quito entdeckt – eine Sensation! Alle von Fettschwalmen (*„tayos"*) bewohnten Höhlen nennen sich *Cueva de los Tayos*. Hier handelt es sich um die Höhle der **Hacienda Miravalle**. Besucher müssen allerdings über feuchte Bambusleitern 100 m hinab in die Tiefe steigen (der Autor bittet um Feedback!)
Anfahrt/Kontakt Anfahrt siehe „Tulipe". Familie Morales, ✆ 082-671837 (mobil).

Tucanopy: Wie Tarzan von Baum zu Baum schwingen? Fast – diese Art Hochseilpark macht's möglich. Zwischen den Bäumen sind Drahtseile befestigt; man steigt in einen Gurt und gleitet auf Rollen am Seil entlang über die Baumwipfel (siehe auch „Canopy" unter „Mindo"). Erfunden haben den Schwindelfreiheit erfordernden Spaß Naturforscher, die zu faul waren, bei der Arbeit ständig die Bäume rauf- und runterzuklettern. Fauna und Flora lassen sich aus der Vogelperspektive ohnehin ungleich besser beobachten! Die 2 km lange Zipline befindet sich am km 63,5 bzw. 8 km hinter Nanegalito und 3 km hinter dem *Y de La Armenia*. Die 1,5 km lange Zufahrt ist ausgeschildert. Es gibt ein organisches Restaurant (Hauptspeisen 8 USD) und ein hübsches Hostal (*dormitorio* mit BC 15 USD bzw. Suite mit BP 25 USD pro Pers. inkl. Frühstück).
Öffnungszeiten Mi–So 9–17 Uhr, ✆ 084-798986 (mobil), www.tucanopy.com. Komplette Zipline-Runde 15 USD.

Reserva de la Paz: einer der aufregendsten Spots für Vogelbeobachter in Ecuador, und das so nahe bei Quito! Angel Paz hat bei seiner Finca einen im Primärwaldboden versteckten Unterstand. Von dort können um 6 Uhr morgens die seltenen Andenfelsenhähne (*gallos de la peña* bzw. *Rupicola peruvianus sanguinolentus*) aus kurzer Distanz in ihrer Lecke fotografiert werden. Auf dem 20-minütigen Weg dorthin tauchen meist zur Orientierung ein paar Nachteulen auf. Nach der Felsenhahn-Show auf dem Rückweg zur Finca dann die Sensation: Angel ruft mit hoher Stimme „María!" und „Pancho!" in den Wald hinein. Wenige Minuten darauf erscheinen seine angefütterten Riesenameisenpittas (*Grallaria gigantea*) mit Nachwuchs aus dem Dickicht. Riesenameisenpittas galten bis in die 90er-Jahre als ausgestorben. Vogelliebhabern bleibt spätestens an dieser Stelle die Spucke weg! Das Geschwirre von zahlreichen Kolibriarten kurz vor Wiedererreichen der Finca setzt dem Vogelspaß noch das I-Tüpfelchen auf. Ein herzhaftes Bauernfrühstück gegen 10 Uhr ist im Preis inbegriffen (pro Person 15 USD).

• *Anfahrt* Etwa 10 km hinter Nanegalito und ca. 6 km hinter dem Y de La Armenia geht es am km 66 von der Asphaltstraße links in einen Fahrweg hoch. Nach 4,5 schlammigen Kilometern ist das Reservat erreicht. Reservierung absolut notwendig! Tourbüros in Mindo können den frühmorgendlichen Trip organisieren. Wer Spanisch spricht, kann sich auch mit Sr. Angel Paz direkt in Verbindung setzen: ✆ 087-253674 (mobil) o. ✆ 02/2116243, 2116026.

Reserva Ecológica Pachijal (Lodge): für Naturliebhaber und Vogelbeobachter! Der italienische Betreiber des auf mehrere Hundert Hektar angewachsenen Nebelwald-Reservates hat seine Nachbarn davon überzeugt, dass die Erhaltung des *bosque nublado* mehr Vorteile mit sich bringt als dessen Abolzung. Auf 40 km Pfaden durch steilen Primärwald können ungezählte Vogelarten, manchmal sogar Affen und andere Säugetiere beobachtet werden. Der Autor stieß auf den Kot eines Pumas, gespickt mit den zermalmten Knochen und borstigen Haaren eines vertilgten Wildschweines! In den klaren Pools des **Río Pachijal**, der das Reservat maändernd durchquert kann, umgeben von nichts weiter als herrlichem Wald, nackt geschwommen werden – paradiesisch! Die aus lokalen Naturmaterialien konstruierte Lodge steht den Bäumen zuliebe am Waldrand. Romantisch-rustikale Zimmerchen (BP, Ww, orthopädische Matratzen), Terrasse, Veranda, Hängematten, üppiger Kolibri-Garten und ein intimer Speiseraum laden zum Entspannen ein.

● *Anfahrt/Übernachten*   16 km hinter Nanegalito und 6 km vor dem Y de Mindo geht es am km 72 rechts 3 km in einen Feldweg rein – ausgeschildert! Pro Pers. inkl. Frühstück und lokalem Guide 40–50 USD je nach Zimmer, schmackhafte Mahlzeiten extra, All-inclusive-Pakete (mit Transport von/bis Quito) von 3 bis 6 Tagen 230–550 USD, Birdwatcher-Pakete einschließlich der acht besten Vogel-Spots (!) im Noroccidente, auf 500–3.300 Höhenmetern! Reservierung in Quito ☎ 02/2554627, info@pachijalreserve.com, www.pachijalreserve.com.

Mindo

Orchideen, Schmetterlinge und über 400 Vogelarten erwarten den Besucher in der Gegend um das farbenfrohe Dorf.

70 km westlich von Quito und praktisch unter dem offenen Kratermaul des Vulkans Guagua Pichincha liegt in einem subtropischen Talkessel die Ortschaft Mindo auf 1.250 m Höhe. Von der Asphaltstraße zur Küste (Calacalí – Los Bancos – Puerto Quito – La Independencia) geht es 20 Min. hinter Nanegalito am km 78 links am **Y de Mindo** (1.700 m) etwa 7 km in Serpentinen bis nach Mindo runter (1.250 m). Die Ausfahrt auf einem breiten Höhenrücken ist mit einem wilden Schilderwald bestückt.

Wie viele Dörfer zwischen Sierra und Costa strahlt auch dieses eine gemischte, farbenfrohe Atmosphäre aus. Die Mindeños selbst behaupten, aus beiden Regionen das jeweils Beste zu besitzen, die Wärme der Tropen und die Nähe zur Hauptstadt Quito im kühlen Hochland. Die vorherrschenden Jahrestemperaturen liegen zwischen 18 und 24 Grad und die Niederschlagshäufigkeit ist wie überall in den Andenausläufern zum Tiefland hin sehr hoch.

Die knapp zweistündige Fahrt lohnt hauptsächlich wegen der Nebelwälder, des Vogelreichtums und der natürlichen Badestellen in den Flüsschen der Umgebung. Mindo verfügt über zahlreiche Pensionen, Hosterías, Info- und Tourbüros, die vor allem auf den lautstarken Wochenend-Touristenstrom aus Quito, aber auch auf naturverbundene Backpacker ausgerichtet sind. Dabei sucht das Freizeitangebot in Mindo seinesgleichen: Wandern, Biking, Canopy, Inner Tubing, Baden unter Wasserfällen, Bird-, Butterfly- oder Frogwatching!

Das Biospektrum des 19.200 ha großen **Bosque Protector Mindo-Nambillo** reicht von subtropischem Regenwald über Nebelwald bis hin zu den schroffen Kraterwänden des Guagua Pichincha auf über 4.000 m Höhe. Unter den Vogelarten bestechen Kolibris, Tukane, Papageien, Bergfasane, Reiher, Haubenspechte, Habichte, Eulen, Eisvögel, Quetzales, Tangaren, Kaziken und der brillantrote Andenfelsenhahn (*gallo de la peña*), der seine Nester gewöhnlich in die Steilwände der schmalen Urwaldcanyons baut. Innerhalb dieser *Reserva Ecológica* befindet sich der viele Wasserfälle umfassende **Santuario de las Cascadas**.

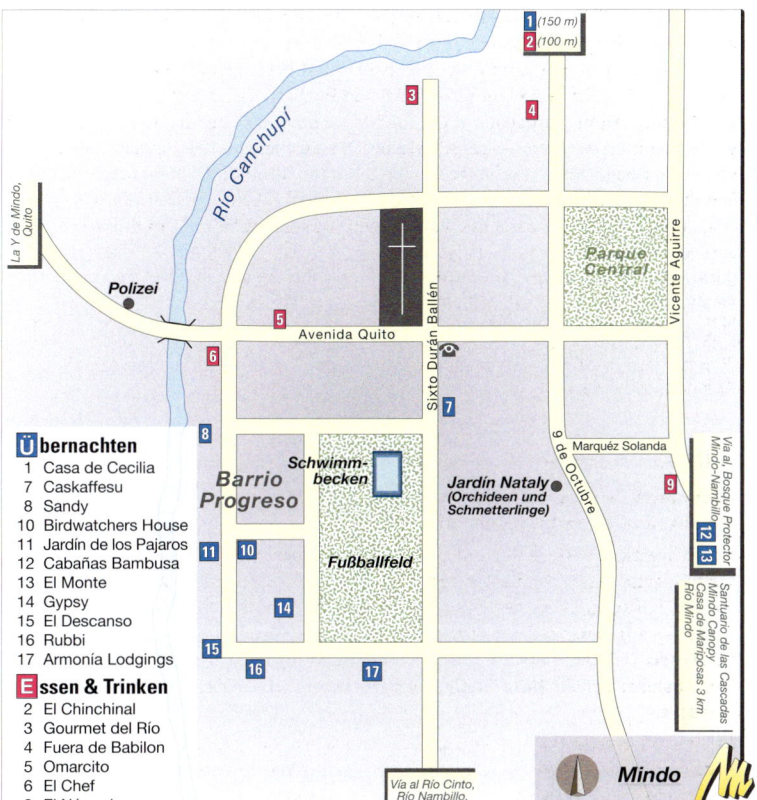

Map labels:

1 (150 m)
2 (100 m)
3
4
Río Canchupí
La Y de Mindo, Quito
Polizei
Parque Central
Vicente Aguirre
5
Avenida Quito
Sixto Durán Ballén
6
7
8
Übernachten
1 Casa de Cecilia
7 Caskaffesu
8 Sandy
10 Birdwatchers House
11 Jardín de los Pajaros
12 Cabañas Bambusa
13 El Monte
14 Gypsy
15 El Descanso
16 Rubbi
17 Armonía Lodgings

Essen & Trinken
2 El Chinchinal
3 Gourmet del Río
4 Fuera de Babilon
5 Omarcito
6 El Chef
9 El Nómada

Barrio Progreso
Schwimm-becken
Jardín Nataly (Orchideen und Schmetterlinge)
Marquéz Solanda
9 de Octubre
9
Vía al Bosque Protector Mindo-Nambillo
Casa de Mariposas 3 km
11
10
14
Fußballfeld
12 13
15
16
17
Santuario de las Cascadas / Mindo Canopy / Río Mindo
Vía al Río Cinto, Río Nambillo, Río Mindo
Mindo

Die **Vorwahl** von Mindo und der Provinz Pichincha ist **02**.

• *Verbindungen* Die Busse der Coop. Flor del Valle verbinden Mindo tägl. mit **Quito**. Abfahrtszeiten Mo–Fr 6.30 und 14 Uhr, Sa/So um 6.30, 14 und 15 Uhr. An Samstagen gibt es einen zusätzlichen Bus um 16 Uhr, an Sonntagen um 17 Uhr. Fahrtzeit 2 Std., 3 USD. Wer nicht auf die Mindo-Busse angewiesen sein möchte, kann oben am Y de Mindo auf einen von der Küste kommenden Bus nach Quito warten. Diese fahren im Schnitt alle halbe Std. vorbei. Wenn sie nicht voll sind, halten sie an.

Die gelben Busse der Coop. Kennedy fahren um 6.20 und 7 Uhr in 4 Std. vom Parque Central nach **Santo Domingo de los Colorados**. Dort kann in Busse nach Guayaquil, Manta o. Pedernales umgestiegen werden. Nach Esmeraldas bzw. Atacames kann evtl. am Y de Mindo zugestiegen werden, um sich dort einen aus Quito kommenden Bus zu schnappen.

Camionetas stehen oben an der Durchgangsstraße am Y de Mindo bereit für die 7 km lange Fahrt nach Mindo runter (3 USD pro Pick-up). Der *chofer* (Fahrer) Alfonso Parremo wohnt beim Y (mobil ✆ 093-800604).

Fletes (private Fahrten) teils mit romantischen Kisten auf „artgerechten" Sträßchen voller Löcher macht z. B. **Jaime Costales** mit seinem ächzenden Pick-up, zu kontaktieren in der Bar El Nómada, ✆ 2765465, zur *tarabita* 10 USD, zur Schmetterlingsfarm *Casa de Mariposas* 5 USD, zum *Río Cinto* 15 USD.

• *Übernachten in Mindo* **Caskaffesu (7)**, (MK/Budget), adrette, farbenfrohe Zimmer im ländlichen Stil. Am schönsten ist die Suite *casa amarilla* mit zwei Zimmern: Kachelboden, riesiges Ehebett und große zusätzliche Betten. 24 USD pro Pers., andere Zimmer 18 USD inkl. *desayuno americano*. Veranda-Restaurant zum Draußensitzen: Fleisch und Vegetarisches, Cocktails, bester Kaffee im Dorf! Calle Sixto Durán Ballén y Av. Quito, caskaffesu@yahoo.com.

El Descanso (15), (Budget), ruhig, rustikal, sauber, große Hängematten-Veranda, üppiger Garten mit jeder Menge Kolibris. Fahrradverleih, Bird- und Butterflywatching (inkl. Steiner-Ferngläser), Internet, autodidaktische Wanderpläne. Zw. 18 und 20 Uhr gibt es ein Froschkonzert! Chef ist der engagierte Rodney (mobil ℡ 094-829587), der selbst Wanderungen im Nambillo-Reservat leitet (25 USD ganzer Tag für bis zu 6 Teilnehmer). Pro Pers. 18 USD (BP) bzw. 14 USD (BC) inkl. anständigem Frühstück ab 5.30 Uhr. Etwas versteckt hinter der südwestlichen Ecke des eingemauerten Fußballfeldes, ℡ 2170213, info@eldescanso.net, www.eldescanso.net.

Birdwatcher's House (10), (Budget) vom Birdwatcher Vinicio Pérez. Beste Zimmer oben Nr. 5 bis 8 (BP, Ww), Kiefernholzbetten, helle Nr. 7 mit großer Fensterfront. Hängematten-Veranda, Kolibris, der Garten ist nichts Besonderes. Pro Pers. ab 16 USD. Barrio El Progreso, ℡ 2170204, ℡ 099-476867 (mobil), vinicioperez@andinanet.net.

Armonia Lodgings (17), (Budget), enge, niedliche, ruhige Cabañitas (BP, Ww), von fabelartigem Wildwuchs umringt. 200 Orchideenarten, überall blüht und blubbert es. Hugolino Oñate vermittelt Birder-Trips für 35 USD pro Tag. Pro Pers. 14 USD inkl. Frühstück. Hübsch für Paare ist Cabaña Nr. 2 und Nr. 4. Der Rest ein Bretterschlag (BC) für 8 USD pro Pers. An der Südseite des Fußballfeldes, ℡ 2170131, ℡ 099-435098 (mobil).

Jardín de los Pajaros (11), (Budget), im Barrio Progreso, vergleichsweise sehr dezent und komfortabel. Nur 8 Zimmer, alle mit BP und Ww, die oberen mit Teppichboden, davor riesige Sofa-Hängematten-Terrasse im besten Hacienda-Stil, unten ein *comedor* und der warme Pool! Die unteren Zimmer sind hellhörig, was zumindest an Wochenen-

den stört. Ab 13 USD pro Pers. inkl. Frühstück ℡ 2170159, ℡ 094-227624 (mobil).

Sandy (8), (Budget), sauberes Holz-Hotelchen mit ansprechender Fassade im Barrio Progreso am Río Canchupi. Nur 4 Zimmer mit BP, Ww, 2 mit Balkon, 2 mit Flussblick. Freundlich, familiär, kleiner Aufenthaltsraum. Beim Betreten Schuhe ausziehen! Pro Pers. 10 USD inkl. Frühstück. ℡ 2170212.

Rubbi (16), (Budget), an einer Ecke hinter dem Sportplatz, einfach, gemütlich, BC mit kleiner Badewanne, Besitzer ist der erfahrene Birdguide Marcelo Arias (35 USD für etwa 5 Std., 50 USD pro Tag, Ferngläser, Teleskop). Seine Frau Norma spricht auch Englisch, nach Töchterchen Rubbi wurde das Hostel getauft. Gutes Preis-Leistungs-Verhältnis für Anspruchslose! Pro Pers. 9 USD, kleiner Rabatt für MMV-Leser! ℡ 2170417, ℡ 093-406321 (mobil) o. 091-931853 (mobil), marceguideofbirds@yahoo.com, rubbyhostal@yahoo.com.

Casa de Cecilia (1), (Low Budget), eng und verwinkelt mit wenig Privatsphäre. Zu einer Schlafgelegenheit geht es z. B. einfach die Treppe hoch, und dann liegt dort eine Matratze, auch „Balkonbetten" im Freien, nur BC. Doña Cecilia sorgt für Sauberkeit. Internet, Küche mit Flussblick, Riesengarten mit ganz idealen Campingmöglichkeiten (ab 2 USD), sonst pro Pers. ab 5 USD. Idyllisch am Río Canchupi, keine 3 Gehminuten vom Parque Central, ℡ 2170417, ℡ 093-345393 (mobil).

Gypsy (14), (Low Budget), enge Bretterverschläge unten, nette Zimmerchen oben (Nr. 4). Mit Bastmatten (*esteras*) verkleidete Wände, Verandas, nur BC, Moskitonetze, Frühstücksterrasse, Wäscheservice. Pro Pers. 5 USD. An der Westseite des Fußballfeldes, ℡ 097-342161 (mobil).

• *Übernachten außerhalb* **El Monte (13)**, (MK), romantische, im Wald versteckte Herberge am Río Mindo, Bachrauschen rund um die Uhr! Rustikales Veggie-Restaurant, Orchideengärtchen, Grillplatz und steile Wanderpfade. Drei DZ-Cabañas mit BP, schönen Badewannen, Ww und orthopädischen Matratzen. Gleiche Anfahrt wie zur Casa de Mariposas (s. u.), jedoch geht es ein gutes Stückchen weiter bis zum Ende des Holpersträßchens am Río Mindo (4 km vom Ort). Dort mit einer winzigen *tarabita* (Seilbahn) über den Fluss, dann sind es noch ein paar Meter zu Fuß. Übernachtung inkl. drei Mahlzeiten 96 USD pro Pers. (ohne Birdguide). Reservierung in Quito: Roca 736

Grünkronennymphe

y Amazonas (Pasaje Chantilly), ✆ 2558881, www.ecuadorcloudforest.com.

Sachatamia Lodge, (MK), gepflegter Landhausstil, 5 sehr hübsche und komfortable Zimmer, ebenso 3 Cabañas (BP, Ww, Teppichboden). Wände, Decken, Betten und Möbel aus Holz. Restaurant im Bauernstuben-Look (Hauptspeisen 10 USD). Wanderwege im 120 ha Waldreservat, überdachter Pool. EZ ab 60 USD, DZ ab 80 USD. Nur wenige Meter vorm Y de Mindo von Quito kommend links rein, ✆ 3900907, info@ sachatamia.com, www.sachatamia.com.

Kumbha Mela, (MK/Budget), schön ist nur die Cabaña mit Bambusdach und Veranda, darin 2 *matrimoniales* und 1 *twin* für 24 USD pro Pers. Pool, kleine Lagune und Restaurant mit Spezialität *mar y tierra* (12 USD), *batidos* und Cocktails. Am Río Mindo, 1 km von der Plaza, mobil unter ✆ 094-051675 (Sofia Fierro) o. ✆ 091-978180 (Mirko), hkumbhamela@yahoo.com.

Cabañas Mariposas de Mindo, (Budget), rustikal, Platz gerade mal ausreichend (BP, Ww), hübscher Garten, am Wochenende viel Publikum wegen angeschlossener Casa de Mariposas. Etwa 2 km vom Ortskern, Restaurant (*trucha en hoja de bijao* 8 USD). Pro Pers. 16 USD. Reservierung in Quito im *edificio* Unicentro, Av. Amazonas N38–14 y Jápon. ✆ 2440360.

Cabañas Las Luciérnagas, (Budget), 50.000 ha Natur, Bananen, Yuca, Ananas und Palmito. Cabañas im Hexenhäuschenstil, BP o. BC, pro Pers. ab 10 USD inkl. Frühstück, Camping (Sanitäranlage) 3 USD pro Pers. Kleines archäologisches Museum (1 USD). Camino a Cunucu, 200 m vom Obelisco de Mindo, ✆ 3900437, luciernagasmindo@yahoo.es.

Cabañas Muya Mindala, (Budget), rustikale, farbenfrohe Bretterhütten mit Fruchtnamen und llangematten Veranda. Relaxtes Ambiente, einfaches Open-Air-Restaurant, wilder Garten. Pro Pers. 10 USD inkl. exotischem Frühstück. Fast 1 km vom Ortskern Richtung Wasserfälle, ✆ 097-048564 (mobil).

Cabañas Bambusa, (12), (Budget), 800 m vom Ort an der Holperstraße zur Casa de Mariposas, 200 m vor der Brücke über den Río Mindo linker Hand 400 m rein. Rustikal, romantisch, Waldblick, Garten, Hängematten, feste Matratzen! EZ/DZ 11/14 USD (BC), EZ/DZ 28 USD (BP), Frühstück 3 USD, Camping 3,50 USD pro Pers., ✆ 099-263365 (mobil), www.hotelbambuecuador.com.

● *Essen & Trinken* **El Nómada (9)**, gepolsterte Baumstämme, Holzhocker und ein Sofa! Gelobt werden Lasagne, Ravioli und Cannelloni, ganz lecker auch die Pizzas, *chuleta* 7 USD, *parrillada para dos* mit *yuca* und Salat 18 USD, Tiramisu

Río Saloya

(3 USD). Mo–Fr und So 13–21 Uhr, Sa bis 22 Uhr. In der gleichnamigen Bar nebenan tanzt der lustige Brillenbär zu Salsa, Reggae und Rock. Nur einen kleinen Block vom Parque Central auf dem Weg zu den Wasserfällen.

Gourmet del Río (3), hübscher Blick von der Terrasse auf Blumen, Bromelien und eine imposante bewaldete Felswand, dazu das Gegurgel des Río Canchupi. Carlos hat sich zu einem Chef de Cuisine entwickelt, während sich seine Frau Marcía als die wahre Chefin entpuppt, fragen Sie nach ihrem Frühstück. *Tigrillo* oder *trucha de la casa* (5 USD), abends Caipirinhas, tägl. 7–21 Uhr.

El Chef (6), von Miguel Patiño, Spezialität ist ein saftiges *lomo a la piedra* auf „heißem Stein" serviert, dazu Pommes und Salat (6 USD), *lomo apanado* o. *pollo frito* 4 USD, tägl. 8–21 Uhr, Av. Quito y El Progreso.

Gegenüber ist das **Café Mindo** von Sr. Hanibal, Fisch und *comida criolla a la carta* (5–15 USD), Holzbänke draußen, Mo geschl.

Schräg gegenüber dem „Chef" ist zudem das **Omarcito (5)**, Fisch von 5 USD, tägl. 7–22 Uhr, Av. Quito y Progreso.

Fuera de Babilon (4), „La Casa del Ciclista", Palmenstämme und Baumstümpfe unter einer schattigen Decke aus Wildwuchs, relaxter Treff nicht nur für Weltumradler, *desayuno* mit organischem Kaffee ab 2 USD, *almuerzos y meriendas* 2,50 USD, *espaghetis* 4 USD, *truchas* 4,50 USD. Nur anderthalb Blocks vom Parque Central, tägl. von 7.30–21 Uhr.

Los Colibríes, hübsches Terrassenlokal, etwa 700 m vom Ortskern auf dem Sträßchen zur Hostería Carmelo. Jede Menge nektarsuchende Kolibris. Vorspeisen ab 5 USD, Hauptspeisen ab 8 USD.

El Chinchinal (2), intimes Terrassen-Café im tropischen Grün, mit Bachrauschen, Bananenstauden und Kolibris, nahe dem Parque Central über dem Ufer des Río Canchupi. Frühstück, Kaffee, Kuchen und bestes Speiseeis im Ort, nur Do–Sa von 9–21 Uhr und So 9–13 Uhr.

● *Ausflugsziele* Von zwei Lesern wurde die kleine biologische Station **Río Bravo** der **Reserva El Corazón** im Mindo-Nambillo-Schutzwald empfohlen, 1 Std. zu Fuß von den Wasserfällen im Santuario de las Cascadas: „ab etwa 25 USD werden Transport, geführte Wanderung und ein leckeres Mittagessen geboten. Dazu eine Dusche unter der *cascada* „La Esperanza" und ein Sprung in einen paradiesischen Naturpool aus 3 m Höhe. Das ist besser als der kommerzielle Nambillo-Wasserfall-Mist!", direkt bei Luis Narvaéz, ✆ 093-494658 (mobil).

Es gibt einen wenig benutzten Weg zum „kommerziellen" **Nambillo-Wasserfall**: Man geht Richtung Südost zur Casa de Mariposas (45 Min.) und, diese links liegen lassend, ein gutes Stückchen weiter bis zum Ende des Holpersträßchens am Río Mindo (4 km vom Ort). Dort mit der winzigen *tarabita* (Seilbahn) über den Fluss. Hier beginnt der Nebelwald! Die Wege sind ein wenig wirr, aber so richtig verlaufen kann man sich nicht. Nach einigen Metern auf der anderen Seite des Río Mindo kommt links der erste Abzweig zu einem Campingplatz. Der Pfad zum Wasserfall führt uns jedoch geradeaus weiter. Noch vor der Herberge El Monte geht es am nächsten Abzweig links steil hoch, teils auf alten Holztreppchen. Nach ca. 10 Min. kommt wieder ein Abzweig, dort geht es steil nach oben weiter. Nach 5 Min. hat man die Wahl zwischen dem „Normalo-Weg" und einem abenteuerlichen, der rechts bei einer Felswand an Seilen entlang nach oben führt. Beide Pfade treffen oben zusammen. Nach weiteren 10–15 Min. geht es links auf einem Schottersträßchen weiter. Von hier sind es noch 15 Min. bis zum höchsten Punkt. Ein Pfad führt jedoch vorher rechts (Schild) zur Nambillo-Cascada hinunter, mit 12 m Höhe und Badebecken die größte (3 USD). Bademöglichkeit!

• *Birdwatching* Wer die zahlreichen Vögel in diesem Gebiet auch bestimmen können möchte, sollte sich einen Guide nehmen, zumal dieser auch viele bunte Vögel im Dickicht entdeckt, die für ungeübte Augen meist nicht auf Anhieb erkennbar sind. Empfohlen wird der Englisch sprechende Guide **Marcelo Arias** vom Hostal Rubbi, gutes Equipment, 35 USD pro Grüppchen für 5 Std., 50 USD für den ganzen Tag, ✆ 093-406321 (mobil); gleicher Preis bei **Hugolino Oñate** vom Hostal Armonia Lodgings, ✆ 099-435098 (mobil); international bekannt (u. teurer) ist der Birder **Vinicio Pérez** vom Birdwatchers' House, ✆ 099-476007 (mobil); ebenso Sra. **Julia Patiño** (juliaguideofbird@yahoo.com), die fleißig Englisch lernt und im Hostal El Descanso zu erreichen ist (3 Std. 25 USD); **Santos Patiño** (santos_patino@yahoo.com) stammt aus einer Familie, die zahlreiche Birdguides hervorbrachte (3 Std. ab 25 USD).

Folgende Info-Zentren auf der Hauptstraße können außerdem Birdguides (daneben auch Wander- und Reittouren oder rustikale Schlafsack-Hütten und Zeltlager im Nebelwald) vermitteln: **La Isla** von Giovanni Patiño mit Zelt-Camp (✆ 093/272190, laislamindo@yahoo.com); **Mindo Birdadventure** von Miguel Patiño (mindobirdadventure@yahoo.es); oder auch das Info-„Hexenhäuschen" am Parque Central.

• *Canopy* Wie in einer Art Hochseilgarten schwebt man, in einem Gurt sitzend an einem Drahtseil befestigt, mit **Mindo Canopy** über oder unter den Baumwipfeln, und hat die Chance, Vögel wie Tukane zu beobachten. Zwischendurch marschiert man von einer „Seil-Station" zur anderen. Die ganze Runde dauert 1:15 Std. Es gibt 13 Drahlseile zw. 20 und 400 m Länge, Gesamtlänge 2.500 m. Der Start bei einer Hot-Dog-Bude (gelbes Schild) befindet sich 2,5 km außerhalb von Mindo auf dem Feldweg hinauf zu den Wasserfällen, etwa 1,5 km von der Brücke über den Río Mindo. Helm, Gurt mit Spule sowie Lederhandschuhe mit Verstärkung an den Handinnenseiten werden gestellt. ✆ 15 USD für die gesamte Runde,

---

Tipps und Sicherheitshinweise

Man muss beim **Canopy** unbedingt darauf achten, den Kopf vom Kabel wegzustrecken! Wird man zu schnell, bremst man mit der Hand ab. Legt man beide Hände übereinander, bremst man stärker ab. Die ersten Drahtseil-Strecken sind einfach und langsam, sie sind als Einführung gedacht. Hier muss das Seil mit beiden Händen umfasst und die Beine müssen gekreuzt werden. Bei den folgenden, schwierigeren Strecken wird die stärkere Hand hinter dem Körper auf das Kabel gelegt, um die Balance zu halten und abzubremsen. Die Guides sichern gut ab. Zum Schluss kommen Kabel, bei denen in Begleitung eines Guide Figuren wie „Superman" oder „Schmetterling" gemacht werden. Beim Superman schwebt der Oberkörper frei in der Luft, während die Beine den Guide umklammern. Beim Schmetterling hängt der Kopf nach unten, dabei hat man die Arme weit von sich gestreckt und die Beine vom Kabel weg gespreizt. Hierbei geht leicht die Orientierung flöten, aber die Guides helfen, wieder hoch zu kommen. Gute Fahrt!

tägl. 8.30–16.30 Uhr, ✆ 085-428758 o. 094-530624 (beide mobil), info@mindocanopy.com, www.mindocanopy.com.

Die Konkurrenz **Mindo Ropes & Canopy** unterstützt den Turismo Comunitario, acht verschiedene Drahtseil-Strecken, komplette Runde 15 USD, ✆ 091-725874 (mobil), mindo_ziplines@yahoo.com.

• *Orchideen und Schmetterlinge* Die Schmetterlingsfarm **Casa de Mariposas** liegt etwa 2 km vom Dorf auf der Holperstraße, ein paar Hundert Meter weiter geradeaus als die Abzweigung zu den Wasserfällen, 45 Min. zu Fuß. Es gibt 25 Schmetterlingsarten, z. B. den großen Falter *Caligo eurilodius,* den „*Ojo de Buho*" („Eulenauge"). Zum Verweilen lädt das Garten-Restaurant ein. Das Schmetterlingshaus veranschaulicht den Fortpflanzungsprozess, von den Eiern über die Raupen und Puppen zum prachtvollen Schmetterling. Wenn die Sonne nicht scheint, fliegen sie nicht, bei Sonnenschein setzen sich die Schmetterlinge auch mal auf die Besucher. Also besser vormittags kommen! Mo–So, 9–15 Uhr, Eintritt 3 USD. (Viele der Schmetterlinge können vor allem im Juni/Juli übrigens auch im Wald beobachtet werden, wobei diese „wilden" *mariposas* gesünder aussehen als die gezüchteten.)

Nur eine Querstraße vom Parque Central ist der *Jardín de Orquídeas y Mariposas* **Nataly**. Auf kleinem Raum gibt es über 500 Orchideenarten aus ganz Ecuador (bei Mindo selbst gibt es „nur" 170 Arten). Erklärungen auf Spanisch. Calle 9 de Octubre im Barrio Los Ceibos, i. d. R. tägl. geöffnet, Eintritt 3 USD.

Mariposas de Colores, Schmetterlingsfarm mit idyllischem Froschteich, Kolibris und Bambuswäldchen, etwa 100 m über dem Dorf. Eintrittspreise unterschiedlich, je nachdem, ob man nur dem Quaken der Frösche lauscht, die Schmetterlinge oder die Kolibris besucht bzw. gefilmt werden.

• *Seilbahn* Ganz nett ist eine Fahrt mit der Seilbahn „La Tarabita" (2 USD, Betrieb Do–So), die auf 530 m Länge über dem Nebelwald hin- und hergondelt. Am besten sich per *camioneta* hoch bringen lassen (10 USD) und nach der Seilbahnfahrt zu Fuß zurück nach Mindo (4,5 km). Der mitunter aufgeweichte Feldweg lohnt wegen der üppigen Natur!

• *Touren* **Regatas** bzw. **Inner Tubing** scheint der Lieblingssport der Einheimischen zu sein. Hierbei geht es auf zusammengebundenen LKW-Schläuchen in 20 Min. den Río Mindo hinunter. Die Fahrten werden von einem Guide begleitet, der das „Gefährt" in die Flussmitte oder um Hindernisse im Fluss lenkt. Pro Pers. 4 USD, Helm und Schwimmweste inbegriffen: *Motmot Tour,* auf halbem Weg zum Río Mindo; Miguel und Hector Patiño von Regatas La Piedra am „Felsen" bei El Chef; Mindo Rafting Club von Henry Patiño im Busbüro von Flor del Valle. Die Wildwasserfahrt ist für kleine Kinder nicht ganz ungefährlich! Wenn ihre Beine in die Reifenmitte rutschen, könnten sie sich an Steinen im Fluss anschlagen. Bei Fahrten mit Kind sollte nach einem zustzlichen Guide gefragt werden, der auf es aufpasst.

Auf der Hauptstraße können **Mountainbikes** (ab 2 USD die Std.) und **Quads** (*escuadrones*) ab 10 USD die Std. inkl. Benzin (*gasolina*) gemietet werden. Nach starkem Regen verwandeln sich die Straßen und Wege in Schlammpisten, dann macht es besonders Spaß. Bikes für 1 USD die Std. hat Efrain Silva gegenüber dem Info-Stand am Parque Central.

Fährt man vom Y de Mindo weiter in Richtung Küste, folgt das Städtchen **San Miguel de los Bancos**: Bankautomat auf der Hauptstraße und Müllhalde am Flussufer! Weiter unten liegt rechts neben der Umgehungsstraße das chaotisch angewachsene **Pedro Vicente Maldonado**. Die Umgebung gilt als Geheimtipp für Ornithologen; es gibt einen samstäglichen Viehmarkt an der Durchgangsstraße.

Lustobjekt Kolibri

von Volker Feser und Prof. Dr. Gerhard Spitzer

In fast allen Nebelwald-Lodges hängen entlang der Pfade und auf den Veranden mit Zuckerwasser gefüllte, knallrote Plastikblumen, sog. *bebedores*. Fast ständig stehen die Kolibris im Schwirrflug vor den Plastikblüten, um mit ihrem langen Schnabel das Zuckerwasser herauszusaugen. Für Touristen sind die Kolibri-Tränken ein echter Hit, da sie auf diese Weise kinderleicht zu schönen Fotos der sonst nur schwer zu fotografierenden „fliegenden Juwelen" kommen. Kaum einer stellt sich dabei die Frage, ob dies den Kolibris selbst zugute kommt.

Die verschiedenen Arten sind durch ihre Schnabelform und ganz bestimmte Eigenheiten ihres Flugvermögens in Bezug auf Schnelligkeit und Ausdauer an die Nutzung des Nektarangebotes der Blüten ganz bestimmter Pflanzen angewiesen. Die Nektarmengen, die die jeweiligen Blüten produzieren, sind sehr unterschiedlich und das Angebot an geeigneten Blüten ändert sich in einem Gebiet im Laufe eines Jahres ständig. Zwischen 500 und 2.000 Blüten braucht ein einzelner Kolibri, um seinen täglichen Energiebedarf zu decken. Somit sind die Individuenzahlen der *picaflores* (sehr treffende spanische Bezeichnung „Blütenstecher") praktisch den ständigen Veränderungen in Raum und Zeit unterworfen.

In den Regen- und Nebelwäldern ist die Vielzahl der Kolibris, die zudem auch in den Kronenbereichen nach Blüten suchen, nicht einfach zu erheben. In vielen Lodges werden daher täglich 5–10 kg Zucker in Wasser gelöst an Kolibris „verfüttert". Das entspricht 1–3 Mio. Blüten, die 500–1.500 Kolibris versorgen. Durch diesen geballten „Zuckerwasser-Cocktail" wird nicht nur eine unnatürlich hohe Dichte an Kolibris vorgegaukelt, sondern die Vögel werden auch in eine totale Abhängigkeit gebracht. Würde das Zuckerwasser nur ein einziges Mal an einem einzigen Tage nicht nachgefüllt, würde dies für viele Kolibris den Tod bedeuten, da sie über keine ausreichenden Energiereserven verfügen, um irgendwo in dem für sie riesigen Waldgebiet noch rechtzeitig eine ausreichende Anzahl Nektar produzierender Blüten zu erreichen. Ökologisch geführte Lodges wie z. B. Santa Lucía bei Nanegal (S. 245) verzichten daher auf das Anlocken von Kolibris als Touristenattraktion!

Puerto Quito

Freiwillige gesucht! Hier bietet ein kleines Netzwerk aus wunderbar versteckt gelegenen Fincas in tropischer Landschaft Volontären die Möglichkeit, nicht nur einen Beitrag zum Erhalt der Natur zu leisten, sondern auch Leben und Arbeiten auf einer Finca sowie Bräuche und Menschen kennenzulernen.

Puerto Quito selbst ist ein 40 Jahre altes Mega-Dorf am Río Caoni. Hahnenkämpfe, ländliche Trostlosigkeit und eine über den Häusern thronende Müllhalde prägen den Durchgangsort. Der Bankautomat am Ende der Hauptstraße ist meist außer Betrieb, auch mit der Wasserversorgung und -qualität sieht es nicht allzu gut aus.

Wer die Möglichkeit fand, wanderte aus. Nicht so der 72-jährige *Don Emilio Vera*, er hat sich bereits umgestellt. Die schillerndste Figur des Ortes kommt meist mit modischer Sonnenbrille auf dem Fahrrad angebraust, die Machete im Trinkflaschenhalter, und einem lang gewachsenen Daumennagel, um auch die dicksten Orangenschalen aufzubrechen. Don Emilio war einer der ersten Bauern in der Gegend und bietet inzwischen für ein paar Dollars Besuche auf seiner 70 ha großen Finca an: Bananen, Melonen, Ananas, Kokosnüsse, Termiten und andere Leckerbissen dürfen probiert werden. In seinem Dreizimmerhaus kann auf Wunsch übernachtet werden. Einfach nach ihm fragen, jeder kennt ihn! Ein weiterer Hoffnungsträger ist *Don Francisco*, der einen Laden gegenüber der Polizei am Ende der Hauptstraße führt, mit frischem Bienen- und Zuckerrohrhonig sowie Früchten von seiner organischen Finca.

Wer ein Fleckchen Fröhlichkeit inmitten der Natur entdecken möchte, sollte von Puerto Quito ins einige Kilometer entfernte **Silanche** fahren (Taxi 8 USD). Bereits die wackelige Hängebrücke über den idyllischen Río Silanche, mit metergroßen Löchern in der Mitte, ist eine Fotoattraktion!

● *Verbindungen* Vom nördlichen Busbahnhof „La Ofelia" in Quito fahren die Coop. Kennedy, Aloag und San Pedrito nach Puerto Quito (3:30 Std., 4 USD). Trans Esmeraldas ist bequemer und schneller und hält auf dem Weg zur Küste in Puerto Quito, allerdings nicht im Zentrum. Man sollte an der Bodenwelle (*chapa acostado* o. *rompevelocidades*) vor der Polizeistation aus- bzw. zusteigen. Vom Zentrum in Puerto Quito geht es mit Kennedy, Aloag o. San Pedrito wieder ins Hochland. Es bestehen auch Verbindungen mit Santo Domingo de los Colorados.

● *Übernachten/Volontärsarbeit* In Puerto Quito kann bei Familie Bustamante nach Freiwilligendiensten auf den „Fincas Tropicales" anfragt werden. Der junge Edwin Bustamante (mobil ☎ 097-963905) ist sehr engagiert und beschäftigt jährlich bis zu 15 deutsche Volontäre. Infos erteilen die ehemaligen Volontäre Mirko Stosch (mirko.

stosch@web.de) und Gereon Groffik (gereon@groffik.de). Farmen des Netzwerkes sind z. B.:

Finca Blanca Margarita, Leben und Arbeiten auf der Kakao-Farm in Silanche, 320 m über dem Meeresspiegel. Dorfarzt „El Doctor" Pedro Saavedra und seine Frau Marianela heißen Besucher willkommen, die dort pure Natur genießen, mit Vogelgezwitscher aufwachen oder ein frisch gelegtes Ei zum Frühstück vorfinden können. Milch und Käse liefert die Nachbarin. Die Schokoladenherstellung, die kühlende Frische im sauberen Dschungelfluss Río Silanche und das allabendliche Froschkonzert am Teich sind ein Erlebnis. Besucher können bei der Kakao-Ernte mitwirken und bekommen alle Fermentierungsschritte u. das Trocknen erklärt. Kolibris schwirren durch den Palmengarten, eine Vielzahl von Früchten wächst dem Besucher fast in den Mund. Kitzel für die Geschmacksnerven: Wird eine Gift-

Zuckerrohrpresse

schlange bei der Arbeit erlegt, gibt es diese zum Abendessen! Übernachtung in Bambus-Cabañas mit Hängematten-Terrasse. Volontäre zahlen für Unterkunft und Verpflegung ca. 220 USD pro Monat. Kontakt in Quito: Gabriela Saavedra, ☎ 02/3330237, www.ecuadorvolunteer.org.

Finca Tierra Santa, 3,5 km von Puerto Quito und 600 m von der Asphaltstraße nach La Independencia (bei km 143) im *Recinto Tierra Santa* (ausgeschildert), Taxi 3 USD. Im Bereich der Finca gibt es ein bisschen Primärwald mit abenteuerlichen Rundwegen, Baumbeschilderung, Brückchen, Flüsschen, Kaskaden, Affen und vielen Vögeln. In der Finca grüßen Hühner, Schweine, Meerschweinchen, Hunde, Katzen und ein Muli. Volontäre melken z. B. Kühe o. bereiten Schokolade zu. Pro Woche 60 USD inkl. Verpflegung und Unterkunft in Holz-Cabañas mit Strohdach, Moskitonetzen und Terrasse. Familie Cuenca sorgt sich um das Wohl der Gäste: Angel Cuenca, ☎ 091-891087 (mobil), oder Sohn Stalin, ☎ 094-539346 (mobil), stalin_cf@yahoo.com.

Weitere Farmen des Netzwerkes sind die oben erwähnte von **Don Emilio**, die **Cabañas del Paraíso** und der **Jardín Tropical** der Familie Darwin im attraktiven Dörfchen Recinto 24 de Mayo (Kontakt jeweils am besten vor Ort bzw. über die anderen Fincas des Netzwerkes). Hier steht neben der Erschnüffelung von Kräutern wie Aloe Vera o. Zimt auch die Schokoladenherstellung im Vordergrund.

Nicht Teil des Netzwerkes ist die touristische Finca **Sendero del Jaguar Lodge**. Das 20 ha große Waldreservat befindet sich etwa 20 Gehminuten von Puerto Quito (Abzweig am km 142) in Richtung Silanche. Wanderungen, Birdwatching, Baden unter Wasserfällen, Inner Tubing, Schokoherstellung u. v. m. Romantisch ist eine Übernachtung im Baumhaus (BP). Pakete inkl. Mahlzeiten, Aktivitäten und Transport von/bis Quito: 1 Tag 43 USD, 2 Tage/1 Übernachtungen 80 USD, 3 Tage/2 Übernachtungen 92 USD pro Pers. Reservierung In Quito: Francisco de San Miguel 404 y Rafael Grau, ☎ 02/2657053, info@senderojaguar.com, www.senderojaguar.com.

„Taita" Imbabura

Panamericana Norte – Straße der Seen

Quito – Cayambe – Otavalo – Ibarra – Tulcán (65/100/125/250 km)

Kraterlagunen, Almweiden, Kakteenhaine, Nebelwälder und Gletscherspalten. Dazu ein ethnisch-kulturelles Spektrum, das von den zopftragenden Männern des größten südamerikanischen Indiomarktes bis hin zu den schwarzen Balancekünstlerinnen des Chota-Tales reicht.

Die Panamericana (Norte), deren Spitzname *pana* so viel wie „Kumpel" bedeutet, beginnt am Verkehrskreisel La Y in der Neustadt Quitos, 1 km südlich des Flughafens. Sowohl die Avenida Occidental als auch die Avenida Eloy Alfaro schließen sich noch einiges weiter nördlich, im Stadtviertel Carcelén, der berühmten panamerikanischen Straße an.

▸ **Calderón**: Auf der hier autobahnähnlich ausgebauten Pana kommt kurz hinter Carcelén das Städtchen Calderón, bekannt für seine bunten Brotteigfiguren, die in kleinen Geschäften entlang der Hauptstraße Calle Carapungo und auf einem Artesanía-Markt im Ortskern zum Verkauf angeboten werden (von der Pana links runter, d. h. erst nach rechts ausfädeln).

Die aufgeschlitzten, halb zerhackten und mit der Schnauze voraus direkt über dem Autobahnrand zum Verzehr ausgehängten Schweine sind insgeheim aber die wirkliche „Attraktion" des Durchgangsstädtchens. Für europäische Mägen sind diese *fritadas* jedoch mit Vorsicht zu genießen.

In Calderón trifft die Umgehungsautobahn *Avenida Oriental* auf die panamerikanische Straße. Die „Oriental" stellt die schnellste Möglichkeit dar, aus der Stadt heraus nach Norden (oder Süden) zu gelangen.

Guaguas de Pan – Figuren aus Brotteig

Die als Weihnachtsbaumschmuck oder Schlüsselanhänger verwendeten *mazapán*-Figuren werden nach Europa und Nordamerika exportiert. Die Herstellung der *guaguas de pan*, federgeschmückte Pferdchen, Früchte, Blumen, Lamas oder anderer „Brotbabys", geht auf eine lange Tradition zurück, die mit den Feierlichkeiten des Totensonntags zu tun hat. Ursprünglich, d. h. vor der Christianisierung, dienten die Figuren den Verstorbenen zu Ehren als Opfergabe. Für die Angehörigen wurde so die Seelenwanderung des Toten sinnbildlich. Andere „Kulturforscher" bestehen darauf, dass die *guaguas de pan* einen Ersatz für die vorchristlichen Menschenopfer der Indianer darstellen.

▸ **Guayllabamba**: Die Route führt zunächst über kurvenreiches Gefälle, durch regenarme Busch- und Kakteenlandschaft bis ins breite, oasenhafte *Tal von Guayllabamba* hinunter. Auffallend sind vereinzelte oder in kleinen Hainen gruppierte, für die Gegend so charakteristische Schirmakazien *(algarrobos)*, die beim Betrachter den Anschein erwecken könnten, sich irgendwo in Palästina oder einer riesigen Winnetou-Freiluftkulisse zu befinden.

Vor Guayllabamba (1.800 m), am km 29, teilt sich die Straße. Der rechte Zweig führt durchs Städtchen, der linke umgeht es. Im Ort selbst werden an den Straßenständen neben grünen bis rotbraunen *Aguacates* (Avocados) auch die köstlich süßen *Chirimoya-Früchte* feilgeboten. Essbar ist nur das innere Weiße, nachdem die weiche Hülle genau wie bei einem Apfel in zwei Hälften aufgebrochen wurde. Den großen dunklen Kern spuckt man einfach aus. Das Fruchtfleisch schmeckt wie eine Mischung aus Banane und Birne.

Die Attraktion von Guayllabamba ist der *Zoologische Garten*. Auf einem 4 ha großen Gelände hausen etwa vierzig Tierarten.

Öffnungszeiten Di–Fr 9–17 Uhr, Sa/So 9.30–17 Uhr. Eintritt 3 USD, ☎ 2368-898/-900.

Hinter Guayllabamba teilt sich die Pana erneut, wobei beide Routen nach Otavalo und Ibarra führen. Rechts geht es über das Molkereizentrum **Cayambe** (35 km) zu Füßen des gleichnamigen Schneeriesen, links führt der Weg über den Blumenzuchtort **Tabacundo**. Beide Straßen sind in einem guten Zustand. Saftige Weiden, Maisfelder und kleine Eukalyptuswäldchen beginnen eine halbe Stunde später, das trockene Landschaftsbild zu verändern.

• *Linker Zweig* Die **Pyramiden von Cochasquí** (3.100 m) befinden sich etwa 20 km nördlich von Guayllabamba. Auf dem linken Straßenzweig in Richtung Tabacundo geht es vor der Ortschaft La Esperanza (nicht La Esperanza bei Ibarra) links weg nach **Tocachi**. Eine Camioneta von der Hauptstraße bei der Vírgen de Toachi kostet etwa 4 USD. Nach etwa 7 km ist der Komplex erreicht. Eine andere Abzweigung geht bereits ein paar Kilometer vorher bei der Mautstelle von der Hauptstraße ab. Hierbei geht es ebenso links in einen gepflasterten Nebenweg hoch (ist ausgeschildert) und führt nach etwa 8 km zum Cochasqui-Komplex. Diese Alternativroute geht nicht durch Tocachi und ist eher Selbstfahrern vorbehalten.

Die 15 abgeflachten, pyramidenförmigen Erdhügel mit den hinaufführenden Erdrampen waren zu Quitu-Cara-Zeiten (500–1500 n. Chr.) ein astronomisches Zeremonienzentrum. Sie wurden aus dem für die nördliche Sierra so prägenden vulkanischen Cangahua-Lehm geformt. Der Archäologe Max Uhle nahm 1933 erstmals Ausgrabungen vor und fand in einer der Pyramiden 556 Totenköpfe – es geht eine gewisse Faszination von diesem Ort aus. Die 240-Grad-Aussicht ins Tal von Guayllabamba und die nördliche „Straße der Vulkane" ist ein zusätzlicher Pluspunkt. Es gibt eine einfache Herberge, auch Zelten ist möglich, lokale indianische Guides geben Auskunft, Inti-Raymi-Festivitäten werden zur Sonnenwende abgehalten. Eintritt 3 USD, 9–16 Uhr.

Bei der Durchfahrt der Ortschaft Tabacundo geht es von der Hauptverkehrsstraße links hoch auf eine 17 km lange Schotterpiste zu den **Lagunen von Mojanda**, der Weg ist ausgeschildert (siehe auch bei „Otavalo") Die Jeep-Piste führt zunächst über einen 4.000 m hohen Pass und dann über die winzigen Lagunen Laguna Chiquita und Laguna Negra zur größten der drei Lagunen (Mojanda Grande) auf etwa 3.700 m Höhe. Dort verwandelt sich die abenteuerliche Piste in ein Pflastersteinsträßchen und führt wieder hinunter nach Otavalo (15 km). Nur für Leihwagenfahrer, die mit Vierradantrieb unterwegs sind. Bei vorausgegangenem Regen bereitet die Piste im Mojanda-Abschnitt allergrößte Probleme. Im weiteren Verlauf ist die Straße dann bis Otavalo gepflastert. Eine gemietete Camioneta von Otavalo herauf, also in entgegengesetzter Richtung, kommt auf 15 USD. Die Lagunen zu Füßen des stark erodierten Vulkans **Fuya Fuya** (4.263 m) sind optimal für Hochland-Tageswanderungen.

● *Rechter Zweig* Etwa 5 km vor Cayambe überquert die gut asphaltierte Straße die Äquatorlinie. Eine Erdkugel und kleine Restaurantes weisen linker Hand darauf hin. Ein paar Meter weiter befindet sich rechter Hand die riesige Quitsato-Sonnenuhr (siehe „Cayambe").

Cayambe

Das 30.000-Einwohner-Städtchen und Milchwirtschaftszentrum liegt 5 km nördlich des Äquators auf 2.500 Höhenmetern, 65 km nördlich von Quito und 30 km südlich von Otavalo. Die fruchtbare Hochebene wurde vor 1.500 Jahren von den Stämmen der *Cayambis* und *Caranquis* besiedelt, die später den Inkas auf ihrem Vormarsch nach Norden etliche Probleme bereiteten. Wenn man sich von Quito aus Cayambe nähert, befindet sich gleich neben der Pana, genau auf der Äquatorlinie bei Guachalá, rechter Hand eine Sonnenuhr nach präkolumbischem Vorbild. Um den 10 m hohen Schattenanzeiger erstrahlt eine Windrose aus Flusssteinen von 54 m Durchmesser (www.quitsato.org).

Viel attraktiver ist jedoch die gebirgige Umgebung von Cayambe. Es können ausgiebige Wanderungen und Reitausflüge unternommen werden, z. B. zu aussichtsreichen präkolumbischen Ruinenstätten wie **Quito Loma**. Bergsteigern vorbehalten ist der Aufstieg zur Cayambe-Schutzhütte auf 4.839 m – fast auf der Äquatorlinie – oder gar zum Gipfel dieses mit 5.790 m dritthöchsten Berges von Ecuador. Zu den schönsten Ausflugszielen in der Umgebung gehören die versteckt in der Ostkordillere gelegenen, heißen Thermalquellen von **Oyacachi** (3.140 m), in etwa 2 Std. über eine szenische Andenstraße von Cayambe aus zu erreichen (siehe „Verbindungen"). Das senfgelbe, bis zu 45 Grad heiße Wasser enthält sehr hohe Konzentrationen an Bikarbonat, Chlor und Schwefel, sehr heilsam bei Herz-Kreislauf-, Rheuma- und Arthritisbeschwerden. Aber auch fürs Auge wird was geboten: Das mitten im Grünen gelegene, beschauliche 2.000-Einwohner-Dorf gehört bereits zur **Reserva Ecológica Coca-Cayambe**. Camping ist im Thermen-Bereich möglich, allerdings mit dickem Schlafsack! Ein Hotel gibt es bislang noch nicht, kleine Kiosk-Lokale bieten frische Forellen. Fragen Sie nach Gloria Toapanta und ihrem *locro de papas con queso*! Eine knapp einstündige Wanderung führt zudem von den heißen Quellen zum präkolumbischen Friedhof von **Nuacallacta** am Río Oyacachi.

In Cayambe gibt es an der Durchgangsstraße nach Otavalo mehrere Imbissgeschäfte, die typische Biskuits (*bizcochos*) und den feinen Blätterkäse (*queso de hoja*) anbieten. Unbedingt probieren, auch wenn die einst verwendeten Blätter, in denen der Käse eingelegt wurde, heute durch Plastikhüllen ersetzt wurden. Eine hübsche Plaza mit Kirche befindet sich im Ortskern, und an Allerheiligen wird sogar der farbenprächtig geschmückte Friedhof zur Sehenswürdigkeit.

Die **Vorwahl** von Cayambe und der Provinz Pichincha ist **02**.

● *Verbindungen/Adressen* **Busse** nach **Quito** (1 Std.) oder **Otavalo** (30 Min.) können an der Panamericana geschnappt werden (am Kreisel), die mitten durch den Ort führt. Der Busbahnhof befindet sich in der Juan Montalvo zw. Junín und 10 de Agosto, nur ein paar Gehminuten vom Parque Central.

Hier startet die Coop. Flor del Valle alle 8 Min. nach Quito, ☎ 2360094. Klapprige Busse nach **Cangahua** (30 Min.) und ins schöne Andenhochtal von **Oyacachi** mit seinen **Thermalquellen** (etwa 2 Std.) starten an der Ecke Restauración y Sucre tägl. außer Di um 8 Uhr morgens. Von Oyacachi geht es dann gegen 15 Uhr wieder zurück (Transportes Oyacachi). Ebenfalls nach Oyacachi fährt sonntags um 7.30 Uhr ein Bus der Coop. Cangahua. Nach **Olmedo** geht es alle 30 Min. mit der Coop. 24 de Junio

(Restauración y 9 de Octubre). Diese Coop. fährt auch 4x tägl. über **Zuleta** und **La Esperanza** nach **Ibarra** auf einem urigen Andensträßchen (5, 7, 13.30 und 16.30 Uhr, Fahrtzeit bis zur Casa Aida in La Esperanza etwa 1:30 Std.).

Apotheke, z. B. Farmacia Cruz Azul in der Ascázubi y Bolívar; **Geldautomaten** gibt es bei der Banco del Pichincha, Bolívar y Ascázubi (Visa, Mastercard, Cirrus, Diners), und Banco del Pacífico, Panamericana y Junín (Mastercard, Cirrus); **Internet** an der Ecke Ascázubi und Bolívar (Andy Net oder Servicompu); **Telefonieren** bei Movistar, schräg gegenüber dem Hotel Imperial in der Ascázubi y Libertad; bei Porta in der Ascázubi y Sucre; oder Alegro in der Bolívar y Rocafuerte, am Parque gegenüber der Kirche.

• *Übernachten/Essen & Trinken* **Imperial**, (Budget), einfach und schmucklos. Nr. 204 ist ein Eck-Matrimonial mit Blick auf die Kreuzung, gut auch das EZ Nr. 203 oder die Twins oben im 2. St. Pro Pers. 10 USD. Mitten im Zentrum, Libertad y Ascázubi, ✆ 2364417.

Mitad del Mundo, (Budget), Pool, Sauna-Dampfbad am Wochenende, dann auch Einheimische mit lauten Ghettoblastern. BP, Ww, TV, die ruhigeren DZ hinten raus im 1. St. (15 USD). Unauffälliges Gebäude, fast am südlichen Panamericana-Ortsausgang (hier Av. Natalia Jarrín), ✆ 2360226.

Einfachste Lokale für Zwischenmahlzeiten sind das kleine **Café Aroma** an einer Ecke der *Plaza Municipal* sowie das traditionelle **Bizcocho San Pedro** in der Olmedo y Bolívar, keine 50 m vom Friedhofseingang. Hier gibt es die besten *bizcochos* direkt aus dem Holzofen (Tüte ab 1 USD), ebenso *queso de hoja* (25 Ct.), *quesadillas*, *empanadas*, heißen Kakao und Filterkaffee.

Am Ortsrand: **Cocina de Francisco**, nettes Road-Restaurant, internationale und regionale Küche, Hauptspeisen 7–8 USD, Di–Sa 12–20 Uhr, So bis 18 Uhr, Ortsausfahrt Panamericana bei km 1 (rechts) in Richtung Otavalo; **Casa de Fernando**, internationale Küche, nochmals 500 m die Panamericana weiter in Richtung Otavalo, Großraum-Ambiente, Hauptspeisen um die 12 USD, solomillo para dos 26 USD, Di/Mi/So 12–17 Uhr, Do/Fr/Sa bis 19.30 Uhr; **Las Cabañas de Napoles**, nach dem Ort Richtung Otavalo rechts an der Panamericana, rustikale Holztische und -bänke, Grillfleisch um 6 USD, cuy ab 10 USD, tägl. 8–20 Uhr.

• *Übernachten/Essen &Trinken   außerhalb* **Hacienda Guachalá**, (MK), schönes frühkoloniales Anwesen von 1580. Etwas spartanische Zimmer, fast alle mit Kamin: *patio principal* (urig im Hof), *el altillo* (wo einst die Besitzer schliefen), *corredor azul* (nahe dem Pool), *los arcos* (etwas abseits mit Gartenfront). Restaurant mit Frühstück ab 5 USD, *carne a la piedra* 15 USD, Menü

Hacienda Zuleta

18 USD. Pool mit tropischem Wintergarten-Ambiente, in der Kirche Fotos von anno dazumal, Reitausflüge. EZ 48 USD, DZ 66 USD, 3er 82 USD, 4er 98 USD. 5 km südl. von Cayambe an der Straße nach Cangahua, 2 km von der Pana, ✆ 2363042, info@guachala.com, www.guachala.com.

Shungu Huasi, (MK), Schöne Pferdefarm auch für Nichtreiter: traditionelle, englische o. Western-Sättel, die Std. 10 USD. Intimes italienisches Rancho-Restaurant mit Siesta-Sofa vorm Kamin und edle Pferde draußen vorm Fenster auf der grünen Weide. Rusti-kale Cabañitas neben den Ställen, mit starken gasbetriebenen Duschen, Elektroheizung, bequemen Matratzen. Der römische Eigentümer Marcello steht gerne mit Rat und Tat und gutem Englisch zur Seite. Ein idealer Ausgangspunkt, um den Norden Ecuadors kennenzulernen! Am nördlichen Ortsausgang via Otavalo beim Café Cayambe 1 km links in ein Pflastersteinsträßchen, Camino a Granobles. Pro Pers. 20 USD inkl. *desayuno*. Internet, Hufeisen- und Pferdebürstenverkauf! ✆ 2361847, marcello38@shunguhuasi.com, www.shunguhuasi.com.

Die Besteigung des Cayambe (5.790 m)

Das kompakte Massiv des schneebedeckten Cayambe befindet sich etwa 65 km nordöstlich von Quito und begleitet den Reisenden an besonders schönen Tagen auf der gesamten Strecke von Quito nach Otavalo. Der erloschene Vulkanriese ist nicht nur der dritthöchste Berg des Landes, sondern auch der dritthöchste des amerikanischen Kontinents nördlich des Äquators. Die **línea equinoccial** (Äquatorlinie) verläuft genau über seine Südflanken auf etwa 4.600 m Höhe. Somit stellt der Cayambe weltweit auch die höchste Erhebung auf dieser Linie selbst dar.

Der erste Mensch auf dem Gipfel war vermutlich der englische Bergsteiger *Edward Whymper* im Jahre 1880. Seitdem hat der als relativ gefährlich eingestufte Berg zahlreiche Opfer gefordert. Aufgrund unzähliger Gletscherspalten, permanenter Lawinengefahr, extrem starker Winde und überraschender Schneestürme wird der Cayambe eher von erfahrenen Andinisten angegangen. Um nicht als Verunglücktenmeldung in den Tageszeitungen zu erscheinen, sollten sich „Hobby-Kraxler" daher an ein seriöses Kletterbüro in Quito wenden. Die Schutzhütte an den Südwestflanken (4.739 m) verfügt über 20 Hochbetten, Kochnische, Toiletten, Kamin, Trinkwasser und einen Speiseraum.

● *Anfahrt* Um zur Schutzhütte (refugio) zu gelangen, muss in Cayambe eine rechte Abzweigung von der Panamericana genommen werden (von Quito kommend). Diese teils kopfsteingepflasterte Straße beginnt im Bereich des südlichen Stadtrandes, in der Nähe des Coliseo de Deportes – ausgeschildert! Von da geht es bis zur 6 km entfernten **Hacienda Piemonte** (auch Hacienda Hato genannt). Dort gabelt sich der Weg. Der linke Abzweig führt zum Cayambe, der rechte in Richtung des stark erodierten Bergmassivs von Sara Urcu. Nach weiteren 8 km trifft der Cayambe-Zweig auf eine Weggabelung. Hier geht es nach links weg, immer dem Schild Reserva Ecológica Cayambe – Coca folgend. Bald darauf verwandelt sich die holprige Pflastersteinstraße in einen rauen Jeep-Weg, der bis zur Schutzhütte führt. Die Hütte ist von der Pana etwa 26 km entfernt.

● *Aufstieg* Man sollte mit dem Aufstieg so früh wie möglich beginnen, um die Schneefestigkeit auszunutzen. Aufgeweichter Schnee könnte Lawinen auslösen. Es geht zunächst in nördliche Richtung über den Felshügel hinter der Schutzhütte. Nach 1 Std. ist der Gletscher **Hermoso** erreicht. Beim Voranschreiten muss auf zahlreiche Spalten geachtet werden. Nach weiteren 1:30 Std. sind die Felsen **Picos Jarrín** erreicht, wo die Route nach Osten abzweigt. Geradeaus (nach Norden) geht es über den 4.237 m hohen **Chiri Dormida** und die **Hacienda La Chimba** nach Olmedo (18 km nördl. des Städtchens Cayambe), die alte Aufstiegsroute zum Gipfel. Von den Picos Jarrín an beginnt der steilste und schwierigste Teil, der in 3–4 Std. zum Gipfel führt Unterhalb des Gipfels befindet sich eine enorme überhängende Gletscherspalte, die so mancher Seilschaft Kopfzerbrechen bereiten dürfte. Dieser letzten Spalte sollte man eher nach links ausweichen.

Ein uriges Andensträßchen

Eine alte Straße, die von Privatfahrzeugen kaum benutzt wird, führt hinter dem Berg Imbabura in nordöstlicher Richtung von Cayambe über die Ortschaften **Ayora** (6 km), **Olmedo** (18 km), **Zuleta** (30 km), **Angochagua** und **La Esperanza** (40 km) nach **Ibarra** (48 km). Diese landschaftlich beeindruckende Route ist ein kleiner Leckerbissen im nördlichen Andenbereich. Saftige Weiden, mosaikartig angelegte Felder, Pferde, Kühe, Lamas, Lehmhäuser mit roten Ziegeldächern und indianische Bauern in traditioneller Bekleidung oder hoch zu Ross machen diese Asphalt-, Erd- und Pflastersteinstraße zu einem kleinen Erlebnis. An sonnigen Tagen gibt die Strecke zudem traumhafte Ausblicke auf den 5.790 m hohen Cayambe frei.

▸ **Zuleta und Angochagua**: Die beiden Dörfer sind für ihre handgefertigten Stickereien (*bordados*), aber auch für guten Käse bekannt. Auf der riesigen Hazienda des verstorbenen Ex-Präsidenten Galo Plaza wurde bereits vor Jahrzehnten mit der Käseproduktion begonnen. *Floralp*-Geschäfte in Ibarra und Quito sowie die Supermaxi-Kette bieten Käsesorten aus der Gegend um Zuleta an.

● *Einkaufen/Essen & Trinken* Eine **Feria de los Bordados** (meist Tischdecken und Servietten) findet voraussichtlich jeden So 9–16 Uhr in der Casa Comunal in Zuleta statt. Das **Restaurant** im Dorfkern an der Durchgangsstraße ist meist nur am Wochenende geöffnet.

● *Übernachten/Reiten* **Hacienda Zuleta**, wunderschöner kolonialer Gutshof, 1691 von Jesuiten erbaut. Geräumig-rustikale Bauernzimmer, in denen jedoch schon Präsidenten schliefen. Käserei, Stickerei, Baumschule, biologische Gemüsegärten, Forellenfarm, präkolumbische Caranquí-Pyramiden, einzigartiges Kondoraufzuchtprogramm (sie fliegen wirklich!) und edle Reitpferde. Dreigängiges Mittagsmenü mit 3 Std. Rundgang pro Pers. 96 USD. DZ über 300 USD inkl. cena und *desayuno*. ✆ 06/2662182, www.zuleta.com.

Wer die Strecke kombiniert per Bus und zu Fuß erleben möchte, sollte dafür mindestens einen halben Tag veranschlagen. Mit dem ersten Bus geht es meist nur nach Olmedo (siehe dazu Cayambe/Verbindungen). Dort muss dann in eine andere Klapperkiste bis Ibarra umgestiegen werden. Allein schon die Quichua sprechenden Indígenas in diesen Bussen sind die Fahrt wert. Von Olmedo über Zuleta nach **La Esperanza** sind es 22 km. Dieser Streckenabschnitt ist der schönste und kann auch in 5–6 Stunden zu Fuß zurückgelegt werden. Übernachtung: *Casa Aida* oder *Refugio Terra Esperanza* in La Esperanza (siehe S. 285). Von dort aus ist es nach Ibarra dann nur noch ein Katzensprung (etwa 8 km).

Otavalo – „Big Poncho Business" (35.000 Einwohner)

Die meisten Besucher kommen, um den berühmten, wirtschaftlich bedeutendsten Indiomarkt von Südamerika zu erleben. Vor allem an Samstagen verwandelt sich der Stadtkern in eine riesige, dennoch relativ übersichtliche Marktzone.

Der zentrale Punkt des kunterbunten Verkaufsgeschehens ist ab 8 Uhr die **Plaza de los Ponchos**. Es werden Webartikel aller Art, aber auch Hüte, Bilder, Schmuck oder Keramik feilgeboten. Handeln ist üblich und macht Spaß. Die Qualität der angebotenen Ware ist nicht unbedingt das Gelbe vom Ei. Massenproduktion ist angesagt, wobei überall so ziemlich das Gleiche angeboten wird. Darüber hinaus findet am frühen Samstagvormittag von 6 bis 10 Uhr etwas außerhalb der Stadt ein Tiermarkt statt: *Barrio San Juan*, auf der anderen Seite der Panamericana, leicht über die Calle Abdón Calderón in Richtung Westen zu erreichen.

Der Samstagsmarkt stellt eine preiswerte Geschenktruhe für die Lieben daheim dar. Auch Fotografen kommen in dem Gewühle auf ihre Kosten: Menschen in Trachten, Obststände, Wollbündel, Marktschreier, Kartoffelsäcke, barfüßige Lastenträger und ausländische Touristen, in kurzen Hosen oder mit dicken Lamawollpullovern bekleidet. Auf flinke Taschendiebe sollte geachtet werden. Über Lautsprecheranlagen wird auf die Langfinger „unterm Poncho" hingewiesen.

Die Trachten tragenden, traditionsbewussten Otavalo-Indianer, Angehörige einer auf 75 eigenständigen Kommunen beruhenden Kulturgesellschaft, gelten als wohlhabend und angesehen. Althergebrachte Webkunst, verbunden mit einer effektiven Kommerzialisierung, lassen die Otavaleños eine ganz besondere Stellung nicht nur innerhalb Ecuadors einnehmen. Der relative Wohlstand führte aber keineswegs zu einer Vernachlässigung eigenster indianischer Identität. Quichua ist nach wie vor die Muttersprache unter den mit „bolivianischen" Mitimaes verschwägerten Abkömmlingen der einst gegen die Inkas kämpfenden Cara- und Caranqui-Stämme.

Die Frauen von Otavalo tragen lange, schwarze Röcke und weiße, bunt bestickte Blusen. Viele haben schillernde Glasperlenketten um den Hals und rote Korallenbänder um die Handgelenke. Ältere tragen manchmal keine Schuhe, um so mit *Pachamama* – „Mutter Erde" – in Kontakt zu bleiben (oder weil sie einfach kein Geld für Schuhe haben). Fast alle haben lange, weite Schals über die Schulter geworfen. Die Männer tragen dunkelblaue, doppelseitige Ponchos, weiße Hosen und einen schwarzen Hut, unter dem ein schulterlanger Haarzopf hervorschaut. Die von beiden Geschlechtern getragenen Schnürsandalen sind teils aus dem Cabuya-Kaktus gefertigt.

*I*nformation/*V*erbindungen

Die **Vorwahl** von Otavalo und der Provinz Imbabura ist **06**.

● *Information* Die **Oficina de Turismo** in der Bolívar 8-38 y Montalvo und die **Cámara de Turismo** in der Sucre y García Moreno sind nicht besonders hilfreich. Infos erteilt der Anthropologe **Rodrigo Mora** von **Zulaytour** im 2. St. in der Colón y Sucre, ✆ 2922791.

● *Verbindungen* Nur die Coop. Otavalo und Los Lagos sind, von Quito kommend, zum Busbahnhof in die Stadt hinein. Andere halten auf dem Weg nach Ibarra oder Tulcán nur außerhalb, was insbesonders nachts gefährlich sein kann! Der **Terminal Terrestre** befindet sich an der Ecke Atahualpa und Ordoñez im Nordosten der Stadt, unweit der Ausfahrt zur Panamericana Norte. Mit den Coop. Otavalo (✆ 2920455, 2922951) und Los Lagos (✆ 2920382) geht es ab 5 Uhr alle 10 Min. nach **Quito** (2 Std., 2 USD), letzter Bus um 18.40 Uhr, wobei die Coop. Otavalo einen etwas solideren Eindruck macht. In Quito endet die Fahrt am neuen Terminal del Norte in Carcelén. Die

gleichen Coop. fahren zw. 5.30 Uhr und 19 Uhr etwa alle 5–10 Min. nach **Ibarra** (0,50 USD).
Die Coop. Cotacachi fährt zw. 7 und 18.30 Uhr alle 10 Min. nach **Cotacachi** (20 Min., etwa 0,30 USD). Die Coop. Otavalo fährt tägl. um 8, 10, 12 und 14 Uhr in die östlichen subtropischen Randgebiete der Reserva Ecológica Cotacachi-Cayapas nach **Apuela** und **Intag**, Fahrtzeit je nach Strecke 3–4 Std., Preis 3–4 USD. Hierbei werden auch die Thermalbäder von **Nangulví** angesteuert (3:30 Std.). Zusätzlich geht es Mo–Do um 13 Uhr (Fr um 9 und 13 Uhr) nach **Peñaherrera** und **Cuellaje** (3:30 Std.).
Die Coop. Imbaburapac steuert kleine indianische Gemeinden in der Umgebung an und fährt direkt vor dem Terminal ab: nach **San Pablo** am gleichnamigen See (von 5.30 Uhr bis 18.30 Uhr alle 10 Min.); ebenso werden **Quiroga** (unterhalb der Cuicocha-Lagune), **Peguche**, **Imantag**, **Ilumán**, **Agato**, **Cayambe** und **San José de Minas** angefahren.
Taxis gibt es am Parque Central in der Sucre y Montalvo (Coop. 31 de Octubre, 24-Std.-Service, ✆ 2920485) und am Copacabana-Markt an der Ecke Montalvo und Atahualpa (Coop. Copacabana); Taxis Lagos haben

Panamericana Norte
Karte S. 261

zwischen 5 und 16.30 Uhr einen stündlichen Sammeltaxi-Service nach Quito (7,50 USD), Roca 8-04 y Colón, ☎ 2923203. Ein lokales Taxi zum *Parque Cóndor* kostet 3,50 USD, zum *Peguche-Wasserfall* 2 USD, nach Cotacachi 7 USD, zur *Cuicocha-Lagune* 14 USD, zu den Mojanda-Lagunen 15 USD, nach Ibarra 10 USD, nach Chachimbiro 40 USD.

*A*dressen

• *Buchhandlung* **The Book Market** verkauft, kauft und tauscht libros in verschiedenen Sprachen, Roca y García Moreno unter dem Hotel Rivera Sucre.
• *Geldbeschaffung* **Banco del Pacífico**, Jaramillo y Montalvo (Visa, Mastercard); **Banco de Guayaquil**, Calderón entre Roca y Bolívar; **Banco del Austro**, Sucre y Quiroga am Poncho-Platz; **Banco Pichincha**, Bolívar y García Moreno (Visa, Mastercard, Cirrus).
• *Internet* Die Internetcafés **Coffe.Net**, **Virtual**, **Callnet** und **Callcenter** befinden sich alle im Bereich der Sucre y Colón, die Std. 80 Ct., auch billige Telefonate.
• *Krankenhaus/Ärzte* **Allgemeinarzt Dr. Klaus Fay**, deutschsprachig, Sucre y Salinas, ☎ 2921203; **Zahnärztin Dra. Yolanda P. de Cheverría**, Atahualpa y García Moreno; **Hospital**, Sucre y E.E.U.U., ☎ 2920444.
• *Massagen* Shiatsu von Cherie Johnson, Sucre 12-10, 2. *St.*, ☎ 098-842508 (mobil).
• *Museum* Ein kleines **Museo de Tejídos El Obraje** über traditionelle Webarbeiten und Wollherstellung befindet sich in der Sucre 608 entre Piedrahita y Olmedo, ☎ 2920261. Es kann live beobachtet werden, wie in vorkolonialen Zeiten gewebt wurde, vom Schaf bis zur fertigen Decke. Der Besucher erfährt zudem, wie die Indígenas von den Kolonialherren in den sog. Obrajes zur Massenanfertigung von Textilien ausgebeutet wurden. Eintritt 2 USD, Mo–Sa 9–12 und 15–18 Uhr, oder einfach am Tor klingeln, der nette Direktor Luis Maldonado macht bestimmt auf!
• *Polizei* Am nördlichen Ortsausgang, neben dem Parque de la Otavaleñidad, Bolívar y E.E.U.U., ☎ 2920101, Notruf ☎ 101.

*Ü*bernachten

Aufgrund des Marktgeschehens sind die zahlreichen Hotels im Ortskern von Freitag auf Samstag manchmal ausgebucht, insbesondere die preiswerten Unterkünfte. Eine Reservierung oder ein zeitiges Eintreffen am Freitag sichert den gewünschten Schlafplatz!

• *Post* Sucre y Salinas am Poncho-Platz im zweiten St. Geöffnet ist Mo–Fr 8–17 Uhr, Sa 8–12 Uhr.
• *Sprachschulen* Mundo Andino, ab 5 USD pro Std., Unterbringung bei Gastfamilien, auch Kochkurse und kulturelle Aktivitäten, Salinas 404 y Bolívar, ☎ 2921864, mandinospanishschool.com.
• *Telefonieren* Porta-Kabinen im Zentrum, z. B. Roca y García Moreno o. Roca y Montalvo; **Andinatel**, Calderón y Sucre sowie Jaramillo y García Moreno, tägl. 8–21 Uhr.
• *Wäscherei* **New Laundry**, Roca 942 y Abdón Calderón. Mo–Sa 8–13 und 15–18 Uhr.

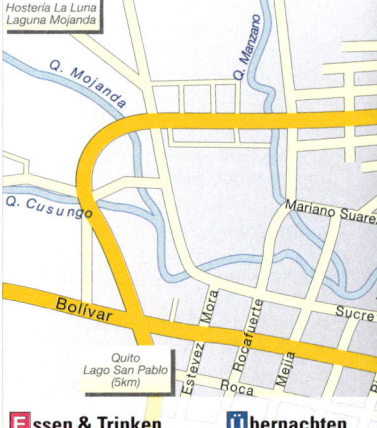

Hosteria La Luna
Laguna Mojanda

Q. Mojanda

Q. Manzano

Q. Cusungo

Mariano Suarez

Bolívar

Mora
Cacuarte
Mejia

Sucre

Quito
Lago San Pablo
(5km)

Estevez
Roca
Cacuarte
Mejia

Essen & Trinken
1 Ali Shungu
4 Buena Vista
7 S.I.S.A.
8 Tabascos
10 Arbol de Montalvo
13 El Salinerito
17 Ally Micuy
18 Quino Sabor y Arte
19 Deli

Übernachten
1 Ali Shungu
2 El Geranio
3 Hostal Acoma
11 Aly
12 Doña Esther
15 Otavalo
16 Riviera Sucre
20 Valle del Amanecer
21 Rincón del Viajero

Cafés
6 Venus & Mars
9 Casa de Frutas Shiatsu
14 Cafe Sol y Luna

Nachtleben
5 Peña Amauta

● *In Otavalo* **Ali Shungu (1)**, (GK), schöner Garten, große Terrasse, niveauvolles folkloristisches Dekor, trachtentragendes Personal, komfortable Zimmer (BP, Ww) mit Blick ins Grüne, ausgezeichnetes Restaurant mit vegetarisch-internationalem Einschlag (Lamm-Curry o. Spinat-Käse-Pie 12 USD, Karottenkuchen 5 USD). Ein kleines Paradies, ein großes Rauchverbot und ein schneller Shuttle-Bus, das niveauvollste Hotel in Otavalo! Es werden keine Kreditkarten akzeptiert! Die außerhalb auf dem Lande gelegene dazugehörige *Ali Shungu Mountain Top Lodge* bietet Reitausflüge. EZ 44 USD, DZ 55 USD, Kinderbett 10 USD, 2 riesige Apartment-Suiten bei Viererbelegung je 134 USD. Vier Blocks von der Plaza de los Ponchos, Quito y Egas, ✆ 2920750, hotel@alishungu.com, www.alishungu.com.

Doña Esther (12), (MK), zentral, koloniales, weißblau getünchtes Haus mit hübschem Patio, Efeu und sehr viel Flair, was anderen Hotels teils völlig abgeht. Mediterranes Restaurant mit Pizzas aus dem Holzkohleofen (Mo geschl.), Live-Folklore. Nostalgische Zimmer (BP, Ww) mit knarrenden Holzfußböden, Bauerntüren, guten Matratzen, Lesesaal, Aussichtsterrasse, Hängematten, Dutch-run. Nr. 5 ist ruhig und warm, Nr. 11 und 8 haben einen Balkon. EZ 22 USD, DZ 32 USD, 3er 40 USD, Suite mit Mini-Küche und Kamin 50 USD. Montalvo 4-44 entre Roca y Bolívar, ✆ 2925381, info@otavalohotel.com, www.otavalohotel.com.

Acoma (3), (MK), weißer Neubau mit kolonialen Elementen, teils edle Zimmer (BP, Ww) im puristischen Stil mit wärmendem Holz, interessanter Stil-Mix, Cafetería, Workshops. EZ Mo–Mi 20 USD, Do–So 24 USD, DZ 30–38 USD, DZ-Suite mit Küche und Kamin 50 USD inkl. Frühstück. Wenige Schritte vom Poncho-Platz, Salinas 07-57 entre 31 de Octubre y Ricaurte, ✆ 2926570, www.acomahotel.com.

Panamericana Norte
Karte S. 261

Otavalo (15), (MK), orangefarbenes Kolonialgebäude, Patio mit Säulengängen, Pflanzen, Sesseln, elegantes Restaurant im Obergeschoss. Obere Zimmer heller, BP, Ww, Holzdielen, alte Möbel, Webarbeiten. Das himmelblaue Nr. 17 ist perfekt für 4 Freunde, dazu Flussrauschen im Hintergrund. EZ 22 USD, DZ 34–38 USD inkl. Frühstück. Roca 504 y Montalvo, ✆ 2923712, www.hotelotavalo.com.ec.

Riviera Sucre (16), (Budget), Kolonialgebäude mit hohen Decken und von den Balustraden herabhängenden Pflanzen. Bestechende florale Bemalungen. Unbedingt ein Gartenzimmer wählen, da sehr belebte Straße. Nr. 15 bietet Abgeschiedenheit direkt am Flüsschen. Kolibris, Küchenmitbenutzung, Waschmöglichkeit. EZ 15 USD (BP), DZ 22 USD, 3er 30 USD, Frühstück 2 USD. García Moreno 3-80 y Roca, ✆ 2920241, www.rivierasucre.com.

Rincón del Viajero (21), (Budget), beliebter Backpacker-Treff, angenehme Zimmer mit BP, Ww. Restaurant, Safe, Lesezimmer mit Ofen, Hängematten, Fahrräder. Pro Pers. 12 USD (BP), 10 USD (BC) inkl. Frühstück. Zwei Blocks von der Plaza de los Ponchos und dem Busterminal. Roca 11-07 entre Quito y Quiroga, ✆ 2921741, www.rincondelviajero.org.

Valle del Amanecer (20), (Budget), Blockhütten-Stil, Innenhof mit urigem Baum, Hängematten, Nr. 13 und 14 sind Suiten (25 USD), Nr. 24 für 3 Pers. und mit Balkon. Weniger gut sind die Zimmer neben dem Restaurant (7.30–22 Uhr, abends laut). Mountainbikes 8 USD pro Tag, Shuttlebus nach Quito, Wäscheservice. Pro Pers. 10 USD (BP), 8 USD (BC) inkl. Müsli-Frühstück. Zwei Blocks von der Plaza de los Ponchos. Roca y Quiroga, ✆ 2923070.

Aly (11), (Budget), modernes Gebäude, saubere Zimmer mit TV und ohne Schnickschnack, nebenan ein Restaurant. Nr. 6 ist ruhig, Nr. 2 ein nettes Erkerzimmer mit drei Fenstern (nur BC). Pro Pers. 6 USD (BC), 8 USD (BP). Bolívar y Salinas, ✆ 2921831.

El Geranio (2), (Low Budget), freundlicher Familienbetrieb, Zimmer mit Steinwänden oder Holzverkleidung, gute Matratzen, Gartenhinterhof, Hängematten, kleine Küche, gutes Preis-Leistungs-Verhältnis! Pro Pers. 6 USD (BP), 4 USD (BC). Ricaurte y Morales (grünes Haus), ✆ 2920185, hgeranio@hotmail.com.

● *Außerhalb* **Hacienda Pinsaquí**, (GK), mondänes Anwesen von 1790, wo sich Si-

món Bolívar auf seinen Reisen nach Kolumbien ausruhte. Im Vergleich zu anderen Haciendas macht dieser Gutshof einen heiteren Eindruck, es schauen viel weniger finstere Heilige von den Wänden herab. Fürstliche Suite mit Kamin (Nr. 1). Restaurant mit Live-Folklore an Wochenenden (Menü 30 USD). Herrlicher Garten mit Palmen und Araukarien. Edle Reitpferde. *Anfahrt*: von Süden kommend 5 km hinter Otavalo (bei Peguche) linker Hand von der Panamericana. EZ 120 USD, DZ 170 USD. ✆ 29461-16/-17, info@haciendapinsaqui.com, www.haciendapinsaqui.com.

Hacienda San Pedro, (GK/MK), „Rancho" mit kolonialem Grundriss, wunderschöne baumbestandene Zufahrt, Garten-Patio, Schwedenöfen, gute Matratzen, herrliche Sicht auf die nördliche Av. der Vulkane. Wandermöglichkeiten, Pferde, Sauna, energetische Muskel- und Nervenstimulationsbehandlungen *Dynamis Alphadyn*, Spezialitäten von *ilapingachos* bis Schmorbraten, dazu leckere Nachspeisen. *Anfahrt*: Von der Tankstelle Petrocomercial in Otavalo Richtung Selva Alegre, nach 15 Min. ist rechts die Einfahrt (roter Stein mit weißem Kreuz). EZ 25–45 USD, DZ 38–58 USD, 3er 45–75 USD, Frühstück 2,50–5 USD. ✆ 097-097852, 091-894133 (beide mobil), haciendasanpedro@gmx.net, www.haciendasanpedro.com.

Aya Huma, (Budget), an den alten Bahngleisen (von trachtentragenden indianischen Nachbarn zum „Gehweg" umfunktioniert). Viel Grün, Vogelgezwitscher und Bachrauschen, heimeliger Touch, sehr einfache Zimmer. Restaurant ab 7 Uhr mit Pfannkuchen, Vegetarischem, zartem Rindfleisch und *cuy* (18 USD), Sa ab 20 Uhr Live-Folklore. Das Meerschweinchen ist exquisit! *Anfahrt*: 5 Min. Busfahrt von Otavalo in Richtung Ibarra, an der Entrada a Peguche in Richtung Bahngleise durch das Dorf hochlaufen; oder auf der alten Pflastersteinstraße von Otavalo nach Peguche entlang der Gleise, gleiche Richtung wie Peguche-Wasserfall. Nicht alleine laufen! EZ 18 USD, DZ 27 USD, 3er 34 USD (BP). ✆ 2690333, ayahuma@ayahuma.com, www.ayahuma.com.

La Luna, Budget-Tipp in lieblicher Landschaft mit ganz herrlichem Blick über das breite Tal des „ewigen Sonnenaufgangs". Viel Wiese zum Relaxen, Ruhe und Frieden, für Camping bestens geeignet (4 USD). Pizza, Pasta, Menüs 7 USD. *Anfahrt*: 4,5 km von der Panamericana die Pflasterstein-

Otavalo-Markt

straße hoch Richtung Mojanda-Lagune, dann links in einen gepflasterten Abzweig. Taxi vom Parque Central in Otavalo 5— 6 USD. Schlafsaal-Zimmer mit BC (6 USD pro Pers.), zwei hübsche *matrimoniales* mit Kamin, BP und guten Matratzen (14 USD pro Pers.). ✆ 093-156082, 098-294913 (beide mobil), www.hostallaluna.com.

Essen & Trinken/Nachtleben (siehe Karte S. 266/267)

• *Essen & Trinken*   Renommierte Restaurants befinden sich im Hotel **Ali Shungu (1)**, das sowohl mit Gourmet-Vegetarischem als auch mit Steaks aufwartet, außerdem im gemütlichen **Arbol de Montalvo (10)** im Hostal **Doña Esther** mit Crêpes-Frühstück, Pasta und knusprigen Holzofen-Pizzas (6 USD), Mo geschlossen! Hier eine weitere Auswahl von wohltuend bis schäbig-charmant:

Buena Vista (4), der Eingang ist wegen des Markttreibens schwer zu entdecken, mit Blick auf die Plaza, Biogerichte mit verduras organicas (5 USD), alternative Frühstücke, besonders lecker sind die papas al horno con chili. Mo–Fr 10–22 Uhr, Sa ab 8 Uhr, So ab 11 Uhr, Salinas y Jaramillo an der Plaza de Ponchos.

Tabascos (8), Mexikanisches mit Blick auf den Poncho-Platz, Hauptgerichte ab 5 USD, leckere Trinkschokolade, Frühstück ab 2,50 USD, tägl. 7–21 Uhr, So 12–16 Uhr, Ecke Salinas y Sucre.

Quino, Sabor y Arte (18), rot-blaues Haus, kunterbuntes Lokal, spezialisiert auf Fisch und Meeresfrüchte (5–7 USD), Milkshakes und Eiscreme, Roca 7-40 y Montalvo, ✆ 2924994.

S.I.S.A. (7), im 2. St. eines kleinen Einkaufszentrums, im Erdgeschoss ist eine Cafetería. Spezialität ist cuy (ab 10 USD) und plato sisa mit carne, pollo, camerón, papas und legumbre (6 USD). Di–So 7–22 Uhr, Calderón 4-09 y Sucre.

Café Casa de Frutas Shiatsu (9), violett-türkistarbenes Haus, schöner Mosaikfußboden, Kolibris, Traumfänger, Windspiele. Eher was für den kleinen Hunger: quesadillas, burritos, sanduches, Frühstücke, Happy Hour ab 16.30 Uhr, Sucre entre Salinas y Morales.

Deli (19), die Winzigkeit des mit Deko voll gestopften Texmex-Lokals wird von der Großherzigkeit seiner Besitzerin Yolanda Esparza wettgemacht. Spezialität sind burritos vegetarianos (4 USD), Mo–Do und So 11–20 Uhr, Fr 11–22 Uhr, Sa 8–22 Uhr, So 11–20 Uhr. Quiroga y Bolívar.

Mi Viejo Café, Suppen, Hauptspeisen (ab 4 USD), Sandwiches, Colón y Sucre.

Sol y Luna (14), farbenfrohes Lokal von zwei Belgiern, vegetarisch und international, gute Pommes, Cocktails im schattigen Patio, Chill-out-Musik, Hängematten. Ab 10 Uhr und dann open end, Mo und So geschl., Bolívar 11-10 y Morales.

Venus & Mars Café (6), klein, schrill, pink, Kaffee, Säfte und Sandwiches, Sucre y Morales.

Ally Micuy (17), viel Grün, frische Blumen, farbenfrohe Tischdeckchen, Frühstück und Sandwiches ab 1,50 USD, gute jugos, Bolívar y Salinas.

El Salinerito (13), leckere, frisch zubereitete Sandwiches und Frühstücke, auch gemahlenen Kaffee und Käse zum Mitnehmen, tägl. 8–21 Uhr, Bolívar entre Morales y Colón.

● *Nachtleben* **Peña Amauta (5)**, andine Violinen- und Gitarrenmusik sowie würzige Guayusa-Cocktails in dieser Bambus-Kellerbar, Fr/Sa 20–3 Uhr, Jaramillo y Morales.

Peña Jampa, Mix aus *música autóctona*, Rock, Salsa und *bombas*, Fr/Sa 21–3 Uhr, Quito y Panamericana.

Bohemio Bar Concierto, von Patricio Puente, der 4 Jahre in Deutschland Musiker war und sich über nette Gesprächspartner freut. Arabische Deko, Che Guevara und Wasserpfeifen. Bier und Cuba Libre 1,50 USD, auch Mahlzeiten, 16.30–3 Uhr, Sucre entre Colón y Calderón.

Fauna, rock alternativo, Besitzer legt Wert auf eine reggae- und folklorefreie Zone sowie gute Kommunikation mit den Gästen. Cocktails ab 2,50 USD, tägl. 16–2 Uhr, Morales entre Sucre y Jaramillo.

Reiseagenturen/Ausflüge in die Umgebung

● *Reiseagenturen* **Runa Tupari**, die Nr. 1 im Ort, sanfter Tourismus mit Übernachten in kommunalen Landherbergen und bei indianischen Familien, Umwanderung der Cuicocha-Lagune (25 USD, 4 Std.), Besteigungen des Fuya Fuya (Mojanda-Lagune) und Cotacachi (60 USD), Bike-Trips zu den subtropischen Termas de Nangulví (70 USD, 11 Std.) und Ausritte über die grünen Hügel und durch so pittoreske Dörfchen wie Gualsaquí, Sucre und Quiroga (um die 40 USD), ✆ 2925985, ✆ 097-286756 (mobil), nativetravel@runatupari.com, www.runatupari.com.

Leyton's Tours, Reiten bei El Lechero, Peguche, Mojanda, Cuicocha oder zur abgelegenen Laguna San Marcos. Von Lesern empfohlen! Mindestens ein Tag Voranmeldung! Quito 10-03 y Jaramillo gegenüber Centenario-Parkplatz, ✆ 2922388, leytontours@yahoo.com.

La Tierra, Reitausflüge, pro Pers. 28 USD (5 Std.) bzw. 40 USD (ganzer Tag). Mountainbikes pro Tag ab 8 USD auf eigene Faust, Salinas 5-03 y Sucre, ✆ 2923611, tierrama@hotmail.com.

All About EQ Exp. Chachimbiro operiert im Umfeld der Chachimbiro-Thermalquellen (Ausflug 20 USD, siehe auch S. 287), bei Intag und im Bereich der Laguna Piñan. Colón 4-26 y Sucre, ✆ 2923633, www.all-about-ecuador.com.

Ecomontes, Besteigung des Taita Imbabura inkl. Guiding, Transport, Lunch

(100 USD). Sucre y Morales, ☎ 2926235, ecomontestour@yahoo.com.

● *Ausflüge in die Umgebung* Zum **Peguche-Wasserfall** sind es 2 km: vom Mercado Copacabana entlang der alten Bahngleise, dann in einer Linkskurve rechts in den Eukalyptuswald hoch. besser nicht allein hinlaufen, da es immer wieder zu Überfällen kam!

Etwa 15 gepflasterte und kurvenreiche Kilometer südlich von Otavalo und 1.200 m über dem Valle del Amanecer befinden sich die drei unterschiedlich großen **Mojanda-Lagunen** (Caricocha, Huarmicocha und Yanacocha). Sie sind leicht zu erreichen (ab 15 USD). Der Ausflug lohnt wegen des beeindruckenden Páramo-Panoramas, das sich manchmal in der großen Lagune widerspiegelt. Von dort ist es auch möglich, auf den längst erloschenen **Fuya-Fuya-Vulkan** zu wandern (4.275 m). Im Laufe der letzten Jahre kam es zu bewaffneten Überfällen in dieser von herber Schönheit geprägten Landschaft. Also niemals alleine wandern oder campen! Eines der Reisebüros in

Otavalo kann den Ausflug zu Lagunen oder Vulkan organisieren!

Die 15-minütige Fahrt zum **Parque del Cóndor** wird am bequemsten mit dem Taxi zurückgelegt (etwa 4 USD). Unterwegs Maisfelder, Kühe und Schafe. Ein 2 km langer Fußweg führt zudem über Los Graderíos de Copacabana zum Mirador Rey Loredor und bietet einen schönen Blick auf die San-Pablo-Lagune, Otavalo und die Berge. Das von der holländischen Regierung finanzierte Naturschutzzentrum in luftiger Höhe ist dem vom Aussterben bedrohten Kondor eine Heimat. Von 11.30 bis 16.30 Uhr Freiflugvorführungen mit Raubvögeln. Eintritt 3 USD, geführte Tour 2 USD, Cafetería-Restaurant. Di–So 9.30–17 Uhr, Mo geschl. Otavalo Pucará Alta, Direktor Joep Hendriks, ☎ 2924429, ☎ 097-601700 (mobil), www.parquecondor.com.

Ein weiteres Ausflugsziel ist der 500 ha große Schutzwald **Bosque Protector de Cushmirumi**, 11 km südwestlich von Otavalo in Höhenlagen von 2.900 bis 3.600 m. Dort finden sich 70 Baum- und 90 Vogelarten.

Panamericana Norte
Karte S. 261

Feste

Kolla Raymi, **Kulla Raymi** oder **Fiesta del Yamor**, alljährliche Festlichkeiten zur Maisaussaat (1.–15. September), eine sehenswerte Begegnung mit Pachamama (Mutter Erde).

Inti Raymi, Sonnenwendfest, von den Spaniern in „San Juan" umbenannt (21. Juni). Dieses beginnt mit einem rituellen Bad, eine Art Selbstreinigungsakt, besonders sehenswert an der Cascada Peguche oder in

Ilumán.

Am 6. Februar wird in den umliegenden Dörfern wie Peguche, Ilumán oder Agato das indianische Fest **Pawkar Raymi** (auch „Fiesta del Florecimiento") mit sportlichen und kulturellen Aktivitäten gefeiert.

Interessant ist auch am Totensonntag **Wakcha Karay** ein Besuch auf einem der Friedhöfe (2. November).

Von den vier indianischen Fiestas sind die **Fiestas del Yamor** in der ersten Septemberwoche die sehenswertesten. Spiritueller Höhepunkt ist die Segnung des Saatgutes zu Füßen des Socavón-Kreuzes etwas oberhalb der Stadt. Beim dumpfen Ton eines *churo* (Schneckengehäuse) verstummt plötzlich die Menge der Umstehenden, während vier weißgekleidete *yachaks* (so etwas wie Schamanen) mit ausgestreckten Händen die Sonne begrüßen, inmitten von energetischen Kreisen aus Blüten und Maisschalen. Nur wenige Meter davon entfernt beobachten der Bischof von Ibarra und einige katholische Priester aufmerksam das indianische Ritual. Nach dem Trinken der violettfarbenen *chicha del yamor*, einem aus sieben Maissorten gebrauten Bier, reichen sich die Yachaks und die Priester die Hände. Die kulturell-religiöse Fusion wäre vor wenigen Jahrzehnten noch ein Ding der Unmöglichkeit gewesen. Es beginnen die Tanzeinlagen, während sich die Laute von Pan-, Pikkolo- und Andenflöten mit dem Pfeifen des Windes vermischen.

Lago San Pablo

Im San-Pablo-See findet alljährlich Anfang September ein Schwimmwettkampf statt, der 3,8 km quer durch die kalte Lagune geht (von *Araque* aus). Genießern sei jedoch eher eine Fahrradtour um den See herum empfohlen, der sich von Quito kommend wenige Kilometer vor Otavalo plötzlich in einer breiten Talmulde hinstreckt. An sonnigen Wochenenden sind von diesem Aussichtspunkt aus die weißen Segel einiger Windsurfer auf der dunkelblauen Wasseroberfläche auszumachen. Zusammen mit den pittoresken Lehmziegelhäusern und kleinen Landparzellen sowie dem kolossalen Felsmassiv des 4.600 m hohen **Taita Imbabura** („Vater Imbabura") im Hintergrund ist an dieser Stelle ein Fototermin angesagt.

Eine Straße führt um den See herum und gibt Einblicke in das Leben der indianischen Bewohner. Wer nicht im Leihwagen unterwegs ist, sollte sich in Otavalo einer Tagestour anschließen oder ein Mountainbike ausleihen.

● *Übernachten* **Hacienda Cusín**, (GK), ehemaliges Klostergut, manche Mauern stammen aus dem Jahre 1602. Eine herrlich verwunschene, weitläufige Gartenanlage mit hohen, schattigen Bäumen lädt zu stillen Begegnungen mit Kolibris und Schmetterlingen ein. Bejahrte Zimmer im Haupt- und Nebengebäude, teils mit dicken Adobewänden, schachtartigen Fenstern, Bauernschränken, Kaminen o. Elektro-Öfen. Romantisch abgelegen die 200-Dollar-Gartensuite Nr. 25 mit versteckter „*terraza sentimentale*" (empfohlen vom Leser-Ehepaar Dr. Geinitz aus Bremen). Im Speiseraum Menüs 20–22 USD. Reitausflüge, Mountainbikes und Wanderkarten. *Anfahrt*: Von Quito kommend, geht es über der südwestlichen Ecke des Sees an einer einsamen Ampel rechts extrem scharf weg von der Pana, knifflige Abfahrt! Das gleich folgende Kaff mit den *chapas acostados* (Geschwindigkeitsbrecher) heißt González Suárez. Nach 3 km kommt – die Polizeistation rechts liegen lassend – am Ortseingang von San Pablo rechts bei einer Mauer die beschilderte Abzweigung. DZ ab 150 USD, Dueño's Suite 300 USD inkl. *cena* und *desayuno*, ✆ 06/2918013, hacienda@cusin.com.ec, www.haciendacusin.com.

Puerto Lago, (GK), schöne und gepflegte Anlage, englischer Rasen und elegantes wie exzellentes Seeblick-Restaurant. Zweistöckige Reihenhäuschen mit Sicht auf die Lagune, über der morgens oft Nebelschwaden hängen. Wasservögel, Tretboote, Wasserski. *Anfahrt*: von Quito kommend über dem linken Seeufer, nach halber Seelänge rechts runter, ausgeschildert. Sehr ansprechende Chalet-Stil-Zimmer mit Kamin, großen Bädern, Wifi, Kabel-TV, teils Queensize-Betten. DZ 80–100 USD, Junior Suite 116–152 USD. Wenige Hundert Meter von der Pana am südwestlichen Seeufer gegenüber dem Imbabura-Vulkan, ✆ 06/2920920, puertolago@andinanet.net, www.puertolago.com.

Cotacachi – Stadt des Leders

Das gemütliche Andenstädtchen mit der traditionsbewussten indianischen Bevölkerung, knapp 20 Minuten bzw. 17 km nördlich von Otavalo gelegen, ist vor allem für seine Lederwaren bekannt. Entlang der Hauptstraße 10 de Agosto, auch „Lederstraße" genannt, gibt es so viele Lederartikelgeschäfte, dass es fast schon schwierig ist, einen Laden zu finden, der Lebensmittel oder andere Waren führt. Die Verarbeitung und Designs der angebotenen Produkte variieren unter Umständen ein wenig. Rumschauen, Vergleichen, Nachfragen, nochmaliges Wiederkommen und freundliches, wenn auch hartnäckiges Feilschen gehören zu einem geduldigen Einkaufsbummel in Cotacachi. Zu den meistverkauften Artikeln zählen Taschen, Handtaschen und Koffer. Aber auch Schuhe, Stiefel, Jacken, Mäntel, Westen, Röcke, Rucksäcke, Gürtel, Brieftaschen, Hüte, Handschuhe, Reitsättel und Möbel werden aus Rindsleder hergestellt.

Zu den Sehenswürdigkeiten des Ortes, mit 150 Jahren einer der ältesten Kantone von Ecuador, gehören die imposante koloniale Kirche mit dem schönen, von Palmen und Akazien bestandenen Dorfplatz, von wo aus man einen Blick auf die Berge und Hügel der Umgebung werfen kann, sowie das eine oder andere Gebäude aus der Zeit um 1900. Das weiß-blaue Kolonialhotel *El Mesón de las Flores* in der Calle García Moreno und Sucre sowie das interessante ethnografische *Museo de las Culturas* nebenan stechen dabei besonders ins Auge. Auch für sanften Tourismus, ethnokulturellen Austausch und ausgiebige Wanderungen in die Umgebung kann Cotacachi als Ausgangspunkt dienen.

Im Jahr 2000 erhielt die indianische Stadtverwaltung den *Dubai International Award* für beispielhafte partizipative Demokratie, erfolgreiche kommunale Selbstverwaltung und eine deutliche Verbesserung der Lebensbedingungen. 2002 wurde die Stadt von der UNESCO mit dem „Städtefriedenspreis", dem *Premio de las Ciudades por la Paz*, in Marrakesch (Marokko) ausgezeichnet.

Verbindungen/Indianischer Tourismus

Die **Vorwahl** für Cotacachi und die Provinz Imbabura ist **06**.

● *Bus/Taxi* Der Busbahnhof befindet sich am nordwestlichen Ende der „Lederstraße", dort, wo auch der Wochenendmarkt ist. Busse der Coop. Cotacachi und 6 de Julio nach **Otavalo** (von 5.30 Uhr bis 18.30 Uhr alle 10–15 Min., 30 Ct.) oder **Ibarra** (alle 15 Min., 45 Ct.) verkehren laufend. Auch eine Klapperkiste nach **Imantag** startet vom Terminal (12 Uhr). Das Kopfsteinpflastersträßchen dorthin ist an sonnigen Tagen schon wegen der Aussichten auf das innerandine Hochbecken ein Genuss für sich. Zur **Kraterlagune** von **Cuicocha** nimmt man am besten ein Camioneta-Taxi (6 USD einfach) oder einen Bus ins wenige Kilometer entfernte **Quiroga** und steigt dort an der schönen Plaza in eine Camioneta um, die für etwa 4–5 USD die 12 km lange Strecke zur Lagune zurücklegt. Die meisten Busse nach Otavalo fahren über Quiroga. Von Otavalo aus kostet die Taxifahrt zur Cuicocha-Lagune etwa 14 USD.

● *Indianischer Tourismus bzw. Turismo Rural* **Ayllu Kausai**, Zusammenleben mit Indígenas, Volkstänze, Musik, Trachten, traditionelle Webkunst mit Schafswolle, Schamanen, Trekking, Beobachtungen von Flora und Fauna, alternative Heilmethoden. Pro Pers. 20 USD inkl. Übernachtung, cena, desayuno, visita a la comunidad, talleres artesanales. Ansprechpartner ist Luis Alfonso Morales in Chilcapamba bei Quiroga. Samstags gibt es einen Trans-Cotacachi-Bus nach Morochos, der zuerst durch Chilcapamba kommt. Ebenso fährt alle 15 Min. ein Bus von Otavalo nach Quiroga. Dort nimmt man am besten ein Camioneta-Taxi nach Chilcapamba (maximal 2 USD). Voranmeldung: alfmorales23@yahoo.com o. alfmorales23@gmail.com, ℡ 097-712695 o. 099-366686 (beide mobil).

Übernachten/Essen & Trinken

Le Mirage, (GK), einziges ecuadorianisches Mitglied der noblen Kette Relais & Chateau; etwa 150 m hinter dem Busbahnhof außerhalb des Ortes gelegen und über einen miserablen Zufahrtsweg zu erreichen. Fürstliche Bungalow-Suiten mit Kamin, Gartenanlage mit Pfauen und 30 Kolibriarten, Swimmingpool, traumhaftes Spa („Kleopatras Bad"). Die hauseigenen Bio-Shampoos sind aus einheimischen Kräutern hergestellt. Beim Essen stehen die Landesfähnchen der Gäste auf dem Tisch, beim Schla-fen duften Rosenblüten. Spektakulär! EZ/DZ 315–336 USD, Suiten 392–896 USD inkl. *cena* und *desayuno*. Außerhalb in der 10 de Agosto Prolongación. ℡ 2915237, mirage1@miragecom.ec, www.mirage.com.ec.

El Mesón de las Flores, (MK), schönes 200 Jahre altes „Kloster-Hotel" im Ortskern, Innenhof mit Säulen und blumenbehängte Kolonnaden, um die sich in den oberen Stockwerken die meisten Zimmer verteilen. Restaurant tägl. 8–18 Uhr, dreigängiges Menü inkl. Mineralwasser 9 USD. EZ/DZ

60 USD, am besten ist Nr. 111 (80 USD), inkl. *desayuno americano* und Wifi. Garcia Moreno y Sucre, ✆ 2916009, intiibr@interactive.net.ec.

Sumac Huasi, (MK/Budget), wenige Meter von der Lederstraße. Ansprechend, sauber, hell, Kabel-TV. Aussichts-Cafetería. Nr. 110 mit Sesseln, Wintergarten davor und Blick über die Stadt. EZ 18 USD, DZ ab 26 USD inkl. *desayuno americano*. Juan Montalvo 11-09 y Pedro Moncayo, ✆ 2915873.

Bachita, (Low Budget), nahe der Kirche, freundlich, familiär, einfach, nicht vor dem Garagentor-Eingang zurückschrecken. Heißwasser zu vorher vereinbarter Uhrzeit. Nr. 6 und 10 sind heller! Pro Pers. 4–6 USD (BC/BP). Sucre 16-74 y Peñaherrera, ✆ 2915063, bachyayala@yahoo.com.

● *Essen & Trinken* **Anita**, macht bereits von außen einen guten Eindruck, gute Tagesmenüs 5 USD, auch vegetarisch, Kaffee und Capucchino, Englisch sprechende Besitzerin, tägl. 7.30–21.30 Uhr, Gonzales Suárez y 10 de Agosto.

La Marqueza, *platos típicos* 6–8 USD, z. B. *carne colorado*: das 3 Std. lang in Eukalyptusblättern und Kräutern geräucherte Fleisch erhält so ein ganz besonderes Aroma! Tägl. 7.30–21 Uhr, 10 de Agosto 12-65 y Bolívar, ✆ 2915488.

Majestic, Menüvarianten mit 16 entradas (gefüllte Kroketten, Avocados o. *cebiche de palmito)*, 18 Suppen (z. B. *locro)*, 23 Hauptspeisen (z. B. *carne colorada)* und 12 *postres* wie Tiramisu o. Schwarzwälder Kirsch, tägl. 7.30–21 Uhr, 10 de Agosto y Pedro Moncayo.

Especiales Carnes Coloradas von Sra. Laura Unda, tägl. 8–19 Uhr, Bolívar 16-70 y Peñaherrera.

Erbeeren und Obstsalat mit Sahne hat das winzige **Rincón del Sol** mit Blick auf Plaza und Kirche!

> Lokale Spezialität ist in Bier und Knoblauch marinierte **Carne Colorada** („farbiges Fleisch"), das durch eine Gewürzpaste aus Annattosamen (*achiote)* seine dunkelrote Farbe erhält und meist mit frittierten Kochbananen (*maduros)*, gekochtem Mais (*mote)*, Kartoffelpuffern (*llapingachos)* und Avocado-Scheibchen serviert wird.

Cotacachi/Umgebung

▶ **Quiroga**, ganz nahe bei Cotacachi, wurde nach dem Unabhängigkeitshelden und Märtyrer Don Manuel Quiroga benannt, der vor 200 Jahren in den Verliesen von Quito starb. Der kleine Ort kann mit einer schönen Plaza und dazugehöriger Kolonialkirche aufwarten.

Ausflug Hier können Camionetas zur 12 km entfernten **Kraterlagune Cuicocha** gemietet werden. Die Fahrt kostet einfach (die Camioneta wartet nicht, zurück muss man anderweitig kommen!) etwa 5 USD.

Cuicocha-Kraterlagune

An den südlichen Flanken des längst erloschenen, stark erodierten Vulkans **Cotacachi** (4.939 m) liegt auf 3.070 Höhenmetern die etwa 200 m tiefe Kraterlagune von Cuicocha. Der „Meerschweinchen-See" ist sicherlich einer der schönsten Lagunen des Landes. In dessen Mitte erheben sich zwei kleine Inselchen, **Isla Teodoro Wolf** und **Isla Yerovi**. Die Lagune ist von Steilklippen, typischer Hochlandvegetation und Totora-Schilfgras an den Ufern umgeben. Ein Fußweg, führt in vier bis sechs Stunden um den gesamten See herum und gibt dabei ein paar herrliche Ausblicke auf das innerandine Hochlandbecken frei. Eine einigermaßen gute Kondition, adäquates Schuhwerk, warme Kleidung, ausreichend Proviant sowie Regen- und Sonnenschutz sind die Voraussetzungen für diese einfache, aufgrund der Höhenlage aber etwas anstrengende Rundwanderung. Der allgegenwärtige, fast pyramidenförmige Cotacachi, ist aufgrund der Erderwärmung inzwischen sehr selten von einem weißen

Auf 3.070 m liegt die Chicocha Kraterlagune

Flaum gekrönt. Am Nachmittag nimmt zudem dichter Nebel oftmals jegliche Sicht auf den Berg.

Bootsfahrten um die beiden Inseln herum sorgen für Abwechslung. Ein Hotelchen mit Seeblick bietet Unterschlupf, auch Camping ist möglich. Das Kontrollhäuschen an der Zufahrt zur Lagune ist gleichzeitig der Hauptzugang zur 200.000 ha umfassenden **Reserva Ecológica Cotacachi-Cayapas**, die bis in die tropische Provinz von Esmeraldas hinunterreicht. Kaninchen und Füchse lassen sich im Umfeld der Lagune häufig blicken. Der sagenhafte Puma hingegen entschied sich schon vor langer Zeit für ein ungestörtes Dasein. Die letzten Exemplare dieser Berglöwen streifen in unzugänglichen Winkeln des Reservates irgendwo zwischen den schroffen, dicht bewaldeten Höhenrücken der westlichen Kordillerenausläufer umher (zum Naturreservat vgl. auch „Routen – Nordküste").

● *Übernachten/Essen & Trinken* **El Mirador**, (Budget), etwas enge und einfache Cabaña-Zimmerchen teils mit Stockbetten, Kamin, Steingutboden; helle geräumige *habitaciones* mit guten Matratzen (BP, Ww) über dem Seeblick-Restaurant. Schmackhafte Fleisch- und Forellengerichte (5–6 USD) oder *cuy* (12 USD). Saubere Toiletten, Ambiente ohne den üblichen Folklore-Schnickschnack, das beste Lokal am See! EZ 18 USD, DZ ab 24 USD, am besten Nr. 20 mit Kamin und Rundumblick-Terrasse (40 USD). Über dem östlichen Cuicocha-Ufer, am Y bei der Caseta de Control, geht es rechts asphaltiert runter zum See, links nach etwa 400 m Staubstraße rauf zum Mirador, ☎ 099-908757 (mobil), miradordecuicocha@yahoo.com.

● *Wandern* Der Mirador-Besitzer **Ernesto Cevillano** ist ein sehr ortskundiger wie kenntnisreicher Naturführer und idealer Begleiter für die schöne Cuicocha-Umwanderung (s. u., 60 USD bei 1–5 Teilnehmern), auch wenn sich sein Englisch auf Planzen- und Tiernamen beschränkt. Andere Ziele sind: Cotacachi-Besteigung (150 USD bei 1–5 Teilnehmern), vier Tage Piñan-Trail (150 USD pro Pers.), ein Flora-u.-Fauna-Abenteuer mit Camping! Seine Tochter Ligia führt auch auf Englisch.

Wanderung über der Cuicocha-Lagune

Eine malerische und gleichzeitig leichte Höhenwanderung für Jedermann, auch für Kinder und ältere Ruheständler! Die ersten beiden Stunden stellen den interessantesten Teil dar, vor allem in Bezug auf die Flora. Insofern besteht die Möglichkeit, nach 1 o. 2 Std. wieder zum Ausgangspunkt zurückzukehren, anstatt die fünfstündige (11 km) Umwanderung der Lagune zu machen. Auch der Blick auf die Lagune und die nördliche Avenida de los Volcanes ist auf diesem Abschnitt besonders schön.

Der Rundweg beginnt bei der Hacienda Los Pinos (3.250 m) über dem südwestlichen Seeufer (3.070 m), etwa 4 km vom Hotel-Restaurant El Mirador (3.120 m) auf der Staubstraße in Richtung Intag und Apuela. 100 m oberhalb der Hacienda-Einfahrt geht rechter Hand bei einer Wiese ein Pfad ab. Ein grün-weißes Holzschild („Sendero Reserva Ecológica Cotacachi-Cayapas") weist darauf hin. Die ersten Meter verlaufen im Schatten der Pinien, immer dem Schildchen „Siga" folgen! Der anfangs ebene Pfad ist bequem zu laufen und bietet wunderschöne Ausblicke auf den Kratersee, allerdings muss man gut auf Wurzeln achten! Urwüchsige Hochlandvegetation – teils unter „Pflanzentunneln" – macht sich bald links und rechts des Weges breit: Bromelien, Astromelien, Passions- und Pantoffelblumen sowie leuchtfarbene Lupinen (chocho criollo).

Bei Verzweigungen immer rechts halten! Nach fast 1 km ab Beginn geht es rechts runter, kurz über eine matschige Wiese weiter und wieder ein Stückchen hoch. Von der ersten Aussichtsbank ist dann bei guter Sicht sogar der Norden von Quito zu sehen. An der folgenden Lichtung geht es rechts über eine Wiese in Richtung See runter – dem großen Pfeil im Gras folgen – und weiter unten an einem Bachbett entlang zu einem unter großen schattigen Bäumen versteckten Holzbrückchen. (Der linke Abzweig an der Lichtung führt zu einem sehr hübschen Aussichtspunkt.)

Nach dem Holzbrückchen führt der Pfad bald wieder über eine Wiese bis zu einer größeren Brücke über ein meist trockenes, sehr steiniges Bachbett. Danach beginnt der lange Aufstieg zum höchsten Punkt, dem Mirador auf 3.420 m. Es geht insgesamt 728 Stufen hinauf, im obersten Abschnitt durch meterhohes Páramo-Gras. Rechts bietet sich ein herrlicher Blick auf die Lagune, links auf den fast 5.000 m hohen Cotacachi (tief hängende, rasch vorbeiziehende Wolkenmeere mögen dies jedoch manchmal verhindern). Der nach etwa 2 Std. (4,5 km) ab Beginn erreichte Mirador ist manchmal leider mit Müll verschandelt. Insofern lohnt eine Picknickpause vielleicht an einem anderen, vorherigen bzw. wiederkehrenden Aussichtspunkt.

Spätestens am Mirador sollte entschieden werden, ob man umkehren oder die Umwanderung machen will. Der weiterführende Weg beschert zwar auch tolle Seeblicke mit dem Cotacachi im Hintergrund, ist sonst jedoch weniger attraktiv. Die Flora wirkt lange nicht mehr so verführerisch, eine bald auftauchende Straße und viele lose Steine auf dem Weg – wenn man nicht auf der Straße unterhalb laufen möchte – sind im Vergleich zur ersten Etappe weniger spannend. Andererseits gibt es auf diesem zweiten Abschnitt meist noch ein paar schöne Orchideen zu bewundern: Der gut sichtbare Pfad führt immer oberhalb des Ufers zur Rechten entlang und dann gegen Ende hinab zu einem kleinen Heimatmuseum an der hier endenden Asphaltstraße nahe der Bootsanlegestelle mit Restaurant und Artesanía-Ständen.

Von dieser Stelle wieder über die Staubstraße an den Ausgangspunkt Hacienda Los Pinos zurückzukehren (ca. 5 km) macht wenig Sinn. Entweder wartet man bei der Bootsanlegestelle auf ein bereits zu einer bestimmten Uhrzeit bestelltes Camioneta-Taxi, oder man geht den kurzen steilen Pfad zum Restaurant El Mirador hoch, welches sich über der Lagune bzw. der Bootsanlegestelle befindet. Auch von dort kann vom Handy der Betreiber ein Pick-up-Taxi von Quiroga oder Cotacachi gerufen werden.

Reserva Biológica Los Cedros

Das märchenhafte Nebelwaldreservat am südwestlichen Rand des **Cotacachi-Cayapas-Naturreservates** (siehe auch S. 275), besitzt stolze 17.000 ha Primärwald, der sich von tropischen 1.100 bis auf 2.700 Höhenmeter in die **Cordillera de Toisán** hoch erstreckt. Die Durchschnittstemperaturen liegen bei 16 bis 25 Grad. Das weitestgehend intakte Urwaldgebiet stellt einen südlichen Ausläufer der **Chocó-Biosphäre** dar, die sich weiter im Norden an der kolumbianischen Pazifikküste dahinzieht und weltweit als eines der artenreichsten Gebiete gilt: allein 300 Vogelarten, darunter Tukane, Quetzale, Papageien, Eulen, Felsenhähne und 12 Kolibriarten; außerdem 200 bislang entdeckte Orchideenarten (die vor allem von Mitte Januar bis Ende Februar in Blüte stehen), Bromelien, Helikonien, Farne, Lianen und Copal (Baumharze), Würgefeigen, Steineiben oder Erdbeerbäume. Im „Zedern-Reservat" schleichen auch vom Aussterben bedrohte Pumas und Brillenbären herum, während Brüllaffen im Morgentau im Dickicht röhren. Andere Säugetiere sind Spinnen- und Kapuzineraffen, Gürteltiere, Otter, Ozelote, Wild- und Stachelschweine. Allein die Insektenwelt kann mit über 900 Arten an Nachtfaltern aufzuwarten!

Vorangemeldete Besucher (s. u.) müssen nach einer holprigen, landschaftlich aufregenden 3:30 Std. langen Busfahrt noch einen fünfstündigen Marsch vom Dorf **El Chontal** in Kauf nehmen (Maultiere tragen die Rucksäcke). Dieses liegt westlich von García Moreno und nördlich von Pacto am Río Guayllabamba. Eine neue Straße bis Magdalena Alto steht kurz vor der Fertigstellung, was die Wanderung zum Reservat zukünftig um etwa die Hälfte verkürzen dürfte! Anreise von Quito: Bus der Coop. Trans Minas (mobil ✆ 085-945827) nach **El Chontal**, Startpunkt ist der nördliche Terminal Terrestre von Carcelén (La Ofelia), Abfahrt tägl. um 6 Uhr morgens. Wer diesen Bus nimmt, erreicht Los Cedros noch am gleichen Tag. Es gibt noch drei weitere Busse um 10, 12.30 und 15 Uhr. Eine Zwischenübernachtung bietet sich in **Sanguangal** im Hotelchen von Ramiro Nogales und Alicia Rodriguez an (kein Schild). Am folgenden Tag geht es dann zu Fuß entlang dem kristallklaren Río Magdalena bis hoch zur Lodge.

● *Information/Reservierungen* Nähere Informationen über das Reserval, über die bei Deutschen äußerst begehrten Volontärstellen („den herrlichsten Dschungel direkt vor der Tür", 450 USD pro Monat) sowie Reservierungen beim nordamerikanischen Direktor der Fundación Los Cedros José do Coux, ✆ 2865176, ✆ 084-600274 (mobil), jose@reservadeloscedros.org, www.reservaloscedros.org.

● *Übernachten* In rustikalen, ansprechenden DZ-Cabañas mit schönem Blick vom Veranda-Schlafzimmer, pro Pers. 50 USD (Normaltourist) bei mindestens drei Übernachtungen inkl. vegetarischer Mahlzeiten aus dem Permakulturgarten und die Benutzung aller Wanderwege. Bio- und Zoologiestudenten sowie angehende oder gestandene Wissenschaftler bezahlen bei vorheriger Projekt-Absprache nur 30 USD pro Tag.

Ein sehr abenteuerlicher Allradweg verbindet **García Moreno** (Übernachtung im Residencial Meylin) mit dem **Junín Cloud Forest** (800 ha), einem weiteren besuchenswerten Nebelwald-Reservat mit Höhenlagen zwischen 1.500 und 2.000 m. Die genossenschaftlich betriebene Lodge bietet vor allem Volontären Unterkunft und wird von der Stiftung *„Decoin" (Defensa y Conservación Ecológica de Intag)* verwaltet. Infos in Otavalo unter ✆ 06/2648593, decoin@hoy.net, www.decoin.org, www.rainforestconcern.org.

Intag – Apuela

Die landschaftlich schöne, vogelreiche **Intag-Nebelwaldregion** kann mit einem Abstecher zu den **Baños Termales de Nangulví** kombiniert werden, 6 km südlich von **Apuela** auf gerade mal 1.300 Höhenmetern im Tal des Río Intag gelegen. Unter der Woche ist wenig los, an Wochenenden werden die 25 bis 40 Grad warmen Quellbäder oft von indianischen Busausflüglern besucht. Lokale Guides für Wanderungen zu den *Gualiman*-Grabstätten oder in die subtropischen Nebelwälder können direkt in den Thermalquellen kontaktiert werden. Auch Besuche von Kaffeeplantagen und Fincas sind möglich.

• *Übernachten/Essen & Trinken* **Cabañas del Río Grande**, (Budget), Blockhaushütten mit Hängematten-Veranda, großer Pool und eigene kleine Heißwasserquelle, einfaches Restaurant mit Menüs (2,50 USD) und Forelle (4,50 USD). Besitzer ist der freundliche Sr. Marco Moreno. DZ-Cabaña unter der Woche 20 USD (EZ 10 USD), an Wochenenden und Feiertagen 25 USD. Camper sind willkommen, im eigenen Zelt 3 USD pro Pers. 60 m neben dem Thermalbad Nangulví, ☎ 06/2920548. Weitere Übernachtungsmöglichkeiten bieten der **Complejo Ecoturístico Nangulví** im Thermalbad, Camping, Restaurant (Menü 2,50 USD), Führungen, DZ 25 USD, ☎ 06/2648291, oder der Ort Apuela mit den Low-Budget-Pensionen **La Estancia** und **Don Luis**, 1 Std. Fußweg vom Thermalbad entfernt.

Der Intag-Verein

Caroline Schultz aus Bayreuth zeigte sich so begeistert von der Gegend um Intag, dass sie zusammen mit sieben Freunden, die dort einen Freiwilligendienst absolvierten, einen „Intag-Verein" gründete (caroline.schultz1@ googlemail.com): „Herrliche Natur mitten im Biodiversitäts-Hotspot der Chocó-Region. Dazu herzliche, gastfreundliche Bewohner, die angesichts der Bedrohung ihres Lebensraumes durch transnationale Minenfirmen etliche Projekte aufgebaut haben, um ihre Region nachhaltig zu entwickeln und dabei die Natur zu schützen. Gemeindetourismus steckt zwar noch in den Kinderschuhen, aber einige erste Initiativen verdienen Erwähnung. Gefördert wird z. B. der Anbau und Verkauf von ‚fairem' Kaffee. Gäste können den Prozess des Kaffeeanbaus von der Ernte bis zur Produktion live miterleben. Ein anderes lokales Projekt ist die Zeitung *Periódico Intag* (www.intag newspaper.org). Auch der Widerstand der Bewohner gegen die Minenfirmen ist beispielhaft (www.decoin.org und www.clearfilms.org/html/ when_clouds_clear.html). Intag ist ein grüner, wunderschöner Teil Ecuadors; zwar mit Problemen und Konflikten, aber auch Lösungsvorschlägen, die Vorbild sein könnten. Intag und seine Bewohner lassen einen nicht los!"

Ein Fußmarsch von 2–3 Std. führt von **Apuela** zu den überwachsenen präkolumbischen Grabstätten von **Gualimán**, auf einem schmalen, hügeligen Plateau über Nangulví gelegen. Es geht vom Dorf erst rechts die Hauptstraße runter und dann bei der zweiten Brücke wieder rechts die steile Zickzack-Straße in Richtung **Peñaherrera** (4 km) und **Cuellaje** (12 km) hoch. Dort oben bietet sich eine herrliche Aussicht auf die Intag-Region. Sowohl bei den Gualimán-Ruinen als auch in Peñaherrera gibt es eine einfache Übernachtungsmöglichkeit.

• *Anfahrt* Von **Otavalo** (bzw. Cotacachi) aus gibt es zwei Straßen nach Apuela und zu den Nebelwald-Reservaten bei Apuela und García Moreno. Beide Straßen sind sehr pittoresk und geben herrliche Ausblicke auf ein wenig bekanntes Andenhochland und dessen westliche Ausläufer in diesem entlegenen Teil der Imbabura-Provinz frei. Die südlichere, mehr benutzte Straße zweigt von der Panamericana am nördlichen Otavalo-Ortsrand links in eine Asphaltstraße nach **Selva Alegre** ab – grün ausgeschildert. Nach kurzer Zeit liegt linker Hand die Zementfabrik Selva Alegre und nach 45 Min. ist der 3.500 m hohe Pass erreicht, wo auch der löchrige Asphaltbelag endet. Nach etwa 1 Std. kommt in einem subtropischen Talausläufer links eine Abfahrt, die auf einen Hügel und zum Dörfchen Selva Alegre führt, das von bunten Holzhäusern und ein paar Maultieren um einen zentralen Rasenplatz geprägt ist. Wobei der Name „fröhlicher Wald" heute nicht mehr den Tatsachen entspricht. Ungebremste Abholzung und skrupellose Jagd auf alles, was kreucht und fleucht, machen der einzigartigen Flora und Fauna allmählich den Garaus. Von Selva Alegre aus führt in südlicher Richtung eine andere, zu Regenzeiten extrem schwierige Straße über Nanegal nach Nanegalito auf die Asphaltstraße Quito – Calacali – Esmeraldas. Selva Alegre links liegen lassend, teilt sich kurz hinter der Abfahrt zum „fröhlichen

Wald" die Straße bei **Tollo Intag** erneut. Der linke südliche Zweig führt nach 6 km nach **García Moreno**. Der rechte nördliche Zweig führt über die **Thermalbäder von Nangulví** nach **Apuela**.
Die andere, weit weniger benutzte Straße nach Apuela führt zunächst von Cotacachi (bzw. Otavalo) über Quiroga bis zur Laguna Cuicocha. Oben am Blockhäuschen (Schranke) angelangt, kurz vor dem Kratersee, gabelt sich die Straße. Der rechte asphaltierte Zweig führt zur Lagune hinunter, der linke Schotterzweig führt nach einer kurvenreichen, manchmal stark vernebelten Kordilleren-Überquerung in knapp 2 Std. nach Apuela (50 km). Auf der Rückfahrt nach Otavalo/Cotacachi kann die südlichere Route genommen werden – eine tolle Rundreise bietet sich an!
● _Verbindungen_ Von Otavalo (Trans Otavalo) wie auch von Cotacachi (Trans Cotacachi) gibt es tägl. mehrere **Busse** nach Apuela. Diese fahren meist die „Selva-Alegre-Route". Einige wenige machen die Gesamtrundfahrt. Noch weniger Busse fahren von Otavalo nach García Moreno, Gualimán, Peñaherrera und Cuellaje. Die Fahrtzeit für die Strecke Otavalo – Apuela beträgt für jede Variante etwa drei Stunden.

Panamericana Norte
Karte S. 261

Ibarra (120.000 Einwohner)

Etwa 30 km nordöstlich von Otavalo liegt auf halbem Wege zwischen Quito und der kolumbianischen Grenze auf 2.100 Höhenmetern das frühlingshafte Ibarra.

Die Hauptstadt der Provinz Imbabura wird nicht wegen ihrer weiß getünchten Kolonialgebäude _Ciudad Blanca_ genannt. Der Beiname stammt aus einer Zeit als dort „weiße" Spanier die erste christliche Siedlung zwischen Quito und Popayan (Kolumbien) gründeten. Neben einer bunt gemischten Bevölkerung aus Hochlandindianern, Weißen und Schwarzen aus dem Chota-Tal, bietet Ibarra einige altertümliche Transportkutschen, die von ebenso gebrechlichen Maultieren mit schwarzen Augenklappen gezogen werden, eine rote Dampflok in einem morbiden Lokschuppen beim Bahnhof sowie zwei sehr schöne baumbestandene Plätze im Zentrum. So mancher Tourist wird hier wegen der _Eisenbahnfahrt in Richtung Küste_ (s. u.) eine Nacht verbringen wollen oder zu den Thermalbädern von **Chachimbiro**, ins Andendorf **La Esperanza** oder zum Hochland-Reservat **El Angel** (Provinz Carchi) weiterreisen.

Die „weiße Stadt" verdankt ihren Namen dem Basken _Miguel de Ibarra_, einst Präsident der _Real Audiencia de Quito_, und wurde am 28. September 1606 von _Cristóbal de Troya_ gegründet. Ein Erdbeben verwüstete 1868 das ehemals wichtige, von den Kolonialherren als „Villa" deklarierte Handels- und Verwaltungszentrum, bevor es wenige Jahre später an gleicher Stelle wieder aufgebaut wurde. Einige wenige Gebäude aus der Zeit vor dem Erdbeben und Straßenzüge aus dem auslaufenden 19. Jh. sind der Stadt erhalten geblieben.

Die kommerziellen Aktivitäten des provinziellen, in regenarmen Monaten zudem staubig-windigen Ibarra beschränken sich am Wochenende auf die Marktgegend um den Bahnhof herum. Hier können unter anderem landwirtschaftliche Produkte aus der Sierra, der nördlichen Küstenregion und Gebrauchsartikel aus dem kolumbianischen Nachbarland erstanden werden. Der eigentliche Reiz von Ibarra liegt jedoch in der landschaftlichen Vielfalt seiner schönen Umgebung, die von halbwüstenhaft subtropischen Tälern über fruchtbare Zuckerrohrplantagen, dichte Nebelwälder und forellenreiche Lagunen bis hin zu den saftigen Hochweiden zu Füßen des schneebedeckten Cayambe viel fürs Auge zu bieten hat.

Information/Verbindungen

Die **Vorwahl** von Ibarra und der Provinz Imbabura ist **06**.

• *Information* Das **i-Tur-Büro** ist an der Plazoleta del Coco, Ecke Sucre y Oviedo. ✆ 2955711, Mo–Fr 8–12.30 und 14–17.30 Uhr. In dem blau-weißen Komplex gibt es Wifi, Stadtpläne und Infos zur Region.
• *Verbindungen* Der Busterminal befindet sich unweit des Bahnhofs (Espejo y Teodoro Gómez de la Torre).
Erste Wahl für die zweieinhalbstündige Reise nach **Quito** ist die Flota Imbabura (✆ 2951094), Mo–Fr um 19 und 20 Uhr, am Wochenende ab 15 Uhr alle halbe Std., Preis 2,5 USD. Die gleiche Kooperative fährt um 19 Uhr nach **Cuenca** (13 Std., 15 USD), um 19.30 und 21.30 nach **Guayaquil** (11 Std.) und um 20 Uhr nach **Manta** (12 Std.); nach **Tulcán** geht es tägl. 13x mit Expreso Turismo (✆ 2955730), Fahrtzeit 2–2:30 Std., Fahrpreis 3 USD. Sowohl diese Coop. als auch Aerotaxi (✆ 2955200) und Andina (✆ 2959833) fahren zusammen alle 10 Min. nach **Quito**, wobei die Flota vorzuziehen ist. Trans Otavalo und Los Lagos haben keinen Schalter am Terminal, durchfragen und im Bus bezahlen! Es geht tägl. Dutzende Male nach **Otavalo**; nach **Mira** fährt zw. 8 und 18 Uhr stündl. Transp. Mira; die Coop. Espejo (✆ 2959917) fährt um 6, 7, 9.30, 10.30,

13.30 und 17.30 Uhr noch weiter nach **El Angel** (Naturreservat); Transp. Urcuqui (✆ 2608525) fährt 7.30 und 12 Uhr zu den **Termas de Chachimbiro** (1,50 USD); von dort zurück um 12.15 und 15.30 Uhr. Ins **Valle del Chota** geht es in 30 Min. mit der gleichnamigen Coop. (✆ 2643864) und mit der Pimampiro oder jedem anderen Bus in Richtung Tulcán; nach **Lita** und **San Lorenzo** (4 Std., 4–5 USD) fahren 20x tägl. die Coop. Pullman Carchi (✆ 2608870), Espejo y Valle del Chota, diese nur bis Lita um 7.15, 9.45, 16.15, 17.45 und 18.45 Uhr.

Nach **La Esperanza** (8 km) geht es ausnahmsweise nicht vom Terminal Terrestre, sondern zwischen 6 und 19 Uhr etwa alle 20 Minuten vom **Parque German Grijalba**. Von La Esperanza dann weiter auf einem urigen Sträßchen über **Zuleta** (16 km) und **Olmedo** zur Pana in **Cayambe**.

Ruftaxis: Radio Taxi holt auch vor der Tür ab und ist 24 Std. im Einsatz, nach Chachimbiro 25 USD, nach La Esperanza 5 USD, Sánchez y Cifuentes und Tobias Mena, ✆ 2641777; Taxis Lagos haben einen semi-privado Ibarra-Otavalo-Quito-Service, pro Pers. 7,50 USD im Sammeltaxi, stündl. Abfahrt zw. 4.30 und 16 Uhr, Flores 9–24 y Cifuentes, ✆ 2955150.

Adressen

• *Ärzte/Krankenhäuser* **Instituto Médico de Especialidades**, Jacinto Egas 1-83 y Teodoro Gómez, ✆ 2955612; **Clínica Metropolitana**, Grijalva y Narváez; **Dr. Eduardo Benítez**, Olmedo 8-40, ✆ 2955592.
• *Geldwechsel* **Banco Pichincha** (Visa, Mastercard, Diners Club), Flores y Sucre; **Pro-**dubanco (Visa, Mastercard, Maestro), Flores y Sucre; **Banco del Pacífico**, Olmedo y Moncayo; **Banco de Guayaquil** am Obelisk.
• *Internet* Surfen ab 50 Ct. die Std., z. B. in der Chica Narváez Ecke Oviedo, oder neben dem Hotel Nueva Estancia am Parque La Merced.

Schuhputzer „Lustrabotas" in Ibarra

● *Kunsthandwerk* Schöne **Schnitzereien** (*tallas de madera*) aus Zedernholz *(cedro)* oder dem seltenen, jedoch dauerhafteren *Nussbaum* (*nogal*) gibt es im Ortskern des 4 km südlich gelegenen **San Antonio de Ibarra** (links neben der Pana in Richtung Otavalo). Im Bereich der hübschen Plaza finden sich sowohl religiöse Motive wie Engel, als auch Nackedeis, Totenköpfe oder afrikanische Elefanten. Eine der interessantesten Werkstätten ist die **Galería de Arte Miguel Angel** von Jorge Luis Villalba Terán, Ecke Hermanos Mideros und Bolívar.

● *Museen* **Centro Cultural Museo del Banco Central** in einem sonnendurchfluteten Kolonial-Innenhof, regionale Archäologie verschiedener Epochen, spezialisierte Buchhandlung Plaza de la Imbaburcñidad, Sucre y Oviedo, Mo–Fr 8.30–17 Uhr, Sa/So 10–16 Uhr, Eintritt 1 USD.

Museo Atahualpa de Caranqui, archäologisches und ethnografisches Freilichtmuseum am Parque Atahualpa, 3 km außerhalb des Zentrums, Mi–So 9–12 und 15–18 Uhr, Eintritt 1 USD. Siehe auch Kasten S. 282.

● *Post* In der Flores 6-31 am Parque Pedro Moncayo.

● *Polizei* Av. Jaime Roldós Aguilera *y Peñaherrera*, ✆ 2950444, Notruf ✆ 101.

● *Reiseagenturen* **Ecuahorizons**, Jeep- und Trekking-Ausflüge zum Cayambe, ins El-Angel-Reservat, zum Vulkan Chiles oder zu den Lagunen Piñan und Puruhanta. Bolívar 4-67 y García Moreno, ✆ 2959904, ecuahorizons@andinanet.net.

● *Telefonieren* Telefonkabinen von **Porta** und **Movistar** am Parque de la Merced, am Parque Pedro Moncayo, in der Rivadeneira y Velasco; von **Alegro** in der Moncayo y Rivadeneira;

Andinatel in der Sucre 456 y García Morono, tägl. 8–22 Uhr.

● *Wäschereien* Martinizing, Colón y Bolívar; **Laundromat**, Atahualpa 14-131 y Leoro y Grijalba.

> Auf der **Plazoleta Esquina del Coco** (Oviedo y Sucre) steht noch eine einsame Palme, die den Ausbruch des Imbabura-Vulkans und das schwere Beben vom 16. August 1868 überstanden hat. Sie diente dem Bürgermeister und späteren Präsidenten García Moreno als Glückssymbol des Überlebens und Referenzpunkt für den schachbrettartigen Wiederaufbau der Stadt.

Museo Atahualpa de Caranqui – Baden wie ein König

Im Außenviertel Caranqui, 3 km südöstlich vom Zentrum Ibarras und einen halben Block vom eigentlichen Museo Atahualpa am gleichnamigen Parque, befinden sich Steinmauerreste der nördlichsten Tempelanlage der Inkas. Diese wurde einst von Huayna Cápac konstruiert und ist angeblich die Geburtsstätte von Atahualpa, dem letzten Sonnenkönig. Bei den immer noch andauernden Ausgrabungen kamen bisher neben den Fundamenten des Sonnentempels (*acllahuasi*) auch Badebecken, Lagerhäuser, das Kanalsystem sowie die sog. Jungfrauenhäuser zum Vorschein. Laut dem spanischen Schreiber Cieza de León verfügte das aus zwanzig Häuserblocks von je 80 m² bestehende *inca huasi* – das „Haus des Inka" – nämlich auch über 200 „badende" Jungfrauen! Heute ist von dieser prächtigen „Badeanstalt" leider nur noch ein Bruchteil zu erkennen. Nur sehr wenige der fugenlosen Mauern und Stufen überlebten bzw. wurden bislang freigelegt. Die Anlage liefert den Beweis für das weite Vordringen nach Norden der kriegerischen Sonnenanbeter aus dem Süden Perus.

*Ü*bernachten

● *In Ibarra* **Nueva Estancia (1)**, (MK), hübsche Klassik-Fassade, moderne, saubere Zimmer mit Teppichböden, BP, Ww, Kabel-TV, Nr. 109 und 110 (Balkon) mit schönem Blick auf den Parque, Nr. 105 ist ein helles 3er (45 USD). Restaurant mit *almuerzos* ab 2,50 USD. EZ 20–25 USD, DZ 32–42 USD inkl. gutem *desayuno* mit Filterkaffee o. Cappuccino. Am Parque La Merced, García Moreno 7-58 y Sánchez y Cifuentes, ✆ 2951444, nuevaestancia@andinanet.net.

Del Río (8), (MK), eine Oase der Entspannung, modern, hell, interessante Wendeltreppe, schöne Holzfußböden und Engelsbemalungen. Sauna und Cafetería. Zehn *habitaciones matrimoniales*, die besten haben Balkon, z. B. Nr. 1. Pro Pers. 15–20 USD (mit/ ohne *hydromasaje*). Montalvo 4-55 y Flores, ✆ 2611885, patriciavarela_g@yahoo.com.

Royal Ruiz (15), (MK), ordentliche, geräumige Zimmer, kitschige Dekoration, BP, Ww, Teppichboden, Wifi, Kabel-TV. Restaurant, Dampfbad für Gäste auf Bestellung. Zimmer Nr. 108, 207, 208, 209, 307, 308 und 309 haben Blick auf Parque und Berge. Zu meiden sind die Zimmer mit Fenstern zum Treppenhaus! Pro Pers. 16 USD inkl. *desayuno americano*. Olmedo 9-40 y Pedro Moncayo, ✆ 2644644, h.royalruiz@yahoo.es.

Imbabura (11), (Budget), eines der charmantesten Backpacker-Hotels in Ecuador, überdachter Innenhof, mitten im Zentrum und trotzdem nicht laut. Bar-Restaurant **La Pileta** mit Pizza, Lasagne, Crêpes, *sanduches*, *tablas*, *alitas barbeque* oder *picantes*

sowie *comidas típicas* (ab 16 Uhr). Besitzer ist der zuvorkommende José Dávila Saá, alteingesessener Kenner der Region und eifriger Sammler von Miniaturfläschchen aus aller Welt. Es gibt auch ein kleines, aber sehr interessantes archäologisches Museum! Pro Pers. 8 USD, nur BC mit 24 Std. Heißwasser. Oviedo 9-33 y Sánchez y Cifuentes, ✆ 2950155, www.hotelimbabura-lapileta.com.

Nucachi Huasy (2), (Low Budget), auf Quichua „unser Haus", hundertjähriger Altbau, knarrende Dielen und begrünter Patio. Einfache Zimmer (BP), Nr. 7 ist ideal für Paare, Nr. 4 mit Balkon für eine kleine Gruppe (4 Pers.) geeignet. Die Küche von Doña Narcesa Saraguro kann mitbenutzt werden. EZ ab 6 USD, DZ ab 10 USD. Flores y Chica Narváez, ✆ 2953037.

● *Außerhalb* **Hacienda Chorlaví**, (MK), deren Wurzeln bis auf 1620 zurückgeht. Schöner Palmen- und Araukariengarten, Pool und Liegestühle! Altbackener kreolischer Charme, am besten ist die *suite del artista* mit Kingsize-Bett und Kamin (54 USD). Im Patio-Restaurant (Menü 10 USD) treten an Wochenenden ab 13 Uhr die sehenswerten Folklore-, Tanz- und Musikgruppen *Nucanchi Jacta* und *Cantares* auf, gegessen wird dann draußen auf dem hübschen Galeriengang. *Anfahrt:* ausgeschilderte Pflastersteinzufahrt an der Panamericana, von Otavalo kommend linker Hand, 4,5 km vor Ibarra. EZ 36 USD, DZ 42 USD inkl. *desayuno*, gutes Preis-Leistungs-Verhältnis! ✆ 2932222, www.haciendachorlavi.com.

Panamericana Norte
Karte S. 261

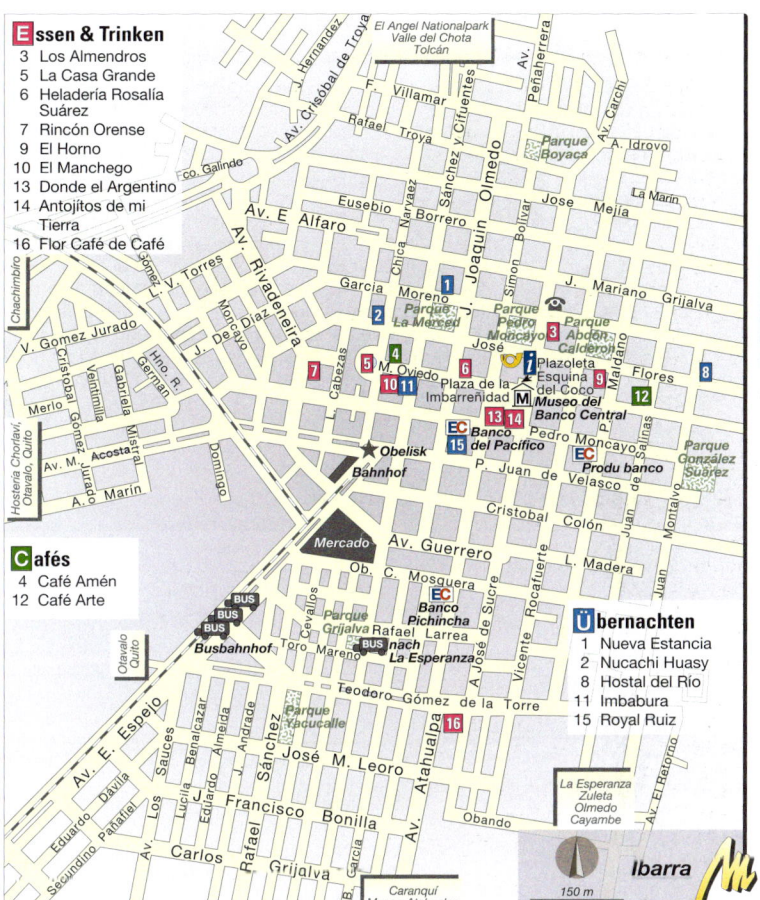

Essen & Trinken

3 Los Almendros
5 La Casa Grande
6 Heladería Rosalía Suárez
7 Rincón Orense
9 El Horno
10 El Manchego
13 Donde el Argentino
14 Antojitos de mi Tierra
16 Flor Café de Café

Cafés

4 Café Amén
12 Café Arte

Übernachten

1 Nueva Estancia
2 Nucachi Huasy
8 Hostal del Río
11 Imbabura
15 Royal Ruiz

Essen & Trinken

Antojitos de mi Tierra (14), das Kleinod der herzlichen Martha Jáuregui mit ihrem ansteckenden Lachen, lokale Zwischenmahlzeiten, *quimbolitos* und *chicha*, kräftiger Kaffee, tägl. 15–22 Uhr. Plaza de la Imbareñidad, Moncayo y Sucre.

Donde el Argentino (13), daneben an der Plaza de la Imbareñidad, zum Draußensitzen, riesige Steaks ab 5 USD, unterschiedliche Kommentare, 12–21 Uhr.

El Manchego (10), preiswerte ecuadorianische Küche ab 4 USD, Schnitzel (*apanados*), tägl. 8–16 Uhr, Oviedo y Chica Narváez.

Los Almendros (3), gut besuchter, farbenfroher Patio und Terrasse zum Draußensitzen, familiäre Atmosphäre. Keine Karte, aber viergängiges Menü zu 2,50 USD, tägl. 12–14.30 Uhr, Moncayo y Rocafuerte am Parque Pedro Moncayo.

Eine leicht märchenhafte Aura umgibt **La Casa Grande (5)** in einer klassischen, strahlend weißen Villa mit Rosengarten, almuerzos für 2 USD, 8–14.30 Uhr, So geschl., Chica Narváez 6-97 y Oviedo.

Parque Abdón Calderón in Ibarra

El Horno (9), Pizzas aus dem Lehmziegelofen (auch vegetarisch), hausgemachte Pasta und frische Antipasti-Salate vom Spezialisten Jorge „Patito", unter der Woche ruhig, Fr/Sa teils proppenvoll, auch Livemusik, tägl. 17.30–24 Uhr, Rocafuerte 6-38 y Flores.

Rincón Orense (7), cebiches (ab 4 USD), Fisch und Meeresfrüchte (bis 7 USD) bei Schnulzenmusik und Rettungsring eines Schiffes, tägl. 7–16 Uhr, Rivadeneira y Oviedo. In der selben Straße sind auch noch andere cebicherías.

Flor Café de Café (16), das Ex-Floralp, bei europäischem Ambiente gibt es Fondue und Raclette (um 9 USD), sehr guten Cappuccino, exquisiten Kuchen, Eisbomben, Fruchtshakes, Frühstücke, Käse aus Zuleta, Vollkornbrot. Die heimliche Attraktion von Ibarra!

Tägl. 8–21 Uhr, Teodoro Gómez y Atahualpa. Nicht alle Cafés bieten auch Kaffee an: **La Esquina** hat Erdbeeren mit Schlagsahne, Frühstücke und Eiscreme, 8–20.30 Uhr, Flores y Olmedo.

Cafetería Heladería Rosalía Suárez (6), eine Institution seit 1896, Frühstücke ab 1,50 USD, Kaffee, traditionelle hausgemachte helados de paila in einem klassizistischen Eckhaus, Oviedo y Olmedo.

Café Arte (12), Skulpturen, Livemusik, Mahlzeiten und Frida-Kahlo-Drinks, gemütlich, Do–Sa von 17 bis 2 o. 3 Uhr morgens, Salinas 5-43 y Oviedo.

Café Amén (4), schräg gegenüber dem Hotel Imbabura, Frühstücke ab 1,50 USD, Oviedo y Chica Narváez.

Feste

Am 28. April feiert die Stadt die **Fiesta del Retorno**, als die Überlebenden des furchtbaren Erdbebens nach vier Jahren am 28. April 1872 in ihre Stadt zurückkehrten und sie ein zweites Mal gründeten. Erster Gründungstag war der 28. September 1606.

Im Juni wird das indianische Sonnenwendfest **Inti Raymi** zelebriert, im Gegensatz zu Otavalo jedoch mit viel mehr Volksfestcharakter.

In Caranqui, einem Viertel von Ibarra und Geburtsstätte von Atahualpa, dem letzten Inka, wird am 3. Mai die religiös-populäre **Fiesta de la Cruz** mit Umzügen und Prozessionen gefeiert.

▶ **Mit dem Schienenbus in Richtung Nordwesten**: Die abwechslungsreiche Fahrt vom Bahnhof in Ibarra über **Salinas** zum **Primer Paso** (45 km, 2 Std.) unternimmt der *autoferro*, ein Schienenbus der *Tropical Railways*. Dahinter wurden die Gleise vom letzten El Niño weggespült und seitdem nicht mehr ersetzt. Abfahrt ist Mo–So gegen 8 Uhr, von Primer Paso zurück nach Ibarra geht es irgendwann zw. 14 und 16 Uhr. Eine bestimmte Anzahl von Tickets muss mindestens verkauft werden, damit es überhaupt losgehen kann: Der Fahrpreis beträgt einfach 8 USD, aber ein Ticket-Verkaufsbetrag von mindestens 100 USD ist Voraussetzung. Man kann den *autoferro* somit auch komplett chartern – wo sonst kann man für dieses Geld einen ganzen Zug mieten? Infos erteilt der Ticketschalter im Bahnhof, ✆ 2950390, 2955050. Trotz der stark verkürzten Reststrecke ist das aus den 50er-Jahren stammende Gleis entlang des tief eingeschnittenen **Río Mira** ein Muss für Eisenbahnfans! Es geht entlang wilder Schluchten, durch reizvolle Dörfer, zehn Fledermaustunnels und über drei Brücken. Unterwegs winken Schulkinder in der trockenen, von Kakteen und Schirmakazien geprägten Wildwest-Landschaft. Von der Endhaltestelle (Primer Paso) geht es entweder mit dem Schienenbus zurück nach Ibarra oder per Bus in den subtropisch-warmen, malariafreien Badeort **El Limonal** (15 Min.) bzw. in 3:30 Std. nach **San Lorenzo** an der Küste. Ebenso fährt stündlich in 45 Min. ein von San Lorenzo oder Lita kommender Bus nach Ibarra zurück. In Limonal (1.000 m) gibt es die relativ einfachen Hosterías *El Limonal* und *Martyzu* (beide jedoch mit Swimmingpool, ca. 10 USD pro Pers.).

In El Limonal unterhält der Belgier Piet Sabbe die organische Obstfarm **Finca Forestal Bospas** (ist ausgeschildert). Piet nimmt Volontäre auf, Spezialisierung Permakultur und regionale Biodiversität, Beitrag pro Monat 225 USD (Gummistiefel, Moskitonetz, Arbeitshandschuhe sind selbst mitzubringen). Er und seine einheimische Frau Olda bieten zudem Individualreisenden eine sehr gemütliche Unterkunft in ihrem steinernen Gästehaus an, umgeben von einem tropischen, 15 ha großen „Waldgarten" mit Blick auf das Mira-Tal. Zum Angebot gehören Wanderungen auf Wegen wie dem *Palo-Santo-Trail* im angrenzenden Nebelwald oder der dreitägige *Golondrina-Trail* vom Páramo im El-Angel-Reservat über Morán hinunter in den subtropischen Nebelwald (siehe „Reserva Ecológica El Angel"). Maultiere tragen das Gepäck, geschlafen wird in Hütten oder bei Familien.

● *Übernachten* **Bospas Forest**, DZ mit BP, Sonnen- und Lese-Veranda 15 USD pro Pers. inkl. Frühstück, *dormitorio* (BC) 13 USD pro Pers., Camping im eigenem Zelt unter Bananenstauden und Kokospalmen 4 USD pro Pers. ✆ 06/2648692, bospas forest@gardener.com, www.bospas.org.

La Esperanza

Das idyllische Andendorf mit dem hoffnungsvoll klingenden Namen, seinen lieblichen Adobe-Häusern und den freundlich grüßenden Bewohnern ist nach einer bis zu halbstündigen Busfahrt von Ibarra aus erreicht (8 km). Der Abstecher in diese ursprüngliche, von indianischen Bauern- und Handwerkern bevölkerte Gegend kann Hochland-Freunden nur empfohlen werden. Eine gepflasterte Durchgangsstraße verbindet die lang gestreckte Ortschaft im Norden mit der Provinzhauptstadt und weiter südlich mit den pittoresken Dörfern **Zuleta**, **Angochagua** und **Olmedo**. Die schöne Straße führt dabei durch wenig bereistes, fruchtbares Hochland und trifft schließlich in Cayambe wieder auf die Panamericana nach Quito (siehe auch „Cayambe"/„Ein uriges Andensträßchen").

Panamericana Norte
Karte S. 261

Esperanza bietet sich vor allem Wanderlustigen für herrliche Tagesausflüge an: z. B. eine 10-Std.-Tour auf den 4.600 m hohen **Imbabura** (kurz vor der Brücke in Richtung Zuleta rechts das Sträßchen hoch), zur 3.800 m hoch gelegenen **Kraterlagune von Cubilche** (kurz nach der Brücke rechts hoch, mind. 5 Std. bergauf und bergab) oder auf die nahen Hügelkämme und in die kleinen, vogelreichen Seitentäler im Osten. Dabei geht es über saftiggrünes Weideland und fruchtbare Äcker, durch Mais- und Getreidefelder, auf verschlungenen Pfaden, unter hohen Baumreihen, an Bachläufen, Lehmhäusern und kleinen Holzzäunen entlang. Beste Voraussetzung sind ein paar sonnige Stunden am Vor- oder Nachmittag. Nachts ist es im 2.600 m hohen Esperanza empfindlich kühl. Der schneebedeckte Cayambe liegt fast greifbar nahe und ragt an wolkenfreien Tagen gigantisch hinter den vergleichsweise niedlichen Bergrücken hervor.

● *Anreise* Zwischen 6 Uhr morgens und 19 Uhr fährt vom **Parque Germán Grijalba** in Ibarra alle 20 Min. ein behäbiger **Bus** nach La Esperanza (8 km). Leihwagenfahrer benutzen am besten die Av. Teodoro Gómez de la Torre in Richtung Osten. Ganz am Ende der Straße, beim kolonialen Cruz Verde, geht es rechts in die Av. El Retorno in Richtung Süden ab und auf der doppelspurigen Pflastersteinstraße fast immer geradeaus bergauf. Ein **Taxi** bis zu den Herbergen „Casa Aida" oder „Refugio Terra Esperanza" kostet etwa 5 USD.

● *Übernachten/Essen & Trinken/Aktivitäten*
Casa Aida, in einem alten Adobe-Haus mit Rasen, Blumen, Avocadobaum und Backstein-Anbau befinden sich die ganz einfachen Zimmer. Die Mahlzeiten (Hausmacherkost) sollten bei Doña Aida vorbestellt werden, Spezialität ist Pfannkuchen mit Himbeerauflauf. Doña Aida ist übrigens eine Persönlichkeit: Sie war eine der ersten Stewardessen in der ecuadorianischen Luftfahrtgeschichte, ihre Herzlichkeit ist ansteckend, *un abrazo!* DZ und Mehrbettzimmer, 7 USD pro Pers., BC, Ww, vorzugsweise Nr. 7, 8 und 9 im oberen Stock des hinteren Neubaus, am besten Nr. 18 mit Blick auf die Äcker und den Imbabura. An der durchgehenden Kopfsteinpflasterstraße, ✆ 06/2660221, www.casaaida.com.

Refugio Terra Esperanza, vom freundlichen Emerson Obanda, rustikales ambiente campestre, einfache Unterkünfte mit BC, Ww, pro Pers. 6 USD. Cafetería-Restaurant mit traditionellen Gerichten und Menüs ab 3 USD. Berg- und Wandertouren auf den Imbabura (10 Std. inkl. Picknick, 50 USD pro Pers. bei 1–3 Teiln., ab 4 Teiln. 40 USD, ab 7 Teiln. 25 USD), zur Laguna Cubilche (6 Std., 25 USD bei 1–3 Teiln.). Jeep-Ausflüge. Pferde und Bikes in Planung. Reservierung angebracht: ✆ 06/2660228, ✆ 080-450069 (mobil), refugioterraesperanza@hotmail.com.

● *Indianischer Tourismus* mit **Traditiones** in den Gemeinden Pukyu Pamba (San Clemente) und Pukuwaiku. Diese liegen schön zu Füßen des Vulkans Imbabura, weit oberhalb von La Esperanza: Wanderungen und Reiten zur Caldera del Diablo oder zu den Lagunen Cubilche und San Marcos. Unterkunft bei indianischen Familien, günstige

Zimmerreinigung

Langzeittarife, ethnokulturelle Begegnungen, Quichua-Unterricht, Mingas, Mythen, Musik und Sonnentanz. Sehr preiswertes Paket mit Übernachtung, drei traditionellen Mahlzeiten und Ausflug (*caminata y visita*) 25 USD pro Tag und Pers., Reiten 10 USD. Infos erteilen die Brüder Manuel und Juan Guatemal, manuel_guatemal@hotmail.com, ✆ 099-161095 (mobil). (Leserempfehlung von Mara Lena Pohlig, Berlin.) Die Busse nach San Clemente fahren von Ibarra wie die Esperanza-Busse am Parque Germán Gríjalba ab.

Tumbabiro und Baños Termales de Chachimbiro

Etwa eine knappe Autostunde westlich von Ibarra liegen in einer kleinen subtropischen Talnische auf etwa 2.300 Höhenmetern die heißen Thermalquellen von Chachimbiro. Der Weg dorthin lohnt auch wegen der schönen, vegetationsarmen Wildwest-Landschaft. Zuckerrohrplantagen, Schirmakazien, Kakteen, Dornbüsche, Maultiere und kahle Hügel fallen dem Betrachter auf. So manches Dörfchen im Bereich der Thermalbäder oder der nahen Ortschaften **Urcuqui** und **Tumbabiro** könnte genauso gut im hintersten Mexiko liegen. Junge Leute sieht man in diesen idyllischen, geisterhaften Gemeinden wenige. Dafür grüßen gebrechliche Alte mit Filzhüten unter vermorschtem Gebälk hervor, krähen Hähne ohne Zeitgefühl, zucken auf der Straße dösende Hunde mit den Ohren und schleppen sich pflugbespannte Ochsen auf den Anhöhen über die ausgedörrte Erde. Übernachtungstipp ist die **Hostería Pantaví** bei Tumbabiro, etwa 7 km von den Thermalquellen (siehe unten). Die von Schwefel-, Eisen- und Magnesiumquellen gespeisten vulkanischen Badebecken (bis 55 Grad) verfügen über Unterkünfte, ein Restaurant (tägl. 7–22 Uhr), ein therapeutisches Spa-Zentrum, bioenergetische Pflanzungen und Lehrpfade. In der Nähe zur Anlage bestehen noch kleine Waldnischen mit über 50 Vogelarten. Kaninchen, Füchse, Gürteltiere und Fledermäuse suchen in der sonst kargen Umgebung Unterschlupf. Die Eintrittsgebühr zu den Bädern beträgt 3,50 USD, zum Spa-Bereich 3 USD. Empfehlenswert ist eine mineralische Schlammmassage, besonders heilsam nach einem Ausritt, wenn man von blauen Flecken gezeichnet ist. Ein nächtliches Bad in der zu dieser Stunde meist entvölkerten Anlage ist ein Leckerbissen. Am Wochenende jedoch tagsüber meiden! Einen einladenderen Eindruck als die öffentlichen Thermalquellen machen die heißen *piscinas* von **Arco Iris**, etwa 150 m vor Chachimbiro gelegen, ebenso mit Dampfbädern, Whirl- und Polarpool, Schlammmassagen und Restaurant, Eintritt 3,50 USD.

• *Anreise* Mit einem **Bus** der Coop. Urcuqui geht es um 6, 7.30 und 12 Uhr vom Busbahnhof in Ibarra zu den Thermalquellen (1:30 Std., 32 km). Gegen Mittag fährt der erste Bus dann wieder nach Ibarra zurück. Ein **Taxi** von Ibarra kostet etwa 25 USD.

Unbedingt **Mückenmittel** mitnehmen! Die winzigen Biester stechen fast unbemerkt zu und verursachen riesige Schwellungen und lange Juck-Attacken!

• *Übernachten* **Termas Hostería**, (MK/Budget), die guten *habitaciones* befinden sich ganz oben am Ende des Tales beim „Spa Medical" (extra starke *sauna turco, ozonoterapía, hidromasaje*). Unter der Woche ist es sehr ruhig, Sa/So mitunter überbevölkert. DZ 60 USD inkl. 3 Mahlzeiten und 24-stündiger Zugang zu allen Bereichen (Spa und Badebecken). www.chachimbiro.com.

Pantaví, (GK), 10 Fahrminuten von den Chachimbiro-Thermen, wunderschönes Landgasthaus mit fantastischem Garten, Veranda im Hacienda-Stil, geschmackvolle Zimmer, gute Matratzen, Swimmingpool. Hier fühlt man sich pudelwohl! Touren ins El-Angel- und Cotacachi-Cayapas-Reservat. Eine Idylle für Naturfreunde und Erholungssuchende auf milden 2.050 m. *Anfahrt*: Von Ibarra geht es nach 20 Min. auf der Panamericana Norte in Richtung Tulcán kurz vor dem Chota-Talboden bei einem Schild „Troncal de la Sierra" links weg nach Salinas und von dort 6 km auf einem pittoresken Pflastersteinsträßchen wieder bergauf bis Tumbabiro (ausgeschildert).

Panamericana Norte

Karte S. 261

DZ Standard 48 USD, Premium 58 USD, Suite 95 USD inkl. europäischem Frühstück, Hauptspeisen im künstlerisch gestalteten

Restaurant 12 USD. Reservierung in Quito, ✆ 02/2347476, info@hosteriapantavi.ec, www.hosteriapanatavi.com.

Valle del Chota

Von Ibarra aus auf der Panamericana in Richtung Tulcán (kolumbianische Grenze) fahrend, ist nach einer halben Stunde die 1.500 m hohe Talsohle von El Chota erreicht. Die Bewohner der kleinen wüstenhaften Enklave setzen sich aus Nachfahren ehemaliger Sklaven zusammen, die im 17. und 18. Jh. von Jesuitenmönchen ins Hochland gebracht wurden oder der harten Plantagenarbeit in der Küstenregion entflohen waren. Die Choteños stellen die einzige traditionelle schwarze Bevölkerungsgruppe im ecuadorianischen Hochland dar.

Fußballspielende Kinder – von hier stammen die „WM-Helden" von 2006 – Flussfischer mit Strohhüten und Zuckerrohrruten, alte Männer in noch älteren Streifenanzügen, Frauen, die Babys in bunten Wickeltüchern tragen oder prall gefüllte Weidekörbe auf dem Kopf balancieren – die kontrastreichen Choteños beeindrucken durch ihre Authentizität. Hinzu kommen das hochsommerliche Klima, die tropischen Fruchtplantagen und röhrende Maulesel im aufgewirbelten Straßenstaub. Ein ganz toller Farbtupfer mitten im kühlen Andenhochland!

• *Übernachten/Essen & Trinken* Zu einem Aufenthalt laden meist von einheimischen Familien frequentierte Hosterías und Cabaña-Anlagen mit Swimmingpools und Sportplätzen ein; als Zwischenstopp auf dem Weg von bzw. nach Kolumbien sehr angenehm. Es gibt im ecuadorianischen Hochland keinen wärmeren Ort! Wer von Ibarra kommt, sollte 2 km hinter dem Dorf **El Chota** aussteigen, etwa 250 m vor der Pana-Mautstelle. Genau dort befindet sich der „Road-Grill" von Julius und Familie.

Arco Iris, (Budget), ornamental verwilderte Plantagenanlage mit Zugang zum Chota-Fluss. Bananenstauden, Mango- und Guayababäume, Zement-Liegestühle, größerer Pool. Bevorzugte Zimmer sind die rustikalen Cabañas *madera* und *redonda*. Ab 12 USD pro Pers. unter der Woche. 2 km hinter dem Chota-Dorf, Panamericana Norte km 32 (von Ibarra), etwa 1 km vor der Mautstelle, ✆ 06/2941135.

Route Km 121, (Budget), von dem äußerst zuvorkommenden Liechtensteiner Hell's Angel Julius, der einsame Fürst des Chota-Tales, 800 m vom Pool der Hostería Arco Iris in Richtung Ambuquí auf der anderen (rechten) Pana-Seite. Cabaña-Zimmer für

15 USD pro Pers. Deftiges Grillfleisch, eiskaltes Bier, schottischer Whisky, kolumbianischer Rum, ecuadorianisches Roadmovie-Ambiente und ein „Harley-Parkplatz"! ✆ 06/2941392.

Alle anderen Hosterías befinden sich ein gutes Stück weiter, kurz vor der Ortschaft **Ambuquí**, 39 km von Ibarra und 84 km von Tulcán.

Oasis, (GK/MK), weitläufige Bade- und Spa-Anlage mit achterbahngroßer Riesenrutschbahn (*tobogan*), Wellen- und Sprudelbad. Unter der Woche herrscht gähnende Leere, lediglich das „normale" Schwimmbad ist dann in Betrieb. Gut sind die Cabaña-Suiten Nr. 18 und 19 mit privatem Whirlpool und Dampfbad. Nur Eintritt für Nichtgäste (5 USD). Restaurant tägl. 7–21 Uhr (Menü 10 USD). DZ 100 USD inkl. dreier Mahlzeiten, Suiten 150 USD. 1 km vor Ambuquí und 7 km hinter El Chota an der Pana Norte bei km 39, ✆ 06/2941192.

Aruba, (Budget), intimer, aber auch steriler. Von Einheimischen empfohlenes Restaurant (Menü 6 USD), Pool, Dampfbad, Sauna, auf Wunsch kolumbianische Musikberieselung. Pro Pers. ab 12 USD unter der Woche. Gleich vor Oasis, ✆ 06/2941146.

Reserva Ecológica El Angel

Das 15.700 ha große Naturschutzgebiet umfasst Höhenlagen von 3.600 bis 4.768 m (Gipfel des erkalteten Vulkans *Chiles* an der kolumbianischen Grenze). Die durchschnittlichen Temperaturen liegen zwischen 7 und 11 Grad, mit Extremwerten zwi-

Frailejones

schen 0 und 18 Grad. Während der Sommermonate von Juni bis Oktober herrschen tagsüber starke Winde und eine intensive Sonneneinstrahlung vor.

Die sternenklaren Nächte sind dann meist eiskalt. Zur „Winterzeit" von November bis Mai hingegen ist das „Engelsreservat" oftmals in graue Nebelwolken gehüllt, von kaltem Sprühregen und dichtem Schneetreiben in den oberen Höhenlagen begleitet. Alles nichts für Hängemattenfreunde!

In El Angel (3.000 m) selbst verspürt man diesen nostalgischen, provinziellen Charme eines Andenstädtchens von anno dazumal. Hauptattraktion der lieblichen Hochgebirgslandschaft sind die bis zu 7 m in die Höhe schießenden **Frailejones Gigantes**, eine endemische Art der Familie der Korbblütler (*Asteraceae*). Ganze Heerscharen von „Riesenmönchen" (*fraile* = Mönch) bedecken den Páramo, wie überdimensionale Schafherden. Diese außergewöhnliche Pflanze, deren Blätter sich wie flauschiges Kaninchenfell anfühlen, gilt als Symbol der Provinz Carchi. Ihr wissenschaftlicher Name ist *Speletia pycnophylla*. Ähnliche Espeletienarten finden sich nur noch im Hochland von Kolumbien und Venezuela (siehe auch Kasten S. 290).

Ebenso besteht ein Teil des Reservates aus dichten, knorrigen und märchenhaft bemoosten Polylepis-Wäldchen, in denen sich nicht nur Bromelien, Orchideen, Kolibris, Andenfasane, Bergtukane und riesige Kröten (*Gastrotheca*) ein Stelldichein geben, wobei Begegnungen mit Feen und Elfchen jedoch eher ins Reich der Fabelwesen gehören (aber weiß man es …?). Die urzeitlich anmutenden, in der Dämmerung wie „von fremden Mächten beseelten" Polylepis-, Quinua-, Chinarinden- oder Colorado-Bäume (*Polylepis Incana*) weisen zahlreiche feinfaserige Rinden auf. Sie werden von den Einheimischen auch „Papierbäume" genannt. Ein eindrucksvoller und leicht zu erreichender **Bosque de Polylepis** befindet sich etwa 14 km nordwestlich vom Städtchen **El Angel** in einem abgeschiedenen Tal (Polylepis Lodge, Eintritt 5 USD, Taxi 15 USD).

Rundweg im El-Angel-Reservat

Ein leicht begehbarer Pfad führt in etwa 1:30 Std. vom Rangerhäuschen zur Voladero-Lagune und in einem bis auf 3.700 m ansteigenden hohen Bogen wieder zurück zum Ausgangspunkt. Das Ranger-Häuschen ist von El Angel über die alte gepflasterte Löcher-Pana, *la vía antigua a tulcán* – eine alte Schmugglerverbindung –, und den Abzweig bei La Libertad per gemieteter Camioneta zu erreichen (ca. 15 USD, je nach Straßenzustand mind. eine halbe Stunde). Feste Turnschuhe sollten für den 2,5 km langen, gut beschilderten *sendero* ausreichen. Gleich nach Beginn des Rundweges ist rechter Hand ein abzweigender, gut erkennbarer Trampelpfad zwischen den Pajonales auszumachen. Das ist ebenfalls eine der Schmugglerouten zur kolumbianischen Grenze. Zu Fuß oder auf dem Rücken eines Maultieres sind es dorthin nur 3–4 Std., aber nicht ausprobieren! Neben den Frailejones-Feldern, die von Nagetieren, Vögeln und auch Rotwild als Unterschlupf und Versteck genutzt werden, gibt es noch andere Pflanzenarten zu bestaunen, z. B. die *pajonales* (*stipa ichu*), meterhohe Páramo-Grasbüschel, die auch beim Dachdecken heute noch als Füllmaterial benutzt werden. Auffällig sind auch die *almohadillas*, sehr widerstandsfähige moosige Polster, auf denen man aber nicht seine Hinterbacken ausruhen sollte. Ganz typisch für den Páramo ist *achupalla*, eine ananasähnliche Bromelienart, die Lieblingsspeise des Brillenbären. Ebenso *romerillo*, Rosmarinchen (*Hipericum laricifolium*), dessen gelbe Blüten Insekten und Kolibris anlocken; das lange, scharfe Sigse-Gras (*Cortadeira nitida*), gut für Blumenbestecke, oder die wie Märklin-Eisenbahnmoos anmutenden *barbas viejas* oder *esponjas de agua*.

In und um die zahlreichen Lagunen, wie der *Voladero*, der *Potrerillos*, der *Rasochoa*, den *Lagunas del Crespo* oder den *Lagunas Verdes*, tummeln sich Regenbogenforellen, Enten und Kaninchen. Mit viel Glück kann auch ein einsamer Andenfuchs (*lobo del páramo*), ein Puma, Brillenbären oder ein Kondor aufgespürt werden. Das relativ übersichtliche, teils sumpfige Naturschutzgebiet bietet ausdauernden Wanderfreunden so mancherlei Überraschung.

Man kann sich zudem vom Milchmann von El Angel mit dessen Pritschenwagen in das versteckte Dörfchen **Morán** – 12 Häuser auf 2.800 m Höhe – kutschieren lassen und dort das Leben der Bauern kennenlernen. Die Fahrt ist ein echtes Pistenabenteuer! Da der Milchmann-Transport die einzige Verbindung darstellt, nutzen viele Leute diese Mifahrgelegenheit (die Alternative sind gemietete *camioneta*). Es geht über einen fast 4.000 m hohen Pass. Im Dorf gibt es erst seit 4 Jahren Strom, auch sonst ist dort alles sehr einfach. Der einheimische Naturführer Carlos Castro organisiert sowohl Programme für Volontäre als auch Wander- und Reittouren in die Umgebung von Morán und auf den Páramo. Besonders hervorzuheben ist sein außerordentliches Engagement für den Natur- und Tierschutz. Eine Tour führt z. B. über **Socavón** (3.940 m) hinunter in den **Bosque Protector Las Orquideas** (Infos in El Angel in der Calle Quiroga y Montúfar 08-61, ✆ 06/2977856 o. 2977744, ✆ 091-374851 o. 086-419936 (beide mobil), castro503@yahoo.com).

Aufregend ist ein 3- bis 4-tägiges Trekking entlang des **Corredor Ecológico Las Golondrinas**, wobei es durch ganz unterschiedliche Lebensräume geht, vom kalten

Páramo auf knapp 4.000 m über das Dörfchen **Morán** (2.800 m) und den **Bosque Protector Las Golondrinas** (2.200 m) bis hinunter in die westlich vom El-Angel-Reservat gelegene, subtropische Region um **Gualchán** auf etwa 1.000 Höhenmetern. Die erlebnisreiche Wanderung leistet einen wichtigen Beitrag zur direkten Tourismusförderung und zum Schutz der Natur und kann bei Carlos Castro oder im engagierten Info- und Tourismusbüro (*unidad de turismo del municipio*) an der Ecke Esmeraldas und Salinas in El Angel gebucht werden (✆ 06/29777-148/-149, nach dem *coordinador de turismo* fragen). Dass die lokalen Natur- und Pferdeführer vielleicht nur Spanisch sprechen, tut zumindest dem Erlebniswert wenig Abbruch. Ein weiterer, bereits langjähriger Anbieter des Golondrinas-Trail ist Piet Sabbe von „The Bospas Forest" (www.bospas.org, siehe auch S. 285). Der Parkeintritt beträgt 10 USD.

• *Anfahrt* Interprovinzielle **Busse** der Coop. Espejo verbinden El Angel mit **Quito**, **Ibarra** und **Tulcán**. Diese starten am Parque de la Libertad, der mit den wunderbar zurecht gestutzten Zypressen. Die provinzielle Coop. Mira steuert ebenso Ziele wie Ibarra und Tulcán an. Der eigentliche Reservatszugang befindet sich nahe dem Dorf **La Libertad**, nur wenige Kilometer nördlich von El Angel. El Angel liegt etwa 20 km westlich der aktuellen Panamericana Norte, genau 48 km südlich von Tulcán und 65 km nördlich von Ibarra.

Von Ibarra kommend, befindet sich nach 32 km panamerikanischer Straße auf 1.500 m links eine asphaltierte Abfahrt über den Chota-Fluss. Von der Brücke an geht es in etwa 30 Min. stetig bergauf über das hügelige Städtchen **Mira** bis nach El Angel (immerhin 3.000 m).

Von Tulcán kommend, führt die alte, sehr holprige wie schlammige Pana entlang der südöstlichen Reservatsgrenze direkt bis nach El Angel (bei Tetes von der asphaltierten Pana rechts abbiegen). Auch diese Route ermöglicht, das Páramo-Panorama mit seinen meterhohen „Mönchen" kennenzulernen, Voraussetzung ist jedoch ein Allradfahrzeug oder starker Pick-up. Je nach Stopps sollten 2 Std. für die fotogene Entdeckungsfahrt veranschlagt werden.

Eine andere Möglichkeit, das Reservat kennenzulernen, stellt eine unbefestigte Straße von **Tufiño** in Richtung Westen dar, die nach mehreren Stunden bis in die subtropischen Ortschaften **Maldonado** und **Chical** hinunterführt. Von **Tulcán** geht es entlang der kolumbianischen Grenze bis nach Tufiño (18 km). Danach durchkreuzt die bis zu 4.000 m hohe Passstraße an den Südflanken des Chiles-Vulkans das

Reservat und fällt in Richtung Küste hin ab (siehe S. 296).

• *Adressen* Im geruhsamen **El Angel** bietet die Camioneta y Furgoneta Compañia Bellavista am „Zypressenpark" Parque de la Libertad Fahrdienste an (z. B. nach Tulcán 50 USD). Einige Schritte davon sind die **Porta**-Telefonkabinen und die **Banco Pichincha**. Ein Internetcafé gab es zum Zeitpunkt der Recherchen noch nicht. Ganz außergewöhnlich ist das „viktorianische" Klinkerstein-Schwimmbad mit eiskaltem Quellwasser (und dies mitten im Ort), während sich ein paar Kilometer außerhalb das winzige, bis zu 40 Grad warme Steinbadebecken von Chilcapamba sowie das 22 Grad warme Thermalbad La Calera befinden.

• *Übernachten* **Polylepis Lodge**, ursprünglicher Polylepis-Wald direkt vor der Tür! Auf 3.680 m am Rand des El-Angel-Reservates im stillen, wunderschön abgeschiedenen Tal Cañon del Colorado gelegen. Man kann auch ohne Führer durch spektakulären Märchenwald, entlang verwunschener Bachläufe und hinauf auf den Páramo zu den *frailejones* wandern. 14 rustikale Reihen-Blockhütten mit bequemen Betten und dicken Überdecken, BP, Ww, Heizung. Restaurant mit Hausmacherkost (*locro, choclos asados*, Riesenforelle), Aufenthaltsraum mit Kamin, Natur-Spa mit Whirlpool, Dampfbad und Schwitzkästen. Pro Pers. 74 USD inkl. 3 Mahlzeiten, Wanderungen mit spanischsprachigem *guía local*, Zunfo-Willkommenstrunk und Feuerholz. 14 km nordwestlich von El Angel (camioneta 15 USD), ✆ 06/2954009, ✆ 094-031467 (mobil), info@polyepislodge.com, www.polyepislodge.com.

Tulcán

(38.000 Einwohner)

Mit 3.000 Höhenmetern die kälteste Stadt des Landes – eine frostige Grenzstation auf dem Weg ins heißblütige Kolumbien.

Zu den wenigen Sehenswürdigkeiten zählen der hübsche **Parque Ayora** und die kunstvoll zurechtgestutzten Zypressen auf dem städtischen Friedhof. Die Tulcaneños nennen sie hoffnungsvoll **Esculturas en verde**. Der Initiator dieser teils nach präkolumbischen Motiven geformten Büsche liegt inzwischen unter seiner eigenen Pracht beerdigt. Auf seinem Grabstein steht: „Ein Friedhof so schön, dass er zum Sterben einlädt!" Seine Söhne setzen heute sein Werk fort.

Warnung: Bei **Tufiño** wie auch ganz allgemein im Grenzbereich östlich und westlich der Provinzhauptstadt **Tulcán** gibt es aufgrund kolumbianischer Guerrilla- und Paramilitäraktivitäten sowie intensiven Schmuggels und Drogenschmuggels die eine oder andere Militärkontrolle. Dies sollte bei einem Ausflug z. B. in die Region um den **Chiles-Vulkan** bedacht werden! Tagsüber gelten die Straßen entlang der Grenze nicht zuletzt aufgrund der Kontrollen als sicher. Von nächtlichen Patrouillen in exotischen Uniformen, von Stippvisiten der „*muchachos*" in abgelegenen Grenzdörfchen und Fincas wird jedoch immer wieder berichtet.

Verbindungen

Die **Vorwahl** von Tulcán und der Provinz Carchi ist **06**.

• *Bus* Vom Busbahnhof Terminal Terrestre Ecuador geht es über die Pana nach **Ibarra** und **Quito** (knapp 5 Std., 6 USD). Die besten Busse haben die Coop. Panamericana (✆ 2980339) und Flota Imbabura (✆ 2986831). Die Panamericana unterhält tägl. eine Verbindung über Quito und **Guayaquil** nach **Huaquillas** an der peruanischen Grenze, de frontera a frontera, Abfahrt um 16 Uhr Fahrtzeit über 17 Std., Fahrpreis knapp 20 USD; die Flota Imbabura fährt zw. 11 und 19 Uhr stündl. nach **Quito** und hat ebenso Busse nach **Cuenca** (16.30 Uhr); die Coop. San Cristóbal hat alle 45 Min. einen Bus nach Ibarra und Quito, allerdings haben es die Fahrer meist sehr eilig! Die gleiche Coop. fährt auch in 12 Std. nach Guayaquil (über Santo Domingo); nach Ibarra und Quito fahren auch Expreso Tulcán (✆ 2980480), Velotax, Trans Vencedores (✆ 2981395), Pullman, Expreso Turismo (✆ 2980492), Tax Gacela (✆ 2980728). Trans. Putumayo fährt tägl. um 9 u. 13.30 Uhr nach **Lago Agrio** (✆ 2980910).

Lokale Kooperativen wie die Coop. Mira unterhalten Verbindungen mit **El Angel** (gleichnamiger Nationalpark), **Mira** und **San Gabriel**.

Die Coop. Norte fährt etwa 10x tägl. ins nordwestliche **Tufiño** (40 Min., 18 km, Thermalquellen **Aguas Hediondas** zu Füßen des Chiles-Vulkans) und mind. 1x tägl. auf einer wunderschönen Passstraße weiter nach **Maldonado** (3 Std.) und **Chical**. Die Busse starten, wenn nicht am Busbahnhof Terminal Terrestre, dann gegenüber dem Colegio Nacional Tulcán in der Calle Roberto Sierra.

• *Flug* Vom 2 km östlich des Stadtzentrums gelegenen Flughafen startet **TAME** Mo–Fr um 10 Uhr, So um 16.30 Uhr nach **Quito** (60 USD) sowie evtl. Mo/Mi/Fr um 11.45 Uhr über Esmeraldas nach **Cali** in Kolumbien. Die aus Quito kommende Maschine macht in Tulcán und/oder Esmeraldas Zwischenlandung. Das Büro von TAME befindet sich in der Sucre y Junín, Mo–Fr 9.30–18 Uhr, ✆ 2980675, 2987281, im Flughafen ✆ 2982850. Von der kolumbianischen Grenzstadt Ipiales starten Kleinflugzeuge nach **Pasto** und Bogotá.

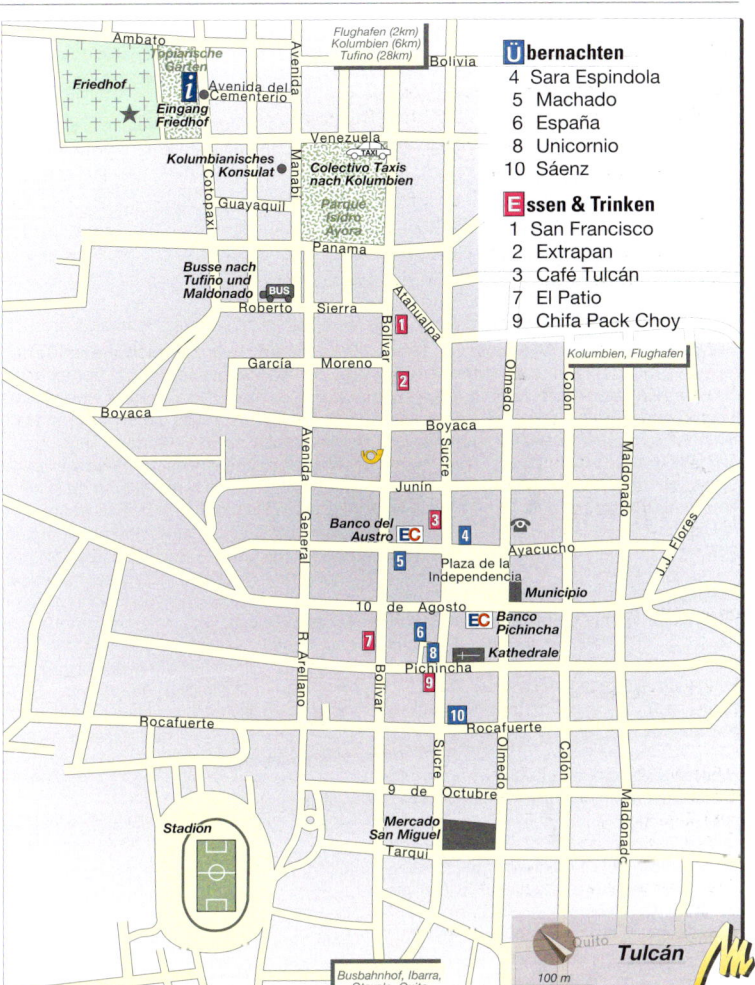

Flughafen (2km)
Kolumbien (6km)
Tufiño (28km)

Ü bernachten
4 Sara Espindola
5 Machado
6 España
8 Unicornio
10 Sáenz

E ssen & Trinken
1 San Francisco
2 Extrapan
3 Café Tulcán
7 El Patio
9 Chifa Pack Choy

Kolumbien, Flughafen

Panamericana Norte
Karte S. 261

Busbahnhof, Ibarra,
Otavalo, Quito

100 m

Quito

Tulcán

A dressen

Infos erteilt das **Fremdenverkehrsbüro** der Cámera de Turismo am Friedhof gleich nach dem Eingang rechts, meist tägl. 8–13 u. 15–18 Uhr, ✆ 2985760, www.gmtulcan. gov.ec. Ein weiteres Info-Büro befindet sich direkt an der Grenze bei der Rumichaca-Brücke in einem renovierten historischen Gebäude, ✆ 2983892.

● *Geldwechsel* Neben den Straßenwechslern (Vorsicht!) am Parque de La Indepen-

dencia und am **Grenzübergang** Puente Internacional de Rumichaca gibt es offizielle Wechselstuben für kolumbianische Pesos entlang der Ayacucho, Bolívar und Sucre. **Banco del Austro** (Visa, Mastercard), Ayacucho y Bolívar; **Banco Pichincha** (Visa, Mastercard, Diners), Plaza de la Independencia.

● *Internet* Im Zentrum **LaNet@**, Bolívar y Junín, gute Verbindung, 1 USD die Std.; **Mun-**

ditel, Ayacucho y Bolívar, 7–22 Uhr; **Café Net** im municipio, 50 Ct. pro Std.

• *Kolumbianisches Konsulat* Ecke Manabí und Venezuela am hübsch restaurierten Parque Ayacucho.

• *Krankenhaus* **Nova Clínica**, Av. Centenario y Veintimilla; Allgemeinarzt Dr. Fernando Molina im edificio La Curia, Sucre y Junín.

• *Polizei* Manabí y Guatemala, ✆ 2980345.

• *Post* Simón Bolívar 53-27 y Junín.

• *Telefonieren* Im Busbahnhof, in der Bolívar y Boyacá sowie Bolívar y Ayacucho.

• *Touren/Ausflüge* **Ecotrip** im Centro Comercial Jardín del Norte im Local 104, (ecotrip_tours@yahoo.com), Ziele sind El Angel, Guandera- und Arrayanes-Reservate, Oriente, Las Lajas (Kolumbien), Cali und Cartagena.

Übernachten/Essen & Trinken (siehe Karte S. 293)

Tulcán kann mit ein paar günstigen Budget- und Mittelklassehotels aufwarten!

• *Übernachten* **Sara Espindola (4)**, (MK), hell, da große Fenster, aber teils sehr eng bebettet. Teppichböden, Telefon, Kabel-TV, Neonröhren und chinesische Vasen. Die Suiten im 3. St. sind geräumiger (Nr. 304 und 301). Auf derselben Etage ist ein Veranstaltungssaal und ganz unten eine Disco. Sauna, Dampfbad, Internet. EZ 45, DZ 70 USD, Restaurant mit *desayunos* und Menüs ab 2,50 USD. Plaza de la Independencia, Sucre y Ayacucho, ✆ 2986209.

Machado (5), (MK), Ebenfalls komfortabel und zentral. Geräumige Zimmer und Bäder, Teppichböden und die größten Kabel-TV-Bildschirme im Ort! Pro Pers. 20 USD inkl. Frühstück. Ayacucho y Bolívar, ✆ 2984221.

Sáenz (10), (Budget), mitten im Zentrum, Backpacker-Tipp, sehr freundlich. BP, Ww, Kabel-TV, Teppichböden, bewachter Parkplatz. 12 USD pro Pers. Sucre y Rocafuerte, ✆ 2981916.

Unicornio (8), (Budget) renoviert, sauber, feste Matratzen, Kabel-TV, Nr. 204 mit kleinem Balkon, kein Frühstück, aber chinesisches Restaurant im Haus. Ab 9 USD pro Pers. Sucre y Pichincha, ✆ 2982713.

España (6), (Low Budget), sehr gut fürs Geld, große Fenster, sauber, zentral gelegen, BP, Ww, Kabel-TV. Pro Pers. ab 5 USD, Sucre entre 10 de Agosto y Pichincha, am Parque La Concordia, ✆ 2983860.

• *Essen & Trinken* Ein traditionelles Gericht ist hornado de tulcán (auch hornado pastuso), saftige, mit Zwiebeln, Knoblauch und Kräutern gewürzte und mit heißer Brühe übergossene Schweinefleischstücke. Kolumbianische Küche mit *bandeja paisa* oder *pollo sudado* bietet das Bambus-Lokal **El Patio (7)** in der Bolívar y Pichincha.

Empfohlen wurde die Restaurante-Cafetería-Heladería-Frutería **San Francisco (1)**, europäisches Ambiente, Espresso-maschine, gute almuerzos 3 USD, vorzügliche platos a la carta 4–6 USD, Bolívar entre Sierra y García Moreno, ✆ 2980750.

Populär ist das von Mittag bis Mitternacht geöffnete chinesische Restaurant **Chifa Pack Choy (9)** im Hotel Unicornio.

Der nette Besitzer des kleinen Lokals **Maktub** hat Wasserpfeifen und shawarmas inkl. Cola ab 1 USD, García Moreno y Bolívar.

Erst um Mitternacht schließt das Bäckerei-Restaurant **Extrapan (2)**, guter Tipp nicht nur für Kuchen, auch Hauptgerichte, Bolívar y García Moreno gegenüber der Iglesia de San Francisco.

Café Tulcán (3), neben Eisbechern hat das urige Kaffeehaus mit dem billigsten Espresso des Landes aufzuwarten. So geschl. Sucre 52-029 y Ayacucho.

▸ Ein lohnenswertes Ausflugsziel, um einen der letzten Bestände von urzeitlichem Hochland-Nebelwald zu erforschen, ist das 10 km^2 große **Guandera Reservat** bei **San Gabriel**, nach dem gleichnamigen, über 30 m hohen Guandera-Baum benannt und etwa 40 km südlich von Tulcán gelegen. Ganze Wälder dieses Baumes bedeckten einst weite Flächen der ecuadorianischen Anden. Zwischen 3.100 und 3.600 Höhenmetern können hier über 150 Vogelarten, Brillenbären und Pumas angetroffen werden. Das Reservat wird von der *Fundación Jatún Sacha* in Quito gemanagt (✆ 02/2432240 oder www.jatunsacha.org). Von Tulcán kommend, geht es wenige Kilometer vor San Gabriel links in Richtung **Mariscal Sucre** (Colonia Huaqueña)

In der Provinz Imbabura

ab. An der Bushaltestelle in San Gabriel können Taxi-Camionetas für die 10-USD-Fahrt nach Mariscal Sucre oder noch weiter hoch bis zum Reservatszugang (15 USD) gemietet werden, oder man läuft von Mariscal Sucre 1:30 Std. zu Fuß bis zum Reservat. Ebenso gibt es von Tulcán den Bus Trans Huca (Av. Veintimilla) nach Mariscal Sucre. Es ist besser, sich bereits im Vorfeld mit der Fundación Jatun Sacha in Verbindung zu setzen. Die Kosten für Reservat und Camping sind Verhandlungssache, eine Cabaña-Übernachtung kostet 15 USD, Volontäre zahlen monatlich 400 USD.

▶ Ein weiteres Ausflugsziel ist der 16 ha große Hochlandurwald **Bosque de Arrayanes**, etwa 11 km von **San Gabriel** in der *parroquía urbana* San José bzw. bei der *comunidad* Monteverde. Zwischen den bis zu 20 m hohen, rötlichen *arrayanes* (Myrtebaum, *Myrcianthes*) trifft der Besucher auch auf *árboles de encinos* (*Weinmania*), *charmuelan* (*Scollonia*), Bromelien und Orchideen.

▶ Eine **Grenzstraße** verbindet Tulcán direkt mit Lago Agrio im Oriente (Cuyabeno Wildlife Reservat). Die Straße zweigt bei **Julio Andrade** (20 km südl. von Tulcán) nach Osten ab und führt entlang der kolumbianischen Grenze über Santa Bárbara, La Bonita und Lumbaquí nach Lago Agrio. Bis La Bonita ist die Straße ein „Feldweg", danach zwar asphaltiert, aber nicht gut instand gehalten. Mit bis zu drei Militärkontrollen ist normalerweise zu rechnen!

▶ Vom seelenruhigen Grenzdorf **Tufiño** gelangt man schnell per Pick-up (3–4 USD) oder zu Fuß in den Páramo, der viele Wandermöglichkeiten bietet. Manuel Denner hat dort als Freiwilliger gleich einen ganzen Monat verbracht. (www.altropico.org. ec). Er sieht die Sicherheitslage für Touristen weniger problematisch. In der Nähe des kühlen Tufiño gibt es eine Reihe heißer Thermalquellen, wobei der Schwefelpool der **Aguas Hediondas** der interessanteste ist. Dieser liegt nur wenige

Meter neben der „grünen" kolumbianischen Grenze und ist über die weiter westlich führende Straße in Richtung Maldonado zu erreichen. Nach 3 km kommt
rechts eine Abzweigung, die nach fast 5 km zu den „Stinkenden Wassern" führt.
Ein längeres Bad im Schwefelpool ist gesundheitsschädigend! 20 Minuten sind
ausreichend, mehr könnte zu einem Kreislaufkollaps führen. Die Einsamkeit der
Landschaft ist beeindruckend. Busse nach Tufiño starten von Tulcán jede Stunde, nach Maldonado hingegen gibt es nur ganz wenige Verbindungen. Die Thermalquellen sind zwar keine architektonischen Perlen, aber der Rundweg durch
den Wald ist bis auf den Plastikmüll sehr schön. In Tufiño selbst sind inzwischen
neue Badebecken mit Schwefelwasser entstanden. In der Markthalle (8–18 Uhr)
gibt es *almuerzos* und *meriendas* ab 1,50 USD. Vom *parque* in Tufiño starten bis
18 Uhr Pritschenwagen wieder zurück nach Tulcán (60 Ct.) Ein Tagesausflug
bietet sich an.

▶ Noch lohnender ist eine dreistündige Fahrt hinunter in die Subtropen nach Maldonado und El Chical – für Entdeckungsreisende unproblematisch! In **El Chical** kann
zwecks „Nahrungsaufnahme" der saubere Comedor *El Paraíso* direkt am Park
empfohlen werden. Dort kann man auch für 5 USD übernachten oder im Hotelchen Villa Real. Gleich neben dem Fluss laden hübsche *piscinas* zum Baden ein. Die
kolumbianische Guerrilla, die auf der anderen Seite gleich hinter der Hängebrücke
stationiert ist, kommt lediglich in Zivil und unbewaffnet nach El Chical. Eine
Verbindungsstraße nach San Lorenzo soll die Sackgassen-Lage von El Chical eines
Tages beenden.

▶ **Grenzübergang nach Kolumbien**: Die kolumbianische Grenze liegt 6 km nordöstlich von Tulcán und ist aufgrund von Sicherheitsmaßnahmen evtl. nur von 6
bis 22 Uhr geöffnet statt wie üblich 24 Stunden. Sammeltaxis vom *Parque Ayora*
(Nähe Friedhof) kosten etwa 1 USD, ein gechartertes Taxi kommt auf 3–4 USD.
Von der Grenze gibt es Busse, Sammeltaxis (1 USD) und Taxis (2 USD) in die kolumbianische Grenzstadt **Ipiales** (3 km). Selbst bei einem Tagesausflug in das ba-
sarmäßige Handelszentrum ist es unbedingt notwendig, sich seinen mindestens
noch sechs Monate gültigen Reisepass abstempeln zu lassen (ecuadorianischer
Ausreisestempel und kolumbianischer Einreisestempel). Auch wenn sich die
Zöllner nicht immer um die Grenzgänger scheren, kann das Fehlen dieser Pass-
vermerke bei Kontrollen böse Folgen nach sich ziehen. Anfang 2009 war die
Grenze nachts geschlossen.

Es ist ratsam, bei flinken Straßenhändlern getauschtes Geld nachzuzählen!

● *Übernachten* In **Ipiales** das moderne Ho-
tel **Nogal** (MK) gleich hinterm Parque San
Felipe in der Carrera 7 Nr. 13-77, mäßiges
Frühstück (DZ etwa 25 USD, BP, Sauna, In-
ternet gratis), ✆ 0057/2/7253983; ebenso das
Hotel **Santa Isabel** (Budget) in der Carrera 7
Nr. 14-27 (DZ ab 15 USD), ✆ 0057/2/734-172/-
174.

Ein lohnenswerter Abstecher im Grenzgebiet ist die wenige Kilometer östlich von
Ipiales gelegene Wallfahrtskirche von **Las Lajas**, direkt über dem Río Guaítara konstruiert. Ein kolumbianisches Taxi vom Grenzübergang Rumichaca braucht etwa
eine halbe Stunde.

Von Ipiales fahren komfortable Busse der Coop. Bolivariano fast stündlich nach **Bogotá** (ca. 40 USD), über Popayán, Cali, Armenia. Tickets können im Internet reserviert werden (www.bolivariano.com.co).

Cotopaxi Nationalpark

Panamericana Sur – Die Straße der Vulkane

Latacunga – Ambato – Riobamba – Cuenca (85/135/185/440 km)

Reihenweise Gletscherriesen, ein paar rauchende Kraterschlote, bunte Flickenteppichfelder und verrunzelte Lehmhäuser, Bergbauern und Indiomärkte, wiederkäuende Kühe und grasende Lamas. Dazwischen ein berühmter „bolivarianischer" Highway, der von Alaska bis Feuerland und zu Füßen des höchsten aktiven Vulkankegels der Erde die beiden amerikanischen Kontinente verbindet.

Zwei ausgeprägte, parallel verlaufende Kordillerenstränge – **Cordillera Occidental** und **Cordillera Oriental** – bilden zwischen Quito und Riobamba die nach Alexander von Humboldts Wortschöpfung benannte **Avenida de los Volcanes**, den geografisch profiliertesten Abschnitt des innerandinen Hochbeckens. Auf einer Fahrt über die Panamericana Sur, die sich inmitten dieser beiden Gebirgsketten durchschlängelt, kann der Betrachter an einem besonders schönen Tag ein halbes Dutzend Schneeriesen unter dem Äquatorhimmel entdecken. Südlich von Quito ziehen sich linker Hand die Fünftausender-Gipfel des *Antisana, Sincholagua, Cotopaxi, Tungurahua* und *Altar* hin, rechter Hand der *Guagua Pichincha*, die beiden *Ilinizas*, der *Carihuairazo* und der 6.310 m hohe *Chimborazo*. Dazwischen liegen noch andere, ganzjährig schneefreie Vulkangipfel: im Osten die Viertausender *Pasochoa, Rumiñahui, Morurco* und *Quilindaña*, im Westen der *Atacazo, Corazón,*

Yanaurcu. Der schönste Teil der Vulkanstraße beginnt südlich von Quito am km 5, wo sich die Pana und die Umgehungsautobahn Avenida Oriental vereinen. Nach 14,5 km auf der vierspurig ausgebauten Pana führt bei **Aloag** eine ebenfalls asphaltierte Abzweigung nach rechts und innerhalb von 1:30 Stunden hinab ins tropische Santo Domingo an der ausladenden Küstenebene.

▶ **Machachi:** Geradeaus der Pana folgend, kommt nach weiteren 5 km linker Hand das 20.000-Einwohner-Städtchen und Molkereizentrum Machachi (km 19,5). Interessant sind hier der hübsche *Parque Central* mit kolonialem Kirchlein wie auch die sprudelnden Thessalien-Quellen, aus denen das Güitig-Mineralwasser abgefüllt wird (4 km außerhalb des Ortes, eiskalter Swimmingpool). Mit Machachi rückt der Cotopaxi in greifbare Nähe.

Anstatt nun weiter über die Pana nach Süden bis zum Hauptzugang des Cotopaxi-Nationalparkes zu fahren, besteht für Leihwagenfahrer die Möglichkeit, an der Pana-Ampel bei einem Reiterstandbild links in den Ortskern von Machachi einzubiegen. Es geht zunächst geradeaus bis zum Parque Central. An der Ampel an der rechten hinteren Ecke des Parque, schräg gegenüber dem Kirchlein, links in die García Moreno und dann immer geradeaus. Nach zwei Blocks sollte auf der Mauer einer Autowerkstatt linker Hand ein gelbes Metallmännchen auftauchen. Die García Moreno geht dann am Ortsrand von Machachi in die alte, gepflasterte „Humboldtsche Panamericana" über, welche heute den treffenden Namen **„Ruta de los Volcanos"** trägt. Sie führt sowohl zum nördlichen Cotopaxi-Nationalparkzugang (Control Norte) als auch in einer langen Schleife über den Páramo und den Pita-Canyon nach Rumipamba, Sangolquí und schließlich zurück nach Quito (siehe Karte S. 303).

▶ **Ruta de los Volcanes (von Sangolquí aus):** Wer mit einem 4x4-Leihwagen unterwegs ist, zieht vielleicht die alte „Humboldtsche" Pflastersteinstraße der schnellen Pana vor. Nachteile: völlig durchgeschüttelte Passagiere und ein mitunter schlammverkrustetes Auto; Vorteil: urige Dörfchen, authentische Haciendas, ganz liebliche, saftig grüne Täler und ein Páramo-Erlebnis, wie es die Pana so nicht bieten kann. Die pittoreske Vulkan-Route befindet sich teils in einem katastrophalen Zustand und beginnt südöstlich von Quito. Am Kreisel „El Colibrí" bei **Sangolquí** geht es von San Rafael oder Pifo kommend auf der asphaltierten **Carretera Intervalles** weiter nach Süden (dritte Abfahrt) in Richtung Tambillo bzw. Panamericana. Nach 1 km kommt ein weiterer, viel kleinerer Kreisverkehr (zweite Abfahrt nehmen) und nach 1,7 km auf einer Anhöhe eine Ampel im Ort **Chalillo**. Hier geht es links in die Calle Inés Gangotena in Richtung Curipungo. Nach 7 km auf dieser löchrigen, aufgerissenen Asphaltstraße kommt links ein Abzweig hoch in das Pflastersteinsträßchen nach **Rumipamba**, *„el pueblo del Páramo"*. Immer den blauen Schildern folgen! Direkt bei einer Hacienda geht es in **San Antonio** links runter und später im **Barrio Vallecito** (Parroquía de Rumipamba) rechts hoch. Hinter der **Hacienda Santa Rita** führt das Sträßchen in den **Cañon del Río Pita**. Dort, im Tal des Río Pita, kommt linker Hand ein ebenso gepflasterter Abzweig zu den ausgeschilderten *senderos* des **Santa-Rita-Reservates:** idyllische Wanderwege durch dichten Hochland-Primärwald, von nur 30 Min. zur beeindruckenden, 27 m hohen Cascada del Río Pita bis zu ausgiebigeren Trails von 3 Stunden Dauer.

Im weiteren Verlauf zweigt in einer Linkskurve ein Weg rechts zu den Canopy-Drahtseilen von „Tierra del Vulcán" (7 Ziplines von 180 bis 420 m Länge, 35 USD). Kurz darauf führt die Straße auf den **Páramo** hoch. Wohin man auch schaut, ragt eine Schneespitze oder ein Felsriese auf, vorausgesetzt das Wetter spielt mit! Die

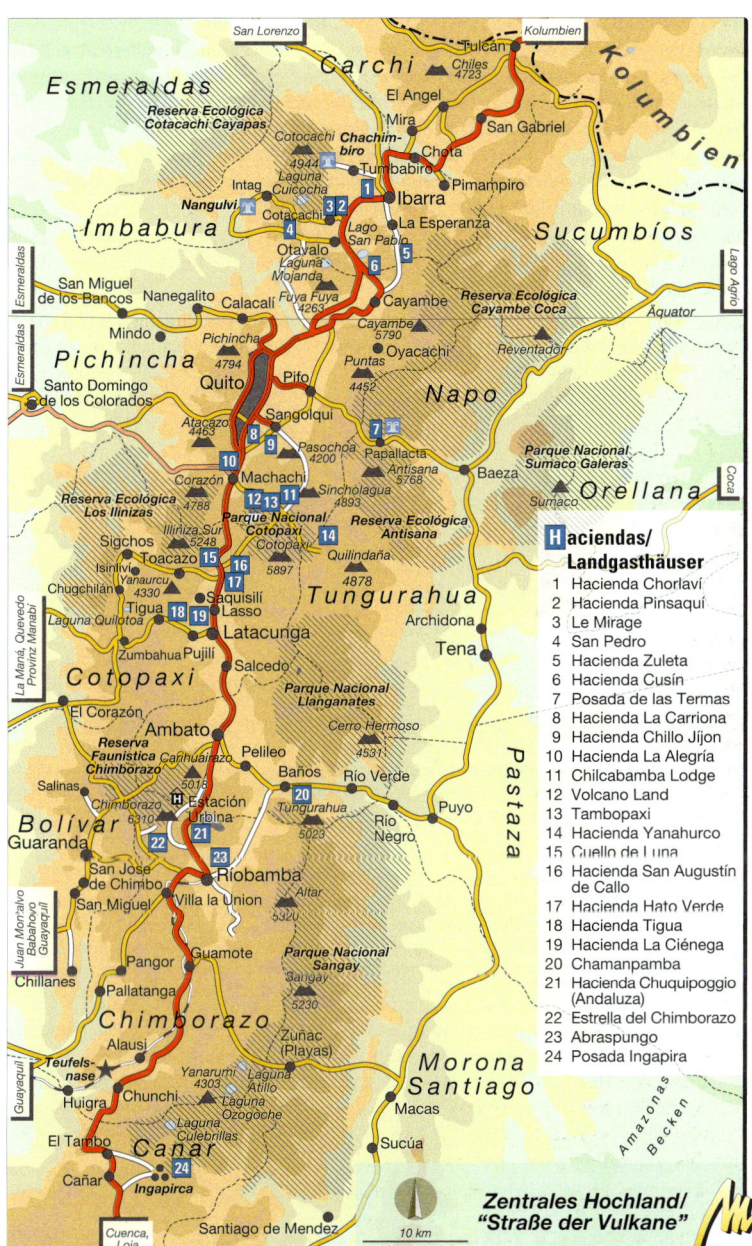

Panamericana Sur
Karte S. 299

H **Haciendas/
Landgasthäuser**

1 Hacienda Chorlaví
2 Hacienda Pinsaquí
3 Le Mirage
4 San Pedro
5 Hacienda Zuleta
6 Hacienda Cusín
7 Posada de las Termas
8 Hacienda La Carriona
9 Hacienda Chillo Jíjon
10 Hacienda La Alegría
11 Chilcabamba Lodge
12 Volcano Land
13 Tambopaxi
14 Hacienda Yanahurco
15 Cuello de Luna
16 Hacienda San Augustín de Callo
17 Hacienda Hato Verde
18 Hacienda Tigua
19 Hacienda La Ciénega
20 Chamanpamba
21 Hacienda Chuquipoggio (Andaluza)
22 Estrella del Chimborazo
23 Abraspungo
24 Posada Ingapirca

**Zentrales Hochland/
"Straße der Vulkane"**

10 km

nicht verschlossene Eisenschranke bei den Wasserwerken EMAAP ist eigenhändig zu öffnen. Nach ein paar Kilometern durch die herbe Páramo-Landschaft geht es an einem Y links direkt zum Control Norte des Cotopaxi-Nationalparkes (26 km südlich von Sangolquí) und rechts zur Chilcabamba Lodge bei **Loreto del Pedregal**. Von Loreto erreicht man nach 17 km auf der ebenfalls attraktiven Pflastersteinstraße **Machachi**, wo man wieder auf die Panamericana trifft. Die Ruta de los Volcanes kann sowohl von Sangolquí (von Norden) aus als auch von Machachi (von Südwesten) aus gefahren werden.

• *Übernachten/Essen & Trinken/Reiten in Machachi und Umgebung* **Hacienda Chillo Jíjon (9)**, mondäner Gutshof von 1730 etwa 40 Min. südöstlich von Quito zw. Sangolquí und Amaguaña. Barockes Jagdschlossinterieur mit aristokratischen Kronleuchtern, Gobelin-Stoffen, Porzellanfiguren und osmanischen Teekannen. Phänomenaler Lustwandelgarten mit schattigen Bäumen, raschelnden Palmen und stillen Steinbänken. Tennis und Reiten. DZ 600 USD inkl. Mahlzeiten, Getränke, Wäscheservice. ✆ 02/2331632, www.hacienda-ecuador.com.

Hacienda La Carriona (8), bei Sangolquí, 200 Jahre altes Anwesen mit original spanischem Kreuzhof. Hübscher Garten mit blühender andiner Flora, Speisesaal im Getreidespeicher, temperierter Pool, Whirlpool, Sauna, Dampfbad. DZ 98 USD, Suite 128–146 USD inkl. *desayuno americano*. ✆ 02/2332004, www.lacarriona.com.

Hacienda La Alegría (10), bei Aloag, Pferdenarren und solchen, die es werden wollen, wärmstens ans Herz gelegt. Auf dem Gutshof von 1911 werden auch heute noch Kühe gemolken. Urige Zimmer, Vulkansteinportale und alte wurmstichige Holztore. Ganzer Stolz der Besitzer Gabriel und Patricia sind die gepflegten Pferde: Criollo, English Thoroughbred und Arabian Stock, mit Sätteln von McClellan, von british-style über chilenisch und argentinisch bis zum ecuadorianischen Cowboy-Stil *chagra*. 1- bis 9-tägige Páramo-Ausritte (von Hacienda zu Hacienda, www.volcanoride.com). *Anfahrt:* Von der Pana geht es 7 km nördlich von Machachi bzw. 2 km nördlich der Abfahrt von Aloag (nach Santo Domingo) am km 12,5 gegenüber einer Tankstelle rechts in ein Pflastersteinsträßchen. Von dort sind es 2,5 km zur Hacienda auf 2.870 Höhenmetern. Pro Pers. und Tag 180 USD inkl. drei deftige Mahlzeiten und Reitausflüge. ✆ 099-802526 (mobil), info@alegriafarm.com, www.haciendalaalegria.com.

Chilcabamba Lodge (11), (MK), bei Loreto del Pedregal auf 3.487 m am nördlichen Rand des Cotopaxi-Nationalparkes, von Machachi (17 km) wie auch von Sangolquí (26 km) aus über die „Ruta de los Volcanes" zu erreichen. Guter Ausgangspunkt für Ausflüge in den Nationalpark. DZ mit dick gepolsterten, schmalen Betten, teils mit Cotopaxi-Blick, auch gute Mehrbettzimmer. Schwedenöfen, ausgebeulte Zimmerwände aus Páramo-Gras, Sand und Zement. Essen in der „Bauernstube" vorm großen Kamin. Bergsteigen, Reiten und Lama-Trekking. EZ 49–73 USD, DZ 73–85 USD (BC/BP) inkl. Frühstück. ✆ 099-460406 (mobil), www.chilcabamba.com.

La Estación, (MK), während es zum Ortskern von Machachi links von der Pana weggeht, befindet sich die Abzweigung zum sog. Bahnhof rechter Hand, etwa 2 km nach der Abfahrt nach Machachi an der Kreuzung in Aloasí (km 21,5). Eine Kopfsteinpflasterstraße führt fast schnurgerade den Hang hoch in Richtung Volcán Corazón und trifft nach 3 km auf das Bahngleis an der „Estación" von Machachi. Herrlicher Blick auf das innerandine Hochbecken, Araukariengarten, einheimische Küche. Es gibt hübsche Cabañas im Garten und Zimmer im alten Gebäudeteil. Mittag- oder Abendessen 15 USD. EZ ab 35 USD, DZ ab 40 USD, Frühstück ab 6 USD. ✆ 02/2309246.

Refugio Chiguac, (Budget), in Machachi, zwei fürsorgliche Schwestern, tolle *chocolate caliente*, Mais mit Panela. 6 leicht muffige DZ (3 BC), 18 USD pro Pers. inkl. Frühstück und Abendessen. Sieben Blocks vom Parque Central neben einer Schule, Calle Los Caras y Cristóbal Colón, ✆ 02/2310396, ✆ 098-670413 (mobil), germanimor@punto.net.ec.

Valhalla, (Budget), 10 Busminuten südlich von Machachi geht es von der Pana links in eine Staubstraße (gelbes Schild). Von dort sind es 15 Min. zu Fuß. Orangefarbenes, schmuckloses Gebäude, Holzöfen, meist BC, Ww. Ab 14 USD pro Pers. im Stockbetten-Schlafsaal inkl. Frühstück, Abendessen 8 USD. Reservierung in Quito: Amazonas y Calama, ✆ 02/2554984, www.hostelvalhalla.com.

Papagayo, (Budget), hinter Machachi, pittoresker Bauernhof auf 3.100 m Höhe, teils BP und Ofen. Salon mit Kamin, Garten, Kühe melken, Lamas füttern. Nachts bellen die Hunde, jammern die Katzen. Israelische Besitzer. *Anfahrt*: Von Quito über die Pana Sur, 1,5 km hinter bzw. südlich der Mautstation Machachi geht es am km 26 bei der Haltestelle Agroconsultores (Busfahrern oft bekannt) rechts in einen 1 km langen Feldweg, den Schildern „EcoRoses" folgen! 10–22 USD pro Pers. (Schlafsaal, DZ, EZ), Camping 5 USD, Frühstück ab 3,50 USD. ✆ 02/2310002, info@hosteria-papagayo.com, www.hosteria-papagayo.com.

An der Pana Sur, 4 km südl. der Ortsabfahrt Machachi, befindet sich am km 23,8 linker Hand das schwarz-weiß gefleckte **Café de la Vaca** (Hacienda Yanayura). Hier dreht sich alles um die Kuh. Deftige Bauernmahlzeiten (6–14 USD) aus dem Andenhochland, sehr populär, Wifi-Zone, der Speisetipp für hungrige Selbstfahrer, tägl. 8–17 Uhr. ✆ 02/2315012, www. elcafedelavaca.com.

Hinter Machachi windet sich die Pana über immer grünere Hügel und saftigere Weiden hinweg. Rechts der Straße liegen der erloschene Krater des **Corazón** und die beiden **Iliniza-Gipfel,** links davon erstrecken sich bald die Pinienwälder des **Cotopaxi-Nationalparks.** Kurz darauf durchquert der mit dem Hahnenschrei aufbrechende Reisende den frühmorgendlichen Schatten des Cotopaxi-Vulkankegels, falls tückischer Nieselregen oder ein aschefarbenes, die Kraterspitze einhüllendes Wolkenmeer dies nicht zu verhindern wissen. Die beiden Zugänge zu diesem viel besuchten Naturschutzgebiet sind ausgeschildert und liegen jeweils am km 35 bzw. 44 km von Quito. Meist wird der letzterer Zugang benutzt (Entrada Principal).

Panamericana Sur
Karte S. 299

Historische Haciendas entlang der Straße der Vulkane

Meterdicke Adobe-Lehmwände, knarrende Dielen, schwere Vorhänge, Himmelbetten, Bauernschränke und Butzenscheiben. Dazu sonnendurchflutete Pflasterstein-Patios mit plätschernden Brunnen, Bimssteinkreuzen und blumenumrankten Arkadengängen, die in feudale Speisesäle mit offenem Kamin, riesigen Kronleuchtern und silbernem Besteck führen. Auf allen Haciendas laden blühende Gärten mit schattenspendenden Araukarien und Palmen zu sinnlichen Spaziergängen ein. Kolibris und Schmetterlinge geben sich ein Stelldichein. Auf solchen historischen Haciendas zu schlafen ist wie eine Zeitreise in die Epoche der kolonialen Gutsbesitzer. Manche befinden sich seit Jahrhunderten in Familienbesitz. In diesem Buch werden die schönsten Haciendas vorgestellt: **Le Mirage (3)** bei Cotacachi (S. 273), **Pinsaquí (2)** und **Cusín (6)** bei Otavalo (S. 268 und 272), **Zuleta (5)** (S. 264), **Chillo Jíjon (9)** und **La Carriona (8)** bei Sangolquí (S. 300), **La Alegría (10)** bei Aloag (S. 300), **La Ciénega (19),** **Hato Verde (17)** und **San Agustín de Callo (16)** nahe dem Cotopaxi-Nationalpark (S. 307).

Los Ilinizas

Spätestens bei der panamerikanischen Chaupi-Brücke (*Puente de Jambelí*) am km 27,3 ragen rechter Hand die beiden Fünftausender des **Iliniza Sur** und **Iliniza Norte** aus der westlichen Andenkordillere hervor. In prähistorischen Zeiten waren die Ilinizas ein einheitliches Vulkangebilde, dessen Spitzen heute durch einen fast 2 km langen Sattel getrennt sind und im bergsteigerischen Sinne ganz unterschiedliche Schwierigkeitsgrade aufweisen. Ein guter Einstieg und Akklimatisierungsberg für angehende Andinisten stellt der 5.126 m hohe Iliniza Norte dar, während sein 5.263 m hoher, südlicher Zwillingsbruder nur sehr erfahrenen Kletterern vorbehalten ist.

• *Aufstieg*   Eine heruntergekommene **Schutzhütte** (*refugio*) auf 4.650 m, etwas unterhalb des verbindenden Sattels, bietet Bergfreunden zumindest ausreichenden Unterschlupf (Hüttenwart, Kochgelegenheit, 10 USD pro Pers., Schlafsack, Matte, noch besser Zelt sind mitzubringen). Frisches Trinkwasser kann von einem Bächlein ganz in der Nähe des Refugio entnommen werden. Von hier aus (nach dem Aufstieg zum technisch problemlosen Nordgipfel etwa 3 Stunden. Es geht zunächst auf dem immer schmaler werdenden Kamm entlang, bis nach ca. 1 Std. der sog. **Paso de Muerte** (Todespass) erreicht ist. Hört sich viel schlimmer an, als er in Wirklichkeit ist! Nach Umgehen einer Steilwand (rechts herum) geht es dann links zum Gipfel hoch. Da der Nordgipfel weitestgehend schneefrei ist, stellen Höhenanpassungsschwierigkeiten und lockeres Gestein auf den letzten Metern die einzig nennenswerten Hindernisse dar. Lediglich Anfänger mit viel Schwindelgefühl werden hier ins Stocken geraten. Steigeisen sind nicht erforderlich. Vor allem Laien sollten auf ei-

nen erfahrenen Bergführer jedoch nicht verzichten.

Die Iliniza-Abfahrt von der Pana befindet sich etwa 7 km südlich von Machachi am km 27,2. An einem nicht ausgeschilderten Ort namens Tarqui geht es keine 100 m vor der Jambelí-Brücke rechts weg in Richtung **El Chaupi**, 7 km von der Pana. Von dort aus führt der Weg weiter zur **Hacienda El Refugio** und zu dem scharf umrissenen Hügel **Loma Pilango**. Nach etwa 16 km von der Panamericana ist der „Iliniza-Parkplatz" erreicht (bei einem Marienschrein). Ein Jeep schafft es dann vielleicht noch 2 km weiter, bevor schließlich ein zweistündiger, sandiger und kiesiger Fußmarsch zur Schutzhütte hochführt. Eine gemietete Camioneta von Machachi kostet je nach Gruppengröße etwa 20 USD. Es gibt zudem fast stündliche Busverbindungen von Machachi nach El Chaupi, jedoch könnte sich die Weiterfahrt bis hoch zum Parkplatz als schwierig erweisen. Die Serpentinenwanderung von El Chaupi bis zur Schutzhütte nimmt etwa 8 Std. in Anspruch. Die Nationalparkgebühr beträgt 5 USD.

Die südliche Iliniza-Spitze gilt als technische Herausforderung für Bergsteiger. Sie wurde 1880 zum ersten Mal von den Brüdern *Jean* und *Louis Carrel* bestiegen, während der britisch-ecuadorianische Kletterpionier *Edward Whymper* im gleichen Zeitraum zweimal umkehren musste. Die Normalroute führt von der Schutzhütte aus über die Nordwand: 60 Grad Steigungen, lockerer Fels, Gletscherspalten und Lawinengefahr. Im Jahre 1973 gelang den beiden Ecuadorianern *Marco Cruz* und *Joseph Bergé* sogar eine extrem schwierige Besteigung über die Südflanke, die bis heute nur von wenigen Weltklasse-Kletterern wiederholt werden konnte. Zudem soll der Iliniza Sur durch den starken Gletscherrückgang in den letzten Jahren noch gefährlicher geworden sein.

Nationalpark Cotopaxi

Der 5.89 m hohe, perfekt geformte Vulkankegel liegt etwa 60 km südlich von Quito. Seine Bedeutung für die Anden entspricht in etwa der des Matterhorns für die Alpen.

Das Hochland-Areal des attraktiven Cotopaxi-Nationalparks stellt für die Ecuadorianer eine Art Vorzeige-Reservat dar. Die vom Yellowstone-Nationalpark (USA) inspirierten Wiederaufforstungen mit Pinien sollen der starken Bodenerosion entgegentreten, werden in Fachkreisen jedoch kritisiert. Zum einen verschmäht die gefährdete einheimische Tierwelt diese Wälder, zum anderen wurden die Baumreihen oftmals viel zu eng gesetzt, was wiederum zum frühzeitigen Absterben und Abholzen vieler tausend Pinien geführt hat. Der interessantere Teil dieses riesigen vulkanischen „Freilichtmuseums" beginnt daher über der Baumgrenze bei etwa 3.800 m. Bis zu diesem brettebenen Páramo-Plateau steigt die Staubstraße inmitten von Pinien und entlang der letzten erkalteten Lavaströme sachte an. Auf der

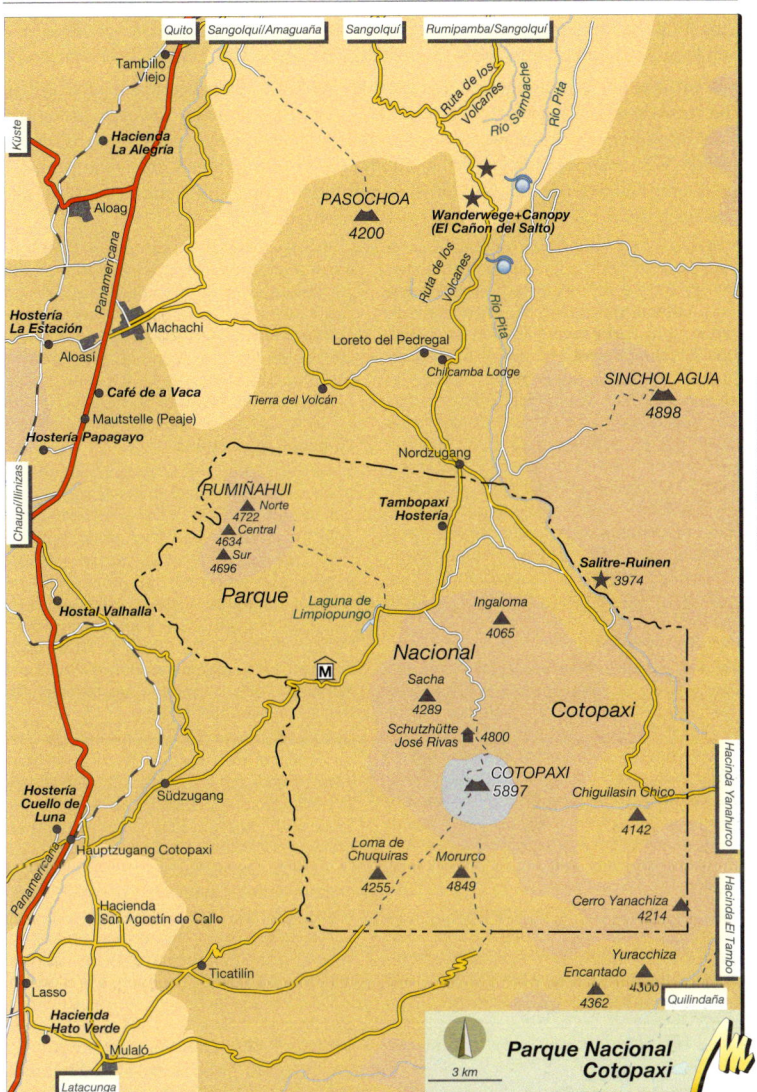

Hochebene befinden sich linker Hand die 4.675 m hohe Felszacken-Halbkrone des **Rumiñahui** („Steingesicht") und rechter Hand, zum Greifen nahe, der monumentale Schneekegel des Cotopaxi. Nach wenigen flachen Kilometern auf der holprigen Staubstraße ist dann die winzige, 3.900 m hohe **Laguna Limpiopungo** erreicht. Über die Schwemmlandebene zu Füßen des Vulkans preschen häufig Wildpferde. Bussarde kreisen ab und zu über den umliegenden Höhenrücken, Kondore lassen sich hingegen äußerst selten blicken. Campingfreunde können mit etwas Glück den scheuen Andenfuchs aufstöbern, evtl. in der Morgendämmerung.

Im Umfeld der Limpiopungo-Lagune leben vielleicht noch vereinzelte Exemplare der im Aussterben begriffenen, schwarzen und orangefarbenen *Atelopus-Kröte*. Die Erhöhung der UV-Strahlung hat in den letzten Jahren eine verheerende Wirkung auf die Krötenpopulation gehabt, denn im Gegensatz zu Eidechsen, Schlangen, Vögeln oder Säugetieren hat die dünne, ungeschützte Amphibienhaut keine Möglichkeit, sich der für sie tödlichen Strahlen zu erwehren.

● *Anfahrt zum Nationalpark und zur Cotopaxi-Schutzhütte* Von der panamerikanischen Straße führen zwischen **Machachi** und **Latacunga** zwei Hauptzufahrtswege direkt zum Parkeingang in der sog. **Boliche-Erholungszone**, die dem Nationalpark vorgelagert ist. An der Pana aufgestellte Tafeln weisen auf die beiden Zufahrten hin. Von Quito aus geht es nach 35 km (Estación Cliersen) bzw. 44 km (Entrada Principal al Cotopaxi) jeweils links weg. Beide Zufahrten führen nach Überqueren des Bahngleises Quito – Riobamba im späteren Verlauf wieder zusammen und bilden beim Parkeingang einen einzigen Anfahrtsweg. Die zweite Zufahrt ist die gebräuchlichere und wird von den meisten Parkbesuchern benutzt.

Benutzer öffentlicher Busse steigen besser an der zweiten, der Hauptzufahrt aus, wo meist auch ein Jeep oder eine Camioneta von „Zona Verde" auf Parkbesucher wartet. An Wochenenden wird der 30 km lange Zufahrtsweg bis zum *parqueadero* (4.500 m) unterhalb der Schutzhütte mehrfach zurückgelegt. Der Preis für das robuste Fahrzeug beträgt etwa 40 USD hin und/oder zurück, wobei der Fahrer während des Auf- und Abstiegs zur Schutzhütte nicht ewig wartet.

Eine andere Option in den Nationalpark zu kommen, ist die Camioneta-Coop. *San Juan de Pastocalle*, 6 km südlich der Cotopaxi-Hauptzufahrt und 2 km nördlich von Lasso an der Abzweigung von der Pana nach Pastocalle, einfach bis zum *parqueadero* 30 USD, hin/zurück mit Wartezeit 45 USD.

Die meisten kommen jedoch, um den Gipfel zu besteigen, und reisen gleich von Quito oder Latacunga aus mit ihrem Bergführer im Jeep an.

Am Parkeingang wird für ausländische Besucher eine Eintrittsgebühr von 10 USD erhoben. Ganz in der Nähe gibt es neben Picknickwiesen, Grill- und Campingplätzen auch weitläufige Freigehege für Lamas

und Rotwild. Nach Passieren der Schranke am Parkeingang steigt die Zufahrtsstraße allmählich an und erreicht nach fast 6 km das etwa 3.600 m hohe Besucherzentrum **Campamento Mariscal Sucre** (mit einem zerzausten Kondor). Von dort aus führt die staubige Straße noch ein Stückchen weiter bergauf bis zur Páramo-Hochebene und erreicht nach wenigen flachen Kilometern die **Limpiopungo-Lagune**.

Etwa 2 km hinter der Lagune zweigt rechts ein 8–9 km langer Serpentinen-Fahrweg ab, der bis zum 4.500 m hohen Parkplatz unterhalb der Schutzhütte führt. Herkömmliche Pkws werden auf dieser steilen Vulkanstaubstraße aufgrund der großen Höhenüberwindung ihre Schwierigkeiten haben. Für das restliche Stück vom **Parqueadero** bis zum 4.800 m hohen **Refugio José Ribas** ist dann ein anstrengender 40-minütiger Aufstieg über einen vegetationslosen Asche- und Geröllhang nötig.

Die zweistöckige Schutzhütte verfügt über 30 einfache Hochbetten, Kochmöglichkeit (Gas), Trinkwasser aus der Schneeschmelze vom Dach, Aufenthaltsraum mit Kaminfeuer und Toiletten. Eine Übernachtung im oftmals überfüllten Refugio kostet 18 USD. Ein dicker Schlafsack muss selbst mitgebracht werden. Durch das ständige Hin und Her Dutzender von Bergsteigern ist an Schlaf jedoch kaum zu denken. Andinisten sehen sich aufgrund fehlender Betten manchmal sogar gezwungen, auf dem kalten Boden zu nächtigen. An manchen Tagen stehen sich bis zu 100 Gipfelstürmer auf den Füßen. Eine Vorab-Information ist diesbezüglich nicht zu erhalten. Samstage tendieren jedoch eher zu mehr Betriebsamkeit.

Wer von der Limpiopungo-Lagune weiter geradeaus fährt anstatt rechts zum Refugio hoch, gelangt nach wenigen Kilometern an eine weitere Weggabelung. Der linke Zweig führt zum dritten nördlichen Parkeingang (*Control Norte*) und im Anschluss über die wunderschöne alte Pflastersteinstraße

Unter der Yanasacha-Wand

Panamericana Sur
Karte S. 299

– die „Humboldtsche" **Ruta de los Volcanes** (siehe S. 299) – über *Loreto de Pedregal* und den Canyon des *Río Pita* nach Sangolquí und Quito; oder alternativ nach Machachi zurück zur Panamericana (siehe Karte S. 303). Für Allradfahrzeuge bietet sich somit die Möglichkeit einer Hochgebirgs-Rundfahrt an, die zwischen dem Flanken-Dreieck Cotopaxi, Rumiñahui und dem

4.900 m hohen **Sincholagua** hindurchführt. Der rechte Zweig führt nach etwa einer Stunde, dabei die abgetragenen Steinwälle einer verfallenen **Inka-Festung** links liegen lassend, zur abgelegenen **Hacienda Yanahurco**, mit 26.000 ha Privatreservat die größte Anden-Hacienda Ecuadors (siehe „Schlafen unter dem Vulkan" S. 307).

Besteigung des Cotopaxi

Der 5.897 m hohe Cotopaxi ist der höchste frei stehende aktive Vulkankegel der Erde. Aus dem Quichua übersetzt bedeutet das unterschiedlich interpretierte Wort etwa „sanfter Nacken des Mondes". Bereits die ersten kolonialen Schreiber gaben Zeugnis von der zerstörerischen Tätigkeit dieses harmonisch geformten Kegels. Be richten zufolge kam es während einer Schlacht im Jahre 1534 zwischen den vorrückenden Spaniern und den Inkas zu einem lautstarken Ausbruch des Cotopaxi, woraufhin beide Parteien inmitten der Kampfgeschehnisse Hals über Kopf die Flucht ergriffen. Die Indígenas flohen aus Angst vor dem gewaltigen Götterschlag, der in ihren Augen ein ganz böses Omen bedeutete. Die Spanier flohen hingegen, weil sie so ein fürchterliches Naturschauspiel wahrhaftig noch nie erlebt hatten.

Nach jenem Ausbruch verfiel der Vulkan in einen Jahrhunderte lang anhaltenden Dornröschenschlaf, der 1742 durch eine erneute Eruption unterbrochen wurde. Die Stadt Latacunga wurde dabei zum ersten Mal dem Erdboden gleichgemacht. Weitere Ausbrüche folgten 1743, 1744 und 1766 – der heftigste 1768, als das inzwischen wieder aufgebaute Latacunga zum zweiten Mal zerstört wurde. Nach einer

Laguna Limpiopungo

weiteren Ruhephase trat der Vulkan Mitte des 19. Jh. abermals in Aktivität. Im Jahre 1877 verzeichnete man gleich vier starke Ausbrüche, wobei sich der unheilbringende 26. Juni als Höllenspektakel herausstellen sollte, zumindest für die Latacunqueños. An jenem Tag ergossen sich die brodelnd heißen Lavaströme über alle Seiten des Kegels. Die geschmolzenen Schnee- und Eismassen rissen auf ihrem Weg gewaltige Schlamm- und Gerölllawinen mit sich, die über die Flussläufe des Pita, Guayllabamba und Esmeraldas innerhalb von 18 Stunden den Pazifischen Ozean erreichten! Andere pyroklastische Ströme wälzten sich entlang des Río Cutuchi auf Latacunga herab. Sie erreichten die Stadt in weniger als dreißig Minuten, Baños innerhalb von drei Stunden! Schwarzer Ascheregen fiel über weite Teile des Hochlandes und verfinsterte mit den Winden sogar das ferne Guayaquil.

Seit dieser Ausbruchsphase ist es um den Vulkanriesen still geworden. Die letzte Eruption fand 1904 statt. Ein „Aufwärmen" (*recalentamiento*) des „Kochtopfes" wurde in den letzten Jahren verzeichnet, Evakuierungsmaßnahmen werden seit längerem geplant.

Akklimatisierung: Der Cotopaxi gilt zwar als technisch einfach, um nicht zu scheitern, ist jedoch eine fünftägige Höhenanpassung notwendig. Somit ist es nicht ratsam, direkt von Quito aus eine Besteigung angehen zu wollen. Der Sprung in der Übernachtungshöhe von 2.800 m (Quito) auf 4.800 m (Cotopaxi-Hütte) würde zu Kopfschmerzen und Übelkeit in der „Aufstiegsnacht" führen. Eigentlich sollte nicht mehr als 800 m höher als an der vorherigen Schlafstätte übernachtet werden. Ein zu plötzlicher Aufstieg zum Gipfel kann im extremen Fall sogar zur Höhenkrankheit **Soroche** führen. In der Regel hilft dann ein Abstieg von wenigen hundert Metern, sodass sich die Symptome wieder legen. Siehe dazu auch unter Gesundheit/Wissenswertes von A bis Z. Gute Trekking-Infos findet man in dem Buch **Trekking in Ecuador** von Robert und Daisy Kunstaetter (The Mountaineers Books, nur engl.) oder im deutschsprachigen **Bergführer Ecuador** von Günter Schmudlach (Panico-Alpinverlag).

Die vermutlich ersten Menschen auf dem Kraterrand waren der Deutsche *Wilhelm Reiss* und sein kolumbianischer Gefährte *Angel Escobar* im Jahre 1872. Beiden gelang der Aufstieg über einen frisch erkalteten Lavastrom an der Westseite des Berges. Ein Jahrzehnt später erreichte auch der Engländer *Edward Whymper* von Norden her den rauchenden Schlot, auf dessen Rand er sogar übernachtete.

• *Aufstieg* Jede Seilschaft beginnt mit dem Aufstieg gegen ein Uhr früh. Im Laufe des Vormittags wird der Schnee dann weich und das Gehen sehr anstrengend oder gar unmöglich. Durch einen sehr zeitigen Start ist auch die Festigkeit der Schneebrücken über die vereinzelten Gletscherspalten garantiert und die Gefahr von Lawinen wird auf ein Minimum reduziert. Die erste Stunde über der Schutzhütte führt leicht rechts über einen steilen Hang auf den 5.200 m hohen Gletscherrand hinauf. Nach stetigem Anstieg über das Gletscherfeld, wobei auch einigen mit Fähnchen markierten Spalten ausgewichen werden muss (die jedoch kein größeres Hindernis darstellen dürften), ist der breite Rücken rechts unterhalb der 120 m hohen **Yanasacha-Wand** erreicht. Nach Umgehung dieser markanten, bereits von Quito aus sichtbaren Felswand geht es in mühevoller Kleinarbeit über den oberen Gletscher mehr oder weniger geradlinig bis auf den steilen Grat hinauf, der im Anschluss direkt auf den Gipfel führt. Leichte Schwefelgerüche begrüßen die Andinisten beim Erreichen des Kraterrandes.

Schlafen unter dem Vulkan (siehe auch Karte S. 299)

Folgende Landgasthäuser und Hacienda-Hotels befinden sich in unmittelbarer Nähe zum Cotopaxi-Nationalpark oder im *Parque Nacional* selbst:

Hacienda San Agustín de Callo (16), (GK), manche Teile und die Kapelle dieser frühkolonialen „kontrakulturellen" Hacienda bestehen aus originalen Inkawänden mit Trapezfenstern, wie sie in Ecuador nur noch in Ingapirca zu finden sind. Der Gutshof wurde über einem Inkatempel von Tupac Yupanqui gebaut. Die unterschiedlichen Zimmer sind teils in einem klobigen Landhausstil gestaltet: dicke Lehmwände oder auch Inkamauern. Der düstere Speisesaal, die Bäder, Badewannen, Bolleröfen und Kamine sind extravagant und filmreif! *Anfahrt*: anfangs gleiche Staubstraße von der Pana zum Cotopaxi-Hauptzugang, nach 1 km geht es jedoch statt nach links geradeaus. Katastrophaler Zufahrtsweg! DZ 270–440 USD inkl. Abendessen und Frühstück. ☏ 02/2006157 (in Quito) bzw. ☏ 03/2719160 (direkt in der Hacienda), www.incahacienda.com.

Hacienda Yanahurco (14), strohbedeckte Herberge im rustikalen Rancho-Stil, sehr abgelegen im Schatten der Cotopaxi-Südostflanken. 13 Zimmer mit BP, Ww, Kamin oder Ofen, Stromgenerator. Reitausflüge zu Lagunen und Kondor-Landeplätzen. Rotwild, Füchse und Brillenbären streifen durch die morastige Páramo-Landschaft. Jagen ist verboten, Fischen erlaubt. „Kreolische" Rodeo-Spiele! All-inclusive-Paket mit 2 Übernachtungen ab 360 USD pro Pers. bei mindestens 4 Teilnehmern, Reservierung in Quito unter ☏ 02/2445248, www.haciendayanahurco.com.ec.

Hacienda Hato Verde (17), (GK), gepflegtes, 100 Jahre altes Landgut aus Bimssteinblöcken, mit original erhaltener Mampara-Butzenscheiben-Fensterfront und 9 dezent dekorierten Zimmern im gehobenen bäuerlichen Stil (BP, Ww, Kamin). Sehr familiäres Ambiente. *Anfahrt*: von Quito kommend wenige Minuten nach der Hauptzufahrt zum Cotopaxi-Nationalpark (km 55) gegenüber der *Fábrica Novacero* links weg von der Pana und 700 m in Richtung Mulaló, dann 150 m rechts rein bis zu einem Holportal mit Steinbogen. EZ 134 USD, DZ 184 USD, Suite 244 USD inkl. *desayuno campestre*, Abendmenü 25 USD, Reit- und Bikeausflüge, ☏ 03/2719348, info@haciendahatoverde.com, www.haciendahatoverde.com.

Hacienda La Ciénega (19), (GK/MK), 300 Jahre altes Gut, dessen Ländereien einst vom südlichen Stadtrand Quitos bis fast nach Ambato reichten. Alexander von Humboldt pflegte hier vor über 200 Jahren zu nächtigen. Restaurant und schöner Patio-Garten, dazu ein uraltes Kapellchen. Hauptgerichte 10–20 USD, Tagesmenü 17 USD. *Anfahrt*: Am südlichen Ortsausgang von Lasso (15 km nördlich von Latacunga) geht vom Cotopaxi-Nationalpark kommend rechts eine Abzweigung rein, die nach 2 km (das Bahngleis kreuzend) in eine alleengleiche Einfahrt mit Eukalyptusbäumen übergeht. EZ 67 USD, DZ 94 USD, die klassische

Panamericana Sur — Karte S. 299

Humboldt-Suite 192 USD. ✆ 03/2719052, in Quito Cordero 1442 y Amazonas, ✆ 02/2549126, www.hosterialacienega.com.

Tierra del Volcán, an der „Ruta de los Volcanes" von Machachi zum nördlichen Nationalparkzugang schmiegt sich die erdfarbene, strohbedeckte Páramo-Herberge harmonisch in die Hochgebirgslandschaft. Fesche Reitausflüge unter knallroten Ponchos zu den abgelegenen Haciendas *El Tambo*, *El Porvenir* oder *Santa Rita*, Mahlzeiten und Transport inbegriffen, ab 90 USD pro Pers, und Tag. Nur DZ 74 USD inkl. Frühstück und Abendessen. In Quito: San Ignacio 1015 y Gonzáles Suarez, ✆ 02/2231806, info@volcanoland.com, www.volcanoland.com.

Cuello de Luna (15), (MK) hübsches Landhaus im Rancho-Stil auf 3.125 m Höhe. Die Zimmer (Kamin, BP, Ww) sind um einen kleinen Patio angelegt. Zentraler Ausgangspunkt für die ganze Region: z. B. Cotopaxi-Tagestour (Schutzhütte) mit Jeep, Guide und Lunchbox 50 USD pro Pers. Bergsteigen, Reit- und Bikeausflüge. *Anfahrt*: an der

Panamericana (von Quito kommend km 44 bzw. 8 km vor Lasso) genau gegenüber der Cotopaxi-Nationalpark-Hauptzufahrt befindet sich die 1,5 km lange „Natureinfahrt" zur Hostería (ausgeschildert). EZ 37–48 USD, DZ 49–60 USD, Suiten 78–90 USD (BP, Ww) inkl. Frühstück, im Dachstuhl (BC, Ww) 18 USD pro Pers. ✆ 02/2905939 (Quito), ✆ 099-700330, 099-727535 (beide mobil, Ismael Janisch), hotel@cuellodeluna.com,www.cuellodeluna.com.

Tambopaxi (13), (Budget), tonfarbene Bergsteigerherberge auf 3.720 m, die sich unauffällig der herben, steinigen Landschaft anpasst (von parkenden Autos abgesehen), bereits im Nationalpark am nördlichen Zufahrtsweg gelegen, *camioneta* von Machachi 25 USD. Gemeinschaftsschlafräume mit 40 Betten (BC) pro Pers. 25 USD, schmuckloses DZ mit BP und Ofen 104 USD, im eigenen eiskalten Zelt 7 USD pro Pers., Menü 17 USD, Frühstück ab 8 USD. In Quito: La Pinta E7-31 y Diego de Almagro, ✆ 02/2220241/42, info@tambopaxi.com, www.tambopaxi.com.

Saquisilí

Jeden Donnerstag findet in diesem kleinen Andenstädtchen einer der beeindruckendsten **indianischen Märkte** des Hochlandes statt. Auf acht Plazas werden in einem bunten Gewirr aus kreolischer Geschäftstüchtigkeit und bäuerlichem Han-

Schweinshaxn`

delstreiben Waren aller Art feilgeboten, wobei der etwas außerhalb gelegene Tiermarkt sicherlich den Höhepunkt bildet, der im Gegensatz zum restlichen Marktgeschehen jedoch nur bis 9 Uhr morgens andauert. Obwohl der Markt inzwischen an Authentizität eingebüßt hat, und auch Billigwaren und giftiger Plastikschrott aus China anzutreffen sind, befindet sich Saquisilí nach wie vor in den Händen der traditionsverbundenen Einheimischen, die an diesem Tag zahlreich von den nahe liegenden Berghöhen herabsteigen. Überladene Frucht- und Gemüsestände, Mais- und Bananenberge, sortenweise Kartoffelsäcke, Weidekörbe und Kaktusseile, zusammengeschweißte Blechkanister und Gießkannen, Reit- und Plastikgeschirr, Pötte und Schuhe aus Autoreifen, Schrotgewehre, Macheten, Kleiderstoffe, geduldig ausharrende Schafe, Kühe, Pferde, Lamas und Maultiere.

Der Abstecher nach Saquisilí kann mit einem Ausflug in den Cotopaxi-Nationalpark, zur Quilotoa-Kraterlagune und dem noch sehenswerteren Samstagsmarkt von Zumbahua kombiniert werden.

● *Verbindungen* Nach **Latacunga** geht es an Markttagen alle paar Min. von der Plaza de la Concordia. In umgekehrter Richtung vom Busbahnhof in Latacunga. Fahrtzeit etwa 20 Minuten.

Nach **Quito** gibt es donnerstags evtl. einen Bus (sowie früh morgens schon in umgekehrter Richtung von Quito). Fahrtzeit 1:30 Std., etwa 2 USD. Sonst hilft von Quito nur ein Bus nach Latacunga, dem Fahrer Bescheid geben und in Lasso oder an der Pana zw. Lasso und Latacunga (Saquisilí-Abfahrt) einen der Anschlussbusse oder eine *camioneta* nach Saquisilí nehmen.

Nach **Isinliví** fährt tägl. ein Bus um etwa 10.30 Uhr, Abfahrtszeit nachprüfen! Nach

Sigchos (dort Umsteigemöglichkeit nach **Chugchilán**) fährt Mo–Fr um 10, 12, 14, 16 und 17 Uhr, Sa 10, 11, 12, 14 und 16 Uhr, So 12, 14, 17 Uhr die Coop. Trans Saquisilí.

● *Essen & Trinken* Trotz der großen Anzahl von Imbissständen stellt Saquisilí für europäische Mägen ein Problem dar. Mit Käse gefüllte Kartoffelpuffer (*llapingachos*), Hühnerbrühe mit ganzen Köpfen und Krallen (*caldo de gallina*), frittiertes oder gebackenes Schweinefleisch (*fritada* und *hornado*), gegrillte Meerschweinchen (*cuy asado*) oder kleine, lebend in Zitrone eingelegte Schnecken (*churos*) werden günstig zum Probieren angeboten, sind aber nicht jedermanns Sache.

Latacunga

Die 70.000-Einwohner-Hauptstadt der Provinz Cotopaxi liegt 85 km südlich von Quito auf 2.850 m. Entlang der Straße der Vulkane kommt ein Reisender zwangsläufig an Latacunga vorbei, dessen Zentrum sich von der Pana aus betrachtet auf der gegenüberliegenden östlichen Seite des Río Cutuchi befindet.

Durchschnittstemperaturen von 13 Grad dürften jedoch kaum einen Grund zu einem längeren Aufenthalt bieten. Nichtsdestotrotz ist die Gemütlichkeit Latacungas ansteckend und es macht Spaß, in den engen Kopfsteinpflastersträßchen an bejahrten Fassaden entlangzuschlendern und die Passanten auf die gleiche altmodische Art zurückzugrüßen. Eine alljährlich am 24. September und 11. November stattfindende **Fiesta de la Mama Negra** zieht sogar Tausende von einheimischen und ausländischen Besuchern an.

Der Name Latacunga entstammt dem Begriff *Llacta Cunani*, was etwa „Land meiner Wahl" bedeutet. Bereits in den Anfängen der *Conquista* wuchs Latacunga bald zu einem wichtigen Missions- und Verwaltungszentrum heran. Von den einst prachtvollen kolonialen Häuserfassaden ist jedoch nur noch wenig übrig geblieben. Die katastrophalen Ausbrüche des Cotopaxi zerstörten die Stadt dreimal im Laufe

Geschäftiges Treiben in Latacunga

ihrer Geschichte: 1742, 1768 und 1877. Hinzu kam ein verheerendes Erdbeben im Jahre 1797. Dennoch wurde Latacunga jedes Mal an gleicher Stelle wieder neu aufgebaut. Der Grund dafür muss wohl in der Frömmigkeit seiner Bewohner zu suchen sein. Sinnbildlicherweise überstand die aus Vulkangestein geschaffene **Kathedrale** jedes dieser „Höllenfeuer" nahezu unbeschadet.

Zu den Sehenswürdigkeiten der im Schachbrettmuster angelegten Stadt (gleicher Grundriss wie zu Kolonialzeiten) zählen außer der Kathedrale am hübschen **Parque Vicente León** das Bimsstein-Rathaus mit den beiden Kondoren auf dem Dach, der kleine palmenbestandene **Parque Simón Bolívar**, das ethnografische Museum **Molinos de Montserrat**, das alte Krankenhaus in der Calle Quevedo y Hermanas Páez, der große Mercado von der Plaza El Salto sowie die *Virgen del Volcán* in der Kirche *La Merced* (Ecke Echeverría und Orellana) und der nahe Aussichtshügel *Mirador de Santán* (aus Sicherheitsgründen nur in der Gruppe gehen). Darüber hinaus besitzt Latacunga einen internationalen Frachtflughafen, der im Falle einer vulkanstaubbedingten Airport-Sperrung in Quito auch als Personenflughafen herhalten muss. Dort startet zweimal wöchentlich eines der größten *aviones de carga*, eine Boing 747-300, Ziel ist Luxemburg, die Fracht: stachellose Rosen!

● *Öffnungszeiten* **Molinos de Montserrat**, Zweigstelle der *Casa de la Cultura*, am Río Yanayacu (in Quichua: *yana* = schwarz, *yacu* = Wasser), Antonio Vela 3-49 y Padre Salcedo, ✆ 2813247, archäologische Sammlung mit Fundstücken nicht nur aus der Umgebung, Masken und Kostüme von traditionellen Festen (Mama Negra, Corpus Cristi, Inti Raymi), nicht zu vergessen die Mühle von 1776, deren Arbeiter mit Mehl bezahlt wurden. Di–Fr 8–12 u. 14–18 Uhr, Sa 8–15 Uhr, Eintritt 50 Ct.

La Casa de los Marqueses de Miraflores, religiöse Kunst, alte Möbel und Mama-Negra-Fotos, Bilder von lokalen Künstlern, mit „gelbem" Bürgermeistersaal, schönem Innenhof und Garten, Sánchez de Orellana y Abel Echeverría, Mo–Fr 8–12 u. 14–18 Uhr, Eintritt frei.

Verbindungen/Adressen

Die **Vorwahl** von Latacunga und der Provinz Cotopaxi ist **03**.

● *Verbindungen* **Bus**: Der Terminal Terrestre gleicht eher einer Kioskverkaufshalle und befindet sich an der Panamericana (auch Av. Eloy Alfaro), eine Querstraße südlich der 5 de Junio bzw. der Marco Aurelio Subia. Ein Taxi vom Zentrum kostet 1 USD. Vom Terminal geht es zw. 4 Uhr morgens und 18 Uhr nach Norden (**Quito**, 1:30 Std., 24x tägl. Transportes Ecuador, ✆ 2804489) und Süden (**Ambato**, 1 Std., 10x tägl.). Es gibt keine Direktbusse nach Baños, Riobamba oder Guayaquil.

Vom Terminal Terrestre starten auch *buses interparroquiales* nach **Pujilí** (15 Min.), zum donnerstäglichen Indiomarkt nach **Saquisilí** (20 Min.), nach **Toacazo**, nach **Isinliví** und **Guantualo** (tägl. 13 Uhr mit Trans. Vivero, Sa um 11 Uhr) bzw. mit Trans Pujilí nach **Angamarca** und **El Corazón**; ebenso nach **Zumbahua** (hin 5.50 Uhr, zurück 13 Uhr, 2:30 Std., Samstagsmarkt); nach **Chugchilán** über **Zumbahua** und zur **Quilotoa-Lagune** geht es Mo–Fr und So um 12 Uhr mit der Coop. Iliniza (4 Std.), Sa um 15 Uhr. Über **Sigchos** (3 Std.) nach **Chugchilán** (4 Std.) mit der Coop. Iliniza Mo–Fr um 10.30 und 11.30 Uhr, Di/Fr 15 Uhr, Sa um 12.30, So um 11.30 und 16 Uhr; über **Sigchos** nach **Guazumbini** mit der gleichen Coop. Mo–Fr um 13 Uhr; von Saquisílí nach **Sigchos** Mo–Fr um 10, 12, 14, 16 und 17 Uhr, Sa 10, 11, 12, 14 und 16 Uhr, So 12, 14 und 17 Uhr mit Trans Saquisilí. Abfahrtszeiten nachprüfen!

Nach **Zumbahua** (68 km) geht es mit jedem Bus nach **La Maná** und **Quevedo** (5 Std.). Die Coop. Transp. Cotopaxi macht sich tägl. 15x auf den Weg über die westliche Andenkordillere bis ins 170 km entfernte Quevedo. Bei schönem Wetter bietet diese Strecke herrliche Aussichten auf das innerandine Hochbecken und im späteren Verlauf auf die sich ausbreitende Küstenebene.

Der von Norden und Süden kommende interprovinzielle Busverkehr fährt ab 18 Uhr und bis 4 Uhr morgens über den *bypass* (Umgehungsstraße) um den Kern von Latacunga herum. Der *bypass* verläuft parallel zur Pana und ist über die 5 de Junio zu erreichen. Es kann an der Ecke bzw. Haltestelle (*parada*) Av. Cotopaxi und Cutuchi

(westlicher *bypass*) zugestiegen werden.

Taxis/Camionetas kann man an der Plaza del Salto (Mercado) mieten, ✆ 2802625. In den Cotopaxi-Nationalpark können damit jedoch keine Touren auf eigene Faust unternommen werden. Die Zufahrt in den Nationalpark wird diesen nicht gestattet. Ein Camioneta-Taxi zum Donnerstagsmarkt von **Saquisilí** oder zum Sonntagsmarkt von **Pujilí** kostet 4–5 USD, nach **Tigua** etwa 40 USD, zur **Quilotoa-Lagune** 50 USD, nach **Chugchilán** 60 USD.

Im Januar 2009 fuhr zum ersten Mal wieder ein **Zug** mit **alter Dampflok** von 1917 von Latacunga nach **Quito** (98 km). Hierfür wurde auch der alte Bahnhof von 1935 mit seinen 90 cm dicken Adobe-Wänden restauriert. Wann diese Strecke für Touristen befahrbar ist, bleibt abzuwarten.

● *Geldbeschaffung* **Banco de Guayaquil** (Visa, Mastercard, EC-Karten), Maldonado y Sánchez de Orellana; **Banco del Austro** (Visa, Mastercard), Quito y Guayaquil; **Banco Pichincha**, Quito y Salcedo (Cirrus, Diners Club).

● *Internet* In den Calles Quíjano Ordoñez und Belisario Quevedo kann für 60–80 Ct. pro Std. gesurft werden; ein nettes **Cybercafé** ist links neben dem Hotel Rodelú und gleich zwei neben Helados Cotopaxi.

● *Post* Quevedo entre Maldonado y Salcedo, Mo–Fr 8–17 Uhr, Sa 8–12 Uhr.

● *Telefon* Es gibt **Andinatel**- und **Movistar**-Zentralen, Quito y Echeverría, sowie **Porta** gegenüber dem Hotel Rodelú.

● *Tourbüros* Touren zum Cotopaxi sind ein bisschen billiger als in Quito, ob die Sicherheitsstandards jedoch auch so gut sind, bleibt dahingestellt. Abgenutzte Kleidung und uralte Funzeln mit 2 m Reichweite anstatt Halogenstirnlampen scheinen nicht unüblich zu sein. Evtl. **Selvanieve**, lizensierte Guides, Cotopaxi 150 USD. Quito y Guayaquil y Belisario Quevedo, ✆ 2802529, selvanieve@hotmail.com; **Volcan Route**, Trekking ab 40 USD pro Tag und Pers., Cotopaxi 150 USD. Fragen Sie nach der Cascada del Angel, der alten Inka-Straße und Kondoren. Dos de Mayo y Guayaquil, ✆ 2812452, ✆ 085-533277 (mobil), volcanroute@hotmail.com.

Panamericana Sur
Karte S. 299

Übernachten/Essen & Trinken/Nachtleben

• *Übernachten* Wiedereröffnen soll 2010 die spätkoloniale **Villa de Tagvnga**, (GK), von 1820, mit 180 m² großem Empfangssalon, glasüberdachtem Patio und Vulkanstein-wänden von über 1 m Dicke! Ecke Guaya-quil y Sánchez de Orellana. Bitte Leser-Feedback!

Makroz (2), (MK), freundlich, modern, drei-stöckig, zentral. Alle Zimmer mit BP, Ww, Föhn, Direkt-Telefon, Radiowecker, Tep-pichboden, Kabel-TV, teils Kühlschrank, Heizung auf Bestellung. Gut sind EZ Nr. 307 und DZ Nr. 306. *Comida típica* im Restau-rant unten. Transportservice. EZ 20 USD, DZ 30 USD, DZ-Suite 35 USD. Félix Valencia 8-56 y Quito, ✆ 2800907, 2807274, hotelmakroz@latinmail.com.

Rodelú (8), (MK), zentral, adrett, sauber, teils kleine Zimmer, desinteressierte Rezep-tion. Unbedingt Zimmer mit Fenster verlan-gen, selbst wenn es draußen nichts zu se-hen gibt. Restaurant-Cafetería. EZ 15–22 USD, DZ 28–35 USD, DZ-Suite 50–70 USD. Quito 1631 y Salcedo, nahe Parque Vicente León, ✆ 2800956, rodelu@uio.telconet.net, www.rodelu.com.ec.

Rosim (6), (Budget), freundliche Rezeption, verschachteltes Haus neben dem Rodelú (und sogar „besser als dieses" meinte Le-ser Helmut Beck), teils geräumige Zimmer, das 3er (Nr. 1) mit Badewanne, das DZ Nr. 2 ist sehr ruhig, das DZ Nr. 11 mit kleinem Balkon, Kabel-TV. Pro Pers. 10 USD, gutes Preis-Leistungs-Verhältnis! Quito 1649, ✆ 2800853, hotelrosim@hotmail.com.

El Marquéz, (MK), modern, sauber, außer-halb des Zentrums 1 km vom Parque Vicen-te León im Barrio Miraflores. 16 hübsche, helle Zimmer (BP, Ww, TV). EZ 15 USD, DZ 25 USD. Av. Roosevelt y Marquéz de Maenza (Redondel de la Mama Negra), ✆ 2811150.

Central (7), (Budget), 20 m vom Parque Vi-cente León, manche Zimmer mit Panora-mafenster zum Park (Nr. 101–105), BP, Ww, Kabel-TV. Die palästinensische Besitzerin kam Ende der 60er-Jahre nach Ecuador und offeriert ihren Gästen original *café árabe*. EZ ab 10 USD, DZ ab 16 USD. Sánchez de Orellana y Padre Salcedo, ✆ 2802912.

Tiana (5), (Budget), altes Gebäude, hüb-scher Patio, freundlich-familiäres Ambiente, informative holländisch-ecuadorianische Leitung. Nur BC (Ww), Café mit Salaten und Toasts, angeschlossenes Tourbüro Ri-nallakta, Frisör und Schneider. EZ 8–

14 USD, DZ ab 20 USD. Guayaquil 5-32 y Quito, ✆ 2810147, tiana@tributrek.com, www.hostaltiana.com.

• *Essen & Trinken* Typisch für Latacunga sind die **Chugchucara-Restarantes (1)**, die diese gleichnamige Spezialität aus frit-tiertem Schweinefleisch (*chicharrón* und *fritada*), gerösteter Schweineschwarte, ge-kochtem Mais, Kartoffeln, *empanadas* und gebratenen Bananen servieren. Die beste Chugchucara-Kalorienbombe hat **La Mama Negra** in der Quíjano y Ordoñez. Eine Rie-senportion der schönsten Schweinerei Ecu-adors kostet hier 5 USD. Regine Volland empfiehlt hingegen **Rosita** von Rosita Jiménez de Calle in der Av. Eloy Alfaro 31-226.

Parrilladas La Española (3), holz- und stein-verkleidet, nettes Ambiente, deftige Fleisch-gerichte ab 7 USD, Fisch und Meeresfrüch-te 6 USD, kostenloser Lieferservice ins Ho-tel, zentral in der 2 de Mayo y Guayaquil, ✆ 2804247, ✆ 098-324451 (mobil).

Asadero El Leñador (9), lokaler Underdog-Tipp, gegrilltes Lamm, Meerschweinchen ab 5 USD, *churrasco*, *yahuarlocro* und *seco de chivo*. Es gibt drei Lokale: Amazonas y Guayaquil, Salcedo y 2 de Mayo, Amazonas y Pastaza, ✆ 2802580, 2814026.

Adonde Paquita (4), gute einheimische Kü-che, von netter junger Dame mit Familie geführt, es wird gerne auf die Wünsche der Gäste eingegangen, Mahlzeiten ab 3 USD, zentrumsnah, Lesertipp! Guayaquil y Plaza Santo Domingo.

Pizzeria Buon Giorno (10), beliebt, gut be-sucht, große Portionen, mittlere Pizzas ab 7 USD, Pasta ab 5 USD. Mo–So 13–23 Uhr. General Manuel Maldonado y Fernando Sánchez de Orellana, ✆ 2804924.

Helados Cotopaxi, Sánchez de Orel-lana y Vivero, nur wenige Schritte vom Parque Vicente León. Selbstge-machtes, fruchtiges **helado de paila** vom „Eismeister" Marcos Borja. Auf Voranmeldung kann hier bei diesem traditionellen ecuadorianischen Hand-werk zugeschaut werden in seiner „Fabrik ohne Maschinen" in der Ordo-ñez y Tarqui, ✆ 2801180, 2801210.

Hamburguesas Magma (11), der vulkani-sche Preishit, superfrische, leckere Ham-burger ab 1,25 USD, Säfte ab 60 Ct.,

Pommes und Sandwiches, in der Belisario Quevedo y General Maldonado.

La Fornace hat gute 60-Ct.-Eiskugeln, tägl. 10–21.30 Uhr, Quito y Guayaquil.

Parador La Finca, gutes Frühstück, Früchte mit Joghurt und Hauptspeisen ab 5 USD. Spezialität ist die dicke Kartoffelsuppe *locro de la finca* mit Avocado, Käse und Zwiebeln. Di–So ab 7–19 Uhr, So bis 17 Uhr. Panamericana Sur, 1,5 km südlich der Kreuzung

*F*este/*V*eranstaltungen

Das weit über die Provinzgrenzen hinaus bekannte Fest der „Gnädigen Jungfrau" nennt sich im Volksmund **Fiesta de la Mama Negra** (offiziell auch **Fiesta de la Virgen de las Mercedes)** und findet alljährlich am **24. September** und **11. November** statt. Bei dem attraktiven *desfile* (Prozession) kommen sowohl katholische wie auch überlieferte indianische Gebräuche zum Ausdruck. Hauptdarsteller ist ein auf dem hohen Ross sitzender, eine Schwarze imitierender, schwarz bemalter Mann mit Perücke und dicken roten Lippen, der in seinen Armen ein ebenso schwarzes Baby mit Riesenschnuller wiegt. Begleitet wird die „Schwarze Mutter" vom König, einem Engel, einem Schiffskapitän, Unteroffizie-

mit der 5 de Junio in Richtung Ambato, ein Stück weiter als der Busbahnhof.

• *Nachtleben* Unter dem Vulkan wird jeden Fr und Sa in der **Disco Galaxia** getanzt, auf einem Hügel im Viertel Mirador. Gemütlicher ist die **Bar Clasicos**, General Proaño y Viteri, antiguo Portón. Von Einheimischen wurde die Disco **El Balcón** in der Pasaje Tovar empfohlen.

ren, Fahnenträgern, Spähern, Indios und Konkubinen in durchsichtigen Nachthemden, die sich allesamt rhythmisch zur schrägen Blasmusik bewegen. Die Meinungen über den Ursprung dieses skurrilandinen Festes gehen auseinander. Nicht wenige Völkerkundler behaupten, dass das gut besuchte Mama-Negra-Fest eine Art Eigeninszenierung über die Ausweisung der Mauren aus Spanien darstellt. Andere behaupten wiederum, dass es sich hierbei lediglich um die Verbildlichung des starken „psychologischen Schocks" handelt, den die indianische Bevölkerung erlitt, als die Spanier eine große Anzahl von aneinander geketteten afrikanischen Sklaven durch die Straßen Latacungas führten, um diese in

Panamericana Sur
Karte S. 299

den nahe liegenden Minen schürfen zu lassen. Wie dem auch sei, Fotofreunde werden in dem lautstarken Gewimmel garantiert auf ihre Kosten kommen.

Día de la Independencia (Unabhängigkeits-
tag) am **11. November**, der mit Paraden,
Stierkämpfen und wiederum der Mama
Negra gefeiert wird.

Die Quilotoa-Rundfahrt

▸ Etwa 10 km westlich von Latacunga, an der Asphaltstraße nach Zumbahua, liegt
das indianische Städtchen **Pujilí**, dessen spanische Gründung auf das Jahr 1570 zurückgeht. Vor über einem Jahrzehnt wurde dieses kleine Agrar- und Artesanía-
Zentrum von einem Erdbeben heimgesucht, das vor allem an alten Adobe-Häusern
erhebliche Schäden anrichtete. Hier findet jeden Sonntag und in viel geringerem
Umfang auch mittwochs ein wenig touristisch orientierter Markt statt, wobei
Haushaltswaren unter den Einheimischen der große Renner zu sein scheinen. Für
Touristen sind bunt bemalte Keramik und Holzmasken interessant, die ein wenig
an die Figuren der alemannischen Fasnacht erinnern.

Von der Hauptstraße aus führt eine lange, steile Treppe auf einen Aussichtshügel,
der neben dem Marktgeschehen und der hübschen Franziskanerkirche *Iglesia
Matriz* am *Parque Luis Vivero* eine der wenigen Sehenswürdigkeiten darstellt. An
Fronleichnam findet auf dem Hauptplatz die **Fiesta de los Danzantes** statt, die
Fotofreunde begeistern dürfte. Dabei ziehen karnevaleske Maskentänzer auf hohen
Stelzen durch die umliegenden Straßen. Ihre kuriosen Kostüme sind mit Hunder-
ten von winzigen Spieglein bestückt.

▸ **Tigua, Zumbahua**, **Laguna Quilotoa**, **Chugchilán** und **Sigchos**: Sehr schöner, zwei-
bis mehrtägiger Abstecher hinauf in die Westkordillere, von der Panamericana bei
Latacunga/Pujilí und wieder zurück zur Panamericana bei Toacazo/Lasso (oder
umgekehrt). Diese Hochland-Rundreise, eine der landschaftlich beeindruckendsten
in Ecuador, umfasst etwa 200 km.

▸ Zwei Busstunden westlich von Latacunga liegt auf einer Hochebene das geisterhafte
40-Häuser-Dorf **Zumbahua**, wo jeden Samstagmorgen ein überschaubarer, sehr sehenswerter *Mercado Indígena* stattfindet. Quichua ist in dieser abgelegenen Region
die Muttersprache. Für Leihwagenfahrer: Die 68 km von Latacunga sind in einigermaßen gutem Zustand. Vorsicht, Rollsplitt! Zudem liegen manchmal Gesteinsbrocken
auf der Straße und bisweilen steht das eine oder andere Lama hinter einer Kurve. Es
bietet sich ein Stop in **Tigua** an, fast 50 km von Latacunga.

● *Übernachten in Tigua* **La Posada de Tigua**, (Budget), netter alter Bauernhof mit
Kühen, Lamas, Schafen und Gänsen. DZ mit
BP, Ww, sehr familiäres Ambiente, deftige
Hausmacherkost (z. B, *locro* o. *seco de borrego*). Pferde- (10 USD/Std.) und Lama-Aus-
ritte (gratis), Wanderungen zur Quilotoa-
Lagune (5–6 Std, den Cañon del Toachi
durchquerend), Fahrdienste mit altem Ford
Bronco. Fruchtig-heißer „Tigua-Bum-
Schnaps" (*canelazo*) und Bollerofen gegen
die nächtliche Kühle (3.477 m). Die 200-ha-Ha-
zienda liegt 800 m von der Hauptstraße: von
Latacunga kommend rechter Hand, bei km
48, Schild „Hacienda Tigua Chimbacucho".
Bei Anruf können Gäste an der Hauptstraße
abgeholt werden. Pro Pers. 30 USD inkl.

Abendessen u. Frühstück mit selbst erzeug-
tem Käse, Joghurt und *manjar de leche*.
☏ 03/2814870, nach Margarita fragen (mobil
☏ 091-612391), www.laposadadetigua.com.
Samana Huasi, (Budget), kommunales Landgasthaus, 53 km westlich von Latacunga direkt unterhalb der Hauptstraße. Von Hilfsor-
ganisationen aus Kalifornien und Deutschland finanziert, von ansässigen Indígenas betrieben. DZ und Mehrbettzimmer, teils mit
Kamin (BC). Pro Pers. ab 15 USD inkl.
merienda und Frühstück. ☏ 03/2814868.
● *Übernachten in Zumbahua* **Cóndor
Matzi**, Genossenschaftsbetrieb, Stockbetten, BC, Ww. Pro Pers. 10 USD inkl. *merienda* und Frühstück. Am großen Marktplatz. ☏ 03/3814610.

Opa mit Enkelin

Von Zumbahua aus führt in einer Viertelstunde eine ziemlich löchrige Straße nach Norden zur grün schimmernden, irgendwie „frei in den Himmel gehängten" **Kraterlagune von Quilotoa** (14 km), deren Wasser die Schattenbewegungen der Wolkenmeere widerspiegelt. In Zumbahua kann eine *camioneta* gemietet werden (10 USD zur Lagune, 25 USD nach Chugchilán). Selten verkehrende Busse gibt es auch (voraussichtlich 14 Uhr). Zu Fuß sind es etwa drei Stunden. Eine Lagunen-Rundwanderung nimmt etwa 6 Std. in Anspruch. Am Kraterrand über der Lagune kann übernachtet werden.

● *Übernachten/Essen & Trinken* **Crater Lake Lodge**, (MK), die Herbergen gleichen bisweilen einem architektonischen Desaster – hier muss ein Meteorit eingeschlagen haben. Einzige Ausnahme bildet die Im Landhausstil, 350 m vom Kraterrand, Blick auf die Berge. BP, Ww, elektrisch beheizte Bettdecken, gute Matratzen, Doppelfenster, Steinböden. Uriger Salon mit Riesenkamin, der jedoch nur für Gruppen angemacht wird, Holz ist rar in der Gegend. Die Lodge wurde 2008 von Indígenas „in Beschlag genommen", die Besitzer angeblich vertrieben. Die Service-Leistungen sind seitdem ungewiss. DZ ab 50 USD inkl. Abendessen und Frühstück, www.quilotoalodge.com.
Cabañas Quilotoa, (Budget), von Humberto Latacunga und Petrona Pastuña, macht außer 3.854 Höhenmetern nicht viel her, scheint mit seinem einräuchernden

Bollerofen jedoch weniger schlecht als andere zu sein. Bikeverleih und geführte Kraterwanderungen (5–6 Std. ab 12 USD pro Pers.). Pro Pers. 10–15 USD (BC oder BP) inkl. Abendmenü u. Frühstück. Manchmal gibt es geröstetes Meerschwein! ✆ 092-125962.
Cabañas Princesa Toa, (Budget), nahe dem Kraterrand linker Hand. Sehr einfach, sehr familiär, sehr freundlich. Im Schlafsaal ab 8 USD pro Pers., im DZ ab 10 USD inkl. Abendmenü und Frühstück.
Kirutwa Mushuk Wasi, gemeinde-betriebenes Restaurant der Stiftung MCCH (*maquita cushunchic* = „eine Hand reichen", www.fundmcch.com.ec), die 70 Indígenas als Kellner und Guides ausbildete, sehr vorbildlich! Traditionelle Gerichte wie *fritada*, *hornado*, *llapingachos*, *truchas* für etwa 8,50 USD. Auch Wanderinfos, die beste Adresse vor Ort!

Panamericana Sur
Karte S. 299

Über „Quilotoa Beach"

Ein spaßiger Ausflug führt zum **Quilotoa Beach** am Lagunenboden 400 m unter dem Kraterrand, Badepause für Kälteunempfindliche eingeschlossen! Boote zum Paddeln oder Treten gibt es für etwa 3 USD (30 Min.). Es geht in Windeseile zu Fuß den steilen, sandigen Pfad hinab und auf dem Rücken eines armen Esels, sprich: schwitzenden Maultieres in einer Dreiviertelstunde mühelos wieder hinauf. Der Preis für das sanfte Tragetier beträgt 7 USD und eine Cola für den stummen Treiber.

Kurz vor der Quilotoa-Lagune ist eine Weggabelung. Der rechte Zweig führt nach 400 m direkt zur Lagune (1 USD Eintritt), links geht es nach 22 km (40 Min.) auf einem abenteuerlichen Staubsträßchen ins nördlich gelegene, 3.100 m hohe Bauerndörfchen **Chugchilán** (22 km). Dort befinden sich am nördlichen Ortsrand, gleich links neben bzw. über der Straße drei pittoreske Landhotels, die den schmuddeligen Herbergen der Quilotoa-Lagune vorzuziehen sind. Im Gegensatz zur halbwüstenhaften Umgebung der Lagune ist die ursprüngliche Agrarlandschaft um Chugchilán saftig grün. Wanderfreunde werden hier eine ganz liebliche Nische des ecuadorianischen Andenhochlandes entdecken, mit herrlichen Ausblicken, feschen Bergmädels in Trachten und abenteuerlichen Schweineställen.

Empfehlenswert ist eine etwa **5-stündige Wanderung** von der Quilotoa-Lagune nach **Chugchilán**: Zuerst geht es links auf dem Kraterrand entlang. Nach etwa 50 Min. geht es nach der dritten Sandniederung links runter. An dieser Stelle befindet sich ein großer Steinhaufen und der Pfahl eines Schildes, das die Guides von Quilotoa immer wieder abmontieren. Nicht zu früh den Kraterrand verlassen! Es geht runter bis zum Dorf **Huayama** (Guayama). Ab dann ist der Weg mit Schildern des „Black Sheep Inn" versehen. Weiter führt der Weg in den tiefen Canyon des Río Toachi durch enge, schöne, hoch aufragende Schluchten. Von der Talsohle des Río – dem „Grand Canyon Ecuadors" – bis nach Chugchilán sind es dann noch 600 Höhenmeter bergauf!

Poppige Farb- und Fabelwelten auf Schafshaut

Die Bauern von **Tigua** und **Chimbacucho** leben in einer weit verstreuten Dorfgemeinde, an windigen Andenhängen auf 3.500 Höhenmeter. Sie betreiben wie schon ihre Vorfahren Kartoffelanbau und Schafzucht. Ihre Muttersprache ist das Quichua der Inkas und auch in jener Zeit galten Künstler als besonders respektierte Mitglieder der Gesellschaft. So streben die malenden Bauern auch heute nach Anerkennung. Ihre poppigen Farb- und Fabelwelten auf Schafshaut sind jedoch rohstoffabhängig, denn Schafe werden meist nur zu Hochzeiten oder Geburten geopfert. Noch seltener werden die Tiere nur ihrem Fell zuliebe geschlachtet. Um an genügend „Material" zu gelangen, werden die Häute auch aus anderen ecuadorianischen Andenregionen importiert. Nach einem fünftägigen Chlorbad wird die Wolle entfernt und die „Leinwand" gewaschen. Danach wird sie auf einen Holzrahmen gespannt und ist bereit, um bemalt zu werden!

Begonnen hat die Kunst in den 70er-Jahren mit **Julio Toaquiza**, dessen Söhne, Töchter und Enkel heute sein Werk fortsetzen. Hier einige Namen von Originalkünstlern, da es inzwischen jede Menge Imitatoren gibt: Alfredo, Gustavo, Alfonso, Tarjelia, Bernardo, María Josefina, Juan Francisco Ugsha, Juan und Pedro Millingali, Ramiro Quindigali Ilaquiche, Daniel Chusen Vega, Francisco Umangina. Julio war einst *huasipunguero*, ein entwurzelter Landarbeiter und Tagelöhner. Nach einer schicksalshaften Begegnung mit einem Schamanen („Nimm diesen Pinsel und dein Leiden wird ein Ende nehmen") begann er das raue Leben auf dem Páramo, liebliche Landschaften, Ernte-, Aussaat- und Alltagsszenen, aber auch skurrile religiöse Zeremonien zu malen. Sein Farbspektrum umfasst leuchtende Rot-, Blau-, Gelb- und Grüntöne. Die *pinturas* stellen im Hintergrund meist schneebedeckte Vulkangipfel dar und kalte, blaue Himmelszelte mit leuchtenden Sonnenstrahlen. Im Vordergrund sind oftmals Kondore, Kolibris, Schafhirten, Lamatreiber, Musikanten, Schamanen, Clowns, spinnende Frauen und mythische Maskenfiguren zu sehen.

Der **Asociación de Trabajadores Autónomos de la Cultura de Tigua Chimbacucho** gehören auch Maskenschnitzer und Korbflechter. Ihr *Centro de Exposiciones* befindet sich von Latacunga kommend rechter Hand an der Asphaltstraße in Tigua. Die Preise für die Werke werden von der Kommune gemeinsam festgelegt, je nach künstlerischer Qualität, thematischem Wert, Komplexität der Figuren und Farben sowie Güte der Details, wie z. B. Licht und Schatten. Manche Maler leben in stromlosen Lehmhäusern mit Strohdächern und haben das eine oder andere Gemälde bei Kerzenlicht erschaffen. Jahrzehntelang wurden die *pintores indígenas* als folkloristische *artesanos* und viel weniger als Künstler betrachtet.

Inzwischen wird ihnen weltweit Anerkennung gezollt, wobei ihre naive Darstellungskraft von altüberliefertem indianischem Leben so gar nicht in unsere Zeit zu passen scheint – wie Bilder aus einer ganz anderen, uns jedoch nicht fremden Welt aus glücklicheren Kindertagen.

Maestro **Alfredo Toaquiza Ugsha**, dem ältesten Sohn von Julio, kann man in der Galerie der Kommune über die Schulter schauen. Das *Centro de Exposiciones* befindet sich direkt an der Straße von Latacunga (km 53) nach Zumbahua und zur Quilotoa Lagune. Einfach dem Busfahrer Bescheid geben und dort aussteigen, ✆ 03/2814868, atoaquizau@hotmail.com.

• *Übernachten*   **The Black Sheep Inn,** (Budget), Öko-Herberge, 500 m hinter dem Dörfchen Chugchilán auf dem Weg nach Sigchos oberhalb der Straße. Überteuerte, teils frei stehende, idyllisch gelegene, jedoch schmucklose Mehrbettzimmer und Cabaña-DZ mit Kamin, weiche Matratzen, wässriger Kaffee, streng vegetarische Küche, teils Kompost-WC/BC draußen. Pro Pers. im Schlafsaal 25 USD (BC), im DZ 50 USD (BP), im EZ 70 USD (BP) inkl. Abendessen u. Frühstück. ℘ 03/2814587, www.blacksheepinn.com.

Mama Hilda, (Budget), am nördlichen Ortsrand in Richtung Sigchos gleich rechts über der Straße, schöne, saubere Reihen-Cabaña-Anlage, Holzverandas, Hängematten, Blick auf Maiskolben, Pferde und den Toachi-Cañon. Gemütliche Essecke mit Eckbänken und Bollerofen. Hier fühlt sich jeder pudelwohl! Pro Pers. 20 USD (BP) inkl. Abendessen und Frühstück. ℘ 03/2814814, info@hostalmamahilda.org, www.hostalmamahilda.org.

Cloud Forest, (Budget), nur ein Haus weiter am nördlichen Ortsausgang, ebenfalls sehr hübsch, wenn auch einfacher. Exzellentes Preis-Leistungs-Verhältnis! Freundliche Besitzer sind José Garzón u *„la chef de cuisine"* Patricia Rivera (*almuerzo* ab 2,50 USD). Ethnokulturelle Kontakte, Internet, Vermittlung von Reitausflügen, Trekkingtouren von Quilotoa durch den Toachi-Cañon, zu präkolumbischen Ruinen oder hinunter zur Küstenebene (Pucayacu). Pro Pers. 11 USD inkl. Abendessen u. Frühstück, BP, Ww, gute Matratzen. ℘ 03/2814808, josecloudforest@gmail.com, www.cloudforeshostal.com.

Von Chugchilán geht es nördlich nach **Sigchos** weiter (25 km, sonntäglicher Markt, preiswertes Residencial und Restaurant **La Posada** im Ort, ℘ 03/2714224), dann auf einem sehr kurvenreichen Pflastersträßchen südlich der beiden Iliniza-Gipfel hinunter, hinauf und nochmals hinunter ins innerandine Hochbecken nach **Toacaso**, wo bei **Lasso** wieder auf die Pana eingefädelt wird, von Zumbahua etwa 6 Fahrtstunden. Die Zumbahua-Quilotoa-Rundfahrt kann von Quito oder Latacunga aus sogar in einem sehr langen Tag geschafft werden. Optimale Voraussetzungen sind hierfür die Trockenmonate Juni bis September und ein privates Allradfahrzeug. Frühzeitig aufbrechen! Zumindest eine Übernachtung in Chugchilán sei jedoch empfohlen.

Tipps für Entdecker: Das Dörfchen **Isinliví** liegt ein paar Kilometer abseits der eigentlichen Quilotoa-Rundfahrt. Ein Holpersträßchen verbindet den Ort mit Toacaso im Osten, Sigchos im Nordwesten und Guangaje im Süden. In Isinliví sagen sich nicht nur Fuchs und Hase gute Nacht: Es gibt ein romantisches Budget-Hotelchen mit dem unaussprechlichen Namen **Llullu Llama** (*„schuhschuhschama"*), ab 10 USD pro Person, Bio-Toiletten, relativ teure Mahlzeiten, Wander-Infos, Trans-

---

Busse für die Quilotoa-Rundfahrt

Latacunga-Zumbahua-Quilotoa-Chugchilán (Coop. Iliniza tägl. um 12 Uhr, 4 Std., die Strecke Latacunga – Zumbahua auch mit jedwedem Bus nach La Maná und Quevedo); **Zumbahua – Quilotoa – Chugchilán** (2 Std., tägl. 14 Uhr, Do/Fr/Sa auch Extrabusse); **Latacunga – Sigchos – Chugchilán** (4 Std., Coop. Iliniza Mo–Fr um 10.30 und 11.30 Uhr, Di/Fr um 11.30 Uhr, Sa um 12.30 Uhr, So um 11.30 und 16 Uhr); **Saquisilí – Sigchos – Chugchilán – Zumbahua** (jeden Do um 11 Uhr); **Latacunga – Sigchos** (3 Std., Mo–Fr 10, 12, 14, 16 u. 17 Uhr, Sa zwischen 10 u. 16 Uhr stündlich); **Chugchilán – Sigchos – Latacunga** (tägl. um 3 Uhr morgens); **Chugchilán – Sigchos** (1 Std., um 3 Uhr, Do und Sa auch um 11 u. 14 Uhr, So um 5 u. 12 Uhr); **Sigchos – Latacunga** (3 Std., Coop. de Transportes Nacionales de Saquisilí, tägl. um 13.30 u. 14.30 Uhr, So auch 12 u. 16 Uhr); **Chugchilán – Quilotoa – Zumbahua** (2 Std., 1x tägl. um 4 Uhr, Mi auch 5 Uhr, Fr 6 Uhr, Sa 3 u. 4 Uhr, So 5, 9.30 u. 10 Uhr); **Zumbahua – Latacunga** (2:30 Std., tägl. 7.30 Uhr, Sa auch 4.30 Uhr und Sonntagmittag, aber auch jeder Bus von La Maná, Quevedo). Alle Angaben sind unverbindlich!

port nach Latacunga, ℡ 03/2814790, info @llullullama.com, www.llullullama.com.

In **Guantualó**, weiter südöstlich von Isinliví, findet jeden Montag ein kleiner Indiomarkt statt, der vom Hotel in 2 Std. Fußmarsch zu erreichen ist. Vom Markt bis nach Chugchilán sind es mindestens 4 Std. zu Fuß. Andere Wanderrouten führen zur Quilotoa-Lagune oder auf den Vulkan Yanaurcu. Ein völlig ursprüngliches Anden-Ambiente und vereinzelte Reste von Inka-Befestigungen sind der Lohn für die etwas umständliche Anreise. Ein Direktbus der Coop. Vivero verlässt in Latacunga tägl. um 13 Uhr (Sa um 11 Uhr, Fahrtzeit 2:30 Std.). Von Saquisilí geht es jeden Do um 11 Uhr nach Isinliví. Ein anderer Bus verbindet Latacunga mit Isinliví außer donnerstags erst über Sigchos (3:30 Std., gegen 11 Uhr). Montags gibt es gegen 14 Uhr auch eine Busverbindung vom Guantualó-Markt zurück nach Isinliví. Direktbusse von Isinliví nach Latacunga und Sigchos gibt es täglich, Fahrtzeiten bitte nachchecken!

Quilotoa Lagune

Panamericana Sur — Karte S. 299

▶ **San Miguel de Salcedo**: Das 15 km südlich von Latacunga an der Pana gelegene Salcedo ist wegen seiner Eiscreme berühmt. Die Bewohner des 2.650 m hohen Städtchens schwören darauf, das beste Speiseeis (*helado de paila*) des Landes zu produzieren. Ansichtssache!

Übernachten **Jarfi**, (MK), modern, am Parque Central, EZ 20 USD, DZ 30 USD, Suite mit Whirlpool und Kingsize-Bett 45 USD. Angeschlossenes Restaurant **Los Molles** mit *comida típica*. ℡ 03/2727140, hoteljarfimolles@yahoo.com.

Haciendas bei San Miguel de Salcedo

In der Nähe von San Miguel de Salcedo gibt es koloniale Gutshöfe zu entdecken. Einer davon ist die **Hacienda El Galpón**, die sich etwa 15 km östlich von Salcedo ganz herrlich in die hügelige Landschaft schmiegt. Ein Ort voller Farben und Kontraste! Wobei die intensiven Düfte von uralten, schattenspendenden Zypressen ausgehen. Ansichtskartenreif ist auch die Kirche auf der Hacienda, mit knarrendem Holzportal und die kleine Lagune mit Enten und Gänsen. Zwischen Salcedo und der Hacienda El Galpón befindet sich auch das 350 Jahre alte, griechisch anmutende **Porton de Bellavista**, einst das Tor zu einer riesigen Hacienda, von der heute nur noch ein Teil zu sehen ist. Westlich von Salcedo bei **Atocha Alto** liegt die malerische **Hacienda Cusubamba** auf 4.200 m. Die meditative Stille des Páramo wird dort lediglich vom Vogelgezwitscher und dem Gurgeln des Wassers unterbrochen. Spektakulär ist auch ein etwa 150 Jahre alter Eukalyptusbaum, für den es 12 Personen braucht, um ihn zu umfassen. Ein 4x4-Fahrzeug ist unabdinglich, und zum Fotografieren sollte man vor Ort die Erlaubnis der Besitzer oder Verwalter einholen.

Das Früchte- und Blumenfest

Ambato (280.000 Einwohner)

Die 2.570 m hoch gelegene Hauptstadt der Provinz Tungurahua ist wegen ihrer Obstplantagen in der Umgebung bekannt, die nach den Regenmonaten (von September bis Dezember) in allen Farben, Formen und Düften heranreifen: Birnen, Äpfel, Kirschen, Pflaumen, Feigen, Mandarinen, Zitronen, um nur einige zu nennen.

Eine alljährlich zur Karnevalszeit (Ende Februar) stattfindende **Feria de las Frutas y las Flores** zieht Besucherströme aus allen Landesteilen an. Von April bis Juni hingegen verwandeln sich die Hügel um die Stadt in wüstenhafte Gebilde. Starke Winde wirbeln dann viel Staub auf und der „Garten des Hochlandes" wirkt dann eher wie eine überdimensionale Abraumhalde.

Ambato ist auch ein Zentrum des Karosseriebaus. Viele der Überlandbusse wurden hier montiert, wobei die Fahrgestelle aus China oder Korea stammen.

Schon seit Urzeiten waren die Ufer des Río Ambato besiedelt. Die ersten Bewohner der einst als *Cashapamba* bezeichneten Region waren Indígenas der Stämme *Hambato*, *Huapante*, *Quisapincha* und *Izamba*, die zuerst von den aus Norden vorrückenden Caras und später von den Inkas aus dem Süden erobert wurden. Letztere bauten Cashapamba zu einem *tambo* aus, einer Raststätte auf der innerandinen Inkastraße von Tomebamba (Cuenca) nach Quito. Erst nach der Wiedergründung durch die Spanier 1535 erlangte Ambato eine gewisse Bedeutung als Handelsknotenpunkt zwischen Sierra und Costa, später auch mit dem Oriente. Von kolonialer Architektur ist heute jedoch nur wenig zu sehen. Das erste katastrophale Erdbeben wurde im Jahre 1698 registriert, das letzte 1949, als die Stadt von einer Minute zur anderen wie ein Kartenhaus in sich zusammenfiel.

Information/Verbindungen

> Die **Vorwahl** von Ambato und der Provinz Tungurahua ist **03**.

• *Information* Das **Fremdenverkehrsamt** befindet sich im Hotel Ambato, Rocafuerte y Guayaquil, ✆ 2821800. Mo–Fr 8.30–12.30 und 14.30–17 Uhr.

• *Verbindungen* **Stadtverkehr:** Der Terminal Terrestre liegt etwa 20 Min. Fußmarsch nördlich des Stadtzentrums, gleich neben dem alten Bahnhof. Ein Taxi ins Zentrum kostet etwa 1,50 USD. Von der Brücke über den Bahngleisen (Av. de las Américas) gibt es blaue und rote Stadtbusse (Tungurahua und Unión) zur Plaza Cevallos. Von dieser Plaza fahren andere Busse ins Stadtviertel Ficoa (Quinta de Juan Montalvo) sowie von der Ecke 12 de Noviembre und Espejo ins Viertel Atocha (Quinta de Juan León Mera).

Baños wird ständig von der gleichnamigen Coop. angesteuert (✆ 2849481), 40 km, 45 Min., 1 USD; nach **Riobamba** geht es laufend mit den Coop. Riobamba, Condorazo oder 22 de Julio (1 USD, 1 Std.); nach **Guaranda** fahren tägl. 20x die Coop. 22 de Julio (✆ 2871750) und El Dorado (✆ 2852578) in knapp 2 Std. Nach **Quito** (2:30 Std., 3 USD) fahren 10x tägl. die Coop. Baños (✆ 2849481), mind. 33x Transp. Ambato (✆ 2821044) und Transandina Express (✆ 2849566), 3 USD, 2:30 Std.); nach **Cuenca** (7 Std.) geht es um

17.45 Uhr mit der Coop. Loja (✆ 2843297) und 12x tägl. mit Santa (✆ 2851441); nach **Loja** geht es ebenso mit der Coop. Loja um 16 Uhr *vía costa* bzw. um 17.45 Uhr *vía sierra* (12–13 USD, 12–13 Std.).

In den Oriente nach **Puyo** (2 Std.), **Tena** (4 Std.), **Coca** (11 Std.) und **Lago Agrio** (10 Std.) geht es mit den Coop. Baños (✆ 2849481), Flota Pelileo (✆ 2849524) oder Expreso Baños (✆ 848520); nach **Macas** fährt um 16 und 17 Uhr ein Bus der Coop. San Francisco (8 Std., 8 USD); nach **Guayaquil** geht es tägl. über 40x mit Flota Pelileo (✆ 2849524), Trasandina Express (✆ 2849566) und El Dorado (✆ 2852578); Fahrtzeit 6 Std., Fahrpreis 6–7 USD; nach Santo Domingo fährt 20x Transp. Ambato (4 Std.); nach Portoviejo (8 Std.) und Manta (9 Std.) geht es um 9.45 Uhr mit Reina del Camino (✆ 2849457) und um 19.30 Uhr mit Aray (✆ 2849564).

Ruftaxis: Coop. Col. Bolívar, Martínez y Sucre (✆ 2821190); Coop. Las Américas, Cevallos (✆ 2821460); Coop. Lalama (✆ 2821196). Vom Busbahnhof direkt nach Baños 20 USD, Mocha (Meerschweine am Spieß) 12 USD, Quizapincha (Leder) 8 USD, Salasaca 6 USD, Stadtteil Atocha zur Quinta Juan León Mera 1,50 USD, ins Stadtzentrum 1,50 USD.

Autovermietung: **Avis**, Atahualpa y Víctor Hugo, ✆ 2844529; **Larrea Autos**, Juan Cajas y 12 de Noviembre, ✆ 2849128.

> Jeden Montag verwandelt sich Ambato gleich an verschiedenen Orten in einen **Markt**. Neben dem Großmarkt an der Ausfallstraße nach Baños, wo außer üppigsten Früchtständen auch Berge von Plastik- und Aluminiumgeschirr zum Verkauf stehen, werden in der Calle Bolívar im Zentrum vor allem Lederwaren und Schuhe aller Art angeboten, während sich der duftende Blumenmarkt in der 12 de Noviembre befindet.

Adressen

• *Geldbeschaffung* **Produbanco** (Visa, Mastercard, Maestro), Montalvo y Sucre; **Banco de Guayaquil** (Visa, Mastercard, Diners), 12 de Noviembre y Egüez sowie Sucre y Juan León Mera; **Banco del Pacífico** (Visa, Mastercard), Unidad Nacional y Cevallos sowie Montalvo y Bolívar; **Banco Bolivariano** (Visa, Mastercard, Maestro), Sucre 06-15 y Juan León Mera; **Banco Pichincha** (Visa, Mastercard, Diners, Maes-

tro), am Redondel de Cumandá und am Parque Cevallos in der Lalama y Sucre.

• *Internet* **Cocolón Coconet**, hübsches Ambiente, Quito 03-10 y Bolívar; **El Portal**, Vela 08-17 y Montalvo; **Café Internet** und **Debir Internet**, Castillo y Cevallos, tägl. bis 22 Uhr; **MG** in der Juan León Mera y Bolívar; meist 80 Ct. pro Std., auch billige internationale Telefonate.

Panamericana Sur Karte S. 299

- *Krankenhaus* **Hospital Docente Ambato**, Av. Pasteur y Naciones Unidas, ✆ 2823176; **Clínica Tungurahua**, Vela y Mera, ✆ 2848368; **Zahnarzt Dr. Jorge Quinto**, Cevallos 09-113 y Sevilla, ✆ 2829089, durchgehend Sprechstunde.
- *Polizei* Atahualpa 568, ✆ 2843656, 2840101.
- *Postamt* Calle Castillo am Parque Montalvo; **Fedex** in der Av. Unidad Nacional 09-20 y Cevallos; **DHL** an der Ecke Montalvo y Rocafuerte.
- *Telefonieren* Beim Terminal Terrestre gibt es Kabinen von **Porta**, 12 de Noviembre 01-04, gleich daneben von **Movistar**. Im Zentrum und am Parque Cevallos gibt es viele Anbieter, auch *Comunikt* in der Sucre y J. L. Mera.

Übernachten

- *Innenstadt* **Emperador (6)**, (GK), sehr zentral, viel Luxus, spiegelgläsern, cremefarbene Ledermöbel, Marmorböden, edle Hölzer, sehr große Zimmer mit Safe, Wifi, Kabel-TV, Pool, Sauna, Gym, Disco, Casino. EZ 75 USD, DZ 98 USD, Suiten 160–238 USD inkl. Frühstücksbuffet im schicken Restaurant. Cevallos y Lalama, ✆ 2424460, www.hotelcasinoemperador.com.
Ambato (10), (GK), zentrumsnah und trotzdem ruhig, sauber, schöne Lage mit Blick auf den Río Ambato. Restaurant-Terrasse Ficoa mit Mittagsbuffet, Casino, Squash. Elegante Zimmer mit riesigen Fensterfronten. EZ 53 USD, DZ 73 USD. Guayaquil 01-08 y Rocafuerte, ✆ 2421791, hotel_ambato@andinanet.net, www.hotelambato.com.
Gran Hotel (2), (MK), zentral, dreistöckig und mit Blick auf die Kirche Medalla Milagrosa. Große Zimmer mit Teppichböden, Kabel-TV, Wäscheservice, Internet, Safe. Das ruhige Nr. 106 hat kein Fenster zur Straße. EZ ab 15 USD, DZ 22–24 USD, 3er 35 USD inkl. Frühstück. Rocafuerte y Lalama, ✆ 2825915.
Royal (1), (Budget), moderner Criollo-Stil mit Spiegelglasscheiben zur lauten Hauptstraße hin, freundlich und schlicht. Nr. 15 (EZ) ist dunkel, Nr. 22 (EZ) groß und gut für Alleinreisende. BP, Ww, Kabel-TV, gute Matratzen, Parkettboden, blaue Gardinen. EZ 12 USD, DZ 18 USD. Av. Cevallos 05-50 y Vargas Torres, ✆ 2823528.
Ejecutivo (8), (Budget), dreistöckig, Zimmer mit bunt geblümten Vorhängen an der viel befahrenen Hauptstraße, innere Zimmer ruhiger, aber enger. BP, Teppich und Kabel-TV. Für 4er-Gruppen das helle und geräumige Nr. 101! Pro Pers. 6–10 USD (BP, Ww, Kabel-TV). 12 de Noviembre 12-30 y Espejo, ✆ 2421998.
Guayaquil, (Low Budget), uriges Treppenhaus, ellenlanger Flur zur Rezeption, sehr verwinkelt, bietet verstohlene Blicke in die Hinterhöfe. Pro Pers. 6 USD inkl. BP, Ww, Kabel-TV. Juan León Mera 311 y 12 de Noviembre, nahe dem Parque 12 de Noviembre, ✆ 2823886.

- *Außerhalb der Innenstadt* **Quinta Loren (4)**, (GK), sehr schöne und gepflegte Sommerresidenz im oberen Teil des ruhigen Viertels Ficoa (Urbanización Loren), wenige Fußminuten von den „Quintas". Garten mit Blick auf die Stadt und den Vulkan Tungurahua. Romantische Dekoration, koloniale Stilelemente, Restaurant. Nur 9 Zimmer. EZ ab 44 USD, DZ ab 66 USD. Av. Los Guayatambos y Los Taxos, ✆ 2846165, 2414849, www.quintaloren.com.
Miraflores (16), (GK/MK), moderne großzügige Residenz im besten Wohnviertel der Stadt, nur einen Spaziergang von Speiselokalen und Parques. Palmengarten und Restaurants, komfortable EZ 44 USD, DZ 60 USD, Suiten 75–135 USD inkl. Frühstück, an Wochenenden 20% Rabatt. Suite Nr. 200 ist beeindruckend, DZ Nr. 208 und 302 empfehlenswert. Av. Miraflores 227, ✆ 2843224, www.hmiraflores.com.ec.
Florida (18), (MK), im angenehmen Viertel Miraflores wenige Taximinuten südöstlich vom Zentrum. Wifi, Restaurant, Sauna, schattiger Garten und Parkplatz. EZ 38 USD, DZ 66 USD inkl. *desayuno americano*. Av. Miraflores 11-31 gegenüber dem Colegio La Inmaculada, ✆ 2422007, www.hotelflorida.com.ec.

Essen & Trinken/Nachtleben

- *Essen & Trinken* Das exklusivste Restaurant ist **Ficoa (10)** im Hotel Ambato, Blick auf den Fluss, auch schön zum Draußensitzen, höhere Preise als üblich.
Mon Ami (9), im 1. St. der republikanischen Casa del Portal an einer Ecke des Parque Montalvo. Eines der hübschesten Lokale im Zentrum, z. B. *plato mon ami* mit Kroketten, Schinken, Käse 5 USD, *almuerzos* ab 2,50 USD. Mo–Do 9–22 Uhr, Fr/Sa bis nach

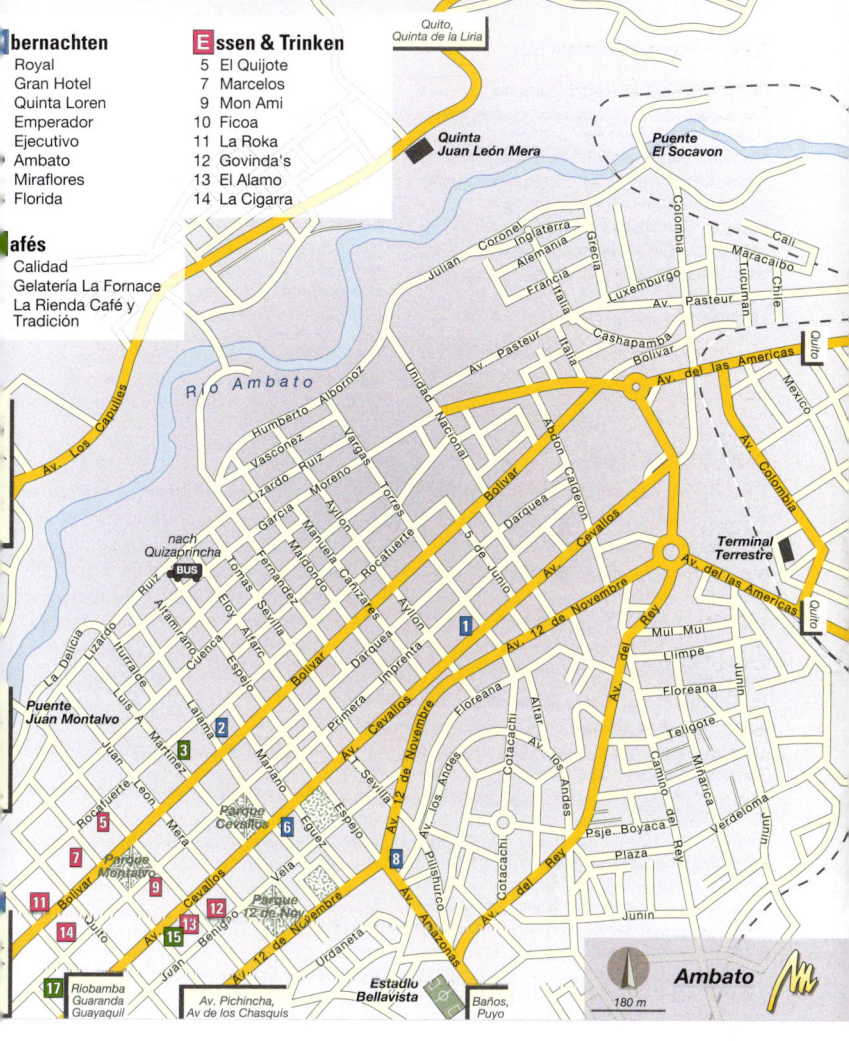

Mitternacht mit *show en vivo*, So 9–16 Uhr. Juan Montalvo y Sucre, ☎ 2823822.

Marcelos (7), schmiedeeiserne Stühle, kitschige Palmentapete, guter Kaffee ab 60 Ct., Sandwiches, Lunchbox, *platos fuertes* ab 6 USD, große Portionen! Tägl. 9–22.30 Uhr. Castillo y Rocafuerte, ☎ 2828208.

El Quijote (5), in der kolonialen Casa de Juan Montalvo am Parque Montalvo, preiswerte *almuerzos* und *platos a la carta* (um die 5 USD). Montalvo y Bolívar.

El Alamo (13), an der Blockhüttenfassade und den karierten Vorhängen zu erken-

nen: *llapingachos, menestra con carne, trucha, crepes de mariscos gratinados.* Cevallos 17-19 y Montalvo, ☎ 2824704.

Govinda's (12), günstiges vegetarisches Frühstück und Mittagessen, Joghurts und Malzkaffee. Dezent und informell. Vela 8-24 y Montalvo.

La Roka (11), „Resto-Bar", puristisch elegant in einem alten Steingebäude, Spezialitäten sind *lomos, locros, sopa de cebolla, pollo frito en salsa de limón, chancho en salsa hawaiana* (9–23 Uhr), coole Drinks in einem kunstvoll beleuchteten Innenhof. (bis 2 Uhr morgens).

Bolívar 20-62 entre Quito y Guayaquil.
Los Charrúas, empfehlenswert, *parrilladas*, *lomo a la charrúa*, Mo–Sa 12–24 Uhr, So bis 16 Uhr, Av. Atahualpa y Los Shyris.
Delicias del Mar, für Meeresfrüchte empfohlen, García Moreno y Abdón Calderón.
Pizzería La Cigarra (14), Pizzas aus dem Holzkohleofen, auch Lasagne und *milanesa*, eine von der Sucre abgehende Sackgasse, José Enrique Rodo entre Quito y Guayaquil.
La Rienda Café y Tradición (17), rustikal, leckerer Cappuccino, *humitas* und *sandwiches*. Ecke Sucre y Olmedo.
La Fornace Gelatería (15), leckere Eishörnchen mit 2 Kugeln für 80 Ct., Eisbecher *Italia*

mit Erdbeerstückchen und Kiwischeiben in den Landesfarben von Luca Toni, Av. Cevallos entre Castillo y Montalvo.
Für ofenfrische Brötchen und Gebäck, auch am Sonntagmorgen schon ab 6 Uhr, bietet sich die Bäckerei **Calidad (3)** an, Martínez y Rocafuerte.

• *Nachtleben* Restaurant-Disco La Roka mit Salsa und Reggaeton bis 2 Uhr (s. o.); Disco Martha's mit roten Lampenschirmen beim Hotel Ambato in der Guayaquil; Noches de Arabia, Wasserpfeifen und Döner, Cevallos 18-31 y Castillo; das kultige Star Wars Café ist etwas außerhalb, schräg gegenüber der Universidad Técnica.

Sehenswertes

Drei Garten-Landhäuser wurden im 19. Jh. von namhaften Ambateños bewohnt: die sehr beeindruckende **Quinta** des Romanschreibers, Musikers und Verfassers der Nationalhymne **Juan León Mera** (1832–1894), die spanische Quinta des liberalen Ideologen **Juan Montalvo** (1832–1889) sowie die **Quinta de la Liria** mit Botanischem Garten des Anfang des 20. Jh. in Armut verstorbenen Schriftstellers, Landschaftsmalers und Bergsteigers **Luis A. Martínez**. Die in den Vierteln **Atocha** und **Ficoa** gelegenen Quintas sind vom Zentrum aus nach einem halbstündigen Spaziergang zu erreichen. Ein Taxi sollte nicht mehr als 1,50–2 USD kosten. Alle drei Landhäuser befinden sich auf der nordwestlichen Uferseite des Río Ambato. Vor allem die Quinta Juan León Mera ist ein Highlight!

Quinta Juan León Mera (auch Quinta Atocha), Av. Los Capulíes (Av. Circunvalación) im Viertel Atocha, wunderschöne, sehr romantische und terrassenförmig angelegte 4-Hektar-Gartenanlage, die sich bis zum Fluss hinzieht. Düfte und Aromen von über 250 Pflanzenarten, Kolibris und riesige Kokospalmenreihen. Der Besucher wandelt auf verborgenen Steinwegen zwischen uralten Bäumen und üppigem Pflanzendickicht. Am Flussufer kann ein mitgebrachtes Picknick in zauberhafter Stille genossen werden, ganz ideal, um Verkehr und Lärm zu entfliehen! Es gibt auch ein historisches Museum. Mi–Sa 10–17 Uhr, Eintritt 1 USD.

Quinta Juan Montalvo, kleiner, inspirierender Garten mit großen Araukarien, Pinien und Palmen. Pittoreskes spanisches Wohnhaus mit originalen Möbeln. Av. Los Guaytambos im Stadtviertel Ficoa, Di–So 9–17 Uhr, Eintritt 1 USD.

Quinta de la Liria im Viertel Atocha gegenüber der Quinta Juan León Mera, *Centro Cutural: Museo de Arte Contemporáneo*, *Museo de Vestimenta Típica y Artesanía*, *Museo de Fotografía*, Av. Los Capulíes (Av. Circunvalación). Auf dem Gelände befindet sich auch der 14 ha große, vielfältige **Botanische Garten Atocha – La Liria**, wo Besucher auf verschlungenen Pfaden schlendern. Es gibt neben 250 endemischen Pflanzen auch viele Orchideen und farbenprächtigste Blumen aus aller Welt. Die Geschichte des Jardín Botánico geht auf 1849 zurück. Di–So 9–18 Uhr.

Ambatos Brennpunkt ist der **Parque Juan Montalvo** mit dem *municipio* (Rathaus), der modernen Kathedrale, dem Montalvo-Geburtshaus und der arkadengespannten **Casa del Portal**, eines der ganz wenigen Überbleibsel des Erdbebens von 1949. Weitere wichtige Plazas im Innenstadtbereich sind der **Parque Cevallos** und der **Parque 12 de Noviembre**.

Museumsfreunden seien die **Casa de Montalvo** (Bibliothek u. Mausoleum) am Parque Montalvo sowie das antiquierte **Museo de Ciencias Naturales Héctor Vásquez Salazar** (✆ 2827395) des Colegio Nacional Bolívar in der Sucre und Lalama am

Parque Cevallos empfohlen. Letzteres hat mit einer schaurigen Sammlung präparierter Tiere und missgebildeter Tierembryonen, wie z. B. einer dreihörnigen Kuh oder zwei Schafen mit nur einem Kopf, sowie einigen historischen Fotos von Eruptionen des Cotopaxi aufzuwarten. Die halb verwesten, grimmigst dreinblickenden Tiere sind ein echtes Gruselkabinett. Anhand der Beschilderung ist zu erkennen, was es zu Lebzeiten einmal war!

Öffnungszeiten **Naturwissenschaftliches Museum**, Mo–Fr 8.30–12.30 u. 14.30–18.30 Uhr, Sa 9–17 Uhr, Eintritt 1 USD; **Montalvo-Haus mit Mausoleum**, Mo–Fr 9–12 u. 14–18 Uhr, Sa 9–13 Uhr, Eintritt 50 Ct.

Ambato/Umgebung

▸ **Quizapincha**: Der Ort, etwa eine 10 km lange Serpentinen-Busfahrt von Ambato in den Hügeln zwischen Weiden und Maisfeldern gelegen, ist ein echter Schnäppchentipp für seine Produktionsstätten von **Lederwaren**. In den *tiendas de cuero* an der Hauptstraße oder auf der *feria artesanal* an der Kirche kann eine schnittige Lederjacke sagenhafte 50 USD kosten, Handtaschen gibt es ab 8 USD. Doch nicht nur die Lederläden sprechen für einen Besuch dieses noch sehr ursprünglichen *pueblo*: Sonntags findet oberhalb der *plaza* ein großer Tiermarkt statt, wo quiekende Schweinefamilien, bockende Schafe und gackernde Hühner feilgeboten werden. Fotojäger werden sich über traditionell gekleidete Indígenas oder auch schauerliche, auf dem Markt angebotene Schafsköpfe freuen, besonders schön im Licht der frühen Morgensonne, wenn alles in satten Farben erstrahlt.

Verbindungen Etwa alle 30 Min. fährt ein Bus von Ambato nach Quizapincha von der Ecke Espejo y García Moreno. Es kann auch in der Lalama y Lizardo Ruiz zugestiegen werden. Die Anfahrt erfolgt über den Parque de la Familia. Fahrpreis keine 50 Ct.

▸ **Píllaro**: Bis zu 1.000 rote Teufelchen mit furchterregenden Masken tanzen in der ersten Januarwoche durch die Straßen des Kleinstädtchens 20 km nordöstlich von Ambato. Die mehrtägige **Diablada Pillareña**, gefeiert in Erinnerung an die Überwindung kolonial-katholischer Machtverhältnisse, wurde 2008 zum *Patrimonio Cultural Nacional* erklärt.

▸ **Salasaca**: 14 km östlich von Ambato an der Straße nach Baños. Die Salasacas sind eines der stolzesten Mikro-Völkchen innerhalb Ecuadors, einst von den Inkas „verschleppte" Mitimaes aus dem bolivianischen Hochland. Die männlichen Mitglieder tragen schwarze Ponchos, weiße Hosen und einen breitkrempigen, weißen Hut, angeblich in ewiger Trauer um den Tod des Sonnenkönigs Atahualpa. Außer vom Feldbau leben die Salasacas von ihren handgefertigten Webartikeln, darunter flauschige, mit Tiersymbolen versehene Schafwollteppiche im Tibeter-Stil.

Webkunst Traditionelle *tejedura salasaca* fertigt der *artesano* **Alonso Pilla** in seiner Werkstatt etwa 600 m von der Plaza Central, alonsopilla@hotmail.com.

▸ **Pelileo**: Wenige Kilometer hinter Salasaca in Richtung Baños liegt das Zentrum der ecuadorianischen Blue-Jeans-Produktion. Hier werden die gängigsten Marken wie *Levis*, *Lee*, *Wrangler* oder *Calvin Klein* imitiert und in Straßengeschäften günstig verkauft.

● **Übernachten in der Umgebung** **Hacienda Manteles**, (GK), 19 km von Pelileo und 13 km vom frühlingshaften Patate in schöner ländlicher Umgebung auf 2.650 m. Am östlichen Ortsrand von Pelileo geht es links weg von der Hauptstraße: 11 gediegene Zimmer (BP, Ww, teils Kamin, teils Kingsize Betten), Panoramablick auf den Tungurahua und das Pastaza-Tal, Nebelwald, Reiten und Wandern im Llanganates-Nationalpark (einwöchige Expedition mit Trägern auf der Ruta de Valverde). EZ 85 USD, DZ 108 USD, 3er 120 USD inkl. Frühstücksbuffet. In Quito: ✆ 02/2233484, manteles@interactive.net.ec, www.haciendamanteles.com.

Blick auf Baños

Baños – Das Tor zum Oriente   (17.000 Einwohner)

45 km östlich von Ambato und 65 km nordöstlich von Riobamba liegt auf einem Talvorsprung über dem tief eingeschnittenen Río Pastaza der von steil aufragenden Höhenrücken umgebene Wallfahrtsort wie ein weggeworfenes Bonbonpapierchen zu Füßen der Anden.

Adrette schachbrettartig angelegte Sträßchen mit ihren subtropischen Vorgärten, ein mildes frühlingshaftes Klima (1.800 m), zwei schwefelhaltige Kurbäder mit von Steilwänden herabstürzenden Wasserfällen, die Nähe zum grollenden Vulkanriesen *Tungurahua* und nicht zuletzt die Basilika der wundersamen „Jungfrau des heiligen Wassers" machen den Ort zu einem attraktiven Pilgerziel für einheimische und ausländische Besucher.

Preiswerte Hotels, Restaurants für alle Geschmacksrichtungen, eine bunte Kneipenstraße und ein breit gefächertes Freizeitangebot sind ideal, um sich von den Strapazen eines Dschungelabenteuers oder der letzten Gipfelbezwingung zu erholen. Die besten Monate dafür sind gewöhnlich September bis Februar. Hingegen regnet es von April bis August am meisten, wenn sich der Tungurahua in dichte Amazonaswolken hüllt. Spätestens dann ist eine Ganzkörpermassage, ein Schlammbad oder ein Saunagang in einem der zahlreichen Wellness-Zentren angesagt.

Baños gehört für die meisten Rucksackreisenden zum Ecuador-Standardprogramm, selbst wenn es der Idylle für manchen Geschmack an lateinamerikanischer Authentizität mangeln mag. Der Ort ist einfach zu herzig, um ihn nicht mit einer Zweigstelle Disneylands vergleichen zu wollen. Es verwundert daher wenig, in diesem Zusammenhang manchmal einen anderen, erfundenen Ortsnamen zu vernehmen: „Gringobamba".

Information/Verbindungen/Adressen

> Die **Vorwahl** für Baños und die Provinz Tungurahua ist **03**.

● *Information* **i-Tur-Büro**, Tomás Halflans y Rocafuerte, 9–12 u. 14–17 Uhr; **Camara de Turismo**, Ambato y 16 de Diciembre, nahe der Basilika ✆ 2741660.

● *Verbindungen* Mit dem **Bus** gibt es nur zwei Möglichkeiten, Baños wieder zu verlassen: hinauf ins Hochland oder hinunter ins Amazonasbecken. Die in den Fels gesprengte Straße über dem Canyon des Río Pastaza ist eine der aufregendsten des Landes. Rechts sitzen!
In den Oriente nach **Tena** (3:30 Std., 5 USD) über **Puyo** (1 Std.) fahren die Flota Pelileo (✆ 2743161) tägl. um 9.40, 12.40 u. 19.40 Uhr, Trans Amazonas (✆ 2740242) tägl. um 13.30 Uhr (6x tägl. nur bis Puyo), die Coop. Baños (✆ 2740382) tägl. um 8.30, 11.30, 14.30 und 17.30, manche Busse fahren bis **Coca** weiter; ebenso fährt 7x tägl. Expreso Baños (✆ 2740225) nach **Tena** und 9x tägl. Transp. Riobamba (✆ 2740133); nach **Macas** geht es tägl. um 8, 11, 14.45 und 17 Uhr mit der Coop. Riobamba.
Nach **Quito** (3 Std.) über **Ambato** (50 Min.) geht es alle 30 Min. 20x tägl. mit der Coop. Baños, 6x mit Expreso Baños, 20x mit Amazonas; nach **Riobamba** tägl. stündlich mit der gleichnamigen Coop. und alle 40 Min. mit der Sangay; nach **Guayaquil** (7 Std.) fährt tägl. um 13 Uhr die Coop. Riobamba und um 9 Uhr die Flota Pelileo.
Busse nach **Ulba** und **Agoyan** („Los Tuneles") starten an der Eloy Alfaro y Martínez.
Privattransport durch Camioneta-Taxis: Coop. Agoyan am Parque Central (Parque Flores); Coop. Cascadas beim Busbahnhof, nach Luna Runtún 7 USD, Wasserfallroute 3 Std. 25 USD.

● *Ärzte* **Allgemeinarzt** ist Diego Polo Molina, Oscar Reyes y Juan Montalvo.

● *Geldbeschaffung* Geldautomaten hat die **Banco Bolivariano** (Visa, Mastercard), Maldonado y Ambato; **Banco Pichincha** (Visa, Mastercard), Tomás Halflans y Ambato; **Banco del Pacífico** (Visa, Mastercard), Rocafuerte y Halflans; **Banco del Austro** (Visa, Mastercard), Halflans y Rocafuerte.

● *Internet* Viele Hotels bieten Internetzugang. Cybercafés befinden sich im Bereich der Eloy Alfaro und Ambato bzw. Halflans und Martínez. Surfen kostet etwa 1 USD pro Std.

● *Post* Am Parque Central (Parque Flores) neben dem Rathaus, Mo–Fr 8–18 Uhr, Sa 8–12 Uhr.

● *Telefonieren* **Telefonzentralen** sind in der Rocafuerte y Tomás Halflans, gegenüber dem Parque Palomino Flores (7–22 Uhr); ebenso Rocafuerte entre Eloy Alfaro y 16 de Diciembre; **Porta** schräg gegenüber der Casa Hood in der Martínez; **Movistar**, Eloy Alfaro entre Ambato y Oriente.

● *Therapeutische Massagen* **Stay in Touch** von Geofrey und Edith, Calle Montalvo, nahe dem Jungfrauen-Wasserfall, ✆ 2740973; **Jorge Gamboa**, attraktives therapeutisches Zentrum für Körper, Geist und Seele, großer Pool, Schlammbäder, Sauna, Ecke Montalvo y Eloy Alfaro, ✆ 2740908;

● *Wäschereien* **Carina**, Waschen und Trocknen in 2 Std., 8.30–14 Uhr und 15–20 Uhr, Martínez entre Eloy Alfaro y 16 de Diciembre; **La Herradura**, auch in 2 Std., Martínez y Eloy Alfaro; **El Rey de Cuadrón**, 16 de Diciembre y Martínez.

Panamericana Sur Karte S. 299

Übernachten (siehe Karte S. 329)

Die Konkurrenz ist groß und hält das Preisniveau in Grenzen. Es ist für jeden Geldbeutel was dabei. Zum Stadtfest Mitte Dezember, zu Weihnachten, Neujahr, Karneval und Ostern kann es zu Engpässen kommen. Die Zimmerpreise können sich dann verdoppeln.

● *In Baños* **Volcano (31)**, (GK/MK), beim Jungfrauen-Wasserfall nur wenige Schritte von den *termas*, schön, hell, große Fenster, Kabel-TV, Safe, Parkettboden, das Beste im Ort! Nr. 2 und 3 mit Badewanne, Nr. 7, 8 und 9 auf 2 Etagen (Kinder schlafen oben) und mit großem Gemeinschaftsbalkon, *matrimoniales* sind Nr. 11 und das allerschönste Nr. 12 ganz oben mit privatem Balkon. Beheizter Pool. EZ ab 45 USD, DZ ab 60 USD inkl. Frühstückbuffet, Hauptgerichte ab 6 USD. Rafael Vieira y Montalvo, ✆ 27422140, sb@andinanet.net, www.volcano.com.ec.

Posada del Arte (30), (MK/Budget), Manche der farbenfrohen Zimmer mit Balkon, Nr. 7 und 8 mit Wasserfallblick, Nr. 10 und 11 mit Gartenblick, Nr. 5 ist sehr hell, hat eine große Garten-Fensterfront, eine alte Badewanne und Kamin. EZ 28 USD, DZ 48 USD, 3er 60 USD inkl. reichhaltigem Frühstück. Wifi, Gemälde, Terrasse, Massagen. Rafael Vieira (Pasaje Velasco Ibarra) y Montalvo, ℅ 2740083, artehostal@yahoo.com, www.posadadelarte.com.

Higuerón (24), vier ruhige, einfach eingerichtete DZ für 44 USD inkl. Müsli-Frühstück. Patio und Garten. Der freundliche Herr des Hauses ist Bergführer. Nahe dem Ortskern und trotzdem etwas außerhalb. Die Oriente in Richtung Puyo, hinter der Feuerwehr rechts in die Arrayanes, dann rechter Hand, ℅ 2741482.

Isla de Baños (28), (MK/Budget), subtropischer Garten mit Pavillon, ansprechende Cafetería, Wifi, Massagen, Schwitzkästen, Pferdetouren, Jeep-Ausflüge, Safe, Gepäckaufbewahrung, deutscher Besitzer Christian. Standardzimmer und geräumigere „Suiten". Leser Helmut Beck empfahl DZ „M" mit Balkon. EZ 18–22 USD, DZ 25–35 USD. Tomás Halflans 1-31 y Montalvo, ℅ 2740609, islabanos@andinanet.net.

Acapulco (18), (Budget), am Basilika-Park, modern, türkisfarbene Wände, fast nur *matrimoniales*, Kabel-TV, gute Matratzen, schöne Bäder, Balkon und Möbel auf jedem Stockwerk. Pro Pers. 10–20 USD je nach Saison und Zimmer. 16 de Diciembre y Rocafuerte, ℅ 2740839.

La Floresta (27), (Budget), entspannend trotz morgendlichem Getrommle der Schulkinder. Die Zimmer reihen sich zum kleinen Garten hin, die oberen sind vorzuziehen: Nr. 201 mit Balkon zum Garten und *matrimonial* 205 mit Balkon zur Straße (BP, Ww, Kabel-TV). EZ 20 USD, DZ 35 USD. Tomás Halflans y Montalvo, ℅ 2741824, www.lafloresta.banios.com.

Dónde Iván (3), (Budget), einfach aber sympathisch, freundlicher Besitzer, 12 geräumige Zimmer mit indigener Deko (BP, Ww). Gut ist das helle 3er mit großer Fensterfront und Balkon. Preiswertes Restaurant mit Landestypischem wie Meerschwein, Dachterrasse. Pro Pers. 15 USD inkl. leckerem Frühstück, keine Wucherpreise an Feiertagen. Eloy Alfaro 10-22 y Espejo, ℅ 2741285, www.hostaldondeivan.com.

El Marqués (32), (Budget), in einer ruhigen Seitenstraße, *matrimonial* Nr. 12 mit privater Terrasse, Nr. 2 mit Balkon und Wasserfallblick, BP, Ww, gute Matratzen, Massagen (25 USD). Pro Pers. ab 13 USD, Frühstück 4 USD. Rafael Vieira (Velasco Ibarra) y Montalvo, ℅ 2740053, www.marquesbanios.com.

Flor de Oriente (8), (Budget), gegenüber dem Parque Central, dreistöckig, Gasheizung. Manche der sauberen Zimmer mit Balkon (Nr. 104). Pro Pers. 12 USD mit Frühstück. Restaurant mit *almuerzos* (2,50 USD). Ambato y Pedro V. Maldonado, ℅ 2740418, www.flordeoriente.banios.com.

Casa Real (29), (Budget), wenige Schritte von den *termas*, oben nette Zimmer mit Balkon und Hängematte (Nr. 202 und 203). Pro Pers. 11 USD (BP, Ww, Kabel-TV) inkl. *desayuno americano*. Therapeutische Massagen. Montalvo y Rafael Vieira, ℅ 2740215, www.casareal.banios.com.

Chimenea (19), (Budget), modern, sauber, dreistöckig, erdfarben, Pool und Schwitzbäder, Wifi, Parkplatz, Wasserfallblick von der Dachterrasse. Leser Martina Conrads und Sascha Wolthoff fanden es sehr gut fürs Geld! Die hübschen Zimmer sind etwas hellhörig, aber das Drei-Dollar-Frühstück mit fünf Säften zur Wahl ist ein weiterer Pluspunkt. Pro Pers. 8–10 USD. Martínez y Rafael Viera, wenige Schritte von den Termas, ℅ 2742725, www.hostalchimenea.com.

Llanovientos (13), (Budget), ruhige Lage am Hang, schöner Blick auf Baños, Garten, BP, Ww, Kabel-TV. Der Besitzer Gandhi Vieira hat versprochen, Lesern dieses Reiseführers bei Übernachtung das Frühstück zu spendieren (sonst 2 USD). Pro Pers. 8–15 USD je nach Saison. Martínez 1162 y Sebastian Baño, ℅ 2740682, www.llanovientos.banios.com.

Villa Santa Clara (33), (Budget), befindet sich in der Sicherheitszone im Falle eines Vulkanausbruches. Behindertengerecht, ruhiges Garten-Ambiente, aromatisierte Massageräume. Alle Zimmer mit BP, Ww, Kabel-TV, manche mit Badewanne. Pro Pers. 11 USD, Frühstück ab 2,50 USD. 12 de Noviembre y Velasco Ibarra, ℅ 2740349, www.hotelvillasantaclara.com.

Verde Vida (4), (Budget), von einem Leser empfohlen, nur 12 Zimmer, renoviert, sauber, von einer netten Familie geführt, zwischen Busbahnhof (2 Min. zu Fuß) und Zentrum (1 Min.) gelegen. Pro Pers. ab 8 USD. Maldonado y Oriente, ℅ 2740051, 2742947.

Plantas y Blanco (22), (Budget), weißes Eckhaus voller Pflanzen, kein TV, aber dafür „Schwitzkästen", der letzte Schrei im Ort,

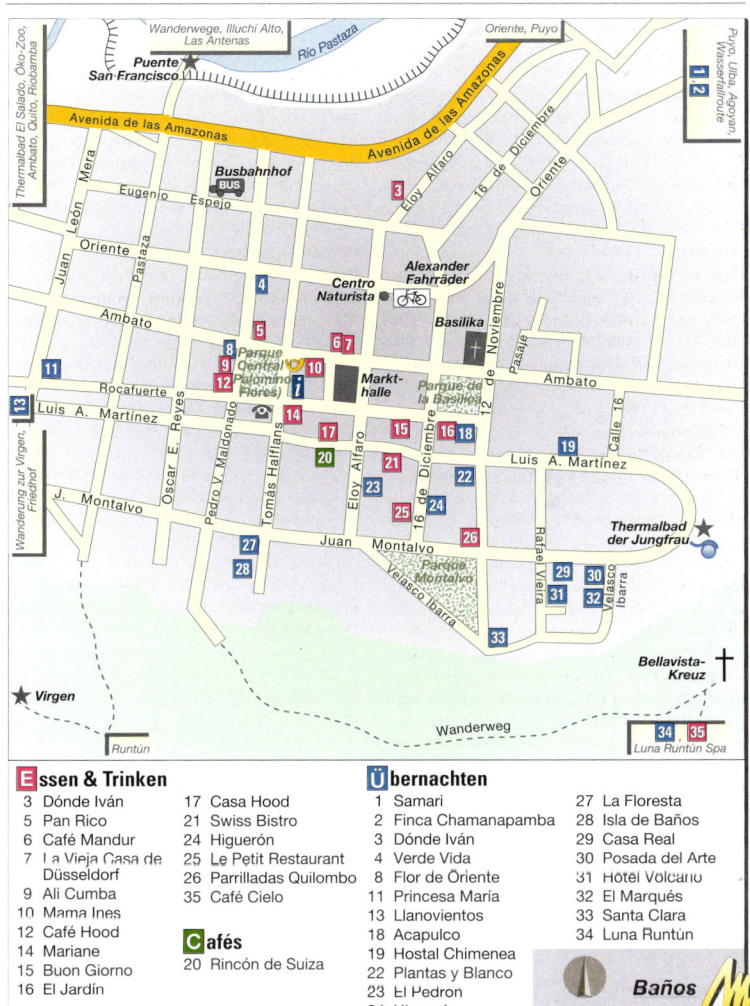

E ssen & Trinken

3 Dónde Iván	17 Casa Hood
5 Pan Rico	21 Swiss Bistro
6 Café Mandur	24 Higuerón
7 La Vieja Casa de Düsseldorf	25 Le Petit Restaurant
9 Ali Cumba	26 Parrilladas Quilombo
10 Mama Ines	35 Café Cielo
12 Café Hood	
14 Mariane	
15 Buon Giorno	**C** afés
16 El Jardín	20 Rincón de Suiza

Ü bernachten

1 Samari	27 La Floresta
2 Finca Chamanapamba	28 Isla de Baños
3 Dónde Iván	29 Casa Real
4 Verde Vida	30 Posada del Arte
8 Flor de Oriente	31 Hotel Volcano
11 Princesa María	32 El Marqués
13 Llanovientos	33 Santa Clara
18 Acapulco	34 Luna Runtún
19 Hostal Chimenea	
22 Plantas y Blanco	
23 El Pedron	
24 Higuerón	

Baños

100 m

ab 7 Uhr, 3,50 USD, Anmeldung! Wifi von 10 bis 22 Uhr, Dachterrasse, Gepäckraum, Schnellwäschedienst, 39 verschiedene Frühstücke. Pro Pers. 7–9 USD (BP/BC). Martínez y 12 de Noviembre, ✆ 2740044, option3@hotmail.com.

Pedrón (23), (Budget), 80 Jahre altes Haus, nette familiäre Atmosphäre, schöner subtropischer Garten mit Hängematten und Pingpong, freundlicher Besitzer, Internet,

Cafetería-Restaurant. Pro Pers. 6–14 USD (BC/BP/Balkon), an Feiertagen 25–50 % teurer. Eloy Alfaro entre Martinez y Maldonado, ✆ 2740701, hostalpedron@yahoo.es.

Princesa María (11), (Low Budget), lila Haus, sauber, freundlich, gute Matratzen, auch drei behindertengerechte ebenerdige Zimmer mit extra breiten Türen. Nr. 204 und 304 sind mit Balkon, die „holzigen" Nr. 401 und 402 schön ruhig unterm Dach, kein

Frühstück, Internet (1 USD), Küchenbenutzung, Gepäckaufbewahrung, tolles Preis-Leistungs-Verhältnis! Pro Pers. ab 6 USD (BP, Ww, Kabel-TV). Angeschlossenes Landhaus im Santa-Ana-Schutzgebiet. Rocafuerte y Juan León Mera, ℡ 2741035.

Kattyfer, (Low Budget), Parkett, BP, Ww, hilfsbereites Personal, Gästeküche, Wäscheservice, Miet-Motonetas (Motorroller). Pro Pers. ab 5 USD. 16 de Diciembre y Martínez, ℡ 2741559.

Leserin Nadine aus der Schweiz empfahl auch das neue Hostal **Les Amis** in der Rocafuerte y Reyes, DZ ab 16 USD, ℡ 094-004019, casalesamis@gmail.com.

• *Außerhalb* **Luna Runtún (34)**, (GK), Chalets im Schweizer Stil mit spektakulär gelegener Kuranlage, in der Nähe des Bergdörfchens Runtún auf der steilen, südlich von Baños aufragenden Felsklippe. Das aussichtsreiche Café del Cielo ist tägl. von 13 bis 22 Uhr geöffnet (34 verschiedene Kaffees), Restaurant La Pergola (7.30–10, 12.30–15.30 und 19–21 Uhr), 36 Grad warmer Vulkanwasser-Pool, 25 Spa-Behandlungen, Wifi. DZ 134–270 USD, Suite 330 USD, Suite Imperial 537 USD inkl. Sauna, Abendessen und Frühstück. *Anfahrt*: Von der Straße in Richtung Puyo führt vor dem Río Ulba ein 6 km langer, kurvenreicher Fahrweg rechts hoch (Camino al Caserio Runtún), ist ausgeschildert. ℡ 2740882, www.lunaruntun.com.

Samari (1), (GK), Garten mit Klavierpavillon, Springbrunnen, Tennisplatz, 24 Kolibriarten. Handgeschnitzte Möbel, teils Kingsize-Betten mit Gänsedaunen, riesige Bäder, Badeschlappen, Safe. Weiträumiger Spa-Bereich mit 29 Grad warmem Pool, Massagen, Maniküre und Pediküre. Gutes Restaurant! DZ 187–254 USD inkl. Frühstücksbuffet. Av. Amazonas am km 1 in Richtung Puyo, ℡ 2741855, www.samarispa.com.

Finca Chamanapamba (2), (GK), von Regine und Dietrich, mondänes, lichtdurchflutetes Natur-Baukunstwerk aus Holz, Glas und runden Ziegelsteinen, dazu märchenhaft gelegen. Blick aufs Tal und den Chamana-Wasserfall. Komfortable Panoramazimmer für Paare o. kleine Familien, Balkone, Terrasse, BP, Ww, Bügeleisen, Föhn. Alles sehr geschmackvoll, liebevolle Details. Hier steht die Kreativität im Vordergrund, schon deshalb gibt es keinen Fernseher! Herrliche Spazierwege! DZ 98 USD inkl. reichhaltigem europäischem Frühstück im schönen „Regine's Café Alemán" (s. u.). *Anfahrt*: Es geht auf der Asphaltstraße 4 km in Richtung Puyo bis zum Dorf Ulba. Kurz nach der Brücke über den Fluss Ulba führt rechter Hand ein steiler Fahrweg in wenigen Minuten bis hoch zum Hotel und zur Cascada La Chamana. Taxi von Baños 5 USD. ℡ 2742671, info@chamanapamba.com, www.chamanapamba.com.

*E*ssen & *T*rinken/*N*achtleben *(siehe* *K*arte *S. 329)*

Von Gerichten à la Provence über Schweizer Rösti bis hin zum süddeutschen Leberkäs werden an einer Ecke des Marktes auch gegrillte Meerschweinchen angeboten (*cuy asado*). Bei den zahlreichen Cafeterías mit ihren selbst gebackenen Kuchen und anderen Leckerbissen fällt es zudem nicht schwer, sich hier ein paar unnötige Pfunde zuzulegen.

• *Essen & Trinken in Baños* **Mariane (14)**, provenzalische Würze, großer Salatteller, Flasche Rotwein ab 15 USD, ungezwungenes Ambiente, eine der populärsten Adressen, tägl. 16–23 Uhr, Halflans y Rocafuerte.

Swiss Bistro (21), von Patrick Oswald, Fondues und Raclette (10 USD), leckere Rösti ab 5 USD, gute Tagesmenüs (3,50 USD) und Kinderteller, Kuhfell-Wand, Wifi, empfehlenswert! Mo 18–23 Uhr, Di–So 12–23 Uhr. Martínez y Eloy Alfaro, ℡ 2742262, www.swiss-bistro.com.

El Jardín (16), nettes Gartenambiente, abends beleuchtet, *lomos, locros, truchas*, auch Vegetarisches, Knoblauchbrot, Pfeffermühlen, Mo–Sa 13–23 Uhr, So geschl.

Rocafuerte y 16 de Diciembre (gegenüber dem Parque de la Basílica).

Higuerón (24), europäische, einheimische und vegetarische Gerichte, Frühstücke, empfohlen, tägl. 8–22 Uhr, Los Arrayanes y Oriente.

Le Petit Restaurant (25), rustikales Bambus-Lokal mit französischer und argentinischer Küche, Garten mit 100 Jahre altem Avocado-Baum, tägl. 12–15 und 18–22 Uhr, 16 de Diciembre 240 y Montalvo.

Dónde Iván (3), landestypisches wie *cuy* o. *cazuela de cordero*, Vegetarisches, preiswerte Menüs. Besitzer ist der zuvorkommende Iván Vargas. Tägl. 7–22 Uhr, Eloy Alfaro y Espejo.

Sportangeln

Café Mandur (6), *truchas*, *lomos*, *chuletas* und *crêpes* in einem hübschen Lokal in der Ambato 654 y Halflans, Mo–Do 12–22 Uhr, Fr/Sa 12–23 Uhr, So bis 21 Uhr.

Parrilladas Quilombo (26), saftig gegrillte Hühner und Schweine mit Gartengemüse, uruguayische und argentinische Spezialitäten hinter Bambusverkleidung, empfehlenswert, Mi–So geöffnet, Montalvo y 12 de Noviembre.

Buon Giorno (15), Pizza, Lasagne, Ravioli, Cannelloni und Maccheroni, Mo–So 12.30–23 Uhr, in der Ambato y Halflans und in der Eloy Alfaro y 16 de Diciembre.

Mama Ines (10), preiswerte ecuadorianische Küche: *churrasco*, auch Vegetarisches, Otavalo-Teppiche an braunen Wänden und Korblampen, Ambato y Halflans.

La Vieja Casa de Düsseldorf (7), von Willy Zinke, ordentliche Portionen für 6 USD, Ambato y Eloy Alfaro.

Grace, das ehemalige Arosa, vegetarisch, indisch und mexikanisch, billige *almuerzos*, 12–17 Uhr in der Rocafuerte y Maldonado, ab 17 Uhr in der Eloy Alfaro entre Ambato y Oriente.

Casa Hood (17), asiatisch, günstig, Fisch, Salate, Tagesmenüs, netter schneller Service, Canelazo-Happy-Hour 17–20 Uhr, geöffnet 10–22 Uhr, Di geschl., Calle Martínez,

hinter dem Supermarkt Santa María.

Café Hood (12), mexikanisch, sehr nett, leckerer Schokokuchen, Milchkaffee im Bierkrug, gute Frühstücke, 8–22 Uhr, Mi geschl.

Pan Rico (5), Schwarzbrot und Fruchtsalate, 6-sprachige Karte, gemütlich, Mo–Sa 7–17 Uhr, So 7–12 Uhr. Wo kann man sonst so früh frühstücken? Ambato y Maldonado beim Parque Central.

Café Ali Cumba (9), europäisches Frühstück, hausgemachtes Brot, frisch gemahlener kolumbianischer Kaffee, Lunchpakete zum Mitnehmen, dänische Besitzerin. Tägl. 7.30–18.30 Uhr, 5 bis 12. Dez. und zweite Aprilhälfte geschl. Maldonado y Ambato, ✆ 2741358.

Rincón de Suiza (20), gute Cocktails, selbstgemachter Kuchen, Kaffee aus Loja, Billard, Pingpong, Schach, Gemäldegalerie, Di–So 9–24 Uhr, Martínez entre Alfaro y Halflans.

● *Essen & Trinken außerhalb* **Café Cielo (35)**, im Spa-Hotel Luna Runtún (siehe bei Übernachten) spektakulär, ca. 1 Std. steiler Fußmarsch oder Taxi (10 Min., 6 USD) von Baños.

Ein Kunstwerk ist das fantastische Aussichtsrestaurant **Regine's Café Alemán** (Finca Chamanapamba, siehe „Übernachten"). Fantasiereich auch die Gerichte:

Tomatensuppe mit Räucherspeck, Gulasch, Mandelforelle, provenzalisches Hühnchen, der leckerste Käse- und Erdbeerkuchen Ecuadors, Eisspezialitäten. Hauptspeisen um 8 USD, tägl. 10–20 Uhr oder länger. Allein der Kaskaden-Wasserfall in unmittelbarer Nähe ist die Anreise wert: Es geht 4 km in Richtung Puyo. Kurz nach der Brücke über den Río Ulba führt rechter Hand ein steiler Fahrweg hoch zur Cascada La Chamana. ℘ 2742671.

• *Nachtleben* Das meiste spielt sich in der belebten Kneipenstraße Eloy Alfaro ab: **Leprechaun**, Ecke Oriente, nettes Ambiente auf zwei Ebenen, guter Service. Populär sind auch **Santo Pecado, Volcán** und **Son Cubano**, alle Ecke Alfaro y Oriente, sowie **Quilla Bar** und **Jack Rock** im gleichen Bereich. **Trebol** ist gut für After-Hour-Partys, Mi–Sa bis zum Morgengrauen, Montalvo y 16 de Diciembre.

Touren

Bei der großen Anbieter-Konkurrenz fällt die Wahl nicht leicht. Vorsicht bei Dumping-Agenturen! Diese verfügen über schlechte Ausrüstungsgegenstände, die ein Berg- oder Flussabenteuer zu einem Horrortrip machen können. Das Equipment sollte man vor Antritt begutachten können.

Rainforestur, dreitägige Dschungeltouren im Hola-Vida-Reservat ab 100 USD. Rafting-Klasse IV ab 80 USD, Canyoning ab 30 USD, Bunge-Jumping und Bergtouren. Ambato 800 y Maldonado, ℘ 2740743, ℘ 097-454322 (mobil), www.rainforestur.com.ec.

Marberktour, Berg- und Kajaktouren, Rafting, Swing-Jumping (15 USD), Biking, Paragliding, Ferienvideos von Extremsportarten (Rafting-Foto-CD 15 USD). Als sauberer „Rafting-Fluss" wurde der Alto Anzu bei Santa Clara empfohlen (Klasse IV). Eloy Alfaro entre Rocafuerte y Ambato, ℘ 2741695, www.marberktour.com.

Team Adventure, Rafting ab 30 USD, Canyoning ab 25 USD, Bungee-Jumping (120 m, 20 USD), Dschungel ab 60 USD, Vulkan- und Wasserfallroute per Chiva Express (3–8 USD). Oriente y Halflans, ℘ 2742195, www.teamecuador.com.

Expediciones Amazónicas, seit 1989, gutes Equipment, moderate Preise, motivierter englischsprachiger Dchungel-Guide Charly, auch Rafting und Cotopaxi (180 USD), Bergführer Dosto Varela, Oriente 11-68 y Halflans, ℘ 2740506, www.expedicionesamazonicas.com.

Adventure Equatorland, arbeitet mit dem Hostal Plantas y Blanco zusammen, Martínez y 16 de Diciembre, ℘ 2740360, www.adventureequatorland.com.

Dorado Expeditions, Guide Marío Sevilla, Montalvo 20-76 y 12 de Noviembre.

Aventurandes Expeditions, Englisch sprechende Guides, brauchbares Equipment, Bergführer Carlos Alvarez, 12 de Noviembre y Martínez, ℘ 2740925.

Explorsierra, Trips nach Peru, Oriente y Halflans, ℘ 2742771.

Geotours, Mountainbikes, Felsklettern, Rafting, Ambato y Halflans, ℘ 2741344.

Pailontravel, Mountainbikes ab 5 USD, Squads ab 10 USD, Gokarts ab 12 USD, 12 de Noviembre y Montalvo, ℘ 2740899.

Córdova Tours, Chiva-Trips entlang der Wasserfallroute, Maldonado y Espejo, ℘ 2740923.

Alexandertour, Mountainbike-Spezialist, ab 5 USD, Buggy ab 12 USD, Oriente y Eloy Alfaro bzw. Martínez y 12 de Noviembre, ℘ 2741151, ℘ 097-281441 (mobil).

Empfohlen wurde auch der Bergführer **Willi Navarrete** vom Hostal Higuerón.

Reiten organisiert **José Gualoto/Vamos a la Aventura** in der Maldonado y Martínez, Englisch und Quichua sprechende Guides, pro Std. 6 USD.

Langjährige Erfahrung, gut gefütterte Rösser und Jeeptransport zu den Ausgangspunkten bietet **Christian** vom Hostal Isla de Baños, z. B. 3:30 Std. Ruta del Volcán 30 USD, Lunchpaket inbegriffen.

Mountainbikes werden von zahlreichen Agenturen verliehen. Achten Sie auf die Bremsen und lassen Sie sich Pumpe und Flickzeug mit auf die Reise ins Amazonasbecken geben. Für den Rückweg wird der Drahtesel in Río Verde, Río Negro oder Shell aufs Dach eines Busses gepackt. Bikes ab 5 USD pro Tag inkl. Grundwerkzeug. Nicht inbegriffen ist ein Gepäckbring- bzw. Fahrradabholservice für diejenigen, die in Río Verde bleiben oder weiter nach Puyo möchten. **Squads** (Quadrones) 10 USD pro Std., Gokarts, Buggies, Motorroller und Geländemotorräder ab 12 USD pro Std. gehören zum Repertoire. Unbedingt das Licht testen! In einem unbeleuchteten Tunnel entlang der Wasserfallroute gibt es z. B. eine blinde Kurve, sodass man lange das Tunnelende nicht sieht!

Für alle, die zuwenig Adrenalin im Blut haben, gibt es Extremsportarten wie **Canyoning** (Abseilen von Wasserfällen) oder **Swing-Jumping** (hierbei schwingt man z. B. unter einer Brücke hindurch, von einer Schluchtseite zur anderen) an der Brücke über den Río Blanco. Entlang der Wasserfallroute stürzen sich auch Anfänger ins Abenteuer!

Sprachschulen/Kunst/Einkaufen/Feste

• *Sprachschulen* **Mayra's Spanish School**, vielfach empfohlen, größte Schule im Ort, Einzel- und Gruppenunterricht ab 4 USD die Std., medizinisches Spanisch, Ausflüge, Montalvo y 16 de Diciembre, ✆ 2742850, www.mayraschool.com.

Baños Spanish Center, empfohlen, Deutsch sprechende Leiterin, effektives Lernen mit hohem Spaßgehalt, auch mal außerhalb der Schule, Oriente 8-20 y Julio Cañar in einem orangen Eckhaus mit Garten, ✆ 2740632.

Raices Spanish School, Kommentar eines Sprachschülers: „Die haben sofort gemerkt, wo meine Fehler liegen, und daran arbeiten wir nun." 16 de Diciembre y Pablo Suárez, ✆ 2740090.

• *Museen/Kunsthandel/Einkaufen* **Huilla-cuna**, kleines Heimatgeschichtemuseum (*museo de mi pueblo*) mit alter Schnaps-brennanlage auf dem Gelände der Hostería El Trapiche in Richtung Puyo (9–18 Uhr, Ein-tritt 1 USD). Die gleichnamige **Galería** verkauft im Ort Gemälde einheimischer Künstler, Eintritt 1 USD, 12 de Noviembre y Montalvo, ✆ 2742909.

Der in Baños geborene Maler **Edguin Barrera** stellt seine Landschafts- und Naturbilder im **Refugio del Viento** aus: Maldonado 664 y Oriente.

Auf der Maldonado entre Espejo y Oriente gibt es geschnitzte Souvenirs aus der Palmfrucht **Tagua**, dem „pflanzlichen Elfenbein".

Im **Aromé** gibt es Schokolade, Nüsse, Coca-tee, Kaffee, Halflans entre Espejo y Oriente.

• *Feste* Einige Tage vor dem **16. Dezember** beginnen die Feierlichkeiten zum anstehenden „Kantonsjubiläum" **Día de la Cantonización**. Sie enden am 16. Dez. mit Prozessionen, Volkstänzen und Feuerwerk. Katholische Pilgerfamilien aus dem ganzen Land strömen dann in den Ort.

Sehenswertes

Basílika: Die dominikanische *Basílica* (auch *Santuario de Nuestra Señora de Agua Santa*) mit ihrem religiös-skurrilen *Museum* ist einen Besuch wert. Der „Jungfrau des heiligen Wassers" werden Wunderheilungen und göttliche Rettungen nachgesagt. Naive Gemälde im Innern der Wallfahrtskirche veranschaulichen die bisher spektakulärsten Wundertaten. Persönlich erbrachte Dankeserweise in Form von Fotos, Schuhen, Brautkleidern, nicht mehr benötigten Krücken oder in Alkohol konservierten Giftschlangenköpfen gibt es im Museum.

Parque Eco Zoológico: Auf einem imposanten, mehrzackigen Felsgetüm über der Schlucht des Río Pastaza liegt der Zoologische Garten. Die für ecuadorianische Verhältnisse relativ großzügig angelegten Tiergefängnisse veranschaulichen die Fauna der Umgebung. Brillenbären, Pumas, Papageien, Tukane, Kondore, Tapire und Affen sind täglich zwischen 9 und 18 Uhr zu beobachten; angeschlossenes Vivarium gegenüber.

• *Wegbeschreibung* Zu Fuß über die Brücke (*puente*) San Martín zu erreichen, am Ortsausgang in Richtung Ambato rechts einbiegen. Ein Taxi vom *Parque Central* (*Parque Palomino Flores*) kostet für die 2 km lange Strecke etwa 1 USD. Ein Bus verbindet den Ortskern mit dem Zoologischen Garten (und mit den Thermen „El Salado"). Die Haltestelle befindet sich direkt hinter dem Zentralmarkt in der Calle Vicente Rocafuerte.

• *Eintritt* Zoo 2 USD, Vivarium 1 USD.

Panamericana Sur   Karte S. 299

Thermen: Baños besitzt zwei schwefelhaltige Thermalbäder, wobei das populäre **Baño de la Vírgen** in der südöstlichen Ecke der Ortschaft liegt, genau unterhalb der Steilwand und dem schweifartigen Wasserfall mit dem klingenden Namen *Cascada Caballera de la Virgen*. Das Freibad besteht aus zwei Becken mit unterschiedlich temperiertem Wasser. Am besten vor Sonnenaufgang hingehen, da der Publikumsandrang erst später beginnt. Zudem ist die Dämmerlichtstimmung über dem Städtchen, von einem heißen Becken aus betrachtet, ein kleines Erlebnis für sich. Die beste Zeit ist früh morgens oder abends um 18 Uhr, da zw. 17 und 18 Uhr die Becken gereinigt werden. Abends ist mehr Andrang, da sich dann viele von einer Wanderung oder Fahrradtour erholen.

Öffnungszeiten Tägl. 4.30–17 Uhr und 18–22 Uhr, Eintritt 1,60 USD tagsüber, abends 2 USD.

Das andere Thermalbad **El Salado** (bis zu 54 Grad heiße Becken) liegt fast 3 km außerhalb vom Ortskern (Eintritt 1,60 USD, ein Bus der Coop. Luna Sánchez fährt alle 30 Min.).

„Senderos" – Wanderpfade in der Umgebung

Baños ist ein guter Startpunkt für Tageswanderungen in die Umgebung. Aber wohin man auch wandern mag, es geht fast immer steil bergauf. Einer der beliebtesten *senderos* dafür ist der zum **Bellavista-Kreuz** und nach **Runtún**. Vorsicht: Ziemlich am Anfang verzweigt sich der Weg. Den linken Pfad einschlagen, sonst endet man auf einem Gemüsefeld mit giftig bellenden Hunden! Eine Dreiviertelstunde sollte für den am südlichen Ende der Calle Maldonado beginnenden Pfad bis hoch zum Kreuz veranschlagt werden. Dieses Kreuz, hoch oben auf der Felsklippe über dem Ort aufragend, ist von überall her sehr gut zu sehen – nachts ist es sogar beleuchtet. Von dort aus geht es weiter hoch bis nach Runtún, zu Füßen des Vulkans Tungurahua gelegen. Das pittoreske Andendörfchen mit glücklichen Kühen auf saftig-grünen Weiden und niedlichen Gatterzäunchen bietet Ausblicke in eine alpin anmutende Berglandschaft.

Ein anderer Pfad beginnt am südlichen Ende der Calle Mera, hinter dem Krankenhaus. Auch dieser führt über einen Aussichtspunkt mit Baños-Jungfrau **Mirador de la Virgén** bis nach Runtún. Beide Wege können zu einem mehrstündigen Rundgang miteinander verbunden werden.

An der Ecke Ambato/16 de Diciembre, schräg gegenüber der Basilika, kann wie überall in Baños den **melcocheros** bei der Arbeit zugeschaut werden. Das ständige Ziehen und Schlagen des *melcocha*- oder *alfeñique*-Teiges dient zur Herstellung einer süßlich schmeckenden, gummiartigen Zuckerrohrstärke – gut bei energieraubenden Bergtouren. Auf dem Weg zum Thermalbad (Calle Martínez) und an der Ortsdurchfahrt (gegenüber dem Busbahnhof) wird frischer Saft aus Zuckerrohrstangen gepresst. Auch die in durchsichtigen Plastiktütchen angebotenen, klein geschnittenen Rohrstückchen zum Schlürfen schmecken köstlich und wirken durstlöschend.

Andere Wanderrouten führen nach **Pondoa** und zur Schutzhütte des Tungurahua oder von Baños aus gesehen auf die gegenüberliegende Seite der Pastaza-Schlucht. Von den Zuckerrohrständen an der Durchgangsstraße, den Busbahnhof im Rücken,

Pastaza Schlucht

geht es links vom Terminal die Calle Reyes oder Pastaza rechts hinunter. Dort überquert die Brücke (*puente*) *San Francisco* den Río Pastaza in Richtung Norden. Auf der anderen Seite beginnen eine Reihe von Pfaden für Wanderlustige: der *Sendero de las Antenas* zum „Volcano-Watching" oder die *Senderos Illuchi Sauce* und *Loma Chontilla*. Im Bereich der Wasserfallroute war der kurz vor der Brücke bei der Agoyan-Schleuse abgehende *Sendero de los Contrabandistas* (der aussichtsreiche „Schmugglerpfad") zum Zeitpunkt der Recherche leider verschüttet. Empfehlenswert sind der *Sendero Cascada del Placer* und der *Sendero de Machay*. Es ist ratsam, vor Ort aktuelle Informationen über den augenblicklichen Zustand eines Wanderpfades einzuholen!

Die Wasserfallroute per Fahrrad und zu Fuß

Río Verde und **Río Negro** sind zwei kleine Ortschaften, die an der Schwindel erregenden „Wasserfallroute" (*La Ruta de las Cascadas*) entlang der Pastaza-Schlucht in Richtung Amazonasbecken liegen. Es geht hierbei auch durch lange, stockfinstere Tunnels. Bei einem Zweirad-Ausflug von Baños wird meist in Río Verde (18 km) und Río Negro (30 km) Stopp gemacht. Nach einem kühlen Bier, einer preiswerten Mahlzeit oder gar einer Übernachtung geht es entweder über Puyo in den tropischen Regenwald weiter (doch wohin mit dem Fahrrad?) oder wieder zurück nach Baños, wobei die steile, von Primärwald geprägte Umgebung und die Nähe zum **Llanganates-** und zum **Sangay-Nationalpark** auch einen mehrtägigen Aufenthalt rechtfertigt.

Auf dem Weg hinunter nach Río Verde können Radler lohnenswerte Stopps einlegen, z. B. 8 km von Baños, gegenüber dem Wasserfall **Manto de la Novia** mit 500 m langer und 100 m hoher Drahtseilbahn *tarabita* über den Pastaza. Die offene Gondel schwingt

Der Schatz des Atahualpa

von Heiko Feser

Dem 60-jährigen Analphabeten und Schweinehirten Franciso Pizarro gelang es mit einer Schar von Draufgängern, das große Heer von Atahualpa in Cajamarca (im nördlichen Peru) zu besiegen. Die Spanier stellten dem Inkaherrscher in Aussicht, sein Leben durch die Zahlung eines Lösegeldes von 8.000 kg Gold und 60.000 kg Silber zu retten. Atahualpa wurde nach Herbeischaffung des Schatzes trotzdem unter der Garrotte stranguliert. Seine Absicht, sein Leben durch eine weitere Lösegeldzahlung zu retten, war vergebens.

Nach dem Abzug der Spanier in Richtung Süden nach Cuzco veranlasste der indianische General Rumiñahui das Ausgraben von Atahualpas Leichnam, ließ ihn mumifizieren und nach Norden in den von Eindringlingen noch freien Teil des Reiches schaffen. Rumiñahui hatte dort auch nicht die besiegten Anhänger Huascars zu fürchten, ein Halbbruder von Atahualpa und eigentlicher Thronerbe. Nach dem Glauben der Inka war die Mumifizierung eine Voraussetzung dafür, dass der Sonnenkönig nach der Rückkehr aus dem Jenseits wieder in Menschengestalt auferstehen konnte.

Rumiñahui war adeliger Abstammung und des Inkaherrschers bedingungslos ergebener General. Atahualpas Vater, Huayna Cápac, bestimmte ihn einst zum Berater und Vormund seines Sohnes. Nach dem Zusammenbruch des Inkareiches wurde Rumiñahui zu Atahualpas Nachfolger und zum Oberbefehlshaber der verbliebenen Truppen. Ende März 1534 verschanzte er sich zuerst in Quito, als sich Benalcázar und Alvarado der Hauptstadt des nördlichen Reiches näherten. Im weiteren Verlauf ließ er Quitos Goldschätze und auch die Mumie seines Herrn in ein sicheres Versteck bringen, da er nur noch auf wenig Solidarität aus der Bevölkerung hoffen konnte. Fast alle Stämme hatten sich mit den Spaniern verbündet, nur wenige Getreue waren ihm geblieben. Sehr ungünstig für die Moral seiner Truppe wirkte sich auch der Ausbruch des Cotopaxi im Mai 1534 aus. Seine Soldaten sahen darin ein schlechtes Omen.

Benalcázar erfuhr auf seinem Marsch nach Quito von den Schätzen, die sich in der Stadt befanden. Unterwegs sichtete er Spuren von hastig entwendeten Reichtümern. Als er dann schließlich in Quito eintraf, fand er dieses in einem völlig zerstörten Zustand vor. Rumiñahui hatte unter der abtrünnigen Bevölkerung ein Blutbad angerichtet. Auch Goldschätze gab es keine. Somit sollten die Quiteños unter Benalcázar nicht minder leiden. Um Information über den Verbleib der Schätze zu erhalten, terrorisierte der Konquistador die Bevölkerung. Währenddessen hatte sich Rumiñahui in die Gegend um Pillaro, etwa 100 km südlich, zurückgezogen. Atahualpas Vater hatte ihm dort einst sein persönliches Herrschaftsgebiet zugesprochen. Er fühlte sich dort so sicher, dass er Monate später sogar einen erneuten Vorstoß gegen die Spanier wagte und schließlich in Gefangenschaft geriet. Trotz qualvollster Folterungen gaben er und seine Getreuen das Geheimnis um den Verbleib von Atahualpas Schatz jedoch nicht preis.

Doch wohin ließ Rumiñahui das Gold und den Leichnam bringen? Der sicherste Ort konnte sich nur in seinem letzten Rückzugsgebiet bei Pillaro und den nahen Llanganates-Bergen befinden: zähestes Buschwerk, meterhohes Wurzelwerk, senkrechte glitschige Abhänge voller Moose und Farne, unüberschaubare Labyrinthe von Sturzbächen und Schluchten, die in ebenso abgrundtiefe Niemandsländer führen. Kein anderer wie Rumiñahui kannte dieses undurchdringliche und bis heute unerforschteste Gebiet von Ecuador. Archäologische Funde lassen jedoch darauf schließen, dass es dort von sog. *Huacas*, von Geistwesen bewohnte heilige Stätten gegeben haben muss. Diese dienten den Inkas auch als Nekropolen mit kleinen Kultzentren und großen Gold- und Kupferlagerstätten.

Eine Fährte zum Schatz von Atahualpa könnte der legendäre „Wegweiser des Juan de Valverde" sein, eine Art Schatzkarte, die 1598 verfasst wurde. Valverde war ein spanischer Soldat, der die Tochter des indianischen Oberhauptes von Pillaro ehelichte. Eines Tages nahm ihn sein Schwiegervater mit auf eine Wanderschaft in die Llanganates. Nach zwei Wochen kehrten sie reich beladen mit kunstvoll verziertem Gold und Edelsteinen zurück. Daraufhin unternahm Valverde noch weitere Reisen in das Gebiet, bevor er sich mit seiner Frau nach Spanien einschiffen wollte. Sie starb jedoch kurz vor Antritt der Reise. Valverde ging alleine nach Spanien, kehrte nie wieder an den Äquator zurück und führte fortan das Leben eines sehr vermögenden Edelmannes. Erst auf dem Totenbett gab er sein Geheimnis kund. Obwohl das Original seines „Wegweisers" um 1835 verschollen ist, gibt es zahlreiche Abschriften jenes Dokuments, das von Schatzsuchern und Wissenschaftlern als authentisch angesehen wird. Nur wer sich bestens mit den örtlichen Verhältnissen in den Llanganates auskannte, konnte solch einen präzisen Führer verfassen. Warum der Valverde-Schatz trotz einiger Expeditionen (unter anderem vom englischen Botaniker Richard Bruce) bis heute nicht gefunden wurde, liegt an den unterschiedlichen Interpretationsmöglichkeiten einiger von Valverde beschriebener Textstellen. Vielleicht beabsichtigte er damit auch eine gewisse Undurchsichtigkeit. Zum anderen verändert sich das Gelände durch die immerwährenden Kräfte der Natur. Ob der „Wegweiser" zu den von Rumiñahui aus Quito weggeschafften Schätzen führt, bleibt somit ungewiss.

Dem Chronisten Oviedo zufolge kann Valverde höchstens einen winzigen Bruchteil des Quito-Schatzes zur persönlichen Bereicherung genutzt haben. Oviedo berichtet, dass hochrangige Indianer auf die Frage hin, „ob es noch mehr Gold gäbe außer jenem, das Atahualpa bereits den Christen gegeben hat", auf folgende Weise antworteten: Sie schütteten einen Sack Mais auf die Erde und entnahmen dem Haufen ein einziges Korn mit den Worten: „Dieses Korn ist, was Euch Atahualpa von seinem Schatz gegeben hat, und das Übrige ist der Rest". Wobei die Befragten wohl bewusst übertrieben, um den Spanier herauszufordern. Es besteht jedoch kaum Zweifel daran, dass die Schätze und Atahualpas Überreste seit fast 500 Jahren irgendwo im Verborgenen liegen. Die historischen Ereignisse lassen darauf schließen, dass sich dieser sagenhafte Ort in einer der unzähligen Grotten oder Höhlen in den Llanganates befindet.

Patate, Triunfo, Vizcaya · Las Antenas · Parque · El Desc · Rio Blanco · Porvenir · Cerro Añangu · Cerro Piedra de la Luz · El Palacio · La · Conq · Osohuaico · Illuchi Alto · Chahuarpata · La Esperanza · Yungu · Rio Patate · Puñapi · Illuchi Bajo · Llignay · La Ciénega · Rio Blanco · Tarabita · Salasaca, Pelileo, Ambato, Quito, Riobamba · Rio Verde Chico · Rio Pastaza · Lligua · Baños · Ulba · Agoyán · El Arroyo · Chinchin · Casca · Man · de la N · Puente de las Juntas · Juive Chico · Runtún · Cascada de Chamana · Cascada Agoyán · Chahuaryacu Agoyán · Rio Chambo · Pondoa · Juive Grande · Rio Unión · Rio Giramba · Rio Chinchin Chico · Chacauco · Cusúa · Penipe Riobamba · Park-Ranger-häuschen · Rio Vazcún · Rio Ulba · Schutzhütte · Cerro de Ulba · Vulkan Tungurahua · 4200 m · 5023 · Parque Nacional Sangay · Cerro Negro · 3000 m

direkt auf den Wasserfall zu, wo man sie auch wieder verlässt. Eine zweite Miniseil-bahn (400 m lang, 80 m hoch) kreuzt die Pastaza-Schlucht nur 1,5 km weiter unten flussabwärts. Tipp: mit der ersten Tarabita (2 USD) rüberfahren und auf der gegen-überliegenden Schluchtseite links runter zur zweiten Tarabita laufen. An der ersten Tarabita, gegenüber dem Manto de la Novia, können Fahrräder beaufsichtigt abgestellt werden. Bei der zweiten Tarabita (2 USD) gibt es auf der gegenüberlie-genden Flussseite im winzigen **San Pedro** ein Forellen-Lokal.

Wanderpfad „en el otro lado"

Nach Verlassen der Gondel beim Wasserfall **Manto de la Novia** kommt gera-deaus sehr bald ein Sendero-Hinweisschild. Vorsicht: Nach Regenfällen dürfte der Weg matschig sein! Länge 2,2 km, Dauer 1 Std.

Es geht erst rechts an einer Schule vorbei. Dann führt der Pfad unterhalb von einem Häuschen mit kläffenden Hunden entlang, weiter über eine Freifläche und eine Felsklippe hoch. Von dort bietet sich eine schöne Sicht auf die Pastaza-Schlucht. Grenadilla-Bäume säumen den Weg, und die Nebelwaldberge ragen steil auf. Nach einem Holzhaus mit abermals kläffendem Hund führt bald eine Holzbrücke über einen reißenden Bach. Schließlich tauchen ein gepflasterter Weg und einige Holzhäuser mit Restaurant auf. Hinter der Restaurant-Terrasse mit Billiardtisch führt links ein Weg hinab zum Wasserfall **San Pedro**. Am Wegende kann man sich noch mit Hilfe eines Seils an einer Felswand runterlassen. Nasse Füsse sind garantiert, wenn man sich in die steinige Mitte des Wasserfalles wagt. Manch einer sehnt sich vielleicht auch nach einer erfrischenden Kaskadendusche. Mit der San-Pedro-Tarabita geht es wieder zurück auf die andere Seite der Schlucht.

Nacional Llanganates

Cerro El Corazón · León · El Tigre
Cerro El Mayordomo · Azuay · Schmetterlingszone
Río Verde · Cordillera del Kobre · Río Topo · Río Topo · Río Zuñac
La Regina · Río Margaritas · La Mascota
Merced · El Placer · Río Verde Machay · Sieben Wasserfälle des Río Machay · Margaritas
Quilloturo · Azafrán · San Francisco · Río Negro · El Topo
Tarabita 2 · Cascada Pailón del Diablo · El Mirador · La Victoria
Nueva Libertad · 1800 m · Río Cristal · Cordillera García Moreno · Cashurco · Río Cashurco
Río Chinchín Grande · La Soledad · Río Estancia · 1200 m · Shell, Tena Puyo, Macas
La Estancia · García Moreno · Río Encanto

Wasserfall-Route entlang der Pastaza-Schlucht

2 km

Panamericana Sur · Karte S. 299

Ein Höhepunkt auf der Route ist dann der furchterregendste aller in den Pastaza herabstürzenden Wasserfälle, der **Pailón del Diablo** bei Río Verde: Im *Falls Garden* kann sich der Besucher mithilfe von Leitern und Seilen in den tosenden Schlund hinablassen. Andere Pfade führen an eine Hängebrücke fast am Fuß des Wasserfalls oder recht spektakulär mitten in die teuflische Gischt hinein.

Etwa 2 km hinter Río Verde beginnt linker Hand ein Wanderweg durch dichten Nebelwald: **El Sendero de Machay**. Es geht an acht Wasserfällen vorbei und es besteht die Möglichkeit, dem brillantroten Andenfelsenhahn *(Gallo de la Peña)* im Morgengrauen nachzuspüren. Für diese Wanderung in die Randgebiete des Llanganates-Nationalparks, über Stock und Stein und durch glasklares Quellwasser, begleitet von Orchideen und Vogelgezwitscher, sollte ein halber bis ganzer Tag veranschlagt werden.

● *Übernachten/Essen & Trinken in Río Verde und El Río Negro* **Spa Miramelindo**, (MK), 18 km von Baños am westlichen Ufer des Río Verde gelegen, ideal für eine romantische „Flucht zu Zweit ins Grüne". Gemütliches Restaurant und Orchideengarten mit fast 3.000 Arten. Teils komfortable Zimmer mit BP, Ww, Sat-TV. Pro Pers. 30 USD inkl. Frühstück, Schwitzkästen, Pool und Whirlpool. ✆ 03/2884194, ✆ 099-234666 (mobil), machauvin2000@yahoo.es.

El Otro Lado, beim Pailón del Diablo auf der anderen Pastaza-Schluchtseite, nur zu Fuß über eine Hängebrücke zu erreichen. Drei einfache, rustikale Cabañas, mutterseelenallein mit Wasserfallrauschen inmitten der Natur. 63 ha Nebelwaldreservat, Cock of the Rock (Andenfelsenhahn) und Volontäre auf der Durchreise. Pro Pers.

15 USD inkl. Abendessen und Frühstück. ✆ 03/2884193, www.hosteltrail.com/elotrolado.

Vrindavan, idyllisch abgelegen am Nebelwaldrand, hier kann dem frivolen Treiben von Baños ein Schnippchen geschlagen werden. Sehr ruhiges wie rustikales Meditationszentrum, 3 km von Río Negro auf der anderen Seite der Pastaza-Schlucht, *camioneta* 2 USD. Wanderwege, Camping, Massagen, Yoga, Mantra, Reinwaschungen an glasklaren Badestellen, vegetarisches Essen, asiatische Medizinalgetränke. Strohdach-Zimmerchen mit Stockbetten und BC ab 10 USD pro Pers. (Nr. 9). ✆ 03/2235369, ✆ 086-016152 (mobil), www.fincavrindavan.de.

Anständiges Essen hat in Río Negro das Road-Restaurant **Los Abuelos**, Hauptspeisen um die 6 USD.

Tungurahua Feuerwerk

Volcano-Watching

Über den Vulkan wurde 1999 die Alarmstufe Rot verhängt und Baños für ein paar Monate zwangsevakuiert. Mit einem ernstzunehmenden Ausbruch musste damals gerechnet werden. 2006, 2007 und 2008 kam es erneut zu spektakulären Lavaausbrüchen, und einige Dörfer zu Füßen des Vulkans wurden durch heiße Schlamm- und Geröllströme zerstört. Seitdem ist es zwar wieder etwas ruhiger um den Tungurahua, aber es steigen in unregelmäßigen Abständen kilometerhohe Rauchpilze aus dem zwischenzeitlich schneefreien Krater und sorgen mitunter für Ascheregen in der Umgebung. Glücklicherweise blieb Baños bislang davon weitestgehend verschont. Tiefes Grollen und Donnerschläge sind jedoch auch weiterhin zu vernehmen – der Vulkan könnte also jederzeit ausbrechen. In diesem Fall erklingt dann hoffentlich eine Sirene, und alle suchen, den gelb markierten Pfeilen folgend, so schnell wie möglich das Weite. Persönlich empfiehlt der Autor die Flucht über die San-Francisco-Brücke auf die andere Seite der Pastaza-Schlucht. Von dort ist der Tungurahua auch schön zu sehen! Um aus dem Kratermaul herausströmende Lava nachts zu beobachten (nur im Dunkeln sieht man das Glühen!), gibt es mehrere *miradores* in der Umgebung von Baños. Leicht zu Fuß erreichbar ist einer am Ortsausgang in Richtung Ambato, wobei es genau oberhalb der beiden Brücken links in eine Straße hochgeht. Noch besser ist ein geländetaugliches Fahrzeug (ab 20 USD), um auf einen dieser Hügel (z.B. *Las Antenas*) hochzufahren, oder man läuft tagsüber in der Hoffnung hoch, am Abend etwas sehen zu können. Die *Camara de Turismo* wirbt für diese „vulkanischen Beobachtungsposten" (siehe unter Baños/Adressen).

Vulkan Tungurahua   (5.016 m)

Die Spitze des 5.000 m hohen Tungurahua liegt etwa 10 km südlich von Baños Der Aufstieg vom 1.800 m hoch gelegenen Baños bis zur 3.800 m hohen Schutzhütte bringt keinerlei technische Anforderungen mit sich. Viel weiter darf man jedoch nicht mehr. Rein physisch betrachtet ist der Weg eine zähe Herausforderung. Es geht fast immerzu steil bergauf!

Die Erstbesteigung gelang den Deutschen Alfons Stübel und Wilhelm Reiß im Jahre 1873. Der katastrophalste Ausbruch fand 1777 statt. Gegenwärtig schlummert der Tungurahua sehr unsanft vor sich hin und macht sich durch sporadische „Rülpser" bemerkbar. Feuer speiende Aktivität ist hin- und wieder angesagt! Der Aufstieg zum Gipfel ist daher strengstens untersagt.

● *Anfahrt/Aufstieg bis zur Schutzhütte* Von **Baños** aus geht es zunächst mit einem Jeep nach Westen ins Hochland Richtung Ambato. Hinterm Ortsausgang führt links ein steiler Fahrweg bis ins Bergdörfchen **Pondoa** hoch (7 km, Schild). Dort befindet sich eine Bergsteigerhütte (5 USD pro Pers., Mahlzeiten extra) und einer der Zugänge zum Nationalpark Sangay, dem auch der Tungurahua angehört. Eintritt 10 USD. Die Fahrt nach Pondoa nimmt etwa 30 Min. in Anspruch. Der Aufstieg von Pondoa bis zur Schutzhütte auf 3.800 m dauert 4–5 Std. Der wunderschön urige Wurzelpfad ist gut beschildert. Es geht über hügelige Wiesen, durch Nebelwäldchen mit tief eingeschnittenen Hohlwegen. Orchideen, Fuchsien, Lupinen und Passifloren blühen direkt am Wegrand. Nach schweißtreibendem Marsch erscheint dann über der Baumgrenze das halb zerstörte **Refugio Nicolás Martínez**. Zelten ist angesagt. Viel weiter als bis zur Schutzhütte sollte man nicht gehen!

Riobamba   (160.000 Einwohner)

Genau in der geografischen Mitte von Ecuador, unterhalb der südöstlichen Flanken des kolossalen Chimborazo-Massivs, streckt sich das geruhsame Riobamba wie eine gähnende Jungfrau im breiten Himmelbett der Turi-Hochebene hin.

Die einstige Landeshauptstadt und heutige Capital der *Provincia del Chimborazo* gilt als nationale „Wiege des Andinismus" und ist das bedeutendste Agrarzentrum der ecuadorianischen Anden. Zu den landwirtschaftlichen Erzeugnissen der 5.800 km² großen Chimborazo-Provinz gehören in erster Linie Kartoffeln, Mais, Milch, Gerste, Weizen, Bohnen und Gemüse.

Über 80 % der ländlichen Bevölkerung, etwa 300.000 Personen, sind indianischer Abstammung – arme Bergbauern mit an steilen Hängen abgearbeiteten Handflächen. Hochgebirgsfreunde werden jedoch in dieser Andenregion auf ein kulturelles wie landschaftliches Panorama stoßen, das zumindest in Ecuador seinesgleichen sucht – eine Reise durch die Jahrhunderte, über windgepeitschte Hochebenen, an strohbedeckten Lehmhütten und grasenden Lamas vorbei, zu Füßen des mächtigsten Gletscherriesen im tropischen Amerika.

Über den 2.754 m hoch gelegenen Pflastersteinstraßen der Altstadt türmen sich an einem wolkenlosen Tag gleich mehrere schneebedeckte Gipfel: im Westen der Chimborazo mit seinen fünf Kuppen, im Nordwesten sein kleiner Bruder Carihuairazo (5.020 m), im Nordosten der aktive Tungurahua (5.016 m) und im Osten die gezackte Halbkrone des Altar (5.319 m), dem beeindruckendsten Felsmassiv der Ostkordillere. Bester städtischer Aussichtspunkt ist der aufgeschüttete *Parque 21 de*

Panamericana Sur Karte S. 299

Abril mit der kolonialen *Iglesia de San Antonio* im Vordergrund. Der Feuer speiende Aschenkegel des 5.230 m hohen Sangay in südöstlicher Richtung ist jedoch leider von keinem Punkt der Stadt aus zu sehen.

Fast 20 km südwestlich von seiner gegenwärtigen Lage wurde Riobamba am 14. August 1534 durch den Eroberer *Diego de Almagro* bei *Cajabamba* (auch *Villa la Unión*) über der zerstörten Puruháes- und Inkastätte von *Liribamba* gegründet. Während der Kolonialzeit erlebte die im Uferbereich der *Colta-Lagune* gelegene Stadt einen raschen Aufstieg als Agrar- und Handelszentrum. Großartige Gotteshäuser, noble Wohnzeilen und herrschaftliche Haziendas ließen das vormalige Riobamba bald zu einer der architektonischen Errungenschaften des christlichen Amerika auferstehen. Aufgrund des ungeheuren Erdbebens vom 4. Februar 1797 blieb von der verschwenderischen Herrlichkeit jedoch nichts übrig. Das frühkoloniale Kirchlein von *Balbanera* und ein Haufen verwahrloster Mauerreste können heute kaum noch Zeugnis vom einstigen „Pompeji" Ecuadors geben. Im Aristokratenviertel von *La Merced* blieb kein einziger Stein auf dem anderen und mindestens 10.000 Menschen verloren ihr Leben. Erst zwei Jahre nach der Katastrophe begannen die Riobambeños, ihre Stadt am heutigen Ort wieder aufzubauen. Es wird vermutet, dass bis zu 30 m unterhalb der Erdoberfläche von Cajabamba/Villa la Unión noch die Reste von acht Kirchenpalästen, unzähligen Wohngebäuden und deren Bewohner begraben liegen müssen.

Nach der Befreiung vom spanischen Mutterland durch den argentinischen *Coronel Juan Lavalle* in der alljährlich gefeierten Straßenschlacht vom 21. April 1822 wurde Riobamba von 1830 an für über drei Jahrzehnte verfassungsmäßige Hauptstadt von Ecuador. Seit dieser Zeit führt die *Sultana de los Andes* jedoch ein zurückgezogenes Dasein, das lediglich mit der Ankunft der ersten schnaufenden Dampflok im Jahre 1907 einen kurzen Aufschwung nahm. Doch das ist lange her. Eine Instandsetzung der maroden Eisenbahnstrecke würde der Stadt heute bestimmt zugute kommen. Bis 2011 soll es wieder Züge von Quito über Latacunga und Riobamba bis zur Teufelsnase geben!

Information/Verbindungen

> Die **Vorwahl** von Riobamba und der Provinz Chimborazo ist **03**.

• *Information* Das **i-Tur-Büro**, die Tourismuskammer, das *Ministerio de Turismo* und die *Unidad de Turismo* befinden sich an der Av. Daniel León Borja entre Primeras Olimpiadas y Brasil, beim Centro de Arte y Cultura, unweit des Parque Infantil (Parque Guayaquil). Mo–Fr 8–12.30 Uhr bzw. 14.30–18 Uhr, ☎ 2941213, www.vivecuador.com.

• *Verbindungen* **Bus**: Riobamba hat fünf Busbahnhöfe: den **Terminal Terrestre** für alle interprovinziellen Überlandbusse im **Andenbereich** und zur **Küste**, den **Terminal Oriental** für Busse nach **Baños** (1:30 Std., 2 USD, abends in Ambato umsteigen), **Puyo**, **Tena**, **Lago Agrio** und **Macas** (5 Std., 6 USD) mit den Coop. Sangay (☎ 2943030) und Transp. Riobamba Servicio Ejecutivo (☎ 2960766), beide Espejo y Borja bei der Plaza de las Gallinas); den **Terminal für Guano** (Rocafuerte y Nueva York); den **Terminal für Guamote** (Av. de la Prensa, alle 20 Min., manche Busse fahren auch bis zur **Laguna Atillo**). Der **Terminal Interparroquial** „La Dolorosa" ist für **Chambo**, **San Luis**, **Punín**, **Salarón** und **Licto** zuständig (Puruhá bzw. Av. del Policlínico entre Primera Constituyente y 10 de Agosto) sowie für Busse nach **Cebadas**, um von dort per Pick-up zu den **Lagunas de Atillo** oder **Zuñac** zu gelangen.

Vom **Haupt-Terminal**, dem Terminal Terrestre, in der Nähe des Stadions (Av. de la Prensa y Av. Daniel León Borja) sind die besseren Optionen nach **Quito** die Coop. Transp. Ecuador Ejecutivo (☎ 2962011), Busse mit Toilette, tägl. 12x, 4,50 USD, 4 Std., 9x Transp.

Riobamba Servicio Ejecutivo (☎ 2960766), 16x Transp. Chimborazo (☎ 2962012) und 12x Trans Vencedores (☎ 2962015).

Nach **Guayaquil** geht es in 5–6 Std. tägl. 3x mit Transp. Riobamba Servicio Ejecutivo, 6x mit Transp. Chimborazo, 8x mit Trans Vencedores, 12x mit Gran Colombia (☎ 2962016). Trans Vencedores fährt zudem 5x über **Santo Domingo** nach **Pedernales**. Panamericana (☎ 2961908) fährt um 22.45 Uhr mit einem Bus nach **Cuenca** und **Loja** sowie um 21.45 Uhr bis an die peruanische Grenze nach **Huaquillas** (8 USD, 21.45 Uhr). Ebenso nach Loja fährt die Coop. Transp. Loja.

Nach **Guaranda**, **Chillanes**, **Chimbo**, **San Miguel** und **Babahoyo** fährt 10x tägl. die Flota Bolivar, ebenso Express Atenas und 10 de Noviembre. Die Coop. de Transp. Colta (☎ 2961964) unterhält tägl. Verbindungen mit **Pallatanga**, **Huigra**, **Bucay** und **Milagro**.

Ruftaxis: Coop. Mi Taxi (☎ 2948000) und Servitaxi (☎ 2965656). Eine Fahrt zur Chimborazo-Schutzhütte kostet einfach 30–40 USD, hin/zurück mit Wartezeit 50 USD.

Zug: Die Eisenbahn fährt seit 1999 meist nur noch von Riobamba bis Sibambe – ein abgetakeltes Bahnhöfchen unterhalb der **Teufelsnase** – und kehrt dann von Sibambe aus wieder zurück nach Alausí, wo es Busse zurück nach Riobamba (2 Std.), Cuenca (4 Std.) oder Guayaquil (4 Std.) gibt. Reisende kommen somit zweimal in den Genuss der Teufelsnase. Fahrpreis von Riobamba 11 USD, von Alausí 8 USD. Von Alausí bis zur Teufelsnase darf die Hälfte der Passagiere manchmal auf dem Dach des Zuges bzw. des Schienenbusses sitzen, zurück von der Teufelsnase nach Alausí dann die andere Hälfte. Mitunter wird jedoch aus Sicherheitsgründen niemand auf's Dach gelassen – das wäre dann schade, denn vom Zugdach aus schießt man die besten Fotos, also viel Glück!

Mehr als das insgesamt 5-stündige Teilstück von Riobamba über Alausí zur Teufelsnase kann meist nicht gefahren werden, aber dies ist ohnehin der interessantere Streckenabschnitt. Weiter Richtung Huigra wurde der Bahnkörper einst bei einem gigantischen Erdrutsch unterspült. Es gibt daher nur noch sporadische Züge bis Huigra oder gar bis Bucay. Dies könnte sich jedoch bis 2010 ändern.

Abfahrtszeiten ab Riobamba (Alausí – Teufelsnase – Alausí): Mi/Fr/So um 6.30 Uhr mit zwei Schienenbussen (*autoferros*) für insgesamt 68 Passagiere, Fahrtzeit ca. 5 Std.,

Iglesia La Balbanera

11 USD. Die alte französische Diesellok und die nostalgischen Waggons sollen nach einer Generalüberholung erst 2012 wieder zum Einsatz kommen. Abfahrtszeiten ab Alausí (zur Teufelsnase und zurück): Mi/Fr/So um 11, 13, 15 und 16 Uhr, Fahrzeit 2 Std., 8 USD. Tickets gibt es am Bahnhofsschalter in Riobamba, Mo–Fr 8–12 und 14–18 Uhr. Reservierungen für Fahrten ab Riobamba wie auch für das kurze Stück ab Alausí können unter ☎ 2961038 oder rio bambatren@efe.gov.ec, www.portal.efe. gov.ec. vorgenommen werden. Hierbei müssen Reisetag, Route, Name, Alter, Nationalität und Passnummer jedes einzelnen Passagiers angegeben werden. Siehe auch im Kapitel „Unterwegs in Ecuador" auf S. 126 und Kasten S. 364.

Ein farbenfroher **Chiva Express** verkehrt Di, Do u. Sa. Dieser ist jedoch meist nur beim Kauf eines mehrtägigen Reisepaketes bei der Agentur Metropolitan Touring in Quito buchbar: www.chivaexpress.com.

Adressen

• *Antiquitäten* Antiquitäten jeder Art gibt es z. B. in der Argentinos 25-14 y España (✆ 2961206) oder an der Plaza de las Gallinas.

• *Artesanía* Sättel- und Saumzeug (*monturas*) aus Leder sowie original Anden-Reithosen mit Fellüberzug (*zamarros*) hat **Talabartería Universal**, Primera Constituyente y Almagro.

Geschnitzte Tagua-Figuren: **Ricardo Tagua Marfil**, Daniel León Borja y Miguel Angel León oder im **Tagua Shop**, Daniel León Borja y Uruguay.

• *Geldbeschaffung* **Banco del Pacífico** (Mastercard, Cirrus, Travellerschecks 5 % Kommision), Daniel León Borja y Carlos Zambrano; **Banco de Guayaquil** (Visa, Mastercard, American Express, Cirrus), 10 de Agosto y Larrea an der Parkecke; **Produbanco**, Autachi y Daniel León Borja; **Banco Pichincha**, 1era Constituyente y García Moreno bzw. Daniel León Borja y Primeras Olimpiadas (Visa, Mastercard); **Banco Internacional**, 10 de Agosto y García Moreno und am Terminal Terrestre.

• *Krankenhäuser/Medizinische Versorgung* **Hospital Andino Alternativo**, unter deutscher Leitung, Dr. Brunner ist fast schon ein Volksheld, Homöopathie, Akupunktur, indigene Medizin, *Pastaza* s/n y Manabí, Ciudadela 24 de Mayo; **Hospital de Especialidades San Juan**, groß und modern, Calle Véloz, ✆ 2945871, 2944636, 2963098, Notruf ✆ 2944636; **Rotes Kreuz** ✆ 2960363.

• *Museen* **Museo de la Ciudad** (Kunst und Stadtgeschichte), beeindruckendes republikanisches Gebäude, Primera Constituyente y Espejo; **Museo de la Concepción** (religiöse Kunst), Argentinos y Larrea; **Museo de Ciencias Naturales Pedro Vicente Maldonado** am „Neptun-Platz", Primera Constituyente entre España y Larrea.

• *Internet* **Underground**, auch billige internationale Gespräche, Scannen und Kopieren, Daniel León Borja 36-20 y Uruguay, Mo–Sa 10–21 Uhr; **Edu Net**, Espectador y Daniel León Borja; **Bionet**, Larrea y Colón; weitere in der Lavalle y Olmedo bzw. Olmedo y Larrea; Alle haben *banda ancha* und kosten um die 70 Ct. pro Std. surfen.

• *Polizei* Av. de la Policía y la Paz (!), Vía a Chambo, ✆ 2961913.

• *Post* Das schönste Postamt Ecuadors (1923) hat eine Uhr in der Kuppel und befindet sich in der 10 de Agosto y Espejo, Mo–Fr 8–18 Uhr, Sa 8.30–12.30 Uhr.

• *Spanischschule* **Chimborazo**, vom deutsch-ecuadorianischen Ehepaar Hentschel, 5–7 USD je nach Schüleranzahl, anerkannte Zertifikate, angeschlossenes Apartment mit Büro und Internet, wo Schüler auch längere Zeit wohnen können (8–10 USD pro Tag). Velóz 30-45 y Juan Montalvo, ✆ 2963645, chimborazoschool@yahoo.com.

• *Telefonieren* Beispielsweise **Porta**, Velóz y Tarquí; andere in der 1era Constituyente im Bereich der España.

• *Wäscherei* **Lavado y Seco**, Daniel León Borja entre Primeras Olimpiadas y Brasil beim i-Tur-Büro; **Lavandería y Tintorería**, Larrea y Villaroel, *por libra* (Pfund) 50 Ct. ohne bügeln, Mo–Sa 9–13 und 15–19 Uhr; **Lavandería Donini**, Villaroel entre España y Larrea, Mo–Sa 9–19 Uhr, ✆ 2961063.

Ríobamba 150 m

Übernachten
1 El Galpón
2 Chimborazo
3 Rincón Alemán
9 Oasis
13 Zeus
14 El Tren Dorado
15 El Libertador
18 La Estación
21 Loqum House

Übernachten

Die exklusivsten Herbergen liegen außerhalb der Stadt in ländlicher Umgebung. Weniger anspruchsvollen Touristen seien folgende Hotels im Zentrum empfohlen, fast alle in der Nähe des Bahnhofs:

● *In Riobamba* **Zeus (13)**, (GK/MK), ethno-archäologische Deko auf 7 Stockwerken. *Ejecutivo-habitaciones* mit Panorama-Badewanne ab 3. St., Suiten mit Panorama-Jacuzzi ab 6. St., Restaurant, unbedingt Zimmer im Neubau verlangen! EZ 38 USD, DZ 52 USD, Suiten 65–90 USD. Daniel León Borja 41-29, ✆ 2968036, www.hotelzeus.com.ec.

Chimborazo (2), (MK), althergebrachter Provinzcharme, Blumengestecke und Billardtisch. Hübscher Blick auf die Stadt, günstiges Restaurant, Pool- und Sauna. EZ 38 USD, DZ 54 USD, Suite (Nr. 108) 65 USD inkl. Frühstück. Argentinos y Nogales, ✆ 296347-4/-5, www.hotelchimborazo.com.

Rincón Alemán (3), (MK), familiäres Haus, europäisches Ambiente, freundliche deutschsprachige Besitzer, große Aussichtsterrassen, Garten, Massagen, das beste Stadthotel! Die geräumigen Zimmer sind sauber und hell, haben tolle Federbetten, gut sind die *matrimoniales* Nr. 3 und 7 mit Queensize-Betten, DZ Nr. 6 und EZ Nr. 2, oder das große Nr. 4 mit Chimborazo-Blick. Schwer zu finden: vom Verkehrskreisel beim Busbahnhof die Av. Prensa einen Block nach Norden zum nächsten Kreisel, dort links hoch in die Av. Veloz (Lizarzaburu), Vía a Quito, am Flugplatz rechter Hand vorbei bis zur Manuel Sánchez, eine Querstraße nach Hornos Andinos, in die Sánchez rechts rein zur Alfredo Pareja, man folge den gelb-grünen Streifen der Laternen! Taxi ins Zentrum 1,50 USD. Die Seele des Hauses Elena holt Gäste bei Voranmeldung vom Busbahnhof ab! EZ 25 USD, DZ 40 USD inkl. sehr gutem *desayuno*. Remigio Romero y Alfredo Pareja, Manzana H. Casa 9, ✆ 2603540, 2600388, info@hostalrincon aleman.com, www.hostalrinconaleman.com

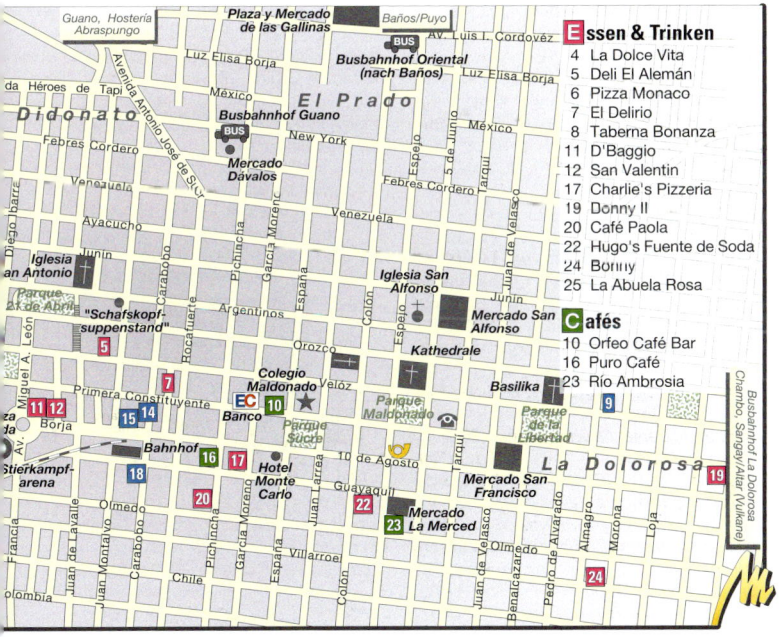

Loqum House (21), (MK), im rustikal-eleganten Bauernstil, gepflegtes Mobiliar. Vielversprechendes Catering-Restaurant mit ecuadorianisch-europäische Küche. Pro Pers. um die 20 USD inkl. *desayuno continental*. Nahe des Busbahnhofes in der Calicuchima 20-22 y Princesa Toa, ☎ 2948808, www.loqumrestaurante.com.

El Galpón (1), (MK), wieder dieser provinzielle Charme! Besser die neueren Zimmer mit Stadtblick, BP, Ww, Cabel-Tv, Wifi. Restaurant und Wäscheservice. EZ 18–28 USD, DZ 30–38 USD, 3er 38–42 USD inkl. *desayuno continental*. Argentinos y Carlos Zambrano, ☎ 2960981, www.hotelgalpon.com.

El Libertador (15), (Budget), Holzfußböden, gute Matratzen, BP, Ww, Kabel-TV, Telefon, vorzugsweise *exteriores* mit Fenster. Freundlich, Internet, Safe, *deco criolla*. EZ 13 USD, DZ 24 USD. Daniel León Borja y Carabobo, ☎ 2964116, www.hotelellibertador.com.

La Estación (18), (Budget), gegenüber vom Bahnhof, helle Zimmer auf 4 Stockwerken, Nr. 22 und 28. Holzfußböden, BP, Ww, Kabel-TV, Telefon, günstiges Restaurant „El Caldero", unterschiedliche Kommentare, pro Pers. 12 USD inkl. *desayuno americano*. Unidad Nacional 29-15 y Carabobo, ☎ 2955226.

El Tren Dorado (14), (Budget), wenige Schritte vom Bahnhof. Modernere Zimmer im Vorderbau (BP, Ww, Kabel-TV, Doppelfenster) und folkloristischere Zimmer im hinteren Teil (BP, Ww, Kabel-TV), freundlich, hilfsbereit, sehr beliebt. 10 USD pro Pers., Buffetfrühstück in der Cafetería „Rain Forest" Mi/Fr/So ab 5 Uhr (3 USD). Carabobo 22-35 y 10 de Agosto, ☎ 2964890, htrendorado@hotmail.com.

Oasis (9), (Budget), *casa familiar* aus Cangahua-Steinbrocken, freundlich, hilfsbereit, sauber, BP, Ww, beste Zimmer sind „Baño Nuevo" und „Las Nubes". Küche, kleiner Garten, Internet, Transport zum Busbahnbzw. Bahnhof. Pro Pers. 10 USD. Veloz 15-32 y Almagro, ☎ 2961210, 2941499.

● *Außerhalb* **Andaluza** (siehe Karte S. 299, 21), (GK), an der Pana bei km 16 in Richtung

Ambato, geschichtsträchtige Hacienda Chuquipoggio, teils schöne koloniale Zimmer mit Teppichboden, Heizung und Sat-TV. Simón Bolívar schlief in der mondänen Suite Nr. 215! Gartenanlage, 400-Pers.-Restaurant, Ausflügler am Wochenende. EZ 53–84 USD, DZ 72–117 USD inkl. Abendessen u. Frühstücksbuffet (Mi/Fr/So ab 5 Uhr). ☎ 2949370, www.hosteria-andaluza.com.

Abraspungo, (GK), bei km 3 in Richtung Guano gelegen, bedeutet frei übersetzt „Tor zu den Bergen". Stilvolles Rancho-Landgasthaus, gediegene Zimmer mit geräumigen Bädern, Kamin und Sat-TV. Flure, Restaurant und Bar sind mit Andenmotiven und Fotos dekoriert. EZ 55–75 USD, DZ 68–90 USD, groß sind die Suiten „Pichincha", „Cotopaxi", „Sangay" (128 USD). ☎ 2944299, hosteria@abraspungo.com.ec, www.abraspungo.com.ec.

Estrella del Chimborazo (siehe Karte S. 299, 22), (MK), komfortable Akklimatisierungsherberge auf 4.000 m, einst „Tambo de Totorillas". Jedes der geschmackvollen Strohdach-Chalets ist mit 4 DZ und 2 BC ausgestattet. Eine Idylle im kalten, reinen Páramo direkt zu Füßen des Chimborazo. DZ 56 USD inkl. Abendessen und Frühstück. Urb. Las Abras, km 3 Richtung Guano (gegenüber der **Hostería Abraspungo,** siehe Karte S. 299, 23),☎ 2964915, www.expediciones-andinas.com.

Estación Urbina, (Budget), höchster Bahnhof Ecuadors (3.618 m), sehr rustikale Akklimatisierungsherberge. Bei km 26 auf dem Passrücken zwischen Riobamba und Ambato, 1 km von der Pana. Bollerofen und Cocatee. 15 USD pro Pers. (BC), Menüs 7,5 USD, Frühstück 5 USD. Reservierungen in Riobamba beim Besitzer und Bergführer Rodrigo Donoso im Tourbüro Alta Montaña. Der alte „Andenhase" kann auch Chimborazo-Besteigungen (ab 230 USD) und Trekking-Touren (ab 70 USD pro Tag) organisieren. Daniel León Borja 35-17 y Uruguay. ☎ 2942215, ☎ 099-694867 (mobil), aventurag@ch.pro.ec.

Essen & Trinken/Nachtleben (siehe Karte S. 344/345)

● *Essen & Trinken* **Bonny II/I (19/24)**, *apanados*, *churrascos*, *chuletas* oder *pollo frito*, Sa auch *cuy* (Meerschweinchen), *mote pata* (gekochter Mais mit Schweinefleisch), *asado de borrego* (gegrillter Hammel), *trucha ahumada* (geräucherte Forelle). Riesige Portionen, gute Preise. Bonny II: Primera

Constituyente y Bernardo Darquea, ☎ 2952180, Di–So 10–22 Uhr; Bonny I: vom Zentrum die Villaroel etliche Blocks nach Südosten bis zur Ecke mit Calle Almagro. Die Villaroel ist eine Parallelstraße zur 10 de Agosto und liegt 3 Querstraßen von dieser entfernt. ☎ 2964426, Di–So 10–16 Uhr.

El Delirio (7), in einem hübschen, kolonialen Innenhof, fürs Gebotene heftige Preise, tägl. 11.30–22 Uhr. Primera Constituyente y Rocafuerte.

Taberna Bonanza (8), für Grillfans, z. B. *lomo a caballo* mit zwei Spiegeleiern drüber 6 USD, zweistöckig, Daniel León Borja 42-49 y Duchicela, tägl. 12–22 Uhr, ☎ 2943750.

Cabaña Montecarlo, in Form eines Schiffsbauches, regionale und internationale Gerichte, tägl. 12–21 Uhr, Eingang García Moreno 21-40 y 10 de Agosto.

La Fuente, preisgünstige *almuerzos* im Hochhaus-Basement, 1era Constituyente entre Pichincha y García Moreno.

Mercado La Merced, *comida típica* für eingewöhnte, störfreie Mägen: *yahuarlocro*, *caldo de gallina*, *tortillas con hornado*, Colón entre Olmedo y Guayaquil.

D Baggio (11), knusprige Steinofen-Pizza, Mo–Sa 12–22 Uhr, So 16–22 Uhr, Ecke Miguel A. León y Daniel León Borja schräg gegenüber der Plaza Giralda.

Pizza und Lasagne haben **Monaco (6)** in der Daniel León Borja y Duchicela und **Charlie's Pizzeria (17)** in der García Moreno y 10 de Agosto, auch zum Draußensitzen, tägl. 10.30–21 Uhr.

Gute Eiscreme außer Pizza hat **La Dolce Vita (4)** in der Veloz 38-33 y Carlos Zambrano, tägl. 8–23 Uhr.

La Abuela Rosa (25), Hausmacherkost, teils aus dem uralten Steinofen, jedoch nur Zwischenmahlzeiten wie *tortillas de maíz*, *hechas en piedra*, *humitas*, *tamales*, *bolones*, *tablitas mixtas* und die ecuadorianische Hochland-Spezialität *chocolate espeso con queso* (Kakao mit Käse). Kaffeeklatsch Ambiente mit Landhaus-Patio, Obstbäume und Heilkräuter, preisgünstig, Rauchverbot. Mo–Fr 16–21 Uhr. Brasil 15-03 y Esmeraldas, ☎ 2945888.

Hugo's Fuente de Soda (22), 80 Jahre Tradition, humorvoller Besitzer Don Hugo, der die Sandwiches noch selbst schmiert (ab 1,70 USD), Säfte (80 Ct.) mit Eis vom Chimborazo, *el oro transparente* vom Gletscher, Colón y Guayaquil.

Die Leser Corinna und Sascha aus Berlin empfahlen das Frühstückslokal **Pan Londres** nahe dem Bahnhof in der Daniel León Borja 32-11: leckere Käse-Schinken-Croissants, *baguettes*, bunte Torten, Filterkaffee, gute Alternative zum üblichen *desayuno continental*.

Río Ambrosia (23), belgische Cafetería mit Ambiente, leckere Nutella-Croissants, Zimt-Muffins, Apfeltaschen, Guayabana- und Brombeermousse, richtige Schokolade in heißer Milch geschmolzen, beim Mercado La Merced, Calle Espejo entre Olmedo y Guayaquil.

Puro Café (16), organischer Kaffee, *sanduches*, *picadas*, winzig, gemütlich, Pichincha 21-37 entre 10 de Agosto y Guayaquil.

Orfeo Café Bar (10), im Hochhaus-Basement, sympathisch, Espressomaschine, *sanduches y picaditas*, 1era Constituyente entre España y García Moreno.

Café Paola (20), nur Sofortlöslichen, dafür gute *empanadas*, Sandwiches und Fruchtshakes. Pichincha y Olmedo.

Frutifast, alles rund ums Obst (Salate etc.), Daniel León Borja 31-14 y Lavalle.

Deli El Alemán (5), Wurst vom bayrischen Metzger, *lomo embuchado* vom französischen Priester, deutsches Bier, italienische Pasta, Sauerkraut, Velóz 30-45 entre Lavalle y Montalvo, ☎ 082-978203 (mobil).

Heladería Iglu, „Sweet Kiss", offeriert gute Eisbecher ohne Kaffee. Pichincha 21-11 y Guayaquil.

Helados de Paila, Eiscreme seit 1980, Espejo entre 10 de Agosto y Guayaquil.

Pingüino, ebenfalls Eiscreme, Daniel León Borja 11 16.

● *Nachtleben* **San Valentin Club (12)**, strategischer Treffpunkt für Junge und Junggebliebene (Taquería, Pizzeria, Snack-Bar), Daniel León Borja 22-19 y Vargas Torres, beim Bahnhof, tägl. 17–24 Uhr, ☎ 2963-137/-138.

Außerdem **Disco Denim**, *Plaza Giralda*, Daniel León Borja; **El Tentadero**, Daniel L. Borja; **Romeo**, Vargas Torres y Daniel L. Borja; **El Vip**, Pichincha 22-39 y 1era Constituyente.

*T*ouren/*M*ärkte/*F*este

● *Touren* Expediciones Andinas, vom deutschsprachigen Bergsteiger Marco Cruz, das exklusivste Unternehmen in Sachen Bergsteigen in Ecuador! Das Büro befindet sich außerhalb der Stadt, gegenüber der Hostería Abraspungo, Las Abras, km 3 Richtung Guano, ☎ 2940818, 2964915, sales@expediciones-andinas.com,

Karte S. 299

Panamericana Sur

www.expediciones-andinas.com.

Julio Verne, holländisch-ecuadorianisches Management, zuverlässiges Equipment, gutes Feedback, alle Berge Ecuadors, z. B. Chimborazo 185 USD pro Pers. bei 2 Teilnehmern, Cotopaxi 200 USD, mehrtägige Trekkings, Biking *por la vía antigua* Ambato – Guaranda, Dschungel, Calle El Espectador 22-25 y Av. Daniel León Borja, ✆ 2963436, info@julioverne-travel.com, www.julioverne-travel.com.

Veloz Coronado Expeditions, dynastiemäßiges Unternehmen von Enrique Veloz Coronado, der seit 1960 den Chimborazo besteigt. Seine Söhne Ivo (engl.) und Arudji (DAV-Mitglied) setzen das „Bergwerk" fort. Alle Gipfel, Aseguim-Guides, Akklimatisierung, Gletscherschule, bei Rettungsaktionen gefragt. Blaues Haus in der Chile 33-21 y Francia, ✆ 2960916, iveloz@yahoo.com, www.velozexpediciones.com.

Andes Trek, seit 1968 alle Vulkangipfel, Akklimatisierung, Inka Trail, Sangay, Ausrüstungsverleih, Deutsch sprechende Führungen mit Marcelo Puruncajas jr. Colón 22-25 y 10 de Agosto, ✆ 2940964, andestrek@web.de, www.andes-trek.com.

Wandern, **Angeln** und **Jeep-Ausflüge** durch indianische Kommunen (38–48 USD pro Tag und Pers.) veranstaltet Miguel Angel Cazar (Spanisch und Französisch), eigener Mitsubishi Montero, **Excurandestur**, México 15-45 y Morona, ✆ 2967038, ✆ 092-664854 (mobil), miguelcazar2002@yahoo.es.

Auf **Mountainbikes** spezialisiert ist **Pro Bici**, auch „hydraulische" Markenräder. Gestellt werden Helme, Handschuhe, Knie- und Ellenbogenschützer. Besitzer und Haupt-Guide **Galo Brito** bringt die Teilnehmer meist selbst mit seinem Toyota-Jeep zu den Startpunkten, z. B. Chimborazo, Atillo- und Ozogoche-Lagunen (ab 40 USD pro Tag und Pers.). Auf Wunsch auch unbegleitete Radtouren (ab 20 USD). Dann werden die Teilnehmer mit Fotos mit Orientierungspunkten und einem Walkie-Talkie ausgestattet. Wird Hilfe benötigt, muss die „Rettung" selbst bezahlt werden. Primera Constituyente 23-51 y Larrea ✆ 29541880, probici@ecnet.ec, www.probici.com.

Andes Spirit, Lukas und Petra aus der Schweiz empfahlen den Bike-Guide Edison: „hervorragende Betreuung, gute Verpflegung, gewartetes Equipment", 4 Chimbo-Routen von leicht bis schwer, 45 USD pro Tag inkl. Guide, Lunch, Trans-

port, ein Stück Fahrradkette als Souvenir. Duchicela 1446 y Esmeraldas, ✆ 2963981, ✆ 094-156348 (mobil), info@bikingspirit.com, www.bikingspirit.com.

Jatún Quilla Shayana, Wanderungen und Reitausflüge bei der Hacienda La Isabela de Sasapud, auf 3.100 m in einem fruchtbaren Tal zu Füßen des Cubillín (4./11 m) gelegen. Die Touren starten in Chambo, 6 km südöstlich von Riobamba. Hierbei können Kolibris, *Cara Caras*, Füchse oder ein seltener Zwerghirsch im Hochland-Wald entdeckt werden. 45 USD pro Tag u. Pers. inkl. *caminata*, Mahlzeiten, Transport nach Chambo, mit Pferd plus 5 USD, nur Cabaña-Übernachtung (mit Kamin), 15 USD pro Pers. inkl. Frühstück, ✆ 2910499, 2910059, nach Doña Eulalia de Larrea fragen, clarreav@andinanet.net.

Cordtuch (Puruhá Razurka), Dachorganisation für gemeindebasierten Tourismus in Guargualla (3.900 m, Sangay-Trekking und -Besteigung), bei Guamote (Atillo-Lagunen), in Nizag mit Agrartourismus auf 2.523 m, in der Casa del Cóndor (3.950 m) und bei den Eispicklern (*hieleros*) am Chimborazo. Übernachtung in Herbergen, Schutzhütten und bei indianischen Familien. Leben mit Indígenas, Wandern mit *guías nativos*. Faire Preise, sehr empfehlenswert! Av. Canónigo Ramos y Miguel Angel Jijón in der ciudadela Los Alamos 1, manzana E, *casa* 6, ✆ 2606774, ✆ 095-575517 (mobil), corporacion@cordtuch.org.ec, www.cordtuch.org.ec.

•*Märkte* Es gibt keine andere Stadt in Ecuador, die ein derart vielfältiges Marktgeschehen aufweist: Jeden Mi und vor allem Sa findet am **Mercado de la Concepción** (auch „Plaza Roja" zw. den *calles* Larrea, Colón und Orozco) ein bunter Markt statt, der Artesanía, vor allem Textilien, aus den umliegenden Gemeinden offeriert.

Weniger indianisch, trotzdem besuchenswert ist der geschlossene **Mercado de la Merced**, tägl., Guayaquil entre Colón y Espejo: Früchte, Obst, Gemüse, frisch gepresste Säfte und herrliche „Schweinereien" wie *fritada* und das berühmte *hornado riobambeño* mit Kartoffelpuffer!

Ein von Kleinhändlern abgehaltener Gemüse-, Obst-, Kleider- und Haushaltswarenmarkt findet jeden Mi und Sa auf der **Plaza de San Alfonso** statt (mit dem „Concepción-Markt" fast verschmolzen). Dort findet sich auch das herausgehackte Eis vom Chimborazo wieder.

Geheimtipps

Im Umland gibt es authentische indianische Märkte wie in **Guamote** – Kühe und Stiere, Kleintiere, Kartoffeln, Gemüse, Obst und Kleidung, jeden Do (45 Min. südlich von Riobamba). Der Guamote-Markt gehört zu den großen traditionellen Andenmärkten, absolute Foto-Highlights! Zu den Skurrilitäten zwischen den in dunkelrote Ponchos gehüllten Menschen zählen die mit zerbrochenen Esels- und Ziegenknochen übersäten Tresen der Essensstände, der ausgestellte Zahnersatz des lokalen *dentista* oder ein „Lama-Parkplatz". Siehe zu Guamote auch im Kasten auf S. 364.

In **Salarón**, etwa 45 Min. von Riobamba in Richtung Punín, findet freitags ein durch und durch indianischer Markt statt, gemäß dem Fremdenführer Miguel Angel Cazar „*el último mercado indígena del Ecuador*" („der letzte indigene Markt Ecuadors"). Hier wird noch getauscht!

Authentische indianische Märkte finden außerdem jeden So in **Licto**, **Colta** und **Cacha** statt. In Licto, 15 km von Riobamba, befindet sich zudem eine beeindruckende „spätrömische" Kirche aus dunkelgrauen Vulkansteinblöcken, mit rosafarbener, spätgotischer Fassade – ein unbekanntes Highlight!

Di und Sa werden auf dem **Mercado de Santa Rosa** (Villaroel entre Rocafuerte y Pichincha) sowie Mi und Sa auf dem Markt vor der **Iglesia de San Francisco**, Av. 10 de Agosto y Juan de Velasco, frische Lebensmittel und Haushaltswaren angeboten.

Auf dem **Mercado de las Gallinas** am Baños-Terminal „Oriental" werden jeden Sa nicht nur Hühner, Katzen, Hunde, Kaninchen und Meerschweinchen, sondern auch Ersatzteile, Gebrauchtwaren und Antiquitäten aller Art verscheuert. Besuchenswert!

● *Feste* **21. April**: Sieg über die Spanier (1822). Bereits drei Tage vorher beginnen die Festlichkeiten mit landwirtschaftlichen und kunsthandwerklichen Ausstellungen, Stierkämpfen. Als besondere Attraktion finden am Samstagabend vor dem 21. April Hahnenkämpfe statt (*pelea de gallos*). Die blutigen Austragungsstätten sind die *galleras* in der Almagro und Guayaquil sowie Almagro und Chimborazo.

11. November: *Día de la Independencia* (Unabhängigkeitstag von Riobamba).

Sehenswertes

Neben einem Straßennetz im Schachbrettmuster und Häuserfassaden aus dem 19. Jh. kann Riobamba mit einer Reihe baumbestandener Plätze und ihren dazugehörigen Kirchen aufwarten. Für Einheimische stellen diese Grünanlagen willkommene Orte der Ruhe und Geselligkeit dar. Die groß gewachsenen Araukarien und Palmen tragen kleine, geschnitzte Holztafeln am Stamm, die den spanischen und den lateinischen Namen angeben.

Parque Sucre: in Form einer nautischen Rose angelegt ist, dahinter befindet sich das neoklassizistische *Colegio Maldonado*. In seiner Mitte steht ein schöner *Neptun-Brunnen* aus dem Jahre 1913. Bis 1919 diente der Platz den Riobambeños noch als Fußballfeld. Im Erdgeschoss des bombastischen Maldonado-Gymnasiums gibt es ein anthropologisches Museum, das während der Unterrichtsstunden geöffnet ist (Eingang Calle Primera Constituyente).

Der **Parque Maldonado**, ehemals *Plaza Mayor*, wird an seiner Nordostseite von der **Kathedrale** eingenommen. Deren frühkoloniale Frontfassade wurde nach dem Erdbeben von 1797 an diesem Ort Stein für Stein wieder aufgebaut. Die moderne Skulptur des indianischen Christus am Ende des Schiffes stammt von Oswaldo Viteri und das Bildnis linker Hand wurde 1986 vom Friedensnobelpreisträger Alfredo Pérez Esquivel geschaffen.

Panamericana Sur
Karte S. 299

Neptunbrunnen

Der **Parque de la Libertad** kann mit schönen Araukarien und der einzig runden *Basilika* des Landes aufwarten (*Gran Basílica del Sagrado Corazón de Jesús*). In der Mitte des Parkes erhebt sich ein Monument zu Ehren des Jesuiten, Geschichtsschreibers und geistigen Mitbegründers einer freien Republik, *Padre Juan de Velasco*.

Der Anfang des 20. Jh. aufgeschüttete **Parque 21 de Abril** wird wegen seiner Ähnlichkeit mit dem Panecillo-Hügel in der 175 km entfernten Landeshauptstadt auch *Loma de Quito* genannt. Aussicht über die Kirchenkuppeln und auf die schneebedeckten Vulkanriesen! Am Nordostzipfel der Parkanlage befindet sich die *Franziskanerkirche von San Antonio,* das beliebteste Gotteshaus der Riobambeños. Das historische Denkmal gegenüber der Kirche stammt vom einheimischen Künstler Narea.

Eine Ausnahme stellt der **Parque de la Concepción** (auch Plaza Roja) dar, der aufgrund seines traditionellen sozial-politischen Versammlungscharakters auch „Roter Platz" genannt wird. Im Gegensatz zu den anderen Parks stehen hier keine Bäume. Samstags werden dort Stoffe feilgeboten. Nachmittags können manchmal Dutzende herumspringender Ballspieler und deren Zuschauer beobachtet werden. Die kuriose eigenständige Sportart mit dem kleinen Vollgummiball nennt sich *mamona.*

Mamona bzw. **Pelota de Mano** ist eine wilde endemische Art des amerikanischen Baseballs mit starken präkolumbischen und spanischen Einflüssen. Vor allem auf der Plaza de la Concepción in Riobamba und im Städtchen San Roque in der Provinz Imbabura kann den meist älteren leder- und vollgummiballschleudernden Spielern zugeschaut werden.

Die neugotische *Iglesia de la Concepción* wurde im Jahre 1891 begonnen, nachdem ein Brand das ehemalige Kirchenkloster vernichtet hatte.

Bei einer Art Boule-Spiel namens *Los Cocos* kann auf dem Platz vor dem Hotel Whymper *(Parque General Barriga)* zugesehen oder auch teilgenommen werden. Besonders dort stationierte Taxifahrer scheinen auf diesen geselligen Zeitvertreib unter freiem Himmel größten Wert zu legen.

Riobamba/Umgebung

▸ **Guano**: Wenige Kilometer nördlich von Riobamba liegt in einer Mulde zu Füßen des Igualata-Berges das kleine Städtchen Guano (2.650 m), landesweit für seine handgeknüpften Teppiche und Fußabtreter bekannt. Die vornehmlich aus Schafswolle hergestellten *alfombras* weisen sowohl präkolumbische als auch moderne Muster auf und unterscheiden sich von ähnlichen Teppichen aus anderen Regionen durch ihre auffällige Dicke von mehreren Zentimetern Knüpferdichte. Eines der besten Geschäfte ist Allauca Pancho (seit 1940), 20 de Diciembre 51-33 y Cristóbal Colón am Parque Central (✆ 03/2900373). Guano-Teppiche wurden bereits auf Messen in Frankfurt und Hamburg ausgestellt.

Im verstaubten **Museo Municipal** kann die Mumie eines Franziskanermönches aus dem 16. Jh. bestaunt werden. Ein Erdbeben (1949) legte den Leichnam bei Aufräumungsarbeiten frei. Der Mönch wurde aufrecht stehend in den Mauerresten des ehemaligen Klosters von *La Asunción* vorgefunden. Diese befinden sich am Ortseingang (von Riobamba kommend) direkt hinter der *Iglesia El Rosario*.

In neuem Glanz erstrahlen die Helenen-Thermalbäder, 1 km vom Zentrum von Guano in Santa Teresita. Der 30 ha große **Parque Acuático Los Elenes** verfügt über vier Becken, im Mittelpunkt ein Wellenbad mit 50 m Länge, dazu Rutschbahnen, Saunas, Dampfbad, Whirlpools, Spielfelder. Der Freizeitpark hat etwa 2,5 Mio. USD verschlungen – eigentlich günstig oder?

Chimborazo   (6.310 m)

Mit 6.310 m ist der Chimborazo der höchste Berg des Landes, der einzige Sechstausender in den ecuadorianischen Anden. Aufgrund der Erdkugelausbeulung im Äquatorbereich galt er irrtümlich lange als das „Dach der Welt". Sein höchster Gipfel ist weiter vom Erdmittelpunkt entfernt als der des 8.848 m hohen Mount Everest. Aus präkolumbischen Sprachen übersetzt hat das zusammengesetzte Wort Chimborazo gleich mehrere Bedeutungen: „Frau aus Eis", „Kalter Göttersitz" oder „Heiliger Wind des Mondes". Sowohl die Inkas als auch vorher schon die Puruháes unterhielten zu Füßen des gewaltigen Eisklotzes kleine Tempelanlagen, wo zu Ehren des Vulkans Lamas und Jungfrauen geopfert wurden. Die letzte Eruption des Chimborazo fand allerdings schon viel früher, vor etwa 5 Mio. Jahren, statt.

Die erste Gipfelbezwingung wurde von *Alexander von Humboldt* im Jahre 1802 versucht. Selbst wenn der wagemutige Berliner nach eigenen Aussagen „nur" auf eine – heute geschätzte – Höhe von knapp 5.900 m gelangte, konnte er sich ein Leben lang damit rühmen. Er sollte bis zu seinem Tode im Jahre 1859 der einzige Mensch bleiben, der diese Höhe erreicht hatte. Als er fast 90-jährig für ein letztes Bildnis posierte, bestand er darauf, dass der schneebedeckte Chimborazo als Hintergrund gemalt würde.

Erst 84 Jahre später sollte dem Engländer *Edward Whymper* in Begleitung seiner italienischen Führer *Juan Antonio Carrel* und *Luis Carrel* die Erstbesteigung gelingen. Wenige Monate darauf standen die beiden Brüder bereits schon wieder auf

Panamericana Sur Karte S. 299

Chimborazo

dem Gipfel und beobachteten atemlos einen fürchterlichen Ausbruch des Cotopaxi. Im Juli 1939 konnte von der deutsch-italienisch geleiteten Expedition *Kühn/ Ghilione* mittels präziser Messinstrumente erstmals die genaue Höhe des Andenkolosses bestimmt werden.

Zwei *refugios* (Schutzhütten) auf jeweils 4.800 und 5.000 Höhenmetern verkürzen die eigentliche Gipfelbesteigung heute auf etwa 12–16 Stunden (8–10 Std. Aufstieg, 4–6 Std. Abstieg), wobei fast alle Seilschaften kurz nach Mitternacht mit dem Aufstieg beginnen. Durch das schmale Tal über der zweiten Schutzhütte geht es zunächst bis auf eine Gletscherzunge. Danach folgt ein ewig langer Anstieg bis zum großen *Thielmann-Gletscher*. Auf dem Hauptgletscher angelangt, führt die Route scharf nach links auf den steilen Schneesattel hoch und erreicht im Anschluss daran den 6.270 m hohen *Veintimilla-Gipfel*, den zweithöchsten Gipfel des Chimborazo. Viele atemlose Bergsteiger müssen hier umkehren. Einen halben Kilometer weiter in östlicher Richtung ist der schwer zu erreichende, 6.310 m hohe *Whymper-Gipfel* zu sehen.

Ohne einen lizensierten Bergführer (optimal ist ein *guía de alta montaña* für je zwei Teilnehmer), eine ausreichende Höhenanpassung, Gletschererfahrung und eine gute Ausrüstung (Steigeisen, Pickel, evtl. auch Skistöcke und Eishammer) sollte man jedoch nicht viel weiter als bis zum Gletschereinstieg gehen. Vereiste Steilhänge, Lawinen, Gletscherspalten, Wetterumstürze und extremer Sauerstoffmangel haben schon so manchen Hobby-Andinisten im ewigen Eis begraben. Im steinigen Umfeld der unteren *Hermanos-Carrel-Hütte* wurden in Erinnerung an die Verstorbenen und Verschollenen des Berges kleine Tafeln aufgestellt. Die Carrel- und die Whymper-Hütte liegen etwa 900 m auseinander. Beide Refugios sind in mehr oder eher weniger gutem Zustand, verfügen jedoch über Elektrizität, Trinkwasser, Toiletten, Gasküche, Kamin, Bettgestelle und permanente Beaufsichtigung. Für Übernachtung und Hüttenbenutzung wird eine Gebühr von 10 USD enthoben.

Ebenso muss bereits weiter unten am *arenal* die Nationalparkgebühr von 10 USD bezahlt werden. In der Whymper-Hütte kann der Besucher einen „5000-Meter-Stempel" für den Reisepass erhalten.

Ein optimaler Einstiegsgipfel im Vorfeld des Chimborazo ist sein nordöstlicher Bruder, der 5.020 m hohe **Carihuayrazo** mit seinen beiden Spitzen *Maxim* und *Mocha*. Beide sind meist ganzjährig schneebedeckt, technisch relativ einfach und ermöglichen es, erste Erfahrungen im Eis zu sammeln. Im Vorfeld einer Carihuayrazo-Besteigung stellt wiederum der schöne, zweitägige *Abraspungu*-Pfad, genau zwischen Carihuayrazo und Chimborazo verlaufend (3.600–4.500 m), eine der attraktivsten Optionen zur Höhenanpassung dar. Infos erteilen Tourbüros in Riobamba!

Achtung: Aufgrund der rasch voranschreitenden Gletscherschmelze im ecuadorianischen Hochgebirge, vor allem durch die immer dünner werdende Ozonschicht verursacht, hat die Aufstiegsroute auf den Chimborazo in den letzten Jahren zahlreiche Veränderungen erfahren. Darum ist es bei jeder organisierten Tour von Nutzen, auch den Hüttenwart nach den augenblicklichen Schneeverhältnissen zu befragen.

So führt die normale Aufstiegsroute seit einigen Jahren immer mehr über eine West-Variante der früheren, heute kaum benutzten Whymper-Route. Beim Einstieg zum Gletscher hilft eine kleine Leiter über die erste senkrechte Eiswand. Aufgrund der starken Schneeschmelze und mangels Neuschnee ist der Aufstieg häufig vereist. Dann können einige Steilstücke recht unangenehm werden. Je nach Jahreszeit gibt es im obersten Abschnitt viel Büßerschnee, der ein Weiterkommen sehr erschwert. Für den Übergang vom Veintimilla-Gipfel zum Whymper-Gipfel werden bisweilen zweieinhalb Stunden benötigt, während das Stück normalerweise in 30 Min. zu bewältigen ist. Viele Seilschaften machen deshalb am „Veintimilla" wieder kehrt. Meist ist der nur wenige Meter höhere Whymper-Gipfel gar nicht oder nur sehr mühsam zu erreichen.

Panamericana Sur — Karte S. 299

Die erfolgversprechendsten Jahreszeiten für eine Besteigung sind die klaren, jedoch windstarken Monate von Mitte Juni bis Ende August bzw. Anfang Dezember bis Anfang Februar. Von März bis Mai hingegen schneit es oftmals sehr stark, während sich der Berg gewöhnlich in ein dichtes Wolkenmeer einhüllt.

● *Anfahrt* Von Riobamba geht es zunächst über die Panamericana Sur in Richtung Cajabamba, jedoch nur bis **Calpi** (riesige, unübersehbare neugotische Kirche), wo es bei einer Fußgängerüberführung rechts weg auf die Straße zum Chimborazo geht – ausgeschildert! Dieser Straße folgend, kommt nach ein paar Kilometern das lang gezogene Dorf **San Juan** mit seiner wunderschönen, grauen Kirche! Nach Durchfahren des Dorfes gabelt sich dann die Straße bei der **Hacienda El Chaupi**. Der linke, anfangs asphaltierte Zweig, führt ins 56 km entfernte Guaranda, der rechte, ebenso asphaltierte Zweig zur ersten Chimborazo-Schutzhütte auf 4.800 m. Es folgen die kleinen „Indígena-Weiler" **Shobol** und **Guabug** mit flachen Lehmhütten und Strohdächern.

Nach insgesamt 32 km erreicht die Straße das grüne Tal von **Totorillas**, den einstigen „Landeplatz der Kondore". Linker Hand befindet sich die gleichnamige, auf Páramo Ausritte, Schafs- und Alpakawolle spezialisierte indianische Kommune, rechter Hand die strohgedeckten Chimborazo-Hillstar-Chalets des Bergsteigers Marco Cruz (siehe „Übernachten/außerhalb"). Nach weiteren 7 km kommt erneut eine Gabelung. Der linke Zweig führt über **El Arenal** (große Sandfläche) in Richtung Westen, um so nach wenigen Kilometern auf die Passhöhe der asphaltierten Straße Guaranda – Ambato zu treffen, die „hinter" dem Chimborazo verläuft. Der rechte Zweig hingegen führt nach acht staubigen Zickzack-Kilometern zur untersten Schutzhütte auf 4.800 m. Außer dem einen oder anderen Treibsandloch

Lange Schulwege am Chimborazo

dürfte der weiche Untergrund selbst normalen Pkws keine größeren Schwierigkeiten bereiten. Ein Vierradantrieb ist vorzuziehen! An der Abzeigung zur Schutzhütte (4.300 m) werden ab 8 Uhr morgens 10 USD Eintritt verlangt.

Kleine Horden von grasenden *vicuñas*, der elegantesten Art unter den südamerikanischen „Urkamelen" *(camelidos)*, können in der fremdartigen, von Moosgeflechten und Chuquirahua-Blumen überzogenen Geröllwüstenlandschaft beobachtet werden. Es geht ein scharfer Wind und das Atmen fällt bei jedem Schritt schwer. Zu Füßen des Betrachters liegt jetzt die weitläufige Sandfläche. Ab und zu erscheint die Staubfahne

eines sich nähernden Fahrzeugs. Von Riobamba bis zu den Schutzhütten sind es genau 48 km

> Es ist wichtig, darauf hinzuweisen, dass ein **guía nativo**, sei er auch noch so erfahren bei Höhenwanderungen auf dem Páramo, in keinster Weise einem ausgebildeten **guía de alta montaña** entspricht. Gipfelbesteigungen sollten daher nur mit einem lizensierten **Aseguim-Bergführer** unternommen werden (*Asociación Ecuatoriana de Guías de Montaña*).

Die **Estación Urbina** ist mit 3.618 m der höchstgelegene Bahnhof Ecuadors. Auf dem breiten Höhenrücken zwischen Ambato und Riobamba, zu Füßen des Chimborazo, verlieren sich die alten Bahnschwellen in der Unendlichkeit der Horizonte. Lamas runden die Kulisse ab. Parallel zum Bahngleis stecken Leitungsmasten in Form von verrosteten Gleiskörpern schwankend in Reih und Glied. Dazwischen verläuft ein dinosauriermäßiges Kopfsteinpflastersträßchen, vom katholischen Tyrannen García Moreno um 1865 erbaut, eine Art Ur-Panamericana! (Siehe auch „Posada Estación Urbina" bei Übernachten in Riobamba.)

Die 58.000 ha große **Reserva Faunística del Chimborazo** liegt im erosionsanfälligen Grenzbereich der Andenprovinzen Chimborazo, Tungurahua und Bolívar. Bei Höhenlagen von über 3.800 m kann das unwirtliche Páramo-Naturschutzgebiet mit durchschnittlichen Jahrestemperaturen von 0 bis 10 Grad aufwarten. Der endemische Ecuador-Andenkolibri **„Estrella del Chimborazo"** (*Oreotrochilus chimborazo*) kann im dort in Höhenlagen bis 4.000 m beobachtet werden. Zu den Attraktionen dieser in Ecuador einzigartigen Pampagras- und Bergwaldzone (teils vergleichbar mit der Region um Puna in Peru) gehören die umherziehenden Lamas, **Alpacas** und aus Chile, Peru, Bolivien und Argentinien eingeführte **Vicuñas**. Diese *camélidos* sind wie die Alpacas und Guanacos Artverwandte der südamerikanischen Lamas. Da Vicuñas auf ecuadorianischem Territorium bereits vor dem Eintreffen der Spanier als ausgestorben galten, lassen die von der schweizerischen Regierung mitfinanzierten Zuchterfolge in der Gegend um *Mechahuasca* und *Sinche* helle Freude aufkommen. Die Zahl der Vicuñas ist von 1.676 im Jahre 2000 auf über 3.000 im Jahre 2008 angewachsen. Allerdings werden auch immer mehr verendete Tiere vorgefunden, hauptsächlich wegen sporadischer Ascheregen, verursacht durch den nahen Vulkan Tungurahua. Andere Tiere wurden überfahren oder von Füchsen angefallen. Mit der Wiedereinführung der einst ausgerotteten Vicuñas wird nicht nur dem Auge was geboten, sondern werden gleichzeitig auch die Wasserquellen geschützt und Erosion gestoppt. Die Hinterlassenschaften der Tiere düngen den Páramo massiv. Es grünt und blüht an vielen Orten wie nie zuvor. Im Gegenzug wurden die „gefräßigen" Schafherden von den indianischen Campesinos inzwischen völlig aus dem Hochland abgezogen. Zum Ausgleich bekamen die Bauern Alpakas und Lamas geschenkt. Ihre Wolle ist noch wärmer, und ihr Fleisch schmeckt (theoretisch) genauso gut.

Die Eispickler vom Chimborazo

Eine anstrengende Höhenwanderung ist der steile Weg zu den letzten *hieleros* („Eispicklern") vom Chimborazo. Jeden Freitag steigt zumindest noch einer der drei indianischen Ushca-Brüder, wahrscheinlich Báltazar, mit seinen Maultieren hinauf bis zu den „Eisminen" in über 4.700 Höhenmetern. Praktisch barfüßig und nur Gummistiefel tragend, werden von ihnen bei Wind und Wetter meterdicke Eisblöcke mit Äxten und Stemmeisen freigelegt. Die riesigen Blöcke werden anschließend in etwa 40-Zentimeter-Brocken zerhackt, in Stroh eingewickelt und auf die Tragtiere geladen. Jeder Esel kann hierbei zwei Brocken schleppen. Zum Festbinden werden noch vor Ort Seile aus Stroh geflochten. Dann geht es wieder hinab ins Tal wo das Eis am darauffolgenden Morgen in Riobamba auf den Markt kommt. Dort wird es vor allem wegen seiner Reinheit, seiner Dichte und seines geringen Preises geschätzt. Für jeden Brocken erhält der *hielero* 2 USD. Diese Tagestour in großer Höhenlage erfordert 5–6 Stunden steiles Bergauf- und Bergablaufen. Wichtig für Fotografen: Ein Trinkgeld gehört mit zum guten Ton! Fragen Sie in einem Tourbüro in Riobamba nach den Hieleros, oder kontaktieren Sie auf eigene Faust die Familie Ushca im Dörfchen **Las Quatro Esquinas**.

Guaranda   **(20.000 Einwohner)**

Die Hauptstadt der kleinen agrarischen Hochlandprovinz Bolívar, etwa 60 km westlich von Riobamba gelegen, wird von den Einheimischen witzigerweise als das „Rom von Ecuador" bezeichnet. Dies hängt jedoch ausschließlich mit den sieben

Panamericana Sur
Karte S. 299

Hügeln zusammen, zwischen denen das 2.650 m hoch gelegene Städtchen im Jahre 1571 gegründet wurde.

Dabei rührt sein Name von dem Kaziken *Guarango* her, dessen 5 m hohes Monument den Hügel *Colina de Cruzloma* außerhalb der Stadt krönt. Dort befindet sich auch ein kleines archäologisches Museum (Taxi 1 USD). An Sehenswürdigkeiten gibt es sonst herzlich wenig, aber einen Spaziergang durch die Kopfsteinpflastersträßchen ist Guaranda allemal wert: antiquierte Tante Emma-Läden, nostalgische Frisörsalons, Trachten tragende Bevölkerung, ein bisschen Pferdemist, unverfälschte Gepflogenheiten und liebenswürdige Trostlosigkeit sowie Ausblicke auf die umliegenden Berge und den nahen Chimborazo. Einige Kolonialhäuser befinden sich in der romantischen *Calle La Empinada* (10 de Agosto). Aber auch das Rathaus (*Palacio Municipal*) aus dem Jahre 1736 und gleich daneben die *Casa de los tres Patios* überlebten weitgehend den Zahn der Zeit. An der *Plaza 15 de Mayo* findet jeden Samstag ein viel besuchter Markt statt, und einmal pro Jahr erwacht Guaranda sogar aus seinem Dornröschenschlaf – dann, wenn Tausende von Ausflüglern von überall her zum „schrägen" Blasmusik-Karneval (Februar) eintreffen, dem buntesten und lautesten in ganz Ecuador.

*I*nformation/*V*erbindungen/*A*dressen

> Die **Vorwahl** von Guaranda und der Provinz Bolívar ist 03.

• *Information* Das **i-Tur-Büro** befindet sich in der García Moreno y 7 de Mayo und in der García Moreno y Convención de 1884, Sa/So geschlossen. Infos erteilt auch Edison Patiño, im Hostal Santa Fé zu erreichen, ✆ 2981526.

• *Verbindungen* **Bus**: Der verschlafene Terminal Terrestre liegt einen halben Kilometer östlich der Plaza Roja an der Durchgangsstraße Ambato-Guayaquil. Dort befinden sich auch eine Salinerito-Cafetería und eine Telefonzentrale.

Flota Bolivar (✆ 2982061) fährt tägl. stündlich nach **Quito**, letzter Bus um 17 Uhr, Fahrtzeit 4:30–5 Std, Fahrpreis 5 USD; auch nach **Guayaquil** geht es stündlich, letzter Bus um 16.45 Uhr (4 Std., 4 USD), außerdem stündlich nach **Riobamba** über die 4.300 m hohe Chimborazo-Hüttenabzweigung (da die weitaus bessere Straße), letzter Bus um 16.45 Uhr (2 USD). Ebenfalls nach Quito (20x) und Guayaquil (6x) fahren Express Atenas (✆ 2981512) und San Pedrito (✆ 2980765); andere Kooperativen: Macuchi nach **Babahoyo**, **Quevedo**, **Ventanas**, **La Maná**; Caluma nach **Caluma**; 10 de Noviembre y San Pedrito nach **Echeandía** eins nahezu unbekannte Kaffee- und Zuckerrohrschnapsstädtchen **Chillanes**, 60 km südlich.

Busse nach **Salinas de Tomabela** der Coop. Cándido Rada o. 10 de Nov. starten um 6, 7, 12, 13 und 16 Uhr an der Haltestelle Antigua Colombia y Olmedo, passieren die 9 de Abril y Selva Alegre (gegenüber dem Colegio Pedro Carbo) und dann die García Moreno y Eloy Alfaro (Fahrtzeit 40 Min., 1 USD). Um 7 Uhr fährt auch ein Salinas-Bus von der Ecke Azuay y Plaza Roja. Von Salinas zurück nach Guaranda geht es um 5.30, 6, 6.30, 10, 11.30, 12, 13 und 15.30 Uhr. **Camionetas** nach **Salinas** starten an der Plaza Roja (15 USD).

• *Adressen* **Artesanía**: PHD in der General Enríquez y Plaza Roja, viele Wollsachen aus Salinas.

Apotheke: Sana Sana am Parque Libertador; **Ärzte**: Dr. Vinicio Campana und Dr. Gustavo Falconi (aktuelle Adresse erfragen); **Clínica San Patricio** an der Plaza Roja, 24 Std. Notfallaufnahme.

Frisör: Benjamín Pozo legt im urigsten aller Frisörsalons noch selbst Hand an: Peluquería La Florida, in der La Convención y Olmedo. Es gibt noch drei andere Salons im Zentrum, alle im originalen 50er-Jahre-Look, museumsreif!

Geldbeschaffung: entweder ganz brav am Automaten oder mit vorgehaltener Pistole in der **Banco Pichincha**, Azuay entre Convención de 1884 y 7 de Mayo; oder bei der **Western Union**, García Moreno y Eloy Alfaro.

Ü̲bernachten
1 Hotel La Colina
3 Cochabamba
8 Hostal Santa Fé
10 Hotel Bolívar
11 Hostal de las Flores

E̲ssen & Trinken
2 La Estancia
3 Cochabamba
4 Buon Giorno
5 Salinerito Queseras
6 La Tortilla
7 Rest. La Bohemia
9 Los 7 Santos
10 Restaurant Bolívar

Manuela Cañizares
Avenida Kennedy
Convención de 1984
Azuay
7 de Mayo
9 de Abril
Salinas
Banco Pichincha
Plazoleta del Niño
Plaza Roja
García Moreno
Parque El Libertador
Calle Empinada   10 de Agosto
Sucre
Pichincha
TAXI
Frisör La Florida
Av. General Enriquez
Olmedo
Busse nach Salinas
Antigua Colombia
Rocafuerte
Mi Comisariato
Espejo
Guaranda
70 m

Bus - Camionetas nach Salinas
Bustbahnhof (400m) / Quito/Riobamba (Guayaquil)

Panamericana Sur
Karte S. 299

Internet und billige Telefongespräche bietet **Zadfer** in der García Moreno y 9 de Abril sowie **Guaranguito** am Parque Libertador, beide mit Breitband.
Polizei: Guayaquil y Manabi, ℡ 2980045.
Post: Pichincha y Azuay.

Telefon: Convención de 1884 y 10 de Agosto; García Moreno neben Hotel Ejecutivo; **Movistar** in der 7 de Mayo y Azuay; **Porta** hat eine Zentrale an der Plaza Roja.
Wäscherei: Clean 2000, bei den Porta-Telefonkabinen in der Olmedo y Antigua Colombia, unauffälliges Schild.

Ü̲bernachten/E̲ssen & T̲rinken

• *Übernachten* **La Colina (1)**, (GK/MK), abseits vom Zentrum mit toller Aussicht auf die Stadt. Garten, Pool, Sauna, Internet, Restaurant La Rueda, BP, Ww, TV, Telefon, Teppichboden. EZ 35 USD, DZ 60 USD, Suite 70 USD inkl. *desayuno americano*. Av. Guayaquil 117 y Rodríguez, unweit der Straße nach Ambato, ℡ 2981954, www.complejolacolina.com.

Cochabamba (3), (MK/Budget), sehr zentrales, biederes, arg in die Jahre gekommenes Urhotel. Das rote Teppich-Matrimonial Nr. 320 mit Blick auf die Dächer. Angeschlossenes Restaurant, EZ ab 15 USD, DZ ab 25 USD. García Moreno 521 y 7 de Mayo, ℡ 2981958.

Bolívar (10), (Budget), altbacken, Innenhof voller Blumentöpfe, kleine Zimmer, aber

sauber, BP, Ww, Kabel-TV, im 2. St. am besten. EZ ab 13 USD, DZ ab 25 USD, zur Karneval-Saison (Mitte Febr.) verdoppeln sich die Preise! Günstiges Restaurant, Sucre 704 entre Olmedo y Rocafuerte, ℡ 2980547.

De las Flores (11), (Budget), koloniales Haus, gelb, blau, geblümt, sauber, hell, Holzdielenböden, großzügige *habitaciones bonitas*, Nr. 1 und 2 mit Balkon zur Straße (nicht zum Sitzen geeignet). Der Besitzer Manuel Zapata ist passionierter Maler, so entstanden mehrere Wandgemälde. Das charmanteste Hotel der Stadt! EZ 12 USD, DZ 20 USD (BP, Kabel-TV). Pichincha 402 y Rocafuerte, ℡ 2984396.

Santa Fé (8), (Budget), zentral, meist kleine, saubere Zimmer mit guten Matratzen, Ww,

Kabel-TV, Nr. 4 mit Balkon, Restaurant und Internet. Edison gibt Infos, Backpackertipp! Pro Pers. 6–8 USD (BC/BP). 10 de Agosto y 9 de Abril, ✆ 2981526.

• *Essen & Trinken* **Bohemia (7)**, hübsch, hölzern, elegant, in einem Kolonialgebäude, Hauptspeisen 5 USD, *almuerzos* 2 USD, Mo–Sa 8–21 Uhr, Convención 1884 y 10 de Agosto, ✆ 2984368.

Los 7 Santos (9), überdachter Kolonial-Patio voller Pflanzen und wilder provinzieller Kunst, Zwischen- und Hauptmahlzeiten, *cafés* („*capuchino de cabeza*" mit Baileys), Drinks („*el diablo empuja*"), alle möglichen Säfte, 9–22 Uhr, So geschl., La Convención y 10 de Agosto.

La Estancia (2), Malereien, Hüte, Hufeisen, bunt-geflochtene Einrichtung, *almuerzos* und *platos a la carta*, Mo–Sa 12–22 Uhr, García Moreno y Sucre in einem rosaroten Haus.

Cochabamba (3), im gleichnamigen Hotel befindet sich eines der traditionsreichsten Lokale, „ultrabieder-criollo", einheimische und internationale Gerichte ab 5 USD, Mo–Sa 7–21 Uhr, So geschl., García Moreno y 7 de Mayo.

Sehr preiswert ist das bereits um 7 Uhr geöffnete Lokal im Hotel **Bolívar (10)**, Holzbänke, Frühstück mit Käsesandwich (*tosta-do*), Milchkaffee, Eiern und frischem Saft 2 USD, *platos fuertes* bis 21 Uhr, Mo–Sa, Sucre entre Olmedo y Rocafuerte.

La Tortilla (6), *mesón típico* mit schöner, alter Balustrade, *almuerzos* (12–14 Uhr) 2 USD, sonst nur Zwischenmahlzeiten unter 1 USD, freundlich, *bueno, bonito y barato*, 7–20 Uhr, 10 de Agosto y Sucre.

Buon Giorno (4), Pizzas, Pasta, Lasagne, Eiscreme, Sucre y García Moreno.

Pizza Salinerito, genossenschaftlich geführte Pizzeria, mittelmäßige Pizzas, General Enriquez y Candido Rada.

Selbst gemachte Stullen für improvisierte Frühstücke hat **Salinerito Queseras (5)** an der Plaza Roja y Azuay. Das Gourmet-Highlight von Guaranda!

> Typisch für die Gegend sind geschmortes Schweinefleisch (*fritada*) mit gekochtem Mais (*con mote*), Kartoffeln *(papas)* mit Schwarte (*con cuero*), gegrilltes Meerschweinchen (*cuy asado*) und eingelegte Kapern (*alcaparras encurtidas*). Viele Restaurants schließen vor 20 Uhr, sonntags sind die meisten Lokale geschlossen!

Im Zentrum von Guaranda

Sehenswertes in der Umgebung

Jede von und nach Guaranda führende Straße ist ein Augenschmaus für Andenlieb-haber: Riobamba – Guaranda, Ambato – Guaranda, Guaranda – Salinas und Gua-randa – Balsapampa.

Wer von Riobamba kommt (60 km), über eine Schwindel erregende, unbefestigte Straße, wird neben einem herrlichen Chimborazo-Panorama auch „echte" Berg-Indígenas sehen können. Gleiches gilt für die asphaltierte Straße, die westlich des Chimborazo von Ambato nach Guaranda (99 km) führt. Fantastische Ausblicke auf den zum Greifen nahen Gletscherriesen: unwirtliche Páramo-Landschaft, Schaf- und Lamaherden. Auf der Passhöhe geht (von Ambato kommend links) eine Ab-zweigung über die Sandhochfläche bis zur 4.800 m hohen Schutzhütte am Chimbo-razo bzw. alternativ nach Riobamba. Kurz davor, ebenso auf dem Pass, gibt es noch einen rechten Abzweig, der in die alte Straße Ambato – Guaranda übergeht und 15 km weiter wieder auf die Asphaltstraße trifft. Ein wunderschönes, ursprüngli-ches Holpersträßchen! Hinter dem Pass bei der Abzweigung zur Chimborazo-Hütte befindet sich (von Ambato kommend) rechter Hand das indianische Road-Restaurant **Urcu Huasi** der Kommune **Cruz del Arenal** mit einem „nachdenklichen" Alexander-von-Humboldt-Denkmal davor. Bei pfeifendem Paramó-Wind gibt es einfachste Mahlzeiten mit Reis, Kartoffeln, Forelle (*truchas*) oder *caldo de gallina*. Ein Ofen ist vorhanden. Dort kann für sehr wenig Geld auch übernachtet werden.

▶ **Salinas de Tomabela**: Etwa 30 km nördlich von Guaranda liegt auf 3.550 m das besuchenswerte genossenschaftliche Käsereizentrum Salinas (1.670 Einw.). Auf der nach Ambato führenden Asphaltstraße geht es nach 10 km links weg (von Ambato kommend rechts, ausgeschildert). Fahrtzeit etwa 45 Minuten. Wanderfreunde wer-den in der schönen Umgebung von Salinas auf ihre Kosten kommen. Die milden Gebirgslandschaften zwischen der nahen Küstenebene und dem Chimborazo-Mas-siv geben was Besonderes her. Darüber hinaus haben sich die Bewohner des Dorfes zu kleinen Gemeinschaftsbetrieben zusammengeschlossen, wobei sich die export-freudige Käsekooperative hervortut. Dadurch wurden zum einen ausreichend Arbeitsplätze geschaffen, und zum anderen konnte erfolgreich der Abwanderung entgegengewirkt werden. Den Viehbauern ist somit auch die Abnahme ihrer Milch zu einem festgesetzten Preis garantiert. Die beispielhaften, auf Eigeninitiative ba-sierenden Betriebe kommen jedoch nicht von ungefähr, sondern konnten unter fi-nanzieller und technischer Mitwirkung der schweizerischen Regierung entstehen. Neben riesigen, 30 kg schweren Käselaiben produziert Salinas auch leckeren Schin-ken, Nudeln, Speisepilze, Schokolade, Sojakekse, Hautcremes, Heilkräutertees, aro-matische Ölessenzen und Fußbälle. In den primitiven Salzminen aus präkolumbi-schen Zeiten wurde der Abbau schon vor etwa 35 Jahren eingestellt. Jeden Dienstag findet ein Markt statt, auch dort können die Produkte der fast 30 *microempresas* (Kleinstbetriebe) erstanden werden (s. u.).

● *Information*   Die **Oficina de Turismo Communitaria** befindet sich in der Av. Samiltagua an der Plaza. Sehr hilfsbereiter *coordinador* ist der freundliche Sr. William Ramírez. ✆ 03/23900-22/-24 oder ✆ 094/-039242 (mobil), turismosalinas@andinanet.net, www.salinerito.com.

Es werden **Trekking-** und **Radtouren**, **Reit-ausflüge**, **Birdwatching** und **Klettertouren** organisiert. Empfohlen wurde die dreitägige Caminata Angamarca in die subtropischen Gefilde weiter im Westen, nach **Chazo Juan** und zum **Bosque Nativo Peña Blanca**. Vor Ort ist die Besichtigung von genossen-schaftlichen **Produktionsstätten** möglich:

Panamericana Sur Karte S. 299

Als Christus nach Salinas kam

Kleidung (Pullis, Schals, Ponchos), Käse (Andino, Gouda, Tilsit, Dambo, Parmesan und allen voran der Gruyère), Wurstwaren (große Klasse sind der feine Schinken und die *copa cruda*, beides unbedingt probieren), Schokolade (lecker sind die *turrones* mit Macadamia-Nüssen).

● *Verbindungen* **Busse** nach **Guaranda** bzw. zur Asphaltstraße Guaranda – Ambato starten von der Plaza um 6, 6.30, 10, 11.30, 12, 13 und 15.30 Uhr, Fahrtzeit 40–45 Min., 1 USD. Camioneta-Taxis verlangen 15 USD pro Fahrzeug.

● *Telefon* **Porta-Kabinen** an der Plaza.

● *Festtage* **Fiesta de los Reyes** (Heilige Drei Könige) am 6. Januar mit allen Kommunen aus der Umgebung; **Fiestas Patronales** 24.–28. Mai.

● *Übernachten/Essen & Trinken* **El Refugio**, oben am Ortsrand, einfache Mehrbett- und Doppelzimmer mit BC 11 USD pro

Pers., mit BP, Ww 23 USD, DZ 43 USD. Die Einnahmen kommen angeblich dem Gemeinde-Tourismus und den Praktikanten zugute. Im Restaurant Frühstücke, Forelle, Fondue, vegetarischer Teller oder lokale Käseplatte mit Schinken und Landeiern (ab 4 USD). ☎ 03/2390022.

Samilagua, einfache Zimmer mit BC ab 6 USD pro Pers., neuere Zimmer mit riesiger Fensterfront ab 10 USD, teils mit Blick auf die Salzminen, Doppelglas gegen die Kälte, Badewanne, Heizröhren, Kabel-TV, Internet. Genau gegenüber dem Hostal El Refugio. ☎ 097-282170 (mobil).

Pizzería El Peñon, oben auf dem Berg ein Stückchen weiter als das Hostal El Refugio. Der Pizzabäcker hat in Italien gelernt, Pizza 6 USD, Familienpizza 9 USD.

Espiritú del Pueblo, *platos a la carta*, *desayunos* ab 1,5 USD, *almuerzos y meriendas* 2 USD, an der Plaza.

Guaranda war im 19. Jh. eine wichtige Zwischenstation auf dem Weg von Quito nach Guayaquil. Mit der Beendigung der Eisenbahnlinie Anfang des 20. Jh. und der Übergabe der innerandinen panamerikanischen Straße in den 50er-Jahren verlor die Stadt immer mehr an Bedeutung. Die asphaltierte Strecke von Guaranda bis runter zur Küstenebene hinter Balsapampa (nach Babahoyo und Guayaquil) stellt eine landschaftlich lohnenswerte wie verkehrsarme Sierra-Costa-Alternative dar. Es geht zunächst über die pittoresken, von kolonialen Holzfassaden und gedrechselten Balustraden geprägten Städtchen **Chimbo** (Gitarrenherstellung) und **San Miguel** nahe den **Cavernas de las Guardias** (Höhlen), etwa 18 km südlich von Gua-

Ex-und-hopp-Besuch von Simiatug

In diesem abgelegenen 100-Häuser-Dorf auf sage und schreibe 4.300 Höhenmetern, scheint die Zeit vor Langem stehengeblieben zu sein. Alte Lehmhäuser mit Ziegelsteindächern und manchmal von heftigen Windstößen heimgesuchte Sträßchen mit indianischen Passanten, Maultieren und Pack-Lamas gehören zum Alltag. Jeden Mittwoch strömen zudem Hunderte von Indígenas zum traditionellen Markt. Sie kommen aus 42 umliegenden Weilern und Kommunen. Aus den zahlreichen dunklen Spelunken ist dann der scharfe Geruch von Zuckerrohrschnaps (*caña de azucar*) wahrnehmbar, fester Bestandteil der Geschichte des Dorfes. Das „Feuerwasser" stammt aus dem eine Stunde entfernten **Facundo Vela**, bereits in den sehr nahen Subtropen der inneren Küstenregion gelegen. Über die „Schmugglerroute Simiatug" wird der Schnaps seit Jahrhunderten nach Ambato und Guaranda transportiert. Es gibt tägl. einen Bus von Salinas nach Simiatug, Fahrtzeit 1 Stunde. In der hübschen **Posada Sisapamba** kann übernachtet und gespeist werden, ebenso sanfter kommunaler Tourismus zu Pferde oder zu Fuß, Frauen- und Jugendgruppen, Volontärsarbeit, ☏ 03/2814476, www.simiatug.com.

randa gelegen. Nach weiteren 25 km durch sanfthügeliges Bergland beginnt dann die kurvenreiche Abfahrt bis nach **Balsapamba** (1.400 m). Orangen-, Mandarinen-, Bananen- und Zuckerrohrplantagen tauchen am Wegrand auf. Es wird merklich wärmer. Im subtropischen Balsapampa gibt es direkt neben der Asphaltstraße ein kleines Naturschwimmbad mit Wasserfall und Marienschrein.

Cashca Totoras: nebelreiche Oase, 6.000 ha Hochgebirgsschutzwald, rund 45 Fahrminuten südlich von Guaranda in einer unbekannten ökologischen Nische des Kantons Chimbo. Dort leben auf durchschnittlich 3.300 Höhenmetern und bei Temperaturen von 9–12 Grad endemische Cashca-Bäume und eine sehr seltene Krötenart.

Altar (5.320 m)

Der Geologe Theodor Wolf sah im längst erkalteten Altarmassiv eine „meisterliche Schöpfung des Universums". Professionelle Bergsteiger sprechen heute von „pastoraler Erhabenheit". So nennt sich der höchste Gipfel dieses würdevollen Ungetüms der Ostkordillere *El Obispo*, der Bischof. In der Quichua-Sprache heißt der Altar *Cápac Urcu*, „Herrscher der Berge".

Das östlich von Riobamba gelegene gezackte Halbrund gilt aus technischer Sicht als problematisch. Seine vereiste „C-Krone" weist insgesamt neun scharfkantige Gipfel auf, die inzwischen alle bestiegen wurden, zuletzt die 5.160 m hohe *La Monja Grande* im Jahre 1979, die „große Nonne". Eine Erstbesteigung des letzten unbezwungenen ecuadorianischen Andenkolosses, der „Bischofsspitze", gelang einer von *Marino Tremonti* geleiteten italienischen Expedition am 7. Juli 1963. Die Gruppe kehrte zwei Jahre später wieder zurück und krönte die 5.260 m hohe Canonigo-Spitze, den „Domherrn" des Altar.

Trekking-Freunden kann z. B. eine mehrtägige Wandertour zu einer herrlich grünen Kraterlagune empfohlen werden, die sich merkwürdigerweise *Laguna Amarilla* (gelber See) nennt. Dort kann dem titanischen Knacken, Bersten und

Panamericana Sur Karte S. 299

Brechen des überhängenden Gletschers gelauscht werden. Eisstürze und Kondore sind keine Seltenheit.

Der Altar, der dem Nationalpark Sangay angehört, ist von Riobamba über die Dörfer *Químiag* und *Puelazo* zu erreichen (von Baños aus über *Penipe*). Von dort aus geht es entweder bis zur *Hacienda Inguisay* oder zur *Hacienda Releche* bei *Candelario* weiter. Maultiere können gemietet werden. Tourveranstalter in Riobamba, Baños und Quito haben den Altar in ihrem Programm. Die besten Monate sind Dezember und Januar.

Vulkan Sangay (5.230 m)

Der Sangay zählt zu den aktivsten Vulkanen Amerikas. Sein perfekt geformter Kegel verbirgt sich in einer entlegenen Region der östlichen Andenkordillere und ist an selten, klaren Tagen sowohl vom Oriente als auch vom Hochland aus zu sehen. Seine Besteigung gilt als riskant. Ein glühender Regen aus heißen Steinen und mitunter auch starke Eruptionen lassen jeden Krateraufstieg zu einem Abenteuer werden. Ein langer Anmarsch ist vonnöten, um das Basislager am Fuß des Kegels zu erreichen.

Bereits seit Menschengedenken kann der Sangay heftige Ausbruchsperioden verzeichnen. Während einer vorübergehenden Ruhephase gelang einer vierköpfigen US-Expedition im Jahre 1929 die Erstbesteigung. Presserummel verursachten jedoch erst die 1976 verunglückten Mitglieder einer britischen Gruppe. Ihre Tragödie ist im Abenteuerbericht *„Sangay Survived"* von Richard Snailham nachzulesen. Als erste Frau stand am 16. September 1982 die Ecuadorianerin *Helena Landázuri* auf dem feurigen Kraterrand.

Tourbüros in Riobamba, Baños und Quito bieten meist fünftägige Trekkingtouren zum Sangay an. Von Riobamba aus geht es ins Dörfchen *Alao* und von dort zur Hazienda *Eten*, wo die Maultiere beladen werden. Es gibt auch Alternativrouten. Für den Marsch von Eten bis zum Kegel sind zwei Tage zu veranschlagen. Bei dem Auf und Ab über den Páramo müssen Flüsschen und Bäche durchquert werden. Das auf einem erkalteten Lava-Ausfluss errichtete Basislager *La Playa* befindet sich an den südwestlichen Flanken des Vulkans auf etwa 3.600 m. Dort können die Explosionen vom Kraterrand vernommen werden. Bei Nacht ist die Sicht auf den Berg oftmals am besten, während sich eine hauchdünne Ascheschicht über die Zeltplanen der Schlafenden legt.

Der 270.000 ha große *Nationalpark Sangay* beschreibt ein nahezu unzugängliches Gebirgsdreieck zwischen den Provinzen Morona Santiago, Tungurahua und Chimborazo und umfasst sowohl amazonische als auch andine Höhenlagen von 900 bis 5.230 m. Reißende Quellbäche und Wasserfälle zwängen sich durch die Schluchten dieses wild zerklüfteten Nebelwaldgebietes, um dann viel weiter unten die Flüsse Pastaza, Palora, Upano oder Chambo zu bilden. Zum Nationalpark gehören die Fünftausender des Tungurahua, Altar und Sangay. Neben einem unvorstellbaren Pflanzenreichtum finden sich in diesem unwegsamen Gebiet auch einige vom Aussterben bedrohte Tierarten Zuflucht. Darunter der sagenhafte Bergtapir (*danta*), Brillenbären, Pumas, Ozelote und Jaguare.

Die Straße von Riobamba bis ins subtropische Macas (über Guamote, Atillo und Zuñac) hat den Nationalpark in zwei Hälften geteilt. Aus ökologischer Sicht hat das nichts Gutes zu bedeuten. Landschaftlich betrachtet, ist diese fünfte Passstraße über die ecuadorianische Ostkordillere hinweg jedoch ein Leckerbissen. Zauberhafte Lagunen (Atillo) und vogel- und orchideenreiche Nebelwälder sind durch diese Strecke „erschlossen" worden.

Atillo- und Ozogoche-Lagunen

Einen wunderschönen Anblick bietet bei relativ seltenem Schönwetter (eher Dezember und Januar) das Páramo-Seengebiet **Atillo** (3.455 m) mit seinen Lagunen *Colay, Magdalena, Cuyu, Negra, Chapanapungu* und *Shisñan.* Es liegt etwa 90 km südöstlich von Riobamba und fast 50 km von Guamote im Nationalpark Sangay, rechter Hand der neuen Straße nach Macas und kurz hinter dem gleichnamigen Dorf Atillo. Die Puruháes-Indígenas, die lange der Inka-Invasion standhielten, sollen dort in präkolumbischen Zeiten ihre Feinde im eiskalten Wasser ertränkt haben. Die schönste Lagune ist die **Magdalena**, die von den hoch aufragenden Bergspitzen des **Púlpito**, **Tres Cabezas** und **Sasquin** eingerahmt ist. Die beste Sicht offeriert der *mirador* von Osten her, nur wenige Minuten nachdem man am See vorbeigefahren ist. Ein paar Kilometer weiter in Richtung Osten befindet sich die *Guardería Atillo*, ein selten benutzter Zugang zum Nationalpark (10 USD Eintritt, einfachste Schlafstätten, Campingmöglichkeit).

Nach weiteren 15 km kurvenreicher Straße über die Ostkordillere hinweg ist das bereits subtropische **Zuñac** erreicht, nochmals 10 km später **San Vicente de Playas**. Von dort geht es ins etwa 20 km entfernte **9 de Octubre** und weiter nach **Macas**. Anfahrt: Von Riobamba mit einem Bus (tägl. zw. 2.30 Uhr und 19 Uhr, siehe Riobamba/Verbindungen) geht es etwa einen halben Kilometer südlich von Guamote von der Pana linker Hand in den ausgeschilderten Macas-Abweig und zu den Atillo-Lagunen. Dem Busfahrer bitte Bescheid geben, sodass er am kleinen **Road-Hotel-Restaurant Sasquin** beim weitverstreuten Dorf Atillo hält. Dort können auch Pferde gemietet werden. Die wenige Kilometer entfernten Lagunen sind vom Sasquin aus leicht zu Fuß zu erreichen.

Der Abzweig zu den **Ozogoche-Lagunen** befindet sich hingegen 22 panamerikanische Kilometer südlich von Guamote in **Charicando**, zwischen *Palmira* und *Tixán*

Panamericana Sur

Karte S. 299

Atillo-Lagunen

an der Pana. Von dort führt eine 35 km lange Straße über *Cocán* zu den beiden größten Lagunen **Magtayán** und **Cubillina** (nach knapp 30 km am „*Y*" links weg, also nicht rechts nach Totoras). Zwischen dem Ozogoche- und dem Atillo-Seengebiet liegt ein schroffes Bergmassiv, die Wasserscheide mit den Gipfeln *Púlpito, Tres Cabezas* und *Sasquin*, von den Inkas auch **„Ayapungo"** genannt, „Pforte des Todes". Eine großartige Höhenwanderung vom einen zum anderen Seengebiet bietet sich an. Tourbüros in Riobamba geben Auskunft.

Ein geheimnisvolles Phänomen, das die Indígenas als *„El Tributo"* bezeichnen, ereignet sich jedes Jahr zwischen Mitte September und Mitte Oktober, wenn sich augenscheinlich Dutzende von Cuvivíes-Zugvögeln in die eisigen Gewässer stürzen und kollektiven Selbstmord begehen! Dabei handelt es sich jedoch um natürliche Auslese: Auf ihrem langen Wanderflug von Kanada nach Argentinien haben die Vögel hier über dem Páramo in über 4.000 Höhenmeter mit Sauerstoffmangel und starken Winden zu kämpfen. Die schwächsten und ausgehungertsten unter ihnen lassen sich beim Überflug erschöpft in den See fallen und ertrinken, meist im dichten Nebel oder auch nachts. „El Tributo" ist für die Indígenas ein gutes Omen und kündigt den Übergang von der Sommer-Ernte zur Winter-Aussaat an. Am letzten Sonntag im September oder am ersten im Oktober findet auch ein *„Festival Tributo de las Aves"* statt. Der „Cuvivies" (Quichua) heißt auf Deutsch „Prärieläufer" (*Bartramia longicauda*) und gehört zur Familie der Schnepfenvögel (*Scolopacidae*).

„Die Teufelsnase" – Mit der Eisenbahn in Richtung Küste

Gegen 6.30 Uhr verlässt der erste ächzende Schienenbus den Bahnhof von Riobamba (jeden Mi, Fr und So, Tickets gibt es vor Abfahrt oder auch am vorausgehenden Tag am Bahnhofsschalter). Zunächst geht es in Richtung Westen die Anden hoch, an Cajabamba, dem frühkolonialen Kirchlein La Balbanera und der Laguna Colta vorbei (3.212 m), dabei den schneebedeckten Chimborazo im Blickfeld, soweit das Wetter dies zulässt. Erster Halt ist **Guamote** (3.056 m), fast 40 km südlich von Riobamba: Staub- und Pflastersteinstraßen, überwiegend Quichua sprechende Bevölkerung, indianisch urbanes Andenszenario. Bei dem bis zu einstündigen Aufenthalt können die Passagiere heißen Tee genießen oder kulinarische Experimente an den Imbissständen im Bahnhofsbereich machen. Zudem findet in Guamote jeden Donnerstag ein authentischer Markt statt. Dabei strömen Ponchos und Filzhüte tragende Bergbauern aus den umliegenden, noch höher gelegenen Dörfchen zusammen. Ihre mit Gemüse-, Mais- und Kartoffelsäcken bepackten Lamas und Maultiere werden gewöhnlich außerhalb des Marktes auf einem dafür vorgesehenen Abstellplatz „geparkt". Auf dem ermüdenden Nachhauseweg schleppen die Tiere dann allerlei Haushaltsutensilien mit zurück und manchmal auch den sichtlich betrunkenen Besitzer. Sternhagelvoll ist mitunter auch der Bahnhofsvorsteher und „Weichensteller", was jedoch die Passagiere nicht weiter stören sollte.

Südlich von Guamote kreuzt der Zug die Halbwüste von **Tiocajas**, einen sandigen Höhenrücken, der teils mit Pinienwäldchen aufgeforstet wurde und auf dem vor

Nahe der Teufelsnase

500 Jahren schwere Kämpfe zwischen den vorstoßenden Inkas und den Puruháes stattfanden.

Am gleichen Ort, nur eine Generation später, versuchte dann ein siegesgewohnter Rumiñahui, Atahualpas „General", den spanischen Eroberer Sebastián de Benalcázar aufzuhalten.

Kurz darauf beginnt der Zug, durch die Schlucht des **Río Pomachaca** zu schaukeln, der im weiteren Verlauf mit jedem neuen Zufluss auch jedes Mal einen neuen Namen erhält: **Río Tixán**, **Río Alausí**, **Río Chanchán**. Während der Trockenmonate gleicht der Chanchán-Fluss einem unbedeutenden Rinnsal. Zur Regenzeit hingegen wurden von den Wassern auch schon die Gleise mitgerissen.

Beim Erreichen der Bahnstation von **Alausí** (2.360 m) werden sich die Passagiere ihrer Jacken und Pullover entledigen. Es ist merklich wärmer geworden. Das ruhige, frühlingshafte Städtchen lockt Touristen mit seinem Sonntagsmarkt.

• *Übernachten/Touren in Guamote* Die indianische Organisation **Intisisa** arbeitet vor allem mit Volontären aus Benelux zusammen. Neben Workshops im erzieherischen Bereich werden Reitausflüge (ab 35 USD), Trekking, Biking und Übernachtungen im Gästehaus angeboten: 6 DZ mit BP 14 USD pro Pers., im Schlafsaal 10 USD, Frühstück und *almuerzo* je 3,50 USD, *cena* 5,50 USD (*cuy* 10 USD), Gemeinschaftsküche und Kamin. www.intisisa.org.

• *Übernachten in Alausí* **La Quinta**, mit Abstand schönste Unterkunft im Ort, stilvolles Landhaus-Ambiente und Aussicht auf das Städtchen, riesiger Garten mit Bäumen und Palme, nur zwei Blocks vom Bahnhof, DZ 59–66 USD inkl. Frühstück, Eloy Alfaro 121, ✆ 2930247, www.hosteria-la-quinta.com.

Gampala, Zimmer mit BP, Ww, Kabel-TV. Pro Pers. 10 USD. 5 de Junio y Pedro de Loza, ✆ 03/2930138.

Europa, wirkt ein wenig wie ein alter Bahnhof, DZ mit BP 16 USD, mitten im Zentrum.

Americano, Zimmer mit BP, Ww. Pro Pers. 6 USD. Calle García Moreno beim Markt, ✆ 03/2930159.

Wirklich was los ist in Alausí nur am 29. Juni, dem Fest des heiligen Pedro, wenn Kostümgruppen und wilde Stiere die Straßen unsicher machen. Hinter Alausí beginnt dann der Abstieg zur Küstenebene. Über der Schlucht des Río Chanchán scheint der Zug beinahe zu schweben. Die berüchtigte „Teufelsnase" **La Nariz del Diablo** (1.900 m), ist nicht mehr weit. An diesem Felszinken in Form einer gigantischen Nase geht es durch wiederholtes Vor- und Zurückstoßen innerhalb von wenigen Minuten im Zickzackkurs bis ins 100 m tiefere Steilwandtal des Chanchán-Flusses hinunter. Die meisten Touristen wollen diesen Höhepunkt der Reise vom Waggondach aus erleben und fotografieren (gut festhalten!).

Für die ecuadorianische Geschichtsschreibung stellt die Teufelsnase nicht nur ein Epoche prägendes architektonisches Meisterwerk dar. Sie gilt vielmehr als konfliktreiches Symbol zwischen Vergangenheit und Zukunft, Feudalismus und Fortschrittsglauben, Religion und Kakao, Hochland und Küste. Für den damaligen Staatspräsidenten Eloy Alfaro wurde 1908 der Traum von der Verbindung Costa-Sierra zur Wirklichkeit. Aber gerade dieser Streckenabschnitt wurde für Tausende von schwarzen jamaikanischen „Gastarbeitern" zum Alptraum. Bei Sprengungen kamen zahllose Gleisbauer ums Leben.

Zu Füßen der Teufelsnase befindet sich der winzige Bahnhof von **Sibambe**. Von hier führt ein südlich verlaufendes Nebengleis über El Tambo und Azogues bis nach Cuenca. Aufgrund einer Überschwemmungskatastrophe (1992) wurde diese Strecke jedoch stillgelegt. Ähnliches geschah 1999, als ein gewaltiger Erdrutsch die Gleiskörper zwischen Sibambe und **Huigra** wegspülte und sich der Río Chanchán zu einem 400.000-Kubikmeter-See aufstaute. Somit enden die meisten Bahnfahrten in Sibambe.

Nach der Einstellung des regulären Bahnbetriebes hat sich Huigra, *el pueblo de la eterna primavera* (das Dorf des ewigen Frühlings), in ein gespenstisches Wildwest-Städtchen verwandelt. Fast alle seiner Bewohner wurden arbeitslos und wanderten nach Spanien aus. Nur Alte und Kinder sind zwischen den heruntergekommenen Häuserfassaden anzutreffen, traurige Reminiszenzen einer längst vergangenen, von *progreso* und *revolución* geprägten Epoche.

Von Sibambe geht es wieder die „Teufelsnase" hoch und zurück nach Alausí, wo der Zug gegen Mittag oder auch später eintreffen sollte, je nachdem, wie oft die Lok aus den Gleisen springt – und dann mithilfe von Steinbrocken, Stemmeisen und Kaktusblättern (zum Schmieren) wieder aufs Gleis gehievt wird, eine tolle Show! In Alausí beginnt dann der Run auf die Busse nach Riobamba (zurück) oder Cuenca bzw. auch Guayaquil. Wer jedoch einen ruhigen Abend erleben möchte, sollte in Alausí bleiben und erst mal ein kaltes Bierchen öffnen.

Es ist auch möglich, irgendwann zwischen 8 und 12 Uhr in Alausí in den Zug oder in einen Schienenbus zu steigen und damit nur die Teufelsnase runter- und wieder raufzufahren, oder nach dem Teufelsnasen-Trip mit dem „leeren" Zug wieder zurück nach Riobamba zu fahren. Meist ist es jedoch aufgrund der späten Abfahrt von Alausí bereits dunkel. Man sieht nichts mehr, und das Abteil wird nur von einer Kerze beleuchtet. In Alausí zur Teufelsnase zuzusteigen hat evtl. den Nachteil, keinen freien Sitzplatz mehr auf dem Waggondach ergattern zu können. Auch längere Wartezeiten müssen in Kauf genommen werden. Tipp: Ein lauschiges Plätzchen in Bahnsteignähe suchen und die breite Hutkrempe ganz tief ins Gesicht ziehen!

Inka-Trail/Camino del Inca

Die Wanderung auf dem innerandinen „Weg des Inka" führt von **Achupallas** bis nach **Ingapirca** zu den Inka-Ruinen (vgl. „Cuenca"). Der zwei- bis dreitägige Marsch führt über einen alten, oftmals verschwundenen Abschnitt der panamerikanischen Inka-Straße, die sich einst vom heutigen Santiago de Chile bis nach Quito etwa 5.000 km über die Kordilleren bahnte.

Die Anfahrt erfolgt meist von Riobamba. Es geht über **Alausí** und **Guasuntos** nach Achupallas (110 km südlich von Riobamba). Alausí kann von Riobamba per Bus oder Eisenbahn erreicht werden. In Alausí starten frühmorgens Busse und Camionetas nach Guasuntos oder direkt bis Achupallas.

Der 40-km-Trail, teils über vereinzelte Kopfsteinpflaster-Reste führend, folgt dem mitunter morastigen Auf und Ab in Höhenlagen um die 4.000 m, führt an den stillen Lagunen **Las Tres Cruces** und **Culebrillas** vorbei und kreuzt die arg vom Wind angefressenen Steinwälle von **Paredones**. Diese verstümmelten Mauern sind nicht zu verwechseln mit den gleichnamigen Paredones-Ruinen eines anderen, weit weniger bekannten Inka-Trails, der vom Naturreservat El Cajas in Richtung Küste runterführt (siehe „Cuenca").

Die beste Jahreszeit für den Inka-Trail sind die trockenen Sommermonate von Juli bis Anfang September bzw. der Altweibersommer im Dezember/Januar. Während der Regenzeit von Februar bis Juni kann das Wetter sehr ungemütlich werden. Extreme Temperaturstürze, frostige Kälte auch tagsüber und eisige Niederschläge sind dann keine Seltenheit.

Cuenca (350.000 Einwohner)

Widerspenstige Cañari, kriegerische Inkas, goldgierige Spanier, französische Jesuiten, ein olympischer Goldmedaillengewinner, die erste Wifi-Altstadt Südamerikas (user: wifi@etapatelecom, password: gratis) – alles starke Argumente für eine Kulturmetropole mit viel Provinzcharme!

Ihr gepflegter Altstadtkern umfasst enge Pflastersteinsträßchen mit noblen Fassaden, gedrechselten Balustraden, schmiedeeisernen Balkönchen und frisch gestrichenen Kirchenportalen, vor denen sich so manche Vorbeigehenden bekreuzigen. Lediglich die vielen Autos weisen auf das 21. Jh. hin. In keiner ecuadorianischen Großstadt sind althergebrachte Gepflogenheiten so sehr mit dem modernen Leben verflochten wie in Cuenca, wo sich innerhalb kurzer Zeit gleich mehrere Kulturen gezwungen sahen, miteinander zu fusionieren, und wo jeder Sonntag eine eigene Kirche aufweisen kann – es gibt genau 52. Wer iberoamerikanische Städtebaukunst und höfliche Menschen sucht, das verkehrslastige Quito als drückend und nervtötend empfindet, sollte in die Hochburg des ecuadorianischen *Austro* (Name für diesen Landesteil) reisen.

Cuenca ist das bedeutendste Artesanía-Zentrum von Ecuador. Anders als z. B. im nördlichen Otavalo kann der Tourist hier auch Qualität und Originalität antreffen, angefangen von *cerámica* (mit feinen Pinselstrichen dekoriert) über Stickereien (*bordados*), Schafwollpullover (*sacos de lana de borrego*), Lederjacken (*chompas de cuero*) und filigranen Silber- und Goldschmuck (*joyería*) bis hin zu außergewöhnlichen Korbflechtarbeiten (*cestería*) und edlen Panamahüten (*sombreros de paja toquilla*).

Panamericana Sur
Karte S. 299

Das in einem 2.500 m hohen Talbecken gelegene „Athen" Ecuadors (sehr schmeichel-
haft) wurde von den Spaniern einst auf den Namen *Santa Ana de los Cuatro Ríos de
Cuenca* getauft. Einer dieser vier Flüsse trennt die Stadt heute in zwei Hälften: die
nördliche Altstadt und das südliche moderne Cuenca. Koloniale und republikanische
Fassaden stehen breiten Avenidas, Universitätsgebäuden und einem Stadion mit Flut-
lichtanlage gegenüber, während an den grasbewachsenen Ufern des **Río Tomebamba**
die Wäschestücke einiger fleißiger Dienstmädchen zum Trocknen ausliegen.

Die anderen drei Flüsse sind der kleinere *Río Machangara*, der die nördliche
Grenze von Cuenca bildet, während der südliche Stadtrand von den Flüssen *Yanu-
cay* und *Tarqui* durchzogen wird.

Geschichte

Zwischen 500 v. Chr. und 1500 n. Chr. war die Region um die Vier-Flüsse-Stadt von
den *Cañari-Indianern* besiedelt, die im Gegensatz zu anderen Völkern der nördlichen
Andenkette eine relativ fortschrittliche sozio-ökonomische Kulturstufe erreicht
hatten. Zu ihren Errungenschaften zählten neben astronomischen Kenntnissen
auch eine hochentwickelte Töpfer- und Goldschmiedekunst sowie ein ertragreicher
Ackerbau. Die Cañari nannten ihr angestammtes Gebiet **Guapondélig**, was übersetzt etwa „himmelgroßes Land voller Blumen" bedeutet. Der Begriff „Cañari" ist
vermutlich eine Zusammensetzung aus „Kan" (Schlange) und „Ara" (Papagei).
Diese beiden Tiere stellten für das Volk Gottheiten dar.

Als der Inka Tupac Yupanqui bei seinem nördlichen Eroberungsfeldzug in die grünen Täler um Tomebamba (Cuenca) vorstieß, traf er dort auf heftigste Gegenwehr.
Er brauchte zwölf Jahre, um die widerspenstigen Bewohner zu besiegen, wobei sich
der Inka wiederholt nach Süden in die Gegend um Saraguro zurückziehen musste.
Die Sonnensöhne benannten die Region **Paucarbamba** – „Hochebene der Vögel" –
und bauten sie nach ihrer Zerstörung durch die Kriegswirren zur wichtigsten Stadt
des *Chinchasuyo* aus, des nördlichen Teils des riesigen Inka-Reiches *Tahuantinsuyo*. Selbst nach der Eroberung des fruchtbaren Cañari-Landes, das im Westen
einst bis zur Pazifikküste und im Osten bis in die feucht-tropischen Andenausläufer des Amazonasbeckens reichte, sah sich Tupac Yupanqui gezwungen, der Urbe-
völkerung einen gewissen Autonomiestatus zuzugestehen.

Im Bruderkrieg zwischen dem Quiteño Atahualpa und dem Cuzqueño Huascar
spielten die „Cuencanos" dann eine entscheidende Rolle. Sie schlugen sich auf die
Seite der Cuzqueños, was die Kampfhandlungen auf Jahre hinaus verzögern sollte.
Nach dem Sieg Atahualpas über seinen verfeindeten Bruder Huascar übte dieser
schließlich grausame Rache am Verrat der Cañari. Über 50.000 von ihnen sollen auf
Befehl des Inka-Kaisers massakriert worden sein. Ihre herausgerissenen Herzen
wurden überall im Lande verstreut. Die Überlebenden flohen in die Gegend um das
heutige Zaruma oder in den Oriente.

Die Inka-Herrschaft sollte jedoch nur achtzig Jahre anhalten. Um 1533 fielen die
Spanier auf ihrem Weg ins sagenhafte Quitus-Land auch in **Tomebamba** ein. Auf
Initiative des im kastilischen Cuenca (Spanien) geborenen Vizekönigs von Peru,
Diego Hurtado de Mendoza, wurde die Stadt im Jahre 1557 von *Gil Ramírez Dáva-
los* wieder gegründet. Mit den Steinresten der Inka und nicht zuletzt der Cañari er-
stand das umstrittene Tomebamba erneut aus den Trümmern. Aufgrund der zahl-
reichen Goldminen im Umland und dem später einsetzenden *Cascarilla*-Export
(Chinarindenbaum zur Chininherstellung – südlicher Oriente) stieg die indiani-

Am Barranco-Ufer in Cuenca

Panamericana Sur
Karte S. 299

sche Handels- und Kulturmetropole zu neuem Glanz auf. Die Bezeichnung China soll sich von dem indianischen Wort „Quina" für Rinde ableiten.

Die Spanier blieben jedoch nicht die letzten Invasoren in Cuenca. Vier Jahrzehnte nach der Unabhängigkeitserklärung vom 3. November 1820 kamen über 2.000 französische Jesuitenmönche in die Stadt. Ihr prägender Einfluss ist heute im verspielten Dekor vieler Decken und Wände zu erkennen, wobei das *barrio afrancesado* von **Barranco** im nördlichen Uferbereich des Río Tomebamba ein kleiner Leckerbissen ist. Das Viertel besteht aus einem ärmeren Teil zwischen den Brücken *Puente del Vado* und *Puente del Centenario* sowie einem noblen Teil zwischen der *Puente del Centenario* und *del Vergel*. Bei einem Spaziergang sollten die Häuser entlang des Flusses einmal von der Straße (Calle Larga) und dann vom Ufer aus betrachtet werden.

Jefferson Pérez

Der aus Cuenca stammende *marchista* Jefferson Pérez ist das größte ecuadorianische Sportidol aller Zeiten! Bei den Olympischen Spielen in Peking gewann der 34-Jährige die Silbermedalle im 20-km-Gehen. Er wurde nur von einem 13 Jahre jüngeren Russen abgehängt, der plötzlich wie von einer Dopingnadel gestochen 14 Sekunden vor Pérez die Ziellinie überquerte. Schade, dabei hätte man es dem „Andarín" so gegönnt! Bereits 1996 holte er olympisches Gold in Atlanta und seitdem mehrere Weltmeistertitel. Der Supersportler aus bescheidenen Verhältnissen schwört auf Anti-Doping, hartes Training und grenzenlosen Ehrgeiz. Nach seinem bedeutenden Lauf in Peking ließ er sich zudem nicht die Gelegenheit entgehen, seine kritsche Haltung gegenüber der Regierung Ecuadors zum Ausdruck zu bringen. ¡Qué viva!

Information/Verbindungen

> Die **Vorwahl** von Cuenca und der Provinz Azuay ist **07**.

• *Information* Hilfreich ist das **i-Tur-Büro** in der Sucre y Luis Cordero im Erdgeschoss des Municipio beim Parque Calderón, Ansprechpartner sind Fabiola Jadán und Gabriela Alvárez, ℘ 2821035, Kiosk im Flughafen, dort gibt es einen Stadtplan mit Museen, Mo–Fr 8–20 Uhr, ℘ 2862203, www.cuenca.com.ec.
Die Beschwerdestelle bei Abzocke ist in der **Camara de Turismo de Azuay**, Eingang links vom i-Tur-Büro. Norita Rivas ist außerdem eine Perle der Hilfsbereitschaft bezüglich Abfahrtszeiten der Busse, Hotels, Restaurant, etc.
Am Terminal Terrestre gibt es ebenfalls einen Info-Schalter der Cámara de Turismo, schräg gegenüber der Türe, durch die alle ankommenden Passagiere müssen, Mo–Sa 8.30–12 bzw. 14.30–18 Uhr, ℘ 2824811 o. 2843888.
• *Verbindungen* Ein **Taxi** kann auch per Telefon gerufen werden, 24-Std.-Service „de puerta a puerta": **Radio Taxi Ejecutivo**, ℘ 2809605; **Radio Taxi** Amigos, ℘ 2801713; **Radio Taxi Express**, ℘ 2866150; kürzeste *carrera* tagsüber 1,25 USD, von der Altstadt zum Busbahnhof tagsüber 2 USD, zur Lagune Toreadora im Nationalpark El Cajas 20 USD ohne und 60 USD mit Rückfahrt (und damit inkl. Wartezeit des Taxis), nach Gualaceo 15 USD ohne und 30 USD mit Wartezeit, nach Ingapirca 40 USD ohne und 60 USD mit Wartezeit. Da es keine Taxameter gibt, ist der Preis vorher auszuhandeln.
Bus: Es gibt zwei Busbahnhöfe, den großen Terminal Terrestre, wo fast alle Busse abfahren, und den Terminal Sur („El Arenal"), wo nur bestimmte Busse abfahren. Vom 1 km nordöstlich des Altstadtzentrums gelegenen **Terminal Terrestre** (Av. España y Chapetones) geht es nach Norden und Süden (Andenhochland), zur Küste (Guayaquil, Machala) und in eine touristisch wenig bereiste Region des Oriente (Sucúa, Macas, Gualaquiza). Im Busbahnhof sollte auf das Gepäck ein wachsames Auge geworfen werden!
Nach **Quito** (10 Std., 12 USD) über **Alausí** (4 Std.), **Riobamba** (6 Std.) und **Ambato** (7:30 Std.) unterhält die Flota Imbabura

(℘ 2839135) um 6.40, 19.30, 20.30, 21.15, 21.45 und 22.40 Uhr tägl. eine Verbindung mit bequemen Reisebussen, einzige Coop. mit Schlafsesseln! Auch Express Sucre (℘ 2835717) fährt mit guten Bussen 15x tägl. von 6–23 Uhr nach Quito (10 USD). Zu empfehlen ist auch Santa (℘ 2822442), die tägl. 7 Volvo-Busse nach Quito schickt. Santa hält als einzige Coop. im Terminal von Ambato (8 USD) und erlaubt somit eine Umsteigemöglichkeit nach Baños. Eine besondere Verbindung mit der Hauptstadt unterhält die Coop. Loja (℘ 2844688), die gegen 13.45 Uhr und 20 Uhr startenden Busse fahren gleich bis nach Lago Agrio weiter. (18 Std., 20 USD).
Die Coop. Panamericana hat einen nächtlichen, aus Loja kommenden Bus nach **Quito** (Abfahrt gegen 22 Uhr) und einen in umgekehrter Richtung nach **Loja** gegen 4 Uhr morgens (5 Std., 7,50 USD). Das Büro dieser Kooperative befindet sich nahe dem Terminal Terrestre in der José Joaquín de Olmedo y Av. Hurtado de Mendoza, ℘ 2868819.
Busse nach **Loja** haben tägl. um 12 und 22 Uhr die Coop. Loja (℘ 2844688), um 7.45, 11, 16, 19.30 Uhr und 24 Uhr die Coop. San Luis (℘ 2823230), ebenso fährt Coop. Viajeros (℘ 2842107) 15x tägl. nach Loja. (5 Std., 6–7 USD); Verbindungen mit **Zaruma** (7 Std.) und **Portovelo** unterhalten die Coop. T.A.C. (℘ 2847434) tägl. um 16.15 Uhr und Azuay (℘ 2839055) um 16.45 und 20.45 Uhr. Direkt bis nach **Piñas** geht es mit der Coop. Ciudad de Piñas (℘ 2822740) tägl. um 12.30 Uhr.
Nach **Guayaquil** fahren tägl. alle 40 Min. Atrain Alianza, der Zusammenschluss fünf verschiedener Kooperativen (℘ 2869487). Im Ticket steht der Name der Kooperative, mit der gefahren wird. Über **Cañar** dauert es 5–6 Std. (Normalroute, 8 USD), über die landschaftlich attraktive Strecke durch das Cajas-Reservat 4–5 Std. (7 USD). Vor Ort erkundigen, welche Route genommen wird, „por el Cajas o por Cañar?"
In die Bananenhauptstadt **Machala** geht es tägl. von 6 bis 20.30 Uhr jede Std. mit Express Sucre und 16x tägl. mit der Coop. Azuay (4 Std., 5 USD). Direktverbindungen nach **Huaquillas** an der peruanischen Grenze unterhält ebenso Azuay (5 Std., 6 USD).
Nach **Sucúa** und **Macas** fahren 7x tägl. Turismo Oriental (℘ 2823269), Abfahrtszeiten 5, 10, 13.30, 17.30, 20, 21 u. 22 Uhr, und 2x tägl. die Coop. Macas (℘ 2869983), 6 Uhr und 12 Uhr). Fahrpreis etwa 10 USD. Fragen, ob

es über Limón oder Guarumales geht. Wer möchte, kann in den Macas-Bus auch 1 Std. weiter östlich in Gualaceo zusteigen. Der Bus sollte dort direkt an der Calle Principal beim dortigen Busbahnhof abgepasst werden. **Gualaceo** (40 Min.), **Chordeleg** (50 Min.), **Sigsig** (1:30 Std.) und **Paute** liegen praktisch auf dem Weg in den Oriente und sind mit interprovinziellen Bussen der Trans. Unidas Gualaceo (✆ 2869730) alle 10 Min. zu erreichen. Wer in Gualaceo (anstatt in Cuenca) in den Macas-Bus steigen will, sollte jedoch bereits vorher am Terminal in Cuenca das Ticket gekauft haben. Nur so ist auch ein Sitzplatz garantiert, da der von Cuenca kommende Bus meist schon voll ist. Ohne das Macas-Ticket in der Tasche bliebe Gualaceo-Besuchern wahrscheinlich nichts anderes übrig, als nach Cuenca zurückzufahren, um dort in den Macas-Bus zu steigen. Die schöne, abenteuerliche Fahrt ins subtropische Macas dauert von Cuenca mind. 10 Stunden. Eine Direktverbindung in den Süd-Oriente nach **Gualaquiza** unterhalten die Coop. 16 de Agosto (✆ 2832703) um 5.30, 10. u. 16.30 Uhr, die Coop. Cenepa um 6 und 16 Uhr.

Zu den 80 km nördlich (mind. 2 Std.) von Cuenca gelegenen **Ruinas de Ingapirca** verkehrt tägl. 2x die Coop. Transp. Cañar (✆ 2844033) um 9 und 13 Uhr (von Ingapirca zurück geht es um 13 und 16 Uhr). Der Fahrpreis beträgt 2,50 USD, der Eintritt zu den Ruinen 6 USD.

Weitere Coop. fahren nach **Azogues** (Unión de Busetas, 40 Min., tägl. alle 10 Min., ✆ 2805978) und nach **Biblián** (Coop. Cañar, ✆ 2844033 o. Coop. Jahuay, jede Std.).

Vom Terminal Sur „El Arenal" in der Av. de las Americas (bei der Feria Libre entre Eduardo Arias y Carlos Arizaga Vega) geht es tägl. nach **Girón** (mit Coop. Sta. Isabel, 1 Std., ✆ 2839163, von Girón nach San Gerardo *camionetas* ab 2 USD), nach **Santa Isabel** (mit Sta. Isabel alle 15 Min., 2 Std.) und nach **San Fernando** um 5 und 13 Uhr mit der gleichnamigen *buseta* (2 Std.); mit Occidental (✆ 2856691) geht es nach **Soldados** (1 Std.) und **Angas** (2 Std.) am südlichen Rand des El-Cajas-Nationalparkes, Abfahrtszeiten 6, 7, 10, 12, 14, 17 und 18 Uhr. Die nach Loja, Saraguro, Machala und Huaquillas fahrenden Busse halten auf dem Weg vom Terminal Terrestre meist noch ein paar Minuten am Terminal Sur.

Flug: Der aus landetechnischer Sicht berüchtigte, da mitunter vernebelte Flughafen Mariscal Lamar befindet sich keine 2 km nordöstlich der Altstadt inmitten der Häuser.

Mit **TAME** gibt es tägl. Verbindungen nach **Quito**. Abflugzeiten 8.30, 14.45 und 18.40 Uhr (Mo–Fr), 9 und 15.45 Uhr (Sa), 10.15 und 18.40 Uhr (So). Flugzeit etwa 40 Min. Einfach etwa 75 USD, hin/zurück das Doppelte. Nach **Guayaquil** geht es (über Quito) Mo–Fr um 8, 15 und 19.15 Uhr, Sa um 9.30 und 15 Uhr, So um 10.45 und 19.15 Uhr (75 USD). Das TAME-Büro befindet sich in der Florencia Astudillo gegenüber Plaza Milenium, ✆ 2889581 (im Flughafen ✆ 2868437), Mo–Fr 8.15–12 und 14.30–18 Uhr.

AEROGAL fliegt Mo–Fr um 8, 14.15 und 18.45 Uhr nach **Quito** (Mi–Fr auch 11.15 Uhr), Sa um 11.15 und 17 Uhr, So um 11.15, 15.30 und 18.45 Uhr; auch Direktflüge nach **Guayaquil**, Mo–Fr um 9.15 und 19.30 Uhr, Sa um 8.30 Uhr und So um 19.30 Uhr. Das Büro befindet sich in der Av. España 10-91 y Fco. Pizarro beim Flughafen, ✆ 2815250.

LAN Ecuador, tägl. ein Flug nach **Guayaquil** um 13.45 Uhr, Bolívar 9-18 y Benigno Malo, ✆ 2822783.

Adressen

• *Autovermietung* **Avis**, beim Flughafen, ✆ 2863902 o. Av. España 10-87, ✆ 2860174, ✆ 099-892411 (Sr. Patricio Calle), www.avis.com.ec; dreitüriger Vitara 4x4 ab 50 USD, fünftüriger ab 70 USD pro Tag, bei Voranmeldung kann ein englischsprachiger Fahrer organisiert werden (Mehrkosten 50 USD pro Tag).

• *Deutsches Konsulat* Bolívar 9-18 y Benigno Malo, ✆ 2848579, ✆ 2831479, Mo–Fr 9.30–13 und 15.30–18 Uhr, Konsulin Eva Klinkicht de Tamariz, evak@etapaonline.ec.net.

• *Geldbeschaffung* **Banco de Guayaquil** (Visa, Mastercard, Maestro, American Express), Bargeld per Kreditkarte ohne Kommission, Sucre entre Hermano Miguel y Borrero (✆ 28377000); **Banco del Austro** (Visa, Mastercard), Cash per Kreditkarte bis 2.000 USD mit 4 % Kommission, Sucre y Borrero (✆ 2831222); **Banco del Pacífico** (Mastercard, Visa, Cirrus), im 2. St. Cash per Kreditkarte und Reisepass, Benigno Malo 9-75 y Gran Colombia (✆ 2831144), ca. 20 m in Richtung Parque Central; **Banco Pichincha**, einziger Geldautomat mit Diners-Logo, Ecke Sucre y Borrero.

Panamericana Sur
Karte S. 299

Ü̈bernachten
1 Macondo
4 Pichincha Int.
5 Posada del Angel
9 Carvallo
10 Casa Ordoñez
11 Mansión Alcázar
12 La Castellana
13 Apartamentos Otorongo
15 Pichincha
17 Inca Real
18 Hostería Durán
20 Orquidea
21 Quijote
23 La Cofradía del Monje
25 Santa Lucía
27 Milan
32 El Cafecito
33 Casa del Barranco
36 Crespo
37 El Capitolio 2
40 Victoria
41 Posada del Río II
44 Tourist of the World
46 Posada de Todos Santos

E ssen & Trinken
2 Villa Rosa
3 Guajibamba
6 Clásica
7 La Fama
8 Pedregal Azteca
14 Eucalyptus
24 El Nuevo Paraíso
26 La Mesa
28 Café del Tranquilo
29 La Viña
30 Govinda's
31 Cacao y Canela
34 Sankt Florian
35 Moliendo Café
38 El Jordán
39 La Herradura
47 El Maíz

C afés
16 Tutto Fredo
19 Frutilados
45 Tinku

N achtleben
22 Centro Cultural Prohibido
42 Wunderbar
43 La Parola

Cuenca
150 m

• *Internet* In der Altstadt im Bereich Calle Larga, Bolívar, Borrero, Benigno Malo, Hermano Miguel. Kabinen für Internet-Telefonate: **BapuNet**, Córdova 8-35 entre Cordero y Benigno Malo sowie Benigno Malo y Calle Larga; **Gran Net**, Borrero y Vásquez; **Crazy Computer**, Calle Larga 5-71 y Hermano Miguel, tägl. 9–24 Uhr, freundliche junge Besitzer.

• *Kamerareparatur* **Servimagen**, Cordero 508 y Honorato Vásquez, ℡ 2827796.

• *Krankenhäuser/Ärzte* **Clínica Monte Sinai**, Miguel Cordero 6-140 y Av. Solano, ℡ 2840813; Englisch sprechender Allgemeinarzt **Dr. Pedro Martínez**, seine Praxis befindet sich im *edificio* El Ejído neben dem Stadion, ℡ 2815803, ℡ 098-304656 (mobil), er arbeitet auch in der **Clínica Santa Ana Inés**, Agustín Cueva y Córdova, ℡ 2817888. Das Konsulat hat eine Liste mit guten Ärzten in Cuenca.

Notrufe: ℡ 911 (Krankenwagen), ℡ 131 (Rotes Kreuz), ℡ 101 (Polizei), ℡ 102 (Feuerwehr).

• *Polizei* Luis Cordero y Juan Jaramillo, ℡ 2831020, Notruf ℡ 101. Bei Diebstahl werden Touristen jedoch zur *fiscalia* (Staatsanwaltschaft) geschickt: Bolívar 7-02 y Borrero. i-Tur kann bei Anzeigen behilflich sein.

• *Post* Borrero y Gran Colombia.

• *Rotes Kreuz* Borrero 6-53 entre Jaramillo y Córdova, ℡ 2822520, im Notfall ℡ 131.

• *Spanischunterricht* **Sampere**, die Nr. 1 in Cuenca, Hermano Miguel 3-43 y Escalinata (Calle Larga), gleicher Eingang wie die „Wunderbar", ℡ 2841986, www.sampere.com, intensiver Gruppenunterricht 1 Woche 190 USD inkl. kultureller Aktivitäten, Tanz- und Kochkurse, oder 20 Lektionen *one-to-one* a 45 Min. pro Woche 245 USD; **Centro de Estudios Interamericanos** (CEDEI), Luis Cordero 5-66 y Juan Jaramillo, ℡ 2839003, www.cedei.org, Einzelunterricht 10 USD pro Std., in der Gruppe 7 USD; preiswert ist **Amauta**, Hermano Miguel 7-48 y Sucre, ℡ 2846206, www.amauta.edu.ec, *one-to-one* 8 USD, zu zweit 6 USD pro Std., Familienaufenthalt 17 USD tägl. inkl. drei Mahlzeiten.

• *Telefonieren* Unzählige **cabinas telefónicas** im Altstadtbereich, Benigno Malo, Córdova, Sucre, Bolívar, Calle Larga, meist tägl. geöffnet bis 22 Uhr.

• *Trekking- und Camingausrüstung* **Mono Dedo**, 12 de April y Guayas neben „Apartamentos Otorongo", ℡ 2885909.

• *Wäscherei* **Fast Klin**, Mo–Sa 8–19 Uhr, wer die Wäsche morgens abgibt, kann sie noch am gleichen Tag abholen, Hermano Miguel 4-33 entre Calle Larga y Honorato Vasquez, ℡ 2821368.

Übernachten (siehe Karte S. 372/373)

Die Nostalgie-Hotels befinden sich in der Altstadt. Manche haben beeindruckende republikanisch-klassizistische Innenhöfe oder viktorianische Fassaden, andere herausgestanzten französischen Decken- und Wandschmuck, knarrende Treppenaufgänge und Galeriengänge aus längst vergangenen Tagen. Viele dieser Hotels unter Denkmalschutz wurden ohne Beeinträchtigung ihrer alten Baustruktur nach Originalvorlagen renoviert. Die meisten der hier aufgeführten Hotels sind Teil des Welterbes (*Patrimonio Cultural*).

• *Im Zentrum* **Mansión Alcázar (11)**, (GK), traumhaftes republikanisches Haus, die 14 fantasievoll gestalteten Zimmer haben teils Blumen- und Früchtenamen. Am besten sind die Suiten „Sirena" mit Blick auf den Garten, „Mirage", „Básilica" o. „Cielo". Die unteren inneren Zimmer sind weniger gut. Highlight unter den Patrimonio-Hotels! Intimes Gourmet-Restaurant und Teatime-Patio mit plätscherndem Brunnen. EZ 98 USD, DZ 160 USD, Suite 220 USD inkl. *desayuno bufet*. Bolívar 12-55 y Tarqui, ℡ 2823918, info@mansionalcazar.com, www.mansionalcazar.com.

Santa Lucía (25), (GK), republikanischer Glanz von 1859, teils originalgetreue Einrichtung, sehr schöner Patio mit Galerie, ein Schmuckstück unter den Altstadthotels! Bacus-Café, Moshi-Moshi-Bar (Drinks aus aller Welt) und Trattoria Novecento (tägl.). EZ 92 USD, DZ 114 USD, Suite 146 USD. Borrero 844 y Sucre, ℡ 2828000, info@santaluciahotel.com, www.santaluciahotel.com.

Crespo (36), (GK), seit über 60 Jahren ein Klassiker, über dem Nordufer des Tomebamba. Gedrechselte Treppengeländer, große Terrasse. 40 Zimmer, teils mit Flussblick, empfohlen wurde Nr. 502. Wifi,

Restaurant La Casona mit französischer und internationaler Küche. EZ 84 USD, DZ 103 USD, 3er 120 USD, inkl. *desayuno americano*. Calle Larga 7-93 y Luis Cordero, ✆ 2842571, info@hotelcrespo.com, www.hotelcrespo.com.

Carvallo (9), (GK), elegantes republikanisches Haus von 1917, rotbraune Farbtöne, überdachter Innenhof. Ausgesprochen hübsche Zimmer, kein Restaurant, Parkplatz weit weg. Im Haus ist es ruhig trotz belebter Straße, ganz nahe der Kathedrale. EZ 73 USD, DZ 85 USD, Suiten 98–244 USD. Gran Colombia 9-52 entre Aguirre y Benigno Malo, ✆ 2832063, reservas@hotelcarvallo.com.ec.

Victoria (40), (MK), viktorianische Fassade mit olympischem Bogen und tollem Blick auf den Río Tomebamba. Empfohlene Zimmer sind Nr. 305, 307, 501 und 503. Restaurant El Jardín. Besitzer ist der zuvorkommende Sr. Edgar Durán. EZ 55 USD, DZ 73 USD inkl. *desayuno*. In bester Lage: Calle Larga y Borrero, ✆ 2827401, gstaana@etapanet.net, www.grupo-santaana.com.

Casa Ordoñez (10), (MK), sehr dezentes Patrimonio-Haus, keinesfalls überladen, Adobe-Wände, Federbettwäsche aus den USA, kein Restaurant der Ruhe der Gäste zuliebe, kleine Bar und Schallschutzfenster! Ebenso stilvolle Manager sind Mutter und Sohn Alberto. Tipp! EZ 45 USD, DZ 55–65 USD inkl. Frühstück und Internet. Lamar 8-59 y Benigno Malo, ✆ 2823297, www.casa-ordonez.com.

Inca Real (17), (MK), schöner Teil des Patrimonio, seit über 60 Jahren Hotel. Glasüberdachte Patios, auf deren schanken Kolonnaden 30 Zimmer und ein ozeanisches Gemälde verteilt sind. Nur Innenzimmer, man che düster. Am besten C-10 und C-11, da oben beim Glasdach, wo am meisten Tageslicht einfällt. EZ 40 USD, DZ 50–55 USD, inkl. Frühstück. Torres 8-40 entre Sucre y Bolívar, ✆ 2823636, incareal@cue satnet.net, www.hotelincareal.com.ec.

Posada del Angel (5), (MK) farbenfrohes Eckhaus mit Pflanzen und Zimmern auf den Galeriegängen, BP, Kabel-TV, gute Matratzen. Bestes *matrimonial* Nr. 14, Nr. 18 ist ein heimeliges Mansardenzimmerchen. EZ 37 USD, DZ 53 USD, 3er 67 USD inkl. Frühstück. Bolívar 14-11 y Estévez de Toral, ✆ 2840695, www.hostalposadadelangel.com.

El Quijote (21), (MK), republikanische Fassade, stilvoller Innenhof und kleine Patios. Antiquiert, dekoüberladen, Zimmer weniger überzeugend, Bäder renovierungsbedürftig. EZ 24 USD, DZ 34 USD. Hermano Miguel 9-58 y Gran Colombia, ✆ 2843197, www.hotelquijote.com.

Orquídea (20), (MK), auf den ersten Blick bzw. von außen ein patrimonialer Augenschmaus, aber es fehlt die Liebe zum Detail. Düstere Zimmer, Nr. 119 und 11 sind besser! EZ 26 USD, DZ 32 USD. Borrero 9-31 y Bolívar, ✆ 2824511, www.hostalorquidea.com.

La Castellana (12), (MK), republikanische Fassade, starke Farben, schlichte Eleganz. Bemerkenswertes Preis-Leistungs-Verhältnis! EZ 20, DZ 30 USD, 3er 40 USD, inkl. Frühstück, Wifi, Kaffeetheke. Cordero 10-47 y Gran Colombia, ✆ 2827293, castelho@etapa online.net.ec. www.hostelcastellana.com.

La Cofradia del Monje (23), (MK), einst Kloster, heute tomatenfarben, elegant verblümt, Leserempfehlung! Restaurant-Patio mit Holzsäulen, alte Kachelbäder. Nr. 2 ist das beste, wenn auch laut wegen Markt und Straße. EZ ab 22 USD, DZ ab 38 USD inkl. *desayuno*. Córdova 10-33 y Padre Aguirre, ✆ 2831251, www.cofradiadelmonje.com.

Pichincha Int. (4), **(**MK), schöne, saubere Zimmer zum Patio hin, Teppichböden, Kleiderschrank, Telefon, kein Internet! Eigener Parkplatz, Frühstückraum. Doña Gladys und Doña Enma führen ihr Hotel auf liebevolle Weise. EZ 18 USD, DZ 34 USD, 3er 45 USD inkl. *desayuno continental*. Juan Montalvo 9-70 entre Gran Colombia y Bolívar, ✆ 2833695.

Macondo (1), (Budget), farbenfrohes Gebäude im Kolonialstil, Innenhof, Galeriegänge, Cafetería und Garten. Etwas abseits, aber doch fast mittendrin und fernsehfrei, Huberts Backpacker-Favorit! Beste Zimmer sind Nr. 2 und 3 mit Gartenblick. EZ 15–22 USD (DC o. BP), DZ 24–30 USD inkl *desayuno*, Internet, Küchenbenutzung (13–19 Uhr). Tarqui 11-64 y Lamar, ✆ 2821700, info@hostalmacondo.com, www.macondo.cedei.org.

Milán (27), (Budget), modernes Eckhaus im Verkehrslärm, Schallschutzfenster, Kabel-TV, Safe, Internet, Balkon-Zimmer besser, Leserempfehlung! EZ 15 USD (BP), DZ 22 USD (BP) inkl. Frühstück. Cordova 9-89 y Padre Aguirre, ✆ 2831104, hostalmilan@etapanet.net.

Casa del Barranco (33), (Budget), attraktive Lage, familiär, gemütlich, Holzfußböden, Wifi, beste Zimmer sind Nr. 10 und 11 mit Barranco-Blick. EZ 18 USD, DZ 27 US, 3er 41 USD. Calle Larga 8-41 entre Cordero y Benigno Malo, ✆ 2839763, casadelbarranco@hotmail.com.

Panamericana Sur Karte S. 299

Posada de Todos Santos (46), (Budget), nur sieben charmant-gemütliche Zimmer, Superlage am Barranco über dem Fluss, sauber, nettes Zusammensein, guter Backpacker-Tipp! Pro Pers. 15 USD inkl. Frühstück, Internet, Willkommensdrink. Calle Larga 3-42 entre Ordoñez y Machuca, ☎ 2824247.

Capitolio 2 (37), (Budget) buntes Kolonialhaus, saubere Zimmer, weiche Matratzen, Gemeinschaftsküche, hilfsbereites Personal. Pro Pers. 7 USD (BC), mit BP und TV 9 USD. Honorato Vásquez 5-66 y Hermano Miguel, ☎ 2837240.

El Cafecito (32), (Low Budget), Lonely-Planet-Treff, Rasenhinterhof, Kletterwand. Alternatives Restaurant am Wochenende laut. Privatzimmer hinten raus 21 USD (BP), Schlafsaal 6 USD pro Pers. (BC). H. Vasquez 7-36 y Cordero, ☎ 2832337, www.cafecito.net.

Posada del Río II (41), (Low Budget), nahe den Escalinatas, Holzböden, Küche, Terrasse, BBQ, Internet und Brettspiele, dieser gewisse Backpackercharme, okay! Pro Pers. ab 6 USD (Schlafsaal), 8—10 USD (BC/BP). Hermano Miguel 4-18 y Calle Larga, ☎ 2823111, posadadelriocuenca@yahoo.com.

Pichincha (15), (Low Budget), Eckzimmer mit Balkönchen, hohe Decken, weiße Wände, nackte Holzböden, große Dachterrasse, Küche, Safe, Infobrett, gratis Internet. Freundliche Besitzer! Pro Pers. 6 USD (BC, Ww). Torres 8-82 y Bolívar, ☎ 2823868, hpichincha@etapanet.net.

Tourist of The World (44), (Low Budget), familiäre Backpacker-WG, Küche, weiche Matratzen, nur BC, Ww, pro Pers. 5 USD, Zimmer im 1. St. ruhiger, im 4. St. lauter, da beim Wintergarten mit tollem Barranco-Flussblick, Calle Larga 5-79 y Hermano Miguel, ☎ 2829125, ☎ 086-551704 (mobil, Esperanza), esperanza65@gmail.com.

• *Außerhalb der Altstadt* **Apartamentos Otorongo (13)**, ideal für längere Aufenthalte (Küche, Kabel-TV, Telefon, tägl. Reinigung), zentrumsnah auf der anderen Seite des Río Tomebamba in Universitätsnähe. Nach Señora Dolores Carrasco fragen. Es wird Englisch und Deutsch gesprochen. Zimmer zum Fluss Nr. 14, 15, 16. EZ 20 USD pro Tag, für 2—4 Pers. 40—55 USD bzw. 440—550 USD pro Monat. Av. 12 de Abril y Guayas, 100 m vom Molino del Batán, nur ein paar Gehminuten von der Altstadt, ☎ 2818205, otorongo@etapanet.net, www.otorongo.com.ec.

• *Außerhalb der Stadt* **Durán (18)**, (GK), mit heißem Thermalbecken, 8 km außerhalb an der Vía a Baños. Während der Woche ruhig und angenehm. Garten, gute Küche, zuvorkommender Service. Beste Zimmer sind Nr. 301 und 315. EZ 56 USD, DZ 80 USD, Jr. Suite 115 USD. ☎ 2892485, www.hosteriaduran.com.

Essen & Trinken/Nachtleben (siehe Karte S. 372/373)

In der Altstadt gibt es eine Reihe von gemütlichen Speiselokalen, die sowohl durch ihre einheimische Küche mit internationalem Touch als auch durch ihr Ambiente auffallen. An Sonntagen ist die „Kulturhauptstadt" jedoch auch in Sachen Essen fast wie ausgestorben. Vor allem freitags und samstags verführen Kneipen entlang der Calle Larga zum Einkehren.

• *Essen & Trinken in der Altstadt* **El Jordán (38)**, wundervoll abgehoben. Arabische, europäische und ecuadorianische Spezialitäten (z. B. *moussaka mahaschi* mit Lamm 10 USD), Menüs inkl. Wein 12—22 USD. Ein feines Lokal! Mo—Sa 10—24 Uhr. Calle Larga 6-111 neben Hotel Victoria, ☎ 2850517.

Villa Rosa (2) im Patrimonio-Stil, internationale und ecuadorianische Küche, gutbürgerlicher Cuenca-Klassiker, *ensalada mediterraneo* 11 USD, Mo—Fr 12—15 und 19—22.30 Uhr, Sa/So geschl. Gran Colombia 12-22 y Tarquí, ☎ 2837944.

La Viña (29), angenehm, europäisches Ambiente, italienische Gerichte, hausgemachte Pasta, durchschnittlich 8 USD. Mo—Sa 18—24 Uhr. Cordero 5-101 y Juan Jaramillo, ☎ 2839696.

El Maíz (47), traditionelles Comida a la Cuencana & Fusión, hübsches Barranco-Lokal, gänzlich dem „Heiligen Korn" gewidmet, *plato de maíz* 8 USD, *quinote de choclo gratinado* 6 USD. So geschl., Calle Larga 1-279 und Ecke Calle de los Molinos, ☎ 2840224, www.elmaizrestaurante.com.

Guajíbamba (3), Meerschwein-Spezialist, *cuy entero* (20 USD), andere *platos típicos* um die 5 USD, *canelazo*, hübscher alter Patio, Mo—So 11 und ab 18.30 Uhr, So 12—15 Uhr, Cordero 12-32 y Sangurima, ☎ 2831016.

La Fama (7), beste Spanferkel-Sandwiches (*pernil*) der Stadt, 1,20 USD, genial, unbedingt probieren! Juan Montalvo 9-18 y Bolívar, ☎ 2843739.

El Tequila, hauchdünne Schweinelendchen! Mo–Sa 11–23 Uhr, So bis 17 Uhr, Gran Colombia 20-59 y León XIII, ☎ 2822807.

El Mar, einfach, von Cuencanos empfohlen, z. B. *camarones al ajíllo* o. *rebosados* 6 USD, Menü ab 2 USD, netter Besitzer, Mo–So 8–18 Uhr, Gran Colombia 20-33 y León XIII, ☎ 2843522.

El Asador, günstige Grillhähnchen, Gran Colombia 3-95 y Machuca o. Sucre y Torres.

Moliendo Café (35), freundliche kolumbianische Besitzer, klein aber fein, tellergroße *arepas mixtas*, *de queso* o. *choclo* 2,5 USD, *empanadas* 50 Ct., *café colombiano* 60 Ct., So geschl., Honorato Vasquez y Hermano Miguel.

Cacao y Canela (31), hier wird man genussreich durch den Kakao gezogen, Cocktails, Biskuits, Spezialitäten aus flüssiger Schokolade. Borrero 5-97 y Juan Jaramillo.

Govinda's (30), bestes vegetarisches Restaurant der Stadt, saubere Hindu-Küche, Mo–Fr 11.30–18 Uhr, Sa 11.30–3 Uhr morgens (!), Juan Jaramillo 7-27 entre Cordero y Borrero, ☎ 2450531.

El Nuevo Paraíso (24), billiges Veggie-Fast-Food: Ordóñez 10-40 y Gran Colombia (So bis 17 Uhr), Ordoñez 5-66 y Vásquez, Lamar 5-73 y Hermano Miguel sowie Bolívar 2-52 gegenüber Parque San Blas (So bis 17 Uhr).

Sankt Florian (34), tägl. Menüs ab 3 USD, auch mit Flussblick im 2. St. hinten, guter Kaffee, geschmackvolle Deko, Billiard, Tischfußball, Livemusik. Heidi legt Wert auf Frische! Tipp: Austro-Hungaro-Gulasch mit Semmelknödel. Mo–Sa 11–24 Uhr, So 12–22 Uhr, Calle Larga 7-119 y Cordero, ☎ 2833359.

Marias Alemania, deutsche Bäckerei mit Meistertitel, winziges Kaffeechen, Kuchen wie bei Oma, belegte Brötchen, ganz köstliche, pikant gefüllte Hackfleischtaschen, Frühstück ab 7.30 Uhr, deutsche Volkslieder, Lesertipp! Hermano Miguel y Sucre.

Clásica (6), *pasta al dente*, die besten Pizzas, Luis war 10 Jahre in Italien, Mo–Sa 10–15 und 18–22.30, So 18–22 Uhr, Coronel Talbot 8-26 y Sucre gegenüber Iglesia San Sebastian.

Pedregal Azteca (8), mexikanisch, rustikal, durch den Patio der schönen Casa Azul zu erreichen. Mo–Do 12–15 und 18–22 Uhr, Fr/Sa bis 23 Uhr. Gran Colombia 10-29 y P. Aguirre, ☎ 2823652.

Habibi, *shawarma* (Döner) 4,5 USD, Terracota-Wasserpfeifenambiente auf weichen Sofas, Do–Sa 17–2 Uhr, Calle Larga 5-48 y Hermano Miguel.

Tutto Fredo (16), Ecke Bolívar y Benigno Malo am Parque Calderón, Superauswahl an Eisbomben, Torten, Joghurts, Espresso, tägl. 8–19 Uhr.

Frutilados (19), riesige Süßigkeiten-Auswahl, superbe Eiskreationen wie Pinocchio mit Waffelnase, Mo–Sa 9–22 Uhr, Ecke Bolívar y Cordero.

• *Essen & Trinken außerhalb der Altstadt*
La Herradura (39), eines der besten Fleischlokale Cuencas, *lomo fino* für zwei 12 USD, Mo–Fr 12–15 und 19–22.30 Uhr, Sa 12–22.30, So bis 15 Uhr. Remigio Romero 3-57 y Remigio Crespo, auf der anderen Flussseite hinter dem Uni-Gebäude, großes Hufeisenschild, ☎ 2887540.

El Charrúa, feines Steak-House, das *lomo fino* auf den Punkt gegrillt, nur Ausgehungerte sollten *una libra* bestellen! Di–Sa 12–14.30 und 19–22 Uhr, So 12–15 Uhr. Augustín Cueva 1-75 y Av. Doce de Abril.

El Che Pibe, Pizza, Lasagne, deftige *parrilladas*, populär! Remigio Crespo 2-19 y Proaño, ☎ 2882130.

• *Nachtleben (und Essen)* **La Parola (43)**, offene Terrasse mit Supersicht, sehr einladendes Ambiente, Kerzenbeleuchtung, Cocktails, *tapas, pique parolenando*, Calle Larga 5-89 y Hermano Miguel (Escalinatas).

Wunderbar (42), Mahlzeiten, Cuba Libre 1,50 USD, Mo–Fr ab 11 Uhr, Sa ab 15 Uhr, So geschl., vis-à-vis Parola, Hermano Miguel 3-43 y Calle Larga.

Riho, Deck & Lounge, *„sofisticado*, *minimalista*", Aussichtsterrasse, flotte Barmänner jonglieren mit Flaschen, empfohlen wurde „Cocktail J"; Fleischspieße. Mi–Sa bis 3 Uhr, Calle Larga 8-43 entre B. Malo y Cordero.

Sabaneta, schnuckelig bei Kerzenlicht, Mo–Sa 15–3 Uhr, Calle Larga y Cordero.

Tugo, nett zum Draußensitzen unter Heizschirmen, coole Bar! Di–Sa 16–23 Uhr, Calle Larga Ecke Borrero.

Tal Cual, *boleros, pasillos, baladas*, Cocktails, Livemusik, Mi–Sa bis 2 Uhr, Calle Larga neben Hotel Crespo ein paar Treppenstufen runter.

Eucalyptus (14), englischer Besitzer, tolle Alkoholauswahl, populär, gepflegt, Livemusik (4 USD), *pad thai* 6,50 USD, Mo–So ab 17Uhr, Fr/Sa bis 2 Uhr morgens, Mi ist „Nacht der Frauen", Hugo Chávez hat Hausverbot! Gran Colombia 9-37 y Benigno Malo, ℡ 2849157.

Café del Tranquilo (28) *alitas de pollo* 6 USD, *almuerzos* 2,5 USD, Restaurant Mo–Fr 10–22 Uhr, Tanz-Bar und Livemusik Mi–Sa 20–2 Uhr, Calle Larga 4-24 entre Machuca y Jervez, ℡ 2837280.

Tinku Café Bar (45), altes Haus, flippiges Ambiente, Sandwiches, Billard, Tanz, am Wochenende Livemusik, Do Salsa-Unter-

richt. Mo–Sa 18–2 Uhr morgens. Jerves 4-68 y Calle Larga.

T-Studio, Retro-Lounge, Restaurant und Tanzkneipe von Thomas Ehnert, Livemusik. Cordero 4-23 y Honorato Vázquez.

La Siembra, bluesige Chola-Kneipe, heitere *canelazos* im Literkrug, flackernde Kerzenlichter. Honorato Vásquez 7-22 y Borrero.

Café con Ron, hier fließt das Zeug in Strömen, Di–Sa 15–24 Uhr, Hermano Miguel 6-56.

El Cafecito (32), an Wochenenden Happy Hour für Budget-Gringos, Mojito Cubano mit Zuckerrohrschnaps, *hierbabuena y limón*, sonntags letzter Rettungsanker. Honorato Vásquez y Cordero.

Salsafreunde können sich im schlichten *bailadero* **La Mesa (26)** austoben, Mi–Sa ab 17 Uhr, Gran Colombia 3-35 y Machuca.

Loft, moderne Disco hinter Patrimonio-Fassaden, *música electrónica*, nur Mi/Do ab 22 Uhr, Eintritt 5 USD, Jaramillo y Hermano Miguel.

Lit, populäre Disco, spärliche Deko, Lightshow, ab 23 Uhr proppenvoll, Eintritt 6 USD, Córdova y Mariano Cueva.

Prohibido Centro Cultural Museo Café de Arte Extremo (22), für Cuenca-Verhältnisse wie eine Panzerfaust aufs andächtige Auge. Überall Genitalien, Brustwarzen, Totenköpfe, schöne Grabsteinengel und bissigste Gesellschaftskritik. Kolossaler Manneken-Pis-Penis-Wasserhahn im Damen-WC, das haut jede gottesfürchtige Señora aus den schlüpfrigen Strumpfhaltern! Mo–So 9–22 Uhr. Eintritt 25 Ct., Fußgängerweg (*peatonal*) zum Cruz del Vado, La Condamine 12-102.

*R*eiseagenturen

Es werden **Trekking-, Pferde-, Biking-** und **Raftingtouren**, aber auch ethnokulturelle Ausflüge angeboten. Bergsteigen oder Galapagos besser in Quito buchen!

Expediciones Apullacta, die Nr. 1, Trekking, Ausritte und Biketouren in den Jima-Nebelwald, zu den Girón-Wasserfällen, ins subtropische Yungilla-Tal und auf dem alten Inka-Trail, Camping mit komplettem Equipment im Cajas-Reservat (tägl. Abreise), Trips nach Peru. Gran Colombia 11-02 y General Torres, 2. St., oficina 111, ℡ 2837815, www.apullacta.com.

Terra Diversa, Ausritte zur Hacienda Totorillas, durch Nebelwald, zu Indígena-Kommunen, ins Cajas-Reservat o. auf dem Inka-Trail

bis Loja. Rafting im Süd-Oriente, Biking. Hermano Miguel 5-42 y Honorato Vasquéz, ℡ 2823782, www.terradiversa.com.

Von Lesern empfohlen wurde der Führer **Juan Alberto Muñoz** von **Almibar Tours**, Córdova 5-33 y M. Cueva, ℡ 2826117, ℡ 098-658307 (mobil). Er zeichnet sich durch Kenntnisse in Geschichte, Geologie und Archäologie aus und spricht ausgezeichnetes Englisch. Ab 45 USD pro Tag und Pers., almibartour@etapanet.net.

Tinamu, Tandem-Paragliding in Paute (Sa/So, 15 Min. Flug 48 USD). Borrero 7-68 y Sucre, ℡ 2450143, info@tinamutours.com, www.tinamutours.com.

Mercado de las Flores

Einkaufen/Feste

• *Kunsthandwerk* **Esquina de las Artes**, eine Art Galerie mit mehreren schicken Artesanía-*Geschäften*, feine Textilien (*ponchos en nacana*), Panamahüte, Gemälde, Keramik, Silberschmuck und ein Café mit gutem Kaffee: Av. 12 de Abril y Agustín Cueva, www.laesquinadelasartes.com.

Artesanía gibt es auch in der Gegend um die **Plaza Rotary**, Calle Sangurima y Vargas Machuca (auf Diebe achten), an der **Plaza San Francisco**, in der Calle Las Horrerias, im Viertel **Convención del Cuarenta y Cinco** oder im Bereich des Vado-Kreuzes (Vorsicht Diebe!).

Preiswert sind die 106 Läden des zur Selbsthilfe greifenden **Centro Municipal Artesanal (Cemuart)**: recyceltes Blümchen-Briefpapier, ornamentale Kerzen, Keramik, Korbflechtarbeiten, Lederartikel, Strohhüte, Strohpuppen, Stickereien u. v. m., fairer Direktverkauf ohne Zwischenhandel, General Torres 7-33 entre Córdova y Sucre.

Im eintrittsfreien **Museo de Artes Populares (Cidap)** gibt es den kleinen, aber feinen Kunsthandwerksladen **Barranco** am Flussufer in der Hermano Miguel 3-23 (La Escalinata) y 3 de Noviembre. Direktverkauf ohne Zwischenhandel: Keramik, Flechtereien, Malerei, Textilien, Schmuck.

Galápagos Artesanías, kunstvolle Staubfänger und Postservice (Briefe, Pakete), auch So bis 13.30 Uhr geöffnet, Córdova 6-37 entre Borrero y Hermano Miguel, ✆ 2843774.

Panamahüte hat Rafael Paredes & Söhne im **Barranco Artesanías**, einer sehr sehenswerten Museums-Galerie-Cafetería in der Calle Larga 10-41 entre Padre Aguirre y General Torres. Hier wird veranschaulicht, wie die Hüte genau hergestellt werden. Feine klassische Panamahüte aus der „Fabrik" gibt es seit 1939 bei **K. Dorfzaun** in der Av. Gil Ramírez Dávalos 4-34 hinterm Busterminal, ✆ 2807563, www.kdorfzaun.com, Mo–Fr 7.30–16 Uhr; ebenso aus der Panamahutfabrik von **Homero Ortega**, Av. Gil Ramírez Dávalos 3-86, Mo–Fr 8–12.30 und 14.30–18 Uhr, Sa 8.30–12.30 Uhr, www.homeroortega.com.

Joyería Guillermo Vázquez, seit 1943, das teuerste Schmuckgeschäft der Stadt, Gran Colombia 7-87.

Joyería León, exklusiver Goldschmuck, Gran Colombia 9-79.

Silver, exklusive *platería fina*, Gran Colombia 8-29 y Luis Cordero.

Spondylus, schöne Gold- und Silberarbeiten mit Muscheln, Gran Colombia 20-85, www.spondylus.biz.

Zeitgenössische **Gebrauchskeramik** direkt aus der Fabrik hat **Artesa**, Isabel La Católica 1-102 y Av. de las Américas im Sektor Yanuncay; Bekanntester **Keramikkünstler** ist **Eduardo Vega** mit seiner exklusiven Workshop-Galería auf dem Turi-Aussichtshügel, über die Av. Solano zu erreichen, 10 Fahrminuten vom Zentrum, www.eduardovega.com.

Lederartikel offerieren kleine Läden wie z. B. **Solcuero** in der Sucre 11-63 y Tarqui und andere im Bereich der Gran Colombia y Padre Aguirre. Für 100 USD gibt es schicke Leder- und Wildlederjacken.

● *Antiquitäten*   Antiquitätengeschäfte *(tiendas de antigüedades)*, die „kopierte" archäologische Fundstücke wie auch republikanischen Trödel anbieten, gibt es in Cuenca zuhauf. Besonders interessant ist das unglaubliche „Wohnmuseum" und „Antiquitätenkabarett" **Sumaglla** mit seiner betagten Besitzerin. Neben dem Restaurant Sankt Florian in der Calle Larga 7-12 y Cordero (1 USD Eintritt, 3x klingeln). Der kleine französische Patio des Hauses muss einer der schönsten von Cuenca sein. Die Deckenstuckarbeiten, die vergilbten Gardinen, ein 200 Jahre alter, verrunzelter Lederkoffer unter einem zerwühlten Himmelbett, der kläffende Köter mit rosa Haarschleife und das unglaublich morbide Plüsch-Ambiente sind den Dollar allemal wert! ℘ 2822327.

Skurrile Schnäppchen gibt es auch bei **Laura's Antiquitäten und Kuriositäten**, links neben dem Café Prohibido.

Einer der traditionsreichsten **Hutmacher** der Stadt ist **Alberto Pulla**. Ein Kehlkopfkrebs, verursacht durch die zur Herstellung verwendeten chemischen Substanzen, nahm ihm im hohen Alter die Stimme. Er verständigt sich mit viel Gestik und einem geradezu himmlischen Lächeln. Die wertvollsten seiner bis zu 60 USD teuren Strohhüte befinden sich in der Werkstatt über dem urigen Geschäft, von dessen Decke gleich mehrere Dutzend Sombreros an langen Schnüren herunterhängen. Ein kompliziertes Zettelsystem weist den Meister auf den jeweiligen Kundenauftrag hin. Es gab angeblich noch keinen Gringo, der seinen Hutladen ohne Kauf verlassen hat. Fotos und Zuschriften aus aller Welt unterstreichen den kontinentalen Erfolg dieses vorbildlichen Handwerkers.

Adresse **La Casa del Sombrero**, Calle Tarqui 6-91, im Viertel El Vado, ℘ 2829399.

● *Märkte*   **Mercado San Francisco** vor der gleichnamigen Kirche, Córdova y Padre Aguirre, tägl. Trödelmarkt mit Schuhen, Schals, Minirucksäcken, Hängematten.

Tägl. findet der **Artesanía- und Haushaltsmarkt** am **Rotary-Platz** statt, Sangurima y Machuca bzw. Mariano Cueva. Dort wird jede Menge Kunsthandwerk feilgeboten, auch Gesindel.

Mercado 10 de Agosto mit Fleisch und Früchten, tägl. in der Calle Larga y General Torres, im 2. St. Medizinalpflanzen.

Auf dem kleinen Vorplatz vor der **Karmeliterkirche**, Sucre y Padre Aguirre, gibt es tägl. einen sehenswerten, überquellenden **Blumenmarkt**.

● *Feste in Cuenca und Umgebung*   **26. März**: *Fruchtfest* mit Volkstanz in Paute; **12. April**: Gründungstag von Cuenca; **16. April**: *Fiesta de la Guitarra y Manzana*, Gitarren- und Apfelfest in San Bartolomé; **Juni**: *Corpus Cristi* in Cuenca und *Inti Raymi* in Ingapirca; *Fiesta del Patrón Santiago* in Gualaceo; **3. November**: *Unabhängigkeitstag* in Cuenca, Paraden, Tänze, kulturelle Happenings; **23. November**: *El Señor de los Milagros* in Girón; **24. Dezember**: *El Pase del Niño*, religiöser Maskenumzug, an dem Hunderte von Kindern und bunt geschmückte Karossen aus der Stadt und dem Umland mitwirken. Mehr als in anderen Städten des Landes ist diese traditionelle christliche Parade in Cuenca haften geblieben. Der sehenswerte Umzug startet um 10 Uhr am Redondel de Simón Bolívar in der Av. de Las Américas und endet am Parque Central.

Sehenswertes

Parque Abdón Calderón: einem Kriegshelden gewidmet, der am 24. Mai 1822 in der Schlacht vom Pichincha einer freien Republik zuliebe sein Leben opferte. Um das Monument herum stehen acht riesige Araukarien, die zusammen mit Palmen eine harmonische Einheit bilden und den Platz überschatten. Ein angenehmer Ort, um das geruhsame Cuenca auf sich einwirken zu lassen. Am Platz befinden sich die alte und die neue Kathedrale.

Neue Kathedrale: *La Nueva Catedral* oder *Catedral de la Inmaculada* am zentralen Parque Abdón Calderón bietet bis zu 10.000 Gläubigen Platz. Sie sollte ursprünglich das größte sakrale Bauwerk Lateinamerikas werden (Baubeginn 1886), aber ein architektonischer Fehler verhinderte dies. Länge 105 m, Breite 55 m, Kuppelhöhe 55 m, Turmhöhe 65 m. Erbauer der Kathedrale war der 1829 in Dächingen (Württemberg) geborene Geistliche *Juan Bautista Stiehle*. Der bauwütige Schwabe entwarf auch die Pläne für den Wiederaufbau der 1893 von einem Erdbeben durchgeschüttelten Stadt. Er starb im Jahre 1899 in seiner Wahlheimat Cuenca.

Beim Betreten fühlt man sich winzig klein. Ein bombastisches Gewölbe aus hellem Alabaster und rosafarbenem Marmor sowie drei himmelblaue Mosaikkuppeln, die das Gewand der Stadtheiligen symbolisieren, machen die Besucher sprachlos. Die vergoldete, frei stehende Halbkuppel über dem Altar, von Säulen gestützt, ist ein himmlischer Lobgesang auf das christliche Amerika. Sie wurde in den Kunstwerkstätten des Salesianerordens geschaffen.

Öffnungszeiten Tägl. 6.30–16.30 Uhr.

Alte Kathedrale: *La Catédral Vieja* oder *El Sagrario* liegt gegenüber der neuen Kathedrale. Die frühkoloniale Adobe-Kirche stammt aus den spanischen Gründertagen der Stadt. Mit ihrem Bau wurde bereits 1557 begonnen. Ihr Fundament besteht aus den Resten des einstigen Pumapungo-Palastes der Inkas. Im Jahre 1739 wurden die Kirchtürme von der französisch-spanischen geodätischen Expedition als Referenzpunkt zur Ausmessung des Erdumfangs benutzt. Schön sind die zwölf lebensgroßen Apostel-Figuren. Der rechts neben Jesus sitzende (von vorne betrachtet) sieht zwar aus wie Maria, ist aber der jüngste, bartlose und hier sehr „feminine" Apostel Andreas.

Öffnungszeiten Aufgrund anhaltender Restaurierungsarbeiten unregelmäßig geöffnet.

Die neue Kathedrale von Cuenca

Panamericana Sur
Karte S. 299

Carmen de La Asunción: Die blau getünchte Karmeliterkirche kann morgens besucht werden. Das 1682 gegründete Kloster bleibt dem Publikum jedoch verschlossen. Lediglich der Eingang zum Monasterio kann besichtigt werden. Hinter den Mauern leben völlig weltabgewandt zwanzig Nonnen. Sie können das Kloster ein Leben lang nicht mehr verlassen. So zumindest lauten die strengen Ordensregeln. Ihre Köpfe sind kahl geschoren, und sie tragen niemals Schuhe! Ein dunkles hölzernes Drehfenster erlaubt Verwandten eine diskrete Kontaktaufnahme, ohne sich dabei zu sehen oder gesehen zu werden.

Öffnungszeiten **Kirche**, tägl. 6–8 Uhr.

Vor der Kirche befindet sich auf der *Plazoleta del Carmen* ein kleiner, attraktiver Blumenmarkt. Für wenig Geld kann dort für die freundliche Hotelrezeptionistin oder den charmanten Stadtführer ein duftender Blumenstrauß erstanden werden! Nur zwei Blocks vom zentralen Calderón-Platz entfernt befindet sich die **Iglesia de Santo Domingo,** mit deren Bau bereits in den Jahren nach der spanischen Stadtgründung begonnen wurde. Padre Aguirre y Gran Colombia.

Öffnungszeiten Mo–Mi, Fr/Sa 7–12 und 15–17 und 18–19.30 Uhr, Do und So den ganzen Tag!

Ebenfalls zwei Blocks vom Calderón-Platz liegt die süßlich-barocke **Iglesia de San Francisco,** in der einige Werke des cuencanischen Künstlers Figueroa zu bewundern sind. Padre Aguirre y Pres. Córdova.

Öffnungszeiten Mo–Mi 7.30–8.15 Uhr, Do–Sa 6.30–7.15 Uhr, So 7.30–9.30 u. 16–17 Uhr.

La Iglesia de San Sebastián wurde erst hundert Jahre nach der Stadtgründung Cuencas begonnen. Sie besitzt zwei schöne Kuppeln und ist der „Heiligen Jungfrau vom Schnee" gewidmet. Dort liegt auch ein wunderschöner Park mit Musikberieselung bzw. Lautsprechern in den Bäumen. Die Kirche befindet sich sechs Querstraßen westlich vom Calderón-Platz in der Simón Bolívar und Coronel Talbot.

Öffnungszeiten So 8–9 u. 18–19 Uhr.

La Iglesia de San Blas mit dazugehörigem Vorplatz stammt aus dem späten 16. Jh. und wurde teilweise mit Steinen des zerstörten Pumapungo-Palastes errichtet, Calle Manuel Vega und Simón Bolívar.

An der gleichen Stelle, wo sich heute die weiß getünchte **Iglesia de Todos Los Santos** erhebt, fand bereits wenige Tage nach der Stadtgründung die erste christliche Messe statt. Calle Larga y Mariano Cueva.

Öffnungszeiten Mo–So 7–8 Uhr.

Todos Los Santos (Pumapungo): Die Ruinen bzw. das **Freilichtmuseum Agustín Landívar** von Todos Los Santos sind ein archäologisches Monument dreier zeitlich miteinander verknüpfter Kulturen: Cañari, Inca und Español. Es wurde erst 1972 freigelegt. Die rundlich abgeflachten Blöcke stammen von der Cañari-Kultur, die nahezu fugenlose und puzzlemäßig zusammengesetzte Mauer stammt von den Inkas, während der charakteristische Steinbogen für eine Getreidemühle von den Spaniern aus den Resten beider Kulturen errichtet wurde. Die „Allerheiligen"-Ruinen befinden sich zwischen dem östlichen Ende der Calle Larga und der Bajada de Todos Los Santos über dem nördlichen Tomebamba-Ufer. Sie sind vom Gehsteig der Bajada de Todos Los Santos aus am besten zu sehen!

Adresse Calle Larga 2-23 y Los Molinos, ☏ 2832639.

Das kulturelle Cuenca spiegelt sich auch in den zahlreichen Museen, Expositionen und Galerien wider. Nicht zuletzt dadurch wurde die Stadt zum permanenten Sitz einer alljährlich stattfindenden Bilderausstellung erklärt, der *Bienal International de Pintura*, an der Künstler aus aller Welt teilnehmen.

Museo del Monasterio de la Concepción: Es werden in 18 Räumen religiöse Reliquien aus vier Jahrhunderten ausgestellt. Als wertvollste Arbeit gilt das Bildnis der „Heiligen Lucía" von Fray Tomás del Castillo von 1652. Das im 17. Jh. gegründete Kloster ist allein wegen seiner kolonialen Architektur einen Besuch wert, wobei nur der Museumsteil besichtigt werden kann. Calle Hermano Miguel 6-33 entre Pres. Córdova y Juan Jaramillo, ✆ 2830625.
Öffnungszeiten Mo–Fr 9–18 Uhr, Sa 10–13 Uhr, Eintritt 2,50 USD.

Museo Pumapungo (del Banco Central): Die *salas de exposición* haben sowohl mit Sammlungen aus Cañari- und Inkazeiten als auch mit kolonialen Schaustücken aufzuwarten. Darüber hinaus gibt es ein ethnografisches Museum, alte Fotografien, Münzen und Kunstgemälde aus dem 19. Jh. Das Gebäude befindet sich neben den Überbleibseln des Pumapungo-Palastes, der sich einst bis zum Río Tomebamba hinstreckte. Heute grasen ein paar Lamas zwischen den vom deutschen Archäologen Max Uhle im Jahre 1923 entdeckten Steinreihen. Im Vergleich zum Zentralbank-Museum in Quito fällt diese Zweigstelle bescheiden aus. Calle Larga und Huayna Cápac, ✆ 2831255, www.museopumapungo.com.
Öffnungszeiten Mo–Fr 8–18 Uhr, Sa 8–13 Uhr, Eintritt 3 USD.

Museo de la Ciudad Remigio Crespo Toral: interessante Kollektion von ethnografischen, kolonialen und präkolumbischen Exponaten. Das schlichte wie elegante neoklassizistische Gebäude (Anf. 20. Jh.) ist dem italienischen Missionar *Padre Crespi* gewidmet, der die Stücke im Lauf seiner Reisen durch Amerika sammelte. Calle Larga 7-07 y Borrero, ✆ 2833208.
Öffnungszeiten Mo–Fr 9–13 und 15–18 Uhr, Sa/So 9–13 Uhr, Eintritt bislang frei, da noch nicht vollständig renoviert.

Museo de Arte Moderno: Die in einem alten Kloster und ehemaligen Alkoholikergefängnis untergebrachten Schaustücke zeitgenössischer Künstler kontrastieren auf interessante Weise mit ihren kolonialen Räumlichkeiten. Das Museum gehört mit zu den meistbesuchten der Stadt. Hier können Werke der *Bienal International de Pintura* bewundert werden. Wechselnde Ausstellungen. Calle Sucre 15-27 y Coronel Talbot, ✆ 2831027.
Öffnungszeiten Mo–Fr 8.30–13 Uhr und 15–18.30 Uhr, Sa/So 9–13 Uhr, Eintritt frei.

Museo de Las Culturas Aborigenes: steht ganz im Zeichen der Geschichte der „ecuadorianischen Ureinwohner" und besitzt über 5.000 Stücke präkolumbischer Keramik und Metallwerkzeuge. Sehr interessant für Archäologie- und Anthropologiebegeisterte. Calle Larga 5-24 entre Hermano Miguel y Mariano Cueva, ✆ 2839181, 2841540.
Öffnungszeiten Mo–Fr 8.30–18.30 Uhr, Sa 9–13 Uhr, Eintritt 2 USD.

Museo de Artes Populares: gehört zum *Centro Interamericano de Artesanías y Artes Populares (CIDAP)* und liegt etwas versteckt bei den breiten Treppenstufen zum Río Tomebamba (Calle Hermano Miguel 3-23 und Escalinata am Flussufer). Es stellt zeitgenössische Kunsthandwerksarbeiten lokaler, nationaler und lateinamerikanischer Künstler aus, besuchenswert! ✆ 2840919.
Öffnungszeiten Mo 12.30–18.30, Di–Fr 9–13 und 14.30–18.30 Uhr, Sa 10–13 Uhr, Eintritt frei.

Museo del Sombrero (Centro Cultural Paseo del Barranco): Hier werden die jahrhundertealten Arbeitsgänge der Strohhutherstellung veranschaulicht, auch Verkauf, sehr besuchenswert! Calle Larga 10–41 entre Padre Aguirre y General Torres, ✆ 2831569.
Öffnungszeiten Mo–Fr von 9–18 Uhr, Sa 9.30–16 Uhr, So 9.30–13 Uhr, Eintritt frei.

Panamericana Sur
Karte S. 299

Museo de los Metales: präkolumbischer Körperschmuck und zeitgenössische Ausstellungen in einem farbenfrohen Gebäude von 1924. Av. Fray Vicente Solano 11-83, ✆ 2842333.
Öffnungszeiten Mo–Fr 10–12 Uhr u. 15–17 Uhr, Eintritt frei.

Museo de la Identidad Cañari (Centro Cultural Gaspar Sangurima): archäologische Fundstücke der gleichnamigen Kultur. Córdoba 6-26 entre Hermano Miguel y Antonio Borrero, ✆ 2825212.
Öffnungszeiten Mo–Fr 9–13, 15–18 Uhr, Sa 9–13.30 Uhr, Eintritt 2 USD.

Museo de Historia de la Medicina: alte chirurgische Werkzeuge und moderne Gemälde. Das Museum ist im ehemaligen Hospital San Vicente de Paul auf der südlichen Uferseite des Río Tomebamba untergebracht. In Innern befindet sich ein kleiner botanischer Garten. Av. 12 de Abril entre Hospital Militar y Conferencia San Vicente de Paul, ✆ 2882365.
Öffnungszeiten Mo–Fr 9–12 und 13–17 Uhr, Eintritt frei.

Museo de Esqueletología: über 150 tierische Skelette, ein afrikanischer Elefant und ein Schädel der Narrio-Kultur. Calle Bolívar 6-57 y Borrero, ✆ 2821150.
Öffnungszeiten Mo–Fr 10–13 und 16–19 Uhr, Sa 10–14 Uhr, Eintritt 1 USD.

Cuenca/Umgebung

▸ **Baños**: nicht zu verwechseln mit dem gleichnamigen Wallfahrtsort in der Provinz Tungurahua, selbst wenn es sich auch um heiße Thermalquellen handelt. Die 8 km südwestlich vom Stadtzentrum Cuencas gelegenen *termas* zählen mit zu den saubersten des Landes und ziehen an Wochenenden viele einheimische Ausflügler an. Unter der Woche ist es jedoch angenehm ruhig.
Öffnungszeiten Tägl. 7.30–20 Uhr, Mi und So nur bis 16 Uhr. Siehe auch Hostería Durán bei Übernachten/Cuenca.

Gualaceo

45 Min. (35 km) östlich von Cuenca liegt auf knapp 2.400 Höhenmetern in einem breiten, frühlingshaften Tal das Städtchen Gualaceo. Mit seinen engen Pflastersteingässchen im Zentrum gleicht der Ort einer Art Miniaturausgabe von Cuenca. Der durch Gualaceo führende **Río Santa Barbara** *(Río Gualaceo)* erinnert an den Río Tomebamba der Provinzhauptstadt. Bei Durchschnittstemperaturen von 16 bis 17 Grad erwartet den Touristen neben einem von den Spaniern erbauten Aquädukt ein Sonntagsmarkt mit bunten Obstständen und eine hübsche Plaza mit hohen Araukarien.

Zudem bietet sich Gualaceo als Zwischenstopp bei Entdeckungsfahrten zu anderen Orten im Umland an, die sich durch ihre Kunsthandwerksarbeiten auszeichnen. Hierbei können Silber- und Goldschmuck, Panamahüte, Korbflechtarbeiten, Schafswollpullover und Keramik erstanden werden. Die Busse nach Gualaceo starten laufend vom Terminal Terrestre in Cuenca.

Wer die Absicht hat, von Cuenca aus in den Oriente nach Macas weiterzureisen, kann in Gualaceo zusteigen. Der Ort liegt auf dem Weg. Ein bereits vorher in Cuenca erstandenes Ticket (Coop. Oriental) garantiert für die halsbrecherische Strecke einen Sitzplatz. Die Fahrtzeit beträgt mindestens zehn Stunden. Der aus Cuenca kommende Bus hält voraussichtlich vor dem Restaurant Oriental an der Durchgangsstraße, vier Blocks vom kleinen Busbahnhof zurück in Richtung Cuenca gelegen. Der rote Oriental-Bus durchfährt knapp eine Stunde nach Abfahrt in Cuenca

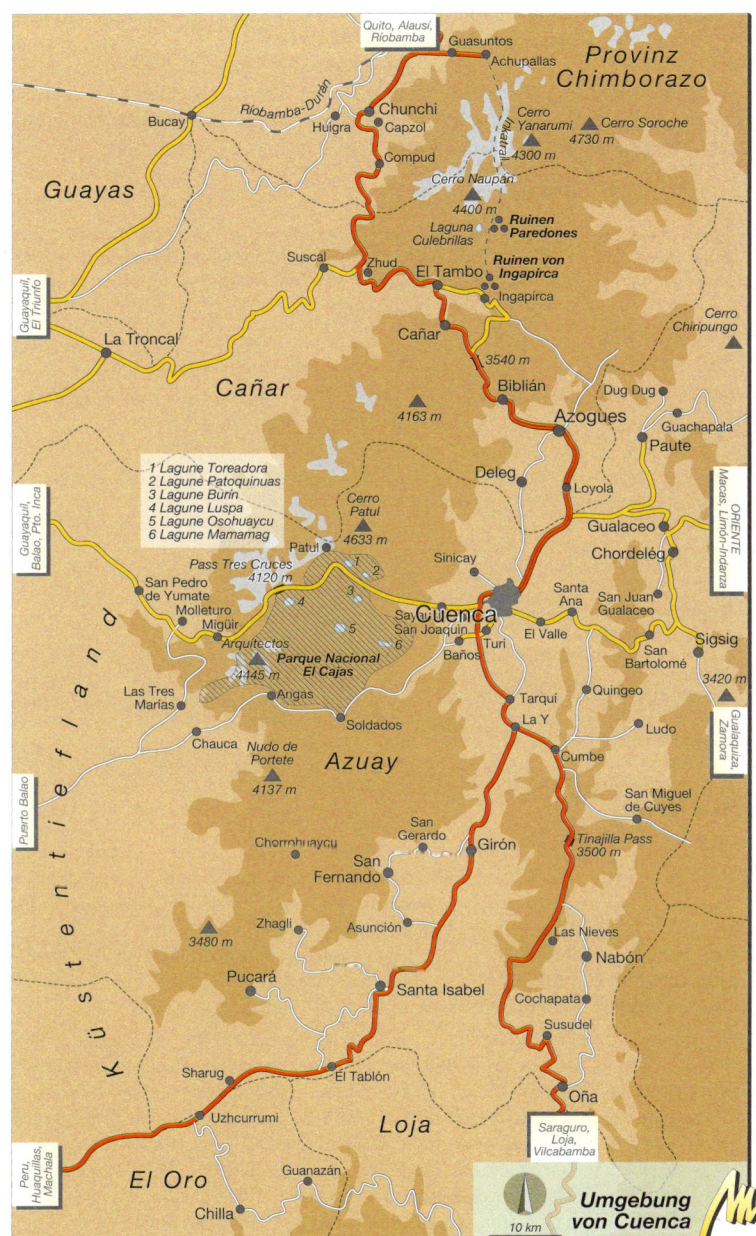

Umgebung von Cuenca

Panamericana Sur
Karte S. 299

die Calle Principal und hält dort kurze Zeit, vor Ort nach der Haltestelle (*parada*) fragen! Auch hier können evtl. noch Tickets erstanden werden, vorausgesetzt, es gibt noch Sitzplätze. Landschaftlich betrachtet, zählt dieser Andenpass zur tropischen Provinz Morona-Santiago hinunter mit zu den aufregendsten Straßen des Landes. Schwindelfreie sollten links sitzen, allen anderen wird geraten, auf die sich rechter Hand befindliche Felswand zu starren!

Adressen/Verbindungen

● *Adressen* **Information**: bei i-Tur am Parque Central, Gran Colombia 7-88 y 3 de Noviembre. **Telefonzentrale**: Calle Manuel Antonio Reyes, einen Block oberhalb der Plaza (nicht Marktplatz). Mo–Fr 8–13 und 13.30–15 Uhr, Sa/So 8–11 Uhr. Im Ortszentrum und an der Durchgangsstraße gibt es noch andere *cabinas telefónicas*.

● *Verbindungen* Neben den lokalen Bussen nach **Chordeleg**, **San Juan de Gualaceo**, **San Bartolomé**, **Paute** und **Sigsig** geht es mit der Coop. Santiago von 5 Uhr morgens bis 19 Uhr alle 15 Min. nach **Cuenca**. Diese Kooperative unterhält auch Verbindungen nach **Azogues**.

Übernachten/Essen & Trinken

● *Übernachten* **Los Sauces**, (Budget), nette saubere Zimmer (BP, Ww), fürs Geld ein Preisschlager! EZ 10 USD, DZ 15 USD. Gegenüber dem Mercado 25 de Junio in der Manuel Moreno 405 y Cuenca.

● *Essen & Trinken* **Don Q**, im Centro Comercial Jara, Gran Colombia 3-20 y 9 de Octubre an einer Ecke des Parque, Fleisch und Meeresfrüchte.

Artesanía/Feste

● *Artesanía* Beim Ortsausgang nach Cuenca in **Bullcay** auf blaue Schilder mit „Artesanías" achten (rechts am Straßenrand). Im Haus der Familie Orellana wird mit alter präkolumbischer Ikat-Technik die Herstellung von Macanas-Kleiderstoffen vorgeführt. Mit

dem Stadtbus „Urbano Rojo" erreichbar.
● *Feste* Ende März gibt es zu Ehren des Pfirsichs (*Festival del Durazno*) ein farbenfrohes Folklorefest mit barfüßig tanzenden Mädchen in Trachtenröckchen.

Chordeleg

Zehn Busminuten von Gualaceo liegt weiter oben in den Bergen das ecuadorianische Zentrum für Gold- und Silberschmuck. Der wohlhabende Ort trägt heute noch den Beinamen *chorro de oro*, was übersetzt etwa „sprudelnde Goldquelle" bedeutet. Die einst ergiebigen Goldminen sorgten für den Reichtum Cuencas zu Cañari-, Inka- und Kolonialzeiten. Dieser lang anhaltende Goldrausch ist an Chordeleg nicht spurlos vorübergegangen. Innerhalb des Ortes reiht sich ein Juweliergeschäft ans andere. Einfamilienhäuser im westlichen Stil zeugen davon.

Filigranschmuck in Form von Pfauen, Schmetterlingen oder Blumen, meist als Brosche, findet man an bzw. unterhalb der Plaza auf der Hauptstraße Juan Bautista Cobos: Ketten, Armreife, Ringe, Medaillons und eingearbeitete Markenuhren. In dieser Reihenfolge: *La Puerto del Sol* (Juan Bautista Cobos y Eloy Alfaro), *La Huaca*, *Dorita*, *Chorro de Oro*, *Carmita* und zahlreiche andere Geschäfte. Den schönsten Goldschmuck hat *Zhiro Gallo* an einer Ecke des Parque neben dem *Municipio*. Im 2. St. des Bürgermeisteramtes kann man im Zweifelsfalle ein Schmuckstück auf Echtheit überprüfen und schätzen lassen (Mo–Fr 8–13 und 14–17 Uhr).

Spinnerin

Außer Schmuck werden Keramikarbeiten angeboten. Eine kleine Besonderheit stellen die transportfreundlichen Miniatur-Keramiken von Rosa Guzmán und Fernando Loja dar (Juan Bautista Cobos 4-47 y Eloy Alfaro, ☎ 07/2223470). Ein überschaubares Angebot an Panamahüten ab 7 USD bietet das *Centro Agroartesanal* (rechts neben dem Bürgermeisteramt) während die *Sociedad Artesanal Tesoros del Inca* auf Keramik spezialisiert ist (neben der *Joyería Dorita* bei der Kirche), beide am Parque Central.

● *Verbindungen* Vom Busbahnhof in Gualaceo fahren die rot-weißen Busse der Empresa Astudilla alle 30 Min. nach Chordeleg (rechts sitzen, 30 Ct.); vom Busbahnhof in Cuenca fahren ständig Direktbusse (Fahrzeit über 1 Std.). Für den Rückweg nach Gualaceo/Cuenca muss der Bus einen Block oberhalb der Plaza in der Calle 5 de Febrero an der Ecke der Farmacia San Andrés abgepasst werden.

▶ **San Juan de Gualaceo**: Dieses Dörfchen liegt eine halbe Stunde südlich von Gualaceo, auf einem von Chordeleg aus gesehen gegenüberliegenden Hügel, zu Füßen einer mützenförmigen Bergkuppe. Das Besondere sind die in Heimarbeit erstellten Panamahüte und Schafwollpullover. Die Fahrt von Gualaceo bietet sehenswerte Ausblicke auf das baumbestandene Mäandertal des Río Gualaceo und die sanfte Hügellandschaft mit ihren winzigen, ziegelgedeckten Lehm-Fincas (links sitzen).

● *Verbindungen* Vom Busbahnhof in Gualaceo startet die Coop. San Juan jede volle Stunde nach San Juan de Gualaceo (0,50 USD). Auf der Fahrt fällt linker Hand, kurz hinter Gualaceo, ein alter Aquädukt ins Auge. Er kann auf der Rückfahrt besichtigt werden, es ist keine halbe Stunde Fußweg von Gualaceo.

● *Übernachten* **San Juan**, sehr einfaches Hostal, BP o. BC, Ww, Gemeinschaftsküche, Restaurant „Arco Iris" (*comida típica*, *desayunos* 1,50 USD, *almuerzo* o. *cena* 2 USD). Pro Pers. ab 5 USD, etwa 180 m vom Parque Central, ☎ 07/2290280.

● *Touren* Infos zu Wander- und Maultiertouren (Montaña Pishi, Bosque Aguarongo, Pampas de Chusquin, Mirador Soplamano) erteilt Sr. **Edgar Quichimbo** vom Hostal San Juan.

▶ **Sigsig**: Authentischer als der Mercado von Gualaceo ist der sonntägliche Markt von Sigsig (2.400 m), etwa 25 km südlich von Chordeleg und 62 km südöstlich von Cuenca gelegen. Der auf pittoreske Weise recht verschlafene Ort zeichnete sich einst durch seine Goldminen aus. Heutzutage werden vor allem preiswerte Panamahüte hergestellt. Auch archäologische Fundstücke der Kulturen *Chobshi* und *Shabalula* werden manchmal unter der Hand verkauft. Außer einer kolonialen Baustruktur mit ihren typischen zweistöckigen Häuserreihen, fällt vor allem der steinerne Kirchturm ins Auge. Ein besuchenswerter Ort!

● *Verbindungen* Mit dem Express Sigsig ist der Ort sowohl von Cuenca als auch von Gualaceo zu erreichen (50 Ct. von Gualaceo, 1 USD von Cuenca).

● *Strohhüte* Etwa 1 km außerhalb der Stadt in Richtung Chigüinda, unten am Fluss, befindet sich die **Asociación de Toquilleras** Maria Auxiliadora. Dort gibt es klassische sowie bunt gefärbte Panamahüte für Damen und Herren bereits ab 5 USD, außerdem Tischdeckchen, Körbchen und Weihnachtsschmuck aus der Paja Toquilla. Mittags meist geschlossen. ☎ 07/2266014.

Biblián und Azogues

Diese beiden Kleinstädte befinden sich nördlich von Cuenca auf dem Weg in Richtung Ingapirca-Ruinen. Sie liegen keine 10 km auseinander und sind von Cuenca aus über die Autobahn in weniger als einer halben Stunde zu erreichen. Botanikfreunden werden entlang der Strecke vielleicht *Capuli*-Bäume auffallen, eine Wildkirschenart, die auch unter dem Namen „Humboldt-Kirsche" bekannt ist. Azogues, Biblián und Umgebung haben die höchste Auswanderungsquote des Landes zu verzeichnen. Ziel der Heimatflüchtigen sind Spanien, Italien, die Vereinigten Staaten, Kanada, Großbritannien oder Chile.

Am östlichen Berghang über **Azogues** fällt die gewaltige Franziskaner-Kirche der „Jungfrau der Wolke" ins Auge (*La Virgen de la Nube*), die schützend über der 35.000 Einwohner zählenden Hauptstadt der Provinz Cañar thront.

Beeindruckend ist die am 2.639 m hohen Zhalao-Hang über **Biblián** thronende und im gotischen Stil gehaltene Wallfahrtskirche der „Jungfrau des Sprühregens" (*Virgen del Rocío*), die vor einen Grotteneingang gebaut wurde. Am 8. September und am 31. Mai trifft man dort ehrfürchtige Pilger an, die sich auf Knien den steilen Weg bis zur Kirche hochquälen.

● *Übernachten/Essen & Trinken in Azogues*
Rivera, (MK), modern, sauber, freundlich, BP, Teppich, Kabel-TV, Restaurant, die Nr. 1 der Stadt. EZ ab 16 USD, DZ ab 22 USD, 3er 33 USD, 4er 38 USD. 24 de Mayo y 10 de Agosto, ✆ 07/2248113; **El Padrino**, Bolívar y 10 de Agosto, gegrilltes Huhn; **Peleusi**, Sucre y Emilio Abad, Kaffee und Zwischenmahlzeiten.

Ingapirca

Die Ruinen (Eintritt 6 USD) sind das bedeutendste Monument prähispanischer Kulturen in Ecuador – wenn auch im Umfang nicht gerade vergleichbar mit viel beeindruckenderen Bauwerken in Peru. Sie befinden sich etwa 80 km nördlich von Cuenca auf einem 3.100 m hohen Bergvorsprung.

Die Inkas konstruierten den Sonnentempel zwischen 1450 und 1480. Aber bereits zuvor war der Hügel von großer spiritueller Bedeutung. Die Cañari nannten ihn *Cashaloma*, was etwa so viel bedeutet wie „der Ort, wo die Sterne aus den Himmeln fallen". Im Gegensatz zum Inka-Tempel sind von der Cañari-Kultstätte lediglich ein

Panamericana Sur
Karte S. 299

Bedeutendstes Monument prähispanischer Kulturen – Ruinen von Ingapirca

paar flache, unbehandelte Steinreihen übrig geblieben. Auffallend ist ein großer Vulkanbrocken namens *Huanca Cañari*, über dessen eingekerbter Spitze die letzten Sonnenstrahlen fast waagerecht einfallen – Hinweis auf ein wichtiges Grab mit Schmuckbeilagen, das jedoch schon vor langer Zeit geplündert wurde.

Den Cañari diente der Ort der Anbetung der untergehenden Sonne und des aufgehenden Mondes. Während sich die erdverbundenen Cañari-Bauern in allen Lebensfragen nach dem jeweiligen Mondstand richteten, sahen sich die Inkas hingegen als direkte Abkömmlinge des Sonnengottes. Ihm zu Ehren konstruierten sie über den Resten des eroberten Cashaloma eine neue Weihestätte, die wie viele Eroberungsanlagen der Inka die Form eines Pumas hatte. Der konzentrische Tempel stellte den Kopf der Wildkatze dar, die Inkastraße direkt oberhalb der Anlage das Rückgrat und die Steinreste beim verschwundenen „Jungfrauenhaus" bilden den Schwanz des Tieres. Der große liegende Felsbrocken vor dem offenen Maul stellt das zu verschlingende Meerschweinchen dar, Synonym für das besiegte Volk der Cañari.

Die „Wände des Inka" werden von einem elliptischen Steingebäude überragt, das den Sonnenanbetern als Weihestätte und Sternenobservatorium diente. Typisch für die Inka-Bauweise sind nicht nur die nahezu fugenlosen Mauern, sondern auch die trapezförmigen erdbebensicheren Eingänge und die gesamte astronomische Präzision der Anlage. Die lange Achse des oval angelegten Tempels stimmt mit dem von Ost nach West verlaufenden Sonnenstand überein. Eine innere Nord-Süd-Wand halbiert das konzentrische Gebäude und formt zwei gleich große Räume (heute ohne Strohdach). An dieser inneren Trennmauer konnten anhand des Strahlenverlaufs der längste und kürzeste Tag des Jahres abgelesen werden. Die Strahlen drangen dabei durch jeweils vier Fensterschlitze in der Ost- und Westseite ins Gebäude ein. Beide Seiten dieser inneren Mauer verkleideten die Inkas mit Gold. Während der Inti-Raymi-Zeremonien zur Sonnenwende wurde der Hohepriester dadurch in göttliches Licht getaucht.

Die Ruinen blieben von den spanischen Eroberern anfangs unentdeckt. Die Inkas hatten sie während der Conquista einfach zugeschüttet. Im Lauf der Jahrhunderte wurde Ingapirca von zahlreichen Kulturforschern besucht, unter anderem von Alexander von Humboldt im Jahre 1801 und 1879 von Theodor Wolf. Humboldt fand die Anlage noch bewohnt und nahezu intakt vor. Seine Skizzen geben Aufschluss darüber. Man fragt sich jedoch, wo der große Rest von Ingapirca abgeblieben ist.

Die meisten Steine wurden von der Bevölkerung zum Bau ihrer Häuser benutzt. Dabei sollen ganze Lastwagenladungen voller Ingapirca-Steine nach Cañar abtransportiert worden sein. Die Kirche des angrenzenden Dorfes Ingapirca wurde größtenteils mit den Steinen der Ruinen erbaut.

● *Anfahrt* Von der Pana Norte gibt es nach Ingapirca zwei Abzweigungen. Eine geht kurz vom Städtchen Cañar an der Entrada de San Pedro/Curiquingue rechts weg (etwa 60 km nördlich von Cuenca). Die andere Strecke zweigt in Tambo ab (wenige Kilometer nördlich von Cañar) und ist etwa 12 km länger. Leihwagenfahrern bietet sich eine Rundtour an. Vom Terminal Terrestre in Cuenca gibt es tägl. zwei Verbindungen mit der Coop. Cañar (✆ 2844033) um 9 und 13 Uhr, von Ingapirca zurück um 13 und 16 Uhr (2,50 USD). Für die einfache Strecke müs- sen über 2 Std. veranschlagt werden, für den Ruinen-Rundgang 1 Std. Bis zur Rückfahrt ist ausreichend Zeit für die Besichtigung.
● *Übernachten/Essen & Trinken* **Posada Ingapira** (siehe Karte S. 299, **24**), (MK), eine urige, aber ziemlich kalte Übernachtungsmöglichkeit, 200 Jahre alt, etwa 500 m oberhalb des Ruinenkomplexes gelegen. Kaminfeuer im Restaurant, Garten, Zimmer von unterschiedlicher Qualität. EZ 55 USD, DZ 73 USD, 3er 92 USD inkl. Frühstück, Abendessen zw. 8 und 12 USD. ✆ 07/2827401, www.grupo-santaana.net.

Nationalpark El Cajas

Von Cuenca aus ist das westlich gelegene Gebirgsmassiv von **El Cajas** nach 45
Min. Fahrt erreicht. Das Reservat liegt
größtenteils über der Baumgrenze und
umfasst ein topografisch unregelmäßi-
ges Gebiet von 29.000 ha. Landschaftlich
bietet diese Páramo-Region neben zer-
furchten Höhenrücken und tief eingeschnittenen, schachtelförmigen Tälern
(daher der Name „Cajas", „Schachteln")
fast 240 größere und kleinere Lagunen
wie *Toreadora, Llaviuco, Lagartococha,*
Osohuaycu, Quinuascocha, Riñoncocha,
Cascarillas, Ventanas, Angas, Luspa,

El Cajas – Jede Menge Lagunen

Burin, Mamamag oder *Togllacocha*. Die Grenzbereiche des Reservates sind mit extrem feuchtem Bergurwald voller Moose, Pilze und Epiphyten überzogen.

Die höchste Erhebung ist der **Arquitectos** mit 4.450 m, den tiefsten Punkt stellt die
Lagune **Llaviuco** mit 3.150 m dar. Das 34 km von Cuenca entfernte Informationszent-
rum (Eintritt 10 USD) bei der Lagune **La Toreadora** befindet sich auf 3.800 m. An
warme, wetterfeste Kleidung und gutes Schuhwerk sollte gedacht werden. Wer eine
Wanderung in das Gebiet unternehmen möchte, muss sich an eine der Agenturen in
Cuenca richten. Der Nationalpark kann nicht auf eigene Faust besucht werden!

Empfohlen sei ein mehrstündiger Weg entlang der Lagunen *Toreadora, Totoras* und
Patoquinuas, der von der Schutzhütte aus nach 8 km an einer anderen Stelle wieder
an die Straße führt. Dort können Busse zurück nach Cuenca leicht gestoppt werden.
Ein Drei-Tages-Trail beginnt 1 km östlich der Schutzhütten auf einem von der Hauptstraße abgehenden Pfad zu den Lagunen *Burin, Osohuaycu* und *Mamamag*. Nach 4–
5 Std. ist die Lagune Osohuaycu erreicht, wo gezeltet werden kann. Am zweiten Tag
geht es in etwa 4 Std. zur Lagune Mamamag (zweites Camp) und am letzten Tag in
etwa 7–8 Std. auf einem schwer zu findenden Pfade durch den Nebelwald (Bromelien
und Orchideen) hinunter zur Lagune Llaviuco und zurück zur Hauptstraße.

Von August bis Januar ist es bei meist klarer Sicht sehr windig, während die Temperaturen unter 16 Grad liegen. Bei Nacht fallen sie dann manchmal unter den Gefrier-
punkt. Von Februar bis Juli ist es oft sehr wolkig, feucht und regnerisch, während
bereits die Tagestemperaturen unter 10 Grad liegen. Selbst Hagel- und Schneestürme
sind zu dieser Jahreszeit keine Seltenheit. Die nächtlichen Temperaturen können
dann sogar auf minus 20 Grad absinken. Campingfreunde seien gewarnt!

Zur Fauna gehören Brillenbären, Bergtapire, Rotwild, Füchse, Hasen, Pumas und
Ozelote. Unter den gefiederten Bewohnern können Bergtukane, verschiedene En-
tenarten, Spechte und mit viel Glück auch der Andenkondor angetroffen werden.
Zu den Besonderheiten unter den im Reservat lebenden Vögeln gehören der *Cara*
Cara, auch *Curiquingue* oder *Curiquinga* genannt, ein schwarz-weißer Greifvogel,
und der größte Kolibri der Welt, der sich ausschließlich von Nektar aus Agavenblü-
ten ernährt. Zu den auffallendsten Pflanzenvertretern gehören die knorrigen, wur-
zelartig gewundenen Polylepis- bzw. Quinua-Chinarinden-Bäume, die an Bach-
ufern und teils schon am Straßenrand zu sehen sind.

Ebenso trifft der Wanderfreund auf Zeugnisse präkolumbischer Kulturen und Überbleibsel einer alten Inkastraße, die sich auf mehrere Kilometer erstreckt. Agenturen in Cuenca veranstalten entlang dieses Ost-West-Inka-Trails Trekking- und Reittouren mit Zeltübernachtungen (vgl. Cuenca/Reiseagenturen). Dieser im Vergleich zum „Achupalles-Ingapirca-Inka-Trail" viel weniger bekannte „Cajas-Trail" (Ingañan) führt zu einer anderen Paredones-Ruine, die sich westlich des Nationalparkes auf den Ausläufern zur Küste hin befindet. Diese etwas schwer zu erreichende Paredones de Molleturo unweit des Städtchens Molleturo diente den Inkas einst als Kontrollstelle für ihren Warenaustausch zwischen Hochland und Küste. Von dort aus soll es bei besonders klarer Sicht möglich sein, gleichzeitig den schneebedeckten Chimborazo (6.310 m) und den Pazifischen Ozean zu sehen. Von der Durchgangsstraße Cuenca – Guayaquil sind es von **San Pedro de Yumate** noch etwa drei Std. zu Fuß zu den Ruinen.

● *Anfahrt/Übernachten/Essen & Trinken* Es fährt der eine o. andere Occidental-Bus (℡ 2856691) vom **Terminal Sur „El Arenal"** bis zum Informationszentrum im Cajas-Reservat (etwa 45 Min.) bzw. bis zu den Städtchen Molleturo und Naranjal. An Samstagen kann der Bus überfüllt sein, da viele Cuencanos zum Forellenangeln zu den Lagunen aufbrechen. Ebenso geht auch jeder andere Bus vom **Terminal Terrestre** nach Molleturo und Guayaquil, insofern er die Route durch El Cajas nimmt. Viele Interprovinciales fahren jedoch über die nördliche, bevölkerungsstarke Azogues-Biblián-Cañar-Route, da es in der El-Cajas-Gegend kaum jemanden gibt, der unterwegs zusteigen könnte. Eine Eintrittsgebühr von 10 USD wird am Informationszentrum an der Toreadora-Laguna erhoben.

Etwa 14 km davor liegt in der Nähe einiger Forellenfarmen zum Selbstangeln das Hostería-Restaurant und Parque Ecológico **Dos Chorreras** („Zwei Wasserfälle"). Dort können frische Forellen und andere lokale Spezialitäten probiert werden.

Am Informationszentrum bei der Laguna gibt es einfache **Schutzhütten**. Ein dicker Schlafsack ist mitzubringen!

Eine andere Anreisemöglichkeit führt von Cuenca über San Joaquín und Soldados bis ins Dörfchen **Angas** (55 km, 2 Std. oder mehr, da schlechte Straße). Die Occidental-Busse starten um 6, 7, 10, 12, 14, 17 und 18 Uhr am Terminal Sur „El Arenal (3 USD). Angas ist ein infrastrukturell vernachlässigter Reservatszugang.

Inka-Beat

Im inneren, tiefer gelegenen Bereich von Ingapirca, bei den Vorder- und Hinterpfoten des Pumas, genau zwischen den weit gespreizten Krallen der sprungbereiten Bestie, befanden sich die rituellen Bäder der Hohepriester. Diese kleinen Wasserbecken wurden einst mit Hilfe eines Flüsschens gespeist und sind heute nur noch andeutungsweise zu sehen. Zu ganz bestimmten Anlässen wurde jedoch anstatt in eiskaltem Quellwasser auch schon mal in warmem Mädchenblut gebadet. Wobei die gesammelten Reste einer frisch geopferten Jungfrau eine ausgesprochen würdevolle, geradezu musikalische Verwertung fanden. So wurden die Unterschenkelknochen zu lauschigen, in den Schlaf wiegende Flöten verarbeitet, dessen reine Melodien von den kalten Winden in den Himmel getragen wurden. Aus dem wohlgeformten Schädel wurde eine praktische Chicha-Trinkschale für besondere Fest- und Opfertage. Die hierfür benutzte zeremonielle Trommel wurde aus zartesten Bauch- und Brusthäuten sorgfältig zusammengenäht, während die schlanken Arme und Hände als rhythmische Trommelstöcke herhalten mussten.

Schöne Plaza von Zaruma

Südliches Ecuador

Bananenbonzen, Mangrovensümpfe, Kokosnusshaine, ein koloniales Goldgräberstädtchen, eine verminte Grenze, maisgestärkte Wollhüte, Ziegenkäse, Bergdschungel, Brillenbären und das heilige Tal der Langlebigkeit.

Die drei Provinzen *El Oro* (Costa), *Loja* (Sierra) und *Zamora Chinchipe* (Oriente), die eine gemeinsame Grenze mit dem südlichen Nachbarn bilden, werden vom ausländischen Touristenstrom bisher recht wenig zur Kenntnis genommen. Meistens stellt diese Region nur eine Art Durchgangsstation für die geplante Weiterreise nach Peru dar.

Dabei hat der relativ wenig bevölkerte Süden mit seinen oft kargen Hügellandschaften und einsamen, vergessenen Dörfchen in Wirklichkeit mehr an Authentizität zu bieten als touristisch erschlossenere Gegenden Ecuadors. Lediglich Vilcabamba in der *Provincia de Loja* hat es in den letzten 15 Jahren zu einem verstärkten Strom ausländischer Gäste gebracht.

Die Abgeschiedenheit dieser melancholischen Landstriche, die Friedfertigkeit ihrer Bewohner und die schönen Naturerlebnisse machen die erhöhten Strapazen beim Herumreisen wieder wett. Längere Busfahrten und eine generell mangelhafte Infrastruktur auf dem Lande müssen in Kauf genommen werden.

Es gibt täglich einen Flug von Quito nach Machala (Saereo/TAME) und Loja (TAME), Guayaquil oder Cuenca sind auch mit einem öffentlichen Bus nicht allzu weit entfernt. Wer diese südlichen Provinzen auf eigene Faust bereisen möchte, sollte wenigstens eine Woche seines Urlaubs dafür veranschlagen. Nicht wenige Reisende werden hinterher behaupten, allein dieses Gebiet habe den Flug nach Ecuador gelohnt.

Machala/Puerto Bolívar (250.000 Einwohner)

Welthauptstadt der Banane, zweieinhalb Stunden südlich von Guayaquil und 70 km nördlich der peruanischen Grenze.

Ihre Bedeutung verdankt die Stadt fast ausschließlich dem *oro verde*, dem grünen Gold, womit anderenorts schlichtweg halbreife Bananen gemeint sind. Schicke Hochhäuser oder interessante historische Bauwerke hat Machala keine anzubieten. Nur der Verkehrslärm gibt Aufschluss über eine pulsierende Aktivität. Sehenswert ist die Plaza mit Leguanen und drei herumspringenden Affen. Ansonsten eignet sich die Stadt eher als Ausgangspunkt für Bootsfahrten in die Mangrovenwälder von Jambelí und für Busfahrten zu den Schönheiten des südlichen Ecuadors, wie dem nahen kolonialen Goldgräberstädtchen Zaruma oder dem versteinerten Wald von Puyango.

Die durchschnittlichen Jahrestemperaturen liegen bei 23 Grad. Hohe Luftfeuchtigkeit, gemischt mit einer frischen Seebrise (besonders von Juni bis November), nötigen manchmal dazu, die Fleece-Jacke auszupacken. Dichter Nebel ist nicht unbedingt eine Seltenheit. Selbst der Pazifik ist hier durch den Humboldtstrom kühler als anderswo in Ecuador.

Gegründet 1765 durch Nachfahren der *Punaes*, erlangte Machala, dessen Name in der verschwundenen Chimú-Sprache so viel wie „singendes Wasser" bedeutet, zuerst durch die nahen Goldminen in den umliegenden Bergen und später im Zuge des Kakaobooms gegen Ende des 19. Jh. wirtschaftliche Bedeutung. Bereits vor dem Zweiten Weltkrieg begann dann in dieser Region, die Banane dem Kakao langsam den Rang abzulaufen. Heute exportiert allein die Provinz **El Oro** über den Seehafen **Puerto Bolívar** rund 80 % des gesamten ecuadorianischen Bananenaufkommens nach Russland, Europa, Nordamerika, Ostasien und zur arabischen Halbinsel. Seit den 80er-Jahren stellen groß angelegte Krabbenfarmen neben dem traditionellen Fisch- und Langustenfang den zweitstärksten Wirtschaftszweig dar. Tropische Früchte wie Orangen, Ananas, Melonen, Baumtomaten und Guaven vervollständigen die Produktpalette für den Export.

Information/Verbindungen/Adressen

Die **Vorwahl** von Machala und der Provinz El Oro ist **07**.

• *Information* Ein **Info-Büro** (*Ministerio de Turismo*) befindet sich unweit des Rathauses in der 25 de Junio y 9 de Mayo, ℡ 2932106. 8.30–12.30 und 15–18.30 Uhr.

• *Verbindungen* Bus: Bis Ende 2009 gab es keinen richtigen, allgemeinen Busbahnhof, dafür ein Dutzend privater Miniterminals. Rutas Orenses startet tägl. 35x nach **Guayaquil** (2:30–3 Std., 190 km, 4–5 USD) vom Terminal in der 25 de Junio y Tarqui sowie 5x nach **Cuenca** (℡ 2937661); die Coop. C.I.F.A. (Guayas y Bolívar, ℡ 2933735) und

Ecuatoriano Pullman (Colón y 25 de Junio, ℡ 2930197) fahren tägl. halbstündlich nach Guayaquil; C.I.F.A. fährt auch nach **Alamor** (Puyango-Steinwald), nach **Huaquillas** am Grenzübergang (ab 5 Uhr alle 10 Min., keine 2 USD) und von dort weiter nach **Tumbes** und **Piura** in Peru. Die Transp. Loja (Tarqui entre Rocafuerte y Bolívar, ℡ 2932030) fährt 8x tägl. nach **Loja** (6 Std., 7 USD) und **Macará, Cariamanga, Gonzánama, Gualaquiza, Alamor** sowie mind. 1x nach **Zapotillo** (21.30 Uhr, 8 Std., 9 USD). Sie hat außerdem tägl. einen Bus hinauf ins Hochland nach **Ambato** (22 Uhr), nach **Quito** (20.30 Uhr, 10 USD) und in den Oriente nach **Lago Agrio** (Abfahrt 13.30 Uhr, 18 Std., 20 USD). Gleich nebenan befindet sich die

kleine Coop. Nambija, die **Zamora** (21 Uhr, 8 Std.), **Gualaquiza** und **Yanzatza** ansteuert.

Die Coop. Azuay und Sucre Express (Sucre entre Junín y Tarqui, ☎ 2930539) fahren alle halbe Stunde nach **Cuenca** (4 Std., 5 USD); die Coop. T.A.C. (Colón y Bolívar, ☎ 2930119) fährt ab 5 Uhr stündlich nach **Zaruma** (2:30 Std., 3 USD, mein Tipp!), **Portovelo** und **Piñas**. In die gleichen Ortschaften fährt tägl. 15x Trans Piñas in der Colón entre Rocafuerte y 25 de Junio (☎ 2938689). Die kleine Coop. Yanzatza (Colón y Rocafuerte) legt tägl. die Wegstrecke nach **Zamora**, **Zumba** und **Panguí** zurück.

Nach **Quito** bieten sich die Reisebusse der Panamericana an, welche die 520 km lange Strecke 9x tägl. in etwa 10 Std. über Santo Domingo oder seltener über Riobamba zurücklegen. Der Panamericana-Terminal ist in der Bolívar y Colón zu finden, ☎ 2930141; nach Quito fährt auch die Coop. Occidental

(Buenavista entre Sucre y Olmedo, ☎ 2962077); Trans Esmeraldas hat tägl. gegen Mittag und um 21 Uhr ebenso Busse nach Quito (25 de Junio entre Tarqui y Colón, ☎ 2960170).

Flug: Saereo fliegt voraussichtlich Mo-Fr um 6.45 und 18 Uhr nach **Quito**, Sa 10.30 Uhr, So 18 Uhr, einfach ca. 100 USD. Tickets gibt es im Flughafen, ☎ 2922630. Ebenso Flüge nach **Guayaquil**, www.saereo.com. Neuer Flughafen bei Senta Rosa!

Pkw: Vermietung bei Budget, Av. del Periodista y Circunvalación Norte, ☎ 2960586, machala @budget-ec.com, www.budget-ec.com.

Sammeltaxis (*taxis colectivos*): Trans Oro Viaje (9 de Octubre y Ayacucho, ☎ 2934382), Coturcip (Guayas entre Pichincha y Arízaga, ☎ 2960849) und Oro Guayas (Guayas y Pichincha, ☎ 2934322) fahren meist stündlich mit Furgoneta-Minibussen oder amerikanischen Schlitten aus den 70er-Jahren nach

Guayaquil, 10 USD pro Pers. Auch Charter nach **Huaquillas** möglich (20 USD).

• *Adressen* **Geldbeschaffung**: am Parque Central bei der Banco Pichincha oder der Banco de Guayaquil (Visa, Mastercard); außerdem bei der Banco del Pacífico (Mastercard, Traveller Cheques), Rocafuerte y Junín.

Internet: Internetcafés befinden sich im Zentrum entlang der 25 de Junio, z. B. Easy Net Café (schnell) oder Oronet, 25 de Junio y Buenavista.

Krankenhaus: Clínica Maridueña am Parque (Rocafuerte entre Guayas y 9 de Mayo, ℡ 2930437), eigenes Laboratorium, keine Rumrennerei.

Museen: Hübsch und interessant ist das Museo Marino in Puerto Bolívar gegenüber der Capitanía am „viktorianischen" Hafenkai, Eintritt frei, Infos erteilt Sr. Geomer García (mobil ℡ 093-836307). Außerdem gibt es ein paläontologisches Museum in der Casa de la Cultura im Zentrum an der Calle Bolívar.

Peruanisches Konsulat: in der Bolívar y Colón, Mo–Fr 8–13 Uhr, ℡ 2920680.

Polizei: ℡ 2930499, General Manuel Serrano y 9 de Mayo, Notruf ℡ 101.

Post: Bolívar y Juan Montalvo.

Telefonieren: Kleine Telefonzentralen von Porta oder Movistar finden sich im Zentrum im Bereich der 25 de Junio.

Wäscherei: Lavandería Diviño Niño, Calle Bolívar neben Casa de la Cultura; Oromatic schafft es in wenigen Stunden, dafür teuer, Calle 9 de Mayo 1936.

Übernachten

Machala verfügt über einige Mittelklassehotels, die in erster Linie für Geschäftsreisende bestimmt sind. Die meisten befinden sich im Zentrum und sind daher nicht unbedingt ruhig.

Oro Verde, (GK), am Stadtrand, macht den Eindruck eines tropischen Luxussanatoriums; 70 Zimmer in rosigen Farben, großer Pool und herrliche Fächerpalmen (*palmeras de viento*), Restaurant, Cafetería, Bar. EZ 182 USD, DZ 200 USD, Suite Ejecutiva 488 USD inkl. Frühstücksbuffet und 30 Min. Internet. Circunvalación Norte y Calle Vehícular V 7, ℡ 2933140, www.oroverdehotels.com.

Montecarlo (3), (MK), zentral, helle, geräumige Zimmer, erfrischender Steinboden, wie ein fürstlicher Hauch von Grimaldi-Marmor, AC, BP, Ww, Kabel-TV, bewachter Parkplatz, Restaurant-Cafetería. EZ 25 USD, DZ 38 USD, 3er 46 USD inkl. Frühstücklein. Guayas y Olmedo, ℡ 2933462, monteca@ ecua.net.ec.

Oro Hotel (8), (MK), zentral, mehrstöckig, BP, AC, Ww, Kühlschrank, Kabel-TV, Teppichböden, gute Matratzen, Restaurant „Las Tejas". EZ 28 USD, DZ 39 USD, inkl.

desayuno continental. Sucre y Montalvo, ℡ 2937569.

Centro Hotel (5), (MK), zentral, BP, Ww, heller Kachelboden, AC, Kabel-TV. Die inneren fensterlosen Zimmer sind zwar ruhiger, aber dafür dunkel. EZ 28 USD, DZ 38 USD, 3er 48 USD inkl. *desayuno ejecutivo*, Internet, Parkplatz. Sucre y Guayas, ℡ 2931640.

San Miguel (6), zentral, gutes Preis-Leistungs-Verhältnis, BP, Ww, Kabel-TV, AC, Kühlschrank, Telefon, Matratzen okay, Wasserflasche im Zimmer. EZ 15 USD, DZ 20 USD, 3er 25 USD. 9 de Mayo entre Sucre y Olmedo, ℡ 2922625.

Majestic (4), (Budget), von außen wirkt es wie eine abgewrackte Kanalfähre, aber das Preis-Leistungs-Verhältnis stimmt: EZ 9 USD, DZ 16 USD (BP, Ww, Kabel-TV) Restaurant, Internet, Parkplatz. Boyaca 9-17 entre Montalvo y 9 de Mayo, ℡ 2932492.

Essen & Trinken

Fisch (pescado o. corvina), Muscheln (conchas), Shrimps (camarones), Langusten (langostas und langostinos), Schalentiere (cangrejos), serviert mit Reis, Yucawurzel und den geradezu obligatorischen Kochbananen (verde oder maduro), gehören mit Ziegenfleisch zu den traditionellen Gerichten der Provinz. Cebiche in all seinen Variationen nimmt dabei eine ganz besondere Stellung ein.

• *In Machala* **Mesón Hispano (1)**, eines der besten Restaurants der Stadt, Hauptgerichte ab 5 USD, Meeresfrüchte (*mariscos*) und Saftiges vom Grill (*parrillada*), auch Vegetarisches. Chefkoch ist Rigoberto Matamoros. Mo–Sa von 11 Uhr bis nach Mitternacht. Av. Las Palmeras y Sucre, ☎ 2936769.

200 Millas (2), Meeresfrüchte, sehr populär, ein Muss für Ozeanfreunde, 5 USD für frisches Cebiche sowie Hauptgerichte. 25 de Junio y Santa Rosa.

Roky (12), zum Draußensitzen und Auf-die-Straße-Schauen, Buenavista entre Sucre y Olmedo.

Don Angelo (11), ganz in der Nähe des *Parque Municipal*. Fleisch- und Meeresspeisen. 9 de Mayo y Rocafuerte, ☎ 2923577.

Oasis, angenehm, populär, *a la carta* und *almuerzos* ab 1,50 USD. Bolívar y 9 de Mayo, ☎ 2934067.

Gran Chifa Oriental (7), seit Jahrzehnten das beliebteste Chinesenlokal, sehr preiswert, 25 de Junio entre Ayacucho y Guayas, ☎ 2939227.

Zona Refrescante (9), Fruchtshakes (*batidos*), Säfte (*jugos*), Eiscreme (*helados*), verrückte Cocktails, Cappuccino, *desayunos*, *hamburguesas*, Pizza. Tägl. 8.30–22.30 Uhr. Am Parque Municipal gegenüber der Banco Pichincha, Rocafuerte y Guayas.

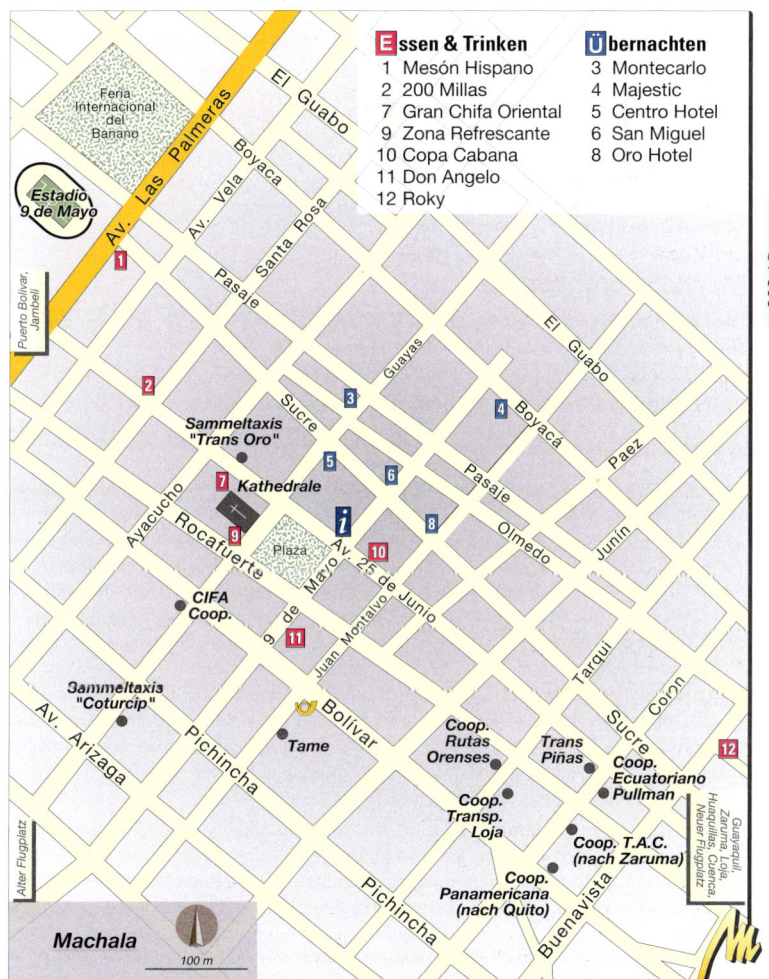

E **ssen & Trinken**
1 Mesón Hispano
2 200 Millas
7 Gran Chifa Oriental
9 Zona Refrescante
10 Copa Cabana
11 Don Angelo
12 Roky

Ü **bernachten**
3 Montecarlo
4 Majestic
5 Centro Hotel
6 San Miguel
8 Oro Hotel

Südliches Ecuador
S. 395

Copa Cabana (10), zweistöckige Cafetería, Frühstück, Sandwiches, *tostados*, Joghurts, Fruchtsäfte, Obstsalate und Eisbecher. Mo–Sa ab 8 Uhr morgens. 25 de Junio y 9 de Mayo, schräg gegenüber der Banco de Fomento am Parque Municipal.

• *In Puerto Bolívar* Empfohlen wurden zwei offene Lokale am Malecón: **Waikiki**, Bar-Disco-Restaurant, große Portionen, leicht angezogene Preise; **Nuevo Edén**, gut und etwas günstiger; ebenso **Portezuelo**, im Hostal Solar del Puerto, Av. Gonzalo Córdova y Rocafuerte (am Parque de la Madre). Tägl. 7–23 Uhr geöffnet. Fisch- und Fleischspezialitäten. ✆ 2928793.

*T*ouren/*E*inkaufen/*F*este

• *Touren* **Banana Tour**, von der Asociación de Pequeños Productores de El Guabo, veranstaltet Führungen durch organische Fairtrade-Bananenplantagen, Teilnahme an Ernte und Verpackung, Kontakte zu Pflanzern, Kostproben. Infos beim Englisch sprechenden Sr. Marco Valle in Guabo bei Machala, Gran Colombia y Av. del Ejercito, ✆ 2950088, ✆ 099-4327740 (mobil), marco.valle@asoguabo.com.ec, www. asoguabo.com.ec/bananatoursite/index.html.

• *Einkaufen* **Central de Gorras**, lässige Schildmützen in allen Formen und Farben mit gewünschtem Schriftzug oder eigens gesticktem Markenzeichen. Tarqui entre Bolívar y Rocafuerte bzw. auch Colón und Olmedo.

• *Feste* **20.–26. September**: **Feria Internacional del Banano** und Wahl der Reina Mundial del Banano, der Bananenkönigin, mit langbeinigen Teilnehmerinnen vom gesamten amerikanischen Kontinent!

In **Santa Rosa** bei Machala findet vom **25. bis 31. August** eine internationale Langostino-Messe statt.

Machala/Umgebung

Die südwestliche **Provincia de El Oro** wird von den Machaleños „**Ecuador Chiquito**" (Klein-Ecuador) genannt. Dies zu Recht, da es die einzige ecuadorianische Provinz darstellt, die so unterschiedliche Landschaftsformen wie pazifische Sandstrände, Mangrovensümpfe, Bergurwälder, Trockenurwälder, Kaktuswüsten oder bis zu 3.200 m hohe Kraterlagunen aufzuweisen hat. In der Umgebung von Machala gibt es viel zu entdecken!

▶ **Jambelí**: Der dem Pazifik vorgelagerte Sandstrand der Mangroveninsel Jambelí wird an Wochenenden von kinderreichen Machaleños besucht. Unter der Woche genießt man aber viel Ruhe und Frieden. Hotels und Restaurants ermöglichen ein Verweilen, passionierte Vogelfreaks kommen hier auf ihre Kosten. Es können 75 Arten angetroffen werden, darunter 42 Wasservogelarten wie *Aramides axilaris*, *Botaurus pinnatus*, *Sterna nilotica*. Etwa 20.000 Vögel bevölkern ständig den Archipel. Die **Isla del Amor** gehört zum Archipel und ist bekannt für ihre großen Vogelkolonien. 13 Arten von Reihern, Fregattvögeln und Pelikanen nisten allein auf der 1 ha großen „Liebesinsel". Die beste Zeit für Ornithologen sind die Monate von Ende November bis April, obwohl sich generell sehr viele Vögel das ganze Jahr über dort am späten Nachmittag (gegen 17 Uhr) zur Ruhe begeben. Auf dem winzigen Inselchen können alle drei existierenden Mangrovensysteme angetroffen werden: *mangle rojo*, *mangle negro* und *mangle blanco*.

Das **Archipiélago de Jambelí** besteht aus zusammenhängenden, ineinander verschlungenen Mangroveninselchen und vielen verzweigten Kanälen. Es gilt als eine der letzten in weiten Bereichen noch intakten Stelzwurzel-Biosphären dieser Art in Ecuador. Der Pazifikseite vorgelagert befinden sich im Umfeld von Costa Rica, Punta Payana, Las Huacas und Estero Chupadores jungfräuliche Sandstrände und „wandernde Sandinselchen" voller Seevögel *(islotes de arena)*. Um diese Küstenlandschaft auskundschaften zu können, bedarf es eines gecharterten Bootes. Auf der peruanischen Archipel-Seite, in den *Manglares del Puerto Pizarro*, gibt es eine Farm mit einst heimischen, inzwischen jedoch fast ausgestorbenen Küstenkrokodilen.

▶ **Isla del Muerto** (Isla Santa Clara): Die fast 5 ha große, sagenumwobene und 1999 zum Vogelreservat erklärte „Toteninsel" liegt 43 km westlich von Puerto Bolívar im Golf von Guayaquil. An den zerklüfteten Sandsteinklippen, auf der Inselterrasse und auf den umliegenden Sandbänken balzen und brüten etwa 23.000 Seevögel, davon 14.000 Fregattvögel, 4.000 Pelikane und 5.000 Blaufußtölpel. Da würde sogar Hitchcock zum kleinlauten Wellensittich!

Durch das Aufeinandertreffen von unterschiedlichen Strömungen enthält das aufgewühlte Meer um die Insel Santa Clara einen unerschöpflichen Reichtum an Plankton. Der kalte Humboldtstrom und ein „verlängerter Arm" des ebenso kalten Cromwell-Unterstromes vermischen sich abrupt mit dem tropisch warmen „Niño" (auch Panama-Strom) und einer breiten „äquatorialen Front" (Frente Ecuatorial). Hinzu kommen die süßen mineralhaltigen Wasser aus dem Andenhochland, die der mächtige Río Guayas in den Ozean hineinschwemmt.

Außer Seevögeln trifft der Besucher auf und um Santa Clara auf große Leguane, Meeresschildkröten, Seelöwen, Delfine und saisonbedingt auch Wale (Mitte Juni bis Mitte Sept.). Ebenso machen fantastische Geschichten über verschüttete Weihestätten aus Prä-Inkazeiten die Runde. Dies ist weniger verwunderlich, weil Keramik- und Werkzeugreste aus dieser Epoche gefunden wurden. Zudem ist die Insel einer extrem starken, witterungsbedingten Erosion ausgesetzt. So verursache die Niño-Katastrophe von 1999 gleich mehrere große Terrassenabbrüche. Kenner der Gegend versichern, dass in den Tiefen und Untiefen um die Todesinsel noch das eine oder andere Wrack einer spanischen Galeere im Sand stecken muss. Francisco Pizarro soll auf seiner ersten Reise auf diesem Eiland einen Schatz in einem heute verschwundenen Tempel erbeutet haben. Währenddessen weist der wichtigste Leuchtturm im **Golfo de Guayaquil** seit 1747 allen pazifischen Seefahrern den Weg in den ersehnten Hafen.

● *Touren* **Walbeobachtungsfahrten** mit einer *chalana* (größeres Boot mit Klo) von Puerto Bolívar zur Vogelschutzinsel **Isla del Muerto** (Isla Santa Clara) veranstalten zwischen Mitte Juni und Ende Sept. **Geomer García Poma** von der Casa de la Cultura (mobil ✆ 003 836307) und die Cabaña-Anlage **El Faro**. Die Buckelwale sind zur dieser Jahreszeit fast immer zu sehen. Außerdem kann man sich bei diesem Tagesausflug auf Tausende dicht auf Sandbänken zusammengedrängte von Seevögeln freuen sowie die einen oder anderen Seelöwen unterhalb der Klippen der Isla Santa Clara. Pro Pers. ab 30 USD.

● *Auf eigene Faust* Zur Insel Jambelí gehen tägl. *Lanchas* (Langboote mit Motor) von der *Muelle* (Kai) am Malecón in Puerto Bolívar. Es gibt zwei Kooperativen: 3 de Julio und Rafael Moran Valverde, Abfahrtszeiten: 7.30, 9, 10, 11, 12, 13, 14, 16 und 18 Uhr. Von Jambelí zurück geht's um 7.30, 8.15,

10.30, 12, 14, 15, 16, 17 und 18 Uhr. Hin- und Rückreise dauern jeweils eine halbe Stunde und kosten je 1,50 USD. Es können auch Boote gemietet werden (etwa 20 USD). Weiterhin gibt es ein Boot der Inselkommune Jambelí, das tägl. um 18.30 Uhr vom Kai in Puerto Bolívar in die Dunkelheit hinaus zur Insel rüberschippert. Touristen dürfen hier mitfahren, Fahrpreis etwa 1,50 USD. Fahrten durch die letzten Mangrovenwälder (*manglares*) der Provinz (Shrimp-Aufzuchtbecken, *camaroneras*, sind für deren Verschwinden auf Jambelí verantwortlich) können am Bootssteg in Puerto Bolívar oder auf der Insel selbst gechartert werden. Zum Bootssteg in Pto. Bolívar fahren die Stadtbusse Oroconti und Express Ejecutivo, in die auf der 25 de Junio zugestiegen wird. Ein Taxi vom Zentrum kommt auf etwa 2 USD.

● *Übernachten auf der Insel Jambelí* **El Faro** (MK), attraktive Cabaña-Anlage mit

Pool und Palmen am nördlichen Strandende, zweistöckige Bambushütten mit Meerblick, vom Bett barfuß in den Ozean. Pro Pers. 43–50 USD (BP) inkl. Frühstück. Restaurant mit *cebiche*, *sudado*, *encocado*, *paella*, deftiges Tigrillo-Frühstück. Mit privatem Hotelboot vom Jacht Club Puerto Bolívar o. per Jambelí-Lancha zu erreichen. Bootsausflüge zur Vogelinsel Santa Clara. Reservierung in Machala bei Charly Chaim, Mitsumarket, ✆ 07/2920414, ✆ 095-854538 (mobil), www.elfaro.com.ec.

Las Iguanas, (Budget) direkt am nördlichen ruhigeren Teil des Strandes, Beton- und Holzkonstruktion, eine akzeptable Option. DZ ab 25 USD (BP, Ww, AC, Kühlschrank), ✆ 093-408616 (mobil).

Cabañas Colibri, etwas abgeschieden im nördlichen ruhigen Teil des Dorfes, 50 m vom Strand. Inhaberin ist die hippige Holländerin Philippine. Schattiger Garten mit Blumen und Hängematten, Espressobar, Frühstücke, abends Pizzas, Barbecue-Stelle. 6 USD pro Pers. in rustikalen Bambus-Cabañitas, auch Camping (2 USD). ✆ 095-587558, 091-916983 (beide mobil), philippineh @hotmail.com.

● *Museen* Besuchenswert ist das **Museo Geomer** mit 500 in über 40 Jahren gesammelten Meeresexponaten (hauptsächlich von der Isla Santa Clara) sowie Mangroven-Lehrpfaden, 300 m linker Hand der Entrada Principal zum Strand von Jambelí, tägl. 9–17 Uhr, Eintritt 50 Ct., ✆ 093-836307 (mobil).

▸ **Weitere Ausflugsziele** in der Umgebung von Machala sind die Bergurwälder von **Daucay** und **Huayquichuma**, archäologische Inka- und Cañari-Fundstätten in **Yacubiñay**, Inkapfadreste und ein indianischer Friedhof in **Paltacalo**, Wander-, Kletter- und Campingtouren bei **Guanazán**, am **Cerro de Arcos** oder **Cerro de Chilla** im kühlen Hochland der Provinz, teils mit Aussicht auf den großen Ozean.

▸ **Puyango/Alamor**: Der fossilienreiche **Bosque Petrificado de Puyango**, der „versteinerte Wald", liegt 110 km südlich von Machala bei Alamor an der peruanischen Grenze. Das Naturschutzgebiet mit einer Fläche von 2.700 ha und Höhenlagen um die 400 m ü. d. M. stellt zusammen mit einem ähnlichen Naturpark in Arizona (USA) eine paläontologische Einzigartigkeit dar. Der als extrem trocken eingestufte Tropenwald mit Durchschnittstemperaturen von über 25 Grad wurde 1870 erstmals vom deutschen Geologen und Botaniker Theodor Wolf wissenschaftlich untersucht.

Die Entstehung des „versteinerten Waldes"

Vor der Erhebung der Anden vor 65 Mio. Jahren existierte im Inneren des Kontinents ein Meer, das durch die anfängliche Bildung der Kordillerenkette zu verschwinden begann. Araukarienwälder wuchsen daraufhin in der flachen, von Sedimenten aufgeschütteten Ebene. Vulkanausbrüche und Überschwemmungen zerstörten wiederholt diese neu geschaffenen Wälder und begruben die Stämme chronologisch unter verschiedenen Erd- und Gesteinsschichten. Bei dem langsamen, mehrmaligen Absinken und Aufbäumen der Ebene hinterließ das allmählich zurückgehende Meer auf den jetzt offen herumliegenden, teils riesigen Steinstämmen Muschel- und Schneckenammoniten von bis zu 1 m Durchmesser sowie fossilierte Farn- und Palmblätter von kleineren Ausmaßen.

Die Flora und Fauna von Puyango enthält Varianten, die an sonst keinem anderen Ort in Ecuador angetroffen werden. Bäume wie Arrayán, Guayacán, Algarrobo, Chaquino, Puyango oder Pretino (entspricht dem Ceibo der Küste), 130 Vogelarten (40 Familien), darunter der neotropische Kormoran, Säuger wie Rotwild, Pekaris, Gürtel- und Nagetiere gehören neben Süßwassergarnelen, Eidechsen und der äu-

Urige Dörfer und noch urigere Läden

ßerst angriffslustigen und giftigen Lanzenotter „Equis" (*Bothrops atrox*) zu den geläufigsten Vertretern dieses heute durch illegale Eingriffe extrem gefährdeten Ökosystems. Besonders in der moskitoreichen Regenzeit von Januar bis Mai soll es von giftigen Schlangen geradezu wimmeln. Auch die Temperaturen können dann locker auf 40 Grad ansteigen!

Das 30 km entfernte **Alamor** (1.150 m) ist das regionale Agrarzentrum mit 7.000 Einwohnern und ein guter Ausgangspunkt für einen Besuch des Puyango-Waldes. Es kann mit ein paar wurmstichigen Holzhäusern und freundlichen Bewohnern aufwarten. Hier findet man das Ecuador von anno dazumal!

● *Anfahrt* Es existieren zwei Anfahrtsmöglichkeiten, eine von Machala bzw. Huaquillas (110 km) und eine andere von Loja (225 km). Abfahrtszeiten der **Busse** am Vortag checken! Von Machala mit der Coop. C.I.F.A. oder Loja über **Arenillas** und La Victoria nach **Alamor** und 25 km vor dem Städtchen an der Brücke über den **Río Puyango** aussteigen (bei der Militärkontrolle). Dem Fahrer Bescheid sagen! Von der Militärkontrolle an der Brücke müssen noch 5 km zu Fuß zurückgelegt werden. Das Verwaltungsbüro befindet sich fast 1 km vor dem Reservatszugang auf der rechten Seite bei einer Eisenbrücke. Am Militärposten nach Sr. Galo Torres fragen, der für 3 USD zum Reservat fährt. Er ist jedoch nicht immer anzutreffen.

Es besteht außerdem die Möglichkeit, von Alamor mit einer Mini-Ranchera der Coop. Cotial (vier enge Sitzreihen) die Zufahrt zum Steinwald zu erreichen. Am Do und So fährt ein Bus der Coop. Transalamor von Alamor bis zum Puyango-Wald, Abfahrt um 6 Uhr vor dem Büro beim Markt.

Ein **Pick-up** von Alamor kostet 25 USD inkl. Wartezeit und Rückfahrt, z. B. Fabián „Bigote", ☏ 093-501124 (mobil).

Von Alamor nach **Loja** geht es mit der Coop. Loja tägl. um 9.30, 14 und 24 Uhr, nach **Zapotillo** um 11 Uhr, nach **Macará** um 16 Uhr.

● *Adressen* Es gibt keinen Bankautomaten in Alamor, dafür **Internet** und **Telefonkabinen**.

● *Übernachten/Essen & Trinken* Camping im **Puyango-Wald** im eigenen Zelt 5 USD pro Pers. Die Verpflegung muss selbst besorgt werden.

Im 30 km entfernten **Alamor** gibt es ein paar einfache Unterkünfte:

Sica Grand Hotel (Budget), sauber, geschmackvoll gestrichene Zimmer, pro Pers. 10 USD (BP, Elektro-Ww, Kabel-TV). Einen Block von der Kirche in der 10 de Agosto y Colón, ✆ 07/2680230.

Puyango (Low Budget), sympathisch und hilfsbereit, Dschungel-Deko mit echten Pflanzen, hintere Cabañas mit Orchideengärtlein, sehr einfache Zimmer, nur Kw, 5 USD pro Pers. An der Plaza, ✆ 07/2680137.

Ein Leser empfahl das einfache Hostal **El Bosque**, ab 5 USD, Sucre y 10 de Agosto, ✆ 07/2680090.

Auf Holzkohle Gegrilltes gibt es im Restaurant **El Salsarito** in der Calle Guayaquil, wenige Meter von der Kirche.

• *Touren/Eintritt*   Der Steinwald erlitt schwere Plünderungen (Fossilien, Holz). Man sieht heute nur noch große, aber interessante Fossilienstücke. Wer nicht in Puyango übernachten möchte, sollte früh aufbrechen, Einlass ist zw. 8 und 15 Uhr. Eintrittsgebühr 2 USD inkl. Führung. Die Parkranger sind engagiert und verdienen ein Trinkgeld! Nach der Führung sollte man sich die Naturschwimmbecken „Las Pailas" zeigen lassen (2 km nach der Eisenbrücke). Baden ist ungefährlich und sehr erfrischend. Es ist möglich, den Wald auf eigene Faust zu erkunden, allerdings nur unter dem hochheiligen Versprechen, keine Fossilien zu klauen! Nicht die ausgeschriebenen Pfade verlassen, dann dürfte es auch keine Probleme mit Giftschlagen geben. Also bitte nicht im Gestrüpp herumkriechen!

> Keinesfalls im **Río Puyango** baden! Dieser ist aufgrund der vielen Goldschürfer weiter flussaufwärts mit Quecksilber vergiftet!

▸ **Huaquillas** ist der meistbenutzte Grenzübergang nach Peru, wobei das staubige 40.000-Einwohner-Städtchen eher einem Schmugglerbasar gleicht. Die schmackhaften Fisch- und Meeresfrüchtespeisen und die obligatorischen Grenzformalitäten veranlassen weit gereiste *viajeros* meist nur zu einem kurzen Aufenthalt, bevor es nach Lima oder Quito weitergeht.

Die Grenze ist rund um die Uhr geöffnet! Zum Überschreiten ist ein Ausreisestempel der **ecuadorianischen Migración** nötig (ebenfalls 24-Std.-Service). Es ist darauf zu achten, dass die Aufenthaltsgenehmigung in Ecuador dabei auf keinen Fall überschritten wurde. Das blaugraue Gebäude zum Abstempeln befindet sich 2 km vor der Grenze und dem Zentrum von Huaquillas an der Panamericana (Taxi 1,50 USD). Jeder Bus, der aus Richtung Machala in die Stadt hineinfährt, hält automatisch an der Migración. Falls das bereits in Quito oder Guayaquil erhaltene Zettelchen *(papeleta de immigración)* zur Einreise aus irgendeinem Grunde nicht mehr vorhanden sein sollte, kann hier ein neues ausgefüllt werden. Es sollten nicht mehr als 1.000 USD Bargeld nach Peru ausgeführt werden. Alles, was diesen Wert übersteigt, könnte bis zu 12 % versteuert sein. Diese Maßnahme gilt jedoch eher für heimkehrende peruanische Händler und Grenzgänger als für ausländische Touristen, kontrolliert wird eigentlich kaum.

Die **peruanische Migración** von Zarumilla befindet sich etwa 3 km hinter der Grenze. Dort muss bei der Einreise in Peru wieder gestempelt werden. Öffentliche Busse von Huaquillas nach Tumbes warten dort jedoch selten, während Einreisende aussteigen, um ihren Stempel zu erhalten. Im unansehnlichen peruanischen Grenzstädtchen **Aguas Verdes** gibt es Mototaxis (motorisierte Rikschas, 1 USD), Colectivos (alte amerikanische Sammeltaxis, 1 USD) oder auch ganz normale Taxis (6 USD) für die Fahrt bis Tumbes. Die Taxis starten etwa 300 m hinter der Grenzbrücke und warten dann meist auch am Zarumilla-Checkpoint.

Peruanisches Geld *(soles)* und US-Dollars können bei offiziellen fliegenden Händlern auf der Hauptstraße im Zentrum von Huaquillas getauscht werden. Diese *cambiadores* haben zwar nicht gerade die besten Kurse, neigen aber generell nicht zu Betrügereien beim Abzählen der Scheine. Trotzdem bitte sehr gut aufpassen! Ebenso ist auf beiden Seiten der Grenze zu jeder Zeit ein sehr wachsames Auge auf das Gepäck zu werfen! Wer aus Peru einreist, sollte seine Soles unbedingt noch vor dem Grenzübertritt loswerden. Die peruanischen Geldwechsler an der Grenze gelten jedoch als betrügerisch!

● *Information* **i-Tur-Büro** im 1. St. *des* Municipio, *10 de Agosto y Córdovez*, ✆ 07/2996065. Hier können evtl. Bootsfahrten von Puerto Hualtaco in die Mangrovenwälder und auch Spanisch sprechende Guides kontaktiert werden.

● *Verbindungen* Von den einzelnen **Busbahnhöfen** im Bereich der Av. Teniente Córdovez y Santa Rosa (nur wenige Blocks von der Grenzbrücke) fährt die Coop. Panamericana tägl. etwa um 6, 10.15, 13.50, 16.30, 19, 20 und 21 Uhr über Santo Domingo de los Tsáchilas nach **Quito** (12 Std., 14 USD), um 16.30 Uhr über Quito bis nach **Tulcán** an der kolumbianischen Grenze (18 Std.) und um 20 Uhr über **Ambato** nach Quito. Ebenfalls in die Landeshauptstadt fahren Trans Esmeraldas (10 und 18 Uhr), Transp. Occidentales (tägl. 5x) und Santa um 13.15 und 19.30 Uhr. Coop. Santa fährt tägl. um 17.30 Uhr auch nach **Riobamba** und Ambato. Nach **Cuenca** geht es mit Ecuatoriano Pullman tägl. um 10.45, 12, 16.15 und 18 Uhr (5 Std., 6 USD). Verbindungen nach **Loja** unterhält die gleichnamigen Kooperative Loja Internacional.

Ins peruanische **Tumbes** kommt man tägl. alle halbe Stunde mit CIFA (20 Min., 50 Ct.) vom Busbahnhof in der Calle Santa Rosa und Machala; nach **Piura** verkehren die Busse von CIFA jede Nacht um 23.30 und 1.30 Uhr (5 Std., 6 USD). Nach **Machala** geht es tägl. von 4 Uhr morgens an alle 10 Min. ebenfalls mit CIFA (1:30 Std., 2 USD). Diese Kooperative fährt auch stündlich nach **Guayaquil** (4 Std., 6 USD). **Zaruma**, **Portovelo** und **Piñas** wird tägl. von T.A.C. und der Coop. Nambija angesteuert.

● *Adressen* **Telefonzellen,** **Internetcafés** und **Geldautomaten** befinden sich im Zentrum entlang der Hauptstraße Av. de la República.

● *Übernachten/Essen & Trinken* **Hernancor**, (MK), geschäftsmäßig anmutend, das bequemste Hotel vor Ort, geräumige Zimmer mit BP, Ww, AC, Kabel-TV, Telefon. Hilfsbereite Rezeption, Cafetería. EZ 18 USD, DZ 24 USD, Mini-Suiten 30–36 USD. Primero de Mayo entre Hualtaco y 10 de Agosto, ✆ 07/2995467.

Vanessa, (Budget), freundlich aber heruntergekommen, AC o. Ventilator, Kabel-TV, Mini-Kühlschrank, BP, Kw (kein Problem bei der Hitze). EZ 11 USD, DZ 14 USD, 3er 17 USD. Gegenüber dem Markt, Primero de Mayo y Av. Hualtaco (Straße nach Puerto Hualtaco), gleich neben dem Hernancor, ✆ 07/2907263.

Fisch, Meeresfrüchte und Gegrilltes, mit Blick auf das staubige Straßengeschehen, das lässt sich im Restaurant **La Habana** genießen, Teniente Córdovez y 10 de Agosto, auch Milchshakes und Frühstück.

Smir, genau gegenüber, gute *cebiches*, 10 de Agosto y Córdovez.

Regional berühmt ist das einfache, offene Speiselokal **La Casa del Albacora** genau gegenüber dem Immigrationsgebäude, im Volksmund auch „La Casa D' Lilita" genannt. Wer den Ausreisestempel mit einem leckeren Fischgericht abrunden und einem kühlen Bier hinunterspülen möchte, sollte hier einkehren!

▶ **Puerto Hualtaco** ist der winzige Hafen von Huaquillas (gute 2 km vom Zentrum) und steht für ausgezeichnete Meeresgerichte wie z. B. *sudado de cangrejo, sudado de camarón, parihuela* oder *corvina a lo macho* (Restaurant **Varadero** oder **Picantería 33**). Dort kann auch nach Fischerbooten für Fahrten durch die Mangrovensümpfe und zu den einsamen Stränden um **Punta Payana** Ausschau gehalten werden. Von Puerto Hualtaco aus geht es zunächst durch den Canal Internacional, der beide Länder trennt, in etwa einer Stunde über Bellavista nach **Costa Rica**. Dort leben 67 Familien vom Fischfang und von der Muschelzucht. Ein Hotel gibt es nicht, eine „familiäre" Unterbringung ist aber möglich. Von Costa Rica sind es nur ca. 10 Bootsminuten bis zum Pazifikstrand von **San Gregorio**.

Südliches Ecuador S. 395

Zaruma (12.000 Einwohner)

Nur wenige Globetrotter haben bislang den kurvenreichen Weg ins zwei Stunden von Machala entfernte, auf 1.200 Höhenmetern gelegene Goldgräberstädtchen gefunden – ein wunderbarer Winkel unseres Planeten!

Dabei ist das „Freilichtmuseum Zaruma" ein kleines architektonisches Juwel Südamerikas und bewohntes Zeugnis einer blühenden, goldgelben Vergangenheit. Dekorierte Häuserzeilen aus dem 19. Jh. prägen heute noch den einstigen Zufluchtsort der „spaniertreuen" Cañari-Indianer, die nach der Zerstörung der Inka-Festung Tomebamba (Cuenca) durch die Spanier der Rache Atahualpas entfliehen konnten. 50.000 von ihnen sollen angeblich den Massakern des Sonnenkönigs zum Opfer gefallen sein. Andere ließen sich an diesem Ort nieder.

Laut Schulbüchern wurde Zaruma 1549 durch den *Capitán Alonso de Mercadillo* gegründet und erlangte seine Unabhängigkeit von der spanischen Krone am 26. November 1820. „Sara Uma" bedeutet Maiskolben, dabei waren Goldminen seit jeher die Wirtschaftsgrundlage. Selbst heute leben 90 % der Bevölkerung direkt oder indirekt von den meist mit einfachsten Methoden ausgebeuteten Minen in der Umgebung. Allein in Zaruma und Portovelo arbeiten mindestens 3.000 Personen auf eigene Faust und unter prekärsten Bedingungen unter Tage.

Das kleine Bergstädtchen auf halbem Wege zwischen Machala und Loja lädt trotz seiner infrastrukturellen Mängel zum Bleiben ein. Die Leute sind friedliebend und freundlich, das Frühlingsklima ist mehr als angenehm (Durchschnittstemperatur 22 Grad, Regenzeit Januar bis Mai, Orchideenblütezeit September bis November). Fürs Fotoalbum ist Zaruma ein Muss!

Die **Vorwahl** von Zaruma und der Provinz El Oro ist **07**.

● *Information* i-Tur, im Rathaus an der Plaza. Ein Besuch lohnt schon der zwei charmanten Amtsfräuleins wegen, die auch Kartenkopien der Umgebung herausgeben. Mo–Fr 8–12 und 13 Uhr, ✆ 2973533, www.vivazaruma.org.

● *Verbindungen* Bus: Nach **Machala** (2:30 Std., 85 km, 3,5 USD) *fährt tägl. stündlich* die Coop. T.A.C. (✆ 2972156), ebenso Trans Piñas *stündlich* über **Piñas**; nach **Guayaquil** (270 km, 6 Std., 7 USD) geht es 4x tägl. mit T.A.C. (14.20 Uhr) und 4x mit Trans Piñas; nach **Cuenca** (260 km, 6 Std., 7 USD) fährt *tägl.* um 03.00 die Trans Piñas, um 7.30 Uhr Coop. Azuay (gleiches Büro wie Coop. Paccha); nach **Loja** (120 km, 5 Std., 5 USD) geht es *tägl.* um 7 und 14 Uhr mit T.A.C. und um 12.30 Uhr mit Piñas (evtl. in Portovelo umsteigen), landschaftlich schöne Strecke über Guayachicuma, unbedingt rechts sitzen! Nach **Quito** (600 km, 13–14 Std., 12 USD)

geht es über Santo Domingo *tägl.* um 17, 17.30 und 18 Uhr mit T.A.C., um 18.45, und 19.15 mit Piñas.

All diese Kooperativen haben ihr Büro direkt an der Hauptstraße im Ort. Bei den T.A.C.- und Piñas-Bussen von Zaruma nach Loja muss evtl. in Portovelo (14 km) umgestiegen werden.

Die Coop. Paccha verbindet *tägl.* stündl. Zaruma mit **Malvas**, halbstündl. mit **Portovelo** und anderen umliegenden Ortschaften, Abfahrt vor dem Coliseo in der Calle Pichincha. Die Coop. 5 de Junio fährt mit offenen folkloristischen „Chivas" alle halbe Stunde nach **Portovelo**, Abfahrt in der Calle Sucre vis-à-vis der Cafetería Uno.

Eine **Romería-Furgoneta** (Minibus) fährt um 3.30 und 7 Uhr schnell und bequem zum **Flughafen in Guayaquil** (4:30 Std., ab 13 USD); ebenso zw. 5 und 20 Uhr alle 30 Min. nach **Machala** (2 Std., ab 5 USD). Tickets bereits am Vortag im Hostal Romería besorgen!

● *Festtage* **Fiestas Patronales** mit der Hl. Jungfrau von Carmen am 16. Juli (Prozession); **Día de la Independencia** 26. Nov. 1820; **Día de la Fundación Definitiva** 8. Dez. 1595.

• *Geldbeschaffung* Die **Banco del Pichin-cha** hat einen Automaten für Visa, Mastercard und Diners.

• *Internet* **Zarum@Net**, Bolívar y Colón; **Neferttiti**), Calle Sucre.

• *Minenarbeiterladen* **Hercusa** in der Av. Sexmo hat handgefertigte, mit Karbid und Wasser betriebene Grubenlampen 20–40 USD. Ebenso eindrucksvolles Video über den sehr mühseligen nichtindustriellen Goldabbau.

• *Museen* **Museo Municipal**, hübsches Heimatmuseum in einem 100 Jahre alten Haus direkt neben dem Rathaus bzw. dem i-Tur-Büro, Plaza La Independencia y 9 de Octubre: präkolumbische Keramik der Cañari, Steinbeile, Antiquitäten, alte Zaruma-Fotos, Mo–Fr 8–12 und 14–18 Uhr, Sa 9–16 Uhr, So 8.30–12.30 Uhr, Eintritt frei. Falls geschl., im i-Tur-Büro nach dem Schlüssel fragen. **Museo de Montufar** (Galeria No. 1), Av. Sexmo Richtung Cerro El Calvario: Knochen, Mineralien, Fossilien, Schallplatten und Grammofone. **Museo Selva Indígena** (Galeria No. 2), Calle Honorato Márquez: Mineralien, Fossilien, Korallen, Schädel, eine Eismaschine aus Holz und ausgestopfte Viecher, ein wunderbares Chaos! Tägl. 9–12 und 13–18 Uhr, Eintritt 1 USD.

• *Polizei* An der Hauptstraße (Ortseinfahrt), auf Höhe der Abzweigung Vía a Limoncito, ☎ 2972198.

• *Telefonieren* Verschiedene Telefonzentralen befinden sich mitten im Ort, z. B. **Zaruma Cell** in der Calle Sucre, tägl. 7–23 Uhr.

• *Übernachten* Unter der Woche gibt es in Zaruma eigentlich immer Zimmer, an Feiertagen sind die wenigen Gästebetten oft von ecuadorianischen Touristen belegt.

El Jardín, (MK), das beste Hotel in der Gegend. Wunderschöner gepflegter Palmengarten, komfortable Zimmer (BP, Ww, Kabel-TV, Telefon, Parkplatz). Pro Pers. ab 15 USD inkl. Frühstück, sonst kein Restaurant in unmittelbarer Nähe. Hier schlief der „Präsi"! Etwa 20 Min. Spaziergang vom Ortskern außerhalb im Viertel Limoncito am Fuße der Cordillera Vizcaya (Taxi 1,50 USD), ☎ 2972706.

Roland, (MK/Budget), 500 m vor dem Ortskern an der Hauptstraße. Beton in kitschigen Farben, Zimmer zur Straße sehr laut, nach den Zimmern mit Aussicht abseits der Straße fragen, auch Cabañas, BP, Ww, Kabel-TV, Panorama-Frühstücksterrasse, sauberer Pool mit Bar, eigene Garage für Selbstfahrer. Pro Pers. 15–20 USD. Av. Alonso de Mercadillo, ☎ 2972703.

Relativ schlicht – die Kirche von Zaruma

Südliches Ecuador S. 395

Blacio, (Budget), modern, sauber, BP, Ww, Kabel-TV, Restaurant. Pro Pers. 10 USD. Balkon-Zimmer zur Hauptstraße sind vorzuziehen. Av. Sexmo y Sucre, ☎ 2972045.

Romería, (Budget), Teppich- und Holzfußböden, einfach, aber mit viel Atmosphäre, BP, Ww, Kabel-TV, pro Pers. 9 USD, Hübsche Restaurant-Cafetería im Erdgeschoss mit Pizza, Fleischgerichten und *empanadas*. An der Plaza de Independencia vis à vis der Kirche. Es gibt Balkone, um das geruhsame Leben gut verfolgen zu können. ☎ 2973618.

Aguila Dorada, (Budget), gerade noch bewohnbar, beste Zimmer sind Nr. 6 und 11 mit Aussicht, sonst dunkel, BP, Ww, weiche Matratzen, pro Pers. 7 USD. Calle Sucre 156, ☎ 2972755.

Sra. Pilar Solano de Romero koordiniert **private Unterkünfte** bei etwa 20 Familien. 10 USD pro Pers. inkl. Frühstück. Paare, die nicht verheiratet sind, werden von der einen oder anderen Familie vielleicht nicht angenommen. Interessantes Pilot-Projekt! ☎ 2972905.

B & B Oasis, bei Don Víctor, DZ mit BP oder BC. Preis 10 USD pro Pers. Calle San Francisco, ☎ 2972286.

• *Essen & Trinken*   Hunger ist der beste Koch! Gut, dass mancherorts Kaffee als dickflüssige *esencia* angeboten wird und nicht das sonst übliche Pulver.

El Fogón Zarumeño, 1 km vor dem Ortskern links auf der Hauptstraße. Hübsche Terrasse, die zum Plaudern einlädt. *Churros* sind Wurst-/Fleisch-Spieße.

Tango Bar, *comida típica*, *almuerzos* ab 1,5 USD, tägl. 8–20 Uhr, Plaza de la Independencia.

Romería, gemütlich, Kaffee, Bier, Mahlzeiten, mit Blick auf die Plaza de la Independencia.

Rincón Zarumeño und **Lo Nuestro** (beide in der Calle Bolívar) haben billige *almuerzos y comida típica*.

Pizzería Giuseppe, Calle Pichincha gegenüber dem Coliseo, hat Barilla-Nudeln, Lasagne, Pizza und ecuadorianische Küche.

Chifa Chamizal, *chaulafan* und Fleischgerichte, Calle San Francisco.

200 Millas, Fisch- und Meeresfrüchte, Calle Honorato Marquéz.

Besonders empfohlen wird **Mesón de Joselito** außerhalb des Ortes an der Straße nach Portovelo (*pescado fresco* und *mariscos pur*).

Authentisch frühstücken kann man in der urig-winzigen **Cafetería 1**, Calle Sucre 027. Zu probieren ist „*tigrillo*" (Tigerchen), ein reichhaltiges Frühstück aus Kochbananen, Rühreiern, Käse, Frischmilch, Salz und Gewürzen. Ebenso authentisch ist „*molloco*", Knödel aus Kochbananen und Erdnuss. Frühstück mit Kaffee ab 2 USD. Tägl. ab 6.30 Uhr. Probieren!

• *Touren*   Für Tagesausflüge zu surrealistischen Felsformationen, einsamen Lagunen, präkolumbischen Ruinenstätten, vogelreichem Nebelwald und für spannende Minenbesichtigungen ist der rührige Fahrer-Guía und „Tourismusantriebsmotor" **Ramiro Rodriguez Pereira** zuständig, ✆ 2972523, ✆ 092-498623 (mobil). Sein freundlicher Fahrer-Guía-Kollege **Tito Castillo** kann ebenfalls Ausflüge organisieren, er besitzt die Agentur **Oro Adventure** am Parque Central bei der Kirche, ✆ 2972761, titocastillo@yahoo.com.

Ein Maulwurfshügel

Zaruma läuft jeden Moment Gefahr zusammenzubrechen. Ein weitverzweigtes Stollengewirr unter den Grundmauern der Stadt hat den Hügel im Lauf der Jahrhunderte wie einen Schwamm ausgehöhlt. Nach jüngsten Untersuchungen der Weltbank müssen die alten Stollengänge so rasch wie möglich zugeschüttet werden. Die Stadtverwaltung reagierte bereits und unterband jegliche Minenaktivität im städtischen Bereich. Wer eine neue Ader sucht, muss dies mindestens 500 m von der nächstgelegenen Behausung entfernt tun.

Sehenswertes

Unter den farbenfroh dekorierten Holzhäusern sticht auch die 140 Jahre alte **Casa del Herrero** hervor, das Haus des letzten Kunstschmiedes der Stadt (Calle León). Weitere Sehenswürdigkeiten sind die wunderschöne Kirche des **Santuario de la Vírgen del Carmen** im „französischen" Stil (1840), ein in alten Zeiten gepflasterter Gassenteil in der **Calle Martín Samaniego**, das Panorama oben vom städtischen Schwimmbad **Batea Rumi** (Baden 1 USD, Fotografieren gratis) oder vom **Cerro El Calvario** (dort, wo das große Kreuz prangt). Beindruckender Blick auf Zaruma und die umliegenden Berge bei guter Sicht!

Darüber hinaus kann die vom Anfang des 16. Jh. stammende **Goldmine Sexmo** besucht werden (nur mit Führer und bei Voranmeldung). Diese bereits von den Inkas entdeckte Goldader heißt so, weil der sechste Teil des Ertrags an die spanische Krone abgegeben werden musste. Es wird jedoch nicht mehr gearbeitet. Helme und

Gummistiefel stehen für einen Rundgang bereit (Einlass 8–18 Uhr, Eintritt frei). Am Eingang befindet sich ein Grill-Restaurant mit Souvenirshop.

Besichtigen kann man auch das **Orquiderario** von Marco Gálvez (etwa 2 km außerhalb an der Straße nach Malvas, ℡ 2964063), die größte Orchideensammlung im Umkreis von Zaruma.

Zaruma/Umgebung

▶ **Malvas**: Etwa 20 Minuten nordwestlich von Zaruma (z. B. mit der Coop. Paccha), schön auf einem Vorsprung über dem Tal gelegen. Hier steht ein 70 Jahre altes unauffälliges, aber attraktives, sehr südamerikanisches **Kirchlein**, in dessen Innern die biblischen Wandmalereien des Riobambeño Eloy Narea zu bewundern sind. Bei **Bocadillos Doña Cleme** im Viertel El Portete (am besten durchfragen) kann bei der altüberlieferten Herstellung von Süßigkeiten aus Milch, Zuckerrohr, Nüssen, Honig und auch Marmelade zugeschaut werden – unbedingt probieren!

▶ **Portovelo**: 14 km vor Zaruma liegt unten im Tal auf etwa 600 m Höhe an der gleichen Zufahrtsstraße dieser weitere Goldgräberort. Es sind jedoch nur noch wenige der alten Holzhäuser von Gold schürfenden Familien erhalten. Geologenherzen werden im skurrilen **Museo Mineralógico** von Magner Turner höher schlagen (Eintritt 1 USD). Seine Kollektion besteht aus über 3.000 Fundstücken.

• *Anfahrt* Von Zaruma aus am besten mit dem Taxi zu erreichen (5 USD). Der Weg zu seinem Haus ist steil und bei Sonnenschein etwas mühsam. Jeder kennt Herrn Turner, einfach fragen! Ehemaliges *campamento* *americano*, ℡ 07/2949345. Die Rückfahrt nach Zaruma ist auch mit einem der von Piñas oder Machala kommenden Busse oder einer Chiva mit offenem Holzaufbau möglich.

▶ **Weitere Ausflugsmöglickeiten in der Umgebung**: neben dem über Zaruma thronenden **Monte El Calvario** die Terrassen, Höhlen und Cañari-Ruinen von **Guayquichuma** (22 km südlich über die Staubstraße nach Loja zu erreichen); der 120-m-Wasserfall **Cascada de Guayquichuma** (es gibt noch ein halbes Dutzend anderer); die surrealistischen Felsformationen **Cerro de Arcos** (2 Std. von Zaruma auf 3.500 m); die **Laguna Chinchilla** auf 3.600 m; den 2.560 m hohen **Cerro Chivaturco**; die **Ciudades Perdidas** von **Yacuviñay** bei **Paccha** (Cañari- und Inka-Ruinenreste) und der **Complejo Arqueológico Plan Grande** bei **Salati** (Cañari-Stadt); ebenso der präkolumbische Friedhof von Paltacalo, die Petroglyphen von Payama und Trencillas; das 1.500 ha große **Naturreservat Buenaventura** (etwa 9 km von Piñas längs der Straße nach Machala), wo über 230 Vogelarten beheimatet sind, darunter der seltene Joco Toco (www.jocotoco.org) und die noch viel seltenere, erst Ende der 80er-Jahre entdeckte Papageienart El Oro.

▶ **Piñas**: Das 1815 gegründete Kantonsstädtchen mit seinen alten, fotogenen Holzhäusern nennt sich stolz „Orchidee der Anden". Es liegt 20 km von Zaruma und 86 km von Machala entfernt auf sommerlichen 1.100 m Höhe. Sehenswert ist der 1 ha große **Orchideengarten** in der Sucre y Olmedo. Der Naturliebhaber Robert Coronado von der Fundación Piñas Oasis Ecológico (robert123usa@yahoo.com) organisiert dort alljährlich zwischen dem 17. und 19. September eine Ausstellung. Außerdem kann man sich noch den Baumlehrpfad von Pata Grande anschauen. Der Zugang befindet sich am Ende der Av. San José, geöffnet 8–12 und 14–17 Uhr.

• *Information* **Tourist-Infos** erteilt das Ministerio del Ambiente in der 8 de Noviembre (℡ 07/2976860) oder die Oficina Municipal del Departamento del Medio Ambiente (℡ 07/2976246).

• *Verbindungen* **Busse** der Kooperativen TAC und Ciudad de Piñas verbinden den Ort mit **Machala** (jede Std.), **Guayaquil**,

Loja, **Cuenca**, **Quito** oder den präkolumbischen Ruinen von Paccha (30 km) bzw. der farbenfrohen Kathedrale von Balsas (55 km).

● *Adressen* **Internet** hat Mondo Digital beim Coliseo im 2. St. und Cañanet in der Calderón y Sucre. Einen **Geldautomaten** hat die Banco del Pichincha, Loyaza y García Moreno. Im **Notfall** helfen das Hospital Luis Moscoso (Angel Ochoa y Suárez, ✆ 07/2976168) oder die Kliniken Morales und Santa Rita.

● *Übernachten/Essen & Trinken* **Capitol**, wahrscheinlich das Beste, moderne, saubere Zimmer mit BP, Vw, Kabel-TV. EZ 15 USD, DZ 20 USD. Av. Independencia 32-66, ✆ 07/2976212.

Las Orquídeas, Zimmer von unterschiedlicher Qualität, ohne Duschvorhänge ab 5 USD pro Pers. (BC), DZ mit Badewanne für 20 USD und eine Suite für 25 USD. Calderón y Montalvo, ✆ 07/2976355.

In der Obdachlosen-Herberge **San Vicente** kann für 1 USD in originalen Lazarettbetten übernachtet werden, Einlass nur bis 20 Uhr.

Beste Speiselokale sind die **Picantería La Cañada** (Bauernfrühstücke u. v. m., Calderón y Olmedo, 8–23 Uhr), **Magic Pizza**, allseits empfohlen, García Moreno y 8 de Noviembre, und **Tambo Ecoturístico Montañita** (etwas außerhalb) mit ganz typischen Großmutter-Gerichten aus der Region unter Verwendung ökologischer Produkte: z. B. *pachamama*, Ziege, Schwein und Huhn mit *patacones*, *yuca* und Reis, in einem Tongefäß in der Erde auf glühenden Kohlen zubereitet (muss 4 Std. vorher bestellt werden, um die 5 USD). ✆ 07/2976762.

Das Reich der Amazonen

In der *Crónica del Perú* des kolonialen Schreibers Cieza de León war erstmals vom südlichen Territorium der *Paltas* die Rede, einem eigenständigen Kulturstamm zwischen den Cañari im Norden und den von Süden her einfallenden Inkas. Ganz weit hergeholt, wird den Paltas sogar nachgesagt, von den Mayas abzustammen, welche ursprünglich über die Karibik und den Río Orinoco in die fruchtbare Palta-Ebene (Loja) gelangten und sich auf diese Weise wieder dem Pazifik zuwandten. In dieser im kontinentalen Vergleich viel leichter zu erreichenden Andenhochebene fand später auch eine der entscheidendsten Schlachten im Bruderkrieg zwischen *Huáscar* und *Atahualpa* statt. Während der spanischen *Conquista* und nach der Ermordung des Sonnenkönigs folgte dann ein unaufhaltsamer Benalcazar dem von Cuzco kommenden *Camino Real* bis hinauf ins *Reino de Quito*.

Zwischenzeitlich gründete Don Alonso de Mercadillo im Jahre 1548 das strategische Loja und 1570 wurde von Salinas de Loyola die geradezu epische *Gobernación de Yaguarzongo* ins Leben gerufen. Dieser „paradiesische Staat im Staate" wurde wenig später mit der *Gobernación de Mainas* noch um ein paar Hunderttausend Quadratkilometer erweitert. Das von sanften, schmalen Kordillensträngen behütete Loja wurde zur Hauptstadt dieses zukünftigen Riesenreiches erklärt, ein goldener Nabel zwischen der Küstenwüste von San Miguel de Piura und den südöstlichen, feucht-tropischen Provinzen von Jaén und Zamora bis hin zum *Río Marañón* und noch weit darüber hinaus, bis hin zum sagenhaften Amazonenreich von *El Dorado*.

Durch jahrhundertelange, intrigenreiche Territorialvergaben unter den zentralen Machtblöcken in Lima und Quito sowie durch wiederholte, auf dem republikanischen Reißbrett verursachte Landverluste verkam das in frühkolonialen Zeiten aufstrebende Loja jedoch zur Enklave eines vielfach verkleinerten Ecuadors und verlor hierbei sein angestammtes amazonisches Hinterland. Die heutigen Provinzen von Loja und Zamora Chinchipe stellen lediglich ein Überbleibsel eines ursprünglich angestrebten *Reino del Amazonas* dar.

Loja
(150.000 Einwohner)

Der Geologe und Botaniker Theodor Wolf (1841–1924) nannte die 2.100 m hoch gelegene, 1548 gegründete Provinzhauptstadt einmal den „Botanischen Garten Ecuadors".

Er war dabei vielleicht am meisten von den lila blühenden Arupo-Bäumen angetan, die an vielen Orten die teils nackten Abgründe zieren. Tatsächlich besitzt die Provinz Loja (sprich: „Locha") gleich eine ganze Palette von andinen, subtropischen und trockenen Landschaftsformen und ökologischen Nischen.

Ähnlich wie Quito in einem Hochtal eingebettet, zieht sich die Stadt parallel zu den Hügelkämmen wie ein langer Finger von Norden nach Süden hin. Das Klima ist mild, die Menschen haben Zeit und im Zentrum sagen sich Fuchs und Hase „gute Nacht". Insgesamt ist in Loja nicht viel los, doch ist die Stadt ein exzellenter Ausgangspunkt für alle Naturschönheiten des südlichen Ecuador. Darüber hinaus braucht das aufgeräumte Straßenbild keinen Vergleich mit irgendeiner Stadt des Landes zu scheuen. Bei einem Spaziergang kann der Besucher eine Reihe von farbenfrohen Fassaden aus anderen Tagen entdecken, wie z. B. die *Plazas San Sebastián* (auch *de la Independencia*) und *Santo Domingo* (auch *de la Confederación*), den *Parque Central*, die *Calle Bolívar* sowie die reizvolle koloniale Künstlergasse *Lourdes*. Für Sprachschüler: Hier wird das reinste Castellano in Ecuador gesprochen, eine Sprachschule gab es zum Zeitpunkt der Recherchen jedoch noch nicht.

*I*nformation/*V*erbindungen

Die **Vorwahl** von Loja und der gleichnamigen Provinz ist **07**.

• *Information* **i-Tur** am Parque Central, Eguiguren y Bolívar, ✆ 2570407, Mo–Sa *8–13* Uhr; **Ministerio de Turismo**, Bolívar 12-39 entre Mercadillo y Lourdes an der Plaza San Sebastián im 3. St., Ansprechpartnerin Judith ist sehr hilfsbereit, ebenso Patricio o. Viviana, ✆ 2572964, 8.30–13.30 und 14.30–17 Uhr, www.municipioloja.com, www.vive ecuador.com.

Infos über den Parque Nacional Podocarpus erteilt auch das **Ministerio de Ambiente** im Edificio INDA, Sucre entre Imbabura y Quito, ✆ 2579595.

• *Verbindungen* Der Terminal Terrestre Municipal Reina de El Cisne liegt am nördlichen Ende der Stadt (Av. Cuxibamba beim Redondel Guayaquil). Ins Zentrum gelangt man von dort in wenigen Minuten mit **Taxis** (1 USD) und öffentlichen **Bussen** (z. B. Coop. 24 de Mayo). Das überschaubare Gebäude unterhält zudem eine Telefonzentrale, ein Internetcafé, einen Bankautomat, Restaurants und saubere Toiletten. Freund-

liche Aufsichtsbeamte sorgen dafür, dass fliegende Händler keine Belästigung darstellen.

Die Coop. Loja (✆ 2579-014/-015) steuert fast alle Ziele an, die auch die meisten anderen Kooperativen unter sich aufteilen: **Guayaquil** (6.30, 10, 13.30, 20, 21, 22, 23 und 24 Uhr, 10 USD), **Quito** (8, 14.30, 17.30, 19, 19.30, 20 und 21 Uhr, je nach Route bis zu 15 Std., unter 20 USD), **Cuenca** (4x tägl. 8 USD), **Machala** (11x, 7 USD), **Huaquillas** (21.30, 23.15 Uhr, 6 Std., 6 USD), **Zapotillo** (5, 11, 17 und 22 Uhr, 8 Std., 8–9 USD), **Catacocha** (12.30 Uhr), **Macará** (9x), **Amaluza** (4, 13 und 15 Uhr), **Cariamanga** (8x), **Alamor** (9, 14 und 19.30 Uhr), 10x tägl. nach **Zamora** (1:30 Std.), **Gualaquiza** (4, 8, 12.30 und 22 Uhr), **Yanzatza** (9x).

Ein 24-Std.-Marathon-Bus fährt tägl. um 14.30 Uhr für 22 USD nach **Lago Agrio** (auch **Nueva Loja** genannt, weil sich in den 70er-Jahren dort so viele Lojanos niedergelassen haben).

Die Panamericana (✆ 2579700) setzt tägl. um 17.15 Uhr einen großen dreiachsigen Volvo-Bus nach **Quito** ein (14 Std. *por la costa*, 18 USD). Ebenso geht es um 22.30 Uhr nach **Guayaquil**.

Nach **Piura** ins nördliche Peru fahren 4x täglich Busse der Coop. Loja (über Macará). Voraussichtliche Abfahrtszeiten 7, 13, 22.30 und 23 Uhr, Fahrtzeit etwa 8 Std., Fahrpreis 10 USD. Die Grenzformalitäten sind einfach, sofern man die bereits im Flugzeug ausgehändigten und ausgefüllten Einreisezettel nicht verloren hat *(papeleta de immigración)*. Von Piura gibt es stündlich Busse und täglich Flüge nach Lima. Die Webseite www.go2 peru.com bietet zudem gute Infos über das Weiterreisen von Piura aus.

San Luis (✆ 2573637) fährt tägl. um 7.45, 10.30, 16.30, 20 und 24 Uhr mit besseren Ejecutivo-Bussen nach **Cuenca** (6–7 Std., 7 USD). Ebenfalls dorthin fährt 18x tägl. die Coop. Viajeros Internacional (✆ 2572800). Die Coop. Santa (✆ 2579017) bietet tägl. um 20.40 Uhr (bitte überprüfen) einen Servicio Especial Volvo über Cuenca nach **Quito** (16–18 USD) an.

Kleinere Kooperativen steuern Ziele im tiefen Süden und Südoriente an: Sur Oriente (✆ 2579019) fährt 10x tägl. nach **Vilcabamba** und weiter nach **Quinara**, **Yangana**, **Palanda** oder an die peruanische Grenze bei **Zumba** (8, 17.30 und 21 Uhr, 6–7 Std., 8 USD). Der Aussicht zuliebe sollte man bis Valladolid rechts und dann links sitzen. Von Zumba geht es um 6, 9 und 11 Uhr zurück nach Loja.

Die Coop. T.A.C. (✆ 2574984) fährt tägl. um 11.15 Uhr nach **Portovelo**, um 12.45 Uhr nach **Zaruma** und um 17 Uhr nach **Piñas**. Alle drei Orte liegen dicht beieinander. Auch die Coop. Piñas (✆ 2575052) fährt um 6, 12.15, 14.15 und 15 Uhr nach **„Ananas"** (span. „Piña"), andere Piñas-Busse nach **Marcabeli**.

Union Yanzatza (✆ 2574892) fährt tägl. um 6, 11 und 15 Uhr über **Zamora** nach **Gualaquiza**, ebenso nach **Yanzatza**, **Yacuambi**, **Panguí**, **Guayzimi** und **Chinapintza** im Oriente. Mit der Coop. Nambija (✆ 2579018) geht es tägl. um 3.15, 9.30, 11.15 und 15 Uhr über **Zamora** nach **Gualaquiza**, ebenso in den berüchtigten Goldgräberort **Nambija** (umsteigen in Zamora) sowie nach **Huaquillas** und **Zumba/La Balsa** um 12.30 Uhr und Punkt Mitternacht, übrigens die letzte Bus-Option, um noch so spät ins auf dem Weg gelegene **Vilcabamba** zu kommen;

ebenso geht es nach **Zurmi**, **Chicaña**, **Guayazimí** oder **Chinapintza**.

Die Coop. Catamayo Express (✆ 2578795) fährt tägl. zw. 8 und 20 Uhr alle halbe Stunde ins gleichnamige Flughafen-Städtchen (und von dort mit einem Plaza-Taxi zum *aeropuerto*); ebenso nach **Catacocha**, **Macará**, **Alamor**, **Zapotillo**, **Amaluza**, zur Wallfahrtskirche **El Cisne**, außerdem zu den exotisch klingenden Orten **Gonzanamá**, **Casanga**, **Quilanga**, **Orianga**, **Chaguarpamba**, **Sacapalca**, **Nambacola**, **La Naranja**, **Tacamoros**, **Nueva Fátima**, **El Ingenio** und **Lauro Guerrero**.

Die Union Cariamanga (✆ 2570295) fährt außer nach **Cariamanga** auch nach **Zumba**, **Amaluza**, **Zamora**, **Saraguro**, **Macará**, **Huaquillas**, **Yanzatza**, **Yacuambí**, **Gualel** und **Guayzimí**.

Einige dieser hier genannten, per Bus erreichbaren „touristenfreien" Orte befinden sich in entlegenen Gebieten des südlichen Oriente oder in Grenznähe zu Peru. Garantiert eine aufregende Reise für Abenteuersuchende!

Vilcabambaturis (✆ 2577376) fährt zw. 5.45 Uhr und 20.45 Uhr 45x mit Mini-Bussen nach **Vilcabamba**. Fahrtzeit 75 Min., Fahrpreis 1,50 USD. Seitlich im Haupteingang des Terminal Terrestre befindet sich ein Geldautomat der Banco de Guayaquil (Visa, Mastercard, American Express), letzte Gelegenheit, sich vor der Weiterfahrt nach Vilcabamba noch Bargeld zu beschaffen. Dort gibt es bis dato keine Bank, nur einen Geldautomaten, der jedoch nicht immer funktionieren soll.

Sammeltaxis: Die *taxirutas* der Coop. 11 de Mayo nach **Vilcabamba** (50 Min.) starten in der Av. Pío Jaramillo Alvarado y Teniente Maximiliano Rodríguez, eine Querstraße von der Repsol-Tankstelle. Fahrpreis für die 40 km: 6 USD für 4 Pers., d. h. 1 vorne und 3 hinten im Hyundai oder Toyota. Wer dreifach bezahlt, hat die hintere Sitzbank für sich alleine, wer das Vierfache hinlegt, das ganze Auto. Der Abfahrtsort ist jedoch etwas schwer zu finden, weshalb es ratsam ist, einen Bus vom Terminal Terrestre nach Vilcabamba zu nehmen. Der Taxistand befindet sich ein paar Blocks vom Zentrum: zu Fuß 4 *cuadras* von der Mercadillo nach Westen zur Pio Jaramillo. Auf der gegenüberliegenden Seite ist eine Repsol-Tankstelle. Links abbiegen, und bereits nach einem Block ist die Haltestelle in einem Hinterhof sichtbar.

Sammeltaxis zum **Flughafen La Toma** bei **Catamayo** (40 Min.) kosten bei vier Passagieren 5 USD pro Pers., Abholung vom Hotel. Beim TAME-Flug um 7.20 Uhr wird man gegen 4.30 Uhr angerufen und um 5 Uhr abgeholt: Aerotaxi von Carlos A. Jaramillo O., ℅ 2584620, ℅ 087-294030 (mobil).

Private Taxis nach **Vilcabamba** kosten mind. 15 USD, zum **Flughafen** 20 USD, nach Zamora 35–40 USD, nach **Cuenca** o. **Machala** 100 USD. **Ruftaxis** (tägl. 24 Std.) unter ℅ 2584158, 2588250 o. 2586377.

Flug: TAME startet Mo–Fr um 7.20 und 17.50 Uhr, Sa um 8 Uhr 20, So um 8.20 und 17.50 Uhr nach **Quito**. Büro: 24 de Mayo y Emiliano Ortega, ℅ 2573030, 2570248. Es ist ratsam, drei Tage vorher zu buchen, da die

Plätze begehrt sind (einfach 80 USD). Eine kleinere Maschine fliegt tägl. nach **Guayaquil** (Mo–Fr 7.45 und 17.25, Sa 8.20, So 17.25 Uhr).

Der Flugplatz **La Toma** (℅ 2677140) liegt 40 km westlich von Loja bei **Catamayo**.

Für eine eher logistisch notwendige Übernachtung kann dort das **Grand Hotel Marcjohn's** am Parque Central, drei Min. vom Flughafen, wärmstens empfohlen werden: modern, komfortabel, freundlich, Wifi, BP, Ww., Kabel-TV, EZ ab 20 USD, DZ ab 30 USD. ℅ 2677631; außerhalb die Hostería **El Rosal**, Av. Eliseo Arias, Vía a la Costa, ℅ 2676518; oder **Cabañas Agua Manía** mit Riesenpool und den längsten Wasserrutschen des Landes (bis 118 m), Restaurant und schöner Aussicht, beides geöffnet Mi–So 8–18 Uhr. 15 kleine Cabañas waren 2009 im Bau (ca. 20 USD pro Pers.). Ca. 5 km von Catamayo an der Vía a la Costa, ¢ *2676733*.

Adressen

• *Autovermietung* **Rentuno**, ab 30 USD pro Tag mit 170 Freikilometern, 24 de Mayo y Segundo Cueva Celi, ℅ 2545789, ℅ 094-084677 (mobil), rentuno@yahoo.com; **Rent A Car** im Hotel Bombuscaro, Jeeps, Minivans, 10 de Agosto y Av. Universitaria, ℅ 2589293, bombus@bombuscaro.com.ec; **Arricar**, ab 40 USD pro Tag, Citytouren ab 5 USD pro Std., Eguiguren entre 24 de Mayo y J. J. Peña, ℅ 2588014; **Ejecutivoexpress**, Juan de Salinas entre Bolívar y Sucre, ℅ 2577003; **Scape**, Av. Orillas del Zamora 02-32 y Juan de Salinas, ℅ 2561554, ℅ 091-209744 (mobil); **Avis**, gegenüber dem Flughafengebäude in Catamayo, ab 20 USD pro Tag, ℅ 2581729.

• *Buchhandlungen* **Kleinigkeiten**, von Sra. Lange, sehr nett, der heimliche kulturelle Hotspot der Stadt! Interessante Bücher auch auf Deutsch, Reiseliteratur, Bildbände, Landkarten, Loja-Infos! Mo–Fr 8–12.30 und 14.30–18.30, Sa 9–12.30 Uhr, José Félix Valdivieso y 18 de Noviembre, ℅ 2579795.

• *Einkaufen* Kaffee aus der Region gibt es frisch gemahlen im kleinen Geschäft **Café Molido**, Bolívar 12-05 y Mercadillo. „Auténtico Café Criollo" kann man in einer Panadería (Bäckerei) an der Colón 06-00 y Sucre kaufen. Kunsthandwerk aus der Region hat der Selbsthilfeladen **Almacén Turístico**, Bolívar 08-66 y 10 de Agosto; außerdem **Sumak Ruray**, Artesanía in der Puerta de la Ciudad. Einkaufszentren sind das **C.C. Hypervalle**,

mit Kino, Av. Santiago de las Montañas y Guayaquil, und das **C.C. La Pradera**, mit Supermaxi-Lebensmittelmarkt und Pizzerias, Sucre y Gobernación de Mainas.

• *Geldbeschaffung* **Produbanco**, Parque Central links neben der Kathedrale (Visa, Mastercard); **Banco de Guayaquil**, Eguiguren entre Valdivieso y Olmedo; **Banco Pichincha**, 10 de Agosto y Valdivieso, **Banred**, Bolívar y Mercadillo. Einen Geldautomaten gibt es auch im Haupteingang *des Terminal Terrestre*.

• *Internet* Internetcafés wie z. B. das **Cybería**, Sucre y Mercadillo. oder das **Cybersat** an der hübschen Plaza Santo Domingo (auch Plaza de la Confederación). Das stilvolle **Cybertren** in einem alten Zug des Parque Jipiro soll allerdings eher langsam sein.

• *Krankenhäuser* **Clínica San Augustín**, 18 de Nov. y Azuay, ℅ 2570314; **Hospital de la Univ. Técnica**, Av. Salvador Bustamante gegenüber Messekomplex, ℅ 2570275.

• *Peruanisches Konsulat* Zoilo Rodriguez 03-05 y Clodovea Carrión in der Ciudadela Zamora, ℅ 2571668.

• *Polizei* Tebaida Alta, Argentina y Bolivia, ℅ 101 oder ℅ 2560500.

• *Post* Sucre y Colón.

• *Rotes Kreuz* Av. Universitaria 04-14, ℅ 911 oder ℅ 2570200.

• *Telefonieren* Überall im Zentrum, **Movistar**, 10 de Agosto y 18 de Nov. oder 24 de

Mayo y 10 de Agosto; **Pacifictel**, an der Plaza San Sebastian, Bolívar y Mercadillo, Valdivieso y 10 de Agosto, Lourdes y Valdivieso.

● *Wäschereien* **Mágica**, Rocafuerte entre Bolívar y Sucre; **Laundry**, Olmedo y Lourdes, pro Kilo 1 USD, Mo–Sa 8–13 und 14–19 Uhr, So 8–13 Uhr.

Übernachten (siehe Karte S. 415)

Loja verfügt über eine Reihe komfortabler First-Class- und Mittelklasse-Hotels, in der Budget-Klasse gibt es viel weniger Auswahl.

Grand Victoria (8), (GK), ein Hauch von viktorianischer Mondänität, eine Fusion republikanische und zweckmäßiger Stilelemente, verglaste Patio-Überdachung. 100 Jahre altes Haus, seit Generationen in Familienbesitz. EZ 110 USD, DZ 134 USD, Jr. Suite 147 USD, Präsi-Suite 195 USD inkl. Frühstücksbuffet. Behindertengerechte Zimmer, Wifi, Pool, Spa, Gourmet-Restaurant „Mediterráneo" und „El Patio" mit regionalen und peruanischen Gerichten. Halber Block vom Parque Central. Valdivieso 06-50 y Eguiguren, ℡ 2583500, www.grandvictoriabh.com.

Casa Lojana (4), (GK), elegantes Haus mit Garten, koloniale Stilelemente. Eigentlich eine Hotelfachschule, wo das Gelernte in die Praxis umgesetzt wird. Kabel-TV, Internet. Ruhig gelegen, nur wenige Fußminuten vom Zentrum. EZ 73 USD, DZ 104 USD inkl. *desayuno*. Ciudadela Zamora, París 00-08 y Zoilo Rodríguez, ℡ 25859-84/-85, casa lojanahotel@utpl.edu.ec, www.casalojana. com.ec.

Bombuscaro (13), (GK), gegenüber Markthalle, spiegelgläsern, Restaurant „Colibrí", Wifi, Kabel-TV, Autoverleih. Schöne EZ ab 40 USD, DZ ab 60 USD, Präsidentensuite mit Whirlpool 92 USD, inkl. Mini-Buffet-Frühstück. Bei Barzahlung 30 % Rabatt! 10 de Agosto entre Av. Universitaria y 18 de Noviembre, ℡ 2577021, bombus@ bombuscaro.com.ec, www.bombuscaro. com.ec.

Libertador (6), (GK), zentral in einer Seitenstraße, 58 komfortable Zimmer, Wifi, Kabel-TV, Pool, Spa, empfohlenes Restaurant „La Castellana", Parkhaus, Casino, Reiseagentur Vilcatur. EZ 61 USD, DZ 71 USD, Suite 76–86 USD inkl. gutem Frühstücksbuffet. Colón 14-30 y Bolívar, ℡ 2560779, reservas@hotellibertador.com. ec, www.hotellibertador.com.ec.

Andes del Prado (14), (GK/MK), Suite Nr. 301 mit romantischer Riesenbadewanne unter Glaskuppel, um die Sterne und die Stadt zu betrachten (75 USD). Sonst EZ 37 USD,

DZ 49 USD inkl. Frühstück und Großbildschirm. Italienisches Restaurant. Zoilo Rodríguez entre 10 de Agosto y Rocafuerte, ℡ 2588271, andesdelprado@speedtelecom. net.ec.

Delbus (1), (GK/MK), modern, farbenfroh, beim Busbahnhof am nördlichen Stadtrand, tolles Preis-Leistungs-Verhältnis, manche Zimmer mit Badewanne, Suite Nr. 101 mit Queensize-Bett und Hydromassage, alle mit Teppichboden, Kabel-TV, Föhn, Kühlschrank, Wein. EZ 25 USD, DZ 35 USD, Suite 48 USD. Restaurant „Amadeus", Tourbüro. 8 de Diciembre y José Flores, ℡ 2575100, 2572297, info@delbus.com, www.grupodelbus.com.

Podocarpus (9), (MK), zentral, modern, sauber, BP, Ww, Teppichböden, Kabel-TV, Restaurant. EZ 25 USD, DZ 35 USD, 3er 45 USD, Mini-Suite 35–50 USD inkl. *desayuno*. Eguiguren 16-50 y 18 de Noviembre, www.hotelpodocarpus.com.ec.

Acapulco (12), (Budget), im Zentrum, die Zimmer zur Straße sind besser, aber tagsüber lauter. Wifi, Ww, TV, Safe, teils Metallbettgestelle, Garage, Cafetería, Flughafentransfer 4 USD. EZ 16 USD, DZ 29 USD, Frühstück inbegriffen. Sucre y 10 de Agosto, ℡ 2570651, 2579652, acapulcohotel@ esaynet.net.ec.

Internacional (16), (Low Budget), sehr zentral, Wellensittiche zwitschern im Treppenhaus, türkisgrüne Holzgalerie im oberen Stock, Oma-Sofas und Opa-Sessel, nur einfache innere Zimmer mit BP, Ww. Pro Pers. ab 6 USD, 10 de Agosto 15-30 entre Sucre y 18 de Noviembre, ℡ 2578486.

Londres (10), (Low Budget), zentral, uraltes anekdotisches Haus, sehr freundliches junges Besitzerpaar, das Mobiliar teils in Stahlrohr-Romantik, ansonsten picobello, nur 5 BC (Ww). Die oberen Zimmer mit nostalgischer Balustrade vor Straße raus. Vorsicht, nicht zu stark anlehnen! Pro Pers. 5 USD – Tipp! Sucre 07-51 entre 10 de Agosto y José A. Eguiguren, ℡ 2561936.

Essen & Trinken/Nachtleben (siehe Karte S. 415)

Die Gerichte der Provinz sind eine kuriose Mischung aus Sierra, Costa und Oriente, Mais, Bananen und Maniok. Suppen wie *repe blanco* (*guineo verde*, Käse, Milch), *cecina* (erst sonnengetrocknete, dann geräucherte Schweinebratenstreifen mit *yuca*), Meerschweinchen *(cuy)*, *tamales*, *empanadas*, *humitas* oder *bollos* aus Rohrzucker und Schweinefett gehören vielleicht nicht zu den Favoriten europäischer Reisender. Internationale Kost, wenn auch mit leichtem Loja-Einschlag, ist meist günstig und macht satt.

● *Im Zentrum* **Charme (21)**, auch „Encanto Francés", intim und ansprechend mit viktorianischem Touch. In jener Epoche wurden aus Sittlichkeitsgründen nämlich – wie hier – sogar die Stuhlbeine bedeckt! Hauptspeisen ab 8 USD, nur mit Reservierung. Miguel Riofrío 14-55 y Sucre, ☎ 2585819.

La Tullpa (7), Einheimisches *a la carta*, günstige *almuerzos*, Colón 07-41 y 18 de Nov.

Tamal Lojano (5), *platos lojanos* an der Ecke 18 de Noviembre e Imbabura.

Puerta de la Cuidad (2), oben im Kulturzentrum des Castillo, guter Kaffee und preiswerte Menüs, aber eher der Aussicht wegen hingehen. Mini-Kunstgalerie mit einheimischen Malern. Latacunga 16-28 y Av. Gran Colombia auf der Bolívar-Brücke, Mo–Fr 9–22 Uhr, ☎ 2587122.

Parrilladas Uruguay (3), saftige Fleischportionen vom Grill, freundlicher Familienbetrieb, Mo–Sa 12–1 Uhr, So 11–17 Uhr. Salinas y Av. Universitaria, ☎ 2570260.

200 Millas (11), *cebiches*, Fisch und Meeresfrüchte, immer als frisch, tägl. 9–15.30 Uhr. Empfehlenswert ist die *orgía de mariscos* für etwa 5 USD. Juan José Peña 07-45 entre 10 de Agosto y Eguiguren, ☎ 2573563.

Auf Meeresfrüchte spezialisiert ist auch **Mar y Cuba (19)**, alteingesessen, allseits empfohlen, Rocafuerte 09-00 y 24 de Mayo, Mi–So 9.30–16.30 und 18.30–23 Uhr, *servicio a domicilio* (Lieferservice), ☎ 2585154.

Forno di Fango (24), hat die besten Pizzas aus dem Steinofen und sehr gute Lasagne, tägl. 12–22.30 Uhr, Bolívar 10-98 y Azuay, Zweigstelle 24 de Mayo y Azuay.

Pizzería Roma (15), auch gut, im Zentrum, 24 de Mayo 08-71 y 10 de Agosto, tägl. 11–15 und 17.30–23 Uhr.

Die Alonso Mercadillo wird auch Calle de las Pollerías bzw. Calle de la Grasa („Fettstraße") genannt. Dort dreht sich alles um knusprige Hühner, deren Grilldüfte die Lüfte schwängern: **Sandi (28)**, in der Mercadillo 14–87 entre Sucre y Bolívar, eine Zweig-

stelle befindet sich gegenüber dem Terminal Terrestre neben dem Hostal Delbus, tägl. von 8.30 Uhr bis nach Mitternacht; ebenso **Pavi Pollo**, Mercadillo 14-99 entre Bolívar y Sucre.

Naturkost und Fruchtsäfte hat **Alivinatu**, empfohlen, 10 de Agosto entre Olmedo y Valdivieso; eisgeschlagene Joghurts hat **Persa**, 18 de Noviembre y 10 de Agosto; **Fuente de Soda D'Lucas**, Eis und Pizzas, Sucre 10-06 y 10 de Agosto, Mo–So 9.30–19.30 Uhr.

Cafeterías und Heladerías scheinen wie Psychopilze aus dem Boden zu schießen und mitunter auch wieder zu verschwinden:

Café Evasión (29), Tee-Salón, Frühstück, Baguettes, Kaffee und Kuchen, extrem schnippisches Personal, an der Plaza de San Sebastián neben den Galerias, Mo–Fr 10–21 Uhr, Sa 16–21 Uhr, So geschlossen.

Regine Volland empfiehlt das schöne **Ruskina**, Kaffee, Cremetorten, Süßigkeiten, Snacks, Mo–Sa 8.30–13 und 14–20.30 Uhr, Sucre 07-48 y 10 de Agosto.

Topoli Café (22), Frühstück und guter Kaffee. Bolívar y Riofrío, Mo–Sa ab 8.30 Uhr.

Altbacken ist **Sinai (17)**, Kaffee und Kakao, sehr guter Cappuccino, angeblich beste Eiscreme, Frühstück, Rocafuerte entre Valdivieso y Bolívar.

Artesanale, Kaffeespezialitäten, 18 de Nov. y Gobernación Mainas oder 10 de Agosto entre Bolívar y Sucre.

Lolka Chocolates, unscheinbar, selbstgemachter Kakao ohne Chemie, nahe der Plaza Central in der 10 de Agosto entre Valdivieso y Olmedo.

Cafetería Cuna de Artistas (23), altes Gebäude mit schönem Patio, rustikal gemütlich, Malereien, Oldies, Do–Sa Amateurmusiker, Frühstücke, *platos a la carta*, *almuerzos*, *picaditas*, *pastas*, *café*, Wein und Cocktails, Mo–Fr 9–14 und 16–24 Uhr, Sa 16–24 Uhr, Bolívar y Riofrío.

Im **Café de la Música (20)** in einer alten Schule bekommt man eine Menükarte mit Musikstücken lojanischer Komponisten in die Hand gedrückt und darf auswählen, angeschlossenes Musikmuseum (Eintritt frei). Kaffeespezialitäten, Snacks, Mo–So 9–19 Uhr, Valdivieso 09-42 entre Riofrío y Rocafuerte.

• *Außerhalb* **Rincón de Borgoña**, neben französischen Gerichten in erster Linie regionale Spezialitäten wie sango de chicharrón, mote aliñeado, arveja con guineo, repe lojano, cecina, seco de chivo, fritada, miel con quesillo, higos pasados, chicha a la tradicional, horchata. Im Süden der Stadt am Parque Pucará de Podocarpus bei den alten Wassertanks, Di–So 9–21 Uhr, Reservierung unter ✆ 2577169 o. ✆ 097-4355950 (mobil).

Im nördlichen Stadtviertel El Valle gibt es im **Salon Lolita** Meerschweinchen (*cuy*) um die 10 USD und *gallina acuyada* (Huhn in Meerschweinsoße), tägl. 11–23 Uhr, ✆ 2575603, Salvador Bustamante Celi y Guayaquil, wenige Schritte von der Kreuzung Santiago de las Montañas und Av. Orillas del Zamora.

• *Nachtleben* Die „In Crowd" trifft sich zum chillen in der Disco **Santo Remedio Para Tanto Pecado (27)**, auch Livekonzerte, Mo–Sa von 15 bis 2 Uhr morgens, an der Plaza de San Sebastián, Mercadillo entre Bolívar y Valdivieso.

Casa Tinku (30), *bar cultural*, Lourdes 14-76 entre Bolívar y Sucre, Livemusik, Tanz und Theater, von 16 bis fast 2 Uhr morgens.

El Viejo Minero (25), urig rustikal und 20 Jahre alt, auch von Volontären der San-Francisco-Station frequentiert, Sucre 10-76 y Azuay.

Siembra (26), Bar mit Atmosphäre, an Wochenenden sehr gut besucht. Biere, Drinks und Fleischspieße, ein Loja-Hotspot, aber vernichtende Kommentare in Bezug auf die Richtigkeit der Rechnung, also bitte bei den getrunkenen Bieren gut mitzählen! Macará y Mercadillo.

Touren/Feste

• *Touren* **Aratinga**, vom Englisch sprechenden Ornithologen **Pablo Andrade**, veranstaltet Birdwatcher-Touren im Podocarpus-Nationalpark, in den Tundo- und Tumbesia-Reservaten. Empfehlenswert! Lourdes 14-84 entre Bolívar y Sucre, ✆ 2582434, aratinga @loja.telconet.net, avearatinga@yahoo.es.

Sisacuna Blaue Berge, eher Binnen-Tourismus, *turismo rural y arqueológico*, Camino Antiguo a Vilcabamba, Saraguro, El Cisne. Bernardo Valdivieso 11-71 entre Mercadillo y Azuay, *edificio* San Gerardo, ✆ 2570334, ✆ 095-941260 (mobil), sisacuna_-blaueberge@hotmail.com.

Für eine Tagestour durch drei Vegetationszonen des Podocarpus-*Parks* wurde der englischsprachige Guide **Fabian Granda Bustán** empfohlen, 30 USD pro Pers. plus Taxi, ✆ 2573373, fgbguide@yahoo.de.

Eduardo Tapia ist sehr nett, spricht auch Englisch und organisiert zuverlässig Touren nach Saraguro, in den Podocarpus und nach Nangaritza (Oriente), ✆ 096-174651 (mobil); ebenso **Maximo Toledo**, ✆ 094-052368 (mobil).

• *Feste* **Gründungstag** ist der 8. Dezember (durch Capitán Alonso Mercadillo, 1548); **Unabhängigkeitstag** ist der 18. November (1820), er wird alljährlich auf der Plaza de San Sebastián zelebriert.

Die **Feria de Loja**, eine kommerziell-religiöse Messe, findet jährlich in den ersten beiden Septemberwochen statt (auch peruanische Anbieter).

16.–20. August: **Virgen del Cisne** („Schwanenjungfrau"), Prozession mit über 400-jähriger Tradition. Tausende von Gläubigen auf der asphaltierten Straße von El Cisne über Catamayo nach Loja, eine der größten Prozessionen in ganz Amerika! Siehe auch „Loja/Umgebung".

Sehenswertes

Museo de la Historia y la Cultura Lojanas: Die Zweigstelle der landesweiten „Museenkette" der Banco Central unterhält in einem schönen Kolonialgebäude wechselnde, aber auch Dauerausstellungen von präkolumbischer Archäologie bis hin zu ultramoderner Malerei. Direkt am Parque Central.

Öffnungszeiten Mo–Fr 9–13 und 14–17 Uhr.

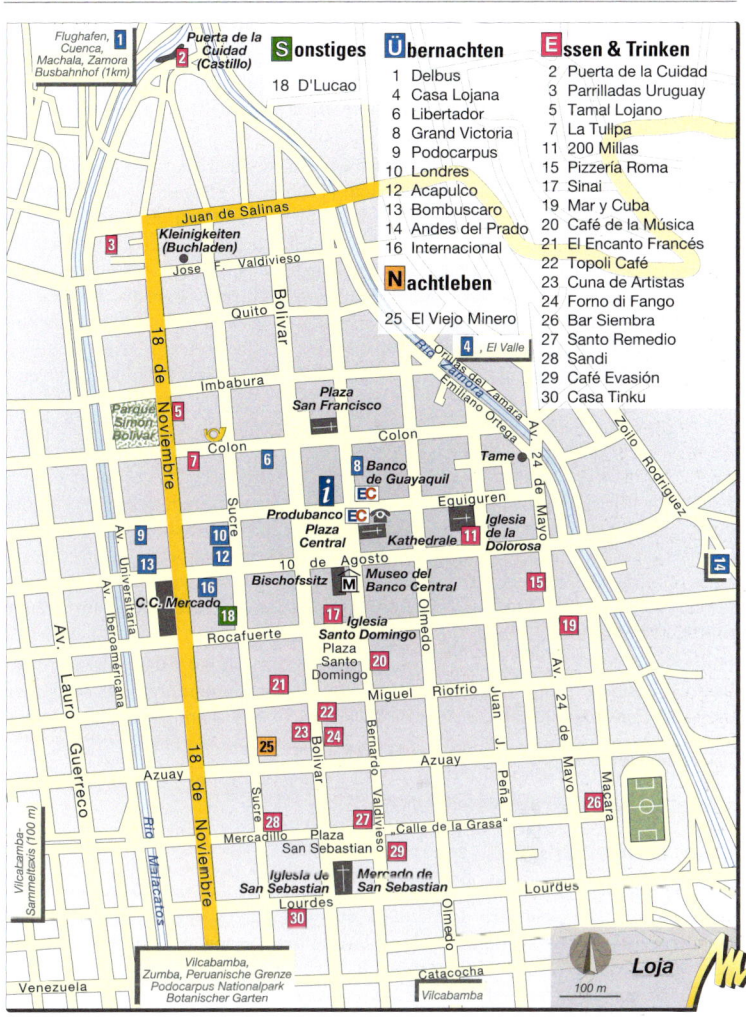

Flughafen,
Cuenca,
Machala, Zamora
Busbahnhof (1km)

**Puerta de la
Cuidad
(Castillo)**

Sonstiges

18 D'Lucao

Übernachten

1 Delbus
4 Casa Lojana
6 Libertador
8 Grand Victoria
9 Podocarpus
10 Londres
12 Acapulco
13 Bombuscaro
14 Andes del Prado
16 Internacional

Nachtleben

25 El Viejo Minero

Essen & Trinken

2 Puerta de la Cuidad
3 Parrilladas Uruguay
5 Tamal Lojano
7 La Tullpa
11 200 Millas
15 Pizzería Roma
17 Sinai
19 Mar y Cuba
20 Café de la Música
21 El Encanto Francés
22 Topoli Café
23 Cuna de Artistas
24 Forno di Fango
26 Bar Siembra
27 Santo Remedio
28 Sandi
29 Café Evasión
30 Casa Tinku

Südliches Ecuador
S. 395

La Catédral und die Kapelle von El Rosario de Santo Domingo am Hauptplatz sind ebenso sehenswert, zumindest was religiöse Kolonialarchitektur angeht. Das Kloster Monasterio de las Madres Conceptas soll diesbezüglich etwas ganz Besonderes sein. Der Zutritt ist jedoch leider nur mit einer persönlichen Erlaubnis des Bischofs möglich. Man kann sich nur durch einen Holzdrehscheibenkasten mit einer nicht sichtbaren Ordensschwester unterhalten.

Die Stadt besitzt drei sehr attraktive Plätze: die von kolonialen Portalen und Holzbalustraden umringte Plaza de San Sebastián (auch Plaza de la Independencia) mit ihrem Uhrturm aus den Fünfzigern, die mit Palmen und Araukarien bestandene

Plaza Central sowie die **Plaza de Santo Domingo** (auch Plaza de la Confederación) und die **Plaza de San Francisco** mit ihren gleichnamigen kolonialen Kirchen. Nahe des Sebastián-Platzes befindet sich die pittoreske **Calle Lourdes** mit Kutschen-Kopfsteinpflaster und farbenfrohen Häuschen im Kolonialstil, heute von Malern und Kunsthandwerkern bewohnt.

Der **Botanische Garten Reinaldo Espinosa** der Universidad Nacional de Loja, 5 km südlich der Stadtmitte an der Straße nach Vilcabamba gelegen, ist ein Muss für Pflanzenkundler und ein schöner Zeitvertreib für alle anderen. Es gibt dort sechs Gruppen von Pflanzen: 1. Medizin- und Zierpflanzen (z. B. der Escopolamina-Baum); 2. Cascarilla (auch Quinua o. Quina, *Cinchono officinalis*); 3. Cultivos Andinos wie Kohl, Salat, weiße Möhren; 4. Bäume wie Oliven, Granadia, Mandarine, 100 Jahre alter Podocarpus und Palmen; 5. Kakteen wie San Pedro; 6. Bonsais (bis zu 20 Jahre alt). Gegenüber dem Garten beginnt auf der anderen Straßenseite ein ausgeschilderter Wanderpfad auf den Berg hoch (2 Std.). Oben am Mirador ist eine Picknick-Hütte.

Öffnungszeiten Mo–Fr 8–18 Uhr und Sa/So 9–18 Uhr, Eintritt 1 USD. Anfahrt mit dem Bus La Argelia – Capulí, der den Botanischen Garten passiert, oder mit dem Bus Pitas – La Argelia bis zur Universität und dann 5 Min. zu Fuß. www.jardinesbotanicosecuador.com.

Nicht nur für Kinder ist der 10 ha große, im Norden der Stadt gelegene Vergnügungspark **Jipiro** (Eintritt gratis), mit Venus-Lagune, orientalischen Pagoden, arabischen Moscheen, mit dem Roten Platz von Moskau und einem mittelalterlichen Schloss. Es gibt dort Internet in einem alten Bahnwaggon und eine Jugendherberge (ab 12,50 USD pro Person mit Vollpension, 15 Hochbetten für Frauen und 15 für Männer).

Hinter dem Park führt ein 4 km langer Pfad zum **Zoo** mit gut behandelten Brillenbären, Vogelhaus und Orchideengarten (jede Menge Blumentöpfe mit *orquídeas*, die 1–15 Tage im Jahr blühen), Av. 8 de Diciembre bzw. Vía Antigua a Cuenca, km 3.

Der **Parque Pucará** liegt im Süden der Stadt. Lamas grasen auf den Wiesen, eine Seilbahn ist im Bau, Mirador mit Stadtblick. Ins Restaurant Rincón de Borgoña lädt auch der Bürgermeister seine Gäste ein.

Loja/Umgebung

▸ **El Cisne**: Die neugotische Wallfahrtskirche El Cisne befindet sich 70 km nordwestlich von Loja. Die alljährlich dort am 16. oder 17. August beginnende Prozession endet zwei oder drei Tage später in Loja. Eine kilometerlange Schlange von Gläubigen marschiert der „Schwanenjungfrau" hinterdrein, die irgendwo hoch über den Häuptern der Pilger schwebend getragen wird. Die 66 cm hohe Zedernholzikone dieser Virgen del Cisne stammt von 1594. Die beeindruckende Wallfahrt gilt als eine der imposantesten in ganz Amerika.

▸ **Saraguro**: An der Panamericana 66 km nördlich von Loja liegt das kleine Städtchen Saraguro (2.520 m), dessen Bewohner ursprünglich von den Inkas aus der Umgebung des Titicacasees zwangsumgesiedelt wurden. Tatsächlich fallen die „bolivianisch" anmutenden Trachten aus dem Rahmen. Die Saraguros sind stolz auf die Reinheit ihrer Rasse und tragen dies anhand ihrer traditionellen Bekleidung täglich zur Schau. Bei den Männern stechen der schwarze Poncho und die kurzen Hosen hervor, bei den Frauen reich bestickte Blusen, Faltenröcke, Silberohrringe und Broschen, so genannte *tupos*. Die mit Maismehl gestärkten, hart gepressten Wollhüte

Prozession in Saraguro

Südliches Ecuador
S. 395

sind ein weiteres typisches Merkmal dieser eigenständigen Bevölkerungsgruppe. Der sonntägliche **Markt** bietet Gelegenheit, die Trachten aus nächster Nähe zu bewundern. Wer an diesem Tag von Cuenca nach Loja reist (oder umgekehrt), sollte einen kurzen Stopp einplanen, da der nächste Bus in etwa einer Stunde wieder vorbeikommt. Das Gepäck kann im Busbüro aufbewahrt werden, die Wertsachen sollte man jedoch mitnehmen!

Das mit ein paar losen (einst fugenlosen) Inka-Blöcken bestückte **Baño del Inca** befindet sich 2 km nördlich von Saraguro. Die alten Sonnenanbeter gönnten sich dort im Fluss ein erfrischendes Bad. Daneben befindet sich auch eine kleine Höhle, in der beim Inti-Raymi-Fest am 21. Juni schamanische Heilungen vorgenommen werden.

● *Verbindungen* Die Büros der drei Kooperativen Viajeros, Loja und San Luis befinden sich in unmittelbarer Nähe zur Plaza. Jeder **Bus** der Route Loja – Cuenca hält in Saraguro oben am Ortsrand an der Panamericana. Es gibt 17 Verbindungen tägl. nach Loja und fast genauso viele nach Cuenca, wobei die Coop. Viajeros fast stündlich verkehrt. Nach Loja (66 km) dauert es 1:30 Std., nach Cuenca (132 km) 2:30–3 Std.

● *Übernachten* **Achik Wasi**, (Budget), oberhalb des Zentrums schön auf einem Hügel gelegen. Gelungene Konstruktion aus Backstein und Holz, kleiner Garten, Parkplatz. Nr. 6 und 7 sind besser, je mit kleinem Balkon, gefolgt von Nr. 4 und 5 mit Aussichtsfenstern, BP, Ww, TV. DZ 20 USD, Frühstück mit Aussicht 2 USD, Taxi vom

Ort 1 USD. Tour-Infos, Musik und Tanz, außerdem „*medicina ancestral shukana para un equilibrio energético*" – Schamanen-Medizin …. Reservierung empfohlen! ☎ 07/2200331.

Samana Wasi, (Budget), zw. Pana und Plaza, weiche Matratzen, muffigstes Hotel im Süden Ecuadors, Spitzenreiter in puncto Schweißfuß-Geruch, BP, Ww, Internet 1 USD pro Std., DZ 20 USD. 10 de Marzo y Panamericana, ☎ 07/2200140.

● *Touren/Leben unter Indianern* **Turismo Comunitario** heißt das Zauberwort (www. turismosaraguro.com). Die kommunale Tourismus-Verwaltung Sarauku bietet kulturelle Tagesprogramme, Reiten, Wandern und Fahrradtouren. Zu empfehlen ist der dreitägige Trail auf der schönen präkolumbischen Ruta Mitimae (Yacuambi Trail), wo es 2.500 m runter ins Amazonasgebiet geht. Pro Pers. ab 160 USD. Beste Zeit hierfür ist Juli bis Sept., Calle 10 de Marzo beim Parque Central, ℡ 07/2200331, saragurorikuy@hotmail.com, lauroguaillas1@hotmail.com. Turismo Comunitario beinhaltet außerdem die **Unterbringung bei indigenen Familien**. Mittelgeber ist die Fundación Kawsay (www.kawsay.org). Das Übernachtungsnetz nennt sich „Saraguro Rikuy", 13 Familien sind daran beteiligt. Eine Übernachtung kostet 21 USD pro Pers. inkl. 3 Mahlzeiten. Die Familien leben in 5 *comunidades* im Umkreis von 1–8 km vom Ortszentrum. Leben in der Familie bedeutet, sich als Erntehelfer zu verdingen (Juni/Juli), bei der Aussaat tätig zu sein (Okt./Nov.), beim Sticken von Trachten mitzuwirken, knusprige Meerschweinchen zuzubereiten oder an einer traditionellen *fiesta* teilzuhaben: Kulla Raymi (21. Sept.), Kapak Raymi (21. Dez.), Pawkar Raymi (21. März), Inti Raymi (21. Juni).

Wer eine indianische Weberei besichtigen möchte, wende sich an **Baudilio Kishpe**: reich bestickte Blusen, bolivianisch anmutende Faltenröcke, schwarze Ponchos und indianische Bermudashorts. In seiner Blockhaus-Peña-Bar **Inka Wasi** in der Comunidad Lagunas treffen sich Touristen mit ihren Gastfamilien zum Ringelpietz, ℡ 07/2200352.

● *Essen & Trinken/Adressen* Wer Vielfalt erwartet, sitzt auf dem falschen Lama.

Alles ist in Quichua, Restaurant bedeutet „Mikuna Wasi" („Essenshaus"). Lichtblick ist das ansprechende **Turu Manka**, etwas außerhalb, 100 m vom Hostal Achik Wasi („Sonnenhaus"), im besten Skihüttenstil, große Speisekarte, sehr durchschnittliche Zubereitung, trotzdem das beste Lokal im Ort!

Mama Cuchara („Mutter Löffel") hat nur *almuerzos* und *meriendas*, samstags geschlossen!

Außerdem gibt es **Internetstuben** und **Telefonzentralen** am Parque Central sowie kleine **Kunsthandwerksstätten** mit gewebten Decken, Ponchos, Wollhüten, Keramik und Schmuck.

● *Feste in der Umgebung von Saraguro* Es werden jährlich vier traditionelle, vom Tourismus noch nicht entdeckte Fiestas abgehalten: **Kulla Raymi** am 21. Sept., **Kapak Raymi** am 21. Dez., **Pawkar Raymi** am 21. März und **Inti Raymi** am 21. Juni. Hierbei werden Ritualheilungen vorgenommen, an denen sich Ausländer unentgeltlich beteiligen dürfen. Einfach mit den Einheimischen Schlange stehen und nicht erschrecken, wenn man vom Schamanen mit Tabakwasser, Duftöl und Alkohol angespukt wird. Am Vortag anreisen und sich erkundigen, wo genau die Party stattfindet, da der Standort jährlich die Gemeinde wechseln.

Vilcabamba (5.000 Einwohner)

40 km südlich von Loja, in einem Talkessel auf 1.500 Höhenmetern, liegt das kleine Mekka internationaler Rucksackreisender. Trotzdem ist der seelenruhige Luftkurort in den letzten Jahren nicht zur postmodernen Ausgabe einer neuen Hippiestätte verkommen.

In der Umgebung gedeiht vielerorts der *San-Pedro-Kaktus*. Der abgekochte Sud dieser Pflanze hat eine starke halluzinogene Wirkung. Die Vilcabambeños selbst betrachten die von Carlos Castañedas Romanen inspirierten „Kaktuskocher" eher skeptisch. All diejenigen, die einfach nur meditativen Frieden, ein mildes Klima *(clima delicioso)* mit kaum schwankenden Temperaturen um die 20 Grad sowie herrlich entlegene Wander- und Reitpfade suchen, werden in Vilcabamba wärmstens willkommen geheißen. Entspannung und Fitness sind garantiert, ein verlängertes Leben wird nur versprochen. Übrigens sollen ein gutes Dutzend Bewohner die Hundert überschritten haben. Miguel Carpio Mendieta erreichte das stolze Rekordalter von 129 Jahren. Er hinterließ 238 Kinder, Enkel, Urenkel und Ururenkel.

Die lang anhaltende Vitalität quillt aber keineswegs aus unterirdischen Jungbrunnen. Ein stabiles, infektionsfreies Klima ist ein Grund, eine ausgewogene Ernährung auf organischer Basis ein anderer: Mais, Bohnen, Kochbananen, Reis und viel

Blick vom Cerro Mandango auf Vilcabamba

Südliches Ecuador S. 395

frisches Obst. Andererseits konsumieren die *longevos* („Langlebigen") wenig Fleisch und Milchprodukte. Ein mitleidiges Desinteresse am Rest der Welt spielt zudem eine Rolle. Das Leben vergeht stressfrei und sorgenlos. Jedenfalls gibt es im ganzen Valle de Vilcabamba keinen einzigen Eingesessenen mit irgendeiner Herzkrankheit. *Más años a la vida y más vida a los años,* „mehr Jahre dem Leben und mehr Leben den Jahren", stand einmal auf einem Schild am Ortseingang.

Die Durchschnittstemperaturen liegen bei 20 Grad, Regenmonate sind Februar, März und April, sehr windig ist es von Juni bis August.

Information/Verbindungen/Adressen

Die **Vorwahl** von Vilcabamba und der Provinz Loja ist **07**.

● *Information* Das **i-Tur-Büro** in der Casa Comunal de Vilcabamba kann die eine oder andere Auskunft erteilen. Bolívar y Diego Vaca de Vega, an einer Ecke der Plaza.

● *Verbindungen* **Busetas** von Vilcabamba-turis verbinden den Ort zw. 5.15 und 20.15 Uhr alle halbe Std. mit **Loja** und dem Rest der Welt, Fahrtzeit 1 Std. 15 Min., Preis 1 USD.

Bus: Die Kooperativen Sur Oriente (3x), Nambija (2x), Cariamanga (5x) und Yanzatza (1x) fahren tägl. nach **Zumba** nahe der peruanischen Grenze (6 Std., 6 USD). Bis

Valladolid links und dann rechts sitzen, falls möglich. Von Zumba bis zur **Grenze** in **La Balsa** fahren, dann nur noch zwei Chivas (Rancheras) tägl. um 8 und 14.30 Uhr (1:30 Std., knapp 2 USD) Auf der peruanischen Seite der Grenzbrücke warten weiße Colectivos (Furgonetas, Mini-Busse) für die Weiterfahrt nach **San Ignacio** (Peru). Wenn man in einem Rutsch nach Peru will, ist es wichtig, sehr früh in Vilcabamba aufzubrechen (erster Bus um 6.30 Uhr) und erst in San Ignacio zu übernachten (Hotel La Posada, DZ 12 USD, BP, evtl. Geldwechsel). Von dort geht es mit einem Minibus am nächsten Morgen um 7 Uhr nach **Jaén**, dann mit einem weißen *colectivo* nach **Bagua Grande** und im Anschluss mit einem Minibus nach **Chachapoyas** (Hostal Revash, DZ

25 USD, BP, Touren nach **Kuelap**). Von Vilcabamba bis San Ignacio sind es mind. 9 Std., von San Ignacio bis Chachapoyas 7 Std. reine Fahrtzeit!
Taxi: Taxiruta 11 de Mayo (gelb mit blauem Streifen) fahren mit bis zu 4 Pers. inkl. Fahrer nach **Loja**, 1,50 USD pro Pers., relativ wenig Stauraum im Kofferraum. (Fahrtzeit 50 Min. für die 40 km). Die Taxirutas fahren bis zur Ecke Mercadillo und Av. Iberoamérica im Zentrum, auf Wunsch auch bis zum Terminal Terrestre gegen einen geringen Aufpreis. Wer dreifach zahlt, darf die hintere Sitzbank für sich ganz alleine in Anspruch nehmen.
Camionetas der Coop. Vilcabambaexprés, ✆ 2640084, ✆ 092-487437 (mobil), stehen an der Plaza, Ecke Sucre und Diego Vaca de Vega, z. B. 1 USD zur Hostería Izhcayluma oder für 3 USD zu den Cabañas Río Yambala. Camionetas Terminal, ✆ 093-910045 (mobil), stehen beim Busbahnhof/Markt an der Av. de la Eterna Juventud.
• *Adressen* **Bücher**: Büchertausch bei Craig's Book Exchange, bei der Pizzeria Piccola, Verlängerung der Diego Vaca de la Vega.
Geldautomat: Dieser Anflug von Modernität befindet sich an der Plaza beim Info-Büro, funktioniert aber nicht immer, also besser schon in Loja Cash ziehen.
Im **Hospital** gibt es einen 24-Std.-Notdienst, Av. Eterna Juventud, nur zwei Blocks vom Zentrum, ✆ 2640188.

Internet: z. B. Pepe@net in der Fernando de la Vega beim Café Punto um die Ecke; andere Internetcafés sind in der Bolívar an der Plaza oder in der Av. de la Eterna Juventud.
Post- und Paketservice (auch Briefmarken) hat der Laden Primavera, Fernando de la Vega y in der Sucre, halber Block von der Plaza.
Massagen: Ganzkörpermassagen von Kopf bis Fuß für nur 10 USD die Std. erteilt Karina in der Bolívar y Diego Vaca de la Vega neben dem Natural Yoghurt, 10–18 Uhr ✆ 2640359, ✆ 093-261944 (mobil); trotz des sehr verlockenden Namens bietet Lola vom Shanta's ebenso nur Beauty-Massagen.
Souvenirs Handgefertigten Goldschmuck hat Santiago Ayala, an der Plaza Sucre 11-35. Bei Arte Nomade gibt es Schmuck und Kunst, Luis Fernando de la Vega entre Sucre y Eterna Juventud. Vilca-Souvenirs außerdem bei El Tucán, Sucre y Fernando de la Vega. Primavera verkauft lokale Erzeugnisse wie Marmelade und Kaffee.
Spanischunterricht: bei Luz Victoria Ortiz, kompetent, sehr nett, ab 5 USD pro Std., kann auch Studenten bei sich zu Hause unterbringen, ✆ 092-371155 o. 091-667892 (beide mobil), pachuquita@hotmail.com. Auch Catalina Carrasco erteilt Spanischunterricht, ✆ 082-678960 (mobil), catycarrasco@yahoo.com.
Telefonieren: kleine Zentralen an der Plaza, Vaca de la Vega entre Sucre y Bolívar, Vaca de la Vega y Eterna Juventud und gegenüber dem Busterminal.

Übernachten/Essen & Trinken

• *Übernachten* **Madre Tierra (1)**, (MK), idyllisch gelegene Wellness-Anlage mit subtropischem Garten, schöner Spa-Bereich mit Sauna, Dampfbad, Schlammbädern, Aromatherapien, Reiki, Fußmassagen, Facials usw. Alle behaglichen, aquarellfarbenen Zimmer sind mit Blumen dekoriert. Allerdings hört man jeden Bus und Laster auf der Straße. Organisches Gourmet-Restaurant. DZ über 100 USD inkl. Frühstück. Etwa 1,5 km vor dem Ort, ✆ 2640269, madretierra@vilcanet.net, www.madretierra1.com.
Izhcayluma (16), (MK/Budget), gemütliche Cabañas mit privaten Hängematten-Verandas. Weitläufige Anlage mit subtropischem Garten, Swimmingpool-Landschaft, Bar und einem lauschigen Panorama-Restaurant. Schöner Wellness-Bereich für günstige Massagen, Reiki, Facials. Reit- und

Wandertouren zum Podocarpus-Park. Hoteleigenes Wanderwege-System! Besitzer sind die bayerischen Brüder Peter und Dieter. Viel Erholung für wenig Geld, der Vilcabamba-Hit schlechthin und mein Tipp! Pro Pers. ab 9 USD im *dormitorio* (BC, Ww), Cabaña-EZ 15–19 USD, DZ 24–38 USD (BP, Ww), Suite 60 USD, alle inkl. ausgiebigem Frühstücksbuffet. Etwa 2 km außerhalb des Ortes auf einer Anhöhe ganz herrlich gelegen, fantastischer Ausblick über das gesamte Tal, ✆ 2640095, izhcayluma@yahoo.de, www.izhcayluma.com.
Jardín Escondido (6), (Budget), mitten im Dorf, hübsche Zimmer mit blau-gelbem BP, Garten, sauber, mexikanisch-vegetarisches Restaurant (ab 5 USD, 8–20 Uhr), Pool, Videobar, Massagen 20 USD die Std. DZ 24 (Nr. 3) bis 40 USD (Nr. 13) inkl. *desayuno*

Übernachten

1 Hosteria Madre Tierra
2 Rumi Wilco Lodge
6 Jardín Escondido
8 Le Rendez-Vous
12 Valle Sagrado
14 Hostal Las Margaritas
15 Hostería/Cabañas Yambala
16 Hosteria Izhcayluma

Essen & Trinken

3 La Roca
4 Natural Yoghurt
5 Timothy`s
7 Shanta`s
9 Las Orquídeas
10 Huilcopamba
11 El Otro Lado
13 Café El Punto

Südliches Ecuador
S. 395

americano. Sucre entre Diego de Vaca y Agua de Hierro, ✆ 2640281, www.jardin-escondido.com

Cabañas Río Yambala (15), (Budget), sehr ruhig und mitten in der Natur, Hängematten, Restaurant (*cena* 4,5 USD), Raumkronentour, Reit- und Wandertouren zur Las-Palmas-Schutzhütte inkl. Wasserfälle (2.400 m, 6 Std.). Bildhübsche Hüttenromantik-Cabañas (Nr. 1 und 2), Pro Pers. 8–12 USD (BC/BP) ohne Frühstück (2,50 USD). 5 km vom Dorf am Ende eines schmalen Seitentales, ✆ 091-062762 (mobil), rio_yambala@yahoo.com, www.vilcabamba.cwc.net.

Le Rendez-Vous (8), (Budget), Frühstück auf privater Cabaña-Veranda, Hängematten, bunt-hübsche Zimmer mit BP, Ww, Garten mit Avocado-Baum, Wifi (4 USD für 24 Std.), freundliches französisches Management. EZ 12 USD, DZ 20 USD inkl. *dosayuno americano.* Zwei Blocks vom Parque, Diego de la Vaca 06-43 y La Paz, ✆ 092-191180 (mobil), rendezvousecuador@yahoo.com, www.rendezvousecuador.com.

Las Margaritas (14), (Budget), familiäres Haus hinter der Kirche. Türen und Möbel aus Zedernholz, ziemlich weiße Wände und PVC-Böden, hell und sauber, Garten, Pool (12x4 m). Besonders gern gesehen sind Langzeitgäste! Pro Pers. 10 USD inkl. Frühstück. Clodoveo Jaramillo y Sucre, ✆ 2640051.

Rumi Wilco Lodge (2), (Budget), für naturverbundene Idealisten, Naturlehrpfad (2 USD), tree-shaded Kaffee, Wiederaufforstung des heimischen Wilco-Baumes, einer seltenen Akazienart mit 20 cm langen Bohnen. Freistehendes Pole House (auf Stelzen) am Fluss 24–36 USD für 2–3 Pers. (Bio-Klo, Kühlschrank, Feuerstelle), River House und einfache Zimmer im Adobe House (ab 7 USD/ pro Pers.). Mini-Reservat. 15 Min. vom Parque Central, von der Ecke Sucre und Agua de Hierro dem Schild folgen, www.rumiwilco.com.

Valle Sagrado (12), (Low Budget), freundlich, sauber, hübscher Garten, kleines Restaurant mit Pizza, Hamburgern, Filet Mignon, Cocktails. Massagen, Tischtennis und Hängematten. Low-Budget-Tipp im Ort! Pro Pers. 5 USD (BC) bzw. 6 USD (BP), Frühstück 1 USD. Es gibt zwei Eingänge: Av. de la Eterna Juventud y Fernando de la Vega oder Sucre entre Diego Vaca de la Vega y Fernando de la Vega, ✆ 2640386, www.vilcabamba.org/vallesagrado.

Gewarnt wird vor einem niederträchtigen **Sexualtäter** und **Hotelbesitzer**, den jeder im Dorf kennt und dessen Hotel **jetzt** soviel wie **„eisenhaltiges Wasser"** heisst ... Er hat z. B. die Gewohnheit, Frauen am Busbahnhof abfangen zu lassen, um sie so in sein Hotel zu locken und nachts in ihre Zimmer einzudringen oder Drogen in ihre Getränke zu mischen. Noch wurde er nicht verhaftet, wer köpft endlich die Schlange im Paradies? Der Mann ist das Armutszeugnis der Justiz!

• *Essen & Trinken* **El Jardín (6)**, im Jardín Escondido, mexikanische Gerichte und Vegetarisches, sehr relaxte Atmosphäre, 8–20 Uhr.

Shanta's (7), gemütlich, Pasta, Pizza und Cocktail-Bar mit Schlangenlikör, 12–1 Uhr

*S*PORT/*T*OUREN

• *Sport* **Reiten** scheint der Hauptsport in Vilcabamba zu sein. Es gibt wohl kaum einen Ort auf der Welt mit mehr Reitagenturen pro Einwohner und Quadratmeter. Die Preise belaufen sich für eine 4-Std.-Tour um Vilcabamba, ins Flusstal des Capamaco oder zum El-Palto-Wasserfall auf etwa 20 USD pro Pferd, für eine 6- bis 7-Std.-Tour zum Podocarpus-Nationalpark (inkl. Lunch am Wasserfall) auf 30 USD. Für eine 2-Tage-Tour mit Übernachtung und Essen in einer

morgens, Massage und Wäscheservice, 50 m hinter der Brücke (auf dem Weg nach Yambauraura), Diego Vaca de la Vega.

El Otro Lado (11), nette Mosaiktischchen zum Draußensitzen, *menú del día* unter 3 USD, z. B. Gemüsesuppe mit Brot, gratinierter Brokkoli, Fruchtdessert, Getränk. Spezialität des Hauses ist Bananenbrot. An der Plaza Calle Bolívar neben dem Cybercafé.

Café El Punto (13), Frühstück, Kuchen, Vegetarisches, Obstsalate, Pizza, Hamburger, Hot Dogs, nett zum Draußensitzen, am Parque Central, Sucre 11-45 y Fernando de la Vega.

Natural Yoghurt (4), bietet leckere Crêpes, Biofrucht-Joghurt, *comida orgánica*. Holzbänke zum Draußensitzen, Bolívar y Diego Vaca de la Vega, neben i-Tur.

Billig-Menüs bietet sowohl das **Las Orquídeas (9)**, Av. de la Eterna Juventud y Vaca de la Vega, als auch das **Huilcopamba (10)** an der Plaza, Vaca de la Vega y Sucre.

Neu ist **Timothy's (5)**, Resto-Bar, Diego Vaca de Vega y Eterna Juventud, tolle Deko und gute Musik.

Lichtblick im Ort ist das von außen unscheinbare, von innen aber geschmackvolle **La Roca (3)**, allein das 8-Dollar-Sonntagsbuffet ist im ganzen Valle de la Longevidad unübertroffen, feinste Hausmannskost, egal ob Meeresfrüchte-Cocktails, zartes Pfeffersteak, Spinat-Blätterteig oder Kokoskuchen. Richtige Stoffservietten und ein zuvorkommender Service. Di geschl., sonst tägl. bis 22 Uhr. Agua de Hierro y Av. Eterna Juventud.

Das beste Restaurant außerhalb des Ortes hat die Hostería **Izhcayluma** mit ihrer aussichtsreichen Terrasse, auch Käsespätzle o. Gulasch mit Knödeln, günstig, tägl. bis 20 Uhr

Schutzhütte ist mit 80 USD zu rechnen. Alle Reitagenturen haben ihre eigene Schutzhütte. Hier eine Auswahl: **René León** von La Tasca Tours gilt als zuverlässig (mobil ✆ 085-561188), Schutzhütte auf 3.000 m, während andere Agenturen ihre Tagesausflüge gerne verkürzen, bietet René immer das volle Programm.

Holgers Pferde, auch für Anfänger, Vaca de la Vega y José David Toledo, ✆ 085-961238 (mobil).

Der Neuseeländer **Gavilán** reitet selbst nur bei zweitägigen Touren, gute Pferde, Sucre y Vaca de Vega gegenüber Jardín Escondido, ✆ 089-883057 (mobil) (oder Wilson ✆ 093-262788).
Monte Tour/Solomaco, von Julio Campos, ein ganzer Tag auf unterschiedlichen Wegen inkl. drei Wasserfälle, Wanderung (1 td.) und Lunchbox 30 USD, Sucre y Vaca de la Vega, ✆ 091-274622 (mobil).

• *Touren* Alle Hosterías haben Kontakte zu Tourbüros und können bei Trips in die Umgebung behilflich sein. Wer richtig tief in den Nationalpark Podocarpus möchte, sollte dies jedoch evtl. von Loja aus in die Wege leiten. Ein junger Guide, dem die heimische Natur am Herzen liegt, ist **José María Arboleda**. Seine Touren sind vergleichsweise günstig und führen auch in die tieferen Bereiche des Podocarpus-Parks, ✆ 089-790555 (mobil).
El Chino, Biketouren, z. B. Cascado del Chino und Valle Quinara mit Badestopp (33 km). Tagestour 18–25 USD (2–3 Pers.). Gelbes Eckhaus 2 Blocks von der Plaza, Vaca de la Vega, ✆ 2640473, ✆ 090-938620 (mobil).

Den halluzinogenen **San-Pedro-Kaktus** zu probieren ist nach dem Gesetz verboten. Der Konsum der Droge kann zu schweren Persönlichkeitsschäden durch unsachgemäße Anwendung führen! Bis vor wenigen Jahren wurde der Kaktus noch in Hotelküchen zubereitet. Völlig ausgeflippte und sich übergebende Touristen brachten Vilcabamba schnell in den Verruf, ein Drogenmekka zu sein. Die anschließende „Säuberungsaktion" brachte zunächst wieder Ruhe ins Dorf – und rückläufige Besucherzahlen. Doch niemand möchte diese Zustände wieder heraufbeschwören. „Im Stillen" ist es jedoch heute noch möglich, an einer „schamanischen Reinigungszeremonie" teilzunehmen: Ein staatlich anerkannter Schamane ist Santiago Ayala, ✆ 093-895963 (mobil); die Homepage der seit vielen Jahren in Vilcabamba lebenden, österreichischen Schamanin Felicia (mobil ✆ 093-708341) ist www.sacredmedicinejourney.com.

Sehenswürdigkeiten

Schön ist eine mehrstündige Rundwanderung über den aussichtsreichen **Cerro Mandango**. Der Fussweg führt etwa 1 km südlich vom Busbahnhof (in Richtung *cementerio* und Hostería Izhcayluma) rechts weg von der Durchgangsstraße *Avenida de la Eterna Juventud* und steil hoch bis zum Kreuz auf dem ersten Gipfel (bis dahin etwa 1 Std.). Aus Sicherheitsgründen nur in einer Gruppe gehen, da es in den letzten Jahren zu vereinzelten Raubüberfällen kam. Am besten früh losgehen, um die Mittagssonne möglichst zu vermeiden!

Am südöstlichen Ende des Ortes befindet sich der Orchideengarten **Mendozaorchids**, 800 m Richtung Barrio Yamburara auf der rechten Straßenseite, kurz vor der Abzweigung zum **Zoo**. Die Orchideen blühen im Mai und November. Etwa 10 km südlich von Vilcabamba, bei **Masanamaca**, gibt es schroffe, erodierte Sedimentwände und -zinnen zu bestaunen. Im **Valle de Quinara** befinden sich archäologische Fundstätten, die jedoch noch in der Erde schlummern. Das Tal ist vor allem landschaftlich ein ganz besonderes Highlight – unbedingt durchfahren!

Etwa 35 km südlich von Vilcabamba, zwischen **Yangana** und **Valladolid**, liegt die über 2.000 ha große **Bergnebelwald-Reserva Tapichalaca** (1.800–3.400 m), wo auch der berühmte Jocotoco – der lustige Zügelfleck-Ameisenpitta – durchs Unterholz spaziert und 300 weitere Vogelarten durch die Luft schwirren. Es gibt dort auch 43 endemische Orchideenarten und sehr seltene Brillenbären, Bergtapire und Zwerghirsche. Der Jocotoco lässt sich jedoch nur bis spätestens 7 Uhr blicken. Er wurde inzwischen von den dortigen Guías angefüttert und besteht auf seine dämmrige Frühstückszeit! Es gibt mehrere Kilometer gepflegte Wanderwege. Unterkunft und Verpflegung müssen einige Tage im Voraus reserviert werden (pro Person inkl. drei Mahlzeiten 112 USD, ohne Mahlzeiten 65 USD). Eintritt 15 USD für Ausländer, 1 USD für Einheimische, ✆ 097-104398 (mobil), www.fjocotoco.org/tapichala.htm.

Zamora – Vögel und Wasserfälle   (10.000 Einwohner)

64 km östlich von Loja, in einem ausladenden tropischen Tal liegt dieses aufgeräumte Goldgräbernest auf 924 Höhenmetern (1:30 Std. Busfahrt hinunter). Die Hauptstadt der Provinz **Zamora Chinchipe** ist ein idealer Zugang zum unteren, interessanteren Teil des **Podocarpus-Nationalpark**. Zu den Naturattraktionen zählen über 360 Orchideen-, 650 Vogel- und 22 Fledermausarten. Kaffee, Bananen, Zuckerrohr, Kakao, Mais, 100.000 Liter Milch und gefriergetrocknete Froschschenkel sind die landwirtschaftlichen Exportprodukte.

Höhepunkt ist die „größte Uhr Ecuadors", an einem erosionsgefährdeten Hügel über der Stadt bereits bei der Ankunft nicht zu übersehen. Nachts ist sie kitschig beleuchtet, und zu jeder Stunde erklingt ein Liedchen. Allein der Minutenzeiger ist 15 m lang und wiegt 375 kg; und siehe da, das Ding hat lediglich zwei Minuten Verspätung pro Jahr!

Auf der Straße von Loja nach Zamora kommt nach etwa 25 km die naturwissenschaftliche Station der **Fundación Ecológica Arco Iris** (2.200 m), nicht zu verwechseln mit der deutschen naturwissenschaftlichen Station San Francisco 5 km weiter unten auf 1.800 m. Arco Iris umfasst ein 8 ha großes Reservat am Rande des Podocarpus-Nationalparks, Lehrpfade und eine Schutzhütte mit Kochgelegenheit (10 USD pro Person). Ein eigener Schlafsack ist mitzubringen. Auch hier gibt es die Tickets für den Podocarpus-Park (in Loja ✆ 07/2577449, www.arcoiris.org.ec).

Die **Vorwahl** von Zamora und der Provinz Zamora Chinchipe ist **07**.

● *Information* **i-Tur** in der Diego de Vaca, gegenüber dem Banco der Loja in einem Ecklokal im oberen Stockwerk des Marktgebäudes, Infos und Karten zum Podocarpus Nationalpark. Mo–Fr 8–12.30 und 14–17.30 Uhr, ✆ 2606606.

● *Verbindungen* Ein weißes **Camioneta-Taxi** der Coop. Río Zamora (✆ 2605065) kostet pro Std. 10 USD, zum **Bombuscara-Parkeingang** 4–5 USD. Die Taxis und Camionetas warten hinter dem Busbahnhof zw. 5 Uhr morgens und 22 Uhr abends auf Kundschaft.
Vom Terminal Terrestre, wo es auch saubere Toiletten geben soll, geht es per **Bus** ständig nach **Loja**, z. B. mit Transportes Loja, um 8, 8.15 und 10.15 Uhr. Diese Kooperative fährt auch tägl. nach **Guayaquil** (17.15 Uhr, 12 USD) und **Machala** (19.45 Uhr, 9–10 USD).
Die Kooperativen Union Cariamanga, Nambija und Union Yantzaza fahren praktisch jede Std. nach **Loja** und auch in abgelegene

Ortschaften und Shuar-Dörfer des südlichen Oriente: **Gualaquiza, Pangui, Yantzaza, Yacuambi, Chicaña, Guayzimi, Chinapintza, El Zarza, Zurmi** oder in den Goldgräberort **Nambija**.
Pullman Viajeros schickt tägl. 3 Busse nach **Cuenca** (9.15, 17.45 und 22 Uhr). Nach **Cariamanga, Amaluza, Zumba** oder **Saraguro** geht es mit Union Cariamanga, nach **Piñas** oder **Zaruma** mit TAC (immer über Loja).
Eine **Ranchera** fährt tägl. um 6.30 u 14 Uhr zum **Romerillos-Parkzugang** (3 Std., 3 USD). Ein Zelt ist mitzubringen, keine Übernachtungsmöglichkeit an diesem Parkzugang!
● *Adressen* Zum Zeitpunkt der Recherche gab es noch keinen **Geldautomaten** in Zamora – Bargeld mitbringen!
Internet: Micro Data in der Río Jaramillo und zahlreiche andere.
Polizei: Francisco de Orellana entre Amazonas y Av. del Maestro, ✆ 2605101.
Post: Calle Sevilla de Oro.
Telefonieren: tägl. bis 22 Uhr bei zahlreichen Telefonzentralen (CNT, Porta, Movistar) im Zentrum.

• *Touren* **Fernando Ortega** bietet Downhill-Mountainbike-Abfahrten auf der „alten" Straße von Loja nach Zamora (20 USD pro Pers. bei 2 Teilnehmern) und Tageswanderungen in den Podocarpus-Park (ab 15 USD pro Gruppe), Tamayo y Mosquera oder Info bei Cabañas Tsanka, ℡ 093-814472 (mobil).

Empfohlen wurde auch der Naturführer und Ornithologe **Wellington Valdivieso** für Podocarpus-Wanderungen, ab 25 USD pro Gruppe (1–4 Pers.), nach Absprache auch mehrtägige Touren in die abgelegene Region Alto Río Nangaritza, ℡ 093-802211 (mobil), selvoxplorer@yahoo.es.

• *Übernachten in Zamora* **Samuria**, (MK), moderner Designer-Stil, komfortable, leicht hellhörige Zimmer mit Teppichböden, gute Matratzen (BP, Ww, Kabel-TV, Föhn). Angeschlossenes Restaurant „Mi Tierra" mit guten lokalen Gerichten zu etwas erhöhten Preisen. Pro Pers. 16 USD. 24 de Mayo y Diego de Vaca, ℡ 2607801, hotelsamuria@hotmail.com.

Betania, (MK), hell, sauber, sympathisch, gute Matratzen, Teppichboden, Kabel-TV, BP, Ww, Zimmertelefon, Privatparkplatz. Pro Pers. 15 USD inkl. Regio-Frühstück auf der Aussichtsterrasse. Orellana y Diego de Vaca, ℡ 2607030, hotelbeaniaz@hotmail.com.

Cabañas Tzanka, (Budget), grüne Oase mitten im Städtchen, Refugio Ecológico und Tierasyl mit 28 Vogelarten, Führung 2 USD. Sehr freundlich, angenehm, nur 6 schlichte, aber saubere Zimmer (BP, Ww, Tv). Guter Podocarpus-Guide Fernando Ortega. 15 USD pro Pers. (BP) inkl. Frühstück, ℡ 2605692, www.tzanka.com.

Orillas del Zamora, (MK), an der westlichen Brücke, ruhige Lage am Fluss. Schon älter, aber komfortabel, teils kleine Zimmer und niedrige Decken (BP, Ww, Kabel-TV, teils Flussblick). EZ 12 USD, DZ 22 USD. Diego de Vaca y Alonso de Mercadillo, ℡ 2605565, hotel_o_zamora@hotmail.com.

Chonta Dorada, (Budget), schlicht und sauber, BP, Ww. Fliesenboden, gute Matratzen, TV, Restaurant. Pro Pers. EZ 9 USD. Jaramillo entre Diego de Vaca y Amazonas, ℡ 2606384, hotelchontadorada@hotmail.com.

Torres, (Low Budget), im 1. St. besser, Zimmer teils dunkel, minimalistische Toiletten, unten kleine Einkaufspassage. Pro Pers. 7 USD. Francisco de Orellana, ℡ 2605195.

• *Übernachten außerhalb* **Cabañas Copalinga**, von belgischen Birdwatchern, sehr schöne Lage im eigenen 100 ha großen Reservat mit steilem Wegesystem. Geschmackvolle Holz-Cabañas mit Panoramafenster und Privatbalkon (BP, Ww). Garten mit Orchideen, Flusszugang, Nektartrichter für Kolibris und zünftiges Frühstück vor Morgengrauen (für Birdwatcher). EZ inkl. drei Mahlzeiten 68 USD, DZ 115 USD. Es gibt zudem noch 4 preiswertere Zimmer (BC, Ww) für 15 USD pro Pers. (ohne Verpflegung). *Anfahrt*: Auf halbem Wege zum Podocarpus-Zugang, am Kreisel beim Terminal nach rechts, nach 80 m beim Y weiter rechts, dann noch 3 km. Taxi 3 USD, Reservierung nötig! ℡ 093-477013 (mobil), www.copalinga.com.

Sehr abgelegen sind die naturbelassenen **Cabañas Yankuam** von Carlos und Clarita im Dschungeldorf Las Orquídeas am Alto Río Nangaritza, einem sagenhaften Gebiet, nicht nur für Birdwatcher! In der Umgebung können abenteuerliche Touren unternommen werden, z. B. zu den berühmten Cuevas de los Tayos oder zum „Laberinto de Ilusiones", ℡ 07/2605739, 2606147, ℡ 099-470740 (mobil), info@lindoecuadortours.com, www.lindoecuadortours.com.

• *Essen & Trinken* Spezialität sind *ancas de rana* (Froschschenkel*)*, ob *apanado* (paniert) oder *al ajillo* (scharf), aus den nahen *ranicultivos*. Im Gegensatz zu Frankreichs Tierquälerei wird der Frosch erst getötet bevor ihm die Schenkel abgeschnitten werden. Empfehlenswert ist auch der überall im Oriente eingeführte Flussfisch Tilapia mit seinen vielen kleinen Gräten.

King Burguer, an einer Ecke gegenüber dem Parque (Diego de Vaca), große Fleisch- und Pommesportionen, *tilapia al jugo*, gar nicht so schlecht für eine Fast-Food-Kette.

La Choza, Sevilla de Oro entre Pio Jaramillo Alvarado y Orellana.

La Cazuela de la Abuela, Amazonas y Pio Jaramillo Alvarado. Das Restaurant des Hotels Las Orillas de Zamora hat angeblich einen Küchenchef.

• *Nachtleben* Bar-Discotecas **Totos** und **Buenos Muchachos**, Bar **Masharos**, hier ist der Tourist selbst noch eine Attraktion!

Podocarpus-Nationalpark

Fünf unterschiedliche Ökosysteme, variationsreichste Flora und Fauna, Höhenlagen von 900 bis 3.600 m und Temperaturen von null bis hin zu tropischen Graden offeriert dieser 146.000 ha große Nationalpark im Dreieck Loja – Zamora – peruanische Grenze.

Das steppenartige Grasland auf dem Páramo-Hochland, unterbrochen von großen „Amphitheatern" aus brüchigem Fels, geht abrupt in den oft nebligen Bergurwald über. Etwa hundert eiskalte Lagunen, Überbleibsel einstiger Gletscher, speisen in waghalsigem Gefälle die reißenden Bäche der schroffen, dicht bewachsenen Täler im unteren Verlauf des Naturschutzgebietes. Auch die Regenquote fällt dementsprechend aus (bis zu 4.000 mm pro Jahr), wobei in der Region *Amazónica* noch häufiger mit Niederschlägen zu rechnen ist (März bis Anfang Mai). Mehrere Flussläufe haben im Podocarpuspark ihren Ursprung und münden in den Río Marañon bzw. Amazonas oder den Pazifik.

Die Flora sticht in den höheren Bereichen vor allem durch den einzigen ursprünglichen Nadelbaum des nördlichen Südamerika hervor: den *Podocarpus* oder *Romerillo*. Eine große Bambusart (*chusquea*), die Malaria heilende Chininpflanze (*cascarilla* o. *cinchona roja*), Baumfarne, Orchideen und Bromelien zählen zum Spektrum des Pflanzenreichtums (etwa 4.000 Arten). Blaubrüstige Andentukane, brillantrote Felsenhähne, ein seltener Schirmvogel, der stelzenbeinige *Jocotoco* (Zügelfleck-Ameisenpitta) und etwa 650 weitere Vogel- und 22 Fledermausarten, darunter der „gehörnte Vampir" *Artibeus Phaeotis* und der „langzüngige" *Choeroniscus*, können beobachtet werden. Brillenbären, Bergtapire und Pumas durchstreifen das gefährdete Naturparadies.

Goldadern und illegale Jagd haben leider ihre Spuren hinterlassen. Sämtliche Versuche, die schwer bewaffneten Schürfer aus dem Park zu vertreiben, scheiterten bisher an Korruption und fehlender Koordination seitens der Behörden. Ein verstärktes Tourismusaufkommen könnte sich in diesem Sinne positiv auswirken.

Der Parque Nacional Podocarpus hat drei zahlungspflichtige Zugänge. Zwei davon verfügen über ein kleines Verwaltungszentrum mit einfacher Infrastruktur. Der **Cajanuma-Zugang** auf 2750 Höhenmetern, 13 km südlich von Loja auf der Straße nach Vilcabamba, ist der meistbenutzte. Nach dem Abzweig links am Wachhäuschen vorbei, geht es noch 9 km auf kurvenreicher Schotterpiste weiter bis zum Centro Administrativo (Eintritt bis 17 Uhr, 10 USD, Taxi von Loja 15 USD). Die dortige Herberge kann bis zu zwanzig Gäste aufnehmen (3 USD). Ein eigener Schlafsack ist mitzubringen, die Verpflegung muss vorher organisiert werden. Verschiedene gut markierte Pfade können für Wanderungen von einer halben Stunde bis zu zwei oder drei Tagen benutzt werden, z. B. zur schönen **Laguna del Compadre** (3.200 m, 14 km, 6 Std., nur mit Guide ratsam). Leichtere Pfade führen auf den **Oso-de-Anteojos-Trail** zur Vogelbeobachtung (400 m), zum Mirador auf den **Bosque-Nublado-Trail** (700 m) oder auf den **Miradores-Trail** (5 km) mit schönen Einblicken in Flora und Fauna und atemberaubender Sicht auf Loja, Vilcabamba und Rumizhitana. Camping ist gestattet. Warme Kleidung, Regenschutz und solides Schuhwerk nicht vergessen. Die letzten drei Monate des Jahres sind die beste Zeit für diesen Teil des Parks. In den übrigen Monaten muss mit schwermütigsten Wetterfronten und bösen Erkältungen gerechnet werden.

Südliches Ecuador
S. 395

Der **Bombuscaro-Zugang** (950 m) muss von Zamora aus in Angriff genommen werden. Nach wenigen Kilometern auf einer in der Regenzeit problematischen Straße vom Busbahnhof in Zamora entlang des Río Bombuscaro beginnt ein 800 m langer Dschungelweg bis zum Verwaltungshaus. Campingplatz, zwei kleine Schlafhütten ohne Mobiliar, eine fabelhafte Badestelle im kristallklaren Bombuscaro, mehrere Wasserfälle und markierte Pfade zu wunderschönen Aussichtspunkten gehören zu diesem Bereich. Freunde feuchtwarmer, tropischer Urlandschaft sollten unbedingt von hier aus in den Park hinein. Ein sehr schöner Wander- und exzellenter Birdwatcher-Pfad, der **Sendero Higuerones**, führt am Bombuscaro-Fluss entlang in den Urwald (hin/zurück 5–6 Std.). Darüber hinaus gibt es etwa noch zehn weitere *senderos*, die weniger Zeit beanspruchen.

● *Anfahrt/Information* Am Terminal Terrestre gibt es weiße **Camionetas** (Pick-ups) für die Fahrt bis zum Anfang des Weges, Preis 5 USD. Im eigenen 4x4-Leihwagen: Am Redondel (Kreisverkehr) beim Busbahnhof rechts abbiegen, dann gleich nach 80 m am nächsten Abweig rechts hoch. Nach 5 km Feldweg ist der Parkplatz (*parqueadero*) des Nationalparkes erreicht. Dann sind es noch 800 m zum Rangerhäuschen. Dort oder im eigenen Zelt – kann für 3 USD übernachtet werden, Kochgelegenheit vorhanden, Verpflegung ist mitzubringen! Einlass wird nur bis 15 Uhr gewährt. Infos bei i-Tur in Zamora.

Der **Romerillos-Zugang,** 25 km südlich von Zamora am rechten Ufer des Río Jamboe gelegen, erfordert eine 3- bis 4-stündige Wanderung bis zur Quebrada Avioneta. Dies ist ein entlegener, teils von finsteren Schürfergestalten genutzter Zugang, unbedingt einen Führer nehmen! Es gibt von Zamora Ranchera-Busse bis zum Dörfchen Romerillos. Eine gemietete Camioneta kommt auf 20–25 USD, eine folkloristische Ranchera auf 3 USD (tägl. 6.30 und 14 Uhr ab Busbahnhof Zamora). Auskünfte über die augenblickliche Situation dieses Parkbereichs können bei i-Tur in Zamora oder Loja eingeholt werden.

Preise Der Eintritt beträgt 10 USD und gilt für alle Zugänge. Er ist 5 Tage gültig.

Von Loja zur peruanischen Grenze

▶ **Über Gonzanamá nach Macará:** Die Straße von Loja über **Catamayo** (Flughafen La Toma), **Gonzanamá**, **Cariamanga** und **Sozoranga** nach **Macará** (430 m) ist landschaftlich einzigartig und teils in sehr schlechtem Zustand: wilde Schluchten und Täler, Kakteen-, Akazien- und Kapokbäume (Ceibos), Nebel- und Trockenwälder, viel Vogelleben, breite Flussmäander, grüne Reisterrassen, urige Lehm- und Dachziegelbrennereien mit freundlichen Menschen unter ausgefransten Strohhüten. Über die Straße läuft hin und wieder ein Leguan oder gar ein Ameisenbär, während das Gebüsch am Rande von Grubenottern heimgesucht wird. Im Gegensatz zur Strecke über Catacocha nach Macará (s. u.) wird diese Variante nach Peru von Reisenden jedoch weniger benutzt.

Etwa 70 km südwestlich von Loja liegt an einer der beiden Hauptstraßen zur peruanischen Grenze das Städtchen **Gonzanamá**, dessen Bewohner sich zu einem Teil der Webkunst und der Herstellung von *alforjas* (Satteltaschen) widmen. Leihwagenfahrern bietet sich von hier ein Abstecher ins fotogene Adobe-Dorf **Quilanga** an. Etwa 30 km südwestlich von Gonzanamá liegt dann das kommerziell bewegte **Cariamanga** (1.950 m) mit seinem markanten Felsen Cerro Ahuaca. Von Cariamanga aus sind es noch 90 km bis zur Grenzstadt **Macará** (20.000 Einwohner). Außer Staub und Hitze wird dort nicht viel geboten. Die mit 33 Grad Durchschnittstemperatur heißeste Stadt des Landes wirkt aber auch nicht gerade abstoßend. Wer barfüßig biertrinkend einen geselligen Abend verbringen möchte, sollte dort einen Stopp einlegen. Es gibt Telefon und Internet. Geldwechsler stehen an der Plaza Carlo Román beim städtischen Markt, zwei Blocks von der Kirche. Tagsüber trifft man sie auch direkt an der Grenzbrücke. Einen Geldautomaten gibt es erst wieder im peruanischen Piura.

Nach einer eher unkomplizierten Grenzabfertigung, dies rund um die Uhr, beginnt auf der peruanischen Seite eine gut asphaltierte Straße bis nach **Piura** (max. 3 Std., 300.000 Einwohner). Esel und deren Reiter unter großen Strohhüten kreuzen manchmal die Fahrbahn. Bald beginnt die Wüste!

Birdwatcher und Naturfreunde können im **Trockenwald-Reservat Jorope** (500 bis 2.200 m) wandern, dessen Zugang befindet sich 6 km von Macará linker Hand an der Straße nach Cariamanga (grünes Gitter). Es gibt mehrere Kilometer Pfade – ideal, um die hervorstechenden Kapokbäume und seltene, teils vom Aussterben bedrohte Tier- und Vogelarten wie den Zügelfleck-Ameisenpitta (Jocotoco) zu beobachten. Jorope ist eines von acht Reservaten unter der Leitung der Stiftung Jocotoco (www.fjocotoco.org). Anfahrt von Macará mit einem Pick-up von der Plaza (3 USD) oder mit jedem Bus nach Sozoranga und Cariamanga. Der Eintritt von 15 USD gilt für mehrere Tage und beinhaltet auch das 25 km entfernte, auf 2.500 m gelegene **Naturreservat Utuana** (gleiche Busse), wo der Trockenwald bereits in feucht-grünen Bergwald übergeht. Camping ist möglich.

* *Verbindungen* **Bus**: von Macará mit der Coop. Loja tägl. um 2.30 Uhr nachts, 13 und 18 Uhr nach **Piura**, Peru (3 Std., 4 USD); nach **Loja** um 9.30, 13, 16 und 23 Uhr (5 Std. 6 USD); über Sozoranga nach **Cariamanga** (3 Std., 3 USD); nach **Zapotillo** fährt die Camioneta-Coop. Gran Soto (1 Std., 2 USD). An der Plaza starten **Taxi-Camionetas** von Ruta Fronteriza zur Grenze (1 USD) o. zum Naturreservat Jorupe.

* *Geldbeschaffung* Es gibt keinen Bankautomaten in Macará, nur Soles-Wechsler!

* *Übernachten in Macará* **El Conquistador**, (Budget), verwinkeltes Kleinstadthotelchen, Plastikblumenflair und hilfsbereites Personal. Zimmer teils dunkel, die mit Balkon sind vorzuziehen (BP, Ww, AC, Kabel-TV. Pro Pers. 10 USD inkl. schönem BP und *desayuno*, Bolívar y Abdón Calderón, ✆ 07/ 2694057.

Colina, (Low Budget), klein, sympathisch, ruhig, mit vorgelagerter Plaza. Hübsch dekorierte Zimmer, im oberen Stock heller und mit Aussicht, Dachterrasse (BP, Ww, Ventilator, TV). Gutes Preis-Leistungs-Verhältnis! EZ 6 USD, DZ 10 USD. Calle Olmedo y Loja.

* *Übernachten in Piura* **Peru**, (MK). Calle Arequipa 476, ✆ 0051/74/333421.

Oriental, (Budget), DZ 15 USD. Calle Callao 446, ✆ 0051/74/328891.

▶ **Über Catacocha nach Macará**: Eine andere Asphaltstraße führt von Loja nach Macará über das architektonisch sehr reizvolle **Catacocha** (1.860 m), etwa 100 km westlich von der Provinzhauptstadt Loja. Diese Strecke zum Grenzübergang bei Macará wird von Reisenden nach Peru am häufigsten benutzt. Das 1994 zum nationalen Kulturerbe erklärte, einstige „Colanga", Hauptstadt der von den Inkas eroberten Paltas, wartet mit einem andalusischen Straßenbild auf, mit Adobehäusern, Ziegeldächern und aristokratisch verkommenen Portalen, Balustraden und Galeriengängen. 91 Fassaden des historischen Stadtkerns wurden renoviert, um das gewisse spanisch-subtropische Flair zurückzugewinnen, das die Stdt im 19. Jh. so sehr prägte. Zu sehen ist es in den Straßen Libertad, Bolívar, Manuel Vivanco, Lauro Guerrero, 9 de Octubre, 10 de Agosto, Montalvo, Vela, Sucre, Gran Colombia und am Parque Central. Catacocha wurde 1720 gegründet und war bereits während des Goldbooms eine wichtige Zwischenstation für Reisende nach Peru. An Marktsonntagen erscheint auch der eine oder andere Reiter aus der hügeligen Umgebung.

S. 395

Südliches Ecuador

Die vulkanähnlichen **Cerros Pisaca, Pisaquilla** und **Pisaquita** gleichen drei Pyramiden und erfordern von Catacocha eine Tageswanderung ohne jegliche Beschilderung, während der berühmte **Cerro de Shiriculapo**, der „Balkon des Inka", sicherlich eines der schönsten Panoramen des südlichen Ecuadors bietet. Zu diesem nahen Aussichtspunkt bei Catacocha führt der ausgeschilderte Weg durch den Hof des öffentlichen Hospitals. Nebenbei bemerkt: Es stürzen sich dort jährlich auch ein paar Selbstmörder vom Felsen. Ein weiterer Aussichtspunkt ist der **Colina del Calvario** mit weißem Kreuz, etwa 200 m oberhalb der Stadt. Es gibt noch viel zu entdecken in Catacocha – Spanischkenntnisse sind ein Muss!

● *Verbindungen*   Von Catacocha sind es 94 km nach **Loja**, 96 km bis **Macará** und 130 km bis **Zapotillo**. Es gibt zwei Kooperativen: Union Cariamanga und Coop. Loja, beide Büros liegen fast nebeneinander an der Ausfallstraße nach Macará. Nach Loja geht es tägl. praktisch stündlich (2,5 USD, 2:30 Std.), nach Macará 5x tägl. (3,5 USD, 3 Std.), nach **Celica** (2,5 USD, 3 Std.) und **Alamor** (4,5 USD, 4 Std.) tägl. um 12 und 17 Uhr, ebenso nach Zapotillo (6,5 USD, 5 Std.) und 4x tägl. nach **Piura** in Peru (6 USD, 14 Std., um 1, 5, 10 und 16 Uhr). 1x tägl. fährt ein Bus nach **Quito** (16–17 Std., 16 USD), nach **Guayaquil** (8 Std., 10 USD) und nach **Machala** (5 Std., 6,5 USD).

● *Adressen*   **Internet**: Calle Domingo Celi, 2 USD erw.; außerdem zwei **Telefonzentralen** von Pacifictel in der Domingo Celi und in der Lauro Guerrero.

● *Übernachten*   **Tambococha**, (Budget), sehr zentral an der Plaza Principal gegenüber der Kirche, modernes Eckhaus, hell, sauber, hübsch möbliert, harte Matratzen, nach den Balkon-Zimmern fragen (BP, Ww, Kabel-TV). Es gibt nix besseres vor Ort! Nette Restaurant-Cafetería. Pro Pers. DZ ab

15 USD inkl. *desayuno*. Lauro Guerrero y 25 de Junio, ☎ 07/2683551.

Ejecutivo, (Budget), viel Zement, nette kleine Zimmer, wobei die im obersten Stock mit Balkon vorzuziehen sind (BP, Ww, Kabel-TV), Restaurant mit Aussichtsterrasse. Ab 8 USD pro Pers., ☎ 07/2683092, Calle Domingo Celi.

Turismo, (No Budget), Rechercheur Peter würde nicht mal seine Hunde darin schlafen lassen! Nur BC, Kw, 3 USD. Calle Isidro Ayora.

● *Essen & Trinken*   **Mesón Paltense**, *pollo criollo*. Außerdem vielleicht noch die *cecina a la parilla* (geräucherte Schweinebratenstreifen), die es überall gibt, wo ein Grill vor der Türe steht.

● *Touren/Canopy*   **Ayuma Canopy**, für 5 USD kann am Fuße des Cerro Guanchuro an 6 Ziplines von insgesamt 1.400 m Länge durch die Luft gesaust werden. Dazu ausgeschilderte Wanderwege, Reittouren, Camping und Cafetería. Hübscher 3 km langer Spaziergang vom Ort oder Taxi (4 USD). Nur am Wochenende geöffnet, ☎ 07/2578945, ☎ 097-097221 (mobil).

▶ **Über Catacocha nach Zapotillo**: Eine schöne Anreise mit wechselnden Landschaften von saftig-grün bis staubig-trocken bietet das Wildwest-Grenzstädtchen **Zapotillo**, etwa 220 km südwestlich von Loja auf 325 Höhenmetern am **Río Catamayo** gelegen. Der Ort wurde 1534 von Sebastián de Benalcazar gegründet, als dieser durch die Wüste von Sechura nach Norden zum Reino de Quito vorstieß. Bis in die 70er-Jahre hinein gab es keine Straßenverbindung mehr der Provinz Loja und dem Rest Ecuadors. Heute herrscht geschäftiges Treiben und eine wild-wuchernde Bautätigkeit. Die einst schattigen Kolonnadenfassaden zerbröckeln, die Romantik verfällt. Nur vereinzelt sieht man noch Menschen in breiten Hängematten und mit übergroßen Strohhüten, winzige Eselchen mit bunten Fässern auf dem Rücken oder fest angebundene Trut- und Kampfhähne. Frisches Aroma von Kaffee, raschelnde Palmwedel und eine sanfte Brise vom Fluss sind die einzigen Highlights. Irritierend wirkt das Mickymaus-Schlösschen auf dem Aussichtshügel. Die orangefarbenen Vögelchen heißen *chilalos* und die rosafarbenen Wüstenblumen *borracheras* – „Besäufnisse" –, weil sich die wilden Ziegen daran berauschen, um danach ganz „happy" durchs Dickicht zu torkeln. Eine neue panamerikanische Straße soll bald Machala direkt mit Sullana in Peru verbinden.

Zu den Ausfuhrprodukten des 3.000-Einwohner-Städtchens gehören Kokosnüsse und Ziegenkäse, wie man ihn sonst nirgendwo in Ecuador bekommt (Calle Loja). Die fetten, flüssigkeitsreichen *pipas heladas*, eisgekühlte Riesenkokosnüsse mit langem Strohhalm sind ein Genuss. Zapotillo lebt von den unbegrenzten Schmuggelmöglichkeiten mit Peru. Die Grenze ist für alle offen, man setzt einfach mit einem der typischen „halbierten" Kanus über (50 Ct.). Wer jedoch in Richtung Sullana und Piura weiterreisen möchte, sollte erst zur Oficina de Migración (Loja y 24 de Mayo), um sich dort den Ausreisestempel zu besorgen. Zum Zeitpunkt der Recherche konnte man diesen *sello de control* nicht bekommen, da Zapotillo noch nicht ans Internet angeschlossen war.

Der urigste Grenzübergang befindet sich in **Lalamor**, etwa eine Stunde südöstlich von Zapotillo. Der Grenzfluss dort, der **Río Alamor**, ist manchmal so seicht, dass man ihn durchwaten kann (eine Brücke ist in Planung). Der ecuadorianische Grenzbeamte glänzt hin und wieder durch Abwesenheit. Der peruanische Beamte ist meist sehr freundlich. In Ufernähe am Grenzfluss gibt es eine unglaublich schattige Bar mit herunterhängenden Schwingtüren und eiskaltem peruanischem Bier.

> Vor **Grenzüberschreitungen** und Grenzflussüberquerungen auf eigene Faust und abseits der hierfür vorgesehenen Grenzposten sei gewarnt! Verborgene Landminen, die im Konflikt von 1995 von beiden Ländern zu Tausenden gesät wurden, stellen selbst nach jahrelangen Entschärfungsarbeiten eine ernst zu nehmende Gefahr dar. Nicht wenige Schmuggler haben hierbei schon einen Fuß oder ein Bein verloren.

S. 395

Südliches Ecuador

● *Verbindungen* **Bus**: Am Terminal Terrestre (Quito y Av. Jaime Roldós) verbinden die Coop. Trans Loja und Union Cariamanga Zapotillo tägl. mit **Loja** (Trans Loja um 23 Uhr, 8 USD, Union C.: 14 und 21 Uhr); mit **Catacocha** (6.30, 9.30 und 23 Uhr), **Cariamanga** (6 Std.), **Huaquillas** (5.30 Uhr, 5–6 Std., 7 Std.) **Machala** (8.30 Uhr, 7 Std.) **Guayaquil** (20 Uhr, 13 USD, 10 Std.), **Quito** (13 Uhr, 17 Std., 20 USD). Auf dem Weg in die Provinzhauptstadt Loja liegen so romantische Ortschaften wie **Pindal** oder **Pozul**, **Celica** (am Hügel über der Stadt zerschellte der Jet des Ex-Präsidenten Jaime Roldós) und **Alamor**.
Eine **Camioneta** für Ausflüge (z. B. zum riesigen peruanischen Stausee **Laguna Represa Pohechos**, 150 USD hin/zurück) oder für Fahrten nach **Sullana** (75 USD) hat **José Mario Soto Salas**, (✆ 07/2647193).
Mototaxis innerhalb des Ortes kosten 50 Ct., **Sammel-Pick-ups** der Coop. Trans Gran Soto nach **Macará** 2,5 USD (2 Std.).
● *Adressen* **Tourist-Infos** erteilt Ramiro Valdivieso im Municipio (✆ 07/2647117), gleich-

zeitig Bürgermeister und bereits von Weitem an seinem Strohhut zu erkennen.
Telefonieren: in der Jaime Róldos y Av. Quito.
● *Übernachten* **Los Charanes**, (Budget), saubere, geräumige Zimmer im eintönigen, einfallslosen Zementbau, der sich bei Sonnenschein in einen Backofen verwandelt (BP, Ww, Telefon, Kabel-TV). Ein Zimmer mit Wasserbett! Gegenüber der Coop. Trans Loja (Quito y Av. Jaime Roldós). Pro Pers. 9–11 USD (Ventilator/AC). ✆ 07/2647249.
Sol de Plata, (Low Budget), sechs gemütliche Zimmer (BP, Kw, Ventilator, Kabel-TV). Familiäres Ambiente bei Doña Michaela und Don Jorge, beide sehr hilfsbereit. Ab 7 USD pro Pers. Neben dem Hotel Los Charanes gegenüber der Coop. Loja (Quito y Av. Jaime Roldós), ✆ 07/2647398.
● *Essen & Trinken* Alles dreht sich um Ziege: **seco de chivo** mit zähem Ziegenfleisch, Ziegenmilch-Joghurt oder **manjar de chivo**, eine Art Ziegenmilch-Nutella. Spezialität ist **chivo al hueco**, eine im Erdloch geschmorte Ziege.

In manchen Dörfern blieb schon vor langem die Zeit stehen

Eines der populärsten Speiselokale ist **Los Yahayros**, *mero* ist eine Fischart, *sudado* ist Geschmortes, *apanado* Paniertes, *parihuela* Gegrilltes, *chicharón* ein Spieß, und eine Portion Ziegenfleisch (*chivo*) das Billigste (ab 1,50 USD), Loja y Martha Bucaram, ✆ 07/2647120.

Gegenüber befindet sich die Konkurrenz **Ocaso**, Ziege ab 1,50 USD.

● *Touren* Mit Unterstützung der Fundación Científica San Francisco wurde nordwestlich von Zapotillo, an der Grenze zu Peru im Bereich von **Cabeza de Toro**, das 6.000 ha große, bislang unerschlossene **Naturreservat Tumbezia-La Ceiba** ins Leben gerufen.

Bei Höhenlagen von 350 bis 600 m und einer Durchschnittstemperatur von 26 Grad kann dort ein intakter Trockenwald *(bosque seco)* besucht werden. Zu den beheimateten Baumarten gehören u. a. Ceibos und Guayacanes. Ebenso können Orchideen und Bromelien entdeckt werden. Zur Fauna gehören Königsgeier, Papageien, Wachteln, Spechte, Reiher, Eisvögel, Ameisenbären, Füchse, Ozelote, Pumas, Boas und fiese Lanzenottern. Infos zu Touren auf eigene Faust können beim Reservatskoordinator Bolívar Tello eingeholt werden: ✆ 07/2647127, 2647213, btello@natureandculture.org.

▶ **Über Vilcabamba nach La Balsa und Zumba**: Das Kaff **La Balsa** beim Goldgräberstädtchen **Zumba**, etwa 180 km südlich von Loja, ist über eine kühne Staub- bzw. Schlammstraße zu erreichen. Bei der wilden Reise geht es durch Halbwüste, Páramo, Nebelwald, Regenwald, Trockenwald, durch tiefe Schluchten und über zerklüftete Hügelketten. Im unattraktiven Zumba endet dann die Busfahrt von Vilcabamba. Von hier geht es mit einer Chiva (Bus mit Holzaufbau) oder einer Camioneta bis zur Grenze nach La Balsa weiter. Wer erst am späten Nachmittag oder Abend in Zumba eintrifft, sollte hier notgedrungen übernachten.

● *Verbindungen* **Bus**: Von Zumba nach **Loja** geht es tägl. mit der Coop. Sur Oriente (8, 14, 17.30 und 21.30 Uhr), mit Transportes Cariamanga (7, 12, 16, 22, 24 Uhr), mit der Coop. Nambija (5 und 22.45 Uhr) und der Union Yantzantza (13.30, 16 und 20 Uhr),

Fahrpreis 6–7 USD, Fahrtzeit 7 Std.
2x tägl. fährt eine Art **Chiva-Camioneta** zur peruanischen Grenze nach **La Balsa** (8 Uhr und 14.30 Uhr, 1:30 Std., 3 USD). Darüber hinaus kann nach La Balsa eine private Camioneta gechartert werden (25 USD, z. B. Sr. Raúl Morales von der Tienda Morales, ✆ 07/2308197). Chivas nach **Jimbura** und Amaluza fahren voraussichtlich Mi/Sa/So.
• *Übernachten/Essen & Trinken* **San Luis**, (Low Budget), das „beste" Hotel im Ort, sauber, BC, viel Plastik, Flower Power, Matratzen von neu bis durchge …, pro Pers. 6 USD, Calle 12 de Febrero y Brasil, ✆ 07/2308017.

Auf dem Weg von Zumba bis zum Grenzfluss **Río Canchis** in **La Balsa** geht es durch **El Chorro** und **Pucabamba**, urige kleine Dörfer aus Lehm, Holz, Bambus und mit Mauleseln, Machetenhalftern und Zuckerrohrstangen. In diesen vergessenen Bilderbuchdörfchen wurde das 19. Jh. konserviert, ein authentisches Stück Südamerika!

Zwischen Zumba und La Balsa führt ein weiterer Zweig noch vor der Grenze bei Pucabamba links nach La Chonta und ins feucht-tropische Regenwaldgebiet von Chito-Chaguar ab. Dort soll es mysteriöse Inka-Höhlen geben. Ein anderes Sträßchen führt gleich von Zumba in Richtung **San Andrés** und **Amaluza** (weiterer Grenzübergang) nach Nordwesten zum lustigen Dörfchen **La Diversión**.

Der Grenzfluss Canchis lädt zum Baden ein. Früher wurde er mit einem Balsa-Floß überquert, eine Autobrücke wurde 2004 eingeweiht. Die improvisierten Straßendörfchen auf beiden Seiten der Grenze heißen (wohl deshalb) **La Balsa** (Ecuador) bzw. **La Balza** (Peru). Den Aus- bzw. Einreisestempel gibt es jeweils an der Grenzbrücke am Flussufer. Auf peruanischer Seite befindet sich links der Brücke eine Geldwechselstube, die meist von 8 bis 19 Uhr geöffnet ist.

Weiterfahrt jenseits der Grenze: Auf peruanischer Seite fährt man mit engsitzigen, weißen *colectivos* bzw. *furgonetas* weiter. Nach dem trostlosen Ort **Namballe**, 15 Min. hinter der Grenze, geht es auf einem unglaublich schlechten Fahrweg, der eher einem trockenen, steinigen Flussbett gleicht, nach **San Ignacio** (1:30 Std.), wo im Hostal La Posada übernachtet werden kann (DZ mit BP 12 USD). Die Fahrt kostet etwa 15 Soles (ca. 5 USD), für die Miete des ganzen Mini-Busses muss man mindestens 70 Soles (ca. 25 USD) berappen. Meist erst am nächsten Morgen geht es um 7 Uhr mit einem Mini-Bus von San Ignacio nach **Jaén** (3 Std., teils sehr schlechte, teils „deutsche" Straße).

In Jaén sollte entschieden werden, ob der nahe Amazonaszufluss **Río Marañon**, die pazifische Wüstenstadt **Chiclayo** (6 Std.) oder die sagenhaften **Kuelap-Ruinen** im östlichen Andenhochland bei Chachapoyas angesteuert werden sollen (über 200 km). Letzteres gilt als Geheimtipp und ist von Loja aus fast leichter zu erreichen als z. B. von der peruanischen Landeshauptstadt Lima. Ein weißer Colectivo verbindet Jaén mit **Bagua Grande** (1 Std.) und im Anschluss mit **Chachapoyas** (3 Std., Hostal Revash an der Plaza, DZ mit BP ca. 25 USD).

(Siehe zum Weiterkommen auf peruanischer Seite auch unter Vilcabamba/Verbindungen!)

Es wird empfohlen, **Kleingeld** in Form von 1-USD-Scheinen mit über die Grenze zu führen!

Südliches Ecuador S. 395

Oriente

Im Yasuni Nationalpark

El Oriente

Selva Tropical Oriental, Amazonía Ecuatoriana, País de la Canela oder auch El Dorado sind verheißungsvoll klingende, mitunter sagenumwobene Namen für den ecuadorianischen Teil des Amazonasdschungels, der grünen Lunge des Planeten – ein chaotisch wucherndes Treibhaus aus schillerndster Flora und Fauna.

Die feucht-tropischen Urwälder mit ihren behäbigen Flussläufen, palmenbestandenen Sümpfen und fischreichen Lagunen bestimmen 20 % des Landesterritoriums – während das Gebiet nur von 3 % der Gesamtbevölkerung besiedelt ist. Das Amazonastiefland, von den Einheimischen als „Oriente" bezeichnet, entspricht in Wirklichkeit nicht immer den farbenfrohen Fernsehsendungen, die nur Fabel- und Elfenhaftes darüber zu berichten wissen. Aras in jeder Baumkrone, Piranhas unter der dunklen Oberfläche eines jeden Brackwassertümpels und dösende, schwarze Panther auf umgestürzten Baumstämmen über dicht überwachsenen Uferböschungen entsprechen eher den Flunkereien eines Baron von Münchhausen als der Realität. Zukunftslose, auf schnellen Profit ausgerichtete Plantagenwirtschaft, großflächige Viehweiden für die internationalen Hamburger Ketten, elend improvisierte Kolonisten-Siedlungen und das Grundwasser vergiftende Rohöl-Becken bzw. hässlichste Kloaken aus Bohrschlamm, Salzen, Säuren und Laugen, sind die andere, äußerst deprimierende Seite der Medaille: Ökologie wider Ökonomie, Kolonisten kontra Naturvölker, Mythen gegenüber Monokulturen.

Wer eine fantastische, unentwegt laufende Tierschau erwartet, wird enttäuscht. Nur Leute mit Zeit und Ausdauer für beschwerliche Querfeldeinmärsche oder Kanuexpeditionen in den tieferen Bereich des Oriente haben gute Chancen, viele der seltenen Dschungeltiere, wie z. B. Affen, Ameisenbären, Faultiere, Tapire, Flussdelfine oder rotgefiederte Aras zu beobachten.

Für Touristen mit wenig Zeit und Sinn für harte Urwaldtouren, die aber dennoch so viele Wildtiere wie möglich sehen möchten, bleibt eigentlich nur eine der zahlreichen Lodges oder eines der einfachen Hütten- und Zeltlager im unteren Einzugsgebiet des **Río Napo** und **Río Aguarico** wie z. B. das **Cuyabeno-Reservat** bzw. ein gemietetes Sportflugzeug zu einer der abgelegenen Landepisten in der Nähe der peruanischen Grenze (Río Cononaco, Río Curaray, Río Conambo, Río Bobonaza). Wer die Niederungen des Regenwaldes und ein paar seiner Flussläufe in zwei bis drei Tagen einfach nur kennenlernen möchte, dem sei z. B. die Umgebung des gut zu erreichenden Dörfchens **Misahuallí** als Ausgangspunkt empfohlen. Eine magische Reise, ein erlesenes Abenteuer, eine wunderbare exotische Erfahrung erwartet jedoch über kurz oder lang jeden Besucher in diesem immergrünen Urwaldgebiet – eine Berührung mit dem gigantischen Amazonasdschungel.

Vom Flugzeug oder von manch aussichtsreicher Passstraße über die östlichsten Andenausläufer aus betrachtet, erscheint das Amazonastiefland noch als flächendeckender, samtiger und hügeliger Teppichboden, durchzogen von silberglitzernden, dem Horizont zuströmenden Flussfäden. Bald darauf verwandeln sich die winzigen grünen „Teppichfussel" des Regenwaldes in sonnenverfinsternde Baumriesen und zähestes Dickicht. Orchideen, Bromelien, Farne und Schlingpflanzen gedeihen manchmal zum Greifen nahe direkt über dem Straßenrand. Die zauberhafte Welt des feucht-tropischen Urwaldes – auf ecuadorianischem Territorium immerhin noch knapp 80.000 km^2 (etwa 2 % der Gesamtfläche des Amazonasbeckens) – beginnt nicht nur Reisende aus den Industrienationen spätestens auf diesem Streckenabschnitt mit Begeisterung zu erfüllen.

Von Quito auf der *Carretera Interoceánica* in östliche Richtung fahrend, kommt eine Stunde nach dem windig-kalten 4.000 m hohen Pass der Jungfrau **La Virgen** und 40 Min. nach den Thermalbädern von **Papallacta** auf einem grünen Talvorsprung der ruhige Ort **Baeza** auf knapp 2.000 Höhenmetern. Kurz zuvor, bei dem Dörfchen Cuyuja, offeriert die eine oder andere Kurve einen phänomenalen Blick auf die Ostflanken des verblüffend nahen Schneeriesen **Antisana**, falls dieser gerade bereit ist, sich zu zeigen. Das passiert leider nicht sehr häufig. Während der meisten Tage des Jahres verhüllen dichte Amazonaswolken den selten bestiegenen, 5.704 m hohen Berg. Südwestlich von Baeza liegt die 120.000 ha große **Reserva Ecológica Antisana** und nördlich von Baeza, auf der anderen Seite des **Río Quíjos**, erstreckt sich das riesige Naturschutzgebiet **Reserva Ecológica Cayambe Coca**.

In **Baeza** findet man im alten Ortsteil *Baeza Antigua* ein paar hübsche, bunte Holzhäuser aus vergangenen Tagen und eine immergrüne Umgebung, die mit ihren saftigen Weiden ein bisschen ans Allgäu erinnert. Hingegen sind die wilden, regenreichen Kämme und schroffen Taleinschnitte der Kordillerenstränge jenseits des Antisana mit dichten Bergnebelwäldern überzogen und lassen nicht nur die Herzen von Ornithologen, Bromelien-, Baumfarn- und Orchideenliebhabern höher schlagen. Hier verschmelzen die Anden mit dem Amazonasbecken, hier beginnt das wahre Flora- und Fauna-Abenteuer, während Pumas und Brillenbären irgendwo auf der Lauer liegen und kristallklare Flüsse den Naturfreund zu besinnlicher Rast einladen. Ein herrliches Stück Ecuador!

● *Übernachten/Essen & Trinken in Baeza*
Kopal, (Budget), vom innovativen holländischen Schreinermeisters Koos Quellhorst, ein kleiner Augenschmaus mit urgemütlicher Terrasse, tollen Liegestühlen, beque-

men Betten und picobello Bädern. Es gibt nur 8 Betten, pro Pers. 15 USD. Das harmonische Restaurant bietet leckere Pizzas, Lasagne, vegetarische o. mit Fleisch gefüllte *burritos* (Hauptspeisen 4–6 USD), Salate und

Pfannkuchen (ab 2,5 USD), Suppen ab 1,75 USD. In Baeza Antigua neben dem Ministerio de Obras Públicas, von Quito kommend, geht es am Ortsanfang beim Restaurant Gina 50 m links rein, Av. Interoceánica y Batallón Chimborazo, ☎ 06/2320408, ☎ 088-142530 (mobil), koosquellhorst@ yahoo.com, www.kopalecuador.com.

La Casa de Rodrigo, (Budget), einfache DZ und Schlafsäle (BP oder BC, Ww). Reiten, Rafting, Kajaks, Bikes, Forellenfischen. Pro Pers. 10 USD. In Baeza Antigua, ☎ 06/2320467, rodrigobaeza@andinanet.net.

Restaurant Gina, an der Av. Interoceánica, von Quito kommend am Ortsanfang in Baeza Antigua (auch Hostal 8 USD pro Pers.).

Restaurant **El Viejo** am Ende der Av. de los Quijos, spezialisiert auf Forelle (trucha).

● *Übernachten außerhalb* **Cabañas San Isidro**, (MK), privates Nebelwald-Reservat auf 2.000 m in der Cordillera de Guacamayos, 20 km südlich von Baeza, im Umfeld gibt es 290 Vogelarten. Dort wurde auch der als ausgestorben geltende „Antpitta Gigante" entdeckt. Die Cabañas 1 und 2 sind riesig und haben gute Matratzen, die restlichen sind nett, aber eng. *Anfahrt*: Bei km 120 geht es kurz vor Cosanga 3 km rechts rein in Richtung Las Caucheras. 100 USD pro Pers. inkl. 3 Mahlzeiten. Reservierung in Quito: Carrión N21-01 y J. L. Mera, ☎ 02/2547403, www.cabanassanisidro.com.

Kurz vor Baeza teilt sich die Straße in Richtung Lago Agrio und Tena. Nach 20 km in Richtung Tena ist das Dorf **Cosanga** am gleichnamigen Fluss erreicht (Brücke und Tankstelle). Nach einem weiteren kurvenreichen Anstieg über die **Kordillere von Guacamayos** (Sarayacu-Pass, 2.450 m) beginnt plötzlich der Bergurwald zu wuchern. Falls die Passhöhe nicht gerade vernebelt ist, gibt sie eine herrliche Aussicht auf das bereits nahe, feucht-tropische Tiefland des Amazonasbeckens frei. An beide Seiten der Straße grenzen die Naturschutzgebiete **Reserva Ecológica Antisana** (rechts) und **Reserva Ecológica Sumaco Galeras** (links). Diese wichtige Verbindungsstraße in den Oriente wurde inzwischen auf ihrer gesamten Länge (von Quito bis Tena) durchgehend asphaltiert.

● *Verbindungen* Die Busfahrt von Quito über Baeza nach Tena dauert etwa 4 Std. Ein bequemer Selectivo-Bus der Kooperativen Baños oder Amazonas zählt mit zu den besseren Optionen. In Baeza richtete sich das ecuadorianische Anti-Drogen-Kartell GEMA ein, eine Spezialtruppe zur Bekämpfung des Drogenschmuggels von Kolumbien. Man sollte daher an diesem Ort mit sporadischen Ausweiskontrollen oder durch den Bus geführten Drogenhunden rechnen. Privatfahrern kann es passieren, dass sie eine Fahrzeugkontrolle über sich ergehen lassen müssen. Dies soll jedoch keinerlei Anlass zur Besorgnis sein. Die Beamten sind freundlich und haben bei regnerischem Wetter (was in Baeza oft der Fall ist) meist Besseres zu tun, als Touristen zu filzen.

Karte S. 438/ 439 u. S. 477

Oriente

Wer von Tena nach Misahuallí weitermöch- (direkt vor dem Busbahnhof) oder eine Ca-
te, nimmt dann einfach einen Misahuallí- mioneta-Taxi für etwa 10 USD.
Bus auf der Av. 15 de Noviembre in Tena

Reserva Ecológica Cayambe-Coca

Das auf vier Provinzen verteilte, 400.000 ha große ökologische Reservat Cayambe-
Coca umfasst sowohl entlegene kalte Hochlandregionen wie auch subtropisch-tro-
pische Bergurwälder im Bereich der nordöstlichen Andenausläufer. Die Höhenlagen reichen von schwülen 750 m bis hin zu den haarsträubenden Gletscherspalten
des 5.790 m hohen Cayambe. Dementsprechend fällt auch die jährliche Niederschlagshäufigkeit aus. Die Flora und Fauna dieser unzugänglichen, meist von schroffen Tälern und gezackten Höhenrücken durchzogenen Region hat mit fast all den
mannigfaltigen Naturwundern aufzuwarten, deren sich Ecuador rühmen kann: aufregende Bewohner wie Brillenbären, Felsenhähne, Tapire, Kondore oder Bergtukane, einsame Bergseen und ungezählte Quellbäche und Wasserfälle sowie ein rau-

chender Vulkankegel, zu dessen Füßen sich der grüne Teppich des Amazonasbeckens bilderbuchmäßig bis zur Erdkrümmung ausbreitet.

Neben dem schneebedeckten **Cayambe** (vgl. Kap. „Panamericana Norte") bieten sich begeisterten Gipfelstürmern noch drei andere, nicht minder faszinierende Berge an: die insgesamt 48, bis zu 150 m hohen Zinnen des erloschenen Vulkans **Las Puntas** (4.452 m) im äußersten Südwesten des Reservates, das zerfurchte Felsmassiv des **Sara Urcu** (4.696 m), dessen Besteigung bisher nur wenigen gelang, und der gewaltige, frei stehende Kraterkessel des aktiven Vulkans **Reventador** (3.562 m) gegen Osten hin.

▸ **Reventador**: Während der letzten drei Ausbrüche des Reventador (1973, 1987 und 2002) wurden bis zu 8 m große Gesteinsbrocken Hunderte von Metern weit in den Himmel geschleudert und mehrere Millionen Kubikmeter Lava-, Schlamm- und Geröllmassen bahnten sich ihren Weg über die südöstlichen Flanken des über 3 km breiten Hufeisenkraters. Nach dem letzten Ausbruch bedeckte eine zentimeterdicke Asscheschicht die Straßen Quitos. Laut Geologen soll der Vulkan zu Urzeiten einmal über 7.000 m hoch gewesen sein, der höchste des amerikanischen Kontinents. Eine gewaltige Explosion hatte ihn dann auf sein heutiges Maß reduziert. Bereits um die Jahrhundertwende wurde der einst völlig isolierte Vulkan von den Hauptstädtern zur Kenntnis genommen. Sporadische Ascheregen über Quito ließen auf einen Feuer speienden Berg im fernen Oriente schließen. Wo sich dieser Berg genau befand, wusste aber niemand mit Sicherheit zu sagen. Einem Franzosen gelang in den 30er-Jahren dann die Erstbesteigung des „Platzenden" (so die wörtliche Übersetzung), des einzigen Vulkans in ganz Ecuador außer auf Galapagos, der aus bisher noch ungeklärten Gründen keinen indianischen Namen trägt. Dem sich durchs Leben beißenden Autor dieses Buches wird hingegen die besondere Ehre zuteil, 25x den aktiven inneren Krater des Reventador bestiegen und dort auch übernachtet zu haben.

Östlich des Vulkans befindet sich der größte Wasserfall Ecuadors, die über 100 m hohe **Cascada del Coca** am Río Quijos, auch **Cascada de San Rafael** genannt. Von der Straße Baeza – Lago Agrio führt am km 159 erst ein Fahrweg rechts, dann ein halbstündiger Pfad links hinunter. Eintritt 10 USD.

● *Übernachten/Touren* **Reventador**, (Budget), hübsches Restaurant mit einfachen Speisen, Gartenanlage mit großem Pool, der mit sauberstem Flusswasser gespeist wird. Zimmer wenig attraktiv, ganz ohne Deko, einigermaßen akzeptabel sind die im 2. St. Die Lage zu Füßen des Vulkans ist jedoch ideal für exotische Wanderungen und Birdwatching. Der dortige Spanisch sprechende Guide Victor Cansino (mobil ✆ 094-716998) organisiert Touren: Felsenhähne, Vulkan, Wasserfälle, Höhlen (Cueva de los Tayos). EZ 11 USD, DZ 22 USD, Frühstück 2 USD, *almuerzo* o. *cena* 3 USD. Am Río Reventador, km 159,5 von Quito und km 100 von Lago Agrio, an der Provinzgrenze Napo/Sucumbios. Voranmeldung ist ratsam, da Lebensmittel erst rangeschafft werden müssen und es weit und breit nichts zu kaufen gibt, Reservierung bei Paola Medina ✆ 06/2329419, victorcansino10@hotmail.com, turismovolcanreventador@yahoo.com.

Tena (30.000 Einwohner)

Die schwüle Hauptstadt der Provinz Napo liegt etwa vier Busstunden südwestlich vom kühlen Quito und war eines der ersten amazonischen Siedlungsgebiete der spanischen Kolonialherren.

Der 500 m hoch gelegene, von hoher Luftfeuchtigkeit geprägte Ort, hat außer vielen eleganten Indianerinnen im ästhetischen Sinne recht wenig zu bieten. Doch laden

die erstaunlich sauberen Flüsse *Pano* und *Tena*, die an dieser Stelle den *Río Misa-huallí* bilden, und schöne Aussichten auf die nahe, dicht bewaldete *Cordillera de Guacamayos*, zu einem kurzen Aufenthalt ein. Von hier aus starten Rafting-, Kajak- und auch Dschungeltouren oder es geht gleich weiter, z. B. ins 35 Min. entfernte Misahuallí.

Zu den „Exportprodukten" dieser Region gehören neben abenteuerlichen Wildwas-serabfahrten und ethno-ökologischen Regenwaldtrips in der Umgebung auch Kaf-fee, Kakao, Tee, Tabak, Zuckerrohr, Palma Africana (Ölpalme), Naranjilla-Früchte und Rindfleisch.

Der Indianeraufstand

Das Denkmal des roten Steinkriegers am Ortseingang erinnert an den be-rüchtigten Anführer Jumandy, den *Gran Cacique de Guerra* der vereinigten orientalen Stämme der Quijos, der am 11. Dezember 1578 eine Frontalatta-cke auf die größte und wichtigste spanische Siedlung zu dieser Zeit (Archi-dona, wenige Kilometer nördlich von Tena) und gleichzeitig auf mehrere Dörfer der Umgebung leitete. Alle Lehnsherrn mitsamt Angehörigen wur-den dabei niedergemetzelt, ihre Häuser und Kinder verbrannt. Kein Einziger überlebte das Massaker. Die anhaltende völlige Missachtung bestehender spiritueller Autoritäten seitens der Conquistadores gab vielleicht den ent-scheidenden Ausschlag bei der wohl organisierten und breit angelegten Re-volte. Die grausame Behandlung der Indianer mit Arbeitspeitschen, Ver-stümmelungen, Vergewaltigungen und Hundehetzjagden nahm ein vorüber-gehendes kurzfristiges Ende.

Jumandy und seine Hexengeneräle Beto und Guani leisteten an jenem denk-würdigen Tag zwar ganze Arbeit, von einem darauf folgenden Angriff auf Baeza bekamen die Spanier allerdings Wind. Soldaten der Real Audiencia rückten an. Jumandy wurde nach Quito geschleppt, gefoltert und geviertelt. Die Schädel der Aufrührer hingen als abschreckendes Beispiel etliche Jahre später noch immer an der Kirche von San Blas.

---

*I*nformation/*V*erbindungen

Die **Vorwahl** von Tena und der Provinz Napo ist **06**.

• *Information* i-Tur in der García Moreno nahe der Fußgängerbrücke, Mo–Fr 8–12.30 u. 14–17 Uhr, Sa/So 9–12 Uhr.

• *Verbindungen* Im neueren Teil von Tena befindet sich der kleine, kuppelförmige **Terminal Terrestre**, der von allen Überland-kooperativen in Anspruch genommen wird. Auf der Hauptstraße davor (Av. 15 de No-viembre u Av. El Chófer) hält normalerwei-se der **Misahuallí-Bus** (Coop. Jumandy o. Centinela), der in weniger als 45 Min. mit vielen Stopps ins gleichnamige Dorf fährt. Abfahrt etwa alle 45 Min. ab 6 Uhr morgens, die letzte „Rüttelkiste" nach Misahuallí geht um 19 Uhr, Fahrpreis 60 Ct. Die Jumandy- und Centinela-Busse nach **La Punta/ Ahuano** (etwa jede Std., letzter Bus um 17.30 Uhr, zu spät, um nicht bei Dunkelheit anzukommen) bzw. Busse der Centinela del Oriente oder Jumandy über Ahuano nach **Campococha**, **Puerto Río Barrantillo** (Liana Lodge), **Santa Rosa** oder noch we-iter um 4, 5, 6.30, 8, 9, 11.30, 12, 13, 14 und 14.30 Uhr (letzter Bus um 16 Uhr) starten ebenso auf dem 15 de Noviembre vor dem Terminal Terrestre. Mit diesen Bussen nach Misahuallí, Ahuano und Santa Rosa gelangt man zu den Urwald-Lodges links und rechts des Río-Napo-Ufers. Es wird empfohlen, nicht bei Dunkelheit anzukommen bzw. im Falle des Santa-Rosa-Busses nicht den letzten zu nehmen (Fahrtzeit bis zu 2 Std.).

Die Coop. Baños (✆ 2886285) hat tägl. um 9, 13 und 24 Uhr einen großen Bus nach **Quito** (Fahrtzeit 4 Std., 6 USD). Auch die Coop. Amazonas (✆ 2887213) fährt tägl. 6x, z. B. um 1 und 2 Uhr nachts (!) sowie um 12 Uhr; Flota Pelileo (✆ 2886502) fährt 6x nach Quito, z. B. um 7.45 und 10.30 Uhr. Es gibt über 20 Verbindungen mit der Landeshauptstadt, immer über **Baeza** und **Papallacta**, wobei Expreso Baños und Latin America Express vielleicht weniger empfehlenswert sind.

Nach **Baños** (2:30 Std.) und **Ambato** über **Puyo** (1:30 Std.) geht es mindestens 20x tägl., 4x mit der Coop. Baños (6, 13, 14.30 und 24 Uhr), 2x mit Amazonas (3.30 und 12 Uhr), 4x mit Flota Pelileo um 7, 8.30, 12.30 und 16 Uhr, 5x mit Expreso Baños und 1x mit Latin America Express. Allein nach Puyo fahren tägl. mindestens 22 Busse.

Die Transp. Riobamba (✆ 2887083) steuert ebenso über Puyo und Baños 5x die Sultana de los Andes (**Riobamba**) an. Die Coop. San Francisco ist für **Macas** zuständig (ab Puyo). Nach **Coca** fahren in erster Linie zwei kleine Kooperativen mit teils abgetakelten Bussen: Jumandy fährt tägl. voraussichtlich um 4.30, 8, 11, 14.15, 22 und 23.45 Uhr nach Coca, die Coop. Valle del Quijos jeweils um 3.30, 6.30, 10, 13.30 und 23 Uhr nach Coca in teils unglaublichen, ständig haltenden Klapperkisten. Diese Kooperativen haben auch tägl. drei Busse nach **Lago Agrio**. Auch die Coop. Baños und Pelileo unterhalten tägl. Verbindungen mit Coca (die Baños etwa um 1.30 und 22.30 Uhr, die Pelileo etwa um 9 und 12.30 Uhr). In der Regel setzen sie etwas bessere Busse ein als Jumandy und Valle del Quijos. Diese kommen jedoch meist aus Ambato, die notwendige Sitzplatzreservierung kann somit von Tena aus nicht garantiert werden. Ob es überhaupt Platz gibt, gilt es etwa 1 Std. vor Eintreffen im Terminal Terrestre nachzuchecken.

In Richtung **Vulkan Reventador** (zumindest bis **El Chaco**) geht es tägl. mit Valle del Quijos um 12.45 und 15 Uhr, Fahrtzeit um die 4 Std., 4–5 USD.

Camionetas mit Doppelkabine und Ladefläche warten an der Ecke Av. El Chófer y 15 de Noviembre: nach Misahuallí 10 USD, Puerto Río Barrantillo (Liana Lodge) 30–35 USD, Puyo 50–60 USD, Coop. San Juan de los Dos Ríos, ✆ 2886715.

Baden in und um Tena

Manche der hübsch anzuschauenden Badestellen an den Flüssen durch Tena, z. B. am Río Pano unterhalb des Hotels Los Yutzos gegenüber dem Parque Amazónico, sind inzwischen zu verschmutzt um darin zu baden. Einige Gäste bekamen schon Hautausschlag. Empfohlen wurde jedoch eine saubere Badestelle namens **Isla de Amor** – warum heißt die wohl so? Es geht erst über die Fußgängerbrücke, dann den Parque links liegenlassend auf der Juan León Mera in Richtung Colegio San José nach Westen, über die erste Brücke ruber und weiter in westliche Richtung bis zur zweiten Brücke über den Río Tena. Eine der schönsten und kristallklarsten Badestellen der Region befindet sich jedoch außerhalb von Tena am **Río Iloculín** bei der Kommune **Serena**, wohin morgens um 9.45 und 13.45 Uhr ein Bus der Coop. Centinela fährt (über Pano und Talag), Fahrtzeit 45 Min.; zurück geht es um 13.45 und 17.45 Uhr. Von der Bushaltestelle sind es noch 15 Min. zu Fuß entlang dem Fluss – sehr idyllisch! Ein Geheimtipp – auch für Kinder!

*A*dressen

• *Apotheke* Es gibt einige farmacias, z. B. **Belavista** mit 24-Std.-Service, Ecke 15 de Noviembre y 9 de Octubre, ✆ 2887511.

• *Geldwechsel* **Banco del Fomento** hat einen Bankautomaten für VISA, Mastercard, Cirrus, Maestro und American Express, gegenüber dem Fußballstadion an der Ecke Alfredo Pareja y Simón Bolívar; **Banco del Austro** für VISA und Mastercard, 15 de Noviembre y Pineda nahe der Autobrücke;

Banco Pichincha für Visa, Mastercard, Diners und Cirrus, 15 de Noviembre y Tena, Mo–Fr 9–13 Uhr, früh hingehen, montags eher meiden!

• *Internet* **Bamboo** direkt an der Fußgängerbrücke 9 de Octubre y Orellana; **Cucup @net**, García Moreno y J. L. Mera (tägl. 8 bis 21.30 Uhr); **Selva Net**, Amazonas y Rocafuerte, Mo–Sa bis 22 Uhr, So bis 18 Uhr); **Bukuna Net**, Montesdeoca y 15 de Noviembre.

• *Krankenhäuser* Das **Hospital** (✆ 2886304) befindet sich an der Ausfallstraße in Richtung Puyo auf der rechten Seite. Die **Clínica Amazonas** ist in der Nähe des Hostal Limoncocha, Dr. Taza spricht Englisch, Dr.

Yamuca nur Spanisch, ✆ 2886915.

• *Polizei* Unweit der Fußgängerbrücke in der García Moreno, ✆ 2886101.

• *Post* Bei der Autobrücke weiter oben, kein Schild, Briefkasten davor! Mo–Fr 8–16 Uhr.

• *Telefonieren* Mini-Zentralen für llamadas in alle Welt: beim Terminal Terrestre in der Av. El Chófer y 15 de Noviembre und zahlreiche andere entlang der Av. 15 de Noviembre, tägl. meist 8–20 Uhr.

• *Wäscherei* **Caiman**, 15 de Nov. y Augusto Rueda, tägl. 7.30–19 Uhr, sonntags bitte klingeln; **Electrolava**, 15 de Nov. y Montesdeoca, tägl. 7–19 Uhr.

Übernachten

• *In Tena* **Los Yutzos (14)**, (GK/MK), sehr komfortabel, ruhig, zentral, Garten, Orchideen. Saubere Zimmer und Suiten, teils mit Flussblick und Balkon, BP, Ww, AC o. Ventilator, Kühlschrank. Beste *habitaciones* und Mini-Suiten sind 228, 231, 234, 235, 236, 237, 238 o. 240, mit Flussblick, teils Wifi. EZ 25–45 USD, DZ 40–60 USD. Agusto Rueda 190 y 15 de Noviembre, ✆ 2886717, yutzos@ uchutican.com, www.uchutican.com.

Christhian′s Palace (6), (MK), komfortable Zimmer, gut sind die Ehebett-Suiten Nr. 104 zum Pool und Nr. 109 zur Straße (64 USD), mit BP, Ww, Kabel-TV, ebenso Dampfbad, Sauna, Jacuzzi, Massagen, Bodybuilding. Pro Pers. ab 22 USD. Juan León Mera y Juan Montalvo neben der Kirche, ✆ 2886047.

La Casa del Abuelo (3), (MK), hübsches familiäres Haus im ruhigen Barrio Central von Tena Vieja. Am besten ist Nr. 7 mit zwei Ehebetten, schönem Holzbad und Balkon zur Straße (trotzdem nicht laut), Internet. EZ 17 USD, DZ 23 USD, Kinder 6 USD. Juan León Mera 628, ✆ 2886318, www.tomas-lodge.com.

Vista Hermosa (17), (Budget), im obersten Stock mit ganz genialer Sicht, riesiger Holzfußbodenveranda und Hängematten, Nr. 312 und 323 sind die Spezial-Tipps! Wifi, Safe, Parkplatz, günstiges Restaurant „Lucy" mit *almuerzos* für 2,50 USD. Wenn der Laden voll ist, könnte es Wassermangel geben. Pro Pers. 12 USD. BP, Ww, AC, Kabel-TV. 15 de Noviembre 622 y Marañon, ✆ 2886521, 2887258.

Los Yutzos 2 (15), (Budget), Economic-Version des Upperclass-Hotels daneben. Zimmer mit Flussblick sind vorzuziehen, wobei das geräumige Nr. 108 das beste ist. Früh-

stücksraum im skurrilen „Cholo-Barockstil", sprich Wohnzimmer mit Vitrinenschränken. Besitzer Guido spricht Englisch. EZ 14 USD, DZ 22 USD inkl. *desayuno.* ✆ 2886890, 2887897.

Austria (10), (Budget), einfache Zimmer, familiäres Haus in einer Seitenstraße in zentraler Lage, BP, Ww, AC o. Ventilator, Parkplatz, Kabel-TV-Raum, ein paar Blümchen hier, ein paar Gräslein dort. EZ 10 USD, DZ ab 18 USD. Tarqui y Diaz de Pineda, ✆ 2887205.

Brisas del Río (12), (Budget), sauber, gute Matratzen, Holzfußboden. DZ Nr. 7 und 3er Nr. 6 bei der Veranda mit Uferpromenaden-Blick. Maskottchen sind die Miniaturhündchen „Orejas" und „Dulce". Safe, Küchenbenutzung, Gepäckauf-bewahrung, agrotouristische Finca-Ausflüge zum Kühemelken, Schweinestreicheln und Ziegenkastrieren. Pro Pers. 7 bzw. 10 USD (BC/BP). Malecón, schräg gegenüber dem Parque Amazónico, ✆ 2886444.

A Welcome Break (18), (Low Budget), unweit des Parque Amazónico, freundlich und einfach, im 1. St. mit Blick auf Tena (DZ Nr. 203), kleiner, wilder Garten, Gemeinschaftsküche, gute BC mit 4 Toiletten und 6 Duschen. Restaurant El Vagabundo mit Pizzas (5–7 USD), Lasagne, Tiramisu, Capucchino. Pro Pers. 5–7 USD (BC), 8 USD (BP). Agusto Rueda y 12 de Febrero, ✆ 2886301, a_welcome_break@yahoo.com.

Limoncocha (21), (Low Budget), bestes Preis-Leistungs-Verhältnis, mein Tipp! An einem Hang über dem Städtchen, kleine Frühstücksterrasse mit Sicht auf Tena und die bewaldete östliche Andenkordillere. Familiäre Atmosphäre, einfache, saubere Zim-

Tena

Barrio Las Palmas

Archidona, Coca, Quito, Baeza,
Hostería Hakuna Matata (14km)

Umgehungsstraße nach Puyo Misahualli

Umgehungsstraße nach Puyo, Misahualli

Karte S. 438/439 u. S. 477

Oriente

Flugplatz

Flugplatz-Terminal

Banco del Fomento

Busse nach Archidona

Mercado

Stadion

Internet

A. Calderón

Municipio

Isla de Amor (Badestelle)

Colegio San José

Polizei

Banco del Austro

Parque Amazónico

Mundopuma (Tourbüro)

Montesdeoca

Internet

Banco Pichincha

Busbahnhof

Misahualli, Puyo, Río Napo

Mercado

Pano

E ssen & Trinken

1　Pizzería Bella Selva 1
2　Tho Marquiz Steakhouse
7　Chuquitos
8　Café Tortuga
9　Cositas Ricas
11　Café Esencia & Caramelo
13　Pizzería Bella Selva 2
16　El Vagabundo
19　Asadero El Galpón
20　Safari
22　Asadero de Pollo Sin Rival

N achtleben

4　La Gallera
5　Yage

Ü bernachten

3　La Casa del Abuelo
6　Christhian's Palace
10　Austria
12　Brisas del Río
14　Los Yutzos
15　Los Yutzos 2
17　Vista Hermosa
18　A Welcome Break
21　Limoncocha

mer mit BP o. BC, teils AC und Kabel-TV. Besitzer ist der „Pro-Badener" Michael Welschinger. Pro Pers. 5–8,5 USD. Dschungeltouren 35 USD pro Tag und Pers., Rafting ab 40 USD, Kajak 50 USD inkl. Führer. Beim Colegio Unidad Educativa 300 m vom Busbahnhof: Man überquert die Av. 15 de Noviembre, geht die Av. del Chófer erst runter und dann rauf, am Sportplatz vorbei und 2 Blocks über der Calle Llanganates rechts rein. Nach dem blau beleuchteten Schild Ausschau halten! Taxi vom Terminal 1 USD. ✆ 2887583, limoncocha@andina net.net.

> No-Budget-Tipp ist die Pension „Hilton" (!), künstliche Blumen, abgewetztes Sofa und ein toter Papagei auf dem TV über der Rezeption. Av. 15 de Noviembre 195.

• *Außerhalb*   **Wildsumaco Lodge**, (GK), wem Birdwatcher auf die Nerven gehen, sollte eher fernbleiben. Wer einer ist, sollte unbedingt hin, allerdings nur wenn er auch das nötige Kleingeld hat. Auf 1.400 m an den südöstlichen Flanken des Vulkans Sumaco wunderschön gelegen. Herrliches Panorama, fantastische Trails, komfortable Zimmer, schmackhaftes Essen, von elitären Vogelfreaks empfohlen! EZ 135 USD, DZ 240 USD inkl. drei Mahlzeiten (ohne Führungen). *Anfahrt:* auf der Straße von Cosanga/Narupa nach Loreto/Coca geht es ca. 10 km hinter Wamani und kurz vor Wawa Sumaco links weg in Richtung Pacto Sumaco. info@wildsumaco.com, www. wildsumaco.com.

Hakuna Matata, (MK), idyllisch gelegene Cabaña-Anlage ohne Moskitos, kristallklare Badestellen am Río Inchillaqui. Komfortable, naturbelassene Zimmer und „Gemächer", orthopädische Matratzen, BP, Ww. Exotischer Garten, Pool, Reitpferde und „nothing to worry about", holländisch-belgisches Besitzerehepaar. *Anfahrt*: 10 km nördlich von Tena an der Straße bzw. 1,5 km südlich von Archidona befindet sich eine Metallbrücke. Von Archidona kommend, geht es gleich hinter der Brücke rechts weg Richtung Chaupi Shungo, ausgeschildert, 4 km katastrophal-pittoresker Zufahrtsweg. Pro Pers. 35–68 USD inkl. drei Mahlzeiten. ✆ 2889617, info@hakuna mat. com, www.hakunamat.com.

Cabañas Shangrila, rustikale Reihenhütten auf einem 130 m hohen Vorsprung über dem Río Anzú (300 Stufen zum Fluss). Cabaña Nr. 1–10 mit BC, Cabaña Nr. 11–23 mit BP. Solarzellen, tolle Aussicht auf den Dschungel und die östliche Andenkordillere, Restaurant, Hängematten-Terrasse. Pro Pers. 45 USD inkl. Transport, Mahlzeiten, Führung und Tubing, Infos bei Amarongachi Tours, Av. 15 de Noviembre 438. An der Straße nach Puyo (hinter Puerto Napo), ✆ 2886372, info@amarongachi.com, www. amarongachi.com.

Essen & Trinken/Nachtleben (siehe Karte S. 445)

Typische Speisen des Oriente enthalten oft *yuca* (eine Maniokart), *verde* oder *maduro* (Kochbananen) und andere vegetarische Varianten. Das Fleisch der Riesennager *guanta, guatusa* oder *capiguara* zählt mit zum Feinsten der lokalen Küche, kann aber dem Artenschutz zuliebe nicht empfohlen werden. Vom Verzehr bedrohter Tiere sollte grundsätzlich Abstand genommen werden. Andere exotische Gerichte wie *chontacuro*, eine extrem fette, würzig frittierte Holzmade der Chonta-Palme, ist „leider" nicht überall zu bekommen. Huhn, Rind, Schwein, Cachama (einheimischer Süsswasserfisch) und Tilapia (eingeführter afrikanischer Süßwasserfisch) mit Reis gehören zu den gängigsten Speisen. Backpacker kommen voll auf ihre Kosten, Gourmet-Freunde werden ihre Probleme haben.

• *Essen & Trinken*   **The Marquiz Grill Steakhouse (2)**, das feinste im Ort, es liegen 5 verschiedene Gabeln auf dem Tisch, auch französische Weine, 12–20 USD für eine mehrgängige Hauptspeise, Mo–So 12–15 und 18–22.30 Uhr (Küche), Amazonas 251 y Olmedo.

Chuquitos (7), Sonnenschirm-Terrasse mit nettem Flussblick, spießig-tropisches Ambiente mit Servietten im Glas, Speisekarte auf Englisch, unten stört evtl. eine Cocktailbar. Hauptmahlzeiten 5–7 USD, tägl. bis 21 Uhr, nahe der Fußgängerbrücke in der García Moreno.

El Vagabundo (16), deutsches Essen von Uta und Jürgen, empfohlen, Agusto Rueda y 12 de Febrero neben Hostal Welcome Break.

Safari (20), billige desayunos, almuerzos 2,5 USD, „Wiener Schnitzel" (apanado) 4,50 USD, dank des Neo-Mohikaners Jens Töniges versteht der Besitzer das Wort auch auf Deutsch, am besten ohne Reis (sin arroz) bestellen. Tägl. 7–23 Uhr, Av. 15 de Noviembre y Monteros.

Genau gegenüber befindet sich die Konkurrenz im **Asadero El Galpón (19)**, gute meriendas 3,50 USD (z. B. churrasco), a la carta 4–6 USD, fritierte yuca oder patacones als Beilage 1 USD. Tägl. 7–22.30 Uhr.

Tipp: In aller Munde sind die konkurrenzlos knusprigen Grillhühner des preiswerten **Asadero de Pollo Sin Rival (22)**, tägl. 10–18 Uhr, auf der linken Seite der Av. 15 de Noviembre entre Av. El Chófer y Víctor Hugo Sanmiguel etwa 100 m vom Terminal Terrestre.

Cositas Ricas (9), Frühstücke, Hamburger, Salate, churrasco, chuleta, tilapia, frische Säfte, auch Vegetarisches. Mo–So 7.15–22 Uhr, 15 de Noviembre nahe Fußgängerbrücke.

Pizzería Bella Selva (1/13), 23 Pizzas 2–6 USD, Hauspizza mit 12 Zutaten, Pasta und Lasagne (4 USD), tägl. 12–24 Uhr, Río Pano y Malecón Orellana sowie García Moreno y Olmedo.

Café Tortuga (8), von der Schweizerin Lisbeth, viele Blumen, Karte auch auf Englisch, bestes Frühstückslokal (2,5–4 USD), auch Sandwiches, Hamburger und Salate ab 2 USD, chili con carne 3,5 USD, Kuchen, batidos und jugos mit „purifiziertem" Wasser, Eistee, Capuccino, Moccaccino oder café tortuga crema chantilly. Di–Sa 7.30–21 Uhr, Mo 7.30–11 Uhr, So 7.30–11 u. 16–21 Uhr, am Malecón bei der Brücke zum Parque Amazónico.

Café Esencia & Caramelo (11), hübscher Name, heiße und kalte Getränke, Frühstücke, Pfannkuchen, Salate und Internet (1 USD pro Std.), Mo–So 9–22 Uhr, 15 de Noviembre y 9 de Octubre.

Empfohlen wurde ein „**Saftladen**" in der 9 de Octubre y Orellana links der Fußgängerbrücke.

● *Nachtleben* **Yage (5)** in der Francisco de Orellana zw. Fußgänger- und Autobrücke direkt am Fluss, Do–So bis spät; **La Araña**, Cocktail-Bar, García Moreno am Parque Central; **The Hole Bar**, viel Bier, García Moreno am Malecón interior; populärste Tanzdisco ist **La Gallera (4)** bei der Autobrücke unten am Fluss, hier swingen die schönen Indianerinnen, Fr/Sa 20–3 Uhr; **Disko La Terraza**, 15 de Nov., einen Block vom Busbahnhof in Richtung Misahuallí; **Canambo**, 15 de Noviembre schräg gegenüber dem Coca-Cola-Depot, 3 o. 4 Blocks vom Terminal Terrestre, Fr/Sa 20–3 Uhr.

Karte S. 438/ 439 u. S. 477

Oriente

Touren

Es wird davor gewarnt, die sich am Busbahnhof anbiedernden „Dschungelführer" zur Kenntnis zu nehmen. Diese Tourismuspiraten, manchmal sogar „lizensierte" Guidos, sind mit fremden Visitenkarten von Agenturen ausgerüstet, die diese Guides gar nicht beschäftigen. Sie lassen sich nicht immer so leicht abschütteln, also bitte Zähne zeigen!

Rafting- und **Kajak-Abfahrten** auf den Dschungelflüssen veranstaltet neben Michael Welschinger auch **Ríos Ecuador**, wobei der Río Misahuallí die größte Herausforderung darstellt. Ab 60 USD pro Pers./Tag. Kajak-Lehrgänge 250 USD (4 Tage)., Reservierung in Quito bei **Yacu Amu Rafting**, Foch 746 entre Amazonas und J. L. Mera, ☎ 02/2904054, www.rios ecuador.com. Andere Rafting-Unternehmen sind **Aqua Extreme** vom Schweizer Sascha, der die Wildwasserabfahrten fotografieren lässt, ☎ 2888746, www.axtours. com; oder **River People** mit irisch-britischen Besitzern, ab 50 USD, 15 de Noviembre y 9 de Octubre, ☎ 2888384, www.river peopleraftingecuador.com.

Mundopuma, deutsche Gründlichkeit gepaart mit indianischem Improvisations-talent, Jens Töniges übernahm das Ruder! Mehrtägige Ethno- und Regenwaldausflüge, abenteuerliche 4-tägige Besteigung des Vulkans Sumaco mit lizensierten Guides, nicht nur ein tolles Flora- und Fauna-Erlebnis. 240 USD pro Pers. alles inkl. (bei 4 Teiln.); auch Touren nur für Frauen von Frauen, sprich mit weiblichen indianischen Guides. Betrieben wird auch eine gemütliche Lodge im 3.500 ha großen **Apayacu-Reservat**, mit leichten Dschungelpfaden um Affen oder Tukanen aufzulauern, ab 35 USD pro Tag. Agusto Rueda 151 gegenüber Hostal Los Yutzos, ☎ 2870724, ☎ 086-010941 (mobil), www.mundopuma.com.

Limoncocha Agency, von Michael Wel-schinger, zuverlässig, preisgünstig, emp-fohlen, englischsprachige Guides, Dschun-geltouren ab 35 USD pro Pers. und Tag, Rafting 40 USD (Upper Napo), 50 USD (Río Jondachi) und 2 Tage Río Hollín 140 USD, Kajakschule und -verleih, Kajak 50 USD inkl. Führer. ℡ 2887583 (siehe auch Hostal Li-moncocha).

Sehenswertes/Ausflüge

Der **Parque Amazónico** liegt auf einer Flusshalbinsel am Zusammenlauf von Pano und Tena. Hier gibt es Urwaldbäume, einen Mini-Zoo, Orchideen, Vogelleben, Aus-sichtsplateaus, viel Schatten und zwei hübsche Badestellen. Tägl. 8.30–16.45 Uhr, Eintritt 2 USD. Der Zutritt erfolgt über eine Holzbrücke von der Ecke Av. Francisco de Orellana mit Río Pano.

Las Cavernas de Jumandy: Tropfsteinhöhlenkomplex, 15 km nördlich von Tena bei Archidona. Es sind großteils einheimische Ausflügler, die den Freizeitkomplex am Eingang zu den kilometerlangen Labyrinthgängen besuchen. Da die Höhle teil-weise mit Wasser gefüllt ist, sollte man die Badesachen nicht vergessen! An Wo-chenenden oft überlaufen. Eintritt 2 USD.

In der kleinen Gemeinde **Serena** in reizvoller Dschungel-Umgebung wurde 2007 ein **ethnokulturelles Museum** über das Leben und die Bräuche der dort ansässigen Kichwa-Indianer eröffnet. In der Nähe gibt es noch Primär-Regenwald, glasklare Flüsschen und Wasserfälle zum Baden. Alle Einnahmen des Projektes kommen der Gemeinde zugute. Nach Serena fährt in ca. 45 Min. (über Pano und Talag) die Coop. Centinela um 9.45 und 13.45, zurück kommt man mit dem gleichen Bus um 14.45 und 17.45 Uhr. Von der Bushaltestelle geht es zuerst über die Fußgänger-Hängebrücke und dann auf einem 15-minütigen idyllischen Spaziergang entlang dem Río Iloculín zum Museum (und zu den wunderschönen Badestellen). Meist tägl. geöffnet. Infos erteilt Jens Töniges von Mundopuma (siehe „Touren").

Auf Recherche im Oriente

Parque Nacional Sumaco-Napo-Galeras

Der 205.000 ha große Nationalpark liegt nordwestlich von Tena und ist die Kernzone eines riesigen, neu geschaffenen Biosphärenreservates, ein insgesamt 996.000 ha großes Gebiet, das sich über die Provinzen Napo, Orellana und Sucumbios verteilt und eines von 391 Biosphärenreservaten unseres Planeten darstellt. Die weitestgehend unangetastete Flora und Fauna entspricht den unterschiedlichen Höhenlagen von 500–3.732 m, dem Gipfel des Vulkans Sumaco, und Temperatursprüngen von 5 bis 25 Grad. Es werden sechs Klima- und Vegetationszonen durchwandert. Ein hoher Anteil des üppigen Pflanzenbewuchses ist endemisch. Die Bandbreite reicht vom tropischen Regen- und Bergurwald bis hin zum Páramo in Gipfelnähe. Es gibt über 6.000 Pflanzenarten, davon mehr als 300 Orchideenarten. 600 Arten von Gefäßpflanzen, zahlreiche Helikonienarten und allerlei Nutzpflanzen wie der Zimtbaum oder wilder Kakao (*theobroma bicolor*) können auf dem Weg zum Vulkan begutachtet werden. In den extrem niederschlagsreichen Regen- und Nebelwäldern leben Tapire, Brillenbären, Faultiere, Affen, Pumas, Wildschweine, Gürteltiere. Von den 80 Säugetierarten sind 28 allein Fledermausarten. Es gibt 450 Süßwasserfischarten sowie 36 Reptilien- und 31 Amphibienarten. Unter den aufgelisteten 654 Vogelarten ziehen kreischende Soldaten-, Rotbugara- und Kobaltflügelsittiche über die Baumkronen und nachts erklingen die wunderschönen Gesänge von Blauscheitel-Motmots und Groß-Tinamus. Für Schmetterlingsinteressierte ist der Nationalpark schlichtweg ein Paradies. Bunt schillernd taumeln sie durchs Unterholz und sammeln sich zu Hunderten, um Wasser und Salze aufzunehmen.

Das von der Gesellschaft für Technische Zusammenarbeit GTZ eingeleitete Projecto Gran Sumaco/Corporación Reserva Biosfera begünstigt einen sanften Ökotourismus in den indianischen Gemeinden in der Pufferzone des Nationalparks. So wurden Unterkünfte im Quichua-Stil errichtet, lokale Führer ausgebildet und ein Weg auf den 3.732 m hohen **Sumaco** angelegt. Ausgangspunkt für das mehrtägige **Trekking** durch dichten, schlammigen, steilen Bergurwald ist die Gemeinde Pacto Sumaco (1.500 m). **Volontäre** in naturwissenschaftlichen Projekten (Feldforscher), aber auch in Bildungs- und Gesundheits-, Frauen- und Kinderprojekten sind willkommen. Infos in Tena, Av. Antonio Vallejo im Barrio Las Palmas, ✆ 06/2888497 o. 2888528, parquesumaco@sumaco.org, www.sumaco.org. Organisierte Touren auf den Sumaco bietet jedoch nur Mundopuma, www.mundopuma.com (siehe auch „Touren").

Misahuallí   (700 Einwohner)

Eine Dreiviertelstunde von Tena und 3.500 geradlinige Kilometer vom Amazonasdelta am Atlantik entfernt, liegt der von Quito aus betrachtet nächste Flusshafen des ecuadorianischen Oriente.

Bei den Einbaumkanus am Sandstrand, wo der Río Misahuallí in den bereits schiffbaren Río Napo mündet, endet dann auch die holprige Straße. Eine Brücke über den Río Napo wurde kürzlich fertiggestellt und führt zum *La Y de Misahuallí*. Ein blauer Morpho flattert zur Begrüßung über den kleinen *Parque Central* und ein paar freche Kapuzineraffen turnen durch die Baumkronen am Ufer, während Kinder und Erwachsene in der gemächlichen Strömung baden.

Karte S. 438/ 439 u. S. 477   Oriente

Das 700 Einwohner zählende Dorf liegt wegen des Zusammenflusses der Ströme Napo und Misahuallí an einem attraktiven Ausgangspunkt für Kurztrips in den Regenwald. Selbst wenn es in der Umgebung von Misahuallí nicht mehr viel Primär-Urwald gibt, lädt der müßige Ort zum Bleiben ein. Es grünt und blüht überall. Restaurants und Hostales scharen sich um den mit zwei wunderschönen Morete-Palmen geschmückten Dorfplatz. Ein zerzauster Geier sitzt auf der Straßenlaterne und spreizt nach einem der sporadischen Tropengüsse seine Flügel zum Trocknen. Ein flinkes Kapuzineräffchen zieht einem entzückten Haushund die Flöhe aus dem Fell. Welch Urlaubsidylle! Der richtige Ort, um ungestört Dschungel-Ambiente zu schnuppern, die tropische Wärme zu genießen und das laute, versmogte Quito zu vergessen. In der Umgebung von Misahuallí gibt es allerdings nur selten Tiere in freier Wildbahn zu sehen, sie wurden bejagt bzw. ausgerottet.

Ausflüge zu Fuß, per Einbaum, Floß, Kajak oder *Boya* können unternommen werden. Ein paar Urwald-Lodges mit Mini-Reservaten am Napo und eine Reihe von *Campamentos* an überwucherten Seitenflüsschen können von hier aus erreicht werden. Für Gruppen besteht auch die Möglichkeit, mit einem örtlichen Tourbüro eine bis zu zwölftägige Kanureise nach Iquitos (Peru) an der Mündung des Napo in den Amazonas zu organisieren.

*V*erbindungen/*K*anu- und *B*ootsfahrten/*A*dressen

> Die **Vorwahl** von Misahuallí und der Provinz Napo ist **06**.

● *Verbindungen* **Bus**: Nach **Tena** und zur Eisenbrücke bei Puerto Napo geht es alle 45 Min. mit den Coop. Centinela und Jumandy ab 6 Uhr morgens an der Plaza, letzter Bus um 17.45 Uhr, Fahrtzeit je nach Stopps 35 bis 50 Min. Die Coop. Amazonas (✆ 2890117) schickt tägl. um 8.30 Uhr einen Bus nach **Quito**, Abfahrt Parque Central, je nach Straßenzustand 5–6 Std., (8 USD). In umgekehrter Richtung startet der Bus in Quito um 11.30 Uhr.
Wer auf kürzestem Wege per Bus nach **Jatún Sacha**, **La Punta**, **Ahuano**, **Arajuno**, **Puerto Río Barantilllo** oder **Santa Rosa** gelangen möchte, sollte über die Napo-Brücke 1 km bis zum Y de Misahuallí vorlaufen. Dort kommen die am südlichen Napoufer verkehrenden Busse von und nach Tena vorbei.
Eine gemietete **Camioneta** (Pick-up) nach Tena kommt auf etwa 10 USD.
● *Kanu- und Bootsfahrten* **Kanu**: Es besteht fast nur die Möglichkeit, ein komplettes Kanu zu chartern. Bei der **Marine** (Armada del Ecuador) können die offiziell festgelegten Fahrpreise für Motorkanutrips eingeholt werden: nach Coca 300 USD, zum

AmaZOOnico 80 USD, Ahuano 60 USD. Die Preisliste der Marine ist verbindlich und erleichtert die Verhandlungen mit der lokalen Kanumafia. Luis Zapata von Selva Verde oder das Hostal La Posada bieten die 5–6-stündige Kanufahrt nach Coca ab 250 USD an, Minimum 4–6 Teilnehmer, inkl. Besuch bei indianischen Goldwäscherfamilien am Fluss. Im Hof der Marine kann ein privates Fahrzeug gegen eine Gebühr sicher abgestellt werden.
Bootsausflüge auf dem Río Napo vermitteln einen ersten Eindruck vom Amazonasdschungel. An beiden Ufern immergrüne Vegetation, unterbrochen von typischen Urwalddörfern mit ihren stroh- und wellblechgedeckten Holzhäusern sowie von Viehweiden und Plantagen. Auch wenn es sich nur teilweise um Primärwald handelt, gibt dies einem das Gefühl, auf den Spuren des Amazonas-Durchquerers Francisco de Orellana zu wandeln.
● *Adressen* Im Krankheitsfalle sollte **Dra. Mercedes Alcívar** aufgesucht werden. Sie wohnt unweit der Plaza. Jeder kennt sie – einfach nach ihr fragen! Eine andere Adresse bei körperlichen Beschwerden ist das mangelhaft ausgestattete **Subcentro de Salud**.
Im **Mariposario** in Unión Venecia, 10 Pick-up-Minuten von Misahuallí, können die Entwicklungsstufen von den Eiern über die

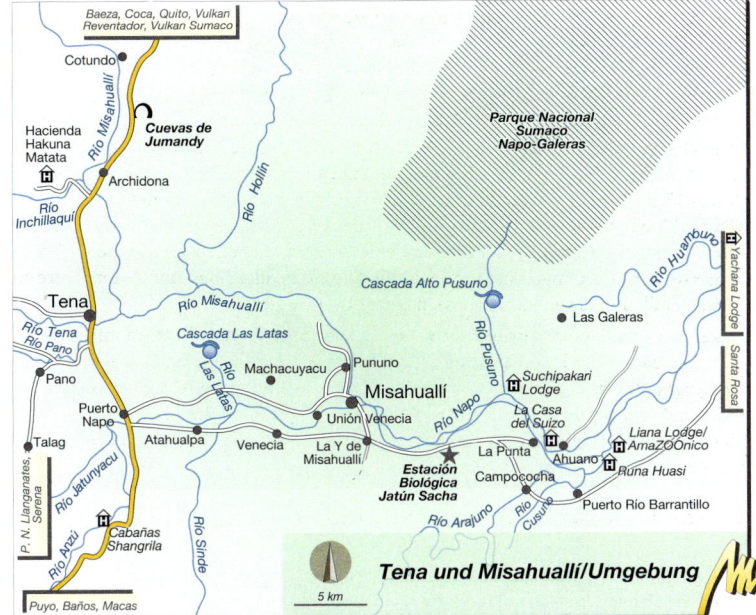

Baeza, Coca, Quito, Vulkan
Reventador, Vulkan Sumaco

Cotundo

Hacienda
Hakuna
Matata

Cuevas de
Jumandy

Río Misahuallí

Río Hollín

Archidona

Río
Inchillaquí

Parque Nacional
Sumaco
Napo-Galeras

Cascada Alto Pusuno

Tena

Río Misahuallí

Las Galeras

Río Tena
Río Pano

Cascada Las Latas

Río Pusuno

Pano

Machacuyacu

Pununo

Misahuallí

Suchipakari
Lodge

Puerto
Napo

Unión Venecia

Río Napo

La Casa
del Suizo

Liana Lodge/
AmaZOOnico

Talag

Atahualpa

Venecia

La Y de
Misahuallí

La Punta

Ahuano

Runa Huasi

Río Jatunyacu

Estación
Biológica
Jatún Sacha

Campococha

Puerto Río Barrantillo

P. N. Llanganates,
Serena

Río Arajuno

Río Cusunu

Río Arají

Cabañas
Shangrila

Río Sinde

Tena und Misahuallí/Umgebung

5 km

Puyo, Baños, Macas

Yachana Lodge

Río Huambuno

Santa Rosa

Karte S. 438/ 439 u. S. 477

Oriente

Raupen und Puppen bis zum Schmetterling an 6 Arten nachvollzogen werden. Wenn die Sonne nicht scheint, fliegen sie jedoch nicht. Die Bilanz lässt sich sehen: Während

2002 noch 2.500 Schmetterlinge freigelassen wurden, waren es 2005 6.000 Exemplare. Der Autor bittet um Feedback! Eintritt 2 USD.

Übernachten/Essen & Trinken

France Amazonía, (Budget), einfache Cabaña-Zimmer mit BP, Ww, Ventilator, Fliegengitter, teils Flussblick. Herrlich wuchernde, sehr gepflegte Gartenanlage mit palmstrohüberdachten Wegen, schattigen Plaudernischen, Pool aus Natursteinen, Hängematten-Terrasse mit tollem Flussblick, Feuerstelle – ein liebevolles „Inselchen" am Rande des Dortes, französisch-vietnamesische Besitzer Antonio und Quynh. Eigene Kanuanlegestelle. Visa und Mastercard. DZ 36 USD inkl. Frühstück. An der Straße nach Tena, gegenüber dem Colegio, ✆ 2890009, reservation@france-amazonia.com, www.france-amazonia.com.

El Albergue Español, (Budget), DZ Nr. 12 mit Balkon und Flussblick (20 USD), Mehrbettzimmer mit Hochbetten (7,5 USD pro Pers.), Ww, Ventilator, Restaurant mit *lomos*, *tilapia* und knusprigen Pizzas. Spezialität ist der Riesennager *guanta* (10 USD).

Touren zu den hoteleigenen Cabañas, 1:30 Std. flussab am Río Napo, pro Pers. 130 USD inkl. Übernachtung, Mahlzeiten, Kanu-, Kajak- o. Balsafloßfahrten (ab 4 Teiln.). 150 m von der Plaza, ✆ 2890004, ✆ 084-601271 (mobil), alb esp@uio.satnet. net, www.alberguespanol.com.

El Paisano, (Budget), einfache, saubere Zimmerchen mit BP, Ww, Moskitonetzen, kleines Gärtchen, große Pflanzen, schräg gegenüber dem eingemauerten Kickplatz. Besser sind die helleren Nr. 1–5 zum Garten. EZ 12 USD, DZ 20 USD. *Desayuno paisano* mit Fruchtsalat, Müsli und Joghurt 4 USD, Hauptspeisen 6 USD. 100 m von der Plaza in Richtung Pununo, ✆ 2890115, 2890027.

La Posada, (Budget), Nr. 8 ist okay, sonst Dschungelambiente, am Weg zum Strand, Terrasse zur Plaza, BP, Ww, Ventilator, offenes Restaurant mit holzverkleideter Ba-

Am Sandstrand von Misahuallí

lustrade, große Auswahl, gesundes Essen, auch Vegetarisch (*platos a la carta* 4–5 USD), Bedienung langsam. Pro Pers. 6–8 USD je nach Saison. ☎ 2890-113/-005.

Shaw, (Low Budget), nette, saubere Zimmer mit BP, Ww, Ventilator, Moskitonetzen, Balkon zur Plaza raus. Beste Zimmer sind „Sue" und „Dave". Gemütliches „Ekokafé" mit echtem Cappuccino, Hauptspeisen 4–5 USD, auch vegetarisch (7–21 Uhr). Angeschlossenes Tourbüro „Ecoselva" des Dschungelführers Pepe Tapia. 5–6 USD pro Pers. (BC/BP), ☎ 2890304, ☎ 094-480782 (mobil), ecoselva@yahoo.es.

Was wäre Misahuallí ohne das populäre Restaurant von **Doña Gloria** an einer Ecke der Plaza? Frühstück ab 2 USD, *almuerzos* und *meriendas* ab 2,50 USD, *platos a la carta* ab 4,50 USD, *tilapia frita* 5 USD, exotische Säfte wie *tomate de árbol*, *babaco*, *guanabana* o. *naranjilla* ab 1 USD, kaltes Bier 1 USD.

*T*ouren

Vor freundlichen, völlig unzuverlässigen „Tourenanbietern", die am Sandstrand, in Restaurants, Bars oder gleich an der Bushaltestelle Dschungelexkursionen anbieten, wird gewarnt. Hier eine unverbindliche Auswahl:

Zuverlässiger Tourveranstalter ist Luis Zapata von **Selva Verde** am Parque Central, ☎ 2890165, selvaverde_sa@yahoo.com, www.selvaverde-misahualli.com. Flora- und Fauna-Trips per Kanu und zu Fuß mit 2–9 Übernachtungen in Cabañas oder Zeltlagern am Río Napo, Río Bueno, Pañacocha, Río Tigüino, Río Shiripuno, Río Cononaco, zu den Huaorani-Kommunen und im Yasuni-Nationalpark. 45–70 USD pro Tag und Pers. Als seriös gilt auch Carlos Santander von **Quindy Tours** im Hotel La Posada, ☎ 2890113, quindytours@yahoo.com.mx. Mehrtägige Touren mit eigenem Boot, z. B.

Panacocha, auch Lkw-Schläuche für Fahrten auf dem Río Napo. Von Puerto Napo (Eisenbrücke) bis nach Misahuallí dauert es 3–4 Std., mit so mancher Stromschnelle. Schwimmweste, Leine, Sonnencreme und eine Sicherheitseinweisung sind notwendig. Auch für gute Schwimmer ist diese Flussreise wegen möglicher Strudel nicht ungefährlich, bei Hochwasser ist sie unmöglich.

Dschungeltrips und Mountainbikes bietet Pepe Tapia von **Eco Selva** im Hotel Shaw, ☎ 2890019, ecoselva@yahoo.es.

Misahuallí/Umgebung

▶ **Pununo**: Das Dörfchen liegt nur 2 km von Misahuallí entfernt in nördlicher Richtung. Sehenswert ist eine lange Hängebrücke, die in schwindelerregender Höhe den Río Misahuallí überspannt. Beindruckend ist auch ein Urwaldriese, dessen Lianen so dick wie manche Bäume sind. Leser berichteten auch von Seidenspinnerraupen. Der Weg führt von der Plaza in Misahuallí zunächst am Hostal Paisano vorbei und dann immer geradeaus aus dem Dorf raus. Ein alternativer und direkter Weg nach Pununo beginnt gegenüber dem Guest House France Amazonia, rechts vom Colegio.

Affenschande!

In Misahuallí wütete einmal ein Affenvater namens Pecos, der größte und älteste unter den Dorfaffen, dessen Lieblingsbeschäftigung es war, wahllos Dorfbewohner zu beißen. Bei seinen Attacken verbiss sich Pecos manchmal regelrecht in seine Opfer und verursachte schlimme klaffende Wunden bei Kindern und Erwachsenen gleichermaßen. Diejenigen, die sich zur Wehr setzten oder die Hand erhoben, wurden tags darauf meist noch heftiger traktiert, nicht wenige wurden krankenhausreif gebissen. Einmal rannte Pecos sogar während der Messe mit einem Affenzahn in die Kirche, um einem Betenden hinterrücks einen beträchtlichen Fleischfetzen aus den Schenkeln herauszubeißen.

Pecos hatte bereits etliche Anzeigen bei der örtlichen Polizei am Halse, der es nach mehreren riskanten Versuchen tatsächlich gelang, die Bestie festzunehmen. In der stickigen Affenhitze der einzigen Gefängniszelle des Dorfes würde ihm das Beißen schon vergehen. Überraschend tauchten jedoch Funktionäre des Umweltministeriums und dann auch noch des Tierschutzverbandes auf. Pecos musste auf gerichtlichen Beschluss hin wieder auf freien Fuß gesetzt werden.

Schließlich war es die sanftmütige dänische Riesendogge Kai, die dem Affentheater ein Ende bereitete. Der ungleiche Kampf war nur von kurzer Dauer. Im Affentempo wurde der Anthropoide förmlich in der Luft zerfetzt, erlitt schwerste Bisswunden im Kopf- und Nackenbereich, während seine zerbrochenen Rippen die Lungenflügel durchstießen. „Gib ihm Zucker", schrien die anwesenden Schaulustigen begeistert! Gleich daraufhin fand eine Dorfversammlung statt, um über den Verbleib der Kadaverreste zu entscheiden. Manche waren für Ausstopfen oder Einbalsamieren, andere für ein Denkmal auf der *Plaza* und wiederum andere sprachen sich für die öffentliche Verbrennung aus.

Heute erinnert lediglich noch eine Kneipe an Pecos, *el Simio Símbolo de Misahuallí*. Währenddessen amüsieren die zahlreichen Nachkommen des Affenvaters die Touristen mit ihren „graziösen" Spielchen. Die rotzfrechen Biester treiben ihr Unwesen auf der Plaza und am Strand – sie klauen alles, was ihnen in die Finger kommt, nur so aus Jux und Dollerei, aber vor allem um irgend jemanden zu ärgern. Das ist ihr ganzer Lebensinhalt. Sie machen weder vor Kameras noch vor Ohrringen halt und zerstören jede Art von Beute mit Steinen, um sie anschließend zu verzehren!

Karte S. 438/439 u. S. 477

Oriente

▶ **La Cascadita Las Latas:** hübscher Wasserfall-Badeteich in einem Wäldchen, beliebtes Ausflugsziel für Einheimische. Bei Sonnenschein lassen sich viele Schmetterlinge beobachten! Es geht von Misahuallí etwa 15 Fahrminuten zurück in Richtung Puerto Napo (Tena) bis zu einem blau gestrichenen Haus am rechten Straßenrand, dem Anfang des *camino a la cascadita*. Dem Busfahrer Bescheid geben! Von hier aus geht es entweder eine knappe Stunde im Bachbett über die Steine hinauf (unterwegs ein toller Naturpool) oder von Misahuallí kommend noch vor der Brücke einen Weg hoch. Man braucht gutes Schuhwerk, am besten Gummistiefel!

● *Wegbeschreibung/Information* Der Aufstieg im Bach ist im unteren Bereich mit flachen vulkanischen Platten „ausgelegt" und im oberen Bereich von großen, teils glatten Felsbrocken versperrt, die man umgehen oder auch umklettern muss. Kolibris und Schmetterlinge lassen grüßen. Nasse Füße sind nicht immer zu vermeiden, je nach Wasserstand. Im Hotel geliehene Gummistiefel erfüllen ihren Zweck. Badezeug, Mückenschutz, Trinkwasser einpacken! Am Zugang wird eine Gebühr verlangt.

▶ **Jatún Sacha:** Die biologische Station liegt von Misahuallí aus eine halbe Kanustunde flussabwärts (8 km, ab 25 USD) zwischen dem südlichen Napo-Ufer und der Straße nach Puerto Ahuano. Das 1.300 ha große Reservat stellt einen der letzten Flecken Primär-Urwald in dieser Zone dar. Von den angeblich 500 Vogelarten bekommt ein Besucher jedoch wenig zu sehen. Dafür gibt es gut ausgeschilderte Dschungelpfade und eine 40 m hohe treppenähnliche Leiter in die Baumwipfel hoch. Es sollen zudem 800 Schmetterlingsarten durch das Reservat flattern!

● *Anreise* Mit dem Bus von Puerto Napo oder Tena nach **Ahuano/La Punta** oder **Campococha/Río Arajuno/Santa Rosa.** Die Station befindet sich 23 km östlich der Eisenbrücke von Puerto Napo (bzw. 30 km von Tena), auf der südlichen Seite des Flusses. Das Info-Zentrum liegt direkt an der Straße, camioneta von Misahuallí 5 USD. Für Praktikanten werden Stockbetten zur Verfügung gestellt (Mehrbettzimmer). Eintritt 6 USD, Broschüre zur Erkundung auf eigene Faust 5 USD. In Quito: ☎ 02/2432240 o. 2432173, www.jatunsacha.org.

Urwald-Lodges am oberen Verlauf des Río Napo

La Casa del Suizo, Cabaña-Siedlung auf einem Uferhügel über dem Dorf Ahuano und dem Río Napo. 75 Zimmer (BP) für 200 Pers., teils mit Flussblick von der Veranda. Swimmingpool, Tagesausflüge, privater Transport von und nach Quito. Dschungel für Komfortreisende! Übernachtung im DZ inkl. Mahlzeiten pro Pers. 90 USD. Infos in Quito in der Julio Zaldumbide 397 y Valladolid, ☎ 02/2566090, info@lacasadelsuizo.com, www.casadelsuizo.com.

Suchipakari Lodge, von Lesern aus Nürtingen empfohlen! Verschiedene Cabaña-Zimmer (BP), romantisch-amazonisches Dschungelfluss-Panorama, schöner Garten, Hängematten-Mirador, Tieraufstation, eigene Kanus, gutes Essen, Relax-Atmospäre, mehrtägige Pakete. Touren zur Lodge veranstaltet z. B. auch Selva Verde in Misahuallí. Diese liegt an der Mündung des Río Pusuno in den Río Napo und ist etwa 25 Bootsminuten von Misahuallí bzw. 15 Min. von Puerto Ahuano entfernt. Paket mit zwei Übernachtungen 110 USD pro Pers. inkl. Mahlzeiten, Ausflüge und Transport von/ nach Tena. Reservierung in Quito: Foch E4-211 y Amazonas, ☎ 02/2906737, info@ suchipakari.com, www.suchipakari.com.

Der Tierpark **AmaZOOnico** ist eine Auffangstation für Wildtiere aus illegalem Handel. Eigentliches Ziel ist es, diese Tiere wieder auszuwildern. Die meisten der ehemals frei lebenden Tiere haben sich inzwischen jedoch so an die Menschen gewöhnt (bzw. leiden an Verletzungen oder Verhaltensstörungen), dass sie nicht mehr auszuwildern sind. Affen sind die Hauptattraktion (wenn sie auf den Touristen herumturnen). Zudem gibt es Tapire, Ozelote, Boas, Papageien und Tukane, Führungen werden angeboten (auch auf Deutsch). Betrieben wird die Tierstation von Angelika Raimann und Remigio Canelos.

Frittierte Riesenmaden – lecker!

Liana Lodge, wenige Min. Fußweg von der Station befinden sich die DZ-Cabañas der Liana Lodge, mit dazugehörigem Regenschutzwald von 1.000 ha (Fundación Selva Viva/Schweizer Genossenschaft zum Schutz des Regenwaldes). Die Cabañas (BP, Ww) bestechen durch luftige Moskitonetzfenster und Hängematten-Balkone. Offenes Restaurant, herumspringende Tamarinden-, Totenkopf- und Zwergseidenäffchen, Baumstammbänke, Baumstumpfstühle, Baumrindenbarhocker und Brettwurzeltresen. Kein elektrisches Licht. Anfahrt: Von Misahuallí ist die Tierstation bzw. Liana Lodge etwa nach 50 Min. Motorkanufahrt erreicht. Dabei geht es in den Río Arajuno hinein, einen Zufluss des Río Napo. Fahrpreis 80 USD pro Kanu. Viel preiswerter ist ein Bus von Tena oder Pto. Napo in Richtung Santa Rosa. Eine weitere Möglichkeit ist, erst am „La Y" von Misahuallí in den Bus zu steigen. Von Tena aus muss man nach etwa 1 Std. in Puerto Río Barrantillo aussteigen. An dieser Stelle, 40 km von der Eisenbrücke in Puerto Napo, legt das hauseigene Motorkanu an, um Gäste zur Lodge zu bringen. Paket mit zwei Übernachtungen 110 USD pro Pers. inkl. Mahlzeiten und Ausflüge, Reservierung ist notwendig! ✆ 099-800463 (mobil),

amazoon@ecua.net.ec, www.lianalodge.ec. **Runa Huasi**, 4 Hütten mit 7 einfachen Zimmern (BP, Ww, orthopädischen Matratzen), Veranda mit Flussblick, von einer Kichwa-Familie mit 7 Deutsch sprechenden Kindern (!) verwaltet. Herzliche Kontakte zu und Unterstützung von 12 Familien! Pro Pers. 10 USD, Mahlzeiten 4–5 USD, Ausflüge je nach Gruppengröße und Ziel. Am Ufer des Río Ahuano fast neben dem AmaZOOnico und nur 350 m von der Liana Lodge im Selva-Viva-Schutzwald, gleiche Kontaktadresse! **Yachana Lodge**, auf halbem Wege zw. Misahuallí und Coca an einem dicht bewaldeten Abschnitt (über 4.000 ha) am Río-Napo-Ufer schön gelegen. Die komfortable Öko-Lodge wurde 2004 mit dem Traveler Ecotourism Award ausgezeichnet. *Yachana* ist übersetzt „ein Ort zum Lernen". Einheimische, englischsprachige Guides. Wanderungen in Primär- und Sekundärwald, schamanische Heilungen, ethnokulturelle Begegnungen, Schokoladenherstellung. Das meist vegetarische Essen wurde gelobt. 4-Tage/3-Nächte-Paket (Di–Fr) ca. 500 USD, 5 Tage/4 Nächte (Fr–Di) ca. 650 USD inkl. Kanu von/bis Coca, Mahlzeiten und Führungen. In Quito ✆ 02/2523777 o. 2503275, info@yachana.com, www.yachana.com.

Coca

(60.000 Einwohner)

(auch „Puerto Francisco de Orellana")

Das erst Ende der 60er-Jahre von Kapuzinermönchen gegründete Städtchen, einstiger Missionsvorposten zur schnellen Christianisierung der rebellischen Huaorani-Indianer, scheint auf den ersten Blick nicht viel mehr als eine geschäftige Ansammlung von indianischen Regenwald-Emigranten und *mestizos* in Gummistiefeln zu sein. An die Tatsache, dass hier vor fast 460 Jahren der verwegene „Amazonasentdecker" *Francisco de Orellana* vorbeikam, erinnert heute nichts mehr, während Helikopter der nahen Erdölcamps mit schweren, angehängten Lasten die Boomtown überfliegen.

Nichtsdestotrotz ist das mit dem Ölboom gewachsene Coca ein guter Ausgangspunkt für Abenteuertouren in den Oriente. Der Ort liegt in unmittelbarer Nähe zu den dichten Regenwäldern im unteren Einzugsbereich des immer breiter werdenden Amazonaszuflusses Napo. Urwaldherbergen und private wie staatliche Naturschutzgebiete (z. B. Pañacocha, Añangucocha oder Parque Nacional Yasuní) sind von hier aus schneller als beispielsweise von Misahuallí aus zu erreichen. Ebenso kann von Coca aus die peruanische Dschungel-Metropole Iquitos auf außergewöhnlichem Wege über den Río Napo erreicht werden, dabei immer den Spuren der Konquistadoren folgend – übrigens auch heute noch eine Reise ins Ungewisse!

Information/Verbindungen/Adressen

Die **Vorwahl** von Coca und der Provinz Orellana ist **06**.

● *Information* i-Tur-Büro (Ministerio del Ambiente), Malecón Chimborazo y Amazonas, ✆ 2880532, tägl. angeblich 8–12 u. 14–18 Uhr; eine bessere Info-Quelle ist der alte „Dschungel-Indianer" Luis Duarte vom Restaurant La Casa del Maito.

● *Verbindungen* **Flug**: Der Ort ist in einer halben Stunde von Quito aus mit dem Flugzeug zu erreichen. Dies erspart 10–12 Stunden Busfahrt! Der einfache Flug kostet etwa 65 USD. **Icaro** hat die meisten Flüge, Mo–Fr geht es je 4x in die Landeshauptstadt, Sa/So 2x und von dort weiter nach Guayaquil, Manta oder Cuenca. Die „Ticketpoints" sind im Hotel La Misión, ✆ 2882768, und direkt im Flughafen; **TAME** fliegt Mo–Fr um 9.45 und 17.30 Uhr sowie Sa um 11 und So um 15 Uhr nach Quito. Von dort gibt es Anschlussflüge, Av. Napo y Rocafuerte, ✆ 2881078, Mo–Fr 7–19 Uhr, Sa 7–13 Uhr, So 9–16 Uhr; **VIP** fliegt Mo–Fr um 8.45 und Mo–Sa um 12.40 Uhr mit zwei attraktiven Dornier-Propellerflugzeugen nach Quito.

Ticketverkauf am Schalter im Flughafen, ✆ 2881742.

Boots- und **Kanufahrten** den **Río Napo** flussabwärts ins 200 km entfernte **Nuevo Rocafuerte** (auch nur „Rocafuerte") an der peruanischen Grenze: Jeden Mo und Do startet gegen 7.30 Uhr ein Boot der Coop. Transporte Fluvial Orellana am Kai (muelle) der Capitanía, Fahrtzeit ca. 10 Std., Fahrpreis 10 USD. In umgekehrter Richtung geht es von Rocafuerte am Mi/So um 5 Uhr morgens nach Coca (ca. 12 Std.). Das gleiche Ziel steuert auch jeden So und Mi gegen 7.30 Uhr die Coop. Fluvial Kamukamu an, gleiche Fahrtzeit, gleicher Preis. Umgekehrt stromaufwärts geht es Mo/Sa um 6 Uhr. In Rocafuerte gab es zum Zeitpunkt der Recherchen kein Hotel. Es besteht die Möglichkeit, im Haus einer Familie unterzukommen oder ein Zelt im Garten aufzustellen. Kleine Essenskioske haben i. d. R. 17–19 Uhr geöffnet. Besser auf der peruanischen Seite in **Pantoja** übernachten. Dort gibt es das halbwegs erträgliche Hospedaje Municipal Napuruma (ab 5 USD pro Pers. mit BP). In Rocafuerte befinden sich der Zoll und die Policía de Imigración Ecuatoriana, wo der Reisepass abgestempelt wird.

Luis Duarte ("Lucho") vom Restaurant „La Casa del Maito" organisiert **Reisen nach Iquitos** mit einem langsamen Motorkanu (Backpacker-Stil) oder einem schnellen *deslizador*, welcher mit 100 km/h den Napo entlangprescht. Die einwöchige Reise im Kanu sollte auch mindestens eine Woche im Voraus reserviert werden. Eingeschlossen ist ein zweitägiger Dschungel-Aufenthalt an der Laguna Jatuncocha im Yasuní-Nationalpark. Geschlafen wird in Zelten und Hotelchen in Pantoja, Santa Clotilde oder Mazán. Kostenpunkt mit Motorkanu bei vier Teilnehmern 700 USD pro Pers. (100 USD pro Tag) inkl. alle Transporte bis Iquitos, Führungen, Übernachtungen, Mahlzeiten, Benzin (!) und vor allem Sicherheit! Auf eigene Faust soll die Fahrt aufgrund von Schmuggel- und Guerilla-Umtrieben nicht ganz unbedenklich sein. Es wird auch davon abgeraten, mit unbekannten, viel versprechenden „Piraten" von Pantoja aus zu reisen oder ein Übernachtungsangebot in einem *destacamento militar* anzunehmen (z. B. Curaray-Mündung). Sicherer ist es, bei den Indígenas ganz primitiv zu schlafen. Lucho kennt nicht nur den Fluss, seine Nebenflüsse, Lagunen und die an den Ufern lebenden Indianer und Kolonisten, sondern pflegt auch gute Beziehungen zu Grenzern, Militärs und anderen „Dienstpflichtigen" auf beiden Seiten der Grenze. Tagsüber ☎ 2882285, 2882348, ☎ 090-638475 (mobil), cocaselva@hotmail.com.

Ein 5- bis 10-sitziges taxi canoa für die knapp einstündige Fahrt von Rocafuerte nach Pantoja kann nur gechartert werden (um die 50 USD), da es bislang noch keinen regelmäßigen grenzüberschreitenden Fahrservice gibt. Um von Pantoja weiter nach **Santa Clotilde** und **Iquitos** zu kommen, braucht es unter Umständen viel Geduld. Lediglich etwa alle zwei Wochen fährt ein hausgroßes Boot, eine lancha pública. Zusammen mit Schweinen und Rindern geht es auf dem mächtig trägen, bereits kilometerbreiten Napo dem Amazonas entgegen. Fahrtzeit etwa 6 Tage, geschlafen wird in Hängematten an Bord. Es ist jeweils ca.

10 cm Platz zwischen den Dutzenden von schweißgebadeten Hängematten-Schläfern, alle neben-, unter- und übereinander, dazu meist nur eine einzige Toilette. Traum oder Albtraum? Ein privater Bootscharter von Pantoja kann allein bis Santa Clotilde bis zu 500 USD kosten, wobei die Benzinbeschaffung und skrupellose Anbieter größte Probleme bereiten. Von Santa Clotilde bis **Mazán** (von dort Boots- o. Pick-up-Anschluss nach Iquitos) gibt es wieder regelmäßige deslizadores bzw. aguataxis de turno. Erst in Iquitos bekommt man voraussichtlich auch den peruanischen Einreisestempel. Der Río Napo wird gerade für einen gemäßigten **Schiffsverkehr** ausgebaggert. Eine zukünftige Direktverbindung Coca – Iquitos ist abzusehen.

Bus: Neben den einzelnen Busbahnhöfen der Kooperativen besitzt Coca einen öffentlichen Busbahnhof. Besonders zu nächtlicher Stunde wird dazu geraten, bei den privaten Busbahnhöfen im Bereich der zentralen **Av. Napo** in den jeweils abreisenden Bus zuzusteigen. Alle diese Busse verlassen Coca meist zuerst am jeweiligen privaten Busbahnhof, bevor sie noch eine Runde über den Terminal Terrestre drehen. Es wird empfohlen, nicht gerade zur Mittagshitze abzureisen, da die schwüle Luft in den Bussen unerträglich ist.

Mit **Quito** gibt es einige Verbindungen in komfortablen Reisebussen (ca. 10 Std., 10 USD). Am bequemsten und sichersten ist die Coop. Trans Esmeraldas, da diese Busse unterwegs auch keine Passagiere auflesen. (☎ 2881077). Es geht 3x tägl. über Loreto nach Quito: 9.30 (!), 20.30 und 21.30 Uhr. Der Esmeraldas-Terminal ist in der Bolívar y 6 de Diciembre. Die Coop. Baños (☎ 2880182) fährt 9x tägl. über Lago Agrio und Baeza (erster Bus um 7 Uhr) und 4x über Loreto und Baeza nach Quito (erster Bus 7 Uhr). Der private Baños-Terminal ist in der Napo y Bolívar. Transp. Putumayo fährt 5x tägl. über Lago Agrio nach Quito, Napo y Bolívar. Transp. Loja (☎ 2880272) hat tägl. um 20 Uhr einen Bus über Lago Agrio nach Quito und zudem eine 28-stündige Busfahrt nach Loja, quer über die Anden, über Santo Domingo, Quevedo und Machala an der Küste, Abfahrt 18.30 Uhr (25 USD). Der private „Loja"-Terminal befindet sich in der Cuenca u. Amazonas.

Die Coop. Baños hat tägl. zwei Busse nach **Guayaquil** (über **Quito**); die Flota Pelileo fährt tägl. um 6 u. 19 Uhr nach **Ambato**

(8 USD), über Loreto, Tena, Puyo und Baños; der Pelileo-Terminal ist an der Ecke
Napo y García Moreno, ✆ 2880390.

Die meisten Busse fahren auf ihrer Route
ins Hochland über das nördlich gelegene
Lago Agrio, gute 2 Std. von Coca entfernt.
Einige wenige Busse fahren über Loreto
auf einer recht abenteuerlichen, landschaftlich attraktiven Straße.

Tena, die Hauptstadt der Oriente-Provinz
Napo, wird mehrmals tägl. von den Kooperativen Jumandy, Valle del Quíjos und Ciudad de Coca über Loreto angefahren (etwa
6 Std.).

Die Schotterstraße über **Loreto** nach Tena
wird kurz hinter Coca von einer vorsintflutlich anmutenden Fähre unterbrochen. Eine
Militärkontrolle, viel Staub, unter die Karos-
serie schlagende Steine und Aussichten
auf den Dschungel machen die Fahrt zu einem Erlebnis.

Rancheras, d. h. nach beiden Seiten offene
Busse, verbinden Coca mit einigen umliegenden Ortschaften wie **Lago Agrio** oder
Shushufindi, anderen Boomtowns der Erdölförderung. Die Coop. Putumayo und Pe-
trolera Shushufindi unterhalten diese originellen Fortbewegungsmittel. Startpunkt ist
der Terminal Terrestre.

• *Adressen* **Apotheken**: z. B. in der Napo
entre Rocafuerte y Cuenca oder schräg gegenüber dem Hotel Auca. Im Krankheitsfalle ist die **Clínica Sinai Coca** mit ihrem 24-
Stunden-Service das Naheliegendste: Av.
Napo, ✆ 2880401; für Notfälle (emergen-
cias) ist jedoch das **Hospital Militar** über
die Stahlbrücke am gegenüberliegenden
Napo-Ufer die erste Adresse. Dort sind
auch Ausländer willkommen, es ist das
beste Krankenhaus der Stadt.

Geldbeschaffung: Geldautomaten bei der
Banco Internacional (Visa, Mastercard), 9
de Octubre y Cuenca; bei Banco Pichincha
(Visa, Mastercard, Diners), Bolívar y Quito.

Immigrationsbüro, Rocafuerte y Napo im 2.
St.

Internet: Internetcafés mit Telefonservice
in der García Moreno entre Napo y Quito,
an der Ecke Napo y Rocafuerte, in der Cuenca entre Quito y 9 de Octubre oder der
Bolívar entre Quito y 9 de Octubre.

Zum **Telefonieren** gibt es zudem günstige
Porta- und Movistar-Zentralen im Bereich
der Napo, Cuenca oder Rocafuerte.

Übernachten

Gran Hotel del Coca (11), (GK), elegant und
großstädtisch, Aufzug in den 5. St., für
Business-Typen oder Touristen, die vom
Dschungel die Nase gestrichen voll haben!
Manche der sehr großzügigen Zimmer mit
Flussblick (100 m). Helles Großraum-Res-
taurant, Pool-Landschaft in Planung, gähnende Langeweile. EZ ab 59 USD, DZ ab
68 USD. Abseits vom Zentrum in der Camilo del Torrano y Esmeraldas (abends
besser per Taxi), ✆ 2882666, granhotel
delcoca@hotmail.com.

El Auca (9), (GK/MK), das naheliegendste in
Coca, aus drei Gebäuden bestehend, wobei
die doppelstöckigen Holz-Cabañas hinten
im wuchernden Garten (Guantas, Papagei-
en), am folkloristischsten sind. Alle mit BP,
Ww, AC, Kabel-TV. Ansprechend auch die
modernen *habitaciones convencionales*
mit *balconcito*, ebenso hinten im Garten
und ruhiger als die Cabañas. Zur Straße ist
das großstädtische Klinkersteingebäude
nicht zu übersehen: hier komfortable, erfrischende Minisuiten, vielleicht etwas laut.
Im Restaurant gibt es leider nur Instant-
kaffee. EZ 30/33/43 USD, DZ 49/54/61 USD.

Napo y García Moreno, ✆ 2880127, anoboa
@interlec.net.

La Misión (14), (MK), hat schon bessere Tage gesehen. Evtl. von der Decke herabtrop-
fende ACs sind nicht abzustellen. Äffchen
turnen durchs Geäst, und ein prachtvoller
Tukan besudelt die Poolanlage. Andere Tiere sind in enge Käfige gesperrt. EZ (BP) 27–
33 USD, DZ (BP) 38–44 USD, Suite EZ/DZ 40–
50 USD. Camilo del Torrano, ✆ 2880260,
hlamision@hotmail.com.

Heliconias (3), (MK), unten und oben extra
breite, schattige Verandas, tropisches
Grün, großer Swimmingpool, Parkplatz,
teils riesige Zimmer mit Kachelboden, kleinen Bädern, AC, Kabel-TV, Kühlschrank,
schnippische Rezeption. EZ 43 USD, DZ 55–
61 USD, 4er 98 USD. Cuenca y Amazonas,
✆ 2882010.

Río Napo (2), (MK/Budget), zentral, freundlich, nette Zimmerchen mit BP, Ww, Kabel-
TV, AC o. Ventilator, Restaurant mit günstigen *almuerzos*. EZ 20–25 USD, DZ 30–
40 USD, oben am besten, Nr. 307 mit großem Bett. Bolívar entre Napo y Quito,
✆ 2880872.

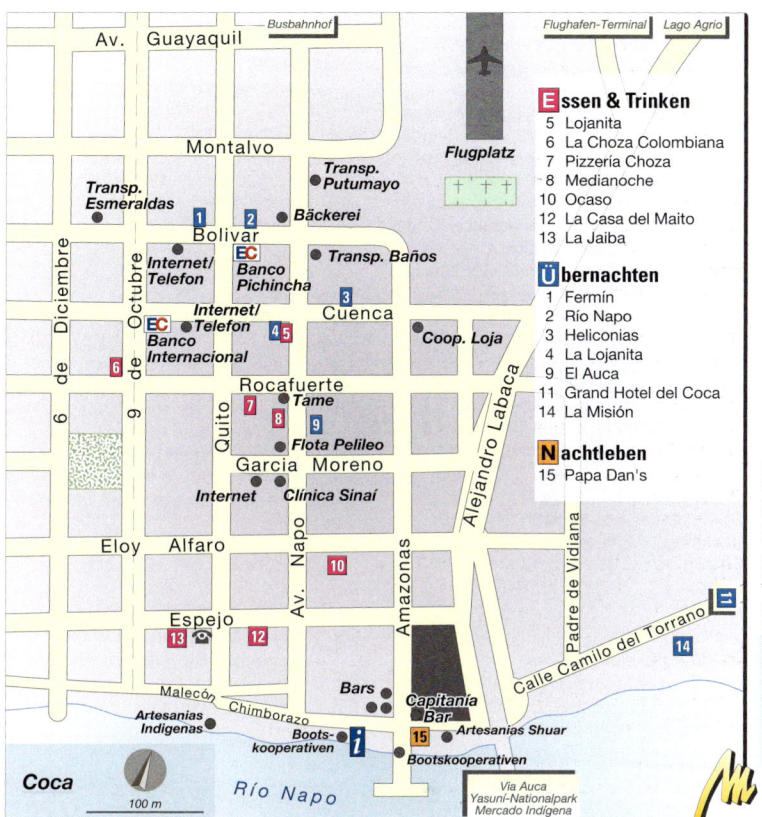

Busbahnhof

Av. Guayaquil

Flughafen-Terminal   Lago Agrio

Montalvo

Transp.
Esmeraldas

Transp.
Putumayo

Flugplatz

Essen & Trinken
5 Lojanita
6 La Choza Colombiana
7 Pizzería Choza
8 Medianoche
10 Ocaso
12 La Casa del Maito
13 La Jaiba

Bäckerei

Bolivar

Internet/
Telefon

EC
Banco
Pichincha

Transp. Baños

Internet/
Telefon

EC
Banco
Internacional

Cuenca

Coop. Loja

Übernachten
1 Fermín
2 Río Napo
3 Heliconias
4 La Lojanita
9 El Auca
11 Grand Hotel del Coca
14 La Misión

Rocafuerte

Tame

Flota Pelileo

Garcia   Moreno

Internet   Clinica Sinaí

Eloy   Alfaro

Espejo

Nachtleben
15 Papa Dan's

Karte S. 438/ 439 u. S. 477

Oriente

Malecón   Chimborazo

Bars

Capitanía
Bar

Artesanias
Indígenas

Boots-
kooperativen

Artesanias Shuar

Bootskooperativen

Coca

100 m

Río Napo

Vía Auca
Yasuní-Nationalpark
Mercado Indígena

Fermín (1), (Budget), zentral, ruhig, in den oberen Stockwerken ansprechende Zimmer mit Holzverkleidung (*cedro, canelo, caoba, guayacan*), unterm Dach im 4. St. recht hübsche *matrimoniales* mit Blick auf die Häuser. Voranda mit Rezeption, Wifi, AC o. Ventilator, BP o. BC, Ww, Kabel-TV. Parkplatz direkt vor der Nase. Reisen in den Dschungel und nach Iquitos. Pro Pers. 8 USD (BC), 12–18 USD (BP). Quito y Bolívar, ☎ 2881319, robertbaca@wildlifeamazon.com,

www.wildlifeamazon.com.
La Lojanita (4), (Budget), zentral, schmucklos, helle Kachelböden und sauber (auch die Bettwäsche), freundlicher Besitzer Daniel Luzón. Zimmer mit BP, Ventilator und Kabel-TV im 1.St. (Nr. 106) und mit AC ganz oben (Nr. 207). 24-Std. Rezeption F7 10–15 USD, DZ 16–24 USD, *bueno, bonito y barato*. Preiswertes angeschlossenes Restaurant um die Ecke. Ecke Cuenca y Napo, ☎ 2880032.

*E*ssen & *T*rinken/*N*achtleben

• *Essen & Trinken* **La Casa del Maito (12)**, regionaltypisch-amazonisch, zwei Tische zum Draußensitzen. Süßwasserfisch in bíjao eingewickelt (3,50 USD, sog. maito), guanta 4–5 USD, tilapia 4,50 USD, sonntags

manchmal auch Wildschweinbraten, exotische Suppen oder frittierte Maden, eine Portion yuca 30 Ct., chicha de chonta 75 Ct. Tourist-Infos. Tägl. 6–18 Uhr, Espejo y Quito.

La Jaiba (13), von Pedro Secaira, Menüs ab 2,50 USD, desayuno petrolero 2,50 USD, churrasco, apanado o. chuleta 5 USD, tägl. 6–21 Uhr, Espejo y 9 de Octubre.

La Choza Colombiana (6), luftig, freundlich, sancocho de gallina criolla, bandeja paisa o. pescado entero ab 4 USD, tägl. 8–21 Uhr, 9 de Octubre y Rocafuerte.

Pizzería Choza (7), köstliche Pizza 5–10 USD, auch porciones familiares, tägl. 10–22 Uhr, Rocafuerte y Napo.

Medianoche (8), gegenüber dem Hotel Auca, gebratene Hühner, Hühnersuppen und -innereien, von nachmittags bis 2 Uhr morgens.

Ocaso (10), populär, almuerzos o. meriendas 2,50 USD, churrasco 4,50 USD, pescado frito 5 USD, camarón apanado 6 USD, tägl. 6.15–10.30, 12–15 und 18–21 Uhr, So bis Mittag, Eloy Alfaro entre Napo y Amazonas.

Lojanita (5), nett und sauber, preiswerte desayunos, almuerzos, platos a la carta, Mo–Sa 6–16 und 18–21 Uhr, So 6–15.30 Uhr, Ecke Napo y Cuenca.

Jeden Sonntag findet bei der Napo-Brücke ein indianischer **Markt** für ebenso indianische Kunden statt. Hier gibt es Kochbananen, Flussfische oder Riesenmaden, *chontacuros* am Spieß. Letztere sind ein Genuss, vor allem wenn sie lebendig über offenem Feuer geröstet werden!

• *Nachtleben* Im **Papa Dan's (15)**, der Riverside-Bar am Napo-Ufer können Herren aller Länder mit attraktiven Señoritas nicht nur ihre Spanischkenntnisse auffrischen, gemütliches Bambus-Ambiente, frischer Flussgeruch, moderne Rockmusik, Cuba Libre ab 2,50 USD, Uferpromenade Chimborazo y Napo. Daneben am gleichen bewachten Hotspot der Stadt befinden sich noch **Al Carajo**, **Friends** und **Baku**, alle nett zum Draußensitzen, sowie die Discos **La Jungla** und **Mocambo**, letztere Ecke Napo y Espejo.

Touren

Ziele von Coca bzw. vom Flughafen in Coca aus sind die Lagunen Limoncocha, Pañacocha oder Añangucocha, die Flüsse Río Shiripuno, Río Tiputini, Río Tigüino, Río Cononaco und andere Randgebiete des Nationalparkes Yasuní. Es sei auf verantwortungslose „Piraten" hingewiesen, die ihre Versprechungen nicht halten und Touristen abzocken. Daher am besten bereits in Quito buchen oder bei folgendem Anbieter:

Der Spanisch sprechende **Luis „Lucho" Duarte** von La Casa del Maito kann vor Ort bei Dschungeltouren behilflich sein: z. B. Pañacocha-Lagune (4–5 Tage in rustikaler Lodge, 60 USD pro Tag und Pers. bei 4 Teilnehmern), besonders aufregende ethnofaunistische Reise zu den letzten „nackten" Huaorani-Indianern, 8 Tage von/bis Coca all inclusive ab 60 USD pro Pers. u. Tag bei 6–10 Teilnehmern, abenteuerliche Camps. Eigenes mitgebrachtes Zelt inkl. Therm-a-Rest-Matte, Leinenschlafsack und Stirnlampe sind sehr vorteilhaft, um den Rest kümmert sich die Jungle-Crew! ☎ 2882285.

Coca/Umgebung

Limoncocha, Añangucocha und Pañacocha sind drei Lagunensysteme im Niederungsbereich des Río Napo:

▶ **Limoncocha**: teilüberschwemmtes Regenwaldgebiet mit zwei Lagunen, etwa eine halbe Std. von Pompeya per *camioneta* und 2 Std. von Coca per Motorkanu. Nach wie vor kann in der durch Erdölförderung stark gefährdeten *Reserva Biológica* der eine oder andere Kaiman gesichtet werden.

▶ **Añangucocha**: knapp 70 km flussab von Coca im südlichen Napo-Einzugsbereich, große, an den Ufern dicht bewaldete Lagune. Es gibt über 500 Vogelarten und auch zwei mineralhaltige Lehmbänke, wo sich Dutzende von Papageien stärken. Selbst den großen Flussotter kann man mit etwas Glück zu sehen bekommen.

● *Übernachten* **Napo Wildlife Center**, wurde direkt übers dicht bewachsene Lagunenufer hinausgebaut: komfortable Cabañas mit Veranda, Hängematten, BP, Ww. Es wird von ansässigen Kichwa gemanagt, liegt mitten im Primär-Regenwald und gestattet einen herrlichen Seeblick. Ein Paket mit vier Übernachtungen kostet ab Coca (Motorkanu) 920 USD pro Pers. inkl. kenntnisreicher indianischer Guides und erfolgreicher anglo-amerikanischer Logistik. Reservierung in Quito: ✆ 02/6005819, info@napor wildlifecenter.com, www.ecoecuador.org.

▶ **Pañacocha**: 1 km^2 Wasser, 500 km^2 Regenwald. Der „Piranha-See" und die Nebenlagunen *Pigualicocha* und *Golondrina* sowie der mäandernde Zufluss *Río Pañayacu* sind eine der nächstliegenden Möglichkeiten, um von Coca aus intakten Regenwald kennenzulernen (Fahrtzeit je nach Motorkanu um die 5 Std.). Dabei wird das von indianischen Gemeinden beschützte Naturreservat, zwischen dem Río Aguarico (Cuyabeno-Reservat) und dem Río Napo gelegen (Yasuni-Nationalpark), immer mehr von Straßenbautrupps, Erdölleitungen und Ölunfällen bedroht.

Das Angeln jener Fischlein mit ihren rasiermesserscharfen Gebissen hingegen, die Vogel- und Pflanzenwelt an den mit Stachelpalmen überwucherten Ufern und das eine oder andere Säugetier entschädigen für die Anreise über den „verkehrsreichen" Río Napo. Mit etwas Glück turnt eine frivole Wollaffenhorde durchs Dickicht oder taucht prustend ein rosaroter Amazonas-Delfin aus dem Río Pañayacu auf. Sogar kleine Kaimane werden von den Führern manchmal aus dem finsteren See gezogen (nur zum Anschauen).

Das archäologische **Museo de Pompeya** behütet die repräsentativste präkolumbische Kollektion der einstigen Napo-Kulturen, Verwandte der *Omaguas* bzw. *Marajoara* in Brasilien, welche zwischen 900 und 1600 an den Ufern dieses Amazonas-Zuflusses aufblühten. Es werden über 100 polychrome Stücke von großem Format und außergewöhnlicher Qualität ausgestellt. Das Museum befindet sich etwa 1 Std. flussabwärts von Coca am linken Ufer und ist Teil der kleinen Lauritas-Missionsstation, die auch eine winzige Arztpraxis unterhält.

Karte S. 438/ 439 u. S. 477

Oriente

Urwald-Lodges am unteren Verlauf des Río Napo

Amazon Dolphin Lodge, relativ komfortabel und ideal, um im Pañacocha-Bereich intakten Regenwald zu entdecken. 5-Tages-Paket ab Coca 750 USD pro Pers. Reservierung in Quito: Amazonas N24-240 y Av. Colón, ✆ 02/2504037, www.amazon dolphinlodge.com.

Sacha Lodge, exklusive Dschungel-Herbergen in Naturbauweise. Das Hauptgebäude, eine Art Bambustempel in einem 3.500 ha großen Privatreservat, beherbergt einen Speisesaal und eine Lounge. Sieben rustikale Cabañas, jede mit zwei DZ und BP, können bis zu 28 Gäste aufnehmen und sind über Holzstege zu erreichen. Gasbetriebene Duschen sorgen für heißes Wasser. Strom gibt es bis 22 Uhr. Ein Küchenchef sorgt für das leibliche Wohl. Primärdschungel, überflutete Palmenwälder und Kanufahrten gehören zum Programm. In der Krone eines 45 m hohen Ceiba-Baumes thront eine Aussichtsplattform. Ebenso Canopy Walk. All-inclusive-Paket mit 4 Übernachtungen pro Pers. im DZ etwa 900 USD, nicht enthalten ist der Flug nach Coca. 3 Std. flussabwärts von Coca, 2 km vom nördlichen Napo-Ufer entfernt, Reservierung in Quito: Julio Zaldumbide 397 y Valladolid, ✆ 02/2566090, info@sachalodge.com, www.sachalodge.com.

Sani Lodge, komfortable Natur-Cabañas (BP, Solarenergie) ca. 3:30 Motorkanu-Std. von Coca den Río Napo flussabwärts an der Challuacocha-Lagune zw. dem Yasuní Nationalpark und dem Cuyabeno-Reservat gelegen. Eigner ist die ansässige Kichwa-Gemeinde, was diese Lodge auch im Wesentlichen von „nichtindianisch" verwalteten Lodges unterscheidet. Das 40.000 ha umfassende Reservat beherbergt 1.500 Baum-, 1.000 Schmetterlings-, 550 Vogel- und 13 Affenarten. Auch Liebhaber von Fröschen,

Insekten oder Fledermäusen kommen auf ihre Kosten. Eine Papageien-Lecke befindet sich in der Nähe. Heimische Kichwa- und englischsprachige Naturführer. Unterschiedliche Kommentare. 5-Tages-Paket ab 680 USD

pro Pers. ab/bis Coca (Parrot Lick 25 USD extra). Reservierung in Quito: Roca E4-49 y Amazonas (Pasaje Chantilly), ✆ 02/2558881, info@sanilodge.com, www.sanilodge.com.

Nationalpark Yasuní

Mit fast 1 Mio. ha der flächenmäßig größte in Ecuador. Seine natürlichen Grenzen bilden im Norden der Río Tiputini, ein Zustrom des Río Napo, und im Süden der Río Curaray. Im Osten endet er an der Staatsgrenze zu Peru.

Drei „Arten von Dschungel" werden prinzipiell im Yasuní-Park unterschieden: die *Tierra Firme* in den höheren Bereichen von etwa 300–600 m, die periodisch überflutete *Varzea*-Urwaldzone und die ständig überflutete *Igapó*-Urwaldzone. Eine relative Trockenzeit herrscht von Ende Dezember bis März. Von April bis Juli regnet es am meisten, während der Rest des Jahres sehr wechselhaft ist. Die Temperaturen reichen von schwülsten 36 Grad bis hin zu feucht-kühlen 12 Grad. Für Besucher dieser Urwaldregion besteht außer einem großartigen Wildlife-Erlebnis auch die Möglichkeit zur Kontaktaufnahme mit den ansässigen **Huaorani-Indianern**.

Agenturen in Quito und Coca können Expeditionen zumindest in die Randbereiche des Yasuni-Gebietes organisieren. Weite Teile von Yasuní bleiben dem Tourismus jedoch vorenthalten oder sind u. a. Streitobjekt zwischen den seit Urzeiten ansässigen Huaorani und den Betreibern des „Blocks 16", einer zur Erdölförderung freigegebenen Zone im Nationalpark.

Für mehrtägige Dschungeltrips gibt es drei Anreisemöglichkeiten: Von Coca aus startende Touren führen in der Regel zuerst einmal zehn Stunden den Río Napo flussabwärts bis zur Mündung des **Río Tiputini**. Von dort geht es dann tagelang den Tiputini flussauf in entgegengesetzter, westlicher Richtung. Zeltübernachtungen auf unsicheren Sandbänken oder inmitten des Dschungels, quer liegende Baumstämme im Fluss, apokalyptische Regengüsse, Ameisenbisse, Sonnen- und Moskitostiche müssen in Kauf genommen werden.

Eine zweite Anreisemöglichkeit führt zunächst flussabwärts auf dem Napo bis **Nuevo Rocafuerte** (unter Einheimischen auch nur „Rocafuerte") an der peruanischen Grenze. Hier mündet der **Río Yasuní** in den bereits kilometerbreiten Río Napo. Die Fahrt bis zur Grenzsiedlung dauert mit dem Motorkanu ca. 10 Stunden. Auf eigene Faust ist der Zutritt zum Nationalpark jedoch sehr schwierig.

Eine dritte Möglichkeit führt von Coca aus zunächst über eine fast geradlinige und mit zähflüssigem Erdöl vollbesudelte Piste, die sog. **Vía Auca**, in Richtung Süden nach Curaray. Bei der Brücke über den Río Tiputini oder spätestens über den **Río Shiripuno** wird auf das Einbaumkanu umgestiegen. Dichter, feucht-tropischer Regenwald lässt die abscheuliche Straße dann bald in Vergessenheit geraten. Bei der rasanten Fahrt von Coca bis zu einer der beiden Brücken spritzt das schwarze Teerzeug links und rechts ins Gebüsch weg. Mehrere Pipelines verlaufen parallel zur Straße und geben einen Eindruck von der wirtschaftlichen Bedeutung des schwarzen Goldes. Die nicht einsehbaren, etwas abseits der Straße gelegenen 20 x 30 m großen „Erdölteiche" (*pozos*), deren unbehandelte, hochgradig giftige Chemikaliengemische das Grundwasser verseuchen und bei starken Regenfällen auch in kleine Nebenflüsse überschwappen, sind der Preis für eine unkontrollierte, auf skrupellosem Raubbau basierende Erdölförderungspolitik.

Lago Agrio

(50.000 Einwohner)

(auch „Nueva Loja")

Im Umfeld gab es bis vor 30 Jahren nichts weiter als dichten, unberührten Urwald. Nach der Entdeckung der ersten großen Erdölvorkommen und der darauf folgenden Inbetriebnahme der transecuadorianischen Pipeline im Jahre 1972 setzte der Boom ein.

Dabei führte Texaco bereits 1963 erste Probebohrungen im nahen Camp von Santa Cecilia durch. Zu dieser Zeit gelangte die Vorhut des mächtigen Konzerns noch von Limoncocha aus auf dem Fußweg in die unwirtliche Gegend. Wenig später entstand bereits eine Start- und Landepiste. Geologen, die mit den Untersuchungen der Gesteinsformationen beauftragt waren, gaben dem Ort den Namen „Sour Lake", in Reminiszenz an das erste in Texas erschlossene Bohrloch. Im Jahre 1972 wurde dann mit der Ausbeutung des ersten *Pozo Lago Agrio I* begonnen. Heute werden von der Sammelstelle Lago Agrio aus täglich Hunderttausende Barrel Rohöl über die beiden Andenkordilleren nach Esmeraldas gepumpt – nahezu die gesamten ecuadorianischen Erdölreserven.

In dieser quirligen Tropenstadt scheint weder Ruhe noch Langeweile aufzukommen. Ein paar Straßencafés laden zum Verweilen ein (Av. Quito). Sogar die Banken haben sonn- und feiertags geöffnet. Es gibt auch ein paar nette Parkanlagen. Ein längerfristiges Projekt stellt der „Öko-Park" dar. Das relativ große Primär- und Sekundärwald-Gelände mitten in der Stadt wurde 2008 von den Militärs übergeben. Einmal fertiggestellt, dürfte es zur schönsten Attraktion der Stadt avancieren. Ein anderes Projekt ist der 5 km außerhalb der Stadt gelegene Freizeitpark Laguna de Lago Agrio (mit Wander- und Fahrradwegen).

Auch hat sich die Sicherheitslage trotz anhaltender Guerillatätigkeiten auf nahem kolumbianischem Territorium inzwischen deutlich verbessert. Das ecuadorianische Militär konnte sich dank des Friedensvertrages aus der ehemals umkämpften Konfliktzone an der peruanischen Grenze zurückziehen und ist heute viel besser in der Lage, die etwa 40 km entfernte kolumbianische Grenze zu kontrollieren. Auch hat die Stadt keine höhere Kriminalitätsrate als Guayaquil oder Quito aufzuweisen, wie dies von amtlichen Stellen im Ausland auf entsprechenden Websites behauptet wird. Das zwei Std. entfernte **Cuyabeno-Reservat** wird zudem von der Marine kontrolliert.

Karte S. 438/ 439 u. S. 477

Oriente

> Im Zusammenhang mit den Kampfhandlungen zwischen Armee, Guerilla und Paramilitärs jenseits der *frontera* warnen die Auswärtigen Ämter davor, die an Kolumbien grenzende **Dschungelprovinz Sucumbíos** zu besuchen. Ihre Hauptstadt Lago Agrio wird jedoch von Durchreisenden allein schon aufgrund der anwesenden Militärpräsenz als sicher empfunden. Zumindest von Lago Agrio aus rate ich, lediglich drei Fahrziele in Erwägung zu ziehen: die westlich verlaufende Asphaltstraße nach Quito (7–8 Std.), die Straße in südlicher Richtung nach Coca am Río Napo (2:30–3 Std.) sowie die Straße in südöstlicher Richtung zum Cuyabeno-Wildlife-Reservat (2:30–3 Std.). Von Fahrten abseits dieser Verbindungen wie z. B. zur Brücke über den nördlichen Grenzfluss Río San Miguel (bei La Punta) möchte ich dringend abraten!

Information/Verbindungen

> Die **Vorwahl** von Lago Agrio und der Provinz Sucumbios ist **06**.

● *Information* Die **Camera de Turismo de Sucumbios** befindet sich im Zentrum, Av. Quito 256 y Pasaje Gonzánama, gegenüber dem Restaurant Machala 1, im 2. St. des Hostal Ecuador, ☎ 2832502. Hier gibt es Auskünfte zu lokalen Tourveranstaltern. Mo–Fr 8–12 u. 14–17 Uhr. Man freut sich über Kritik aller Art, selbst wenn es Beschwerden sind. Die sehr bemühte Kammer spielt eine aktive Rolle im lokalen Tourismus und kann bei Bedarf einen Veranstalter sogar sanktionieren.

● *Verbindungen* **Flug**: Die TAME-Maschinen vom Typ Boing oder Fokker und die attraktiven zweimotorigen und 32-sitzigen Dormier 328-120 Propellerflugzeuge von VIP sind meist pünktlich, bei schlechtem Flugwetter können jedoch Verspätungen auftreten. VIP hat den einzigen Sonntagsflug nach/von Lago Agrio sowie kürzere Check-in-Zeiten als TAME (30 Min. vor Abflug reichen). In Quito fliegt VIP nicht von der nationalen Abflughalle, sondern vom Privat-Terminal in der Amazonas y Holguín ab, etwa 200 m vor der Abflughalle.

TAME, (Büro meist unterbesetzt), 9 de Octubre y Orellana (☎ 2830113), fliegt nach Quito Mo–Fr um 10 Uhr, Mo–Do um 14.30 Uhr u. Sa um 11.30 Uhr, Hin- und Rückflug ca. 125 USD, www.tame.com.ec.

VIP, Ticketverkauf nur im Flughafen, Mo–Fr 6–11 und 14.30–17 Uhr, Sa geschl., So 14.40–15.40 Uhr (nur 1 Std. vor Abflug), ☎ 2831141, fliegt Mo–Fr um 7.05 und 17.05 Uhr nach Quito, Do/Fr um 11 Uhr, Fr um 15.40 Uhr, Mi/Do/Fr um 15.50 Uhr, Sa keine Flüge, So nur 15.40 Uhr, Hin- und Rückflug etwa 125 USD.

Es können speziell am Montag- und Freitagmorgen Schlangen beim Ticketkauf entstehen. Daher empfiehlt es sich, bereits vor den Öffnungszeiten „in Stellung zu gehen“. Der Flugplatz liegt 5 km außerhalb der Stadt. Ein Taxi vom Zentrum kostet keine 3 USD.

Bus: Verbindungen mit der Andenregion und anderen Orten im Oriente unterhalten die Büros der privaten Kooperativen im zentralen Busbahnhof, etwa 3 km außerhalb des Zentrums. Ein Taxi kostet ca. 3 USD. Einige Kooperativen haben zusätzlich noch ein Stadtbüro. Dort halten die Busse oft (und nicht am Busbahnhof), besonders, wenn sie auf der Durchreise sind (z. B. nach Coca). Die Busse fahren oft 45 Min. vor der offiziellen Abfahrt vom Stadtbüro ab und fahren dann noch am Busbahnhof vorbei. Transp. Baños hat im Stadtbüro sogar einen Wartesaal, der angenehmer und sicherer ist als die Bänke im Terminal Terrestre. Der Busfahrpreis nach Quito liegt bei etwa 10 USD.

Die besten Busse mit den „normalsten“ Fahrern haben die Coop. Baños, Putumayo, Loja und Esmeraldas. Nach **Quito** fährt tägl. 16x die Coop. Baños (Terminal ☎ 2830330, Stadtbüro ☎ 2837835, Fahrtzeit 7–8 Std.). Um 22.50 Uhr fährt darüber hinaus ein Bus nach **Baños**, Ankunft gegen 9 Uhr morgens. Auch Trans Esmeraldas (die wohl beste Kooperative (Terminal ☎ 2831954, Stadtbüro ☎ 2834247), steuert die Landeshauptstadt an, um dann die Fahrt nach **Esmeraldas** fortzusetzen, Abfahrt nach Quito tägl. nur abends um 21.20 und 23.55 Uhr. Transportes Loja (Terminal ☎ 2837570) steuert 5x Quito an (um 13, 16, 18, 22 und 22.50 Uhr), dann gehts weiter nach **Guayaquil** und **Machala/Loja**. Putumayo fährt 1x tägl. um 22.30 Uhr über die Transoceánica entlang der kolumbianischen Grenze nach **Tulcán**.

Die Coop. Jumandy steuert tägl. **Tena** (8 USD) und **Puyo** (10 USD) an: 10.20 und 19.30 Uhr. Nach **Coca** geht es u. a. mit der Coop. Baños.

Zu Zielen innerhalb der Provinz Sucumbios (Coca, Tarapoa, Parkeingang Cuyabeno bzw. Puente Cuyabeno) und zur kolumbischen Grenze fahren die Coop. Putumayo und Transp. Petroleras, deren Büros hinter dem zentralen Markt an der Av. Amazonas y 12 de Febrero liegen. Beide fahren sowohl mit „normalen“ Bussen als auch mit sog. **Rancheras** (mit Holzaufbau, chivas an der Küste). Da die Busse meist sehr voll werden, lohnt es sich, nach dem genauen Abfahrtsort zu fragen. So sammeln die Rancheras ihre Fahrgäste zuerst am allgemeinen Ranchera-Parkplatz an der Ecke Pasaje Spencia und Av. Amazonas ein, bevor sie nochmals am jeweiligen Büro vorbeifahren. Eine weitere Abfahrtsstelle für Rancheras in Richtung Anden zu Dörfern wie Cascales, Lumbaqui oder El Reventador befindet sich in der Orellana und Av. Quito.

Eine von 439 Froscharten

Die Coop. Puma durchzieht Lago Agrio mit einem komplizierten **städtischen Linien-netz**. Die Haltestellen sind alle nicht ge-kennzeichnet. Der zum Aguarico-Strand fahrende Stadtbus geht hinter dem Markt an der Av. Amazonas y 12 de Febrero ab (Colegio Pacífico/Choza Bar). Der Fahrpreis beträgt 20 Ct.

Adressen

• *Artesanía* Fair-Trade-Kunsthandwerk von Kichwa-Indianerinnen gibt es im **Fonakise Warmi Wankurima**, Mo–Fr 8–17 Uhr, schräg gegenüber dem Busbahnhof in der Av. El Chófer y Riobamba (Taxi v. Zentrum 1,5 USD), z. B. Hängematten und Taschen aus der Naturfaser der Chambira-Palme, Körbe und Blasrohre, Kräutersalben und Tee.

• *Geldbeschaffung* **Banco de Guayaquil** hat einen VISA- und Mastercard-Automa-ten (cash in advance), 12 de Febrero y Qui-to; **Banco Pichincha**, Visa und Master-card (cash in advance), 12 de Febrero en-tre Av. Quito y Jorge Añasco.

• *Internet* Zentral ist das stickige Cybercafé **Telnet-Comp** in der Av. Quito 315 y Ma-nahí gegenüber der Polizei, pro Std. 1,50 USD, tägl. 7.30–21 Uhr; das angeneh-me **GSNet** mit neuester Technik, Büro-stühlen und AC (Jacke!), pro Std. ca. 1 USD, Mo–So 8–22 Uhr, liegt 10 Fußminu-ten vom Zentrum in der Eloy Alfaro y 12 de Febrero gegenüber dem Hotel Castillo Real.

• *Krankenhäuser* Bei Unfällen oder drin-genden Gesundheitsproblemen wendet man sich am besten an die modern ausge-stattete **Clínica de Especialidades Nuestra Señora del Cisne** (24-Std.-Service) in der Av. Quito 419 y 12 de Febrero, ✆ 2831411. In-dividuelle Gelbfieberimpfungen gehören ebenso zum Standard wie Schlangensera!

• *Polizei* Av. Quito entre Manabí y 12 de Fe-brero.

• *Post* Correos del Ecuador in der Vicente Rocafuerte 106 y 12 de Febrero, Mo–Fr 8–18 Uhr, Sa 8–12 Uhr.

• *Telefonieren* Cabinas Teléfonicas gibt es inzwischen an vielen Ecken, am schnellsten zu erreichen ist **Telnet-Comp** gegenüber der Polizei.

• *Wäscherei* *Lavandería Clean Match, morgens abgeben, abends abholen,* pro Kilo 80 Ct. inkl. bügeln, Mo–So 8–20 Uhr, Jorge Añasco y Vicente Narváez gegen-über der Gobernación, ✆ 098-566945 (mobil).

Übernachten (siehe Karte S. 467)

Gran Hostal de Lago (12), (GK), abseits vom Zentrum, von parkähnlichen Gärten umgeben. Bungalows, Restaurant, Kinder-ecke, Pool mit Wasserrutsche. Alle Zimmer mit BP, Ww, AC, Kabel-TV, Kühlschrank, Minibar, Telefon, bester Service, bestes Hotel der Stadt, eine Oase trotz schnippi-scher Rezeption! EZ ab 50 USD, DZ ab 80 USD jeweils inkl. Frühstücksbuffet. Vía a Quito km 1,5, ✆ 2832-416/-415.

Arazá (14), (GK), nach einer säuerlich-aromatisch schmeckenden Frucht benannt, gutes Downtown-Hotel, schlichte Eleganz, Zimmer mit BP, Ww, AC, Kabel-TV, Kühlschrank, Telefon), ebenso Restaurant, Cocktailbar, Fitnessraum. EZ 42–56 USD, DZ 56–70 USD inkl. Frühstücksbuffet. Quito y Narváez, ℡ 2830223, arazahot@andinanet.net.

La Cascada (15), (MK), wer keinen Wert auf besonders helle, große Zimmer legt, ist hier richtig. Einladender Pool und Restaurant. Beste Zimmer sind die *suites ejecutivos* (EZ 35 USD, DZ 45 USD), sonst EZ 25 USD, DZ 30 USD (BP, Ww, AC, teils Kabel-TV und Kühlschrank). Quito 291 y Amazonas, Seiteneingang vom C. C. La Bahía, ℡ 2832229, hcascada@andinanet.net.

Castillo Real (3), (MK/Budget), helle Lobby, große, helle Zimmer mit großen Fenstern, BP, AC, Kabel-TV, Innenhof mit Glaskuppel, breite Mahagoni-Treppe, sehr günstiges Restaurant, alles recht elegant, Service nachlässig, sonst gutes Preis-Leistungs-Verhältnis! EZ 15 USD, DZ 26 USD, 3er 33 USD. Eloy Alfaro y 12 de Febrero, ℡ 2832354.

Oasis (1), (MK/Budget), halber Block von TAME, geschmackvoll, frische, fröhliche Wandfarben, geräumige Zimmer, alles perfekt in Schuss, BP, AC o. Ventilator, Kühlschrank, Kabel-TV, Cafetería (Frühstück ab 7.30 Uhr), Fitnessraum, Dachterrasse mit Billard und dem besten Blick über die Stadt. EZ je nach Kategorie 13–22 USD, DZ 20–32 USD. 9 de Octubre 402 entre Guayaquil y Orellana, ℡ 2830879.

Lago Imperial (6), (MK/Budget), sehr zentral, meist finstere Zimmer zum Gang, dafür in jedem der Stockwerke ein lichtdurchfluteter Aufenthaltsraum. EZ ab 22 USD, DZ ab 34 USD (BP, Ww, AC, Kabel-TV, Kühlschrank, Wifi), einzige Fensterfront-Suite ca. 50 USD. Av. Colombia 1043 y Quito, ℡ 2833867.

Selva Real (11), (Budget), langweiliger Kastenbau, 24 Std. besetzte, freundliche Rezeption, saubere geräumige Zimmer, sehr zentral gelegen! EZ 10–15 USD, DZ 15–24 USD (BP, Kw o. Ww, Ventilator o. AC, Kabel-TV, teils Kühlschrank). Av. Quito 261 y Av. Colombia, ℡ 2833867.

Oro Negro (8), (Low Budget), sehr zentral, mit Blumen voll behängter Innenhof, Bienenwabenstil, BC, Ventilator, Zementböden. Ein eigenes Türschloss sollte mitgebracht werden! Pro Pers. 5 USD. Quito 262 y Pasaje Gonzánama, ℡ 2830174.

Essen & Trinken

Europäische Mägen müssen auch im drückend schwülen Lago Agrio nicht verhungern. Es gibt eine Reihe guter und preiswerter Speiselokale. Vor den Garküchen im und um den Zentralmarkt sei jedoch gewarnt. Spezialitäten wie *saino* (Wildschwein) oder *tortuga* (Schildkröte) werden schon aus Artenschutzgründen kaum angeboten.

• *Im Zentrum* Die Av. Quito zw. Amazonas und Gran Colombia hat sich mit ihren Restaurants und Bars zum beliebten Treffpunkt entwickelt und der Stadt ein nahezu südeuropäisches Flair verliehen. Hier sitzen Einheimische und Touristen in den bequemen Stühlen der Straßencafés und Speiselokale, trinken exotische Drinks und beobachten das turbulente Leben auf der Avenida. Besonders erwähnenswert ist das Lokal **Frutilandia y sus Ricuras (10)**, Früchte-Buffets zum Zusammenstellen mit einer Vielzahl von Extras wie Joghurts, Sahne, Schoko- und Erdbeersoßen, Kokos- o. Schokostreusel zum Dekorieren (bis 2 USD), ebenso Pizzas, Hamburger, empanadas, pan de yuca, Säfte und Kaffee. Ein Saft aus der kolumbianischen Frucht Borojó, die aphrodisische Wirkung haben soll, kann hier bestellt werden. Mo–So 7.30–22 Uhr. Av. Quito y Pasaje Gonzánama.

Das Pizza-Restaurant **D'Mario (13)** hat außer dem köstlich-kühlen batido (Milchshake) mit dem klangvollen Namen morir soñando („träumend sterben") schneckenhafte Kellner, tägl. 7–22 Uhr.

Un Pedazito de Colombia (7), deftige kolumbianische Küche, Kuchen, Brötchen, freundlicher grenzüberschreitender Treffpunkt. Die bandeja paisa für 5 USD ist kaum alleine zu bezwingen. Quito 246 y Pasaje Gonzánama.

Vegetarisches hat **El Eden (4)**, auch wenn der Besitzer eher den Eindruck eines Automechanikers erweckt: Fruchtsalate, Borojó- und Karottensaft, Vollkornbrot. Müslifrühstück, almuerzos u. meriendas ab 1,50 USD, Mo–Fr 7–19 Uhr, So 7–13 Uhr, Sa geschl., Eloy Alfaro y Manabí.

● *Außerhalb des Zentrums* **Ecuatorianisi-mo (2)**, nettes Choza-Ambiente mit Baum-stammstühlen, ecuadorianische und „liefe-rungsabhängige" Amazonas-Küche: seco de chivo 3,50 USD, truchas 4 USD, encoca-dos 5 USD, guanta o. venado, maitos und mayones (Würmer am Spieß) ab 4 USD, Mo–Sa 8–20 Uhr, 18 de Noviembre y Guaya-quil, 10 Fußminuten vom Zentrum.

Las Palmas (5), elegantes Ambiente mit moderaten Preisen, Patio mit Palmen, guter Service, platos a la carta 5–6 USD, Speziali-täten sind concha asada und cebiche mix-to (je 7 USD), Menüs ab 2 USD, Mo–Sa 6–22 Uhr, So 6–20 Uhr, Eloy Alfaro y Progreso,

15 Fußminuten vom Zentrum.

Mi Cuchito (9), sauberer, schneller Hühner-grill (keine aufgewärmten pollos wie sonst üblich), billig und gut, McDonald-Ambiente, ein Viertel Hühnchen 3 USD inkl. Brühe, Mo–So 9–23 Uhr, Av. Quito y Progreso, 15 Fußminuten vom Zentrum.

Katja Saubert von Magic River Tours emp-fiehlt einen kleinen namenlosen, seit Jah-ren existierenden **Comedor** an der Ecke 18 de Noviembre y 24 de Mayo, Fußminuten vom Zentrum: Küche direkt auf dem Bür-gersteig, und zwar so gut, dass es nicht mehr genügend Platz im Lokal gibt. Hier isst jeder, auch Leute, die sich was Feineres leisten könnten: für 2–4 USD gegrilltes Fleisch, Fisch, Riesenshrimps, Leber, Zunge in eigener Soße! Mo–So von 19 Uhr bis Mitternacht.

● *Strandbars* Der kleine Sandstrand am Río Aguarico liegt etwa 5 km außerhalb der Stadt und ist leicht mit dem Puma-Bus von der Haltestelle Av. Amazonas y 12 de Febrero (hinter dem Markt) zu erreichen. Der letzte Bus verlässt den Strand in Richtung Stadt um 19 Uhr. Ein One-Way-Taxi kommt auf

3 USD. Die erfrischende Abkühlung und die Schatten spendenden Bäume sind ein beliebtes Ausflugsziel. Baden ist jedoch eher bei tiefem Wasserstand anzuraten. Vorsicht auch mit der Strömung! Man sollte sich nur im Uferbereich bewegen und nicht etwa versuchen den Fluss zu durchqueren. Die zweistöckigen Aussichts-Strandbars am Ufer haben auch unter der Woche geöffnet. Die Beste ist **Choza Bar MAO**, hier trifft sich die Szene am Wochenende.

Touren

Magic River Tours bietet als einziger Reiseveranstalter 5- bis 8-tägige Kanuwandertouren im Naturreservat Cuyabeno an. Ohne den Motorlärm eines Außenborders können pinkfarbene Flussdelfine, Affen und die artenreiche Vogelwelt ungestört beobachtet werden. Unerfahrene paddeln auch ohne Vorkenntnisse die ersten zwei Tage problemlos bis zur rustikalen Magic River Lodge, direkt am Ufer des Cuyabeno-Flusses gelegen. Von hier aus werden Tagesausflüge zu Fuß und per Kanu unternommen. Auch ein Besuch einer Siona-Indianergemeinde wird bereits während der 5-tägigen Tour angeboten. Die Reiseleitung übernimmt ein erfahrener deutsch- oder eng-

lischsprachiger Führer. 5-Tage-/4-Nächte-Paket 320 USD pro Pers., schönes 8-Tage-/7-Nächte-Paket mit Río Aguas Negras 800 USD. Das Büro ist zw. der Calle Pacayacu und der Calle Primera, Lotización 18 de Diciembre neben der Schokoladen- und Kaffeefabrik Ricoriente, 10 Min. zu Fuß vom zentralen Markt, die Av. Amazonas hinaus und nach 800 m links. ℡ 2831003, magicriv@ ecuanex.net.ec, www.magicrivertours.com. Da die Mindestteilnehmerzahl bei 5 Pers. liegt, ist es ratsam, sich direkt bei Magic River oder Volker Fesers „Salsa Reisen" in Quito nach den nächsten Tourdaten zu erkundigen.

Paddeln durchs Cuyabeno Reservat

Morgennebel über der Cuyabeno -Lagune

Karte S. 438/ 439 u. S. 477   **Oriente**

Cuyabeno-Naturschutzgebiet

Das im Nordosten Ecuadors gelegene Naturschutzgebiet (2:30 Fahrstunden von Lago Agrio) bietet auf 600.000 ha Regenwald eine erstaunliche Artenvielfalt. Neben Affen, Tapiren, Kaimanen oder Flussdelfinen können auch ein Drittel aller Vogelarten des gesamten Amazonasbeckens angetroffen werden.

Über 240 verschiedene Baumsorten wurden in dem teils von Überflutungen heimgesuchten Wildlife-Reservat bisher erfasst. Mit Höhenlagen zwischen 180 und 300 m betragen die jährlichen Niederschlagsmengen zwischen 3.500 und 4.000 mm, die Luftfeuchtigkeit beträgt mindestens 96 %. Im Verlauf des *Río Cuyabeno* existieren 14 kleine, in Regenzeiten stark anschwellende Lagunen, die zu den Hauptanziehungspunkten des Gebietes gehören. Die Trockenzeit umfasst die Monate Dezember bis März. Am meisten regnet es zwischen April und Juli bzw. zwischen August und November, je nach den klimatischen Wechselbedingungen. Manchmal fällt die Trockenperiode auch sprichwörtlich ins Wasser!

In den frühen 80er-Jahren wurden die ersten Erdölbohrungen im Reservat durchgeführt. Im Laufe jenes Jahrzehntes sind dadurch leider Teilbereiche zerstört oder beeinträchtigt worden. Um die ansässigen Indianerstämme für den Verlust von Wald und Wildtieren zu entschädigen, wurden die Grenzen des Naturschutzgebietes viel weiter nach Osten bis zur peruanischen Grenze hin verschoben. Damit wuchs auch die Größe des Reservates von 255.000 ha bis auf über das Doppelte an. Weitere Bohrkonzessionen sowie fortschreitende Kolonisierung stellen jedoch nach wie vor eine ernsthafte Bedrohung dar.

Mehrere indianische Kommunen leben inner- und außerhalb des Cuyabeno-Reservates, in erster Linie an den Ufern des Río Aguarico und Río Cuyabeno. Die *Siona* siedeln vornehmlich in den höheren Lagen, zwischen Tarapuy und Puerto Bolívar, ehemals Puerto Montúfar. Die *Kichwa* des Oriente leben im Bereich der Mündung des Cuyabeno in den Aguarico und weiter östlich (Zancudo). Das ausgesprochen idyllische Dörfchen San Pablo de Kantesiya am Río Aguarico ist das Gemeindezentrum der *Secoyas*. Die *Cofanes* hingegen haben sich aufgrund der voranschreitenden Kolonialisierung im Laufe der Zeit mehr und mehr in Richtung Osten abgesetzt und besiedeln heute die Region um Zábalo nahe der peruanischen Grenze. Aber auch in Dureno, gut 20 km östlich von Lago Agrio, trifft man auf teils ältere Stammesmitglieder, die ihre traditionelle Kleidung nicht nur den Touristen zuliebe tragen.

Die an der Brücke über den Río Cuyabeno (oder auch an der Mündung des Cuyabeno in den Río Aguarico) zu entrichtende Eintrittsgebühr beträgt 20 USD.

Indianische Reiseunternehmen im Cuyabeno-Reservat

In den letzten Jahren haben mehrere Indianergemeinden versucht, sich von den etablierten Reiseunternehmen unabhängig zu machen und mehr vom großen Kuchen abzubekommen. Bisher waren die meisten von ihnen nur als Tagelöhner beschäftigt oder konnten im Glücksfall ihr eigenes Motorkanu vermieten. Das große Problem ist immer noch die vielerorts fehlende Kommunikationsmöglichkeit mit den abgelegenen Gemeinden im Dschungel. Auch von staatlicher Seite gab es bislang wenig konkrete Unterstützung; allein schon deshalb, weil die zuständigen Behörden in Quito (rum)sitzen und nicht vor Ort. Auch diverse internationale Entwicklungshilfeprojekte sind am Ende aufgrund ihrer fehlenden Nachhaltigkeit im Sande verlaufen.

Nicht zuletzt liegt die „touristische Desorientierung" der Dschungelgemeinden auch an deren internen Konflikten sowie an fehlender Initiative. Ein Vorzeigebeispiel sollte das Projekt **Millay Sacha** der Kichwas aus der Gemeinde **Playas de Cuyabeno** werden. Diese befindet sich mitten im Reservat an der Mündung des Río Cuyabeno in den Río Aguarico. Die Gemeinde hat in Eigeninitiative vier rustikale palmgedeckte Hütten an verschiedenen Orten am Unterlauf des Cuyabeno-Flusses errichtet. Im Rotationsverfahren werden die *cabañas* verwaltet und bislang auch an auswärtige Reiseveranstalter vermietet. Es gibt jedoch außer per verlesener Nachricht über Radio Sucumbios („Los Comunicados", Mo–Sa um 19.30 Uhr) kaum Kontaktmöglichkeiten.

Ein erstklassiger *guía nativo* mit Lizenz und jahrelanger Erfahrung ist **Gilberto Piaguaje Payaguaje** im Secoya-Dorf **Remolino**. Sein Onkel ist der bekannte Secoya-Schamane Cesareo. Das Dörfchen verfügt über eine rustikale Cabaña für Touristen (ab 3 USD pro Pers.) und modernste Kommunikationstechnik mit Solarzellen und potenter Handy-Basis: ℰ 091-364910 (mobil). Das Honorar für den Guide beträgt etwa 20 USD pro Tag. Allerdings nur etwas für Spanisch sprechende, die alles selbst auf die Beine stellen können (Logistik, Equipment, Transport, Verpflegung etc.).

Anreise

Niemand darf auf eigene Faust in den Wild-life-Park losziehen. Nur Veranstalter mit Lizenz und ebenso lizenzierten Guides dürfen Touristen in das Lagunensystem mitnehmen! Zu erreichen ist das Reservat per Bus oder camioneta: Von Lago Agrio geht es über Dureno und Chiritza nach **Tarapoa**. Hinter diesem Ort muss dann bei der Brücke über den **Río Cuyabeno** (Parkeingang, 100 km von Lago Agrio) auf das Einbaumkanu um-gestiegen werden. Länger braucht man mit einem Kanu von **Chiritza** aus (2 Std. Busfahrt von Lago Agrio). Von dort aus geht es auf dem **Río Aguarico** stundenlang flussabwärts bis zur Mündung des Río Cuyabeno. Ein Stopp im hübschen Secoya-Dörfchen **San Pablo de Kantesiya** bietet sich an. Erkundigen Sie sich beim jeweiligen Tourveranstalter nach der Anreise zum Reservat!

Dschungeltouren und Übernachten

Magic River Tours, von Katja Saubert, veranstaltet 5- bis 8-tägige Paddeltrips im Kanadier. Für lange Streckenabschnitte wird ein motorisierter Einbaum benutzt. Diesen setzt man auch ein, um gegen die Strömung anzukommen. Die Geräuschkulisse des Regenwaldes kann im Paddelboot ungestört genossen werden. Übernachtet wird in der rustikalen Lodge (DZ/BP) oder Zelten, gebadet im Fluss oder unter der Campingdusche, die Verpflegung variiert. 4-Nächte-/5-Tage-Paket 320 USD pro Pers. bei mindestens 5 Teilnehmern! Reservierung in Quito bei Salsa Reisen (✆ 02/2549358) oder in Lago Agrio ✆ 06/2831003, magicriv@ ecuanex.net.ec, www.magicrivertours.com. **Dracaena**, hübsches rustikales Lodge-Camp aus Naturmaterialien am Zusammenfluss des Río Cuyabeno und Río Aguarico am Rande des Reservates. DZ-Cabañas mit BP, Kanufahrten, Wandern, „Beobachtungsturm", Leserempfehlung! 5-Tage-/4-Nächte-Paket 280 USD pro Pers. inkl. Mahlzeiten und englischsprachige Führungen, auch aufregende achttägige Wildlife-Abenteuer mit Zelten an Lagunen an der Grenze zu Peru. Chef ist der zuvorkommende Dschungel-Guide Pablo, www.theamazondracaena.com.

Puyo   (40.000 Einwohner)

Das 900 m hoch gelegene Puyo macht nicht allzu viel her. Aber die einstündige Fahrt vom 1.800 m hoch gelegenen Baños die Anden hinunter entlang der tief eingeschnittenen Schlucht des Río Pastaza gehört mit zu den aufregendsten Amazonas-Zugängen.

Auf dem ersten Abschnitt hinter dem Agoyan-Tunnel bei Baños wurde die Straße in den senkrechten Fels hineingesprengt. Schwindelfreie sollten daher rechts sitzen, von Puyo links! Wie alle Wege in den feucht-heißen Oriente hat die Strecke einen abrupten Vegetationswechsel aufzuweisen. So beginnen zwischen den Ortschaften Río Verde und Río Negro bereits meterhohe Farne und Urwaldbäume ober- und unterhalb der Straße regelrecht aus der Steilwand herauszuwachsen. Kurz vor dem Ort Mera öffnet sich die Schlucht und gibt den Blick frei auf das breite Mäandertal des Pastaza-Flusses, der von nun an gemächlich den tropischen Regenwäldern entgegenfließt. Der immergrüne Vegetationsteppich zu Füßen der asphaltierten Straße erstreckt sich bis über den Horizont hinaus.

Puyo wurde 1899 vom Dominikanerpater Alvarado Valladares unter dem Namen *Pueblo de Nuestra Señora de Pompeya* gegründet. Heute ist das Städtchen ein schnell wachsender Handelsknotenpunkt, der selbst an Sonntagen wenig von seinem geschäftigen Rhythmus einbüßt. Für Touristen ist Puyo eine Zwischenstation.

Karte S. 438/439 u. S. 477

Oriente

Organisierte Gruppenreisende nutzen den nahen Flugplatz in **Shell** für Take-offs zu spektakulären Zielen im Amazonas-Urwald. Über 20.000 *Indígenas* der Pastaza-Provinz leben in 200 winzigen Regenwald-Kommunen. Diese *Sacha Runa* (Bewohner des Dschungels) gehören den „Nationalitäten" *Quichua, Shuar, Achuar, Shiwiar, Huao* und *Záparo* an. Puyo ist ein guter Ausgangspunkt, um von „echten" Indianern organisierten kommunalen Tourismus direkt zu unterstützen!

Attraktion von Puyo ist der seltene Ausblick auf die Schneeriesen Sangay und Altar im Südwesten. Die Dachterrasse eines Hotels reicht dazu schon aus. Die größten Chancen hat man im Zwielicht der Morgendämmerung. In klaren Nächten kann manchmal das schwache Glimmern von glühenden Gesteinsbrocken beobachtet werden, die der Sangay wie Leuchtraketen in den Himmel speit.

Information/Verbindungen/Adressen

> Die **Vorwahl** von Puyo und der Provinz Pastaza ist **03**.

• *Information* **i-Tur** befindet sich im 1. St. des Rathauses, 9 de Octubre y Francisco de Orellana, Mo–Fr 9–17 Uhr.

• *Verbindungen* **Bus**: Der Terminal Terrestre befindet sich 15 Min. Fußmarsch vom Ortskern entfernt in südwestlicher Richtung. Ein herangewinktes Camioneta-Taxi kommt auf 1,50 USD.

Die Coop. San Francisco (✆ 2886604) fährt 12x tägl. nach **Quito** (über **Baños** oder **Baeza**, 5 Std., 6 USD) und 2x nach **Guayaquil** (9 Std., 10 USD), während die Flota Pelileo (✆ 2886911) 2x, Latinamerica Express (✆ 2887575) 3x und Coop.Baños 1x nach Quito fahren. Pelileo hat um 22.15 Uhr auch einen Nachtbus nach Guayaquil. Die Coop. Riobamba (✆ 2885479) und Sangay (✆ 2886684) steuern zusammen 15x die Chimborazo-Hauptstadt an (3 Std., 4 USD). Viele Busse fahren nach Quito über **Tena**, **Baeza** und den Andenpass bei **Papallacta** (mit San Francisco). Nur bis **Tena** fahren tägl. Flota Pelileo (3x), Transp. Riobamba (6x) Centinela del Oriente, Jumandy und andere. Über Tena nach **Coca** und **Lago Agrio** fahren 3x tägl. die Coop. Baños (✆ 2886496), um 21.30 Uhr Flota Pelileo und um 5 Uhr morgens San Francisco. Nach **Macas** und **Palora** fahren 12x tägl. San Francisco, 6x Expreso Baños (✆ 2886496), 6x Transp. Riobamba und 10x Centinela del Oriente (✆ 2886751). Ins **Hola-Vida-Reservat** fährt Nuevo Mundo um 6.15 und 13 Uhr (2 USD, km 16 Richtung Macas) oder jedweder Bus in Richtung Macas.

Flug: Wenige Kilometer westlich von Puyo befindet sich der militarisierte Flugplatz in Shell (auf der Straße nach Baños). Kleine Chartergesellschaften starten von hier mit avionetas in den tieferen Oriente. Touristen benötigen für einen Privatflug eine Genehmigung, die meist nur im Zusammenhang mit einer organisierten Tour zu bekommen ist. Davon abgesehen, würde es wenig Sinn machen, mutterseelenallein auf irgendeiner abgelegenen Dschungelpiste zu landen.

• *Adressen* **Geldbeschaffung**: Banco Pichincha (Visa, Mastercard), 10 de Agosto y Orellana; Banco del Austro, Atahualpa entre 10 de Agosto y Dávila; Travellerschecks wechselt Amazonia Touring & Artesanías, Atahualpa y 9 de Octubre.

Krankenhäuser: erste Adresse ist das Hospital Militar Pastaza, 24-Std.-Dienst, auch für Ausländer, Ceslao Marin im Barrio El Dorado, ✆ 2885542.

Internet/Telefon: kleine Zentralen in der Villamil y Orellana, Atahualpa y 27 de Febrero oder Ceslao Marin, tägl. bis etwa 22 Uhr; Cybercafé „El Che", schnell und ruhig, Ecke 27 de Febrero y Bolívar (50 Ct. pro Std.); Cybercafé Anturiario, Calle Carmen Carillo.

Märkte: Jeden Sonntag kommen Indígenas auf den Markt nahe dem Friedhof, über die Av. Orellana in Richtung Macas zu erreichen. Hier gibts Pirañas, guatusas und Käferlarven zu essen!

Post: 27 de Febrero entre Fco. de Orellana und Atahualpa.

Wäschereien: Lavandería La Mocita, nach 4 Std. Übergabe, Mo–Fr 7–19 Uhr, Sa/So 7–17 Uhr, Orellana y Villamil, ✆ 2883123. Ulrich Geratz empfahl eine schnelle und billige lavandería an der Ecke 27 de Febrero y Bolívar.

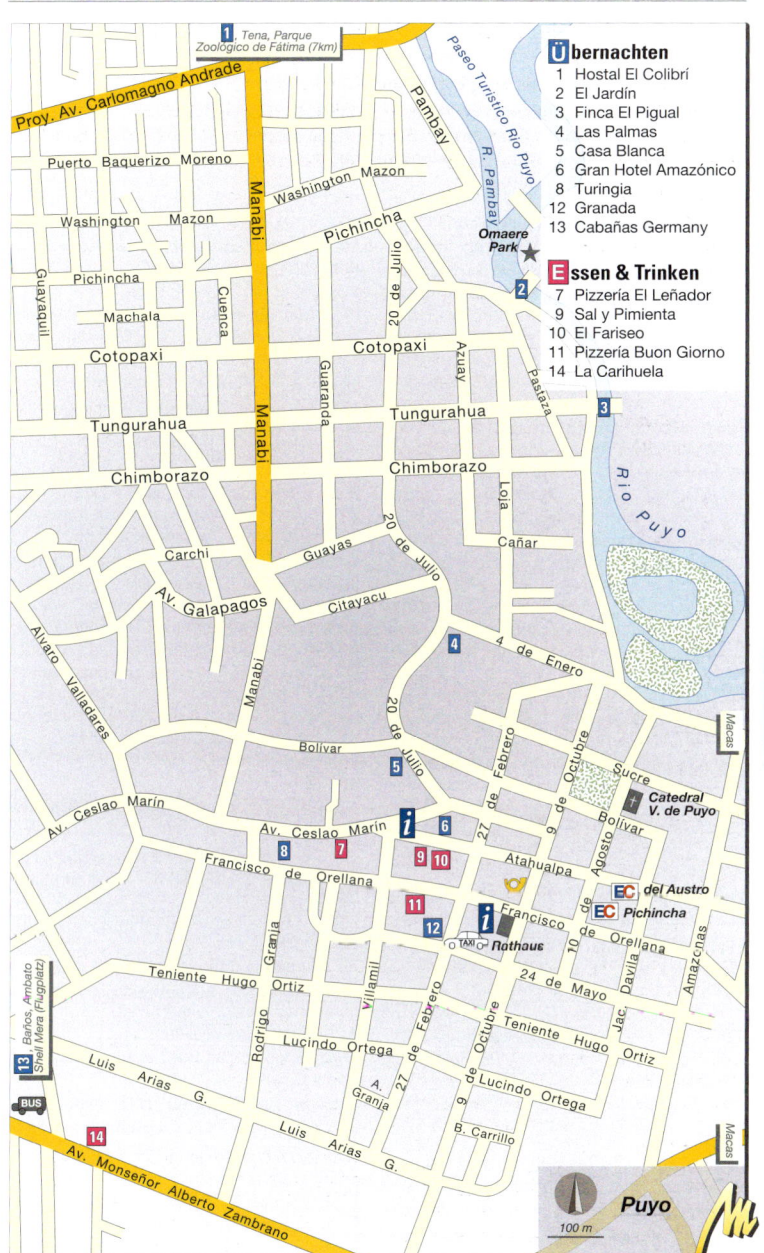

Übernachten

1 Hostal El Colibrí
2 El Jardín
3 Finca El Pigual
4 Las Palmas
5 Casa Blanca
6 Gran Hotel Amazónico
8 Turingia
12 Granada
13 Cabañas Germany

Essen & Trinken

7 Pizzería El Leñador
9 Sal y Pimienta
10 El Fariseo
11 Pizzería Buon Giorno
14 La Carihuela

Karte S. 438/ 439 u. S. 477

Oriente

Übernachten/Essen & Trinken/Nachtleben

• *Übernachten im Zentrum* **Turingia (8)**, (MK), ein Fleckchen Grün mitten im Zentrum, drumherum eine Steinmauer. Die Zimmer im 1. St. sind besser. Wifi und Restaurant (Hauptspeisen um 7 USD). EZ 22 USD, DZ 35 USD. Ceslao Marín 294, ✆ 2885180, www.hosteriaturingia.com.

Gran Hotel Amazónico (6), (MK), zentral, modern, sauber. Ventilator, BP, Ww, Kabel-TV, Restaurant, Aussichtsterrasse. Am besten ist das matrimonial Nr. 108. Pro Pers. 15 USD inkl. Frühstück, Hauptspeisen ab 4 USD. Ceslao Marín y Atahualpa, nahe dem „Y", ✆ 2883094, granhotelamazonico@yahoo.com, www.granhotelamazonico.com.

Casa Blanca (5), (Budget), sehr zentral, *matrimonial* Nr. 301 mit Blick auf die Berge in der Ferne, gut ist auch Nr. 302. Pro Pers. 14 USD inkl. *desayuno americano*, gutes Preis-Leistungs-Verhältnis! Ecke 20 de Julio y Bolívar, ✆ 2888169.

Las Palmas (4), (Budget), gelbe Villa, nett eingerichtet, eine kleine Oase. Am besten sind die hellen habitaciones Nr. 207 und 201 im 2. St., leider auch etwas hellhörig. Der Englisch und Französisch sprechende Besitzer Nelson hat sich lange in Frankreich das Geld für sein Hotelchen zusammengespart und begleitet die Gäste gerne als Guide. Auf der Dachterrasse kann in der Hängematte bei Cuba Libre entspannt werden. Preisgünstige Touren! Walnussbrot, Rührei, Zwiebel-Tortillas, Marmeladen und Säfte zum Frühstück. Pro Pers. ab 10 USD im DZ. Ecke 20 de Julio y 4 de Enero, ✆ 2884832, www.laspalmas.pastaza.net.

Granada (12), (Low Budget), hier steht die Hitze, ganz oben ein Zimmer mit Balkon, sollte eher Hotel „Granate" heißen. Pro Pers. 5 USD. Direkt gegenüber der Markthalle.

• *Außerhalb des Zentrums* **El Colibrí (1)**, (Budget), rustikal, einfach, sauber, Backpacker bevorzugen die fernsehfreien Zimmer „Sapo" und „L" (BP, Ww). Garten, Internet, Fahrradverleih, gute Pizza. Abenteuertouren zu den Cabañas Yana Rumi am Río Bobonaza. Pro Pers. ab 8 USD, Frühstück 2,5 USD. Manabí y Vacas Galindo, 10 Fußminuten vom Zentrum an der Straße in Richtung Tena, ✆ 2889087, www.hostalcolibri.com.

Finca El Pigual (3), (GK), die eleganteste Unterkunft von Puyo auf einem 40 ha großen Parkgelände. Pool, Spa, Bäume, Blumen, Bambusplantage, Kinderspielplatz und gut ausgestattete Cabañas mit Hängemattenterrassen. Mit Seminaren und Happenings muss gerechnet werden, dies bei zweipfündigen Schweinerippchen, Shrimps, Rindfleisch o. *papillote*. EZ ab 45 USD, DZ ab 72 USD. Calle Tungurahua y Loja im Barrio Obrero, über die Brücke am linken Ufer des Río Puyo, ✆ 2887972, www.elpigual ecuador.com.

El Jardín (2), (MK), im amazonischen Hacienda-Stil, viel Holz, familiär, freundlich, sauber, komfortabel, 10 Zimmer mit guten Matratzen, BP, Ww, Hängematten-Balkon, kein TV (!), Gartenanlage und viel Ruhe, schönes Restaurant mit internationaler und vegetarischer Küche. Pro Pers. 20 USD inkl. anständigem Frühstück, sehr empfehlenswert! Paseo Turístico Río Puyo im Barrio Obrero (die Hängebrücke überquerend), ✆ 2887770, www.eljardin.pastaza.net.

Cabañas Germany (13), (Budget), mitten im üppigsten Tropengrün, Vogelgezwitscher, familiäres Ambiente, fast wie zu Hause, Tourangebote! Hildas Ehemann ist Buschpilot und Guide. Pro Pers. 14 USD, Frühstück 2 USD. In Shell, ein paar Kilometer in Richtung Baños an der Ausfallstraße, kurz nach einem Chinesen-Lokal rechts rein, großes Holztor, Av. Luis Jacome y Av. de la Universidad, ✆ 2795134, ✆ 095-066918 (mobil).

• *Essen & Trinken im Zentrum* **Mi Marisqueria**, empfohlen, auch gutes cebiche. Francisco de Orellana y Amazonas.

Bei **Sal y Pimienta (9)** wird der Straßengrill mit einem Föhn angeblasen, empfohlen, Calle Atahualpa, gegenüber dem Gran Amazónico.

El Fariseo (10), gemütlich, günstige Schnellgerichte, Frühstücke, Kuchen, Espressomaschine, Mo–Fr 7–22 Uhr, Sa ab 8 Uhr, Atahualpa y Villamil.

Europa, leckere almuerzos für 3 USD, Orellana y Dávila.

Pizzería Buon Giorno (11), von Lesern empfohlen, die Pizza-Zubereitung wurde in Deutschland gelernt, Orellana entre Villamil y 27 de Febrero.

Pizzería El Leñador (7), empfohlen, tägl. 11–23 Uhr, Ceslao Marin Sector la Y.

Gute Eiscreme und Eiskaffee hat **Zanzibar**, Ceslao Marín y 27 de Febrero.

• *Außerhalb des Zentrums* Gepflegt ist **La Carihuela (14)**, Spezialität ist Filet Mignon, Hauptspeisen ab 5 USD. Tägl. 10–22 Uhr, Mi geschl. Av. Alberto Zambrano, 200 m vorm Busbahnhof, ✆ 2883919.

Im Barrio Obrero am Paseo Turístico del Río Puyo befindet sich im Hostal **El Jardín** das gleichnamige Restaurant mit guten Steaks (9 USD), auch Veggie-Food und exotische Cocktails, Mo–Sa 12–22 Uhr, So geschl., ✆ 2887770.

Von Lesern empfohlen wurde auch **Le Toucán** zw. Mera und Shell an der Straße nach Baños.

• *Nachtleben* **Disko Canela**, im Barrio Mexico.

> Eine regionale Spezialität nennt sich **Maito**. Es besteht aus kleinen, in Bananen- oder Bíjao-Blättern gegarten Fischen mit Kochbananen.

Touren/Einkaufen

• *Touren Eine* rein indianische Angelegenheit, meist kommunaler Tourismus in Eigenverwaltung.
Fundación Tiuti Wally, gemeindebasierter Abenteuer-Tourismus im Bereich der Kommune Sarayaku und am Río Bobonaza, 5-Tage-/4-Nächte-Paket inkl. Verpflegung, Avioneta-Flug, Kanus, Guiding ab 55 USD pro Pers. Auch interessant für Volontäre! In Puyo spärlich besetztes Büro im Barrio El Recreo, Los Anturias y Buganvilla, ✆ 2883868, info@fundacion-tiutiwally.org, gute Webseite: www.fundacion-tiutiwally.org.
Papangu Tours, offeriert in Zusammenarbeit mit der abgelegenen Kichwa-Kommune Sarayacu mehrtägige Trips im tieferen Río-Bobonaza-Bereich. All-inclusive-Paket mit drei Übernachtungen ab 162 USD pro Pers. bei mindestens 4 Teilnehmern plus Avioneta-Flug ca. 125 USD pro Pers. Authentische Kichwa-Cabañas am überwu-

cherten Río Sarayakillu, mit idyllischem Badestrand! 27 de Febrero y Sucre ✆ 2887684, papanguturismo@yahoo.es, kämpferische Webseite: www.sarayaku.com.
Selvavida Travel, Englisch sprechender Besitzer Luis, mehrtägige Dschungeltouren auch per Sportflugzeug: Río Bobonaza, Río Curaray und Huaorani-Kommune Bameno (ab 250 USD pro Pers. bei 4 Teiln.), auch Sangay- und Llanganates-Nationalpark, Cueva de los Tayos. Ceslao Marín neben Banco de Fomento im Hinterhof, ✆ 2889729, professionelle Webseite: www.selvavidatravel.com.
• *Einkaufen* Die größte Auswahl an Balsaholz-Tieren zu Fabrikpreisen gibt es bei **La Casa de la Balsa** am Ortsausgang in Richtung Shell/Baños, auf der Höhe der Calle Pindos bzw. dem Hospital Militar; **Proinesa**, naturmedizinische Produkte, Gen. Villamil y Fco. Orellana, schräg gegenüber dem Coliseo.

Karte S. 438/439 u. S. 477

Oriente

Sehenswertes

Jardín Botanico Las Orquídeas: am Ortsrand, netter Besitzer ist Omar Tello, der dieses Orchideenparadies mühsam aufbaute. Es gibt über 350 Arten. Sehr anschauliche 1- bis 2-stündige Führungen, wenn auch in mittelmäßigem Englisch (5 USD). Auch für Schlangenfanatiker ein Paradies, denn mit der Aufforstung, der Verbesserung des Bodens und der damit verbundenen Erhöhung der Luftfeuchtigkeit wuchsen nicht nur die Orchideen, sondern nahm angeblich auch die Anzahl der Schlangen zu. Neu ist ein Museum, und Cabañas für Volontäre sind in Planung! Täglich 8.30–16 Uhr. ✆ 2884855, ✆ 085-916810 (mobil), jblorquideas@andinanet.net. Im Caserio Los Angeles an der Straße nach Macas am km 3, Taxi vom Zentrum 3 USD.

Parque Pedagógico Etnobotanico Omaere: Der schöne 12 ha große Park wurde 1997 mit Unterstützung der Europäischen Union, der UNESCO und Petroecuador eröffnet. Er gibt einen raschen Einblick in die Fauna des Gebietes und in die Kultur verschiedener regionaler Indianerstämme, vor allem der der Shuar. Affen und Papageien sorgen für Dschungel-Feeling! Es wird viel mit deutschen Volontären gearbeitet. Ein lokaler Guide kostet ca. 5 USD. Täglich 8–17 Uhr, ✆ 2886137.

Parque Zoológico de Fátima: Etwa 7 km nördlich von Puyo, an der Straße nach Tena (links davon), können Tapire, Kaimane, Affen und andere Dschungeltiere in einer weitläufigen Anlage und aus nächster Nähe beobachtet werden. Verwalter der Tierstation ist Medardo Tapia, selbst ernannter *„pastor de animales contradictorios"*. Eintritt 2 USD, eine *camioneta* von Puyo kostet 5 USD. Volontäre sind willkommen! ✆ 2887399, ✆ 092-889375 (mobil), www.pastaza.com/atractivos/centro-fatima, www.zanjarajuno.org.

Dschungeltouren bei Puyo

Das kleine Regenwaldschutzgebiet **Fundación Hola Vida** liegt 20 km südlich von Puyo in der Nähe des Dorfes Pomona und kann auch auf eigene Faust betreten werden. Ein Taxi von Puyo kostet einfach etwa 25 USD. Es fahren auch täglich zwei Busse der Coop. Nuevo Mundo um 6.15 und 13 Uhr (1 Std., 2 USD); die Rückfahrt sollte evtl. abgeklärt werden. Bei einem mehrstündigen Rundgang kann man tolle Ausblicke vom Mirador genießen, in kristallklaren Flüsschen baden und unter einem 30-m-Wasserfall duschen. Günstige Schlaf- und Essensmöglichkeiten sind vorhanden.

Leuten mit guter Kondition sei eine dreitägige Tour im **Bosque Protector Chunchu Pamba** empfohlen. Dieser Ausflug beinhaltet stundenlanges Wandern, Schwimmen, Rudern und Fischen. Das von nur wenigen indianischen Familien bewohnte Reservat ist nach 1:30 Std. Fahrt und 2 Std. Wanderung erreicht. Wer ganz abseits der touristischen Pfade was erleben möchte, sollte eine Reise an den **Río Bobonaza** flussabwärts unternehmen, einen Aufenthalt in der traditionsreichen Kichwa-Kommune **Sarayaku** oder gar in der im Dschungel versteckten Záparo-Kommune **Llanchamacocha** einplanen (z. B. im Kanu hin und per Flieger zurück). Fragen Sie in einem Tourbüro nach diesen und anderen aufregenden Zielen innerhalb der Pastaza-Provinz!

● *Übernachten* **Kapawi Lodge**, (GK), fast 200 km südöstlich von Puyo und nur per *avioneta* zu erreichen. Symbiose aus Privatunternehmen und Achuar-Indianerkommunen, wobei die isolierte Lage der Lodge in keinster Weise mit fehlendem Komfort gleichzusetzen ist. Jede der 20 Cabañas verfügt über eine ausladende Terrasse mit Blick auf die fisch- und vogelreiche Kapawi-Lagune. Individuell abgestimmte Kanu- und Wanderausflüge. Im Oriente gibt es kaum Kostspieligeres! Das Paket für 3 Nächte/4 Tage inkl. Flug von Quito kostet etwa 1.200 USD pro Pers. im DZ. Reservierung in Quito, Foch E7-38 im *edificio* Reina Victoria, 1. St., ✆ 02/6009333, info@kapawi.com, www.kapawi.com.

Macas

(16.000 Einwohner)

Das Dornröschen des Regenwaldes

Außer im noch kleineren Gualaquiza geht es in keiner Amazonas-Stadt so beschaulich zu wie im vorherrschend feucht-tropischen, 1.070 m hoch gelegenen Macas, das durch die Nähe zur östlichen Andenkordillere manchmal auch erfrischend kühle Tage aufweisen kann.

Durch die gleichzeitige Nähe zu Dschungelzielen im Shuar- und Achuar-Territorium sowie zum Feuer speienden Sangay-Vulkan (5.230 m) im gleichnamigen Nationalpark der Ostkordillere bietet sich das Städtchen für einen Zwischenstopp an. Als Vorteil für Naturfreunde erweist sich hierbei, dass es im weiten Umland von Macas keine Erdölquellen, Auffangbecken, Pipelines und deren Folgeerscheinungen gibt. Dafür kommen wanderfreudige Orchideenliebhaber und Vogelbeobachter in den nahen Bergurwäldern auf ihre Kosten.

Anreise

Die **Vorwahl** von Macas und der Provinz Morona Santiago ist **07**.

Auf dem **Landweg** gibt es vier Möglichkeiten, nach Macas zu gelangen:

Vom südlichen Cuenca aus (240 km) über eine schöne Staub- und Schlammpiste über die Andenkordilleren hinweg (10 Std.). Schwindelfreie sollten wegen des Abschnitts zw. Gualaceo und Méndez links sitzen – von Macas in umgekehrter Richtung rechts!

Eine weniger aufregende Möglichkeit stellt die großteils gut asphaltierte Transversal Amazónica vom nördlichen Puyo dar (3 Std., 130 km), die aus Baños oder Tena kommende Reisende benutzen. An der Mündung des Río Chiguaza in den Río Pastaza überquert der Bus die eindrucksvolle 300 m hohe Puente de Obenques.

Eine dritte Möglichkeit ist die spektakuläre Straße mitten durch den Sangay-Nationalpark, von Guamote bzw. Riobamba kommend (140 km). Der Streckenverlauf entspricht in etwa dem legendären **Camino de Zuñac**, einem zuerst von den spanischen Eroberern und später von Jesuiten- und Salesianermissionaren benutzten Trampelpfad. Bemerkenswert hierbei auch, dass die einst völlig isolierte Lage von Macas die Einwohnerzahl bis Anfang des 20. Jh. gerade mal auf 260 Seelen beschränkte.

Eine vierte Möglichkeit stellt die landschaftlich schöne Transversal Amazónica, von Süden kommend, dar: von Loja über Zamora, Gualaquiza und Limón-Indanza, insgesamt 380 km.

Flug: Eine viel bequemere Art, nach Macas zu reisen, bietet das Flugzeug. Von Quito aus unterhalten TAME und Saereo tägl. außer Samstag zw. 12 und 14 Uhr eine Verbindung.

Karte S. 438/ 439 u. S. 477

Oriente

Verbindungen/Adressen/Feste

• *Verbindungen* Bus – Der Terminal Terrestre befindet sich im Zentrum direkt beim Markt. Die Coop. Turismo Oriental (✆ 270 0159) fährt 10x tägl. nach Cuenca, entweder über Sucúa, Méndez, Limón (General Leonidas Plaza Gutiérrez) und Gualaceo oder über Sucúa, Méndez, Guarumales und Paute (Río-Paute-Staudamm). Die 10-stündige Fahrt nach Cuenca unternehmen auch andere Kooperativen wie Transp. Macas (✆ 2700869) o. Valle del Upano. Der Fahrpreis beträgt 10–12 USD.
Nach **Riobamba** geht es tägl. mit der gleichnamigen Coop. um 7, 9, 13, 16 und 21 Uhr, evtl. durch den Sangay-Park – nachchecken (6 Std.); nach **Quito** über **Puyo**, **Baños** und **Ambato** fährt tägl. um 23 Uhr ein ejecutivo der Coop. Centinela (✆ 2702490), um 2 Uhr morgens ein ejecutivo der Coop. Baños, um 20.45 und 7.30 Uhr Latinamerica Express, und um 12.30, 20, 21, 22.45 und 23.45 Uhr die Coop. San Francisco (✆ 2700995). Nur bis Puyo geht es 12x mit San Francisco, 5x mit Trans Macas und 2x mit Centinela del Oriente. Die San Francisco und die Centinela haben auch Verbindungen nach Quito über **Tena** und **Baeza**. Auf der Straße nach Puyo überquert der Bus die Puente de Obenques über den Río Pastaza, der sich dort aus dem Zusammenfluss des Río Palora und Río Chiguaza formt.
Die Coop. San Francisco und Riobamba unterhalten meist über Puyo und Baños auch eine Verbindung nach **Guayaquil** (18 Uhr, 12 Std.). Wer in südlicher Richtung auf der Transversal Amazónica entlang der tropischen Andenausläufer reisen möchte, nimmt einen Bus den Coop. Ciudad de Sucúa (✆ 2700397) oder 16 de Agosto (✆ 2701097) nach **Gualaquiza** (10 USD, 8 Std.). Von dort aus geht es auf einer nicht minder anstrengenden Fahrt nach **Zamora** und **Loja** weiter. Die großartigen Eindrücke und Ausblicke einer touristisch noch unberührten Region sind der Lohn der Strapazen. Alle nach Süden fahrenden Busse halten auch in **Sucúa** (45 Min.). Zu dem 22 km entfernten „Shuar-Haupt-

städtchen" verkehren auch regionale Busse. Das abgelegene Shuar-Dorf **Morona** an der peruanischen Grenze ist tägl. mit der Coop. Macas um 6.45 und 19.30 Uhr und mit der Coop. Ciudad de Sucúa um 15 und 18 Uhr auf einer Wahnsinnsstraße zu erreichen (8 Std.). Nach **Yaupi** und **Tiwintza** fährt die Coop. Transp. Valle del Upano (✆ 2701095).
Autoverleih: Rent a Jungle Car am Flugplatz, Chevrolet Trooper 25–50 USD pro Tag, Vitara 30–66 USD, camioneta D-Max 38–78 USD, Kontaktperson ist Martha Quito, ✆ 2700778, ✆ 088-455133 (mobil).
Flug: Saereo (✆ 2702764) startet tägl. außer Sa gegen 12 Uhr nach **Quito** (So 14 Uhr), einfach ca. 70 USD. Das Büro befindet sich beim Flugplatz in der Amazonas y Cuenca, www.saereo.com.
• *Adressen* **Geldbeschaffung**: Banco Pichincha (Visa, Mastercard), Soasti y 10 de Agosto; Banco del Austro (Visa und Mastercard), 24 de Mayo y 10 de Agosto.
Internet: Bunker ist das beste Cybercafé, pro Std. 1 USD, auch Telefongespräche, tägl. 8–24 Uhr, 24 de Mayo y Bolívar; ebenso Skynet, Soasti y Tarqui; Cyber Vision, Soasti y Sucre; Futurama Net, Amazonas y 10 de Agosto.
Krankenhäuser: Clínica Genesis, Tarqui y Amazonas, auch Notfallaufnahmestation, ✆ 2701885.
Post: 9 de Octubre 16-20, nahe der Kirche, Mo–Fr 8–17 Uhr, Sa 8–12 Uhr.
Telefon: cabinas telefónicas von Movistar, Porta u. a. finden sich entlang der 24 de Mayo.
Wäscherei: Punto Limpio, Bolívar entre Soasti y 24 de Mayo.
• *Feste* Die äußerst spirituelle **Fiesta de la Chonta** findet meist an einem Wochenende Ende Mai in freier Natur statt, mit Tänzen im Kreis, viel chicha und einem indianischen Triathlon; Am 18. Feb., 5. Aug. und 20. Nov. religiöse Feste zu Ehren der **Puris-íssima**, der „reinsten" aller Jungfrauen; 23.–29. Mai Feiern zum **Gründungstag** (1861) mit folkloristischen Umzügen.

Übernachten/Essen & Trinken/Nachtleben

• *Übernachten in Macas* **Manzana Real (15)**, (GK/MK), am südlichen Ortsrand an der Straße nach Cuenca. Komfortable Zimmer mit guten Matratzen, BP, Ww, Kabel-

TV, vernachlässigter Pool, der Jardín Botánico gleicht evtl. einem Schrebergärtchen nach einem Wanderheuschreckenangriff. Gut ist die *suite matrimonial* Nr. 113 (70 USD).

EZ ab 20 USD, DZ ab 35 USD. Redondel de la Av. 29 de Mayo, ✆ 2700191.

Heliconia (13), (MK), einziges Hochhaus, zentral, modern, spiegelgläsern, große Fenster und Bäder, gute Matratzen, Parkettböden, Aussichtsrestaurant im 6. St. Beste Zimmer sind Nr. 205, 301, 401, 402. Pro Pers. 17 USD (Ventilator) bzw. 22 USD (AC). Soasti entre 10 de Agosto y Tarqui, ✆ 2701956.

Casa Blanca (9), (MK), angenehm, ruhig, sauber, zentral gelegen, BP, Ww, gute Matratzen, Kabel-TV. Bestes Zimmer ist das ruhige Nr. 119 zum Garten hin. Pro Pers. 12 USD inkl. wechselnde Frühstücke mit *jugos*, *tortillas*, *patacones*, frittiertem Kartoffelpüree, *ensalada* oder mit Käse und Schinken

gefüllte Omeletts, alles sehr lecker! Soasti 1429 y Sucre, ✆ 2700195 o. 2701584.

Esmeralda (2), (Budget), vier Blocks vom Busbahnhof, familiär, kleine Terrasse für den Sangay-Blick, BP, Kabel-TV, Kachelböden. Am besten ist das 3er Nr. 203. Pro Pers. 10 USD (BP, Ww), Frühstück 1,50 USD. Cuenca 612 y Soasti, ✆ 2700130.

Plaza (11), (Budget), ultramoderne Fassade für ein günstiges Backpacker-Hotel, ziemlich geräumige Zimmer, BP, Ww, Kühlschrank, Handtücher! Gut ist das ruhige *matrimonial* Nr. 102. 10 USD pro Pers., Frühstück 1,50 USD. 10 de Agosto entre Amazonas y Soasti, ✆ 2701683.

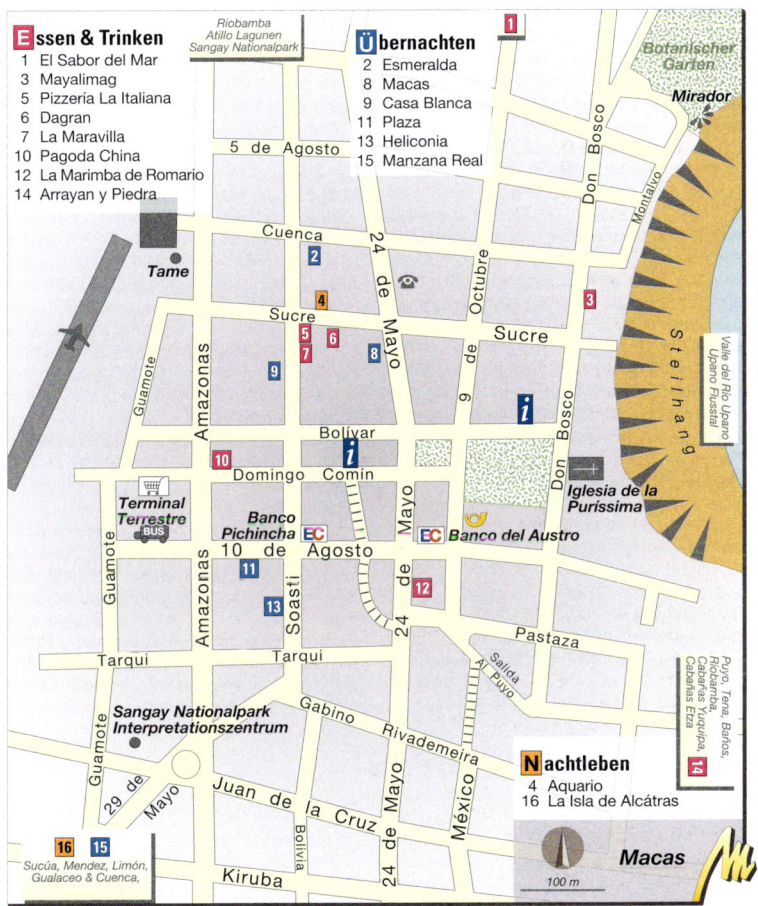

E ssen & Trinken
- 1 El Sabor del Mar
- 3 Mayalimag
- 5 Pizzeria La Italiana
- 6 Dagran
- 7 La Maravilla
- 10 Pagoda China
- 12 La Marimba de Romario
- 14 Arrayan y Piedra

Ü bernachten
- 2 Esmeralda
- 8 Macas
- 9 Casa Blanca
- 11 Plaza
- 13 Heliconia
- 15 Manzana Real

N achtleben
- 4 Aquario
- 16 La Isla de Alcátras

Karte S. 438/ 439 u. S. 477

Oriente

Macas (8), absoluten Sparern sei dieser frisch gestrichene Low-Budget-Bretterverschlag nahe gelegt. BP 7 USD, BC 5 USD. Nur Kw. 24 de Mayo y Sucre, ℡ 2700254.

• *Außerhalb* **Cabañas Etza**, etwa 45 Min. von Macas in der Kommune Buena Esperanza. Der Schamane Dani Ayuy und seine nette Familie besitzen saubere Cabañas direkt am Dschungelfluss. Leckere traditionelle Shuar-Verpflegung, Wanderungen, Medizinalpflanzen, Musik, Tanz, Artesanía-Herstellung, auch Ayahuasca-Rituale! In der Nähe ist ein Aussichtshügel mit Blick auf den Sangay und das Amazonasbecken. Pro Pers. 45 USD pro Tag *all inclusive!* Buena Esperanza ist leicht mit dem grünen Bus „Macas Limitada" in Richtung Puyo (km 12, *entrada* Santa Rosa) zu erreichen, Abfahrt am Terminal um 7 und 15.30 Uhr. Reservierung notwendig, da man auch abgeholt wird. ℡ 086-144264 (mobil).

Cabañas Yuquipa, Shuar-Langhäuser mit Moskitonetzen in einem kleinen Privatdschungel mit Flüsschen und Wasserfall, Terrasse, Hängematten und Tukane. Anfahrt: Bei km 12 an der Straße nach Puyo links rein und etwa 1,5 Std. zu Fuß, erst über Viehweiden und dann durch den Regenwald. Pro Pers. ab 35 USD inkl. Essen, Führungen und Transport von Macas. Infos erteilt Gustavo Mancheno in der Bäckerei Pansesa in der Soasti y 10 de Agosto, ℡ 2700071.

• *Essen & Trinken im Zentrum* Empfehlenswert und preisgünstig ist die bunte **Pizzería La Italiana (5)**, die 41 cm breite Familienpizza ab 12 USD, *pasta*, Lasagne, Tiramisu, *ensaladas*, tägl. 12–24 Uhr. Soasti y Sucre, ℡ 2702893.

Dagran (6), Spezialitäten sind *lomo*, *shrimps* o. Huhn mit hausgemachter Soße, Salat o. Gemüse 5 USD, *pitas* 1,50 USD, *cebiche de palmito*, Sucre entre 24 de Mayo y Soasti.

Rodeo, nette Einrichtung, Fleisch und Sandwiches, ab 16 Uhr, 24 de Mayo y Amazonas.

Mayalimag (3), von Lesern empfohlen, Don Bosco entre Cuenca y Sucre.

Hot Dog a la Bestia, günstig, empfohlen, 10 de Agosto entre Don Bosco y 9 de Octubre.

Bestes Chifa-Restaurant ist **Pagoda China (10)**, Hauptspeisen 4–5 USD, tägl. 10–22.30 Uhr, gegenüber dem Hotel Peñon del Oriente, Amazonas y Domingo Comín.

Marisquería **La Marimba de Romario (12)**, allseits empfohlen, *encocado de pescado o. de camarón, encebollados, cebiches, caldo de bagre y cangrejo, bandeja de romario*, tägl. 7–17 Uhr, 24 de Mayo y 10 de Agosto.

Café Bar **La Maravilla (7)**, regionaltypische comida macabea (aus Macas), z. B. yuca frita con carne molida, molido de verde, tamal de palmito, carne picada, Guayusa-Tee mit und ohne Alkohol: Jeder, der ihn trinkt, kehrt wieder nach Macas zurück. Tägl. 16 Uhr bis nach Mitternacht, Soasti y Sucre, ℡ 2700158.

Comida típica wie guanta (Riesennager vom Holzkohlengrill) oder ayampaco (Fleisch oder Fisch in Palmblätter eingerollt) bieten einfache **Imbissstände** auf der Domingo Comín.

• *Essen & Trinken außerhalb des Zentrums* Nur wenige Gehminuten vom Zentrum liegt **El Sabor del Mar (1)**, spezialisiert auf verschieden zubereitete cebiche, calamar, conchas, camarón, cangrejo, tilapia, Di–So 9–16 Uhr, Ambrosio Zabala y 9 de Octubre.

Arrayan y Piedra (14), schöner Blick auf den Río Upano, saubere Küche und Toiletten, Hängematten, Garten, Treppe zum Fluss, lomo arrayan o. costilla BBQ 8 USD, parrilladas für Zwei ab 10 USD (nur Fr–So), mar y tierra 12 USD, tägl. 10–22 Uhr. Die 24 de Mayo entlang nach Süden, dann links aus der Stadt raus, am km 7 an der Straße nach Puyo (Taxi 5 USD), ℡ 2701892, ℡ 091-533944 (mobil).

• *Nachtleben* Früher gingen alle nur ins zentrale **Aquario (4)** in der Sucre y Soasti, inzwischen verteilt sich das Nachtleben: **La Isla de Alcátras (16)** liegt mitten im Grünen an der Av. 29 de Mayo in Richtung Sucúa (Taxi 1 USD), ein 200 m langer Holperweg führt zur Riesen-Party-Hütte hinterm Bambustor. Polizeikontrollen sind möglich, man sollte sich ausweisen können! Ab 23 Uhr gut gefüllt, auch mit ganz reizenden Shuar-Indianerinnen, Eintritt frei, Bier 1 USD.

*T*ouren/*E*inkaufen

• *Touren* Vor selbsternannten „Dschungelführern", die es am Busbahnhof, Flugplatz oder in Restaurants auf Touristen abgesehen haben, sei gewarnt – selbst wenn die „Winnetous" vorgeben sollten, für eine renommierte Agentur zu arbeiten.

Der Tourismus in Macas steckt noch in den Kinderschuhen. Dschungeltouren werden meist mit Shuar-Guides durchgeführt. Tolle Einblicke in das Leben des einzigen „nicht eroberten" Stammes von Ecuador und ein großartiges Flora- und Fauna-Erlebnis sind garantiert.

Die engagierte Dame **Betty Lastenia Chica Moncayo** (belachimo1@hotmail.com) organisiert Touren in den Regenwald, z. B. in die Reserva Ecológica Nántar. Sie hat gute Kontakte zu Projekten und indigenen Führern.

Tsuirim Viajes, fünftägige Dschungeltour auf der Ostseite der Cordillera Cutucú in der Shuar-Gemeinde Miazal (320 m). Bereits der Flug mit einer kleinen avioneta (von Macas o. Shell) über die dicht bewaldeten Bergrücken ist ein Erlebnis für sich, ca. 500 USD pro Pers. inkl. Unterbringung, Essen, Kanu, Flug, englischsprachiger Guide, Don Bosco y Sucre neben dem Coliseo, ☎ 2701681, ☎ 097-372538 (mobil), leosalgado18@hot mail.com.

Planeta Tours, Ethno und Natur, Trekking, Schamanismus, Wasserfälle, Lagunen, Höhlen, z. B. Reserva Etza (1–2 Tage mit Tanz, Musik und Kanufahrt), Río Yaupi (4–5 Tage), Sangay-Nationalpark (3–4 Tage), ab 70 USD pro Tag und Pers. inkl. Transport, Verpflegung, Equipment, Führer. Englisch sprechender Natur- und Rafting-Guide Taylor (tw131313@hotmail.com), Domingo Comín y Soasti, ☎ 2701328, ☎ 094-670092 (mobil), planeta_ms@hotmail.com.

● *Einkaufen* Shigras und Hängematten aus Pflanzenfaser, Dschungelkaffee oder sangre de drago (Drachenblut) aus abgelegenen Shuar- und Achuar-Gemeinden bietet der genossenschaftliche Vertrieb **Chankuap**, Soasti y Bolívar, Mo–Fr 8–18 Uhr, ☎ 2703457.

Sehenswertes

Der Glockenturm der modernen **Iglesia de la Puríssima**, Schutzherrin von Macas, kann bestiegen werden. Der Rundumblick auf das Upano-Tal, das Missionsdörfchen *Sevilla de Oro* auf der gegenüberliegenden Flussseite, die Bergurwälder der dahinter liegenden *Cordillera de Cutucú*, das Städtchen und den *Volcán Sangay*, ist ein kleines Erlebnis. Eine Erlaubnis kann im Vicariato beim steinalten *Padre* oder beim *Sacristán* eingeholt werden.

Ein Ort mit Vogelgezwitscher und herrlichem Blick auf das Upano-Tal ist der **Jardín Botánico** (Don Bosco y Montalvo, etwa 15 Min. vom Zentrum). Die Bäume aus der Umgebung tragen jedoch keinerlei Beschriftung. Weiter links am Upano-Abgrund befindet sich eine schöne schattige Liegewiese!

Ein kleiner **Orchideengarten** *(orquídeario)* befindet sich auf halbem Wege zwischen dem Zentrum und den „Cabañas del Valle" an der Ausfallstraße nach Sucúa/ Cuenca. Ein Wegweiser zeigt rechts in einen etwa 50 m langen Pfad.

Macas/Umgebung

El Huerto de Edén: Frei lebende Affen, Wildschweine und Papageien in einem 4 ha großen Sekundärwald. Mit etwas Glück taucht zwischen 17 und 18 Uhr der Tapir am Flussufer auf! Nahe dem Ort General Proaño in Richtung San Isidro bzw. Riobamba, ☎ 093-070141 (mobil), Eintritt 12 USD.

Sucúa

Auf der Straße in Richtung Cuenca, 22 km südlich von Macas, befindet sich das 5.000 Einwohner zählende kulturelle Zentrum der Shuar-Föderation (Calle Domingo Comín, ☎ 07/2740108) auf 834 Höhenmetern. In der Shuar-Sprache bedeutet „*suku*" „Brennessel". Artesanía wie *hamacas* oder *shigras* steht zum Verkauf. Schrumpfköpfe sucht man jedoch vergebens. Eine Plaza mit Orchideen ist die größte Attraktion des Ortes. Sucúa ist von exotischer Natur umgeben. Es gibt fast keine Touristen. Idyllische Badestellen sind bereits mit dem Fahrrad erreichbar (www.thebestofecuador.com/sucua.htm). Avioneta-Flüge zu entlegenen Dschungelpisten können evtl. vor Ort organisiert werden. Ausflüge in die nähere Umgebung führen zur **Cascada de Cumbatza** unweit des Río Upano (Baden in Naturpools), zur **Cascada Tuna Kaipentsa** (Rapeling und schamanische Reinigungszeremonien), zur **Cascada Tuna Karamte**, zum **Mirador del Estrecho del Huambanimi** mit schönem Blick auf den Río Upano, zum **Mirador de Sega** im Parque Botánico Regional, zum **Río Tutanangoza** (Inner Tubing) oder zu den **Petroglyphen del Abuelo** im Barrio Cinco Esquinas, am Flugplatz, in Huambinimi und Huambi.

• *Verbindungen/Adressen* Die **Camioneta-Kooperative** Radio Taxis Sucuenses (✆ 07/2741194), **Telefonkabinen**, ein **Internetcafé** und die **Banco Pichincha** befinden sich an der Calle Principal. Von der Plaza fahren laufend **Busse** nach Macas (45 Min.) im Norden bzw. Limón-Indanza (3 Std.) und Gualaquiza (7 Std.) im Süden.

• *Feste* **Fiestas de** la Cantonización am 8. Dezember, Folklore-Umzüge und Wahl der Shuar-Schönheitskönigin. Lohnenswert soll der **Karneval** von Sucúa sein (Februar), mit Umzügen, Laiendarstellern, regionaltypischen Gerichten und – wie könnte es anders sein – der Wahl der Faschingsbraut! Ende Mai findet an einem Wochenende die **Fiesta de** la Chonta statt: Im Mittelpunkt stehen der stammesälteste Shuar-Chef (*Uunt*), die fermentierten und alkoholisierenden Früchte der Chonta-Palme, wilder Tanz, Gesang, Lanzenspitzen, böse Geister und barfüßige Indianerinnen!

• *Übernachten/Essen & Trinken* **Arutam**, (MK), außerhalb von Sucúa, Pool, Sauna, Grünanlage. Empfohlen wurde das *matrimonial* Nr. 9 mit Kabel-TV. Pro Pers. 15 USD inkl. Frühstück. Restaurant mit *platos a la carta* (7.30–20.30 Uhr). Zufahrt am km 1 in Richtung Macas rechter Hand neben der Tankstelle, ✆ 07/2740851.

Romanza, (Budget), im Ort, netter Besitzer, gutes Preis-Leistungs-Verhältnis! Alle Zimmer mit BP, Ww, Telefon, Ventilator, Kabel-TV, teils gefliest und Holzbetten. Am ruhigsten ist das 3er Nr. 11 mit Blick aufs Volleyballfeld. Pro Pers. 11 USD, Frühstück ab 1,50 USD. Calle Olson y Edmundo Carvajal, ✆ 07/2741141.

La Cueva de los Tayos

Das 1969 vom Ungarn Juan Moricz entdeckte Höhlensystem befindet sich auf 800 Höhenmetern im dichten Bergdschungel der **Cordillera del Cóndor** zwischen den Flüssen Río Coangos und Río Santiago nahe der peruanischen Grenze. Der nach hartem fünfstündigem Marsch erreichte Zugang zur **Coangos-Höhle** besteht aus einem vertikalen 63 m tiefen Tunnel und ist nur per Seilschaft machbar. Nur für Höhlen-Profis! Einmal unten angekommen, bietet sich ein unglaubliches Labyrinth von kilometerlangen Schächten und Galerien mit Stalaktiten und Stalakmiten. Touristenfreundlicher ist hingegen die nach bereits zwei Std. Fußmarsch erreichte **Curitayo-Höhle**, die zum gleichen Höhlensystem gehört und deren Zugang relativ leicht begehbar ist. Handschuhe, Gummistiefel, eine Halogen-Stirnlampe und ein erfahrener Guide sind jedoch unabdinglich.

Unüberhörbare Höhlenbewohner sind herumschreiende *tayos* bzw. Fettschwalme (*Steatornis caripensis*). Die Shuar-Indianer stehlen sich mitunter die Küken und benutzen deren Fett als Medizin gegen Parasiten und zur Reinigung von Leber und Nieren. In den Höhlen wurden etwa 3.500 Jahre alte, kunstvoll verzierte Metallplatten einer mysteriösen, ausgelöschten Kultur entdeckt. Noch größere Fragen werfen in diesem fantastischen, unterirdischen Reich riesige behauene Steinblöcke auf. Alles in allem Weltklasse!

Loritos y Loritas

Restaurant **La Fuente**, blau-weiße Tischdeckchen, pancakes, tortillas mit Saft und
Tee ab 2 USD, comidas típicas ab 4 USD,
almuerzos ab 2 USD, tägl. 6–22 Uhr, Domingo Comín y 3 de Noviembre.

La Caserita, vergleichsweise „edel" mit
Glasplatte über der Tischdecke, lomos o.
pollo ab 3 USD, tägl. 6–21 Uhr, Kiruba y Carvajal.

Esmeraldas, etwas finster, comidas típicas
3–5 USD, tägl. 8–22 Uhr, Domingo Comín y
Pastor Bernal.

Casa China, Shrimps, Fisch, Fleisch ab
3 USD, tägl. 9.30–22 Uhr, Olson y Comín.

Tisho's Pizzería, Spezialität ist Garnelen-
Pizza 6 USD, Pastor Bernal y Sangurima,
Di–Fr und So 11–23 Uhr, Sa ab 14 Uhr, Mo
ab 16 Uhr.

Tipp von Catrin Kröger für **Volontärsarbeit**: Die in Sucúa lebende, sozial engagierte und Deutsch sprechende Sra. Nelly López sucht Freiwillige für die örtli-
che Schule, wo den Kindern z. B. Englisch und der Umgang mit dem Computer
beigebracht werden soll. Sie nimmt dafür ca. 45 USD pro Woche inkl. Unterbringung in ihrem schönen Haus mit tollem Garten und gibt drei wöchentliche Spa-
nischstunden! Nähere Infos: catrinkroeger@web.de.

▶ **Limón (General Leonidas Plaza Gutiérrez)**: Jutta Pfaffenholz aus Köln hat abseits
der Touristenpfade diesen „traumhaften" Ort entdeckt, als sie zwischen Cuenca
und Macas einfach mal aus dem Bus stieg: „Das Klima, die Ruhe, die Landschaft
und die freundlichen Bewohner. Mangels Arbeitsmöglichkeiten kommt es in dieser
Gegend zu verstärkten Abwanderungen, wovon einige Hotels zeugen, die mit Hilfe
von heimgeschickten Dollars oder Euros finanziert wurden". Limón liegt fast drei
Busstunden südlich von Sucúa und 4 Std. nördlich von Gualaquiza. Der „fruchtige"
Ortsname (auch: General Leonidas Plaza Gutiérrez) wird verwirrenderweise auch
als Doppelname „Limón-Indanza" angegeben, wobei das eigentliche Indanza aber
10 km südlich davon an der transamazonischen Straße nach Gualaquiza liegt.

Karte S. 438/ 439 u. S. 477

Oriente

• *Übernachten/Essen & Trinken*   **Dream House**, von Doña Lucretia, Zimmer mit BC, Ww, kleines Restaurant. Pro Pers. ab 7 USD. Calle Quito, ☎ 07/2770166.
• *Ausflugsziele* Einige schöne Badestellen finden sich im **Río Yunganza**. Man folge der Straße in Richtung Gualaquiza entlang des Flusses bis zum Dörfchen **Progreso**, wo nach einer überdachten Holzbrücke ein Bachlauf per Hängebrücke überquert wird und nach 100 m einige natürliche Pools und

Wasserfälle kommen. Der Weg nimmt zu Fuß etwa 45 Min. in Anspruch. Ein weiterer lohnenswerter Ausflug geht von Limón in die Berge. Hierzu wendet man sich an Mercedes Molina (☎ 07/2770154) oder Nidia Ruiz (☎ 07/2770440), die einen etwa 2 Std. auf dem Rücken ihrer Pferde den Berg raufführen. Oben angelangt, kann unter einem imposanten 30-m-Wasserfall geduscht werden. Hinter dem Wasserfall befindet sich auch eine Höhle.

Gualaquiza

Am Ortseingang begrüßt einen das großspurige Prädikat „Perle des Amazonas". Von ganz ungefähr kommt dieses Eigenlob jedoch nicht. Das von sanft-grünen Hügeln und mäandernden Flüsschen eingerahmte 7.000-Einwohner-Städtchen auf 850 Höhenmetern verspricht unbeschwerte Urlaubstage. Wirklich nix besonderes, aber irgendwie eben doch sehr angenehm! Die Bewohner sind freundlich und freuen sich über seltene Besucher aus der ach so fernen Welt. Im Mittelpunkt steht der hübsche *Parque Central*. In der Umgebung gibt es ein paar pittoreske Badestellen, „heilige" Wasserfälle, Stalaktiten- und Stalakmitenhöhlen mit versteinerten Muscheln sowie im Dickicht versteckte präkolumbische Ruinen, die zu exotischen Trips einladen. Für abenteuerlustige Wandersleute und „Flora-Fauna-Freaks" gibt es jede Menge zu entdecken! Ein Tourbüro gab es zum Zeitpunkt der Recherchen noch keines.

• *Verbindungen/Adressen* Der etwas chaotisch verwinkelte **Busbahnhof** befindet sich fünf Blocks südlich vom Parque Central. Nach **Macas** geht es tägl. um 8, 13 und 19 Uhr mit der Coop. 16 de Agosto (8 Std., 8–9 USD, 218 km), nach **Cuenca** fährt über **Indanza** und **Plan de Milagro** die Coop. Turismo Oriental um 9.30 Uhr (172 km) und Express Sigsig über **Chigüinda** und **Sigsig** um 9, 12, 17 und 24 Uhr (7 Std., 7–8 USD, 146 km); nach **Zamora** und **Loja** geht es tägl. um 6, 12.50 und 22 Uhr mit der Coop. Loja und um 10.30, 11.30, 13 und 19 Uhr mit Transp. Yanzatza (180 km).
Telefonkabinen und **Internet** gibt es nahe dem Busbahnhof in der Calle Gonzalo Pesantez, in der Cuenca oder am Parque Central, und einen **Geldautomaten** hat die Banco de Loja in der Calle Cuenca y Atahualpa.
• *Feste* **Fiesta de Fundación** am 2. März; **Fiesta de Cantonización** am 16. August.
• *Übernachten* **Gran Hotel**, (Budget), das beste im Ort, wobei dies nicht viel besagt. Typisch ecuadorianischer Zementbau mit Fliesenböden, teils kleinen, angenehm geschmacklosen, etwas stickigen aber sehr sauberen Zimmern (BP, Ww, Tv, Ventilator). Unbedingt ein Zimmer mit Fenster zum Öffnen verlangen! Pro Pers. 10 USD.

Etwa 100 m vom Hauptplatz und dem Busbahnhof, Francisco de Orellana y Gran Pasaje, ☎ 07/2780722.
Pension Waquiz, (Low Budget), sehr einfach und sympathisch, ziemlich bunte Wände im „Jugendzentrumstil", da wurde wohl schon jedem Gast ein Pinsel mit jeweils anderer Farbe in die Hand gedrückt. Holzböden, nicht gerade die besten Matratzen, aber freundliche und hilfsbereite Besitzer, falls man diese endlich mal findet. Pro Pers. 7 USD, Fco. de Orellana y Domingo Comín, ☎ 092-044401 (mobil).
• *Essen & Trinken* **Restaurant Cabaña Los Helechos**, der erste Eindruck täuscht, sehr simpel, aber schmackhaft, am Busbahnhof. **Café Canela**, das hübscheste im Ort, Pizzas und Desserts, der Kaffee ist nur so lala, 3 Blocks südlich des Parque, García Moreno y Pesántez.
Piedra Caliente, von Einheimischen empfohlen, Fleisch auf heißem Stein serviert, So geschl., 2 Blocks nördlich vom Gran Hotel.
• *Ausflugsziele* Angesteuert werden können der Badestrand **Playas de la Unión** am Zusammenfluss des Río Cuchipamba und des Río Cuyes nahe der Kommune „Ideal", die beiden alten Hängebrücken an der **Pla-**

ya La Proveeduría (12 km von Gualaquiza Richtung Osten), die Wasserfälle **Chorrera del Guaby** (40 m) bei Guabi Alto (12 km westlich) und **Cascada Cupiambritza** (25 m) im gleichnamigen Shuar-Zentrum (10 km östlich), die Wasserfälle und Tropfsteinhöhlen von **La Dolorosa** (10 km östlich), die etwa 1.000 Jahre alten **Ruinas del Cady**, die **Ruinas de Buenos Aires**, letztere auf fast 2.600 m, die aussichtsreichen **Ruinas Nueva Zaruma** mit schönem Blick aufs Valle de Bomboiza (südwestlich) und die **Ruinas de Trincheras** mit original Cañari-und Inka-Strukturen (2 Std. im 4x4, dann 6 Std. zu Fuß).

Besonders erwähnenswert ist der Canyon des tief eingeschnittenen **Callejón del Em-** palme in herrlicher Tafelberg-Landschaft, mit üppiger Flora und viel Vogelleben, Wasserfällen und Petroglyphen (30 Min. Fahrt nach Norden Richtung Indanza und 2 Std. Wanderung). Eine spektakuläre Herausforderung für Natur- und Landschaftsliebhaber ist die **Cordillera del Cóndor** (südöstlich). Im sagenhaften Bergdschungel am einstigen Kriegsschauplatz (Krieg mit Peru) befindet sich auch der länderübergreifende **Parque Nacional del Cóndor**. Wer weder Angst vor gefräßigen Tieren, giftigen Schlangen und ekelhaften Insekten noch vor im Schlamm verborgenen Tretminen hat, sollte eine mehrtägige Expedition organisieren. Der Autor bittet um Feedback!

Tzantza – Über Sinn und Kunst des Köpfeschrumpfens

von Volker und Heiko Feser

Den Shuar-Indianern wurde schon immer nachgesagt, kriegslüstern zu sein. Nicht etwa aus Machtgier oder eines größeren Territoriums willen, sondern aus süßer Rache. Der Shuarkrieger ist nach seiner mysteriösen Gesetzgebung dazu verpflichtet, den Tod eines bestimmten Tribu-Mitglieds zu rächen, um somit die Seele dieses Verstorbenen zu besänftigen. Er duldet in diesem Falle keinen Frieden, sonst würde er verhext werden. Die Natur lehrte ihn die Sterne lesen, die stillen Wasser zu hören, mit den Vögeln und Bäumen zu sprechen. Eine längst vergangene Welt, aus der man ihn verstieß, gilt es heraufzubeschwören. Seine Seele ist aus Guayacán-Holz, sein Geist ein glühender Scheiterhaufen, seine Geschicklichkeit die eines Kletteraffen, sein Widerstand der eines Jaguars, seine Wut die einer verräterischen Schlange.

Kriege und die damit verbundene Kopfjagd waren die Folge eines spirituellen Erlebnisses, in dessen Verlauf die Shuar die „Heiligen Wasserfälle" aufsucht und sich unter Verwendung von halluzinogenen Drogen und zielgerichteten Visionen eine Arútam-Seele, die Seele eines verstorbenen Verwandten, einverleibt. Die Kraft dieser Seele, die kakarma, kann den Shuar dazu bringen, voller Enthusiasmus in den Krieg zu ziehen. Aufgrund der Notwendigkeit, die getöteten oder verstorbenen Seelen der Vorfahren durch Blutrache zu besänftigen, damit diese keine Gefahr mehr für ihn selbst oder seine Nächsten darstellen, wurden Kriege zu einer nicht endenden Kette von Vergeltungsschlägen. Darüber hinaus war so ein Kriegszug auch immer eine willkommene Gelegenheit, das im sozialen Leben überaus wichtige Prestige aufzupolieren. Mit jedem geschrumpften Kopf erntete der siegreiche Krieger ebenso viel Ruhm wie der Besiegte Schmach. Je mehr tzantzas der Shuar von seinen getöteten Feinden modelliert, desto mehr kann er sich auch deren Seelenkräfte zunutze machen. Um die zunächst auf Rache schwörende Seelenkraft, genannt mésak, gefangen zu halten,

Die Kunst des Köpfeschrumpfens

wird dem Opfer während des Schrumpfungsprozesses der Mund zugebunden. Indirekt sah sich der Shuar sogar dazu gezwungen, den Kopf seiner getöteten Feinde abzuschlagen und auf Minimalgröße zu schrumpfen – tat er dies nicht, so verwandelte sich die Mésak in einen iwianchi, einen Teufel, der den Krieger noch über weite Distanzen verfolgen und töten konnte. Obwohl Kriege reine Männersache sind, konnte sich auch eine Frau diese Arútam-Seele aneignen. Diese töteten jedoch mit Hilfe von vergifteten Speisen und Getränken.

Nach der Tötung des Feindes schneidet der Krieger dem Opfer zuerst einmal den Kopf ab. Mit diesem zieht er sich für acht Tage in den Urwald zurück, wo er auch sogleich mit dem Tzantza-Ritual beginnt. Durch das sofortige Schrumpfen kann einmal die Mésak, die Racheseele, dem Krieger nicht mehr gefährlich werden und andererseits fangen die nach der Prozedur viel leichter gewordenen Köpfe nicht zu stinken an, d. h. sie werden auch nicht von Ungeziefern angefressen. Zunächst wird die Kopfhaut abgezogen und zusammen mit Kräutern in kochendes Wasser getaucht. Daraufhin beginnt ein äußerst zeitaufreibender Trockenvorgang in heißer Asche.

Kleine glühende Steinchen und heißer Sand werden in die Schädelhaut eingeführt, die durch ständiges Schütteln auch von innen völlig austrocknet. Einmal zusammengeschrumpft, wird der Hautsack nach stundenlangem Räuchern mit einem heißen Stein geglättet. Anschließend wird das stark reduzierte Gesichtsgewebe mit Hilfe von Pflanzenfarben zurechtmodelliert, wobei die Shuars große Geschicklichkeit beweisen. Während des gesamten Vorganges ruft der Krieger *ayumpum* an, damit das Opfer nicht versehentlich wieder aufersteht.

Später, nach vollzogener Feier mit der Dorfgemeinde, geht der Krieger an den Fluss, wirft ein Büschel seines eigenen Haares hinein und streift sich ein neues Gewand über. Damit bleibt das blutige Ereignis für immer ausgelöscht.

Niemand könnte jetzt noch am tapferen Rächer Rache üben, da sich dieser in eine „neue" Person verwandelt hat. Die im Schrumpfkopf domestizierte Seelenkraft *mésak* führt der Krieger am wichtigsten Tag im Shuar-Festkalender, am Tag des berauschenden Tzantza-Festes, auch an seine Frau und seine Schwester ab. Er verleiht ihnen dadurch Erfolg bei den Ernteerträgen oder der Aufzucht von Tieren. Von den Schamanen wird die Kraft spendende Seelenwirkung der Tzantzas in der Krankenheilung nutzbar gemacht. Neben religiösen und soziologischen Aspekten erhält die Kopfjagd dadurch noch einen ökonomischen und therapeutischen Charakter.

Das Sammeln von Kopftrophäen war sowohl im andinen wie auch außerandinen Südamerika ein weitverbreitetes Phänomen. Es kann somit eigentlich keiner bestimmten Kulturstufe zugeordnet werden. Bei den Shuar- oder Shiwiar-Indianern („Menschen"), einer der fünf Untergruppen der Jivaro (ebenfalls ein europäisierter Terminus), zeichneten sich die Schrumpfköpfe im Besonderen durch ihre Größe aus. Noch bis Mitte dieses Jahrhunderts wurden die Tzantzas auf die Ausmaße einer Männerfaust zusammengeschrumpft und haben es aufgrund dieser Einmaligkeit zu schaurigem Ruhm gebracht. Es kann davon ausgegangen werden, dass die Shuar zumindest die Vorreiter des Köpfeschrumpfens waren. Sie sind auch die einzige Gruppe, die damit ein tiefgründiges Gedankengut verbindet.

Nachdem um die vorletzte Jahrhundertwende die Nachfrage nach Kopftrophäen von Souvenirjägern und weißen Geschäftemachern dermaßen anstieg, dass selbst das Ausgraben von Leichen nicht mehr ausreichte, um den Bedarf zu decken, rollten sogar die Köpfe naher Verwandter. So manche Shuar-Gruppe musste dabei um ihre Existenz bangen. Andererseits halfen besonders pfiffige weiße Händler dem Tzantza-Boom sogar noch ein wenig auf die Sprünge, indem sie Leichen vom Zentralfriedhof in Guayaquil ausbuddelten und deren selbstgeschrumpfte Köpfe als Shuar-Originale verkauften. Bei der Gelegenheit wurden manchmal sogar komplette Leichen zu Teddybär-Größe geschrumpft. Die Versuchung von schnellem Reichtum, auch wenn materielle Überlegenheit den Shuar bislang nichts bedeutet hatte, ließ sie laut den Worten eines Völkerkundlers (1935) zum „kriegerischsten aller indianischen Stämme Südamerikas" werden. Trotz einiger Gerüchte, dass der Schrumpfkopf im jüngsten Grenzkrieg mit Peru unter den „Elite-Rambos" der Shuar eine Art Renaissance erlebte, gehört die menschliche Kopfjagd heute definitiv der Vergangenheit an. Dazu kommt der glückliche Umstand, dass die Köpfe der Weißen nicht die geringste Seelenkraft besitzen. Lediglich das Schrumpfen von Faultierköpfen wird bis heute von den Shuar weitergeführt, da ihnen eine ähnliche Seelenkraft wie der eines getöteten Feindes zugesprochen wird. In ihrer Vorstellungswelt war der erste Shuar ein Faultier. Das anschließende *Faultierkopf-Fest* ist für den jugendlichen Jäger die Initiation, um in den Kreis der Erwachsenen einzutreten und das Recht zum Heiraten zu erlangen.

In den Souvenirläden finden sich heute Tzantza-Nachbildungen aus Ziegenhaut. Sie haben aber weder etwas mit dem Herstellungsprozess des Originals noch mit der dadurch verbundenen ursprünglichen Initiative der Shuar zu tun. Es handelt sich hierbei lediglich um die klägliche Verkommerzialisierung einer gruselig anziehenden, jedoch durchaus traditionsbewussten Kunstrichtung.

Pazifikküste

La Playa de Mompiche

Nordküste – Provinz Esmeraldas

Breite Pazifikstrände, Palmstrohdächer und Piña Colada, Pelikane im Formationsflug, in Kokosnusssoße gedünsteter Fisch, die höchsten Mangrovenbäume der Welt, feucht-tropischer Regenwald, Cayapas-Indianer, Morenos, Marimbaklänge, ein abgeschiedenes Fischerdörfchen namens Africa und die schönen Strände von Mompiche und Portete.

Im Gegensatz zu den meist trockenen, südlicheren Küstenstreifen, die vom kalten Humboldt-Meeresstrom beeinflusst sind, ist diese nordwestliche Ecke Ecuadors in von feucht-heißem Klima und einem wärmeren Ozean geprägt. Auch die letzten größeren, zusammenhängenden Dschungelflecken der Küstenregion sind in der „smaragdgrünen" Provinz von Esmeraldas anzutreffen, wo die ganzjährigen Niederschlagsmengen um ein Vielfaches höher ausfallen als z. B. auf der Halbinsel Santa Elena, wo das stetige Voranschreiten des peruanischen Wüstenklimas am deutlichsten zu spüren ist.

Für Erholung suchende Quiteños gehört der Badestrand von **Atacames** zu den beliebtesten Zielen an Feier- und Ferientagen. Farbkatalogverwöhnte Europäer hingegen sind häufig ein wenig enttäuscht. Infrastrukturelle Mängel sind hierfür der Hauptgrund. Da stechen beispielsweise die Ansammlungen von halb verbranntem Müll und schwarzen Geiern längs der Straße von Esmeraldas nach Atacames ins Auge. Zugegebenermaßen sieht das nicht gerade einladend aus. Die Region hat aber weit mehr zu bieten als nur dieses 30 km lange Straßenstück. Die Palmenstände von **Mompiche** und **Portete** sind der beste Beweis dafür. Auch der bisher wenig bereiste nördliche Teil der Provinz Esmeraldas wartet mit vielen Attraktionen auf: Weitläufige Sandstrände, labyrinthartige Mangrovensümpfe und die wenig bereiste Cayapas-Dschungelregion lassen diesen Küstenabschnitt zu einer Art Geheimtipp werden.

Ausgerechnet die Regenzeit (*invierno*) von Ende Januar bis Anfang Juni verspricht die strahlendsten Sonnentage, während es sich nachts oft abregnet und am frühen oder späteren Vormittag aufklärt. In dieser Jahreszeit muss verstärkt mit Stechmücken und Überschwemmungen gerechnet werden. März und April sind am niederschlagsreichsten. Teilstücke der neuen Küstenstraße *Marginal de la Costa* werden dann oftmals unterspült. Juli, August und September hingegen sind normalerweise die trockensten, dafür aber auch die wolkenreichsten Monate. Die Sonne will sich dann manchmal tagelang nicht blicken lassen. Selbst die Moskitos machen sich verdächtig rar. Zudem ist eine frische abendliche Brise während dieser Sommermonate (*verano*) üblich. Dezember, Januar und Februar erweisen sich im Durchschnitt als die besten Reisemonate, obwohl die nördliche Küstenregion eigentlich das ganze Jahr über genossen werden kann. Die Unterschiede zwischen Regen- und Trockenzeit sind nicht ganz so deutlich wie an südlicheren Küstenabschnitten. Besonders nördlich der Provinzhauptstadt Esmeraldas vergeht das ganze Jahr über kaum eine Woche, die nicht genügend Sonnenscheinstunden bietet.

Von der Hauptstadt Quito führen zwei asphaltierte Straßen über die westliche Andenkordillere hinunter zur Küste nach Esmeraldas. Die ältere von beiden, die zuerst in südliche Richtung über die panamerikanische Straße führt, bevor sie nach etwa 30 km bei **Aloag** nach Westen abzweigt, stammt aus den frühen 60er-Jahren und wird von allen Buskooperativen, Schwerlastern und den meisten Privatfahrzeugen benutzt. Da diese Straße für fast alle aus Quito kommenden Busse und Laster auch die Hauptroute nach Guayaquil darstellt, ist zu jeder Tages- und Nachtzeit mit verstärktem Verkehrsaufkommen zu rechnen.

Die Alternativroute über **Calacalí** und **Los Bancos** führt hingegen nach Norden aus Quito heraus, verläuft zunächst am Äquatordenkmal vorbei und stößt 160 km später bei **La Independencia** wieder auf die alte Straße nach Esmeraldas. Diese Route wird von Bussen und Lkw viel weniger benutzt und ist daher eine willkommene Alternative, um an die Strände bei Esmeraldas zu gelangen. Lohnenswerte Zwischenstopps gibt es jede Menge und lassen die Fahrt unter Umständen zur Zwei- oder Drei-Tages-Reise werden (vgl. Quito/Ausflüge in den Noroccidente). Busreisende, die in einem Rutsch an die Küste wollen, sollten sich beim Ticketkauf erkundigen, welche der beiden Routen benutzt wird.

Zu den Sehenswürdigkeiten auf diesem viel befahrenen Streckenteil gehört neben den dicht bewaldeten, steil abfallenden Andenausläufern mit ihren tiefen Schluchten, herunterstürzenden Gebirgsbächen und Wasserfällen auch der „Teufelskopf" zwischen den Ortschaften *Tandapi* und *Alluriquín*. Das in den weichen Sandsteinfels gehauene Luzifergesicht, von Quito kommend auf der linken Seite der Straße, wurde Ende der 70er-Jahre in Erinnerung an die Militärdiktatur erstellt und trägt die mahnende Inschrift: *El Poder Brutal*, „die brutale Macht".

▸ **Urwald-Lodge Tinalandia**: Etwa 16 km vor Santo Domingo und 7 km hinter der Brücke am Ortsausgang von Alluriquín kommt links eine kaum wahrnehmbare, mit einem weißen Stein markierte Einfahrt zur „Urwald-Raststätte" Tinalandia. Die sich seit 1935 in russischem Familienbesitz befindliche Hostería, auf einem Bergvorsprung über der Fernstraße gelegen, verfügt über 100 ha tropischen Regenwald mit 350 klassifizierten Vogel-, über 120 Schmetterlingsarten und über den ältesten Golfplatz Ecuadors. Für Ornithologen sind die Urwaldbäume am Rande des Neunloch-Golfrasens, der von Kühen und deren zeckenfressenden Reiherfreunden heimgesucht wird, ideale Beobachtungsposten für Tukane, Tangare, Kaziken, Kolibris, Spechte, Spottdrosseln, Fliegenschnäpper, Baumsteiger und Motmots. Reservierungen in Quito: ℘ 02/2449028, ℘ 099-467741 (mobil), www.tinalandia.com

Santo Domingo de los Tsáchilas

Die „erste tropische Stadt hinter Quito" war Anfang der 60er-Jahre noch ein völlig verschlafenes Durchgangsnest. Wer von hier aus nach Esmeraldas weiterwollte, musste auf ein Pferd oder ein Kanu umsteigen. Mit der Asphaltstraße setzte dann ein großflächiger Plantagenboom ein. Zuwanderer aus allen Teilen des Landes ließen sich in Santo Domingo nieder. Dank seiner günstigen Transitlage begann das verregnete Städtchen bald chaotisch anzuwachsen. Der über 300.000 Einwohner zählende Verkehrsknotenpunkt ist Hauptstadt der gleichnamigen, 2008 ins Leben gerufenen Provinz von Santo Domingo de los Tsáchilas.

Die vom Hochland kommende Straße verzweigt sich hier in drei Richtungen: nach Esmeraldas, Guayaquil und Portoviejo. Leihwagenfahrer sollten es möglichst vermeiden, in die Stadt reinzufahren. Ist man erst mal in das verwirrende Straßennetz hineingeraten, findet man kaum wieder heraus. Ein etwas weniger verwirrendes Ringstraßennetz mit den dazugehörigen Zu- und Abfahrten regelt den Transitverkehr. Die Benutzer der Umfahrung bekommen vom Kern Santo Domingos nicht viel mit. Es gibt in der Stadt selbst wenig zu sehen. Vom Hochland kommend nach Esmeraldas fahrend, geht es zunächst stur geradeaus, dann am Verkehrskreisel rechts ab, der Weg ist ausgeschildert.

Am km 7 der Straße von Santo Domingo nach Esmeraldas gibt es jeden Dienstag einen gigantischen **Viehmarkt** mit Rindern, Pferden, Maultieren, Eseln und bis zu 40 USD teuren Kampfhähnen. Dieser sehenswerte Markt der *Asociación de Ganaderos* gilt als einer der größten von Lateinamerika!

Im chaotischen Stadtbild sind hin- und wieder „waschechte" **Tsáchila-Indianer** mit knallroter, helmartig gestärkter Mumuk-Haartracht auszumachen (siehe hierzu ausführlich unter „Ethnische Gruppen an der Küste" auf S. 55). Ihren Bräuchen und Traditionen ist das ethnografische **Museum Shino Pi Bolón Tsáchila** gewidmet, 30 km westlich von Santo Domingo in **San Jacinto de Búa** gelegen. Wer es wagt: Körpermalerei, Kleidung, Tanz, Rundwanderwege, ℘ 091-212011 (mobil).

---

*I*nformation/*V*erbindungen/*A*dressen/*T*ouren

Die **Vorwahl** von Santo Domingo de los Tsáchilas und der gleichnamigen Provinz ist **02**.

● *Information* Das hilfsbereite **i-Tur-Büro** ist in der Toachi y Galápagos neben dem Grand Hotel Santo Domingo, Mo–Fr 8–

17 Uhr: Stadtpläne und wertvolle Tour-Infos. www.tsachilas.com.

● *Verbindungen* Der **Busbahnhof** Terminal Terrestre befindet sich nahe dem Kreisel Redondel del Viajero der Av. Esmeraldas u. Abraham Calazacón im Norden der Stadt. Von diesem chaotischen Knotenpunkt geht es in alle Himmelsrichtungen. Man beachte die Schalternummern! Nach **Quito** geht es praktisch im Minutentakt mit allen möglichen Kooperativen, z. B. mit Panamericana um 15 Uhr (Schalter 21, 2:30 Std., 3 USD), alle 30 Min. mit Trans Esmeraldas (Schalter 18), stündl. mit Transp. Ecuador (Schalter 5), 8x mit Occidental (Schalter 11), 15x mit Kennedy (Schalter 7), alle 15 Min. mit Zaracay (Schalter 8) u. v. a.; nach **Guayaquil** fährt um 11.45 Uhr die Panamericana (4,5 Std., 5 USD), alle 45 Min. Trans Esmeraldas, stündl. Transp. Ecuador u. v. a.; nach **Esmeraldas**, **Atacames** und **Muisne** geht es alle 30 Min. mit Trans Esmeraldas, ebenso 9x mit Kennedy, 6x mit Maracay etc.; nach **Portoviejo** und **Manta** stündl. mit Carlos A. Aray (Schalter 13), 6x mit Reina del Camino (Schalter 19), stündl. mit Reales Tamarindos (Schalter 23); nach **Puerto López** fährt um 12 Uhr Reina del Camino um 11.30, 13.30 und 22.30 Uhr Carlos A. Aray; nach **Pedernales** geht es alle 20 Min. mit Latinoamericana Express (Schalter 6) und 6x mit Kennedy; nach **Mindo** fährt Kennedy um 4, 6, 7.20, 7.40, 12.40, 14, 15.40 und 16 Uhr.

Ein **Taxi** vom Busbahnhof ins Zentrum kostet 1 USD, ins Valle Hermoso 15 USD, zum Urwald-Reservat La Perla 20 USD.

Autovermietung: Avis, Vía Quevedo km 1 y Juan Benigno Vela, ✆ 3703269.

● *Adressen*   **Geldbeschaffung**: alle ATMs auf einem Haufen, Banco Bolivariano, Av. Quito entre Chorrera del Napa y Río Blanco (Visa, Mastercard, Maestro); Banco de Guayaquil, Av. Quito y Las Delicias; Produbanco, Av. Quito y Chorrera del Napa; Banco Pichincha, Av. Quito y Las Delicias; Banco del Austro, Av. Quito y Río Chimbo.

Internet: zahlreiche Cybercafés an der Av. Quito, z. B. das moderne Hard Soft Net (Av. Quito 127).

Post: Av. Tsáchila y Río Baba.

Muschelverkäuferin

Telefonieren: einige Telefonkabinen im Zentrumsbereich, z. B. Av. Quito y Río Toachi.

● *Touren*   **Santo Domingo Adventure**, Tsáchila-Kommunen, Agrartourismus, Biking, Kajak, Canyoning, Rafting, ✆ 2751136, www.sd-adventuro.com.

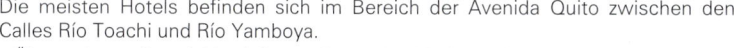

Übernachten/Essen & Trinken

Die meisten Hotels befinden sich im Bereich der Avenida Quito zwischen den Calles Río Toachi und Río Yamboya.

● *Übernachten*   **Grand Hotel Santo Domingo**, (GK), sehr zentraler Stadthotelkasten mit Empfangshalle, Wifi, Pool, Sonnenschirm-Garten, Sauna, Dampfbad, Billiard, Parkplatz, kulinarisches Restaurant La Tonga. Am besten ist die Matrimonial-Suite Nr. 209, Nr. 114 ist Rauchern vorbehalten. EZ 50 USD, DZ 72 USD, 3er 85 USD, Suite 90 USD. Río Toachi y Galápagos, ✆ 2767-947/-948, www.grandhotelsd.com.

Ida María, (MK), Stadtblick von Pingpong-Kunstrasen-Terrasse, Sitzgelegenheiten mit Groß-TV im Treppenhaus, Restaurant, Wifi. Zimmer teils mit Kachelböden und großen Bädern, gut ist *matrimonial* Nr. 111 mit Zwiebelholzbett, Jacuzzi, Föhn, Kühl- und Kleiderschrank. EZ 37 USD, DZ 55 USD, 3er 73 USD, Suite 90 USD. Av. Quito 12-59 y Río Chimbo, ✆ 2750921, idamaria @access.net.ec.

Del Toachi, (MK), gepflegtes Hotel, *estilo tropical* mit Verandagängen, Restaurant, Wifi, Pool, Sauna, Dampfbad, Parkplatz. Fast schon edel ist das *matrimonial* Nr. 303 mit goldener Tagesdecke. EZ ab 25 USD, DZ ab 35 USD, 3er ab 45 USD inkl. *desayuno americano*. Av. Quito y Río Yamboya, ☎ 2754688, www.hoteltoachi.com.

Tierra Verde, (Budget), sehr zentral, grüne Fassade mit dunkelverglasten Fenstern. Unbedingt vorzuziehen sind die hinteren, ruhigeren Zimmer mit AC, z. B. das *matrimonial* Nr. 32 und DZ Nr. 39 mit großer Fensterfront und Blick auf eine Müllhalde. EZ 15–23 USD, DZ 25–38 USD, 3er 36–48 USD. Ecke Av. Quito y Pallatanga, ☎ 2740-109/-114.

Sheraton, (Low Budget), ein Schlag ins gesicht der gleichnamigen internationalen Hotelkette! Irgendwo steht ein PC, es werden Tourkontakte hergestellt. Im Restaurant nebenan gibts günstige Mahlzeiten. EZ 9 USD, DZ 16–17 USD, 3er 20 USD.

Am Busbahnhof in der Av. Abraham Calazacón 11 y Av. Esmeraldas, ☎ 2751988.

• *Essen & Trinken* Restaurant La Tonga, gehobene Klasse im Grand Hotel Santo Domingo.

Timoneiro, allseits empfohlen, gut und günstig, tägl. von Mittag bis 19 Uhr, Av. Quito 115 y Av. Tsáchila.

Cocina de Consuelo, Kunstrasen vor dem Eingang, zur Mittagszeit gut besucht, Spezialitäten sind *mar y tierra*, *lomo a la pimienta*, Cordon bleu, auch Vegetarisches, tägl. 7–22 Uhr, Río Chimbo y Av. Quito.

Che Luis, Tipp für saftige Steaks, Río Yamboya entre Carácas y George Town.

D'Marco und **Alcátraz**, nationales und internationales, beide in der Río Baba y Mulaute.

Che Farina, Pizzas, Av. Quito entre Río Yamboya y Los Naranjos.

▸ **La Perla**: 266 ha Miniatur-Reservat bei **La Concordia**. Das seit 1949 von der Nordamerikanerin Suzanne Sheppard tapfer verteidigte Privatgebiet stellt einen der allerletzten jungfräulichen Dschungelflecken zwischen Santo Domingo und Esmeraldas dar. Neben 700 Jahren alten Ceibo-Bäumen (bis zu 15 m Stammdurchmesser am Boden) treffen Birdwatcher auf 250 Vogelarten. Die überraschten Besucher fühlen sich wie in den tiefsten Oriente versetzt – und dies nur 300 m von der asphaltierten Hauptstraße entfernt! Eine Voranmeldung ist notwendig, unter ☎ 094-954233 (mobil, Plácido Palacios in Quito).

• *Anfahrt* Die Zufahrt befindet sich 1 km vor La Concordia gegenüber einer *Masgas*-Tankstelle und eines empfehlenswerten Meeresfrüchte-Restaurants. Von Santo Domingo kommend bei km 42 links rein – ausgeschildert. Eintritt inkl. Guide 5 USD. Bester Guide ist Plácido Palacios (nur Spanisch).

▸ **Estación Biológica Bilsa**: Von den einstigen Küsten-Regenwäldern sind heute nur noch 1 % erhalten. Die biologische Forschungsstation der **Fundación Jatun Sacha**, 100 km nordwestlich von Santo Domingo und unweit der Stadt **Quinindé**, umfasst 3.000 ha Naturreservat, davon etwa 80 % Primär-Regenwald. Die Station befindet sich in einem noch viel größeren Naturreservat, der 120.000 ha großen **Reserva Ecológica Mache-Chindul**, die wiederum der länderübergreifenden Biosphäre **Chocó** angehört, einem der 25 Hotspots unseres Planeten. Für Volontäre ist das hügelige (300–800 Höhenmeter) und nahezu unbekannte Dschungelgebiet sicherlich eine interessante Herausforderung (monatlicher Beitrag mind. 300 USD). Brütende Hitze und sehr viele Insekten müssen jedoch in Kauf genommen werden. Ein seltener schwarzer Schirmvogel, der wie ein wilder Stier gröhlt und eine seltsame, bis zu 50 cm lange „Federkrawatte" trägt (*pájaro paraguas longipéndulo* oder *„pájaro toro"*, *Cephalopterus penduliger*), sowie 330 weitere Vogelarten gehören neben 20 Säugetierarten (darunter Jaguare, Ozelote, Ameisenbären) und 90 Baumarten pro Hektar zu den Hauptattraktionen. Die Anreise vom *Y de la Laguna Cube* beinhaltet einen mehrstündigen Fußmarsch oder Eselsritt. Weitere Jatun-Sacha-Stationen befinden sich in den Reservaten **Congal** bei Muisne und **Lalo Loor** bei Pedernales.

Infos in Quito, Pasaje Eugenio de Santillán N34-248 y Maurian, ✆ 02/2432-240/-173, volunteer@yatunsacha.org, www.jatunsacha.org.

Esmeraldas (180.000 Einwohner)

Elend und fröhlich, tropisch und quirlig, die musikalische Provinzhauptstadt ist das hässliche Entlein Ecuadors!

Als der spanische Seefahrer und Vorbote Pizarros, Bartolomé Ruiz, am 21. September 1526 als erster Europäer in der Bucht von Esmeraldas landete, nannte er diese *Bahía de San Mateo*, in Übereinstimmung mit dem Namenstag des heiligen Matthäus. Wenig später erhielt dieser Küstenabschnitt bereits den Übernamen „Esmeraldas" (= Smaragde), da die dortigen Bewohner beim Anblick der Invasoren außer Goldschmuck angeblich auch jene brillantgrünen Edelsteine um den Hals trugen. Smaragde wurden in dieser Region aber niemals vorgefunden. Deren Abbau ist bis auf den heutigen Tag auf kolumbianisches Territorium beschränkt geblieben. Die ehemaligen Küstenbewohner hatten die begehrten Edelsteine lediglich durch einen regen Tauschhandel mit den Nachbarstämmen des Nordens erworben. Dennoch wurde der geheimnisvoll klingende Name der Grünfärbung des Ozeans und des dahinterliegenden Dschungeldickichts vollauf gerecht. Esmeraldas gilt auch heute noch als die grüne Provinz Ecuadors, wobei über 70 % der Einwohner von Esmeraldas *Morenos* sind, also schwarzer Abstammung.

Außer unter infrastrukturellen Mängeln leidet die Stadt unter einer hohen Kriminalitätsrate und der bleiverpestenden Erdölraffinerie, End- und Exportstation für den devisenstärksten Rohstoff des Landes, nachdem dieser über das *Oleoducto Trans-Ecuadoriano* aus dem Oriente herbeigepumpt wurde, um von hier nach Übersee verschifft zu werden.

Zu den landwirtschaftlichen Ausfuhrprodukten der Provinz zählen neben Shrimps und anderen Meerestieren auch traditionell Bananen, Kakao, Tabak, Zitrusfrüchte, Speiseöl, Tagua und Kokosnüsse. Der verantwortungslose Export von Tropenhölzern nach Übersee ist in den letzten Jahren so unverhältnismäßig gestiegen, dass er zu einer ernsthaften Gefährdung Waldbestände im nördlichen Raum der Provinz Esmeraldas geführt hat.

Information/Verbindungen/Adressen/Feste

Die **Vorwahl** von Esmeraldas und der gleichnamigen Provinz ist **06**.

● *Information* Ein Kiosk von **i-Tur** befindet sich in der Av. Bolívar y 9 de Octubre nahe dem Parque Central.

● *Verbindungen* **Flug**: Der Flughafen General Rivadeneira bei Tachira befindet sich auf der anderen Seite des Río Esmeraldas und ist etwa 45 Minuten Fahrt (26 km) von der Stadt entfernt (über die Brücke bei San Mateo, neue Brücke im Bau). Mo–Fr um 16.15 Uhr, zudem Mo/Mi/Fr um 15.15 Uhr, Sa um 11 Uhr und So um 17 Uhr startet TAME nach **Quito** (einfach 60 USD, Flugzeit 30

Min.) Fbenṣo geht es Mo/Mi/Fr um 11.45 Uhr in einer Std. nach **Cali** (Kolumbien). Das Büro befindet sich beim Parque Central an der Ecke Bolívar y 9 de Octubre, ✆ 27268-63/-62, Flughafen ✆ 2729040.

Ein **Taxi** vom Zentrum zum Flughafen kostet je nach Verhandlungsgeschick etwa 10 USD.

Autovermietung: Avis, Malecón y Delgadillo, ✆ 2711761.

Bus: Der moderne Busterminal Puerto Green am südlichen Stadtrand am km 2,5 in Richtung Santo Domingo wurde Mitte 2009 eingeweiht. Nach **Quito** fährt die Coop. Panamericana (✆ 2725522) voraussichtlich tägl. um 11.45 und 23.15 Uhr, 6 Std., 9 USD). Trans Esmeraldas (✆ 2702198) fährt mit Reisebussen und mit kleineren *busetas* fast stündlich nach Quito, wobei die Strecke über **Los Bancos** und **Mindo** viel angenehmer ist als die Variante über **Santo Domingo** (7.20, 10, 13 und 14.15 Uhr). Etwa 10x tägl. fahren auch Transp. Occidentales (✆ 2703623) und 3x Aerotaxi in ca. 6 Std. nach Quito, letztere bis **Ibarra** (10 USD).

Nach **Guayaquil** geht es um 11 Uhr mit Panamericana, 10x tägl. mit Trans Esmeraldas sowie Transp. Occidentales. Nach **Huaquillas** (peruanische Grenze) geht es 3x tägl. mit Trans Esmeraldas und um 18 Uhr nach **Cuenca**. Nach **Manta** und **Bahía de Caráquez** fährt etwa 6x tägl. Reina del Camino. Nach **Pedernales** (3x), **Muisne** (4x) und **Santo Domingo** (halbstündlich) verkehrt tägl. Transp. Zambrano. Auch Occidental fährt tägl. 24x nach Santo Domingo. Nach **Ambato** startet 12x tägl. die Coop. Cita.

La Costeñita und Coop. del Pacifico fahren tägl. alle 10 Min. nach **Atacames** und **Súa**, alle 20 Min. nach **Same** und **Muisne** sowie tägl. um 8.30 Uhr nach **Mompiche** (2 Std., 3 USD). Eine folkloristische „Ranchera" der Coop. River Taviazo steuert zudem 3x tägl. Mompiche an.

La Costañita und Coop. del Pacífico fahren halbstündl. zum **Flughafen** im Nordosten (Brücke im Bau), nach **Río Verde** und zu den Manglar-Orten **La Tola**, **Borbón** und **San Lorenzo**.

● *Adressen* **Einkaufen**: Supermarkt Tía, Bolívar y 10 de Agosto.

Geldbeschaffung: VISA und Mastercard bei Banco de Guayaquil, Bolívar y Montalvo; Banco del Austro, Bolívar y Cañizares; Banco Pichincha, Bolívar y 9 de Octubre; Banco Internacional, Bolívar y Mejía.

Internet: im Bereich des Parque Central, z. B. Coco Net, Bolívar y 10 de Agosto, andere in der Bolívar y Salinas.

Konsulat: Der französische Honorarkonsul Jean-Bernard Gamin ist allen Europäern gegenüber sehr hilfsbereit. Mo–Fr 9–12 und 14.30–17.30 Uhr, ✆ 2725817, Av. Kennedy in Las Palmas, jeder Taxifahrer kennt ihn!

Post: La Chincha y Lavallen.

Telefonieren: Telefonzentralen von CNT, Porta o. Movistar z. B. am Parque Central, Bolívar y 9 de Octubre.

● *Feste* 3.–5. August: **Fiestas de Esmeraldas**, Marimba, Chigualos, Arrullos auf heißen afrokaribischen Konzertveranstaltungen, viel Tanz und einheimische Spezialitäten, die Kulturwoche der Region, da geht die Post ab!

Übernachten

Manche Hotels befinden sich im strandnahen Uptown-Viertel Las Palmas, andere in der Innenstadt.

● *Im Viertel Las Palmas* **Costa Verde Suiten**, (GK), nur wenige Querstraßen vor der Strandpromenade. Voll ausgestattete Mini-Apartments mit kleinem Balkon. Gut sind DZ Nr. 524 mit Meerblick-Balkon und das große *matrimonial* Nr. 521 mit Meerblick-Dusche. Empfohlenes Feinschmecker-Restaurant La Fragata. EZ 55 USD, DZ 60 USD. Luis Tello 809 y Hilda Padilla, ✆ 2728714, calmar @andinanet.net.

Cayapas, (MK), im Strandviertel von Las Palmas, an der Hauptstraße. Sympathisches Hotel, AC, TV, Telefon in den Zimmern, Garten, Garage und Restaurant. Bestes *matrimonial* ist Nr. 15 mit Balkon. EZ 34 USD, DZ 45 USD, 3er 62 USD. Av. Kennedy y Valdéz, ✆ 2721318.

Ambato, (Budget), bejahrt, sauber, am besten sind *matrimonial* Nr. 20 und DZ Nr. 8, jeweils mit Meerblick und AC. Ruhiger, aber dunkler und mit Blick zum Gang sind Nr. 22 und 23. EZ 15–23 USD, DZ 20–30 USD. Av. Kennedy y Antonio Guerra, ✆ 2721142.

● *Im Zentrum* **Aparthotel Esmeraldas (3)**, (GK/MK), fünfstöckiger Hotelkasten mit schlichten, aber ausreichend komfortablen Zimmern mit Kachelböden (BP, Ww, AC, Kühlschrank, Kabel-TV) und gediegenen Suiten mit Riesenbetten. Gut sind das helle DZ Nr. 207 und Nr. 212 mit leiser AC. Wifi, Restaurant La Marimba. EZ 43 USD, DZ 50 USD, 3er 65 USD, Suite 80 USD. Libertad 407 y Ramón Tello, ✆ 2738700, www.apart hotelesmeraldas.net.

Hamburgo (10), (Budget), sympathisch, klein, BP, TV, AC, Restaurant (Frühstück ab 2 USD, Hauptmahlzeiten ab 2,50 USD). Unbedingt eines der hübschen Zimmer mit Fenster nehmen (Nr. 2). EZ 15 USD, DZ 20 USD. Quito y Sucre, ✆ 2715021.

Costa Esmeraldas (6), (Budget), in der Nähe des Parque Central. BP, Kw, TV, AC oder Ventilator, alle Zimmer mit großen Fenstern und durchgelegenen Matratzen. EZ 8–12 USD, DZ 16–20 USD. Piedrahita 330 y Olmedo, ✆ 2723820.

Costa Verde Suiten
Hotel Ambato
Hotel Cayapas

Océano Pacífico

Río Esmeraldas

M Museo del Banco Central

Espejo

Pichincha

Mercado

J. Montalvo

EC Pacifictel

Banco de Guayaquil

Rocafuerte

Coop. Aerotaxi

Coop. Trans Esmeraldas

Coop. La Costeñita

10 de Agosto

Parque Central

Coop. Transp. Occidentales

9 de Octubre

Tame **EC** Banco Pichincha

6 Coop. Reina del Camino

7

Piedrahita

Manuela Cañizares

Mejía

8

Parque Infantil

Coop. Panamericana

9

Salinas

Icaro

Coop. del Pacífico

Río Esmeraldas

10

Avenida Quito

11

neuer Busbahnhof
Flughafen, Quito, Atacames

12

Esmeraldas

200 m

Ü bernachten
3 Aparthotel Esmeraldas
6 Costa Esmeraldas
10 Hamburgo

E ssen & Trinken
1 Oh Omar
2 El Capitán
4 Los Helechos
5 Las Redes
7 Chifa Esmeraldas
9 Doña Elodia
11 El Manglar
12 Doña Fanny

C afés
8 El Porteñito

Nordküste – Provinz Esmeraldas

Essen & Trinken/Nachtleben

Esmeraldas ist bekannt für seine Meeresspezialitäten. Dabei sind besonders der *encocado* und der *tapao* hervorzuheben, beides typische Gerichte der lokalen Gastronomie. Ersteres ist Fisch oder Meeresfrüchte in gedünsteter Kokosnusssoße (keinesfalls süßlich), letzteres wird mit grünen Kochbananen und Fisch zubereitet. Unbedingt probieren!

● *Essen & Trinken* Teils renommierte, jedoch immer vom einfachen Charme der Esmeraldeños geprägte Speiselokale sind:

La Fragata, im Hotel Costa Verde Suiten, tägl. 7–23 Uhr. Tello 809 y Hilda Padilla.

El Capitán (2), gegenüber dem Hotel Cayapas im Barrio Las Palmas, sehr leckerer Fisch, *mariscos* y *encocados*, meist gut be-

sucht, nett zum Draußensitzen, Av. Kennedy y Valdéz, ☎ 2721390.

Los Helechos (4), *parrilladas*, *mariscos* u. *comida nacional* ab 5 USD, von 11 bis nach Mitternacht, Av. Kennedy in Las Palmas.

Von Gourmets gelobt wird das stuckverzierte **El Manglar (11)**, *pasta*, *pizza*, gegrillte Languste oder in Kräutern geschmorte

Muscheln, Hauptspeisen 6–12 USD, i. d. R. tägl. 11.30–16 u. 18–23 Uhr, Quito 3-03 y Olmedo, ℡ 2727112.

Populär und preiswert ist **Las Redes (5)**, mit Holzbänken: *cebiches, mariscos*, Fisch, Regionaltypisches, *almuerzos* ab 2 USD, *desayuno* „Las Redes" mit Fleisch 3,50 USD, tägl. 7–17 Uhr, Calle Bolívar am Parque Central.

Insider-Tipp ist das ganz einfache grüne Ecklokal von **Doña Fanny (12)**, das auf *encocados* spezialisiert ist. Dazu zählen in Kokosnusssoße gedünsteter Fisch, gedünstetes Rotwild oder *guanta*, ein großes Nagetier aus dem Regenwald. Ebenso billige *almuerzos*. Mo–Sa 7–15 Uhr, So geschl. Av. Olmedo y Calderón.

Doña Elodia (9), sehr einfach, aber schmackhaft, *guanta, encocados, maruada, chivo*, tägl. bis zum späten Abend, Salinas 326 y Olmedo.

Bester „Chinese" ist die **Chifa Esmeraldas (7)**, mit Teppich vorm Eingang, Holztischen und Glasplatten über den Tischdecken! Bolívar entre Cañizares y Piedrahita, tägl. 10–22 Uhr, ℡ 2722227.

Eine einfache proteinhaltige, mit Erdnuss-, Kokos- und Kochbananensoße verfeinerte Meeresfrüchtesuppe **Ensumacao** aus zehn verschiedenen Zutaten wie *langosta, langostino, cangrejo azul, camarón del río, almeja, mejillón, calamar, pescado* und *pata de burro* („Eselspfote", ein Weichtier), hat Carlos Omar Muñoz in seinem *comedor* **¡Oh Omar! (1)** in der Calle Caribe, schräg gegenüber dem *malecón*, von der Kennedy kommend runter zum Strand und links halten. Omar ist der Erfinder dieser über die Provinzgrenzen hinaus geschätzten Spezialität, die er seit 20 Jahren zubereitet: „In mein einfaches Lokal kamen schon Generäle, Präsidenten, Botschafter, Bürgermeister, Abgeordnete und Künstler aller Art. Alle waren sie begeistert vom Geschmack und dem guten Service!" Hauptspeisen 6–12 USD, tägl. 8.30–18 Uhr, ℡ 2720688.

El Porteñito (8), Kaffee-Sodabar, Milkshakes, Säfte, Sandwiches, zum Draußensitzen, drei Blocks vom Parque Central in der Mejía y *Sucre*.

Frutá Bar, *Eiscreme, Milkshakes*, Säfte und Obstsalate am Parque von *La Palmas*.

• *Nachtleben* **La Facultad de la Salsa** gehört zu den aufregendsten Diskotheken der Provinz: Salsa Clásica, Salsa Moderna und Salsa Erótica direkt am Malecón Las Palmas und gut besucht an Wochenenden. Nur in einer Gruppe ausgehen, dies ist ein heißes Pflaster!

Empfohlen wurde **Nagiba** in der Kennedy, Mi Singleparty, Do *locos con barra libre*, Fr Geschiedenenparty und Sa bis in die Puppen!

Oberst Muschel und der Aufstand der Schwarzen

Die Nachricht von der brutalen Ermordung des liberalen Revolutionsführers Eloy Alfaro am 28. Januar 1912 in Quito führte in den Provinzen Manabí und Esmeraldas zu größter Empörung unter den armen Landarbeitern. Das soziale Klima in diesen Küstenregionen war aufgeheizter als sonst wo im Lande. Und mit dem Tod des Volkshelden aus Montechristi (Manabí) starben für die *campesinos costeños* auch jene liberalen Reformen, die ihnen nach jahrzehntelangem Kriegstreiben gegen die Großgrundbesitzer gewisse Freiheiten und auch bescheidenen Landbesitz gebracht hatten.

Ein ansteigendes Wachstum des landwirtschaftlichen Exports und des Außenhandels, vor allem mhit Kakao, besiegelte die rasch voranschreitende Tendenz zur Monopolisierung des Agrarmarktes. Im Zuge dieser agrarischen Rationalisierung kam es zu weitreichenden Enteignungen der kleinen und mittelständischen Küstenbauern. Diese waren immer mehr gezwungen, Hypotheken auf ihren Landbesitz aufzunehmen, um somit die Schulden für den erhöhten Bedarf an überteuerten Waren und Gebrauchsgütern decken zu können. Gleichzeitig aber waren die Preise für deren landwirtschaftliche Produkte, einziges Zahlungsmittel der Bauern, sehr niedrig. Die Folgen waren abzusehen: Viele der schließlich enteigneten Campesinos mussten sich alsbald auf den Großplantagen als Knechte verdingen.

Ein Großteil der entwurzelten Küstenbauern widmete sich in den tropischen Urwäldern der gefahrvollen Erntearbeit von Kautschuk und Tagua, einer fast steinharten Palmfrucht zur Herstellung von Knöpfen oder Flaschenkorken, auch „pflanzliches Elfenbein" genannt. In der zweiten Dekade des 20. Jh. sank dann die Ausfuhr von Tagua erheblich, die Preise verfielen und die Frucht wurde für die mittellosen Bauern praktisch wertlos. Gleiches geschah mit dem wild gezapften Kautschuk. Die Saat für zukünftige Aufstände war gestreut und sollte alsbald in einen bewaffneten Dschungelkrieg mit Guerillataktiken umschlagen. Am 24. September 1913 kam es in Esmeraldas zum Ausbruch einer bewaffneten Rebellion. Eine zerlumpte Heerschar von „Negros" und Mestizen erklärte der Zentralregierung den Krieg. Der farbige Coronel Carlos Concha (concha = Muschel), Rädelsführer und selbst ernannter Nachfolger des charismatischen Eloy Alfaro, sollte von diesem Tag an für die kommenden drei Jahre die gesamte Provinz in Atem halten. Blutige Schlachten zwischen regierungstreuen, zahlenmäßig haushoch überlegenen Indianer-Armeen aus dem Hochland und draufgängerischen Negros, die mit Macheten kämpften, waren die Folge.

Am Strand von Camarones, nur wenige Kilometer nördlich der Mündung des Río Esmeraldas in den Pazifik, kam es zu einem der grausamsten Gemetzel der ecuadorianischen Geschichte, als Regierungstruppen in einen Hinterhalt der *Conchistas* gerieten. Während das rettende Kriegsschiff der Republik auf Sichtweite vor Anker lag, hörten die Marineoffiziere lediglich das dumpfe Schlagen der Machetenhiebe und die verzweifelten Bittgebete der Indianer-Soldaten, die meist unfreiwillig in die Kämpfe hineingezogen wurden. Sarkastischerweise war die krasse Armut der mittellosen Hochlandindianer auch hier der entscheidende Grund für den Kriegsdienst.

Geraume Zeit noch wurden die Leichen aus dieser Schlacht von den Wellen an den Strand gespült und begannen, auf den weißen Muschelbänken langsam zu verwesen. Coronel Concha machte seinem Namen alle Ehre.

Wenige Wochen nach der Schlacht bei Camarones geriet Oberst Muschel in Gefangenschaft und wurde standrechtlich hingerichtet. An einen Pfahl gefesselt, gab er dem Regierungskommando eigenhändig und ohne zu zögern den Erschießungsbefehl: „Feuer frei!"

Das leicht rassistisch angehauchte Misstrauen, das die indianische Bevölkerung der Sierra in mancherlei Hinsicht auch heute noch der schwarzen Küstenbevölkerung entgegenbringt, findet sicherlich auch seinen Grund in diesen Begebenheiten.

Atacames   (20.000 Einwohner)

Der populärste Badeort der Quiteños liegt 30 km südwestlich der Provinzhauptstadt Esmeraldas an einem langen Sandstrand: blaues Meer, bunte Drinks und pausenlos Rumba.

An verlängerten Wochenenden und zu Ferienzeiten füllt sich der Ort familienweise mit Sommerfrischlern. Sämtliche Hotelbetten sind dann schlagartig belegt und Dutzende der offenen Rundhütten-Bars entlang des Strandes drehen die Ghettoblaster auf volle Lautstärke: Salsa, Rock und Sunshine-Reggae, einfach alles wunderbar wild durcheinander!

Strandspiele

Vor zwanzig Jahren war Atacames noch ein kleines Fischernest zwischen feucht-heißen Mangrovensümpfen und der auf viele Kilometer Länge hingezogenen Meeresbucht (*ensenada*). Durchschnittliche Jahrestemperaturen von 25 Grad, ein fast badewasserwarmer Ozean und der feinkörnige Badestrand verwandelten den Ort dann bald in eine Touristenmeile. Heute wird Atacames jedoch von drückenden Abwasser- und Trinkwasserproblemen geplagt. Die Stadtverwaltung hat in ihrem Drang, ein florierendes Paradies für Urlauber zu schaffen, das dazugehörige Kanalisationssystem völlig übersehen. Andere infrastrukturelle Mängel, wie das Fehlen von Süßwasserduschen am Strand, öffentlicher Toiletten oder einer Vertrauen erweckenden Tourismuspolizei kommen hinzu.

Zu den Höhepunkten von Atacames zählen die vielen, über dem Landesdurchschnitt liegenden, sonnigen Nachmittage mit abschließendem Abendrot. Die Scharen von barfüßigen Strandkickern (*fútbol playero*), über dem Meer gleitende Möwen und Pelikane, die eingehängten Bambusrohrliegen vor den strohbedeckten Strandbars und die festlich bestückten Cocktails *Piña Colada* oder *Batida de Coco* sind Teil des Atacames-Repertoires. Zum Rumhängen ist der Ort lange nicht so übel wie vielfach behauptet. Wer eine schöne, tropische Strandidylle erwartet, sollte jedoch eher nach Mompiche (siehe S. 508) oder in die Karibik weiterreisen.

> **Achtung**: Aufgrund von tückischen Gegenströmungen (bei rückläufiger Flut) wird vor weitem Hinausschwimmen ins Meer eindringlichst gewarnt! Nicht wenige Touristen sind beim Baden in Atacames bereits ertrunken. Viele von ihnen waren jedoch auch sturzbetrunken.

Atacames ist nachts ein gefährliches Pflaster. Wer aus einer Diskothek kommend am dunklen Strand entlangspaziert, läuft Gefahr, überfallen zu werden! Ebenso wurden auch schon Frauen vergewaltigt, die tagsüber bei Ebbe in Richtung Súa wanderten (wenige Kilometer südwestlich von Atacames). Wer sich abends allein oder zu zweit einen kühlen Umtrunk genehmigen möchte, bleibt am besten im Bereich der vielen Bambus-Strandbars am beleuchteten Malecón. Ansonsten ist es nachts vorzuziehen, in einer geschlossenen Gruppe aufzutreten!

Historisches Strandgut

Vor der aufgewühlten Küste von Atacames kam es im Jahre 1533 zu einer folgenschweren Tragödie. Einer der ersten spanischen Segler voller Negersklaven für die Neue Welt erlitt auf dem Weg nach Callao (Peru) Schiffbruch. Ganze elf Männer und sieben Frauen konnten sich retten, allesamt afrikanische Sklaven.

Mit den Waffen aus dem angespülten Wrack flohen sie in die nahe liegenden Hügelketten. Die Freiheit sollte ihnen erhalten bleiben, ein stetiges Rebellendasein war allerdings der Preis dafür. Die verwegene Schar und ihre beiden Anführer, *Sebastian de Illescas* und sein Sohn *Alonso*, gewannen unzählige Kämpfe gegen ansässige Indianer in teils großer Überzahl und widerstanden mehreren spanischen Vorstößen. Erst nach siebzig Jahren Widerstand und Guerilla-Tätigkeit konnten sie der Krone und dem katholischen Glauben unterworfen werden.

Als legitime Nachfahren dieser abtrünnigen Sklavengruppe betrachten sich heute stolz die etwa 1 Mio. Morenos der Küste und des Hochlandes von Ecuador.

Information/Verbindungen/Adressen

Die **Vorwahl** von Atacames und der Provinz Esmeraldas ist **06**.

- *Information/Touren* **Martin Einhaus** vom „Alten Fritz" ist eine sprudelnde Infoquelle!
- *Verbindungen* Bustickets können im Voraus gekauft werden! Trans Esmeraldas (✆ 2731550) unterhält tägl. 4 Direktverbindungen mit **Quito** (um 10.30 und 15.30 Uhr über Puerto Quito/Los Bancos und um 13.30 und 23.30 Uhr über Santo Domingo). Der Bus lässt dabei die Stadt Esmeraldas links liegen und fädelt gleich auf die Straße zum Hochland ein. Fahrtzeit 7 Std., Fahrpreis 8–9 USD. Die Abfahrt ist vor dem modernen, unübersehbaren Büro, etwa 50 m von der Durchgangsstraße entfernt. Nach Quito fahren auch Panamericana (✆ 2731663) um 10.45 und tägl. 22.15 Uhr (Abfahrtsbüro nahe Fußgängerbrücke) und Transp. Occidental (✆ 2760547) um 9.30, 11.30, 12.50 u. 23.45 Uhr, So zusätzlich um 15 Uhr, deren Büro befin-

det sich auf dem Weg zum Strand keine 100 m vor der Fußgängerbrücke auf der linken Seite.

Trans Esmeraldas startet tägl. um 8.30 und 22.45 Uhr nach **Guayaquil** (8–9 Std., 10 USD), um 19.45 Uhr nach **Huaquillas** an der peruanischen Grenze (11 Std., 12 USD), um 20.30 Uhr nach **Manta** und um 17 Uhr nach **Cuenca**.

Lokale Busse, die Atacames mit anderen Orten im Süden bzw. **Esmeraldas** (30 Min.) im Norden verbinden, durchfahren den Ort auf der Hauptstraße. Manche der „Piloten" pflegen jedoch einen lebensbedrohlichen Fahrstil. Zum **Y de Mompiche** (1,5 USD) geht es praktisch mit jedem Bus in Richtung Pedernales.

Taxis nach Esmeraldas 8 USD (24 Std. Sammeltaxi ✆ 2760710), zum Flughafen Tachina von Esmeraldas (1 Std.) 25 USD, nach Mompiche 30 USD (1:15 Std.). Vorsicht, die meisten Fahrer sind Formel-1-Fans. Zeit ist Geld!

Nordküste – Provinz Esmeraldas

Motorisierte *triciclos*, dreirädrige Drahtesel mit Motor und schlitzohrigen Chauffeuren, innerhalb des Ortes 1 USD. Von der Bushaltestelle zum Strand beispielsweise (keine 10 Min.) muss für die Rucksäcke noch mal das Gleiche berechnet werden. Zuerst wird aber natürlich versucht, 5 USD zu kassieren, also hartnäckig bleiben!

• *Apotheke* **Su Economía** oder **Farmacia San Patricio**, auch Blutuntersuchungen bei Verdacht auf Infektionskrankheiten.

• *Ärzte* **Dra. Maria Guaniza** in der San-Andresito-Apotheke, gewissenhaft; **Klinikum Santa Rosa**, Av. Principal, zwei Blocks hinter Trans Esmeraldas; **Hospital Juan Carlos Guasti** (Spitzname „Pop.Net"), etwas außerhalb an der Straße nach Esmeraldas, 24-Std.-Service.

• *Geldbeschaffung* Visa und Mastercard beim ATM der **Banco Pichincha**, Tello y Espejo, neben der gut bestückten Apotheke „Su Economia"; ebenso am Malecón de la Playa im Hotel Le Castell neben „Der Alte Fritz". Postbank-Karten funktionieren nicht! Euros zu einem akzeptablen Kurs tauscht Martin Einhaus, siehe „Information".

• *Internet* Internetcafés sind z. B. **Café Net** an der Strandpromenade o. **Highspeed** in der Av. Principal, auch Skype, Mo–Sa bis 22 Uhr. Wifi gibt es noch nicht.

• *Marine* „Retén Naval" oder „Capitanía del Puerto", gleichzeitig auch Rotes Kreuz, am südlichen Ende der Strandpromenade, bei Diebstählen zuständig, meist freundliche, hilfsbereite Marinesoldaten! ✆ 2731571.

• *Polizei* Hinter der Autobrücke rechts an der Hauptstraße (gegenüber Fußballplatz), etwas schwerfällig, ✆ 2731271.

• *Post* Calle Espejo, schräg gegenüber der Kirche, aber Postkarten besser in Quito aufgeben!

• *Telefonieren* Kabinen von **Movistar, Porta** oder **CNT** entlang der Strandpromenade, Telefonkarten für In- und Auslandsgespräche gibt es in Geschäften. Angeblich funktionieren deutsche T-Com-Karten (30 Min. 10 USD).

• *Wäscherei* **Zum Tukan**, Calle Vargas Torres, vom Strand kommend über die Fußgängerbrücke und die nächste Straße gleich links (gegenüber Trans Esmeraldas), Mo–Fr 9–18 Uhr.

*Ü*bernachten

Es gibt über hundert Hotels, Pensionen, Ferienwohnungen und Cabaña-Anlagen. Die meisten sind jedoch in einem einheitlich langweiligen Stil konstruiert, oft mit fleckig-weißen Zellenwänden und schmuckloser Innenausstattung. Andererseits gibt es natürlich auch das eine oder andere Genießerhotelchen. Die preislich teurere Hauptsaison fällt auf die Hochland-Schulferien von Anfang Juli bis Ende September sowie die letzte Dezemberwoche, die ersten Januartage, Karneval im Februar (sehr teuer!), Ostern, den 1. und 24. Mai, den 10. August und den Totensonntag. Am günstigsten ist Atacames von Anfang Oktober bis Mitte Dezember. Wobei nicht alle Hotelbesitzer die gleichen Saison-Maßstäbe anlegen.

Club del Sol (11), (GK), ein Mini-Resort, modern, komfortabel, sicher, die zweitexklusivste Anlage am Strand (nach El Marquéz). 55 Zimmer (BP, Ww, AC, Kabel-TV), die vier Suiten sind ein Hit! Riesiger Pool, Restaurant Bar, Konferenzräume. Gegenüber dem Stadion. DZ 64–110 USD inkl. Frühstück. ✆ 2731281, www.hclubdelsol.com.

Cielo Azul (1), (MK), ansprechende zweistöckige, ockerfarbene Anlage an einem ruhigeren Sandstrandabschnitt (ohne Bars und Autos). Erfrischendes Ambiente in sauberen Zimmern (BP, Ww), Liegestühle, Sonnenschirme, Pool, Safe, Parkplatz, Vermittlung von Bootsausflügen (Walbeobachtung, Mangrovenwälder, Isla de los Pájaros). Deutsche Besitzerin. DZ 40–50 USD. Av. 21 de Noviembre, gegenüber dem *esta-*

dio, ✆ 2731813, www.hotelcieloazul.com.

Der Alte Fritz (7), (Budget), BP, Ventilator, Kabel-TV (Deutsche Welle), Nr. 24 mit Meerblick, Nr. 1 bis 5 mit Balkon, nahe dem Party-Trubel an der Strandpromenade und eher für Leute, die wenig an Schlaf denken. Martin spricht Deutsch. Auf seinem Schild steht „Inoffizielle Vertretung der Bundesrepublik Deutschland". Restaurant. Pro Pers. 15 USD. ✆ 2731610, meinhaus@andinanet.net, www.deraltefritz-ecuador.com.

Maria Corina (8), (Budget), kleine Apartments mit Hängemattenterrasse, Kühlschrank und Kabel-TV sowie winzigste „Honeymoon-Cabañitas", die sich um einen Garten mit Liegewiese und einen ansehnlichen Pool gruppieren und durch ihr originelles Design bestechen: dreieckige Drehfenster, Zementbett und ein Bad, das auch ins Raumschiff „Orion" gepasst hätte. Im Dach gibt es je eine verschließbare Luke, um auf die private Miniatur-Veranda zu gelangen und einen Blick auf Kolibris, Jacarandabäume oder Sternschnuppen zu werfen. Besitzer und Bauherr ist der zuvorkommende Kolumbianer Thälmann Peralta, *la estrella solitaria de Atacames!* Pro Pers. 12,50 USD (*feriados* 15 USD), mein ganz persönlicher Atacames-Tipp für Rucksackreisende! Av. a la Playa Los Ostiones, Hauptzufahrt zum Strand, etwa 100 m von diesem entfernt und vom Ortskern bzw. Busbahnhof über die Fußgängerbrücke oder per Triciclo zu erreichen! ✆ 2731302, 2731259.

Orus (5), (Budget), fast an der Strandpromenade neben dem Hostal Carmita, modern mit Aufzug, im 5. St. ein Pool mit Meerblick. Saubere Zimmer mit BP, Ww, Ventilator, Schränken. EZ ab 15 USD, DZ ab 25 USD, Kreditkarten werden akzeptiert, ✆ 2731314.

Carmita (9), (Budget), nahe am Strand, familiär, freundlich, jedoch von Betonklötzen eingerahmt. Es gibt einen *patio* für „nasse" Badegäste und ein kleines Restaurant für „trocken Gebliebene", dazu hübscher Pool auf dem Dach! Mit BP und Kabel-TV. 10 USD pro Pers. ✆ 2761033.

Oasis (10), (Budget), geräumige, saubere Zimmer, Nr. 6 mit Meerblick und Kabel-TV. Pro Pers. 8–12 USD. Gegenüber dem Hostal María Corina.

*E*ssen & *T*rinken

Meist wird das Gleiche geboten: Fisch auf einem Berg Reis mit Kochbananen, in den Varianten *a la plancha* (filettiert aus der Pfanne), *frito* (frittiert), *apanado* (paniert), *al vapor* (gedünstet) oder als *encocado* (mit Kokosnusssoße). Die Lokale sind in der Regel von 7 bis 22 Uhr geöffnet. Die Hygienevorschriften entsprechen fast nirgendwo europäischen Standards.

Essen & Trinken
2 Cubano
3 Sazón Costeño
4 Marco's
6 Super Cebiche
7 Der Alte Fritz

Übernachten
1 Cielo Azul
5 Orus
7 Der Alte Fritz
8 Maria Corina
9 Carmita
10 Oasis
11 Club del Sol

100 m

Atacames

Océano Pacifico

Capitanía del Puerto

Malecón   del   Mar

Internet

Calle

Malecón   del   Río

Fußgänger-Brücke

Río Atacames

Coop. Panamericana

Coop. Occidental   Trans. Esmeraldas

Fahrrad- und Motorradrikschas   Internet

Av. Principal

Autobrücke   Banco Pichincha

Parque Central

Esmeraldas Quito

Esmeraldas Quito

Súa, Same, Mompiche, Manabí

Los Ostiones

Cebicheros

Montalvo

Espejo

Nordküste – Provinz Esmeraldas

Marco's (4), an der Strandpromenade, „einziges Lokal mit Ambiente, hier kann man auch abends schön sitzen und ein Glasel trinken" (Martina aus München), tägl. 11–23 Uhr.

Leser empfahlen das Palmstroh-Lokal **Sazón Costeño (3)** an der Uferpromenade, wenige Schritte von der Hauptzufahrt: Frühstück ab 1,50 USD, Fisch ab 4,50 USD, *langostinos* ab 10 USD, *encocado de mariscos* ab 12 USD.

Preiswerte Fisch- und Meeresgerichte hat das Restaurant **Cubano (2)** am Malecón, 20 m links von der Strandzufahrt Los Ostio-nes, und das **Super Cebiche (6)**, am Malecón zw. dem Hotel Le Castell und „Der Alte Fritz".

Frische Säfte und Milkshakes hat **Batidos Miri** unten im Hotel María Corina zur Straße hin.

Beste Pizzeria ist **D'Giulio** an der Strandpromenade neben der Disco Scala.

Der Alte Fritz (7), im gleichnamigen Hotel, Veranda zur Strandpromenade, Eisbein mit Sauerkraut, westfälische Speckpfannkuchen und eisgekühlte Blonde mit dicken Schaumkronen. Tägl. geöffnet, Mo erst ab 15 Uhr!

Nachtleben

Die populärsten Strandbars sind **Route 66**, **Oasis de Nagiba** (Sa-Marimba-Shows) und direkt daneben **Waikiki**. Die Disco **Scala** neben den Cebiche-Ständen am Malecón de la Playa öffnet im Juli und Aug. tägl., sonst nur Fr/Sa von 24 bis 4 Uhr morgens, kleines Bier 2 USD, Cuba Libre 3 USD, sicherer Ort, recht gepflegt.

▶ **Súa**: Etwa 5 km südlich von Atacames liegt rechts von der Hauptstraße in einer hübschen Pelikan-Bucht der ruhige Fischerort Súa. Der dortige Sandstrand ist weniger attraktiv als in Atacames. Palmen gibt es auch keine, aber die Fischerboote und der markante, aus dem Ozean ragende Felszacken bilden ein schönes Hintergrundmotiv. Von hier aus werden zwischen Juni und September Walbeobachtungsfahrten angeboten (ab 25 USD pro Pers.).

● *Übernachten/Essen & Trinken* **Las Buganvillas**, freundlich-blumiges Budget-Hotel an der Uferpromenade, Pool, teils Zimmer mit Meerblickbalkon (BP, Ww, Ventilator). Ab 8–10 USD pro Pers. ✆ 06/2731008.

Chagra Ramos, vom Salz angefressene Meerblick-Bungalows. BP, Balkon, unsauber, pro Pers. 7–9 USD je nach Saison. ✆ 06/2731006.

Für *encocados de camarón y pescado* wurde das Bambus-Strandlokal **Kikes** empfohlen, Hauptspeisen ab 5 USD.

Same

Eine knappe Viertelstunde (15 km) südlich von Atacames befindet sich ein Sandstrand mit Kokosnusspalmen, Pelikanen und den im maurischen Look gehaltenen Ferienapartments des *Club Casablanca,* die sich bis weit auf die Hügel hochziehen. Hier sollte wohl eine Art Mini-Marbella entstehen. Die Eigentumswohnungen in den Bettenburgen stehen jedoch eher im Hintergrund des Geschehens, und es gibt auch keine Uferpromenade mit allzu lautem Vergnügungsrummel. Motorisierte Polizisten sorgen zudem für Ruhe und Ordnung.

● *Verbindungen* **Bus**: Nicht alle Busse von Esmeraldas fahren bis Same. Manche machen in Súa schon kehrt. Daher ist evtl. umsteigen bei der Hinfahrt erforderlich. Auf der Rückfahrt nach Esmeraldas geht es dann in einem durch, einfach an der Hauptstraße auf den Bus nach Atacames (1 USD) oder Esmeraldas warten.

Taxi: Mit dem Taxi aus Same geht es schnell und sicher nach Same (20 Min., 10 USD). Ein Moto-Taxi in den nächstgröße-ren Ort Tonchigüe kostet 1 USD, oder gratis bei Ebbe barfuß am Strand entlang – nur in einer kleinen Gruppe!

● *Übernachten/Essen & Trinken* **Casa de Amigos**, (MK), im erdfarbenen Tex-Mex-Look, das beste am Strand. Künstler-Ambiente mit Bildern von unbekannten lokalen Größen. Besitzer sind die deutsche Köchin Gabriele und der Entertainer Rudi. Ein Papagei, ein Pudel, eine Katze und die Häsin Jasmina begrüßen die Gäste. Das angeschlossene Restaurant wartet mit leckeren mexikanisch-karibischen Gerichten auf. Toll sind das Meerblick-Matrimonial Nr. 5 und auch Nr. 7. Pro Pers. 31–34 USD inkl. BP, Ww, AC, Kabel-TV, Frühstücksraum und Strandutensilien. ✆ 06/2470102, www. casadeamigosecuador.com.

Cabañas La Terraza, (Budget), rustikal, aber direkt am Strand neben Casa de Amigos und daher gut für spontanes Baden; Hängemattenterrasse und hübsches, offenes Restaurant mit Holzkohleofen und reizvollem Meerblick, Spezialitäten sind Muscheln und Fisch (ab 6 USD). Pro Pers. 12–15 USD je nach Zimmer, in der Hauptsaison wesentlich teurer. ✆ 06/2470320.

Azuca, (Low Budget), von der Lebenskünstlerin Evelyn, nicht am Strand, sondern an der Ecke von Hauptstraße und südlicher Ortseinfahrt. Kleiner Dschungel-Garten, Kunst, Cocktails, *comida colombiana* (bis 22 Uhr). Je nach Saison zw. 5 USD pro Pers. und 25 USD pro Zimmer.

Cabañas Isla del Sol, abseits am südlichen Strandende, fast ein wenig karibisches Ambiente mit blühendem Tropengrün und gepflegten Holzhütten auf Stelzen, die meisten mit Veranda zum einsamen Strand hin, manche mit Küche, Wifi an der Rezeption, Pool, interessante Touren, nur Frühstücks-Restaurant, DZ 50–75 USD, 4er 80–110 USD. ✆ 06/2733470, www.cabanasisladelsol.com.

Neben den Hotel-Restaurants von Casa de Amigos und La Terraza bietet um die Ecke am Strandzugang die Veranda des **Seaflower** ganz ausgezeichnete Meeresfrüchte an, Spezialitäten sind *langostinos*, *lomo fino*, *ajillos mix*, *encocados*, *cazuelas*, Cockails, Hauptspeisen jedoch kaum unter

12 USD; Außerdem: **Pizzerien Simón** und **Marina** am Strand sowie **Bernabe**, kleine Hütte mit blauem Zelt am Strand, lokale Gerichte um 5 USD, in der Saison von 7–18 Uhr.

Blick von der Brücke - Ruta del Sol

▸ **Straße zur Playa Escondida**: Wenige Kilometer südlich von Same liegt das Fischerdörfchen **Tonchigüe**. Etwa 3 km hinter Tonchigüe (nahe einer Tankstelle) führt bei der Brücke über den Río Tonchigüe rechts ein asphaltiertes Sträßchen nach **Punta Galera**, während es auf der Ruta del Sol durch das hügelige Hinterland nach El Salto, Muisne, Mompiche und Pedernales weitergeht. Diese kaum benutzte Abzweigung stellte früher das alte Küstenstraße dar. Nach etwa 13 km auf dem Abzweig, noch vor dem Fischerort **Galera**, befinden sich die sehr idyllisch gelegenen Cabaña-Anlagen von **Playa Escondida** und 500 m weiter **Cumilinche**, beide rechts dem Meer zugewandt. Im weiteren Verlauf entpuppt sich die Panoramastraße als Leckerbissen. Sie endet am **Cabo San Francisco** fast gegenüber der nördlichen Inselspitze von Muisne.

● *Verbindungen* Klapprige **Busse** und „Chivas" (*rancheras*) der Coop. Costeñita und River Tabiaso fahren tägl. mind. 5x von Esmeraldas und Atacames über **Tonchigüe** nach **Galera**, und über **Quingüe**, **Estero de Plátanos** bis zum **Cabo San Francisco**.

Ein **Taxi** von Atacames kostet 15 USD, vom Flughafen bei Esmeraldas 35 USD.

• *Übernachten* **Cabañas Cumilinche**, eine tropische Traumanlage, romantische Wege führen zum offenen Restaurant und zur palmenbestandenen Privatstrandbucht, die bei Flut auch zum Baden geeignet ist. Die attraktiven Cabañas sind komfortabel, die zusammengehörigen Nr. 6 und 7 haben eine karibisch anmutende Aussicht auf die Bahía und die Punta Galera. Pelikane, Riesenkrabben und viel Vogelgezwitscher. Hochsaison 15. Dez. bis 15. Jan., Juli bis Sept. und Feiertage. Service instabil. EZ ab 42 USD, DZ ab 60 USD, 3er ab 80 USD, 4er ab 98 USD je nach Saison. ☎ 06/2733496/98, www.cumilincheclub.com.ec.

Cabaña Playa Escondida, sehr einfach ausgestattete Bambushäuser mit Bio-Toilette (BC o. BP), ein einladender Privatstrand, der jedoch nur bei Flut zum Baden geeignet ist, sowie eine kleine Flussmündung, 100 ha Trockenwald, viel Vogelleben und schmackhafte Mahlzeiten im offenen Lavastein-Barbecue-Restaurant (nur auf Vorbestellung). Camping ist möglich (5 USD). Langjährige Hüterin des versteckten Öko-Strandes ist die Kanadierin Judith. Wer es gerne abgeschieden mag, keinerlei Komfortansprüche stellt und bei Ebbe Strandwanderungen statt Baden bevorzugt (nur mit Schuhen), sollte hier übernachten. Pro Pers. 12–18 USD (Nebensaison), 24–44 USD (Hauptsaison). Reservierung notwendig! ☎ 06/2733122 o. ☎ 099-733368 (mobil), judithba rett@hotmail.com, www.playaescondida.com.ec.

Im weiteren Verlauf führt diese reizvolle Küstenstraße über die idyllisch gelegenen Stranddörfer **Quingüe** (*camarones del río* 3 USD, Übernachtung bei Fischerfamilien ab 3 USD) und **San Francisco** am gleichnamigen Kap bis ins trostlose **Bunche**. Dort gibt es Boote auf dem breiten Mangroven-Flussarm nach **Muisne**. Eine lohnenswerte, bislang wenig bereiste Alternativroute, um über das schmuddelige Muisne weiter in Richtung Süden nach Mompiche zu gelangen.

Muisne

Der Gedanke „so muss Baby Doc's Haiti gewesen sein", drängt sich beim Anblick des Hauptortes der Insel sofort auf und ist wahrscheinlich nicht ganz falsch. Nach Ankunft mit der *lancha* (Boot) bringen *triciclos* (hier quasi Fahrrad-Rikschas) die Gäste durch den reizend heruntergekommen Ort zur knapp 2 km entfernten anderen Seite der autofreien Insel. Hier breitet sich der sanft abfallende Sandstrand aus, der sich fast 10 km an dem dem offenen Meer zugewandten Teil der Insel hinzieht. Man findet dort ein paar einfache Hotels und Strandlokale – vom Bett direkt barfüßig in den Ozean. Links weg von der Strandzufahrt in Richtung Südspitze wird der Strand mit seinen angeschwemmten Treibhölzern, aufgeplatzten Kokosnussschalen und umherirrenden Krabben bald menschenleer. Der schöne Spaziergang zur Südspitze dauert etwa eine Stunde. **Achtung**: nur in einer kleinen Gruppe gehen, von Raubüberfällen wurde berichtet!

• *Verbindungen* Vom Festlandteil des Ortes Muisne geht es mit kleinen **Lanchas** (Booten) fast im Minutentakt auf die gleichnamige Insel (25–30 Ct.). Auch abends verkehren diese alle 10 Min., um evtl. am Kai noch den Nachtbus nach Quito zu erwischen. Sich anbiedernden Bootsbesitzern sollte man eher keine Aufmerksamkeit schenken.

Triciclos – Fahrrad-Rikschas – sind das einzige Fortbewegungsmittel. Dies macht den ganz besonderen Reiz der Insel aus. Jede Strecke, egal wohin, kostet tagsüber 50 Ct., spät abends 1 USD. Diese Fahrradtaxis bieten zudem die Möglichkeit, der Mittagssonne zu entkommen.

Die **Busse** der Coop. del Pacífico und Costañita warten alle am Kai (*muelle*) im Festlandortsteil von Muisne. Es geht tägl. alle halbe Std. über El Salto in Richtung Norden nach **Atacames** (mind. 1 Std.) und **Esmeraldas** (fast 2 Std.). Etwa jede Std. geht es über El Salto und Chamanga in Richtung Süden nach **Pedernales**. Wer nach **Mompiche** möchte, kann auch in **El Salto** aussteigen und dort auf einen Bus nach Mompiche oder zum Y de Mompiche warten (45 Min., 1 USD). Nach **Quito** geht es mit der Coop. Occidental um 22.30 Uhr (10 Std., 10 USD), oder um 11 und 21.30 Uhr mit Trans Esmeraldas, meist mit Zwischenstopps in Same, Atacames und **Santo Domingo**. Wer lieber über Puerto Quito bzw. das Y de Mindo fahren möchte, muss in Atacames oder Esmeraldas umsteigen.

Vorzugsweise **deutsche Volontäre** für soziale Dienste sucht die Organisation **Marango! e. V.** in der Casa de Marango. Zu den Projekten gehören z. B. der Foro de Mujeres, eine Fraueninitiative, die sich für deren Rechte und gegen Gewalt in Familien einsetzt. Auch Freiwilligendienste in Kindergärten und Vorschulen. Informative Webseite auf Deutsch: www.marango.de.

Lohnenswert ist eine **Bootsfahrt** vom Kai nach **Mompiche**, mit einem Fischer etwa 35—40 USD pro Boot. Fahrtzeit bis zu 1 Std.,

wobei der „Piloto" dazu überredet werden kann, näher an die Mangroven heranzufahren.

• *Übernachten* Für Rucksackreisende ist das 300 m links von der Strandzufahrt direkt am Strand gelegene **Spondylus Calade** zu empfehlen, pro Pers. ab 5 USD. Ähnliche Preise hat **Las Olas** an der Zufahrt und fast am Strand.

• *Essen & Trinken* Kleine Comedores mit Meerblick bieten frische Fisch- und Meeresgerichte, am besten sind **Las Palmeras** mit köstlichen *camarones encocados* und **Martha** mit identischer Speisekarte und Preisen (ab 4 USD). Lange Wartezeiten müssen in Kauf genommen werden. Also am besten bestellen und dann erst noch eine Runde schwimmen gehen. Auch die Angewohnheit, Wechselgeld bereitzuhalten, kennen die freundlichen Bewohner nicht. Karibische Cocktails gibt es am Wochenende bei Elvis in der schönen Strandbar **Havana**. Weiterer Tipp ist ein winziger Holzstand zw. dem Parque Central und dem Kai, mit eiskalten frisch gepressten Säften für ganz besonders heiße Tage.

Die durchgehend asphaltierte **Marginal de la Costa** oder auch **Panamericana del Pacífico** verbindet nicht nur die Küstenprovinz Esmeraldas im Norden mit der Provinz Manabí in der mittleren Küstenregion, sondern soll in Zukunft die Küsten von Peru, Ecuador und Kolumbien zu einer verkehrsstrategisch bedeutenden Einheit zusammenschweißen.

Bewohner stoppen Mangrovenschwund

Auf Muisne sind von 1970 bis heute 85 % der Mangrovenwälder durch *camaroneras* (Shrimp-Aufzuchtbecken) vernichtet worden. Bei einer Bootsfahrt durch die labyrinthartigen Mangrovenkanäle findet man diese Pflanzen meist nur noch im Uferbereich, während etwas versteckt im Hinterland bereits die hässlichen Shrimp-Aufzuchtbecken zu sehen sind. Auf der Insel leben trotzdem noch etwa 40 Familien vom Einsammeln der im Stelzwurzeldschungel lebenden Taschenkrebse, für die auf dem Markt bis zu 1 USD je nach Exemplar bezahlt werden. Die Stiftung **Fundecol** (Fundación de Desarrollo Ecológico) organisiert Wiederaufforstungsaktionen, auch in Zusammenarbeit mit kommunalem Tourismus, Ausflüge durch die Mangrovenwälder und zu kleinen Inseln um Muisne. Die für den Erhalt der Mangroven kämpfende Stiftung konnte sich durch europäische Hilfe immer stärker behaupten und stellt mehr und mehr Einheimische ein. Dadurch hat Fundecol inzwischen viel Unterstützung und Rückhalt im Dorf. Infos/Kontaktperson: Rodrigo Ramirez Vega, ℡ 06/2480519, www.fundecol.org.

An einer nach Süden führenden Abzweigung von der Straße nach Atacames und Esmeraldas, genau 16 km östlich von **Muisne** an einem Ort namens **El Salto**, beginnt ein Teilabschnitt dieser internationalen Küstenstraße. Aus Esmeraldas kommende Busse sowie von der Abzweigung El Salto aus operierende Camioneta-Taxis verkehren auf dieser Strecke. Einst unbekannte Dschungel- und Stranddörfer wie der herrliche Badestrand von **Mompiche**, der nördlichste Manabí-Küstenort **Cojimíes** auf der anderen Seite des breiten Meeresarmes und **San José de Chamanga**, der südlichste Ort der Provinz Esmeraldas, wurden mit der Streckenfertigstellung an dieser wunderschön grünen Küstenregion aus ihrem Dornröschenschlaf geweckt.

Mompiche

▸ Der 8 km lange Sandstrand des 500-Seelen-Fischerdorfes mit seiner weitläufigen, fast karibisch anmutenden Bucht **Ensenada de Mompiche**, ist einer der schönsten an der ecuadorianischen Festlandküste. Neben den vielen Palmen und Scharen von roten Krabben laufen mitunter auch ein paar indische Kühe über den heißen Sand. Die bis vor wenigen Jahren unter Surfern noch als Geheimtipp gehandelte und nur per Boot erreichbare Bucht steht vor dem touristischen Take-off. Der Strand wird wegen seines Wellenganges von *tres olas seguidas* (drei Wellen hintereinander) geschätzt. Beim Ort selbst ist der Strand zwar dreckig, sobald man sich aber ein wenig davon entfernt, wird er gleich sehr sauber. Die 7 km lange, recht pittoreske Zufahrtsstraße von der „Küsten-Pana" *Marginal de la Costa*, also vom sog. *Y de Mompiche* bis runter zum Dorf, soll in Bälde angeblich asphaltiert werden. Schlammverkrustete Hausschweine dürften aber auch weiterhin zu den häufigsten Verkehrsteilnehmern zählen.

● *Verbindungen* **Busse** der Coop. del Pacífico und River Tariazo fahren i. d. R. um 7.30, 12, 12.20, 16 und 16.40 Uhr von Mompiche erst bis zur Hauptstraße vor (7 km), vom Abzweig der Marginal de la Costa geht es dann weiter nach **El Salto**, **Atacames** und **Esmeraldas** (Fahrtzeit 2:30 Std., 3 USD). Umgekehrt geht es von Esmeraldas tägl. über Atacames und El Salto nach Mompiche.

● *Übernachten (von Norden nach Süden)* **Cabañas Las Pigualas**, (Budget), Meeresrauschen, Palmenrascheln, schöner, tropischer Garten, pazifische Einsamkeit, Natur pur und nichts als Erholung. Bei Flut ist man vom Dorf abgeschnitten. Vier sehr hübsche Cabañas für bis zu 5 Pers., mit Hängematten, chlorbehandeltem Wasser, Solaranlage, Bodyboards, Kanu für Fahrten durch die Mangrovenwälder. Schmackhafte Küche nur für Gäste (komplettes Menü 10 USD, Frühstück 4 USD). Preise pro Cabaña: 2 Pers. ab 40 USD, 3 Pers. ab 50 USD, 4 Pers. ab 60 USD, 5 Pers. ab 70 USD. Etwa 30 Min. Fußmarsch vom Dorf nahe bei Las Manchas am menschenleeren nördlichen Strand, ✆ 099-472458 (mobil), www.playaecuador.com.

Mompiches Land, (Budget), hübsche Cabañas aus Bambus, Holz und Zement am nördlichen Strand abseits vom Dorf, am besten sind Nr. 1, 4, 8 und 10, auch familiäre Mehrbettzi**mmer, schön das helle Apartment mit Küche im 4. St. Pro Pers.** ab 12,50 USD in Zimmern bzw. 25 USD in Cabañas. Angeschlossenes Restaurant mit Hauptspeisen ab 3,50 USD. Von der Hauptstraße im Dorf geht es am Strand 1.500 m rechts, ✆ 099-690398 (mobil), www.mompichesland.com.

Gabeal, (Budget), in nördlicher Richtung am Strand, romantische einfache Strand-Cabañas (BP, Kw), offenes Strohdach-Restaurant (nur Jan. bis März). Es gibt zwei Zimmer mit *cama matrimonial* und Blick aufs Meer, gut ist Nr. 4, Camping 3 USD. Surfbretter ab 3 USD, Surfunterricht ab 20 USD. Pro Pers. 10–15 USD in den oberen Stockwerken, ✆ 099-696543 (mobil).

Balkonia, (Budget), in nördlicher Richtung direkt am Strand. Den schönsten Meerblick hat das familiäre „Apartment" im 2. St. Pro Pers. 10–25 USD.

Tabo Surf, (Budget), das ehemalige Chao Pescao', erste Adresse für Surfer, Surfunterricht, Brettverleih, Wellen-Beobachtung vom Mirador, geile Musik, nichts für Ruhesuchende! In zweiter Reihe in der Calle Fosforera, einfache Zimmer mit BC/BP, ein paar mit Balkon, pro Pers. 6–12 USD, Cam-

Strand von Mompiche

ping 2–4 USD, angeschlossenes Restaurant La Última Ola mit Frühstücken und Tagesgerichten ab 2,50 USD. ☎ 091-096489 (mobil).

Voluntad de Dios, (Budget), in zweiter Reihe in der Fosforera in nördlicher Richtung, pro Pers. 5–10 USD (BC/BP), angeschlossenes Restaurant Florcita.

Mompiche Beach Lodge, (Budget), Backpacker-Tipp! In einem schönen Palmenhain fast am südlichsten Ende des Strandes, wo das Meer ganz ruhig und ideal zum Baden ist. Bei Flut bekommt man, vom Dorf kommend, nasse Füße. Rustikale, arg bejahrte Cabañas, manche sind besser (Nr. 5, 6, 7, 8), sehr hübsch ist Nr. 5, einen Flohsprung vom erquickenden Ozean. Aus den Duschen kommt leicht salziges Wasser, ein romantischer Ort. Offenes Meerblick-Restaurant, oft nur für Gäste und dann auf Vorbestellung (Hauptgerichte ab 4 USD). Freundliche Chefin ist Fabiola (mobil ☎ 091-398467). Pro Pers. 10 USD ohne (Nebensaison), 15 USD mit Frühstück (Hauptsaison).

● *Essen & Trinken* **Atardecer de Mompiche**, Fisch, Kalamar, Oktopus, Languste, Muscheln, Pasta, Pizza, *bolones y batidos* auf zwei Etagen (4–12 USD).

Punto de Encuentro, vegetarisches Menü ab 2,50 USD, Filterkaffee, Müsli-Frühstücke ab 2 USD, Surfbretter.

El Económico, am Ende der Strandzufahrt im Hostal O.G.A. mit *desayuno criollo* ab 2 USD und *langostinos* ab 6 USD.

Urig ist der **Comedor** von Heverth Solorzano („Payman") und Señora Alegría, *langostinos al ajillo* mit Kochbananen ca. 5 USD. An der Hauptstraße, einfach durchfragen!

Ganz am südlichen Ende der Bucht von Mompiche zweigt kurz vor einer Felswand linker Hand ein Fahrweg in das hügelige Gelände ab. Hier tut sich was! Nach knapp einer Stunde, die ersten Neubauten der Decameron-Ferienanlage rechts liegen lassend, endet der Weg an einem bis zu 300 m breiten Meeresarm. Man muss hier ans andere Ufer übersetzen und kann dazu ein Boot heranwinken (Fährmann Cristóbal, 25 Ct.). Für Schwimmer: Bei Flut schwillt der Fluss bedenklich an!

Auf der anderen Seite des Meeresarms unterhält Lorenza Cedeño links von der Anlegestelle ein Hüttenlokal mit *pescado, concha, cameron, gallina criolla* oder *ostión* (Krustentier, einmal pro Monat). Nach einigen Hundert Metern erscheint das ganz

Willkommen in Portete

unter Kokosnusspalmen versteckte Dörfchen **Portete** mit seinem herrlich wilden, „wirklich schönen" Strand, wie Leser berichteten. Die ebenso von Palmen beschatteten Stelzenhäuschen bieten einen romantischen Anblick. Es gibt zwei urige Tante-Emma-Läden, eine Schule, erfrischendes Kokosnusswasser und die drei sehr einfachen Cabañas Caña Brava (Hängematten, Restaurant nur bei Bedarf, Bootsausflüge, 12–15 USD pro Pers., mobil ✆ 091-918054). Eine bessere Cabaña-Anlage baut gerade Don Arturo.

> Jede Menge mitgebrachtes **Kleingeld** ist in Mompiche von unschätzbarem Vorteil, da die behäbigen Einheimischen praktisch immer den genau abgezählten Betrag erwarten. Die lästige Angewohnheit, Wechselgeld bereitzuhalten, scheinen sie nicht zu kennen.
>
> Nach Einbruch der Dunkelheit sollten Wanderungen am Strand – wenn nicht in einer kleinen Gruppe – der Sicherheit zuliebe gemieden werden!

Von Portete weiter nach Süden geht es landeinwärts über eine Brücke und an einer Hazienda vorbei. Ein breiter, von Viehweiden umzäunter Weg führt eine gute Stunde lang in das von einer breiten Plaza dominierte Dorf **Bolívar**. Von hier geht es entweder per Pick-up oder auch zu Fuß durch die Shrimp-Farmen *(camaroneras)* zur Asphaltstraße Marginal de la Costa, wo ein Bus nach Süden Richtung Pedernales (Provinz Manabí) oder einer zurück nach Norden bis zum „La Y de Mompiche" bestiegen werden kann. Eine andere Möglichkeit wäre es, ein Boot für die Fahrt nach Bolívar, Daule oder gar bis rüber nach Cojimíes (Provinz Manabí) zu chartern. Der Fährmann Cristóbal verlangt 25 USD für den wunderschönen Bootstrip von Portete nach Cojimíes. Hierbei fährt man an einer lang gestreckten Palmeninsel mit herrlichen Badeständen vorbei und durch das labyrinthartige Mangrovendelta von Cojimíes. Von der Spitze der Landzunge in Cojimíes geht es am besten gleich weiter: bei Ebbe mit einer *camioneta* fast 30 km über den einsamen Palmen- und Sandstrand rauschend zu den Cabañas Coco Solo (km 13) und nach Pedernales.

Nördlich der Provinzhauptstadt Esmeraldas

Die von Touristen wenig frequentierten Strände im Norden der Provinz, zur kolumbianischen Grenze hin, leiden im Gegensatz zu den südlicheren Badeorten an infrastrukturellen Mängeln. Die Bevölkerung besteht fast nur aus Morenos. Der schwarze Kontinent scheint hier zu liegen.

Hotels und Cabañas sind spärlich gesät. Dabei verzeichnen die Strände des Nordens im Durchschnitt mehr Sonnentage und erfreuen sich eines lauwarmen Pazifiks mit geringerem Wellengang. Der Flughafen von Esmeraldas liegt diesem nördlichen Küstenabschnitt zudem näher als dem südlichen.

Neben Badefreuden und Sonnetanken bietet der Norden von Esmeraldas noch weitere Aktivitäten: Dschungeltrips im Einzugsgebiet des **Río Cayapas**, Fahrten durch die **Mangrovensümpfe**, archäologische Schatzsuche auf der Flussinsel **La Tolita** oder kulturelle Einblicke in das Leben der **Cayapas- oder Chachis-Indianer** gehören zu den Attraktionen der Region.

▸ **Río Verde**: Eine Fahrtstunde von Esmeraldas, etwa 45 Min. von der Abzweigung bei San Mateo und eine halbe Stunde vom Flughafen nördlich der Stadt befindet sich die breite Mündung des Río Verde. Hier am gleichnamigen Fischerort schiebt sich der Strand bei Ebbe gleich mehrere Hundert Meter ins Meer hinaus. Ein winziges Kokosnusswäldchen, Fischerboote, Muschelbänke und sehr viel Treibholz sind der einzige Augenschmaus. Etwa 500 m vor dem Ort im Viertel Palestina befindet sich linker Hand zwischen Straße und Strand die weitläufige, etwas in die Jahre gekommene **Hostería Brisa Océano** (✆ 06/2744203, mobil ✆ 096-527682), die mit drei Cabañas (20 USD pro Pers.), einem Meerblick-Restaurant (leckerer Fisch und Meeresfrüchte), Pool, Liegestühlen und Sonnenschirmen aufwarten kann. Dort besteht auch die Möglichkeit, Ausflüge zu organisieren, z. B. nach Africa!

▸ **Africa**: Eine aufregende, mit den Pelikanen wetteifernde Bootsfahrt aufs offene Meer hinaus ist ein etwa zweistündiger Ausflug von Río Verde ins winzige, von Morenos bewohnte Fischerdörfchen Africa. Ein markanter Name, ein kleiner Strand, fünf Holzhütten, zum Trocknen aufgehängte Fischernetze, drei dösende Hunde und neugierige Kinderaugen, sonst gibt es nicht viel zu sehen. Aber die Fahrt selbst, in einem hölzernen Langboot mit Außenborder, ist ein Hochgenuss für Leute, die keinen Wellengang fürchten. Der Preis für das Abenteuer beträgt mit dem gecharterten Boot eines Fischers von Río Verde aus vielleicht 50 USD. Wem Bootsfahrten jedoch zu abenteuerlich erscheinen, der kann Africa auch nach einem etwa 10 km langen Fußmarsch erreichen. Es geht von Río Verde zuerst mit der Ranchera nach **Rocafuerte** (angeblich die besten Meeresfrüchte der Region) und dann in Richtung Osten bis kurz vor das Dorf **Montalvo** (20 Min. Fahrtzeit). Etwa 1 km vor Montalvo zweigt bei einer kleinen Brücke links ein Weg nach **Bocana de Ostiones** ab. Von dieser Stelle aus sind es bei sengender Hitze noch zwei Stunden zu Fuß bis nach Africa.

▸ **Las Peñas**: Eine Fahrtstunde nördlich von Río Verde befindet sich etwa 300 m links weg von der Straße nach **La Tola** der hellgraue Sandstrand *Playa de Las Peñas*, der sich über mehrere Kilometer hinzieht. Wegen des flach abfallenden Strandes ist das Baden hier ein Genuss. Das Meer scheint hier sehr friedlich zu sein. Bis vor wenigen

Jahren säumten noch Hunderte von Kokosnusspalmen den Strand. Diese wurden jedoch von einem gefräßigen Ungeziefer namens *gualpa* dahingerafft. Unter der Woche herrscht Ruhe, sonntags wimmelt es von Ausflüglern.

● *Übernachten (von Süden nach Norden)* **Rincón del Pacífico**, (Budget), kleine, saubere, gemütliche DZ mit BP, Kw, Ventilator, Restaurant, alles nett gemacht. Pro Pers. 8–10 USD. ✆ 06/2786058.

Stephan Thöner empfahl **Cumbres Andinas** weiter nördlich, direkt am Strand, gutes und reichhaltiges Essen, dies bei sehr netten Leuten! Ab 6 USD pro Pers., ✆ 06/2950024.

Es gibt etwa noch ein weiteres Dutzend Hotelchen direkt am Strand. Der Autor bittet um Feedback!

Die **Gallera** (Hahnenkampfarena) im Dörfchen Las Peñas bietet sonntags manchmal blutige Schaukämpfe. Bier und Aguardiente (Zuckerrohrschnaps) trinkende Einheimische, die aufgeregt mit Geldscheinen herumfuchteln und auf ihre bunt gefiederten Favoriten setzen! Die langen, scharfen Stacheln, die den angriffslustigen Prachthähnen vor einem jeden Kampf erneut um die Fersen gewickelt werden, sind Fischgräten des Pescado Rayo. Nichts für Mitglieder des Tierschutzvereins.

▶ **Los Manglares de Majagual:** Das 30-Hektar-Naturreservat zwischen Las Peñas und La Tola beherbergt die höchsten Mangrovenbäume der Welt. Manche von ihnen erreichen stolze Höhen von bis zu 65 m. Der Zugang liegt nur wenige Meter neben der Straße (ist ausgeschildert). In der Regenzeit, von Januar bis Mai, sind die Moskitoschwärme jedoch nicht mehr zu ertragen, und das Sumpfgebiet ist oftmals überflutet. *Cangrejos*, große Taschenkrebse, sind die ersten Lebewesen, über die Besucher schon fast stolpern. Ein quirliges Vogeltreiben ist vor allem in den frühen Morgenstunden zu erleben. Infos in **Limones** bei Jaime Angulo Montano, ✆ 06/2789064 oder 2789595. Touristen können sich in La Tola mit ihm treffen, um das Majagual-Reservat und auch La Tolita zu besuchen. Trips ins Mangrovengebiet organisiert auch Cabañas de los Manglares in **Olmedo** (s. u.).

▶ **La Tola:** Wenige Kilometer nördlich vom Majagual-Reservat liegt La Tola. Dort kann auf ein Boot nach **Limones** und San Lorenzo umgestiegen werden. Der bloße Anblick des schmutzigen Fischerortes vertreibt jeden Gedanken an eine Übernachtung. Frauen werden oftmals belästigt.

Die wunderschöne Frischluft-Bootsfahrt von La Tola durch die Mangrovensümpfe und über das im Dreck erstarrte Limones nach **San Lorenzo** nimmt etwa zwei bis drei Stunden in Anspruch (6–8 USD). Die Rückfahrt im Bus nach Esmeraldas dauert bis zu 4 Stunden. Wer von La Tola in den Ort Borbón möchte, kann dies per Boot oder Bus tun. Von Borbón aus besteht die Möglichkeit, auf dem Fluss Cayapas in den Küstendschungel vorzudringen. Überland geht es zuerst bis zur Gabelung bei Las Peñas zurück (25 km), wo auf einen aus Esmeraldas kommenden Bus nach Borbón gewartet werden muss.

Schräg gegenüber, östlich von La Tola, liegt die präkolumbische Ausgrabungsinsel **La Tolita** (auch **Manta de Oro**), die jedoch wenig Außergewöhnliches bietet. Zu viele haben auf der flachen Mangroveninsel schon nach wertvollen Reliquien des verschwundenen Kulturvolkes von La Tolita gebuddelt. Heute wachen die Militärs über die letzten verbliebenen Keramikreste im Erdreich.

▶ Viel netter als La Tola ist das nahe Mangrovendorf **Olmedo** an der breiten Mündung des Río Cayapas in den Pazifik, wo es am Strand (etwa 300 m von der Straße) die sehr einfachen, von der Frauenkooperative *Nueva Unión* verwalteten Cabañas de los Manglares gibt (nur BC, 10 USD pro Pers.). Die kommunale Herberge bietet auch regionaltypische Verpflegung und organisiert Bootsausflüge mit den Fischern hinaus aufs Meer oder in die Mangrovenwälder. Die *Manglares de Majagual* sind etwa 20 Min. entfernt. Kontakt: Señora Luz de Alba in San Lorenzo, ✆ 06/2780239 (nach 18 Uhr).

▶ **Borbón**: Eine knappe Fahrtstunde nördlich von Río Verde teilt sich die Hauptstraße an einem Punkt namens *La Y*. Der linke, nicht asphaltierte Zweig führt über den Strand von Las Peñas und den Mangrovenwald von Majagual bis ins kleine Hafenörtchen La Tola, von wo aus per Boot San Lorenzo erreicht werden kann. Der rechte Zweig führt nach einer weiteren Dreiviertelstunde nach Borbón im Landesinneren, etwa 100 km nördlich von Esmeraldas gelegen, und geht von dort aus bis nach San Lorenzo und zur kolumbianischen Grenze weiter.

Borbón ist ein schmutziges, stickig-schwüles Kaff am Ufer des Río Cayapas. Von hier aus geht es entweder gleich nach San Lorenzo weiter (ca. 3 Std. mit dem Boot durch das schöne Mangrovendelta, ca. 1 Std. per Bus auf der Asphaltstraße) oder auf einem Abenteuertrip in die letzten feucht-heißen Regenwälder der nördlichen Küstenregion. Ein paar Tage Zeit sollten für diesen spannenden Abstecher zu den westlichen Randzonen des Naturreservates **Cotacachi-Cayapas**, in eine touristisch unberührte Region, veranschlagt werden. In der Regenzeit, von Januar bis Mai, muss zudem mit Millionen von *mosquitos* und *zancudos* (Stechmücken) und damit auch mit potenzieller Malariagefahr gerechnet werden. Für Expeditionslustige gilt es daher, Vorsorge zu leisten. In den Sommermonaten hingegen stellen die Biesterchen kein größeres Problem dar.

Übernachten **Tolita Pampa de Oro** auf der Hauptstraße parallel zum Fluss (5 USD). 44 atemraubende Holzverschläge auf zwei Stockwerken hat das Hotel **Panamá City**, Calle Eloy Alfaro (ab 3 USD).

Der anziehendste Punkt im Ort ist das bunte Treiben beim Landungskai am Flussufer. Dort werden nicht nur Bananenstauden, Ananashaufen und aufgeregte Hühner verladen. Fragen Sie auch nach Papa Roncón, dem ecuadorianischen Marimba-König!

● *Verbindungen* **Busse** der Coop. del Pácifico und Costeñita fahren tägl. stündl. nach **Esmeraldas** (3:30 Std., 4 USD) und **San Lorenzo** (1 Std., 1,50 USD). Von Borbón startet 2x tägl. ein **Boot** nach San Lorenzo (7 und 12 Uhr, Fahrpreis 6– 8 USD). Die Fahrt geht insgesamt zwei bis drei Stunden zwischen den Mangroveninseln hindurch. Einen bis zu 1 Std. langen Zwischenhalt gibt es in **Limones** (Hotel Mauricio Real). Dort können Cayapas-Korbflechtarbeiten erstanden werden. Von der Anlegemauer in Borbón geht es auch auf dem Río Cayapas oder auf einem seiner Zuflüsse (Río Santiago) weiter flussaufwärts in südöstlicher Richtung immer tiefer in den tropischen Regenwald. Kanufahrten von 45 Min. Dauer (Zusammenfluss des Cayapas und Onzole), von 5 Std. (**Playa de Oro** am Río Santiago o. nach **San Miguel** am oberen Lauf des Cayapas) sind möglich. Den Río Cayapas rauf geht es entweder mit dem „öffentlichen" Boot (Abfahrt am späteren Vormittag nach San Miguel, 10–12 USD pro Pers.) oder mit einem am Landungskai „gecharterten" Kanu (bis 100 USD). Auf dem Río Santiago gibt es hingegen kein öffentliches „Kanu-Taxi".

Wer es sich zutraut und in diese tiefere Cayapas-Region eindringen möchte, reist am besten von Borbón nach San Miguel am Río Cayapas (4–5 Std.) oder nach Playa de Oro am Río Santiago (5 Std.). Beide Kommunen sind nur per Kanu erreichbar, wobei **San Miguel** einmal täglich mit einem öffentlichen Boot von Borbón aus angesteuert wird. Durch die weit verstreuten Kommunen der ansässigen Chachi-Indianer wie auch die der Nachfahren von afrikanischen Sklaven, kommen insbesondere ethnologisch Interessierte auf ihre Kosten. Am ersten Tag geht es den Río Cayapas stromaufwärts. Unterwegs bieten sich der Besuch einer Chachi-Zeremonienstätte und eines „doppelten" Dörfchens namens **Santa Maria de Chachi** und **Santa Maria de Negro** an, wo Morenos und Indígenas in beispielhafter Harmonie zusammenleben (ohne sich jedoch zu „mischen"). In **Zapallo Grande** kann lokales Kunsthandwerk erstanden werden: schöne Korbflechtereien, Textilien oder Keramik. Dort gibt es auch eine Missionsstation und eine Birdwatcher-Lodge im Chachi-Stil (www.kumanii-lodge.com).

Die kosmischen Visionen der Toliteños

Für die Urbewohner der kleinen, feuchtheißen Mangroveninsel La Tolita war das Universum ein gigantischer, in einem endlosen Meer dahintreibender Kaiman, der sich je nach Lust und Laune in Gestalt einer Harpyie in eine Art Himmelskrokodil verwandeln konnte. Diese beiden allmächtigen Wesen, der Kaiman und der Adler, kommunizierten unter Zuhilfenahme des Jaguars mit den Menschen. Während man der irdischen Schlange weibliche Fruchtbarkeit nachsagte, wurde die geschmeidige Raubkatze mit dem Feuer, dem Ursprung aller Dinge, mit übernatürlichen Kräften und sexuellen Energien assoziiert. Sie tauchte in Form von Masken bei allen Tanz-, Musik- und Theaterzeremonien der Toliteños auf. Zwischen den Eckzähnen, im offenen Rachen der Bestie, erschien das Antlitz eines schweißgebadeten Menschen.

Die Maskenrituale waren lediglich eines Schamanen würdig, der sich unter dem Einfluss einer Droge in eine andere Dimension versetzte, um so unter sternengeschwängerten Himmelszelten, umgeben von aufschäumenden Wassern und Wäldern voller Stimmen und Schatten, zeitlich und räumlich auf einem Krokodilsrücken durchs Universum zu reisen. Goldene Nasenringe, Ohrenteller, Brustketten, Gesichtsnägel, tropischer Federschmuck und „bewegliche" Augen aus Edelsteinen gaben den Fratzen einen überaus euphorischen Charakter.

Filigrane und poetische Keramikfiguren wurden unterdessen von allen weiblichen Bewohnern der Insel angefertigt. Pelikane, Affen, Leguane, Schnecken, Schlangen, Gürteltiere, Fische, Adler oder Raubkatzen schmückten die Eingänge der Behausungen. Andere Figuren spiegelten wiederum Szenen aus dem Alltagsleben wider: strickende Frauen, Kinder, Seefahrer, Kunsthandwerker, festlich gekleidete Priester und Liebespaare. Persönlicher Schmuck wurde aus purem Gold hergestellt oder mit Platin veredelt sowie aus Kupfer und Silber geschmolzen. Selbst die hochkarätigen, unter der Wasseroberfläche aufblitzenden Angelhaken sind heute begehrte Sammelobjekte unter Liebhabern vergangener exotischer Kulturen. Schon in vorhergehenden Epochen erzeugten Angelhaken aus Perlmutt den gleichen anziehenden Effekt. Das für Fische unwiderstehliche Glitzern machte den Köder völlig überflüssig.

Für die friedliebenden Toliteños hatte das angeschwemmte Gold aus den Flussmäandern des Río Santiago und Río Cayapas keinerlei materielle Bedeutung. Es diente lediglich spirituellen Zwecken und war außerdem recht gut zu verarbeiten. Üppigste Flora und Fauna ließen außerdem keinerlei materielle Bedürfnisse aufkommen. Es war alles für jeden in Hülle und Fülle vorhanden, wie im Paradiese!

Etwa 400 Jahre nach dem Auftauchen dieser faszinierenden Künstler- und Seefahrerkultur (ca. 90 v. Chr. bis 270 n. Chr.) verschwand La Tolita dann ganz plötzlich wie von einem großen Krokodilmaul verschluckt. Ein gewaltiger *Tsunami* soll angeblich der Grund gewesen sein.

Die Plünderung der Goldschätze von La Tolita hatte schon nach der Conquista gegen Ende des 16. Jh. eingesetzt. Der spanische Kapitän *Pedro de Arévalo* stieß auf der Suche nach dem berüchtigten Mulattenanführer *Alonso de Illescas* zum ersten Mal auf die Schatzinsel. Er berichtete damals: *„Die Indios jenes Grund und Bodens, gebändigt durch besagte Subjekte von Mulatten, und auch jene der Provinz von Cayapa und Conboncanos und Anderen besagter Küste, entnahmen sehr viel Gold und waren im Begriff noch mehr hervorzutun, von Menschenhand gestaltetes Gold, und es fanden sich viele Figuren aus Tonerde von Löwen und auch Schlechtigkeit"* – womit die erotischen Darstellungen gemeint waren.

Die Abgeschiedenheit der Insel, verloren zwischen Mangrovensümpfen und dichtem Dschungel, ermöglichte über Jahrhunderte hinweg den stillschweigenden archäologischen Raubzug an den bezauberndsten kulturellen Erbstücken des Landes. Unter den unzähligen Figuren, die ihren kostspieligen Weg ins Ausland fanden, stach besonders ein im Jahre 1912 ausgegrabener Goldschatz hervor. Sein Finder hieß *Don Pablo Isaías Sánchez*, ehemaliger Besitzer der Hacienda La Tolita. Unter den Prunkstücken befanden sich ein Goldei mit einem stattlichen Smaragd in seinem Innern und ein großer Brustkorbschmuck mit eingearbeiteten Fledermäusen und Kaimanen, ebenso aus purem Gold.

Das größte Verbrechen am Vermächtnis der Toliteños beging jedoch die Familie Yannuzzelli, die zwischen 1933 und 1940 auf der Hacienda La Palma lebte und eine bereits 1913 von der Regierung erteilte Konzession zur Ausbeutung der Minen auf La Tolita besaß. Don Donato Yannuzzelli ließ Gleise für Bergwerksloren und Zerkleinerungsmaschinen auf die Insel herbeischaffen. Um das Gold vom aufgeschütteten Erdreich zu trennen, wurde das gesamte Material, gespickt mit Keramikfiguren, vollständig zermalmt und auswaschen. Ausgesonderte, größere und überaus kunstreich bearbeitete „Goldobjekte" ließ er einfach zu Barren einschmelzen!

▶ **San Miguel**: Im pittoresken San Miguel, dem letzten Dörfchen vor dem riesigen Naturreservat (Reserva Ecológica Cotacachi-Cayapas), besteht die Möglichkeit, in einfachen Unterkünften zu übernachten und einen Dschungelwein namens *pilde* zu probieren. Von San Miguel geht es dann in das Cotacachi-Cayapas Reservat. Weiter flussauf gelangt man mit dem Kanu durch tief eingeschnittene Schluchten. Ein mindestens fünfstündiger Marsch zum fabelhaften 100-m-Wasserfall **Cascada Charco Vicente** verlangt Ausdauer. Dort kann mitten im Dschungel gezeltet werden.

▶ **Playa de Oro**: Der tropische Regenwald im Bereich von Playa de Oro gilt im Vergleich zu San Miguel unter Tierbeobachtern als die bessere Alternative. Die abgelegene Kommune am Río Santiago ist von Borbón nach 5 Std. Motorkanufahrt erreicht. Von Borbón kann auch einen Bus nach **Selva Alegre** am Río Santiago genommen werden, von dort sind es dann nur 2:30 Std. Kanufahrt bis Playa de Oro. Das gecharterte Kanu von Selva Alegre kostet um die 50 USD. Eine halbe Stunde weiter flussaufwärts von Playa de Oro befindet sich die gemeindebetriebene **Tigrillo Lodge**, bereits mitten im tiefsten Dschungel. Eine Voranmeldung ist absolut notwendig: Sowohl das Kanu bis Playa de Oro als auch der Aufenthalt dort sollten mehrere Wochen im Voraus reserviert werden (tracy@touchthejungle.org, www.touchthejungle.org). Eine Übernachtung inkl. Mahlzeiten und Guide kostet in der Lodge 50 USD pro Pers. – ein ganz außergewöhnliches Wild-Life-Abenteuer erwartet

Nordküste – Provinz Esmeraldas

jeden Besucher. Die fantastische Geräuschkulisse des Dschungels kann an kaum einem anderen Ort in Ecuador intensiver wahrgenommen werden. Das 10.000 ha große Tigrillo-Reservat ermöglicht es, neben verschiedenen Affen- und über 330 Vogelarten sogar Raubkatzen in freier Wildbahn zu beobachten!

Malaria: Relativ moskitofrei sind die Sommermonate von Juni bis Dezember/Januar, vor allem der August ist zu empfehlen. Für den Rest des Jahres sind Malaria-Prophylaxe und ein effizientes Mückenschutzmittel ratsam. Die Region hat die höchsten Malariaraten in Ecuador zu verzeichnen. Auch ein Leinenschlafsack leistet bei dem drückend heißen Klima gute Dienste. In der Regenzeit von Ende Januar bis Mai ist meist mit heftigen Niederschlägen und tagsüber mit gleißender Sonneneinstrahlung zu rechnen. Die Flüsse sind zu dieser Jahreszeit zwar viel besser manövrierbar, die Scharen von Stechmücken aber freuen sich dann ganz besonders über wohlgenährte, bleichgesichtige Neuankömmlinge.

Reserva Ecológica Cotacachi-Cayapas

Ein 200.000 ha großes Gebiet, das von den tropischen Küsten-Regenwäldern der extremen westlichen Andenausläufer (auf wenigen Metern über dem Meeresspiegel) bis hinauf zu den Gipfeln Yanahurco (4.538 m) und Cotacachi (4.939 m) reicht, einschließlich der Lagunen von Cuicocha und von Piñan. Dementsprechend variantenreich fallen auch die abrupt wechselnden Vegetationszonen aus. Während im unteren Bereich noch feuchtheißer Dschungel vorherrscht, durchzogen von den Flusssystemen des Cayapas, Santiago, San Miguel, Lachas und Rumiyacu (zusammen über 7.000 km^2), sind in den mittleren Lagen schroffe Schluchten und undurchdringliche Nebelwälder sowie in der Hochlandregion eine stark zerklüftete, vulkanische Páramo-Landschaft anzutreffen.

Mit zehn unterschiedlichen Lebensräumen gehört die zentrale Region des kaum besuchten Reservates aufgrund seiner Unzugänglichkeit sicherlich zu den ganz großen Naturwundern des Landes. Die Flora und Fauna, selbst wenn bisher wenig untersucht, hat in gewisser Hinsicht Ähnlichkeiten mit der einiger Landstriche Kolumbiens oder Mittelamerikas aufzuweisen und gehört zur **Chocó-Biosphäre**. Unter den beheimateten Säugetieren befinden sich eine schwarze Brüllaffenart, ein sehr seltener Tapir (diese gibt es normalerweise nur auf der östlichen Seite der Anden) sowie Jaguare, Ozelote, Pumas und Brillenbären. Darüber hinaus ist von 500 klassifizierten Vogel- und 20.000 Pflanzenarten die Rede. Die jährliche Niederschlagsmenge beträgt zwischen 3.000 und 10.000 mm (!), die Temperaturen reichen von weit unter null bis weit über 30 Grad. Das Reservat hat drei offizielle Zugänge: in **San Miguel** (Tiefland), an der **Lagune Cuicocha** (Hochland) und in **Lita** an der alten Eisenbahnstrecke von Ibarra nach San Lorenzo.

San Lorenzo   (18.000 Einwohner)
Schmuggelhochburg auf Stelzen im „Land von Sonne und Regen"

Am Landungssteg erwarten den Besucher einfache Pfahlholzbauten. Die Mangroven der umliegenden Inseln leuchten bei strahlendem Sonnenschein in saftigem Grün und das blaue Meer präsentiert sich ruhig und sanft. Wenige Meter weiter auf dem Weg in die Stadt bestimmen Zementbauten das Bild. Abseits davon leben viele kinderreiche Familien in Elendshütten. Beim Parque Central und entlang der Calle Imbabura befinden sich die meisten Hotels und Speiselokale.

Labyrinthartige Mangrovensümpfe, feuchtheiße Regenwälder und herrliche Sandstrände warten auf hartgesottene Entdeckungslustige mit einem Gespür für Authentisches. Die einst so aufregende Bahnverbindung ins Hochland gehört jedoch der Vergangenheit an. Die Strecke wurde 1998 von Erdrutschen zerstört.

Verbindungen/Adressen

Die **Vorwahl** von San Lorenzo und der Provinz Esmeraldas ist **06**.

• *Verbindungen* **Busse** der Trans Esmeraldas (✆ 2780802, ein paar Schritte vom Parque Central) fahren um 22 und 23 Uhr nach **Quito** (7–8 Std., 8 USD). Über **Ibarra** (4–5 Std., 5–6 USD) nach Quito fährt auch 8x tägl. die Coop. Espejo. Das Espejo-Büro befindet sich im Erdgeschoss des Hotels San Carlos; nach **Esmeraldas** und **Guayaquil** geht es mit Occidental (6.30 Uhr) und Trans Esmeraldas um 8.30, 17.30 und 20.30 Uhr, 11 Std., 12 USD; nach **Esmeraldas** geht es praktisch auch jede Stunde mit der Coop. del Pacífico und der Coop. Costeñita (4 Std., 5 USD).

Boote nach **Limones** (3–4 USD), **La Tola** (6–7 USD) oder **Borbón** (6–7 USD) gehen 2x tägl. mit zwei Coop. i. d. R. um 7.30 u. 10.30 Uhr, Fahrtzeit bis Limones 45 Min.; dort hat man 1 Std. zum Schlendern und Biertrinken, bevor es um 12.30 Uhr nach Borbón weitergeht (1 Std., 3–4 USD). Eine billige und berauschende Tour durch die letzten zusammenhängenden Mangroven-

wälder Ecuadors! Tickets gibt es am Schalter neben der Capitania del Puerto.

• *Adressen* **Artesanía** und **Marimba-Tanzkurse** bietet Nuevos Horizontes im Centro de la Mujer.

Internet so teuer und langsam wie nirgendwo gibt es in der Calle Imbabura (2 USD pro Std.).

Eine **Telefonzentrale** befindet sich gegenüber dem Hotel San Carlos.

Polizei: am Parque Central, ✆ 2780672.

Geldbeschaffung: In San Lorenzo können nur kolumbianische Pesos gegen US-Dollars getauscht werden und umgekehrt. Also genügend Dollars in kleinen Scheinen sollten mitgeführt werden!

Für die **Bootsfahrt** ins kolumbianische **Tumaco** besteht eine Art stilles Abkommen, besser keine Gringos mitzunehmen. Touristen werden schließlich weder von Schmugglern noch von Paramilitärs oder Guerilleros willkommen geheißen. Diese Reise ist zu gefährlich!

Übernachten

Continental, (Budget), heruntergekommen, aber sehr hilfsbereiter Besitzer! Die geräumigen Zimmer sind zur Straße hin etwas laut, haben dafür aber sehr große Fenster (BP, Ww, AC o. Ventilator, Moskitonetz, Kabel-TV und Bibel). Pro Pers. ab 8 USD. Calle Imbabura, ✆ 2780125.

Pampa de Oro, (Budget) macht einen erträglichen Eindruck, pastellfarbene Zimmer mit bauschigen Matratzen und klassisch

herumwirbelnden Deckenventilatoren. Pro Pers. ab 8 USD. Tácito Ortiz e Imbabura, ✆ 2780214.

San Carlos, (Budget), im Flur geht es plastikblumig zu, gefliese Zimmer mit Fenster verlangen (BP, Moskitonetz, Sat-TV, Telefon, Ventilator). Schnippische Rezeption. Pro Pers. ab 6 USD. Calle Imbabura y José Garcés beim alten Bahnhof, ✆ 2780284.

Essen & Trinken

Besonders zu empfehlen ist das seit Jahrzehnten populäre Speiselokal **Ballet Azul** an der „fünfeckigen" Kreuzung Las Cinco Esquinas (Calle Imbabura). Es werden gan-

zer Fisch, *camarones al ajillo* sowie pokalverdächtige *cebiches de camaron* aufgefahren. Mo–Sa 8.30–22 Uhr. *Vamos Azules!*

Gutes *cebiche* hat auch **El Palenque**, Av. 26

Dorf in den Mangrovenwäldern

de Agosto y Esmeraldas, am Kreisverkehr beim alten Bahnhof.

Deliziösen *encocado picante* (10 USD) hat das zuzementierte **La Red** in der Isidro Ayo-ra e Imbabura, 7–22 Uhr.

Beliebt ist das *almuerzo* für 2,50 USD des **Condorito** in der Eloy Alfaro.

Ausflüge in die nähere Umgebung

Die herrlichen Sandstrände **San Pedro** und **El Cauchal** befinden sich auf der dem Pazifik vorgeschobenen Mangroveninsel **Changuaral** im labyrinthartigen Delta des **Río Mataje** und nur wenige Kilometer von der kolumbianischen Grenze entfernt. San Pedro eignet sich jedoch weniger zum Baden, es sei denn, man kennt genau die Stellen. Zwar gibt es hier Stachelrochen (*rayas*) und Quallen (*medusas*), aber die exotische Natur mit Palmen und Seevögeln macht diesen Makel allemal wett! Camping ist möglich, ein Restaurant oder Hotel gibt es nicht. Evtl. findet man gegen Entgelt Kost und Logis bei einer der freundlichen Fischerfamilien. Gecharterte Bootsfahrten durch Mangrovenwälder und auf Meeresarmen kann die Coop. de Servicios Turísticos (✆ 06/2780181 o. 2781603) oder die Coop. Trans Fluvial y Marítimo am Landungssteg im Hafen vermitteln (Expreso Náutico Turístico, ✆ 06/2780325).

● *Preise* Die einstündige Fahrt nach San Pedro, mit dem Motorkanu (*lancha*) vom Anlegesteg in San Lorenzo, kostet gechartert mindestens 50 USD hin und zurück (große Gruppen zahlen bis zu 120 USD pro Boot). Ein öffentliches Kanu-Taxi fährt um 7.30 Uhr morgens zur Insel und holt die Passagiere um 16 Uhr wieder ab. Nachchecken! Kostenpunkt ca. 4 USD für die einfache Strecke.

Weitere attraktive Ausflugsziele, die bei einer verbesserten Sicherheitslage von San Lorenzo aus angesteuert werden könnten und teilweise schon zur 500 km² großen **Reserva Ecológica Cayapas-Mataje** gehören, sind der Wasserfall der **Princesa Täri**, die **Isla de los Pájaros**, die Mangroveninsel **Tatabrero**, das „malerische" Grenzdörfchen **Mataje**, die Chachi-Indianer-Kommune **La Ceiba** oder die nahezu unbekannte **Reserva Etno Forestal** der Awa-Indianer, wo auch das größte unter den letzten Küstenkrokodilen zu Hause sein soll.

Blick vom Guesthouse Punta Prieta

Halbinsel Santa Elena und Manabí

La Ruta del Sol

Strände, soweit die Beine tragen. Pelikane, Albatrosse, Wildesel, Brüllaffen, Buckelwale, Kapokbäume (ceibos), Feigenkakteen (tunas), Panamahüte, Spondylusmuscheln und die Venus von Valdivia.

Wer mit geliehenem Auto Guayaquil von einem zentralen Hotel aus verlässt, hat zwei Möglichkeiten: entweder von der Boyacá über die Avenida 9 de Octubre immer geradeaus nach Westen über die Brücke des Estero Salado und weiter über die lange Ausfallstraße Avenida Carlos Julio Arosemena, welche automatisch in die Calle del Bomero übergeht und zu den Wegweisern Vía a la Costa führt. Alternativ könnte man auch die Av. Machala bzw. deren Verlängerung Av. 25 de Julio in Richtung Süden nehmen. An der Av. Pío Jaramillo Alvarado (5 km vorm Hochseehafen) geht es dann rechts über die Stadtautobahn Perimetral ab, zunächst nach Norden bis zur beschilderten Abfahrt nach Salinas und Santa Elena (Westen). Diese Schleife ist zwar länger, offeriert jedoch ganz unglaubliche Einblicke in die Physiognomie dieser unglaublichen Metropole.

▶ **El Zapotal**: Zwischen Progreso (das besser *Sín Progreso* – ohne Fortschritt – hieße, 70 km) und Salinas (160 km) liegt etwa auf halbem Wege das Durchgangsnest El Zapotal. Der einzige Grund, hier an einen Stopp zu denken, sind zwei kleine Restaurants auf der linken Seite fast am Ende des Dorfes. Und dies auch nur für Freunde von Ziegenfleisch. Hier soll es nämlich das beste **Seco de Chivo** der Welt geben, ein schmackhaftes Ziegenfleischgulasch mit Reis. In dieser Reihenfolge: *El Chivo Erótico* und *El otro Chivo Erótico* (die sich zwischenzeitlich zu *Los Dos Chivos Eróticos* vereint haben könnten). Eine Portion kostet etwa 3 USD. Buen Provecho!

Santa Elena

Die beiden Städte Santa Elena und La Libertad bilden zusammen mit Salinas eine Agglomeration von über 150.000 Einwohnern, deren Grenzen zusehends ineinander übergehen.

Dieses Kernstück der Península (Halbinsel), die früher durch eine Eisenbahnlinie mit Guayaquil verbunden war, ist heutzutage nichts weiter als eine ziemlich stiefmütterlich behandelte Häuseransammlung auf Sand. Lediglich die Bucht von Salinas macht da eine kleine Ausnahme.

Wer sich für Hochseefischer-Touren wenig interessiert, lässt das Ganze besser links liegen und fährt nach Norden weiter. Kilometerlange Strände und viel schönere Küstenabschnitte warten darauf, entdeckt zu werden.

● *Verbindungen* **Pkw**: Auf dem Weg nach Manabí weist an der Plaza in Santa Elena ein Schild nach rechts in Richtung Balleñita, Manglaralto, Montañita, Puerto López, Puerto Cayo oder Manta. All diese Orte liegen weiter nördlich. Die neue *Autopista del Sol* wird den Verkehr sehr bald um Santa Elena herumführen.

Bus: Bis nach Libertad weiterfahren, dann die drei Querstraßen zu Fuß bis zum Mercado hoch. Da befindet sich auch der öffentliche Busbahnhof, da die Busse aus Guayaquil ihren eigenen privaten Terminal an der 9 de Octubre anfahren. Vom öffentlichen Busbahnhof geht es z. B. mit der Coop. Interprovincial Manglaralto alle zwei Stunden nach Montañita, Puerto López, Jipijapa oder Manta. Schneller ist es jedoch, den Busfahrer zu bitten, bereits in Santa Elena an der Ecke der Straße aussteigen zu können, die nach Montañita und Puerto López führt („La Ruta del Sol"). Meistens wartet dort um Eck schon ein Bus der „Manglaralto", der in diese Richtung fährt.

Wer nach Salinas möchte, bleibt einfach sitzen, die Busse aus Guayaquil fahren fast bis an den Malecón (zwei Häuserblocks davon entfernt). Gleich auf der Hauptgeschäftsstraße von Libertad, eben der 9 de Octubre, passieren Minibusse, sog. **Furgorutas** (*furgonetas*), in Richtung Salinas.

Sehenswertes

Museo Los Amantes de Sumpa: Fast das einzig Interessante, das es in Santa Elena zu sehen gibt. Das kleine „In-situ"-Museum mit archäologischem Teil rekonstruierte unter Anleitung der Anthropologin Karen E. Stothert eine uralte Totenstätte der Las-Vegas-Kultur, einer Vorstufe zur Valdivia-Kultur. Es wurden insgesamt 192 Skelette gefunden, Zeugnisse einer der ältesten Gesellschaftsformen in Amerika (8800–4600 v. Chr.). Die Ausgrabungen begannen bereits 1970. Die Liebenden von Sumpa praktizierten neben der Jagd, dem Fischfang und primitiv-sporadischem Ackerbau auch bizarre Rituale wie das Wiederausgraben von bereits vollständig verwesten Leichen. In einem speziellen Falle handelt es sich um die Knochenreste eines etwa 20–25 Jahre alten Pärchens, das danach eng umschlungen erneut vergraben wurde. Bei anderen Funden waren die Knochen peinlich genau nach Segmenten geordnet und je nach Funktion zu kleinen Haufen aufgeschichtet. Andere Gräber wiesen zertrümmerte Schädel auf. Als Grabbeigaben dienten z. B. Spondylusmuscheln, Schneckenhäuser, Fuchs- oder Wildschweinzähne und Maiskörner.

Der sich anschließende Freilichtteil des Museums zeigt ein Bauernhaus auf Stelzen eines Costeño-Campesino von 1935, liebevoll im Detail nachvollzogen: Die Schlafstätte besteht aus einer *petate* oder *estera* (Bastmatte) und einem Tierfell, dazu das baumwollene Leintuch, die Flickendecke und die kleinen Kissen aus Kapokwolle.

Anschluss siehe
kleine Karte

Reserva de Manglares Cayapas - Mataje

La Tolita

Kolumbien

San Pedro
Mataje
San Lorenzo
Olmedo
Limones
Las Peñas
La Tola
África
Río Verde
Montalvo
Borbón
Lagarto
Río Santiago
Río Cayapas
Lit*/Ibarra*
Esmeraldas
San Mateo

Esmeraldas
Same
San Mateo
Punta Súa
Atacames
Tonchigüe
Punta Galera
Cabo San Francisco
Bunche
El Salto
Muisne
Río Esmeraldas
Esmeraldas
Mompiche
Portete
Bolívar
Daule
Río Guayllabamba
Reserva Ecológica Mache Chindul
Cojimíes
Quinindé (Rosa Zárate)
Corredor de Palmeras Coco Solo
Chamanga
Independencia
Puerto Quito
Mindo, Quito

Áquator

Punta Pedernales
Pedernales
Punta Palmar
La Concordia
Reserva La Perla
Sto. Domingo de los Colorados
Punta Prieta
Don Juan
Punta Ballena
El Matal
Jama
Wilfrido Loor
El Carmen
Río Muchacho
Cordillera Costanera
Aloag, Quito
Cabo Pasado
Canoa
Río Briceño
San Isidro
Flavio Alfaro
Briceño
San Vicente
Manabí
Bahía de Caráquez
Chirije
Los Humedales
La Segua
Chone
San Antonio
San Clemente
Calceta
San Jacinto de Buena Fé
San Jacinto
Tosagua
Manta
Crucita
Rocafuerte
Represa Daule Peripa
Quevedo
El Aromo
Montecristi
Portoviejo
El Corazón
Cabo San Lorenzo
La Pila
Poza Honda
Océano Pacífico
Santa Ana
Sucre
Puerto Cayo
Jipijapa
Balzar
Los Ríos
Echeandía
Isla de la Plata
Playa de los Frailes
Agua Blanca
Colimes
Vinces
Ventanas
Puerto López
Parque Nacional Machalilla
Palestina
Isla Bejucal
Caluma
Isla Salango
Salango
Santa Lucía
Puerto Rico
Ayampe
Río Ayampe
Pedro Carbo
Baba
Babahoyo
Montañita
Río Daule
Daule Saltire
Montalvo
Manglaralto
Libertador Bolívar
Lomas de Sargentillo
Samborondón
Valdivia
Cordillera Chongón-Colonche
Nobol
Ayangue
Guayaquil
San Pablo
Cerro Blanco Reservat
Milagro
Ballenita
Sta. Elena
Durán
Naranjito
Salinas
Sta. Elena
San Vicente
Guayas
Punta Carnero
La Libertad
El Zapotal
Poza Honda Reservat (El Salado)
Real Alto
Chanduy
Taura
El Triunfo
La Troncal
Progreso
Reserva Ecológica de Manglares Churute
Puerto Inca
Golf von Guayaquil
Playas
Naranjal
Posorja
Canal del Morro
Isla Puná
Canal de Jambelí
Balao
40 km
Zaruma, Loja, Machala, Huaquillas, Perú
Cuenca, Parque Nacional El Cajas

La Maná, Laguna Quilotoa, Latacunga
Guaranda
Riobamba
Cuenca

Die Küstenprovinzen
(Guayas, Santa Elena, Manabí, Los Ríos, Esmeraldas)

Darüber wurde ein weißes Moskitotuch gespannt und tagsüber alles zu einem Balg zusammengerollt. In der Küche hing das Essen auf einer *chaguelma*, einem Zuckerrohrgestell unter der Decke. Dadurch hielt sich die Nahrung frisch. Eine halbierte blank geriebene kokosnussähnliche Schale namens *mate*, von oben darübergestülpt, ließ die Mäuse abblitzen. Verschiedene Möbelstücke, Reitutensilien, Handwerksmaterial und ein Blasebalg aus Tierhaut zur Bronzeschmelzung (!) direkt unter der Hütte sind zu bewundern.

● *Anfahrt* Von Santa Elena auf der Hauptstraße in Richtung La Libertad/Salinas hinausfahrend, taucht nach einer leichten Linkskurve ein blaues Schild erst rechts und dann links am Straßenrand auf.

● *Öffnungszeiten* Di–Sa 10–17 Uhr, So 10–15 Uhr, Mo geschl. Eintritt 2 USD, www.museoamantesdesumpa.com.

Santa Elena/Umgebung

▶ **Real Alto**: Obwohl die Ausgrabungsstätte, 45 km südöstlich von Salinas, den Nachweis einer etwa 6.000 Jahre alten Siedlung erbringt, gibt es dort außer ein paar Löchern im Wüstenboden nicht viel zu sehen. Die Umgebung ist dagegen faszinierend spröde. Wilde Ziegen und Esel ziehen durch die karge Steppenlandschaft. Die zahlreich wachsenden, vielarmigen Kakteen werden von den Einheimischen hier *cardón* genannt (Kandelaberkaktus). Ein kleines Kulturhaus (Museum) gibt Aufschluss über das Leben der Menschen in diesem einst blühenden Paradies.

● *Anfahrt* Von der Hauptverkehrsstraße Guayaquil – Salinas geht es 40 km westlich von Progreso und 22 km östlich von Santa Elena nach Süden zum Fischerdörfchen Chanduy ab (von Zapotal kommend nach links). Ein großes Schild weist darauf hin. Nach 12 km kommt das Museum (Eintritt 2 USD). Geöffnet Di–So 10–17 Uhr. Vom Terminal in Libertad gibt es Busse nach Chanduy (Coop. San Augustin).

▶ **Baños Termales de San Vicente**: 30 Min. westlich von Salinas, Vulkanschlamm und warme Schwefelquellen. Es wird geraten, von den Imbissbuden Abstand zu nehmen. Die *pipas heladas* (Riesenkokosnüsse mit Strohhalm) können aber getrost probiert werden (schmecken super!). An Wochenenden sind die *termas* (Thermalquellen) überlaufen.

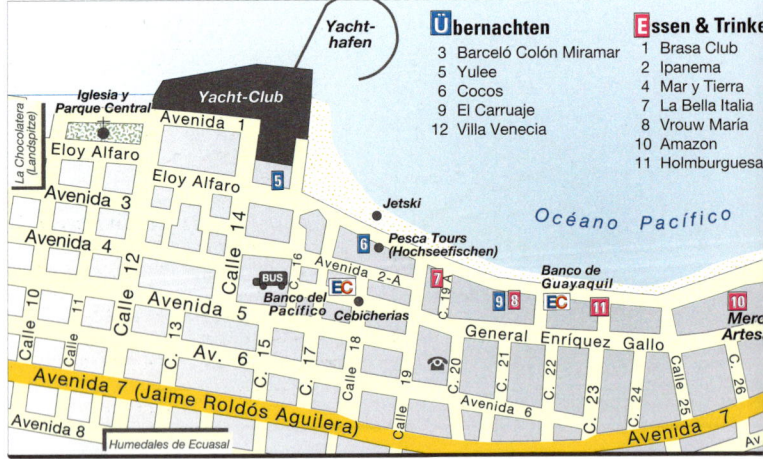

• *Verbindungen* Furgo Tour startet von La Libertad mit einem Minibus etwa 4x tägl. zu den Quellen, voraussichtlich von der Estación en La Albarrada (beim Mercado Nuevo von Libertad). Ein Taxi von Libertad kostet etwa 10 USD.

Salinas (30.000 Einwohner)

In der Sardinenbüchse Ecuadors, 1:30 Autostunden von Guayaquil, herrscht außerhalb der Neujahrs-, Karnavals- und Schulferienzeit (an der Küste von Februar bis April) meist gespenstische Ruhe.

Selbst in den Zementtürmen über der Vorzeigepromenade am Strand bleiben abends unter der Woche die Lichter aus. Tagsüber tollt vielleicht eine Handvoll lautstarker Sommerfrischler aus Cuenca am Strand herum und verschlingt fettige Lunchpakete, evtl. hat Hochseefischen dann Konjunktur (Oktober bis Dezember), während am Himmel wochenlang kein blauer Fleck zu sehen ist und ein kühler Wind bläst. In der tropisch warmen *temporada alta* (Hochsaison) hingegen, spätestens vom 23. Dezember bis etwa Mitte April, verwandelt sich das Seebad in ein ecuadorianisches Rimini. Badegäste aus Guayaquil, liegen unter mitgebrachten Sonnenschirmen und genießen bei Dosenbier aus Kühlboxen das rege Strandleben – Szenen wie in einem italienischen Mittelmeer-Touristenort im August.

Verbindungen/Adressen

Die **Vorwahl** von Salinas und der Provinz Santa Elena ist **04**.

• *Verbindungen* **Bus**: Nach **Guayaquil** fährt laufend die Coop. Libertad Peninsular, in die an der Av. General Enriquez zugestiegen werden kann (eine Querstraße vom Malecón). Der Bus aus Guayaquil dreht hier

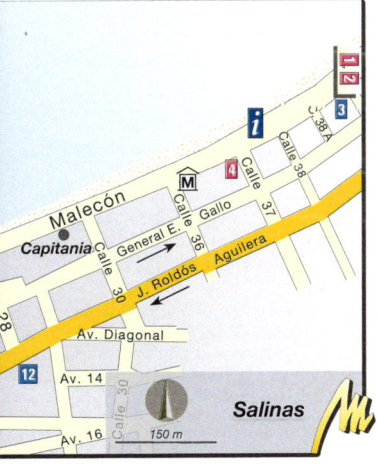

noch die letzte Schleife. In **La Libertad** befindet sich der Busbahnhof, wo meist nicht umgestiegen werden muss.

Nach **Manglaralto** und **Puerto López** geht es zuerst über **Libertad**. Dort startet z. B. die Coop. Interprovincial Manglaralto etwa alle zwei Stunden in Richtung Manabí. Der erste Bus verlässt vor Morgengrauen den Terminal Terrestre beim Mercado. **Furgorutas** auf der Av. Principal schaffen die Strecke nach Libertad in kürzester Zeit und sind billig. Bei größeren Gepäckstücken bleibt das **Taxi** (taxi privado nicht mehr als 3–4 USD) oder ein öffentlicher Bus.

• *Geldbeschaffung* **Banco de Guayaquil**, Malecón y Calle 22 (Visa, Mastercard, Maestro, Cirrus, American Express); **Banco del Pacífico**, General Enríquez entre Calle 17 y 19; **Banco del Pichincha**, Malecón entre Calle 28 y 29.

• *Internet* Internetzugang und kaltes Bier im Schaumstoffkühler hat **Café Planet**, Av. General Enriquez entre Calle 25 y 26.

• *Einkaufen* Artesanía-Stände in der Calle 28 (Calle Armando Barreto) und Calle 27 (Calle José Estrella), billiger Schmuck und anderer Schnickschnack.

• *Museen* **Marine- und Archäologiemuseum**, am Malecón entre Calle Guayas y Quil. Mi–Sa 10–18 Uhr, Eintritt 2 USD.

Halbinsel Santa Elena und Manabí   Karte S. 521

Übernachten (siehe Karte S. 522/523)

• *In Salinas* **Barceló Colón Miramar (3)**, (GK), wie ein überdimensionaler PC-Schirm über der Uferpromenade, nicht zu übersehen. 90 aquarellfarbene Zimmer, Balkone mit pazifischer Weite. Nur All-inclusive-Pakete, opulente Buffets, Pool, Spa, Casino und direkter Zugang zu dem, was noch vom Sandstrand übrig geblieben ist. EZ mit Meerblick 178 USD inkl. tägl. 3 Buffets, DZ 210 USD. Malecón entre la 38 y la 40, ℡ 2771610, www.barcelo.com.

El Carruaje (9), (MK), im Mittelpunkt der Uferpromenade, dreistöckig, Balkonblick auf Palmen (Nr. 517), Promenade und Pelikane auf schaukelnden Booten, komfortable Zimmer, billige Elektroduschen. EZ ab 40 USD, DZ ab 60 USD je nach Saison. ℡ 2774282.

Cocos (6), (MK/Budget), farbenfroh, jugendlich, unkompliziert, schattige Restaurantveranda, Zimmer Nr. 1 und 2 mit Blick auf Meer, Badestrand, Palmen und Jachten. EZ 25 USD, DZ 37 USD. Malecón entre Calle 17 y 19, ℡ 2774349.

Yulee (5), (MK/Budget), gepflegte Mansión aus den 40er-Jahren, besticht durch urigen Charme und hat zusammen mit dem freundlich-schrulligen Eigentümer eine gewisse Aura von Sanatorium. Schöner Innenhof mit Blumen, grünen Fensterläden und Esstischchen. Die neueren Zimmer unten sind etwas komfortabler, die im alten Gebäudeteil, vor allem im oberen Geschoss, sind authentischer, mit viel Holz, Lamellenfenstern und knarrenden Treppen. Nr. 31 und 32 mit Meerblick. Tischtennisplatten im Hof. Pro Pers. 10–25 USD je nach Belegung

und Saison, mit BC ab 8 USD. Westliche Verlängerung des Malecón, Malecón entre Calle 14 y 16, ℡ 2772028.

Villa Venecia (12), (Budget), familiär, einfach, teils große Zimmer, zwei Querstraßen hinter dem Malecón. Pro Pers. ab 10 USD. Av. 7 (Jaime Roldós Aguilera) y Calle 28 (Calle Armando Barreto), ℡ 04/2774149.

• *Außerhalb* **Paseo de los Pelicanos**, (MK), am Strand von Cautivo in La Libertad ruhig gelegen, deutsche Inhaberin Rita Molina, familiäres Ambiente, sehr sicherer Ort. Pool, blumenreicher Innenhof, Garten zum Meer, schattige Hängematten, Mahlzeiten nur für Gäste, wertvolle Infos über die Region, empfehlenswert! Salinas ist keine 10 Min. entfernt und leicht per Taxi zu erreichen. 20–25 USD pro Pers. (BP, Ww, AC) inkl. Frühstück. ℡ 04/2783770, ℡ 096-278629 (mobil), rita.molina@yahoo.com.

Museo Casa de León, (Budget), in La Libertad, romantischer Blick von der intimen Veranda aufs Meer und den Hafen, würde man so vor der Tür stehend nicht vermuten. Das charmante „Hotelmuseum" (Di–So 10–14 und 16–18 Uhr) der charmanten Besitzerin Carla Ricaurte Quijano bietet Espresso, Pizza, *piqueos y bolones*, *comida criollo* auf Vorbestellung, archäologische Fundstücke, Antiquitäten – eine skurrile Mischung. Eigentliche Attraktion sind 2.000 Jahre alte Skelette, die beim Bau ans Tageslicht kamen. Cabaña-DZ mit Steindusche und Kabel-TV 20 USD pro Pers., niedliche *habitaciones* mit BC 14 USD pro Pers. inkl. *desayuno*. Av. 9 de Octubre 1330, ℡ 04/2782016, ℡ 099-026264 (mobil), casaleon@easynet.net.ec.

Essen & Trinken (siehe Karte S. 522/523)

Die meisten Lokale befinden sich an der Uferpromenade, von West nach Ost:
La Bella Italia (7), leckere Pasta, Risotti, Pizza aus dem Steinofen, auch *carpaccio de pescado*, Hauptgerichte 5–10 USD, Malecón y Calle 17.

Vrouw María (8), neben Hotel Carruaje, *carne*, *pasta*, *mariscos* für 5–8 USD, abends wird das Restaurant zur Bar, Malecón 517.

Amazon (10), schön zum Sitzen, Fleisch und Meeresfrüchte vom Grill, auch Vegetarisches wie *lomo de soya a la pimienta*, Mo geschl.

Holmburguesa (11), auf der Holzveranda

im Blockhüttenstil gibt es gute *almuerzos* für 2,50 USD, Malecón y Calle 23.

Mar y Tierra (4), auf den Malecón „aufgelaufenes" Schiff mit Spezialitäten aus dem Meer und der Prärie (5–20 USD), besonders gut ist *paella valenciana* und Languste, bis 23 Uhr.

Ebenso die beiden offenen Barbeque-Restaurants **Brasa Club (1)**, leckere *sopa afrodisiaca*, und **Ipanema (2)**, *paellas* und *zarzuelas* an der östlichen Malecón-Zufahrt naher der Iglesia de San Lorenzo und dem beleuchteten Parque.

Sport

Jet Ski (*moto*), **Wasserski** (*esquí acuático*) und eine von Motorbooten aufs offene Meer hinaus gezogene **Riesenbanane** hat **Juan Bazán** am Strand beim Hotel Carruaje. Je Std. Wasserski 40 USD, 10 Min. Banane 2 USD; ebenso bei **Caroltour**.

Hochseefischen (*pesca en alta mar*) 30 Seemeilen offshore mit **Eric Holst** von **Pesca Tours**. Okt. und Nov. sind die besten Monate für *marlin*, *picudo*, *pez espada* und *atún*. Je nach Boot 400–600 USD pro Tag bei bis zu 6 Passagieren. Abfahrt gegen 5 Uhr morgens, Rückkehr gegen 17 Uhr. Neben dem Hotel Carruaje. ✆ 2771610,

www.pescatours.com.ec.

Der enthusiastische Ornithologe **Ben Haase** kann Ausflüge zu Vogelkolonien in den Salzseen südlich von Salinas organisieren (*Humedales de Ecuasal*), etwa 100 Arten, auch Flamingos, Ebenso Delfin- und Walbeobachtungsfahrten, erstere beim Puerto El Morro im Golf von Guayaquil, letztere nur zur Walsaison, ✆ 2778329, 2777335, bhaase @ecuanet.ec.

Vor der Bucht von Salinas wurden ein Flugzeug und zwei kleine Kriegsschiffe versenkt, um für **Taucher** einen neuen Beobachtungs-Spot zu schaffen.

Balleñita

Wenige Kilometer nordwestlich von Santa Elena liegt links der asphaltierten Küstenstraße nach Manabí dieses einstige Fischernest. Ferienhäuschen prägen heute die umliegenden kahlen Hügel.

▸ **Hostería Farallón Dillon:** Familienbetrieben, beeindruckendes und fantasievolles Restaurant mit Museum. Aussicht aus 30 m Höhe auf den Pazifik und die Pelikane im Formationsflug. Besitzer ist ein alter Seebär, der alle sieben Weltmeere bereiste. Seine nautische Sammlung enthält auch Tauchanzüge und Navigationsmessgeräte aus dem 19. Jh. sowie eine splitternackte Galionsfigur.

Wind und Wellen

● *Anfahrt/Preise* Furgonetas der Coop. Horizonte Peninsular verbinden Salinas (Av. Principal), Libertad und Santa Elena mit Balleñita (Dorfkirche). Von hier geht es die restlichen Meter zu Fuß (Av. Segunda). Großer Pool, Tennisplatz, Fitneßraum, freundliche Rezeption. Die besten EZ 43 USD, DZ 55 USD, *platos a la carta* im Restaurant. Lomas de Balleñita, ✆ 04/2953611, www.farallondillon.com, www.rutadelsol.com.

▶ **Ayangue**: in einer hübschen, nicht immer sauberen, hufeisenförmigen Fischerbucht mit Sandstrand. Nach einer knappen Stunde von Santa Elena kommt links eine asphaltierte Abzweigung, die nach wenigen Minuten in den Ort an der **Punta Leona** führt (*camioneta* vom Abzweig 1 USD). Es gibt dort ein Budget-Hotelchen mit dem lustigen Namen **Un Million de Amigos** (✆ 04/2916014) – ob damit wohl die Moskitos gemeint sind?

▶ **Valdivia**: Nur wenige Kilometer nördlich von der Abzweigung nach Ayangue liegt der aus präkolumbischen Zeiten stammende Ort Valdivia an der parallel zum Strand verlaufenden Hauptstraße. Außer ein paar Fischernetzen und braun gebrannten Gesichtern mit Hakennasen, typisches Erkennungsmerkmal der Küstenbewohner dieser Region um Valdivia und auch Machalilla, gibt es in dem 2.000 Einwohner zählenden Ort nicht viel zu sehen. Ein kleines Salzwasser-Aquarium und ein winziges Museum, ganz im Zeichen der „Venus von Valdivia", lädt Autofahrer dennoch zu einer Pause ein.

Das **Acuario** liegt keine 50 m von der südlichen Ortsausfahrt in Richtung Strand. Dort können Seepferdchen, Anemonen, Muränen und Langusten hinter Glas beobachtet werden. Der Eintritt kommt einer Stiftung für Straßenkinder zugute.

Zwar fehlt von der einzigen Venus in den kleinen Vitrinen des **Museums** ein Dreiviertelstück, aber der kleine Artesanía-Kiosk mit seinen präkolumbischen Souvenirs und modellgetreuen Balsaholz-Flößen fürs Handgepäck sind einen Stopp wert. Der Grund für die mangelnde Präsenz von Keramikfiguren ist in den großen Museen von Quito und Guayaquil zu finden. Die dortige „Museumsmafia" hat dem Herkunftsort Valdivia nicht ein einziges Stück gelassen.

● *Anfahrt* Etwa 200 m hinter dem Denkmal der übergroßen „Venus" am Ortseingang (die südlich davon liegenden Behausungen gehören zum Ort **San Pedro**) geht es an der nächsten rechten Ecke in eine asphaltierte Einfahrt rein. Das Museum liegt etwa 50 m von der Durchgangsstraße Santa Elena – Puerto López entfernt. Eintritt 1 USD. Mo, Di, Do, Fr 9–18 Uhr, Sa/So 9–22 Uhr, Mi geschl.

● *Übernachten* **Valdivia Eco Lodge**, (Budget), 40 km nördlich von Santa Elena, einsam und mit herrlicher Aussicht auf einer Klippe über dem Sandstrand des Pazifiks gelegen, nur wenige Kilometer südlich von Valdivia. Einfache, naturbelassene Rundum-Moskitonetz-Cabañas mit BP. Outdoor-Dining, Mini-Pool, Bräunungszone, Gleitschirmflüge nur auf Vorbestellung, Birdwatching, Restaurant (Hauptmahlzeiten ab 4 USD). Pro Pers. ab 15 USD. Reservierung notwendig. ✆ 04/2648347, 099-480135 (mobil).

▶ **Libertador Bolívar**: Fischerdorf mit breitem Sandstrand zwischen Balleñita und Montañita, eine Viertelstunde nördlich von Valdivia und kurz vor Cadeate. Am südlichen Ortseingang von Libertador sieht man linker Hand zum Meer hin ein paar Artesanía-Stände, eine *Casa del Sombrero* und die *Banco de la Paja Toquilla*. Es gibt eine Handvoll kleiner einfacher Budget-Hotels, empfohlen wurde das Hostal Casa del Sombrero (kein Telefon, ca. 15 USD pro Pers.).

In Libertador Bolívar befindet sich eine Abzweigung ins Landesinnere zu den Strohhutflechterdörfchen **Barcelona** und **Sinchal**. Die meisten Einwohner dieser spröden Orte widmen sich dem Sammeln, Reinigen, Kochen, Trocknen und Spinnen der *paja toqilla*, der feinfaserige Rohstoff für die weltberühmten Panamá-

Strohhüte. Größter Absatzmarkt sind die Hutwerkstätten in Cuenca. Als ältester Hutflechter der ecuadorianischen Küste gilt der in Barcelona ansässige, fast 90-jährige Don Gregorio Quirumbay, der den Job seit seinem zwölften Lebensjahr ausübt. Während eines Fototermins gab er jedoch schmunzelnd zu, in Wirklichkeit nur der zweitälteste zu sein. Sein 92-jähriger Cousin würde schließlich auch noch flechten!

▶ **Manglaralto**: ein winziges Provinzstädtchen an einem ruhigen, kilometerlangen Sandstrand, ein wundervoller Gegenpol zum lauten Montañita. Es liegt etwa 15 Fahrminuten nördlich von Valdivia und eine halbe Stunde südlich von Montañita barfuß am Strand entlang.

Gregorio Quirumbay

● *Übernachten/Essen & Trinken* **Marakayá**, (Budget), sehr freundliche Besitzer, die vor allem auf Sauberkeit und Ambiente achten. Gemütliche Sitzecke und ein halbes Dutzend Zimmer um einen Innenhof (BP, Ww, AC, Moskitonetze). EZ 20 USD, DZ 35 USD. Constitución entre Azuay y Los Ríos, schräg gegenüber der Feuerwehr nahe dem Parque, ☎ 04/2901294, ☎ 099-169239 (mobil).

Einfaches, aber empfohlenes **Restaurant La Calderada** an einer Ecke des Parque, hübsch zum Draußensitzen! Chefin ist die 65-jährige Isabel Pérez Cerecera. Meeresfrüchte mit frischen Salaten 5–8 USD, *calderada* (Fischplatte) 15 USD. Di/Mi geschl., sonst 10–19 Uhr.

● *Internet* Ein „touristenfreies" **Internetcafé** befindet sich in der asphaltierten Hauptzufahrt zum Strand Calle El Oro.

● *Krankenhaus* Wenn es in Montañita schlecht ergeht, dem sei das **Hospital** in Manglaralto nahegelegt, am Ende der Hauptstraße in südlicher Richtung. Ärzte aus Quito und Guayaquil kümmern sich fürs erste um Unfall-, Krankheits- und Drogenopfer.

● *Touren* **Dos Mangas** ist ein niedliches Kaff im Küsteninnern, das sich dem *Eco Turismo Comunitario* widmet (4 km östlich von Manglaralto). Dort werden Tages- und Zweitagesausflüge auf Maultieren oder zu Fuß angeboten. Hierbei geht es durch tropische Plantagen, Trockenurwald in **Lomas de Sargentillo** und zu Wasserfällen mit Süßwasserbadestellen im Río Culebra. Auf einer Zweitagestour geht es hinauf in die Küstenkordillere bis auf etwa 600 Höhenmeter. Die Zelte sind selbst mitzubringen. Dort bekommt man mit etwas Glück die letzten Brüllaffen (monos aulladores) der Küstenregion zu sehen. Vom **Cerro del Encanto** genießt der Betrachter eine Aussicht auf den Ozean bis nach Salinas. Nur Spanisch sprechender Guide, pro Tag ab 15 USD, Maultier 5 USD, Eintritt 1 USD. Eine Camioneta von Manglaralto nach Dos Mangas kostet 2 USD, eine von Montañita 2,50 USD. Nähere Infos kann das Hotel Marakayá erteilen.

Auch **Roberto Pilozo** koordiniert im Hinterland Mauleseltouren. Dort können herrliche Ausblicke auf den Pazifik und die Kordillere Chongón-Colonche genossen werden. Auch die herzlichen Kontakte mit den Anwohnern, bei denen man ihre Gebräuche und kunsthandwerklichen Fähigkeiten kennenlernt, kommen nicht zu kurz. Beim Schnitzen von Tagua-Nüssen, bei der Töpferkunst oder der Verarbeitung von *Paja Toquilla*, dem edlen Stroh für die berühmten Sombreros, kann zugeschaut werden. Wer den Brüllaffen und ihrem frühmorgendlichen Röhren auf die Spur kommen möchte, sollte sich mindestens zwei bis drei Tage Zeit nehmen.

Halbinsel Santa Elena und Manabí Karte S. 521

Sombrero fino de Panamá – feinster Strohhut der Welt

Die Herkunft des legendären Panamahutes (auch Sombrero de Jipijapa) lässt sich bis auf 4.000 Jahre v. Chr. zurückverfolgen. Archäologische Figurenfunde einiger sombrerotragender Küstenkulturen deuten dies zumindest an. Zu Ruhm und Ehren gelangte die klassische Kopfbedeckung jedoch erst viel später. Europäische Auswanderer, geblendet vom Goldrausch in Kalifornien, entdeckten den *sombrero fino* 1848 auf ihrer Route von der Alten Welt über Panama nach San Francisco. Hergestellt wurden die Strohhüte aber ausschließlich in Ecuador. Zu den größten Exporteuren gehörte auch Eloy Alfaros Vater aus Montecristi, der eigentlichen Hauptstadt des Panamahutes (siehe S. 552). 1855 machte das gute Stück auf der Weltausstellung in Paris Furore. In Panama waren die Sombreros aus *pura paja* (purem Stroh) hingegen schon Jahrhunderte vorher gelandet. Balsaflöße aus der Manabí-Region hatten die ersten handgeflochtenen Exemplare zum Warenaustausch nach Mesoamérica (Zentralamerika) mitgebracht, bevor im 19. Jh. der massive Export über den mittelamerikanischen Hafen und Knotenpunkt einsetzte. Der irrtümliche Name blieb bis auf den heutigen Tag erhalten, der wahre Herkunftsort auch! Das feine Toquilla-Stroh wächst ausschließlich an der ecuadorianischen Pazifikküste. Reproduktionsversuche auf der Halbinsel Yucatán in Mexiko scheiterten bislang und auch das in Kolumbien, Taiwan oder China verwendete Stroh erreicht bei Weitem nicht die gleiche Qualität. Lediglich noch in Piura in der peruanischen Wüste werden enorm breitrandige *Paja Toquilla* (Strohhüte) gefertigt, wobei das Rohmaterial aus Ecuador eingeführt wird.

Das Rohmaterial stammt von der endemischen, grün-gelben und bis zu 5 m hohen Toquilla-Palme (*Carloduvica Palmata*). Alle drei Monate werden die dünnen, langfaserigen Blätter mit der Machete geschnitten, immer dann, wenn sie sich gerade öffnen. Danach werden sie mit einem Kamm gestriegelt und 3–4 Stunden in Wasser gekocht. Damit es von allen Seiten gleichmäßig kocht, werden große Steine mit ins Wasser gelegt. Das Kochen nimmt den Fasern das Blattgrün und macht es geschmeidig. Anschließend wird das Stroh mit Schwefel geräuchert und auf einer Art Bügel in der Sonne getrocknet. Dieser Vorgang wird unter Umständen mehrmals wiederholt (bei den *superfinos*). Dadurch erhalten die Sombreros ihre weißliche Farbe. Während der Sprühregenmonate von Mai bis Oktober werden die Fasern manchmal auch künstlich getrocknet. Gibt es nicht genügend Sonne, kann das Stroh innerhalb weniger Tage verderben. Die mühevolle Flechtarbeit an einem *superfino* nimmt dann zwischen drei und sechs Monate in Anspruch. Diese ultraleichten Sombreros aus bestem Stroh werden viel enger und gleichmäßiger als die preiswerteren *finos* geknüpft und sind 100 % wasserdicht. Die allerfeinsten können durch einen Fingerring gezogen werden, ohne dabei auszufransen oder ihre ursprüngliche Form zu verlieren.

In Cuenca, Guayaquil oder Quito kann ein *superfino* je nach Güte und Arbeitsaufwand für 60–120 USD erstanden werden. Jeder dieser Sombreros wird in einer originellen Hutschachtel aus Balsaholz mit ecuadorianischem Flaggenaufdruck geliefert. Weniger aufwendige, dennoch sehr kleidsame Strohhüte aus *paja toquilla* gibt es bereits ab 10 USD. Panamahüte werden jedoch nicht nur bei Libertador Bolívar, sondern auch in der Geburtsstätte des Hutes, in Montecristi (siehe bei Manta) oder im südlichen Andenhochland in Sigsig, Chordelég und Cuenca geflochten und einzeln in Balsaholz-Schachteln verpackt.

Zu den interessanten Zielen gehören die teils bewaldeten Anhöhen des **Cerro del Encanto**, **del Páramo** und **de La Naranja**, abgelegene Weiler wie **El Suspiro** oder **La Rinconada** sowie das kleine Naturreservat **Bosque de Guarúa**, dessen Bäume die Feuchtigkeit des Meeres aufnehmen, sodass Zweige und Äste von dichtem Moos bewachsen sind. Schweißtreibende Höhenunterschiede von über 600 m gilt es zu überwinden. Sr. Pilozo ist der Besitzer der Farmacía Solomón hinter dem Hospital, ✆ 085-851336 (mobil), rpilozo@hotmail.com.

Reit-, Wander- und Bootsausflüge sowie Übernachtungen und Mahlzeiten bei einheimischen Familien, auch im Haus ihres Bruders direkt am Strand (*hospedajes comunitarias*), koordiniert **Paquita Jara**, ✆ 04/-2901114.

Manglaralto ist klein und jeder kennt jeden. Also durchfragen!

Montañita

Eine Art „pazifisches Goa" für moderne Hippies, Love Paraders und Low-Budget-Reisende aus ganz Lateinamerika, Europa, Israel und dem gesammelten Rest der Welt.

Überall sind zwar neue Cabañas und Hostales wie Pilze aus dem Boden gewachsen, aber Bambus, Holz, Palmstroh, mit Muscheln verkleideter Zement oder Steine aus Fluss und Meer gehören nach wie vor zu den meistverwendeten Baumaterialien. Im energie- und aktionsgeladenen Ortsteil **Alta Montañita** entstand sogar eine Passage in dem für Montañita so typischen tropischen „Lebkuchenhäuschen-Stil", die Calle Guido Chiriboga. In diesem von Straßentheater, Musik und auch Marihuana-Duft geprägten Ortsteil befinden sich die meisten Hotels und Gastronomiebetriebe. Gemütlicher hingegen geht es an der Felsnadel **La Punta** im 1 km nördlich gelegenen Ortsteil **Baja Montañita** zu. Dort zockeln am Nachmittag die goldbraun gebrannten Beachboys mit dem Balsabrett über den Strand, vielleicht von einer tangatragenden Schönheit oder einem sonnenstichverdächtigen Rassehund mit heraushängender Zunge begleitet. Montañita ist nun mal Surf, nationale und internationale Meisterschaften finden hier statt. Wer nicht selber mitmacht, schaut zu und kann darüber hinaus noch Pelikane im Staffelflug und eine mitunter lilafarbene Abenddämmerung genießen.

Information/Verbindungen/Adressen

> Die **Vorwahl** von Montañita und der Provinz Santa Elena ist **04**.

• *Information*   Im **Internet** auf www.infomontanita.com erhält man zahlreiche Infos zum Ort, zu Übernachten, Sehenswertem u. v. m.

• *Verbindungen*   Einfach an der Hauptstraße Marginal de la Costa auf den **Bus** warten. Es gibt Verbindungen nach Norden (Puerto López und Manta) und nach Süden (Santa Elena und Guayaquil). Die Coop. Manglaralto fährt von 5.30 bis 18 Uhr alle 30 Min. nach **Puerto López** (1 Std.) und **Santa Elena** (1 Std. 1,5 USD). Die Coop. Libertad Peninsular fährt tägl. um 5, 13 und 17 Uhr nach **Guayaquil** (6 USD).

Taxi-Motos verlangen innerhalb des Ortes bzw. nach Manglaralto oder Olón 1 USD, bis Puerto López 30 USD, Standort ist die Calle Principal beim Busticket-Verkaufskiosk (Hauptzufahrt zum Strand).

• *Adressen*   **Ärzte**: Dr. de la Rosa, Allgemeinmedizin und Kinderkrankheiten, zw. 14 und 22 Uhr in seiner *farmacia* in der 15 de Mayo neben dem Hotel Charos, ✆ 2060026.

Geldbeschaffung: Einen Automaten der Banco Bolivariano gibt es rechts neben dem Eingang des Hotels Montañita.

Internet: Montañita Express, lange Wartezeiten und langsame Verbindungen. 1 Std. Surfen 2 USD. Ecke Guido Chiriboga am Strandzugang.

BAJA MONTAÑITA

• *Übernachten* Der Zugang zu den Hotels in Baja Montañita erfolgt von der Bushaltestelle etwa 1 km nördlich von Alta Montañita: **Baja Montañita,** (MK), am Strand an der Felsnadel von La Punta, ansprechende Reihenhaus- und Cabaña-Anlage. Restaurant, Pool, Bar, Parkplatz, 24-Std.-Wachdienst, Internet gratis, Squads, Kajaks, Bikes. Beste DZ mit Meerblick (Nr. 302, 303, 304) 92 USD inkl. Frühstücksbuffet im DZ. ✆ 2328498, www.bajamontanita.ec.

La Casa del Sol, (MK), aus Holz, ruhig, renoviert, schöner Garten, am Zufahrtsweg zum Strand in zweiter Reihe. Die oberen der 12 Zimmer haben Meerblick. Internet, TV-Raum mit 150 Kanälen und Popcornmaschine. Pro Pers. ab 22 USD inkl. Frühstücksbuffet. ✆ 2648287, ✆ 094-973922 (mobil), www.casasol.com.

Hanga Roa, (Budget), gegenüber dem Casa del Sol direkt am Strand, Haupthaus mit 2 Zimmern aus Stein, Nebenhaus mit 4 Zimmern aus Holz, BP, Ww, Ventilator, Parkplatz, eigener Strandzugang, schön, sauber, ruhig, mein Tipp! Pro Pers. 15–20 USD, ✆ 2354964, hangaroa_montanita@hotmail.com.

Cabañas Arena Guadua, (Budget), direkter am Meer ginge es nicht, nur drei hübsche Cabañas für jeweils bis zu 5 Pers., unterschiedliche Kommentare! Surfer-Milchbubi-Bar im Freien mit *desayunos, almuerzos, sanduches,* tägl. bis 20 Uhr. Pro Pers. 10–20 USD (Neben-/Hauptsaison). www.infomontanita.com/arenaguadua.

ALTA MONTAÑITA

Im eigentlichen Ortskern von Montañita ist eine Reihe Bretter- und auch Mischkonstruktionen entstanden. Die meisten davon sind auf Low-Budget-Touristen ausgerichtet. In der Hochsaison können sich die Hotelpreise jedoch verdreifachen. Diese tropisch warme *temporada alta* beginnt im Dezember und endet erst nach Semana Santa gegen Ende April. Der Rest des Jahres ist Nebensaison (*temporada baja*). Travellercheques oder Kreditkarten werden kaum akzeptiert. Wer im Bereich der Calle Guido Chiriboga und Segunda a la Playa bleibt, wird an Schlaf nicht denken können! Vor allem an Wochenenden und in der Hochsaison machen Discos, Kneipen und *„bares ambulantes"* (rollende Bars) bis 6 Uhr morgens einen derartigen Höllenlärm, das selbst Hartgesottene die Flucht ergreifen. Gegen Mitternacht beginnt das höllische Gepumpere der House- und Trance-Musik, während die entzückten Gäste förmlich über die Tanzfläche fliegen. Erst wenn wirklich niemand mehr stehen kann, herrscht wieder tiefe Ruhe. So manches der mehrstöckig-verschachtelten Bambus-Hotels macht auch nicht gerade den solidesten Eindruck. Ein Seebeben wird nicht nötig sein, um das eine oder andere zum Einsturz zu bringen. „You don't come here to sleep", versicherte ein barfüßiger Hotelbesitzer!

• *Übernachten* **Charo's (19)**, (MK), ein Steinhaus in ruhiger Lage, sowohl vom Strand als auch von der Straße erreichbar. Helle, saubere Zimmer, die besten sind ganz oben! Fliesenboden, BP, Ww, AC, Moskitogitter, Pool, Restaurant, Bar. Tipp für Lärmmüde! Pro Pers. 15–30 USD, Hochsaison bis 50 USD pro Pers.! 15 de Mayo y Rocafuerte, ✆ 2060044, ✆ 099-386474 (mobil), www.charoshostal.com.

Swisspoint (2), (Budget), helvetische Farben, sauber, freundlich, mit Liebe zum Detail. Nur vier geräumige Zimmer ab 25 USD pro Pers., am besten ist „Genf" (AC, gute Matratzen). Kleines Restaurant mit Rösti, Gratin, Spätzle, Müsli. Netter Biergarten, Internet, Parkplatz. Zw. Alta und Baja Montañita nach der Brücke rechts an der Hauptstraße. ✆ 2060083, www.swisspointmontanita.com.

Paradise South (1), (Budget), wenige Schritte vom Meer, Vogelgezwitscher, Hängematten. Billard, Tischtennis, Volleyball. Die Zimmer Nr. 12 und 13 sind vorzuziehen. *Anfahrt:* 100 m nach der Flussbrücke Richtung Norden geht es von Alta kommend links rein. Ab 10 USD pro Pers. (BC/BP), die großen Zimmer 30 USD inkl. AC. ✆ 097-878925 (mobil).

Montezuma (4), (Budget), empfohlen, das höchste Hostal im Ort, ab 2. St. Meerblick, zwei Sitzpools mit Blick aufs Zentrum, coole Eingangszone mit Hängesitzen und

Übernachten
1 Paradise South
2 Swisspoint
3 Cabañas Pakaloro
4 Hostal Montezuma
6 Hostal Papaya
8 Hostal Casa Blanca
9 Tiki Limbo
10 Hostal Funky Monkey
11 Hostal Tsunamí
12 Hotel The Promised Land
14 Hostal Centro del Mundo
19 Charo's

Essen & Trinken
7 Viejamar
13 Pizzeria Marea
15 Tiburón
16 Wipe Out
17 Machu Picchu
20 La Costa
21 Rest. Doña Elena
22 Happy Donkey House

Nachtleben
5 Balsa y Totora
18 Dreamers Bar

Alta Montañita

Liegematten. BP, Ventilator, kein AC, kein TV. Die Massivbauweise soll Lärm vermeiden. Pro Pers. nur 8–10 USD (Nebensaison) sonst bis 24 USD (BP, Ventilator oder AC, TV). Segunda a la Playa, ☎ 097-182965 (mobil).

Funky Monkey (10), (Low Budget), beliebt und mittendrin! Oben spartanische Schlafsäle und noch weiter oben vier Zimmer mit BP und Meerblick-Balkon, enge Wendeltreppe. Renovierung geplant. Unten Restaurant-Sushibar im Lounge-Stil, leckere Frühstücke, Hauptspeisen ab 4 USD. Pro Pers. ab 5 USD im *dormitorio* (BC) bzw. bis 20 USD ganz oben mit BP. Guido Chiriboga, ☎ 093-947733 (mobil).

Casa Blanca (8), (Budget), zweistöckig, Holz, Zement, Bambus, manche Zimmer dunkel, andere ganz ansprechend (BP, Ww), mitunter jedoch laut, das *matrimonial* Nr. 2 mit Palmwedeln, die in den Balkon reinwachsen. Unten gut besuchtes Restaurant. Pro Pers. 7–20 USD je nach Saison inkl. Cocktail und Frühstück. Guido Chiriboga y Segunda a la Playa. ☎ 099-182501 (mobil).

The Promised Land (12), (Budget), verschachteltes „Bambus-Hostal", oben das beste Zimmer „Tortuga". Chill-out-Bar, Billard, Restaurant Hola Ola bietet gute Frühstücke und Hauptspeisen (5–10 USD), fetzige Musik, unbeugsamer israelischer Besitzer. Pro Pers. ab 10 USD (BP, Ww). Guido Chiriboga, ☎ 091-117777 (mobil), www.hotel tierraprometida.com.

Cabañas Pakaloro (3), (Budget), intimer als andere, BP, Ww, Mini-Garten, Balkönchen, Hängematten, Ventilatoren. Obere Zimmer mit Meerblick. Pro Pers. 8–15 USD. Neben Montezuma am „T" der Guido Chiriboga und der Segunda a la Playa, ☎ 097-415413 (mobil).

Tiki Limbo (9), (Budget) hübsches „Bambus-Hotel", 11 bunte DZ mit *cama matrimonial*, am besten ist Nr. 6 (BP, Ventilator), nett eingerichtet, zwei Aufenthaltsräume, Restaurant mit breit gefächerter Karte, tolles Ambiente, Surfkurse und Bretterverleih.

Pro Pers. 8–15 USD. Guido Chiriboga, ☎ 099-540607 (mobil), tikilimbo@hotmail.com, www.tikilimbo.com.

Papaya (6), (Budget), farbenfrohes Bambushaus, Terrasse nett, Zimmer einfach, am besten sind Nr. 1 und 4. Pro Pers. 8–15 USD je nach Saison. Guido Chiriboga y Segunda a la Playa. ☎ 096-071799 (mobil), hostalpapaya@yahoo.com.

Tsunamí (11), auch „The Big Wave", dreistöckige Bambus- und Holzkonstruktion fast am Ende der Guido Chiriboga, kleine Terrassen, beste Zimmer sind „Point" und „Palomar" wegen Meerblick, teils BP, unten eine Pizzeria. Pro Pers. 8–15 USD je nach Saison. ☎ 2060067.

Centro del Mundo (14), (Low Budget), man stelle sich vor, eine große Bretterbude mit 45 Betten direkt am Pazifischen Ozean! Pro Pers. 4 USD im Riesenmatrazenlager unterm Dach mit abschließbaren Holztruhen für den Rucksackinhalt. Frühstücksterrasse mit Meeresrauschen. Am Ende der Hauptzufahrt zum Strand rechts. ☎ 2782831.

Fiesta de la Luna Llena, das allmonatliche „Vollmondfest" findet manchmal auch an einem Samstag statt, wenn Vollmond z. B. gerade auf den darauf folgenden Dienstag fallen sollte. Dann strömt ganz Montañita an den 3 km entfernten Sandstrand der Hostería Kamala bei Manglaralto. Um 10 Uhr abends geht es dort los mit Techno, Rave, Strandfeuern, Body Painting und Artes Extremos. Ein Muss für „Love-Parader"! Aufgrund des Widerstandes der genervten Bevölkerung wird das Fest zukünftig aber vielleicht verboten.

● *Essen & Trinken* Auf der Hauptzufahrtsstraße zum Strand (Calle Rocafuerte) wie auch auf der 15 de Mayo und der Passage Guido Chiriboga gibt es jede Menge kleine Restaurants zum Draußensitzen.

Allererster Gastro-Tipp ist **Happy Donkey House (22)**, die Kochlöffel schwingen Victoriano Fernandez und Sohn. Zu den Gaumenfreuden gehören z. B. Schwertfischsteak *pez espada* (5 USD) oder ausgezeichnetes *lomo fino termino medio* (8 USD), ebenso Backpackermenüs ab 3 USD und Kaffee aus der Provinz Loja. Tägl. 13–24 Uhr. Auf der 15 de Mayo beim Hostal Palmeras Inn.

Frauen sollten nicht nur nächtliches Nacktbaden unbedingt vermeiden, sondern auch von abendlichen Strandspaziergängen auf eigene Faust Abstand nehmen! **Vergewaltigungen** und auch **Raubüberfälle** sind keine Seltenheit!

Doña Elena (21), gehört einer alteingesessenen Fischerfamilie und ist eines der populärsten Restaurants im Ortsteil Alta Montañita, empfehlenswert! Schräg gegenüber vom Parque, Calle 15 de Mayo.

Peruanische Spezialitäten hat **Machu Picchu (17)**, russische Besitzer, Hauptspeisen 7–10 USD, riesige Fruchtbar, 15 de Mayo y Rocafuerte.

Pizzas hat **Marea (13)** in einer Seitenstraße zum Strand beim Hostal Montañita bzw. Ambrosio gegenüber dem Happy Donkey auf der 15 de Mayo.

Sehr beliebt sind die **Restaurants** von The Promised Land und Casa Blanca in der Guido Chiriboga; empfohlen wurden auch **Tiburón (15)**, Primera a la Playa y Guido Chiriboga, und **Viejamar (7)**, Guido Chiriboga y Segunda a la Playa.

Frühstücke, *almuerzos* und *meriendas* für 2 USD hat Cecilia von der **Marisquería la Costa (20)**, 15 de Mayo schräg gegenüber dem Hostal Charo.

Leser empfahlen außerdem die **Bäckerei** neben The Promised Land.

Auch empfohlen wurde die Bäckerei **Lissette** beim Ortseingang von Manglaralto (Richtung Puerto López, 3 km von Alta Montañita).

● *Nachtleben* **Wipe Out (16)** von Björn, Flo und Dominik, rustikale Bambus-Cocktailbar. Bei den Drinks stimmt die Mischung, ebenso Milchshakes, Kaffee, Tapas, Salate, urdeutsche Pfannkuchen und Hängematten, Ecke Rocafuerte und Strand.

Balsa y Totora (5), Poolbar schräg gegenüber Hotel Montezuma.

Dreamers Bar (18), Pop und Rock, gemütlich, Guido Chiriboga.

Chief Bar, elektronische Musik und Pizza, Chiriboga y Rocafuerte.

• *Surfbretter Tablas de surf* gibt es z. B. bei **Sweetsurf** von Maya Lindgren (mobil ☏ 093-122559) und David Ormeño (mobil ☏ 097-389089), Verleih ab 4 USD und Kurse ab 15 USD, www.sweetsurfecuador.com.

Bretter aus eigener Fabrikation hat **Kleber Clemente „Moreno"** (auch Longboards), Calle Rocafuerte am Anfang der Hauptzufahrt zum Strand, morenosurfboard@hotmail.com.

Populärster Surfbrettbauer ist **Balsa House** von Cesar Moreira. Ein handgefertigtes Balsaholzbrett kostet je nach Qualität, Größe und Deko 400–800 USD, der Verleih von *tablas* 15 USD tägl., Kurse mit Ausrüstung 15 USD für 2 Std. Falls eine Ecke vom geliehenen Brett fehlen sollte, kann dies 70 USD kosten, wird eins zerbrochen oder geht verloren, kommt dies natürlich noch teurer. Guido Chiriboga, ☏ 2060075, balsahouse@gmail.com.

• *Touren* Kein Tourbüro kann besonders empfohlen werden, weil die Qualität schwer einzuschätzen ist und zwischen Eröffnung und Schließung meist nur ein paar Monate liegen.

• *Spanischunterricht* Büffeln mit Meerblick geht in der **Montañita Spanish School**, am Strandzugang der Guido Chiriboga. Kontaktpersion ist Warwick (mobil ☏ 089-791305), Einzelunterrricht, Volontärsarbeit. www.montanita spanishschool.com.

• *Einkaufen* **Creation's Barbor** hat die besten T-Shirts, Guido Chiriboga.

• *Feier- und Festtage* **Fiesta Patronal**, religiöses Fest zw. 9. und 15. Mai, dem Fischerpatron San Isidro Labrador gewidmet: Prozessionen, Livemusik, Wahl der Schönheitskönigin Miss Montañita. **Carnaval** und **Año Nuevo** (Silvester) sind

Auf dem Weg zur Schule

Nonstop-Mega-Fiestas von 3 bis 4 Tagen Dauer; an Fasching gibt es zudem eine Lustmolch-Party mit der sexistischen Wahl der Miss Bikini Open („Bikini Open", weil die Siegerin selbigen auszieht).

▶ **Olón:** Wenige Kilometer nördlich der Punta von Baja Montañita liegt das Ferien-Stranddorf Olón, wo sich einkommensstarke Bürger Guayaquils ein Wochenendhäuschen gebaut haben. Ein Bus der Coop. Libertad Peninsular verbindet den Ort mit Libertad und Guayaquil. Hinter Olón sticht unter den Villen am kilometerlangen Strand eine Hundertwasser-ähnliche Mansion ins Auge.

▶ **An der Küste entlang:** Kurz darauf beginnt hinter dem zwischen Meer und Straße eingeklemmten Ort **La Entrada** (die *Panadería Lisette* hat dort die leckersten Kuchen an der Küste) der kurvenreiche Aufstieg über einen bewaldeten Ausläufer der **Cordillera Chongón-Colonche** hinweg. Das Küstengebirge fällt zwischen den zackigen, von teils senkrechten Steilklippen umringten Buchten in den blauen Ozean ab. Dies ist einer der schönsten Küstenabschnitte in Ecuador. Auf dem etwa 10 km langen Abschnitt an der Provinzgrenze zwischen Guayas und Manabí verändert sich das Landschaftsbild schlagartig. Feucht-tropischer Regenwald beginnt plötzlich neben dem Straßenrand zu wuchern. Von einem Punkt auf dem Pass oben (von Süden kommend kurz vor einer Rechtskurve) hat der Betrachter bei klarem Himmel eine überwältigende Aussicht über die Hügelkette **Cinco Cerros de Ayampe** und die Brandung an der zerklüfteten Pazifikküste. Ein Fotostopp ist angesagt!

● *Übernachten* **Atamari**, zwölf komfortable Cabañas auf einem gewaltigen Felsvorsprung über dem Pazifik, umringt von tropischer Bepflanzung und einem spektakulären Rundum-Panorama über die Bucht von Ayampe, die Felszacken der „Erhängten" (Los Ahorcados) und die vielen Seevögel über dem aufschäumenden Ozean. Pool, Cocktail-Bar, Restaurant, Kabel-TV. Ein sehr steiler, nach Regen schlüpfriger Pfad führt zum Meer hinunter. DZ-Suite 146 USD inkl. *desayuno*, Menü 20 USD, sonstige Mahlzeiten 10–15 USD. Tauchen mit Mare Dive Center, Kajaks, Wanderungen. Wenige Min. hinter dem Aussichtspunkt der „Fünf Gipfel von Ayampe" befindet sich linker Hand eine 1,5 km lange, mit einem weißen Kolibri-Steinschild versehene Einfahrt. ☎ 04/2780430, www.resortatamari.com.

Weiter in Richtung Norden fällt die asphaltierte Marginal de la Costa hinter dem Atamari-Abzweig wieder in Kurven zum Meer ab. Mit der weitläufigen **Bucht von Ayampe** kommt dann ein schöner Strandabschnitt mit den vorgelagerten Felsnadeln **Los Ahorcados**. Bei der Brücke über den Río Ayampe in **Las Tunas** beginnt die Provinz Manabí. In der Bucht gibt es eine Handvoll Cabaña-Anlagen zu niedrigen Preisen, wie geschaffen für Leute, die pazifischen Frieden und Begegnungen mit der Natur suchen. Im Gegensatz zum lauten Montañita oder schmuddeligen Puerto López gibt es hier einen einsamen Sandstrand von ungeheueren Ausmaßen.

● *Übernachten/Essen & Trinken* **Cabañas La Tortuga**, (Budget), hübsche Cabañas mit Veranda und Hängematte, rustikales Restaurant, Rasen, Fächerpalmen und Engelstrompetenbaum, Aussichtsterrasse mit Kolibris, Süßwasserdusche für Badende, Sea-Kajaks, Bikes, Mini-Buggys, TV, Billard. EZ/DZ-Cabaña 38 USD. Am Strand gegenüber den Los Ahorcados, ☎ 04/2780613, www.latortuga.com.ec.

Finca Punta Ayampe, (Budget), aussichtsreiches Bambushaus, sehr hübsch in einem Urwäldchen und Blumengarten gelegen. 3–4 Min. zum Strand, 20 Min. von der Hauptstraße. Die nach oben hin offenen Zimmer bieten keine 100-prozentige Intimität, die Cabañas schon, hippe Deko, Panorama-Terrasse. Pro Pers. 14–16 USD (mit/ohne Balkon) bzw. 20 USD in einer Cabaña. Etwa 1 km südlich vom La Tortuga am Ende der gleichen Zufahrt, ☎ 091-1890982 (mobil), info@fincapuntaayampe.com, www.fincapuntaayampe.com.

Una belleza en Jama

La Barquita, (MK/Budget), außergewöhnliche Anlage mit tropischem Garten, Reihen-Cabañas (BP, Ww), in deren Mittelpunkt eine „in See stechende" Restaurant-Bar steht, in Form einer Galeere und mit Aussicht von den oberen „Decks" auf den weiten Strand und den blauen Pazifik. Wirkt so neben der Straße wie eine Fata Morgana. Bei Regen oder Mittagssonne wird einfach das große „Segel" ausgerollt. Vor dem „Entern" Schuhe ausziehen! Spezialität ist „Seemannsharpune" (*arpón marinero*), ein deliziöser Meeresfrüchtespieß für 8 USD. EZ ab 25 USD, DZ ab 38 USD (alle mit BP). Nach der Brücke über den Río Ayampe, 300 m vor der Hostería Alandaluz, 1 km südlich von Puerto Rico und 15 km südlich von Puerto López, 04/2780051, info@labarquita-ec.com, www.labarquita-ec.com.

Alandaluz, (GK/MK/Budget) rein architektonisch betrachtet einer der beeindruckendsten Konstruktionen in Ecuador in Naturbauweise. Die unterschiedlich gestylten Cabañas und Wohntürmchen haben teils biohygienische Latrinen-Toiletten, rustikale Innenausstattungen mit komfortablen Betten. Tropischer Garten und großer Sandstrand. Ausflüge zur Isla de la Plata oder auf eine hauseigene bioenergetische Plantage im Hinterland (Cantalapiedra). Sehr schöne DZ-Suiten mit Hängemattenterrasse und Meerblick 100 USD (Nr. 18 und 19), sonst EZ ab 25 USD, DZ ab 40 USD, Camping 8 USD pro Pers., Kochen mit dem eigenen Campingkocher ist nicht gestattet. Am Ende der kilometerlangen Geraden hinter der Hostería La Barquita befinden sich die palmstrohbedeckten, kathedralengleichen Bambustürme, 04/2780690, info@alandaluzhosteria.com, www.alandaluz.com. Lesertipp: Kerstin und Rainer aus Berlin empfehlen das Restaurant **Picantería El Paso**, eigentlich nur eine kleine Hütte in Ayampe, auf dem Weg von der Durchgangsstraße zum Strand: „bestes Frühstück in ganz Ecuador, auch abends immer frische und reichhaltige Gerichte, sehr gutes Preis-Leistungs-Verhältnis!" Tägl. 6–21 Uhr.

Puerto Rico: Gleich hinter der Hostería Alándaluz kommt das sympathische Fischerdörfchen Puerto Rico, das in der Hauptsache aus einer einzigen Dorfstraße besteht. Eine riesige **Bambuskirche** stellt eine einzigartige Sehenswürdigkeit dar. Am Ortseingang, von der asphaltierten Küstenstraße nach Puerto López von Süden kommend links runter, erinnerte einst ein Holzschild an die Zufriedenheit seiner freundlichen Bewohner: Puerto Rico – *un pueblo super-chévere* – „ein wunschlos glückliches Dorf"! Wer zum Teufel hat bloß das Schild geklaut?

Salango: Etwas weiter nördlich liegt das Fischerdorf Salango, vor dessen sandiger Bucht sich die gleichnamige Pelikan-Insel befindet, die bereits zum Machalilla-Nationalpark gehört. Neben einem hübschen Strand, einer kleinen, stinkenden Fischmehlfabrik und einem archäologischen Museum mit Originalfiguren der unterschiedlichen Kulturphasen der Region hat das eher verschlafene Nest noch ein hervorragendes Meeresfrüchte-Restaurant zu bieten, das Delfín Mágico.

• *Essen & Trinken* **Delfín Mágico**, an Wochenenden stehen häufig teure Autos aus Guayaquil vor dem einfachen, mit 15 wackeligen Bambustischen ausgestatteten Lokal, während ganze Familien geduldig auf die Leckereien aus den Tiefen des Ozeans warten. Das freundliche Besitzerehepaar Alfredo Pincay und Señora versteht es, auf meisterliche Weise Meeresfrüchte und Fisch zuzubereiten. Zu den vielen Spezialitäten gehört auch das Fleisch der Spondylusmuschel. Tägl. 10–20 Uhr. *Anfahrt*: von Süden kommend beim Dorf links runter von der Hauptstraße, der Weg ist ausgeschildert, schräg gegenüber der Dorfkirche. 04/2780291.

Wärmstens empfohlen wurde auch das zweite Restaurant aus Salango: **El Pelícano**, unweit dem Parks und der Kirche, tägl. 8–20 Uhr, 04/2783752.

Fazit: klitzekleines Dorf mit riesengroßen Gourmetfreuden!

• *Öffnungszeiten* **Archäologisches Museum**, Mi–So 9–18 Uhr, Eintritt 1,50 USD.

Halbinsel Santa Elena und Manabí
Karte S. 521

Puerto López
(8.000 Einwohner)

Fischkutter in der Bucht, Pelikane in der Luft, grunzende Hausschweine auf der Hauptstraße.

Nur wenige Kilometer nördlich von Salango, am südlichen Ende eines herrlichen Meerbusens, liegt die kleine Fischerstadt Puerto López, in präkolumbischen Zeiten auch Tusco genannt. Durch die Nähe zum **Machalilla-Nationalpark** und einer wachsenden touristischen Infrastruktur ist das Städtchen heute ein idealer Ausgangspunkt für Reisen in die südliche Manabí-Region.

Schöne Abendrotstimmungen über dem Pazifik, hoch aufragende Klippen zu beiden Seiten der Bucht und die kreischenden Seevögel um die frühmorgens einlaufenden Langboote und Fischkähne geben dem Ort einen besonderen Touch. Nach Rückkehr der Fischer vom nächtlichen Fang findet jeden Morgen der Handel mit der frischen Ausbeute am Strand statt. Thunfische, *picudos* und *peces espada* (Schwertfische), Rochen und Hammerhaie werden auf dem Sand ausgebreitet und in portionsgerechte Stücke zerteilt. Der Rest des Fangs wird direkt vom Boot aus feilgeboten oder in großen Weidenkörben und bunten Plastikeimern zu den Marktbuden hinter dem Strand geschleppt. Dieses Spektakel lassen sich die Schwärme von Seevögeln, schwarzen Aasgeiern und streunenden Hunde nicht entgehen. Jeder versucht, ein Stück von den Fischabfällen zu ergattern – ein großartiges Schauspiel!

Die besten Monate, um die sich bei der **Isla de la Plata** paarenden **Buckelwale** zu beobachten, sind Mitte Juni bis Anfang September. In dieser Zeit kommt allerdings die Sonne schon weniger zum Vorschein als zu Anfang des Jahres. Bedeckter Himmel, kühle Winde und Sprühregen bestimmen vor allem ab August das Klima in dieser südlichen Küstenregion. Diese Schlechtwetterperiode zieht sich meist bis in den November hin. Die trockensten Monate, die sehr viel Sonne und fast keinen Regen versprechen, sind Dezember und Januar.

Nach übermäßig starken Regenfällen kommt es in den „Wintermonaten" von Ende Januar bis Mitte Mai zu teils sintflutartigen Überschwemmungen, wenn Wasser- und Schlammmassen von den umliegenden Hügeln herunterrauschen. Hitze, Stechmücken und eine starke Sonneneinstrahlung stehen dann im krassen Gegensatz zu den „Sommermonaten" in der zweiten Jahreshälfte.

*V*erbindungen/*I*nformation/*A*dressen

> Die **Vorwahl** von Puerto López und der Provinz Manabí ist **05**.

● *Verbindungen* Die beste **Busverbindung** mit **Quito** hat die Coop. Reina del Camino, Abfahrt tägl. 8.15 und 20 Uhr, Fahrtzeit 10 Std., Fahrpreis 12 USD. Im Gegensatz zur anderen Quito-Verbindung mit Coop. Carlos A. Aray (Abfahrt 19 Uhr, 10 Std., 10 USD) hält der Reina-Bus lediglich in Jipijapa, Portoviejo, Chone und Santo Domingo, um Passagiere aussteigen zu lassen, jedoch nicht unterwegs, um an der Landstraße

Passagiere aufzunehmen. Carlos A. Aray liest hingegen auch nachts am Straßenrand Passagiere auf und ist daher nicht besonders empfehlenswert.

Es gibt 5 bis 6 Kooperativen, die an der Durchgangsstraße (Panamericana Marginal de la Costa) nach Norden oder Süden fahren: **Puerto Cayo**, **Manta**, **Jipijapa**, **Montañita**, **Manglaralto**, **Santa Elena**, **La Libertad** oder **Salinas**. Nach **Guayaquil** (4:30 Std.) geht es am schönsten nach Süden über die Ruta del Sol und Santa Elena. Etwa alle 30 Min. fährt ein Bus in beide Richtungen vorbei. Eine eher improvisierte Haltestelle ist die Ecke bei der Banco Pichincha, an der

General Córdova und der Durchgangsstraße.

Moto-Taxis bzw. Moto-Rikschas kosten innerhalb der Stadt 25 Ct. pro Pers., zum Strand von **Los Frailes** und nach **Agua Blanca** hin/zurück 10 USD, ganzer Tag 20 USD.

● Information   Das **i-Tur-Büro** befindet sich in der Machalilla y Atahualpa (zw. Eloy Alfaro und Lascano). Mo–Fr 8.30–13 und 14.30–17 Uhr.

● Adressen   **Geldbeschaffung**: ATM der Banco Pichincha, Ecke Córdova und Durchgangsstraße.

Internet: Muyuyo Net, Córdoba y Juan Montalvo, pro Std. 1 USD.

Spanischschule: La Lengua Guesthouse, Abdón Calderón y García Moreno, drei Blocks vom Mercado an der Durchgangsstraße nach Norden, dann am Wasserkanal einen Block rechts rein. 6-Tage-Paket mit 20 Std. Einzelunterricht, Übernachtung, zwei Mahlzeiten pro Tag 180 USD. Kontakt: Freddy Soto, ✆ 096-520576 (mobil), freddysoto84 @hotmail.com.

Telefonieren: Pacifictel befindet sich gegenüber der Kirche an der asphaltierten Durchfahrtsstraße. Vormittags und abends ist Telefonieren normalerweise kein Problem. Ebenso gibt es zahlreiche Kabinen von Porta und Alegro.

Fischer an der Ruta del Sol

Übernachten/Essen & Trinken (siehe Karte S. 539)

● Übernachten in Puerto López   **Mandala (1)**, (MK), attraktive, komfortable Cabañas (BP 24 Std. Ww, Moskitonetze). Schöner tropischer Garten, durch Muschelsplitterwege mit dem Meerblick-Restaurant verbunden. Spielesaal, Musikinstrumente, Sachbuchbibliothek über Pflanzen, Vögel, Fische und Schmetterlinge. Walskelett, Delfin Obelisk, holzgeschnitzte Klobrillen. Es wird Deutsch gesprochen. 800 Palmen wurden am Strand gepflanzt. Die Besitzer Maya und Aurelio sind nicht nur ein Powerfass an Kreativität. Das Beste im Ort! EZ ab 25 USD, DZ ab 40 USD, Frühstück 3–5 USD, Hauptspeisen 5–8 USD. Am nördlichen Strandabschnitt, ✆ 2300181, www.hosteria mandala.info.

Pacífico (7), (MK), kein besonders attraktives Gebäude, aber Garten, Pool und Palmen, Restaurant zum Draußensitzen, Bootsausflüge, Walbeobachtung. Eine Top-Option mit Ozeanblick ist die geräumige Suite Nr. 310 mit BP, Ww, AC, Balkon (60 USD) DZ 30 USD. Direkt an der Uferpromenade,

✆ 2300147, www.hotelpacificoecuador.

La Terraza (2), (MK), gepflegter Garten und aussichtsreiche Frühstücksterrasse auf einer Anhöhe über dem Ort. Auch von den 12 Doppel-Cabañas mit Veranda genießt man einen herrlichen Blick auf die Bahía und die farbenfrohen Sonnenuntergänge. Schönes Restaurant und noch schönerer Pool. Anfahrt: Vom Zentrum geht es Richtung nördliches Ortsende, am Centro de Salud von der Durchgangsstraße rechts weg und nach etwa 200 m links hoch, ausgeschildert. EZ mit BP 25 USD, DZ mit BP 41 USD, im Zimmer mit BC ab 17 USD pro Pers., Frühstück ca. 5 USD, ✆ 2300235, www. laterraza.de.

Ruta del Sol (17), (Budget), 4 der 10 großen Zimmer haben Blick aufs Meer, BP, Ventilator o. AC. Die Bettgestelle sind aus behandelten Rohholzstämmen. Angeschlossenes Tourbüro Bosque Marino. Ab 15 USD pro Pers. An der südlichen Uferpromenade, Malecón Julio Izurieta y Sucre, ✆ 2300236, www.bosquemarino.com.

Halbinsel Santa Elena und Manabí   Karte S. 521

Los Islotes (13), (Budget), mehrstöckiges Gebäude an der Uferpromenade, große Hängematten-Terrasse mit Pflanzen, nette Besitzer. Hübsch ist das Doppelbettzimmer Nr. 8 mit Balkon, BP, Ventilator, Tisch und Stühlen ab 25 USD. Malecón Julio Izurieta 532 y General Córdova, ℡ 2300108.

Punta Piedrero (19), (Budget), nur 8 Zimmer auf zwei Etagen, mit BP, Ww, Ventilator, TV, dazu sauber, vor allem ruhig, ganz nett gemacht. Zimmer im oberen Stock mit Blick aufs Meer. Pro Pers. 10 USD. Am südlichen Malecón-Ende am Meer, ℡ 2300013, puntapiedrero@satnet.net.

Máxima (6), (Budget), schlichte, saubere Zimmer (BP, Ww), kleiner Palmengarten, Gemeinschaftsküche, teils Kabel-TV, DVDs gratis, macht einen ordentlichen Eindruck. Pro Pers. 10 USD. Frühstück im preiswerten Restaurant ab 1,50 USD. Eineinhalb Blocks vom Malecón, www.maxima.org.

Itapoâ (5), (Budget), schlichte, saubere Cabañas mit hübschem Bambus-Ambiente, BP, Ww, Bretterboden, private Hängemattenterrasse, Moskitonetze, tropischer Garten. Whirlpoolbenutzung 2 USD, Body Boards 1 USD pro Std. Pro Pers. 9 USD inkl. Frühstück, gutes Preis-Leistungs-Verhältnis. Direkt am Malecón, María Inmaculada y Abdón Calderón, ℡ 093-145894 (mobil).

Playa Sur (3), adrette, saubere, einfache, strohgedeckte Cabañas mit BP, Ww, Ventilator, direkt am Malecón in der Nähe des Fischmarktes. Pro Pers. 8 USD. ℡ 093-119079 (mobil).

Villa Colombia (16), (Low Budget), unweit vom Mercado an der Durchgangsstraße. Einfache, aber saubere Zimmer mit BP, Moskitonetze, Gemeinschaftsküche, Hängematten und Pflanzen. Mutter Gladys macht mitunter Quiche Lorraine. *Anfahrt*: rechts von der Markthalle in die breite Staubstraße rein und an der ersten Ecke wieder rechts, dann gleich auf der linken Seite. Pro Pers. 8 USD (BP), 6 USD im Schlafsaal. García Moreno entre Sucre y Córdova, ℡ 2300105, www.hostalvillacolombia.com.

Sol Inn (9), (Low Budget), rustikales Bambushotelchen im Montañita-Stil, Billiard-Terrasse, Gemeinschaftsküche. Nr. 1 ist das obere Doppelbettzimmer mit BP für 8 USD pro Pers., sonst 6 USD (BC), Stockbetten-Zimmer (BC) 5 USD. Montalvo y Eloy Alfaro, eine Straße hinter dem Malecón, ℡ 2300248.

• *Übernachten außerhalb* **Mantaraya Lodge**, (GK), verspielter Mittelmeerstil mit Liebe zum Detail, leider weit weg vom Meer,

dafür Pool, Restaurant, Transportservice. Gleichnamiges Tourbüro im Städtchen. EZ 72 USD, DZ 100 USD inkl. *desayuno americano*, Menüs 14 USD. Auf einer Anhöhe über der Asphaltstraße (Panamericana de la Costa), weit über dem Meer, aber es ist in Sicht, etwa 2 km südlich von Puerto López, ℡ 05/2300233, www.advantagecuador.com.

Islamar, (MK), mit großartigem Blick auf die 500 m Tieflinie entfernte Insel Salango und bei klarer Sicht bis zur Isla de la Plata. Eine Totenkopfflagge und 5 geräumige, bequeme, terrakottafarbene Cabañas mit BP, Ww, Dachterrasse, je ein Doppel- und ein Stockbett. Bar, Restaurant, Kinderspielplatz. Ein Fußweg führt zum Strand, auch Abseilen ist möglich. Gleitschirmflieger-Spot und Tauchflaschen. Aufregend ist ein „Extremsport-Pfad" *a lo Schatzräuber* auf der unbewohnten Salango-Insel mit Machete, Seil und Bambus-Sprossenleiter. Besitzer ist der Schweizer Christian. DZ 45 USD, Kinder 50 %. 70 m über dem Meeresspiegel auf den Klippen der Punta Piedra Verde, kurz vor dem Dörfchen Salango geht es von Puerto López (Norden) kommend nach 9 km rechts die Anhöhe hinauf, Reservierung in Guayaquil: ℡ 04/2287001, ℡ 093-857580 (mobil), info@hosteria-islamar.com.ec, www.hostariaislamar.com.ec.

• *Essen & Trinken* Spezialisiert auf Fisch-, Fleisch-, Huhn- und Meeresfrüchte, dazu hübsch zum Draußensitzen sind **Carmita's (14)**, **Mayflower (15)**, **Spondylus (11)**, **Espuma del Mar**, **Viña del Mar**, **Sol** und **Mar y Arena**, alle an der Uferpromenade.

Weiter am südlichen Malecón-Ende befindet sich das **Whale Café (18)** mit Schokokuchen (!) und Fisch, Meeresfrüchten, China Food, Vegetarischem, Pasta und Pizza, Hauptspeisen etwa 6 USD, tägl. 8–21.30 Uhr.

Top ist **Bellitalia (4)**, versteckt in einer Seitenstraße in Richtung Fluss: ausgezeichnete Nudelgerichte und Meeresfrüchte bei sehr nettem südländischem Ambiente, ab 18 Uhr.

Schmackhafte und preiswerte *comida colombiana* gibt es bei Jaibel und Karol im **Patacón Pisao (12)** in der Córdova y Malecón.

Gutes *cebiche de pescado* für 1,50–2 USD bietet **Cristian (10)**, Eloy Alfaro y García Moreno. Gegen Mittag ist es jedoch ausverkauft!

Hygienisch einwandfreie Snacks, Cocktails und Kaffee hat die Schweizerin Beatrice im **Aroma Café (8)**, Malecón y Alejandro Lascano.

Touren

Es gibt eine ganze Reihe von Touranbietern: Für **Walbeobachtungsfahrten** (30 USD) zw. Juni und Sept. sowie Bootsausflüge zur Isla de la Plata (40 USD) kann z. B. das Boot von **Cercapez** von Elpidio Parrales empfohlen werden, auch Angelausflüge und Transportservice nach Manta o. Guayaquil, Machalilla y Alejo Lascano, ✆ 2300173.

Für Walbeobachtung und Isla de la Plata wurde von Lesern empfohlen: **Whale Expeditions** des alten Seehasen Angel Pincay Quiroz, Córdova y Juan Montalvo, ✆ 2300106,

avenorca@yahoo.com.

Ebenso **Bosque Marino**, im Hotel Ruta del Sol am südlichen Malecón, www.bosque marino.com.

Mantaraya ist mit seinen beiden Booten auf Walbeobachtungsfahrten und **Tauchgänge** spezialisiert (ab 95 USD pro Tag mit Full Personal Equipment), PADI-Kurse. ✆ 2300233, www.advantagecuador.com.

Ganz auf Tauchen spezialisiert ist **Mares Dive Center**, PADI-Kurse ab 380 USD, 1 Tag Theorie im Pool des schönen Atamari-Resorts,

Essen & Trinken
4 Rest. Bellitalia
8 Aroma Café
10 Cevichería Cristian
11 Rest. Spondylus
12 Rest. Pataçón Pisao
14 Rest. Carmita's
15 Rest. Mayflower
18 Whale Café

Übernachten
1 Hostería Mandala
2 Hostería La Terraza
3 Playa Sur
5 Hostería Itapoã
6 Hostal Máxima
7 Hotel Pacífico
9 Hostal Sol Inn
13 Hostal Los Islotes
16 Villa Colombia
17 Hotel Ruta del Sol
19 Punta Piedrero

dann 4 Tauchgänge zum Erhalt der Lizenz, Malecón y Córdova, ✆ 2780430, ✆ 099-515213 (mobil).

Ebenfalls **Exploramar**, PADI-Kurse, Tagestauchgänge mit Full Personal Equipment ab 95 USD, zwei komfortable Boote. Malecón y Córdova, ✆ 2300123, www.exploradiving.com.

Für **Trekkingtouren** in den Parque Nacional Machalilla (und Whalewatching) kann Angel

Pincay von **Whale Expeditions** empfohlen werden. Es geht meist über die idyllische Dorfkommune **Agua Blanca** nach **Las Goteras** oder **Vueltas Largas** (*bosque humedo tropical*). Eine Tagestour kostet je nach Gruppengröße und ob mit oder ohne Pferd 20–30 USD pro Pers., Mittagessen, Transport, *guía naturalista* inbegriffen.

Parque Nacional Machalilla

Der 55.000 ha große Nationalpark, der einzige an der ecuadorianischen Küste, besteht in der Hauptsache aus drei Vegetations- bzw. Faunazonen: tropischer Trockenurwald entlang dem hügeligen Küstenstreifen, feuchttropischer Regenwald in den Höhenlagen und der maritime Bereich um die Isla de la Plata.

Das Klima wird im Wesentlichen von den Meeresströmungen und der äquatorialen Lage bestimmt. Die durchschnittliche Jahrestemperatur beträgt 24 Grad, die Luftfeuchtigkeit liegt bei 84 %. Die zeitweise ausgetrockneten Flussniederungen im Parkbereich können in der Regenzeit innerhalb weniger Minuten zu reißenden Sturzbächen anschwellen. Eine schlammigbraune Masse von Wasser, Sedimenten, Baumstämmen und Unterholz schießt dann wie eine Flutwelle in Richtung Meer hinab.

Zur typischen Flora des Parks gehören neben den charakteristischen Kapokbäumen (*ceibos*) und Feigenkakteen (*tunas*) auch Schirmakazie (*algarrobo*), Palo Santo (Sandelbaum), Ficusarten, Guajakbaum (*guayacán*), Gelbe Cordie (*muyuyo*), Balsabaum (*balsa*), Lorbeer (*laurel*) und Barbasco. Zur Tierwelt zählen neben *guantas* und *guatusas* (Agouti) auch Brüllaffen (*mono aullador*) und Ameisenbären (*oso hormiguero*). Unter den zahlreichen Vogelarten befinden sich Papageien, Tukane, Kaziken und Habichte sowie Pelikane und Fregattvögel im Küstenbereich.

● *Eintritt* Das Besucherzentrum (Centro de Visitantes) des Parque Nacional Machalilla veranstaltet keine Touren, sondern kassiert lediglich die Eintrittsgebühr: nur Festland 12 USD, nur Isla de la Plata 15 USD, beides 20 USD. Hier muss der Reisepass vorgezeigt werden, bevor eines der Ziele im Nationalpark angesteuert werden kann. In großen Schaufenstern werden die Vegetationszonen des Parks dargestellt; geöffnet 8–16 Uhr.

▶ **Agua Blanca** heißt das weit verstreute, aus 66 Familien bestehende 280-Einwohner-Dörfchen, das bereits im Bereich des Nationalparks liegt. Die Zufahrt dorthin befindet sich fast 7 km nördlich von Puerto López. Es geht rechts weg von der Marginal de la Costa. Nach weiteren 6 km erreicht man die idyllisch-verschlafene Häuseransammlung auf einer holprigen Straße durch Dornengestrüpp und *tunas* (Feigenkakteen). Eintritt 5 USD, unabhängig von der Nationalparkgebühr. Von Agua Blanca aus (auf 40 m ü. d. M.) starten mitunter auch Touren in die inneren und höher gelegenen Bereiche des Nationalparks. Hier kann auf Pferde oder Maultiere umgesattelt werden.

Nach etwa fünf Stunden anstrengendem Ritt oder Fußmarsch erreicht man **San Sebastián**, eine versteckte, zwischenzeitlich leider ziemlich heruntergekommenes Urwald-Camp voller Müll und Moskitos in einem dicht bewachsenen, nach Süden hin geöffneten Krater. Auf dem Weg dorthin gilt es, einen 800 m hohen Bergrücken zu überwinden. Für Reiter bedeutet dies oftmals absteigen! Die bis dahin trockene Urwaldzone geht hinter dem Pass auf unglaubliche Weise in feucht-tropischen Dschungel über, dessen Vielfalt aber kaum an die des Oriente-Dschungels im Amazonastiefland heranreicht. San Sebastián ist eher was für ausgesprochene Vogelfreunde. Affen hört man meist nur aus der Ferne. Eine Übernachtung sollte eingeplant werden.

La Tagua

Tagua, das pflanzliche Elfenbein (*marfil vegetal*), nennt sich die Frucht einer 5–6 m hohen Palme (*Phytelephas aequatorialis* im Küstenbereich, *Phytelephas macrocarpa*, *microcarpa* oder *tenuiculis* im Oriente), die im tropischen Nordwesten Südamerikas auf einer Höhe von bis zu 1.800 m anzutreffen ist. Die meist vereinzelt stehenden Tagua-Palmen, auch Cadi, Mococha oder Yarina genannt, deren 4–8 m lange und bis zu 1 m breite Blätter auch zur Abdeckung der Hausdächer dienen, werden in Ecuador vor allem in den Provinzen Manabí und Esmeraldas wirtschaftlich genutzt. Die Fruchtballen der weiblichen Tagua-Palme hängen wie eine große, krustige Faust am Palmstamm und sind nur mit Zuhilfenahme von Axt und Machete zu ernten. Die elfenbeinfarbenen, fast steinharten Samen der Frucht werden schon seit Jahrhunderten von der einheimischen Bevölkerung zur Herstellung von allerlei Produkten wie Schmuck, Kämme, Zahnstocher oder Sägen verwendet.

Tagua – pflanzliches Elfenbein

In den 20er-Jahren gewann die Tagua-Frucht durch den tonnenweisen Export nach Deutschland und Italien an Bedeutung. Die mehrere Zentimeter dicken, eiförmigen Samen dienten zur industriellen Herstellung von Knöpfen, Knäufen, Spielchips oder Schachfiguren. Nach dem Zweiten Weltkrieg nahm die Verwendung von Tagua dann drastisch ab. Synthetische Materialien begannen den widerstandsfähigen Naturstoff zu ersetzen.

Während der 80er-Jahre erlebte die Frucht im Zuge der Ökowelle einen erneuten Boom, als internationale und auch einheimische Organisationen einen Feldzug zur Rettung der Tagua-Nuss begannen. Die verarmten Tagua-Sammler der letzten feucht-tropischen Waldflecken der Küste fanden in Selbsthilfe-Organisationen Überlebensmöglichkeiten. Durch direkte Beteiligung der Künstler an der Kommerzialisierung und zusätzliche Designer-Wettbewerbe wurde ein entscheidender Anreiz zum Erhalt dieser Palmenart gegeben. Die talentiertesten unter den Tagua-Künstlern kreieren heute einzigartige Miniatur-Schmuckstücke aus den Früchten. Die Zentren der Tagua-Verarbeitung befinden sich in Riobamba, Manta, Guayaquil, Salinas, Quito und Esmeraldas.

Halbinsel Santa Elena und Manabí
Karte S. 521

Eine bessere und kürzere Alternative bietet ein Ausflug nach **Vueltas Largas**. Der Ort ist von Agua Blanca aus in etwa 1:30 Std. zu Fuß zu erreichen. Von Vueltas Largas sind es nochmals zwei Std. zum *Bosque Humedo Tropical*. Pflanzenreichtum, ein paar Affen und eine ganz tolle Aussicht erwarten den Wanderer. Alexi Tomala in Agua Blanca organisiert diesen Ausflug ab 15 USD pro Person. Man sollte sich wenigstens zwei Tage vorher dafür anmelden: ☎ 093-268112 (mobil). Alle Mahlzeiten und ggf. auch eine Übernachtung finden in Vueltas Largas statt. Der Rücktransport im Pick-up nach Agua Blanca ist inbegriffen.

Eine archäologische Ausgrabungsstätte, etwa 40 Min. von Agua Blanca entfernt, gibt die Reste der antiken Ortschaft **Salangome** frei, einst Tempel- und Beerdigungsstätte der Manteño-Kultur. Auffallend ist, dass die vielen Fragmente u-förmig angeordnet sind. Außerdem wurden dort bauchige Tonkrüge von 50 bis 80 cm Durchmesser gefunden: Die in den Urnen bestatteten Föten wurden meist an der Sonne getrocknet. Lokale Spanisch sprechende Guides zeigen Besuchern etwa 25 dieser *vasijas* auf einem Rundgang von 1 bis 2 Std. durch den Trockenwald, sie sind im Eintritt inbegriffen. Im Dorf befindet sich zudem ein kleines archäologisches Museum.

La Poza Azufrada, ein schlammiger, schwefel- und kaliumhaltiger Quellteich, liegt etwa 10 Minuten Fußweg vom Dorf entfernt und bietet an heißen Tagen eine heilsame und erfrischende Abwechslung.

Agua Blanca verfügt über zwei ganz einfache Schlafräume mit sanitären Einrichtungen, einen Lebensmittelladen und ein Dorf-Restaurant aus Bambus. Strom gibt es keinen, aber die Getränke sind auf Vorbestellung trotzdem schön kalt. Ein großer Eimer voller Eisblöcke erweist sich nach einer anstrengenden Tour meist als krönender Abschluss für die Strapazen.

▸ **Playa de los Frailes**: Zu den Hauptattraktionen des Machalilla-Parks zählt dieser schöne, naturbelassene, feinkörnige Strand, in einer idyllischen Meeresbucht. Trinkwasser, Badetuch, Sonnencreme und Mückenstift sollten bei einem Tagesbesuch nicht vergessen werden! Vom *mirador* (Aussichtspunkt) hat man zudem einen ganz tollen Ausblick auf das Meer und die vielen Seevögel unterhalb der Klippen. Camping und Feuermachen ist hier untersagt.

Die beiden Nebenstrände von Los Frailes sind die schwarzsandige Playa de Arena Feroza (oder „La Playita") und die kleine Playa de la Tortuguita. Sie sind leicht zu erreichen, eine kurze Rundwanderung bietet sich an. Es empfiehlt sich, den Rundweg etwa 100 m nach dem Parkeingang rechts zu beginnen. Dieser führt zu den Nebenständen sowie auf den Mirador und endet am Playa de los Frailes. Da diese Strandregion zum Nationalpark gehört, ist auch hier das Eintrittsticket nötig. Selbst wer nur den Strand von Los Frailes besuchen möchte, sollte das Ticket vom Centro de Visitantes in Puerto López bei der Hand haben oder versuchen, den Posten an der Strandzufahrt mit 2 oder 3 Dollar zu bestechen!

Anfahrt Etwa 12 km nördlich von Puerto López, in einer Rechtskurve südlich der Ortseinfahrt zum Fischerdorf Machalilla, führt links eine staubige Straße bis zum Strand. Der Weg ist ausgeschildert.

▸ **Isla de la Plata**: Die „Silberinsel" gilt besonders unter Ornithologen als eine Art „Galapagos in Miniaturausgabe". Eine ähnlich spröde Vegetation, nistende Blaufuß-, Rotfuß- und Maskentölpel, um die Steilklippen kreisende Albatrosse und Fregattvögel sowie die Seelöwenkolonie um die **Punta Machete** lassen den Vergleich plausibel erscheinen. Trotzdem gilt die zum Machalilla-Nationalpark gehörende wüstenhafte Felseninsel als eigenständige Biozone, die auch den Schlüssel für den Artenreichtum auf Galapagos liefern könnte.

Die 1.200 ha große und bis zu 167 m hohe Isla de la Plata befindet sich 36 km vom Festland (Puerto López). Zu Manteño- und Inkazeiten war der Ort eine Zeremonienstätte. Der Name „de la Plata" hängt aber mit den Piraten zusammen, die das Eiland in früheren Jahrhunderten als Unterschlupf und Schatzversteck nutzten, allen voran der berüchtigte Freibeuter Sir Francis Drake.

Zwischen Mitte Juni und Ende September werden die Küstengewässer vor der Insel von aus antarktischen Regionen eingewanderten Buckelwalen als vorübergehende Paarungsstätte aufgesucht.

Eintägige Bootsfahrten zur Insel können von Puerto López aus unternommen werden. Eine Süßwasserquelle gibt es auf der Insel nicht. Baden und Schnorcheln ist möglich. Zwei Rundwege von je 3–4 Stunden Dauer (*Sendero Punta Escalera* und *Sendero Punta Machete)* geben dem Besucher einen guten Einblick in die Flora und Fauna.

La Ballena Jorobada

Die Zahl der in ecuadorianischen Küstengewässern auftauchenden Buckelwale (*Megaptera novaeanglie*) auf ihrem 8.000 km langen Weg von der Antarktis zu den Paarungsstätten in äquatorialen Gewässern ist erstaunlich groß. Die lange Reise nach Norden ist reiner Selbsterhaltungstrieb. Für die neugeborenen Jungwale mit ihrer noch dünnen Fettschicht ist ein tropisch-warmer Ozean überlebensnotwendig. Außerdem mangelt es während des polaren Winters auf der eiskalten Südhalbkugel an nährstoffreichem Plankton. Die südliche Küste Manabís, die Galapagosinseln und die kolumbianische Gorgona-Insel gehören in diesen tropischen Regionen zu den besten Beobachtungsplätzen. 10.000 Exemplare soll es weltweit noch geben. Während Chile und

Peru eine lange Walfang-Tradition aufzuweisen haben und sich die bis zu 16 m langen und 40 t schweren Meeressäuger dort relativ scheu verhalten (wenn nicht gar vom Aussterben bedroht sind), kann sich ein Boot vor der ecuadorianischen Küste manchmal bis auf wenige Meter an die friedlichen Monster heranwagen. Diese echten Akrobaten unter den Walen katapultieren sich mitunter aus dem Ozean hoch, wobei Zweidrittel ihres Körpers über der Wasseroberfläche herausschauen.

▸ **Machalilla**: Der kleine Fischerort war in präkolumbischen Zeiten ein wichtiges Handhels- und Warenaustauschzentrum. Der Ort mit dem antiken Namen Sercapez befindet sich zwischen den beiden Kontinentalbereichen des Nationalparks Machalilla. Das staubige Nest wurde zu Beginn dieses Jahrhunderts – durch den florierenden Export von Taguanüssen – vor allem von deutschen Reedereien ange-

steuert. Leider wurde die aus dieser Zeit stammende *Casa de la Tagua* (Handels-
haus) abgerissen. Somit verlor der Ort seinen einzigen touristischen Anziehungs-
punkt. Die teils langen Hakennasen der Bewohner, die in den jahrhundertealten Figuren der Manteño-Kultur wiederzufinden sind, sind die wahren Markenzeichen
von Machalilla.

▶ Bei **Puerto Cayo** am nördlichen Rande des Machalilla Nationalparkes genießt man
eine sehr schöne Sicht auf die kilometerlange Meeresbucht und die nahe **Felsinsel
Sucre**, auch Islote de las Brujas genannt. In Puerto Cayo gabelt sich die asphaltierte
Küstenstraße. Ein Zweig voller Schlaglöcher führt ins 28 km entfernte **Jipijapa**,
nach **La Pila** und ins Strohhutstädtchen **Montechristi** im Landesinnern. Der andere, viel schönere Zweig führt die Pazifikküste entlang ins 76 km entfernte **Manta**
(und so auch nach Montechristi). Diese neue Verlängerung der Marginal de La
Costa erschloss bis vor Kurzem noch abgelegene Maultierdörfer ohne elektrisches
Licht, einsame Sandstrandbuchten, das 5.000 ha große Trocken- und Feuchtur-
wald-Reservat **Bosque Pacoche** beim Strohhutflechter-Dörfchen **El Aromo** sowie
eine feucht-tropische „Bio-Nische" unweit der Punta San José. Auf halbem Wege
zwischen Puerto Cayo und Manta befindet sich zudem der zweitwestlichste Punkt
Südamerikas, die Felsnadeln des **Cabo de San Lorenzo** mit einladendem Sandstrand, 38 km südlich von Manta.

• *Übernachten bei Puerto Cayo* **Luz de Luna**, ruhig und abgeschieden, der Badestrand vor der Bungalow-Anlage ist hier viel
sauberer als im Ort. Pool, Billiard, attraktiver Bougainvillea-Garten, Restaurant mit
comida criolla, schlichte saubere Cabañas ab 15 USD pro Pers., zur Saison 22 USD inkl.
desayuno, Menüs 5 USD. 5 km nördlich
von Puerto Cayo, an der Straße nach Manta, Reservierung in Quito ✆ 02/2400562,
www.hosterialuzdeluna.com.

▶ **Jipijapa:** Der Ort mit 40.000 Einwohnern Ort liegt 28 km östlich von Puerto Cayo
landeinwärts in einem grünen Talausläufer auf knapp 400 Höhenmetern. Das
Städtchen war früher ein bedeutendes Zentrum der Kaffee- und Kakaobarone. Um
die zentrale Plaza herum zeugt das eine oder andere Gebäude noch heute von der
einstigen Blütezeit des „besten Kakaos der Welt". Jeden Sonntag findet unweit der
Kirche auch ein Markt statt, auf dem einfaches Töpferhandwerk aus dem nahen
Dörfchen Chade verkauft wird.

• *Verbindungen* Busse nach Manta, Portoviejo oder Puerto López halten an der Plaza
mitten im Stadtzentrum (bei der Joghurtdiele).
• *Übernachten* **Agua Blanca**, freundliches Hotel, ab 8 USD pro Pers. (BP, Kw, Ventilator) bzw. ab 10 USD pro Pers. (BP, Ww, AC,
Kabel-TV). Vía a Puerto Cayo km 1, beim
I.E.S.S.-Gebäude ✆ 05/2601138.

Manta   (400.000 Einwohner)

**Größter Fischereihafen der ecuadorianischen Pazifikküste. Die ausgefrans-
ten Häuserzeilen erwecken den Eindruck eines von Katzenkrallen zerzausten Wollknäuels.**

Zahlreiche Fischkonserven- und Fischmehlfabriken, Kakao-, Kaffee-, Zucker-, Nu-
del-, Speiseölfirmen und Tagua verarbeitende Industriebetriebe, ein völlig ver-
dreckter Río Manta, staubige Armenviertel und eine hohe Kriminalitätsrate prägen
die Stadt.

Der Hafen wird mitunter von riesigen Ozeandampfern auf dem Weg von und nach
Puntarenas (Costa Rica) oder Valparaíso (Chile) angesteuert.

An Sehenswürdigkeiten werden zwei städtische Sandstrände geboten: im Osten die populäre **Playa de Tarqui** mit ihren frühmorgens einlaufenden Fischerbooten (zum Verkauf ausgelegte Schwert- und Haifische), und im Westen die ruhigere **Playa de Murciélago**. Der rasche Diebstahl von unbeaufsichtigtem Strandzubehör ist an diesen beiden Playas an der Tagesordnung! Besondere Vorsicht ist im Strandviertel Tarqui geboten. Dort ist es immer wieder zu Überfällen gekommen. Das Upper-Class-Viertel um den Murciélago-Strand gilt hingegen als relativ sicher.

Manta besitzt eine sehr beeindruckende Fischfangflotte mit über 5.000 registrierten Kähnen, Kuttern, Barkassen, Jollen, Nachen und Nussschalen, wobei die großen Schiffe im **Puerto Marítimo** (Hochseehafen) anlegen und die kleinen Boote sich im Hafenbecken des benachbarten **Puerto Pesquero Artesanal** zu bunten Ketten aneinander reihen. Ein gigantischer Megapuerto, der größte des südamerikanischen Kontinents, ist in Planung. Ein Monumento al Pescador an der Mündung des Río Manta spricht Bände über die maritime Lebensgrundlage der Manteños. Hochseefischen und Surfen gehören zu den weiteren touristischen Attraktionen.

Manta wurde vom spanischen Conquistador Francisco Pacheco erneut ins Leben gerufen. Am gleichen Ort befand sich vormals die sagenhafte Stadt Jocay der Manteño-Kultur, die sich einst kilometerweit am Strand entlangstreckte. Das **Museo del Banco Central** unterhält eine Kollektion archäologischer Fundstücke dieses verwegenen Seefahrervölkchens, das den vom Hochland einfallenden Inkas bis zur Hinrichtung Atahualpas erfolgreich widerstehen konnte.

Adresse/Öffnungszeiten Das **Museum** befindet sich an der Ecke Malecón Jaime Chávez Gutierrez und Av. 24 de Mayo, nur wenige Schritte vom zentralen Busbahnhof. Di–Sa 9–17 Uhr. ✆ 2622956.

Information/Verbindungen

> Die **Vorwahl** von Manta und der Provinz Manabí ist **05**.

● *Information* Auskünfte erteilt, wenn man Glück hat, ein **Info-Point** im Rathaus (Municipio) in der Av. 4 entre Calle 8 y 9. Ohne Reiseführer ist man jedoch völlig aufgeschmissen!

● *Verbindungen* Bus: Der Terminal Terrestre liegt mitten im Zentrum hinter dem Zentralbankgebäude. Es geht mit einer ganzen Reihe von Kooperativen nach **Montechristi** (12 km, 10 Min.), **Portoviejo** (36 km, 30 Min.), **Puerto López** (110 km, 2:30 Std.), **Bahía de Caráquez** (125 km, 2:30 Std.), **Guayaquil** (200 km, 4 Std.), **Santo Domingo** (255 km, 6 Std.), **Esmeraldas** (440 km, 8 Std.) oder ins Hochland nach **Quito** (390 km, 8 Std.), **Ambato** (405 km, 9–10 Std.) und **Cuenca** (445 km, 10–11 Std.).
Für eine 8-stündige Reise ins 390 km entfernte **Quito** stellt die Panamericana die erste Option dar, die am Malecón y Calle 12 einen eigenen Busterminal unterhält (✆ 2625898).

Voraussichtliche Abfahrtszeiten tägl. 9 und 21.45 Uhr (12 USD). Gut für eine Fahrt nach Quito sind auch die Busse der Flota Imbabura (✆ 2610566), die ebenso über einen eigenen Terminal verfügt, der sich wenige Schritte vom zentralen Busbahnhof am Malecón Jaime Chávez Gutierrez befindet (gegenüber dem Hotel Lun Fun). Voraussichtliche Abfahrtszeiten tägl. um 12, 21, 22, 22.30 Uhr, Fahrtzeit 9 Std., 12 USD.

Einen eigenen Terminal hat auch die Coop. Reina del Camino (✆ 2629620) am Malecón entre Calle 3 y 4, wobei es 6x tägl. nach **Quito** (ca. 10 USD) geht evtl. mit guten Nacht-Ejecutivos um 21 und 22 Uhr. Die Reina fährt auch stündl. nach **Guayaquil** (6 USD, 4–5 Std.) um 5 Uhr morgens nach **Ambato** (10 Std., ca. 10 USD).

Carlos A. Aray (✆ 2620877) fährt tägl. fast stündlich über **Santo Domingo** nach **Quito** (8–10 USD) und alle 30 Min. nach **Portoviejo** (30 Min.) und **Chone** (1:30 Std.).

Die Kooperativen Manglaralto und Turismo de Manta (CTM) fahren tägl. ab 4 Uhr morgens fast stündlich nach **Puerto Cayo, Puerto López, Montañita, Manglaralto, Santa**

Halbinsel Santa Elena und Manabí   Karte S. 521

Elena und **Libertad** bei Salinas. Fragen Sie, ob diese Busse über Jipijapa im Hinterland oder über die viel attraktivere Marginal Costanera del Pacífico (Ruta del Sol, rechts sitzen) nach Puerto Cayo bzw. Puerto López fahren!

Coactur (✆ 2620036) und Carlos A. Aray fahren tägl. ab 6.30 Uhr praktisch stündlich nach **Bahía de Caraquez** (2:30 Std., 3,5 USD). In den Gleitschirmflieger-Badeort **Crucita** geht es alle 30 Min. mit der gleichnamigen Kooperative.

Flug: **TAME** startet Mo–Sa um 7.30 Uhr und So–Fr um 19.30 Uhr nach **Quito**. Das Büro befindet sich am Malecón, Jaime Chávez Gutierrez y Calle 14, ✆ 2622006, einfacher Flugpreis um die 65 USD. **Icaro** startet meist mit kleineren Düsenmaschinen Mo–Fr um 7.45, 13.50 und 19.10 Uhr, Sa um 8.10, ˚14 und 19.10 Uhr, So um 8.45, 16.40 und 19.10 Uhr nach **Quito**. Die Icaro-Büros befinden sich im Hotel Oro Verde (Torre Oro Mar, ✆ 2627327) und im Flughafen (✆ 2627484). **Aerogal** fliegt Mo–Fr um 7.45 und 19 Uhr, Sa um 9 Uhr, So um 19 Uhr nach **Quito**, Av. Flavio Reyes entre Av. 20 y 21, ✆ 2628899. Evtl. gibt es inzwischen auch einen Flug nach Guayaquil.

Adressen

• *Einkaufen* Außerhalb des Zentrums befindet sich an der Av. 4 de Noviembre das große **C. C. El Paseo Shopping**. Man sieht es gleich, wenn man von Portoviejo kommend mit dem Bus in die Stadt fährt. Zentraler liegt das **C. C. Manicentro Manta Shopping**, Flavio Reyes y Calle 23, und das **Comisariato Supermaxi** nahe der Calle 23. Die Bummelstraße von Manta ist die **Calle 13**.

• *Geldbeschaffung* **Banco del Pacífico**, Av. 2 an der Plaza Cívica oder Av. 106 y Calle 102 oder C. C. Manicentro (Visa, Mastercard, Travellerschecks); **Banco de Guayaqui**, Malecón y Calle 15 (Visa, Mastercard, Maestro, American Express); **Banco del Pichincha**, Av. 109 entre Calle 102 y 103 (Visa, Mastercard, Diners). Geldautomaten gibt es auch im Shopping Mall El Paseo. Beim Kohle ziehen immer ein wachsames Auge auf die Umgebung haben, bewaffnete Raubüberfälle sind in Manta leider keine Seltenheit!

• *Internet* Internetcafés gibt es im Zentrum jede Menge, z. B. **Coolweb.ec**, Calle 11 y Av. 4; **Tarqui.com** gegenüber dem Panorama Inn, Calle 103 y Av. 106; **Inter@ctive** im C. C. Manicentro; **Gerenexa** im C. C. El Paseo Shopping.

• *Leihwagen* **Budget**, Malecón entre Calle 16 y 17, ✆ 2629919, manta@budget-ec.com, www.budget-ec.com; **Avis**, am Airport o. in der Flavio Reyes y Av. 24, ✆ 2622434.

• *Polizei* Av. 4 de Noviembre y Calle 104, nahe der Tarqui-Murciélago-Brücke über den Río Manta, ✆ 2620900, 2923801, **Notruf** ✆ 101.

• *Post* Av. 4 y Calle 8, Mo–Fr 8–17 Uhr, Sa 8.30–13 Uhr.

• *Telefonieren* **Pacifictel**, an der Uferpromenade, Calle 11 y Av. 1, direkt an der Plaza Cívica. Zudem gibt es im Zentrum und am Malecón Telefonzentralen von **Movistar**, **Porta** und **Alegro**.

Übernachten/Essen/Nachtleben/Aktivitäten (siehe Karte S. 548/549)

• *Übernachten* Meist in grauen Kästen, an Feiertagen könnten die Tarife in die Höhe schnellen.

Oro Verde (3), (GK), Worte sind überflüssig, in Manta einsame Spitze. Pazifikpanorama mit großem Swimmingpool, Fitnessraum, Wifi, Zimmer-Safe, Buffetlandschaften, Lobbybar. DZ 160–180 USD, Suiten 200–300 USD. An der Playa de Murciélago, Malecón y Calle 23, ✆ 2629200, www.oroverdehotels.com.

Howard Johnson (11), (GK), modernes Hochhaus am Meer, mit Pool, der beim Baden in den Ozean überzugehen scheint. Bestes Zimmer ist Nr. 711 mit 2 Ehebetten und Meerblick-Balkon, andere entweder ohne Balkon o. mit Blick auf die Stadt. EZ/DZ 120–150 USD inkl. Frühstücksbuffet, Kinder unter 11 J. frei. Wifi 7 USD, Sushibar 18–23 Uhr, Tennis, Massagen. 1,5 km in Richtung Barbasquillo, ✆ 2629999, www.ghlhoteles.com.

Cabañas Balandra (6), (GK), auf einer Anhöhe hinter dem Oro Verde, 200 m zum Strand, etwas hellhörige Giebeldach-Bungalows mit AC, Kühlschrank, Veranda, *matrimonial* Nr. 118 ist sehr schön, auch Nr. 128. Tropischer Bewuchs, Pool, edles Freiluft-Restaurant (6–23 Uhr, Hauptspeisen ab 10 USD), Meerblick, Parkplatz, Wassersport. EZ ab 80 USD, DZ ab 88 USD, 3er ab 95 USD, (Juli, Aug., Jahresende und Feiertage teurer). Av. 8 y Calle 20, ✆ 2620316, balandra@hotelalandramanta.com, www.hotelbalandramanta.com.

Costa del Sol (4), (GK/MK), eigelbfarbenes Bollwerk mit direktem Zugang zur Playa de Murciélago, die besten Zimmer haben Meerblick und Balkon, alle mit BP, Ww, AC, Kabel-TV, Internet, Föhn, Kühlschrank, Zimmersafe. Restaurant, Pool, Sauna. EZ/DZ 61 USD ohne bzw. 73 USD mit Meerblick. Malecón y Calle 25, ✆ 2620025, 2620019, www.calipto.com/manta/costadelsol.php.

Goleta, (7), (MK), zumindest ein Hauch von Bauhaus, vergleichsweise elegant und farbenfroher als andere, zentral und ruhig, wenige Fußminuten vom Murciélago-Strand. Besonders gut ist das *matrimonial* Nr. 302. EZ 40 USD, DZ 55 USD, 3er 70 USD inkl. *desayuno*. Calle 19 y Av. 12, im Barrio Córdova, ✆ 2613370, www.goletahostal.com.

María José (16), (MK), im Gegensatz zu allen Manta-Hotels eine gepflegte häusliche Atmosphäre, regionale Hausmacherkost im Wohnzimmer. Pool und bewachter Parkplatz. Nur 11 Zimmer mit BP, Ww, AC, Kabel-TV, Pool, oft ausgebucht! Hübsche, komfortable EZ 43 USD, DZ 55 USD, 3er 60 USD inkl. Frühstück. Av. Flavio Reyes y Calle 29, im Barrio Umiña, ✆ 2611095, 2628562.

Vista al Mar (20), (MK/Budget), fünfstöckig, blau und sandfarben, wenige Schritte von der Playa Tarqui, BP, AC o. Ventilator, am besten ist *matrimonial* Nr. 42 mit Meerblick. Angeschlossenes Restaurant mit *desayunos* ab 2,50 USD. Waschmaschinen zum Dachterrasse zum Klamottenaufhängen. Pro Pers. 18–25 USD (*habitación* o. *suite*). Av. 102 y Calle 108, ✆ 2628430.

Miami (21), (Budget), im Tarqui-Bereich. Alte Bäder! Am besten sind DZ Nr. 23 und *matrimonial* Nr. 33 beide mit Meerblick (BP, Ventilator o. AC), *desayunos* und *almuerzos* ab 2,50 USD. Ab 8 USD pro Pers. Malecón Tarqui y Calle 108, ✆ 2623053, 2611743.

● *Essen & Trinken im Zentrum* **Club Ejecutivo (17)**, im 11. St. des Banco-del-Pichincha-Hochhauses, tolle Aussicht, Sa/So geschl., Av. 2 y Calle 12, ✆ 2620113.

Beachcomber (9), in der Calle 20 y Flavio Reyes, auf Fleischgerichte spezialisiert, ✆ 2625463.

Paraná (5), beim Hochseehafen, Calle 17 y Malecón, preiswerte Meeresfrüchte und Grillfleisch.

Topi Tu Pizza (8) am Malecón beim Hochseehafen zw. Calles 14 und 15, bis spät abends geöffnet, ✆ 2621180.

Rincón Criollo (12), Fisch-, Shrimp- o. Fleischgerichte 4–7 USD, günstige *almuerzos* teils mit pikanter Erdnusssoße, tägl. 12–16 Uhr, Calle Flavio Reyes y Calle 20, ✆ 2623183.

Trosky Burger (14), in Form eines Schiffes, Spezialität sind Straußenburger, nur abends, Calle 18 y Av. Flavio Reyes.

Buffalo Grill (15), günstiger Almuerzo-Spezialist, populär, tägl. 12–15 Uhr, Av. 6 entre Calle 13 y 14.

Ein feines **chinesisches Restaurant** befindet sich im Hotel Lun Fun.

Meerblick und frische Brise bieten die offenen Restaurants **del Malecón Escénico** an der **Playa del Murcielago**, besonders empfohlen: **Oh Mar (1)**, ebenso **Los Delfines (2)**, **Amigo Coco**, **El Pibe**, **Jlreh** und **El Dorado**.

An der **Playa de Tarqui** sind folgende Fisch- und Meeresfrüchte-Lokale empfehlenswert: **El Acuario (18)** im Parque del Marisco an der Uferpromenade, unterm Strohdach grüne Glaskugeln, Bambusverkleidung, Muscheln im Sand, Fisch- und Meeresfrüchtespezialitäten 6–8 USD, fantastische *bandeja marinera* für Zwei 30 USD.

Ebenso zu empfehlen ist das populäre **El Marino (19)**, Hauptspeisen ab 5 USD, tägl. 8–17 Uhr, schräg gegenüber, Malecón y Calle 110.

● *Nachtleben* **Madera Fina (13)**, Salsa und Reggae in der Av. Flavio Reyes y Calle 24; Body-Boarder-Partys im **Tantra**, Av. Flavio Reyes y Calle 20; die Disco **La Conga** in der Flavio Reyes y Calle 23 und das **Picazo (10)** in der Flavio Reyes y Calle 22 bieten auch Konzerte (Taxifahrer kennen das Picazo), etwa 1 USD. Hinter dem Jachtclub befindet sich die nette Bar **Nashville South**.

● *Ausflüge und Aktivitäten* Bei **Viajes y Turismo** (✆ 2622106), Av. 6 y Calle 13 gegenüber dem Diario Mercurio, bei der Blue Marlin Lodge (✆ 2626868, www.bluemarlinmanta.com) oder im Hotel Gaviota (✆ 2620140) können Jachten zum **Hochseefischen** gechartert werden, pro Tag etwa 600 USD bei 5 Teilnehmern. Viajes y Turismo hat auch eine abendliche **Rumba en Chiva** (Oldtimer-Partybus, 3 Std., ab 20 USD pro Pers.) oder **Rodeos** auf der Hacienda San Antonio (ab 20 USD inkl. Mittagessen) im Angebot.

Noch zu entdecken ist das jungfräuliche **Trockenwald-Reservat von Pacoche**, das über die neue Küstenstraße nach Puerto Cayo zu erreichen ist.

Halbinsel Santa Elena und Manabí

Karte S. 521

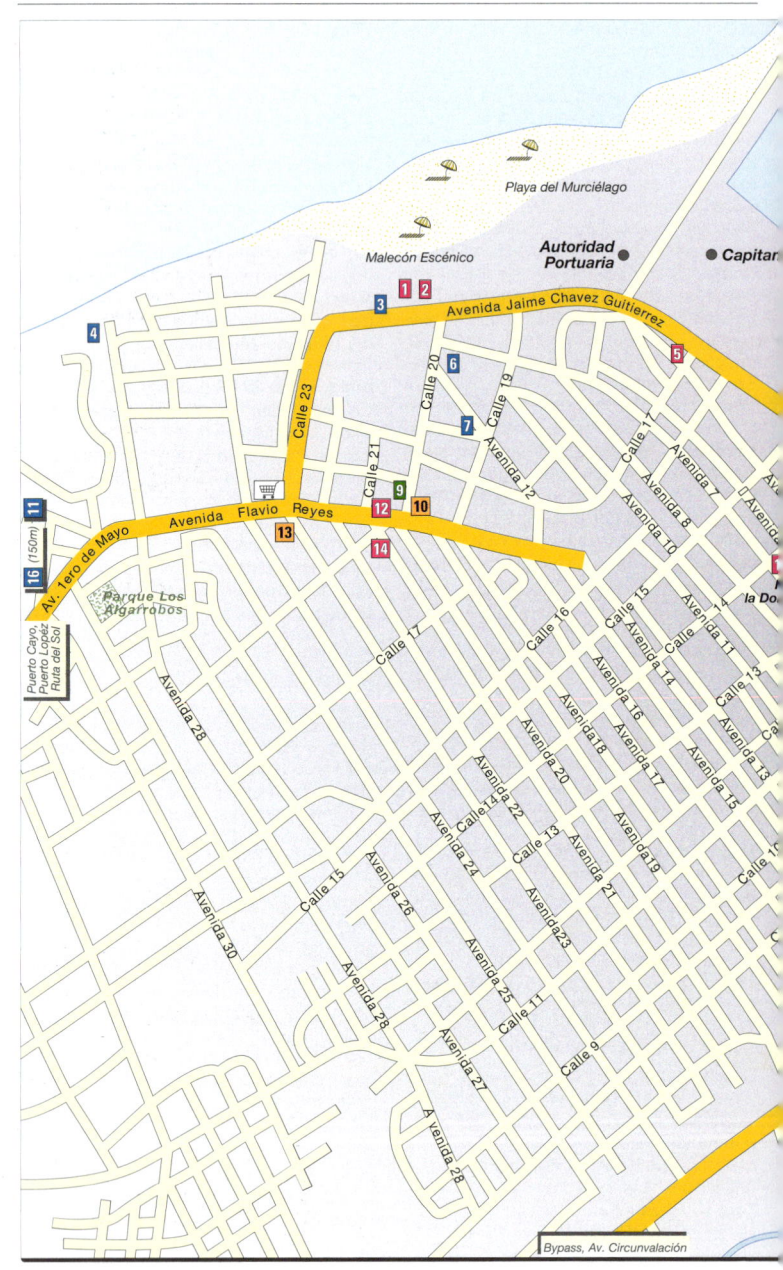

Playa del Murciélago

Malecón Escénico

Autoridad Portuaria ●

● **Capitan**

Avenida Jaime Chavez Guitierrez

Avenida Flavio Reyes

Av. 1ero de Mayo

Puerto Cayo,
Puerto López,
Ruta del Sol

Parque Los Algarrobos

Calle 23

Calle 20

Calle 19

Calle 21

Avenida 12

Avenida 7

Avenida 8

Avenida 10

Avenida 14

Calle 17

Calle 16

Calle 15

Avenida 14

Avenida 11

Calle 13

Calle

la Do

Avenida 16

Avenida 18

Avenida 17

Avenida 15

Avenida 13

Calle 10

Calle 16

Avenida 20

Calle 14

Calle 22

Avenida 24

Calle 13

Avenida 21

Avenida 23

Avenida 19

Avenida 28

Calle 15

Avenida 26

Avenida 30

Avenida 28

Avenida 25

Calle 11

Avenida 27

Avenida 28

Calle 9

Bypass, Av. Circunvalación

Übernachten
3 Oro Verde
4 Costa del Sol
6 Cabañas Balandra
7 Goleta
11 Howard Johnson
16 María José
20 Vista al Mar
21 Miami

Essen & Trinken
1 Oh Mar
2 Los Delfines
5 Paraná
8 Topi Tu Pizza
9 Beachcomber
12 Rincón Criollo
14 Trosky Burger
15 Buffalo Grill
17 Club Ejecutivo
18 El Acuario
19 El Marino

Nachtleben
10 Disko Picazo
13 Disko Madera Fina

Halbinsel Santa Elena und Manabí
Karte S. 521

Eloy Alfaro – Revolution und Railway Company

Die spannende Kultfigur Eloy Alfaro legte nicht nur die ersten „Gleise" für das heutige multikulturelle Ecuador. Die jüngste Geschichte dieses und manch anderen Landes Lateinamerikas wäre ohne den kleinen dunkelhäutigen Caballero aus Montechristi wahrscheinlich anders geschrieben worden.

Eloy Alfaro Delgado erblickte am 25. Juni 1842 als Sohn eines wohlhabenden spanischen Kaufmanns und einer einheimischen India in Montechristi/Manabí das Licht der Welt. Bereits von frühester Kindheit an stand er in direktem Kontakt mit den Campesinos (Bauern) und ihren harten Lebensbedingungen. Obwohl Alfaro niemals eine Universität besuchte, verstand er es geschickt, sich Gehör zu verschaffen, und wurde der Regierung im fernen Quito bald ein Dorn im Auge. Schon als junger Mann begann er, sich öffentlich gegen die Obrigkeit aufzulehnen, und verurteilte die sklavenartige Behandlung der Landarbeiter, was ihm wiederholt Verhaftungen und Kerker einbrachte. Schließlich sah er im bewaffneten Aufstand die einzige Möglichkeit, die Vorherrschaft von Kirche und Großgrundbesitz zu brechen, die ihn mehrere Male nach Panama ins Exil zwang. Mit einer 1882 angeführten Rebellion in Esmeraldas verbuchte er seine ersten Erfolge. Kurz darauf besetzte er seine Heimatprovinz Manabí, wo sich eine ihm treu ergebene, aus der lokalen Bevölkerung zusammengewürfelte Freiwilligenarmee, die Montoneras, geschützt durch den tropischen Urwald, jahrelang behaupten konnte.

Andererseits genoss Eloy Alfaro bald internationales Ansehen als tüchtiger Geschäftsmann. Seine Reisen führten ihn durch die meisten Länder Lateinamerikas und bis nach New York. Sein Sohn graduierte auf der renommierten Militärakademie von West Point. Mit Hilfe ausländischen Kapitals, eines starken Popularitätszulaufes und unter Anwendung überraschender Guerillataktiken wurde er zum Entsetzen der Zentralregierung am 5. Juni 1895 während einer revolutionär-liberalen Volksversammlung in Guayaquil zum *Jefe Supremo*, zum obersten Militärbefehlshaber der gesamten Republik ausgerufen, was praktisch einem Staatsstreich gleichkam und eine erste Niederlage für den Klerus und die Latifundisten in der Sierra darstellte.

Alfaro verdankte seinen Aufstieg einer kuriosen Ansammlung widersprüchlicher Faktoren: außerordentlichen Fähigkeiten auf dem Schlachtfeld, der Unterstützung der armen Landbevölkerung auf den Kakaoplantagen, seinen ausgezeichneten Kontakten zum neu aufstrebenden Mittelstand in Guayaquil und seinem stetig wachsenden internationalen Prestige. Seine erfolgreiche Tätigkeit als Geschäftsmann – Export von Panamahüten – und die dadurch entstandenen Kontakte zur nordamerikanischen Wirtschaft ermöglichten ihm, die hohen Summen zur Bewaffnung seiner Armee aufzubringen. Das US-Business erkannte die Vorteile eines möglichen Staatspräsidenten Alfaro (Konzessionsvergabe des ecuadorianischen Eisenbahnbaus) und begann ihn zu unterstützen. Dem wirklichen politischen Umschwung stand allerdings nach wie vor das Bollwerk des Regionalismus gegenüber. Der bevölkerungsstarke Callejón Interandino (andines Hochlandbecken) war eine Trutzburg des konservativen Klerus. Im Gegensatz zur Küste, wo den allmählich von der Sierra herabemigrierenden Landarbeitern auf den neu entstandenen Kakaoplantagen bereits ein Lohn bezahlt wurde und dies gewisse Freiheiten mit sich brachte, herrschte im Andenhochland für die Arbeiter nach wie vor eine Art Sklavendasein. Die praktisch kostenlosen indianischen Arbeitskräfte waren durch ein raffiniertes Verschuldungssystem, das aus Anleihen und Vorauszahlungen für Proviantbeschaffungen beim Lehnherrn bestand, ein Leben lang an diesen gebunden. Die Kirche mischte dabei kräftig mit. Kostspielige religiöse Verpflichtungen wie Geburten, Heirat oder Beerdigungen, die zu Lebzeiten nicht abbezahlt werden konnten, übertrugen sich automatisch auf Kinder und Kindeskinder. Alfaro wollte nach eigenen Worten erreichen, dass „die unglücklichen Indios so behandelt werden, wie dies die humanitären Gefühle einer modernen Zivilisation verlangen."

Eine entscheidende Schlacht gegen die konservative Armee des Hochlandes fand am 14. August 1895 in Gatazo bei Riobamba statt und endete mit einem Sieg der Liberalen, die daraufhin triumphierend in Quito einmarschierten. Den rückständigen Konservativen, abgeschnitten vom boomenden Kakaoexport und dessen Zolleinnahmen, fehlte es jedoch nicht an der vollen Unterstützung der Kirchenfürsten und des Vatikans. Alfaros Versuche, eine gewisse Harmonie mit dem Papst im entlegenen Rom zu erreichen, scheiterten an dessen Sturheit. Briefe aus dieser Zeit geben Aufschluss über die Nachsichtigkeit Alfaros in Bezug auf Oppositionelle und Kirche und sein Bestreben, unnötiges Blutvergießen zu vermeiden und Amnestie für politische Gefangene zu erlangen. Es allen Recht machen zu wollen wurde ihm (laut einiger Historiker) schließlich zum Verhängnis. Schwache Regierungsgebilde, ständig wechselnde Minister, Widersprüche in den eigenen Reihen, Intrigen und Verrat waren seine treuesten Begleiter.

Eine neu verfasste Carta Magna enthielt neben der Abschaffung der Schuldenübertragung auf die Erben folgende Punkte: Trennung von Kirche und Staat, Religionsfreiheit, weitreichende Enteignung der Kirchenfürsten, Mitsprache bei der Wahl der Bischöfe, Ausweisung ausländischer Orden, zivile Heirat und Scheidung, säkulare, nicht konfessionelle Erziehung, politische und wirtschaftliche Emanzipation der Frau. Aufgrund heftigsten Widerstands der traditionellen Machthaber konnten die strukturellen Modernisierungsmaßnahmen aber nur teilweise in die Tat umgesetzt werden, andere blieben

beschriebenes Papier. Angestrebte Pläne einer Wiedervereinigung mit Kolumbien scheiterten völlig. Ein Aufblähen des Bürokratieapparates und vielfach erhöhte Steuern begannen, seine politischen Koalitionen zu zermürben.

Neben Alfaros gewagten Plänen für eine soziale Staatsreform galt der Eisenbahnlinie von Guayaquil nach Quito sein Hauptaugenmerk. Für den *ferrocarril más difícil del mundo* („schwierigste Eisenbahn der Welt") war er gewillt, jegliches Opfer zu bringen. Das Projekt verschlang irrsinnige Summen und schien zu keinem Ende führen zu wollen. Erdrutsche, Epidemien und Sabotagen machten monatelange Arbeiten zunichte. Die Großgrundbesitzer waren gegen den Schienenstrang aus Angst, ihre Arbeitskräfte zu verlieren, bezahlte die Guayaquil – Quito Railway Company des Nordamerikaners Archer Harmann doch einen viel besseren Lohn. Die *transportistas* (Kutscher) bangten um ihre Gewinnspannen. Außerdem stand die Sierra jeglicher ausländischer Einmischung von vorne herein sehr skeptisch gegenüber.

Am 17. Juli 1908 stieg der *Cóndor* Alfaro höchstpersönlich vom ersten Feuer schnaubenden Stahlross im Bahnhof der Chimbacalle im Süden Quitos herab. Er konnte noch nicht ahnen, dass ihm wenige Jahre später auch eine letzte Fahrt bevorstand. Die Fertigstellung der Eisenbahn leerte die Staatskassen, brachte alte Vorherrschaften aus dem Gleichgewicht und schuf neue. Alfaros Feinde hatten die schlimmste aller Niederlagen erlitten, die wirtschaftliche. Eine wochenlange Odyssee über die westliche Andenkordillere war plötzlich auf zwei Tage reduziert, das abgelegene feudale Hochland unwiderruflich dem internationalen Kommerz zugänglich gemacht.

Im Januar 1912, nach erneuter Rückkehr aus dem Exil, wurden Alfaro und einige seiner *tenientes* (Leutnants) in einem streng bewachten Waggon der Railway Company von Guayaquil nach Quito verfrachtet. Seine Popularität war auf dem Nullpunkt, sein Stern erlosch. Eine dunkle Fäden spinnende Allianz aus machtgierigen Liberalen und rachsüchtigen Klerikern verlangte seinen Hals. Der Mob schlug auf den Viejo Caudillo in einer Zelle des gestürmten Gefängnisses ein und warf ihn aus dem Fenster. Der Leichnam des *hijo de una india*, „Sohn einer Indianerin", wurde hinter einem Pferd über die Kopfsteinpflaster Quitos geschleift und im Parque Ejído von der johlenden Meute in Brand gesteckt.

Montechristi (10.000 Einw.)

Die Wiege des Panamahutes

Ein Besuch in dem von Erdrutschen bedrohten Städtchen, Geburtsort des Revolutionärs und Eisenbahners Eloy Alfaro, lohnt nur der weltberühmten Panamahüte wegen, auch Jipijapa-Hüte genannt. 10 km südöstlich von Manta, 22 km westlich

von Portoviejo und 40 km nördlich von Jipijapa liegt das seit über 150 Jahren für seine handgeflochtenen Hüte bekannte Städtchen zu Füßen eines steil aufragenden Hügels. Das feinfaserige Stroh stammt jedoch auch aus anderen Bereichen der Küste (siehe dazu „Sombrero Fino de Panama" auf S. 528). Außer Sombreros und anderen Mitbringseln aus *paja toquilla* bekommt man das kitschige nationalistische Mausoleum von Eloy Alfaro (mit Urne), das sehr schöne historische Museumsgebäude aus Holz und einen imposanten weißen Kirchenbau zu sehen.

Vor der Besteigung des hoch aufragenden Hügels hinter Montechristi warnen die Anwohner. Es kursieren Berichte von bewaffneten Raubüberfällen!

● *Verbindungen* **Busse** nach Manta und Portoviejo fahren vom Parque Central oder unten an der Durchgangsstraße ab.

● *Panamahüte* Zu den renommiertesten Produktionsstätten gehören die von **Yovanny Pachay** und **Virginia Muñoz**, Eloy Alfaro y 23 de Oct. bzw. Eloy Alfaro y Rocafuerte im Hutgeschäft des historischen Museumsgebäudes, ☏ 05/2310133; ebenso **Rosendo Delgado Garay**, die sich am oberen Ende des Städtchens befindet, eine Querstraße links über der Kirche in der Calle Rocafuerte 500 y Chimborazo, ☏ 05/2606282; außerdem **José Chávez Franco**, Rocafuerte 386 entre Eloy Alfaro y 10 de Agosto, an der Kirche hoch und dann rechter Hand, ☏ 05/2606343. Ein Superfino kostet zw. 60 und 120 USD.

Im historischen Museumsgebäude, Calle Eloy Alfaro entre 23 de Octubre y Rocafuerte, gibt es eine ständige **Kunsthandwerksmesse** mit Panamahüten und anderen Produkten aus der Paja-Toquilla-Faser.

Portoviejo

(200.000 Einwohner)

La Capital de la Tierra de Mujeres Hermosas y Hombres Valientes – die „Hauptstadt vom Land der schönen Frauen und tapferen Männer".

Die wenig attraktive Hauptstadt der Provinz Manabí, 35 km östlich (landeinwärts) von Manta, 195 km nordwestlich von Guayaquil und 355 km südwestlich von Quito gelegen, hat außer schweißtreibenden Temperaturen nicht viel zu bieten. Portoviejo ist eine quirlige Durchgangsstation mit freundlichen Bewohnern, für so manchen (oder manche) vielleicht genau der richtige Ausgangspunkt für lohnenswertere Ziele in der Manabí-Region.

Die 1535 von Francisco Pacheco gegründete Stadt wird wegen ihrer vormaligen Tamarinden-Plantagen noch heute „Ciudad de los Reales Tamarindos" genannt. Aufgrund von Piratenüberfällen wurde das vormals am Meer gelegene Portoviejo später ins Landesinnere verlegt. Heute ist die Stadt vor allem ein Zentrum der Viehwirtschaft (*ganado*) sowie des Kaffee- und Baumwollanbaus. Ihr auffälligstes Merkmal sind die zahlreichen Ceiba-Bäume, welche die ausgedörrten Savannenhügel in der Umgebung zieren.

*I*nformation/*V*erbindungen/*A*dressen

> Die **Vorwahl** von Portoviejo und der Provinz Manabí ist **05**.

- *Information* **Fremdenverkehrsamt**, Ministerio de Turismo, Pedro Gual y Juan Montalvo, ✆ 2630877.
- *Verbindungen* **Bus**: Der Terminal Terrestre befindet sich ein paar Hundert Meter außerhalb des Stadtzentrums. Wer mit einem Reisebus aus Quito kommt, um an die Strände der Provinz Manabí oder Guayas weiterzureisen, wird dort vielleicht umsteigen müssen. Die interessantesten Orte nördlich von Portoviejo sind **Bahía de Caráquez** (1:30–2 Std., 85 km) und **Canoa** (2:30 Std. inkl. Flussübersetzung von Bahía nach San Vicente, die mit der Coop. Coactur oder Reina del Camino zu erreichen sind. Gegen Süden liegen die Sandstrände bei **Puerto López** (2:30 Std.) und Ayampe (3 Std.) sowie das Surfer-Mekka **Montañita** (3:30 Std.). Hierbei muss evtl. in **Jipijapa** (45 Min.) umgestiegen werden. Interessant ist das „Strohhut-Städtchen" **Montecristi** (20 Min.), das an der viel befahrenen Straße nach **Manta** (30 Min.) liegt.

Für eine Reise nach **Quito** kommt die Coop. Panamericana in Betracht. Diese Gesellschaft hat ihr Ticket-Büro jedoch nicht im Terminal Terrestre, sondern in der Morales entre 10 de Agosto y Córdova im Zentrum (✆ 2638950). Der Preis für die 7-Std.-Fahrt beträgt etwa 10 USD. Voraussichtliche Abfahrtszeiten sind um 22 und 22.45 Uhr. Eine Reservierung ist empfehlenswert.

Flug: Die TAME-Flüge wurden bis auf Weiteres eingestellt (der Flughafen Reales Tamarindos liegt 1,5 km nordwestlich des Stadtzentrums.

- *Adressen* **Geldbeschaffung**: Banco del Pacífico, Chile y 10 de Agosto; Banco de Guayaquil im Paseo Shopping Center.
Museen: Ein archäologisches Museum befindet sich in der Casa de la Cultura, Sucre y García Moreno, Mo–Fr 9–12 und 15–18 Uhr.
Telefonieren: Pacifictel befindet sich in der Francisco Pacheco y 10 de Agosto, auch andere Telefonzentralen im Zentrum.

*Ü*bernachten/*E*ssen & *T*rinken

- *Übernachten* **Ejecutivo**, (GK/MK), das komfortabelste im Zentrum. Restaurant, Cafetería, Autoverleih mit/ohne Chauffeur, schnippische Rezeption. EZ 36 USD, DZ 67 USD, Suiten ab 85 USD. 18 de Octubre y 10 de Agosto, ✆ 2630840, www.hotel ejecutivoportoviejo.ec.
Conquistador, (Budget), zentral, in die Jahre

Rush Hour auf der Ruta del Sol

gekommen, gutes Preis-Leistungs-Verhältnis trotz des eher lauwarmen Wassers, TV. EZ 15 USD, DZ 20 USD (BP, Kw, AC, Kabel-TV). 18 de Octubre y 10 de Agosto, ℡ 2651472.

Cabrera, (Budget), wie alle Hotels im Zentrum laut. EZ/DZ ab 15 USD. Calle García Moreno 102 y Pedro Gual, ℡ 26331201.

• *Essen & Trinken* **La Fruta Prohibida**, Chile y 10 de Agosto, beliebter Treffpunkt, Sandwiches, Fruchtsalate und Milchshakes. Für einheimische Spezialitäten ist um die Mittagszeit das populäre Restaurant **Zavalito** bestens geeignet (abends geschl.), exquisites *cebiche*, Primera Transversal entre Ramos Duarte y Alajuela, ganz in der Nähe des Ministerio de Agricultura y Ganadería (MAG).

La Carreta, Fisch und Fleisch, akzeptabel und preiswert, Olmedo y Alajuela.

El Palatino, 10 de Agosto y Chile, und **La Crema**, Olmedo y Sucre am Parque Central, servieren auch billige *almuerzos*. Zu den typischen Speisen der Region gehört z. B. das *viche*, eine dickflüssige Suppe aus Fisch, Shrimps, Kochbananen, Süßkartoffeln, Mais, Maniok und geriebenen Erdnüssen. Besonders kennzeichnend für die Küche Manabís ist eine häufig verwendete Gewürzsoße namens *sal prieta*, die vom Geschmack her ein wenig an das asiatische *tahini* erinnert. Wer die seltene Gelegenheit hat, den exquisiten *tonga* zu probieren, einen in Bananenblättern gebackenen Fisch, sollte unbedingt zugreifen. Europäisches Frühstück ist in Portoviejo eher eine Seltenheit. Die Einheimischen schlagen sich bereits morgens den Bauch mit einer üppigen Portion aus Fleisch, Reis und *patacones* (Kochbananenpuffer) voll. Eine kleine Delikatesse für Frühaufsteher sind die köstlichen Maniok-Brötchen (*pan de yuca*).

• *Nachtleben* **Dolce**, Av. Manabí y Gran Centeno; weitere Anziehungspunkte für Nachtschwärmer sind zudem ein paar Kneipen und Karaokes entlang der Av. del Periodista.

Wer im chaotischen Portoviejo Ruhe und Entspannung sucht, vielleicht auch weil der Bus nach Quito erst in ein paar Stunden abfährt, der sollte unbedingt den 50 ha großen **Botanischen Garten** (Jardín Botánico) im Gelände der Universidad Técnica de Manabí besuchen 37 ha davon sind Trockenurwald-Reservat, und 9 ha sind ein Centro de Rescate de Animales: Faultiere in den Bäumen, Kaimane in der Lagune und weitere Arten trifft man in dieser Auffangstation für Wildtiere. Die üppige Flora im Jardín Botánico ist von einigen Manabitas mal abgesehen das absolute Highlight von Portoviejo – hingehen! Mi–So 8–17 Uhr, Eintritt inkl. Führung 1 USD.

Portoviejo/Umgebung

▸ **Chone**: Wer handgefertigte lederne Machetenhalfter, Gürtel oder Reitgarnituren erwerben möchte, teils mit Schlangenhaut verziert, sollte einen Abstecher ins 65 km nördlich gelegene Chone wagen, das sich auf dem Weg nach Santo Domingo bzw. Quito befindet. Außer der Sattlerei von Ricardo Solorzano Ponce in der Calle Washington 074 y Alejo Lascano (Nähe Markt und Puente de Vergel), den typischen Mocora-Strohhüten, blutigen Hahnenkämpfen und einem lustigen Oldtimer-Monument am Bypass (Umgehungsstraße) hat diese drittgrößte Stadt der Provinz Manabí wenig zu bieten. Chone ist zudem für seine unantastbaren Frauen und macheteschwingenden Männer berüchtigt, wobei abgehackte Hände oder Unterarme sowie zerschnittene Ohren keine Seltenheit im Straßenbild sind. Auch die alljährlichen sintflutartigen Überschwemmungen haben es in sich. In der Regenzeit kann das „heiße" Montubio-Städtchen bis zu 3 m unter Wasser stehen.

● *Verbindungen* Ein verbeultes **Taxi** kostet vom Zentrum zum Busbahnhof 1 USD.

● *Übernachten* **Atahualpa de Oro**, DZ etwa 20 USD. Atahualpa y Paéz, ✆ 05/2696627.

▸ **Crucita, San Jacinto und San Clemente**: 25 Min. nordwestlich von Portoviejo bzw. nordöstlich von Manta befinden sich drei Badeorte: das rasch wachsende Crucita (guter Hügel zum **Gleitschirmfliegen**) sowie die kleineren Orte San Jacinto (35 Min. von Portoviejo) und San Clemente. Wobei das quirlige Crucita für die Portoviejenses etwa das Gleiche darstellt wie für die Guayaquileños der Badeort Playas.

● *Verbindungen von Crucita* Mit einem **Bus** der Trans Crucita geht es über Rocafuerte stündl. nach Manta und viertelstündl. nach Portoviejo.

● *Übernachten/Essen & Trinken in Crucita* **Italia**, (GK/MK), direkt am Strand. Pool, Palmen, Sonnenschirme. Restaurant mit *comida italiana*, Wasserski. Dunkle Innen-DZ ab 25 USD, angenehme, komfortable DZ-Suiten mit Meerblick 40–50 USD inkl. Frühstück. Calle 9 y 25 de Mayo, ✆ 05/2340291.

Voladores, (Budget), direkt am Strand, etwas weg vom Malecón. Treffpunkt für Gleitschirmflieger. Vegetarisches Restaurant, Pool, Internet, Pferdetouren, Mountainbikes. Obwohl bei seiner Statur nicht zu vermuten, offeriert der Besitzer Luis Tobar den anmutigen Sport des Gleitschirmfliegens: 15 Min. Tandemflug 25 USD, 4-tägiger Kurs 300 USD. Pro Pers. 7–12 USD (BC o.

BP). Calle Principal y Nueva Loja, ✆ 05/2340200, voladores@hotmail.com, www.parapentecrucita.com.

Hípocampo, (Low Budget), familiär, sauber spartanisch, großer Parkplatz. Guter Backpacker-Deal! Mit 7 USD pro Pers. Am Malecón-Ende in Richtung Süden bzw. Manta, ✆ 05/2340167.

Gut und preiswert gegessen wird bei **Gordito** („El Gordo Parapente", gleich neben dem Hípocampo), z. B. *camarones apanados* etwa 5 USD. Ebenfalls am Malecón befindet sich das Restaurant **Alas Delta** (Fisch, Meeresfrüchte und Fleisch).

● *Gleitschirmfliegen in Crucita* Gleitschirmflüge auch für Einsteiger veranstaltet z. B. **Luis Tobar** im Hostal Voladores. Ein Tandem-Flug von der Klippe zum Strand hinunter kostet i. d. R. 25 USD, ein viertägiger Gleitschirmkurs 300 USD.

Halbinsel Santa Elena und Manabí

Karte S. 521

Bahía de Caráquez   (14.000 Einwohner)

Beton-Klötze an der Uferpromenade, dahinter breite Straßen ohne Verkehrslärm, Schatten spendende Kolonnadengänge, verwitterte Balustraden, wurmstichige Fensterläden und freundlich grüßende Bewohner, die sich ihrer behaglichen Stadt bewusst sind.

Bahía wurde von den Spaniern erstmals 1624 weiter landeinwärts im Chone-Delta gegründet. Sein ursprünglicher Name *San Antonio de las Caracas* wies auf eine typische Baumsorte der Umgebung hin. Die Bewohner sprechen daher heute auch scherzhaft von der *„ciudad de las dos caras"* („Stadt der zwei Gesichter"), da diese einen starken architektonischen Gegensatz zwischen modernen Hochhäusern und traditionellen Bauten.

Schon bald nach seiner Gründung begann der kleine Hafen, eine Pionierstellung im Balsaholz-Export einzunehmen. Zwischen 1908 und 1912 gab es deshalb sogar eine Eisenbahnverbindung nach Chone. Zu jener Zeit konnte der von Mangroven umsäumte Estuario (Flussmündung) des *Río Chone* und *Río Carrizal* noch zu Fuß mitsamt der Rinderherden bis ans gegenüberliegende Ufer in San Vicente durchquert werden, bevor die breite Trichtermündung dann ausgebaggert wurde. Auf den einstmals starken italienischen Immigranten-Einfluss in der Bahía-Chone-Region weisen heute noch viele hellhäutige Hauttypen, groß gewachsene Bewohner und angesehene Familiennamen wie Ruperti, Viteri oder Belletini hin.

Klima: In den „Sommermonaten" von Mai bis November herrschen trockenere und verhältnismäßig kühle Lufttemperaturen vor (im Durchschnitt um die 20 Grad, ein leichtes Jäckchen ist manchmal vonnöten). In den „Wintermonaten", von Dezember bis April, brennt die äquatoriale Sonne gnadenlos herunter, während es nachts oftmals starke Regenschauer gibt (im Durchschnitt um die 26 Grad, aber auch 36 Grad sind keine Seltenheit). Leichte Meeresbrisen und ein lauwarmer Pazifik sorgen dann für Erfrischung.

Information/Adressen

> Die **Vorwahl** von Bahía de Caráquez und der Provinz Manabí ist **05**.

• *Information*   Das kleine **Fremdenverkehrsbüro** befindet sich an der Uferpromenade zw. dem Hotel La Piedra und dem Hotel Herradura, ✆ 2691044, 2691124. Über dem Eingang steht „Mare Nostrum". Mo–Fr 8.30–13 und 14–16.30 Uhr, zu Saisonzeiten (z. B. Karneval) auch samstagmorgens.
• *Adressen*   **Geldbeschaffung:** Geldautomaten bei den Banco Pichincha, Bolívar y Ascázubi, und der Banco de Guayaquil, Bolívar y Riofrío.

Internet: Das Personal im Internetcafé Genesis Net ist freundlich und hilfsbereit, Malecón 1312 entre Ante y Ascazubi, ✆ 2692400, 1 Std. 1 USD, Mo–So 8–22 Uhr. Ebenso Cyber Bahía neben Guacamayo Tours, Multimax in der Bolívar entre Checa y Mateus, Sistecomp in der Av. Bolívar y Aguilera.

Post: Malecón Alberto F. Santos entre Ante y Aguilera.

Telefonieren: Pacifictel an der Nordwestecke des hübschen Parque Narváez, Calle Intriago y Arenas. Geöffnet tägl. bis 17 Uhr.

Verbindungen

• *Bus*   Die beiden Kooperativen Reina del Camino (✆ 2690636) und Coactur (✆ 2690014) verbinden Bahía mit anderen Küstenstädten und dem Hochland. Es geht laufend nach **Manta** (2 Std., 3 USD) und **Portoviejo** (1:30 Std., 2 USD). Die Reina del Camino hat komfortable Nacht-Ejecutivos nach **Quito** (tägl. 9 und 22.15 *Uhr*, 8 Std., 10 USD) und nach **Guayaquil** (tägl. 6x, 6–7 Std., 8 USD). Ebenso geht es tägl. mehrmals nach **Chone** (2,50 USD) und auch öfter nach **Santo Domingo** (6 USD). Zum Zeitpunkt der Recherchen fuhren alle Busse etwa 600 m östlich der sich im Bau befindlichen Brückenauffahrt ab. 2010 soll die 2 km lange *puente* bis hinüber nach San Vicente fertiggestellt sein, die 60 Pfeiler stecken bereits im Meeresarm.
• *Boot*   Kleine *lanchas* oder *pangas* bringen den Reisenden in wenigen Min. nach **San Vicente**, Kostenpunkt 40 Ct. Der Ablegekai befindet sich nur wenige Meter rechts von der Repsol-Tankstelle beim Restaurant Muelle Uno am Malecón Alberto Santos.

Auf den Straßen von Bahía und San Vicente sieht man viele **Triciclos** (Fahrrad-Rikscha-Taxis). Eine einfache Fahrt kostet 50 Ct., eine ganz private City-Tour etwa 3 USD.

Nach 18 Uhr gibt es viel weniger Verkehr, nach 22 Uhr fährt kein Boot. Wenn genügend Leute übersetzen möchten, wird ab-gelegt. Ein *flete* (Charter) kostet 5 USD. Zudem verkehrt alle 30–35 Min. eine *gabarra* (Auto- und Personenfähre), die links von der Mobil-Tankstelle ablegt. Das Übersetzen eines Leihwagens ans andere Ufer kostet 3 USD, eines Fahrrads 50 Ct. Mit Eröffnung der Brücke wird dann wohl alles anders!

● *Flug* Der Flugplatz befindet sich in San Vicente auf der gegenüberliegenden Seite des Estuario del Río Chone. Dort kann ein Kleinflugzeug gechartert werden.

Übernachten (siehe Karte S. 559)

● *In Bahía* Nur wenige Hotels rechtfertigen eine Übernachtung:

La Piedra (1), (GK), zwischen Strand und Uferpromenade, sieht von außen eher wie ein Sportclubhaus aus, das beste Hotel in Bahía. Teils riesige Zimmer mit großen Bädern und Kabel-TV. Swimmingpool, direkter Strandzugang, Restaurant mit Manabí-Touch. EZ ab 45 USD, DZ 60 USD, 3er 70 USD. Suite matrimonial 70 USD, Präsidenten-Suite mit Ozean-Terrasse 80 USD. Malecón Virgilio Ratti y Bolívar, ✆ 2690780, 2690154, piedraturi@easy net.net.ec.

Ecohostal (5), (MK/Budget), Korbstühle und Palmstrohmöbel aus Montechristi, das Frühstück wird an einer Acht-Personen-Tafel eingenommen, Internet gratis, und Gäste dürfen zudem Sachen im Kühlschrank deponieren. Das *matrimonial Nr. 1* mit Balkon und Blick zur Straße. DZ 25 bis 35 USD. Bolívar 308 y Muñoz Dávila, nur wenige Schritte von der Uferpromenade, ✆ 086-552452 (mobil).

Coco Bongo (8), (Budget), von der Australierin Susy, nicht gerade unhübsche, aber sehr einfache und teils dunkle Zimmer mit BP, Ww, Aufenthaltsraum mit Kabel-TV. Bikeverleih, Spanisch- und Salsa-Lektionen. EZ ab 15 USD, DZ ab 25 USD (BP, Ww), Schlafsaal 10 USD pro Pers. (großes sauberes BC), Frühstücksservice. Vis-à-vis vom Parque, am Malecón 410 y Arenas, ✆ 085-440978 (mobil), www.cocobongohostal.com.

El Viajero (9), (Budget), altes ehrenwertes Haus. Ein riesiger Tank sorgt 24 Std. lang für Flüssigkeit aus dem Hahn. Im Ergeschoss ein paar Sofas, familiär, zentral, 7 einfache Zimmer mit BP oder BC, Ventilator und Kabel-TV. Es gibt ein *matrimonial*, sonst Mehrbettzimmer. Pro Pers. ab 15 USD. neben Guacamayo Tours in der Av. Bolívar y Arenas, ✆ 2690792.

Palma (11), (Low Budget), knarrender Altbau und ganz aus Holz (!) mit riesigem Gemälde beim Hochgehen der Treppe. Zentral, freundlich, „Hängematten-Matratzen" (berühren fast den Boden), Ventilator, BP mit 24 Std. Wasser hinterm blauen Vorhang. Zimmer zur Straße ab 7 USD pro Pers., Nr. 6 mit Kabel-TV. Bolívar 916 y Riofrio gegenüber der Banco de Guayaquil, ✆ 2692889.

Bahía mit Chone-Delta

• *Außerhalb* Allerfeinst ist das neotropische Boutique-Hotel **Casa Ceibo** am km 5,5 in Richtung Tosagua direkt am breiten Estero del Río Chone: riesige, luxuriöse Zimmer mit edlen Hölzern, Panorama-Terrassen, Garten mit uraltem Kapokbaum, 136 m Bootssteg, Pool, Restaurant, EZ o. DZ 184 USD, „deluxe" mit Balkon 244 USD. Av. Cesar Ruperti, ✆ 05/2399399, www.casacei bo.com.

Essen & Trinken

• *Am Ufer* An der Promenade zum Río Chone (Estero) hin gibt es eine Reihe von Fisch- und Fleischrestaurants mit Blick auf den breiten Fluss:
Puerto Amistad (14), vom Weltumsegler Frank Martin und seiner kolumbianischen Frau Maye. Ein Hafenkai wurde zum Freiluft-Bar-Restaurant umgebaut, Treffpunkt von Seglern, Touristen und Einheimischen. Saftige Steaks und Meeresfrüchte 5– 10 USD, Salate, Crêpes, Hamburger „Amistad" 3,50 USD, Cocktails, Bier, TV, spezielle Serviceleistungen aller Art für Weltumsegler, die im „Hafen der Freundschaft" vor Anker gehen, Mo–Sa 11–23.30 Uhr oder länger, So geschl., ✆ 2693112, www.puerto amistadecuador.com.
Gut besucht ist auch **Parillada del Sabor (13)**, fast neben der Fähranlegestelle, schöner Blick auf die Bucht und die gegenüberliegenden Hügel.
An der Uferpromenade zum Ozean hin befindet sich der kleine Cebichería-Stand **Hermanacho (3)** mit *cebiche de pescado, camaron, cangrejo* oder *jaiba* (großer Taschenkrebs). Die Gerichte werden nicht am Stand, sondern zu Hause zubereitet und dann wenige Min. nach Bestellung serviert. Tägl. 8–15 Uhr.
An der Ozeanpromenade befinden sich noch zwei einfache Restaurants für Fisch und Meeresfrüchte: **Brisas del Mar (4)** mit leider „lummeligem" *chicharrón de pescado* und **Caída del Sol (6)**. Beide zum Draußensitzen, meist nur tagsüber geöffnet.
• *Im Zentrum* Auf Holztellern serviert werden Fisch- und Fleisch im versteckten Freiluft-Lokal **Colombius (12)**, bewachsener Innenhof zum Draußensitzen, auch vegetarische und Diätgerichte, guter Salat, Av. Bolívar y Ante.
Pizzeria Arena (10), akzeptable Pizzas 5– 8 USD, Pasta 6 USD, sichere Salate 3,50 USD, Fisch und Huhn ab 6 USD, 17– 24 Uhr, Riofrío entre Av. Bolívar y Montúfar.
El Rey del Burrito (2), Mexikanisches in der Colón y Hidalgo.
Einzige Eisdiele ist **Tropihelados (7)**, Bolívar entre Checa y Arenas.

Nachtleben

In lauen Freitag- und Samstagnächten sitzen Jugendliche und Liebespaare auf der Promenadenmauer und genießen bei mitgebrachtem Schnaps mit Sprite das Meeresrauschen oder übertönen es mit den aufgedrehten Autolautsprecherboxen. Vor den wohlerzogenen Mädels und Jungs braucht sich niemand zu fürchten. Wer im Vorbeischlendern zu einem Umtrunk eingeladen wird, sollte nicht gleich nein sagen. Hier freut man sich über Neuankömmlinge, Grüßen ist an der Tagesordnung. Zudem gibt es Discokneipen wie **Gordon Blues Salsoteca** (Montúfar y Arenas), **Palmar Morena** (Checa entre Montúfar y Bolívar) und das **Eclipse** im Jachtclub.

Tourbüros/Feste

• *Tourbüros* **Guacamayo Bahíatours**, Dario Proaño-Leroux und seiner Frau Nicola Mears sind die Pioniere im regionalen Öko- und Ethno-Tourismus. Tagesausflüge und mehrtägige Aufenthalte auf der vorbildlichen biologischen Farm Río Muchacho am gleichnamigen Fluss, östlich von Canoa in der Küstenkordillere gelegen: aktive Teilnahme am Leben der Montubios, 2 Nächte 105 USD pro Pers. bei zwei Teilnehmern, 138 USD bei nur einer Pers., inkl. Transport, Pferde, Führung, vegetarische Mahlzeiten und Übernachtungen (siehe hierzu auch unter „Río Muchacho", S. 563). Ebenso werden Bootstrips zur winzigen Mangroveninsel Isla Corazón (ab 26 USD) veranstaltet, zur ersten ökologischen Krabbenaufzucht-anlage der Welt (ab 35 USD). Av. Bolívar y Arenas, ☎/📠 2691412, info@guacamayotours.com, www.guacamayotours.com.

Ceibos Tours, Ausflüge zur Isla Corazón, Chirije, Reserva Cerro Seco, zum Refugio de Simbocal sowie Kanufahrten durch die Feuchtgebiete Humedales de Segua des Estuario del Río Chone (ab 20 USD). Krokodile gibt es in diesem moskitoreichen Flussdelta so gut wie keine mehr, dafür Kormorane, Leguane, Taschenkrebse und die wohlschmeckende endemische Fischart *chame*. Bolívar 200 y Checa, ☎ 2690801, www.ceibostours.com.

● *Feste* **Ecociudad**, 23. Februar; **Día del Mangle**, 28. Februar; **San Pedro** und **San Pablo**, 28. Juni.

Sehenswertes/Ausflüge

Zu den Sehenswürdigkeiten von Bahía gehört die schöne **Casa de la Cultura** (auch Casa Americana) mit ihrem archäologischen Museum am Malecón Alberto Santos, mit Exponaten der Kulturen Cara und Jama-Coaque (Mo−Sa 10−17 Uhr, So 11−15 Uhr, Eintritt 1 USD). Schön ist auch die Sicht vom Panorama-Aussichtspunkt **Colina de la Cruz** auf die Stadt und den Meeresarm, allerdings auch einziger Unsicherheitsfaktor von Bahía (Taxi 1 USD).

Zu den interessantesten Ausflugszielen gehören die winzige Mangroveninsel **Isla de las Fragatas**, das Vogelparadies **Isla Corazón** ebenfalls im Estuario gelegen, die feucht-heißen **Humedales del Estuario** (La Segua), die abgelegenen Strand-Cabañas von **Chirije** (15 km südliche) mit ihren archäologischen Ausgrabungsstätten (man könnte dort nackt baden), die unverfälschten Einblicke in das bäuerliche Leben am **Río Muchacho**, der beliebte Bade- und Wassersportort **Canoa**, der kilometerlange Sandstrand bei **Punta Napo** und **Boca de Briceño** sowie das hoch über der Brandung thronende Gästehaus der **Punta Prieta**.

Bahía de Caráquez   100 m

Essen & Trinken
2 El Rey del Burrito
3 Hermanacho
4 Brisas del Mar
6 Caída del Sol
10 Pizzería Arena
12 Colombius
13 Parrillada del Sabor
14 Puerto Amistad

Übernachten
1 La Piedra
5 Ecohostal
8 Coco Bongo
9 El Viajero
11 Palma

Cafés
7 Tropihelados

Halbinsel Santa Elena und Manabí   Karte S. 521

Besuchenswert ist die 6 km südlich vom Zentrum gelegene Vogelaufzuchtstation **Saiananda**. Hier können inmitten einer tropischen Gartenanlage Hühnerarten aus aller Welt sowie Strauße und Nandus aus nächster Nähe beobachtet werden. Geöffnet täglich von 9 bis 16 Uhr.

Bahía/Umgebung

▸ **San Vicente**: Gegenüber von Bahía auf der nördlichen Seite des **Estuario del Río Chone** hat San Vicente wenig zu bieten. Der Sandstrand fiel größtenteils der Asphaltstraße nach Canoa – Jama – Pedernales zum Opfer. Dieser Streckenabschnitt gehört zur Marginal de la Costa auch Panamericana del Pacífico (E 15), die von Peru bis zur kolumbianischen Grenze entlang der Küste verläuft.

● *Verbindungen*   **Flug**: Wenige Hundert Meter östlich von San Vicente befindet sich der Flughafen Los Perales, der lediglich gecharterte Aerotaxis abfertigt.

Bus: Nach erfolgter Überfahrt mit der Gabarra (Fähre) oder Lancha (Boot) von Bahía geht es weiter zum Strand von Canoa oder zur Punta Prieta. Zwei Kooperativen, Coactur und Costatur, schräg gegenüber dem Bootsanleger beim Markt, verbinden den Ort tägl. alle 40 Min. mit **Canoa** (20 km, 30 Min., 50 Ct.), **Jama** (70 km, 1:30 Std.), **Punta Prieta** (84 km) und **Pedernales** (125 km, 2:30 Std.) an der nördlichen Küste. Ein wachsames Auge auf Gepäck und Wertsachen ist oberstes Gebot in San Vicente!

Ein **Taxi** nach Canoa kostet je nach Verhandlungsgeschick und Passagier- und Gepäckstückanzahl 5–10 USD.

Kostenloser **Personen-Fährverkehr** verbindet San Vicente mit Bahía von 6–20 Uhr alle 30–40 Min., Autos 2–3 USD. Lanchas oder Pangas kosten knapp 50 Ct. Wenn das Boot voll ist, wird abgelegt.

Triciclos innerhalb des Ortes 50 Ct.

● *Essen & Trinken*   **Petiso**, an der Ortsausfahrt in Richtung Canoa, 1 km von der Lancha-Anlegestelle auf der rechten Straßenseite. Nach einem deftigen Ehekrach entstanden die beiden gleichnamigen Freiluftlokale für frischen Fisch und Meeresfrüchte direkt nebeneinander!

▸ **San Isidro**: Urtümliche Rancheras verbinden San Vicente auch mit San Isidro, einem Montubio-Dorf irgendwo in der Küstenkordillere: archäologische Ausgrabungsstätten, Strohhüte tragende Männer auf Eseln und mit Macheten, eine abenteuerliche Entdeckerreise!

Canoa

Eine knappe halbe Fahrtstunde nördlich von San Vicente liegt das Stranddorf Canoa. Baden ist hier besonders schön, da der Sandstrand sehr weitläufig ist und flach zum Meer hin abfällt. Gefährliche Unterströmungen gibt es keine, und an Wochenenden angereiste Surfer schwören auf den gleichmäßig abrollenden Wellengang. Ein paar sympathische Hotels lassen Erholung suchenden Rucksackreisenden eigentlich keinerlei Wünsche offen, es sei denn, dass Luxus oder karibische Schönheitsideale verlangt würden. Stattdessen flattert eine Reihe bunter Fähnchen im Wind, reiht sich eine Handvoll strohbedeckte Bretterbuden entlang der versandeten Uferpromenade, fast ohne Palmenrauschen! Mit der Süßwasserversorgung sieht es auch nicht allzu ergiebig aus. Das lebensnotwendige Nass wird manchmal mit dem Tankwagen herangebracht, also sparen beim Duschen!

Zu den Annehmlichkeiten von Canoa gehören neben Bade- und Wellenbrettfreuden die bei Flut überschwemmten Blaufußtölpel-Höhlen im nördlichen Klippenbereich (*las cavernas*), ein paar einfache Fischrestaurants, breite Hotelhängematten und die Happy Hour im Hotel Bambu. Surfbretter und -guides gehören ebenso zum Angebot. Ansonsten ist Canoa ein sympathischer Ausgangspunkt für Ausflüge in

Canoa   **561**

die Umgebung, z. B. für einen Reitausflug zu einer Bio-Farm am Río Muchacho (buchbar bei Guacamayo Bahíatours, siehe S. 558).

Verbindungen/Adressen

• *Verbindungen* An der Durchgangsstraße Ruta del Sol/Panamericana de la Costa kommt alle 15–20 Min. ein *Bus* vorbei, in Richtung Norden nach Jama, Punta Prieta und Pedernales, oder nach San Vicente und Bahía de Caráquez im Süden. Ab 20 Uhr gibt es vermutlich keinen Bus mehr nach San Vicente, es sei denn er hat Verspätung. Von nächtlichen Fahrten wird abgeraten!

• *Adressen* **Telefonkabinen** von Movistar, Porta und Alegro sowie ein **Cybercafé** auf der Av. Principal (Av. Javier Santos), tägl. 8–23 Uhr, die Std. Surfen 1,25 USD.

Das **Tourbüro** und **Fair-Trade-Lokal** der **Río-Muchacho-Farm** ist in der 9 de Noviembre y Av. Principal, www.riomuchacho.com. **Surfbretter** haben La Posada de Daniel, Surf Shak und Coco Loco.

Einen **Arzt**, eine **Bank** oder einen **Geldautomaten** sucht man vergebens. Dafür muß man nach San Vicente oder besser Bahía.

Übernachten

• *Im Zentrum* **Bambu (4)**, (Budget), vorne raus der weitläufige Strand und hinten ein kleines Flussdelta mit Kuhreihern und Enten. Das verschachtelte Bambus-Haus wurde mit Fantasie erbaut. Bambusbetten, orthopädische Matratzen, Moskitonetze, Ventilator, „Fliegende Ocean-View-Cocktail-Untertasse", Palmen, Bodysurfing, offenes

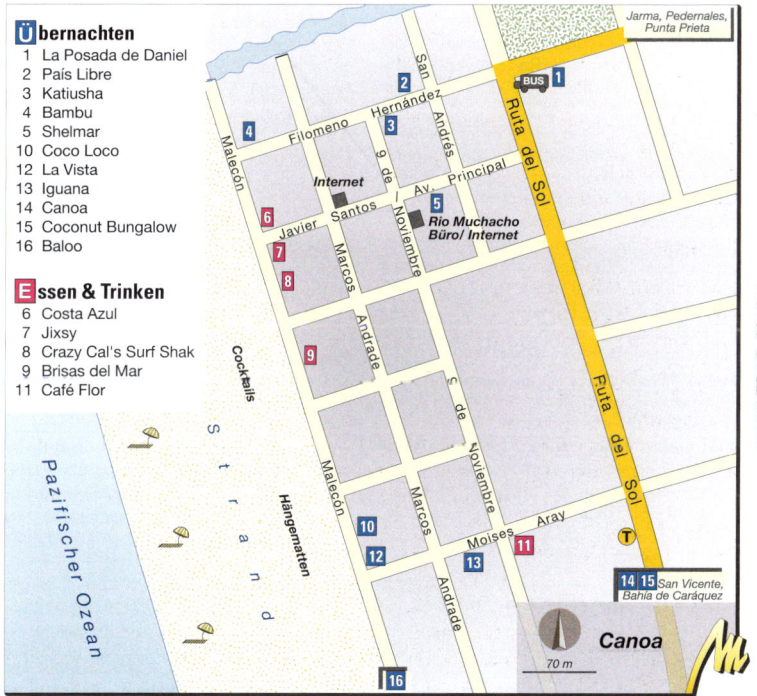

Ü bernachten
1 La Posada de Daniel
2 País Libre
3 Katiusha
4 Bambu
5 Shelmar
10 Coco Loco
12 La Vista
13 Iguana
14 Canoa
15 Coconut Bungalow
16 Baloo

E ssen & Trinken
6 Costa Azul
7 Jixsy
8 Crazy Cal's Surf Shak
9 Brisas del Mar
11 Café Flor

Jarma, Pedernales, Punta Prieta

Internet

Río Muchacho Büro/ Internet

San Vicente, Bahía de Caráquez

Canoa

70 m

Halbinsel Santa Elena und Manabí   Karte S. 521

Restaurant 8–21.30 Uhr (Hauptspeisen ab 5 USD), Happy Hour in der Bambus-Bar 17–18 Uhr. Relaxtes Ambiente, wenig Moskitos, da frische Brise. Besitzer ist der Holländer Joost. EZ/DZ mit BP und Meerblick-Balkon 22 USD (sonst weniger), die lustige Matrimonial-Cabaña Nr. 17 kostet 28 USD, DZ-Suite Nr. 15 kommt auf 34 USD, im Bambus-Zelt (BC) 5 USD pro Pers., im eigenen Zelt 3 USD. Keine Saisontarife, Frühstück ab 2,50 USD. Am nördlichen Ende des Malecón, ✆ 089-265225, 099-263365 (beide mobil).

La Vista (12), (Budget), des Norwegers Kristian, glatt gefliese Zimmer mit Doppel- und Stockbett, BP, Ww, eigenem Meerblick-Balkon und Hängematte, alles picobello sauber. Am besten ist die DZ-Suite Nr. 10 (ab 30 USD). Schönes Restaurant, Happy Hour 18–20 Uhr, Internet, Surfunterricht, Paragliding. EZ ab 16 USD, DZ ab 24 USD. Malecón y Moises Aray, ✆ 086-470222 (mobil), ke@objectnet.no.

País Libre (2), (Budget), fünfstöckiges, alles überragendes Bambushaus, die architektonische Faust aufs Auge! Nur Nr. 211 hat jedoch Meerblick (BP, AC). Betten aus Muyuyo-Holz, Hängematten-Veranda mit Meerblick, unterirdische Diskothek „Club Chocolate", Parkplatz, Rauchverbot. Sehr populär bei feiernden Ecuadorianern! Ab 15 USD pro Pers. ✆ 05/2616387.

Coco Loco (10), (Budget), Zimmer mit Doppelbett, BP, Ww, Ventilator, Moskitonetz. Gemeinschaftsküche mit eigenem Lebensmittel-Plastikcontainer für jedes Zimmer, alle mit Balkon, aber nur vier mit Meerblick. Leckeres Brot, Internet, Surfbretter und „Hora Loca": 2 Drinks zum Preis von einem („2x1"). EZ/DZ 16 USD (BP), ab 12 USD (BC), Schlafsaal 6 USD, Frühstück 3 USD, vom Ende der Calle Principal 350 m in südlicher Richtung am Strand, ✆ 095-447260 (mobil).

Baloo (16), (Budget), nette, ruhige, saubere Backpacker-Option, etwas abgelegen direkt am Südstrand am Ende des Malecón. Bar mit guten Drinks, Frühstücksküche, Mirador mit Liegestühlen und Wellenrauschen, Hängematten-Veranda, britischer Besitzer. EZ ab 10 USD, DZ ab 15 USD im Hostal, Cabañas für 1–4 Pers. 20–45 USD. ✆ 085-565952 (mobil), www.baloo-canoa.com.

La Posada de Daniel (1), (Budget), schmucklose Cabañas aus Holz und Zement 300 m vom Strand auf einem Hügelchen aneinander geschmiegt. Hängematten, Moskitonetze, Pool, Pizza-Restaurant, Surfunterrricht. Besitzer ist der Surf-Champion Daniel, ein „surfista toda la vida". Pro Pers. 7–8 USD (BC/BP/Ventilator), feiertags 12–15 USD, Camping 3 USD. Av. Principal, ✆ 05/2616373, ✆ 097-508825 (mobil), www.laposadadedaniel.com.

Katiusha (3), (Low Budget), sehr einfache Zimmer, die oberen allemal vorzuziehen, Nr. 7, 9 und 10 mit Meerblick (BP, Ww, Ventilator, Kabel-TV). Pro Pers. ab 6 USD, feiertags 12 USD. Schräg gegenüber dem Bambuskasten von País Libre, Filomeno Hernández y 30 de Noviembre, ✆ 05/2616342.

Shelmar (5), (Low Budget), an der Hauptstraße zum Strand, einfache Zimmer mit Holzwänden und Moskitonetzen, Gemeinschaftsbalkon mit Hängematten. Tipp ist Nr. 15. Pro Pers. (BC) 4–7 USD je nach Saison, 6–10 USD (BP). Av. Javier Santos, ✆ 098-644892 (mobil).

Auf dem Campingplatz **Iguana (13)** kostet die Übernachtung im Zelt nur 2 USD, in den Cabañas 5 USD pro Pers., ruhige Lage, schönes Ambiente und eben Iguanas! Am südlichen Ende der sandigen Uferpromenade in zweiter Reihe, Calle Moises Aray.

● *Außerhalb* **Canoa (14)**, (MK), sehr nette Suiten mit Meer- und Palmenpool-Blick, direkter Strandzugang, Restaurant-Terrasse, Parkplatz, die eleganteste Unterkunft in Canoa! EZ ab 40 USD, DZ ab 66 USD. Vom Ortskern 300 m in Richtung San Vicente zw. Sandstrand und Straße, ✆ 05/2616380, info@hosteriaacanoa.com, www.hosteriacanoa.com.

Coconut Bungalow (15), (Budget), schön abgelegen am einsamen Strand, allerdings hört man die Busse von der Straße. Relaxte helle Zimmer, private Terrassen und große Betten, Restaurant, Bar, Bodysurfen. EZ ab 15 USD (BP) bzw. ab 10 USD (BC), DZ ab 25 USD (BP). 1,5 km von Canoa in Richtung San Vicente zw. Straße und Strand, ✆ 098-129876 (mobil), www.coconutcanoa.com.

Essen & Trinken (Karte S. 561)

Café Flor (11), von Ivan und Familie, gemütlich zum Draußensitzen, blumenumrankter Gartenzaun. Spezialitäten sind *chi-* *charrón de pescado* (6 USD), *churrasco* und *apanado* (5 USD), Pizzas, Salate, vergleichsweise „wunderbare" Frühstücke

„Perico", „Surfer" und „Burrito" je 3 USD. Tägl. 9–15 bzw. 18–21.30 Uhr.

> Nachts im von Plankton beleuchteten Ozean baden – diesen prickelnden Effekt gibt es meist von Dezember bis Januar!

Frischluft-Restaurants auf Stelzen: **Brisas del Mar (9)**, von Marianita, an der Strandpromenade, Fisch und Meeresfrüchte aller Art, *arroz marinero* o. *camarones* 5 USD,

bolón mit *café* 1,50 USD, saubere Küche und Hängematten für Verdauungsschläfchen; **Jixsy (7)**, an der Ecke Hauptstraße und Strandpromenade; genau gegenüber das **Costa Azul (6)**, das *filete a la marinera* für 5 USD.

Außerdem befinden sich am Malecón **Crazy Cal's Surf Shak Bar Grill (8)** des Nordamerikaners Calvin, Spezialitäten sind Hamburger, Pizza und Spaghetti, Wifi-Zone und **Surfbrettverleih**, 4 USD pro Std. bzw. 12 USD der ganze Tag, „Fun Long Boards" 5 USD pro Std. bzw. 15 USD der ganze Tag.

Aktivitäten

● *Gleitschirmfliegen* Wie ein Pelikan von der Klippe abheben, eine Schleife über dem Ozean ziehen und 15–20 Min. später sanft auf dem Sandstrand landen. **Fly Canoa** vom Amerikaner Greg, dem Herrn der Lüfte, bietet Tandem- aber auch Soloflüge von der Hükrgelkuppe hinter Canoa. Einwöchige Anfängerkurse ab 400 USD inkl. Hotel-DZ, Instrukteur, Theorie und Flüge. Durch einen zweiwöchiger Kurs ab 800 USD inkl. Bodenschule, Wetterkunde und 25 Solo-

flüge erhält man eine weltweit gültige P-2-Lizenz der US Hang Gliding & Paragliding Association. ℘ 085-198507 (mobil), www.flycanoa.com.

● *Fahrradtour* Wer sich keiner organisierten Tour anschließen, sondern die Río-Muchacho-Farm auf eigene Faust besuchen möchte, kann sich im Río-Muchacho-Büro in Canoa ein Fahrrad ausleihen und dorthin radeln. Eine Straßenkarte wird vom Büro mitgeliefert.

▶ **Río Muchacho:** Wenige Kilometer nördlich von Canoa gehen von der Asphaltstraße rechter Hand zwei holprige, nach Regen „Camel-Trophy-reife" Zufahrtswege zu einer idyllisch gelegenen Montubio-Modellfarm ab. Die Philosophie des spirituell angehauchten Bilderbuch-Bio-Bauernhofes liegt in der Wiederverwertung organischen Abfalles. „Nichts wird weggeschmissen, alles ist ein Kreislauf!" Sogar die Exkremente der fiependen Meerschweinchen werden mit Hilfe eines „Meerschweinchen-Traktors" von Stelle zu Stelle bewegt, um so den Boden ums Haus herum zu düngen. Permakultur statt Chemie! Gesät und geerntet wird nach dem Mondkalender. Gegessen und getrunken wird aus den harten Schalen der Mate-Frucht, eine tropische Baumkürbisart. Es kommen ausschließlich vegetarische Produkte aus eigenem Anbau auf den Tisch. Wobei die köstliche Sazón selbst „Karnivoren" schmecken könnte. Das Leben im Einklang mit Mutter Natur kann bei einem Tagesausflug (35 USD bei zwei Teilnehmern) oder besser als dreitägiges Programm ausprobiert werden (138 USD als Einzelpers., 105 USD bei zwei Teilnehmern, 99 USD bei drei Teilnehmern). Geschlafen wird im steilen Dachgiebel des Bauernhauses, in einer Hexenhütte im Garten, in einer Cabaña am Fluss oder in einem Baumhäuschen, das in einem mächtigen Feigenbaum 20 m über dem Río Muchacho schwebt. Ein steinalter Leguan schwebt direkt darüber. Wenn es nachts erst knacken und dann platschen sollte, ist „Opa Leguan" mal wieder vom Ast abgerutscht und in den Fluss gefallen. Danach nimmt er sich den ganzen lieben langen Tag, um wieder hinaufzukraxeln.

Der inbegriffene Transport zur Farm beinhaltet auf dem letzten Stück einen 45-minütigen Ritt. Wer zu zweit reist, muss sich nicht unbedingt einer Gruppe anschließen, sondern bekommt einen eigenen Guide zugewiesen. Es herrscht eine herzliche Atmosphäre. Der praxisbezogene Kulturaustausch mit der ansässigen Familie beinhaltet Ausritte, Vogel-, Faultier- und Brüllaffenbeobachtung, Badespaß in Quellwasser, Mineralschlammbäder, Ziegenmelken, Käse- und Shampooherstellung, Kaffee- und Kakaoröstung, Flusskrabbenfischen, Aufforstung, Maniok- und Tagua-Ernte. Außerdem den Besuch einer umweltbezogenen Bambusschule, einzigartig in ihrer Art. Die „Schule machende Schule" wird aus den Einkünften des sanften Muchacho-Tourismus finanziert. Volontäre sind willkommen: Community Training, Kurse für organische Landwirtschaft und Fair-Trade-Produkte wie Chili, Soßen oder Marmeladen (Reservierung in Bahía bei Guacamayo Bahíatours, siehe S. 558).

▸ **Jama**: Eine Busstunde nördlich von Canoa liegt linker Hand das Wildwest-Städtchen Jama, ein regionales Zentrum für Fischer, Viehzüchter und Shrimp-Farmer. In den Staub- bzw. Schlammstraßen (je nach Jahreszeit) dieses ausgesprochen südamerikanischen Ortes können Authentizität suchende Fotografen auf nostalgische, zweistöckige Holzhäuser mit gedrechselten Balustraden über Schatten spendenden Kolonnadengängen treffen. Hinter den Fassaden sitzt die eine oder andere zwischen den Lamellenfensterläden herausblinzelnde Großmutter, daneben ihre schöne Enkelin, die sich gelangweilt den langen, brillantschwarzen Haarschweif bürstet. Jama besitzt eine typische, liebliche Architektur aus einer längst vergangenen Epoche, wie sie an der Küste nur noch selten vorzufinden ist. Die moderne, strahlend weiße Gefängnismauer-Villa im Ortskern gehört übrigens der Familie Cevallos, allmächtige Besitzer von ganz Jama und Umgebung.

Ansonsten verfügt Jama über eine Telefonzentrale, einen kleinen Parque Central, eine kleine Eisdiele, ein filmreif heruntergekommenes Tropenhotel namens Jamaica sowie viele herumsitzende, hitzegestrafte Bewohner. Das Meer ist knapp 4 km entfernt. In der breiten Bucht **El Matal**, dem Hausstrand von Jama, erwartet den Besucher der **Arco de Amor**, die **Punta Ballena** und der Surferstrand **Playa Paraíso**. Zu Füßen der Sandklippe von El Matal leben Fischer in rustikalen Häusern. Von dort werden täglich bis zu 15.000 Pfund frischer Fisch weiterverkauft. Die Bucht ist reich an *peces de roca* (Felsfischen), vor allem an *guajú*. Die meisten Fischer kommen erst nach Mittag von ihrer *faena* (Fang) zurück. Dann treten die Frauen und Kinder in Aktion, um die Ausbeute am Strand zu zerstückeln und zu verteilen. Das meiste wird an Ort und Stelle an Händler verkauft.

Die beiden Kooperativen Coactur und Costa Norte verbinden Jama fast halbstündlich mit Pedernales, Canoa und San Vicente. Manche Busse fahren direkt vom Parque Central im Ort, andere können an der Durchgangsstraße Ruta del Sol abgepasst werden. An der Küsten-Pana befindet sich auch die einzige Tankstelle im Umkreis von 50 km. Küstenreisenden mit Sprachkenntnissen und Lust auf ein kleines Päuschen ohne Schnörkel und Vorgegaukeltes seien zumindest ein paar kühle Bierchen in Jama ans Herz gelegt.

● *Übernachten/Essen & Trinken in Jama*
Cabañas Restaurant Barbudo, (Budget), Bambus-Stroh-Cabañas mit BP, Kw, Tischtennis, Hängematten und Haustiere – keine Kakerlaken, sondern Affen und Papageien. Pro Pers. 8 USD. Im Restaurant *langostinos* ab 6 USD, Fisch, *cebiche, gallina criolla, bandeja barbudo* mit 3 verschieden zubereiteten Shrimps (8 USD), 8–20 Uhr (So bis 15 Uhr). Die saubersten Toiletten im Ort! Av. Jama 606 y San Francisco, wenige Blocks vom Parque Central, ✆ 084-493148 (mobil).

Cabañas Palo Santo, (Budget), jede der hübschen Holz-Cabañas mit Doppel- und Einzelbett, Ventilator, Moskitonetze, Palmen- und Bananestaudengarten vor der Veranda. Nr. 8 ist ein nettes *matrimonial* mit Terrasse, BP, Ww, Kabel-TV und Hängematte. Der Autor bittet um Feedback! Infos am Marktplatz in dem Laden „Comercial Cevallos". Pro Pers. mit BP 6–12 USD, mit BC 3–6 USD. Av. Melchor Cevallos, am Río Jama, ✆ 05/2410441, 093-630521 (mobil), palosantojama@hotmail.com.

„Quieres que te lleve?"

Jama, (Low Budget), von einem netten älteren Herrn, sehr zweckmäßige Zimmer, BP o. BC, teils Kabel-TV, ab 5 USD pro Pers. Gegenüber dem Parque Central in der Av. Jama.

Im Restaurant **Junior** von Daniel Villaprado und Margarita Macías gibt es *langostinos* ab 7 USD, *cebiche* ab 4 USD, *camarones mixtos*, grillten Fisch, *tortillas*, billige *almuerzos* und Frühstücke. Grüne Plastikstühle und orange Tischdeckchen. 7–21 Uhr, Av. Jama y José Luis Quichana, ✆ 05/2410134.

• *Übernachten/Essen & Trinken   außerhalb*
Samvara Lodge, (Budget), bei Bellavista de Don Juan, 12 km nördlich von Jama und 38 km südlich von Pedernales), familien- und kinderfreundliche Lodge, ansprechende Cabañas mit Meerblick, z. B. „Pajarito"

(2–3 Pers.) o. „Tortuga" (ab 4 Pers.) 55 USD pro Pers. inkl. Mahlzeiten, ebenso Ziegelstein-Kiefernholz-Zimmer 50 USD pro. Pers., Bambus-Chozas 36 USD pro Pers., Camping 6 USD pro Pers. ohne Mahlzeiten. ✆ 094-987963 (mobil), www.samvara-ecolodge.com.

• *Übernachten/Essen & Trinken in El Matal*
El Cisne, (MK), einen Block vom Strand entfernt befinden sich hinter weißen Mauern ein paar nette gelbe, dreistöckige Etagenhäuschen. Gut ist z. B. Nr. 10 mit großem Ehebett, Meerblickbalkon, BP, Ww, Kabel-TV (60 USD), sonst DZ ab 40 USD, Großfamiliensuite 100 USD. Pool, Billiard, Volleyball, bewachter Parkplatz. Dazugehöriges Meeresfrüchte-Restaurant **Viejo Lucho** direkt am Strand, ✆ 007 551232 (mobil), www.hosteriaelcisne.com.ec.

An der Brücke über den Río Jama (am Ortsrand von Jama in Richtung Don Juan) lebt rechts an der Ruta del Sol der **Bildhauer und Maler Ricardo Alcívar**. Seine Kunsthandwerksstätte ist leicht an einem präkolumbischen Totem zu erkennen. Ricardo schnitzt Stühle und Tische in Form von Tieren und kreiert Souvenirs aus Tagua, Kokos, Caña oder Mate. ✆ 091-260803 (mobil).

Nur 14 km nördlich von Jama und 36 km südlich von Pedernales liegt das intime **Guesthouse Punta Prieta** auf einer 27 m hohen Felsklippe direkt über der Pazifikbrandung. An der Veranda schweben Pelikane und Fregattvögel vorbei und begutachten das Frühstück der Gäste. Es gibt 5 tolle Meerblick-Miradores. Ein einsamer, sauberer und kindersicherer Sandstrand zieht sich nach Norden, und ein einsamer, jedoch strömungsstärkerer und von angeschwemmtem Treibholz verschmutzter

Halbinsel Santa Elena und Manabí Karte S. 521

Sandstrand nach Süden hin. Ein Trockenwaldpfad und ein paar Landleguane gehören zum *encanto natural*. Ein wunderbar abgeschiedener Ort für anspruchslose Erholungsuchende und vielleicht das schönste Fleckchen an der ecuadorianischen Festlandküste – mein persönlicher Tipp!

● *Übernachten* **Guesthouse Punta Prieta**, (MK), am besten sind die Suiten „del Sol" und „de la Luna", aber auch fast alle anderen Zimmer haben Meerblick. Besitzer ist der äußerst hilfsbereite Alonso Ordoñez. Am schönen Nordstrand stehen den Gästen sanitäre Anlagen und schattenspendende Unterstände mit Hängematten zur Verfügung. Reservieren! Pro Pers. 25–37 USD, Mahlzeiten extra. ✆ 093-423811 und 089-905969 (beide mobil), in Quito ✆ 02/2862986, www.puntaprieta.com.

Finca Il Peperoncino, (Budget), nahezu auf der Äquatorlinie gelegen, bei Tabuga, 27 km nördlich von Jama und 23 km südlich von Pedernales, von Süden auf der Ruta del Sol kommend rechter Hand, schlechter Zufahrtsweg. Drei familiäre Cabañas mit viel Holz, gut ist die zweistöckige Nr. 1 mit Küche und Gartenblick. Plantagen-Ambiente, italienische Küche von Alessandro, Pferde, Bikes, faszinierende Ausgrabungsstätte mit intakter Küche der präkolumbischen Jama-Coaque-Kultur, dies unter einem nicht weniger spektakulären Samango-Baum. Pro Pers. 22 USD inkl. Frühstück. ✆ 091-312249 (mobil), www.ilpeperoncino.com.

Weiter nach Norden an der Küste entlang

▸ **Pedernales (25.000 Einw.):** Eine halbe Stunde nördlich von der Punta Prieta bzw. zwei Stunden nördlich von Canoa kreuzt die Marginal de la Costa oder Panamericana del Pacífico (E 15) bei Punta Palmar/Coaque die Äquatorlinie und führt kurz darauf ins Shrimp-Farm-Zentrum Pedernales. Das Beste an diesem aus dem Boden gestampften Sommerfrischler-Badestädtchen für mittelständische Quiteños ist der 45 km lange Sandstrand – der längste in Ecuador –, der weiter nördlich von Kokosnusspalmen gesäumt ist und sich bis zur Landspitze in Cojimíes hinzieht. Der Strandabschnitt um **Coco Solo** ist in dieser Richtung besonders attraktiv, während etwa 10 km südlich von Pedernales und fast auf der Äquatorlinie die **Punta de los Frailes** zu den schönsten Badebuchten gehört.

Die **Vorwahl** von Pedernales und der Provinz Manabí ist **05**.

● *Information* Touristeninfos gibt das **Municipio** (Rathaus), Eloy Alfaro y López Castillo, Mo–Fr 8–13 und 14–17 Uhr.

● *Verbindungen* **Bus**: Der Terminal Terrestre befindet sich in der Juan Pereira y Velasco Ibarra. Trans Vencedores (✆ 2681250) steuert 20x tägl. das 260 km entfernte **Quito** an (6–7 Std., 8 USD). Mit allen möglichen Kooperativen geht es tägl. 48x nach **Santo Domingo de los Tsáchilas**, wo nach Quito umgestiegen werden kann. Die Coop. Kennedy fährt voraussichtlich um 9.40 und 22 Uhr nach **Guayaquil** (7 Std., 9 USD), ebenso Trans Aloag um 23 Uhr. Kennedy hat um 9.20 Uhr auch einen Bus tägl. nach **Mindo** (5–6 Std., 8 USD). Die interkantonalen Kooperativen Coactur und Unión fahren tägl. zw. 5 und 16.30 Uhr praktisch halbstündlich über die Panamericana del Pacífico – die Ruta del Sol – in Richtung Süden zur **Punta Prieta** (1 USD), nach **Jama** (2 USD), **Canoa** (3 USD) und **San Vicente** bzw. **Bahía de Caráquez** (4 USD). Von Bahía geht es nach **Portoviejo**, **Manta** oder **Guayaquil** weiter. Andere Kooperativen fahren auf der Ruta del Sol in Richtung Norden in meist abenteuerlichen Bummel- und Rumpelkisten, über **Chamanga** und **Daule** zum **Y de Mompiche**, nach **El Salto**, **Atacames** und **Esmeraldas**.

Sammeltaxis: Pedernales Tours fahren tägl. mit sog. *furgonetas* (bis 8 Pers.) entlang der Ruta del Sol nach **San Vicente**: 8.30, 10.30, 12.30, 14.30, 16.30 und 18 Uhr, gleiche Abfahrtszeiten in umgekehrter Richtung von San Vicente. Kosten: bis Punta Prieta 2 USD, nach Canoa o. San Vicente 4 USD. Nach **Santo Domingo** (6 USD) geht es um 6.30, 9.30, 12.30 und 15.30 Uhr. Startpunkt ist die Calle Plaza Acosta 121 y Efraín Robles, ☎ 2681019.

Camionetas warten an der Ecke López Castillo y Eloy Alfaro, z. B. nach Coco Solo (ca. 5 USD) und Cojimíes, oder in Richtung Süden zur Punta de los Frailes zur oder Punta Prieta (10 USD).

Ein **Moto-Taxi** kostet innerhalb des Ortes 50 Ct.

• *Adressen* **Ärzte/Krankenhäuser:** Eine kleine Privatklinik befindet sich in der Nähe des Busbahnhofs; in der Simón Palacios y 27 de Noviembre behandelt Dr. Miguel Angel Ruano.

Geldbeschaffung: Banco Pichincha, Plaza Acosta y López Castillo.

Internet: einladend ist Kanela Bar neben der Kirche am Parque Central.

Telefonieren: Telefonkabinen von Porta befinden sich am Parque Central, außerdem im Bereich der Eloy Alfaro und der Plaza Acosta.

• *Übernachten* Es gibt über 40 Hotels an diesem für die Quiteños nächstgelegenen Strand, wobei es nach wie vor an Infrastruktur mangelt. Die Süßwasserversorgung ist ein Problem. An Feiertagen und zur Ferienzeit können sich die Preise verdoppeln.

Lastmar, (GK), Hochhaus mit Teakholz- und Marmorverkleidung, viele Zimmer mit Meerblick. Pro Pers. ab 26 USD, schönes Penthouse mit großer Fensterfront direkt unterm Dach 120 USD (bis 6 Pers.). Eloy Alfaro y Malecón, ☎ 2680314.

Cabañas Erick Andrés, (MK), modernes weißes Haus mit verdunkelten Scheiben, abseits vom Strand, 5 Blocks vom Parque Central. Saubere, helle, komfortable Zimmer, BP, AC, Kabel-TV, Pool, Restaurant El Jardín mit nationaler Küche. DZ ab 30 USD. Río Tachina y García Moreno, ☎ 2681357, ☎ 091-205979 (mobil).

Arcna, (Budget), eine Querstraße von der Strandpromenade, auffällig bunt, sauber und hell, BP, Ventilator oder AC. Pro Pers. 10–14 USD (BP, Ventilator o. AC). Gut ist DZ Nr. 103, *matrimonial* Nr. 111 hat nur Dachluken. Plaza Acosta y Efraín Robles, ☎ 2681170, 2681159.

Mister John, (Budget), modern, fast am Strand. Saubere, weiße, geräumige Zimmer mit Balkon (BP, Kabel-TV, Ventilator). Wer zuerst kommt, bekommt das beste zur Ver-

fügung stehende Zimmer! Okay ist das Meerblick-Matrimonial Nr. 8 mit weicher Matratze und höchstens lauwarmem Wasser. DZ 18–26 USD. Plaza Acosta y Malecón, ☎ 2680235.

América, (Budget), sauber, bunt, BP, AC, Kabel-TV, Telefon, gemeinschaftliche Meerblick-Hängematten-Terrasse, freundlicher Besitzer. *Matrimonial* Nr. 101 mit grasgrünem Bad und Blick aufs Meer und die Stadt. Pro Pers. ab 10 USD. Nur 2 Blocks vom Parque Central und 4 Blocks vom Strand, García Moreno entre López Castillo y 27 de Noviembre, ☎ 2680144.

Albelo, (Budget), fast am Strand gegenüber dem Mister John, farbenfroh, Kabel-TV, Ventilator, vier Zimmer mit Balkon. Pro Pers. 8 USD. Plaza Acosta y Malecón, ☎ 2681372.

Aire Libre, (Low Budget), am südlichen Ende der Uferpromenade, einfach und sauber (BP), Nr. 18 hat Meerblick. Pro Pers. ab 6 USD. Malecón primera etapa y García Moreno, ☎ 2681237.

Constantino, (Low Budget), rosafarben, einfaches **matrimonial** Nr. 1 mit Balkon und guter Matratze, nur kaltes Wasser, ab 5 USD pro Pers. Eloy Alfaro y Simón Palacios, ☎ 2680347.

• *Essen & Trinken* Oft gibt es deftige Landgerichte *a lo montubio* mit Kochbananen oder Erdnussbuttersoße. An der Uferpromenade überwiegen Lokale mit Fisch in vielen Varianten, ebenso gibt es dort Shrimps, Muscheln, Kalamar, *encocado* (in Kokossoße Gedünstetes), *cebiche* oder das preiswerte Katerfrühstück *encebollado* („Eingezwiebeltes"). Empfohlen wurden an der Ecke Strandpromenade und García Moreno **El Pelícano**, **Villamartín** und **Rincón de Beny**, außerdem das Großraumlokal **El Costeñito**, Malecón entre Plaza Acosta y Eloy Alfaro (zum Frühstück *bolón de verde* o. Shrimps) und an der Ecke Malecón und Eloy Alfaro das gemütliche **La Choza** mit Riesenkarte (Hauptspeisen 5–12 USD), tägl. ab 8 Uhr bis abends geöffnet.

Das beste Grillhuhn hat **Asadero Oro Verde**, Gonzáles Suárez y Eloy Alfaro, an einer Ecke des Parque Central. Spezialist für Grillfleisch ist **Parrilladas Anita**, Plaza Acosta y Velasco Ibarra.

• *Nachtleben* Das Nachtleben spielt sich an den einfachen **Cocktail-Ständen** am Strand ab. Gegen Ende März gibt es regelrechte Cocktail-Wettbewerbe.

Am Parque Central und an den **Soda-Bar-**

Halbinsel Santa Elena und Manabí Karte S. 521

Ständen am Strand gibt es Milchshakes, z. B. ganz lecker mit Avocado (*aguacate*).

• *Touren* Der Guide **Egresado Millington** gilt als seriös: Ausflüge entlang der archäologischen und paläontologischen Ruta Jama Coaque, entlang der Ruta de Pizarro und dem Corredor de Palmeras, zum Äquatordenkmal oder in die Reserva Mache Chindúl, auch Walbeobachtungsfahrten im Juli/Aug. (ab 20 USD). Er wohnt am km 1 der Vía Cojimíes, ✆ 05/2680410, ✆ 090-648617 (mobil), millingtour@gmail.com.

> Noch zu entdecken in der Nähe von Pedernales sind der 3.500 ha große Schutzwald (*bosque protector*) **Cerro Pata de Pájaro**, mit 864 m der höchstgelegene in der Provinz Manabí, die 250 ha große **Urwald-Reserva Lalo Loor** der Fundación Ceiba (www.ceiba.org) und die **Reserva Ecológica Mache Chindul** (dort befindet sich die biologische Station Bilsa, www.jatunsacha.org, siehe S. 494), mit 120.000 ha eines der letzten großen feucht-tropischen Urwaldgebiete der Küstenregion!

▸ **Weiterfahrt nach Esmeraldas**: Von Pedernales aus geht es entweder ostwärts auf einer nagelneuen Betonpiste über die Küstenkordillere hinweg nach El Carmen (94 km) und Santo Domingo de los Tsáchilas (130 km) in Richtung Hochland nach Quito (260 km) oder weiter nach Norden auf einer neuen Straße parallel zum ewig langen Strand bis **Cojimíes** (36 km). Im Anschluss dann entweder mit einem öffentlichen Boot durch den von Mangrovenwäldern umsäumten Estuario nach **Daule** in der Provinz Esmeraldas oder mit einem gecharterten bis **Portete** und **Mompiche** – eine fantastische Fahrt zwischen Mangroven und Inselchen! Von Pedernales bis nach Cojimíes faszinieren die weitläufigen menschenleeren Sandstrände entlang dem **Corredor de Palmeras**, bei Ebbe unglaublich breit und flach abfallend, mit viel angespülten Muscheln und kilometerlangen Palmenhainen. Der wohl beeindruckendste Strand in ganz Ecuador! Auf halbem Wege (22 km nördlich von Pedernales, 14 km südlich von Cojimíes), direkt am Strand zwischen diesen einzigen beiden Ortschaften, liegt abgeschieden unter Kokospalmen die bejahrte, aber nicht unsympathische Cabaña-Anlage **Coco Solo** mit Pool und idyllischem Zeltplatz. Mückenspray ist nicht nur zur Regenzeit unbedingt mitzubringen!

> Zwischen 1970 und 2008 sind 90 % der ecuadorianischen **Mangrovenwälder** durch Camaroneras (Shrimp-Aufzuchtbecken) vernichet worden. Heute gibt es gerade mal 1.500 ha in der gesamten Provinz von Manabí im Estuario del Río Chone und bei Cojimíes. Hingegen nimmt die Fläche an Shrimp-Aufzuchtbecken allein im Estuario de Cojimíes 15.000 ha ein.

Eine schnellere Möglichkeit, in die nördliche Esmeraldas-Provinz zu gelangen, führt von Pedernales über die fast verkehrsfreie Ruta del Sol nach **Chamanga**, zum schönen Palmenstrand von **Mompiche** (siehe S. 508) und über **El Salto** bis Muisne, Atacames und Esmeraldas.

• *Übernachten* **Coco Solo**, (Budget), doppelstöckige Beton-Cabañas mit BP auf zwischen raschelnden Kokosnusspalmen, Mangroven und Sandstrand. Die isolierte Lage hat was! Großes einfaches Restaurant (*desayuno manabita*), Billard, Bootsausflüge und Kokosnuss-Cocktails. Auf einem dreistündigen Urwald-Trail können mit ziemlicher Sicherheit Brüllaffen beobachtet werden – genial! Besitzerin ist die zuvorkommende Valentina Alvárez. Ab 18 USD pro Pers., Camping ist möglich (6 USD pro Pers.). *Anfahrt*: von Pedernales in Richtung Cojimíes mit einer 25-Ct.-Chiva von der Pereira y López Castillo, einem 50-Ct.-Bus (Pereira y González Suárez) oder einer gemieteten Camioneta (ca. 5 USD) zu erreichen. ✆ 099-661794 o. 099-406048 (beide mobil), info@hotelcocosolo.com, www.hotelcocosolo.com.

Las Peñas

Guayaquil

(2,8 Mio. Einwohner)

Heiß und schweißtreibend nach Sonnenaufgang, dickflüssig und zäh wie Kakaosatz, süß und still unter schattenspendenden Jacarandabäumen. Ecuadors bevölkerungsreichste Metropole entpuppt sich als endlose Metamorphose. Das exotische Flair der viel geschmähten „Perle des Pazifiks" erstrahlt heute in neuem Glanz.

„Südlichster Hafen der Karibik" nannte ein eingewanderter Schreiberling einmal zärtlich die schwüle Metropole am mächtigen Río Guayas, dem größten Wassereinzugssystem der amerikanischen Pazifikküste. Der Vergleich hinkt auch im übertragenen Sinne, da sich die lang gestreckten, schachbrettmustergleichen Straßen auch an keinem Meer, sondern an der „Ría" wiederfinden, dessen sedimentreicher Strom gemächlich dem Pazifik zutreibt.

Das Kulturgebilde des umschlagstärksten Ausfuhrhafens des westlichen Südamerika wird in keinem kunstvollen Rahmen oder auf einem malerischen Indiomarkt in der Zeit festgehalten. Die kontrastreiche Stadt unterliegt einem ständigen Wandel und hat sich in den letzten Jahren zu einem dynamischen Urbanisationsmodell innerhalb Lateinamerikas gemausert. Aus der Kolonialzeit ist jedoch so gut wie nichts geblieben und auch Gebäude aus dem 19. Jh. sind fast keine zu finden. Unter den Kirchen besticht die Kathedrale am Iguanapark; sehenswert ist auch die Frontfassade der *Iglesia de Santo Domingo* und der vergoldete Altar der *Iglesia de la Merced*. Darüber hinaus gibt es rund 200 Gebäude neoklassizistischen Stils (vom Anfang des 20. Jh.), z. B. das wuchtige *Municipio* an der Uferpromenade, die schöne *Casona Universitaria* von 1904 (Chile und Chiriboga) oder die beiden Zeitungsverlagshäuser des *Telégrafo* (Boyacá y 10 de Agosto) und *Universo* (9 de Octubre y Escobedo).

Farbenfrohe, ornamentale Holzhäuser mit Balustraden und den typischen Lammel-
lenfensterläden (*chazas* oder *ventaroles*) findet man im Stadtteil **Las Peñas** in der
Calle Numa Pompillo Llona oder auch in einer originalgetreuen „Wiederauferste-
hung" im *Parque Historico*, ein tropisches „Heritage Village". Eine architektonische
Besonderheit stellen die *pasadizos* oder *soportales* im Zentrum dar. Diese vor
Sonne und Regen schützenden Galeriengänge ziehen sich fast um jeden Block und
haben seit der Kolonialepoche das Wesen der Stadt mitgeprägt.

Geschichte

Guayaquil hatte zweifelsohne eine schwere Geburt und eine noch traumatischere
Kindheit. Nach alter Überlieferung aus dem *Tsafíqui*, der Stammessprache der tap-
feren *Huancavilca*, bedeutet der Name etwa so viel wie *Nuestra Casa Grande*
(„Unser großes Haus").

Von den Inkas verschmäht, wurde es von den Spaniern gleich mehrmals „gegründet". Zuerst durch den *Capitán Sebastián Benalcázar* am 25. Juli 1535 als *Santiago
de la Culata*, dann ein Jahr darauf durch *Francisco de Zaera*, noch einmal zwei
Jahre später durch *Francisco de Orellana* als *Villa de Santiago de Guayaquil* und
wiederum 1542 durch *Diego de Urbina*, nachdem ein erneuter Indianeraufstand
das prekäre Dörfchen zu Füßen des *Santa Ana-Hügels* dem Erdboden gleichgemacht hatte. Es bestand anfangs nur aus einer einzigen Straße, der heutigen *Numa
Pompillo Llona*, um die sich ein paar wacklige Hütten auf Stelzen scharten. Ganze
25 spanische Soldaten und ebenso viele Zivilisten waren neben den Indianern allen
erdenklichen Widrigkeiten der feuchtheißen, vipern- und moskitoverseuchten
pantanos (Sümpfe) und *manglares* (Mangrovenwälder) ausgesetzt.

Während des 17. Jh. wurde die Villa mindestens ein halbes Dutzend Mal Opfer blutiger Piratenüberfälle seitens holländischer und englischer Korsaren. Erwähnenswert sind hierbei die berüchtigten Seefahrer *Woodes Rodgers*, *Jacob L'Hermite* und
Robert Cavendish.

Fünf große Brandkatastrophen verwüsteten Guayaquil im Lauf der Jahrhunderte –
1632, 1636, 1764, 1902 der letzte und 1896 der verheerendste, als 25.000 Menschen
obdachlos wurden. Dadurch blieb von den herrschaftlichen Anwesen aus Holz und
guadúa (Schilfrohrart), jener Belle Époque der Kakao-, Kaffee-, Tagua-, Tabak- und
Zuckerrohrbarone, absolut nichts übrig.

Ebenso überstanden die Guayaquileños, Protagonisten bei allen entscheidenden
Entwicklungen seit Bestehen der Republik, in den Jahren vor und nach der Unabhängigkeitserklärung vom 9. Oktober 1820 mehrere Hafenblockaden, Bombarde-
ments und Besetzungen seitens der Peruaner.

1842 wütete eine Gelbfieberepidemie, die unzählige Tote forderte. Der Poet, Mediziner und erste Bürgermeister der Stadt, *José Joaquín de Olmedo*, schrieb in einem
Brief aus jenen Tagen: „Für so viel Böses reichen die Tränen nicht aus." Es folgten
Diktaturen, Umstürze, Arbeiteraufstände, Wirtschaftskrisen und ein gewisser Señor Lavandra, der in einem selbst gebastelten Unterseeboot versuchte, den Río
Guayas zu durchtauchen. Nichtsdestotrotz brachte das auslaufende 19. und beginnende 20. Jh. auch Positives. So strömten zu dieser Zeit Tausende von Immigranten
aus Europa, China, Libanon und Nordamerika in die Stadt. Bald waren 10 % der
Bevölkerung Ausländer und berichteten von der *belleza* des breiten Flusses mit seinen (damals) von Palmen gesäumten Ufern.

Streicheleinheiten im Parque Iguana

Elegante Zementgebäude begannen das Stadtbild zu verändern. Der in Guayaquil geborene Erzähler *José de la Cuadra* schwärmte während der 30er-Jahre noch nostalgisch von den luftigen Holzhäusern mit ihren verspielten Terrassen und Balkönchen, die es jedem verliebten Jüngling erleichterten, seiner angebeteten Julia ein Ständchen zu bringen.

Gab es im Jahre 1842 noch 13.000 Einwohner, waren es 1900 bereits 100.000 Einwohner. Ende der 70er-Jahre sah sich dann der zur Millionenstadt angewachsene *Astillero* („Werft") massiven illegalen Invasionen gegenüber, als Grundstücksspekulanten im Zuge der anhaltenden Landflucht aus den Küsten- und Hochlandprovinzen die ameisenartigen Slumgürtel ermöglichten, die allgemein als *tierra de nadie*, als Niemandsland, betrachtet werden. Hunderte von *pandillas*, gewalttätige Jugendbanden, verbreiteten Angst und Schrecken. Guayaquil galt als gesetzlos, als *ciudad abandonada*, von allen guten Geistern aufgegeben. Müllberge, Denguefieber und Tollwut taten ihr Übriges zum schlechten Ruf der *Perla del Pacífico*.

Mit den Amtsperioden der Bürgermeister *León Febres Cordero* und *Jaime Nebot* begann sich jedoch das Panorama der Hafenmetropole zu wandeln. So wurden die *callejones* des Armenviertels *Las Peñas* wiederbelebt und Besuchern zugänglich gemacht, der Flanierboulevard 9 de Octubre verkehrsberuhigt, traditionelle Parks und Uferbereiche verschönert, historische Gebäude und Markthallen restauriert, eine Trolebuslinie eingeweiht, eine neue Autobahnbrücke über den Río Guayas gebaut sowie Tunnels durch die Cerros Santa Ana, del Carmen und San Eduardo geschlagen, um so den Verkehr zu entlasten. Als größte Errungenschaft gilt jedoch unter den Guayaquileños die Umgestaltung und Erweiterung der Uferpromenade Malecón im Jahr 2000. Selbst wenn diese kulturarchitektonische Metamorphose für so manchen Geschmack zu aufgesetzt, zu kosmetisch wirkt, und das marode Trink- und Abwassersystem, die ausufernden Stelzen-Slums über den schmutzigen *esteros* oder eine hohe Kriminalitätsrate nach wie vor negativ zu Buche schlagen, gibt es in Ecuador heute keine Stadt, die sich in so kurzer Zeit derart verändert hat. Im Dreieck zwischen Quito, Cuenca (bzw. Cuzco) und den Galapagosinseln bietet sich Guayaquil als lohnenswerte Zwischenstation an.

Sicherheit in Guayaquil

Die Straßen Guayaquils sind mitunter ein gefährliches Pflaster und werden ihrem schlechtem Ruf oftmals gerecht. Es wird daher auch eindringlichst davor gewarnt, eines der Elendsviertel besuchen zu wollen (z. B. *Mapasingue, Isla Trinitaria, Febres Cordero*, weite Bereiche des *Guasmo*). Wenn man vom Zentrum über die *Avenida 25 de Julio* kommt und sich dann rechts über die *Perimetral* in Richtung Norden zur Abzweigung nach Playas und Salinas hält, hat man einen groben Eindruck von den weitläufigen Slums, mit denen sich Abertausende aus den Provinzen zugezogene „Immigranten" abfinden müssen. Selbst die hartgesottene Polizei geht nicht in diese Viertel aus *caña* (Zuckerrohrstangen), Wellblech und stinkendem Wasser.

Bei Ankunft und Abfahrt ist am zentralen Busbahnhof und am Flughafen ein wachsames Auge oberstes Gebot. Abendliche Spaziergänge in der Gegend des *Mercado Central*, nördlich der 9 de Octubre oder im Umfeld des *Parque Centenario* gilt es zu meiden. Tagsüber ist das was anderes, wobei der Bereich um den Zentralmarkt zu jeder Uhrzeit große Sicherheitsrisiken birgt. Auch der schöne labyrinthartige Hauptfriedhof (*cementerio*) wird gelegentlich von Räubern besucht. Vom Aufstieg auf den Häuserhügel des *Cerro del Carmen* ist zu jeder Zeit abzuraten! Hingegen werden die „touristizierten" Treppenstufen hoch zum *Cerro Santa Ana* und die besseren Wohngegenden im nordwestlichen Stadtbereich (*Kennedy, La Alborada, La Garzota, Los Samanes, La Urdesa, Los Ceibos*), die Landspitze *La Puntilla* (*Entre Ríos*), die neu gestaltete Uferpromenade und die Umgebung des zentralen Leguanparks (*Parque de las Iguanas*) auch am Abend als relativ sicher betrachtet.

Dank effektiverer Polizeiarbeit ist Guayaquil heute zumindest im zentralen Bereich nicht gefährlicher als Quito, Lima, Buenos Aires oder irgendeine andere Großstadt Südamerikas. Wer mit dem Flieger in Guayaquil landet, sollte jedoch unbedingt ein lizenziertes Taxi innerhalb des bewachten Flughafenbereichs nehmen.

Wer Opfer eines Raubüberfalls wurde, wendet sich am besten zuerst an das Fremdenverkehrsbüro **i-Tur** in der Pichincha y Clemente Ballén im Nahím-Isaías-Museumsgebäude. Anzeigen können über das Büro an die zuständige Polizeidienststelle weitergeleitet bzw. Betroffene dorthin begleitet werden.

▶ **Orientierung**: Bei dem weitläufigen Einbahnstraßennetz ist es nicht einfach, sich zurechtzufinden. Ein Taxi vom Busbahnhof bis ins Zentrum (*malecón*) kostet um die 5 USD, vom Flughafen aus genauso viel. Preis vorher abklären! Touristisch spielt sich tagsüber alles im Centro ab, und am Abend ist ein Besuch im Viertel La Peñas angesagt. Bus 52 verbindet den Malecón mit dem Restaurantviertel Urdesa. Generell wird jedoch von Busfahrten wegen chaotischen Umsteigens abgeraten. Eine Ausnahme bildet die Metrovía (siehe Verbindungen).

Information

> Die **Vorwahl** von Guayaquil und der Provinz Guayas ist **04**.

Ins touristische Infozentrum **i-Tur** sollten keine hohen Erwartungen gesetzt werden. Es befindet sich nahe der Uferpromenade im gleichen Gebäude wie das Museum Nahim Isaías. Di–Sa 10–17 Uhr, So 11–15 Uhr, Pichincha y Clemente Ballén. Es gibt kein Info-Telefon, persönliche Beratung steht im Vordergrund. Alleiniger Ansprechpartner auf verlorenem Posten war zum Zeitpunkt der Recherche Alexander Maldonado (Englisch). Es werden übrigens keine Taxiempfehlungen erteilt, da dies bei Überfällen als Kollaboration ausgelegt werden könnte. Der Tourismus in Guayaquil scheint noch in den Kinderschuhen zu stecken! www.visitaguayaquil.com.

Verbindungen

● *Metrovía* Der moderne Busbahnhof **Terminal Río Daule** für die Metrovía-Stadtbusse befindet sich gegenüber dem Überlandbusbahnhof Terminal Terrestre in der Av. Benjamín Rosales am Ufer des Río Daule, leicht an der überdimensionalen Dachhalle zu erkennen (Geldautomaten, Toiletten, Kioske). Unbedingt den Zebrastreifen benutzen! Es geht vom Bahnsteig 1 alle 5 Min. (Mo–Sa 5–24 Uhr, So 6–24 Uhr) ins touristische Zentrum und weiter bis zum Terminal El Guasmo (eine Schautafel Río-Daule-Terminal informiert). Eine strategisch günstig gelegene Zentrums-Haltestelle ist z. B. La Catedral an der Ecke Boyacá y Aguirre. Zurück geht es z. B. von der Haltestelle El Correo, Ecke Pedro Carbo und Clemente Ballén, Fahrpreis 25 Ct. Eine zweite Route führt vom IESS in der Av. Olmedo ins nördliche Armenviertel Bastión Popular (geht nicht durchs Restaurantviertel Urdesa).

● *Überlandbusse innerhalb Ecuadors* Der riesige, rippenartige Überlandbusbahnhof **Terminal Terrestre** (Jaime Roldós Aguilera), ein paar Kilometer nördlich des Zentrums, liegt fast am Flussufer und ist schon bei Ankunft von der Guayas-Brücke aus zu sehen. Er beherbergt fast 100 Kooperativen, deren Verkaufsschalter nummeriert sind. Es gibt keine Gepäckaufbewahrung.

Im Erdgeschoss kommen die Busse auf den Bahnsteigen 1 bis 34 nur an, hier fährt keiner ab. Dort befinden sich Lokale wie La Parrilla del Nato (Baby-Filet-Mignon 7,50 USD), Pasteles & Compañía (*sanduche submarino especial* 4 USD) Pickeop's (Fischiges), Menestras del Negro, Todo Típico, Pig & Pork, Pizza Hut, KFC, McDonald's, Sweet & Coffee. Ebenso Geldautomaten (Banco Bolivariano u. Western Union).

Im 1. St. fahren alle regionalen Busse (*buses intercantonales*) ab, Bahnsteige 35–54 und 55–73. Hier gibt es Warteräume, Internet mit Telefonkabinen (Cyber & Phone) und einen Geldautomaten der Banco de Guayaquil.

Im 2. St. fahren alle überregionalen Busse (*buses interprovinciales y internacionales*) ab, Bahnsteige 74–93 und 94–112. Es gibt Warteräume und ein Postamt, Terminalgebühr 10 Ct.

Mit **Quito** gibt es jede Menge Verbindungen durch große Reisebusse, z. B. Transportes Ecuador (Nr. 66, ☎ 2140040) tägl. 24x ab 5.30 Uhr, um 23.20 Uhr Direktbus ohne Halt. Die Busse halten in Quito zuerst am Terminal Terrestre und dann am eigenen Terminal in der J. L. Mera; die Flota Imbabura (Nr. 72, ☎ 2140649) fährt tägl. 20x, wobei die Busse nach **Ibarra** und **Tulcán** auch in Quito halten; 15x fährt Panamericana (Nr. 70, ☎ 2140638) nach Quito, um 12 und 23.30 Uhr sogar ein Direktbus mit Schlafsessel und AC. Fahrtzeit für die 420 km etwa 8–9 Std., Fahrpreise 9–10 USD. Nach **Otavalo/Ibarra** über Quito geht es auch 12x mit Aerotaxi (Nr. 77, ☎ 2140067).

Nach **Cuenca** (250 km) fahren in 4–5 Std. fast rund um die Uhr die Ejecutivo San Luis (Nr. 61, ☎ 2140643), ab 9.40 Uhr alle 40 Min., ab 19.50 Uhr alle 1:30 Std., und 4x Super Semeria (Nr. 57, ☎ 2140050), Fahrpreis 6–7 USD.

Die Coop. Loja (Nr. 74, ☎ 2140311) fährt in 8 Std. um 9, 13, 17, 20, 21, 22 und 23 Uhr nach **Loja** (420 km, 10 USD), um 23.30 Uhr ein Direktbus Ejecutivo für 12 USD, auch **Alamor** (18.30 und 19.30), **Macará** (19.30, 22.15), **Zapotillo** (18.30), **Cariamanga** (20.30), **Catacocha** (22.15), **Zamora** (20 und 23 Uhr) und **Gualaquiza** (23 Uhr) werden angefahren.

Guayaquil Karten S. 580/581 und 585

Zaruma, **Portovelo** und **Piñas** werden sowohl von der Coop. Ciudad de Piñas (Nr. 37, ℡ 2140531) um 7, 12, 15 und 18.50 Uhr, als auch von TAC (Nr. 40, ℡ 2140236) um 10.30, 12.35, 16 und 18 Uhr angesteuert (6 Std., 7 USD); TAC fährt um 13.45 Uhr auch nach **Balsas** und **Marcabeli**.

Chimborazo (Nr. 44, ℡ 2140644) und Patria (Nr. 51, ℡ 2140315) starten tägl. insgesamt 46x nach **Riobamba** (235 km, 5 Std., 5–6 USD). Die Flota Bolivar (Nr. 48, ℡ 2140627) fährt ab 5 Uhr morgens 14x tägl. nach **Guaranda** (200 km, 4 Std., 5 USD). Die Coop. Santa (Nr. 68, ℡ 2140507) steuert um 10, 15, 21.30 und 22.30 Uhr über Riobamba und **Ambato** (290 km) auch **Latacunga** (335 km) an (7 USD). Nach **Baños** geht es um 16.45 und 23.30 Uhr mit der Coop. Baños (Nr. 76, ℡ 2140558), Fahrtzeit 7 Std., Fahrpreis 7–8 USD.

Busse der Villamil (Nr. 91, ℡ 2140879) und Posorja (Nr. 90, ℡ 2140284) fahren alle 10 bzw. 15 Min. nach **Playas** (96 km, 2 Std., 2,5 USD) und **Posorja** (3 USD). Es sind Rennfahrer dabei! Für Fahrten nach **Salinas** (136 km), **La Libertad** und **Santa Elena** werden am Schalter Nr. 84 in wechselnder Reihenfolge die Tickets der Coop. Liberpesa, Libertad Peninsular C.L.P. und Costa Azul verkauft. Wer neuere Busse und „sanftere" Fahrer vorzieht, sollte ausdrücklich ein Ticket von C.L.P. verlangen. Dies könnte eine kurze Wartezeit erfordern, da es mit dieser Kooperative nur alle 20 Min. nach Salinas geht (3,50 USD). Vor diesem Schalter bilden sich schon mal kleine Schlangen. Die Salinas-Busse decken die erste zweistündige Teilstrecke der Küstenstraße „Ruta del Sol" ab. In Santa Elena kann in einen Bus der Coop. Manglaralto umgestiegen werden, der nach Montañita und Puerto López weiterfährt. Einen Direktbus nach **Montañita** gibt es Di–Do um 5, 13 u. 16.30 Uhr, Fr–Mo um 5, 6, 10, 13, 15 und 16.40 Uhr (3 Std., 6 USD). Direktbusse nach **Puerto López** (4 Std.) über **Jipijapa** (2:30 Std.) u. nicht über die Küstenstraße „Ruta del Sol" hat 7x tägl. die Coop. Jipijapa (Nr. 26, ℡ 2140540). Nach **Machala** (190 km) geht es zw. 4.30 Uhr und 22 Uhr alle halbe Std. mit Rutas Orenses (Nr. 39, ℡ 2140657), 3:30 Std., 5 USD, wobei es um 1.30, 7 und 15 Uhr auch Busse nach **Huaquillas** an die peruanische Grenze gibt (250 km), 4 Std., 6 USD.

Nach **Manta** (190 km, 3:30 Std., 5 USD) geht es tägl. 19x mit Reina del Camino (Nr. 29, ℡ 2140757) und direkt bis **Bahía de Cará-**quez (280 km) um 16.40, 19, 19.45, 20, 21 und 23.30 Uhr (7–8 USD); nach **Portoviejo** (190 km) fährt 24x Rutas Portovejenses (Nr. 30, ℡ 2140799); direkt nach **Atacames** (9 Std., 10 USD) geht es um 21.45 Uhr mit Trans Esmeraldas (Nr. 34, ℡ 2140642) und um 22.20 Uhr bis **Muisne** mit Occidentales (Nr. 33, ℡ 2140618). Diese beiden Kooperativen fahren insgesamt 42x tägl. nach **Esmeraldas** (465 km); nach **San Lorenzo** an der kolumbianischen Grenze geht es mindestens 1x tägl. mit Occidentales (12 Std.); nach **Quevedo** (3:30 Std.) und **Santo Domingo** (280 km, 5 Std.) alle halbe Std. mit Sucre (Nr. 22, ℡ 2140672); nach **Babahoyo** und **Yaguachi** fährt tägl. alle 5 Min. Flota Babahoyo F.B.I. (Nr. 13, ℡ 2140595); nach **Milagro** alle 5 Min. die Coop. Milagro (Nr. 2, ℡ 2140568) und Mariscal Sucre (Nr. 7, ℡ 2972909); nach **Balzar** fährt tägl. alle 20 Min. Rutas Balzareñas (Nr. 99, ℡ 2140037); nach **Salitre** geht es alle halbe Std. mit Rutas Salitreñas (Nr. 92, ℡ 2140034); nach **Samborondón** alle 8 Min. mit Santa Ana (Nr. 94, ℡ 2140687).

Ohne Umsteigen ins Amazonasbecken nach **Puyo** (340 km), **Tena** (428 km, 12 USD) und **Coca** geht es um 22 Uhr mit der Flota Pelileo (Nr. 71, ℡ 2140189) u. um 12.40 und 20 Uhr mit San Francisco Oriental (Nr. 67, ℡ 2140974), letztere fährt auch nach **Macas** (418 km); nach **Lago Agrio** (675 km) und **Shushufindi** geht es um 13, 16 und 19 Uhr mit der Coop. Loja (Nr. 74, ℡ 2140311).

● *Busse nach Peru* Wer nach **Piura** und **Chiclayo** *reist, sollte* C.I.F.A. *(Nr. 36, ℡ 2140379) wählen. Das Gepäck bleibt verschlossen im Bus. Dieser wartet, bis die* Zollformalitäten in Huaquillas/Tumbes erledigt sind. Die Route führt entlang der Küste über die Sandstrandorte **Punta Sal** und **Máncora**, Abfahrt Normalbus 7.20 und 21 Uhr (bis Piura 10 USD), Schlafsessel-Bus 19.20 und 23.30 Uhr (bis Piura 12 USD). Die Weiterfahrt bis Chiclayo war zum Zeitpunkt der Recherche noch möglich.

Die peruanische Coop. Ormeño hat tägl. einen superkomfortablen Royal-Class-Bus nach **Lima**, Abfahrt 11.30 Uhr, Fahrtzeit mit Grenzstopp 26 Std., Fahrpreis 60 USD (evtl. 75 USD ab Mitte 2010). Die Busse starten zwei Blocks vom Terminal entfernt in der Av. Jaime Roldós Aguilera (Av. de las Américas), Centro Comercial „El Terminal", *bloque* C, *oficina* 33–34, ℡ 2140847, www. grupo-ormeno.com.pe. (Weitere Ziele sind zudem Bogotá, Cali, La Paz, Santiago, Mendoza, Buenos Aires, Sao Paulo.)

An der Uferpromenade

Die venezolanische Rutas de América fährt sonntags um 7 Uhr nach **Lima** (65 USD). Verkauf und Abfahrt genau gegenüber dem Flughafengebäude (Jaime Roldós Aguilera/ Av. de las Américas) in einer Querstraße hinter der riesigen Parabolantenne, Camilo Nevarez V., *manzana* 86, *solar* 1, ✆ 2238673, www.rutasenbus.com.

● *Autovermietung* Leihwagenagenturen haben ihr Hauptbüro oder zumindest eine Zweigstelle am Flughafen. Ein in Quito geliehenes Fahrzeug kann somit vor dem Rückflug in die Hauptstadt am Airport in Guayaquil zurückgegeben oder auf umgekehrtem Wege für eine Spritztour über die „Ruta del Sol" dort abgeholt werden. Die Preise variieren je nach Fahrzeugtyp, Saison und Leihfirma. Benötigt werden internationaler Führerschein und Kreditkarte.

Avis, am Flughafen ✆ 2169092, oder Francisco Boloña 713 beim C.C. Policentro, ✆ 2395236. Spanisch sprechender Fahrer inkl. Spesen 60 USD pro Tag, www.avis.com.ec.

Budget, am Flughafen ✆ 2169026, aeropuerto. gye@budget-ec.com, oder in der Av. de las Américas 900 y Alejandro Andrade ✆ 2284559, guayaquil@budget-ec.com, Mo–Fr 8–20 Uhr, Sa 9–13 Uhr, www.budget-ec.com.

Hertz, am Flughafen ✆ 2169035, im Hotel Oro Verde ✆ 2327895.

● *Taxi* **Sammeltaxis** bzw. Minibusse ins 2:30 Std. entfernte Machala (10 USD pro Pers.) hat **Trans Oro Guayas** neben dem Hotel Rizzo, auch Charter nach Huaquillas zur peruanischen Grenze (80 USD), Clemente Ballén y Chile, nur wenige Schritte vom Malecón.

Turismo Ruta del Sol fährt stündl. nach Salinas (10 USD pro Pers.), Panamá und Imbabura, ✆ 2302984, 2770358.

Manta Express fährt vom Hotel Oro Verde, 9 de Octubre y García Moreno, für 10 USD pro Pers. nach Manta, ✆ 2327895.

Vip Car, „von Tür zu Tür" (*de puerta a puerta*), sicher, bequem, normale Pkws, z. B. über die Ruta del Sol nach Salinas o. Montañita 10 USD pro Pers. o. 50 USD das ganze Auto, Reservierung unter ✆ 2308372, www.vipcar.com.ec.

Taxis per Telefon: Rueda Car (✆ 2646464) gilt als eines der zuverlässigeren Unternehmen (keine Garantie!). Es ist prinzipiell ratsam, sich ein sicheres Taxi von der Hotelrezeption, vom Restaurant oder der Kneipe aus rufen zu lassen. Von „Entführungen" (*secuestro express*) durch Taxis vom Flughafen oder von Hotels aus wurde immer wieder berichtet!

Karten S. 580/581 und 585

Guayaquil

• *Flug* Der internationale Flughafen José Joaquín Olmedo wurde 2008 vom Airport Council International (ACI) zum besten *aeropuerto* Lateinamerikas gekrönt. Er liegt wenige Kilometer nördlich des Stadtzentrums in der Av. de las Américas (Jaime Roldós Aguilera) und ist leicht mit dem Taxi zu erreichen. Am anderen Ende des Rollfeldes befindet sich der Terminal Terrestre (Busbahnhof). Im Erdgeschoss sind die Ankunftshallen für nationale und internationale Flüge, eine Gepäckaufbewahrung (*guarda equipaje*) (bis 12 Std. 4 USD, 12–24 Std. 5 USD), ein Infoschalter (✆ 2169000), Geldautomat (Banco de Guayaquil), Wechselstube, Telefonkabinen (Movistar) und Restaurants. Im oberen Bereich sind die Abflughallen, Ticketschalter, Flughafensteuer-Schalter, 5 Geldautomaten (neben dem TAME-Schalter), Telefonkabinen, Restaurant und Toiletten. **Inlandsflüge** übernehmen die Gesellschaften **TAME**, **LAN**, **Icaro** und **Aerogal**, die in ihren Geschäftsstellen, in Reisebüros oder am Flughafen gebucht werden können.

Die internationale **Flughafensteuer** beträgt in Guayaquil 27,75 USD (Stand: April 2009) und muss bei Ausreise bezahlt werden.

Flugpreise: Guayaquil – Quito 70 USD einfach, 130 USD hin und zurück, Guayaquil – Cuenca 70 bzw. 130 USD, Guayaquil – Loja 80 bzw. 150 USD, Guayaquil – Galapagos – Guayaquil je nach Saison 365 bzw. 322 USD (Stand: April 2009).

TAME, nach Quito, Cuenca und Galapagos, Av. 9 de Octubre 424, *edificio* Gran Pasaje, Eingang Casino Boulevard Faraon, ✆ 2310305, 2320178, im Flughafen ✆ 2169150, www.tame.com.ec.

LAN Ecuador, tägl. nach Cuenca um 12 Uhr und 8–10x nach Quito, Av. Francisco de Orellana y Alcívar, Centro Empresarial Las Cámaras, ✆ 2598500, ✆ 1800-101075, Galerías Hotel Hilton Colón, ✆ 2692850, www.lan.com.

Adressen

• *Apotheken* Vor allem im Zentrum gibt es sie zuhauf, sonntags bleiben viele geschlossen. **Farmacia Gallardo** liefert auch ins Hotel, Vélez entre Boyacá y Escobedo, ✆ 2326007.

• *Ärzte (deutschsprachige)* **Allgemeinmedizin**: Dr. Jorge Puente Fajardo, auch Angiologe, Clínica Kennedy, Sección Beta, *consultorio* 205, ✆ 2294213; Dr. Eduardo Alcívar,

Icaro, nach Quito, Cuenca und Galapagos. Teils kleinere Maschinen. Malecón y 10 de Agosto, *edificio* Valra neben Palacio Municipal, ✆ 2630620, Flughafen ✆ 3905060, www.icaro.com.ec.

Aerogal, Direktflüge nach Cuenca und Galapagos, im Flughafen ✆ 2291701, in der Junín 440 y Córdova ✆ 2310346, www.aerogal.com.ec.

Internationale Fluggesellschaften (nicht alle fliegen Guayaquil an):

Air Comet, Junín 120 y Panamá, *edificio* Torres del Río, ✆ 1800-111888, ✆ 2565011, www.aircomet.com; **Air France/KLM**, im Flughafen, 3. St., *oficina* 13, ✆ 2169-068/-076, www.klm.com.ec; **American Airlines**, Córdova 1021 y 9 de Octubre, *edificio* San Francisco 300, 20. St., ✆ 2564111, Reservierung unter ✆ 2598800, Flughafen ✆ 2169253; **Avianca**, Galerías Hotel Hilton Colón, ✆ 1800-003434, ✆ 2399048, Flughafen ✆ 2169130; **Continental Airlines**, Av. 9 de Octubre 100 y Malecón, *edificio* Banco de la Previsora, 25. St., ✆ 1800-222333, ✆ 2567249, Flughafen ✆ 21691-46/-48; **Copa**, 9 de Octubre 100 y Malecón; *edificio* Banco de la Previsora, 25. St., ✆ 2303211 (24 Std.), Flughafen ✆ 21691-37/-38, www.copaair.com; **Delta Airlines**, im Flughafen, 3. St., *oficina* 8, ✆ 1800-101060, www.delta.com; **Iberia**, 9 de Octubre 101 y Malecón, ✆ 2329558, Flughafen ✆ 21690-80/-83, www.iberia.com; **LAN**, Av. Francisco de Orellana y Alcívar, Centro Empresarial Las Cámaras, ✆ 2598500, ✆ 1800-101075, Galerías Hotel Hilton Colón ✆ 2692850, www.lan.com; **Lufthansa** Transoceánica, Malecón 1401 e Illingworth, ✆ 2598060; **Santa Barbara**, im Flughafen ✆ 21691-08/-09, www.santabarbaraairlines.com; **Taca**, Ecke Pichincha 406 y Luque o. Av. Francisco de Orellana, Galerías Hilton Colón, *local* 11, ✆ 1800-008222, Flughafen ✆ 2169105, www.taca.com; **Varig**, Nueva Kennedy, Calle E 106 y Calle 4 Este, ✆ 2290249.

Traumatologe, Clínica Alcívar, ✆ 2442983, 2444287, ✆ 099-488342 (mobil); Dr. Roberto Gilbert, Clínica Guayaquil, ✆ 2563555; Dr. Roberto Morla, Allgemein- und Intensivmedizin, Clínica Kennedy, ✆ 2293470, ✆ 097-480240 (mobil); **HNO**: Dr. Fernando Torres, Clínica Kennedy, ✆ 2280137; **Augenarzt**: Dr. Fernando Pólit, Clínica Guayaquil, ✆ 2563555; **Gynäkologie**: Dr. Roberto Cassis Martínez, Centro Diagnóstico Beta Clínica, Hospital Kennedy, ℡ 2393349, privat ℡ 2853197; **Zahnarzt**: Dr. Fernando Nebel Herbener, El Oro 805 y Dolores Sucre, ℡ 2443352, 2442244.

• *Buchhandlungen* Libri Mundi, C. C. San Marino, Mo–Do 10–21 Uhr, Fr/Sa 10–22 Uhr, So 11–20 Uhr, 2. St., *local* 10, ℡ 2083202; **Librería Científica**, Luque 225 y Chile.

• *Einkaufen* Der **Economarket** hat täglich 24 Std. geöffnet, Lebensmittel (auch Frischmilch und Käse), Liköre, Weine, Importbier, Schokolade, Klopapier, Gebrauchsartikel. Icaza y Baquerizo Moreno 457 bzw. Zweigstelle in der Chile y Ballén, beide im Zentrum.

Chocolates finos

Spezialist für Schokoladenpralinen aus allerfeinstem ecuadorianischem Kakao ist **Nostalgía** im Centro Comercial San Marino, auch bekannt für seine argentinische Kaffee-Tradition aus dem Buenos Aires der 50er-Jahre. Feine Schoko-"bononería artesanal" in 70 Varianten hat **La Praline** im C.C. Ríocentro Ceibos.

• *Geldbeschaffung* Banco Bolivariano, am Fuße des Cerro Santa Ana zu Beginn der Calle Numa Pompillo Llona Ecke Plaza Colón (Visa, Mastercard, Cirrus, Maestro); **Banco del Pacífico**, Icaza 200 y Pichincha (Visa, Mastercard, Cirrus), diese Bank tauscht evtl. auch Travellerschecks; **Banco de Guayaquil**, Icaza 105 y Pichincha (Visa, Mastercard, American Express, Cirrus, Maestro); **Banco del Austro**, Boyacá y 9 de Octubre (Visa, Mastercard); **Banco Pichincha**, Pichincha 309 y 9 de Octubre, Olmedo 101 y Vargas, Rendón 1006 y Garaycoa (Visa, Mastercard, Diners, Cirrus); **Produbanco**, Pedro Carbo 604 y Luque; **Citibank**, Pedro Carbo y 9 de Octubre.

Das **Mastercard-Büro** ist im Edificio San Francisco 300, Pedro Carbo y 9 de Octubre, 7. St., ℡ 2561730; das **American-Express-Büro** ist in der Av. 9 de Octubre 1900 y Esmeraldas. Eine AutoSuelto-**Geldwechselmaschine**, wo bis zu 20 USD in Münzen gewechselt werden, hat die Banco Central in der 9 de Octubre y Pichincha.

• *Internet* 30 Min. gratis surfen im alten **Eisenbahnwaggon** am Malecón, Höhe 9 de Octubre (Mo–Fr 10–13, 14–19, Sa ungewiss, So geschl.); am Cerro Santa Ana an der Stufe 295 **El Explorador**; im Zentrum gibt

es **Punto Net**, Pedro Carbo y Ballén, **Anton Com**, Chimborazo y 9 de Octubre, *La Balsa Amarilla*, Malecón y Imbabura, **Cyber JM**, Panamá y Junín, **Alo Net**, 9 de Octubre y Pichincha, **Malamar**, Pedro Carbo y 10 de Agosto, **Cybertel**, Ruimichaca y Quisquiz, und **Cyber Linch**, 9 de Octubre y Rumichaca. Auch in den Kommerzpalästen (Unicentro, 2. St., am Iguanapark) und im Terminal Terrestre befinden sich moderne Cybercafés.

• *Kamerareparaturen* **Servimagen**, Av. San Jorge 605 y 7tima Oeste im Viertel Kennedy, ℡ 2296471 o. 2395067.

• *Kino* Soundstark sind die **Cinemark-Kinos** im **C.C. Mall del Sol**. Gigantisch ist das dreidimensionale **IMAX** im MAAC-Museum an der Uferpromenade. Eine Programmvorschau haben die Zeitungen Universo, Telégrafo und Expreso.

• *Konsulate* **Deutsches Generalkonsulat**, Las Monjas No. 10 y Av. Arosemena, edificio Berlín, ℡ 220686-7/-8, Mo–Fr 9–12 Uhr. Konsul Señor Burchard von Campe, consuladoaleman@investmar.com.ec.

Österreichisches Konsultat, José Pérez Concha 718, ℡ 2384886, Circunvalación Sur, Urdesa, Di/Do 10–12 Uhr. Vizekonsulin María Lourdes Molina.

Schweizerisches Konsulat, Av. Juan Tanca Marengo (km 1,8) y Santiago Castillo, *edificio* Conauto, 5. St., ℡ 2681900, ✆ 2681997, consulsuiza@easynet.net.ec, Mo–Fr 8.30–12.30 Uhr. Konsul Herbert Frei Pérez.

Panamaisches Konsulat, Ciudadela Kennedy Norte, *manzana* 208, *villa* 28 entre Av. Miguel Alcívar y Rolando Coello, ℡ 2285984, 2283514.

Peruanisches Konsulat, Av. Francisco de Orellana 510, *edificio centrum*, 14. St. *oficina* 2, ℡ 2280114.

Kolumbianisches Konsulat, Av. Francisco de Orellana, *edificio* World Trade Center, *11. St.*, *oficina* 1105, ℡ 26306-74/-75.

• *Krankenhäuser* Das renommierteste Hospital ist die **Clínica Kennedy** in der Av. del Periodista, ℡ 2289666, 2286963. Dr. Roberto Morla spricht Deutsch (℡ 2293470). Ebenso **Clínica Alcívar**, Coronel 301 y Azuay, ℡ 2444287, **Clínica Guayaquil**, Aguirre 401 y Córdova im Zentrum, ℡ 2563555.

Notrufe: Polizei ℡ 101; Feuerwehr ℡ 102; Krankenwagen EKO-Movil der Clínica Kennedy, ℡ 2288888 o. 2289666, ℡ 099-744444 (mobil).

Karten S. 580/581 und 585

Guayaquil

• *Polizei/Staatsanwaltschaft* Av. de las Américas gegenüber der Universidad Laica, ℡ 2290-590/-242, Notruf ℡ 101, oder in der Av. Morán de Buitrón schräg gegenüber dem Hospital Lorenzo Ponce, nahe den *tuneles*, ℡ 2563-585/-575. Laut dem i-Tur-Büro tun diese nach einem Raubüberfall jedoch nichts. Touristen wenden sich in diesem Falle am besten gleich an die Staatsanwaltschaft **Fiscalía Turismo** an der Ecke Aguirre y Pedro Carbo. Auch i-Tur kann bei einer Anzeige behilflich sein!

• *Post* **Correos del Ecuador**, Aguirre entre Chile y Pedro Carbo, Mo—Fr 8–16 Uhr, Sa 8–13 Uhr. **DHL**, Av. de las Américas y Eugenio Alamazán, *edificio* Mecanos. **Fedex**, Córdova 901 y Rendón.

• *Regionaltourismus* **Ecua Andino Planet**, Küstenprogramme in den Provinzen Guayas, Manabí, El Oro und Los Ríos in Verbindung mit der Ruta del Cacao, Ruta del Café, Ruta de la Tagua, Ruta de las Ballenas. Meistgebuchte Touren: **Walking Guayaquil** 3–4 Std., ab 15 USD bei mindestens 4 Teilnehmern, 2 Tage Voranmeldung, **Puerto El Morro** mit Krabbenfarm- und Mangrovenwälder-Besuch, Vogel- und Delfinbeobachtung, **Panama Hat Tour** zu Strohhutflechterdörfchen, von der Pflanzenfaser bis zur fertigen Kopfbedeckung. Víctor Chiluiza spricht Deutsch. Escobedo 835 y Junín, 2. St., *oficina* 205, ℡ 60026-36/-37, ℡ 091-775688 (mobil), victor@ecua-andino.com, www.ecua-andino.com.

> **Rundfahrten** im offenen **Doppeldeckerbus** bietet **Guayaquil Vision**, tägl. vom Kino IMAX (MAAC am Malecón) um 11, 14, 15.50, 17.40 und 19.30 Uhr, Dauer 1:30 Std., 5 USD, ℡ 2885800, www.guayaquilvision.com.

Horizontes Andinos, vom Österreicher Erich Preiss, City-Touren mit unterschiedlichen Schwerpunkten, Kakao- und Bananenplantagen, Churute-Mangrovenreservat, Isla Puná, Ruta del Sol, Transfers nach Tumbes und Chiclayo (Peru). Ciudadela Los Ceibos, Calle 15 de Noviembre 100 y Transversal, ℡ 2352879, erich@horizontesandinos.com, www.horizontesandinos.com.

Tangara Tours, vom Englisch sprechenden Tourismus-Pionier Antonio Perrone, jahrzehntelange Erfahrung, Birdwatching, Naturpfade, Reservate, Kommunen. Ciudadela Bolivariana, *manzana* F, *villa* 1, Manuela Saenz y O'Leary, ℡ 2282829, www.tangara-ecuador.com.

Pferdekutschen (*carruajes*) aus einer anderen Epoche warten an der Ecke Malecón y Sucre. Rundfahrt 20–30 Min. ab 3 USD pro Pers. Mi–Fr 19–22 Uhr, Sa/So 15–23 Uhr.

Ausflüge zur Mangroven-Insel **Santay** am gegenüberliegenden Guayas-Ufer können mit *lanchas* (Boote) des Ausflugsschiffes **Discovery** unternommen werden. Abfahrt Di–So ab 13 Uhr vom Malecón am Steg Höhe Calle Tomás Martínez, 8–20 Pers., Dauer 2:30 Std., 8 USD, ℡ 2304824. Die Discovery selbst macht einstündige Flussfahrten für 6 USD, Di–Fr 15, 17 und 19 Uhr, Sa/So 13, 15, 17 und 19 Uhr, auch nächtliche Partyfahrten, ein Info-Kiosk gibt ab 13 Uhr Auskunft. Die Río-Guayas-Trips sind für attraktive Stadtfotos ideal!

Das Piratenschiff **El Morgan** legt ebenso am Malecón ab (Höhe Calle Tomás Martínez) und schippert Möchtegernseeräuber etwa eine Stunde lang den Río Guayas hinauf und hinunter. Erwachsene 5 USD, Kinder und Rentner 3 USD, Essen an Bord 6–8 USD. Abfahrt beim Jachtclub Di/Mi um 16, 17.45 und 19.30 Uhr, Do um 21.15 Uhr, Sa/So mit Show um 12.15, 14, 16, 17.45 und 19.30 Uhr, Sa zusätzlich 21.15 und 24 Uhr, also Leinen los gegen Mitternacht! Noche de Fiesta mit *barra libre* (bzw. unbegrenzt saufen) gibt's am Do/Fr 23.30 und 2 Uhr morgens, Damen 12 USD, Herren 15 USD.

Riesige Haciendas in der Umgebung bieten agro-kulturelle Ausflüge an (sog. **Agrotourismo**):

Hacienda Rosa Herminia, schlicht und einfach, 300 ha, Reit- und Kanuausflüge, traditionelle Montubio-Kultur, Archäologie, Kakao- und Bananenplantagen, Schokoladenherstellung, Vía a Daule km 87, Recinto La Paz bei Colimes, Reservierungen in der Panamá 321 y Martínez, ℡ 2314797, www.haciendarosaherminia.com.

Sans Souci, Übernachtungen und Reittouren durch Kakao- und Mangoplantagen im Umfeld der leicht erreichbaren, 300 ha großen **Hacienda El Castillo**, angezogene Preise, Vía a la Costa km 55, 45 Min. von Guayaquil, ℡ 2887492 (Lucía Rosales), www.sanssouci.com.ec.

Hacienda Cañas, 550 ha, sehr authentisch. Pioniere was Besuche von Kakaoplantagen angeht, auch Hahnenkämpfe, 75 km von Guayaquil bei Puerto Inca, ℡ 2441000, sceden@ersa.com.ec.

Hacienda Jambelí, schönes natürliches Ambiente, 3600 ha (1.200 ha Mangrovenwald), Kakao- und Bananenplantagen, Reiten, Wandern und Kühemelken, Tierauffangstation mit Krokodilen, Spinnenaffen und dem fast ausgestorbenen *Ara ambiguus guayaquilensis*. Eintritt 12 USD. Am km 105 Richtung Machala rechter Hand bzw. 16 km südlich von Naranjal nahe Balao Chico, ✆ 2205401, www.haciendajambeli.com. Kuriosum: Etwa 20 Min. von der Hacienda befindet sich die einzige Shuar-Kommune an der Küste – erkundigen Sie sich auf der Hacienda!

Hacienda La Danesa, 150 Jahre alt, 1.000 ha, Plantagen, Primärwald, Rindviecher, Reiten auf edlen Pferden, 1 Std. von Guayaquil an der Straße Naranjíto – Bucay. ✆ 094-504606 (mobil), kristelolsen@yahoo.com.

Hacienda Rodeo Grande, 1.200 ha Büffel-Farm, moderner Gutshof im europäoschen Stil, Übernachtungsmöglichkeit, 90 km von Guayaquil in der Provinz Los Ríos an der Vía Baba 17 km hinter Babahoyo, ✆ 2560400 (Ligia María Luna), www.rodeogrande.com.

• *Theater* Experimentelle Tänze zeigt das **Teatro Sarao** mit seinem Star Lucho Mueckay, Kennedy Vieja y Av. del Periodista. Eine Programmvorschau steht z. B. im Universo.

• *Telefonieren* Es gibt jede Menge kleine Telefonzentralen: **Porta**, Malecón y Garaycoa, Panamá y Junín, Pedro Carbo y Ballén, Colón y Pichincha, Córdova y Junín, Chile y Vélez, Chile y Ballén; **Movistar**, Loja y Panamá, Sucre y Pichincha, Rocafuerte entre Icaza y Junín.

• *Wäschereien* **Lavandería de Primera**, Escobedo 815 entre Junín y Urdaneta, Mo–Fr 8.30–19 Uhr, Sa 8.30–16 Uhr, So geschl., das Pfund (*la libra*) zu (schottischen) 40 Ct.

Übernachten (siehe Karte S. 580/581 und Neustadt S. 585)

An First-Class-Hotels gibt es eine gute Auswahl, attraktive Mittelklasse-Häuser sind seltener, vorstädtische Residenzen und Gästehäuser in Mode, und Budget-Hotels werden manchmal von preußischen Kakerlakenheerscharen oder kakaofarbenen Konkubinen heimgesucht. Aircondition ist in den meisten Hotels selbstverständlich und in den schwülen Regenmonaten von Januar bis Mai geradezu unerlässlich, da diese auch dazu beiträgt, lästige Hafenstadt-Moskitos zu verscheuchen.

• *Im Zentrum* **Hampton Inn (14)**, (GK), nur ein Katzensprung von der Uferpromenade. Dezentfarbene Zimmer mit Lärmschutzfenstern, Zimmersafe, Schreibtisch, Bügeleisen, Badewanne. Sushibar und Lap-Pool. EZ 146 USD, DZ 160–172 USD, Jr. Suite 178 USD, inkl. Frühstücksbüffet, WLAN, Flughafen-Abholservice. 9 de Octubre 432 y Baquerizo Moreno, ✆ 2566700, www.hamptoninn1.hilton.com.

Grand Hotel Guayaquil (10), (GK), nimmt zusammen mit der Kathedrale einen ganzen Block ein. Die Fenster über dem Altar grenzen an den Pool mit Stachelpalmen. Beste Zimmer sind im 4. St., die geraden Nummern. Ausgiebiges Frühstücksbuffet in der hübschen Cafetería La Pepa de Oro sowie feine Gerichte im Restaurant 1822. EZ ab 122 USD, DZ ab 140 USD. Boyacá entre 10 de Agosto y Ballén, ✆ 2329690, www.grandhotelguayaquil.com.

Continental (20), (GK), unauffälliges Gebäude aus den 70ern, am Iguanapark in sehr guter Lage. Das 24-Std.-Cafetería-Restaurant La Canoa wird weit über die Stadtgrenzen hinaus gelobt. Parkhaus, Musikshows. EZ ab 104 USD, DZ ab 148 USD. Chile y 10 de Agosto, ✆ 2329270, info@hotelcontinental.com.ec, www.hotelcontinental.com.ec.

Unipark (15), (GK), Hochhaus am Iguanapark. Recht noble Zimmer mit geschmackvoller Deko, schönem Blick, Safe, Kabel-TV, BP mit Telefon, Buffet-Restaurant, Sushibar, freundlich. Beste Zimmer sind Nr. 906 und Turm-Suite Nr. 953 je 184 USD. Es gibt auch behindertengerechte Zimmer. EZ ab 148 USD, DZ ab 160 USD, inkl. Frühstücksbuffet. Clemente Ballén 406 y Chile, Zugang durch Einkaufspassage, ✆ 2327100, unipark@oroverdehotels.com, www.uniparkhotel.com.

La Fontana (19), (MK), schmucker neorepublikanischer Stil, ansprechende Zimmer, teils mit Badewanne, cremefarbene Polstermöbel, Gemälde, bemalte Eingänge, Bistro, Wifi, sauber, große Betten. Echt gut ist Nr. 202! EZ ab 74 USD, DZ ab 86 USD. Icaza y Córdova, ✆ 2303967, hlafontana@ecutel.net.

Manso (30), (MK/Budget), empfohlen, im unteren Teil (zweistöckig) eines insgesamt vierstöckigen Hauses, die besten Zimmer haben Balkon mit Flussblick (EZ 73 USD, DZ 92 USD, 3er 110 USD), *interiores* 55/73/92 USD, *dormitorio* ab 18 USD inkl. *desayuno*. Wifi,

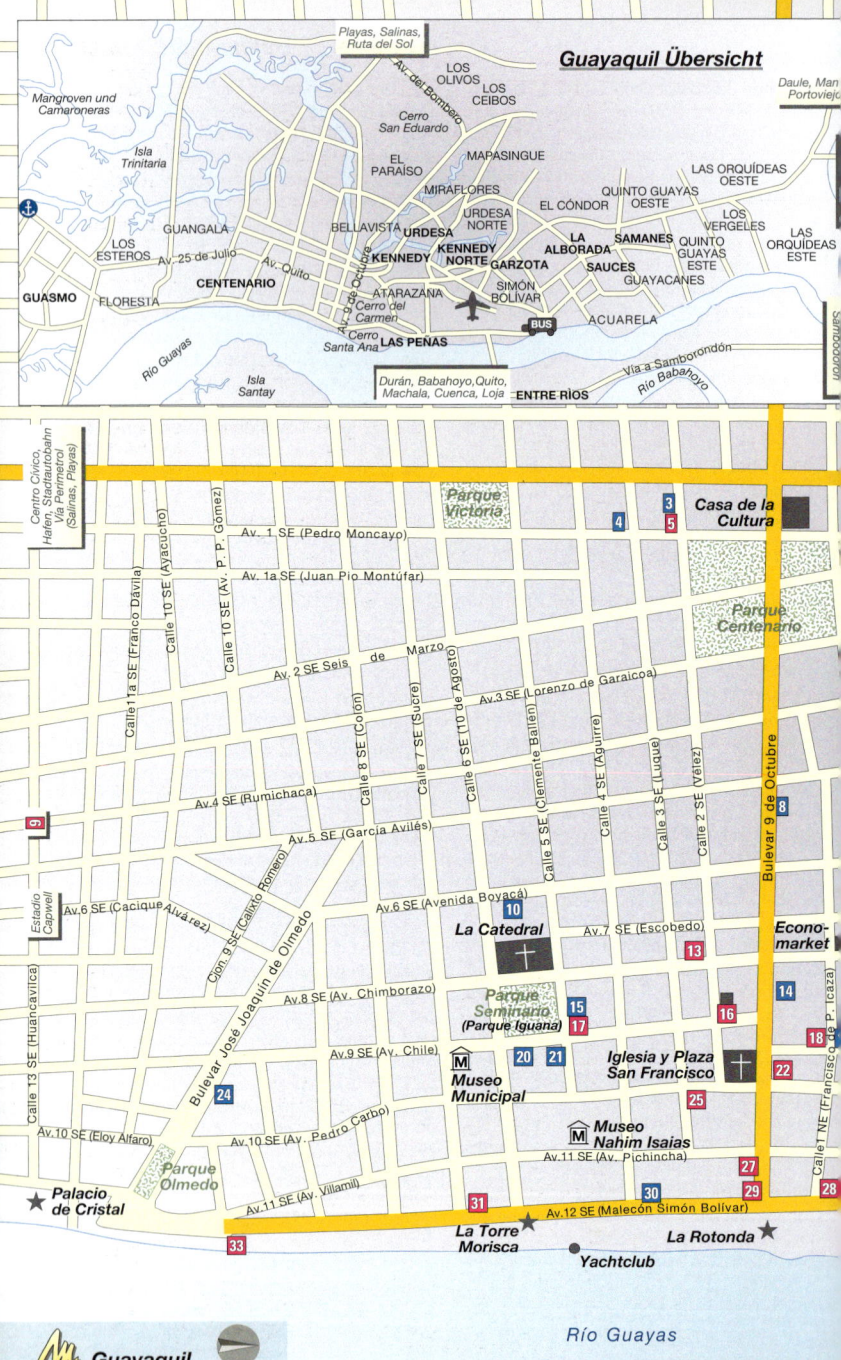

Guayaquil Übersicht

Playas, Salinas, Ruta del Sol

Daule, Man
Portoviejo

Mangroven und
Camaroneras

LOS
OLIVOS
LOS
CEIBOS

Av. del Bombero

Cerro
San Eduardo

MAPASINGUE

EL
PARAÍSO

LAS ORQUÍDEAS
OESTE

MIRAFLORES

QUINTO GUAYAS
OESTE

EL CÓNDOR

Isla
Trinitaria

LOS
VERGELES

LAS ORQUÍDEAS
ESTE

BELLAVISTA

URDESA
NORTE

QUINTO
GUAYAS
ESTE

GUANGALA

URDESA

KENNEDY
NORTE

LA
ALBORADA

SAMANES

LOS
ESTEROS

Av. 25 de Julio

KENNEDY

Av. Quito

GARZOTA

SAUCES

GUAYACANES

CENTENARIO

ATARAZANA

SIMÓN
BOLÍVAR

ACUARELA

GUASMO

FLORESTA

Cerro del
Carmen

Río Guayas

Cerro
Santa Ana

LAS PEÑAS

BUS

Isla
Santay

Durán, Babahoyo, Quito,
Machala, Cuenca, Loja

ENTRE RÍOS

Vía a Samborondón

Río Babahoyo

Samborondón

Centro Cívico,
Hafen, Stadtautobahn
Vía Perimetral
(Salinas, Playas)

Parque
Victoria

3
4
5

**Casa de la
Cultura**

Av. 1 SE (Pedro Moncayo)

Parque
Centenario

Av. 1a SE (Juan Pío Montúfar)

Calle 1a SE (Franco Dávila)

Calle 10 SE (Av. Ayacucho)

Calle 10 SE (Av. P. P. Gómez)

Av. 2 SE Seis   de   Marzo

Calle 8 SE (Colón)

Calle 7 SE (Sucre)

Calle 6 SE (10 de Agosto)

Av. 3 SE (Lorenzo de Garaicoa)

Calle 5 SE (Clemente Ballén)

Calle 4 SE (Aguirre)

Calle 3 SE (Luque)

Calle 2 SE (Vélez)

Bulevar 9 de Octubre

8

Av. 4 SE (Rumichaca)

9

Av. 5 SE (García Avilés)

Av. 6 SE (Cacique Álvarez)

Cdón. 3 SE (Calixto Romero)

Bulevar José Joaquín de Olmedo

Av. 6 SE (Avenida Boyacá)

10

La Catedral

Av. 7 SE (Escobedo)

13

**Econo-
market**

Estadio
Capwell

Calle 13 SE (Huancavilca)

Av. 8 SE (Av. Chimborazo)

Parque
Seminario
(Parque Iguana)

15

17

16

14

Calle 1 NE (Francisco de P. Icaza)

18

Av. 9 SE (Av. Chile)

20
21

**Iglesia y Plaza
San Francisco**

22

24

Av. 10 SE (Av. Pedro Carbo)

**Museo
Municipal**

25

Av. 10 SE (Eloy Alfaro)

**Museo
Nahim Isaias**

27

Calle 1 NE (Francisco de P. Icaza)

Parque
Olmedo

Av. 11 SE (Av. Pichincha)

29

28

**Palacio
de Cristal**

Av. 11 SE (Av. Villamil)

31

30

Av. 12 SE (Malecón Simón Bolívar)

33

**La Torre
Morisca**

La Rotonda

Yachtclub

Guayaquil

100 m

Río Guayas

E ssen & Trinken

2 Caracol Azul
5 Esquina del Sabor
6 Club Trabajadores del Guayas
9 Los Arbolitos
10 1822 Pepa de Oro
13 La Palma
16 Las 3 Canastas
17 Unicafé und Tasca Vasca
18 La Tasca de Carlos
20 La Canoa
22 Coppelia
23 Negro Coroso
25 El Mariscón
26 El Colonial
27 Café & Bananas
28 Bopan
29 La Fragola
31 Menestras del Negro
32 Poly
33 Santay
34 Aroma Café
35 Resaca
39 El Galeón de Artur
40 The New Pearl
41 Morgan Piratenschiff
44 El Mirador
46 Artur's Café

Ü bernachten

1 Iguanazú
3 Vélez
4 Sander
7 Montesa
8 9 de Octubre
10 Grand Hotel
11 Pacífico Hostelling
12 Andaluz
14 Hampton Inn
15 Unipark
19 La Fontana
20 Continental
21 Rizzo
24 Dorado
30 Manso

N achtleben

36 La Taberna
37 Diva Nicotina
38 Puerto Pirata
42 La Proa
43 La Paleta Tasca
45 DADA

Kabel-TV, Cafetería (Mo–Fr 12.30–21 Uhr), Patios mit Pflanzen, tolle Lage am Malecón 1406 y Aguirre, ✆ 2526644, www.manso.ec.

Rizzo (21), (MK), an einer Ecke vom Iguana-park wenige Schritte vom Malecón. Die Mini-Balkon-Zimmer sind den fensterlosen vorzuziehen. Seit den 60ern hat sich außer neuen Bettlaken nicht viel getan. Nr. 304 ist okay. EZ 40 USD, DZ 45 USD inkl. *desayuno continental* und Wifi Clemente Ballén y Chile, ✆ 2325210, www.rizzohotel.com.

Andaluz (12), (Budget), wirbt mit dem zwei-deutigen Slogan *„un lugar ideal para gente especial"* („ein idealer Ort für spezielle Leute"). Seltsame Deko aus Kitsch, Gerümpel und Antiquitäten, Dachterrasse mit Pflanzen und Hängematten, Internet. Nr. 20 ist ganz nett. EZ ab 20 USD, DZ 32–40 USD ohne *desayuno*. Junín 842 y Baquerizo Moreno, ✆ 2305796.

Montesa (7), (Budget), familiäres Ambiente, kleine, einfache Zimmer (BP, Kabel-TV), bemalte Duschwände, Nr. 3 etwas dunkel, dafür ruhig zum Hof, Nr. 4 mit Fenster zur Straße, dafür etwas laut. EZ 15–18 USD (Ventilator o. AC), DZ 20–25 USD, kein Frühstück. Luis Urdaneta 817 y Rumichaca, ✆ 2312526.

9 de Octubre (8), (Budget), neu, zentral, von Lesern empfohlen, ein Preisschlager, aber oft ausgebucht, hier steigen ganze Fußballclubs ab! Gut sind Nr. 823 und 824 im 8. St. Schnippische Rezeption! EZ 15 USD, DZ 28 USD. 9 de Octubre 736 y García Avilés, ✆ 2564222.

Pacífico Hostelling (11), (Budget), für Ruck-sackreisende, nahe Metrovía und Las Peñas. Fliesenböden, BP, Ww, AC, Kabel-TV, Wäscheservice, Gepäckaufbewahrung. EZ 15 USD, DZ 18–28 USD. Escobedo 811 entre Junín y Luis Urdaneta, ✆ 2568093, pacihost@gye.satnet.net.

Sander (4), (Budget), Leserempfehlung, gute Backpacker-Option im Zentrum! 60 Zimmer, helle Fliesenböden, weiße Wände, Kabel-TV, Telefon, BP, Ww, Ventilator o. AC. Cafetería Mo–Sa 7–22 Uhr. EZ ab 15 USD, DZ ab 18 USD, Frühstück 2 USD. Luque 1101 y Pedro Moncayo, ✆ 2320030, www.sanderguayaquil.com.

Dorado (24), (Budget), obere Zimmer besser, BP, Ventilator o. AC, Kabel-TV. Riesiges 3er Nr. 301 mit Mickymäusen und großem Balkon, darunter brodelt die Stadt. Hintere Zimmer ruhiger und dunkler. Der 150 m lange Gang zum Malecón soll sicher sein, nach Süden über die Chile ist es brenzlig.

EZ ab 13,50 USD, DZ ab 25 USD, 3er ab 32 USD. Olmedo 246 y Chile, ✆ 2513931.

Vélez (3), (Low Budget), populär bei Gästen aus der Provinz, sauber, weiche Matratzen, oft ausgebucht, da gutes Preis-Leistungs-Verhältnis, nachts jedoch ziemlich unsichere Gegend! Pro Pers. schottische 10–13 USD (BP, Ventilator o. AC, TV). Vélez 1021 y Quito, ✆ 2530292.

• *Außerhalb des Zentrums* (Karte S. 585)
Hilton Colón (53), (GK), 5 Sterne und keinen weniger, jedoch weit weg von der Uferpro-menade im Kommerzzentrum Kennedy Norte. Top auch die Restaurants Portofino (italienisch), Vereda Tropical (Grillfleisch), Kioto Sushibar, Café Colón, 24-Std.-Früh-stücksbuffet von gewaltigen Ausmaßen. EZ/DZ ab 270 USD. Av. Francisco de Orellana, ✆ 2689000, www.hilton.com.

Tangara Guest House (52), (MK), nur 5 Zimmer, familiär, zw. Zentrum und Urdesa, 5 Min. vom Airport (Fluglärm) im Viertel Kennedy. Angeschlossenes Tourbüro. Der Besitzer Antonio Perrone gilt als Guayaquil-Tourismuspionier. EZ 40 USD, DZ 56 USD inkl. Frühstück, nationale Telefonate, Flug-hafenabholung. Ciudadela Bolivariana, Manuela Saenz y O'Leary, Block *F*, *casa* 1, ✆ 228282-8/-9, www.tangara-ecuador.com.

Orilla del Río (56), (GK), sehr elegant, behaglich und komfortabel, hilfsbereit, sauber und sicher. Tropischer Garten, Pool, 24-Std.-Service und Transfer, bestes Suburb-Hotel der Stadt! EZ 60 USD, DZ 74 USD, Jr. Suite 85 USD inkl. *desayuno costeño*, Abendme-nü im Restaurant La Yola 12 USD. Ciudadela Entre Ríos beim Parque Histórico am anderen Flussufer, *manzana* K1, *villas* 8 u. 9, Calle 7 entre Río Guayas y Río Vinces, nur 10 Min. vom Flughafen, ✆ 2835394, www.orilladelrio.com.ec.

Casa de Romero (55), (MK) freundliches Gästehaus mit exotischem Garten und Mangobäumen, Hängematten-Terrasse, schöner Pool, ein idealer Ort, um nach dem City-Bummel auszuruhen. Sicher, komfortabel, sauber, Wifi. EZ 24 USD, DZ 40 USD inkl. Frühstück und Transfer vom Flughafen (20 Min.) o. Busbahnhof (!), über die tolle Guayas-Brücke zu erreichen, Vía Samborondón km 9, *urb.* El Cortíjo, *manzana* D, *solar* 42a, ✆ 2836280, ✆ 084-810493 (mobil), hostel_guayaquil@yahoo.com.

Iguanazú (1), (MK/Budget), Landhaus am grünen San-Eduardo-Hügel, zu Füßen die pulsierende Stadt. Pool, Liegewiese, Hän-gematten-Terrasse, lauter Fernseher. Im

Schlafsaal 13 USD, EZ 40 USD, DZ 44 USD, Suiten 65 USD. 20 Min. vom Flughafen nahe den Urdesa-Lokalen, nicht leicht zu finden! Ciudadela La Cobra, Calle Ginata y Av. Julio Arosemena km 3,5, ℡ 2201143, www.iguanazuhostel.com.

Dreamkapture Inn (54), (Budget), kanadisch-ecuadorianisches Besitzerpaar mit Zwergäffchen und Papageien. DZ Nr. 14 ist das beste! Sauber, farbenfroh, bepflanzter Patio, Küchennutzung, Wifi, Frühstücksterrasse mit „Swing" und selbstgemachter Marmelade. Angeschlossene Lodge Mono Loco im Churute-Reservat, Delfin- und Vogelbeobachtung. Nebenan ist die Taxizentrale Rueda Car (Juan Sixto Bernal, nahe Intersección Benjamín Carrión y Francisco de Orellana bzw. „Calle de la Rotonda", vom Hostal zum Busbahnhof 3 USD, zum Flughafen 4 USD, ins Zentrum 5 USD). EZ 12–20 USD, DZ 24–28 USD (BC o. BP). Viertel La Alborada, *etapa* 12, *manzana* 2, *villa* 21, ℡ 2242909, www.dreamkapture.com.

Essen & Trinken (siehe Karte Zentrum S. 580/581 und Neustadt S. 585)

Ob pompöse Steakhäuser, Neon-Pizzerias, Sushi-Paläste, gemütliche Bistros oder intime Gourmet-Lokale mit Seemannscharakter, ob leckere Meeresfrüchte, Schweinekutteln *a lo criollo*, Fisch in scharfer Erdnusssoße oder ein eingezwiebeltes *encebollado*, um „Tote" ins Leben zurückzurufen – es ist für jeden Geschmack und Geldbeutel was dabei. Tagsüber könnte ein Lokal im quirligen Zentrum und am späteren Abend das Restaurantviertel Urdesa in Frage kommen. Hier eine bescheidene Auswahl, die dem Rechercheur etliche Extrapfunde bescherte:

• *Im Zentrum* **Caracol Azul (2)**, Gourmet-Institution seit Jahrzehnten und eines der teuersten der Stadt (Hauptspeisen ab 15 USD), Meeresfrüchte, Fisch und Shrimps, Spezialitäten sind hausgemachte Paella und *langostinos al grill*. Weinkarte. 9 de Octubre 1918 y Los Ríos, Mo–Sa 12–24 Uhr, ℡ 2280461.

Gehobene Klasse ist auch das geschmackvolle spanische Weinlokal **La Tasca de Carlos (18)**, lustiger rundlicher Wirt, *tapas* 5–10 USD, *lomo en salsa de hongos* 12 USD, Spezialitäten sind Lamm und *lechón* (Ferkel) *al horno*, Weine 20–180 USD, Mo–Sa 12–16 und 19–23 Uhr, Córdova entre Icaza y 9 de Octubre, ℡ 2303661.

Tasca Vasca (17), intimes spanisches Gourmet-Lokal (*tapas, mariscos*) mit Seemannscharakter, am Iguanapark, Pepe und Enma Moreno heißen Ihre Gäste persönlich willkommen. Ballén y Chimborazo, ℡ 2534599.

Ein Mittagsbuffet für Hungrige hat das **Uni Café (17)** des Hotels Unipark, tägl. 12–15.30 Uhr, Mo 15 USD, Di–Fr 20 USD, Sa/So 22 USD, *comida criolla*, so viel man möchte!

La Canoa (20), im Hotel Continental am Iguanapark, hat in vier Jahrzehnten kein einziges Mal seine Pforten geschlossen und betreut kurz vor dem Morgengrauen mehr Gäste als bei Abenddämmerung. Kenner empfehlen *cebiche de albacora* (6 USD).

Im Grand Hotel ist das Restaurant 1822, republikanischer Stil, ausgezeichnete internationale Küche, Hauptspeisen ab 12 USD, viergängiges Menü 19 USD, Boyacá y 10 de Agosto, ℡ 2329690.

Ebenso im Grand Hotel ist die Cafetería **Pepa de Oro (10)**, mit reichhaltigem Frühstücks- (14 USD) und Mittagsbuffet *a lo criollo* (Mo–Sa 17 USD, So 20 USD).

Allseits empfohlen wird das französische **Le Gourmet**, im Hotel Oro Verde, im Iguanapark, 9 de Octubre y García Moreno, ℡ 2327999.

El Mariscón (25), Fisch, Meeresfrüchte, günstig, populär, *pescado mariscón* 5 USD, Mo–Fr 8.30–19 Uhr, Sa/So bis 16 Uhr, Luque 138 y Pedro Carbo, ℡ 2326486.

Empfohlen wurde **Negro Coroso (23)**, Fisch, Meeresfrüchte, *encocados* aus Esmeraldas, Pedro Carbo y Urdaneta.

Coppelia (22), *menu criollo* (2,50 USD), *humitas, hayacas, desayunos*. Eng, einfach, jedoch charmant mit Blick auf die Plaza San Francisco, Menüs 5 USD, Mo–Fr 7.30–19 Uhr, Sa bis 16 Uhr. 9 de Octubre y Pedro Carbo.

Poly (32), *bueno, bonito y barato, restaurante de barrio* mit nachbarschaftlichem Touch, Malecón 303 y Padre Aguirre. Hauptspeisen 3–4 USD, *almuerzos* ab 1,50 USD. Mo–Sa 7–17 Uhr.

Café & Bananas (27), günstige Mittagessen, *empanadas, bolones*, Mo–Fr 8–16 Uhr, Sa 8.30–15 Uhr, Icaza 505 entre Baquerizo Moreno y Escobedo.

Govinda, streng vegetarisch, Mo–Fr 8–17 Uhr, Mittagsmenü ab 2 USD, Rendón 445 y Baquerizo Moreno.

La Palma (13), Frühstücks-Cafetería, billig, populär, ein „Guayaquil-Original", nahe der Catédral, knusprige *cachitos* (Mini-Crois-

Karten S. 580/581 und 585

Guayaquil

sants), schwarze *essencia de café*, frisch gepresster *jugo de naranja*, dazu *queso* u. *huevos revueltos*. Es ist jedoch schwierig, eines der wackligen Tischchen zu ergattern. Die Bedienung ist extrem nachlässig, *paciencia por favor!* Escobedo 1310 entre Luque y Vélez.

Club Trabajadores del Guayas (6), gegenüber dem Parque Centenario, die größten Schweinekoteletts und die winzigsten Biergläser. Es wird mit den bloßen Händen gegessen! In der Ecke hängt ein Waschtrog mit Seife, sehr speziell auch die Toilette. Die Weihnachtsdekoration bleibt anscheinend das ganze Jahr über hängen, und die Zigarettenstummel werden einfach auf den Boden in eine Bierlache geschmissen – bitte nicht im Teller ausdrücken! Eine Portion wild zerhackte *chuleta* 3 USD. Mo–Do 15–22 Uhr, Fr/Sa bis 24 Uhr, Víctor Manuel Rendón.

Encebollado („Eingezwiebeltes") ist das lokale Katerfrühstück *guayasíssimo*. Der Spezialist, Víctor Chiluiza von Ecua Andino Planet, empfiehlt den **Stand** in der Junín y Pedro Carbo gegenüber der Banco Bolivariano, Vorsicht, höllisches Ají!

Im Zentrum gibt es eine gute Auswahl an **Sodabars**, die Fruchtshakes und eisgeschlagene Joghurts mit Strohhalm servieren. Darüber hinaus gibt es meist auch Zwischenmahlzeiten wie *sanduches* oder leckeres *pan de yuca*.

Yogurt Persa ist gleich an mehreren Orten zu finden, z. B. 9 de Octubre beim Centenario-Park, in der Boyacá oder am Malecón.

An der vor Fruchtpyramiden überquellenden Supersoda-Bar **Las 3 Canastas (16)** an der belebten Ecke Chile und Vélez können die frischesten Köstlichkeiten auf dem Gehweg geschlürft werden, *batidos y jugos*, auch *bollo de pescado* und *humitas*.

Angenehm ist auch **Esquina del Sabor (5)**, nur 1 USD fürs Schweinefleisch-Sandwich, schräg gegenüber dem Parque Centenario, Vélez y Moncayo.

Auch **Eisdielen** findet man im Zentrum, in aller Munde ist die **Heladería La Fragola (29)** strategisch günstig an der 9 de Octubre 111 y Malecón, Kugeln und Eisbecher zw. 1,20 und 8 USD, spektakulär!

● *Am Malecón* (von Nord nach Süd) **Aroma Café (34)**, ruhig und schattig in den Gärten der nördlichen Uferpromenade, schön für einen Spaziergang, regionaltypische Spezialitäten wie *chicharrón de cerdo verde*, Kaffee und Kuchen. Wer Hunger verspürt, sollte bei Vor- und Hauptspeise mit

etwa 15 USD rechnen. Höhe Calle Tomás Martínez, Mo–So 12–24 Uhr.

The New Pearl (40), gut und günstig, am nördlichen Ende der Uferpromenade, wo sich mehrere Speiselokale kioskmäßig unter einem Dach in einem „ulbrichtschen Glaskasten" befinden, *almuerzos* ab 2,50 USD, Hauptgerichte 5 USD, gute Meeresfrüchte, guter Kaffee!

Resaca (35), Meeresfrüchte und Drinks auf einer halbrunden Terrasse bei frischer Brise über dem Río Guayas, ganz lecker ist *arroz con camarón*, (um 10 USD), Live-Salsa, Son Boricua und Rancheras Mexicanas Fr ab 22.30 Uhr, Malecón Höhe Calle Junín.

Bopan (28), Malecón e Icaza, Crepes und Pasta, Mo–Sa 9–21 Uhr.

Santay (33), cooler klimatisierter Glaskasten mit Blick auf den Fluss, Korbstühle zum Draußensitzen, Hauptspeisen ab 5 USD, z. B. *corvina en salsa de mariscos* mit Reis (extra bestellen). Malecón u Villamil.

Menestras del Negro (31), eintopfartige Fleischgerichte mit Bohnen und Linsen, Kochbananen, Yuca, Reis ab 3 USD, Höhe Sucre gegenüber Malecón.

Das „Piratenschiff" **El Morgan (41)** offeriert während einer einstündigen Fahrt entlang der Uferpromenade und Las Peñas Hauptmahlzeiten ab 6 USD, am Kai beim Malecón, Höhe Calle Tomás Martínez.

● *In Las Peñas* **Artur's Café (46)**, fast am Ende der Calle Numa Pompillo Llona (Nr. 127, ✆ 2312230). Typisches wie *guatita*, *menestra*, *humitas*, *patacones* bei tollem Flussblick, Livemusik ab 20 Uhr (außer So), Mo–Do 18–2 Uhr, Fr/Sa bis 3 Uhr morgens oder länger, So 17–23 Uhr.

El Galeón de Artur (39), Restaurant-Galerie, bei den ersten Treppenstufen der Escalinata Diego Noboa Nr. 110, gleich rechter Hand. Mo–Sa ab 18 Uhr.

Pizzería El Mirador (44), bei Stufe 268, Pizzas mit Blick auf den Manso Guayas.

El Faro, bei Stufe 356, kleiner Comedor, aber sehr nett zum Draußensitzen.

● *Im Stadtteil Centenario (nahe Zentrum)* **Picantería Los Arbolitos (9)**, eines der volkstümlichsten Lokale, flotte Kellner springen unter Sonnenschirmen umher, umringt von Ficusbäumchen und parkenden Autos. Zu günstigen Preisen gibt es *seco de chivo* (Ziegenfleischgulasch mit Reis), *guatita* (Kutteln), *cazuela*, *viche*, *cebiche*, *bollo de pescado* (Kochbananen und Fisch) oder gewaltige *banderas mixtas* (Fisch, Muscheln, Shrimps, Kutteln, Koch-

Übernachten

52 Tangara Guest House
53 Hilton Colón
54 Dreamkapture Inn
55 Casa de Romero
56 Orilla del Río

Essen & Trinken

47 La Trattoria de Enrico
48 Parrillada del Ñato
49 Blu
50 Rivicra
51 Lo Nuestro

Guayaquil Neustadt

400 m

bananen, Maniok, Reis und Erdnusssoße).
Mo–So 8–16.15 Uhr. An einer ruhigen Straßenecke in der Nähe des Capwell-Stadions,
San Martín 702 y Rumichaca, ✆ 2404096.

• *Im Stadtteil Urdesa* Gourmet, Glam und
Fusion: Hier konzentriert sich kulinarisch
Hochwertiges im Bereich der Av. Víctor
Emilio Estrada, kurz V.E.E. Ein schnelles
Taxi vom Zentrum kostet 5 USD.

Blu (49), mediterrane Nouvelle Cuisine mit
Renaissance-Wandbildern. Lecker die Muscheln vom Grill, Risotto in Kalamar-Tunke,
Rinderlende mit Trüffelsoße, auch Thunfischiges, gepfeffert Preise! Mo–Sa 13–16
und 19–24 Uhr, Sa 19–24 Uhr, V.E.E. 701 y Ficus, ✆ 2884954.

Lo Nuestro (51), lukullisch-frohes Ambiente, traditionelle Fisch- und Fleischgerichte,
große Auswahl an Meeresfrüchten, Hauptspeisen 9–33 USD, Mo–Do 12–15.30 bzw.

19–24 Uhr, Fr–So 12 bis nach Mitternacht. Live-Folklore *a lo costeño* Fr ab 19 Uhr, So ab 13 Uhr. V.E.E. 903 y Higueras, an den Lamellenfensterläden zu erkennen, nicht direkt unter der Klimabox sitzen, es besteht Erkältungsgefahr, ✆ 2386398.

La Trattoría de Enrico (47), Fische, die unter der Decke schwimmen, neapolitanische Musik und das Beste an Pasta und Antipasti, *scaloppe* o. *gamberoni*, ab 12 USD, besonders lecker ist ein *mixto mare*, für 4 Pers. 55 USD. Mo–So 12.30–24 Uhr. Bálsamos 504 entre Ebanos y Monjas, wenige Schritte von der V.E.E., ✆ 2387079.

Riviera (50), ligurische Spezialitäten wie Spaghetti Corleone oder Risotto Mussolini, mit frischen Zutaten, schöne Tisch-Deko, V.E.E. 707 entre Ficus y Guayacanes, ✆ 2883790.

La Parrillada del Ñato (48), argentinisches Steakhouse mit gewaltigen Portionen, *parrillada mixta* für 2 Pers. 22 USD, *lomo fino o falda*, *chuletas*, Meeresfrüchte vom Grill, ab 14 USD, Mo–Sa 12–24 Uhr. V.E.E. 1219 y Laureles, ✆ 2387098.

La Balandra, großartiges Meeresfrüchtebuffet 30 USD, Livemusik mit Trío Los Auténticos, Sa–Do 10–16 Uhr, Fr 12–16 Uhr. Bálsamos 108 y La Unica, ✆ 2880212.

Red Crab, *cangrejos a lo criollo*, das Aufbrechen der Dinger ist nicht jedermanns Sache, leckeres *cebiche limeño!* Mo–So 11–24 Uhr, V.E.E. y Laureles, ✆ 2380512.

Sake, türkis schimmernder Pool, Sushi mit fantastischen Shogun Rolls o. shrimpgefüllter Izumiday-Schwertfisch in Kiwi- und Maracuyasoße, Circunvalación Sur 110 y V.E.E., tägl. 12.30–16 u. 19–23 Uhr (Bar bis 2 Uhr).

Sushi haben auch **Topi Sushi**, V.E.E. 715 entre Ficus y Guayacanes, und **Sushi Isao**, Balsamos y V.E.E., beide gut und preiswert, etwa 10 USD pro Pers.

News Café, schlicht und peruanisch, der Chef empfiehlt *ají de gallina* o. „Santa Fé", tägl. 12–24 Uhr o. länger, Dátiles y Primera, ✆ 2882121.

Frutabar, Surfer-Deko, riesige *jugos* und *batidos* 3 USD, Vollkornsandwiches, V.E.E. y Martínez Mera.

Nachtleben (siehe Karte Zentrum S. 580/581)

• *In Las Peñas* **La Paleta Tasca (43)** in der Künstlergasse Numa Pompillo Llona 180 zu Füßen des Cerro Santa Ana, attraktive Tapas-Bar, man sitzt auf Hockern, Säcken oder an der Bar. Die Bedienung trägt Katzenohren, und die hintere Wand ist das original Felsgestein von Las Peñas. Am Wochenende sehr gut besucht, Mi–Sa ab 18 Uhr, Mindestverzehr 10 USD.

DADA (45), hipp und hölzern, Flussblicke, sehr hübsch, schräg gegenüber vom La Paleta, Di–Sa ab 18 Uhr, Numa Pompillo 177.

Die 400 Stufen hinauf zum Leuchtturm auf dem Cerro Santa Ana sind von einer ganzen Reihe Bars und Cafés gesäumt: **Diva Nicotina (37)** auf Stufe 11, allerbeste Lage, viel Ambiente, Jazz und Rock, Livemusik, der Eigentümer ist ein echtes „Original"; **La Taberna (36)**, *bailadero* am Fuße der Escalinata Diego Noboa, erster Treppenabsatz links. Memoiren an den Wänden, eine Katze auf dem Fensterbrett, nach dem Video „Live in Kingshasa – Zaire" fragen, ein legendärer Konzertmitschnitt aus den 70ern mit Celia Cruz, Héctor Lavoe und Carlos Santana; **Escalón 69** bei Stufe 69, Disco, Salsa schon am Nachmittag; **El Bucanero** bei Stufe 245, die Beatles lassen grüßen; **Las Ricauras** bei Stufe 265, Sodabar mit

schöner Terrasse; **El Vigia** bei Stufe 278, luftige, angenehme Atmosphäre auf der Terrasse, hat was! **La Fogata** bei Stufe 288, Dachterrasse mit bombastischer Sicht auf das Lichtermeer, nur Fr/Sa 19–4 Uhr; **Puerto Pirata (38)** bei Stufe 384 beim Museo Naval El Fortín, „Piratenschiff" mit Zugbrücke und Rumfässern, netter Wirt Rodney Garcés, Sa–Do 14–24 Uhr, Fr/Sa 14–2 Uhr.

• *Im Zentrum* **La Proa (42)**, am Malecón neben dem MAAC-Kino, schöner Flussblick bei echtem 21.-Jh.-Ambiente, Mi/Do Happy Hour ab 19 Uhr.

In der Zona Rosa hinter dem mittleren Teil des Malecóns haben sich viele Bars und Clubs angesiedelt: **Rockbar 234**, Di–Sa 18–2 Uhr, Fr/Sa Livemusik mit 10 USD Getränkebon, empfohlen, Imbabura 234 y Rocafuerte; **Piranha**, 70er-Jahre-Rock, Cocktails, Bier, Mo–Sa ab 16 Uhr, Imbabura 217 y Rocafuerte; empfohlen wurden auch **Perro de Ojos Azul**, Panamá y Aguirre, und **Soho**, 80er-Jahre-Rock bis in die Puppen, Montalvo y Rocafuerte.

El Colonial (26), Nostalgie-Peña auf zwei Stockwerken, Liveshows am Wochenende, Bier, Fleischspieße (*chuzos*), *comida típica*. Tischchen zum Draußensitzen. Mo–Sa ab 16 Uhr, Rocafuerte y Imbabura, ✆ 2301156.

Las Peñas vom Fluss aus

Zu den besten Discos zählt **Midas**, Imbaburá 219 y Panamá, Mi–Sa ab 21 Uhr.
• *Außerhalb des Zentrums* **Jardín de la Sal-**sa, Kathedrale für *salseros* und alle, die es noch werden wollen. Av. De las Américas 140, gegenüber dem Fernsehsender Telecentro.

Artesanía/Märkte

• *Artesanía* aller Art gibt es preiswert im **Mercado Artesanal**, Baquerizo Moreno entre Loja y Juan Montalvo (siehe auch S. 590), Nähe Las Peñas; **Panamahüte** direkt vom Lager hat **Ecua-Andino**, Luque 229 y Chile, 2. St., *oficina* 4, Reservierung unter ☎ 6002636.

• *Märkte* **La Bahía**, großer Straßenschwarzmarkt, fast parallel zum Malecón. Kleidung, Schuhe, Ventilatoren, CDs, DVDs und andere „Markenartikel". Handeln ist angesagt, denn Gringos werden gerne abgezockt!

Guayaberas, über der Hose getragene, ultraleichte „Hemden", aus Leinen, Baumwolle, Polyester, Nylon oder Seide, gibt es günstig in der *Camisería Fierro*, Clemente Ballén y Escobedo (ab 15 USD), oder in viel besserer Qualität in Hemd-Boutiquen in den *Centros Comerciales Mall del Sol* und *San Marino* (um 100 USD). Die vergleichsweise schlichten „*Hawaianas Guayacas*" für Männer, meist mit unauffälligen, teils blumigen Stickereien versehen, stammen ursprünglich aus Panama und wurden im Laufe der 40er-Jahre in Guayaquil populär. Weder der schnauzbärtige Oberbürgermeister noch der freundliche Standbild-Fotograf vom Parque Centenario würden sich heute ohne das elegante, schweißabweisende Gewand in der Öffentlichkeit zeigen.

Karten S. 580/581 und 585

Guayaquil

*F*este/*V*eranstaltungen

25. Juli: **Fundación de Guayaquil**, offiziel-
ler Stadtgründungstag, den ganzen Juli
über kulturelles Programm.
1. Oktober: **Día Nacional del Pasillo**, Geburtstag des geliebten Schnulzensängers
Jota Jota (Julio Jaramillo, vgl. Kap. Musik).
9. Oktober: **Día de la Independencia**, Unabhängigkeitstag, bunte Marschparaden,
Seemannsuniformen, Kranzniederlegung
an der Rotonda.
La Feria de Durán findet alle zwei Jahre im
Oktober in Durán statt. Größte internationale Messe von Ecuador, auch Livemusik
mit Stars aus der Karibik und dem südamerikanischen Raum.

> Zu Ehren der Entdeckung Amerikas durch Cristóbal Colón (1492) finden zum „*Día de la
> Raza*" (12. Oktober) **Rodeos Montubios** (Reitturniere) statt. Die „*Olimpiadas Montu-
> bias*" sind touristisch noch völlig unentdeckt. Die bekanntesten Haciendas für die
> kreolischen Rodeos liegen in der Umgebung von Guayaquil: Samborondón (nahe und
> sicher!), Vernaza, Salitre, La T, Balzar, Colimes, Daule, Jujan, Palestina und Yaguachi
> in der Provinz Guayas, sowie Vinces, Palenque, San Juan, Ventanas, Baba und Moca-
> che in der Provinz Los Ríos, und Paján in der Provinz Manabí. Durch die steigende Po-
> pularität der Reit- und Lassoturniere hat sich unter den großen Haciendas von
> September bis November inzwischen ein *Circuito de Rodeos* formiert.

Sehenswertes – ein Rundgang

Die Tour beginnt mitten im Herzen der City, dort wo sich die meisten Hotels befinden. Für diesen Rundgang, der einen kompletten Kreis beschreibt, sollte ein ganzer
Tag veranschlagt werden. Die hier beschriebenen Straßen sind tagsüber relativ sicher. Trotzdem ist es bei ganz besonders „gringomäßigen" Touristen, denen die
Kameras schon offen vor den Bäuchen baumeln, vorzuziehen, in Gruppen aufzutreten. Früh losgehen lohnt sich insofern, als dass es gegen Mittag bereits sehr heiß
und schwül werden kann, während der Asphaltbelag unter den Schuhsohlen aufzu-
weichen scheint. Wem die Lauferei irgendwann zu mühsam wird, der kann jederzeit ein Taxi herbeiwinken und das folgende Ziel auf bequemerem Wege erreichen
(zur besseren Orientierung vgl. Stadtplan).

Parque Seminario: auch *Parque Bolívar* oder *Parque de las Iguanas* genannt, ist
über 100 Jahre alt. Der Metallzaun, der den Park umschließt, stammt aus den Tuilerien von Paris. Grüne Landleguane *(iguanas terrestres)* steigen nachmittags von den
Bäumen, um sich mit Früchten und Salatresten aus den umliegenden Hotels füttern
zu lassen. Auf dem Nísperobaum unweit vom Teich sitzen mitunter die allergrößten
Exemplare. Zu sehen sind ebenso ein Reiterstandbild von *Simón Bolívar*, eine uralte
Gartenlaube *(glorieta)*, zwei eiserne kämpfende Eber, von der chinesischen Kolonie
gestiftet, Eichhörnchen, Wasserschildkröten und viel Atmosphäre. Der kleine Park ist
ein romantisches Örtchen im bienenartigen Getümmel der Millionenstadt und Treffpunkt für Liebespärchen und Zeitung lesende Pensionäre. 10 de Agosto und Chile.
Öffnungszeiten Von 9 Uhr morgens bis nach Einbruch der Dunkelheit.

Catédral: Gegenüber vom Park befindet sich die Catédral, gänzlich im neugoti-
schen Stil gehalten, deren Marmorplatten für den Hauptaltar aus den Provinzen
Azuay und Cañar stammen. Allein schon des kühlenden Ambientes wegen ist das
schöne Kircheninnere einen Besuch wert!

Malécon: Der Avenida 10 de Agosto oder Clemente Ballén, die den Park begrenzen, in Richtung Osten folgend, gelangt man nach drei Querstraßen an den Malécon 2000 – mit tropischer Flora, Aussichtstürmen, Speiselokalen, Einkaufszentren, dem MAAC Museum, dem IMAX-Kino und dem exklusiven Jacht-Club. Manchmal liegt auch das schöne Segelschulschiff *Guayas* an der Uferpromenade vor Anker. Der wuchtig graue **Palacio Municipal** (Rathaus) wurde von Maccaferri im Stil der italienischen Renaissance entworfen (1924–28). Direkt daneben erhebt sich der vom gleichen Architekten konstruierte **Palacio de Gobernación**, Provinzregierungssitz seit 1922. Genau gegenüber steht der maurisch-byzantinische Uhrturm **La Torre Morisca**, der 1843 aus Holz errichtet und 1932 rekonstruiert wurde. Kurios ist, dass die Zeiger für einige Jahre zum Stillstand kamen, als der für den Betrieb der Uhr zuständige Glöckner verstarb. Sie bewegten sich erst wieder, als ein Familienmitglied des Verstorbenen dessen Posten übernahm.

La Rotonda: Etwas weiter nördlich befindet sich das den beiden Unabhängigkeitshelden *Simón Bolívar* und *San Martín* gewidmete Monument La Rotonda, Wahrzeichen der Stadt, das ein historisches Treffen vom 26. Juli 1822 darstellt, als die beiden Libertadores (Befreier) über die Zukunft Perus und Großkolumbiens beratschlagten. Der Venezolaner Bolívar wollte eine vereinigte Republik vom Río Grande (Mexiko) bis nach Feuerland, während der Argentinier Martín für die südamerikanische Monarchie eintrat. Beide scheiterten jedoch in ihrem Vorhaben: Martín endete im Exil in Frankreich, während der schwerkranke Bolívar angeblich Selbstmord in seiner Heimat beging.

Das mit 36 Stockwerken höchste Gebäude Ecuadors, schräg gegenüber der Rotonda, wurde 1994 eingeweiht und gilt als erdbebensicher!

Am südlichen Ende des Malecón befindet sich außer einem Monument für den Poeten und ersten Bürgermeister *José Joaquín de Olmedo* der viktorianische **Mercado del Sur** (auch Palacio de Cristal) mit seinen charakteristischen Strukturen aus Schmiedeeisen und Glas, konstruiert von keinem Geringeren als *Gustave Eiffel*. Ihm angeschlossen ist die kleine *Iglesia de San José*. Der ehemalige Marktbereich dient heute als Messe- und Ausstellungshalle.

Am nördlichen Ende des Malecón befindet sich das kubistisch anmutende *Museo* **Antropológico y de Arte Contempóraneo**, kurz **M.A.A.C.**, ein 10.000 m² umfassender Klotz in Form eines Balsafloßes. Das Gebäude à la Guggenheim beinhaltet 50.000 archäologische und 5.000 moderne Kunstwerke, eine Bibliothek, ein Dokumentationszentrum, das **Museo Marítimo y Naval** (Guayaquils Seefahrergeschichte anhand von Miniaturen, Mo–So 10–18 Uhr) und ein Auditorium, das gleichzeitig als dreidimensionales Kino IMAX dient. www.museomaac.com.

Der Uferpark **Malecón 2000** ist insgesamt 2,5 km lang und täglich von 5 Uhr morgens bis 24 Uhr geöffnet (www.malecon2000.com).

Las Peñas: Ein paar Gehminuten weiter nördlich, im Anschluss an den Malecón, schmiegt sich das farbenfrohe Künstler- und Gründerviertel Las Peñas an den *Cerro Santa Ana* wie in einer der naiv-verträumten Malereien von Enrique Tábara. Leute von Rang und Namen haben schon in den verzierten Holzhäusern der **Calle Numa Pompillo Llona** zu Füßen des Hügels gewohnt, u. a. der Verfasser der Nationalhymne und auch Che Guevara. Die im Originalzustand erhaltenen Häuser aus dem angehenden 20. Jh. befinden sich ausschließlich in dieser Straße, dort gibt es auch eine hübsche Kneipe (*La Paleta Tasca*) und zahlreiche kleine Kunstgalerien: *Café-Galería Treviño* mit einer lieblichen Terrasse (Hausnr. 146 A); *Estudio de Arte*

Luis Lara (Nr. 146); *Estudio Gonzenbach* des gleichnamigen Malers (Nr. 156–159), *Taller Nuestra Tierra, Nuestra Arte* des Bildhauers *Gastón Macias* (Nr. 156); *Taller de Enrique Arévalo* (Nr. 180); *La Casa del Artista Plástico* der *Asociación Cultural Las Peñas* (Nr. 185, jährliche Straßenausstellung im Juli); *Estudio Calderón* des gleichnamigen Künstlers (Nr. 204, 2. St.); *Galeria al Río del Sol* und *Galeria 208*. Die Numa Pompillo Llona endet genau unterhalb des Santa-Ana-Scheitelpunktes beim *Projecto de Regeneración Urbana „Puerto Santa Ana"*. Hier befindet sich auch ein Museum zu Ehren des Sängers *Julio Jaramillo* (Mo–So 10–16 Uhr) und in der ehemaligen Brauerei die *Casa Pilsner* (Di–Sa 17–2 Uhr). Ein *Parque Aquático* mit Jachthafen ist in Planung.

Im Zuge weitgreifender Urbanisierungsprogramme wurde das bis vor wenigen Jahren noch so gefährliche Viertel am Cerro Santa Ana für den Tourismus erschlossen. Die heruntergekommenen Häuser und Hütten wurde nicht nur auf Vordermann gebracht, sondern in eine Attraktion verwandelt, zur Freude der Anwohner und Touristen. Bis zur aussichtsreichen Kapelle ganz oben auf dem *Mirador* sind es 444 Treppenstufen. Dort steht auch ein Leuchtturm. Ein paar Stufen darunter (bei 384) befindet sich das von schicken Marinesoldaten bewachte **Museo del Fortín** mit seinen alten Kanonen und den Ausgrabungsmauern der alten Befestigungsanlage. Kleine, einfache Essenslokale und Kneipen laden bei tollem Blick auf die Stadt und den Fluss zum Verweilen ein (siehe zu Essen und Nachtleben). Ein Netzwerk von *Callejones* wurde bereits renoviert. Es gibt inzwischen zwei Treppenaufgänge, die **Escalinata Diego Noboa** (Hauptzugang) und die **Escalinata Las Peñas** (von der Numa Pompillo Llona hoch). Die Renovierungsarbeiten schreiten weiter voran und sollen in Zukunft auch den stark verrufenen Nachbarhügel von El Carmen erfassen. Das von Künstlern und Katzen bewohnte Stadtgründerviertel Las Peñas zählt heute neben dem modernen Malecón 2000 zu den großen Sehenswürdigkeiten der Stadt.

La Planchada: Am Anfang der Calle Numa Pompillo Llona befindet sich dieser aus zwei alten Kanonen bestehende Aussichtspunkt, Zeugnis der freibeuterischen Vergangenheit Guayaquils.

Museo de los Bomberos/Museo Coronel Félix Luque: Nächste Station könnte das Feuerwehrmuseum in der Calle General Vernaza sein, gegenüber der Plaza Colón. Löschwagen von anno dazumal, alte Pickelhauben, silberne Trompeten, historische Hydranten und zerfetzte Gastanks gehören zum Fundus der Privatsammlung eines ehemaligen *bombero* (Feuerwehrmann). Das Gebäude nennt sich *Jefe Hurtado* und ist seit alters her die Wasserversorgungsstelle der Feuerwehr.
Öffnungszeiten Di–Sa 10.30–14 Uhr.

Iglesia de Santo Domingo: Ein paar Meter weiter westlich des Feuerwehrmuseums, hinter dem Open-Air-Theater *Juan Pueblo*, befindet sich das älteste Gotteshaus der Stadt. Es wurde zu Füßen des *Cerro del Carmen* im Jahre 1548 erbaut. Beim großen Brand von 1896 wurde die Kirche bis auf die Grundmauern zerstört und erst 1938 wieder aufgebaut. Eine 1 m dicke Mauer soll das einzige sein, was der Stadt aus der Gründerzeit erhalten geblieben ist. Die Kirche ist auch unter dem Namen *San Vicente Ferrer* bekannt.

Mercado Artesanal: Der Kunsthandwerksmarkt liegt zwischen der Calle Loja im Norden und der Juan Montalvo im Süden, bzw. der Córdova im Osten und Baquerizo Moreno im Westen, unweit der Kirche Santo Domingo. Das parkhausähnliche Gebäude nimmt einen ganzen Block ein und lässt nicht im Entferntesten auf Artesanía schließen. Trotzdem beherbergt es über 250 kleine Geschäfte, die populärs

Weinender Engel auf dem Zentralfriedhof

Kunsthandwerk aus Holz, Leder oder Keramik anbieten. Lustig sind die kleinen, aus Hölzchen und Pappe minutiös gebastelten Küstenpfahlhäuschen.
Öffnungszeiten Mo–Sa 9–19 Uhr, So 10–17 Uhr.

El Cementerio: Falls die Einkäufe im Souvenirmarkt wegen ihres Ausmaßes nicht zu einem plötzlichen Rückzug ins Hotel zwingen (per Taxi!), gelangen wir, das *Hospital Luis Vernaza* rechter Hand, etwa drei Blocks westlich über die verkehrsreiche Av. Julian Coronel (Verlängerung der Calles Loja und Juan Montalvo) an den städtischen Friedhof El Cementerio (es gibt eine Fußgängerbrücke über die Avenida direkt am Hauptportal, das die Nr. 3 trägt). Der Zentralfriedhof, der sich am Hang des El Carmen-Hügels anschmiegt, gilt mit seinen Mango-, Orangen-, Guayaba-, Lorbeer-, Matapalo- und Brotfruchtbäumen, dem quirligen Vogelleben und den kunstvollen Luxusmausoleen aus Marmor als einer der schönsten Amerikas. Die oben steil in den Hang gesteckten Kreuze könnten allerdings auch eine Kulisse für Horrorfilme abgeben. Das älteste Grab stammt von 1831, und die Gruft eines der gefürchtetsten Räuber der Stadt trägt die Inschrift: „Betreffender war ein guter Mensch und stahl, um den Armen zu helfen." Man munkelt, dass es dort wochentags Diebe geben soll. Trotzdem ist ein Besuch absolut lohnenswert!

Parque Centenario: Zum Abschluss des Rundgangs steht der größte „Park" im Zentrum auf dem Programm. Dieser unterbricht den Verkehrsfluss der „*Nueve*" (Bulevar 9 de Octubre). Andenkenfotografen, Lotterieverkäufer, Flohzirkusdirektoren und Unheilsprediger geben sich ein Stelldichein. Die einstigen Zuckerwattetrommler sind inzwischen Pepsiverkäufern gewichen. Masseure und Masseusen, die ihre Massage gleich auf der Parkbank verabreichen, wurden inzwischen an die Ecke 6 de Marzo y Luque verbannt. Ein älterer Fotograf warnte, dass sie gerne Ausländer bestehlen würden. Die 27 m hohe Siegessäule in der Mitte des Parkes wurde in Einzelteilen über den Atlantik herbeigeschafft und 1918 eingeweiht. Sie stammt vom katalanischen Bildhauer Augustín Querol und ist den *Padres de la Patria* gewidmet. Nach Einbruch der Dunkelheit sind die Seitenstraßen in der Umgebung des Parque zu meiden!

Bulevar Avenida 9 de Octubre: verkehrsberuhigte Hauptgeschäftsstraße, die sich bei besonderen Anlässen mit Tausenden von Menschen füllt. Entspricht vielleicht ein wenig der Bedeutung des Kurfürstendamms. An der Ecke Nueve und Pedro Carbo erhebt sich die **Iglesia de San Francisco**, die ursprünglich aus dem 18. Jh. stammt. Sie ist eines der meistbesuchten Gotteshäuser der Guayaquileños.

Weitere Sehenswürdigkeiten

Museo Nahím Isaías Barquet: erstklassige koloniale Kollektionen und zeitgenössische Bilderausstellungen in attraktiven Ausstellungsräumen. Dauerausstellung „Cosmogonías" (*fuego, tierra, agua, aire*), Museumsshop, Dokumentationszentrum, gutes touristisches Info-Büro. Pichincha y Clemente Ballén, ✆ 2324-182/-283, www.museonahimisaias.com.
Öffnungszeiten Di–Sa 10–18 Uhr, So 11–15 Uhr, Eintritt 1,50 USD.

Museo Municipal: die Geschichte der Stadt von der prähispanischen Zeit bis heute, mit einem uralten Totempfahl, ethnologischen Schaukästen und über 600 anderen Exponaten, auch temporäre Ausstellungen im Obergeschoss. Im gleichen Gebäude befindet sich die städtische Bibliothek. Das Museum feierte 2008 sein 100-jähriges Bestehen. Sucre entre Pedro Carbo y Chile am Iguanapark.
Öffnungszeiten Di–Sa 9–17 Uhr, Eintritt frei.

Museo Presley Norton/Villa Rosa Herlinda: Die neokoloniale, kalifornisch-spanische *casona* von 1941 beherbergt die Sammlung des Archäologen Presley Norton, die den präkolumbischen Alltag des „antiken" Ecuador widerspiegelt. Der geschnitzte Balkon des hübschen Museums erinnert an die Kolonialbauten von Lima (Peru) und ist in dieser Form in Ecuador einzigartig. Die arabesken Kacheln zeigen Szenen aus dem Leben von Don Quíjote. 9 de Octubre y Carchi, ✆ 2293423, www.museopresleynorton.com.
Öffnungszeiten Mo–Sa 9–17 Uhr, Eintritt frei.

Monumento Eloy Alfaro: in Erinnerung an die liberalen Umstürze Eloy Alfaros, die nicht nur Guayaquil prägten. Av. de las Americas, vom Flughafen ins Zentrum kommend.

Monumento Guayas y Quil: der Legende vom stolzen Kaziken *Guayas* und seiner treuen Gefährtin *Quil* gewidmet, die es vorzogen, aus dem Leben zu scheiden, anstatt sich den Spaniern zu ergeben. Von Osten kommend am anderen Ende der langen Brücke, am „Eingang" der Stadt.

Puente Rafael Mendoza Avilés/Puente de la Unidad Nacional: 3 km lange Doppelbrücke über die Flüsse Babahoyo und Daule hinweg, die lediglich ein paar Meter weiter flussab den *Río Guayas* bilden. Das Gebiet ist mit 34.000 km² größtes Wassereinzugsgebiet der südamerikanischen Pazifikküste.

Parque Histórico: ein kleines Highlight, etwa eine Viertelstunde vom Zentrum der Stadt im Viertel *Entre Ríos*. Nach der Brücke über den Río Daule (erste Brücke) an der Ausfallstraße nach Samborondón befindet sich linker Hand der „historische Park", eine Art Heritage Village. Die großzügige Anlage am Ufer des Río Daule ist in drei Zonen eingeteilt: die *zoologische* mit im Aussterben begriffenen Säugetier- und Vogelarten

Präkolumbische Keramik der Küstenregion

Der Aufstieg und das Ende wohlorganisierter Fischer-, Bauern- und Seefahrerkulturen im Verlauf der ecuadorianischen Küste ist in groben Fragmenten langsam ans Tageslicht getreten. Der älteste Nachweis, die Grabstätten der *Las-Vegas-Kultur* (8.800–4.400 v. Chr., vgl. Los Amantes de Sumpa in Santa Elena), stammt aus der so genannten *Paläoindischen* Phase, einer Vorstufe zur *Formativen Phase*. Die Grundlage dieser ersten halbsesshaften Gruppe bestand aus einer Mischwirtschaft aus Fischen, Jagen und Sammeln, auch wenn Maiskörnerfunde unter den Opferbeigaben auf eine primitive Form des Ackerbaus schließen lassen.

Die Nachfahren dieser frühen Zivilisation, die Kulturen *Valdivia* (3.500–1.500 v. Chr., Region Península), *Machalilla* (1.500–1.200 v. Chr., Manabí) und *Chorrera* (1.200–300 v. Chr., Guayas, Los Rios) werden im *Período Formativo* zusammengefasst. Besonders die Valdiviakultur hob sich durch innovative Formgebung bei den *figurines* (kleine Menschendarstellungen) hervor, welche die weibliche Fruchtbarkeit in den Mittelpunkt des Geschehens stellte. Bei der Machalillakultur sind u. a. die stilisierten Henkelkrüge bemerkenswert, während die Chorrerakultur tönende, mit viel Symbolik versehene Gefäße schuf, deren feine Frequenzen Tierlaute und Windgeräusche in einer verblüffenden Klangtreue nachahmen konnten. Bei den Tieren kommen drei Motive immer wieder vor: Jaguar, Schlange und Adler.

Die Völker des *Período del Desarrollo Regional* (Regionale Entwicklungsphase, 300 v. Chr. bis 800 n. Chr.), dem die Kulturen *La Tolita* (nördlich von Esmeraldas), *Jama Coaque* (nördlich von Manabí), *Bahía* (Manabí), *Guangala* (Guayas, Manabí), *Daule Tejar* (Guayas) und *Jambelí* (El Oro) angehörten, wurden von visionären Kaziken regiert. Zeremonienstätten, Landwirtschaft, Handelskontakte (u. a. mit der Sierra) sowie Metallschmelzung, Edelsteinverarbeitung und die Seefahrt waren diesen Küstenvölkern gemeinsam. Archäologische Reliquien dieser präkolumbischen Phase gehören mit zu den beeindruckendsten. Am Strand sitzende philosophierende Priester (Bahía), beflügelte „Buddhas" (Jama Coaque), metaphorische Tiermasken (Alter Ego, insbesondere La Tolita), Arbeitsszenen, Ritualfiguren oder delikate erotische Motive spiegeln die „kosmische Vision" dieser einst blühenden Zwergstaaten wider.

Im *Período de Integración* (Integrationsphase, 800–1500 n. Chr.) begannen territorial orientierte und zentral ausgerichtete Hierarchien aufzutreten. Die mondsichelförmigen Sitze der Kultur *Manteño* sprechen Bände. Fortschreitende Navigation (große Balsaflöße) erlaubten einen florierenden Außenhandel mit *Mesoamérica* (heutiges Mexiko, Guatemala) und der südlichen Hemisphäre (Peru, Chile). Kupfer, Spondylusmuscheln und Baumwolle zählten zu den Exportschlagern. Im Einzugsgebiet des Río Guayas gewährleistete die Kultur *Milagro Quevedo* durch großflächigen Terrassenanbau eine optimale Versorgung mit Nahrungsmitteln. Viele dieser künstlich erschaffenen Hügel voller Scherben werden heute noch bewirtschaftet. Die Kleinstaaten dieser Epoche widerstanden in ihrer Spätphase sowohl den Invasionen der Inkas wie auch zeitweise den Spaniern, die 1532 zum ersten Mal in den Buchten und Mangroven-Flussarmen der äquatorialen Küste aufkreuzten.

wie z. B. der Harpyie; die *Traditionszone*, wo eine Hazienda aus der goldenen Kakao-zeit originalgetreu nachgebaut wurde, sowie die *Architekturzone*, wo gleich eine ganze Reihe von eindrucksvollen zweistöckigen Holzkonstruktionen, wie sie vor dem großen Brand von 1896 noch den Malecón zierten, bis ins Detail wieder auferstanden. Im Restaurant gibt es ein vorzügliches Mittagsmenü, für den kleineren Geldbeutel bietet die Cafetería Regionaltypisches wie *bolones de verde* oder *empanadas*.

Öffnungszeiten Mi–So 9–16.30 Uhr, Eintritt 3 USD, So 4,50 USD. Vía Samborondón, vorm C.C. Río Centro links rein, ℡ 2833807, www.parquehistorico.com.

▸ **Fútbol**: Die sportbegeisterten Guayaquileños besitzen drei große Stadien, wobei das *Modelo* das städtische, das *Capwell* (die „Streichholzschachtel") das englische und das 90.000 Zuschauer fassende *Monumental* eines der modernsten ist. Falls sich die Gelegenheit ergeben sollte, ist ein Lokaltreffen zwischen dem *Club Sport Emelec*, den *eléctricos* oder auch *Ballet Azul*, und dem *Barcelona SC*, den *toreros* oder auch *canarios*, ein Muss! Bei einem *Clásico del Astillero* gibt es niemanden, den es bei der aufgeheizten Atmosphäre nicht auch von den Sitzen reißen würde.

Ausflüge in die Umgebung

▸ **Cerro Blanco**: Das 3.500 ha große Naturschutzgebiet nordöstlich der Stadt stellt eines der letzten Refugien in der Provinz Guayas dar, wo vor allem Vögel, mit Glück auch Leguane, Brüllaffen oder der sehr seltene grüne *Ara Guayaquilensis* gesichtet werden können. Von diesen großen Papageien soll es in Ecuador noch ganze zehn Exemplare geben. Im August 1994 wurde zum ersten Mal ein Nest dieses Aras am Cerro Blanco entdeckt. Es besteht die Möglichkeit, in der Ecolodge zu übernachten. In der Regenzeit (Januar bis April) wird der Trockenwald zwar schön grün, aber dafür gibt es auch mehr Moskitos und *zancudos* (Riesenstechmücken). Während der trockenen Monate stellt ein Sonnenstich wohl die größte Gefahr dar.

• *Information/Reservierungen* **Fundación Pro Bosque**, Cuenca y Eloy Alfaro, *C.C. Promocentro*, Dir. Eric Horstmann Taylor, ℡ 04/2874946, www.bosquecerroblanco. com, Mi–Fr (Reservierung nötig) und Sa/So (ohne Voranmeldung) 8.30–15.30 Uhr.

• *Auf eigene Faust* Mit jedem Bus in Richtung Playas bzw. Salinas. Der Eingang zum Cerro Blanco liegt unmittelbar rechter Hand hinter der Zementfabrik, bei km 16, Fahrer fragen! Trinkwasser, Sonnenhut und Insektenschutz sind mitzunehmen. Eintritt 4–5 USD, Guide 7–12 USD je nach Wanderweg.

▸ **Bosque Protector Los Esteros/Poza Honda**: Weiter südlich vom Cerro-Blanco-Reservat befindet sich dieses 600 ha große Mangrovengebiet mit viel Vogelleben (über 60 Arten) und lustigen *cangrejos violinistas*. Kanutrips können unternommen werden.

• *Anfahrt/Information* Die Anreise erfolgt über die gleiche Route wie zum Cerro Blanco. Der Eingang zum Reservat bzw. zur Gemeinde Puerto Hondo befindet sich

2 km weiter als die Cerro-Blanco-Zufahrt in westlicher Richtung – links rein! Auskunft erteilt die **Fundación Pro Bosque** (s. o.).

▸ **Zoo El Pantanal**: Dieser von der Familie Chiriboga liebevoll geführte Zoo begann vor über 25 Jahren als Zentrum zur Erhaltung und Rehabilitation des Wildlebens. Selbst heute noch werden alle Tiere als Spende oder von der Polizei beschlagnahmt beim illegalen Tierhandel übergeben. Der Zoo umfasst 1.200 Tiere von über 100 Arten: Galapagos-Schildkröten, Tukane, Affen, Pumas, Bären, Krokodile, Tapire, Anakondas, einen Harpyien-Adler, einen Jaguar und auch den sehr seltenen grünen Guayaquil-Ara. Ende 2006 wurde ein Aquarium eröffnet. Geführte Touren auf Spanisch und Englisch. Volontäre sind willkommen!

• *Anfahrt* Vía Daule km 23, etwa 500 m hinter dem *Country Club* Golfplatz, Stadtbus Vía Daule 54, 68, 120 B oder Überlandbus vom Terminal Terrestre. Ein Taxi vom Zentrum kostet 12 USD (20 Min.).

• *Öffnungszeiten* Tägl. 9–17 Uhr, Eintritt 3 USD, Kinder und Rentner 2 USD inkl. *guía*, ✆ 04/2267047, www.zooelpantanal.com.

Reserva Ecológica Manglares de Churute

Das 50.000 ha große Naturreservat, 45 Min. südöstlich von Guayaquil, stellt eines der letzten zusammenhängenden Mangrovensumpf- und Trockenurwaldgebiete der ecuadorianischen Küste dar. Das wenig besuchte Reservat wird von mehreren Höhenrücken durchzogen. Dabei beträgt die höchste Erhebung in der **Cordillera de Churute** knapp 900 m. In der feucht-heißen Jahreszeit von Januar bis Mai ist das Gebiet mit dichter, grüner Vegetation überwuchert. In der trockenen Jahreszeit wird die Vegetation gelbbraun, und grauer Nebel hüllt die Hügelketten vormittags oft in ein nieseliges Wolkenmeer. Ein Vorteil dieser frischen „Garúa"-Monate ist das Ausbleiben der lästigen Moskitoschwärme. Das Churute-Reservat weist drei Biozonen auf: 35.000 ha Mangrovensümpfe, 15.000 ha sumpfiges Grasland und hügeligen Trockenurwald mit den *Cerros del Mate, Cimalón, Perequete Chico y Grande, Pancho y el Diablo*.

Auf mehrstündigen Wanderungen können neben 264 Vogelarten auch Kapuziner- und Brüllaffen angetroffen werden. Vom Mirador (4 Std. Rundweg) genießt man bei schönem Wetter einen weiten Ausblick über die verschiedenen Zonen des Reservates. Um die labyrinthartigen Mangrovensümpfe zu erkunden, wird jedoch ein Motorkanu benötigt. Dieses kann im Churute-Info-Zentrum oder bei einer Reiseagentur in Guayaquil organisiert werden. In den weitverzweigten Stelzwurzel-Kanälen können Scharen von Krabben, Lachmöwen und andere Seevögel sowie auch Delfine (Große Tümmler) beobachtet werden.

• *Anfahrt* Mit jedem Bus in Richtung Machala, ca. 50 Min. bis zum Info-Zentrum, etwa 4 km hinter dem Dorf Churute und 50 km von Guayaquil in Richtung Puerto Inca. Dem Fahrer Bescheid geben! Das Reservat ist ausgeschildert. Da es für die unterschiedlichen Biozonen mehrere Zugänge gibt, ist eine organisierte Führung unumgänglich. Eintritt 10 USD, Führung ab 10 USD, Kanu ab 80 USD, Zelten ist möglich. Für die Rückfahrt oder Weiterfahrt muss an der Hauptstraße wieder ein Bus herangewinkt werden.

• *Information* Infos über die derzeitige Besuchersituation kann **i-Tur** in Guayaquil oder das Büro des Distrito Forestal im **Ministerio de Ambiente** erteilen, Av. Quito 402 y Padre Solano, 10. St., ✆ 04/2313131, 2397730, Mo–Fr 8.30–16.30 Uhr. Churute-Infos hat die **Fundación Ecológica Andrade**, die am Cerro Masvale eine wissenschaftliche Station unterhält. Av. C. J. Arosemena km 1,5, *edificio* SICO, ✆ 04/2206790, 2207840, fund-andrade@sicocor.com.

In der flachen Sumpfgraslandschaft trifft man auf den seltenen **Hornwehrvogel** bzw. **Canclón** (*Anhima cornuta*), von dem es noch etwa 150–180 Individuen gibt. Der „gehörnte Schreihals" gilt aufgrund seiner tiefen, kilometerweit hörbaren Brunftlaute als naher Verwandter von Enten und Gänsen, hat aber vom Aussehen her recht wenig mit diesen gemeinsam. Dagegen sprechen schon der bis zu 10 cm lange Stirnfortsatz und seine mit spitzen Sporen versehenen Flügel. Der schwarz-weiß gefiederte, eher hühnerartige Canclón stammt ursprünglich aus dem Amazonasbecken, wo auch ähnliche Unterarten leben. Er kann auf der westlichen Seite der Anden nur in Churute beobachtet werden.

Guayaquil Karten S. 580/581 und 585

Playas

80 km entfernt liegt der am bequemsten zu erreichende Sandstrand der Guayaquileños. Es geht über die westliche *Autopista del Sol* in Richtung Salinas (vgl.
Halbinsel Santa Elena) in Progreso links ab. Im Gegensatz zum mitunter wochenlang diesigen Salinas hält Playas mit über 300 Sonnentagen im Jahr den Lan-
desrekord. Auch das ausgeglichene trockene Klima mit Temperaturen von durchschnittlich 22 Grad und einem hohen Ozongehalt gilt als eines der besten der Welt.

Am südöstlichen Zipfel der Kleinstadt, rechter Hand an der Straße nach Data
und Posorja (Av. Jaime Róldos Aguilera), ist der bei Ebbe sehr weitläufige, 15 km
lange Strand dann einsam und lädt zu langen Spaziergängen ein. Pelikane, See-
möwen und Fregattvögel drehen ihre Runden und behalten aufmerksam die Fischer im Auge, welche teils noch mit segeltuchbespannten Balsaflößen aufs Meer
hinausfahren.

Diese aus präkolumbischer Zeit überlieferte Navigationsform wird an der ecuadorianischen Küste nur noch in Playas praktiziert. Einmal im Jahr findet am 29. Juni
zur **Fiesta** des Fischerpatrons **San Pedro** eine fotogene **Balsa-Regatta** statt. Ebenso
ziehen mit steigender Flut vereinzelte Männer, Frauen und Kinder in den auslaufenden Wellen ein feinmaschiges Pflugnetz hinter sich her, womit Shrimplarven zur
Aufzucht in den *camaroneras* eingefangen werden. Für Leute, die einen übrig gebliebenen Sonnentag am Sandstrand dem stickigen Guayaquil vorziehen, ist Playas
eine nahe liegende Option.

> Die **Vorwahl** von Playas und der Pro-
> vinz Guayas ist **04**.

• *Verbindungen* Zum Terminal Terrestre in
Guayaquil geht es vom Zentrum (Av. Pedro
Menéndez Gilbert) mit dem Bus in 1:30–
2 Std. (2,50 USD).
• *Internet/Telefonieren* Internetcafé **Cyber
Playas** in der Av. Jaime Roldós gegenüber
dem Parque. **Porta-** und **Movistar-Telefon-
kabinen** in der Roldós y Calle 9.
• *Übernachten/Essen & Trinken* **Bellavista**,
(GK), 2 km vom Zentrum an der Straße
Richtung Data und Posorja ruhig gelegen.
Komfortable Klinkerstein-Ferienwohnungen
am Strand. Sauberer Pool, Jacuzzi, Sauna,
Dampfbad, Reiki, Salzbäder, Squash, klei-
nes Open-Air-Solarium für Freikörperkultur-
Suchende, offenes Meerblick-Restaurant,
Billard, Sat-TV. Bootsausflüge zur Delfin-
beobachtung und in die Mangrovenwälder.
Besitzer ist der Basler Jean Marie Moulet.
EZ 48 USD, DZ 66 USD, Suite 72 USD.
✆ 2760600, www.hosteriabellavista.net.
Arena Caliente, (MK), vierstöckig, im Ort in 2.
Reihe hinterm Strand. Saubere, komfortable
Zimmer, BP, AC, Kabel-TV, teils Meerblick-
Balkon und Kühlschrank (z. B. Nr. 105). Großer Pool, Sauna, Dampfbad. Das ange-
schlossene Restaurant Toque Manabita bie-
tet exquisite *banderas de mariscos* (5 USD),
Fischfilet a la Casa mit Shrimps, Knoblauchsoße, Kapern und *patacones* (8 USD), ebenso in Kokosnuss- o. Erdnusssoße Gedünstetes, tägl. bis spätabends. EZ ab 28 USD,
DZ ab 33 USD. Av. Guayaquil y Paquisha,
✆ 2761580, www.hotel-arenacaliente.com.
Ana, (MK/Budget), am Sandstrand bei km 2
der Vía Data y Posorja. Gemütliche *matrimoniales* mit Kachelböden, BP, AC, Kabel-
TV, Wände und Möbel teils aus Holz (auch
Mangrovenholz). Italienisches Restaurant
und Pool. DZ ab 32 USD. ✆ 2761770,
www.hotelanaplayas.com.
Natalie, (Budget), am Strand, helle Zimmer
mit BP, Ww, Meerblick-Balkon. Gutes Preis-
Leistungs-Verhältnis! Cafetería mit *desayuno
americano* 3,50 USD. Malecón y Jambelí.
Pro Pers. 12 USD (Ventilator/AC). ✆ 2762537.
Caracol, (Low Budget), niedliche Zimmer-
chen mit BP und Ventilator, Nr. 20 (DZ) und
Nr. 18 (EZ) bieten Sicht aufs kühle Nass und
einen Zipfel Garten. EZ 8 USD, DZ 14 USD.
Jambelí y 3 de Noviembre, ✆ 2760808.
Los Ajos, schmackhaftes, preiswertes Res-
taurant, Di–So 9–22 Uhr. Av. Jaime Roldós y
Calle 8 schräg gegenüber dem Parque
Infantil, ✆ 2761678.

Das einfache Straßenlokal **Rincón de Mary**
schräg gegenüber dem Parque Infantil in
der Av. Jaime Róldos hat ein paar nette
Tischchen zum Draußensitzen, Falafel,
Fisch und kaltes Bier.

O Sole Mío, *desayunos*, *almuerzos*, *batidos*, *cerveza* auf einer sternförmigen Holzveranda mit Blick aufs Meer, ein lauschiges
Plätzchen.

Beliebt sind die Austern-, Miesmuschel-
und Tintenfischstände (ab 3 USD) der **Feria
de las Ostras** gegenüber dem Hotel Arena
Caliente.

• *Touren*   Bootsausflüge in die Mangrovenwälder von **Puerto El Morro** und zur
Isla de los Pájaros organisiert Sixto Flores
(mobil ✆ 086-074403) *oder* können von Hotels vermittelt werden. Es besteht auch
die Möglichkeit, am Strand entlangzuga-
loppieren, am besten fragt man an der Hotelrezeption.

Playas/Umgebung

Kapokbaum

▶ **El Morro**: 90 m hoher Aussichtspunkt,
336 dem Felsen angepasste Stufen über
dem Meer, 7 km von Playas in östlicher
Richtung. Dort befindet sich auch das
pittoreske 2.500-Einwohner-Fischerdörf-
chen **Puerto El Morro**.

▶ In der weitläufigen Mangrovenbucht
Estuario del Puerto El Morro (14 km
von Playas) können vom Boot aus Große Tümmler (Bottlenose Dolphins, *Tur-
siops truncatus*) beobachtet werden, die dort auf Nahrungssuche gehen. Nach 45
Min. Bootsfahrt ist die **Isla de los Pájaros** erreicht. Hier balzen und brüten 38 Vogelarten, darunter Fregattvögel, Braune Pelikane, Kormorane, Fischreiher und
Blaufußtölpel. Ecua Andino Planet in Guayaquil organisiert Ausflüge in die Bucht
(siehe S. 578).

▶ **Punta Pelado**: ruhiger Strand, abseits vom Wochenendtrubel, etwa 6 km in nord-
westlicher Richtung.

▶ **Engabao**: liegt 15 km nordwestlich von Playas und ist über eine löchrige Schotterpiste zu erreichen. In dem traditionellen Fischerdorf finden alljährliche Surfwett-
bewerbe statt.

▶ **Posorja**: 30 km südwestlich von Playas am **Canal del Morro** gelegen. Der Ort war
einst das erste Seebad von Guayaquil, das von dort aus nur per Schiff angesteuert
werden konnte. Heute ist Posorja ein Zentrum der Fischindustrie. Hochseefrachter
gibt es im Schifffahrtskanal vor der Küste zu sehen. Auf der südöstlich vorgelagerten Insel Puná soll es gegenüber von Posorja einen einsamen Sandstrand geben, an
dem Nacktbaden kein Problem ist.

Karten S. 580/581 und 585

Guayaquil

▲ Blaufusstölpel

Galapagos – Las Islas Encantadas

Punta Suárez von Española

Galapagos –
Las Islas Encantadas

Von Quito aus tauchen sie nach zwei Flugstunden aus dem tiefblauen Ozean auf: die verwunschenen, die verzauberten, die bezaubernden Inseln, Arche Noah im Pazifik, Gottes Werkstatt, Musterbeispiel der Evolution. Der Galapagos-Archipel wurde für den ecuadorianischen Tourismus zur magischen Formel.

Die Entstehungsgeschichte des Archipels

Wie viele andere vulkanische Inselketten im pazifischen Raum sind auch die Galapagosinseln ozeanischer Abstammung. „Ozeanisch" bedeutet in diesem Fall das Gegenteil von „kontinental", d. h. die Inseln hatten im Verlauf ihrer Entstehungsgeschichte keinerlei Verbindung zum Festland und sind auch nicht durch Abdriften daraus hervorgegangen. Sie wurden unabhängig von den geologischen Ereignissen auf dem südamerikanischen Kontinent aus der Tiefe des Meeres bis an die Wasseroberfläche hochgeliftet bzw. sind durch einen heißen Magma-Ausstoß aus dem Erdinnern entstanden. Ähnlich wie die Hawaii-Inseln sind die Galapagosinseln noch sehr jung und nach wie vor im „Wachsen" begriffen.

Die Galapagosinseln befinden sich auf der nördlichen Kante der *Nazca-Platte*. Diese bewegt sich langsam in Richtung Osten auf die *Südamerikanische Platte* zu –alljährlichen etwa 9 cm. Die Südamerikanische Platte, auf der sich auch der gleichnamige Kontinent befindet, bewegt sich hingegen westwärts, mit einer Geschwindigkeit von etwa 5 cm pro Jahr. Diese beiden Platten stoßen westlich der südamerikanischen Pazifikküste in einer Zeitlupen-Kollision aufeinander. Entlang dieser Zone, wo die leichtere Nazca-Platte unter die schwerere Südamerikanische Platte abtaucht (bzw. von ihr subduziert wird), hat sich nicht nur ein tiefer Meeresgraben gebildet, sondern durch das fortdauernde Hochdrücken der Kontinentalplatte auch die gewaltige Andenkette herausgefaltet.

Lage und Größe

Fast 1.000 km westlich vom ecuadorianischen Festland bzw. 1.200 km südwestlich von Panama und Costa Rica liegen die siebzig Inseln und aus dem Wasser ragenden Vulkanfelsen des Galapagos-Archipels. *Isabela*, mit 4.588 km^2 die weitaus größte Insel, nimmt mehr als die Hälfte der Gesamtfläche ein. Es folgen *Santa Cruz* (986 km^2), *Fernandina* (642 km^2), *Santiago* (585 km^2), *San Cristóbal* (558 km^2), *Floreana* (173 km^2) und *Marchena* (115 km^2). Die Gesamtoberfläche des Archipels beträgt etwas über 8.000 km^2. Zu den kleinsten Eilanden mit einer Fläche von 1 bis 5 km^2 gehören *Rábida, Seymour, Wolf, Bartolomé, Tortuga* und *Darwin*.

Auf einer Achse von West nach Ost gezogen, streckt sich das Inselreich auf über 320 km hin. Die Äquatorlinie verläuft genau durch den Vulkankrater *Wolf* im nördlichen Teil der Insel Isabela. Dieser stellt mit etwa 1.700 m Höhe auch die höchste Erhebung auf Galapagos dar.

Etwas weiter nördlich von Galapagos liegt auch die *Cocos-Platte*, die unter die *Karibische Platte* abtaucht. Die Inseln befinden sich genau im Grenzbereich dieser drei Platten. Das allmähliche Wegdriften der Nazca-Platte – und damit auch des Galapagos-Archipels – erklärt zwar die Auffaltungen des Meeres- und Festlandbodens, aber noch nicht die vulkanische Tätigkeit der Inseln.

Unter den Galapagosinseln befindet sich ein Punkt, der von Geologen als *Hot Spot* bezeichnet wird. Ein Hot Spot ist eine Zone mit heißem, aufsteigendem Magma im unteren Erdmantelbereich, die schließlich wie eine Feuer speiende Fontäne durch die harte Erdkruste hindurchsticht. Dieser „Heiße Fleck" hat an dieser Stelle eine unterseeische Plattform gebildet (wie eine Hitzeblase), aus der sich die vereinzelten Galapagos-Vulkane erheben. Sie sind nichts weiter als die „Ventile" dieses unterirdischen Hot Spots. Dort, wo einer dieser Vulkankegel aus dem Ozean herausragt, entsteht eine neue Insel. Im Falle der Insel Isabela waren dies einst fünf separate Vulkane, die aufgrund anhaltender Eruptionen und Lavaausflüsse zu einer großen Landmasse zusammengeschmolzen sind.

Da dieser Hot Spot jedoch stationär ist (d. h. er verbleibt immer an der gleichen Stelle), während die Nazca-Platte gleichzeitig aber dem Kontinent zudriftet, sind die Galapagosinseln dem Alter nach von Ost nach West einzuteilen. Die ältesten Inseln sind die am östlichsten gelegenen Española und San Cristóbal (über 3 Mio. Jahre), während die jüngsten auch die vulkanisch aktivsten sind: Fernandina und Isabela (etwa 700.000 Jahre).

Der gegenwärtige Archipel erhebt sich in zwei unterschiedlichen Formen aus dem Wasser: Die *runden Vulkankegel* sind das Ergebnis dieses fest stehenden Hot Spots, während die *abgeflachten Blockhügel* das Ergebnis der Nazca-Plattenbewegung sind, die den Meeresboden bis über die Wasseroberfläche aufgefaltet hat. Einige der Inseln sind in dem Zusammenhang durch eine Kombination dieser beiden urgewaltigen Entstehungskräfte geformt worden.

Galapagos

Karte hinterer Umschlag

Das Prinzip der Plattentektonik

Die geologische Struktur der Erde kann mit einem Pfirsich verglichen werden. Der harte innere Kern (Erdkern) ist von weichem Fruchtfleisch (Erdmantel oder auch Magma) umgeben. Dieser zähflüssige Erdmantel wird von einer dünnen äußeren Schale zusammengehalten, der „Pfirsichhaut" oder Erdkruste. Die äußere Kruste der Erde ist in zwölf große Platten unterteilt, die sich wie ein bewegliches, kugelförmiges Mosaik ständig aneinanderreiben, aufeinanderstoßen, gegenseitig auffalten und untereinander abtauchen, während sie auf dem zähflüssigen Erdmantel „umherschwimmen". Die fortlaufenden Bewegungen dieser aufeinandertreffenden Platten führen schließlich zu Erdbeben und Vulkanausbrüchen. Ursache dieser tektonischen Plattenbewegungen sind bestimmte Strömungen und Gegenströmungen innerhalb des Erdmantels, welche die Erdkruste an einer Stelle zermahlen und zum Ausgleich an einer anderen Stelle neu formen. Das ortsfeste Magmavorkommen, das in unregelmäßigem Abstand an die Erdoberfläche „sticht", und die wandernde Erdkruste darüber erinnern an eine „Nähmaschine".

Neuere Erkenntnisse haben den Beweis erbracht, dass es weiter östlich der Inseln einmal eine Art „Proto-Galapagos" gegeben haben muss (vor über 9 Mio. Jahren). Diese Vorläufer der heutigen Inseln sind zwischenzeitlich längst wieder im Meer verschwunden. Sie lagen dem Kontinent weitaus näher als die heutigen Inseln und können dadurch auch ganz neue Aufschlüsse über die Evolutionstheorie geben. Die Tierwelt musste gar keinen so weiten Weg zurücklegen, um auf den Archipel zu gelangen. Zumindest nicht wie anfangs vermutet. Dieser Proto-Archipel lag gerade

Blick von Bartolomé

mal 200–400 km westlich des Kontinents. Das erklärt auch, warum es auf Galapagos Tiere und Pflanzen gibt, die aufgrund ihrer endemischen Entwicklungsstufe ein Alter durchlaufen haben müssen, das das Alter der heutigen Inseln bei Weitem übersteigt. Die insulare Evolution der Flora und Fauna hatte daher eine viel größere Zeitspanne zur Verfügung als bisher angenommen und das Rätsel um den vielfach beschleunigten Evolutionsprozess könnte somit als gelöst betrachtet werden (vgl. auch Abschnitt „Evolution", S. 607).

Klima und Meeresströmungen

Durch das Zusammentreffen verschiedener pazifischer Meeresströmungen in Wechselwirkung mit den Winden weisen die Galapagosinseln kein typisches Äquatorklima auf, sondern besitzen vielmehr ein einzigartiges Mikroklima. Die Meeresströmungen sind der Schlüssel zu diesem Phänomen, das grundsätzlich zwei Jahreszeiten – eine kühle und eine warme – verursacht.

Von Dezember/Januar bis Mai/Juni überwiegen durch milde Nordostpassate tropisch-sommerliche Lufttemperaturen. Durch den nordäquatorialen Panamastrom, den man bei ungewöhnlicher Stärke auch als *El Niño* bezeichnet, wird warmes, planktonarmes Meerwasser zugeführt (24–27 Grad). Dabei wird die feuchte Luft über dem Ozean aufgewärmt und kondensiert. In diesen Monaten können auch im Küstenbereich der Inseln heftige Regenschauer auftreten, während viele Meerestiere und Seevögel durch das Ausbleiben des kalten, nährstoffreichen Humboldtstroms aus dem Süden um ihre Nahrung bangen müssen. Dennoch hat der Archipel während dieser schwülen Jahreszeit die meisten Sonnentage aufzuweisen. Die ansonsten trockene Vegetation gedeiht prächtig und nimmt Farbe an. Darüber hinaus beginnen viele Tiere während dieser Zeit mit der Fortpflanzung.

Von Juni bis November/Dezember, in den sog. *garúa*-Monaten, herrschen kühle Luft- und Wassertemperaturen vor. Mit dem Humboldtstrom aus antarktischen Gefilden gelangen von Süden her subtropische Wetterfronten nach Galapagos. Verursacht durch das Zusammenwirken von kaltem Wasser (17–20 Grad) und warmer Luft werden die höheren Lagen der Inseln durch ein Meer aus dichten Wolken eingehüllt. Starke Passatwinde aus Südost treiben diesen Effekt noch voran. Es kommt zu Nebel und dauerhaftem Nieselregen (*garúa*). Zudem spielt der kalte äquatoriale Cromwell-Strom, der aus westlicher Richtung in mehreren hundert Metern Tiefe auf das Galapagos-Plateau trifft (Fernandina, Isabela, Floreana), eine weitere entscheidende Rolle bei der Nährstoffversorgung der vor allem in dieser Zone lebenden Delfine, Wale und Pinguine. Die planktonreiche See ist besonders in den Monaten von August bis Oktober sehr rau und die Meeresfauna vermehrt sich in dieser Jahreszeit verstärkt. Die Küstenvegetation hingegen vertrocknet zusehends. Für Tauchsportler ist dies die aufregendste Saison. Landgängern wird jedoch geraten, eine wärmende Jacke oder einen leichten Pullover einzupacken. Das schlechteste Wetter und die kühlsten Meerestemperaturen herrschen von August bis Oktober vor.

Von Seefahrern, Siedlern und satanischen Sagen

Die ersten Besucher auf den Galapagosinseln waren vermutlich die seetüchtigen Kulturen der Manteños oder Huancavilcas, die auf großen Balsaflößen vom Festland herüberkamen. Keramiksplitter, die auf der Insel Santiago, der Bahía Ballena auf Santa Cruz und am „schwarzen Strand" von Floreana gefunden wurden, können dies bezeugen. Ob die ehemaligen Küstenbewohner wieder ihren Weg von den

Karte hinterer Umschlag

Galapagos

ozeanischen Inseln zurückfanden, bleibt aufgrund der vorherrschenden Strö-
mungsverhältnissen jedoch zu bezweifeln.

Um 1485 soll auch der Inka Tupac Yupangui zwei der Inseln angesteuert haben,
Nina Chumbi (Feuerinsel) und *Hahua Chumbi* (Äußere Insel). Laut dem norwegischen Entdeckungsreisenden Thor Heyerdahl handelte es sich bei dem dabei zu-
rückgebrachten „Pferdefell", das hundert Jahre später noch in Cuzco weilte, in
Wirklichkeit um ein Seelöwenfell. Das mysteriöse Fell könnte genauso gut von einem Küstenabschnitt des Kontinents stammen.

Eine Windflaute trieb den ersten Europäer, *Fray Tomás de Berlanga*, im Jahre 1535
mit dem starken Humboldt-Gegenstrom an die Küsten des Archipels. Der damalige Erzbischof von Panama hielt die steinigen Eilande „voller Seelöwen und Schildkröten" als „völlig unbewohnbar". Nachdem er die verzweifelte Suche nach Trinkwasser aufgegeben hatte, erreichte er gerade noch die peruanische Küste. Durch die
Entdeckung des Bischofs konnte der Archipel 1574 zum ersten Mal auf einer Welt-
karte eingetragen werden – unter der Bezeichnung „Inseln der Schildkröten" bzw.
Archipelago de los Galopegoes.

Der Spanier *Diego de Rivadeneira* gab ihnen 1546 den zauberhaften Namen *Islas
Encantadas* („verzauberte Inseln"). Der Deserteur von Pizarros Armee floh mit
zwölf Mann und einem gestohlenen Schiff von Peru in Richtung Norden und wurde ebenso wie Berlanga zu den Inseln abgetrieben. Aufgrund der hohen Fehlerquo-
te der damals verwendeten Navigationsinstrumente standen die entlegenen, oft
von Wolken eingehüllten „Phantom-Inseln" im Ruf, sich hin und wieder von der
Oberfläche zu hexen bzw. unsichtbar machen zu können. Rivadeneira fand auf einer der Inseln nicht nur Frischwasser, sondern erwähnte in seinem Bericht auch
erstmalig den „Galapagos-Falken".

Seit Ende des 16. Jh. benutzten englische, französische und holländische Piraten
und Freibeuter, unter ihnen *Francis Drake*, *Captain Morgan* und *William Dampier*,
die Inseln als Schatzversteck und Basis für Überfälle auf spanische Segler, die das
letzte Inka-Gold der Kolonien nach Europa transportierten. Die vulkanischen Höhlen auf Santiago und Floreana dienten den Seeräubern als idealer Schlupfwinkel.
Der Freibeuter *William Ambrose Cowley* benannte die Inseln 1684 nach britischen
Königen, Grafen und Admirälen und fertigte eine erste Detailkarte des Archipels
an. Der 1709 vom Piraten *Woods Rodgers* weit vor der chilenischen Küste aufgelese-
ne englische Matrose *Alexander Selkirk* lieferte dem Schriftsteller *Daniel Defoe*
später die Grundlage zu seinem Robinson-Crusoe-Roman. Selkirk selbst kommandierte drei Monate nach seiner Rettung ein eigenes Korsarenschiff, mit dem er
Guayaquil überfiel, um anschließend die reiche Beute auf einer der Galapagosinseln aufzuteilen.

Im Jahre 1793 stellte der britische Kapitän *James Colnett* auf Floreana ein kurioses
Holzfass auf, das Seefahrern und Touristen bis auf den heutigen Tag als Postzustel-
lung dient (siehe S. 664). Mit Colnett gelangten Ende des 18. und zu Beginn des
19. Jh. die ersten Wal- und Robbenfänger zu den Inseln. Dabei stieg die Zahl der
Fangschiffe im Galapagos-Archipel Mitte des 19. Jh. auf über 2.000 an. Die Pelz-
robbenkolonien haben sich bis heute nicht von der Schlächterei erholen können.
Auch schätzungsweise über 200.000 Riesenschildkröten fielen den Jägern zum
Opfer, 15.000 allein auf Floreana. Die unglücklichen Panzertiere, die unter Deck
einfach übereinandergestapelt auf den Rücken gedreht wurden, konnten trotz
dieser martialischen Prozedur noch monatelang ohne Wasser und Nahrung über-

Land in Sicht

leben und versorgten somit die Mannschaft ständig mit Frischfleisch. Drei der einzigartigen Schildkrötenarten sind dadurch heute ausgestorben, andere wurden extrem stark dezimiert.

Der erste Bewohner von Galapagos war der Ire *Patrick Watkins*, der 1807 (freiwillig oder auch nicht) auf Floreana ausgesetzt wurde. Er beschäftigte sich hauptsächlich mit dem Anbau von Gemüse, das er bei den vorbeifahrenden Walfangschiffen gegen Whisky eintauschte. Der amerikanische Kapitän *David Porter* beschrieb den einsamen Matrosen folgendermaßen: „Nach Fäulnis stinkend, mit zerfetzten Klamottenresten, die nicht mal seine Scham bedeckten, voller Ungeziefer, dunkelbraun von der Sonne gegärt und so wild und ungebändigt, dass jedermann von blankem Entsetzen gepackt wurde." Nichtsdestotrotz entführte Watkins 1809 den Walfänger „Black Prince" und fünf seiner Matrosen, während sich der Rest der Mannschaft an Land befand. Ohne seine Hilfe war ein Herausfinden aus dem Archipel unmöglich und die Männer ließen es geschehen. Als Watkins dann mutterseelenallein am Hafenkai von Guayaquil aufkreuzte, führte dies zu allerlei Gerüchten. Sogar von Kannibalismus war die Rede.

Fast zwei Jahre nach der Unabhängigkeitserklärung Ecuadors wurden die Inseln am 12. Februar 1832 von *Coronel Ignacio Hernández* dem ecuadorianischen Staatsgebiet einverleibt. Der erste Gouverneur von Galapagos, General *José Villamil*, hatte die utopische Absicht, auf Floreana eine neue ideale Gesellschaft zu gründen. Er gab den Inseln neben ihren bereits bestehenden englischen Bezeichnungen offiziell spanische Namen. Sein geträumtes Paradies verwandelte sich jedoch nach kurzer Zeit in eine anarchistische Sträflingskolonie.

Der grausame *Manuel Julio Cobos* verlegte nach einem ersten, im Jahre 1869 fehlgeschlagenen Kolonisierungsversuch 1888 das Gefangenenlager nach El Progreso auf San Cristóbal. Eine einträgliche Zuckerrohrindustrie wurde unter Peitschenhieben errichtet. Arbeitsscheue ließ er zusammen mit Ratten in einen von der Sonne aufgeheizten Eisenkessel einsperren. Nach fortgesetzten Vergewaltigungen an den Ehefrauen der Gefangenen wurde er 1904 von einem macheteschwingenden Kolumbianer in Stücke zerhackt. Sein Grab liegt heute noch unter einem hohen Engelstrompetenbaum im Dörfchen von El Progreso.

Im Herbst 1835 hielt sich der berühmteste Besucher auf den verzauberten Inseln auf – ein englischer Student namens *Charles Darwin*. Der angehende Naturforscher und Ornithologe, der von seinen Lehrmeistern als „einfallslos" eingestuft worden war, reiste trotz des Verbots seines Vaters – und das auch nur, weil zwei andere Passagiere kurzfristig abgesagt hatten. Auf Galapagos untersuchte Darwin fünf Wochen lang Pflanzen und Tiere, die er u. a. als „zyklopische Bestien" beschrieb. Der Begriff „Evolution" wurde von dem tiefreligiösen Viktorianer jedoch zu Beginn nie angewendet. Er berichtete lediglich von „Schöpfungszentren" und „gottgegebener Abstammung mit Abwandlungen". Eine fortschreitende, auf vielfältiger Eigendynamik basierende Artenentwicklung wurde von ihm anfangs abgestritten. Die aus seinen Studien entstandene Theorie „Über die Entstehung der Arten" (1859) revolutionierte dann jedoch die gesamte Naturwissenschaft.

> Der Fang der angeblich potenzsteigernden Seegurken (*pepinos del mar*), deren Fleisch als Delikatesse nach Singapur, Taiwan und China verkauft wird, könnte schwerwiegendste Auswirkungen auf die Unterwasserwelt haben. Die Seegurken fressen Algen und abgestorbene Mikroorganismen. Von ihren Larven wiederum leben andere Organismen, von denen sich letztendlich alle Tierarten auf Galapagos ernähren.

Zwischen 1875 und 1878 gelangte der deutsche Geologe und Naturwissenschaftler *Theodor Wolf* zweimal nach Galapagos. Er fand heraus, dass die Inseln vulkanisch-ozeanischen Ursprungs sein müssen und somit keinerlei Verbindung zum südamerikanischen Kontinent aufweisen. Die höchste Galapagos-Erhebung, ein 1.707 m hoher Vulkan auf Isabela (es gibt im Detail unterschiedliche Höhenangaben), und ein kleines Felseneiland im äußersten Nordwesten des Inselreiches tragen heute seinen Namen.

Anlässlich des 400-jährigen Jubiläums von Kolumbus' Amerika-Entdeckung erhielt das Archipel 1892 den Namen „Archipiélago de Colón". Ein Jahr darauf wurde von *Don Antonio Gil* der erste erfolgreich verlaufende Besiedlungsversuch auf Isabela eingeleitet. Die Kolonie überlebte dank dem Verkauf von Rindfleisch und der Schwefelminen am Sierra Negra-Vulkan. Eine norwegische Siedlergruppe, die 1926 auf Floreana eine Fischdosenfabrik errichtete, gab wenig später wieder auf. Lediglich ein verrosteter Kessel blieb als stiller Zeuge zurück. Auch eine Salzmine im ehemaligen Puerto Egas in der James Bay auf Santiago hatte nur kurze Zeit Bestand (1924–30).

Zu den Abenteuerreisenden, die den Inseln zu ihrer magischen Anziehungskraft verhalfen, zählte auch der amerikanische Forscher *William Beebe*. Sein Galapagosbesuch im Jahre 1923 inspirierte ihn zu dem Weltbestseller „Galápagos – World's End". Ein begeisterter Leser des Buches war der deutsche Aussteiger-Zahnarzt und „Öko-Pionier" *Friedrich Ritter*, der sich 1929 mit seiner Praxishelferin *Dore Strauch* auf Floreana niederließ. Im Jahre 1932 folgte ihnen die aus Köln stammende Familie *Wittmer*, die heute noch auf der Insel lebt. Die ersten Luxusjachten spleeniger

Multimillionäre tauchten am „schwarzen Strand" von Floreana auf. Mit einem dieser ersten Touristenschiffe gelangte die junge deutsche „Baronin" *von Wagner de Bosquet* auf die exotische Insel. Ihre anfänglichen Pläne für ein Luxushotel scheiterten. Nachdem davon nur eine Hütte aus schiefen Brettern und verrostetem Eisen übrig blieben, ernannte sich die „blaublütige" Diva zur „Kaiserin von Floreana".

Während des Zweiten Weltkrieges wurde die Insel Baltra von der amerikanischen Luftwaffe als Stützpunkt zur Überwachung des Panamakanals genutzt. Die „Gringos" sorgten in diesem Zeitraum nicht nur für die Ausrottung der Landleguane auf Baltra, sondern bombardierten zu Übungszwecken auch die Felsnadel auf Bartolomé. Ein eingekrusteter, nicht explodierter Sprengkörper soll seitdem die Spitze des brüchigen Naturmonuments zieren.

Am 4. Juli 1959 wurden 95 % des Archipels zum Nationalpark erklärt. Im gleichen Jahr wurde das 1944 auf der Insel Isabela eröffnete Straflager in die Luft gesprengt. Die übrig gebliebene, von 200 Gefangenen aus Basaltbrocken errichtete „Mauer der Tränen" kann nach wie vor besichtigt werden.

1964 wurde die *Charles Darwin Station* gegründet. Es gab bis weit in die 60er-Jahre hinein nur einen Eselspfad vom Flugfeld auf Baltra übers Hochland von Santa Cruz nach Puerto Ayora. Zwanzig Jahre zuvor hatte der deutsche Einwanderer *Fritz Angermeyer* schon erste Segeltörns für Touristen mit der „Nixi"-Jacht unternommen. Die UNESCO erklärte die Inseln 1978 zum *„Patrimonio de la Humanidad"* („Welterbe der Menschheit"). Heute kommen jährlich über 100.000 Besucher auf den Archipel. Über 22.000 Bewohner leben in den Orten Puerto Ayora (Santa Cruz) und der Provinzhauptstadt Puerto Baquerizo Moreno (San Cristóbal). Überbevölkerung und menschliche Eingriffe stellen das ökologische Gleichgewicht auf eine neue Probe.

Evolution

Als Charles Darwin die Galapagosinseln im Oktober 1835 wieder verließ, war er von deren unglaublicher Artenvielfalt nachhaltig beeindruckt. Doch von seiner Überzeugung, dass Galapagos wie viele andere Regionen der Erde ein gottgegebenes „Schöpfungszentrum" darstellt, konnte ihn dies zunächst nicht abbringen. Auf den wirren Beschriftungen zu seiner mumifizierten Vogelkollektion vermerkte er nicht einmal die verschiedenen Inselnamen. Es schien für ihn keine Rolle zu spielen. Auch die Tatsache, dass die Riesenschildkröten auf jeder Insel einen jeweils anders geformten Rückenpanzer aufzuweisen hatten, hielt Darwin für ein flüchtiges Detail. Ironischerweise missdeutete er ebenso die Galapagos-Finken, deren Schnäbel im späteren Verlauf den Hauptschlüssel zur Evolutionstheorie lieferten. Die putzigen Vögelchen brachten es unter seinem Namen („Darwinfinken") zu weltweitem Ruhm. Der Student der Naturwissenschaften glaubte jedoch, dass es sich hierbei um Goldamseln und Zaunkönige handelte.

Erst viele Jahre nach seinem fünfwöchigen Galapagos-Aufenthalt wurde es dem passionierten Ornithologen bewusst, dass jede der Inseln von einer spezifischen Tier- und Pflanzenwelt bevölkert wird, die ihrerseits wiederum miteinander verwandt schien. Das Wort „Evolution" wurde jedoch von Darwin anfangs nie gebraucht. Denn „Evolution" bedeutete im viktorianischen England „Fortschritt" und fortschrittlich waren nur die Menschen! Er bevorzugte den Ausdruck „Abstammung mit Abwandlungen". Dass diese Abwandlungen im Zuge der Zeit zu einer sich ständig entwickelnden und verbesserten Tier- und Pflanzenart führen, wurde von ihm abgestritten. Darwin sah in diesen Abwandlungen lediglich eine Laune der

Natur, aber keine richtungweisende, auf Eigendynamik beruhende Spezialisierung von Pflanzen und Tieren. Trotzdem ließ ihn der Gedanke, dass vielleicht mehr hinter dem ganzen Artenreichtum stecken könnte, nicht mehr zur Ruhe kommen.

Vermutungen darüber behielt der Brite über zwei Jahrzehnte lang für sich. Erst als ihm ein anderer Naturwissenschaftler namens *Alfred Rains Wallace* eine rückbestätigende und weitergreifende Abhandlung über die wahren Hintergründe der Artenvielfalt zuschickte, besann sich Darwin eines Besseren und begann, seine Schriften praktisch gegen seinen Willen „abzuändern". Das im Jahre 1859 erschiene Werk *The Origin of Species* sollte das Gedankengut der Menschheit auf den Kopf stellen. Es forderte nicht nur die renommiertesten Naturwissenschaftler heraus, sondern erzürnte auch die Kirche, die seine Theorie über einen selektiven Abwandlungsprozess als „ungeheuerliche Gotteslästerung" bezeichnete. Wohl aus diesem Grunde erhielt Darwin auch sein Lebtag lang keinerlei Anerkennung für seinen Gesinnungswandel, zumal die für damalige Verhältnisse umstürzlerische Entstehungsgeschichte erst im 20. Jh. in ihrem gesamten Umfang akzeptiert wurde (vgl. auch „Seefahrer, Siedler und satanische Sagen").

Laboratorium Galapagos

Eine Tierart, die einst durch Abwanderung bzw. geografische Aufspaltung voneinander getrennt wurde, passt sich den jeweils vorherrschenden Umweltbedingungen mittels „natürlicher Auslese" an. Dabei werden nur die stärksten Artgenossen den Anforderungen einer neuen Heimat gerecht. Kämen die Individuen dieser einst voneinander isolierten Tierart nach langer Zeit wieder zusammen, würden sie sich nicht mehr kreuzen. Sie haben sich inzwischen zu neuen eigenständigen Tierarten entwickelt.

Durch die isolierte Lage der Inseln (jedoch nicht isoliert genug für die einstigen Tier-Immigranten) und ihre gleichzeitige Nähe untereinander (jedoch nicht nahe genug, um eine dauerhafte Umherwanderung der Tiere zu begünstigen) besitzt der Galapagos-Archipel die idealen Voraussetzungen für ein vollkommenes Evolutions-Laboratorium. Leguane auf weggeschwemmten Baumstämmen, durch eine starke Meeresströmung abgetriebene Seelöwen, während eines Sturms vom Kurs abgekommene Vögel sowie Pflanzensamen im Gefieder dieser Vögel gelangten vor Millionen von Jahren vom mittel- und südamerikanischen Festlandsockel auf das vulkanische Inselreich. Sie stellten die ersten Bewohner des Archipels dar. Tierarten, die nur ein einziges Mal vom Festland herüberkamen, ließen sich anfangs auch nur auf einer der Inseln nieder. Nachdem diese Immigrantengruppen sich zahlreich zu vermehren begannen, setzten einige ihrer Artgenossen zu anderen Inseln des Archipels über. Blieben diese „neuen" Immigrantengruppen wiederum lange Zeit genug isoliert, begannen sie, sich allmählich von ihren Artgenossen auf der anderen Insel zu unterscheiden. Auf diese Weise haben sich Riesenschildkröten, Echsen, Spottdrosseln und Kakteen auf jeder von ihnen kolonisierten Insel in eine neue Art oder Rasse verwandelt. Manchmal kehrten diese neuen Immigranten aus irgendeinem Grunde nach langer Zeit wieder auf ihre alte angestammte Insel zurück. In diesem Fall gab es nun zwei verschiedene Arten auf dieser Insel, jede mit ihrer besonderen Anpassungsfähigkeit an die bisherige gewohnte Umgebung. Aus diesem Grund gibt es auf Galapagos einen größeren spezifischen Artenreichtum als auf dem südamerikanischen Festland. Allein von den *Darwinfinken*, die bei der Evolutionstheorie eine entscheidende Rolle gespielt haben, gibt es dreizehn Arten, die sich alle durch die Form ihres Schnabels unterscheiden. Sie gebrauchen diesen als Spezialwerkzeug, um Insekten zu fangen, Samen zu knacken oder das Blut vom Schwanz eines Blaufußtölpels zu saugen. Eine Art hat sogar gelernt, einen Kaktusstachel im Schnabel zu halten, um damit Insektenlarven aus dem Holz herauszukratzen!

Anhand des „Genpools" wurde bei einigen Galapagos-Tierarten festgestellt, dass sie eine endemische Entwicklungsstufe erreicht haben, die das Alter der ältesten Galapagosinseln bei Weitem übertrifft. Española ist z. B. etwas über 3 Mio. Jahre alt, Fernandina gerade mal 700.000 Jahre. Um diese Galapagos-spezifische Entwicklung durchgemacht zu haben, d. h. um sich schließlich so stark von ihren kontinentalen Artgenossen zu unterscheiden, hätten diese Tierarten eigentlich sehr viel mehr Zeit gebraucht, als die Inseln alt sind. Noch vor wenigen Jahren war dies ein ungelöstes Rätsel. Heute weiß man jedoch, dass es östlich des Galapagos-Archipels einmal eine Art „Proto-Galapagos" gegeben haben muss. Diese zwischenzeitlich wieder erodierten und im Meer versunkenen Vulkane sind älter als 9 Mio. Jahre und als tektonische Vorläufer des gegenwärtigen Inselreiches zu verstehen. Demnach kann der Entwicklung der endemischen Galapagos-Tierwelt auch aus geologischer Sicht eine weitaus größere Zeitspanne eingeräumt werden. Darüber hinaus lagen diese Urinseln lediglich ein paar hundert Kilometer vom Festland entfernt. Die Tiere hatten es also gar nicht so weit wie bisher immer angenommen (vgl. auch „Entstehungsgeschichte des Archipels").

Die Flora

„Alle Pflanzen haben ein miserables Aussehen und ich habe nicht eine schöne Blume gesehen!", beklagte sich einst Charles Darwin über die karge Vegetation des Archipels. Im Gegensatz zum ecuadorianischen Festland erweist sich die Galapagos-Pflanzenwelt als spröde. Es sind nicht viele Pflanzen, die dem Besucher bei einer Kreuzfahrt gleich ins Auge fallen. Insgesamt gibt es über 700 heimische Pflanzenarten und Unterarten, wovon 250 endemisch sind. Verglichen mit den etwa 25.000 Festlandarten Ecuadors ist dies jedoch nichts weiter als ein verwahrloster Schrebergarten!

Mit zunehmender Besiedlung gelangten vom Festland her auch viele nicht heimische Pflanzen auf die Arche-Noah-Inseln: Feldfrüchte, Fruchtstauden, Zier- und Heilpflanzen sowie Bäume zur schnellen Holzgewinnung. Unabsichtlich wurden dabei vielfach andere Gewächse mit eingeführt. Meist versehentlich im Gepäck versteckte Samen und Keime haben zum gegenwärtigen Auftreten von über 500 verschiedenen *Fremdpflanzen* beigetragen. Dieser Umstand wirkt sich heute sehr

Karte hinterer Umschlag

Galapagos

nachhaltig auf die angestammte endemische Pflanzen- und Tierwelt aus und stellt auf einigen der Inseln sogar eine ernsthafte Gefährdung des spezifisch ökologischen Gleichgewichts dar. Die heimischen Pflanzen sind den meist aggressiven fremden Pflanzen nicht gewachsen. Sie ziehen im täglichen Kampf um Sonnenlicht, Wasser und Nährstoffe vielfach den Kürzeren.

Bereits vor Jahrzehnten auf Santa Cruz und San Cristóbal eingeführte *Chinarindenbäume* („Chinin") verdrängen inzwischen die endemisch einzigartige Miconia-Vegetation (s. u.) in Höhenlagen über 500 m. *Guavenbäume* breiten sich auf vier der unbewohnten Inseln immer rascher zu ganzen Wäldern aus. Andere Fremdpflanzen, wie die 1938 auf Floreana eingeführte Zierblume *Lantana* (Wandelröschen), überwuchern heute teilweise die dortigen Brutplätze von Madeira-Wellenläufern. Die monogamen, vom Aussterben bedrohten Vögel benutzen ein ganzes Leben lang die gleiche Nisthöhle. Ist diese aus irgendeinem Grunde verschüttet, graben sie an der gleichen Stelle eine neue Wohnstube. Wenn sie den angestammten Brutplatz nicht mehr ausfindig machen können, werden sie heimatlos und gehen ein. Einmal auf Floreana angelangt, wurden die Lantana-Samen durch Darwinfinken und eingeschleppte Ratten auf der Insel verbreitet.

Die Flora von Galapagos wird in fünf bis sieben unterschiedliche, in erster Linie von den Höhenlagen abhängige Vegetationszonen unterteilt: die Salzwasser-resistenten Pflanzen im direkten *Küstenbereich* (bis zu 20 Höhenmeter), die nur zur Regenzeit grün wuchernde Buschlandschaft der *Trockenzone* (bis über 100 m), die teils neblig-feuchte *Übergangszone* (150–300 m), die ganzjährig grüne und regnerische *Scalesia-Urwaldzone* (250–600 m), die *Miconia-Gestrüppzone* auf Santa Cruz und San Cristóbal (bis über 700 m) und die *Pampa-Graszone* in den höchsten Insellagen. Dabei haben die meisten Galapagos-Besucher jedoch recht wenig Gelegenheit, die Bergregionen im Innern der Inseln zu erkunden. Bei organisierten Bootstouren bleiben die Anlegestellen in der Hauptsache auf Besucherstandorte in den küstennahen Vegetationszonen beschränkt.

▶ **Im direkten Küstenbereich:** Mit zu den auffälligsten Exponenten der Flora gehören die grünen *Mangrovenwälder* in flachen Küstengebieten. Alle vier in Ecuador vorkommenden Arten dieser dichten Atem- und Stelzwurzelgeflechte säumen auf Santa Cruz, Isabela, Fernandina, San Cristóbal und anderen Inseln des Archipels meist gezeitenabhängige Stranduferzonen. Dazu gehören die Schwarze Mangrove (*Mangle Negro* oder *Jeli de Tierra*) mit ihren gelb-braunen, asymmetrischen Früchten, die rötlichen Zweige und fleischigen Blätter der Roten Mangrove (*Mangle Rojo*), die an der Blattunterseite gepunktete Weiße Mangrove (*Mangle Blanco* oder *Amarillo*) und die kleinblättrige Knopfmangrove (*Mangle Prieta* oder *Jeli de Agua*).

Weitere Pflanzen der nahen Küstenregion sind im Spritzwasserbereich der *Salzbusch* (*Monte Salado*) mit seinen langen herunterhängenden Blättern und den gelbgrünen Blüten, die dichten niedrigen Matten der Sonnenwende, die schlanken dornigen Zweige des *Kleinen Bockshorn* mit seinen keulenförmigen Blättern und die ebenso flachwüchsigen *Strandwinde* und Strandhafer.

Besonders beeindruckend sind die sich wunderbar rot verfärbenden *Korallenbuschgeflechte* auf der steinigen Insel Plaza (auch „Hauswurz", *Galapagos-Portolak* oder *Sesuvium* genannt). Diese sukkulente Pflanze bildet geradezu nordisch anmutende Teppichmatten, die je nach Jahreszeit ganz unterschiedlich prachtvolle Farbtöne aufweisen können.

Die küstennahe Trockenzone: In den wasser- und humusarmen Küstenbereichen der Inseln existiert eine ganze Reihe von Pflanzen, die sich im Laufe der Evolution den alljährlich auftretenden Trockenperioden erfolgreich widersetzen konnten. Dank weitverzweigter Oberflächenwurzeln können diese Pflanzen in der Regenzeit viel Wasser aufnehmen und dieses in Stamm und Ästen für die Trockenmonate von Juni bis Ende Dezember speichern. Während dieser Zeit verliert das flache Wurzelsystem seine Bedeutung.

Zum Wahrzeichen von Galapagos sind die mächtigen *Opuntia-Baumkakteen* herangewachsen. Sie haben sich den vorgegebenen Umweltbedingungen auf einzigartige Weise angepasst. Es gibt sechs endemische Arten dieser bis zu 9 m hohen Feigenkakteen oder Opuntien. Die Kaktuspolster sind wie verdrehte Parabolantennen den Sonnenstrahlen zugewandt. Ihre spitzen Stacheln schützen das Fleisch vor gefräßigen, Eier legenden Räubern. Die braune, mit glattem Wachs bedeckte Baumrinde lässt nicht nur die kletterfreudigen Leguane abrutschen, sondern reduziert auch unnötig verdampfendes Körperwasser durch Wind und starke äquatoriale UV-Strahlung auf ein Minimum. Ein für Kakteen überlebenswichtiger Bestandteil zur Fotosynthese!

Die selteneren, bis zu 6 m hohen *Säulen- oder Kandelaberkakteen* (*Cactus Esbelto*) bestehen hingegen nur aus einer endemischen, inzwischen jedoch evolutionsmäßig aufgespaltenen Art. Sie sind bei einem Spaziergang in den Wetlands um Puerto Villamil auf Isabela zu entdecken.

Nur als Laune der Natur kann der auf nacktem Lavafels gedeihende *Lavakaktus (Cactus de Lava)* verstanden werden. Er tritt in der Regel in Gruppen auf und ist z. B. in der mondartigen Vulkanlandschaft von Bartolomé zu bestaunen.

Der häufigste Vertreter der Trockenzone ist der *Palo-Santo-Baum* oder auch „Heilige Stock", der in den nahen Küstenbereichen oft ganze Wälder bildet und dessen

Lavakaktus

Galapagos
Karte hinterer Umschlag

aromatisches Harz stark nach Weihrauch duftet. Mit seiner glatten, glänzenden Rinde ist der Palo Santo den Weißgummi- oder Balsambäumen zuzuordnen. Während er in den trockensten Monaten kein einziges Blatt trägt, hüllt er sich zur Regenzeit in ein hellgrünes Gewand.

Teils endemische Pflanzenarten im nahen Küstenbereich sind der kleine **Muyuyo-Baum** mit seinen gelben Blüten („Gelbe Cordie"), der giftige **Manzanillo-Baum**, der Flecken verursachende **Chalá-Busch**, die parasitäre **Galapagos-Seide**, der widerspenstige **Burzeldorn** („Cacho de Chivo"), der knotig-dürre Schicksalsbaum, das weißköpfige Papageienblatt, das **Gestieltblütige Wandelröschen**, die **Spitzblättrige Parkinsonie** auf der Insel Baltra („Uña de Gato"), die stachligen **Algarrobo-Akazien** bei Tagus Cove auf Isabela, **Peruanische Melden** an der „Suárez"-Landzunge auf Española, graubärtige **Coldenien** und Bonsai-Baumsonnenblumen auf Bartolomé sowie ein fast blattloses, undurchdringliches Dornengestrüpp namens **Scutia Pauciflora Rhamnaceae**. Ebenso finden sich Wolfsmilch, **Amargo** und **Darwin-Margeriten**. Die sich verführerisch ausbreitende **Galapagos-Passionsblume**, eine ursprünglich eingeführte, stark behaarte Kletterpflanze mit essbaren Früchten, gilt im Gegensatz zur endemischen **Galapagos-Tomate** („Tomatillo") als Schädling, da sie den heimischen Wildgewächsen das Sonnenlicht raubt.

▸ **An den Hängen** (Übergangszone und Scalesia-Zone): In feuchteren Höhenlagen von 150 bis 300 m stechen neben Korallenbäumen, *Bartflechten* und *Lebermoosen* vor allem *Epiphyten* (Aufsitzer-Pflanzen) ins Auge. In dieser Übergangszone nimmt die Niederschlagshäufigkeit im Gegensatz zum trockenen Küstenbereich zu. Dadurch verändert sich auch zusehends die Pflanzenwelt. Diese sog. „Transitionszone" ist für den Laien jedoch kaum von der höher gelegenen „Scalesia-Zone" zu unterscheiden. In beiden Zonen finden sich *Galapagos-Guaven, Galapagos-Passionsblumen, Galapagos-Tillandsi, Galapagos-Misteln und Galapagos-Nesseln.*

In hügeligen und regnerischen Lagen von 200 bis 600 Höhenmetern herrschen von Bromelien und Farnen umrankte *Scalesia-Wälder* vor („Baumsonnenblumen"). Es gibt auf Galapagos 16 endemische Baum- und Buscharten dieser Korbblütler. Manche von ihnen – allerdings sehr kleinwüchsige – sind auch in der Küstenregion anzutreffen.

Da die hoch gelegene Scalesia-Zone die fruchtbarsten Böden des Archipels aufzuweisen hat, wurde sie bisher auch intensiv für die Landwirtschaft genutzt. Dies wird besonders auf San Cristóbal und Santa Cruz deutlich, wo weite Teile dieses Waldgebietes bereits für immer verschwanden. Dies beeinträchtigt auch zunehmend andere Bewohner des Nationalparks. Während der Trockenzeit emigrieren Nahrung suchende Riesenschildkröten in das immergrüne Urwaldgebiet.

Nur in diesen höheren Lagen von Galapagos hat sich eine dem Festland ähnelnde, tropische Pflanzenwelt entwickelt. So unterscheidet sich der dort lebende kleine Rote Fliegenschnäpper, auch unter dem zauberhaften Namen „Rubintyrann" bekannt, kaum von seinen flatternden Festlandsverwandten.

An den Südhängen der Inseln liegen sowohl die Transitionszonen als auch die Scalesia-Zonen aufgrund der vorherrschenden Winde und stärkeren Wolkenbildung viel niedriger als an den Regenschattenseiten der Nordhänge. Die Fahrt vom Flughafen über die gewellten Höhenrücken nach Puerto Ayora, quer über die Insel Santa Cruz, verschafft dem Besucher einen flüchtigen Eindruck von diesen Vegetationszonen des Archipels.

▸ **Im Bergland** (Miconia- und Pampa-Zone): Oberhalb der Waldregion beginnt in Höhenlagen von über 500 m die Pampa-gleiche Bergregion. Meterhohe *Miconia-Büsche, Guaven, Chinarindenbäume*, vereinzelt *Bärlappgewächse, Baumfarne, Was-*

serfarne, Torfmoose sowie 29 Arten von flächendeckenden *Sumpf- und Elefanten-gräsern*, auch *Süßgräser* genannt, kennzeichnen diese regenreiche Grünzone auf San Cristóbal und Santa Cruz. Auf Isabela erreicht das zähe Dickicht sogar die Kraterränder der bis zu 1.700 m hohen Vulkanriesen.

Das tropisch-subtropische Bergland hat mehr endemische Pflanzen- und Tierarten aufzuweisen als die küstennahe Trocken- und Spritzwasserzone. Der Lebensraum von zwei seltenen Vogelarten, der Galapagos-Zwergralle und der Buntgeschnäbelten Schnarre, ist z. B. nur auf diese Pampa-Zone beschränkt.

Die Fauna

Es gibt auf der Erde kaum einen Ort, wo Tiere leichter in freier Wildbahn zu beobachten sind als auf den Galapagosinseln. Trotz jahrhundertelang verursachter Schlächtereien zeigen die Tiere keinerlei Scheu vor den ständig anlandenden Touristen-Heerscharen. Sie marschieren durch ihre Reviere, stolpern an ihren Wohnnischen und Brutplätzen vorbei und verunsichern ihre Neugeborenen. Die erwachsenen Tiere bleiben unerschrocken und lassen sich aus allernächster Nähe fotografieren. Der Mensch wird einfach als unbedeutender Bestandteil ihrer natürlichen Umgebung akzeptiert. Manche Tiere, insbesondere Seelöwenjunge und Darwinfinken, zeigen sogar unverhohlene Neugierde. Andere wiederum, wie z. B. die Tölpel, schnappen bei einem allzu aufdringlichen Zunahekommen mit dem Schnabel zu.

Diese einmütige Billigung des Menschen seitens der Tiere ist auch den Naturführern zu verdanken, die seit Jahrzehnten nach den strengen Richtlinien der Nationalparkverwaltung handeln. Touristen dürfen nur auf den vorgeschriebenen Pfaden einherwandern, um somit nicht auf die Tiere oder deren Nistplätze abseits der Wege zu treten. Besucher, die der Versuchung nicht widerstehen können, den abgesteckten Pfad zu verlassen, werden augenblicklich zurechtgewiesen. Davon abgesehen, sitzt das begehrte Motiv früher oder später sowieso direkt am Wegrand vor der Linse. Auch sollte bei unüberlegtem Zurückschreiten zwecks einer besseren Aufnahme darauf geachtet werden, dass viele Vögel und Leguane mitten auf den Touristenpfaden brüten. Um diese Brutplätze nicht zu zerstören, ist vorsichtiges Ausweichen oberstes Gebot. Niemals direkt über ein Nest steigen!

So gibt es auch „egoistische" Seelöwenbullen, die störrisch den Landungssteg besetzt halten oder den wunderschönen Badestrand ganz für sich allein und ihre zahlreichen Gespielinnen beanspruchen. Auch hier sollte jegliche Art von Konfrontation vermieden werden.

Die beste Zeit, um die frei lebenden Tiere zu beobachten, ist am frühen Morgen und am späten Nachmittag. Gegen Mittag tauchen die Meerechsen oft den Ozeangrund nach Nahrung ab, genauso wie die Seelöwen und Meeresschildkröten. Auch die vielen Seevögel haben in der Mittagshitze oft Besseres zu tun, als für die Kameras verzückter Touristen zu posieren.

Auf jeder Galapagosinsel bekommt der Besucher Seelöwen, Meerechsen, Klippenkrabben, Lavaechsen und Darwinfinken zu sehen. Auf den meisten Inseln begegnet man Blaufußtölpeln, Tropikvögeln, Pelikanen, Gabelschwanzmöwen, Spottdrosseln und Galapagos-Bussarden. Auf vielen Inseln gibt es Maskentölpel, Binden- und Prachtfregattvögel, Noddi-Seeschwalben und Lavamöwen. Auf einigen wenigen Inseln finden sich Riesenschildkröten, Pelzrobben, Landleguane, Flugunfähige Kormorane, Flamingos, Pinguine und Rotfußtölpel. Nur auf Española kann der Albatros beim Brüten beobachtet werden.

▶ **Säugetierarten** gibt es auf Galapagos nur vier. Dabei spielen die *Galapagos-Reisrat-te*, die auf Santa Fé und Fernandina in zwei Unterarten anzutreffen ist, und die *Galapagos-Fledermaus* (auch Graufledermaus), die in den Hafenorten vereinzelt um die Straßenlampen flattert, für Besucher eine völlig unbedeutende Rolle.

Dieser krasse Mangel an Säugetieren hängt damit zusammen, dass zwischen den Inseln und dem Festland nie eine Landbrücke bestanden hat. Sonst müsste die Tierwelt heute ganz anders zusammengesetzt sein. Zumindest einige der großen Landsäugetiere des Festlandes wären bei einer urgeschichtlichen Verbindung zum Kontinent zu erwarten.

Die verbreitetsten Säugetiere an allen Küsten der Galapagosinseln sind die *Seelöwen*. Neuankömmlinge werden dies auf den ersten Blick bestätigen können – selbst mit geschlossenen Augen! Die kehligen „Örk“-Laute der Schwimmstars verfolgen Besucher bis in den Schlaf. Die Beiboote und Landungsstege in den Hafenbecken werden von den Seelöwen oft als Bettstatt beansprucht. Fischern gefällt dies überhaupt nicht, da die neugierigen Tiere auch ihre stinkenden Hinterlassenschaften in den Booten zurücklassen.

Auf der Insel Plaza haben die Galapagos-Seelöwen – übrigens nahe Verwandte der kalifornischen Seelöwen – aufgrund ihrer zahlreichen Kolonien inzwischen die Steine an den Ufern und Klippen glatt poliert. Seelöwen sind polygam. Ein einziger Bulle kann einen bis zu 25-köpfigen Harem unter seinen Fittichen haben. Nach einer Tragezeit von neun Monaten bringt jedes seiner Weibchen meist gegen Ende des Jahres ein etwa 5 kg schweres Junges zur Welt. Während der Brunftzeit sind blutig verlaufende Revierkämpfe unter eifersüchtigen Bullen nichts Außergewöhnliches. Auf Plaza und Rábida gibt es zudem kleine Kolonien von ausschließlich Alten und Junggesellen. Diese Bullen sind bei der alljährlichen Weibchen-Verteilung leer ausgegangen und haben sich zu Eigenbrötlern entwickelt. Man sollte ihnen nicht zu nahe kommen. Der scharfe Biss eines aufgebrachten Seelöwenbullen kann böse Fleischwunden verursachen!

Seelöwen sind hervorragende Schwimmer und noch elegantere Taucher. Sie können kilometerweit aufs Meer hinausschwimmen, im Salzwasser weit die Augen öffnen, 25 Minuten unter Wasser bleiben und Tauchtiefen von 250 m erreichen. Bei der Teufelskrone vor Floreana können Schnorchler gefahrlos mit Jungtieren und Weibchen im Wasser herumtollen. Ein unvergessliches Erlebnis! Selbst beim Landgang stellen sich Seelöwen nicht ungeschickt an. Die imposantesten unter den Bullen sind furchterregend, wenn sie sich laut schimpfend auf ihren Vorderflossen aufrichten und auf einen zupreschen. Spätestens dann heißt es: aufhören zu knipsen und eine Fliege machen!

Die *Galapagos-Pelzrobbe* (auch *Galapagos-Seebär*) unterscheidet sich vom Seelöwen durch ihr dichteres Fell, den kleineren, eher rundlichen Kopf, die abgeflachte Nase, die größeren Ohrmuscheln und den melancholischen Blick. An Land findet man die ansonsten in antarktischen Gefilden beheimateten Pelzrobben lediglich in schattigen Felsnischen und kleinen Grotten, wo sie sich vor der Äquatorsonne schützen können. Die Galapagosinseln verdanken ihre Präsenz dem kalten Humboldtstrom.

Im Gegensatz zu Seelöwen suchen Pelzrobben niemals die Sandstrände auf. Ihre genaue Populationsgröße auf Galapagos ist nicht genau erfasst, die friedfertigen Tiere sind sehr selten anzutreffen. Der einzige Besucherstandort, wo sie evtl. zu be-

„Guten Morgen!"

obachten sind, ist die Pelzrobben-Grotte (*La Gruta de las Focas*) bei der James Bay auf Santiago.

▸ Insgesamt neun **Reptilienarten** können auf Galapagos angetroffen werden. Dazu gehören elefantöse Riesenschildkröten, pazifische Seeschildkröten, ungeheuerliche Landleguane (*conolophus subcristatus*), darunter der endemische Santa-Fé-Leguan (*conolophus pallidus*), Algen fressende Meerechsen, Lavaechsen, Geckos und ein paar harmlose Schlangen (*Galapagos-Schlange* und Gelbbauch-Seeschlange).

Die bis zu 300 kg schweren *Riesenschildkröten* gibt es außer auf den „Verwunschenen Inseln" sonst nur noch auf dem Aldabra-Atoll im Indischen Ozean. Im Galapagos-Archipel sind von den ursprünglich 14 Unterarten noch elf übrig geblieben, wobei der tragikomische „einsame Georg", einst von seiner Heimatinsel Pinta zur Charles Darwin Station auf Santa Cruz umgesiedelt, der letzte Vertreter einer zum Aussterben verurteilten Rasse ist (siehe S. 646). Drei weitere Unterarten sind bereits ausgestorben, andere werden heute auf Schildkröten-Stationen nachgezüchtet. Die Gesamtzahl aller im Archipel vorkommenden Arten der *Geochelone migra* (Galapagos-Riesenschildkröte) wird heute auf 25.000 Exemplare geschätzt. Allein 6.000 Exemplare wurden in der Charles Darwin Station herangezüchtet. Sie sind auf Isabela, Santa Cruz, San Cristóbal, Española, Santiago und Pinzón beheimatet. Ein ausgewachsenes Exemplar kann bis zu 500 Pfund schwer und über 150 Jahre alt werden.

Von Insel zu Insel unterscheiden sich die Riesenschildkröten durch ihre Größe und die Form des Panzers. Die etwas kleineren *Sattelpanzer-Schildkröten* mit ihren längeren Nacken und Beinen haben sich im Laufe der Evolution den flachen Trockenregionen angepasst. Selbst wenn dieser Schildkröten-Typ es allemal vorzieht, heruntergefallene Kaktuspolster zu fressen, kann er auch die Blätter weitverzweigter Büsche erreichen. Der größere Schildkröten-Typ mit dem hohen Kuppelpanzer bevorzugt hingegen die Hochlandregionen der Inseln, wo Gräser und heruntergefallene Früchte die Hauptnahrung darstellen.

Meeresschildkröte begrüßt Schnorchler

Allein fünf Rassen können in den gewaltigen Vulkankegeln der Insel Isabela angetroffen werden, insgesamt etwa 6.000 Tiere. Ihr jeweiliger Aktionsradius ist hauptsächlich auf den Krater und dessen Ränder beschränkt. Dies deutet darauf hin, dass
die fünf Isabela-Vulkane einmal isolierte Inseln waren. Die Evolution der Schildkröten hat sich in Übereinstimmung mit den unterschiedlichen Biotopen der durch
Lava und Schlackenwüsten voneinander getrennten Kraterkegel vollzogen.

Einen Sonderfall stellt eine Unterart auf Española dar. In den 60er-Jahren waren
auf der Insel gerade noch zwei Männchen und zwölf Weibchen dieser Schildkröten-
art am Leben. Eine natürliche Fortpflanzung fand so gut wie nicht mehr statt. Die
Tiere sind sich verständlicherweise fast nie begegnet! Durch Inkubation und sorg-
same langjährige Aufzucht ist es der Charles Darwin Station gelungen, 1995 nahezu
700 Riesenschildkröten dieser Unterart wieder auf Española auszusetzen.

Riesenschildkröten erreichen die Geschlechtsreife nach etwa 25 Jahren. Sie pflanzen sich zwischen Januar und Juni während der Regenzeit fort. In der zweiten Jahreshälfte begeben sich die Weibchen dann in die Trockenzonen, um dort ihre Eier
abzulegen. Sie brauchen meist sehr viele Stunden, bis sie mit ihren Hinterbeinen
ein genügend tiefes Loch gebuddelt haben. Bei dieser Schwerstarbeit urinieren sie
ständig, um somit der Erde mehr Geschmeidigkeit zu geben. Zwischen zwei und
zwanzig Eier von der Größe eines Tennisballs werden in der Brutkuhle abgelegt.
Nachdem das Loch wieder zugeschüttet wurde, zieht sich das Weibchen in die Berge zurück. Nach 120 bis 220 Tagen schlüpfen die Jungen. Die Temperatur des unterirdischen Brutplatzes bestimmt das Geschlecht der Neugeschlüpften, wobei
kühlere Temperaturen meistens Männchen hervorrufen. Ihr einziger natürlicher
Feind ist der Galapagos-Bussard. Überleben sie erst einmal die ersten schwierigen
Jahre, können vereinzelte Exemplare ein stolzes Alter von nahezu zwei Jahrhunderten erreichen.

Die Krallenfüße und gezackten Rückenkämme der langschwänzigen *Landleguane* lassen unweigerlich so kindliche Fabelwelten wie die des Urmel-Monsters von der Augsburger Puppenkiste wieder aufleben. In Wirklichkeit aber stehen die etwa 1 m langen und bis zu 30 Pfund schweren Miniatur-Drachen heute auf der Liste für gefährdete Galapagos-Tierarten.

Landleguane leben in den Trockenzonen der Inseln Plaza Sur, Santa Cruz, Baltra, Seymour, Isabela und Fernandina. Eine inselendemische Art ist nur auf Santa Fé anzutreffen. Man sieht die *Iguanas Terrestres* am Vormittag in der Sonne dösen, während sie zur Mittagshitze schattige Plätze unter Steinen oder Baumkakteen aufsuchen. Um nachts ihre Körperwärme speichern zu können, schlafen sie in selbst gebuddelten Höhlen. Ihre Nahrung besteht aus Sträuchern, Früchten und heruntergefallenen Kaktuspolstern, deren Stacheln sie meist mit den Klauen herauskratzen. Andererseits können ganz verwegene Exemplare dabei beobachtet werden, wie sie mitten in die Stacheln reinbeißen!

Im Gegensatz zu ihren entfernten grünen Verwandten auf dem Festland sind Galapagos-Landleguane hartnäckig auf ihr Territorium bedacht. Die gelben Männchen können auf gleichgeschlechtliche Eindringlinge äußerst aggressiv reagieren. Solche Revierkämpfe werden durch heftiges Kopfnicken angedroht und enden manchmal mit Beißgefechten.

Die graubraunen Weibchen legen ähnlich den Schildkröten zwei bis 25 Eier in eigens gegrabene Löcher. Drei bis vier Monate später schlüpfen die nur zentimetergroßen Jungen aus dem Ei. Falls sie die ersten Jahre überleben – Bussarde und Eulen sind ihre einzigen Todfeinde –, können sie über sechzig Jahre alt werden.

Als Charles Darwin 1835 auf Santiago landete, fand er vor lauter Landleguanen „kaum einen Platz, wo wir unser Zelt aufstellen konnten!" Heute sind Landleguane auf Santiago völlig ausgestorben. Ratten, Schweine, verwilderte Hunde und Katzen fraßen ihre Eier und die Jungen, Ziegen zerstörten ihre pflanzlichen Nahrungsquellen. Verschiedene Projekte der Charles Darwin Station zwecks Erhaltung der Iguanas auf Galapagos brachten jedoch erstaunliche Resultate hervor. So gibt es in der Nähe der Conway Bay (Santa Cruz) heute wieder zahlreiche Kolonien. Auf Baltra wurden seit 1980 über 700 Exemplare erfolgreich ausgesetzt. Auch auf dieser Insel galten die Saurier-Echsen als völlig ausgestorben.

Algen fressende *Meerechsen* (*Mariguanas*) bevölkern fast alle Küsten des Archipels. Sie gelten weltweit als die einzigen Reptilien, die sich erfolgreich dem Leben im Meer angepasst haben. Mit den weichen Schlängelbewegungen ihres muskulösen „Ziehharmonika-Schwanzes" können sie kilometerweit hinausschwimmen und tiefe Tauchgänge unternehmen. Ein im Wasser viermal langsamerer Herzschlag erlaubt es ihnen, über eine Stunde unter der Meeresoberfläche zu verbringen. Obwohl sich zwischen den kräftigen Zehen im Lauf der Evolution winzige Schwimmhäute entwickelt haben, werden die Füße beim Tauchen nicht verwendet, sondern lediglich an den Körper gelegt. Auch der kurze, gedrungene Kopf ist als amphibische Anpassung zu verstehen. Mit den kleinen Zähnen der stumpfen Schnauze können sie den kurzen Algenbewuchs an den Unterwasserfelsen abweiden. Eine Ausnahme in Bezug auf die Ernährung bilden die Meerechsen der Insel Seymour Norte: Sie fressen auch an Land!

Als eigentliche „Landtiere" haben Meerechsen keine Probleme mit dem Salzgehalt des Meerwassers. Im Gegenteil, sie leben davon! Eine Drüse verhilft ihnen, das

Karte hinterer Umschlag

Galapagos

Bartolomé mit Pinnacle Rock

überschüssige Salz auszuscheiden. Das Sekret wird durch die Nasenlöcher wie ein Sprühregen ausgestoßen – was von Touristen als verachtendes Spucken ausgelegt wird. Bei älteren Tiere haben sich dadurch richtiggehende Salzkrusten auf der vorsintflutlichen Schädeldecke gebildet. Um nach einem ausgiebigen Tauchgang dem auftretenden Wärmeverlust entgegenzuwirken, liegen die Kaltblütler am Nachmittag gerne faul auf den warmen Lavasteinen und strecken zu Hunderten ihre Köpfe der Äquatorsonne entgegen.

Während sich auf fast allen Inseln nur eine bestimmte Art der schwarzen Meerechsen durchgesetzt hat, gibt es auf der weiter entfernten Insel Española noch eine rot-orangefarben gefleckte Variante, die sich auch in der Verhaltensweise von ihren Artgenossen unterscheidet. Die Meerechsen auf der abgelegenen Insel Genovesa sind dagegen besonders klein und dunkel. Die allergrößten Meerechsen (bis zu 1,5 m Länge) sind an der Punta Moreno an der äußersten Westküste der Insel Isabela anzutreffen.

Lavaechsen bevölkern die Trockenzonen fast aller Galapagosinseln. Besucher begegnen ihnen auf Schritt und Tritt. Nur eine Art ist gleich auf mehreren Eilanden verbreitet, während sechs andere endemische Arten lediglich auf bestimmten Inseln herumflitzen. Lavaechsen mit einem knallroten Bauchmuster sind Weibchen.

Es gibt auf Galapagos fünf endemische *Gecko*-Arten mit ihren typischen Saugnäpfen an den winzigen Klauen sowie drei Arten und etliche Unterarten von *Dromicus*-Schlangen, die jedoch mehr Angst vor Menschen haben als Elefanten vor Mäusen! Sie sind alle schlank und graubraun, können über 1 m lang werden und ernähren sich in erster Linie von Lavaechsen und großen Heuschrecken. Zu sehen bekommt man sie leider recht selten.

▸ Die Galapagosinseln sind ein Paradies für **Vögel**. Dabei nehmen Seevögel eine ganz besondere Stellung ein. Sie sind die Hauptattraktion unter den gefiederten Bewohnern. Ihre Gesamtpopulation wird auf über 1 Mio. geschätzt. Es gibt insgesamt 19 Arten von Seevögeln (die Unterarten nicht eingeschlossen), wobei fünf endemisch sind. Ebenso wird der Archipel von über vierzig Land- und Watvogelarten bevölkert, wovon wiederum 23 endemisch sind.

Star unter den Seevögeln ist der *Albatros*. Mit einer Flügelspannweite von bis zu 2,40 m ist er nicht nur der größte Vogel auf Galapagos, sondern auch der größte in den tropischen Gewässern des östlichen Pazifik. Der einzige Ort auf der Welt, wo er beim Brüten beobachtet werden kann (außer einem Eiland im Delta des Río Guayas und der *Isla de la Plata*), ist die Insel Española im äußersten Südosten des Archipels. Über 12.000 Paare können hier an der Punta Suárez und Punta Cevallos sowie an der Südseite der flachen Insel-Hügelkette zwischen April und Juni angetroffen werden. Jedes Albatrospaar produziert ein großes Ei, das von den Eltern nach der Ablage meist aus unerfindlichen Gründen wie eine Billardkugel hin- und hergerollt wird. Vielleicht soll dieses Pirouetten-Training das Junge auf die späteren Ab- und Anflugmanöver vorbereiten.

Albatrosse sind wie riesige Transportflugzeuge. Sie brauchen eine lange Landepiste und müssen vor dem Aufsetzen erst mehrere Runden drehen. Die flache Insel Española kommt ihnen da bei ihren umständlichen Landemanövern wie gelegen. Auch beim Auffliegen haben sie ihre Schwierigkeiten. Für den Start müssen sie erst zu Fuß bis an den Rand der Klippen watscheln, um sich von dort Hals über Kopf in die tragenden Aufwinde zu stürzen. Ganz verwegene Exemplare rasen wie Überschallflugzeuge über die gesamte Länge des nächstgelegenen Sandstrandes, um somit genügend Auftrieb für den langen „Take-off" zu bekommen.

Der putzigste Seevogel ist der *Blaufußtölpel*. Der aufrechte, stechende Blick, der herausfordernde Schnabel und die voneinander abstehenden himmelblauen Watschelfüße geben ihm das Aussehen eines Cartoon-Matrosen. Er ist der häufigste Vertreter der fast überall auf Galapagos verbreiteten Tölpelfamilie. Er lebt in großen Kolonien, wo er das ganze Jahr über beim Balzen und Brüten beobachtet werden kann.

Stellen sich die Blaufußtölpel an Land noch unbeholfen an, so werden sie in der Luft zu wahren Schau-Akrobaten. Man kann häufig ihre kunstvollen Sturztauchmanöver bewundern. Gefischt wird mit Vorliebe in kleinen „Jagdgeschwadern" in Ufernähe. Dabei peilt der spitze Schnabel während des Aufklärungsfluges immer auf die Wasseroberfläche. Ist das schwimmende Ziel einmal erfasst und präzise angepeilt worden, stürzen sie wie Jagdbomber aus heiterem Himmel darauf zu. Bei der vergnüglichen Balz führt das Männchen seiner Angebeteten und dem ehrenwerten kamerabewaffneten Publikum das sog. „Skypointing" vor. Dabei werden Schnabel, Bürzel und Flügelspitzen wie Empfangsantennen in den Himmel gestreckt. Elegante Walzerdrehungen, taktvolles Füße-Anheben und verführerische Pfiffe sollen das Weibchen dann endgültig überzeugen. Ist es von den Verlockungen des Männchens ganz hingerissen, beginnt es, heiser zu schnarren, und stimmt bei dem sensationellen Liebestanz mit ein. Bei den graziösen Tanzschritten starrt sich das Brautpaar gegenseitig auf die unwiderstehlich blauen Füße. Auch so zärtliche Aufmerksamkeiten wie geschenkte Zweige sind unter ihnen keine Seltenheit. Weibchen und Männchen sind bei dem außergewöhnlichen Liebesspiel relativ leicht voneinander zu unterscheiden: Das Weibchen hat weiche, große Pupillen, das Männchen gestochen kleine.

Der ebenfalls weitverbreitete *Maskentölpel* ist etwas größer als sein blaufüßiger Artverwandter und leicht an seiner schwarzen Maske und den dunklen Flügeldecken zu erkennen. Die behäbigen Maskentölpel brüten nur auf den Rändern der Felsklippen, wo sie mit dem Aufwind starten können. Im Gegensatz zu den Blaufußtölpeln fischen sie viel weiter draußen auf See. Ihre Balzphase unterliegt zeitlich gleichmäßigen Intervallen, die von einer zur anderen Insel unterschiedlich ausfallen können. Von den beiden geschlüpften Jungen überlebt stets nur das erstgeborene, das die gesamte Sorgfalt und Pflege der Eltern erhält. Das andere wird einfach verstoßen und seinem traurigen Schicksal überlassen!

Der dritte und kleinste im Tölpel-Bunde ist der für Besucher selten zu beobachtende *Rotfußtölpel*. Er lebt nur auf San Cristóbal, Genovesa, Wolf, Darwin und auf ein paar winzigen Satelliten-Inseln vor der Floreana-Küste. Sein unverwechselbares Markenzeichen sind die knallroten Watschelfüße. Als einziger Tölpel baut er sein Nest über dem Boden in Büschen und Bäumen. Die mit Abstand größte Brutkolonie dieser akrobatischen Hochseefischer befindet sich auf Genovesa. Dort leben über 150.000 Paare!

Als die „Luftpiraten" werden die auf San Cristóbal, Seymour, Isabela, Genovesa und anderen Eilanden beheimateten *Binden-* und *Prachtfregattvögel* bezeichnet. Ihre Spezialität ist es, anderen Seevögeln während des Fluges die Beute zu entreißen. Die beeindruckende Flügelspannweite von über 2 m kommt ihnen diesbezüglich sehr gelegen. Dabei beträgt das Körpergewicht der Fregattvögel nicht einmal drei Pfund. Man sollte meinen, dass sie dadurch viel Zeit auf der Wasseroberfläche verbringen. Sie landen aber fast nie auf dem Wasser, da ihr Gefieder im Gegensatz zu dem anderer Seevögel nicht wasserabweisend ist.

Zu den Statussymbolen eines jeden Fregattvogel-Männchens gehören ein enterhakengleicher Schnabel und ein prachtvoller, scharlachroter Kehlsack. Voller Stolz blasen sie diesen während der Balz bis auf die Größe eines Ballons auf, um somit ein Weibchen zutiefst zu erschüttern. Auch während ihrer Raubausflüge ist der Kehlsack oft schon wie eine Art Kriegsbemalung leicht aufgebläht über dem Ozean kreisend zu erkennen.

Wer den einzigartigen, auf Galapagos endemischen flugunfähigen *Kormoran*, die sog. *Galapagos-Scharbe*, aus nächster Nähe beobachten möchte, muss sich zu den rauen, abgeschiedenen Lavaküsten der westlichen Inseln Isabela oder Fernandina aufmachen. Dort leben die bodenständigen Tauchervögel mit den kräftigen Schwimmflossen meist in sehr kleinen Kolonien. Einige hundert sollen es immerhin sein.

Gewaltige Vulkanausbrüche, proteinhaltige Nahrung im Überfluss und das Ausbleiben jeglicher natürlicher Feinde haben diesem großen Vogel im Laufe der Evolution die Lust am Fliegen genommen. Seine „gestutzten" Flügel haben völlig ihre Funktion verloren und wirken wie eingezogene Paddel. Für Besucher ist dies vielleicht ein etwas trauriger Anblick. Der Flugunfähige Kormoran hingegen scheint die luftigen Höhen nicht zu vermissen.

Der endemische *Galapagos-Pinguin* gilt unter seinen Artgenossen als der zweitkleinste Pinguin der südlichen Hemisphäre. Dabei befinden sich einige der auf Isabela und Fernandina lebenden Kolonien sogar auf der nördlichen Halbkugel. Versprengte Grüppchen der befrackten Wasservögel können auch in der Sullivan Bay bei Bartolomé oder am „Chinesenhut" beobachtet werden. Die Humboldtströmung aus antarktischen Gefilden ermöglicht es diesem tropischen Pinguin, weit entfernt von seiner angestammten Kaltwasserzone ein ungestörtes Dasein zu führen. Er ist der einzige nordische Pinguin. Sein nächstliegender Verwandter ist der Humboldt-Pinguin, der an den Küsten von Peru und Chile lebt.

Es ist aussichtslos, einem Pinguin hinterhertauchen zu wollen, wenn er wie ein Torpedo herausfordernd an den schnorchelnden Touristen vorbeizischt. Die tölpelhaften Landgänger können unter Wasser Geschwindigkeiten von bis zu 50 km/h erreichen. Beim gemeinsamen Aufziehen ihrer Jungen erwecken sie an den felsigen Ufern hingegen eher den Eindruck, ihre schwimmende Eisscholle zu vermissen. Die einst emigrierten Vögel verbringen viel Zeit damit, sehnsüchtig aufs offene Meer hinauszublicken.

Obwohl der *Braune Pelikan* im Vergleich zu seinen sieben anderen Artgenossen am kleinsten ausfällt, ist er auf Galapagos immer noch einer der größten Seevögel. In der Regel brütet er auf Mangroven und anderen Büschen in direkter Nähe zum Ufer. Selbst wenn der ausdauernde Stoßtaucher auf dem Archipel nicht endemisch ist, somit eigentlich auch keine Besonderheit darstellt, würde seine Abwesenheit an Anlegestegen, auf Beibooten und Relingen tiefste Betroffenheit auslösen. Pelikane gehören zu Galapagos wie Pinguine zur Antarktis!

Flügge werdende Jungvögel können daran zugrunde gehen, die hohe Kunst der Pelikan-Fischjagd zu erlernen. Die ständige, mitunter erfolglose Sturztaucherei ist nicht jedermanns Sache. Haben die jungen Pelikane erst einmal ein bestimmtes Alter erreicht, werden sie von den Alten diesbezüglich im Stich gelassen. Nahrung gäbe es ja eigentlich mehr als genug.

Trotz ihres glatten, grau getönten Federkleides ist die gewöhnliche *Gabelschwanzmöwe* einer der attraktivsten Seevögel im Archipel. Die weiße Brust, der dreifarbige Schnabel sowie die roten Füße und roten Augenringe auf dem

Galápagos-Pinguin

schwarzen Kopfkleid verleihen diesem nachtaktiven Fischjäger eine elegante Ausstrahlung. Zum Speiseplan der Möwen gehören auch leckere Tintenfische, die sie sich nach Einbruch der Dunkelheit direkt unter der Wasseroberfläche schnappen. Um der Verfolgung der Fregattvögel zu entgehen, füttern sie zu noch späterer Stunde ihre Jungen. Zahlreiche Exemplare der ganzjährig brütenden Vögel sind an vielen Besucherstandorten der Inseln anzutreffen.

Von der artverwandten *Lavamöwe* soll es hingegen (weltweit) nur noch wenige hundert Exemplare geben. Sie ist selbst für Galapagos-Langzeiturlauber ein sehr seltener Anblick.

Der schöne *Rotschnäblige Tropikvogel* ist während des Fluges relativ leicht an seinem langen, feinen Federschweif auszumachen. Er jagt weit draußen auf offener See, wobei er aus großer Höhe wie ein Pfeil tief unter die Wasseroberfläche eintaucht. Lose Brutkolonien dieser Vögel findet man das ganze Jahr über auf den meisten Inseln. Lediglich auf Plaza Sur dauert die Brutperiode nur von August bis Februar.

Andere Seevögel sind die *Madeira-Wellenläufer*, die *Audubon-Sturmtaucher* oder auch die *Noddi-Seeschwalben*. Andererseits kann sich bei manch einem Touristen

Karte hinterer Umschlag

Galapagos

bereits nach wenigen Tagen auch eine Art „Vogelstress" einstellen, d. h., er wird womöglich anfangen, auf die zahlreichen Heerscharen von Piepmätzen zu pfeifen! Neben den Seevögeln lebt auf den Inseln auch eine Vielzahl von *Watvögeln*. Diese gefiederte Großfamilie bezieht ihre Nahrung aus Mangrovenwäldern, küstennahen Salzwasserlagunen und von umspülten Strandufern.

Star unter den Galapagos-Watvögeln ist der pastellrosafarbige *Flamingo*. Er ist mit Abstand der scheueste Vogel auf dem Archipel und lebt zurückgezogen in den Salzwasserlagunen von Isabela, Floreana, Santiago, Santa Cruz und anderen Inseln. Da er auf der Suche nach proteinhaltigen Shrimps oft von Lagune zu Lagune fliegt, ist er nicht immer an allen Flamingo-Seen anzutreffen. Die über tausend auf kleine Kolonien verteilten Galapagos-Flamingos stammen ursprünglich von den Westindischen Inseln.

Ebenfalls zu den Watvögeln zählen der *Amerikanische Austernfischer*, die *Bahama-Ente*, der krummschnabelige *Regenbrachvogel* und mindestens sieben Reiherarten: zum Beispiel der einzig endemische und gut getarnte *Lavareiher*, der weitverbreitete *Amerikanische Graureiher*, der auf Galapagos relativ seltene *Silberreiher*, der nachtaktive *Krabbenreiher* und der im Bergland von Santa Cruz beheimatete, häufig anzutreffende *Kuhreiher*. Auf die vielen Zugvögel, die den Archipel während der kalten Wintermonate auf der Nordhalbkugel als Quartier aufsuchen, soll an dieser Stelle nicht eingegangen werden.

Zu den auffälligsten Landvögeln gehört der *Galapagos-Bussard*, der einzige Raubvogel des Archipels. Er lebt in allen Vegetationszonen und ähnelt dem Mäusebussard. Seine Beutetiere sind Tauben, Finken, Ratten, Eidechsen, Schlangen und kleine *Mariguanas*. Auch wenn die Bussarde bei ihrem hohen Flugvermögen mit Leichtigkeit alle Inseln erreichen könnten, sind die über 200 Brutpaare „nur" auf zehn Eilanden vertreten. Da der *Halcón de Galápagos* überhaupt keine Scheu vor dem Menschen zeigt, ist er des Öfteren direkt neben den Touristenpfaden anzutreffen – am häufigsten auf Santa Fé, Santiago, Española, Isabela und Fernandina. Auf den bewohnten Inseln wurde er jedoch fast völlig ausgerottet.

Das Bussard-Weibchen brütet in der Regel zwei bis drei Eier in Baumnestern aus. Auch wenn das ganze Jahr über Brutpaare beobachtet werden können, ist der eigentliche Höhepunkt der Fortpflanzungsperiode zwischen Mai und Juli erreicht.

Keine andere Tierart auf den Galapagosinseln hat so viel zum Verständnis der Evolutions-Theorie beigetragen wie die *Darwinfinken*. Die 13 endemischen Finkenarten – mit einer weiteren Art auf der 425 Seemeilen nordöstlich von Galapagos gelegenen Kokos-Insel sind es sogar 14 – sehen sich alle recht ähnlich und neue Hybriden können mancherorts beobachtet werden. Sie unterscheiden sich aber ganz deutlich durch ihre Schnabelform. Sie ist den jeweiligen Nahrungsquellen optimal angepasst. Der Schnabel dient den kleinen Vögeln als zweckmäßiges Werkzeug. So ernten die *Kleinen* und *Großen Grundfinken* mit ihren zermalmenden Nussknacker-Schnäbeln mittelweiche bis harte Samen. Der *Große Baumfink* oder auch *Papageienschnabel-Darwinfink* hat dagegen einen kräftigen, scharfen Schnabel, den er wie ein Metallschneidegerät verwendet. Er kann damit selbst große Insekten unter Baumrinden erbeuten. Der *Waldsängerfink* pickt die Insekten stattdessen wie mit der Pinzette von den Blättern, während der *Kaktusfink* seinen langen, kräftigen Schnabel wie eine Drahtzange benutzt.

Die Darwinfinken stammen alle von einer ursprünglichen Art ab, die einst vom Festland auf den Archipel gelangte. Dieser „Galapagos-Urfink" bewohnte einen konkurrenzlos freien Lebensraum. Dadurch konnte er sich anfangs ungehindert auf allen Inseln ausbreiten. Mit der ständig wachsenden Finken-Population setzte dann auch der Konkurrenzkampf um die Nahrung ein. Um den Druck der gleichgearteten Konkurrenz auszuschalten, begannen die Finken allmählich mit ihrer Spezialisierung bei der Nahrungsbeschaffung.

Auf der abgelegenen Insel Wolf gibt es Blut saugende Darwinfinken. Wobei der lichtscheue *Geospiza transilvanae* das warme Blut von schlafenden Masken- und Blaufußtölpeln bevorzugt! Vor allem gegen Ende der Trockenzeit, wenn fast keine Pflanzensamen mehr zu finden sind, verwandelt sich das Vögelchen mit Einbruch der Dunkelheit in einen Vampir …

Diese evolutionären Vorgänge sind jedoch nicht ganz so einfach verlaufen wie hier dargestellt. Auf den Inseln, wo es z. B. an Konkurrenten mangelt, ist die Schnabelform nicht so charakteristisch ausgebildet wie an anderen Orten, wo gleich mehrere Arten nebeneinander leben. So findet sich der *Mangrovenfink* nur auf Isabela und Fernandina, während es auf diesen beiden Inseln aber noch zehn andere Finkenarten gibt, die gleichzeitig auf vielen Galapagos-Eilanden beheimatet sind. Gleiches gilt für den *Mittleren Baumfink* auf Floreana, wo außer dem Kaktus- und Mangrovenfink praktisch alle Arten vertreten sind. Auf den Inseln selbst sind wiederum auf gleichem Raum mannigfaltige „Fink-Nischen" entstanden. Dies schafft ein kompliziertes Evolutionsgefüge, mit dessen Aufklärung so mancher Forscher bereits sein halbes Leben verbracht hat.

Literaturtipp Wer genauestens über die Darwinschen Finken und deren Schnäbel Bescheid wissen möchte, sollte sich das 1986 von der Princeton University Press herausgegebene Werk **Ecology and Evolution of Darwin's Finches** besorgen.

Ein ganz „finkisches" Detail: Österreichische Finkenforscherinnen untersuchten den Paarungsgesang von männlichen Finken. Sie fanden heraus, dass die Weibchen aufgrund bestimmter Frequenzen die Schnabelgröße des Männchens einschätzen und somit feststellen können, ob dieser „Fink" auch wirklich groß genug ist (!), um genügend Samen aufzupicken und so die Ernährung der zukünftigen Familie sicherstellen zu können.

Im Falle der *Galapagos-Spottdrossel* haben Untersuchungen an Schnäbeln, Flügeln und Beinen ergeben, dass diese „Lachvögel" auf den größeren Inseln jenen auf dem ecuadorianischen Festland sehr ähnlich sind und dass sich diejenigen auf den äußeren Inseln am meisten davon unterscheiden. Die am stärksten abweichende Art lebt auf der südöstlichsten Insel Española. Dies hängt direkt mit den vorherrschend stärkeren Winden zusammen, die eine weitgehende Isolation Españolas von den zentralen windstillen Inseln des Archipels ermöglichten.

Andere auf Galapagos anzutreffende Landvögel sind die *Zwergrallen* in den feuchten Berglandregionen, die *Schleier-* und *Sumpfohreulen* (z. B. auf Santa Cruz) und die in Trockenregionen lebende endemische *Galapagos-Taube* mit ihrem hübschen blauen Augenkranz.

▶ **Meerestiere** sind mitunter das Spektakulärste, was es bei einem Galapagos-Besuch zu bewundern gibt. Aufgrund des Zusammenspiels verschiedener Meeresströmungen hat der Archipel mit einer unglaublichen Vielfalt an submarinem Leben aufzu-

Galapagos Karte hinterer Umschlag

warten, das sowohl ausgesprochen tropische wie auch typisch antarktische Spezies manchmal auf einem einzigen Revier zu vereinen weiß. Von den über 300 Fischarten sind fünfzig endemisch.

Einem jeden Schnorchler und Taucher sträuben sich die Nackenhaare, wenn er zum ersten Mal in seinem Leben auf eine Gruppe *Weißspitzenhaie* stößt. Doch keine Angst: Die mit Barteln ausgestatteten Tiere gehören zur Familie der Ammenhaie und sind ungefährlich. Häufiger anzutreffen sind auch *Hammerhaie*, die in den nördlichen Gewässern des Archipels (Isla Wolf) sogar Schulen von bis zu 1.000 Exemplaren bilden. Auch der endemische *Galapagos-Hai* ist relativ häufig zu beobachten, wogegen man *Schwarzspitz-* und *Silberspitzhaie* nicht sehr oft zu Gesicht bekommt.

Haie leben kürzer

Ihre Zahl nimmt in allen Weltmeeren drastisch ab. Das gilt insbesondere auch für das Galapagos-Archipel. Am stärksten betroffen sind Hammer-, Schwarzspitz- und Galapagos-Haie. Allein in den ersten acht Jahren des 21. Jh. wurden in den Gewässern um Isabela, Fernandina und San Cristóbal über 1 Mio. Haie abgeschlachtet – nur wegen der Flossen! Diese landen meist in teuren potenzsteigernden Suppen chinesischer Feinschmeckerlokale in Asien und auf der ganzen Welt. Deshalb werden die Tiere nach dem Fang „nur" gefinnt, d. h., es werden ihnen bei lebendigem Leibe die Flossen abgeschnitten und der verblutende „Rest" einfach wieder ins Meer geworfen. Das anhaltende Massaker findet zynischerweise in einem der bedeutendsten Marine-Nationalparks unseres Planeten statt. „Der Flossenhandel ist in Ecuador völlig außer Kontrolle geraten und das größte Volumen stammt von den Inseln", erklärte dazu ein Sprecher der Charles Darwin Foundation, „die Auswirkungen auf die Meeresfauna dürften sich bald verheerend auswirken." Dabei gilt ausgerechnet der Archipel unter Tauchern als einer der besten Spots, um Haie aus allernächster Nähe zu beobachten. Fragt sich bloß, wie lange noch?

Alle diese Haie sind für den Menschen harmlos. Es gibt in den Gewässern des Archipels 37 Arten (und Unterarten) von über 350 weltweit. Da sie im Archipel ausreichend Nahrung finden, interessieren sie sich weder für Taucher noch für Beiboote. Man kann sich somit recht nahe an sie heranwagen. Dies sollte jedoch nicht missverstanden werden. Selbst Haie können erschrecken oder „unter Stress stehen". Vor allem wenn sie mit ziemlicher Regelmäßigkeit von Menschen mit bunten Flossen „belästigt" werden. Wer kann schon die genaue Reaktion eines gestressten Haifischhirnes voraussagen? Die berüchtigten *Tigerhaie* jedenfalls, die an anderen Küsten der Weltmeere Angst und Schrecken verbreiten können, sind in den Galapagos-Gewässern so gut wie nie zu sehen. Auch *Weiße Haie* wurden bislang sehr selten gesichtet. Sie tummeln sich am liebsten weit draußen im offenen Meer.

Die futuristisch dahingleitenden *Rochen* sind für viele Unterwassersportler die Krönung eines Tauchgangs. Es gibt *Manta-, Adler-, Kuhnasen-* und *Stachelrochen*. Erstgenannte können eine Spannweite von bis zu 5 m erreichen. Letztere tummeln sich gerne in seichten Strandgewässern und haben unter barfüßigen Besuchern schon so manch böse Verletzung durch unachtsames Drauftreten herbeigeführt.

Klippenkrabbe

Ein relativ leicht erreichbarer Ort, um Rochen bereits vom Beiboot aus zu beobachten, ist die Mangrovenbucht Caleta Tortuga Negra an der Nordküste von Santa Cruz.

Meeresschildkröten können in vielen Buchten angetroffen werden. Die Caleta Tortuga Negra gilt als ideal, um die Tiere auch tagsüber vom Beiboot aus zu beobachten. Während der Paarungszeit zwischen Dezember und April kommen sie nach Einbruch der Dunkelheit an die Sandstrände von Santa Cruz, Floreana, Bartolomé und andere Inseln, um dort ihre Eier in einer selbst gebuddelten Kuhle in den flachen Dünen abzulegen. Dieser anstrengende Vorgang nimmt die halbe Nacht in Anspruch. Im Anschluss daran suchen die Tiere sofort wieder das Weite des Meeres auf und vergessen ihre Nachkommenschaft für immer und ewig. Die Schleifspuren der bis zu 300 Pfund schweren Panzertiere sind nach der Eiablage noch lange im Sand zu sehen.

Nachdem die jungen Schildkröten aus der halb vergrabenen Eierschale geschlüpft sind, versuchen sie, so schnell wie möglich das kühlende Wasser zu erreichen. Nur ein ganz geringer Prozentsatz der in die Brandung hetzenden Tollpatsche hat bei diesem Spießrutenlauf eine Chance, überhaupt nur die ersten Daseinsminuten zu überleben. In der Luft lauern bereits die gierigen Fregattvögel über der wehrlosen Beute und im Wasser freuen sich später dann gefräßige Haie auf eine abwechslungsreiche Zwischenmahlzeit. Dabei beginnt der eigentliche Überlebenskampf schon vor dem Schlüpfen, wenn Wildschweine oder andere verwilderte Tiere die Eier an den einsamen Stränden ausbuddeln.

Von der gnadenlosen Überlebenslotterie werden Besucher nichts mitbekommen. Die Mitglieder der Charles Darwin Station versuchen in dieser Zeit ihr Möglichstes, um die Meeresschildkröten-Strände zu beobachten und die zum Wasser fliehenden Jungen einzusammeln, um diese vor den „Luftpiraten" zu retten und anschließend ihrem Element zu überlassen. Tauchtouristen haben von unglaublichen

Begegnungen mit ausgewachsenen Meeresschildkröten berichtet, vor allem während der Paarungszeit im Dezember/Januar. Dabei kann es schon mal vorkommen, dass ein Männchen oder Weibchen versucht, einen Taucher oder eine Taucherin in zärtlicher Verzückung zu umarmen!

Rote Klippenkrabben („Sally Lightfoot Crab") stechen beim Anlegen an die schwarzen Basaltlava-Küsten sofort ins Auge. Sie leben meist in großen, lockeren Verbänden in den Gezeitenzonen fast aller Inseln. Um nicht in frühester Jugend den Reihern zum Opfer zu fallen, sind sie anfänglich noch eintönig schwarz gefärbt.

Literaturtipp Ein übersichtliches und reichlich bebildertes Buch über die Galapagos-Unterwasserwelt ist **Reef Fish** von Paul Humann, das bei dem ecuadorianischen Verlag Libri Mundi erschienen ist.

Manchmal können das Boot begleitende, vor dem Bug umherspringende und darunter durchtauchende *Delfine* (Tümmler) beobachtet werden – ein fantastisches Erlebnis!

Eingewanderte und eingeschleppte Tiere

Die auf Galapagos lebenden endemischen Tiere gelangten während der letzten 3 Mio. Jahre auf „eigene Faust" an die Küsten des Archipels. Sie kamen vom Festland geflogen und geschwommen oder wurden von Winden und Wasserströmungen herübergetragen. So z. B. Leguane, die sich während der unfreiwilligen Überfahrt vermutlich an umgestürzten, abgedrifteten Kokospalmen und anderen Treibhölzern festkrallten, nachdem sie auf der Suche nach Früchten von einer Sturmflut oder einem sintflutartigen Regen überrascht worden waren. Auf die gleiche Weise setzten wohl auch kleinere Vögel zu den Inseln über, während sich die Seelöwen bei einer ausdauernden Verfolgungsjagd auf einen Fischschwarm vielleicht gezwungen sahen, gleich sämtliche Langstreckenrekorde zu brechen. Eine besonders starke Humboldtströmung könnte hierbei eine entscheidende Rolle gespielt haben. Doch die gewaltige Entfernung musste für die meisten der transozeanischen Artgenossen den sicheren Tod bedeuten. Den wenigen Gestrandeten ließen die vorherrschenden Umweltbedingungen auf den Feuer speienden Vulkaninseln zudem kaum eine Überlebenschance.

Die Besiedlung des Archipels nahm jedoch seinen Gang. Allmählich entwickelte sich unter den Verbannten ein natürliches Gleichgewicht, das schließlich zur Bildung von Schicksalsgemeinschaften führte. Feinde oder Konkurrenz kannten diese emigrierten Tiere nicht.

Mit der Landung der ersten Seefahrer vor über 400 Jahren begann dieses neu geschaffene „Arche Noah"-Gleichgewicht langsam ins Wanken zu geraten. Mäuse und Ratten waren die Ersten, die die modrigen Frachträume der ankernden Segelschiffe verließen. Ihnen folgten eingeführte Haustiere wie Kühe, Pferde, Esel, Ziegen, Schweine, Hunde und Katzen, die nach so manch gescheitertem Besiedlungsversuch zurückgelassen wurden oder ins Hinterland flohen. Durch die relativ schnelle Verbreitung dieser fremden Tiere blieb den heimischen Spezies keine Zeit, ein wirksames Verteidigungssystem gegen die unerwarteten Feinde und Konkurrenten zu schaffen.

Die neu entstandenen populationsstarken Fremdgemeinschaften haben weite Teile des Inselreiches erobert. Für ihre verheerenden Auswirkungen auf das empfindliche Naturgefüge gibt es mehr als genug Beispiele:

Auf Santiago und Isabela buddeln verwilderte Schweine die frisch gelegten Eier der Meeresschildkröten aus.

Zudem werden die angestammten Wasserstellen der urzeitlichen Riesenschildkröten manchmal von versprengten Eselgruppen besetzt gehalten.

Auf allen bewohnten Inseln zertrampeln Kühe und Pferde die seltenen Farne und Büsche, vertreiben die heimische Tierwelt und lassen wie im Hochland von Santa Cruz einen zerstörten Pampa-Boden zurück.

Auf Santa Cruz wurde Ende der 70er-Jahre die einzig existierende Landleguankolonie von einer Meute vagabundierender Hunde überfallen. Bei dem Massaker blieben etwa 500 zerfetzte Iguanas auf der Strecke. Auf Isabela tritt das gleiche Problem heute mit den Haushunden von Puerto Villamil auf.

Opuntien

Katzen fressen in den Trockenzonen nicht nur die kleinen Vogel- und Reptilieneier, sondern halten andererseits auch die eingeschleppten Ratten unter Kontrolle – ihre direkten Konkurrenten beim Eierdiebstahl. Als jüngster unerwünschter Besucher machte sich inzwischen auf zwei der Inseln die besonders aggressive, „Katzen vertilgende" Norwegische Ratte breit.

Ein anderes Beispiel sind die mit Lebensmittelfrachten eingeschleppten Feuerameisen. Sie verdrängen nicht nur die endemischen Ameisen, sondern haben auch schon junge Riesenschildkröten auf der Charles Darwin Station angegriffen. Als die fleißigen Biester dann auf der Wissenschaftler-Insel Pinzón entdeckt wurden, setzte man sogar Insektizide ein und brandrodete ihren gesamten 2 ha großen Lebensraum. Zwecklos!

Galapagos muss so auch in weiterer Zukunft mit den vielen Zuwanderern leben. Schnelle Lösungen hat niemand parat.

Die Nationalparkverwaltung und die Charles Darwin Station haben aber auch Erfolgsbilanzen aufzuweisen. So konnten mithilfe eines viele Jahre andauernden 36-Millionen Dollar schweren Ausrottungsprogramms bis Ende 2008 praktisch alle 100.000 Ziegen auf Isabela eliminiert werden. Ein tolles Programm mit einer jagenden, aus Hubschraubern und am Boden operierenden Parkwächterarmee und vor allen den wohlpräparierten „Judas"-Ziegen, die als eine Art Lockvogel für die geselligen wilden Ziegenhorden agierten. Hierbei wurden „wohlriechende" weibliche und „attraktive" männliche „Lockziegen" eingesetzt und mit Sendern und eingefärbten, von weitem sichtbaren Geißbockhörnern versehen. Die verräterischen „Judas"-Ziegen rannten sogar bei Hubschrauberlärm nicht davon und brachten die Parkwächter immer auf die richtige Spur.

Auf einigen anderen Inseln wurde man inzwischen auch der schwierigen Rattenplage Herr, besonders eine alljährlich auf Floreana durchgeführte Katzen- und Rattenvernichtungsaktion zeigt heute große Erfolge.

Karte hinterer Umschlag

Galapagos

Reisen zu und zwischen den Inseln

Die bequemste Art, die Galapagosinseln vom ecuadorianischen Festland aus zu erreichen, ist das Flugzeug. Alle Touristen machen von dieser Möglichkeit Gebrauch – mit Ausnahme der Weltumsegler.

Die nationalen Fluglinien **TAME** (*Transportes Aereos Militares del Ecuador)* und **Aerogal** unterhalten tägliche Verbindungen zu den Inseln, wobei die TAME zweimal täglich meist einen Airbus einsetzt. Von der Landeshauptstadt Quito geht es über Guayaquil auf die zentrale Insel Baltraund die südöstliche Insel San Cristóbal. Die reine Flugzeit von Quito beträgt etwa jeweils zwei Stunden.

• *Zeiten* **TAME** startet tägl. um 7.30 Uhr und 9.30 Uhr von Quito nach Baltra, fast immer mit einer 45-min. Zwischenlandung in Guayaquil, Ankunft in Baltra gegen 10 bzw. 12 Uhr Ortszeit bzw. 11 und 13 Uhr Festlandzeit. Nach San Cristóbal geht es mit der gleichen Airline von Quito 3x die Woche (Mi/Fr/So 9 Uhr). **Aerogal** fliegt 1- bis 2-mal tägl. von Quito über Guayaquil nach Baltra (Mo–Fr 8.20 Uhr, Sa 8 und 9.30 Uhr, So 8 und 8.45 Uhr) und 5x pro Woche nach Puerto Baquerizo Moreno auf San Cristóbal (Mo/Di/Do 9.45 Uhr, Sa/So 9 Uhr).

• *Preise* Der Preis für den Hin- und Rückflug Quito – Galapagos – Quito beträgt in der Hauptsaison (neun Monate im Jahr) ca. 416 USD, in der Nebensaison (15. Sept. bis 31. Okt. und 1. Mai bis 14. Juni) ca. 360 USD. Guayaquil hin- und zurück ca. 365 USD bzw. 322 USD (Stand April 2009). Guayaquil – Galapagos – Quito bzw. Quito – Galapagos – Guayaquil ca. 392 USD bzw. 342 USD. Alle Angaben ohne Gewähr!

Baltra oder San Cristóbal?

Wer auf die Insel **Baltra** fliegt, hat den Vorteil, gleich im Zentrum des Inselreiches zu landen, und wird meist auch gleich von der Flughafeninsel selbst in See stechen. Wer von Baltra zuerst nach **Puerto Ayora** auf **Santa Cruz** reist, muss eine etwa einstündige Fahrt in Kauf nehmen. Dabei geht es vom Flughafen mit dem Bus kostenlos zum **Itabaca-Kanal**, wo mit einer Fähre ans andere Ufer übergesetzt wird (etwa 1 USD). Das Gepäck reist im Bus und auf dem Dach der Fähre mit. Nach der kurzen Überfahrt zur Insel Santa Cruz steigt man dort in einen bereits wartenden Bus von *Citteg* oder *Transgalpas* um, der die asphaltierte Strecke übers „Hochland" bis Puerto Ayora in einer halben Stunde schafft. Bustickets gibt es bereits im Flughafen für ca. 3 USD. Es kann auch direkt im Bus bezahlt werden, dann ist jedoch der Sitzplatz nicht garantiert. Das Ticket für die Fähre muss an Bord gelöst werden. Bei einer gebuchten Kreuzfahrt, die im Hafen von Puerto Ayora startet, kümmert sich der Veranstalter bzw. Naturführer um den Transfer. Wobei auf der Fahrt durchs Hochland vielleicht ein Stopp bei den Zwillingskratern *Los Gemelos* eingelegt oder in Puerto Ayora die *Charles Darwin Station* besucht wird.

> Die meisten Kreuzfahrten starten gleich von der Flughafeninsel Baltra. Andere beginnen im Jachthafen von Puerto Ayora und einige wenige in Puerto Baquerizo Moreno auf San Cristóbal.

Vom Jachthafen auf Baltra starten die meisten Galapagos-Kreuzfahrten. Der größte Teil der Reisegruppen wird von der Flughafeninsel in See stechen. Ein Bus bringt die Passagiere zum Kai (*muelle*). Andere werden sich mit ihrem Guide erst zum Kanal (*canal*) und dann nach Puerto Ayora aufmachen, um dort im Jachthafen an Bord zu gehen.

Ein weiterer Jachthafen ist das 43 Seemeilen entfernte **Puerto Baquerizo Moreno** auf **San Cristóbal**, ein verschlafener Ausgangspunkt für Kreuzfahrten. Das Galapagos-Fieber geht im quirligen Puerto Ayora um. Dies liegt an der zentralen Lage der Insel Santa Cruz und an der vergleichsweise guten touristischen Infrastruktur.

Wer auf die Insel San Cristóbal fliegt, hat zumindest den Vorteil eines kurzen Weges vom Flughafen zum Bootshafen bzw. Zentrum (15 Min. zu Fuß), muss sich jedoch über die pittoreske Trostlosigkeit, die Puerto Baquerizo Moreno so charakterisiert, im Klaren sein. Dies trifft vor allem auf den Individualreisenden ohne fest gebuchte Kreuzfahrt zu.

Wem die Entscheidung Baltra oder San Cristóbal schwerfällt, der sei auf die Möglichkeit eines Kombinationsfluges hingewiesen, d. h. dass der Besucher mit TAME oder Aerogal in Puerto Baquerizo Moreno landet, um danach wieder von Baltra mit der TAME oder Aerogal zurückzufliegen, wobei sich die Kombination verschiedener Airlines als schwierig erweisen könnte. Die attraktivste Insel für individuelle Hotelaufenthalte ist Isabela, wohin es zumindest vom Festland aus noch keine Direktflüge gibt.

Darüber hinaus unterhält die unzuverlässige Fluggesellschaft *EMETEBE* (www. emetebe.com.ec) zwischen den Inseln Isabela, Baltra und San Cristóbal tägliche Flugverbindungen (außer sonntags) mit fünf- bzw. neunsitzigen Sportflugzeugen (jeden Vormittag San Cristóbal – Baltra – Isabela bzw. Isabela – Baltra – San Cristóbal, einfach 120–150 USD). Die Flugzeit zwischen den jeweiligen Zielen beträgt zwischen 25 und 36 Minuten. Offiziell dürfen nur 12 kg Hauptgepäck mitgenommen werden. Infos erteilen die EMETEBE-Büros in Puerto Ayora bzw. im Flughafen Baltra (✆ 05/2526177), in Puerto Villamil (✆ 05/2529155) und in Puerto Baquerizo Moreno (✆ 05/2520615 o. 2521427).

Zwischen den bewohnten Inseln wird ein regelmäßiger *Binnenverkehr* aufrechterhalten (mit Ausnahme Florenas allerdings, das in dieser Hinsicht sehr stiefmütterlich behandelt wird). Individualreisende können täglich mit schnellen, bis zu 500 PS starken **lanchas** bzw. **fibras** zwischen San Cristóbal, Santa Cruz und Isabela verkehren. Kostenpunkt pro Fahrt 35–40 USD (Stand April 2009). Dies ist die günstigste Option, die bewohnten Inseln auf eigene Faust zu bereisen. Infos hierzu in den einzelnen Insel-Kapiteln.

Kreuzfahrten

Mehrtägige Kreuzfahrten quer durch das Inselreich sind das A und O eines jeden Galapagos-Aufenthaltes!

Die Buchung einer Kreuzfahrt erfolgt in der Regel – wenn nicht schon im Heimatland – auf dem Festland in Quito. Dort haben die meisten Galapagos-Anbieter ihr Büro. Auf den Inseln selbst kann unter Umständen auch gebucht werden, was jedoch nur bedingt anzuraten ist. Touristen, die wenig Zeit zu verschenken haben, buchen besser gleich auf dem Festland, zumal sich die Preise nicht von den spärlichen Angeboten auf den Inseln unterscheiden und zum anderen bereits von vorneweg der gewünschte Bootstyp sowie die gewünschte Route ausgewählt werden können. Bei direkt auf den Inseln gebuchten Kreuzfahrten müssen Individualtouristen längere Wartezeiten in Kauf nehmen oder sind auf irgendein x-beliebiges Boot angewiesen, das gerade einen Kajütenplatz frei hat. Empfehlenswerte Jachten sind meist schon vom Festland her ausgebucht, manchmal fast das ganze Jahr über. Eine Reservierung auf mehrere Monate oder Wochen im Voraus ist unbedingt zu empfehlen!

Karte hinterer Umschlag

Galapagos

Wer hingegen nach tagelangem „Cruising" noch länger auf dem Archipel verweilen möchte (der Abflug fällt manchem schwer), könnte dann immer noch ein bisschen Landurlaub auf Santa Cruz, San Cristóbal oder – viel lohnenswerter – auf Isabela oder Floreana dranhängen.

Galapagos-Kreuzfahrten sind eine Wissenschaft für sich. Wem das zu hoch ist, der wende sich an Volker Fesers **Salsa Reisen** in Quito. Wir sind stets bemüht, für den gewünschten Zeitraum die richtige Jacht in der passenden Preisklasse zu finden, auch Last Minute: ☎ 00593-2/2549358 o. 2500536, www. salsareisen.com, salsa@salsareisen.com, Quito E5-29, Joaquín Pinto 356 y Juan León Mera, 2. Evtl., bitte klingeln und die Treppe hoch.

Die **Wahl der Jacht** hängt nicht zuletzt von den preislichen Vorstellungen des Reisenden ab. Von umgebauten Fischkuttern über klassische Motorsegler und hochmoderne Katamarane bis hin zu luxuriösen Schiffen, die wenig Wünsche offenlassen, ist alles vertreten. Es gibt auf Galapagos mehrere Dutzend im Einsatz befindliche Ausflugsboote und Motorjachten, wobei die größten unter ihnen bis zu 90 Passagiere aufnehmen können. Die meisten Jachten sind jedoch für 16 Passagiere konzipiert. Es wird in der Regel zwischen **vier Klassen** unterschieden: *Tourist, Tourist Superior, First Class* und *Lujo* (Luxus). Nicht jede Jacht, die als First Class, Tourist Superior oder Tourist Class angeboten wird, entspricht auch den Anforderungen. Das hängt auch damit zusammen, dass sich die Bootsbetreiber die Klassen praktisch selbst zuteilen können. Generell gilt: Tourist-Class-Jachten (ab 200 USD pro Tag und Passagier) sind meist sehr laut, alle Kabinen haben ein winziges Privatbad, sind jedoch sehr eng, riechen vielleicht sogar nach Diesel oder Schlimmerem, der Guide ist nicht immer der Hellste, und die Mahlzeiten lassen in Qualität und Umfang vielleicht auch zu wünschen übrig. Tourist-Superior-Class-Jachten (ab 300 USD pro Tag) haben meist Aircondition und etwas bequemere Kabinen, bessere Guides und besseren Service. First-Class-Jachten sind dann wieder eine ganz andere Geschichte. Sie haben mitunter eine attraktivere Route, z. B. mit kompletter Isabela-Umfahrung, verfügen über Komfort und teils exzellenten Service, eine ausgezeichnete Bordküche und kenntnisreiche, sprachgewandte Naturführer.

Schnorchelausrüstungen an Bord haben fast alle Jachten und werden gegen etwa 20–25 USD Gebühr für eine Woche ausgeliehen (ohne Wetsuit). Eine Galapagos-Kreuzfahrt ohne das passende Schnorchelzeug ist etwa so, als würde man Paris besuchen, ohne den Eiffelturm zu bezwingen. Am besten schnorchelt, wer sich eine gut sitzende Maske und einen nicht abgekauten Schnorchel von zu Hause mitbringt. Das lohnt allemal! Die sperrigen Flossen können noch vor Ort an Bord geliehen werden, ein Wetsuit meist nur auf Vorbestellung. Nur sehr wenige Jachten bieten Tauchkreuzfahrten oder gemischte Land- und Tauchfahrten an. (vgl. zum Thema Tauchen und Schnorcheln „Santa Cruz/San Cristóbal/Isabela/Praktische Informationen").

Eine mehrtägige Galapagos-Kreuzfahrt beinhaltet immer alle Mahlzeiten an Bord, Trinkwasser und alle Führungen auf den angesteuerten Inseln. Dies ist ganz unabhängig davon, ob die Reise auf einer Traumjacht oder einem langsam dahinschaukelnden Kahn stattfindet. Geschlafen wird meist an Bord, während das Boot im Laufe einer Nacht den nächsten Besucherstandort auf einer anderen Insel anläuft. Kombinierte Kreuzfahrten mit Hotelübernachtungen auf mehreren Inseln gibt es nur wenige.

Auf Kreuzfahrt

Bei dem reichhaltigen Angebot ist es nicht einfach, die richtige Wahl zu treffen, zumal auch eine gut gelaunte, motivierte Crew eine entscheidende Rolle spielen kann. Eine „lustige Bootsfahrt", die alle Passagiere zufriedenstellt, hängt schließlich nicht nur von der Güte der Jacht ab, sondern auch von der Professionalität und Herzlichkeit ihrer Mannschaft. Prinzipiell gilt jedoch, dass die teureren Anbieter den besten Service bieten und sich auch die größte Mühe geben. In Bezug auf ein eher unverfälschtes Galapagos-Naturerlebnis ist die westliche Umfahrung der an endemischem „Wild Life" sehr reichen Insel Isabela zu empfehlen. Diese Route durch den Bolívar-Kanal wird jedoch fast ausschließlich von First-Class-Jachten bestritten.

> Eine 5-Tage-Kreuzfahrt umfasst lediglich drei volle Tage Bootsabenteuer (plus einen halben ersten Tag und ein Fünftel des letzten Tages), während eine 8-Tage-Kreuzfahrt sechs volle Tage auf See garantiert. Der An- und Abfahrtstag beinhaltet durch den Hin- und Rückflug jeweils nur einen halben ersten und einen noch viel kürzeren letzten Kreuzfahrttag.

Praktische Informationen

Jeder ausländische Galapagos-Besucher hat bei der Ankunft eine **Nationalparkgebühr** von 100 USD in bar zu entrichten (Stand April 2009). Diese sind in jungfräulich aussehenden USD-Banknoten am Flughafen in Baltra oder San Cristóbal bereitzuhalten. Kreditkarten oder Travellerschecks werden nicht akzeptiert, genauso wenig verblichene, verrunzelte oder eingerissene Scheine. Ein goldenes Tablett für die Geldübergabe ist jedoch nicht erforderlich. Die quittierte Eintrittskarte sollte möglichst nicht verloren gehen, sie gilt für den gesamten Galapagos-Aufenthalt. Für 2010 ist eine Erhöhung der Nationalparkgebühr zumindest vorgesehen. Ebenso muss jeder Galapagos-Besucher im Besitz einer **Tourist Transit Card** des *Instituto National Galápagos* (*INGALA*) sein. Diese Chipkarte enthält persönliche Daten wie Namen, Nationalität, Passnummer und Flugticket-Daten. Sie kostet 10 USD und ist am *INGALA*-Schalter der Flughäfen in Quito und Guayquil unter Vorlage des Ausweises und des Flugtickets erhältlich. Manche Kreuzfahrt-Anbieter lassen die *tarjeta de transito* im Voraus ausstellen, um sie dem Touristen noch vor dem

Abflugtag auszuhändigen. Auf den Galapagosinseln gilt die Plastikkarte als Ersatz für den Pass, der getrost im Hotel bzw. im Hotelsafe bleiben kann.

Im Flieger nach Galapagos oder bereits am *INGALA*-Schalter erhält jeder Passagier zudem ein weißes **Einreiseformular**, das ausgefüllt werden bei der Ausreise dann vorgelegt werden muss. Wer den bei der Einreise in Baltra oder San Cristóbal abgetrennten Abschnitt das Formulares – oder gar die Plastikkarte – verliert, hat den Ärger vorprogrammiert.

Eine **Hochsaison** oder besonders vorteilhafte Reisezeit gibt es auf Galapagos eigentlich nicht. Die zahlreichen Tiere können das ganze Jahr über aus nächster Nähe beobachtet werden. Sonnenhungrigen sei jedoch die Regenzeit (!) von Dezember/Januar bis Mai/Juni empfohlen. Außer ein paar starken Regenschauern erlebt man dann den blausten tropischen Himmel.

Etwas weniger Tourismus gibt es in den heißen Monaten Februar und März, nach Ostern, d. h. von Anfang Mai bis Mitte Juni, und in den kühleren Monaten von September bis Ende November. Nichtsdestotrotz sind die meisten Jachten auch in diesen Zeiten gut belegt oder gar ausgebucht. Das liegt vor allem daran, dass sich die Anzahl der zur Verfügung stehenden Kabinenplätze in den letzten 15 Jahren nicht erhöht hat, während der Touristenstrom stetig zunahm. Die von der Nationalparkverwaltung ausgestellten, bis zu 1 Mio. USD teuren „Kreuzfahrt-Cupos" sind längst vergeben. Wer ein neues Boot in den Archipel bringen möchte, muss zuerst sein altes wegschaffen, verschrotten oder absaufen lassen.

Von einer ausgesprochenen Neben- und Hauptsaison kann insofern keine Rede sein. Der Trend geht zur vollen ganzjährigen Auslastung. Stattdessen wird alle zwölf Monate an der Preisschraube gedreht. Diese Art „natürlicher Auslese" kommt zumindest der Erhaltung des Archipels zugute. Ausgebucht sind die Galapagos-Jachten vor allem während der Monate Juli und August sowie um die Weihnachts-, Neujahrs- und Osterzeit.

Zusätzlich muss an dieser Stelle auf die beiden auf dem Archipel vorherrschenden unterschiedlichen **Jahreszeiten** hingewiesen werden (vgl. auch „Klima und Meeresströmungen"). Während der Regenzeit von Januar bis Juni ist besonders nachts und am Vormittag mit teils heftigsten Schauern zu rechnen. Das grüne Hochland der Inseln liegt dann manchmal unter dichten Regenwolken begraben. Eine Regen- oder Goretex-Jacke sollte nicht im Tagesrucksack fehlen. Dennoch hat – wie bereits erwähnt – gerade auch die Regenzeit mit den längsten und heißesten Sonnentagen aufzuwarten. Auch das Meerwasser ist dann angenehm warm. Beste Zeit für ausgesprochene Badeurlauber sind Januar, Februar, März und April. Der warme Ozean hat jedoch auch einen starken Mangel an Plankton zur Folge, wodurch sich wiederum die großen Meerestiere seltener blicken lassen. Auch die vielen Seevögel und Seelöwen können während dieses „Galapagos-Hochsommers" unter Nahrungsmangel leiden.

Tauchsportler werden somit eher die kühlere Trockenzeit von Juni bis Januar vorziehen, wenn der mit dem kalten Humboldtstrom herbeigeführte submarine Nahrungsreichtum ganze Schulen von Riffhaien, Rochen und Meeresschildkröten anlockt. Ein Neoprenanzug ist unumgänglich. Die Wassertemperaturen entsprechen besonders im September und Oktober eher baltischen als tropischen Verhältnissen. Auch das Meer kann zu dieser Jahreszeit rau sein (vgl. Santa Cruz/San Cristóbal, Tauchen und Schnorcheln).

Im Küstenbereich der Inseln regnet es im Gegensatz zu den feucht-vernebelten Hochlandzonen in dieser trockenen Jahreszeit selten. Aber der hartnäckige Garúa-Sprühregen kann dann tagelang anhalten, oder die Sonne zeigt sich vielleicht erst am späteren Nachmittag. Viele Eilande verwandeln sich in diesen Monaten in wüstenhafte Stein- und Gestrüppgebilde. Der Himmel kann manchmal tagelang bedeckt sein und am Abend wird es mitunter empfindlich kühl.

Einige Guides an Bord sagen den Passagieren unverhohlen, wie viel **Trinkgeld** (*propina*) sie und die Crew am Ende der Kreuzfahrt erwarten. Manche wollen auf den an die Passagiere verteilten Propina-Umschlägen vielleicht sogar die jeweilige Kabinennummer vermerkt haben. Absolut unverschämt, vor allem wenn man bedenkt, dass ein Guide in der Regel 150 USD und mehr pro Tag (!) an Honorar verdient. Wer mit den Serviceleistungen eines Guide unzufrieden war, diesen vielleicht als arrogant, frech oder gar als faul empfindet, sollte auch kein Trinkgeld spendieren!

Die von der Nationalparkverwaltung autorisierten **Naturführer** sind in verschiedene Qualifikationsstufen eingeteilt (*nivel uno, dos, tres*). Ein Nivel-uno-Guide beherrscht die englische Sprache gewöhnlich nur leidlich, bei den höheren Niveaus reichen die Kenntnisse bis hin zum Prädikat „ausgezeichnet", bei den Nivel-tres-Guides können durchaus auch Kenntnisse in Deutsch, Französisch, Italienisch oder Russisch hinzukommen. Wobei man nicht immer allein nach den *nivels* gehen kann, weil es unter Umständen keine neuen Kurse für *nivel 3* gegeben hat. So mancher kenntnisreiche Naturführer mit *nivel 2* hätte eigentlich eine höhere Klassifizierung verdient. Die besten Führer begleiten in der Regel auch die besten Jachten! Dabei muss hinzugefügt werden, dass sich die Qualität der Galapagos-Guides im Verlauf der Jahre generell verbessert hat. Jedoch ist Vorsicht geboten: An Land oder an Bord stationierte „Fähnlein-Fieselschweif-Führer" mit riesenschildkrötenmäßiger Arbeitsmoral treiben nach wie vor ihr Unwesen!

● *Alkoholische Getränke* Auf den Galapagos-Booten sind sie recht teuer, ein kleines Bier z. B. bekommt man ab 4 USD. Außerdem sollte man wissen, fast keine Bordbar eine gute Weinauswahl hat. Wer also ungern auf seinen Schoppen Wein oder ein Glas Whisky zum Sonnenuntergang verzichtet, sollte bereits in Quito Vorsorge treffen. In den Geschäften von Puerto Ayora und Puerto Baquerizo Moreno kosten Spirituosen etwas mehr als auf dem Festland, auf den Booten u. U. das Fünffache.

● *Seekrankheit* Dagegen ist leider noch kein Kraut gewachsen. Wer noch nie gleich mehrere Tage auf hoher See verbracht hat, sollte sich diesbezüglich in der Apotheke unbedingt ein paar Tabletten „*contra mareo en alta mar*" besorgen – obwohl diese bei besonders rauem Seegang dann auch nicht mehr viel nützen. Es ist somit nichts Außergewöhnliches, bei langen Inselüberfahrten zur Mittagszeit einen leeren Speiseraum vorzufinden oder einen bleich gewordenen Touristen wie einen Seehund röchelnd über der Reling hängen zu sehen. Wer sich in Kopf und Magen schummrig fühlt, legt sich am besten gleich in seiner Kajüte flach. Nach kurzer Ruhepause geht es dann meist schon wieder etwas besser. Generell: Je besser die Jacht, desto länger kann man es darauf aushalten!

● *Trocken- und Nasslandungen* „Dry and wet landings" – für Galapagos-Besucher feststehende Begriffe. Nasslandungen sind hierbei meist unkomplizierter: Man steigt einfach aus dem Beiboot (*la panga* oder *el zodiak*) ins knietiefe Wasser und läuft die paar Meter in Klettsandalen oder barfuß (Schuhe über die Schulter!) an den Strand hoch. Trockenlandungen sind hingegen auch wirklich nur dann trocken, wenn der Besucher nicht auf den teils schlüpfrigen Steinen ausrutschen sollte. Dies könnte dann wiederum eine ausgesprochene Nasslandung zur Folge haben – und die anwesenden Seelöwen haben was zu lachen und klatschen Beifall!

Galapagos Karte hinterer Umschlag

Kicker Rock

Die Inseln

Die nachfolgend beschriebenen Inseln sind der Übersicht halber von Ost nach West geordnet, Abweichungen vom diesem Prinzip sind der Größe und der touristischen Bedeutung der Inseln geschuldet. Die Hauptinseln mit ausreichend vorhandener touristischer Infrastruktur sind **Santa Cruz** (20.000 Einwohner), **San Cristóbal** (8.000 Einwohner) und **Isabela** (2.000 Einwohner). Bewohnt sind außerdem noch zwei weitere Inseln des insgesamt 8.000 km² großen Archipels, beide allerdings in bescheidenem Ausmaß: Baltra, wo nur Militärpersonal lebt, und Floreana, das es auf ganze 120 Einwohner bringt. Von den unbewohnten Inseln sind Fernandina und Santiago die größten. Die abgelegensten Inseln, gleichzeitig auch die besten Taucherreviere, sind Wolf und Darwin im äußersten Nordwestzipfel der knapp 50.000 km² großen Pazifik-Region am Äquator. Die mit Abstand größte Insel ist **Isabela** mit 4.588 km². Die kleinsten Inselchen mit Besucherstandort sind Mosquera (0,07 km²) und der 52 m hohe „Chinesenhut" (Sombrero Chino) mit 0,23 km².

Die Galapagosinseln unterscheiden sich nicht nur in Größe und Höhe, sondern auch durch ihr Alter, ihre Form, ihre Landschaften und durch ihre endemische Tier-, Pflanzen- und Unterwasserwelt. Keine Insel gleicht der anderen, jede hat ihren besonderen Charakter.

San Cristóbal   (558 km², max. Höhe 730 m)

San Cristóbal ist seit dem 19. Jh. ständig bewohnt. Grund dafür sind die vielen Süßwasserquellen. Im inneren Bergland gibt es auf über 700 m Höhe sogar einen kleinen Süßwasser-Kratersee (El Junco). Dieser füllt sich während der Regenzeit stark an, da kaum Wasser durch die Kraterwände durchfiltert. Aufgeregte Fregattvögel, die sich darin das Meersalz abspülen, wissen dies zu schätzen. Die Bevölkerung von San Cristóbal versorgt sich jedoch ausschließlich aus den mineralhaltigen Quellen von *La Toma*. Das Privileg, zusammen mit der Insel Floreana die einzigen dauerhaften Süßwasserquellen des Archipels zu besitzen, ändert aber nichts am schlechten Ruf des hiesigen Trinkwassers: Was sich aus San Cristóbals Wasserhähnen ergießt, soll angeblich schmutzig sein.

Am südwestlichen Ende der 48 km langen und bis zu 14 km breiten Insel befindet sich die Provinzhauptstadt und der gleichzeitig zweitgrößte Galapagos-Marinehafen **Puerto Baquerizo Moreno**. Das knapp 8.000 Einwohner zählende Städtchen hat im Gegensatz zum 43 Seemeilen entfernten Touristenzentrum Puerto Ayora auf Santa Cruz zumindest etwas vom Flair eines verschlafenen Fischerortes bewahren können.

Auf der Insel sind Plantagenanbau (Bananen, Maracuja, Guaven, Mangos, Zuckerrohr usw.) und Viehzucht vorherrschend. Schattige *Pumarosa*-Wälder (Guaven) und wilde Brombeer-Felder laden zu Wanderungen im Hochland ein. Schön ist im Küstenbereich eine kurze Wanderung, die hinter dem **Centro de Interpretación** über Lavasteine, zwischen Kakteen und *Palo-Santo*-Bäumchen zum **Cerro de las Tijeretas** und der darunter liegenden Schnorchelbucht führt. Die lautstarken Seelöwen, die bei der **Lobería** (eine halbe Stunde zu Fuß vom Flughafen) und im Hafenbecken von Baquerizo Moreno umhertauchen und in den Fischerbooten oder auf der Kaimauer der Uferpromenade übernachten, sind fast ständig zu hören.

Das Dorf inmitten des Ozeans hat sich ausgerechnet für Surfer als eine Art Geheimtipp herumgesprochen. Hier trifft sich nicht nur die ecuadorianische Elite der Wellenreiter (s. u.).

Die Uferpromenade Malecón Av. Charles Darwin hat ein modernes Gewand erhalten, darunter ein kleiner Brunnen mit Inselwelt in Form des Galapagos Archipels und ein Naturpool mit Riesenrutsche für die zahlreichen Kinder des Ortes. Die Seelöwen waren jedoch entsetzt!

Spanische und englische Inselnamen

Baltra	South Seymour	Guy Fawkes	Guy Fawkes
Bartolomé	Bartolomew	Isabela	Albemarle
Beagle	Beagle	Marchena	Blindloo
Caldwell	Caldwell	Onslow	Onslow
Champion	Champion	Pinta	Abington
Cowley	Cowley	Pinzón	Duncan
Crossman	Crossman	Plaza Sur	South Plaza
Daphné	Daphne	Rábida	Jervis
Darwin	Culpepper	San Cristóbal	Chatham
Eden	Eden	Santa Cruz	Indefatigable
Enderby	Enderby	Santa Fé	Barrington
Española	Hood	Santiago (San Salvador)	James
Fernandina	Narborough	Sin Nombre	Nameless
Floreana (Santa María)	Charles	Sombrero Chino	Chinese Hat
Gardner	Gardner (Charles)	Tortuga	Brattle
Gardner	Gardner (Hood)	Watson	Watson
Genovesa	Tower	Wolf	Wenman

Galapagos Karte hinterer Umschlag

Information/Verbindungen

Die **Vorwahl** von San Cristóbal sowie von ganz Galapagos ist **05**.

• *Information* i-**Tur**, Av. Charles Darwin y 12 de Febrero, am Malecón, brauchbarer Stadtplan, Mo–Fr 8–12 und 14–17 Uhr, ✆ 2521116; **Capturgal**, Prospekte auf Engl. und Span., Mo–Fr 8–12 und 14–17 Uhr, Ignacio Hernández y 12 de Febrero; die **Verwaltung** des Parque Nacional kann stolz auf die Ergebnisse der Wiedereinführung von Riesenschildkröten auf der Insel sein. Das Büro kann diesbezüglich Auskünfte geben. Alsacio Northia am Playa Mann, Mo–Fr 8–12 und 14–17 Uhr wie alle „Amtsstuben", ✆ 2520138/497, www.galapagos park.org; die **Fundación Charles Darwin** unterhält ein „technisches" Büro, Mo–Fr 8–12 und 14–17 Uhr, Alsacio Northia y Española, ✆ 2520434, 2521114, www.galapagos.org.
• *Verbindungen* TAME unterhielt bis Redaktionsschluss drei wöchentliche **Flüge** mit dem Festland. Voraussichtlich Mi, Fr und So um 12 Uhr geht es über **Guayaquil** nach **Quito**. Ankunft in der Landeshauptstadt um 16 Uhr. Hin- und Rückflugpreis zur Hauptsaison 416 USD (neun Monate im Jahr, Stand April 2009). Reservierungen sind notwendig! Das Büro von TAME befindet sich am Flughafen und ist nur an Flugtagen geöffnet, ✆ 2521351.
AEROGAL fliegt Mo, Di und Do um 12.45 Uhr, Sa/So um 12.15 Uhr über Guayaquil nach Quito. Das Büro befindet sich im Flughafen, ✆ 2521-120/-118.
Interinsulare Flüge: **EMETEBE** fliegt voraussichtlich tägl. ab 7.30 Uhr mit zwei neunsitzigen *avionetas* „*Islander*" und einer fünfsitzigen „*Piper Azteca*" nach **Baltra** und **Isabela** (einfach 120–150 USD bis Puerto Villamil, Flugzeit 45 Min.). Je nach Passagieraufkommen wechseln Routen und Timing. Wegen Spritmangels fallen des Öfteren Flüge aus. Das Büro ist im Flughafen,

✆ 2521427, 2520615, www.emetebe.com.ec.
• *Seetransporte und Ausflugsboote* Das öffentliche Fahrgastschiff von *Ingala* fährt nicht mehr nach **Puerto Ayora** und rostet in der Wreck Bay vor sich hin.
Eine gute Möglichkeit, nach Santa Cruz zu kommen, stellen die tägl. verkehrenden privaten **lanchas** bzw. PS-starken Speedboats dar, z. B. „7 Mares" (Quito y Hernández, ✆ 2521066, 2520770), aber auch andere vom gleichen Kaliber. Abfahrt ist meist gegen 7 Uhr von der *muelle turístico*, Fahrtzeit etwa 2:30 Std., Fahrpreis 35–40 USD. Tickets für Speedboote nach Puerto Ayora können bei allen Tourbüros im Ort oder kurz vor Abfahrt am Kai gekauft werden, z. B. **Cristóbal Tours**, Villamil y Av. Charles Darwin, ✆ 2520166. Es kann evtl. auch eine komplette *lancha* (Boot mit starkem Außenborder) gechartert werden. Kostenpunkt 500–700 USD bis Puerto Ayora, wobei je nach Bootstyp bis zu 16 Passagiere Platz finden.
• *Landtransporte* Öffentliche **Busse** ins Hinterland nach **Progreso** (20 Ct.) besteigt man an der sog. „Cuatro Esquinas", Alsacio Northia y 12 de Febrero, zwei Querstraßen vom Malecón entfernt, Abfahrtszeiten voraussichtlich um 7, 12.30, 13.30 u. 18 Uhr. Wobei die Busse unter der Woche nur bis Progreso und am Wochenende bis **La Soledad** fahren, ein Ort mit Aussicht. Busse können übrigens auch gemietet werden, Preis nach Absprache!
Taxi-Camionetas: *Coop. La Lobería*, 12 de Febrero entre Guayaquil y Hugo Herrera, ✆ 2520243; *Coop. Islas Galápagos*, Narziso y Flores, ✆ 2520477; *Coop. La Galápaguera*, Av. Quito entre Azogues y Guayaquil, ✆ 2520900. Eine Fahrt im städtischen Bereich kostet 1–1,50 USD, nach Progreso 2–3 USD, zur Lobería 6 USD, am Junco-Krater 20 USD, nach Puerto Chino 30 USD, zur Galapaguera Natural 30 USD inkl. Wartezeiten (oder pro Stunde etwa 10 USD je nach Verhandlungsgeschick).

Adressen

• *Apotheken* Farmacias gibt es auf der Av. Charles Darwin y Theodor Wolf, in der Villamil y Cobos sowie in der 12 de Febrero y Alsacio Northia.
• *Artesanía* Humberto „Picasso" Muñoz von der Galería Picasso bemalt T-Shirts und kre-

iert extravagante maritime Festkleider wie das der „Langustenkönigin", in denen man sich fotografieren lassen kann. Av. Quito y Flores im Viertel Algarrobos, ✆ 092-094536 (mobil).

• *Einkaufen* Organischen **Kaffee** aus dem Hochland der Insel hat **Expigo** (ab 12 USD für 375 g). Trips zur 130 Jahre alten Kaffeeplantage des berüchtigten Galapagos-Despoten Manuel Cobos sind möglich. Nach Sra. Gonzáles fragen, ✆ 2521003. Villamil entre Hernández y Av. Charles Darwin, www.expigo.com, www.galapagoscoffee.com.

Letzte Lebensmitteleinkäufe vor der Kreuzfahrt werden im **Mini Market 2000** gegenüber dem Touristen-Anlegesteg erledigt, übrigens auch viel frequentierte Eisdiele zum Draußensitzen, tägl. 8–22 Uhr mit kurzen „Unterbrechungen".

• *Geldbeschaffung* **Banco del Pacífico**, Malecón entre Española y Melville schräg gegenüber dem Touristen-Kai, Mo–Fr 8–16 Uhr, Sa 9–12 Uhr, evtl. auch Reiseschecks gegen 5 USD Kommission (Reisepass und Kopie mitbringen, bis zu 300 USD tägl.), Mastercard nur per Automat und Visa (cash in advance) nur am Schalter.

• *Internet* Surfen kann man in der Kneipe „Mockingbird" an der Ecke Española und Hernández, an der Uferpromenade im Hotel Miconia, an der Ecke Española und Uferpromenade neben „Galakiwi", im „Easynet" bei Pacifictel, Av. Quito y Azo-

gues, oder im blau erleuchteten „Dolphin-Net" in der Ignacio Hernández y 12 de Febrero, 1,50–2 USD die Stunde.

• *Krankenhaus* **Hospital Oskar Jandl**, Av. Northia y Av. Quito, ✆ 2520118. Rotes Kreuz, Ignacio Hernández y 12 de Febrero, ✆ 2520125.

• *Polizei* Ecke Española und Uferpromenade, ✆ 2520101.

• *Post* An der Uferpromenade, Manuel Julio Cobos y 12 de Febrero (gegenüber der Capitanía), nach Sonderstempeln fragen, Briefmarken sind jedoch Mangelware!

• *Telefonieren* **Movistar** in der Melville y Av. Charles Darwin, an der Ecke Villamil und Hernández hinter „Rosita" und in der Northia neben dem Hotel Mar Azul; **Pacifictel** in der Española y Northia. Außerdem gibt es im Zentrum und am Flugplatz offene Porta- und Movistar-Kabinen für Auslandsgespräche mit Telefonkarten. Diese sind ab 3 USD in Geschäften erhältlich.

• *Wäscherei* **Super Wash**, Villamil entre Hernández y Malecón, morgens abgeben und nachmittags abholen. Auch Hotels haben einen Waschservice oder einen Waschstein zum Selbstschrubben!

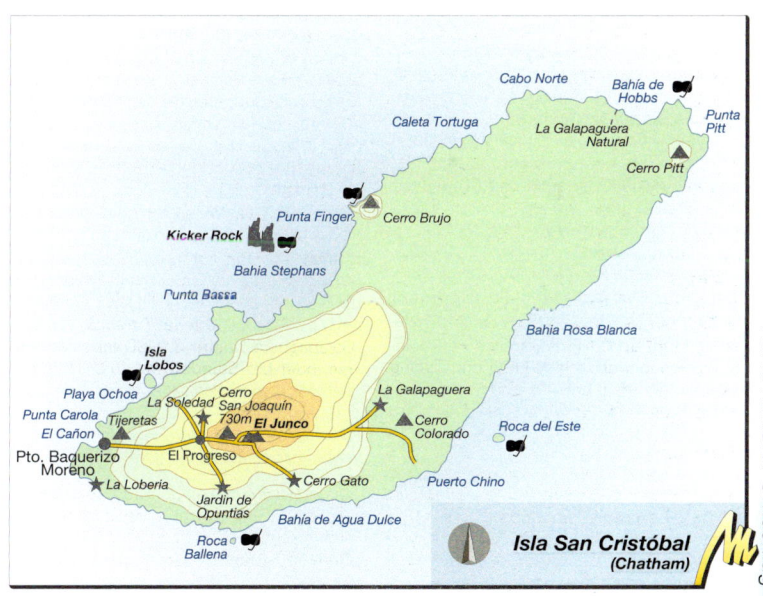

Isla San Cristóbal (Chatham)

Übernachten

Nicht alle Hotelbesitzer erwecken den Eindruck, auf Kundschaft angewiesen zu sein. Zitat: „Kommen Sie doch morgen wieder!" Am nächsten Tag hieß es: „Es wird doch hoffentlich nicht lange dauern?"

Casa Iguana Sol & Mar (4), (GK), luxuriöses B & B, eine Augenweide! Terrassengebäude mit großer Freiluft-wendeltreppe, Dachbar und Frühstücksbar mit abgefahrenen ScFi-Hockern. Nur 5 wunderschön gestylte Suiten mit AC, Decken-Fan, Sat-TV, Kühlschrank, am besten die Honeymoon-Suite mit *Kingsize*-Bett und wahnsinnig viel Platz (250 USD, die anderen 100–170 USD). Calle A/Av. Jaime Roldós Aguilera y Northia, ✆ 2521788, www.vrbo.com.

Casa Opuntia (1), (GK), fünf geräumige Oceanview-Zimmer im mediterranen Stil, mit BP, Ww, Balkonen und Terrassen. Am besten ist Nr. 3 mit 2 Queensize-Betten. Große Kokospalme davor, Pool mit Liegestühlen und Sonnenschirmen. Restaurant mit Blick auf den Jachthafen. Kajaks und Mountainbikes. EZ 80–90 USD, DZ 100–120 USD. Ansehnliches weißes Haus an der nördlichen Seite der Hafenbucht, genau über dem Malecón (bzw. rechts neben dem Treppenaufgang zur Calle Isabela hoch), nur wenige Gehminuten vom Zentrum, ✆ 2520632, in Quito ✆ 02/2223720, www.casaopuntiagalapagos.com.

Pimampiro (3), (MK), drei Gebäude, eher für Familien oder Freunde, die besten Zimmer sind die 4er Nr. 1 und 5 im 2. St., je mit Balkon, Hängematte und Blick auf den Pool und übers Dorf bis zum Meer. DZ Nr. 8 bietet dafür viel Platz. Internet und Fahrradverleih. Jehova grüßt an jeder Ecke. EZ/DZ 60 USD mit üppigem Frühstück. Av. Quito y Av. Jaime Roldós Aguilera, ✆ 2520323, hosteriapimampiro@yahoo.es.

Gran Hotel Mar Azul (14), (MK), 300 m vom Jachthafen, dreistöckiges Gebäude mit hellen, komfortablen Zimmern, Nr. 201 und 207 ganz oben sind die besten, beide mit Blick auf das Städtchen und das Meer. Aussichtsterrasse, Restaurant schräg gegenüber. BP, Ww, AC, Kühlschrank, Telefon. EZ 40–60 USD (ohne AC ab 25 USD), DZ 60–90 USD (ohne AC ab 45 USD), 3er 110 USD. Northia y Esmeraldas, ✆ 2520091, www.granhotel marazul.com.ec.

Mar Azul (15), (Budget), beeindruckender Mandelbaum ohne Garten. Sauber, schlicht und freundlich, Restaurant daneben, BP, Ww, TV, AC oder Ventilator. Macht alles in allem einen ordentlichen Eindruck. EZ 25–28 USD, DZ 36–40 USD. Northia y Esmeraldas, ✆ 2520139.

B & B Casablanca (7), (MK/Budget), an der Uferpromenade, maritime Deko, renovierungsbedürftig, aber heimelig und charmant. Oben auf der Terrasse erhebt sich eine fantasievolle DZ-Kuppel bzw. -Kapsel, man fühlt sich wie in einer Muschel. Zweitbestes Zimmer ist das Isabela mit Meerblickbalkon. Integrierte Bäder, nicht 100-prozentig vom Schlafraum getrennt. EZ 35 USD, DZ 58 USD inkl. Frühstück. Av. Charles Darwin y Melville, ✆ 2520392, casablanca_galps @yahoo.com.

Familiäre Unterkünfte und private Apartment-Suiten stellen eine Alternative zu den Hotels dar:

Casa de Alicia (6), von Alicia und Santos, weißes Haus ganz oben am Ortsrand. Drei Stockwerke, riesige, helle, komfortable Suiten mit moderner Gemeinschaftsküche, im Vergleich fast schon als edel zu bezeichnen. Balkone, Hängematten und Mirador on top mit 360-Grad-Inselblick. Bäumchen im Lavasteingarten. Pro Pers. 30 USD. Tulcán y Av. Quito, Barrio Las Fragatas, ✆ 2520182.

Nathaly (2), von Nathy Barreto, gute Matratzen, freundlich. Ein DZ mit eigenem Eingang, daneben ein 3er (je 18 USD pro Pers.), im 1. St. (über eine private Treppe) die besten Zimmer/Suiten mit Küche, Balkon und wucherndem Baum davor, ab 24 USD pro Pers., einfaches offenes Hängematten-Restaurant im Garten. Peñas Altas gegenüber Las Canchas y Seguro Social, ✆ 2520018, www.hospedajenathaly.com.

Essen & Trinken/Nachtleben

• *Essen & Trinken*   Wenig Auswahl und schwache Serviceleistungen! Freiluft-Restaurant **La Playa (16)** fast an der *Zona Naval* neben der *Armada Nacional*, vor allem Meeresfrüchte, zu empfehlen ist z. B. *encocado de langostino* (10 USD).

Las Tijeretas, Punta Carola, Centro de Interpretación

Playa Mann

Playa de Oro

Av. Jaime Roldos Aguilera

Puerto Chino (Playa), Galapaguera Seminatural, El Junco, El Progreso, Hochland

Tanques de agua potable

Anlegesteg für Touristen- und Fischerboote

Warenkai

Flamingodenkmal

Banco del Pacífico

Galakiwi Tourbüro

Capitanía

Fußballfeld

Essen & Trinken

5 Miconia
8 Mockingbird
9 Patagonia
10 Tongo Reef
11 Rosita
12 El Grande
13 Barracuda
16 La Playa

Übernachten

1 Casa Opuntia
2 Hospedaje Nathaly
3 Pimampiro
4 Casa Iguana Sol & Mar
6 Casa de Alicia
7 B&B Casablanca
14 Gran Hotel Mar Azul
15 Mar Azul

Aeropuerto, La Lobería

100 m

Puerto Baquerizo Moreno

Rosita (11), hübsches Freiluftlokal, englischsprachige Karte, gutes *cebiche de pescado*, Menüs ab 3,50 USD, auch Frühstücke, Hernández y Villamil.

Barracuda (13), schlicht, Menüs ab 3 USD, Suppe mit *bolón de verde* ausgezeichnet, Villamil und Uferpromenade.

Miconia (5), die Aussicht ist angenehm, die Pommes zum *encocado* stören und die Kokosnusssoße ist unzureichend.

Patagonia (9), einziges Lokal, in dem man bereits um 7 Uhr frühstücken kann: Filterkaffee von der Insel, *bolones de verde*, *humitas*, *quimbolitos*, Fruchtsalate, nett zum Draußensitzen. An der Uferpromenade entre Española y Wolf.

Tongo Reef (10), Frühstück und frische Säfte mit Strohhalm aus dem Glaskrüglein, lecker getoastete Sandwiches (mit Huhn), Tischchen und Holzhocker zum Draußensitzen. Av. Charles Darwin entre Española y Teodoro Wolf.

El Grande (12), Milchshakes, Fruchtsalate, Hamburger, Villamil y Malecón.

Mockingbird (8), hipper Surfer- und Tauchertreff, Internet, vorgekühlte Biergläser, Pizza, Brownies, Frühstück, bessere Musik als anderswo. Española y Hernandéz.

• *Nachtleben* Iguana Rock, Flores y Quito; **Polos Bar**, 122 de Febrero; **Voquí**, Malecón bzw. Av. Charles Darwin; **Discoteca Neptunus** in der Alsacio Northia y José Vallejo.

*T*ouren/*S*port

• *Ausflüge um und auf der Insel* Folgende Bootstrips werden i. d. R. angeboten: Kicker Rock, Isla Lobos, Cerro Brujo und Punta Pitt (Mindestpreis für einen Gruppenbootsausflug pro Pers. 50 USD) Landausflüge zum Junco, Galapaguera und Puerto Chino.

Galapagos Karte hinterer Umschlag

Für **Fahrrad-Downhills** seien die Abfahrten El Junco – El Progreso – Puerto Baquerizo Moreno (17 km), aber auch Progreso – El Junco – Galapaguera Seminatural – Puerto Chino (22 km) empfohlen. Die Bremsen sollten vor dem Start gründlich gecheckt werden!

Das beste Tourbüro im Ort heißt **Galakiwi** und wird von den beiden Neuseeländern Tim und Nick betrieben. Touren mit **Mountainbikes, Sea Kajaks, Tauch-** und **Schnorchelausrüstungen**, z. B. 6- bis 8-tägige Multisport-Adventure-Trips zum Kicker Rock, an einsame Strände San Cristóbals, nach Floreana, Isabela, Santa Cruz und Santa Fé. Geschlafen wird ausschließlich in Hotels, gefahren mit einem der beiden bis zu 30 Knoten schnellen Speedboote. Hierbei kommen sowohl Taucher und Schnorchler als auch Paddler, Radler, Reiter und Wanderer auf ihre Kosten. Pro Pers./Tag ab 150 USD inkl. Übernachten, Frühstück und Mittagessen (bei max. 12 Teilnehmern). Av. Charles Darwin y Villamil, ℡ 2521562, ℡ 091-651543 o. 088-102663 (beide mobil), www.galakiwi.com.

Allseits empfohlen wird der Tauch- und Schnorchelspezialist Ivan López vom **Wreck Bay Diving Center**, Tagestrips ab 120 USD mit Isla Lobos, Kicker Rock, Five Fingers und Tijeretas in der Wreck Bay,

auch Ausflüge ins Hochland (ca. 50 USD) und Equipment-Verleih. Teodoro Wolf y Av. Charles Darwin, ℡ 2521663, 2520473, www.wreckbay.com.

Fahrradverleih, Surfkurse und Tauchfahrten zur Roca Five Fingers, Punta Pitt, Punta del Este oder zur strömungsstarken Roca Ballena sowie Schnorchelausflüge zum Kicker Rock (ca. 50 USD) bietet **Chalo Tours** Española, ℡ 2520953, www.chalotours.com.

Tauch-, Surf-, Reit- und Campingausflüge mit **Dive & Surf** in der Melville y Hernandez, ℡ 094-096450 (mobil), www.divesurfclub.com.

> **Wellenreiter** bevorzugen die edlen Brecher vor **La Lobería** (30 Min. zu Fuß, bis zu 4 m hohe, konsistente Wellen, *breaks left and right*, beste Zeit Januar bis Juni, von den aggressiven männlichen Seelöwen fernbleiben), bei **Punta Cañon** und am **Tongo Reef** (beide im Süden der Insel und nur mit Erlaubnis der Marine, beste Zeit Dezember bis April) sowie das ecuadorianische Surfers' Heaven an der **Punta Carola** (nahe dem westlichen Ortsrand, nur große boards, *fast and tubular ride*, Dezember bis April).

Sehenswertes

Die nächstliegende Sehenswürdigkeit zum Ort ist das **Centro de Interpretación (1)**, das von der spanischen Regierung finanziert wurde. Es befindet sich am nördlichen Ende des Städtchens: chronologische Eindrücke von der Natur- und Siedlungsgeschichte des Archipels, autogeführte Pfade und Laufstege, ein Freiluft-Auditorium, originelle Floß- und Schiffsmodelle und eine Galapagos-Reliefkarte im Maßstab 1:50.000.

Öffnungszeiten Tägl. 8–12 Uhr und 13–17 Uhr, Eintritt 1 USD, ℡ 2520358.

Wenige Fußminuten vom Flughafen befindet sich in südöstlicher Richtung die **Lobería (2)**, wo Seelöwen auf dem Sandstrand oder den Lavasteinen herumtollen. Vorsicht vor den Bullen (*machos*), sie können ihren vielen Weibchen zuliebe bei aufdringlicher Annäherung fest zubeißen! Es gibt dort zudem große schwarze Meerechsen mit dicken Salzkrusten auf der vorsintflutlichen Schädeldecke.

Besucherstandorte auf der Insel

Manche Besucherstandorte auf San Cristóbal sind nur per Boot zu erreichen. Der nächstgelegene, der **Cerro de las Tijeretas (1)** oder „Fregattvogelfelsen" mit Darwin-Standbild, ist jedoch vom Centro de Interpretación sehr gut zu Fuß erreichbar (etwa 2 km). Binden- und Prachtfregattvögel nisten hier bei schöner Aussicht über die **Wreck Bay** und das Städtchen. Baden und Schnorcheln ist unterhalb des Felsens lohneswert!

Traumstrand auf San Cristóbal – nur per Boot zu erreichen

Die von Fregattvögeln überflogene und von Teichhühnern und Bahama-Enten durchkreuzte, 700 m hoch gelegene Süßwasser-Kraterlagune **El Junco (3)** gilt als die einzige ihrer Art auf Galapagos. Sie liegt eine halbe Autostunde östlich von Puerto Baquerizo Moreno im Hochland der Insel. Eine schöne Aussicht auf die Küste und die blaue See sowie eine frische Brise sind den Besuch wert.

Eine knappe Bootsstunde nordöstlich von Puerto Baquerizo Moreno befindet das kleine Eiland **Isla Lobos (4)**. Wie der Name schon sagt, trifft der Besucher hier auf Kolonien von Seelöwen, die sich auf dem kleinen Strand herumwälzen oder unter einem einsamen Mangrovenbaum auf der faulen Haut liegen. Blaufußtölpel watscheln zwischen den teils schlüpfrigen Steinen umher. Von der Panga (Beiboot) aus ist die mitunter glitschige Trockenlandung mit Vorsicht zu genießen!

Zwei Bootsstunden nordöstlich von Baquerizo Moreno sticht der zersplitterte Tuffkegel **León Dormido (5)** oder auch **Kicker Rock** wie eine Galapagos-Variante des Gibraltar-Felsens aus dem tiefblauen Ozean. Die Durchfahrt zwischen dem Doppelfelsen ist zum Schutz der dortigen Haie jedoch verboten. Seevögel nisten auf dem „schlafenden Löwen“. Sporttaucher und Dämmerlicht-Fotografen kommen hier besonders auf ihre Kosten. Anlegen ist nicht möglich. Schräg gegenüber des Kicker Rock befindet sich der wunderschöne weiße Sandstrand von **Cerro Brujo (6)**, einer der attraktivsten des Archipels und ein kleiner Geheimtipp (Zutritt während der Recherchen untersagt); südöstlich vom Kicker Rock öffnet sich die Mangrovenbucht **Caleta Sappho**, auch **Puerto Grande** genannt.

Im nordöstlichen Teil von San Cristóbal befindet sich **La Galápaguera Natural (7)**, wo frei lebende Riesenschildkröten beobachtet werden können. Nach etwa zweistündiger Bootsfahrt muss noch eine zweistündige Wanderung hinauf ins Schildkrötenreservat in Kauf genommen werden. Eine Tagestour mit einem etwa achtsitzigen Boot kommt auf etwa 400 USD.

Der nordöstlichste Besucherstandort der Insel ist der Vulkankegel **Punta Pitt (8)**. Dies ist außer der Insel Genovesa der einzige Standort, um Rotfußtölpel beim Brüten und bei der Nahrungsaufnahme zu beobachten. Auch Blaufuß- und Maskentölpel, Fregattvögel, Gabelschwanzmöwen, Tropikvögel und Madeira-Wellenläufer gehen hier dem Fischfang nach. Tölpel tauchen von hoch oben pfeilgleich in den Ozean ein. Gabelschwanzmöwen stellen nachts den zur Oberfläche aufschwimmenden Tintenfischchen nach. Wellenläufer schnappen geschwind kleinere Fische von der Wasseroberfläche weg, während Tropikvögel weit draußen auf offener See tiefer untertauchen. Fregattvögel hingegen beobachten bei ihren Aufklärungsflügen andere Seevögel, um ihnen im passenden Augenblick die Beute in der Luft zu rauben.

Weitere lohnenswerte *puntos de visita*: **Playa de Amor/Punta Carola** am westlichen Ortsrand, ein Strand voller Muschelfragmente und eine Herausforderung für erfahrene Wellenreiter; **Galapaguera Seminatural**, frei lebende Riesenschildkröten in 45 Min. per Camioneta erreichbar; **Jardín de Opuntias Gigantes**, Baumopuntien-Garten; **Cerro Colorado**, spektakuläre Sicht vom höchsten Leuchtturm der Insel; **Puerto Chino**, ein kleiner, weißer Badestrand, der zur Regenzeit seinen Sand „verliert"; **Playa Ochoa**, einzigartiger „Camping-Spot" gegenüber der Isla Lobos an der Nordwestküste, während der Recherche war der Landgang dort jedoch von der Nationalparkverwaltung verboten.

Española (61 km², max. Höhe 206 m)

Die südlichste der Galapagosinseln gilt vor allem unter Ornithologen als einer der aufregendsten Beobachtungsplätze. Kreuzfahrten, die von San Cristóbal aus starten, steuern die 14 km lange und 7 km breite Insel meist zuerst an. Es gibt auf Española zwei sehr lohnenswerte Besucherstandorte: den atemberaubend schönen Muschelstaub-Strand der türkisfarbenen **Bahía Gardner (9)** im Nordosten und die felsig-grasbewachsene Klippen-Landzunge **Punta Suárez (10)** am äußersten Westzipfel der Insel.

In der paradiesischen Gardner-Bucht, die ihren Namen dem vorgeschobenen Felseninselchen am Zugang zur Bucht verdankt, ist von der *panga* (Beiboot) aus eine Nasslandung angesagt. Schnorchelfreunde kommen in den ruhigen Gewässern voll auf ihre Kosten. Neben Hundshaien können Engel- und Kugelfische sowie zahlreiche Seeigel und andere Meeresbewohner beobachtet werden. Seelöwen tummeln sich am langen Strand, der zu einem sinnenfreudigen Spaziergang einlädt. Vorsicht bei den Bullen! Man sollte den nackenstarken „Haremsbesitzern" (bis zu 25 Weibchen) auf keinen Fall zu nahe kommen. Die Hauerzähne eines ausgewachsenen Seelöwen könnten eine bösartig klaffende Wunde verursachen. Von Unfällen mit allzu aufdringlichen Touristen wird hin und wieder berichtet.

Endemische Hood-Spottdrosseln und Darwinfinken trillern in der stacheligen Buschlandschaft hinter dem Strand oder untersuchen neugierig die Tagesrucksäcke der Touristen. Große Meerechsen und flinke Klippenkrabben sonnen sich auf den Steinen. Die schwarzen Punkte im weißen Babypuder-Sand sind winzige Basaltpartikelchen, die sich im Lauf der Entstehungsgeschichte mit dem feinen Muschel- und Korallenstaub vermischten. Unter strahlend blauem Himmel bleibt diese herrliche Bilderbuch-Bucht einem jeden Touristen für immer im Gedächtnis hängen.

Die westliche Suárez-Spitze gehört mit zu den Höhepunkten einer jeden Galapagos-Kreuzfahrt. Nach einer Trockenlandung inmitten einer Seelöwenkolonie führt

Albatros

ein etwa 2 km langer Rundwanderweg den Besucher auf die andere Seite der Landzunge. Der sehr steinige Pfad wird von nistenden Blaufußtölpeln und teils rotgrau gefärbten Hood-Meerechsen in Anspruch genommen. Es bedarf einiger Ausweichmanöver, um nicht auf die Tiere zu treten. Nicht einmal die vielen Lavaechsen fürchten sich vor den Füßen der Touristengruppen.

Die in Löchern brütenden *iguanas* scheinen den Besuchern vor die Füße zu spucken. Dies ist nicht persönlich zu nehmen – sie versprühen in Wirklichkeit aus ihren Nasenlöchern überschüssiges Salz. Die trägen Meerechsen suchen nur Schatten auf, wenn ihre Körpertemperatur auf über 38 Grad ansteigt. Die Männchen können über 100 m tief tauchen und bis zu einer Stunde unter Wasser bleiben, um Futter zu suchen.

Die Maskentölpel, die etwas größer als ihre blaufüßigen Kollegen sind, nisten nur auf den Klippen, da sie nicht von Land aus starten können. Sie müssen zum Abflug von den Felsen springen und den Aufwind nutzen. Die Nester der Blaufußtölpel hingegen befinden sich mehr landeinwärts. Alle 7 bis 9 Monate liegen zwei bis drei unterschiedlich große Eier unmittelbar auf dem Boden. Somit findet man das ganze Jahr über brütende Paare vor. Die Männchen sind von den Weibchen leicht an ihren kleineren Pupillen zu unterscheiden. Während der Balz leiten die Paare einen entzückenden Liebestanz ein. Dabei schnarrt das Weibchen verführerisch, während das Männchen elegant pfeifend um seine Angebetete herumstolziert!

Neben den zahlreichen Blaufußtölpel-Kolonien trifft der Besucher an der Punta Suárez von Mitte März bis Ende Dezember auch auf die großen Galapagos-Albatrosse. Española ist fast der einzige Ort auf der ganzen Welt, wo die größten unter den tropischen Pazifik-Seevögeln brüten – etwa 12.000 Paare. Einige wenige Brutpaare wurden inzwischen auch auf der Isla del Muerto (Isla Santa Clara) im Guayas-Delta und auf der Isla de la Plata vor der Küste von Manabí entdeckt. Die am Boden

Karte hinterer Umschlag

Galapagos

schwerfälligen Albatrosse benötigen eine lange Landepiste. Die flache Insel Española kommt ihnen da sehr gelegen, weil sie vor jeder Landung erst mehrere Schleifen drehen müssen. Beim Start gehen sie meist zu Fuß an den Rand der Klippen, wo sie sich dann Hals über Kopf in die tragenden Aufwinde stürzen. Ihre Flügelspannweite kann bis zu 2,40 m betragen. Auf ihren weiten Reisen gelangen sie zwischen Januar und März auch an die peruanische Küste.

Zu den weiteren Natursehenswürdigkeiten auf Española zählen die vielen Gabelschwanzmöwen, Galapagos-Tauben, Rotschnäbeligen Tropikvögel und frechen Hood-Spottdrosseln. Auch der Galapagos-Bussard kann ganzjährig auf Española angetroffen werden. Der größte Räuber auf dem Archipel ernährt sich auf dieser Insel hauptsächlich von den Jungvögeln der Blaufußtölpel, von kleinen Meerechsen und auch größeren Lavaechsen.

Eine zusätzliche Attraktion der Suárez-Spitze ist eine 10–20 m hohe Wasserfontäne, das sog. „Blowhole", um das sich ganz besonders gerne Meerechsen scharen. Dieses *hueco soplador* entsteht durch den Druck der anbrandenden Wellen zwischen den Klippen. Es gibt noch ein zweites, mit dem Fernglas leicht auszumachendes „Blasloch" im weiteren Klippenverlauf.

Santa Fé   (24 km², max. Höhe 259 m)

Eine Bootsstunde östlich von Puerto Ayora auf Santa Cruz liegt die von Opuntienwäldchen und Palo-Santo-Bäumchen überzogene **Felseninsel (11)** des „Heiligen Glaubens". Ausflugsboote ankern in einer blaugrünen Bucht, die zum Baden und Schnorcheln mit tropischen Fischen, friedliebenden Weißspitzenhaien, Adlerrochen, Meeresschildkröten oder verspielten Seelöwen einlädt. Eine Nasslandung an einem schönen Sandstrand führt zu einem kurzen Rundwanderpfad. Große, gelbe endemische Landleguane, wie sie mit ihrer hellen Farbschattierung nur auf Santa Fé zu sehen sind, kreuzen den Weg. Die Baumopuntien direkt über den Klippen erreichen auf dieser Insel die beachtliche Höhe von über 6 m und können bis zu achtzig Jahre alt werden.

Außer ein paar Blaufußtölpeln und Pelikanen gibt es auf Santa Fé fast keine Vögel. In der Regenzeit von Ende Dezember bis Anfang Juni wimmelt es allerdings von Moskitos. Auch der zutrauliche Galapagos-Bussard oder die ungiftige Galapagos-Schlange können hier gesichtet werden. Die ebenfalls endemische Galapagos-Ratte ist hingegen nur nachts aktiv.

Santa Cruz   (986 km², max. Höhe 864 m)

Die geografisch zentrale und meistbevölkerte Insel ist zugleich die zweitgrößte des Archipels. Alle im Inselreich verkehrenden Jachten gelangen früher oder später in die **Academy Bay**, das natürliche Hafenbecken von **Puerto Ayora** – mit über 15.000 Einwohnern der größte Ort des Archipels.

Ziel der ankernden Jachten ist meist die **Charles-Darwin-Station (12)**. Es empfiehlt sich, diese so früh wie möglich oder erst am Nachmittag zu besuchen.
Öffnungszeiten Mo–Fr 8–12 und 13–16 Uhr, Sa 8–12 Uhr.

Der kurze Weg vom Ort (oder vom eigens dafür bestimmten Anlegesteg) führt zunächst durch „rote" und „schwarze" Mangrovenwäldchen. Die Blätter des *mangle rojo* sind breit und sattgrün, die des *mangle negro* hingegen schmal und graugrün.

Im weiteren Verlauf geht der mit Lavasplittern ausgelegte Weg durch einen endemischen Wald voller langstachliger Baumopuntien (*tuna*) und Säulenkakteen (*cacto candelabro*), behaarter Muyuyo-Bäume (Gelbe Cordie), dorniger Akazien (*algarrobo*) und giftiger Manzanillobäumchen (*manzanillo*) sowie vieler anderer für Galapagos charakteristischer Pflanzen. Einem Info-Zentrum mit Museum und der Schildkröten-Aufzuchtstation gehört jedoch das Hauptaugenmerk der Touristen. Es gibt etwa 825 Zöglinge und Heranwachsende sowie 75 erwachsene Exemplare. Publikumsliebling der Station ist der „Einsame Georg" („Lonesome George" oder „Jorge Solitario"). Georg ist der einzige Überlebende einer von der Insel Pinta stammenden Riesenschildkrötenart. Alle Versuche, das über fünfzig Jahre alte Männchen mit Weibchen ähnlicher Unterarten zu kreuzen, sind bisher fehlgeschlagen. Zwar legten Georgs Gespielinnen 2008 nach erfolgreicher Besamung Eier – eine Sensation –, aus keinem einzigen schlüpfte jedoch Nachwuchs hervor. Mit dem Tod des einsamen Panzertieres wird auch diese Schildkrötenrasse aussterben, womit von ursprünglich 14 Unterarten nur noch zehn übrig bleiben werden (drei wurden bereits im 19. Jh. ausgerottet). Nicht wenige Naturforscher sind der Meinung, dass man den „Einsamen Georg" auf seine Heimatinsel Pinta zurückbringen sollte, wo er zumindest in seiner natürlichen Umgebung einen langen Lebensabend verbringen könnte.

Isla Seymour
Islas Daphne
Isla Mosquera
Isla Baltra
Canal de Itabaca
Black Turtle Cove
Punta Carrión
Bahía Borrero
Isla Guy Fawkes
Cerro Dragón
Playa de las Bachas
Bahía Conway
Isla Eden
Cerro Colorado
Bahía Ballena
Islas Plaza
Los Gemelos
Gordon Rocks
Cerro Crocker 870m
Nameless Rock
El Puntudo
El Camote
Santa Rosa
Media Luna
El Chato Reservat
El Cascajo
Punta Rocafuerte
Bellavista
Garrapatero
Puerto Ayora
Punta Nuñez
Bahía Academy
Punta Estrada
Tortuga Bay
Punta Tamayo

Isla Santa Cruz (Indefatigable)

Karte hinterer Umschlag

Galapagos

Aus dem ereignisarmen Leben von „Lonesome George"

Zu Beginn der 70er-Jahre hatte man nicht mehr daran geglaubt, eine **Geochelone abigdoni** auf der Insel La Pinta anzutreffen. Eingeschleppte und sich zügellos vermehrende Ziegen hatten die Nahrungspflanzen der endemischen Riesenschildkröten fast ausgerottet. Verwilderte Schweine hatten ihre letzten verbliebenen Eier gefressen. Im Zuge einer Ziegenausrottung landeten 1972 einige Parkranger und Wissenschaftler auf La Pinta. Sie staunten nicht schlecht, als sie im dichten Gestrüpp plötzlich auf „George" stießen. Mithilfe von Seilen und Macheten wurde das Panzertier bis zur Küste gezerrt, ins Boot gehievt und in die Charles-Darwin-Station nach Santa Cruz verfrachtet. Seitdem fristet es dort ein einsames, wenn auch komfortables Dasein unter schattigen Bäumen und mit jeder Menge Sand zum Buddeln. Samstag, Sonntag und Montag bekommt George frisches Wasser, und dreimal pro Woche leckeren Bohneneintopf. Um den etwa 90 Jahre alten und 100 kg schweren „Stationsstar" aus nächster Nähe beobachten zu können, braucht man jedoch ein wenig Glück. In der Regel erwacht George so gegen 7.30 Uhr und beginnt den Tag mit Gähnen und Strecken der Gliedmaßen. Seine Körpermasse kann sich sehen lassen: 145 cm in der Länge und 140 cm in der Breite. Danach unternimmt er – meist schlecht gelaunt – seinen Morgenspaziergang durchs Gehege und versucht dabei dem Geknipse der Touristen auszuweichen. Oftmals bekommen diese lediglich seinen „Ehrenwerten" zu sehen, während der eingezogene Kopf tief unter der Rüstung schlummert. Gegen Mittag schrubbt ihm sein Pfleger Fausto Llerena den Rückenpanzer. Gegen 15 Uhr zieht sich Jorge in seinen Unterschlupf zurück, den er erst wieder am nächsten Morgen verlässt.

Auf Santa Cruz trifft der Besucher auf alle im Galapagos-Archipel vorherrschenden Vegetationszonen. Die Straße, die teils schnurstracks mitten durch die Insel verläuft und Puerto Ayora mit dem Flughafen auf der Insel Baltra verbindet, ermöglicht bereits bei der Ankunft einen groben Eindruck von der Kakteen- und Palo-Santo-Landschaft im unteren trockenen Bereich und den Scalesia-Wäldern (Baumsonnenblumen) im feuchten Hochland, von den Einheimischen „Parte Alta" genannt. Eine für landwirtschaftliche Zwecke freigegebene Zone wird im Süden der Insel von der asphaltieren Straße durchkreuzt, bevor diese dann von den „Highlands" kommend wieder zur Küste nach Puerto Ayora abfällt.

Puerto Ayora

Ein sauberes Städtchen mit verkehrsreichen Straßen, an dessen geschwungener Uferpromenade (Av. Charles Darwin) entlang dem Jachthafen sich Andenkenläden, Restaurants, Kneipen und Hotels aneinanderreihen. Der in den letzten Jahren rasch angewachsene Ort ist Ausgangspunkt für Kreuzfahrten und Island Hoppings. Weltumsegler machen in der **Academy Bay (14)** halt. Von einfachen Nussschalen über halb verrostete Fischkutter bis hin zu mit allen Schikanen ausgestatteten Luxusjachten können fast alle Arten von Booten und Schiffen in der von Seelöwen, Meerechsen, Blaufußtölpeln und braunen Pelikanen heimgesuchten Bucht bestaunt werden.

Information/Verbindungen

> Die **Vorwahl** von Santa Cruz sowie von ganz Galapagos ist **05**.

• *Information* **i-Tur** befindet sich direkt beim Touristen-Kai am südlichen Ende des Malecón Av. Charles Darwin.

• *Verbindungen* Mit einem **Airbus** von **TAME** geht es vom Flughafen Baltra (1 Std. von Puerto Ayora) 2x tägl. um 10.45 Uhr und 12.45 Uhr über **Guayaquil** nach **Quito**. Hin und wieder wird noch ein dritter Flieger direkt nach Quito eingesetzt, ein *vuelo alfa* ohne Zwischenlandung in Guayaquil. Die Preise für Hin- und Rückflug sind saisonbedingt, wobei die neunmonatige „Hochsaison" von 15. Juni bis 14. Sept. und 1. Nov. bis 30. April dauert. Nebensaison ist vom 1. Mai bis 14. Juni und 15. Sept. bis 31. Okt. Preise: Quito – Baltra – Quito ca. 417 USD (Hochsaison) bzw. 360 USD (Nebensaison), Guayaquil – Baltra – Guayaquil ca. 365 bzw. 322 USD. Bei Mischflügen liegen die Preise bei 392 bzw. ca. 340 USD (Stand April 2009). **Aerogal** fliegt voraussichtlich Mo–Fr um 12 Uhr aufs Festland, Di/Do/Fr zudem um 13 Uhr, Sa um 10 und 13 Uhr, So um 10 und 12 Uhr. Gleiche Flugpreise wie TAME. Galapagos-Flüge mit **LAN** oder als Allianz **TAME/LAN** sind ab 2010 geplant.

Kreuzfahrt-Passagiere stechen meist von Baltra aus gleich in See und werden von ihrem Guide am Flughafen in Baltra abgeholt. Dieser hält ein Erkennungsschild hoch. Individualreisende und von Puerto Ayora aus startende Kreuzfahrt-Passagiere müssen von Baltra über den schmalen Seekanal von Itabaca bis ins 40 km entfernte Puerto Ayora. Dabei bringt der „Canal"-Bus die Touristen an die wenige Minuten entfernte Itabaca-Enge, wo auf eine Passagierfähre umgestiegen wird (ca. 1 USD). Größere Gepäckstücke kommen dabei auf das Dach. Ein Bus der Coop. Citteg oder Transgalpas schafft anschließend die Strecke über das Bergland nach Puerto Ayora in etwa 30 Minuten (3 USD). Tickets für die Busfahrt gibt es bereits an einem Schalter im Flughafen.

Bei nicht bestätigten Rückflügen ist ein Besuch im TAME-Büro (Av. Charles Darwin y 12 de Febrero, ✆ 2526527, www.tame.com. ec) oder im Aerogal-Büro (San Cristóbal entre Lara y Islas Plaza, ✆ 2526798, www.

aerogal.com.ec) anzuraten. Reisende organisierter Touren hingegen brauchen sich darum nicht weiter zu kümmern. Die Öffnungszeiten sind Mo–Fr 8–12 Uhr und 14–17 Uhr, Sa 9–12 Uhr, So geschl.

Mit der Fluggesellschaft EMETEBE können tägl. von Baltra aus auch die Inseln **Isabela** und **San Cristóbal** erreicht werden. Die fünf- bis neunsitzigen Sportflieger Piper Azteca und Islander starten gegen 13 Uhr. Ein Flug zu einer der beiden Inseln kostet einfach 120–150 USD. Reservierungen und Vorauszahlungen sind notwendig. Es dürfen nur 12 kg Gepäck ohne Aufpreis mitgenommen werden. Das Büro befindet sich in Baltra im Flughafengebäude, ✆ 2521193, in Puerto Ayora rechts über der Post (beim Pro-Insular-Supermarkt) im 2. St., ✆ 2526177, www.emetebe.com.ec.

Boot: Schnell und praktisch sind tägl. verkehrende *lanchas* nach Puerto Villamil auf **Isabela** oder Puerto Baquerizo Moreno auf **San Cristóbal**. Fahrtzeit je nach Seegang jeweils 2–3 Std., Fahrpreis 35–40 USD. **Interinsulare Bootstickets** gibt es an drei

Jachthafen von Puerto Ayora

Karte hinterer Umschlag

Galapagos

Schaltern: „Coopestur" am Kiosk am Touristenkai, „Cabomar" am Kiosk zwischen Kirche und Post/Supermarkt Pro Insular und „Transmar" beim kleinen Isabela-Kai beim Restaurant Salvavidas (links hinter dem Pro-Insular-Supermarkt). Letztere Kooperative soll für Tickets nach Isabela besser sein, da die Boote garantiert jeden Tag hin- und vor allem auch wieder zurückfahren. Die beiden erstgenannten Kooperativen fahren tägl. nur bei Vollbuchung, was jedoch meist der Fall ist. Also Tickets einen Tag vorher kaufen! Abfahrt jeweils 14 Uhr mit 2–3 *lanchas* nach Puerto Villamil und 1–2 *lanchas* nach Puerto Baquerizo Moreno. Von Isabela geht es um 6 Uhr morgens und von San Cristóbal um 7 Uhr wieder zurück nach Puerto Ayora. Die zweimotorigen Boote bieten 12–16 Passagieren Platz und stellen die preiswerteste Möglichkeit dar, nach Isabela oder San Cristóbal zu gelangen.

Panga-Taxis im Jachthafen kosten tagsüber 50 Ct. pro Passagier, ab 19 Uhr dann 1 USD, wohlgemerkt für eine einfache Fahrt. Die Bootsführer sind meist Groschengauner! Mit einem **Bus** der Coop. Citteg oder Transgalpas geht es vom **Terminal Terrestre** übers Hochland zum Itabaca-Kanal bzw. Flughafen auf der anderen Seite. Die Baltra-Busse starten tägl. um 6.50, 7, 7.10, 7.20, 7.30, 9, 9.30 und 9.40 Uhr. Der Busbahnhof liegt außerhalb des Ortes an der einzigen Ausfallstraße. Ein Taxi dorthin kostet 1 USD. Selten drehen die Busse noch eine Runde durch den Ort, bevor sie zum Kanal fahren. Von Baltra aus fahren sie jedoch meist noch in den Ort bis zur Uferpromenade. Wer von Baltra kommend schon am Terminal Terrestre aussteigen muss, findet unter Umständen nicht gleich ein Taxi und muss auf eines in der brütenden Hitze auf der anderen Straßenseite warten. Fahrtzeit zum Kanal etwa 30 Min., Fahrpreis ca. 3 USD.

Camioneta-Taxis haben vorgeschriebene Tarife, nachzulesen an der Polizeistation. Eine Strecke innerhalb des Ortes sollte nicht mehr als 1 USD kosten. Für Fahrten in die Parte Alta sollte vorher nach dem Preis gefragt werden. Eine Fahrt von Puerto Ayora zum Itabaca-Kanal, um nach Baltra überzusetzen, kostet etwa 20 USD je nach Passagieranzahl (nach Bellavista 4 USD, zum El Garrapatero 30 USD).

*A*dressen

• *Apotheken* Entlang der Av. Baltra (Nähe Av. Charles Darwin). Die Medikamente kosten etwa dreimal so viel wie auf dem Festland.

• *Einkaufen* Persönliche Artikel und **Lebensmittel** erhält man im Einkaufszentrum **Pro Insular** direkt gegenüber dem Anlegesteg. Alkoholische Getränke sind teurer als in Quito. Die Weinauswahl ist gut und die pasteurisierte Frischmilch La Noruega stammt von den glücklichen Kühen der Insel; **Batterien** für Kameras hat Electronautica, Charles Binford y Av. Charles Darwin; **Speicherchips** für Digitalkameras hat der Peershop schräg gegenüber der Capitanía; bestes Ausrüstergeschäft ist **Tatoo**: Schnorchelzeug, Badesachen, Rucksäcke, Fleece und Goretex. Av. Charles Darwin entre Baltra y Islas Plaza.

• *Geldbeschaffung* **Banco del Pacífico**, Av. Charles Darwin y Indefatigable, tauscht evtl. Travellerschecks (bis zu 5 % Kommission), „cash in advance" für Visa-Karten gegen Vorlage des Originalausweises und Abgabe der Kopie, beides ist mitzubringen, sonst steht man umsonst an. Der Gang zum Bankschalter könnte einen halben Urlaubstag verschlingen. Schneller sind die beiden 24-Std.-Automaten für EC-Karten, Cirrus, Mastercard, Visa. Schalterzeiten Mo–Fr 9–15.30 Uhr, Sa 9.30–12.30 Uhr. Ein weiterer Automat der **Banco Bolivariano** befindet sich neben dem Supermarkt Pro Insular (Visa, Mastercard, Cirrus). Eine Zweigstelle der **Banco Pichincha** (mit Geldautomat) eröffnet Ende 2009 an der Av. Baltra.

• *Frisör* Teuerste *peluquería* ist **Top Ten Spa** in der Isla Floreana nahe dem Schildkröten-Monument.

• *Internet* **Galapag@s Online**, Av. Charles Darwin entre Baltra y Islas Plazas gegenüber der Capitanía (Armada), tägl. 8–22.30, 1 Std. Surfen ab 1 USD, Downloaden von Digitalfotos, Scannen, Webcam; **Vikingo** in der Av. Baltra y Binford; **Hiper Fast** an der Ecke Binford y Plaza.

• *Krankenhaus/Ärzte* Nicht nur bei Tauchunfällen ist das **Hyperbarbic Medical Center** eine gute Adresse, Englisch sprechende Ärzte, teure *consultas*, Druckkammer des SSS Recompression Chamber Network. 18 de Febrero y Rodríguez Lara, ✆ 2526911; **Dr. Gabriel Idrovo** wurde empfohlen, spricht Englisch, Marchena y Av.

Charles Darwin, ☎ 084-488231 o. 095-710972 (beide mobil); ein guter Landarzt ist **Dr. Hugo Darquea** im Viertel El Edén, ☎ 2526496, er spricht Englisch und seine Frau Deutsch, fast jeder Taxifahrer kennt seine Praxis; Zahnärztin **Dra. Karina Galván**, spricht Englisch, digitales Röntgengerät, gegenüber dem Hotel Silbsterstein in der Av. Charles Darwin, ☎ 2524398, 094-079333 (mobil). Im Ernstfall hilft jedoch nur ein schneller Flieger zum Kontinent.

● *Massagen* Antistrés, aromaterápia y reflexología im **Centro Asheraya** im Viertel Las Acacias gegenüber der Distribuidora de Gas de Maribel, ☎ 092-048876 o. 098-013475 (beide mobil). **ChiSpa**, ziemlich schick, Av. Charles Darwin y Marchena (schräg gegenüber dem Hotel Red Mangrove Inn), ☎ 095-139784 o. 097-838830 (beide mobil).

● *Post* Das unscheinbare **Postamt** ist rechts des Pro-Insular-Supermarkts. **DHL** und **Western Union** befinden sich schräg gegenüber dem Hotel Silberstein in der Av. Charles Darwin.

● *Telefonieren* **Movistar**, Baltra y Av. Charles Darwin sowie Av. Charles Darwin y Indefatigable; **Porta-Kabinen** in der Av. Charles Darwin gegenüber dem Restaurant Garrapatero, tägl. von 8 Uhr bis spät abends geöffnet.

Ebenso kann an offenen *cabinas* mit einer Porta- oder Movistar-Telefonkarte in alle Welt angerufen werden. Die Karten gibt es meist in Lokalen ganz in der Nähe der *cabinas*, sie kosten zwischen 3 und 20 USD, wobei eine Drei-Dollar-Karte für ein mehrminütiges Gespräch ausreicht. Erst den Hörer abnehmen, dann die Karte in Pfeilrichtung einstecken, kurz warten und wählen (*„por favor marque el número"*). Die Vorwahl für Deutschland ist 0049, für Österreich 0043 und für die Schweiz 0041. Dann folgt der *código de la ciudad* (ohne 0) und dann erst die Rufnummer.

● *Wäschereien* **Monyfri**, rechts neben dem Hotel Fernandina in der 18 de Febrero y Seymour im Barrio El Edén. Wer seine Wäsche morgens abgibt, hat sie nachmittags wieder; bei Abgabe nachmittags ist sie am nächsten Morgen fertig. Mo–Sa 7.30–20.30, So 8–14 Uhr, ☎ 2527150, o. 091-731682 (mobil). Das **B & B Peregrina** hat einen zuverlässigen Waschservice auch für Nichtgäste.

Ü̈bernachten (siehe Karte S. 651)

Die Hotels können in vier Preisklassen unterteilt werden: teuer, sehr teuer, überteuert oder relativ günstig. Selbst Rucksackreisende werden fündig. Wer jedoch auf ein Minimum an Komfort und Hygiene Wert legt, sollte tiefer in die Tasche greifen.

● *In Puerto Ayora* **Finch Bay (30)**, (GK), auf einer felsigen Mangroven-Landzunge zw. Academy Bay und Devines Bay, sehr ruhig und von Puerto Ayora aus nur per Panga erreichbar. Privater Mini-Strand mit Kajaks, Swimmingpool und Mückenspray zum Einstecken. Gourmet-Restaurant. Die Jacht Delfín II bietet Gästen Tagesausflüge. Nur mehrtägige Pakete ab 1.300 USD pro Pers. (3 Nächte), Buffetfrühstück inbegriffen. Reservierung in Quito bei Metropolitan Touring. Av. República de El Salvador 970, ☎ 02/2464780, www.finchbayhotel.com.

Red Mangrove Adventure Inn (5), (GK/MK), Terrassen für Genießer über dem Ufer der Academy Bay, eine echte Yuppie-Herberge! Traumhaft sind die Suiten „Mayor" (für mich das schönste Zimmer auf Santa Cruz) und „Menor", beide mit Bahía-Sicht (beide als EZ 438 USD, als DZ 488 USD), sowie die „Hab. Verde" mit Panorama-Veranda zum Nacktbräunen und die „Hab. Azul" mit Bay-View-Bad und Privat-Jacuzzi. Eine „Suite del Mar" ist in Planung, hier soll unter dem Glasboden das Meer ums Bett schäumen. Gourmet- und Sushi-Restaurant, Wifi und Mountainbikes für Gäste. Ruhig und versteckt in einem Mangrovenwäldchen auf dem Weg zur Darwin-Station, Av. Charles Darwin y Las Fragatas, ☎ 2526564, info@redmangrove.com, www.redmangrove.com.

Angermeyer Waterfront Inn (28), schön gelegen, nur per Bootstaxi erreichbar. Terrasse mit Blick auf die Academy Bay, auf Augenhöhe mit den Jachten! Bestes Zimmer ist das „Booby" (als DZ 268 USD), die anderen 4 Zimmer je 195 USD. Nur ein paar Schritte entfernt das Restaurant Angermeyer Point. ☎ 094-724955, 092-164720 (beide mobil), tangermeyer@yahoo.com.

Sol y Mar (9), (GK), wirkt von der Straße unpersönlich, da viel Zement. Pool, Whirlpool, Sonnenschirme, Liegen, Restaurant und Zugang zum Wasser. Am besten die oberen Zimmer mit Meerblick-Balkönchen, hellen Kachelböden, Safe und Betten, die fast das ganze Zimmer ausfüllen. DZ ca.

200 USD, EZ 180 USD inkl. Frühstücksbuffet. Av. Charles Darwin y Tomás de Berlanga, ✆ 2526281, www.hotelsolymar.com.ec.

Silberstein (2), (GK/MK), stilvolles Hotelchen mit kleinem Palmengarten, um den sich unterschiedlich große Zimmer auf zwei Etagen verteilen, die helleren oben, vorzugsweise Nr. 16 und 22 (BP, Ww, AC). Deutschsprachige Rezeption, Restaurant auch So geöffnet. Tauch-Center gegenüber, Island Hoppings. EZ 120 USD, DZ 173 USD. Av. Charles Darwin y Piqueros (Seymour), ✆ 2526047, www.hotelsilberstein.com.

Fernandina (1), (MK), in einer Seitenstraße drei Blocks von der Uferpromenade. Schmucklose Zimmer ohne TV, mit AC, BP, Ww, dazu sauberer Pool und Patio-Bepflanzung mit fantastischer Stelzenwurzelpalme aus Kuba. EZ 70 USD, DZ 110 USD, 3er 140 USD. 18 de Febrero y Marchena, ✆ 2526499, 2527326.

Mainao (3), (MK), mediterraner Stil, ansprechende, freundliche *habitaciones*, große Terrasse. Die besten Zimmer sind DZ Nr. 8 und 20 mit Meerblick und Nr. 19, 9 und 4 (DZ 102 USD, EZ 85 USD). Nur ein paar Schritte von der Uferpromenade, MK-Tipp! Matazarnos y Isla Floreana, ✆ 2527117, ✆ 099-667764 (mobil), www.hostalmainao.com.

Casa del Lago (22), (MK), drollige Recycling-Suiten wenige Schritte von der Ninfas-Lagune. Kabel-TV, AC, Ww, vegetarische Cafetería mit kulturellen Aktivitäten, guter Kaffee. Big Suite ab 134 USD (2–3 Pers.), Small Suite ab 110 USD (1–2 Pers.). Moisés Brito y Montalvo, ✆ 2524116, www.galapagoscultural.com.

Estrella de Mar (18), (Budget), Nr. 9, 10, 11 und 12 mit Meeresrauschen und grimmigen Echsen, BP, Ww, AC o. Ventilator; gefährliche Leitungen werden innerhalb von 24 Std. repariert, lausiger Service. DZ 70 USD inkl. Kaffeepulver-Frühstücklein. Hinter der Capitanía rechts weg von der Av. Charles Darwin (Tame-Ecke) und nach 80 m bei der Policía links, 12 de Febrero, ✆ 2526427, hedmar@ayora.ecua.net.ec.

Salinas (19), (Budget), mitunter laut, die Rezeption gleicht einem Drugstore. Ganz oben in diesem furchtbar verschachtelten Gebäude gibt es zwei nette DZ („Tortuga" und „Lobo marino") und drei Doppelbettzimmer („Piquero", „Iguana" und „Fragata") mit AC, Ww, Badewanne, Gemeinschaftsterrasse (je 60 USD). Islas Plaza entre Av. Charles Darwin y Berlanga, ✆ 2526107.

B & B Peregrina (7), (Budget), an der Pelican Bay, Garten mit großer Palme, Blumen, Rasen und Liegestühlen, eine kleine Oase! Rundumterrasse mit einfachen, sauberen Zimmern mit BP, Ww, AC. Gut sind die ruhigeren Nr. 1, 8 und 9; Nr. 7 hat ein Queensize-Bett. No Smoking!. EZ 30 USD, DZ 50 USD inkl. Frühstück. Av. Charles Darwin e Indefatigable, ✆ 2526323.

España (13), (Budget), ziemlich zuzernetiert die Ganze, aber Zimmer o.k., bequeme Betten, BP, Ww, AC, Tel., TV und ausreichend Wasser. Genoveva (Mutter) und Esther (Tochter) kümmern sich rührend um die Gäste, Backpacker-Tipp! Pro Pers. 20 USD. Tomás de Berlanga e Islas Plazas, ✆ 2526108, www.elhotelespana.com.

Gloria, (Low Budget), von Bolívar „El Gringo", dem Mann mit dem Faltengesicht. Versteckter Eingang, muffige Zimmer mit angerosteten Ventilatoren, vergammeltem Garten, keine Rezeption, kein Frühstück, null Service. Nur Nr. 1 sieht erträglich aus (mit Schildkrötenhals als Kleiderständer). Pro Pers. 10 USD. Av. Charles Darwin y Seymour, ✆ 2527033.

• *Außerhalb* **Royal Palm Millennium**, es warten fürstliche Suiten auf Filmdivas und Fußballstars (eigene VIP-Lounge im Airport, eigenes Boot zur Kanalüberquerung). Für die Fortbewegung in der oft vom Hochland-Garúa vernebelten Anlage stehen Elektrokarts zur Verfügung. Sauna, Pool, Kaminofen, Himmelbett, bronzene Waschbecken und Gartenterrasse zieren fast jeden der 17 unabhängigen Panorama-Bungalows. Die beste Suiten bis zu 1.000 USD. Von Puerto Ayora geht es bei km 18 der Vía Baltra und 600 m über dem Meer rechts in eine Naturstraße, www.royalpalmgalapagos.com.

Galapagos Safari Camp, auf aussichtsreichen 480 m in wild wucherndem Gelände (10 ha) am Parkrand, am Ende eines holprigen Fahrweges einige Kilometer nördl. der El-Chato-Abzweigung. Zu sehen sind Daphne, Santiago und Isabela-Vulkane. Infinity-Regenwasserpool. Riesige vierlagige Zelte. Ausstattung inkl. Bäder stammen aus Bali. Panorama-Hall mit Lavasteinboden, Kamin, mittelalterlicher Tafel und indischem Portal. DZ-Zelt 488 USD, EZ-Zelt 366 USD inkl. Frühstück, Mittag- oder Abendessen (einzeln 43 USD). Auf Naturpfaden kann man Schildkröten erkunden. Reiten & Biking. Übrigens: Never accept to take a „Poloschläger" to a friend on another island! ✆ 093-717552 (mobil), www.galapagossafaricamp.com.

*E*ssen & *T*rinken/*N*achtleben

• *Essen & Trinken* Kaum Erstklassiges und gesalzene Preise fürs Gebotene. Als Filet ist die Wahoo-Makrele beliebt, eine typische Fischart im Archipel, die auf dem Festland wenig bekannt ist. In Zitronensaft mariniert besonders lecker!

Nur per *panga* (50-Cent-Bootstaxi) zu erreichen ist das an einer Landspitze im Hafenbecken gelegene **Angermeyer Point (29)** (Richtung Punta Estrada). Sehr hübsches Freiluft-Restaurant in Augenhöhe mit den schicken Jachten, angezogene Preise, unterschiedliche Kommentare. Mo–Sa 17–23 Uhr, So 12–23 Uhr, ✆ 2527007.

Ebenso nur per *panga* (plus 3 Fußminuten vom Dolfin Dock) ist das Restaurant des

Hotels **Finch Bay (30)** zu erreichen: Frühstücks- und Mittagsbuffets, abends Menüs (ab 20 USD).

Im Ort: Für internationale Küche kann das Freiluft-Lokal im Silberstein-Hotel empfohlen werden, auch So geöffnet (12–21 Uhr), *pez al papillote* (Fisch in Alufolie) 12 USD, *pescado a la angermeyer* mit 250 g Filet und *salsa de camarón* 18 USD. Das Frühstücksbuffet (10 USD) ist ein Darwin'scher Lichtblick (ab 6.30 Uhr), aber nichts für Kaffeeliebhaber! Av. Charles Darwin y Piqueros. Empfehlenswert ist das **Sushi-Restaurant (5)** mit intimem Bay-View Ambiente im Hotel Red Mangrove Inn. Japanische und heimische Gerichte mit Fisch, Octopus und

Galapagos
Karte hinterer Umschlag

Fleisch, Sushiplatte für 4 Pers. 90 USD. Tägl. 6.30–9.30 (nur Frühst.) bzw. 12.30–14 Uhr, 18.30–21.30.

Gut ist **The Rock (21)**, Vulkangestein, alte Fotos, nicht gerade die bequemsten Stühle. Hauptspeisen 12–20 USD: gegrillter Hummer, Fisch, Tintenfisch, Pfeffersteak, Pastas, Franziskaner-Bier. Mi–So 9–23 Uhr, Mo/Di 15–23 Uhr. Av. Charles Darwin y Islas Plazas.

Dolce Italia (20), romantisch die Tischchen an der Holzwand, vor allem Nr. 1. Lustiger sizilianischer Besitzer, angezogene Preise, Spezialität Schwertfisch (16 USD) und Langostino-Salat (20 USD). Av. Charles Darwin y 12 de Febrero.

La Garrapata (12) populäres Freiluftlokal an der Uferpromenade, eher durchschnittliche Qualität.

Café del Mar (4) ist auf leckeren Grillfisch und Grillfleisch spezialisiert (ab 12 USD), tägl. 18–23 Uhr und länger bzw. lauter, nahe der Pelican Bay gegenüber der Galeria Aymara in der Av. Charles Darwin.

Fisch- und Meeresfrüchte bietet **Salvavidas (27)**. Relaxte Jachthafenstimmung mit Krümel suchenden Finken und Lachmöwen. Mittags muss damit gerechnet werden, dass dort gesägt, gehämmert, geschliffen oder geflext wird. Gutes *cebiche de pulpo* für 10 USD. Hinter dem Pro Insular links.

Hernán (24), populär, gute Pizza (ab 5 USD), *platos fuertes* ab 8 USD, Salate (ab 4 USD) und vieles mehr wie *desayuno criollo* oder *hashbrown* (3,50–5,50 USD), Banana Split (3,50 USD) und den angeblich besten Insel-Kaffee, auch sonntags geöffnet, Av. Baltra y Av. Charles Darwin.

Rincón del Alma (23), Malecón entre Baltra y Islas Plaza, zum Draußensitzen, günstige Menüs und Reisteller.

Free Soul (17), winzig, wenige wacklige Tischchen, Naturgranulatboden, Akazienbäumchen im Lokal, preisgünstig, Vegetari-

sches und Frühstücke, Kuchen, leckere *batidos*, Mo–Sa 7–22 Uhr.

Servi Sabrosón (11), *carnes* und *menestras* 4–8 USD, fällt in die Rubrik *bueno, bonito y barato* (*almuerzos* 3 USD), gegenüber den Essenskiosken in der Charles Binford, Tipp für Sparer, tägl. 12–23 Uhr, Mi geschl.

Café del Lago (22) im Waldfeenstil. Vegetarisches, Salate, echter Insel-Kaffee, kulturelle Happenings, Konzerte, Wireless. Mo–Sa 9–21 Uhr. Bei der Ninfa-Lagune.

Empfohlen wurde das *cebiche terremoto* (8 USD) im Restaurant **El Pulpo (25)** im Callejón Saigón hinter der Kirche.

William (15), einer der Kiosk-Lokale der Charles Binford, *encocados de pescado*, *camarón* oder *langostino* werden gelobt.

El Chocolate (8), an der Pelican Bay (Av. Charles Darwin) hat so eisgeschlagene *batidos*, dass es den Strohhalm verstopft.

Kurz nach 6 Uhr öffnet das schmuddelige **Descanso del Guía (26)** gegenüber dem Hafenkai: superfreche Darwinfinken und deftiger *bolón de verde con carne al jugo* (3 USD) mit Milchkaffee, gut für Frühaufsteher!

Empfohlen wurde **El Velero**, Kaffee und Eiscreme bei Meerblick, unscheinbarer Zugang in der Av. Charles Darwin y Tomás de Berlanga. Softeis hat **Tato**, Ecke Binford y Baltra.

● *Nachtleben* **Limón y Café (14)** (Salsa und Reggaeton) an der Av. Charles Darwin y 12 de Febrero; **El Peñon (10)**, Resto-Bar mit Holztischen, endemisches Trendy-Volk, Cocktails, Mahlzeit ab 10 USD, schräg gegenüber der Bank an der Av. Charles Darwin.

Die In-Crowd trifft sich später in der **Bongo Bar (16)** über der Disco **La Panga** (an der Uferpromenade neben Restaurant Garrapata). Ohne sich anbrüllen zu müssen, kann man in der **Barranco Bar (6)** (Av. Charles Darwin an der Pelikan-Bay) sein Getränk schlürfen.

Jachten und Kreuzfahrten

Es gibt vier Bootsklassen: Lujo (Luxus), First Class, Tourist Superior Class und Tourist Class. Fast alle Jachten verfügen über Privatkabinen mit BP und Warm- oder Kaltwasser, Tourist-Class-Boote haben meist enge Doppelkabinen mit winzigem Privatbad. Die meisten Jachten können 16 Passagiere in 8 Doppelkabinen aufnehmen, eine

Art Standardmaß, da ein Naturguide höchstens 16 Touristen führen darf (First-Class-Jachten haben mitunter auch Doppelkabinen für 20, 32 oder 48 Passagiere, darüber hinaus gibt es noch „schwimmende Hotels", die bis zu 90 Passagiere unterbringen können). Die Preise beginnen ab etwa 200 USD pro Tag/Pers., alle Mahlzeiten und

Naturführungen sind inbegriffen. Eine achttägige Kreuzfahrt auf einer Tourist-Superior-Class-Jacht kostet etwa 2.000–2.500 USD pro Pers. (zuzüglich Flug und Eintritt), First-Class-Jachten liegen noch einiges darüber. Mit gutem Grund: Die First Class, bei der neben klassischen Motorseglern auch moderne Katamarane eingesetzt werden, bietet größeren Komfort, guten Service (auch wie eine noch bessere Route (z. B. mit Besucherstandorten auf Isabela, Fernandina oder Genovesa).

> **Volker Fesers Agentur „Salsa Reisen"**
> in Quito hat manchmal Last-Minute-Angebote für Kurzentschlossene. Wer mit dem Ecuador-Reiseführer im Büro erscheint, bekommt einen Mini-Rabatt. Joaquín Pinto 356 (E5-29) y Juan León Mera im 2. St., bitte klingeln, ✆ 02/2549358, 2500536, salsa@salsareisen.com, www.salsareisen.com. Adressänderung möglich, siehe Webseite!

*T*auchen und andere *S*portarten

Der Archipel gehört mit zu den allerschönsten Dive Spots auf unserem Planeten!

● *Tauchen* Schnuppertauchgänge für Anfänger werden innerhalb der *Academy Bay* ab 80 USD pro Tag/Pers. angeboten. Für erfahrene Taucher gibt es so aufregende Ziele wie Gordon Rocks, Cousin Rock, Mosquera, Daphne Menor, North Seymour, Nameless Rock, Santa Fé oder Enderby und Champion bei Floreana (130–160 USD pro Tag, meist je 2 Tauchgänge, Speedboat, Tauchinstrukteur und komplette Ausrüstung inbegriffen). Bei Barzahlung gibt es manchmal 10 % Ermäßigung, mit eigenem Equipment 20 %. Ungefährliche Hammerhaie, Kuhnasenrochen, Tümmler, Seelöwen, Schildkröten, Muränen, Kaiser-, Koffer-, Engel- oder Kugelfische können aus nächster Nähe beobachtet werden. Ein Schnellboot bringt die *buceadores* an die Tauchziele.

Teure Rendezvous mit Jachten können ebenfalls organisiert werden. Dabei trifft sich das schnelle Fiberglasboot einer Tauchsportschule (inkl. Instrukteur und vollständigem Equipment) an einem entfernten Ankerplatz mit der Jacht. Während ein Großteil der Passagiere einen Landgang einlegt oder gar ausruht (z. B. um 6 Uhr morgens, nach dem Mittag- oder vor dem Abendessen), können die Taucher an Bord auf Tauchstation gehen.

Occasional-Diving-Kreuzfahrten, eine Kombination aus Land- und Tauchgängen, wurden inzwischen vom Nationalpark untersagt. Das lag vor allem daran, dass viele Jachten für Tauchgänge nur unzureichend ausgerüstet waren oder einen unqualifizierten Divemaster mitführten, mitunter sogar der Barmann an Bord …

Selten sind Kreuzfahrten, die speziell für Taucher konzipiert sind. Ein acht- bis zehntägiger *crucero* mit **live aboard diving** kostet 2.800–4.500 USD pro Pers. und wird u. a. auch von den Tauchsportschulen angeboten. Im Preis inbegriffen sind meist nur Kompressor, Tanks und Bleigewichte. Das persönliche Equipment sollte mitgebracht werden. Ausleihen kostet extra!

Zu den allerbesten Tauchspots – echte Geheimtipps auf Weltniveau – gehören die sehr abgelegenen Eilande **Darwin** und **Wolf**. Es gibt pro Jahr, meist zwischen Oktober und April, nur ein paar wenige acht- oder zehntägige Fahrten dorthin, meist auf First-Class-Jachten, die auf Jahre ausgebucht sind. Hierbei werden nur ganz wenige Landgänge eingebaut (evtl. Plazas, Bartolomé oder die unvermeidliche Charles-Darwin-Station). Es können dann vor den nicht betretbaren Inseln Darwin und Wolf bis zu 20 Tauchgänge absolviert werden, sehr spektakulär!

Einer der erfahrensten Tauchsportanbieter in Puerto Ayora und Galapagos ist **Scuba Iguana**, dessen Deutsch sprechender Besitzer **Matthias Espinoza Knoche** jedoch auf Isabela lebt. Tauchscheine wie z. B. PADI, Speedboat, Tauchausbildung für ehemalige Fischer, Volontärsarbeit. Av. Charles Darwin (gegenüber dem Friedhof am Ortsrand auf dem Weg zur Charles-Darwin-Station), ✆/℡ 2527385, 2526497, info@scuba iguana.com, www.scuba-iguana.com.

Empfehlenswert sind auch die Tauch-Center **Sub Aqua** (✆ 2526633, www.galapagos-sub-aqua.com) an der Uferpromenade, Ecke Calle Isla Floreana und das **Silberstein Dive Center** im gleichnamigen Hotel an der Av. Charles Darwin, Ecke Piqueros, (✆ 2526277, www.divingalapagos.com). Alle Tauchcenter bieten in erster Linie Tagestauchausflüge an.

• *Schnorcheln* Sowohl Tauchschulen als auch kleine Anbieter können Brille, Schnorchel, Flossen und Neoprenanzug verleihen und **Schnorcheltouren** in der *Academy Bay*, zur *Punta Estrada*, zur *Punta Nuñez*, zur Haifischgrotte und zum winzigen *Islote Caamaño* vermitteln. Dieses Eiland ist wegen der vielen Seelöwen recht aufregend!

• *Kajak, Bodysurf, Hawaiian Surf und Mountainbiking* Ein Anbieter ist **Lonesome George** in der Baltra y Opuntia (Enrique Fuentes). Body-Boards etwa 5 USD für den halben Tag, ein richtiges Surfboard mindestens 20 USD pro Tag. Sea-Kajaks halb- oder ganztags ab 10 USD, Fahrräder pro Tag 12 USD, *overnight* 15 USD. Av. Charles Darwin y Indefatigable. Surfbretter mit Instrukteur hat der **Surf Club** in der Pelican Bay,

ab 25 USD, Mo–Fr, ℡ 085-461032 (mobil).

• *Reitcn* Für Ausritte im Hochland gibt es mehrere Anbieter, z. B. **Rancho Primicias** (kein eigenes Büro). Eine *cabalgata* im Randgebiet des Riesenschildkrötenreservates *El Chato* inkl. Lavatunnel-Besichtigung kostet mindestens 50 USD pro Pers., Transport inbegriffen, jedoch ohne Englisch sprechendem Guide oder Lunchbox.

Spezialisiert auf Island Hoppings mit Hotelbasis und Tagesausflüge ins Hochland ist **Galamagic-Champions Tours** von Karin Kugele, deutschsprachige Führungen, auch Last-Minute-Kreuzfahrten. Schräg gegenüber dem Mercado Artesanal in der Tomás de Berlanga y Av. Charles Darwin, ℡ 2524377, 097-067508 (mobil), www.galamagic.com.ec, info@wearethechampionstours.com.

Artesanía/Souvenirs

Anspruchsvollstes Schmuck- und Artesaníageschäft ist die **Galería Aymara** in der Av. Charles Darwin und Isla Floreana, wenige Schritte von der Pelican Bay: Gold-, Silber- und Edelsteinschmuck aus der eigenen Werkstatt (Maestro Beat), Skulpturen und maritime Gemälde, Wandteppiche aus Peru, Tagua-Figuren und Korbflechtereien aus Panama, viele Einzelstücke, www.galeria-aymara.com.

Lonesome George, feine Baumwoll-T-Shirts, perfekter Sitz, kein Verfärben, kein Verformen; **Ocho** bedruckt T-Shirts in 35 Sekunden. Beide gegenüber der Galería Aymara. Kreditkarten werden beim Einkauf meist akzeptiert.

Besucherstandorte auf der Insel

Zu den billigsten *puntos de visita* gehören die nahen **Finch Bay**, **Playa de los Alemanes**, **Playa de los Perros** und **Las Grietas**. Eine *panga* vom Touristenkai zum Anlegesteg beim Dolphin Dock kostet gerade mal 50 Ct. Von dort geht es zu Fuß weiter. Der Ausflug zu diesen Punkten lohnt für Hotelgäste in Puerto Ayora!

Das Hauptaugenmerk der **Charles Darwin Research Station (12)** gilt neben der Schildkröten- und Landleguanaufzucht sowie der und Wiedereinführung der unterschiedlichen Arten auf einigen ihrer einst angestammten Inseln vor allem der Dezimierung eingeschleppter Pflanzen und Tiere. Zu ihren größten Erfolgen zählt die Ausrottung von über 100.000 Ziegen auf der riesigen Insel Isabela (siehe auch S. 627). Die Station befindet sich fast am Ufer der Academy Bay, nur wenige Fußminuten vom östlichen Ortsrand am Ende der Av. Charles Darwin. Das zur Station gehörende Besucherzentrum „Van Straelen" und ein 800 m langer Rundweg durch die Forschungsgehege sind täglich von 7.30 bis 18 Uhr geöffnet, der Eintritt ist frei (mehr Infos zur Charles-Darwin-Station unter www.darwinfoundation.org). Ganz in der Nähe der Station befindet sich auch ein winziger Sandstrand – übrigens der einzige, der von Puerto Ayora aus leicht zu Fuß erreichbar ist. Manch hitzegestrafter Tourist zieht ein erquickendes Bad in der Academy Bay dem etwas altbackenen Riesenschildkröten-Zoo vielleicht vor. Schlussendlich ist jeder natürliche Besucherstandort im Archipel um einiges spannender!

3,5 km südwestlich von Puerto Ayora befindet sich der wunderbare, fast weiße und feinsandige Badestrand der **Tortuga Bay (13)**, eine der beeindruckendsten *playas*

Für jeden ein Fischhäppchen

von Ecuador. Eine halbe Stunde muss für den schönen Spaziergang vom Ortszentrum zur Schildkrötenbucht veranschlagt werden. Der 3 km lange gepflasterte Weg, ist nur Fußgängern vorbehalten. Von der Av. Charles Darwin kommend, geht es an der Straßenecke Avenida Baltra und Charles Binford links ab (schräg gegenüber dem Colegio Galápagos). Bis zum Parkhäuschen über dem Felsen sind es nur wenige hundert Meter. Dort werden Name und Uhrzeit ein- und auch wieder ausgetragen. Somit weiß der *guardaparque*, ob jemand fehlt, wenn er gegen 18.30 Uhr die Pforte schließt. Es gibt auch kalte Colas und Wasser zu kaufen.

Die mit Baumopuntien durchzogene Galapagos-Landschaft auf dem Weg zum Strand ist beeindruckend. Die neugierigen Darwinfinken sind leicht auseinander zu halten: Die grauen sind Weibchen und die schwarzen Männchen. Die gelben Vögelchen sind hingegen Goldwaldsänger (Canarios de Galápagos). Leider gibt es auch Bremsen. Ein zuverlässiges Antibrumm ist mitzuführen, dazu ausreichend Trinkwasser und ein Sonnenschutzmittel mit starkem Lichtschutzfaktor. Schatten gibt es so gut wie keinen, nur ganz wenig an einer zweiten, viel ruhigeren Strandbucht gerade hinter dem anderen Ende der langen Tortuga Bay. Dort können manchmal Kajaks gemietet werden. Im Vergleich zum offenen Meeresstrand hat die geschlossene kinderfreundliche Bucht nur leicht gekräuseltes Wasser.

Lavatunnels gibt es an vielen Orten auf Santa Cruz. Diese mitunter kilometerlangen „Pipelines" entstanden durch Abkühlung der äußeren Lavahaut, während sich die glühende Masse innen weiter voranwälzte. Ein leicht zu besuchender Lavatunnel befindet sich in der Nähe des Dörfchens Bellavista. Es geht von Puerto Ayora entweder mit dem Bus, mit einer Taxi-Camioneta oder per Fahrrad bis hinauf nach Bellavista, dann etwa 1 km in Richtung Osten.

Kurz vor Santa Rosa, bei km 16, liegt rechter Hand ein weiterer, gut ausgeleuchteter Lavatunnel, der Teil des Royal-Palm-Resorts ist.

In der Nähe der Finca von Miguel Angel Arias und des Schildkröten-Reservates „El Chaco" befindet sich einer der größten Lavatunnels der Welt. Dieses System ist *tuneles* ist über 2 km lang, teils wild verzweigt und verläuft auf mehreren Stockwerken. Gutes Schuhwerk und starke Stirnlampen sind erforderlich. Die Begleitung eines Führers wird empfohlen! Ein Besuch der Tunnels ist unbedingt vorher zu vereinbaren (Eintrittspreis 3 USD, zuzüglich Transport und lokale Spanisch sprechende Führung ab 30 USD pro Person). Erkundigen Sie sich nach den zahlreichen Lavatunnels in lokalen Tourbüros!

Information Infos kann der Tunnel-Grundstücksbesitzer Miguel Angel Arias oder seine Frau Bolivia erteilen. Sie wohnen am Ende der Calle Isla Floreana (y Joaquín de Olmedo gegenüber dem Colegio San Francisco), ✆ 2526246.

Ein weiterer Besucherstandort in der Hochland-Region bei Bellavista ist der halbmondförmige Krater **Media Luna** oder **Puntudo (17)**, etwa eineinhalb Stunden in nördlicher Richtung von dem Dörfchen entfernt. Von dort gelangt man auch zum **Cerro Crocker**, mit über 800 m die höchste Erhebung auf der Insel. Ebenso in der Parte Alta, 4 km vom Dörfchen Santa Rosa, liegen die beiden Zwillingseinsturztrichter **Los Gemelos (15)**. Neben den dort beheimateten Farnen (es gibt auf Galapagos etwa 300 Arten) befindet sich in der Umgebung der beiden bis zu 70 m tiefen und 280 m langen Trichterkessel ein sehr hübscher Scalesia-Wald. Der beeindruckendere der beiden senkrecht einfallenden Zwillinge liegt von Puerto Ayora aus betrachtet auf der linken Seite der Asphaltstraße und ist bereits nach wenigen Minuten Fußweg zu erreichen. Unterwegs kann hin und wieder der knallrote Rubintyrann gesichtet werden.

Riesenschildkröten in ihrer natürlichen Umgebung können im Reservat von **El Chato (16)** – auch als „La Caseta" bezeichnet – beobachtet werden. Es geht zunächst mit einem Bus oder einer Taxi-Camioneta bis ins Dörfchen Santa Rosa im Bergland. Von hier aus führt ein etwa zweistündiger Pfad (einfache Wegstrecke) bis hinunter zum Reservat. Festes Schuhwerk anziehen! Die Hilfe eines Führers ist empfehlenswert, da sich schon Leute verlaufen haben. Der Pfad führt anfangs durch landwirtschaftliche Nutzflächen, bevor der immergrüne Nebelwald des Schildkröten-Reservates beginnt. Im Bereich der von Schildkröten beanspruchten Lagune kann mit etwas Glück auch ein farbenprächtiger Rubintyrann gesichtet werden. Aufgeregte Fregattvögel fallen manchmal in die Süßwasserlagune ein, um sich das Salz vom Gefieder zu spülen. Verschiedene Anbieter in Puerto Ayora können Halbtagesausflüge inkl. Transport organisieren.

Zwei weitere, für Touristen jedoch inzwischen gesperrte Besucherstandorte liegen an der Westküste: die **Bahía Ballena**, die „Walfischbucht", und die etwas weiter nördlich davon gelegene **Conway Bay**. Dort tummeln sich Gabelschwanzmöwen und wieder ausgesetzte Landleguane an den nahen Hügeln Cerro Dragón und Cerro Montura. Neben einer Lagune, wo eventuell auch Flamingos herumstolzieren, befinden sich bei der Conway-Bucht noch die sog. **Canales de Venecia** (Kanäle von Venedig), ein Mangrovengebiet ähnlich der Caleta Tortuga Negra an der Nordküste der Insel Santa Cruz.

An der Nordküste liegt der hübsche Meeresschildkröten-Strand **Playa de las Bachas (18)**, der eintreffenden Neuankömmlingen am Flughafen von Baltra manchmal als erster Besucherstandort während der Kreuzfahrt vorgeführt wird. Ebenso an der Nordküste, unweit des Itabaca-Kanals, befindet sich die Mangrovenbucht **Black Turtle Cove** oder **Caleta Tortuga Negra (19)**. Dort können vom Boot aus

Im Chato Reservat

schwarze Meeresschildkröten, Weißspitzenhaie, Adlerrochen oder Kuhnasenrochen beobachtet werden. In der Regenzeit wird ein starkes Insektenmittel gegen die zahlreichen Bremsen bzw. Pferdefliegen (*tabanos*) benötigt. Dieser außergewöhnliche Besucherstandort wird manchmal am Ende einer mehrtägigen Kreuzfahrt angesteuert.

Baltra   (27 km², max. Höhe 80 m)

Die meisten Galapagos-Besucher werden mit dem Flugzeug auf der Insel Baltra eintreffen. Im Flughafengebäude muss die Nationalparkgebühr von 100 USD entrichtet werden. Diese kann nur in bar bezahlt werden. Das hierfür ausgestellte Tikket sollte möglichst nicht verloren gehen. Es gilt für die gesamte Aufenthaltsdauer auf den Inseln.

Von hier aus geht es mit einem kostenlosen „Muelle"-Bus in wenigen Minuten zum Hafenkai und dort an Bord des Kreuzfahrtschiffes oder mit einem „Canal"-Bus zum **Itabaca-Kanal**, wo auf das Fährboot zur Insel Santa Cruz umgestiegen wird. Die kurze Überfahrt mit dem *transbordador* kostet etwa 1 USD. Am anderen Ufer warten Busse von Cittag oder Trans Galap, um die Touristen in 30 Minuten ins 40 km entfernte Puerto Ayora an der Südküste von Santa Cruz zu bringen. Die Busfahrt quer über die Insel kostet etwa 3 USD. Das Ticket hierfür ist bereits im Flughafengebäude, spätestens im Bus zu erstehen.

Plaza Sur   (1.100 x 200 m, max. Höhe 25 m)

Nur die südlichere der beiden Plaza-Inseln, gegenüber den östlichen Steilklippen von Santa Cruz gelegen, ist als **Besucherstandort (20)** ausgeschrieben. Er gilt als einer der interessantesten auf Galapagos. Die Felsinsel nimmt mit ihren auffälligen

Karte hinterer Umschlag

Galapagos

Schnorcheln mit Seelöwen

Sesuvium-Mattengeflechten (Hauswurz oder Roter Korallenstrauch) während der Regenzeit einen grüngelben, geradezu sommerlich „schottischen" Charakter an. In der Trockenzeit von Ende Juni bis Anfang Januar hingegen bildet das Pflanzengeflecht einen roten Teppich über weiten Teilen des Eilandes.

Über den südlichen Klippenwänden von Plaza Sur befinden sich die Brutplätze von Gabelschwanzmöwen, Fregattvögeln, Tropikvögeln, Audubon-Sturmtauchern und Maskentölpeln. Die Hauptattraktion der Insel sind jedoch die vielen Seelöwen. Es ist ein herrliches Schauspiel, den Jungtieren bei ihrem Geplanschte zuzusehen!

Eine Seelöwenkolonie lebt oben auf dem Hügel über der Klippe. Sie besteht nur aus Junggesellen und Alten, d. h. *machos*, die kein Weibchen mehr auftreiben konnten. Diese Bullen im Ruhestand gelten als besonders aggressiv, man sollte sich ihnen nur mit einem gewissen Abstand nähern. Lautes Händeklatschen wirkt bei besonders aufdringlichen Bullen, die es auf noch aufdringlichere Touristen abgesehen haben, manchmal Wunder. Sie machen meist verunsichert eine Kehrtwende. Eine Garantie dafür kann bei dem häufigen Geklatsche jedoch auf keinen Fall gegeben werden!

Auf Plazas haben die Meerechsen angefangen, sich mit den Landleguanen zu kreuzen. Erste Hybriden mit Meerechsen-Köpfen und Landleguan-Körpern sind in Ufernähe zu entdecken!

Seymour Norte   (1,9 km², max. Höhe 30 m)

Das kleine, aus dem Ozean hochgeliftete Lavaplateau ist nur durch eine schmale Meeresenge von der südlicher gelegenen Insel Baltra (früher „South Seymour") getrennt. Ein 1,5 km langer Rundweg führt die Besucher über die steinige, flache Insel, die vor allem an der Spritzwasserzone (insbesondere während der Regenzeit) von Salzbüschen (*monte salado*) überzogen ist.

Besonders aufregend erscheint dieser **Besucherstandort (21)** aufgrund der vielen Prachtfregattvögel, deren Männchen während der Balzrituale ihren schillernd roten Kehlsack zu einer beachtlichen Größe aufblasen. Dabei ergattern die Männchen mit dem schönsten und dicksten Blasebalg auch am schnellsten eine Geliebte.

Um ihrer unumstrittenen Potenz noch mehr Ausdruck zu verleihen, schütteln sie oftmals würdevoll ihren luftgefüllten Sack, spreizen aufgeregt ihr Federkleid und rasseln verführerisch mit dem Schnabel. Die Weibchen haben einheitlich schwarze Federn, die Babys hingegen einen weißen „punkigen" Flaum.

Neben anderen Fregattvogelarten gibt es Kolonien von Blaufußtölpeln und Seelöwen sowie jede Menge roter Klippenkrabben. Bei den zahlreichen schwarzen Meerechsen handelt es sich um die Einzigen ihrer Art auf Galapagos. Man kann ihnen auch beim Landgang beim Fressen zuschauen. Andere Unterarten tun dies sonst ausschließlich auf dem Meeresgrund. Ebenso sind seit einigen Jahren wieder große Landleguane anzutreffen.

Mosquera (120 x 600 m, max. Höhe 2 m)

Das kleine, der Insel Seymour Norte vorgelagerte **Eiland (22)** hat einen Badestrand nur für Seelöwen. Für Schnorchelausflüge wird Mosquera manchmal von Kreuzfahrt-Jachten angesteuert.

Daphné Mayor (650 x 800 m, max. Höhe 120 m)

Die beiden *islotes* der Daphne-Kraterkegel **Mayor** und **Menor** ragen etwa 10 km westlich von Baltra eindrucksvoll aus dem Ozean hervor. Als Besucherstandort ist keine der beiden von roten Korallensträuchern, Feigenkakteen und Weißgummibäumen überzogenen Inseln freigegeben. Daphne Mayor gilt als wichtiger Brutplatz von Blaufuß- und Maskentölpeln. Auf dem Kraterboden führen diese ein völlig ungestörtes Dasein. Neben Maskentölpeln, Rotschnabel-Tropikvögeln, Gabelschwanzmöwen und Fregattvögeln leben zwischen den Feigenkakteen (Opuntien) auch eine Reihe von Darwin- und Kaktusfinken.

Zwei amerikanischen Wissenschaftlern der Princeton University gelang es hier nach zwanzigjähriger Forschungsarbeit an den Finken den Evolutionsprozess sichtbar zu messen und zu dokumentieren. Nach Ausmessung eines jeden einzelnen Finkenschnabels im Zusammenhang mit der Größe der aufgepickten Nahrungsbrocken konnte ihre Anpassung an eine sich ständig verändernde Umweltsituation erfolgreich dargelegt werden. Mit den Wechselwirkungen der Regenfälle verändert sich auch die Zugänglichkeit zu den unterschiedlichen Nahrungssamen. Finken mit den dafür jeweils angepassten Schnäbeln haben somit die besseren Überlebenschancen.

Sombrero Chino (700 x 450 m, max. Höhe 52 m)

Der scheinbar auf dem Wasser schwimmende „Chinesenhut", wenige Meter vor der bizarren rotbraunen Kegel- und Kakteenküste der mächtigen Insel Santiago gelegen, wirkt fast zu unwirklich, als dass man ihn mit Worten beschreiben könnte. Das winzige, hutförmige Eiland ist einer der großen Höhepunkte eines Galapagos-Besuches. Die geradezu „außerplanetarische" Beschaffenheit dieses vulkanischen Naturmonuments mit seiner rauen, teils messerscharfen Oberfläche und der blaugrünen Meeresbucht, die den Chinesenhut von Santiago trennt, macht diesen **Besucherstandort (23)** zu einem kleinen Erlebnis. Der Chinese Hat wird jedoch nur von wenigen Jachten angesteuert.

Nach einer Nasslandung an einem „gepuderten" Mini-Sandstrand auf der nördlichen Seite der Insel führt ein knapp 500 m langer Pfad am mit Lavarinnen und Bims gespickten Ufer entlang bis zum offenen Ozean. Dieser Spaziergang ist besonders am späten Nachmittag zu empfehlen, wenn die satten Strahlen des Tageslichts in die aufschäumenden Wellenbrecher eintauchen und sich Hunderte von Meerechsen eine erfrischende Dusche auf den Klippen gönnen.

Unter den vielen Seelöwen sticht ein gewaltig schimpfender *supermacho* mit langen Schnauzbarthaaren und einem enormen Stiernacken ins Auge. Er ist etwa dreimal so groß wie seine zahlreichen Weibchen.

Weitere Bewohner des Hut-Eilandes sind Abertausende von Lavaechsen, Galapagos-Bussarde, Lava-Reiher, Pelikane und manchmal Pinguine. In der kleinen Bucht geben sich Hammerhaie und Rochen sensationelle Rendezvous.

Bartolomé   (1,2 km² oder 900 x 2.200 m, max. Höhe 114 m)

Das herrliche Panorama vom **Bartolomé-Aussichtsfelsen (24)** auf die **Sullivan Bay** mit ihrer charakteristischen Felsnadel **Pinnacle Rock (25)** und die gegenüberliegende Insel Santiago ist die meistverkaufte Ansichtskarten-Impression des Galapagos-Archipels. Hier oben hüpfen die Herzen der Fotografen, und das allein schon der 374 Stufen wegen, die es nach einer Trockenlandung bei der 30-minütigen Besteigung zu bewältigen gilt.

Die junge, unwirkliche Kraterlandschaft im Umfeld des Aussichtspunktes lässt für Science-Fiction-Freunde keinerlei Wünsche offen. Man fühlt sich wie auf einen fremden Planeten versetzt.

Für die Besteigung des Panoramafelsens wird der frühe Vormittag empfohlen. Am Nachmittag schaut der Betrachter vom Gipfel aus der untergehenden Sonne entgegen. Weit unterhalb des Mirador (Aussichtspunkt) erstreckt sich die fischförmige Insel mit ihren Zwillings-Sandstränden und den dazwischen liegenden Mangroven. Die berühmte „Zinnenspitze" rechts davon hat mit ihrer leichten Schräglage in etwa die Form des Turms von Pisa. Sehr beeindruckend ist auch ein kreisrunder Unterwasserkrater, der ein natürliches Schwimmbecken im Ozean bildet.

Beim Auf- und Abstieg begegnet man flinken Lavaechsen, die von den endemischen, auf nackter Lava gedeihenden Kakteen und den grauen, extrem trockenheitsresistenten Coldenia-Büscheln fressen. Tiere sind auf Bartolomé jedoch sehr wenige zu sehen, unter Wasser gibt es dafür umso mehr. Schnorchelfreunde werden an dem für Anfänger idealen Tauchgang um den Pinnacle Rock herum ihre Freude haben. Auch Badebesucher kommen hier voll auf ihre Kosten. Ein kurzer Pfad verbindet die Dünen der Zwillingsstrände miteinander.

Am Strand auf der anderen Seite der Anlegebucht ist Schwimmen jedoch nicht erlaubt. In den Monaten von Dezember bis März können hier Meeresschildkröten beobachtet werden. Sie warten auf den Einbruch der Dunkelheit, um in den Dünen ihre Eier abzulegen. Ein gewisser Abstand zu den Tieren sollte unbedingt gewahrt werden. Ziehen sich die Weibchen aus Furcht vor dem Menschen ins Wasser zurück, laufen sie Gefahr zu ertrinken. Die kopulationsfreudigen Männchen patrouillieren direkt vor der Küste. Ein wiederholtes Besteigen der völlig entkräfteten Weibchen hat für diese manchmal fatale Folgen.

Santiago   (58 km², max. Höhe 907 m)

Die viertgrößte Galapagosinsel und nach Isabela und Fernandina die dritthöchste. Die von teils mondartiger Kraterlandschaft durchzogene Insel verfügt über vier Besucherstandorte, die jedoch nicht mit allen Ausflugsbooten angesteuert werden können.

Lavafelder auf Santiago

In der wunderschönen **Sullivan Bay (26)** genau gegenüber dem Bartolomé-Inselfelsen gibt es zwei sehr kleine Sandstrände, die in der Brutzeit von Meeresschildkröten aufgesucht werden. Seelöwen tauchen zur Begrüßung der Touristen auf. Hauptattraktion ist jedoch ein sehr breiter, etwa hundert Jahre junger Lava-Ausfluss. Rötliche Schlackenkegel sowie erkaltete Strudel, Schlingen, Schleifen und Kräusel prägen die bizarre Oberfläche. Der 2 km lange Pfad über die „frische" Lava nimmt über eine Stunde in Anspruch.

Besonderer Leckerbissen von Santiago ist der **Sugarloaf Mountain** in der nordwestlichen **James Bay (27)**. Charles Darwin ging in dieser Bucht vor Anker. Nach einer Nasslandung im ehemals bevölkerten **Puerto Egas** an einem schwarzen Strand voller Meerechsen führt ein etwa einstündiger Pfad auf den knapp 400 m hohen „Zuckerhut" – aus dessen Krater früher Salz gewonnen wurde.

Von dort aus genießt man einen fantastischen Rundblick auf die Kegelgrüppchen und Lavafelder dieser extrem vegetationsarmen Vulkaninsel. Der Vulkankegel steht jedoch in keinem Kreuzfahrt-Programm. Den Passagieren wird weniger „Anstrengendes" geboten, wie z. B. ein etwa 2 km langer Pfad von Puerto Egas in südlicher Richtung entlang der Gezeitenzone. Ein trauriger Rest der alten Salzminengebäude ist noch zu sehen. Seelöwenkolonien, Klippenkrabben, Lavaechsen, Galapagos-Bussarde und Lava-Reiher bewohnen den Uferbereich. Ziel des schönen Spazierganges sind die inzwischen jedoch sehr seltenen Galapagos-Pelzrobben. Sie durchtauchen besonders gerne die sog. Pelzrobbengrotte, die Gruta de las Focas. Im Gegensatz zu den Seelöwenbullen zeigen die neugierigen Pelzrobben auch unter der Wasseroberfläche keinerlei Revierverhalten. Daher kann gefahrlos mit ihnen um die Wette geschnorchelt werden. Dies ist wahrscheinlich der einzige Standort auf Galapagos, wo sie für Besucher hin und wieder zu sehen sind. Pelzrobben haben im Vergleich zu Seelöwen keine abstehenden Ohren. Sie sind zudem kleiner und

Galapagos

Karte hinterer Umschlag

geschmeidiger, besitzen stumpfe Nasen, haben längere Schnauzbarthaare und kön nen sich nicht mit ihren Vorderflossen aufrichten, wie dies ihre angriffslustigen Verwandten zu tun pflegen.

Ein weiterer Besucherstandort liegt wenige Kilometer nordöstlich von Puerto Egas. Die schwarzsandige **Playa Espumilla (28)** ist lediglich durch eine Nasslandung erreichbar. Aggressive Seelöwenbullen machen manchmal den Badestrand unsicher. Ein kurzer Spaziergang führt zu zwei kleinen Flamingo-Lagunen. Da die rosaroten Stelzvögel aber während der Nahrungssuche die Inseln abfliegen, um so von Lagune zu Lagune zu wandern (Lebershrimps sind ihre Lieblingsspeise), kann nicht garantiert werden, dass man sie tatsächlich zu Gesicht bekommt.

Als vierter Besucherstandort ist die selten besuchte **Bucaneer Cove (29)** am nordwestlichen Klippenzipfel von Santiago ausgeschrieben. Seevögel kreisen über dem mit weißem Guano (Vogeldünger) bedeckten Felsufer. Das vorgelagerte Eiland nennt sich **Albany**. Ganz in der Nähe zur Seeräuber-Bucht befindet sich eine ausgetrocknete Quelle, die anno dazumal von den „Totenkopfkapitänen" zur Frischwasserversorgung genutzt wurde.

Rábida   (5 km², max. Höhe 367 m)

Eine Nasslandung bringt die Besucher an einen eisenoxidhaltigen, rot getünchten **Strand (30)** der südlich von Santiago gelegenen Vulkaninsel im geografischen Zentrum des Archipels. Auch hier sind die Seelöwen Dauerbadegäste. Ein Pfad führt über eine kleine Lagune, in der gelegentlich Flamingos zu beobachten sind, zu einem schönen Aussichtspunkt hoch. Zwischen dem Strand und der Lagune nisten auf Augenhöhe Braune Pelikane in den Salzbüschen (Chala oder Galapagos-Croton). Von Februar bis Ende April präsentiert sich die Insel in einem grünen Kleid, für den Rest des Jahres sind die Palo-Santo-Wäldchen eher silbergrau.

Floreana   (173 km², max. Höhe 640 m)

Die exotischste unter den bewohnten Galapagosinseln erhebt sich wie ein trügerisches Traumgebilde aus dem Ozean. Urzeitlich schön von einem perfekt geformten Vulkankegel überragt – dem **Cerro Pajas** – und eingerahmt von ein paar feinsandigen Badebuchten, wird der Ankommende kaum mehr den Blick von der sirenenhaften Insel lösen können.

Im Vergleich mit anderen Eilanden des Archipels hat Floreana (auch „Santa María" oder „Charles" genannt) ein sehr hohes Alter aufzuweisen – fast 3 Mio. Jahre. Die weitaus jüngere menschliche Geschichte hingegen würde jedem angehenden Filmregisseur genügend Stoff für ein spannungsgeladenes Aussteiger-Drama bieten: eine revolverschwingende Diva, nachbarliche Verschwörungen, mysteriöses Verschwinden, mutmaßliche Mordfälle, ein herausnehmbares Stahlgebiss, splitternackte Männer am Strand, Spionage, Hungertod, U-Boot-Krieg und so berühmte Besucher wie Graf Luckner, Thor Heyerdahl, Walt Disney und Rollo Gebhard.

Kegelförmige Hügel mit trockener Vegetation und ein liebliches, grünes Hochland bestimmen das Landschaftsbild. Für Wanderfreunde gibt es jede Menge Rätselhaftes zu entdecken, wie z. B. Piratenhöhlen oder die alte Wohnstätte der Familie Wittmer, der sog. **Asilo de la Paz (36)** mit Frischwasserquelle, Schildkrötenreservat und toller Sicht über die Insel von 450 Höhenmetern. Weitere Besucherstandorte

Floreana

sind die strömungsstarke Schnorchel-Felsarena **Devil's Crown** oder **Corona del Diablo (32)**, die gegenüberliegende Kraterzunge **Punta Cormoran (31)** mit Flamingo-Lagune, die seit Jahrhunderten angesteuerte **Post Office Bay (33)** mit dem Holzfass zur kostenlosen Briefbeförderung und dem wunderschönen **Mirador de la Baronesa (34)**, wo die selbsternannte „Kaiserin von Floreana", Eloisa von Wagner, verdammt viel Zeit mit „Ocean-Watching" verbrachte. Dieser geheimnisvolle Standort in der Nähe des Postfasses wird jedoch kaum von Kreuzfahrt-Jachten angefahren.

Die meisten der 120 Inselbewohner leben in der Nähe des Black Beach an der Westküste im verschlafensten Hafenort des Archipels: **Puerto Velasco Ibarra**. Fette Meerechsen kreuzen die Lavasplitterwege, Seelöwen blöken direkt vor der Hotelveranda und Meeresschildkröten durchtauchen das winzige Hafenbecken oder vergraben ihre Eier am kaffeebraunen „Schwarzen Strand".

Nur wenige Gehminuten vom Hotel Wittmer entfernt befindet sich eine sehr attraktive **Lobería (35)**. Obwohl sie dort ganz ungestört wären, gibt es hier nicht allzu viele Seelöwen – dafür jedoch ein tolles Panorama mit winzigem weißem Sandstrand, schwarzen Lavafelsen, grünen Baumkakteen, glasklarem Wasser und der blauen Bucht mit den Vulkankegeln im Hintergrund.

• *Verbindungen* Es gibt nur sporadischen **Bootsverkehr** zwischen Puerto Velasco Ibarra und Puerto Ayora. Däumchen drehen und ab und zu den Daumen raushalten! Eine Möglichkeit ist, ein Boot (*lancha*) zu chartern. Das ist nicht billig, ab 700 USD von Puerto Ayora, ab 500 USD von Puerto Villamil (Isabela) oder ca. 1.000 USD von San Cristóbal aus.

• *Übernachten/Essen & Trinken* **Wittmer**, geleitet von Tochter Ingeborg und Enkelin Erika. Die doppelstöckige Anlage hat mit teils hellen Zimmern mit Liegestuhl-Terrassen und Hängemattenbalkonen und Blick auf das Flimmern des Meeres aufzuwarten. Alles ist picobello sauber. Kein Internet. Ein schrullig-exotisches Genießer-Hotelchen inmitten des Ozeans! Zu bestimmten Zeiten gibt es opulente Hausmannskost, zartesten Fisch, köstlichen Langustensalat oder saftigen Rinderbraten. Der geheimnisvollste deutsch-pazifische Gourmet-Außenposten! Nach Mitternacht wird die Nachttischlampe zur Kerze. Auf einem Schild steht: „Hilf Dir selbst, dann hilft Dir Gott". Ab 80 USD pro Pers. bei Vollpension, Eine Voranmeldung ist notwendig. In Puerto Velasco Ibarra am Black Beach gelegen, ✆ 2529506.

Floreana Lodge, winzige „Gartenhäuschen" mit BP und Ventilator, Einzel- und Stockbett, am einsamen Ufer ca. 200 m vom Black Beach auf dem Weg zur Lobería. Bei Sonne könnten sich diese Mini-Cabañas in einen Brutofen verwandeln, unter einem Sternenhimmel ist es dort jedoch sehr genießerisch! Kein Telefon, kein Internet, nur Meeresrauschen. EZ 168 USD, DZ 187 USD. Reservierung notwendig. In Puer-to Ayora im Hotel Red Mangrove, www.redmangrove.com.

> Floreana ist neben San Cristóbal die einzige Insel mit einer ganzjährigen Süßwasserquelle.

Drei Floreana-Besucherstandorte

Unweit der „Kormoran-Spitze" befinden sich zwei der schönsten Tauch- und Schnorchelplätze von Galapagos: die beiden vorgelagerten Felsinselchen **Enderby** und **Champion**. Zudem noch näher zur Punta Cormoran ein rund gezackter, auseinander gebrochener Vulkankegel, der einer Teufelskrone gleich aus dem Wasser ragt: **La Corona del Diablo (32)**. Es können Riffhaie, Rochen, Meeresschildkröten und zahlreiche Schwärme tropischer Zierfischschulen aus allernächster Nähe beobachtet werden. Zudem macht es einen Riesenspaß, neben Haken schlagenden und Pirouetten drehenden Seelöwenjungen einherzutauchen und ihnen dabei aus wenigen Zentimetern Entfernung in die neugierigen Augen zu schauen.

Die „Corona del Diablo" könnte aufgrund ihrer enorm starken Strömung so manchem Schnorchler einige Mühen bereiten. Fortgeschrittene können jedoch auch außerhalb der „Krone" umherschwimmen. Anfänger hingegen bleiben am besten im inneren Bereich des Hufeisenrundes. Anders ist es bei Enderby oder Champion: Auch unerfahrene Wassersportler brauchen sich das dortige Naturspektakel nicht entgehen zu lassen. Nur das Schwimmen sollte man noch nicht verlernt haben! Leider wird bei vielen Kreuzfahrten meist nur die Teufelskrone als Schnorcheloption angesteuert.

Eine Nasslandung an einem hellen olivgrünen Badestrand erfordert der Besucherstandort **Punta Cormoran (31)**. Ein 100 m langer Pfad führt zu einer seichten Mangrovenlagune, in der manchmal Flamingos umherstolzieren. Es gibt auf Galapagos zwischen 700 und 1.000 Exemplare. Sie sind nicht endemisch, sondern stammen ursprünglich aus karibischen Gefilden. Auch Galapagos-Enten, Stelzenläufer, Austernfischer und Regenpfeifer sind in der Lagune heimisch. In den Büschen und Bäumen im weiteren Uferbereich können Galapagos-Bussarde und endemische Baumfinken angetroffen werden.

Auf einem links von der Lagune wegführenden Pfad über einen kleinen Dünenhügel hinweg gelangt der Besucher an einen wunderschönen, weißen Sandstrand. Zum Barfußlaufen wie geschaffen! In den Monaten von Dezember bis März legen grüne Meeresschildkröten des Nachts ihre zahlreichen Eier im hinteren Strandbereich ab. Man kann Monate später noch ihre Löcher und Schleifspuren im Sande sehen. Während dieser Zeit sind Spaziergänge nur in direkter Ufernähe gestattet. Das Baden ist hier wegen möglicher Stachelrochen nicht besonders ratsam.

Ein paar Kilometer von der Kormoranzunge in westlicher Richtung steht wenige Meter hinter einem Sandstrand das berühmte hölzerne **Postfass (33)** von Floreana. Der englische Kapitän und Walfänger James Colnett ließ im Jahre 1793 an dieser Stelle den ersten pazifischen Postzustellservice „Ecuadors" einrichten. Eine Nasslandung ist auch heutzutage unumgänglich, um einen ganz besonderen Brief ins ferne Europa aufzugeben. Eine Briefmarke ist dabei nicht vonnöten – die Adresse reicht völlig aus!

Bei dieser Gelegenheit kann gleichzeitig noch ein sich im Fass befindliches Bündel mit zu verschickender Post durchgesehen werden. Wer eine nahe liegende Heimatadresse ausfindig machen sollte, kann die Grußworte freundlicherweise weiterleiten. Wie lange die eigene Briefsendung bis zum Ziel braucht, hängt ganz allein von der Mitnahmebereitschaft anderer Besucher ab.

Die verrosteten Riesen-Blechnäpfe hinter dem Holzfass sind die Überbleibsel einer norwegischen Fischkonservenfabrik, die hier in den 20er-Jahren für ein paar Monate Bestand hatte. Weiter im Hinterland befinden sich die Wohnhöhlen der Piraten.

Genovesa $\qquad$ (14 km², max. Höhe 76 m)

Im nordöstlichsten Winkel des Archipels, genau 77 Seemeilen bzw. acht Bootsstunden von Puerto Ayora entfernt, liegt das seltener besuchte Vogelinsel-Paradies Genovesa (1 Seemeile = 1.852 km, 1 Knoten = 1 Seemeile pro Std.). Seetauglichen Touristen mit einer besonderen Vorliebe für Rotfußtölpel sei die anstrengende Überfahrt über die Äquatorlinie empfohlen. Genovesa gilt nicht zuletzt ihrer Abgeschiedenheit wegen als eine der wildesten und unberührtesten Inseln innerhalb des Galapagos-Nationalparks.

Im Innern der rundlichen, größtenteils flachen Insel erhebt sich ein kleiner Schildvulkan mit seinem dazugehörigen Kratersee. Im Süden von Genovesa – auch unter dem Namen „Tower" bekannt – gibt es zwei außergewöhnliche Besucherstandorte. Einer von ihnen ist die kreisrunde, von hohen Klippen umschlossene **Darwin Bay (37)**, ein durch Brandungserosion eingebrochener Vulkankrater. Die Fahrt durch den schmalen Eingang zur windgeschützten Ankerbucht ist bereits ein Erlebnis für sich. In ihrem Innern ist das Wasser aufgrund der Millionen von Mikroorganismen erbsensuppengrün. Dieser Nahrungsreichtum schlägt sich wiederum am anderen Ende der Nahrungskette auf die zahllosen Seevögel nieder, die überall scharenweise in den Salzbüschen und auf den Klippen brüten.

Eine Nasslandung bringt die Besucher an einen wunderschönen Korallenstrand. Von dort aus beginnt ein etwa 1 km langer Pfad zwischen Mini-Lagunen und Küstenmangroven hindurch und führt dabei an den Nistplätzen von Rot- und Blaufußtölpeln, Maskentölpeln, Bindenfregattvögeln, Rotschnabel-Tropikvögel, Bahama-Enten, Lava- und Gabelschwanzmöwen vorbei. Da die kleinen Lagunen sehr stark von den Gezeiten abhängig sind, verändert sich das Landschaftsbild des Uferbereiches im Verlauf eines Vormittags und Nachmittags schlagartig. Dies eröffnet dem Fotografen wiederum aufregende Möglichkeiten.

Kolonien von Rotfußtölpeln wie auf Genovesa können sonst nirgendwo auf Galapagos beobachtet werden. Viel kleinere Gruppen dieser putzigen Vögel nisten sonst nur auf San Cristóbal. Sie haben alle rosafarbene Schnäbel und knallrote Watschelfüße. Um der jagenden Konkurrenz der etwas größeren Blaufuß- und Maskentölpel auszuweichen, fischen die Rotfüßigen gewöhnlich weit draußen auf dem offenen Meer. Dadurch wird natürlich viel Energie für die Nahrungsbeschaffung und deren Heimtransport beansprucht. Vielleicht aus diesem Grunde legen sie immer nur zwei Eier. Die Jungen haben dafür eine überdurchschnittlich hohe Überlebenschance.

Ein zweiter Besucherstandort, vom Korallenstrand aus gesehen auf der gegenüberliegenden Buchtseite, führt über die sog. **Prince Phillip's Steps** oder **El Barranco (38)** auf eine etwa 25 m hohe Steilklippe. Oben angekommen, beginnt ein Rundweg zwischen Tölpel-Nistplätzen und durch ein schmales Palo-Santo-Wäldchen hindurch bis hin zu einer offenen Lavafläche. Dort können hitzige Fregattvögel beobachtet werden, die den Tölpel bei der Nahrungsaufnahme zu belästigen versuchen. Unter dem Klippenrand brüten Wellenläufer und Sturmtaucher.

In der Darwin-Bucht können beim Schnorcheln friedfertige Hammerhaie beobachtet werden. Je tiefer die Stelle in der Bucht ist, desto grüner und trüber wird jedoch auch das Wasser für Tauchsportler.

Isabela   (4.588 km², max. Höhe 1.707 m)

Die riesige Insel nimmt mehr als die Hälfte der Galapagos-Landfläche in Anspruch. Im Größen- und Höhenvergleich mit anderen *islas* des Archipels erscheint Isabela aus der Ferne betrachtet wie der Festlandhorizont eines sagenhaften Kontinents. Ihre Entstehung hat die 132 km lange und bis zu 84 km breite Insel der Verschmelzung von fünf aneinandergereihten, aus dem Ozean ragenden Schildvulkanen zu verdanken, deren breite Lavaströme einst zu einer gewaltigen Landmasse zusammengeflossen sind. Alle diese fünf Vulkane sind heute noch aktiv. Am höchsten sind der im Südwesten gelegene Cerro Azul (1.670m) und der ganz im Norden gelegene Volcán Wolf mit gut 1.700 m Höhe. Durch seinen mächtigen Krater verläuft die Äquatorlinie.

In den vorsintflutlich schönen Kraterbecken dieser jungen Kegelkette lebt eine endemische Unterart der Galapagos-Elefantenschildkröten. Die meisten dieser zyklopenhaften Fabeltiere bevölkern jedoch den 4 km breiten und 350 m tiefen Kraterboden des Volcán Alcedo (1.125 m) im mittleren Teil der Insel. Man schätzt ihre Zahl dort auf über 5.000 Exemplare. Es scheint, dass der Herrgott hier sein erderschaffendes Werk gerade eben erst vollendet hat und es dabei auch belassen wollte. Seit vielen Jahren ist die Besteigung des Vulkans jedoch strikt verboten. Es werden auch kaum Sondererlaubnisse der Nationalparkverwaltung erteilt, nicht einmal für Wissenschaftler.

Puerto Villamil

Ganz im Süden von Isabela leben 2.200 Menschen. Die meisten von ihnen sind Fischer aus dem geruhsamen Hafenort Puerto Villamil, der westlichsten Kantonshauptstadt von Ecuador. Es gibt zahlreiche Unterkünfte, einen bei Ebbe schwer ansteuerbaren Anlegesteg für Boote und Beiboote (embarcadero), einen Flugplatz zwischen Lavablöcken, eine versalzene Flamingo-Lagune sowie einen kilometerlangen, feinkörnigen Sandstrand mit einer Reihe von Kokospalmen und in der Sonne bratenden Iguanas. Lavaechsen flitzen über die sandigen Dorfstraßen, die Einheimischen sind freundlich und Touristen gern gesehen. Relativ wenig Kreuzfahrt-Jachten legen hier an. Alles in allem kein Vergleich zum verbauten Puerto Ayora auf Santa Cruz oder dem eintönigen Puerto Baquerizo Moreno auf San Cristóbal. Puerto Villamil ist der attraktivste Ort im Archipel, „un pueblo pitoresco frente al mar", genau das Richtige, um der Welt den Rücken zu kehren und die Seele baumeln zu lassen, in einer Hängematte versteht sich! Weiter westlich von Isabela kommt dann auf mehreren tausend Kilometern bis hin zu den Mikronesischen Inseln auf der anderen Seite des Stillen Ozeans nur noch aufgewühltes Salzwasser. Für Abwechslung sorgen Rad-, Reit-, Wander-, Schnorchel- und Tauchausflüge. Der aktive Vulkankrater des Sierra Negra ist ein Muss, die Mangrovenbucht Los Tuneles ein Geheimtipp! Puerto Villamil erlebt gerade

Ungeheuer vertrieb Strandgäste in Puerto Villamil

einen touristischen Aufschwung. Es wimmelt von Backpackern. Wohin die Entwicklung in Zukunft geht, wenn die ersten Direktflüge vom Festland eingeleitet werden, bleibt jedoch abzuwarten.

*V*erbindungen/*A*dressen

● *Boot* Tägl. geht um 6 Uhr morgens vom *embarcadero* mindestens eine *lancha* nach **Puerto Ayora** auf Santa Cruz, Fahrpreis 35–40 USD, Fahrtzeit 2–2:30 Std. je nach Seegang, Motorstärke und Kapitän. Man sollte 20 Min. vor Abfahrt an der Muelle (Kai) stehen. Tickets sollten am Vortag in der Coop. Transmar Isabela an der Ecke Las Fragatas und Av. Antonio Gil beim Parque gekauft worden, ✆ 2529053. Zu den gängigsten *lanchas* gehören Luz del Día, Aletutu, Océano, Darwin, Neptun, Maranata. Wer den zweiten TAME-Flieger um 12.30 Uhr von Baltra zum Festland nimmt, erreicht diesen i. d. R. mit einer dieser 16-sitzigen 6-Uhr-Boote bzw. mit der Anschlussreise im Bus oder mit dem Pick-up über das Santa-Cruz-Hochland zum Itabaca-Kanal. In die umgekehrte Richtung gehen tägl. gegen 14 Uhr zwei oder drei *lanchas* oder *fibras* von Puerto Ayora nach Puerto Villamil.

Von Januar bis Mai ist der Pazifik ruhiger. Outsider, Paare und ganze Familien segeln dann in Richtung Mikronesien nach Tahiti und Fidschi. Erste Station sind die Islas Marquesas. Von Puerto Villamil sind es bis dorthin vier Wochen lang nur Wasser und Himmel. „Trampen" ist unter Umständen möglich.

● *Flug* Mit einer 5-sitzigen Piper Azteca bzw. zwei 9-sitzigen Islanders der Aero-Taxi-Chartergesellschaft EMETEBE geht es tägl. zw. 9 und 11 Uhr nach **Baltra**, einfach 120–150 USD. Um 13.30 Uhr geht es zudem im Direktflug nach **San Cristóbal** (45 Min.). Es sollte zwei Tage vorher reserviert werden. Das EMETEBE-Büro befindet sich beim Parque in der Av. Antonio Gil y Las Fragatas, ✆ 2529155. Direktflüge zum Festland gab es bis Anfang bis Ende 2009 noch keine!

> Es gibt weder eine Bank noch einen Geldautomaten auf Isabela – Bargeld mitbringen!

● *Internet* Langsam ist **Albatros Net** in der 16 de Marzo y Las Fragatas, morgens

Galapagos *Karte hinterer Umschlag*

meist schneller, 1 Std. 2,50 USD, tägl. 8–13 bzw. 14–20 Uhr.

• *Souvenirs* Notizbüchlein und Briefpapier aus *papel reciclado* (Fremdpflanzen und Kokosfaser) hat *OMPAI*. Die versteckte Bastelstube befindet sich in der Av. Antonio Gil y Escalesias; „endemische" CDs (20 USD) mit Galapagos-Musik hat die winzige Galeria von Betortugas.

• *Telefonieren* Antonio Gil y Las Fragatas beim Parque neben der EMETEBE, Mo–Fr 8–12 und 13–20 Uhr, Sa 8–12 und 14–20 Uhr, So 9–11 und 16–19 Uhr.

• *Wäscherei* Escalesias y Los Cormoranes und neben Isabela-Lodge.

• *Zahnärztin* Dra. Carmen Castillo de Abudeye, Tero Real y Escalesias.

Übernachten/Essen & Trinken

Am Strand und mitten im Dorf:

• *Übernachten* **La Casa de Marita (20)**, (GK/MK), ganz unterschiedlich dekorierte, geschmackvoll eingerichtete Zimmer am Anfang des Strandes, aquarellfarbene Tö-ne, Frigo-Bar, AC, BP, Ww. Vom Bett aus barfuß ins Meer, dazu raschelnde Palmen. Das intime Restaurant wird gelobt. Pferdeausflüge im Hochland. DZ ab 180 USD, die wunderbaren Meerblick-Suiten Mango mit privater Terrasse und Treppe zum Strand und die große Mediterraneo mit Terrasse im Nebenhaus ab 268 USD. ✆ 2529238, www.galapagosisabela.com.

Isabela Lodge (18) (GK), großzügige Bungalow-Zimmer in schöner Lage am Sandstrand (BP, Ww, AC). Bequeme Betten, erfrischendes Ambiente, Liegestühle unter Palmen, auch Dachterrasse. Hier kommt Urlaubsstimmung auf! Angeschlossenes Restaurant auf der anderen Straßenseite, kein Barservice. Des Nachbars Cocos-Bar macht hoffentlich nicht allzu viel Lärm. EZ 183 USD, DZ 244 USD, Reservierung in Puerto Ayora im Hotel Red Mangrove, www.redmangrove.com.

Albemarle (14) (GK/MK), pseudo-viktorianische Fassade an der sandigen Uferpromenade. Vorzuziehen sind die Suite (ab 232 USD) und die geräumigen Meerblickzimmer oben (ab 140 USD), während die Parterre-Zimmer Einblicke von der Straße gewähren. Wifi, Kabel-TV, bequeme Betten und Bäder mit hellen Kachelböden, Dachterrasse und das teuerste Restaurant auf der Insel. ✆ 2529489, www.hotelalbemarle.com.

Casa Sol (17), (MK), macht einen leicht unfertigen Eindruck, liegt aber direkt am Sandstrand unter Palmen. 11 Zimmer mit gutem Preis-Leistungs-Verhältnis! Die komfortablen Nr. 3, 4, 9 und 10 mit Meerblick, im Erdgeschoss befindet sich ein ebenerdiges Zimmer mit breiten Türen für Rollstuhlfahrer. Frühstück gibt es keines, der Besitzer Mauricio Cobo: „Das Geklapper

von Geschirr beeinträchtigt Meer- und Palmenrauschen, und die Leute im Dorf sollen auch was verdienen!" DZ etwa 100 USD (BP, Ww, AC oder Ventilator). Nur 100 m von Casa de Marita, ✆ 2529183, 088-963088 (mobil), macomart@ecnet.ec.

Volcano (9), (MK), kreolisch modern, mit ein paar hübschen und großen Zimmern. Gut sind Nr. 5 (bestes *matrimonial*) und Eck-DZ Nr. 6, auch Nr. 9 und 10 ganz oben sind o.k. (BP, Ww, AC, Kabel-TV). Restaurant zur staubigen Straße. EZ 50 USD, DZ 85 USD. Nur wenige Schritte vom Strand in der Av. Antonio Gil, ✆ 2529034, www.volcanohotel.com.ec.

Betortugas (8), (Budget), das *matrimonial* Nr. 1 weit überm Strand und über Beto's Beach Bar mit privater Terrasse und super Meerblick (80 USD) ist mit Abstand das beste! Wer keinen Service erwartet, ist hier gut aufgehoben, ✆ 2529015.

San Vicente (1), (Budget), 5 Min. vom Strand, viele Gruppen, Hängematten, Grillplatz, offenes Restaurant, Touren am Sierra Negra, Schnorcheltrips. Boss ist Naturführer Antonio Gil. Die besseren Zimmer sind meist oben (Nr. 17 gutes DZ), BP, Ww, AC. 43 USD pro Pers. ✆ 2529-140/-439, www.isabelagalapagos.com.ec, www.sanvicentegalapagos.com.

Cormorant Beach House (13), (Budget), teils runtergekommen, teils renoviert, Nr. 3 und 4 oben haben Meerblick-Terrasse. Kühlschrank, Gemeinschaftsküche, BP, Ww, TV. Pro Pers. 25 USD, direkt am Strand, ✆ 2529-192/-200.

Las Gardenias (5), (Budget), zwei *cuadras* vom Strand, sehr familiär, saubere Zimmer mit BP, Ww. Nr. 7 ist weniger stickig, da dort die Luft besser zirkuliert. Pro Pers. 20 USD, ✆ 2529115, elizabethgardenia@yahoo.com.

Puerto Villamil

Vulkan Sierra Negra, Hochland, Campo Duro
Schildkröten-Aufzuchtstation
Flughafen
Flamingo-Lagune
La Poza de los Flamingos
Wetlands El Muro de las Lágrimas
Los Tuneles
Pacífico
Municipio
Pacifictel
Capitania
Muelle Municipal
Concha Perla
Bootshafen (Touristenkai)
Embarcadero
Las Tintoreras
200 m

Übernachten
1 San Vicente
3 Flamencos
4 Cerro Azul
5 Las Gardenias
6 Tero Real
8 Betortugas
9 Volcano
10 Coral Blanco
13 Cormorant Beach House
14 Albemarle
17 Casa Sol
18 Isabela Lodge
20 La Casa de Marita

Nachtleben
19 Sea Lion

Essen & Trinken
2 Oasis
7 Carabali
11 Arenitas
12 Beto's Beach Bar
15 Encanto de la Pepa
16 Aloha Betsy

Flamencos (3), (Budget), unattraktiv, jedoch 4 geräumige Zimmer (BP, Ww). Das Lächeln der Besitzerin wurde vom Salzgehalt des Flamingo-Lagünchens verkrustet. 20 USD pro Pers., ✆ 2529143.

Coral Blanco (10), einstöckiger Flachbau an der Hauptstraße, 50 m vom Strand, angenehm, familiär, farbenfroh, Lesertipp! Nur 3 *matrimoniales*, 2 *twins*, 2 EZ und ein 3er, alle mit BP, Ww, Ventilator, pro Pers. 18 USD. Av. Antonio Gil y Pingüinos, ✆ 2529432, ✆ 092-457445 (Marcela Mora), hotelcoralblanco@gmail.com.

Tero Real (6), (Budget), enge „Hexenhäuschen" mit steilen Treppenleitern, BP, 4 Betten und Kühlschrank. Pro Pers. 18 USD. ✆ 2529-106/-195.

Cerro Azul (4) (Budget) eine von zahlreichen Privatunterkünften, 4 Zimmer, BP, Ww, AC, 18 USD pro Pers., gut fürs Geld! Ecke Tero Real y Escalesias, ✆ 2529229, ✆ 089-914000 (mobil, Judith Pauta).

Campo Duro, wunderschöner Camping-Spot auf golfplatzähnlicher 3-ha-Parkanlage mit großen Bäumen, Hollywood-Palmen-rund und herumlaufenden Schildkröten, 12 km von Puerto Villamil auf 200 Höhenmetern, sehr teuer! Reservierung in Puerto Ayora im Red Mangrove, www.redmangrove.com.

● *Essen & Trinken* Es darf nicht verwundern, wenn die geräuschlos herumschlappende Bedienung 5 Min. nach Aufnahme der Bestellung sich anschickt, die nötigen Zutaten einzukaufen, oder 45 Min. nach Aufnahme der Bestellung behauptet, das Gewünschte gebe es heute nicht. So manche Bedienung fühlt sich zudem durch die euphorische Bestellwut hungriger Gringos völlig eingeschüchtert. Rechnungen werden meist keine ausgestellt.

Aloha Betsy (16), frischer Fisch, Octopus, Shrimps *a la carta* und als *encocado* (8 USD), Fleisch und Huhn (7 USD), Languste 16 USD, auch Frühstück. Das Dach scheint nicht wasserdicht zu sein. Tägl. 7.30–22 Uhr geöffnet.

Arenitas (11), kleines Veranda-Lokal, *almuerzos* und *cenas* 4 USD, *cebiches* und

Galapagos Karte hinterer Umschlag

encebollados, Ecke Av. Antonio Gil y 16 de Marzo, gegenüber dem Dispensario Médico.
Carabali (7), *cebiches, bolones, encebollados, comida típica* wie *guatita*, d. h. Kutteln von wilden Rindviechern in ganz köstlicher Erdnusssoße (3 USD), ein Genuss! Die drei weißen Plastiktischchen werden mitunter vom Gelben Waldsänger belagert. Tägl. 7.30–21 Uhr. Mein Tipp! Gegenüber dem Parque über der 16 de Marzo.

Hauptstraße in Puerto Villamil

Encanto de la Pepa (15), schattiges Freiluft-Lokal gegenüber dem *Parque*, Fisch, Meeresfrüchte, *cebiches, parrilladas* und Cocktails, sehr unterhaltsame(r) Besitzer(in).
Oasis (2), Naturgranulatboden, Spezialität *encocados*, Bedienungen, die Bestellungen aufnehmen, scheint es nicht immer zu geben. Beim Hotel San Vicente an der Ecke Los Cormorancs y Pinzón Artesano.
Café Sea Lion (19), am Ende des Dorfkais, kühles nachmittägliches Bier, umspült von Gischt und Wellen!
Eine verschwiegene Strandbar ist **Secretos** unterm Strohdach am Malecón.
Beto's Beach Bar (12), Essen nur auf Vorbestellung (ab 12 USD), also das Abendessen bereits mittags und das Mittagessen abends zuvor bestellen. Spezialität *encocados, lasagna, langostinos*. Hippiger Treff für Weltumsegler und Schiffbrüchige. Kabelrollen am Sandstrand als Tisch, darüber Drähte für die dämmrigen Funzeln. Ungewisse Öffnungszeiten, zw. 20 und 21 Uhr gibt es einen Break, um die Kinder ins Bett zu bringen. Die Musik wird abgedreht. Es bleibt nur Meeresrauschen, während eine dunkelhäutige Nixe den Schoko-Nachtisch serviert und sich mit „bye bye" verabschiedet.
Der Naturführer Joseph Reyes empfiehlt das Lokal **El Exito** im Ortskern.
Das beste Restaurant der Insel war 2009 im Hotel **Albemarle (14)**, Hauptspeisen ab 20 USD, Languste ab 45 USD, Cocktails ab 8 USD, tägl. 7–9 Uhr (Frühstück) und 12–22 Uhr, wobei es zw. 14 u.18 Uhr nur Snacks gibt.
Lebensmittel verkauft „Noboa", strategisch günstig an der Ecke 16 de Marzo y Av. Antonio Gil gelegen.

*T*ouren

Viele **Hotels** vermitteln Fahrer und Naturführer für Ausflüge zum Volcán Sierra Negra und Volcán Chico, zu Pferd oder zu Fuß ab 50 USD pro Pers. Mit der *panga* geht es zur Haifischgrotte La Tintoreras (ab 20 USD). Ein Pick-up-Taxi zur Muro de las Lagrimas kostet 10 USD. Zumindest fahrbare Fahrräder verleiht „Papi" Pablo schräg gegenüber von Beto's Beach Bar.
Der englischen Sprache gerade mal mächtige Guides verlangen i. d. R. unverschämte 100 USD pro Tag. Empfohlen wurde der freundliche, Englisch sprechende **Joseph Reyes**, ☎ 091/918175, joseph_tours@yahoo.com.

Galapagos Native veranstaltet Schnorcheltrips und Reitausflüge zum Volcán Sierra Negra und Volcán Chico. Besitzer ist Antonio Gil vom Hotel San Vicente (siehe oben).
Die beste Zeit für den Kraterausflug sind die Monate von Ende Juni bis Dezember, da der feuchtkühle Garúa-Nebel dann an den Flanken des Sierra-Negra-Vulkans hängen bleibt, während der Krater selbst trocken ist.
Die Reittour startet wenige Kilometer hinter dem Dörfchen Santo Tomás de Berlanga, 20 km nordwestlich von Puerto Villamil im hügeligen Inselinnern gelegen. Eine Camioneta oder ein gemieteter Bus bringt die

Teilnehmer in 45 Min. zum Ausgangspunkt. Es folgen ca. 3 Std. im Sattel hinauf zum Krater und über dessen Rand bis zur Nordflanke. Eine kurze Wanderung führt dann ins Innere des Volcán Chico. Wer in dieser fantastischen Landschaft im Zelt übernachten möchte, muss dies arrangieren.

Die erste Isabela-**Tauchbasis** hat kein gutes Equipment, es gibt aber noch Schlimmeres. Getaucht wird an der Isla Tortuga (Hammer- und Galapagoshaie, Entfernung 7 Seemeilen, 25 Min., ab 115 USD) und bei den Cuatro Hermanos (Landschaftstau-

chen, Unterwasserhöhlen, Rochen und Thunfische bei starker Strömung, 14 Seemeilen, 1 Std., ab 130 USD). Divemastern ist der strömungsstarke Felsen Roca Viuda vorbehalten. Chef ist Fischer Pablo, Escalesias y Av. Antonio Gil, ☎ 2529418, ☎ 094-666568 (mobil), www.isabeladivecenter.com.ec.

Eher sporadische, aber von Lesern sehr empfohlene Tauchausflüge veranstaltet zumindest zeitweise der gebürtige Franzose Pierre Constant mit **Scubadragon**: calaolife @yahoo.com, www.calaolife.com.

Sehenswertes auf der Insel

Das ergreifendste von Menschenhand geschaffene Monument auf Isabela ist der in den späten 50er-Jahren von gepeinigten Strafgefangenen errichtete **Muro de las Lágrimas (40)**, die „Mauer der Tränen". Der 8 m hohe, am Sockel ebenso breite und über 80 m lange Wall aus rauen Basaltbrocken wurde beim Bau des geplanten Gefängnis-Quadrates von barfüßigen, aneinandergeketteten Gefangenen der damaligen Strafkolonie *Alemania* errichtet. Eine Revolte mit anschließender Massenerschießung erzwang 1959 die Schließung des Lagers. Alle Gebäude wurden in die Luft gesprengt. Nur die Mauer, ein völlig verrosteter Wasserturm und die Zellenböden blieben erhalten. Heute sonnen sich zahlreiche Lavaechsen auf den schwarzen Steinbrocken.

> **Vorsicht** bei den bis zu 10 m hohen Manzanillo-Bäumen! Nicht nur der milchige Saft, sondern auch der Stamm, die sehr hellen, dünnen Zweige, die dunkelgrünen Blätter (mit heller Mittelader), die kleinen apfelähnlichen Früchte und die herunterfallenden Tropfen dieses Wolfsmilchgewächses sind **giftig!** Um böse Hautausschläge zu vermeiden, sollte man mit dem „Manzinella-Apfelbäumchen" nicht in Berührung kommen!

Von Puerto Villamil bis zur Tränenmauer sind es etwa 7 km. Diese können im Pritschenwagen, aber auch zu Fuß oder per Fahrrad zurückgelegt werden. Der Weg führt zunächst westwärts und geht dabei immer dem Strand oder der linken Abzweigung der Uferstraße nach (ist ausgeschildert). Es kommt dann rechter Hand ein alter Friedhof. Der Fahrweg führt im weiteren Verlauf in die **Humedales** bzw. **Wetlands (39)**, an einer großen Flamingo- und kleineren Mangrovenlagunen sowie von Meerechsen heimgesuchten Lavatunnels vorbei. Klippenkrabben, Seevögel und Darwinfinken gibt es während der Wanderung zu bestaunen. Bei den Mangrovenwäldchen biegt der breite Weg dann ins Hinterland zum ehemaligen Straflager ab. Ebenso kommt rechter Hand der **Mirador**, ein toller Aussichtspunkt! Moskitos gibt es während der Monate von Januar bis Juni zur Genüge. Bei starker Sonne sind Hut und UV-Blocker obligatorisch. Ausreichend Trinkwasser nicht vergessen!

Besucherstandorte auf der Insel

Neben der abends beleuchteten, salzigen Schlicklagune **Poza de los Flamingos** mitten im Ort, wo die pastellfarbenen Stelzvögel manchmal zu sehen sind, und einer

Meerechse auf Española

attraktiven **Riesenschildkröten-Aufzuchtstation** (wenige Kilometer außerhalb) gibt es auf der riesigen Insel zahlreiche Besucherstandorte. Einige davon können leicht von Puerto Villamil aus per Boot oder Pick-up erreicht werden. Die aufregendsten liegen jedoch auf der abgelegenen Westseite der Insel und werden meist nur auf achttägigen First-Class-Kreuzfahrten angesteuert.

Las Tintoreras (41), dem Hafenbecken vorgelagertes Lavastein-Halbinselchen, das innerhalb weniger Minuten per Boot angesteuert wird. Es gibt einen nach Seelöwen-Urin stinkenden Strand, einen natürlichen Kanal mit schlafenden Haien (*tintoreras*) und viele Meerechsen. Des Öfteren sind am Ufer auch Pinguine zu beobachten.

Der zweitgrößte Kraterkegel der Welt, der 10 x 9 km breite, aktive **Volcán Sierra Negra (42)**, ist von Puerto Villamil aus in 45 Min. per Pritschenwagen zu erreichen. Der Ausgangspunkt für die Wanderung oder den Ausritt entlang des etwa 1.400 m hohen Kraterrandes liegt oberhalb der landwirtschaftlichen Nutzungszone und des weit verstreuten Dörfchens **Santo Tomás de Berlanga**. Für die Tour sollte ein ganzer Tag veranschlagt werden. Die reine Wanderzeit beträgt 5–6 Stunden. Nach einer mehr oder minder eben verlaufenden Kraterrandwanderung in Richtung Ost-Nordost, ist ein kleiner Hain von dicht aufeinander stehenden Jaboncillo-Bäumen zu erkennen, die einzigen Schattenspender weit und breit! Eine Lunchpause bietet sich an. Je nach Bedarf kann auch ein Zelt aufgeschlagen werden (Wasser gibt es jedoch keines). Von der Baumgruppe führt ein steiniger Lavapfad in etwa 30 Min. in den aktiven Seitenkrater **Volcán Chico**: ein paar Rauchschwaden, eine bizarre rotbraune Lavalandschaft, vereinzelte Kakteen sowie mitunter eine grandiose Aussicht auf Isabela und den Pazifik. Bei Sonne strahlt die Lava eine Schwindel erregende Hitze ab. In einem Backofen dürfte es kaum wärmer sein! Genügend Trinkwasser, ein Hut, ein hoher Lichtschutzfaktor und festes Schuhwerk für die „sohlenfressende" Lava sind obligatorisch. Einer der spektakulärsten Lava-Ausbrüche des Volcán Chico fand am 22. Oktober 2005 statt.

Ein anderer Pfad führt vom Ausgangspunkt in entgegengesetzter Richtung und verläuft zunächst unterhalb des Kraterrandes nach West-Nordwest. Nach etwa 2 Std. kommt rechts ein Seitenweg, der zum Kraterrand hochführt. Nach einer weiteren Stunde führt rechts vom Kraterrand ein etwas versteckter, frisch herausgeschlagener Pfad in den riesigen Schlund hinunter und endet nach etwa 30–40 Min. in einer alten Schwefelmine, **las Minas Sulfúricas (43)**. Taschentuch o. Ä. vor den Mund halten! Das Einatmen der starken Schwefeldämpfe kann Erbrechen und tagelanges Unwohlsein hervorrufen. Ein Besuch lohnt sich jedoch des „Startrek-Effektes" wegen. In der Schwefelmine können knallgelbe, orange getönte und purpurrote Schwefelrosen angetroffen werden, ein faszinierender Ort! Reine Wanderzeit etwa 8 Std.

Von der grandiosen Aussicht her ist die leichtere Wanderung zum Vulkan Chico den Schwefelminen vorzuziehen. Auch was frische vulkanische Lava- und Landschaftsformen angeht, ist Vulkan Chico der interessantere Ort. Wer es sich zeitlich und räumlich einrichten kann, sollte aber beide Orte besuchen.

Der gut begehbare **Stalaktiten-Lavatunnel Cueva de Sucre (44)** befindet sich im grünen Hochland. Drum herum wurden botanische Rundwege angelegt. Besonders schön ist hier der prächtige Bestand des nahen Scalesia-Waldes. Anekdote: Der Nationalpark kaufte das ehemalige Farmgelände für 18.000 USD. Die Besitzerin versteckte dann das Geld unter ihrer Matratze. Laut Dortratsch wurde ihr das Geld später geklaut.

Ebenso im Hochland befindet sich der **Mirador Mango (45)** mit roten Lavabrocken und schönem Blick auf die Cuatro Hermanos und die Insel Tortuga. Einiges oberhalb der Cueva Sucre gelegen und auch per *camioneta* erreichbar.

Spektakulär sind **Los Tuneles (46)**. Nach 1 Std. Bootsfahrt in Richtung Westen können beim Schnorcheln Rochen, Meerechsen und andere Meeresbewohner aus nächster Nähe in einer glasklaren Mangrovenbucht beobachtet werden. Am Zugang zur Bucht sieht man manchmal „surfende" Seelöwen. Ein bis zu 500 USD teures Boot darf bis zu fünf Passagiere dorthin mitnehmen. Anfang 2009 wurde der Zutritt zu diesem Geheimtipp jedoch von der Parkverwaltung untersagt – der Autor bittet um Feedback!

Der 1.670 m hohe Vulkan **Cerro Azul** im äußersten Südwesten der Insel kann nur mit Hilfe eines sehr erfahrenen Führers und schweren Rucksäcken in mehreren Tagen bestiegen werden. Trinkwasser dürfte man in dieser Region vergeblich suchen. Es können viele Galapagos-Falken und auch die eine oder andere Landschildkröte angetroffen werden. Eine ernsthafte Gefahr stellt außer dem Verdursten die Begegnung mit einem herumstreunenden Wildschwein dar. Diese als endemisch zu betrachtenden Borstenviecher (sie sind zwar eingeführt, haben sich aber in den letzten 150 Jahren munter zu einer eigenen Unterart entwickelt) sind äußerst überlebensfähig und angriffslustigen. Mitunter haben sie Hauer fast wie Elefantenstoßzähne, sodass manch ein Isabela-Naturführer beim bloßen Gedanken an die Bestien ganz blass wird. Der „Blaue Berg" ist nicht als Besucherstandort ausgeschrieben und eine Genehmigung vom Nationalpark ist schwer erhältlich. Der markante Kegel ist von Puerto Villamil aus zumindest sehr schön zu sehen.

Ein weiterer Riesenkrater ist der im Mittelteil der Insel gelegene **Volcán Alcedo**, der letzte große Lebensraum von über 5.000 bis zu 200 Jahre alten Elefantenschildkröten. Bis Redaktionsschluss war der Zugang zum Krater normalsterblichen Besuchern und selbst Wissenschaftlern strengstens verboten.

• *Zu Gast in einer anderen Welt* Nach einer Nasslandung in der *Shipton Cove* beginnt ein etwa zehnstündiger Marsch in der Äquatorhitze. Es geht durch zauberhafte *Palo-Santo*-Wälder bis zum Fuß des Kraters. Am Nachmittag ist der „Campingplatz" erreicht. Neben einem überwältigenden Einblick in den 4 km breiten und 350 m tiefen Krater können auf dem letzten Wegstück auch Spechtfinken beobachtet werden, die lange Kaktusstacheln zu Werkzeugen umfunktionieren. Galapagos-Bussarde kreisen mit den warmen Aufwinden über dem Krater.

Am nächsten Tag sollte der glitschige Abstieg in das urgewaltige Kraterbecken noch vor Sonnenaufgang erfolgen, wenn sich die Schildkröten in braunen Tümpeln suhlen. Mit der aufkommenden Sonnenwärme verlassen die ersten Tiere dann bald ihren Schlick und ziehen ihren Unterschlüpfen entgegen. Der urwüchsige Kraterboden ist von weit verzweigten Schildkrötenpfaden durchzogen.

Nirgendwo lassen sich die Flugunfähigen Kormorane so leicht aus nächster Nähe beobachten wie bei **Punta García** an der lang gestreckten Ostküste der Insel. Man trifft die großen, tief im Wasser liegenden Vögel sonst selten außerhalb ihrer abgelegenen Brutgebiete an den nordwestlichen Küsten von Fernandina und Isabela an. Die Gesamtpopulation dieser endemischen Art beträgt etwas über tausend Exemplare.

Die **Punta Albemarle** ist der nördlichste Landzipfel von Isabela. Flugunfähige Kormorane und Galapagos-Pinguine tummeln sich hier zwischen schwarzen Meerechsen auf den Brandungsfelsen. Nur wenige Jachten fahren von dort in Richtung Südwesten um das **Berkeley-Kap** und die **Punta Vicente Roca (51)** beim **Vulkan Ecuador**, durch die Meerenge des **Bolívar-Kanals** zwischen Fernandina und Isabela und um die südwestliche **Punta-Cristóbal**, um so die Insel komplett zu umrunden.

Bei einer Umfahrung von Nord nach Süd sind die drei ersten Besucherstandorte an Isabelas Westküste die für Taucher so aufregende Felsspitze von **Punta Vicente Roca**, die Mangrovenwälder bei **Punta Tortuga** und die berüchtigte **Tagus Cove (50)**, ein über Jahrhunderte hinweg beliebter Ankerplatz von Piraten und Walfängern. In der tiefblauen Bucht brüten Pinguine, Flugunfähige Kormorane, Noddi-Seeschwalben, Sturmtaucher, Blaufußtölpel und Pelikane. Im sandigen Felsrund hoch über der Bucht gibt es historische Graffiti von annodazumaligen Schiffsbesatzungen zu bestaunen. Ein steiler Pfad führt nach einer Trockenlandung über einen extrem salzhaltigen, grünen Kratersee. Dieser wurde durch einen riesigen Abbruch bzw. Erdrutsch vom Meer getrennt. In den dunklen Rinnen oberhalb des Kratersees wird das Salz mit dem Regen aus dem mineralhaltigen Sandgestein herausgewaschen und gelangt somit in den See. Wenn besonders viel Regen fiel, staut sich das süße Regenwasser über dem Salzwasser und lockt die Fregattvögel an. Diese wissen den günstigen Umstand zu einem erfrischenden Bad zu nutzen und spülen sich dort ausgerechnet das Meersalz aus den Federn. Der Student Charles Darwin – dem legendären Kaktusfinken auf der Spur – genoss bereits vor etwa 170 Jahren die herrliche Aussicht vom Kraterrand.

Auf der anderen Seite des Bolívar-Kanals liegt die geheimnisvolle Insel **Fernandina** mit ihrem urgewaltigen Vulkan. Der kalte, vom Cromwellstrom beeinflusste Kanal gilt als eine der fischreichsten Zonen von Galapagos. Des Öfteren sind Delfine, Tümmler, Haie, Hammerhaie, Walhaie oder Wale vom Boot aus zu beobachten. Wo anderenorts gerade mal eine Familie von Blaufußtölpeln etwas lustlos beim Fischfang zu beobachten ist, tauchen hier aus heiterem Himmel gleich ganze Hundertschaften von ihnen gefechtsbereit am Horizont auf und schießen wie ferngelenkte Raketen synchron auf die Wasseroberfläche zu. Dabei wird die genaue Flugbahn dem jeweils angepeilten Fisch im Schwarm chronometrisch angepasst. Der Bolívar-

Kanal zählt dank dieser Naturschauspiele selbst für Galapagos-Verwöhnte zu einem der aufregendsten Winkel im Archipel!

Weiter südlich, an der etwa 20 km breiten Ausfahrt des Bolívar-Kanals, liegt die hochgeliftete **Bahía Urbina (49)**. Infolge eines Ausbruches des Alcedo-Vulkans im Jahre 1954 wurden 7 km Küstenlinie 4 m hochgedrückt. An diesem Besucherstandort können seitdem Korallenriffe an Land bestaunt werden. Flugunfähige Kormorane, große Land- und Meerechsen sowie der relativ seltene Mangrovenfink sind aus allernächster Nähe zu beobachten. Mit etwas Glück können auch versprengte Landschildkröten angetroffen werden. Eine mehrstündige Wanderung durchs Dickicht führt zum Fuße des Alcedo-Vulkans (Westseite).

Im südwestlichen inneren „Knick" der klumpfußförmigen Insel befindet sich die große Mangrovenbucht **Bahía Elisabeth (48)** mit ihren vorgelagerten **Islas Mariela**. Vom Beiboot aus können Pinguine und Schulen von Haien, Rochen oder Meeresschildkröten gesichtet werden. Etwa 40 km westlich davon liegt die **Punta Moreno (47)**, die eine mehr-

Zeigt eure Füße

stündige Wanderung über hartnäckigste Lava bietet. Die junge vulkanische Landschaft ist mit zahlreichen Frischwasser-Pools gespickt, um die sich vor allem Flamingos, Teichhühner und Bahama-Enten scharen. Dort können auch die allergrößten unter den Meerechsen des Archipels aus nächster Nähe beobachtet werden!

Fernandina (642 km², max. Höhe 1.494 m)

Die drittgrößte und am weitesten westlich gelegene Galapagosinsel Fernandina ist auch gleichzeitig die jüngste und vulkanisch aktivste im Archipel. Die letzten Eruptionen fanden im Juni 2005 und April 2009 statt. Bei einem viel heftigeren Ausbruch im Jahre 1968 war der Kraterboden des **Volcán La Cumbre** urplötzlich 300 m in die Tiefe abgesackt. Nach Schätzungen ist ein Ende der vulkanischen Tätigkeit der „Hot-Spot"-Insel noch lange nicht in Sicht.

Es gibt den schönen Besucherstandort **Punta Espinosa (52)** im nordöstlichen Winkel der Insel: frische Lava-Landschaft, Lavakakteen, ein bisschen Mangrovenwald aus *mangle rojo* und *mangle blanco* (große und kleine Blätter), Seelöwenkolonien, Pinguine, Flugunfähige Kormorane und die populationsstärksten Meerechsenkolonien im Archipel. Zu Hunderten können die vorsintflutlichen Schwimmreptilien dort beim Sonnenbad angetroffen werden. Ebenso huschen völlig schwarze Lavaechsen über genauso schwarze Basaltbrocken.

Karte hinterer Umschlag

Galapagos

Etwas Spanisch

Für Ihren Urlaub müssen Sie nicht unbedingt Spanisch lernen. Deutsch, Englisch und die Gebärdensprache reichen meist völlig aus, um einzukaufen, ein Auto oder Zimmer zu mieten. Wer aber näher mit den Menschen im Lande in Kontakt kommen möchte, wird schnell merken, wie erfreut und geduldig Ecuadorianer reagieren, wenn man sich ein bisschen Mühe gibt. Der folgende kleine Spanisch-Sprachführer soll Ihnen helfen, sich in Standardsituationen besser zurecht-zufinden. Vor Ort fällt es dann leicht, ein vorhandenes Grundvokabular weiter auszubauen. Scheuen Sie sich nicht, am Anfang auch einmal Sätze zu formulieren, die nicht gerade durch grammatikalischen Feinschliff glänzen – wer einfach drauflosredet, lernt am schnellsten.

Aussprache

c: vor a, o, u und Konsonanten wie k (caldo = kaldo), vor e und i wie engl. „th" (cero = thero)

ch: wie tsch (mucho = mutscho)

h: ist stumm (helado = elado)

j: wie ch (rojo = rocho)

ll: wie j (calle = caje), manchmal auch wie lj

ñ: wie nj (año = anjo)

qu: wie k (queso = keso)

v: wie leichtes b (vaso = baso), manchmal wie „w" (vino = wino)

y: wie j (yo = jo)

Zahlen

¼	un cuarto	13	trece	50	cincuenta
½	un medio	14	catorce	60	sesenta
0	cero	15	quince	70	setenta
1	un/una	16	dieciséis	80	ochenta
2	dos	17	diecisiete	90	noventa
3	tres	18	dieciocho	100	ciento, cien
4	cuatro	19	diecinueve	200	doscientos
5	cinco	20	veinte	300	trescientos
6	seis	21	veintiuno (-ún)	500	quinientos
7	siete	22	veintidós	1000	mil
8	ocho	23	veintitrés	2000	dos mil
9	nueve	30	treinta	5000	cinco mil
10	diez	31	treinta y uno	10.000	diez mil
11	once	32	treinta y dos	100.000	cien mil
12	doce	40	cuarenta	1.000.000	un millón

Elementares

Grüße

Guten Morgen	buenos días
Guten Tag (bis zum Abend)	buenas tardes
Guten Abend/gute Nacht	buenas noches
Hallo	Hola (sehr gebräuchlich)
Auf Wiedersehen	adiós
Tschüss	hasta luego (= bis später)
Gute Reise	buen viaje

Small Talk

Wie geht's?	qué tal? (bei Freunden)
sonst:	cómo está?
Sehr) gut und Dir?	(muy) bien y tú?
Wie heißt Du?	cómo te llamas?
Ich heiße ...	mi nombre es ...
Woher kommst du?	de dónde vienes?
Ich komme aus ...	soy de ...
... Deutschland	Alemania
... Österreich	Austria
... Schweiz	Suiza
Sprechen Sie deutsch?	habla usted alemán?
englisch/französisch/italienisch	inglés/francés/italiano
Ich spreche nicht spanisch	yo no hablo español
Ich verstehe (nicht)	yo (no) comprendo/entiendo

Verstehst du?	comprendes/entiendes?
Ist das schön!	qué bonito!
Das gefällt mir	me gusta
Ein bisschen langsamer, bitte	un poco más despacio, por favor
In Ordnung/passt so/o.k. (auch als Frage sehr gebräuchlich)	vale? – vale!

Minimal-Wortschatz

Ja	sí
Nein	no
Bitte	por favor
Vielen Dank	muchas gracias
Entschuldigung	perdón
Verzeihung	disculpe/permiso
groß/klein	grande/pequeño
gut/schlecht	bueno/malo
viel/wenig	mucho/poco
heiß/kalt	caliente/frío
oben/unten	arriba/abajo
ich	yo
du	tú
Sie	usted
Können Sie mir sagen, wo ... ?	podría decirme dónde está ... ?
verboten	prohibido
Mädchen	Chica, nena
Junge	chico
Frau	señora
junge Frau	señorita
Herr	señor

Fragen & Antworten

Gibt es ... ?	hay?
Was kostet das?	cuánto cuesta esto?
Wie/wie bitte?	cómo?
Wissen Sie?	sabe usted ... ?
Ich weiß nicht ...	yo no sé
Wo?	dónde?
Von wo?	de dónde?
Wo ist ... ?	dónde está ... ?

Haben Sie ... ?	tiene usted ... ?
Ich möchte ...	quisiera ...
Um wieviel Uhr?	a qué hora?
Ist es möglich/ kann ich?	está posible?
Warum?	por qué?
Weil	porque

Landleguan mit Lavaechse

Orientierung

nach ...	a/hacia	*hier*	aquí
links	izquierda	*dort*	allí, ahí
rechts	derecha	*Adresse*	dirección
geradeaus	recto	*Stadtplan*	plano de la ciudad
die nächste Straße	la próxima calle	*Ist es weit?*	está lejos?

Zeit

vormittag(s)	(por la) mañana
nachmittag(s)	(por la) tarde
abend(s)	(por la) noche
heute	hoy
morgen	mañana
übermorgen	pasado mañana
gestern	ayer
vorgestern	anteayer
Tag	el día
jeden Tag	todos los días
Woche	semana
Monat	mes
Jahr	año
stündlich	cada hora
wann?	cuándo?

Wochentage

Montag	lunes
Dienstag	martes
Mittwoch	miércoles
Donnerstag	jueves
Freitag	viernes
Samstag	sábado
Sonntag	domingo

Jahreszeiten

Frühling	primavera
Sommer	verano
Herbst	otoño
Winter	invierno

Monate

Januar	enero
Februar	febrero
März	marzo
April	abril
Mai	mayo
Juni	junio
Juli	julio
August	agosto
September	septiembre
Oktober	octubre
November	noviembre
Dezember	diciembre

Uhrzeit

Stunde	hora
Um wieviel Uhr?	a qué hora?
Wieviel Uhr ist es?	Qué hora es?

Unterwegs

Wann kommt ... an?	cuándo llega ... ?
Wieviel Kilometer sind es bis ... ?	cuántos kilómetros hay de aquí a ... ?
Ich möchte bitte aussteigen!	quisiera salir, por favor!
Hafen	puerto
Haltestelle	parada
Fahrkarte	tiket/boleto
Hin und zurück	ida y vuelta
Abfahrt	salida
Ankunft	llegada
Information	información
Kilometer	kilómetro
Straße	calle
Telefon	teléfono
Reservierung	reservación
Weg	Camino, sendero
Autobus	bus
Bahnhof	estación de tren
Busbahnhof	terminal terrestre
Flughafen	aeropuerto
das (nächste) Flugzeug	el (próximo) avión
Hafen	puerto
Schiff	barco/yate
Deck	cubierta
Fährschiff	transbordador/ferry
Reisebüro	agencia de viajes
(der nächste) Bus	(el próximo) bús
Boot	lancha/fibra/panga/Zodiak

Auto/Zweirad

Ich möchte ...	quisiera ...
Wo ist ... ?	dónde está ... ?
... die nächste Tankstelle	... la próxima gasolinera
Bitte prüfen Sie, ob ...	por favor, compruébe usted si ...
Ich möchte mieten (für 1 Tag)	quisiera alquilar (por un día)
(die Bremse) ist kaputt	(los frenos) no funcionan
Wieviel kostet es (am Tag)?	cuánto cuesta (un día)
Benzin	gasolina
bleifrei	sin plomo
Diesel	gasoleo „A"
(1/20) Liter	(un/veinte) litro(s)
Auto	carro/auto
Motorrad	moto
Moped	motoneta
Anlasser	starter
Auspuff	tubo de escape
Batterie	batería
Bremse	frenos
Ersatzteil	pieza de repuesto
Keilriemen	correa
Kühler	radiador
Kupplung	embrague
Licht	luces
Motor	motor
Öl	aceite
Reifen	rueda

Reparatur	reparación	Einbahnstraße	dirección única
Stoßdämpfer	amortiguador	Straße gesperrt	carretera cortada
Werkstatt	taller	Umleitung	desvío
Autobahn	autopista	parken	parquear/estacionar
Baustelle	obras	kann ich hier	puedo estacionar
Kreuzung	cruce	parken?	aquí?

Bank/Post/Telefon

In Postämtern gibt es keine öffentlichen Telefone - zuständig sind die Telefon-zentralen locutorio. Münzfernsprecher finden sich auch in vielen Bars und Hotels.

Wo ist ...	dónde está ...	eingeschrieben	por certificado
Ich möchte ...	quisiera ...	Reiseschecks	cheques de viaje
... ein Tel.-Gespräch	... una llamada	Geld	dinero
Wieviel kostet das?	cuánto cuesta?	mit Luftpost	por avión
Bank	banco		
Postamt	correos	Päckchen	pequeño paquete
Brief	carta	Paket	paquete
Karte	tarjeta	postlagernd	lista de correos
Briefkasten	buzón	Telefon	teléfono
Briefmarke	sello	Telegramm	telegrama

Übernachten

Haben Sie ... ?	tiene usted. .. ?	Pension (Voll/Halb)	pensión (completa/ media)
Gibt es ... ?	hay ... ?		
Wieviel kostet es (das Zimmer)?	cuánto cuesta (la habitación)?	Haus	casa
		Küche	cocina
Ich möchte mieten (...)	quisiera alquilar (...)	Toilette	servicios higiénicos, baño
für 5 Tage	por cinco días	mit ...	con ...
Kann ich sehen... ?	puedo ver... ?	ohne ...	sin ...
Kann ich haben... ?	puedo tener... ?	... Dusche/Bad	... ducha/baño
ein (billiges/gutes) Hotel	un hotel (barato/ bueno)	... Frühstück	... desayuno
		Reservierung	reserva
Haben Sie nichts billigeres?	no tiene algo más barato?	Wasser (heiß/kalt)	agua (caliente/fría)
		Hoch/Nebensaison	temporada alta/baja
Zimmer	habitación	Campingplatz	el camping
ein Doppelzimmer	habitación doble	zelten („wild")	acampar (libre)
Einzelzimmer	habitación individual sencilla	Zelt (klein)	tienda individual
		Hauszelt	tienda familiar
Ehebettzimmer	Habitación matrimonial	Schlafsack	saco de dormir
		Wohnmobil	coche cama
Bett	cama	Wohnwagen	caravana
		Stellplatz	parcela

Im Restaurant/in der Bar

Speisekarte und Spezialitäten: Siehe im ausführlichen Kapitel „Essen und Trinken" vorne im Buch.

Haben Sie ... ?	tiene usted ... ?	*Mineralwasser (sprudelnd/still)*	agua con/sin gas
Ich möchte ...	quisiera ...		
Eine Tapa hiervon	una tapa de esto, por favor	*Wasser*	agua
Wieviel kostet ... ?	cuánto cuesta ... ?	*Hauswein*	vino del país/ de la casa
Ich möchte zahlen, bitte	quisiera pagar, por favor	*Rotwein*	vino tinto
Die Rechnung (bitte)	la cuenta (por favor) *höflicher*: la cuenta, quando pueda!	*Weißwein*	vino blanco
		süß/herb	dulce/seco
		Saft	jugo
		Kaffee	café
Speisekarte	menú	*Milchkaffee*	café con leche
zum Mitnehmen	para llevar	*Zucker*	azúcar
Getränke:		*Tee*	té
Glas/Flasche	vaso/botella	*Milch*	leche
(Glas) Bier	cerveza		
Weinglas	copa de vino		

Einkaufen

Was kostet ...	cuánto cuesta ... ?	*100 Gramm*	cien gramos
Haben Sie ... ?	tiene usted ... ?	*geöffnet*	abierto
geben Sie mir bitte	déme... por favor	*geschlossen*	cerrado
klein/groß	pequeño/grande	*Geschäft*	tienda
1 Pfund (= 1/2 Kilo)	medio kilo	*Supermarkt*	supermercado
1 Kilo/Liter	un kilo/litro	*Einkaufszentrum*	centro comercial

Bäckerei	panadería	Salz	sal
Konditorei	pastelería	Seife	jabón
Metzgerei	carnicería	Shampoo	champú
Friseur	peluquería	Sonnenöl	bronceador
Buchhandlung	librería	Streichhölzer	fosforos
Apfel	manzana	Tomaten	tomates
Brot	pan	Wurst	embutido
Butter	mantequilla	Zeitung	periódico
Ei(er)	huevo(s)	Zeitschrift	revista
Essig	vinagre	Zucker	azúcar
Gurke	pepino	Kleidung	vestidos
Honig	miél	Bluse	blusa
Joghurt	yogurt	Hemd	camisa
Käse	queso	Hose	pantalones
Klopapier	papel higiénico	Pullover	saco/jersey
Knoblauch	ajo	Rock	falda
Kuchen	pastel	Schuhe	zapatos
Marmelade	mermelada	Kann ich probieren?	puedo probar?
Milch	leche	Es gefällt mir	me gusta
Öl	aceite	Ich nehme es	lo tomo
Orange	naranja		
Pfeffer	pimienta		

Hilfe & Krankheit

Hilfe!	ayuda!	... Aspirin	aspirina
Helfen Sie mir bitte	ayudeme por favor	... die „Pille"	la píldora
Ich habe Schmerzen (hier)	me duele (aquí)	... Kondom	preservativo, condón
Gibt es hier ... ?	hay aquí ... ?	... Penicillin	penicilina
Ich habe verloren ...	he perdido ...	... Salbe	pomada
Haben Sie ... ?	tiene usted ... ?	... Tabletten	pastillas
Wo ist (eine Apotheke)?	dónde hay (una farmácia)	... Watte	algodón
Wann hat der Arzt Sprechstunde?	cuándo pasa el médico la consulta	Ich habe ...	yo tengo ...
Ich bin allergisch gegen ...	yo soy alérgico a ...	Ich möchte ein Medikament gegen	quiero una medicina contra ...
Deutsche Botschaft	embajada alemana	... Durchfall	diarrea
Polizei	policía	... Fieber	fiebre
Tourist-Information	oficina de turismo	... Grippe	gripe
Arzt	médico	... Halsschmerzen	dolor de garganta
Krankenhaus	hospital	... Kopf ...	dolor de cabeza
Unfall	accidente	... Magen ...	dolor de estómago
Zahnarzt	dentista	... Zahn ...	dolor de muelas
Ich möchte (ein) ...	quisiera (un/una) ...	... Schnupfen	catarro, resfriado
... Abführmittel	laxante	... Sonnenbrand	quemadura del sol
		... Verstopfung	estreñimiento

Fotonachweis

Volker Feser: 4, 12, 13, 18, 22, 33, 39, 43, 48, 50, 52, 55, 60, 64, 69, 70, 71, 74, 77, 81, 86, 94, 95, 96, 99, 110, 115, 119, 127, 129, 132, 134, 137, 138, 139, 142, 145, 149, 169, 178, 189, 193, 195, 203, 208, 211, 219, 223, 224, 227, 255, 236, 243, 257, 262, 275, 281, 284, 286, 289, 306, 308, 310, 326, 331, 335, 341, 343, 354, 349,355, 358, 360, 363, 369, 377, 379, 389, 393, 401, 417, 419, 432, 436, 448, 452, 509, 455, 465, 469, 486, 490, 500, 505, 510, 518, 519, 527, 533, 534, 537, 541, 543, 552, 565, 591, 602, 605, 608, 627, 634, 641, 647, 657, 667, 670, 683

Hervé Amigo: 30

Xavier Amigo: 37, 42, 297, 483

Dave & Marcia Campbell: 15, 69, 257, 269, 295, 598, 599, 600, 616, 618, 621, 625, 643, 658, 663, 672, 675, 678

Fernando Coloma: 14, 235

Murray Cooper: 11

Cordtuch: 3, 27, 45, 352, 387, 696

Anthony Davis: 251

Anthony Descy: 35

Dracanaena: 16, 434, 435, 465

Biking Dutchmann: 125

Thomas Fischer: 123, 246

Johannes Fleischhacker: 569

Walter Gruber: 320, 693

Matthias Kutsch: 143, 611, 661

Bettina Less: 133

Monique Masse: 131, 140, 159, 166, 270, 315, 381, 631, 655, 691

Bruno Mayer: 28

Pancho Molina: 41

M.I. Municipio de Guayaquil: 575, 488, 489

Hubert Olbrich: 212

Sylvia Pesántez: 170, 350

Erich Preiss: 587

Walter Rädler: 17, 681

Valentin Ritz: 29, 58, 241, 244, 305

Antonio Salazar: 28, 128, 175, 252, 493, 525, 554, 557, 597, 571

Alois Speck: 340

Jürgen Staretschek: 316, 615

Graham Wills-Johnson: 101, 117, 153, 164, 319, 365, 391

Unidad Gestión Turística Zaruma: 405

CASA FERIA
Land- und Ferienhäuser

Nette Unterkünfte bei netten Leuten

CASA FERIA
die Ferienhausvermittlung
von Michael Müller

Im Programm sind aus-
schließlich persönlich ausgewählte Unterkünfte abseits der
großen Touristenzentren.

Ideale Standorte für Wanderungen,
Strandausflüge und Kulturtrips.

Einfach www.casa-feria.de anwählen,
Unterkunft auswählen, Unterkunft buchen.

Casa Feria wünscht
Schöne Ferien

www.casa-feria.de

Verlagsprogramm

Aktuelle Informationen
zu allen Reiseführern finden Sie im Internet unter
www.michael-mueller-verlag.de
Michael Müller Verlag GmbH, Gerberei 19, 91054 Erlangen
Tel. 0 91 31 / 81 28 08-0; Fax 0 91 31 / 20 75 41;
info@michael-mueller-verlag.de

Register